THE AGE OF
ENLIGHTENMENT

The Age of
An Anthology of
French

Edited by
OTIS E. FELLOWS
and
NORMAN L. TORREY
Columbia University

Enlightenment
Eighteenth-Century Literature

SECOND EDITION

Prentice-Hall, Inc., Englewood Cliffs, New Jersey

The Age of Enlightenment: An Anthology of Eighteenth-Century French Literature, Second Edition; Edited by Otis E. Fellows and Norman L. Torrey.

©1971
by PRENTICE-HALL, Inc.,
Englewood Cliffs, New Jersey

All rights reserved. No part of this book may be reproduced in any form or by any means, without permission in writing from the publisher.

Printed in the United States of America

ISBN: 0-13-018465-9

Library of Congress Catalog Card Number: 73-147121

10 9 8 7 6 5

Copyright © renewed 1970 by Otis Edward Fellows and Norman L. Torrey

PRENTICE-HALL INTERNATIONAL, INC., *London*
PRENTICE-HALL OF AUSTRALIA, PTY. LTD., *Sydney*
PRENTICE-HALL OF CANADA, LTD., *Toronto*
PRENTICE-HALL OF INDIA PRIVATE LIMITED, *New Delhi*
PRENTICE-HALL OF JAPAN, INC., *Tokyo*

PREFACE

This book is designed as a presentation of basic material for a study of the Enlightenment. The texts have been chosen for their importance in the history of the movement of ideas and for their literary quality. The collection thus offers a background not only for the study of French eighteenth-century literature but also for courses in French historical or political thought and French civilization.

The literature of the century stressed content above form. In the more formalistic genres, especially in tragedy and comedy, it fell below the standards set by the previous age, whereas in the novel, the dialogue, and minor genres, it found its most successful modes of literary expression. Here content was given form and masterpieces were produced such as *Manon Lescaut*, Diderot's dialogues, and Voltaire's *contes*. The editors have felt that, except in rare cases, these literary units, together with the plays of Marivaux, Voltaire, and Beaumarchais, should not be presented in fragmentary form but should be enjoyed in their entirety in the readily available texts which will supplement the background material.[1]

The selections are grouped by authors, under whom they are chronologically arranged except for Diderot, whose works present a special case, and Voltaire, where grouping of ideas seemed highly desirable. Voltaire is also placed late in the volume because he summed up with such clarity and precision the more important trends of the century. It is particularly recommended, however, that his *Lettres philosophiques*, because of their historical importance in the movement of ideas, be read between Montesquieu's *Lettres persanes* and *Esprit des lois*.

It is the common observation of Europeans that the American student arrives late at intellectual maturity and that the philosophical education of our graduate students, particularly those who have specialized in literary fields, is decidedly limited. Eighteenth-century French literature offers a training in unsystematic philosophy which can hardly be equaled. The writers of this period were, as Gustave Lanson said of Voltaire, "a procedure, a method of education, a philosophy of life." They present a community of ideas upon which has been built for the last century and a half every civilized form of society worthy of the name. Whether the general tendencies of the Enlightenment are approved or disapproved, they are already of tremendous historical significance.

1. For example, the Classiques Larousse include: Beaumarchais, *Le Barbier de Séville* and *Le Mariage de Figaro;* Lesage, *Gil Blas* (extracts) and *Turcaret;* Marivaux, *Le Jeu de l'amour et du hasard;* Prévost, *Manon Lescaut;* Sedaine, *Le Philosophe sans le savoir;* Voltaire, *Contes en prose* (*Candide, Zadig,* etc., 2 v.).

Preface

The following readings are therefore presented in the faith that the student will understand and judge them according to the spirit of Cardinal Newman's well-known definition of the university as a place "where inquiry is pushed forward, and discoveries are verified and perfected, and rashness rendered innocuous, and error exposed, by the collision of mind with mind, and knowledge with knowledge."

The present revised edition is published in response to the urging of many who have used this book. Through page 263 no pagination changes have been made. After that point there have been a few deletions and a number of additions which we think will be welcome. Throughout there has been an attempt to correct errors and, when necessary, to alter wording.

We gratefully acknowledge the many suggestions that have come from a great variety of sources, often from our former students.

Since the book was first intended to present basic texts for the use of advanced students rather than as a manual for scholars, it has been impossible to refer to many recent scholarly books and articles. The addition of further suggested reading has, however, been added at the end of the volume for those wishing to extend their understanding of the age.

O. E. F.
N. L. T.

CONTENTS

General Introduction   1

Precursors

CYRANO DE BERGERAC   19
Voyage dans la lune   20

SAINT-EVREMOND   34
Conversation du maréchal d'Hocquincourt avec le père Canaye   35

FONTENELLE   39
Dialogues des morts   40
Digression sur les anciens et les modernes   49
Entretiens sur la pluralité des mondes   51
L'Origine des fables   60
L'Histoire des oracles   63

BAYLE   67
Pensées diverses sur la comète   67
Commentaire philosophique sur ces paroles de Jésus-Christ: Contrains-les d'entrer   76
Dictionnaire historique et critique   79

FENELON   90
Lettre à Louis XIV   91
Télémaque   95

Montesquieu   100

Lettres persanes   103
Considérations sur les causes de la grandeur des Romains et leur décadence   137
De l'esprit des lois   143

Diderot 206

    Le Neveu de Rameau   210
    Jacques le fataliste: [La Dispute de Jacques et de son maître]   236
    Entretien entre d'Alembert et Diderot *et* Le Rêve de d'Alembert   241
    Suite de l'entretien   264

PHILOSOPHY AND SCIENCE

    Pensées philosophiques   268
    Lettre sur les sourds et muets   269
    Pensées sur l'interprétation de la nature   277
    Eléments de physiologie: Mémoire   281
    Apologue du jeune Mexicain   282
    Supplement au Voyage de Bougainville: Les Adieux du vieillard et Suite du dialogue entre A et B   284

POLITICAL OBSERVATIONS

    Autorité politique   291
    Observations sur l'instruction de sa majesté impériale aux deputés pour la confection des lois   291

DRAMATIC CRITICISM

    Entretiens sur le Fils naturel: [Les Conditions au théâtre]   294
    Discours sur la poesie dramatique: [La Morale dans le drame et Ariste]   296
    Paradoxe sur le comédien   301

ART CRITICISM   304

    Salons   305
    Pensées détachées sur la peinture   307

CORRESPONDENCE   312

    Léttres à Sophie Volland   313
    Lettre à Falconet   322

The Encyclopedia 325

    DISCOURS PRELIMINAIRE (D'Alembert)   326

Contents

ARTICLES
- Art (Diderot) — 343
- Bien (Diderot) — 344
- Capuchon (Diderot) — 344
- Genève (D'Alembert) — 345
- Luxe (Diderot, Saint-Lambert) — 346
- Philosophe (Dumarsais?) — 348
- Rouge (Jaucourt) — 350
- Théologien (Diderot) — 352

General Philosophical Currents

LA METTRIE — 354
- L'Homme machine — 355

CONDILLAC — 366
- Traité des sensations — 367

HELVETIUS — 368
- De l'esprit — 370

D'HOLBACH — 381
- La Morale universelle: [De la conscience] — 382

Voltaire — 384
- Histoire d'un bon bramin — 388
- Lettres philosophiques — 390

HISTORY — 408
- L'Histoire de Charles XII — 409
- Le Siècle de Louis XIV — 415
- Essai sur les mœurs — 419
- Fable — 421

ECONOMICS AND POLITICS — 422
- Le Mondain — 423
- Luxe — 427
- Etats, gouvernements — 428
- L'A, B, C [Sixième Entretien] — 430

Impôt	433
De l'horrible danger de la lecture	436
André Destouches à Siam	437
PHILOSOPHY	442
Micromégas: Les Hommes savants	442
Poème sur la loi naturelle	448
Poème sur le désastre de Lisbonne	455
Le Philosophe ignorant	464
RELIGION	467
Epître à Uranie	469
Superstition	473
Théisme	474
Providence	476
L'Ermite (Zadig)	477
Les Questions de Zapata	482
Traité sur la tolerance	490
Prière à Dieu	492
LETTERS, SATIRES, AND MISCELLANEOUS POEMS	493
Relation de la maladie, de la confession, de la mort du jésuite Berthier	493
Lettre à Rousseau	498
Lettre à Helvétius	501
Lettre à Madame la Marquise du Deffand	502
Poésies	503

Rousseau 511

Discours sur les sciences et les arts	512
Discours sur l'origine de l'inégalité parmi les hommes	525
Lettre sur la Providence	543
Le Contrat social	549
Lettre à d'Alembert sur les spectacles	568
La Nouvelle Héloïse	575

Emile, ou L'Education	584
Les Rêveries du promeneur solitaire	606
Les Confessions	613

The Natural Sciences

BUFFON	619
Histoire naturelle	620
Discours sur le style	635
BERNARDIN DE SAINT-PIERRE	640
Etudes de la nature	641
Les Harmonies de la nature	646

The End of the Century

CHENIER	648
L'Invention	649
La Jeune Captive	654
Iambes	656
CONDORCET	659
Esquisse d'un tableau historique des progrès de l'esprit humain	660
Lettres d'un bourgeois de New-Haven à un citoyen de Virginie	666
DECLARATION OF THE RIGHTS OF MAN	672
Discours de M. le comte de Mirabeau au nom du comité des cinq	673
Déclaration des droits de l'homme et du citoyen	675

Selective Bibliography — 678

PORTRAITS

BY HANS ALEXANDER MUELLER

Montesquieu	101
Diderot	207
Voltaire	385
Rousseau	510

SKETCHES

BY SUSAN FORNO

Paris in the Eighteenth Century	353
The Threshold of Old Lisbon	434
Les Charmettes, Rousseau's Cottage	617

THE AGE OF
ENLIGHTENMENT

GENERAL INTRODUCTION

"Enlightenment" is a term applied to a definite revolution in the history of thought and especially to its manifestations in eighteenth-century France. It signifies not only the popularization and dissemination in literary form of scientific knowledge but also an all-pervasive philosophic and critical spirit. The leaders of the movement were called "philosophers," although few of them established definite systems of philosophy. The main tenets of the group were a sincere belief in the idea of progress, the application of the experimental method in science, the free and unfettered use of the God-given faculty of reason in all affairs, human and divine, and the ardent faith that reason, controlled by experience, was, with all its limitations, the final judge and the best guide available for the conduct of life.

In an attempt to determine the place of the Enlightenment in the history of ideas, we are led back to the struggle between the classical or pagan tradition and the Judaeo-Christian tradition as modified by Platonism, a conflict that found supreme literary expression in the forerunners of the Italian Renaissance, especially

> the all Etruscan Three,
> Dante, and Petrarch, and, scarce less than they,
> The Bard of Prose, creative spirit! he
> Of the hundred tales of love.

Few would deny that Dante's *Divine Comedy* is the epitome of the spirit of medieval Christianity, of the Biblical tradition systematized along the lines of the Scholastic interpretation of Aristotle. Boccaccio, on the other hand, revealed, for a moment, the first glimmerings of modern naturalism at the very dawn of the rebirth of the "pagan" tradition. Petrarch has often been called the first modern man because, as with modern men in general, he could not resolve the conflict in his breast between his admiration for the ancients and his Christian piety. On the subject of immortality, for example, he debated long between the Christian idea of personal survival and the Stoic conception of immortality within the tide of human events and the flux of the physical universe.

Between Boccaccio, who could make little use of his natural incredulity, and Voltaire, master of pleasantly malicious innuendo, the printing press and America had been discovered, the earth had lost its central position in the universe, and the microscope and the telescope had revealed vast new worlds to stimulate man's intellectual curiosity. First in Italy, the new spirit was developing at the medical schools of Padua and Bologna, where Aristotle was studied as a preparation for medical science rather than for theological speculation. Naturalistic and scientific thought was organized around an individualistic notion of man. The experimental philosophy of Campanella and Cardano, the questioning mind of Pomponazzi, led to the bolder scientific speculations of Giordano Bruno and later influenced the philosophies of science of Francis Bacon and Pierre Gassendi.

Meanwhile, in sixteenth-century France, the new spirit was replacing Scholasticism, which had taken refuge within the confines of the monastery. The center of the Reformation, which was long to embroil France in bloody civil wars, shifted to Geneva with Calvin, leaving the intellectual scene to Rabelais' full-blooded naturalism, based in part on his medical studies and commentaries on the Greek text of Galen, and the skepticism of such men as Erasmus, Jean Bodin, and Montaigne. Without denying supernatural values, Rabelais lustily sang the pleasures of good living, depended upon a lay sense of honor to control the conduct of his coeducational Abbaye de Thélème, and worshiped the Creator of carp, sausages, and wine rather than the Founder of Lent. His whole work heralded the revolt against medieval asceticism.

Later in the century the mellow humanism of Montaigne's *Essais*, enriched throughout with quotations from classical antiquity, profoundly influenced the ages of Shakespeare and Bacon, of Pascal and Molière. In particular, the long essay entitled "Apologie de Raimond Sebond," in which human reason is weighed and found wanting, has been interpreted as a pre-Pascalian plea for the submission of reason to faith or as a skeptic's rhetorical exercise in paradox. In either case, Montaigne reveals surprisingly little preoccupation with the supernatural and a great interest in the analysis and perfectibility of individual man. This essay has been called the Bible of seventeenth-century freethinkers, or *libertins*, who held to the essentially pagan idea of the *honnête homme*, or *chrétien à la mondaine*, and shared Montaigne's skepticism regarding the possibility of group reform, political or social — attitudes clearly implicit in Saint-Evremond's essays and Molière's comedies.

At the threshold of modern philosophical thought, which was to change and color the whole cultural atmosphere of France under the Ancien Régime, stands the great figure of Descartes (1596–1650). To him may be referred the inspiration of many of the principal movements of the era: the rationalistic doctrines of deism, based on the light of reason and a belief in the fixed, immutable laws of nature; a physical explanation of cosmic laws, founded on vortices, or *tourbillons*, and a theory of repulsion, which dominated French scientific opinion for a hundred years before yielding to Newton's principle of universal gravitation; the supremacy of reasoning man, which implied that the lower animals were pure automata, possessing neither thought (*âme*) nor feeling; the idea of progress, which developed through the Quarrel of the Ancients and the Moderns and was made apparent to all, in scientific fields, at least, where the authority of Aristotle was most successfully challenged.

With a kind of logical primitivism Descartes tried to ignore all the errors which had been inculcated in him and to return to the pure light of reason, one and the same in all normally organized human beings. For the dead axiomatic truths of Aristotelian Scholasticism (*les anciens*) he substituted the methodical doubt of minds in search of living truths; for the sterile syllogistic method, incapable of overreaching its premises, he substituted a method of investigation progressing by deduction, analysis, enumeration, and recapitulation, starting from the clear, simple, universally self-evident truths to arrive at the humbler, more complex truths of the various branches of science. The most certain self-evident truth is the intuition of the thinking self: "Je pense, donc je suis." Thought, identified with the soul in Cartesian philosophy, is the true source of all knowledge and the unifying agent of all the sciences. By the deductive method Descartes reaches out from this first intuition to give a rational proof of the existence of God: we have an idea of perfection; the idea of perfection implies the existence of perfection (Oriental philosophy might deny this); God, the Perfect Being characterized by Intelligence and Will, therefore exists.

Proof of the existence of God is the necessary link in the Cartesian system between the ideal world of the mind and the exterior universe. The latter world is revealed to us only imperfectly through the senses. But it exists because God is Truth and would not deceive us. Thus, on the aprioristic principles of the perfection of Being and Divine veracity, Descartes founds his dualistic conception of the realms of mind and matter. The exterior universe is composed of infinite space or matter (*étendue*), differentiated, individualized, or rendered finite through the laws of motion. In the universal plenum, or fullness of things (the void is denied in Cartesian physics), energy produces only circulatory motions, or vortices (*tourbillons*), ranging from the cosmic or infinitely great to the infinitely small. Corollary are the laws of inertia and the conservation of energy. These laws of motion, fixed and determined once and for all by the Divine Intelligence, are never abrogated, and it is the province of the scientific method to discover them. The world, then, is submitted to a

The Age of Enlightenment

rigorous, mechanical determinism, from which man alone has a measure of freedom.

Man's nature is thus dualistic, partaking through the union of soul and body of the realms of mind and matter. In so far as he is body, he is, like the animals, a beast-machine; but his will, even when it yields to the evidence of intuitive, clear, innate ideas, is still will. Descartes' principles and later Locke's, drawn to their logical conclusions by deists and philosophers, really leave no room for the freedom of the will, and La Mettrie's *Homme machine* (1747) marks an epoch in the great debate, not so much by lifting animals above the lowly plane ascribed to them by Descartes as by applying Cartesian principles to the higher animal that is man.

A more serious difficulty with Descartes' metaphysical system was to explain how such very different entities as the body and the soul, the one made of matter and subject to movement, the other essentially insubstantial, could interact without upsetting the fixed laws of motion such as the conservation of energy. A serious error in the calculation of the laws of kinetic force permitted Descartes to believe that he had discovered mathematical proof of such interactions. In striving to find the locus of these interactions he sought a single, unified, centrally located organ and hit upon the pineal gland, the functions of which were then entirely mysterious. This is perhaps the most vulnerable aspect of his philosophy.

Despite such fundamental weaknesses in his metaphysical system, Descartes' influence has been great indeed. He led the revolt against the authority of the ancients, upheld an exalted faith in human reason, and contributed to a progressive faith in the scientific method by rigorous laws of analytical investigation, illustrated by his own significant discoveries in mathematics, mechanics, and optics. He prudently held up the publication of his views on the Copernican system, and he accommodated his doctrines as best he could to orthodox theology, which he accepted and then ignored. The Jansenist Arnauld saw in him a defender of the existence of an infinite and perfect God and of the immortality of the soul against the *libertins*, both skeptics and Epicureans, but Bossuet early sensed the dangers implicit in the rationalistic method. Stripped of its metaphysical trappings, Descartes' contribution, as Lanson remarks, could lead to nothing but the philosophic spirit of the eighteenth century. In England, the teaching of Cartesian philosophy was forbidden at Oxford, and, at Cambridge, Cudworth rejected as extremely dangerous the theory of animal automatism. Hobbes early construed the primary intuition of Descartes' system to read: "Je pense, donc la matière peut penser." "J'ai connu beaucoup de personnes," wrote Voltaire, "que le cartésianisme a conduites à n'admettre d'autre Dieu que l'immensité des choses." And Diderot, great admirer of Descartes' principles of logic, correctly judged his merits as follows: "Descartes, le vrai restaurateur du raisonnement.

est le premier qui a amené une nouvelle méthode de raisonner, beaucoup plus estimable que sa philosophie même, dont une bonne partie se trouve fausse ou fort incertaine, selon les propres règles qu'il nous a apprises." By the middle of the eighteenth century, largely through the efforts of Maupertuis and Voltaire, Newtonian physics was to displace vortices (transformed by Leibniz into the more theologically conceived monads) and theories of repulsion. Locke's theory reasserted the primacy of the sensations (*je sens, donc je suis*). Rousseau, baffled by the arguments of the rationalists, closed an epoch by abandoning the Cartesian field of combat and entrenching himself behind the sentimental manifesto of his *Profession de foi du vicaire savoyard*.

Descartes' greatest contemporary opponent was Pierre Gassendi (1592–1655), a genial priest and doctor of theology, who rehabilitated Epicurus and taught an empirical science which harked back to the pre-Aristotelian atomic philosophy of Leucippus and Democritus. We know of this early Greek movement chiefly through the history of Diogenes Laertius and the *De rerum natura* of Lucretius. Leucippus seems to have proposed the atomic theory as a solution to the dilemma of the infinite divisibility of matter which was raised by idealistic philosophy. Such divisibility is perfectly compatible with mathematical reasoning, but the subject matter of the biological sciences is less amenable to this theory. It will not be surprising, then, to find the eighteenth century, especially interested in the sciences of nature, turning back to Leucippus and the Epicurean philosophy of Lucretius. Leucippus was also led to affirm the existence of a noncorporeal void, a hypothesis maintained by Gassendi and soon to be proved against Descartes by the experiments of Torricelli and Pascal. The atomic theory had become more philosophical with Democritus, who affirmed that the world was the product of matter in motion, compounds being formed by the natural and chance union of similar particles. Implicit in Gassendi's philosophy and in its literary interpretation by Cyrano de Bergerac is this idea that matter cannot be conceived apart from motion. Later John Toland explicitly stated that motion is essential to matter, and this argument became a serious weapon in the hands of the more materialistically minded eighteenth-century philosophers. Epicurus, living in times of political uncertainty, had added to the physical realism of his predecessors an ethics in which refuge in individual perfectibility was stressed. Sense perceptions, stored in the mind, made judgment possible. In the interpretation of Epicureanism by Lucretius there was no place for creation or design, no Awful Power and no Providence, in the construction of the universe. From nothing, nothing can be produced (*ex nihilo, nihil*); the elementary atoms are therefore eternal, and by their chance association all the diversity and complexity of organized matter can be explained. Deep sleep is a proof that life is motion, and the dissolution of death is the annihilation of the self.

Gassendi expounded the physical theories of the Epicureans in his *Syntagma philosophicum* (1658), a forbidding Latin work of six folio volumes. His *Life of Epicurus* was the first modern rehabilitation of his hero, who had been signally maltreated in Christian tradition. Gassendi maintained that pleasure was not opposed to virtue and that the Church had tended to divorce virtue and the good life. He was obliged, however, to oppose some of the more dangerous concepts of the Epicurean doctrine and to consider God as creator at least of the different varieties of atoms that compose the physical universe. The nature of Gassendi's first principles will show the sharp contrast between his thought and Cartesianism: matter is indifferent to form; the only true causes are efficient or material causes; a distinction must be made between motion inherent in the atom and mutation impressed by an external body; the stone falls to earth because of magnetic attraction and not because of some mysterious affinity; all reason is founded on sense perception, and all direct knowledge is that of qualities and relationships. Logically, Gassendi could well have asserted that mind was a form of matter, but he prudently chose to consider it an act of God. Sense perception, he believed, was not in the sense organ but in the brain, which was itself a highly developed nerve. He recognized that natural selection has determined what forms shall survive, noted the existence of rudimentary organs but not their evolutionary significance, and stated that the separation of organ and function was a false abstraction.

Against Descartes, then, Gassendi described as empty philosophical speculations the concepts of a soul capable of thought without the organs of thought, innate ideas antecedent to the experience of the senses, and truths that were conceived other than as the expression of external reality — all theories, in short, which were abstracted from the living world. Descartes believed that the mind was more readily comprehensible than the body. Gassendi suggested using the anatomical approach and pictured stored sense perceptions as folds in the brain, all too readily effaced by later folds. Early in his work he summarized Bacon's thought and stressed the experimental inductive method of the Baconian tradition. He tried to mediate, however, between the extreme rationalism of Descartes and the extreme empiricism of Bacon. Syllogistic reasoning, he believed, could be fruitful if combined with closer observation and with the analytical sciences which lead to accurate knowledge of particular objects.

If Gassendi's contributions to the history of thought have been neglected, the neglect is due partly to the formidable erudition of his huge *Syntagma philosophicum* and partly to the misleading *Abrégé* of his thought by his admiring disciple Bernier. Among Gassendi's other disciples was Cyrano de Bergerac, who died in the same year as the master, leaving behind in manuscript his imaginary voyages to the sun and the moon, in which Gassendist ideas are everywhere apparent. Molière, too, is said to have joined the group and to have begun a now lost translation of Lucretius. According to J. M. Robertson, Locke was inspired by Gassendi more than by any other single author. Bayle praised and used Gassendi extensively in his *Dictionnaire historique et critique*. Locke and Bayle were potent influences in eighteenth-century thought, in which the Lucretian trend was to be strongly marked among such natural scientists and philosophers as La Mettrie and Diderot.

While Aristotle's authority in the sciences was being attacked by both Cartesians and Gassendists, his reign in the field of literary theory and criticism was being finally established. His *Poetics*, as interpreted by scholars of the Italian Renaissance, met a favorable reception in the newly established French Academy (1636). The literary genres were carefully distinguished and subjected to the somewhat narrowly envisaged rules of French classicism as summed up later in Boileau's *Art poétique*. The power of will of a Richelieu and that of Don Rodrigue or Chimène in Corneille's *Le Cid* were manifestations in the political and literary domains of the same spirit that made God's will, in Descartes' system, only second to His intelligence.

The middle decades of the seventeenth century were marked by religious wars with the Protestants, dynastic wars with Spain, and the civil war of the Fronde. During the winter armistices and the occasional periods of relative calm, the civilizing power of the new culture, fostered by the salons, tended to moderate the manners and purify the language of the soldier-courtier. Accordingly, the sterner epic qualities of the heroic-gallant novel were softened in Mlle de Scudéry's later works. The portraits and love conversations of her *Clélie*, the *Contes* and *Fables* of La Fontaine, the *Essais* of Saint-Evremond, the *Maximes* of La Rochefoucauld, the *Dialogues* of Fontenelle, the *Contes de ma mère l'oie* of Perrault, all represent the urbane spirit of the salons in which they were in great measure devised. The polite, natural, and brilliant conversation in the salon of Ninon de Lenclos, for example, brought together Saint-Evremond, Molière, Lulli the musician, Mignard the delicate portrait-painter, and Huyghens the scientist, and its mundane spirit was reflected in their works. Only the exaggerated manifestations of preciosity were ridiculed out of existence by Molière's *Précieuses ridicules* and Boileau's *Héros de roman*. Its better side, aided by the philosophical rehabilitation of the passions, gradually developed into *bienfaisance* and *sensibilité*. Its civilizing influence continued to make itself felt throughout the Ancien Régime in a succession of salons which, in the eighteenth century, were directed by such well-known figures as Mmes de Lambert and de Tencin, protectors of Fontenelle and Marivaux, Mme de Geoffrin, Mme du Deffand, Mlle de Lespinasse, and Mme Necker. The cosmopolitan character of these intellectual centers of polite and witty interchange of ideas contributed notably to the European hegemony of French language and culture.

After the gentler years of the regency of Anne of Austria and the disorder and turmoil of the Fronde, Louis XIV assumed with firm hand, in 1661, the destinies of France. Two decades of order and prosperity, glory and honor, followed. The power of the nobility was broken, and the philosophic spirit was driven underground. Saint-Evremond was exiled to England, where he sang the praises of Corneille in the age of Dryden and the Restoration. Royal favor and royal pensions, in happy conjunction with an unusually adequate supply of men of genius, shaped the literary and artistic trends which marked the culmination of the great Age of Classicism. Molière wrote immortal comedies but also worked feverishly to entertain the king at his sumptuous court with divertissements and ballets. Lulli, aided by the librettist Quinault, founded French opera under royal patronage; Le Brun decorated the walls of the palace of Versailles with heroic and grandiose paintings; Le Nôtre laid out in geometric patterns the magnificent gardens filled with pagan divinities sculptured by the skillful Coysevox and many a lesser artist. Charles Perrault helped his brother design the façade of the additions to the Palais du Louvre and boldly proclaimed in the French Academy, with considerable semblance of truth, the superiority of the moderns over the ancients. Racine's tragedies were acclaimed as unexcelled, and Bossuet's eloquence could certainly not be considered inferior to that of Demosthenes. Meanwhile, under the efficient administration of Colbert, economic prosperity brought to the city and court an increase of creature comforts so impressive that partisans of the growing idea of progress could hardly be silenced.

A modified Cartesianism was the dominant philosophy of the age. Human nature, best analyzed in its universal and general traits in comedy and tragedy, was stressed to the exclusion of external nature, the beauties of which were sung in other periods by lyric poets. Gothic architecture was eclipsed by more classically conceived, more simply ordered, and more stately mansions. The sterner rationalism of Descartes was softened into the sweeter reasonableness of Molière's heroes and heroines. Reason, nature, and common sense — that attribute so impartially shared by all men, according to Descartes — were almost synonymous terms which expressed the literary ideal of Boileau's *Art poétique* as well as the urbane moderation and decorum of the *honnête homme,* an ethics more reminiscent of Stoicism and Epicureanism than of the austerity of Christian tradition. A display of piety mixed with hypocrisy was ridiculed in Molière's *Tartuffe,* excessive frankness in his *Misanthrope,* and excessive libertinism in his *Don Juan,* for Molière had learned of *vertu-sagesse* at the school of Lucretius. Similar human sentiments were exemplified by the

General Introduction

animals of La Fontaine's *Fables* and analyzed in La Bruyère's *Caractères*, modeled after Theophrastus. Racine's heroes, and especially his heroines, were taken chiefly from Greek and Latin history, but dressed in the costumes of the preceding reign; for his audiences were interested in dramatic analysis and portrayal of the most profound and universal human characteristics and emotions, not in local color or picturesque diversity. Boileau's polished *Satires* were appreciated but sometimes came dangerously close to the much-decried realism of, for example, the Dutch school of painting. His translation and publication of Longinus's *Treatise on the Sublime* much more nearly expressed the spirit of the age. As the taste for order, form, and proper proportion developed, the *bienséances* were added to the Aristotelian rules of the preceding generation and dominated the theater for a whole century to come.

In the realm of speculative thought, the year 1670 witnessed the publication of Pascal's *Pensées* and Spinoza's *Tractatus theologico-politicus*, presenting highly contrasting points of view. Pascal (1623–1662), son of a mathematician, himself a genius in mathematical and experimental sciences, and standing at the threshold of a great scientific age, turned his back on both reason and science, and sought to bolster his faith with the proof that the truth of the New Testament depends on the authority of the Old Testament, whose prophecies it fulfilled. Spinoza, educated in the Biblical and mystical atmosphere of the Synagogue, revolted against the tradition of his people and subjected Revelation to the methodical doubt and rational demonstration of Cartesianism. Issues that are still very much alive today were thus sharply drawn in these two works.

The logic of Jansenism, as well as the miraculous healing of his niece and his ecstatic meeting face to face with his God, converted Pascal to the austerity and intense religious activity of the final years of his all too brief existence. The Jansenist movement, named for its founder, Jansenius, and a continuation of Augustinian subservience of reason to faith, was a protest against the moral tenets and too frequent communion of the dominant Jesuit party, a kind of reformation within the Church, with doctrines of grace and predestination that were quite similar to those of Calvinism. Declared heretical during Pascal's lifetime, the movement appealed nevertheless to the legalistic minds of the French Parlement as well as to a significant section of the clergy. The center of activity was the cloister of Port-Royal-des-Champs. At Paris Pascal proposed to mortify his already ailing body and prepare himself for the felicity of the afterlife. His *Lettres provinciales*, directed against Jesuit casuistry and written in energetic polemical prose, had already marked him as the most gifted champion of the Jansenist cause. His *Pensées*, obviously intended to be reworked into an apology of the Christian religion, were left scattered in manuscript form and were first edited by his friends at Port-Royal. His delimitation of reason, his wager on the existence of God, proposed as an attractive method of converting libertines, his contempt for natural man, his treatment of the miracles and prophecies of the Scriptures, were to be generally attacked in the eighteenth century by rationalists and naturalists alike, but nowhere as pertinently as in the twenty-fifth of Voltaire's *Lettres philosophiques*. The Jansenist-Jesuit quarrel continued to harass the religious unity of France until the expulsion of the Jesuits in 1762 and has never yet been entirely allayed. The literature of the century constantly reflects this struggle, in which the most notable events were the persecution of the Jansenists and the demolition of Port-Royal-des-Champs by the aging Louis XIV; the papal bull *Unigenitus* of 1713, declaring heretical a number of propositions alleged to be discoverable in the work of P. Quesnel; the miraculous cures of Abbé Pâris in the Jansenist parish of Saint-Médard; the controversy between the Jansenists and the Sorbonne over the thesis of Abbé de Prades; and the final ratification by the pope in 1764 of the parliamentary order for expulsion of the Jesuits.

Spinoza's fortunes are more difficult to trace. His *Ethics*, mathematically patterned in the Cartesian tradition, appears to have created little discussion. Bayle attacked him as an atheist in his *Dictionnaire historique et critique*. John Toland was the first to describe his mystical qualities as pantheistic and thus to endow the English language, and later the French, with a new word. Diderot, in his *Encyclopedia* article "Liberté," summarizes Spinoza's arguments against free will and pretends to refute them. But Spinoza's Biblical criticism was to have a surreptitious vogue in widespread manuscript dissemination, a movement which culminated in Voltaire's and D'Holbach's pamphleteering activities towards the end of the century.

The well-ordered political, social, and artistic exterior of the early reign of the great sun-king hid only temporarily the seething revolution in men's minds which has been so aptly described by the title of Paul Hazard's book *La Crise de la conscience européenne*. The turning point was the historically tragic revocation of the Edict of Nantes in 1685, which, through the expulsion of the Huguenots, deprived France of her most skillful artisans and set up active intellectual centers of opposition to the Ancien Régime in Holland, England, Switzerland, and the German principalities. The glorious victories of Louis XIV turned into defeats; the economic strength of France was seriously impaired; the treasury was left in a disordered state of depletion, which grew steadily worse throughout the course of the eighteenth century. The last years of the reign were marked by morose religious fanaticism and persecution, as the king came more and more under the domination of Mme de Maintenon and Père Le Tellier. Religious quarrels, such as that between Bossuet, stout defender of Gallican liberties and of the king's divine stewardship, and

Fénelon, mentor of the dauphin and member of the ultrapapal party, had the effect of producing not more orthodox Christians but more deists and unbelievers. Fénelon, moreover, had the temerity to criticize openly, and in *Télémaque* implicitly, the conduct of the royal personage. Because of his subsequent exile to the diocese of Cambrai and the condemnation of his mystical views, he was for many years considered a precursor of the philosophic group. Protestant opposition found a voice in the mighty person of Pierre Bayle, in Desmaiseaux, editor and biographer of Saint-Evremond, Bayle, and the English deist John Toland, in Jacques Basnage and Jean Leclerc, editors of a series of learned reviews, and in many lesser luminaries. Of the greater eighteenth-century writers only Jean-Jacques Rousseau was of Huguenot extraction.

Typical of this period of intellectual unrest was the Quarrel of the Ancients and the Moderns. The relative merits of the geniuses of Graeco-Roman antiquity and those of the modern era, which had been discussed since the Middle Ages, now became the subject of a heated debate. In the first phase of the quarrel, Boileau, Racine, La Fontaine, and La Bruyère were at a disadvantage, for they were forced to belittle their own obvious merits in arguing against Perrault and other eulogists of the moderns. The discussion assumed definite scientific significance in the works of Fontenelle. He gave neither party the advantage in the imaginative arts but saw clearly that the challenging of the authority of the ancients and the accumulation of the findings of succeeding generations had brought about a tremendous advance in scientific knowledge. Here was undeniable progress, and, if man's knowledge is not unrelated to his well-being and happiness, his lot on this earth can be bettered through his own efforts. This new hope and new faith were the cardinal principles of the Enlightenment, and their importance can hardly be overemphasized. In England, a second phase of the quarrel, which found literary expression in Swift's *Battle of the Books*, was again a manifestation of the new scientific spirit, confused in some measure by the question of the value of classical scholarship. The principal event of the third phase was the debate in France over the merits of Homer, engaged between Mme Dacier, Greek scholar and translator, and Lamotte-Houdar, antipoetical and superficial Cartesian rationalist. It proved at least that the French classical spirit was more Latin than Hellenistic. While agreeing with Fontenelle, most of the eighteenth-century philosophers were well grounded in ancient literature, and many kept alive their enthusiasm for their pagan forebears. Bayle's tremendous erudition controlled practically every available historical or philosophical work of classical antiquity. Voltaire's letters and works were enlivened by frequent quotations from Vergil, Horace, Ovid, and Juvenal, and the scientifically minded Diderot was a devoted reader and annotator of Terence, Persius, and Seneca. The *De rerum natura* of Lucretius, whose hexameters quite evidently rang in the ears of the materialistic Dr. La Mettrie, and the philosophical works of Cicero were all-pervading influences throughout the century.

As the idea of progress became the dominant spirit of the age, the contrary theories of primitivism were revived. Reports of Jesuit missionaries often praised the simple, healthy life of the "noble savage" who made no distinctions between "thine" and "mine." A primitivistic deism which extolled the uncorrupted natural reason of the American Indian is apparent in the *Dialogues curieux* of Lahontan, in Abbé Prévost's *Histoire de Cléveland*, and, disingenuously, in Voltaire's *L'Ingénu*. Fénelon glowingly pictured the utopian innocence of the people of Bétique, Rousseau opposed the delights of rural life to urban artificiality, and both attacked the idea of luxury, which seemed so necessary to the proponents of progress. Voltaire denounced Fénelon's views in *Le Mondain* and long argued against Rousseau's primitivistic tendencies. Diderot's *Supplément au Voyage de Bougainville* presents a concept of nature quite different from Rousseau's, and the evolutionary ideas of his philosophical works dealt a telling blow to the more naïve aspects of primitivism.

The founding of academies of science, and of journals in which new discoveries were expounded and criticized, was an important factor in the development of the new spirit. Describing the seventeenth century as the age of scientific genius, A. N. Whitehead, in his *Science and the Modern World*, strikingly concludes: "A brief and sufficiently accurate description of the intellectual life of the European races during the succeeding two centuries and a quarter up to our own times is that they have been living upon the accumulated capital of ideas provided for them by the genius of the seventeenth century." It has often been remarked that Greek science was arrested by a lack of precision instruments and that the modern spurt of scientific discovery was inaugurated by the invention and perfection of the microscope, telescope, barometer, and thermometer. The need for collaboration and communication between scientists was keenly felt. An Academy of Experiments was founded in Florence in 1657, in which the principal figures were Viviani and Torricelli, students of Galileo. Next to be established was the Royal Society of England, under the auspices of the followers of Francis Bacon and under the curatorship of Robert Hooke, one of the most versatile scientists of his century and discoverer of the cellular composition of organic bodies. Meetings were held as early as 1645, and a charter was granted in 1662. After some fifteen years of informal meetings, distinguished by the presence of Descartes, Pascal, and Gassendi, the French Academy of Sciences was definitely established in 1666. The *Journal des savants*, the first scientific periodical, was begun in 1665, suppressed by the Jesuits, and then revived in 1666. Later that year the *Philosophical Transactions* of the British Royal Society began to appear. Bayle's

General Introduction

monthly *Nouvelles de la République des Lettres*, founded in 1684, gave generous critical reviews of scientific works. Basnage continued Bayle's task in his *Histoire des ouvrages des savants*, and Jean Leclerc added his series of *Bibliothèques* to the swelling journalistic tide. In France the *Journal de Trévoux*, under Jesuit auspices, aided in the dissemination of scientific discoveries, though such scientific editors as Père Castel, later famous for his color organ, opposed Newtonian physics and failed to temper rationalistic speculation with experimental verification. By the middle of the eighteenth century the number of journals and periodical reviews had greatly multiplied.

Fontenelle was particularly successful in popularizing scientific ideas and creating respect for the savants of his age. The vogue became so great that laboratories were set up for the delectation of the aristocracy. Voltaire popularized the discoveries of Newton, worked long hours in his laboratory at Cirey, and wrote a sound scientific treatise on the nature of fire. Diderot attended and took careful notes on the chemistry lectures and demonstrations of Rouelle. Buffon laid the foundations of the natural sciences, and Lavoisier established the science of chemistry. In mathematical physics Maupertuis and D'Alembert were worthy successors of Newton and Leibniz. Carlyle and Taine showed the limitations of the romantic reaction when they failed to recognize the sound scientific basis of the Age of Enlightenment. The rationalism of Descartes and the classical age was now almost entirely transformed and controlled by the experimental method.

The critical years of the decline of the age of Louis XIV were marked also by an increased interest in foreign lands and peoples. Geographical preoccupations thus supplanted the self-centered historical views of the preceding era. Man's conception of the terrestrial globe as well as of the universe was radically changed. Books on voyages of discovery in distant lands were eagerly read, and it was becoming apparent that human history did not begin with the Jewish tribes of Palestine. Jesuit missionaries were sending home accounts of Japan, Père Lecomte wrote his *Mémoires* on China (1696–1700), Tavernier published his observations on Turkey, Persia, and the Indies, and Thévenot described the life of the Great Mogul and introduced coffee into France. The Oriental vogue was further enhanced by the translation of the *Arabian Nights* and by scholarly works on the Ottoman empire and ancient Persia. The very numerous novels, tales, and plays that dealt with the Orient during the first half of the eighteenth century included such outstanding works as Montesquieu's *Lettres persanes* and Voltaire's *Zadig*. The vogue was seized upon by the philosophers to glorify the customs and manners of distant peoples at the expense of the Ancien Régime. The imaginary voyage, inspired often by Cyrano's *Voyage dans la lune*, usually utopian in character and serving as a vehicle for deistic propaganda, was used for political satire in

Swift's *Gulliver's Travels*, and as an attack on metaphysical systems in Voltaire's *Micromégas*. Abbé Prévost began the translation and publication of his *Histoire générale des voyages* in 1747, and the account of the discovery of Tahiti two decades later inspired Diderot to write his philosophical *Supplément au Voyage de Bougainville*.

The death of Louis XIV in 1715 was the signal for scandalous public rejoicing in the streets of Paris. The regency of the well-intentioned but weak and dissolute Philippe d'Orléans was characterized by a marked indifference to religion. A relaxation of the censorship permitted Montesquieu to publish his *Lettres persanes* and Fontenelle to bring out his *De l'origine des fables*, long prudently held in manuscript form. Threatened with annexation by the Spanish crown, France made a truce with England, and it was to England, recently emerged from the civil war of 1689 with a remarkably liberal Act of Toleration, that the philosophers turned for inspiration. Locke's influence pervaded the whole century, ably seconded by that of Newton, Mandeville, Shaftesbury, and Pope. Marivaux published a *Spectateur français* in imitation of Addison and Steele, and Richardson's novels were only a small part of Prévost's translations from the English. The rise of the bourgeois class, enriched by commercial enterprise, was reflected in lesser degree in France, where the center of taste was removed from the court of Versailles to the city, preparing the way for the *comédie larmoyante*, the bourgeois drama, and the bourgeois novel. Voltaire, Montesquieu, and Rousseau made memorable visits to England, and Bolingbroke, Hume, Horace Walpole, Lord Chesterfield, and Gibbon were familiar figures in Parisian salons.

The heavier hand of Cardinal de Fleury, who became Prime Minister in 1726, drove philosophic publication underground or out of the country. Voltaire brought out a de-luxe edition of his *Henriade* while in England (1726–1728). His *Lettres philosophiques*, denied the necessary royal privilege, were published in London, in Basle, and surreptitiously in Rouen. The philosophers were favored with the connivance of many members of the nobility, who bought outlawed books regularly from *colporteurs* and offered for transport through censorship barriers the official immunity of their coaches. Voltaire did not hesitate, for example, to ask Count d'Argenson, Minister of War, to hide in his supply wagons returning from the wars in Holland an early edition of *Zadig* printed at Amsterdam. Dutch publishers were enriching themselves at the expense of the French, an economic situation which persuaded many otherwise hostile minds of the merits of a free press. The middle of the century found a very enlightened censor in the person of M. de Malesherbes, who was appointed Director of the Librairie in 1750, by his father, M. de Lamoignon, Chancellor of France. Malesherbes believed in and wrote a book on *La Liberté de la presse*. By his own admission a convert through

General Introduction   15

Bayle to skepticism and through Fénelon to a kind of moralistic humanitarianism, Malesherbes fulfilled his duties as chief censor honorably and tolerantly during the most critical years of the struggle for freedom. By executive softening of official condemnations he protected Diderot and the *Encyclopedia* and thus saved for France the largest publishing venture of the century. He had a particular fondness for Rousseau and mistakenly believed that Rousseau's *Emile* could, with some modifications, be published in France with impunity. He played the fanaticism of the Jansenistic Parlement against that of the Jesuit court group with such efficiency and skill that he was accused of deliberately fostering the spread of the revolutionary spirit. He was also a warm friend of Turgot and favored the latter's proposed economic and financial reforms. Immediately before the Reign of Terror, however, he volunteered to undertake the defense of his king, and in April, 1794, he gallantly offered his arm to his daughter as they were led to the guillotine.

The year 1762 marked the climax of the intellectual revolution. During the course of that year both Voltaire and Rousseau expressed their conviction that political and social revolution was inevitable, the Jesuits were expelled, effective hostility to the *Encyclopedia* had been crushed, the philosophers at last dominated the French Academy, and, although Rousseau was banished from the realm, Voltaire could now freely undertake his unreserved campaign against "infamous" opposition to religious toleration and judicial reform. To incite an ignorant and illiterate people to revolt was of course far from his mind. His program was a nonviolent revolution through enlightenment from the top down, first of the magistrates, then of the bourgeois classes, and finally of the artisans, many of whom in Geneva had already impressed him by their intellectual interests. Changes in political institutions and economic practices were much more difficult to bring about. If Gustave Lanson is right, and he could hardly be called a doctrinal proponent of economic determinism, the seeds of evil sown by Louis XIV and described by Fénelon were coming to fruition. Belated attempts at reform under the ministries of Turgot and Necker delayed the final outbreak for twenty-seven more years. But attacks on royal prerogatives and class privileges were more and more loudly voiced. A typical literary manifestation of the spirit of the later years is the bitterly ironic monologue of Beaumarchais' *Le Mariage de Figaro*, which skillfully managed to proclaim freedom of worship, trade, and the press, and the inviolability of person. In 1781, Mme Campan read a manuscript of the play to the king, who prophetically observed that its "detestable" satire implied the destruction of the Bastille, the stronghold named in the early version of the play and symbol of royal authority. When Beaumarchais learned that the king had forbidden the production, he remarked: "Le roi ne veut pas qu'on la joue; *donc*, on la jouera." The

The Age of Enlightenment

play was indeed publicly performed in 1784 to immense audiences fully aware of its significance and loudly acclaiming its impudence and audacity.

The greater writers of the period had died before the storming of the Bastille, leaving an unprecedented wealth of ideas to be acted upon by a new generation. The younger Mirabeau, whose father had so often pursued him with *lettres de cachet*, supervised the drawing up of the Declaration of the Rights of Man. Voltaire's protégé, La Harpe, turned against the philosophic movement, but Fréron *fils* and even Palissot, most distinguished enemy of the *Encyclopedia*, applauded the revolutionary plays and verse of Marie-Joseph Chénier. Voltaire and Rousseau had died in 1778, Diderot in 1784, and D'Holbach in 1789. Except for the elusive Beaumarchais, friend of the American rebels and editor-in-chief of Voltaire's collected works, and Bernardin de Saint-Pierre, "unenlightened" disciple of Rousseau, only Condorcet and André Chénier, among the authors presented in this book, were left to feel the shadow or substance of the undiscriminating guillotine of 1794.

The movements of ideas in the eighteenth century must in the last analysis be studied in the works of the individual authors. Only after a close examination of the texts should generalities be arrived at and conclusions drawn. Differences and varieties of opinion are almost as striking as agreements, for it is through a clash of ideas that the belief in progress emerges from the battles of the ancients — whether authoritarians, traditionalists, or primitivists — against the moderns. The major writers of the century have often been accused of indulging in abstract generalities, yet Montesquieu in his *Esprit des lois* and Voltaire in his *Micromégas* show a fine sense of relativity, and the latter's *Candide* is from beginning to end a protest that evil in general, human pain and misery abstracted from the suffering individual, can lead only to the unwarranted philosophical speculations of a Pope or a Leibniz. Diderot, too, proclaimed in his *Rêve de d'Alembert* that every abstraction is an idea emptied of its meaning. The appeal to natural law is an almost universal characteristic of the century, but the interpretations of that law vary all the way from an *a priori* defense of an innate principle of justice and equity to a concrete idea of reform empirically deduced from social observation. The same moral imperative in regard to an international order is envisaged, for example, whether we consider that God created all men to be brothers or whether the experience of international anarchy makes such a state of affairs no longer humanly bearable. The naturalistic philosophers, consciously or unconsciously, cloaked their practical aims in idealistic and rationalistic forms of expression, even at the risk of being misunderstood by future critics, and complained, with Rousseau, that language was too traditional to keep pace with the surging progress of the new spirit.

The eighteenth century was marked by cosmopolitanism of thought and free intellectual communication between nations. In France, in England, and in the English colonies, the revival of learning, the spirit of freedom in the political treatises of John Locke, and the universal prestige of Montesquieu were producing a new humanism. Gilbert Chinard has revealed how Jefferson, from such sources, developed his principles of self-government of the people, and Carl Van Doren has given a full-length portrait of the versatile Franklin, whose printing press in Paris continued the work begun in Philadelphia. Both Franklin and Jefferson served as ambassadors to France and were thoroughly imbued with the new liberalism. It was of immeasurable importance that, during the critical years of the framing of our state and federal constitutions, Montesquieu was revered as an authority in all constitutional assemblies, while the joint efforts of Voltaire and Beccaria in the reform of criminal law gave us codes more humane than anything known in Europe up to that time. Franklin was the hero of many a European academy of sciences, and Buffon was in turn elected to American scientific and philosophical societies. Condorcet exchanged ideas with his American friends and was a close student of American political developments. The final selections in this volume show the results of these parallel and often interlocking movements of thought.

The essentially chronological presentation of authors in this book hides certain well-defined groupings of kindred spirits and related movements. Cartesian rationalism is represented, for instance, to some extent in Fontenelle and Fénelon, in Condillac and D'Alembert, in spite of their repudiation of innate ideas and their acceptance of Locke's theory of sensations, in Voltaire in his more moralistic moods, and at the end of the century in Condorcet. The Platonic tradition is most marked in Fénelon and Rousseau, whose faith in the efficacy of conscience led to Kant's categorical imperative. The most prominent followers of Gassendi's Epicureanism were Cyrano de Bergerac, Bayle, and La Mettrie, while the Stoic tradition of Cicero and Seneca found echoes in Voltaire's deism and Diderot's hopes of immortality through prestige. The Baconian tradition finds a worthy champion in Diderot, while Locke's political ideas were carried on by Rousseau, Condorcet, and the framers of the Declaration of the Rights of Man.

Among the important literary trends of the century, French classicism was defended by Buffon and best represented by Voltaire; the preromantic movement of *sensibilité* is prominent in the works of Marivaux and Prévost, Diderot's *Père de famille*, Rousseau's *La Nouvelle Héloïse*, and Bernardin de Saint-Pierre's *Paul et Virginie;* lyric poetry was in abeyance

18   The Age of Enlightenment

until Chénier brought a new spontaneity and sincerity to the genre; a hesitant realism is already apparent in the novels of Lesage, Marivaux, and Prévost, and becomes more marked in Diderot's *Le Neveu de Rameau* and *Jacques le fataliste*. Rousseau's prose revealed new harmonies and descriptive techniques unknown to his predecessor Prévost, while Bernardin de Saint-Pierre's observations, rich in the exotic terms of his travels to distant lands, contributed to the French language many nuances of color and form. Many other patterns of trends and related ideas will emerge from the texts presented in the following pages.

The spirit of the Enlightenment, however, especially in its economic, political, and social aspects, is very much alive today. It has had a most important influence on the liberal, democratic policies of most of the civilized nations of the Western world.[1] Montesquieu's thorough study of the spirit of laws, his ideal of justice, his suggestions for the reform of criminal law, later developed by the Italian, Beccaria, and his comments on federalism, well-known to Franklin, Jefferson, and Madison, were the foundation of the Constitution of the United States of America, and produced a liberalizing influence on European governments. Voltaire's tremendous propagandizing talents gave universal dissemination to his lifelong crusade for social justice, his principle that the only good government was one in which law, and only the law, ruled supreme, and his fervent plea for religious toleration founded on the brotherhood of man. Rousseau's declaration of the sovereignty of the people, the social compact, and the essential dignity of man was most influential.

The Age of Enlightenment ends historically with, and is succinctly summed up in, a most important document, the French Declaration of the Rights of Man and the Citizen (1791), echoed in the American Bill of Rights of that same year. Its spirit, however, still marches on in the movement for World Federalism, for World Peace through World Law,[2] through the organization and possible revision of the United Nations and its subsidiary projects, and the proposal for the world Bill of Rights (1964), based so apparently on the eighteenth-century models.

1. R. R. Palmer: *The Age of the Democratic Revolution, A Political History of Europe and America, 1760–1800*. Princeton, 1959–64.
2. Grenville Clark and Louis B. Sohn, *World Peace through World Law*, 3rd ed. enl., Harvard University Press, 1960.

PRECURSORS

Cyrano de Bergerac
1619-1655

Partly because of the biography of his contemporary and friend Le Bret, partly because of the highly fanciful turn of mind of such nineteenth-century writers as Gautier, Lacroix, and Rostand, Cyrano de Bergerac has come to represent for many little more than a romantic legend. Voltaire, among others, dismissed him as a madman; Nodier defended him in his *Bibliographie des fous*. An obscure English critic was doubtless close to the truth when he characterized Cyrano as "a writer with a touch of rare, wayward genius."

Contrary to popular belief, Savinien de Cyrano (later, de Bergerac) was not Gascon, nor was he of the nobility. He was born at Paris in 1619, the son of a prosperous bourgeois who read Greek, Latin, and Italian. The boy was first privately tutored, then sent to the Collège de Beauvais, where he remained until the age of eighteen. His sojourn in Paris brought him complete freedom, which he employed for a time by frequenting a company of roisterers as bold and gay as they were sacrilegious and unscrupulous. At nineteen he became a guardsman in the company of Carbon de Castel-Jaloux. He proved to be not only an excellent soldier but a remarkable duelist as well. When a wound compelled him to retire from active service, he resumed his studies.

Soon Cyrano had become acquainted with a number of scholars and men of letters, but he fell under the influence particularly of the famous Gassendi. Along with Chapelle, La Mothe le Vayer *fils*, Molière, and Bernier, he followed assiduously the lectures of this French philosopher and mathematician, who was reviving the philosophies of Epicurus and Lucretius and urging the importance of experimental research in opposition to the Aristotelians and Cartesians. The echo of Gassendi's teachings is easily discernible in certain of Cyrano's own writings.

During his lifetime Cyrano's literary fame was largely based on works which he circulated in manuscript. Apparently the comedy *Le Pédant joué* was not staged until after his death. His *Lettres* and the tragedy *La Mort d'Agrippine* were published in 1654. He died the next year at the age of thirty-five; whether from a timber falling on his head or a "maladie" has not been definitely ascertained.

His reputation as a freethinker, already firmly established before 1655, received increased notoriety when the two parts of *L'Autre Monde, Les Etats et empires de la lune* and *Les Etats et empires du soleil*, were posthumously published. This work, the most significant of Cyrano's writings for the student of the Enlightenment, was composed for a purpose similar to that of *Gargantua* and *Gulliver's Travels*. Like Rabelais and Swift, he was interested in satirizing existing institutions, attacking popular prejudices and morals, and expounding on philosophy and anticipations in science.

As a propagator of subversive ideas, a role hardly tolerated under the Ancien Régime, he became party to the current of libertinism that was held in such abhorrence by the forces of authority and tradition in the seventeenth century. Some present-day scholars hold that these libertines represented little in the way of intellectual significance but merely flaunted their irreligion and skepticism to satisfy their vanity. Most scholars, however, persist in seeing in the seventeenth-century *libres penseurs* the manifestation of an intense intellectual struggle in which is revealed the great trend of the French critical spirit that was to expand during the eighteenth century and triumph at the time of the publication of the *Encyclopedia*. The chief importance of Cyrano de Bergerac, with his hostility to tradition, his interest in ethical and scientific progress, and his love of philosophical abstractions, lies in the fact that he is representative of the general temper of mind among the freethinkers of his period.

VOYAGE DANS LA LUNE [1]

[Having pondered over the nature and possible inhabitation of the moon, Cyrano makes his first attempt to reach that heavenly body.]

J'avais attaché autour de moi quantité de fioles pleines de rosée, sur lesquelles le Soleil dardait ses rayons si violemment, que la chaleur, qui les attirait, comme elle fait les plus grosses nuées, m'éleva si haut, qu'enfin je me trouvai au-dessus de la moyenne région. Mais, comme cette attrac-
5 tion me faisait monter avec trop de rapidité, et qu'au lieu de m'approcher de la Lune, comme je prétendais, elle me paraissait plus éloignée qu'à mon départ, je cassai plusieurs de mes fioles, jusqu'à ce que je sentis que ma pesanteur surmontait l'attraction, et que je redescendais vers la terre. Mon opinion ne fut point fausse, car j'y retombai quelque temps après;
10 et, à compter de l'heure que j'en étais parti, il devait être minuit. Cepen-

---

1. Commonly used title for the first part of Cyrano's *L'Autre Monde, ou Les Etats et empires de la lune et du soleil*. On his death the author left the manuscript with his friend Le Bret, who, having become a priest, omitted many of the more daring passages in his publication of 1657. An English translation appeared at London the following year. The complete text based on the manuscript was not published until the twentieth century. The best available French edition is that of Frédéric Lachèvre. Richard Aldington has presented Cyrano's work in a splendid English edition.

dant je reconnus que le Soleil était alors au plus haut de l'horizon, et qu'il était là midi. Je vous laisse à penser combien je fus étonné: certes, je le fus de si bonne sorte, que, ne sachant à quoi attribuer ce miracle, j'eus l'insolence de m'imaginer qu'en faveur de ma hardiesse, Dieu avait encore une fois recloué le Soleil aux cieux,[2] afin d'éclairer une si généreuse entreprise. Ce qui accrut mon étonnement, ce fut de ne point connaître le pays où j'étais, vu qu'il me semblait qu'étant monté droit, je devais être descendu au même lieu d'où j'étais parti. Equipé pourtant comme j'étais, je m'acheminai vers une espèce de chaumière, où j'aperçus de la fumée; et j'en étais à peine à une portée de pistolet, que je me vis entouré d'un grand nombre d'hommes tout nus. Ils parurent fort surpris de ma rencontre; car j'étais le premier, à ce que je pense, qu'ils eussent jamais vu habillé de bouteilles. Et, pour renverser encore toutes les interprétations qu'ils auraient pu donner à cet équipage, ils voyaient qu'en marchant je ne touchais presque point à la terre: aussi ne savaient-ils pas qu'au moindre branle que je donnais à mon corps, l'ardeur des rayons de midi me soulevait avec ma rosée, et que, sans que mes fioles n'étaient plus en assez grand nombre, j'eusse été possible[3] à leur vue enlevé dans les airs. Je les voulus aborder; mais, comme si la frayeur les eût changés en oiseaux, un moment les vit perdre dans la forêt prochaine....

[Cyrano is taken to the home of the governor of French Canada.]

Mon bonheur fut grand de rencontrer un homme capable de hautes opinions, et qui ne s'étonna point, quand je lui dis qu'il fallait que la Terre eût tourné pendant mon élévation, puisque, ayant commencé de monter à deux lieues de Paris, j'étais tombé, par une ligne quasi perpendiculaire, en Canada.

Le soir, comme je m'allais coucher, il entra dans ma chambre, et me dit: "Je ne serais pas venu interrompre votre repos, si je n'avais cru qu'une personne qui a pu trouver le secret de faire tant de chemin en un demi-jour n'ait pas eu aussi celui de ne se point lasser. Mais vous ne savez pas, ajouta-t-il, la plaisante querelle que je viens d'avoir pour vous avec nos Pères?[4] Ils veulent absolument que vous soyez magicien; et la plus grande grâce que vous puissiez obtenir d'eux est de ne passer que pour imposteur. Et, en effet, ce mouvement que vous attribuez à la Terre est un paradoxe assez délicat; et, pour moi, je vous dirai franchement que ce qui fait que je ne suis pas de votre opinion, c'est qu'encore qu'hier vous soyez parti de Paris, vous pouvez être arrivé aujourd'hui en cette contrée, sans que la Terre ait tourné; car le Soleil, vous ayant enlevé par le moyen de vos bouteilles, ne doit-il pas vous avoir amené ici, puisque, selon Ptolémée et

---

2. Allusion to the miracle of Joshua.
3. A seventeenth-century usage quite common in C.'s work.
4. The Jesuit Fathers.

les Philosophes modernes,[5] il chemine du biais que vous faites marcher la Terre? Et puis, quelle grande vraisemblance avez-vous, pour vous figurer que le Soleil soit immobile, quand nous le voyons marcher? et quelle apparence que la Terre tourne avec tant de rapidité, quand nous la sentons ferme dessous nous? — Monsieur, lui répliquai-je, voici les raisons à peu près qui nous obligent à le préjuger. Premièrement, il est du sens commun de croire que le Soleil a pris la place au centre de l'univers, puisque tous les corps qui sont dans la Nature ont besoin de ce feu radical; qu'il habite au cœur de ce Royaume, pour être en état de satisfaire promptement à la nécessité de chaque partie, et que la cause des générations soit placée au milieu de tous les corps, pour y agir également et plus aisément.... Cela donc supposé, je dis que la Terre ayant besoin de la lumière, de la chaleur, et de l'influence de ce grand feu, elle tourne autour de lui pour recevoir également en toutes ses parties cette vertu qui la conserve. Car il serait aussi ridicule de croire que ce grand corps lumineux tournât autour d'un point dont il n'a que faire que de s'imaginer, quand nous voyons une alouette rôtie, qu'on a, pour la cuire, tourné la cheminée alentour.... L'explication des deux autres mouvements est encore moins embrouillée. Considérez un peu, je vous prie..." A ces mots, le Vice-Roi m'interrompit: "J'aime mieux, dit-il, vous dispenser de cette peine; aussi bien, ai-je lu, sur ce sujet, quelques Livres de Gassendi,[6] mais à la charge que vous écouterez ce que me répondit un jour un de nos Pères, qui soutenait votre opinion: 'En effet, disait-il, je m'imagine que la Terre tourne, non point pour les raisons qu'allègue Copernic, mais pour ce que, le feu d'enfer étant enclos au centre de la terre, les damnés, qui veulent fuir l'ardeur de sa flamme, gravissent, pour s'en éloigner, contre la voûte, et font ainsi tourner la Terre, comme un chien fait tourner une roue, lorsqu'il court enfermé dedans.'"

Nous louâmes quelque temps cette pensée, comme un pur zèle de ce bon Père, et enfin le Vice-Roi me dit qu'il s'étonnait fort, vu que le système de Ptolémée était si peu probable, qu'il eût été si généralement reçu. "Monsieur, lui répondis-je, la plupart des hommes, qui ne jugent que par les sens, se sont laissé persuader à leurs yeux, et de même que celui dont le vaisseau vogue terre à terre croit demeurer immobile, et que le rivage chemine, ainsi les hommes, tournant avec la Terre autour du Ciel, ont cru que c'était le Ciel lui-même qui tournait autour d'eux. Ajoutez à cela l'orgueil insupportable des humains, qui se persuadent que la Nature n'a été faite que pour eux, comme s'il était vraisemblable que le Soleil, un grand corps quatre cent trente-quatre fois plus vaste que la terre, n'eût été allumé que pour mûrir ses nèfles, et pommer ses choux. Quant à

---

5. The Scholastic philosophers. C.'s work is one of the earliest attempts to popularize the Copernican theory as opposed to the Ptolemaic.
6. Gassendi had written on the apparent magnitude of the sun (1641), a general treatise on astronomy (1647), etc.

Cyrano: Voyage dans la lune

moi, bien loin de consentir à leur insolence, je crois que les Planètes sont des mondes autour du Soleil, et que les étoiles fixes sont aussi des Soleils qui ont des Planètes autour d'eux, c'est-à-dire, des mondes que nous ne voyons pas d'ici à cause de leur petitesse, et parce que leur lumière empruntée ne saurait venir jusqu'à nous...."

[Propelled by rockets, and finally attracted to the moon by the beef marrow with which he had rubbed his limbs, Cyrano is now well on his way through the intermundane spaces.]

Quand j'eus percé, selon le calcul que j'ai fait depuis, beaucoup plus des trois quarts du chemin qui sépare la Terre d'avec la Lune, je me vis tout d'un coup choir les pieds en haut, sans avoir culbuté en aucune façon; encore, ne m'en fussé-je pas aperçu, si je n'eusse senti ma tête chargée du poids de mon corps. Je connus bien à la vérité que je ne retombais pas vers notre monde; car, encore que je me trouvasse entre deux Lunes, et que je remarquasse fort bien que je m'éloignais de l'une à mesure que je m'approchais de l'autre, j'étais assuré que la plus grande était notre globe; parce qu'au bout d'un jour ou deux de voyage, les réfractions éloignées du Soleil venant à confondre la diversité des corps et des climats, il ne m'avait plus paru que comme une grande plaque d'or: cela me fit imaginer que je baissais vers la Lune; et je me confirmai dans cette opinion quand je vins à me souvenir que je n'avais commencé de choir qu'après les trois quarts du chemin. Car, disais-je en moi-même, cette masse étant moindre que la nôtre, il faut que la sphère de son activité ait aussi moins d'étendue, et que, par conséquent, j'aie senti plus tard la force de son centre.[7]

Enfin, après avoir été fort longtemps à tomber (à ce que je préjugeai, car la violence du précipice m'empêcha de le remarquer), le plus loin dont je me souviens, c'est que je me trouvai sous un arbre, embarrassé avec trois ou quatre branches assez grosses que j'avais éclatées par ma chute, et le visage mouillé d'une pomme qui s'était écachée contre.[8]

Par bonheur, ce lieu-là était, comme vous le saurez bientôt, le Paradis terrestre, et l'arbre sur lequel je tombai se trouva justement l'Arbre de vie. Ainsi vous pouvez bien juger que, sans ce hasard, je serais mille fois mort. J'ai souvent fait depuis réflexion sur ce que le vulgaire assure, qu'en se précipitant d'un lieu fort haut, on est étouffé avant de toucher la terre; et j'ai conclu, de mon aventure, qu'il en avait menti, ou bien qu'il fallait que le jus énergique de ce fruit, qui m'avait coulé dans la bouche, eût rappelé mon âme qui n'était pas loin de mon cadavre, encore tout tiède, et encore disposé aux fonctions de la vie. En effet, sitôt que je fus à terre, ma douleur s'en alla, avant même de se perdre en ma mémoire; et la faim,

---

[7]. It is generally agreed that this is one of the first references in literature to gravitation, the laws of which Newton was to discover and define several decades later.

[8]. "crushed against it." C. often presents a strange mixture of medieval theology and the new science, reminding one at times of Anatole France's *La Rôtisserie de la Reine Pédauque*.

dont pendant mon voyage j'avais été beaucoup travaillé, ne me fit trouver en sa place qu'un léger souvenir de l'avoir perdue....

[In the Garden of Eden, which Cyrano relegates to the moon, he has a discussion with Elijah, during which the dogma of original sin is debated. Elijah, infuriated at Cyrano's impudent interpretation, casts the new arrival out onto the wastelands of the moon.]

J'avais beau promener mes yeux, et les jeter par la campagne, aucune créature ne s'offrait pour les consoler. Enfin, je résolus de marcher jusqu'à ce que la Fortune me fît rencontrer la compagnie ou de quelques bêtes, ou de la mort.

Elle m'exauça, car, au bout d'un demi-quart de lieue, je rencontrai deux forts grands animaux, dont l'un s'arrêta devant moi; l'autre s'enfuit légèrement au gîte: au moins, je le pensai ainsi, à cause qu'à quelque temps de là je le vis revenir accompagné de plus de sept ou huit cents de même espèce, qui m'environnèrent. Quand je les pus discerner de près, je connus qu'ils avaient la taille et la figure comme nous. Cette aventure me fit souvenir de ce que jadis j'avais ouï conter à ma nourrice, des sirènes, des faunes, et des satyres. De temps en temps, ils élevaient des huées si furieuses causées sans doute par l'admiration de me voir, que je croyais quasi être devenu monstre. Enfin, une de ces bêtes-hommes, m'ayant pris par le col, de même que font les loups quand ils enlèvent des brebis, me jeta sur son dos et me mena dans leur ville, où je fus plus étonné que devant, quand je reconnus en effet que c'étaient des hommes, de n'en rencontrer pas un qui ne marchât à quatre pattes.

Lorsque ce peuple me vit si petit (car la plupart d'entre eux ont douze coudées de longueur), et mon corps soutenu de deux pieds seulement, ils ne purent croire que je fusse un homme, car ils tenaient que, la Nature ayant donné aux hommes, comme aux bêtes, deux jambes et deux bras, ils s'en devaient servir comme eux. Et, en effet, rêvant depuis là-dessus, j'ai songé que cette situation de corps n'était point trop extravagante, quand je me suis souvenu que les enfants, lorsqu'ils ne sont encore instruits que de la Nature, marchent à quatre pieds, et qu'ils ne se lèvent sur deux que par le soin de leurs nourrices, qui les dressent dans de petits chariots, et leur attachent des lanières pour les empêcher de choir sur les quatre, comme la seule assiette où la figure de notre masse incline de se reposer.

Ils disaient donc (à ce que je me suis fait depuis interpréter) qu'infailliblement j'étais la femelle du petit animal de la Reine. Ainsi je fus, en qualité de tel ou d'autre chose, mené droit à l'Hôtel de Ville, où je remarquai, selon le bourdonnement et les postures que faisaient et le peuple et les Magistrats, qu'ils consultaient ensemble ce que je pouvais être. Quand ils eurent longtemps conféré, un certain bourgeois, qui gardait les bêtes rares, supplia les Echevins de me commettre à sa garde en attendant que la Reine m'envoyât quérir pour vivre avec mon mâle. On n'en fit aucune difficulté, et ce bateleur me porta à son logis, où il m'instruisit à faire le godenot, à passer des culbutes, à figurer des grimaces;[9] et, les après-dînées, il faisait prendre à la porte un certain prix, de ceux qui me voulaient voir. Mais le Ciel, fléchi de mes douleurs, et fâché de voir profaner le Temple de son maître, voulut qu'un jour, comme j'étais attaché au bout d'une corde, avec laquelle le charlatan me faisait sauter pour divertir le badaud, un de ceux qui me regardaient, après m'avoir considéré fort attentivement, me demanda en grec qui j'étais. Je fus bien étonné d'entendre parler, en ce pays-là, comme en notre monde. Il m'interrogea quelque temps; je lui répondis, et lui contai ensuite généralement toute l'entreprise et le succès de mon voyage. Il me consola, et je me souviens qu'il me dit: "Hé bien, mon fils, vous portez enfin la peine des faiblesses de votre monde. Il y a du vulgaire, ici comme là, qui ne peut souffrir la pensée des choses où il n'est point accoutumé. Mais sachez qu'on ne vous traite qu'à la pareille; et que, si quelqu'un de cette terre avait monté dans la vôtre, avec la hardiesse de se dire homme, vos docteurs le feraient étouffer comme un monstre ou comme un singe possédé du diable." Il me promit ensuite qu'il avertirait la Cour de mon désastre; et il ajouta qu'aussitôt qu'il avait su la nouvelle qui courait de moi, il était venu pour me voir, et m'avait reconnu pour un homme du monde dont je me disais, que mon pays était la Lune et que j'étais Gaulois; parce qu'il y avait autrefois voyagé, et qu'il avait demeuré en Grèce, où on l'appelait le Démon de Socrate; qu'il avait, depuis la mort de ce philosophe, gouverné et instruit, à Thèbes, Epaminondas; qu'ensuite, étant passé chez les Romains, la justice l'avait attaché au parti du jeune Caton; qu'après sa mort, il s'était donné à Brutus; que tous ces grands personnages n'ayant laissé en ce monde à leurs places que le fantôme de leurs vertus, il s'était retiré, avec ses compagnons, dans les temples et dans les solitudes. "Enfin, ajouta-t-il, le peuple de votre Terre devint si stupide et si grossier, que mes compagnons et moi perdîmes tout le plaisir que nous avions autrefois pris à l'instruire...."

[The Demon of Socrates tries to explain to Cyrano the mysteries of life and death on the sun, his original habitat.]

"Vous vous imaginez, vous autres, que ce que vous ne sauriez comprendre est spirituel, ou qu'il n'est point; mais cette conséquence est très fausse, et c'est un témoignage qu'il y a dans l'univers un million peut-être de choses, qui, pour être connues, demanderaient en vous un million d'organes tous différents. Moi, par exemple, je connais par mes sens la cause de la sympathie de l'aimant avec le pôle, celle du reflux de la mer, et ce que l'animal devient après sa mort; vous autres, ne sauriez donner jusqu'à ces hautes conceptions que par la foi, à cause que les proportions à ces miracles vous manquent, non plus qu'un aveugle ne saurait s'imaginer

---

9. "play the buffoon, turn somersaults, make grimaces."

ce que c'est que la beauté d'un paysage, le coloris d'un tableau, et les nuances de l'iris; ou bien il se les figurera tantôt comme quelque chose de palpable, comme le manger, comme un son, ou comme une odeur. Tout de même, si je voulais vous expliquer ce que j'aperçois par les sens qui vous manquent, vous vous le représenteriez comme quelque chose qui peut être ouï, vu, touché, fleuré, ou savouré, et ce n'est rien cependant de tout cela.". . .[10]

On nous vint quérir pour nous mettre à table, et je suivis mon conducteur dans une salle magnifiquement meublée, mais où je ne vis rien de préparé pour manger. Une si grande solitude de viande, lorsque je périssais de faim, m'obligea de lui demander où l'on avait mis le couvert. Je n'écoutai point ce qu'il me répondit, car trois ou quatre jeunes garçons, enfants de l'hôte, s'approchèrent de moi dans cet instant, et avec beaucoup de civilité me dépouillèrent jusqu'à la chemise. Cette nouvelle cérémonie m'étonna si fort, que je n'en osai pas seulement demander la cause à mes beaux valets de chambre, et je ne sais comment mon guide, qui me demanda par où je voulais commencer, put tirer de moi ces deux mots: *Un potage;* mais je les eus à peine proférés, que je sentis l'odeur du plus succulent mitonné qui frappa jamais le nez du mauvais riche. Je voulus me lever de ma place pour chercher à la piste la source de cette agréable fumée; mais mon porteur m'en empêcha: "Où voulez-vous aller? me dit-il. Nous irons tantôt à la promenade, mais maintenant il est saison de manger; achevez votre potage, et puis nous ferons venir autre chose. — Et où diable est ce potage? lui répondis-je presque en colère. Avez-vous fait gageure de vous moquer de moi tout aujourd'hui? — Je pensais, me répliqua-t-il, que vous eussiez vu, à la Ville d'où nous venons, votre maître, ou quelque autre, prendre ses repas; c'est pourquoi je ne vous avais point dit de quelle façon on se nourrit ici. Puis donc que vous l'ignorez encore, sachez que l'on n'y vit que de fumée. L'art de cuisinerie est de renfermer, dans de grands vaisseaux moulés exprès, l'exhalaison qui sort des viandes en les cuisant; et, quand on en a ramassé de plusieurs sortes et de différents goûts, selon l'appétit de ceux que l'on traite, on débouche le vaisseau où cette odeur est assemblée, on en découvre après cela un autre, et ainsi jusqu'à ce que la compagnie soit repue. A moins que vous n'ayez déjà vécu de cette sorte, vous ne croirez jamais que le nez, sans dents et sans gosier, fasse, pour nourrir l'homme, l'office de la bouche; mais je vous le veux faire voir par expérience."

Il n'eut pas plutôt achevé, que je sentis successivement dans la salle tant d'agréables vapeurs, et si nourrissantes, qu'en moins de demi-quart d'heure je me sentis tout à fait rassasié. Quand nous fûmes levés: "Ceci n'est pas, dit-il, une chose qui doive causer beaucoup d'admiration,

---

10. Both Fontenelle (*La Pluralité des mondes*) and Voltaire (*Micromégas*) later speculated on the possibility of inhabitants of the planets endowed with more than man's quota of senses. Diderot developed C.'s hypotheses in his *Lettre sur les aveugles*.

puisque vous ne pouvez pas avoir tant vécu, sans avoir observé qu'en votre monde les Cuisiniers, les Pâtissiers et les Rôtisseurs, qui mangent moins que les personnes d'une autre vocation, sont pourtant beaucoup plus gras. D'où procède leur embonpoint, à votre avis, si ce n'est de la fumée dont ils sont sans cesse environnés, et laquelle pénètre leurs corps et les nourrit? Aussi les personnes de ce monde jouissent d'une santé bien moins interrompue et plus vigoureuse, à cause que la nourriture n'engendre presque point d'excréments, qui sont l'origine de presque toutes les maladies. Vous avez peut-être été surpris, lorsque avant le repas on vous a déshabillé, parce que cette coutume n'est pas usitée en votre pays; mais c'est la mode de celui-ci, et l'on en use ainsi, afin que l'animal soit plus transpirable à la fumée.". ... Nous discourûmes encore quelque temps, puis nous montâmes à la chambre pour nous coucher. Un homme, au haut de l'escalier, se présenta à nous, et, nous ayant envisagés attentivement, me mena dans un cabinet dont le plancher était couvert de fleurs d'orange à la hauteur de trois pieds, et mon Démon, dans un autre, rempli d'œillets et de jasmins; il me dit, voyant que je paraissais étonné de cette magnificence, que c'étaient les lits du pays. Enfin, nous nous couchâmes chacun dans notre cellule, à la lueur d'une trentaine de gros vers luisants enfermés dans un cristal (car on ne sert point d'autres chandelles). ...

[The Demon pays with a poem for a later meal taken at an inn.]

"C'est, me dit-il, la monnaie du pays, et la dépense que nous venons de faire céans s'est trouvée monter à un sixain [11] que je lui viens de donner. Je ne craignais pas de demeurer court; car, quand nous ferions ici ripaille pendant huit jours, nous ne saurions dépenser un Sonnet, et j'en ai quatre sur moi, avec deux Epigrammes, deux Odes et une Eglogue. — Et plût à Dieu, lui dis-je, que cela fût de même en notre monde! J'y connais beaucoup d'honnêtes Poètes qui meurent de faim, et qui feraient bonne chère, si on payait les Traiteurs en cette monnaie." Je lui demandai si ces vers servaient toujours, pourvu qu'on les transcrivît: il me répondit que non, et continua ainsi: "Quand on en a composé, l'auteur les porte à la Cour des Monnaies, où les Poètes Jurés du Royaume tiennent leur séance. Là, ces versificateurs Officiers mettent les pièces à l'épreuve, et si elles sont jugées de bon aloi, on les taxe, non pas selon leur poids, mais selon leur pointe,[12] c'est-à-dire qu'un Sonnet ne vaut pas toujours un Sonnet, mais selon le mérite de la pièce; et ainsi, quand quelqu'un meurt de faim, ce n'est jamais qu'un buffle, et les personnes d'esprit font toujours grand'-chère." J'admirais, tout extasié, la police judicieuse de ce pays-là, et il poursuivit de cette façon: "Il y a encore d'autres personnes qui tiennent cabaret d'une manière bien différente. Lorsqu'on sort de chez eux, ils

---

11. A minor verse form, here used as a monetary standard. C. admits borrowing the ideas in this passage from Sorel's *Francion*.
12. "conceit," or involved poetic metaphor.

demandent, à proportion des frais, un acquit pour l'autre monde; et, dès qu'on le leur donne, ils écrivent dans un grand registre qu'ils appellent les comptes de Dieu, à peu près en ces termes: '*Item,* la valeur de tant de Vers, délivrés un tel jour, à un tel, que Dieu doit rembourser aussitôt l'acquit reçu du premier fonds qui s'y trouvera'; et lorsqu'ils se sentent en danger de mourir, ils font hacher ces registres en morceaux, et les avalent, parce qu'ils croient que, s'ils n'étaient ainsi digérés, Dieu ne pourrait pas les lire, et cela ne leur profiterait de rien.". . .

[Cyrano meets the Spaniard Gonzales, who has reached the moon in a car drawn by wild geese. The moon-dwellers, who walk on all fours, place the two earth-men in a cage for display. It is assumed that, though they walk on only two legs because of hereditary degeneration and malnutrition, they are nevertheless human beings.]

Cette créance allait prendre racine à force d'être confirmée, sans les Prêtres du pays, qui s'y opposèrent, disant que c'était une impiété épouvantable de croire que non seulement des bêtes, mais des monstres, fussent de leur espèce.

"Il y aurait bien plus d'apparence, ajoutaient les moins passionnés, que nos animaux domestiques participassent au privilège de l'humanité, et de l'immortalité,[13] par conséquent, à cause qu'ils sont nés dans notre pays, qu'une bête monstrueuse qui se dit née je ne sais où dans la Lune; et puis, considérez la différence qui se remarque entre nous et eux. Nous autres marchons à quatre pieds, parce que Dieu ne se voulut pas fier d'une chose si précieuse à une moins ferme assiette, et il eut peur qu'allant autrement, il n'arrivât malheur à l'homme; c'est pourquoi il prit la peine de l'asseoir sur quatre piliers, afin qu'il ne pût tomber; mais, dédaignant de se mêler de la construction de ces deux brutes, il les abandonna au caprice de la Nature, laquelle, ne craignant pas la perte de si peu de chose, ne les appuya que sur deux pattes.

"Les oiseaux mêmes, disaient-ils, n'ont pas été si maltraités qu'elles, car au moins ils ont reçu des plumes pour subvenir à la faiblesse de leurs pieds, et se jeter en l'air, quand nous les éconduirons de chez nous; au lieu que la Nature en ôtant les deux pieds à ces monstres, les a mis en état de ne pouvoir échapper à notre Justice.

"Voyez un peu, outre cela, comment ils ont la tête tournée devers le ciel! C'est la disette où Dieu les a mis de toutes choses, qui l'a située de la sorte, car cette posture suppliante témoigne qu'ils se plaignent au Ciel de Celui qui les a créés, et qu'ils lui demandent permission de s'accommoder de nos restes. Mais, nous autres, nous avons la tête penchée en bas,

---

13. The doctrine of Descartes denied reason, intelligence, and even feeling in animals. Theologians interested in maintaining that man alone was endowed with a soul long supported Descartes' opinion. (See L. C. Rosenfield, *From Beast Machine to Man Machine.*)

pour contempler les biens dont nous sommes seigneurs, et comme n'y ayant rien au Ciel à qui notre heureuse condition puisse porter envie."...

[It is decreed by the clergy that Cyrano is a degenerate bird without feathers. The case is then appealed.]

Je fus donc interrogé, en présence d'un grand nombre de Courtisans, sur quelques points de Physique, et mes réponses, à ce que je crois, en satisfirent un, car celui qui présidait m'exposa fort au long ses opinions sur la structure du Monde: elles me semblèrent ingénieuses; et, sans qu'il passa jusqu'à son origine, qu'il soutenait éternelle, j'eusse trouvé sa Philosophie beaucoup plus raisonnable que la nôtre. Mais, sitôt que je l'entendis soutenir une rêverie si contraire à ce que la Foi nous apprend, je lui demandai ce qu'il pourrait répondre à l'autorité de Moïse et que ce grand Patriarche avait dit expressément que Dieu l'avait créé en six jours. Cet ignorant ne fit que rire au lieu de me répondre; ce qui m'obligea de lui dire que, puisqu'ils en venaient là, je recommençais à croire que leur Monde n'était qu'une Lune. "Mais me dirent-ils tous, vous y voyez de la terre, des rivières, des mers; que serait-ce donc tout cela? — N'importe! repartis-je, Aristote assure que ce n'est que la Lune; et, si vous aviez dit le contraire dans les Classes où j'ai fait mes études, on vous aurait sifflés." Il se fit, sur cela, un grand éclat de rire. Il ne faut pas demander si ce fut de leur ignorance; mais cependant on me conduisit dans ma cage.

Les Prêtres cependant, plus emportés que les premiers, avertis que j'avais osé dire que la Lune d'où je venais était un Monde, et que leur Monde n'était qu'une Lune, crurent que cela leur fournissait un prétexte assez juste pour me faire condamner à l'eau: c'est la façon d'exterminer les athées. Pour cet effet, ils furent en corps faire leur plainte au Roi, qui leur promit justice, et ordonna que je serais remis sur la sellette.

Me voilà donc décagé pour la troisième fois; et lors, le plus ancien prit la parole, et plaida contre moi. Je ne me souviens pas de sa harangue, à cause que j'étais trop épouvanté pour recevoir les espèces de sa voix sans désordre, et parce aussi qu'il s'était servi, pour déclamer, d'un instrument dont le bruit m'étourdissait: c'était une trompette qu'il avait tout exprès choisie afin que la violence de ce son martial échauffât leurs esprits à ma mort, et afin d'empêcher par cette émotion que le raisonnement ne pût faire son office, comme il arrive dans nos armées, où le tintamarre des trompettes et des tambours empêche le soldat de réfléchir sur l'importance de sa vie. Quand il eut dit, je me levai pour défendre ma cause, mais j'en fus délivré par une aventure qui va vous surprendre. Comme j'avais la bouche ouverte, un homme, qui avait eu grande difficulté à traverser la foule, vint choir aux pieds du Roi, et se traîna longtemps sur le dos en sa présence. Cette façon de faire ne me surprit pas, car je savais que c'était la posture où ils se mettaient, quand ils voulaient discourir en public. Je rengaînai seulement ma harangue; voici celle que nous eûmes de lui.

"Justes, écoutez-moi! vous ne sauriez condamner cet Homme, ce Singe ou ce Perroquet, pour avoir dit que la Lune est un Monde d'où il venait; car, s'il est homme, quand même il ne serait pas venu de la Lune, puisque
5 tout homme est libre, ne lui est-il pas libre aussi de s'imaginer ce qu'il voudra? Quoi! pouvez-vous le contraindre à n'avoir pas vos visions? Vous le forcerez bien à dire que la Lune n'est pas un Monde, mais il ne le croira pas pourtant; car, pour croire quelque chose, il faut qu'il se présente à son imagination certaines possibilités plus grandes au *oui* qu'au *non*; à
10 moins que vous ne lui fournissiez ce vraisemblable, ou qu'il ne vienne de soi-même s'offrir à son esprit, il vous dira bien qu'il croit, mais il ne le croira pas pour cela.

"J'ai maintenant à vous prouver qu'il ne doit pas être condamné, si vous le posez dans la catégorie des bêtes.

15 "Car, supposé qu'il soit animal sans raison, en auriez-vous vous-mêmes de l'accuser d'avoir péché contre elle? Il a dit que la Lune était un monde; or, les bêtes n'agissent que par instinct de la Nature; donc, c'est la Nature qui le dit, et non pas lui. De croire que cette savante Nature qui a fait le Monde et la Lune ne sache ce que c'est elle-même, et que vous autres,
20 qui n'avez de connaissance que ce que vous en tenez d'elle, le sachiez plus certainement, cela serait bien ridicule. Mais, quand même la passion vous ferait renoncer à vos principes, et que vous supposeriez que la Nature ne guidât pas les bêtes, rougissez à tout le moins des inquiétudes que vous causent les caprices d'une bête...."

[Cyrano is given more information about the topsy-turvy world of the moon: youth makes the laws and is revered by old age; celibacy and chastity are not held in honor; suicide and cremation are defended. The aristocratic language of the moon-people is music, vocal or instrumental. As a result, the classics are published in the form of very small music-boxes, which may be worn as earrings, and studied on any occasion. Furthermore, the inhabitants tell time by using their large noses as sun-dials. Since a large nose is a physical sign of the most eminent moral qualities, children born with small noses are "sterilized" lest they reproduce their kind — a pre-Darwinian process of "unnatural" selection.

A moon-philosopher instructs Cyrano on the eternity of the universe.]

25 "Puisque nous sommes contraints, quand nous voulons recourir à l'origine de ce grand Tout, d'encourir trois ou quatre absurdités, il est bien raisonnable de prendre le chemin qui nous fait le moins broncher. Je dis donc que le premier obstacle qui nous arrête, c'est l'éternité du Monde; et l'esprit des hommes n'étant pas assez fort pour la concevoir,
30 et ne pouvant non plus s'imaginer que ce grand univers, si beau, si bien réglé, pût s'être fait soi-même, ils ont eu recours à la création; mais, semblable à celui qui s'enfoncerait dans la rivière, de peur d'être mouillé de la pluie, ils se sauvent, des bras nains, à la miséricorde d'un géant;

encore, ne s'en sauvent-ils pas; car cette éternité, qu'ils ôtent au Monde pour ne l'avoir pu comprendre, ils la donnent à Dieu, comme s'il avait besoin de ce présent, et comme s'il était plus aisé de l'imaginer dans l'un que dans l'autre. Cette absurdité donc, ou ce géant duquel j'ai parlé est la Création, car dites-moi, en vérité, je vous prie, a-t-on jamais conçu comment de rien il se peut faire quelque chose? Hélas! entre rien et un atome seulement, il y a des proportions tellement infinies, que la cervelle la plus aiguë n'y saurait pénétrer; il faudra, pour échapper à ce labyrinthe inexplicable, que vous admettiez une matière éternelle avec Dieu, et alors il ne sera plus besoin d'admettre un Dieu, puisque le Monde aurait pu être sans lui. Mais, me direz-vous, quand je vous accorderais la matière éternelle, comment ce chaos s'est-il arrangé de soi-même? Ah! je vous le vais expliquer.[14]

"Il faut, ô mon petit animal! après avoir séparé mentalement chaque petit corps visible en une infinité de petits corps invisibles, s'imaginer que l'Univers infini n'est composé d'autre chose que de ces atomes infinis, très solides, très incorruptibles et très simples, dont les uns sont cubiques, les autres parallélogrammes, d'autres angulaires, d'autres ronds, d'autres pointus, d'autres pyramidaux, d'autres hexagones, d'autres ovales, qui tous agissent diversement chacun selon sa figure. Et qu'ainsi ne soit, posez une boule d'ivoire ronde sur un lieu fort uni: à la moindre impression que vous lui donnerez, elle sera un demi-quart d'heure sans s'arrêter. Or, j'ajoute que, si elle était aussi parfaitement ronde que le sont quelques-uns de ces atomes dont je parle, et la surface où elle serait posée, parfaitement unie, elle ne s'arrêterait jamais. Si donc l'art est capable d'incliner un corps au mouvement perpétuel, pourquoi ne croirons-nous pas que la Nature le puisse faire?...

"Mais, me direz-vous, comment le hasard peut-il avoir ramassé en un lieu toutes les choses nécessaires à produire ce chêne? Je vous réponds que ce n'est pas merveille que la matière, ainsi disposée, ait formé un chêne; mais que la merveille eût été plus grande, si, la matière ainsi disposée, le chêne n'eût pas été produit; un peu moins de certaines figures, c'eût été un orme, un peuplier, un saule; un peu plus de certaines figures, c'eût été la plante sensitive, une huître à l'écaille, un ver, une mouche, une grenouille, un moineau, un singe, un homme. Quand, ayant jeté trois dés sur une table, il arrive rafle de deux ou bien de trois, quatre et cinq, ou bien deux six et un, direz-vous: 'O le grand miracle! A chaque dé, il est arrivé le même point, tant d'autres points pouvant arriver! O le grand miracle! il est arrivé trois points qui se suivent. O le grand miracle! il est arrivé justement deux six, et le dessous de l'autre six!' Je suis assuré qu'étant homme d'esprit, vous ne ferez jamais ces exclamations, car, puisqu'il n'y a sur les dés qu'une certaine quantité de nombres, il est

---

14. The ideas presented in these paragraphs are those of Lucretius as interpreted by Gassendi, biographer and disciple of Epicurus (see General Introduction).

impossible qu'il n'en arrive quelqu'un. Et, après cela, vous vous étonnez comment cette matière, brouillée pêle-mêle au gré du hasard, peut avoir constitué un homme, vu qu'il y avait tant de choses nécessaires à la construction de son être...."

[The Demon explains as follows "la génération et conception des choses":]

5 "Vous devez savoir que la Terre se faisant un arbre, d'un arbre un pourceau, et d'un pourceau un homme, nous devons croire, puisque tous les êtres dans la Nature tendent au plus parfait, qu'ils aspirent à devenir hommes, cette essence étant l'achèvement du plus beau mixte, et le mieux imaginé qui soit au monde, parce que c'est le seul qui fasse le lien
10 de la vie animale avec la raisonnable. C'est ce qu'on ne peut nier, sans être pédant, puisque nous voyons qu'un prunier, par la chaleur de son germe, comme par une bouche, suce et digère le gazon qui l'environne: qu'un pourceau dévore ce fruit et le fait devenir une partie de soi-même, et qu'un homme mange le pourceau, réchauffe cette chair morte, la joint à
15 soi, et fait revivre cet animal sous une plus noble espèce. Ainsi, cet homme, que vous voyez, était peut-être, il y a soixante ans, une touffe d'herbe dans mon jardin; ce qui est d'autant plus probable, que l'opinion de la Métempsycose Pythagorique, soutenue par tant de grands hommes, n'est vraisemblablement parvenue jusqu'à nous, qu'afin de nous engager à
20 en rechercher la vérité, comme, en effet, nous avons trouvé que tout ce qui est sent et végète, et qu'enfin, après que toute la matière est parvenue à ce période qui est sa perfection, elle descend et retourne dans son inanité, pour revenir et jouer derechef les mêmes rôles."....[15]

[The Demon proceeds to attack miracles, which Cyrano defends.]

Je crus alors être obligé en conscience de prendre la parole pour le dé-
25 tromper. "Encore, lui répliquai-je, que vous ne croyiez pas aux miracles, il ne laisse pas de s'en faire, et beaucoup. J'en ai vu de mes yeux. J'ai connu plus de vingt malades guéris miraculeusement. — Vous dites, interrompit-il, que ces gens-là ont été guéris par miracle, mais vous ne savez pas que la force de l'imagination est capable de guérir toutes les maladies que vous
30 attribuez au surnaturel, à cause d'un certain baume naturel répandu dans nos corps contenant toutes les qualités contraires à toutes celles de chaque mal qui nous attaque: ce qui se fait, quand notre imagination, avertie par la douleur, va chercher en ce lieu le remède spécifique qu'elle apporte au venin. C'est là d'où vient qu'un habile médecin de votre Monde conseille
35 au malade de prendre plutôt un médecin ignorant, qu'on estimera pourtant fort habile, qu'un fort habile, qu'on estimera ignorant, parce qu'il se figure que notre imagination, travaillant à notre santé, pourvu qu'elle soit aidée de remèdes, est capable de nous guérir; mais que les plus puissants

---

15. These suggestions of the theory of transformism are developed in the *Entretien entre d'Alembert et Diderot* (see, below, p. 243).

étaient trop faibles, quand l'imagination ne les appliquait pas. Vous étonnez-vous que les premiers hommes de votre Monde vivaient tant de siècles, sans avoir aucune connaissance de la médecine? Non. Et qu'est-ce, à votre avis, qui en pouvait être la cause, sinon leur nature encore dans sa force, et ce baume universel, qui n'est pas encore dissipé par les drogues dont vos Médecins vous consument; n'ayant lors pour rentrer en convalescence, qu'à le souhaiter fortement, et s'imaginer d'être guéris?...." [16]

[The Demon becomes ever bolder in his attacks on religious beliefs, denying bodily resurrection and even the existence of God.]

Ces opinions diaboliques et ridicules me firent naître un frémissement par tout le corps; je commençai alors de contempler cet homme avec un peu plus d'attention et je fus bien ébahi de remarquer sur son visage je ne sais quoi d'effroyable que je n'avais pas encore aperçu: ses yeux étaient petits et enfoncés, le teint basané, la bouche grande, le menton velu, les ongles noirs. "O Dieu! me songeais-je aussitôt, ce misérable est réprouvé [17] dès cette vie et possible même que c'est l'Antechrist dont il se parle tant dans notre Monde."

Je ne voulus pas pourtant lui découvrir ma pensée à cause de l'estime que je faisais de son esprit, et véritablement les favorables aspects dont Nature avait regardé son berceau m'avaient fait concevoir quelque amitié pour lui. Je ne pus toutefois si bien me contenir que je n'éclatasse avec des imprécations qui le menaçaient d'une mauvaise fin. Mais lui, renviant [18] sur ma colère: "Oui, s'écria-t-il, par la Mort ****." Je ne sais pas ce qu'il me préméditait de dire, car, sur cette entrefaite, on frappa à la porte de notre chambre et je vois entrer un grand homme noir tout velu. Il s'approcha de nous et saisissant le blasphémateur à force de corps, il l'enleva par la cheminée.

La pitié que j'eus du sort de ce malheureux m'obligea de l'embrasser pour l'arracher des griffes de l'Ethiopien, mais il fut si robuste qu'il nous enleva tous deux, de sorte qu'en un moment nous voilà dans la nue. Ce n'était plus l'amour du prochain qui m'obligeait à le serrer étroitement, mais l'appréhension de tomber. Après avoir été je ne sais combien de jours à percer le Ciel, sans savoir ce que je deviendrais, je reconnus que j'approchais de notre Monde. Déjà je distinguais l'Asie de l'Europe et l'Europe de l'Afrique, déjà même mes yeux, par mon abaissement, ne pouvaient se courber au-delà de l'Italie, quand le cœur me dit que ce Diable sans doute emportait mon hôte aux Enfers, en corps et en Ame, et que c'était pour cela qu'il passait par notre terre, à cause que l'Enfer est dans son centre. J'oubliai toutefois cette réflexion et tout ce qui m'était arrivé depuis que le Diable était notre voiture, à la frayeur que me donna la vue d'une montagne en feu que je

---

16. Cf. Montaigne's essay "Imagination."
17. "damned."
18. "renchérissant," "giving me all the more cause (to be angry)."

touchais quasi. L'objet de ce brûlant spectacle me fit crier "Jésus Maria." J'avais à peine achevé la dernière lettre que je me trouvais étendu sur les bruyères au coupeau d'une petite colline, et deux ou trois pasteurs autour de moi qui récitaient des litanies et me parlaient italien. . . .

[The peasants lead Cyrano to a house in a village, where he is besieged by all the barking dogs of the neighborhood.]

5 Cette aventure ne causa pas peu d'admiration à toutes les personnes qui la virent; mais aussitôt que j'eus éveillé mes rêveries sur cette circonstance, je m'imaginai tout à l'heure que ces animaux étaient acharnés contre moi à cause du monde d'où je venais; car, disais-je en moi-même, comme ils ont accoutumé d'aboyer à la Lune pour la douleur qu'elle leur fait de si loin,
10 sans doute ils se sont voulu jeter dessus moi parce que je sens la Lune, dont l'odeur les fâche.

Pour me purger de ce mauvais air, je m'exposai tout nu au Soleil, dessus une terrasse. Je m'y hâlai quatre ou cinq heures durant au bout desquelles je descendis, et les chiens, ne sentant plus l'influence qui m'avait fait leur
15 ennemi, s'en retournèrent chacun chez soi.

Je m'enquis au port quand un vaisseau partirait pour la France, et lorsque je fus embarqué, je n'eus l'esprit tendu qu'à ruminer aux merveilles de mon voyage. J'admirai mille fois la Providence de Dieu qui avait reculé ces hommes, naturellement impies, en un lieu où ils ne puissent corrompre ses
20 bien-aimés, et les avait punis de leur orgueil en les abandonnant à leur propre suffisance. Aussi je ne doute point qu'il n'ait différé jusques ici d'envoyer leur prêcher l'Evangile, parce qu'il savait qu'ils en abuseraient et que cette résistance ne servirait qu'à leur faire mériter une plus rude punition en l'Autre Monde.

Saint-Evremond
1616-1703

Charles de Saint-Evremond has been called the most civilized man of his century. In the early eighteen hundreds his works enjoyed great popularity. He represents the *courant libertin* which stemmed from the naturalism of Rabelais and the skepticism of Montaigne to become a part of the philosophic spirit of the Enlightenment.

As a soldier, Saint-Evremond held important commands under the Duc d'Enghien and the Maréchal d'Hocquincourt. He gained considerable renown during the winter armistices among the literary circles of Paris. He was the author of a play, *Les Académiciens*, of delicately turned essays, and of a historical treatise, *Réflexions sur les divers génies du peuple romain*. Forced into exile for political reasons, he lived most of the rest of his days in London, where he was the shining light in the salon of Mme Mazarin, niece of Cardinal Mazarin. In his old age he kept up an eagerly devoured correspondence with his lifelong friend Ninon de Lenclos. The English appreciated his critical abilities and honored him with burial in Westminster Abbey.

In style, method, and content, the *Conversation du maréchal d'Hocquincourt avec le père Canaye* is of interest as an early manifestation of the thought and expression of the great writers of the following century. Voltaire's clarity and malicious innuendo, Diderot's bantering, audacious dialogues, and Montesquieu's salty wit — Saint-Evremond was too urbane to please Rousseau — are foreshadowed in this sprightly masterpiece. In no way a social reformer, Saint-Evremond esteemed most highly the independence and leisure of a gentleman free to meditate upon and criticize all aspects of life and to write for the delight of his friends. This spirit accounts for the lightness of touch in the treatment of a highly controversial subject, which was to plague the political and religious authorities for the next hundred years. The gruff pronouncements of the seasoned warrior and the unctuous phrases of the Jesuit Father were constantly recalled to mind by the spectator-philosophers who enjoyed and profited from the mutually destructive clash between the Jansenist and Jesuit parties.

CONVERSATION DU MARECHAL D'HOCQUIN-COURT AVEC LE PERE CANAYE
1656

Comme je dînais un jour chez M. le maréchal d'Hocquincourt,[1] le P. Canaye,[2] qui y dînait aussi, fit tomber le discours, insensiblement, sur la soumission d'esprit que la religion exige de nous; et, après nous avoir conté plusieurs miracles nouveaux et quelques révélations modernes, il conclut qu'il fallait éviter, plus que la peste, ces esprits forts qui veulent examiner toute chose par la raison. . . .

— Le père a raison, dit le maréchal. J'ai ouï dire que le diable ne dort jamais. Il faut faire de même; bonne garde, bon pied, bon œil. Mais quittons le diable, et parlons de mes amitiés. J'ai aimé la guerre devant toutes choses, Mme de Montbazon après la guerre, et tel que vous me voyez, la philosophie après Mme de Montbazon.

— Vous avez raison, reprit le père, d'aimer la guerre, Monseigneur: la guerre vous aime bien aussi; elle vous a comblé d'honneurs. Savez-vous que je suis homme de guerre aussi moi? Le Roi m'a donné la direction de l'Hôpital de son armée de Flandres; n'est-ce pas être homme de guerre? Qui eût jamais cru que le père Canaye eût dû devenir soldat? Je le suis, Monseigneur, et ne rends pas moins de service à Dieu dans le camp que je lui en rendrais au Collège de Clermont. Vous pouvez donc aimer la guerre inno-

---

1. The Marquis d'Hocquincourt became Marshal of France in 1651. He was killed at the siege of Dunkirk in 1658.
2. Saint-Evremond had studied rhetoric under Père Canaye at the Collège de Clermont.

cemment. Aller à la guerre est servir son Prince; et servir son Prince est servir Dieu. Mais pour ce qui regarde Mme de Montbazon, si vous l'avez convoitée, vous me permettrez de vous dire que vos désirs étaient criminels. Vous ne la convoitiez pas, Monseigneur, vous l'aimiez d'une amitié innocente.

— Quoi, mon père, vous voudriez que j'aimasse comme un sot? Le maréchal d'Hocquincourt n'a pas appris dans les ruelles[3] à ne faire que soupirer. Je voulais, mon père, je voulais, vous m'entendez bien.

— Je voulais! Quels je voulais! En vérité, Monseigneur, vous raillez de bonne grâce. Nos Pères de Saint-Louis seraient bien étonnés de ces: je voulais. Quand on a été longtemps dans les armées, on a appris à tout écouter. Passons, passons; vous dites cela, Monseigneur, pour vous divertir.

— Il n'y a point là de divertissement, mon père: savez-vous à quel point je l'aimais?

— *Usque ad aras*,[4] Monseigneur.

— Point d'*aras*, mon père. Voyez-vous, dit le maréchal, en prenant un couteau, dont il serrait le manche; voyez-vous, si elle m'avait commandé de vous tuer, je vous aurais enfoncé le couteau dans le cœur.

Le père, surpris du discours, et plus effrayé du transport, eut recours à l'oraison mentale, et pria Dieu secrètement qu'il le délivrât du danger où il se trouvait: mais ne se fiant pas tout à fait à la prière, il s'éloignait insensiblement du maréchal par un mouvement de fesses imperceptible. Le maréchal le suivait par un autre tout semblable; et, à lui voir le couteau toujours levé, on eût dit qu'il allait mettre son ordre à exécution.

La malignité de la nature me fit prendre plaisir, quelque temps, aux frayeurs de la Révérence: mais, craignant à la fin que le maréchal, dans son transport, ne rendît funeste ce qui n'avait été que plaisant, je le fis souvenir que Mme de Montbazon était morte, et lui dis qu'heureusement le P. Canaye n'avait rien à craindre d'une personne qui n'était plus.

— Dieu fait tout pour le mieux, reprit le maréchal. La plus belle du monde commençait à me lanterner,[5] lorsqu'elle mourut. Il y avait toujours auprès d'elle un certain abbé de Rancé,[6] un petit janséniste, qui lui parlait de la grâce, devant le monde, et l'entretenait de toute autre chose, en particulier. Cela me fit quitter le parti des jansénistes. Auparavant, je ne perdais pas un sermon du P. Desmares, et je ne jurais que par MM. de Port-Royal.[7] J'ai toujours été à confesse aux jésuites, depuis ce temps-là; et, si mon fils a jamais des enfants, je veux qu'ils étudient au collège de Clermont, sur peine d'être déshérités.

3. "alcoves."
4. "as far as the altar," i.e., to the point of marriage.
5. "put me off."
6. At a final rendezvous Abbé de Rancé came unexpectedly upon the mutilated body of the Duchesse de Montbazon, who had quite suddenly died of smallpox. This experience shocked him so profoundly that he entered the Trappist order, where he later was responsible for the establishment of austere reforms.
7. Port-Royal was the center of Jansenist activity until it was closed by Louis XIV.

— Oh! que les voies de Dieu sont admirables! s'écria le P. Canaye. Que le secret de sa justice est profond! Un petit coquet de janséniste poursuit une dame à qui Monseigneur voulait du bien: le Seigneur miséricordieux se sert de la jalousie, pour mettre la conscience de Monseigneur entre nos mains. *Mirabilia judicia tua, Domine!* [8]

Après que le bon père eut fini ses pieuses réflexions, je crus qu'il m'était permis d'entrer en discours; et je demandai à monsieur le maréchal si l'amour de la philosophie n'avait pas succédé à la passion qu'il avait eue pour Mme de Montbazon.

— Je ne l'ai que trop aimée, la philosophie, dit le maréchal, je ne l'ai que trop aimée, mais j'en suis revenu et je n'y retourne pas. Un diable de philosophe m'avait tellement embrouillé la cervelle de premiers parents, de pomme, de serpent, de paradis terrestre et de chérubins, que j'étais sur le point de ne rien croire. Le diable m'emporte si je croyais rien. Depuis ce temps-là, je me ferais crucifier pour la religion. Ce n'est pas que j'y voie plus de raison; au contraire moins que jamais: mais je ne saurais que vous dire, je me ferais crucifier sans savoir pourquoi.

— Tant mieux, Monseigneur, reprit le père d'un ton de nez fort dévot, tant mieux; ce ne sont point mouvements humains, cela vient de Dieu. POINT DE RAISON! C'est la vraie religion, cela. POINT DE RAISON! Que Dieu vous a fait, Monseigneur, une belle grâce! *Estote sicut infantes;* soyez comme des enfants. Les enfants ont encore leur innocence; et pourquoi? Parce qu'ils n'ont point de raison. *Beati pauperes spiritu!* bienheureux les pauvres d'esprit! ils ne pèchent point. La raison? C'est qu'ils n'ont point de raison. POINT DE RAISON; JE NE SAURAIS QUE VOUS DIRE; JE NE SAIS POURQUOI! Les beaux mots! Ils devraient être écrits en lettres d'or. CE N'EST PAS QUE J'Y VOIE PLUS DE RAISON; AU CONTRAIRE, MOINS QUE JAMAIS. En vérité, cela est divin, pour ceux qui ont le goût des choses du ciel. POINT DE RAISON! Que Dieu vous a fait, Monseigneur, une belle grâce!

Le père eût poussé plus loin la sainte haine qu'il avait contre la raison: [9] mais on apporta des lettres de la cour à M. le maréchal; ce qui rompit un si pieux entretien. Le maréchal les lut tout bas, et, après les avoir lues, il voulut bien dire à la compagnie ce qu'elles contenaient: "Si je voulais faire le politique, comme les autres, je me retirerais dans mon cabinet, pour lire les dépêches de la cour; mais j'agis et je parle toujours à cœur ouvert. M. le cardinal me mande que Stenay est pris, que la cour sera ici dans huit jours, et qu'on me donne le commandement de l'armée qui a fait le siège, pour aller secourir Arras...."

Le P. Canaye, qui se trouvait sans monture, en demanda une qui le pût porter au camp. "Et quel cheval voulez-vous, mon père? dit le maréchal.
— Je vous répondrai, Monseigneur, ce que répondit le bon P. Suarez au

---

8. "O Lord, how marvelous are thy judgments!"
9. It was, however, the Jansenists, rather than the Jesuits, who generally emphasized the utter subservience of reason to faith.

duc de Medina Sidonia, dans une pareille rencontre: *qualem me decet esse, mansuetum;* tel qu'il faut que je sois: doux, paisible."

— *Qualem me decet esse, mansuetum!* J'entends un peu le latin, dit le maréchal; *mansuetum* serait meilleur pour des brebis que pour des chevaux. Qu'on donne mon cheval au père, j'aime son ordre, je suis son ami; qu'on lui donne mon bon cheval.

J'allai dépêcher mes petites affaires, et ne demeurai pas longtemps sans rejoindre le convoi. Nous passâmes heureusement; mais ce ne fut pas sans fatigue pour le pauvre père Canaye. Je le rencontrai dans la marche sur le bon cheval de M. d'Hocquincourt. C'était un cheval entier, ardent, inquiet, toujours en action. Il mâchait éternellement son mors, allait toujours de côté, hennissait de moment en moment; et ce qui choquait fort la modestie du père, il prenait indécemment tous les chevaux qui approchaient de lui pour des cavales.

— Et que vois-je, mon père, lui dis-je en l'abordant; quel cheval vous a-t-on donné là? Où est la monture du bon Père Suarez, que vous avez tant demandée?

— Ah! Monsieur, je n'en puis plus, je suis roué... Il allait continuer ses plaintes, lorsqu'il part un lièvre. Cent cavaliers se débandent pour courir après, et on entend plus de coups de pistolet qu'à une escarmouche. Le cheval du père, accoutumé au feu sous le maréchal, emporte son homme, et lui fait passer en moins de rien tous ces débandés. C'était une chose plaisante de voir le Jésuite à la tête de tous malgré lui. Heureusement le lièvre fut tué, et je trouvai le père au milieu de trente cavaliers, qui lui donnaient l'honneur d'une chasse, qu'on eût pu nommer une occasion. Le père recevait la louange avec une modestie apparente; mais en son âme, il méprisait fort le *mansuetum* du bon Père Suarez, et se savait le meilleur gré du monde des merveilles qu'il pensait avoir faites sur le barbe [10] de M. le maréchal. Il ne fut pas longtemps sans se souvenir du beau dit de Salomon: *Vanitas vanitatum, et omnia vanitas.* A mesure qu'il se refroidissait, il sentait un mal que la chaleur lui avait rendu insensible; et la fausse gloire cédant à de véritables douleurs, il regrettait le repos de la société, et la douceur de la vie paisible qu'il avait quittée. Mais toutes ses réflexions ne servaient de rien. Il fallait aller au camp; et il était si fatigué du cheval, que je le vis tout prêt d'abandonner Bucéphale, pour marcher à pied, à la tête des fantassins.

Je le consolai de sa première peine, et l'exemptai de la seconde, en lui donnant la monture la plus douce qu'il aurait pu souhaiter. Il me remercia mille fois, et fut si sensible à ma courtoisie qu'oubliant tous les égards de sa profession il me parla moins en Jésuite réservé qu'en homme libre et sincère. Je lui demandai quel sentiment il avait de M. d'Hocquincourt. "C'est un bon seigneur, me dit-il, c'est une bonne âme; il a quitté les jansénistes: nos pères lui sont fort obligés; mais pour mon particulier je ne me trouverai jamais à table auprès de lui, et ne lui emprunterai jamais de cheval."

10. "the Barbary steed."

Content de cette première franchise je voulus m'en attirer encore une autre. "D'où vient, continuai-je, la grande animosité qu'on voit entre les jansénistes et vos pères? Vient-elle de la diversité des sentiments sur la doctrine de la GRACE? — Quelle folie! Quelle folie, me dit-il, de croire que nous nous haïssons pour ne penser pas la même chose sur la GRACE! Ce n'est ni la GRACE, ni les CINQ PROPOSITIONS [11] qui nous ont mis mal ensemble: la jalousie de gouverner les consciences a tout fait. Les jansénistes nous ont trouvés en possession du gouvernement, et ils ont voulu nous en tirer. Pour parvenir à leurs fins ils se sont servis de moyens tout contraires aux nôtres. Nous employons la douceur et l'indulgence; ils affectent l'austérité et la rigueur. Nous consolons les âmes par des exemples de la miséricorde de Dieu; ils les effrayent par ceux de sa justice. Ils portent la crainte où nous portons l'espérance, et veulent s'assujettir ceux que nous voulons nous attirer. Ce n'est pas que les uns et les autres n'aient dessein de sauver les hommes, mais chacun veut se donner du crédit en les sauvant; et, à vous parler franchement, l'intérêt du directeur va presque toujours devant le salut de celui qui est sous la direction. Je vous parle tout autrement que je ne parlerais à M. le maréchal. J'étais purement jésuite avec lui, et j'ai la franchise d'un homme de guerre avec vous."

Je le louai fort du nouvel esprit que sa dernière profession lui avait fait prendre, et il me semblait que la louange lui plaisait assez. Je l'eusse continuée plus longtemps; mais, comme la nuit approchait, il fallut nous séparer l'un de l'autre: le père aussi content de mon procédé, que j'étais satisfait de sa confidence.

Fontenelle

1657-1757

Bernard le Bouvier de Fontenelle was born at Rouen before Louis XIV had reached his majority, and enjoyed life for more than ninety-nine years. Nephew, biographer, and defender of Pierre Corneille, he was a representative *bel esprit* of seventeenth-century salons and a none too successful playwright. Yet he wrote some of his most serious works during the later decades of the reign of Louis XIV. His early interest in history, science, and philosophy developed increasingly until he became the lion of eighteenth-century salons and *secrétaire perpétuel* of the Academy of Sciences.

The interesting and dangerous ideas of the *Origine des fables*, conceived before 1680 but not published until 1724, were applied to pagan religions in his *Histoire des oracles* (1686). The *Dialogues des morts* show both sides of Fontenelle, *bel*

---

11. The Five Propositions, said to have been contained in the *Augustinus* of Jansenius, were condemned as heretical by Pope Innocent X in 1653 and by Pope Alexander VII in 1665.

esprit and *philosophe*. His *Relation de l'île de Bornéo* (1686), a satire on the revocation of the Edict of Nantes, would have sent a less distinguished man to prison. That same year *Les Entretiens sur la pluralité des mondes* presented a scientific yet witty exposition of the Copernican system. The *Digression sur les anciens et les modernes* (1688) was an intelligent analysis of the famous quarrel. From 1708 to 1719 he composed the *Eloges des académiciens*, which spread abroad the scientific spirit and enhanced the dignity of men of science. In 1733 he wrote the *Histoire de l'Académie des Sciences*. From loyalty to French tradition, or perhaps from persuasion, he clung to certain physical theories of Descartes. This left him vulnerable to attack by Voltaire, who, converted to Newton by Maupertuis, was to take the lead in popularizing the Newtonian system. Nevertheless, Fontenelle's insistence upon methodical and precise reasoning prepared the public for the contributions of the great scientific writers of the eighteenth century.

DIALOGUES DES MORTS
1683

The portrait of Fontenelle as Cydias ("bel esprit mondain," "un composé du pédant et du précieux"), which La Bruyère inserted in his *Caractères* in 1694, is an unjust caricature, for Fontenelle's works were superficial only in appearance and were delightfully unpedantic. The *Dialogues des morts*,[1] written after the manner of Lucian, show a profound insight into human nature. Each one is built around a single psychological observation or intellectual principle — a device which gives it a pleasing unity of form and invites the reader to meditation. Ancients, ancients and moderns, and moderns, figuring in three separate parts of two sets of dialogues, meet on common ground in the Elysian Fields and give rise to unexpected contrasts and paradoxical views. Classical reason and moderation [2] rub shoulders with experimental reason, the study of human nature with the study of the stars,[3] the *esprit de finesse* [4] with the *esprit de géométrie*. Fontenelle wavers still on the threshold of the new age.

In the four dialogues given below, (1) the relative merits of brains and brawn are discussed by Milo, the Crotonian athlete, and Smindiride, the sybarite. Milo may suffer from stupidity, but his aesthetic interlocutor is a victim of supersensitivity (2) Aesop blames Homer for his use of mythological allegory. Homer replies that unadorned truth is repugnant to the human mind. (3) Montaigne's veneration for the ancients is corrected by Socrates, who insists that human nature is essentially constant. (4) Molière repeats Socrates' idea that the heart

---

1. A modern translation of selected dialogues by Ezra Pound is now rare and out of print. A new edition of the French text of all thirty-six dialogues would seem highly desirable.
2. The courtesan Phryne is a greater conqueror than Alexander, but both have been guilty of *démesure*.
3. Anacreon says that he learned to live and act like a man while Aristotle studied the stars and got into difficulty.
4. Several dialogues reflect the casuistry of love that was so much in vogue in seventeenth-century salons. For example, the beauty of Helen of Troy "launched a thousand ships," whereas Fulvia's unattractiveness invited an affront which brought civil war to Rome.

is constant and leads to folly. By dramatizing the follies of men he will be remembered long after the pseudo-scientific lucubrations of Paracelsus are forgotten.

Dialogues des morts anciens

MILON, SMINDIRIDE

SMINDIRIDE. — Tu es donc bien glorieux, Milon, d'avoir porté un bœuf sur tes épaules aux jeux olympiques?

MILON. — Assurément, l'action fut fort belle. Toute la Grèce y applaudit, et l'honneur s'en répandit jusque sur la ville de Crotone ma patrie, d'où sont sortis une infinité de braves athlètes.[5] Au contraire, ta ville de Sibaris sera décriée à jamais par la mollesse de ses habitants, qui avaient banni les coqs, de peur d'en être éveillés, et qui priaient les gens à manger un an avant le jour du repas, pour avoir le loisir de le faire aussi délicat qu'ils le voulaient.

SMINDIRIDE. — Tu te moques des Sibarites; mais toi, Crotoniate grossier, crois-tu que se vanter de porter un bœuf, ce ne soit pas se vanter de lui ressembler beaucoup?

MILON. — Et toi, crois-tu avoir ressemblé à un homme, quand tu t'es plaint d'avoir passé une nuit sans dormir, à cause que parmi les feuilles de roses dont ton lit était semé, il y en avait eu une sous toi qui s'était pliée en deux?

SMINDIRIDE. — Il est vrai que j'ai eu cette délicatesse; mais pourquoi te paraît-elle si étrange?

MILON. — Et comment se pourrait-il qu'elle ne me le parût pas?

SMINDIRIDE. — Quoi! n'as-tu jamais vu quelque amant, qui étant comblé des faveurs d'une maîtresse à qui il a rendu des services signalés, soit troublé dans la possession de ce bonheur, par la crainte qu'il a que la reconnaissance n'agisse dans le cœur de la belle, plus que l'inclination?

MILON. — Non, je n'en ai jamais vu. Mais quand cela serait?

SMINDIRIDE. — Et n'as-tu jamais entendu parler de quelque conquérant, qui, au retour d'une expédition glorieuse se trouvât peu satisfait de ses triomphes, parce que la fortune y aurait eu plus de part que sa valeur, ni sa conduite, et que ses desseins auraient réussi sur des mesures fausses et mal prises?

MILON. — Non, je n'en ai point entendu parler. Mais encore une fois, qu'en veux-tu conclure?

SMINDIRIDE. — Que cet amant et ce conquérant, et généralement presque tous les hommes, quoique couchés sur des fleurs, ne sauraient dormir, s'il y en a une seule feuille pliée en deux. Il ne faut rien pour gâter les plaisirs. Ce sont des lits de roses, où il est bien difficile que toutes les feuilles se tien-

---

5. The cultured readers of F.'s day were well acquainted with the history and legends of antiquity. The athletic prowess of the Crotona of this dialogue was proverbially contrasted with the effeminacy of the neighboring city of Sybaris.

nent étendues, et qu'aucune ne se plie; cependant le pli d'une seule suffit pour incommoder beaucoup.

Milon. — Je ne suis pas fort savant sur ces matières-là; mais il me semble que toi, et l'amant et le conquérant que tu supposes, et tous tant que vous êtes, vous avez extrêmement tort. Pourquoi vous rendez-vous si délicats?

Smindiride. — Ah! Milon, les gens d'esprit ne sont pas des Crotoniates comme toi; mais ce sont des Sibarites encore plus raffinés que je n'étais.

Milon. — Je vois bien ce que c'est. Les gens d'esprit ont assurément plus de plaisirs qu'il ne leur en faut, et ils permettent à leur délicatesse d'en retrancher ce qu'ils ont de trop. Ils veulent bien être sensibles aux plus petits désagréments, parce qu'il y a d'ailleurs assez d'agréments pour eux, et sur ce pied-là, je trouve qu'ils ont raison.

Smindiride. — Ce n'est point du tout cela. Les gens d'esprit n'ont point plus de plaisirs qu'il ne leur en faut.

Milon. — Ils sont donc fous de s'amuser à être si délicats?

Smindiride. — Voilà le malheur. La délicatesse est tout à fait digne des hommes; elle n'est produite que par les bonnes qualités et de l'esprit et du cœur: on se sait bon gré d'en avoir; on tâche à en acquérir, quand on n'en a pas. Cependant la délicatesse diminue le nombre des plaisirs, et on n'en a point trop; elle est cause qu'on les sent moins vivement, et d'eux-mêmes ils ne sont point trop vifs. Que les hommes sont à plaindre! leur condition naturelle leur fournit peu de choses agréables, et leur raison leur apprend à en goûter encore moins.

HOMÈRE, ÉSOPE

Homère. — En vérité, toutes les fables que vous venez de me réciter ne peuvent être assez admirées. Il faut que vous ayez beaucoup d'art pour déguiser ainsi en petits contes les instructions les plus importantes que la morale puisse donner, et pour couvrir vos pensées sous des images aussi justes et aussi familières que celles-là.

Ésope. — Il m'est bien doux d'être loué sur cet art, par vous qui l'avez si bien entendu.

Homère. — Moi? je ne m'en suis jamais piqué.

Ésope. — Quoi? n'avez-vous pas prétendu cacher de grands mystères dans vos ouvrages?

Homère. — Hélas! point du tout.

Ésope. — Cependant, tous les savants de mon temps le disaient; il n'y avait rien dans l'*Iliade,* ni dans l'*Odyssée* à quoi ils ne donnassent les allégories les plus belles du monde. Ils soutenaient que tous les secrets de la théologie, de la physique, de la morale et des mathématiques même, étaient renfermés dans ce que vous aviez écrit. Véritablement, il y avait quelque difficulté à les développer; où l'un trouvait un sens moral, l'autre en trouvait un physique: mais après cela, ils convenaient que vous aviez tout su et tout dit à qui le comprenait bien.[6]

Homère. — Sans mentir, je m'étais bien douté que de certaines gens ne manqueraient point d'entendre finesse où je n'en avais point entendu. Comme il n'est rien de tel que de prophétiser des choses éloignées, en attendant l'événement, il n'est rien de tel aussi que de débiter des fables, en attendant l'allégorie.

Esope. — Il fallait que vous fussiez bien hardi pour vous reposer sur vos lecteurs du soin de mettre des allégories dans vos poèmes. Où en eussiez-vous été, si on les eût pris au pied de la lettre?

Homère. — Hé bien! ce n'eût pas été un grand malheur.

Esope. — Quoi! ces dieux qui s'estropient les uns les autres; ce foudroyant Jupiter qui, dans une assemblée de divinités, menace l'auguste Junon de la battre; ce Mars, qui, étant blessé par Diomède, crie, dites-vous, comme neuf ou dix mille hommes, et n'agit pas comme un seul (car au lieu de mettre tous les Grecs en pièces, il s'amuse à s'aller plaindre de sa blessure à Jupiter); tout cela eût été bon sans allégorie!

Homère. — Pourquoi non? Vous imaginez que l'esprit humain ne cherche que le vrai; détrompez-vous. L'esprit humain et le faux sympathisent extrêmement. Si vous avez la vérité à dire, vous ferez fort bien de l'envelopper dans des fables; elle en plaira beaucoup plus. Si vous voulez dire des fables, elles pourront bien plaire, sans contenir aucune vérité. Ainsi, le vrai a besoin d'emprunter la figure du faux, pour être agréablement reçu dans l'esprit humain: mais le faux y entre bien sous sa propre figure; car c'est le lieu de sa naissance et de sa demeure propre, et le vrai y est étranger. Je vous dirai bien plus: quand je me fusse tué à imaginer des fables allégoriques, il eût bien pu arriver que la plupart des gens auraient pris la fable comme une chose qui n'eût point été trop hors d'apparence, auraient laissé là l'allégorie; et, en effet, vous devez savoir que mes dieux, tels qu'ils sont, et tous mystères à part, n'ont point été trouvés ridicules.

Esope. — Cela me fait trembler; je crains furieusement que l'on ne croie que les bêtes aient parlé, comme elles font dans mes apologues.

Homère. — Voilà une plaisante peur.

Esope. — Hé quoi! si on a bien cru que les dieux aient pu tenir les discours que vous leur avez fait tenir, pourquoi ne croira-t-on pas que les bêtes aient parlé de la manière dont je les ai fait parler?

Homère. — Ah! ce n'est pas la même chose. Les hommes veulent bien que les dieux soient aussi fous qu'eux; mais ils ne veulent pas que les bêtes soient aussi sages.

6. The Homeric poems had become the classics of ancient Greece. They were studied, analyzed, and annotated as thoroughly as Dante, Shakespeare, Milton, and the Bible in modern times.

Dialogues des morts anciens avec des modernes
SOCRATE, MONTAIGNE

MONTAIGNE. — C'est donc vous, divin Socrate? Que j'ai de joie de vous voir! Je suis tout fraîchement venu en ce pays-ci, et dès mon arrivée, je me suis mis à vous y chercher. Enfin, après avoir rempli mon livre de votre nom et de vos éloges, je puis m'entretenir avec vous, et apprendre comment vous possédiez cette vertu si naïve, dont les allures étaient si naturelles et qui n'avaient point d'exemple, même dans les heureux siècles où vous viviez.

SOCRATE. — Je suis bien aise de voir un mort qui me paraît avoir été philosophe; mais comme vous êtes nouvellement venu de là-haut, et qu'il y a longtemps que je n'ai vu ici personne, (car on me laisse assez seul, il n'y a pas beaucoup de presse à rechercher ma conversation), trouvez bon que je vous demande des nouvelles. Comment va le monde? N'est-il pas bien changé?

MONTAIGNE. — Extrêmement. Vous ne le connaîtriez pas.

SOCRATE. — J'en suis ravi. Je m'étais toujours bien douté qu'il fallait qu'il devînt meilleur et plus sage qu'il n'était de mon temps.

MONTAIGNE. — Que voulez-vous dire? il est plus fou et plus corrompu qu'il n'a jamais été. C'est le changement dont je voulais parler, et je m'attendais bien à savoir de vous l'histoire du temps que vous avez vu, et où régnait tant de probité et de droiture.

SOCRATE. — Et moi je m'attendais au contraire à apprendre des merveilles du siècle où vous venez de vivre. Quoi! Les hommes d'à-présent ne se sont point corrigés des sottises de l'antiquité?

MONTAIGNE. — Je crois que c'est parce que vous êtes ancien, que vous parlez de l'antiquité si familièrement; mais sachez qu'on a grand sujet d'en regretter les mœurs, et que, de jour en jour, tout empire.

SOCRATE. — Cela se peut-il? Il me semble que de mon temps les choses allaient déjà bien de travers. Je croyais qu'à la fin, elles prendraient un train plus raisonnable, et que les hommes profiteraient de l'expérience de tant d'années.

MONTAIGNE. — Eh! les hommes font-ils des expériences? Ils sont faits comme les oiseaux qui se laissent toujours prendre dans les mêmes filets où l'on a déjà pris cent mille oiseaux de leur espèce. Il n'y a personne qui n'entre tout neuf dans la vie, et les sottises des pères sont perdues pour les enfants.

SOCRATE. — Mais quoi! ne fait-on point d'expériences! Je croirais que le monde devrait avoir une vieillesse plus sage et plus réglée que n'a été sa jeunesse.

MONTAIGNE. — Les hommes de tous les siècles ont les mêmes penchants, sur lesquels la raison n'a aucun pouvoir. Ainsi, partout où il y a des hommes, il y a des sottises, et les mêmes sottises.

Socrate. — Et sur ce pied-là, comment voudriez-vous que les siècles de l'antiquité eussent mieux valu que le siècle d'aujourd'hui?

Montaigne. — Ah! Socrate, je savais bien que vous aviez une manière particulière de raisonner et d'envelopper si adroitement ceux à qui vous aviez affaire, dans les arguments dont ils ne prévoyaient pas la conclusion, que vous les ameniez où il vous plaisait; et c'est ce que vous appeliez être la sage-femme de leurs pensées et les faire accoucher. J'avoue que me voilà accouché d'une proposition toute contraire à celle que j'avançais: cependant je ne saurais encore me rendre. Il est sûr qu'il ne se trouve plus de ces âmes vigoureuses et raides de l'antiquité, des Aristide, des Phocion, des Périclès, ni enfin des Socrate.

Socrate. — A quoi tient-il? Est-ce que la nature s'est épuisée, et qu'elle n'a plus la force de produire ces grandes âmes? Et pourquoi se serait-elle encore épuisée en rien, hormis en hommes raisonnables? Aucun de ses ouvrages n'a encore dégénéré; pourquoi n'y aurait-il que les hommes qui dégénérassent?

Montaigne. — C'est un point de fait; ils dégénèrent. Il semble que la nature nous ait autrefois montré quelques échantillons de grands hommes, pour nous persuader qu'elle en aurait su faire, si elle avait voulu, et qu'ensuite elle ait fait tout le reste avec assez de négligence.

Socrate. — Prenez garde à une chose. L'antiquité est un objet d'une espèce particulière; l'éloignement le grossit. Si vous eussiez connu Aristide, Phocion, Périclès et moi, puisque vous voulez me mettre de ce nombre, vous eussiez trouvé dans votre siècle des gens qui nous ressemblaient. Ce qui fait d'ordinaire qu'on est si prévenu pour l'antiquité, c'est qu'on a du chagrin contre son siècle et l'antiquité en profite. On met les anciens plus haut pour abaisser ses contemporains. Quand nous vivions, nous estimions nos ancêtres plus qu'ils ne méritaient; et à présent, notre postérité nous estime plus que nous ne méritons; mais et nos ancêtres, et nous, et notre postérité, tout cela est bien égal; et je crois que le spectacle du monde serait bien ennuyeux pour qui le regarderait d'un certain œil, car c'est toujours la même chose.

Montaigne. — J'aurais cru que tout était en mouvement, que tout changeait, et que les siècles différents avaient leurs différents caractères, comme les hommes. En effet ne voit-on pas des siècles savants, et d'autres qui sont ignorants? n'en voit-on pas de sérieux et de badins, de polis et de grossiers?

Socrate. — Il est vrai.

Montaigne. — Et pourquoi donc n'y aurait-il pas des siècles plus vertueux et d'autres plus méchants?

Socrate. — Ce n'est pas une conséquence. Les habits changent; mais ce n'est pas à dire que la figure des corps change aussi. La politesse ou la grossièreté, la science ou l'ignorance, le plus ou le moins d'une certaine naïveté, le génie sérieux ou badin, ce ne sont là que les dehors de l'homme, et tout cela change: mais le cœur ne change point, et tout l'homme est dans le cœur. On est ignorant dans un siècle, mais la mode d'être savant peut venir; on est intéressé, mais la mode d'être désintéressé ne viendra point. Sur ce nombre prodigieux d'hommes assez déraisonnables qui naissent en cent ans, la nature en a peut-être deux ou trois douzaines de raisonnables, qu'il faut qu'elle répande par toute la terre; et vous jugez bien qu'ils ne se trouvent jamais nulle part en assez grande quantité pour y faire une mode de vertu et de droiture.

MONTAIGNE. — Cette distribution d'hommes raisonnables se fait-elle également? Il pourrait bien y avoir des siècles mieux partagés les uns que les autres.

SOCRATE. — Tout au plus il y aurait quelque inégalité imperceptible. L'ordre général de la nature a l'air bien constant.

Dialogues des morts modernes

PARACELSE, MOLIERE

MOLIÈRE. — N'y eût-il que votre nom, je serais charmé de vous, Paracelse![7] On croirait que vous seriez quelque Grec ou quelque Latin, et on ne s'aviserait jamais de penser que Paracelse était un philosophe suisse.

PARACELSE. — J'ai rendu ce nom aussi illustre qu'il est beau. Mes ouvrages sont d'un grand secours à tous ceux qui veulent entrer dans les secrets de la nature, et surtout à ceux qui s'élèvent jusqu'à la connaissance des génies et des habitants élémentaires.[8]

MOLIÈRE. — Je conçois aisément que ce sont là les vraies sciences. Connaître les hommes que l'on voit tous les jours, ce n'est rien; mais connaître les génies que l'on ne voit point, c'est toute autre chose.

PARACELSE. — Sans doute. J'ai enseigné fort exactement quelle est leur nature; quels sont leurs emplois, leurs inclinations, leurs différents ordres; quel pouvoir ils ont dans l'univers.

MOLIÈRE. — Que vous étiez heureux d'avoir toutes ces lumières! Car à plus forte raison vous saviez parfaitement tout ce qui regarde l'homme; et cependant beaucoup de personnes n'ont pu seulement aller jusque-là.

PARACELSE. — Oh! il n'y a si petit philosophe qui n'y soit parvenu.

MOLIÈRE. — Je le crois. Vous n'aviez donc plus rien qui vous embarrassât sur la nature de l'âme humaine, sur ses fonctions, sur son union avec le corps?

PARACELSE. — Franchement, il ne se peut pas qu'il ne reste toujours quel-

---

[7]. Theophrastus Bombast von Hohenheim Paracelsus (1493-1541) was a Swiss physician, astrologer, alchemist, and theosophist, whose experimentalism nevertheless made its contributions to chemical science.

[8]. I.e., genii or inhabitants of the elements: of water, nymphs, undines, sirens, etc.; of the earth, gnomes, lemures, sylphs, etc.; of the air, ghosts, satyrs, etc.; of fire, salamanders, penates, etc.

ques difficultés sur ces matières; mais enfin on en sait autant que la philosophie en peut apprendre.

Molière. — Et vous n'en saviez pas davantage?

Paracelse. — Non. N'est-ce pas bien assez?

Molière. — Assez? Ce n'est rien du tout. Et vous sautiez ainsi par-dessus les hommes que vous ne connaissiez pas, pour aller aux génies?

Paracelse. — Les génies ont quelque chose qui pique bien plus la curiosité naturelle.

Molière. — Oui; mais il n'est pardonnable de songer à eux qu'après qu'on n'a plus rien à connaître dans les hommes. On dirait que l'esprit humain a tout épuisé, quand on voit qu'il se forme des objets de sciences qui n'ont peut-être aucune réalité, et dont il s'embarrasse à plaisir. Cependant il est sûr que des objets très réels lui donneraient, s'il voulait, assez d'occupation.

Paracelse. — L'esprit néglige naturellement les sciences trop simples, et court après celles qui sont mystérieuses. Il n'y a que celles-là sur lesquelles il puisse exercer toute son activité.

Molière. — Tant pis pour l'esprit; ce que vous dites est tout à fait à sa honte. La vérité se présente à lui; mais parce qu'elle est simple, il ne la reconnaît point, et il prend des mystères ridicules pour elle, seulement parce que ce sont des mystères. Je suis persuadé que si la plupart des gens voyaient l'ordre de l'univers tel qu'il est, comme ils n'y remarqueraient ni vertus des nombres, ni propriétés des planètes, ni fatalités attachées à de certains temps ou à de certaines révolutions, ils ne pourraient pas s'empêcher de dire sur cet ordre admirable: *Quoi! n'est-ce que cela?*

Paracelse. — Vous traitez de ridicules des mystères où vous n'avez su pénétrer, et qui en effet sont réservés aux grands hommes.

Molière. — J'estime bien plus ceux qui ne comprennent point ces mystères-là, que ceux qui les comprennent; mais malheureusement, la nature n'a pas fait tout le monde capable de n'y rien entendre.

Paracelse. — Mais vous qui décidez avec tant d'autorité, quel métier avez-vous donc fait pendant votre vie?

Molière. — Un métier bien différent du vôtre. Vous avez étudié les vertus des génies, et moi, j'ai étudié les sottises des hommes.

Paracelse. — Voilà une belle étude! Ne sait-on pas bien que les hommes sont sujets à faire assez de sottises?

Molière. — On le sait en gros et confusément; mais il en faut venir aux détails, et alors on est surpris de l'étendue de cette science.

Paracelse. — Et à la fin, quel usage en faisiez-vous?

Molière. — J'assemblais dans un certain lieu le plus grand nombre de gens que je pouvais, et là je leur faisais voir qu'ils étaient tous des sots.

Paracelse. — Il fallait de terribles discours pour leur persuader une pareille vérité.

Molière. — Rien n'est plus facile. On leur prouve leurs sottises, sans employer de grands tours d'éloquence, ni des raisonnements bien médités.

Ce qu'ils font est si ridicule, qu'il ne faut qu'en faire autant devant eux, et vous les voyez aussitôt crever de rire.

PARACELSE. — Je vous entends; vous étiez comédien. Pour moi, je ne conçois pas le plaisir qu'on prend à la comédie: on y va rire des mœurs qu'elle représente; et que ne rit-on des mœurs mêmes?

MOLIÈRE. — Pour rire des choses du monde, il faut en quelque façon en être dehors, et la comédie vous en tire: elle vous donne tout en spectacle, comme si vous n'y aviez point de part.

PARACELSE. — Mais on rentre aussitôt dans ce tout dont on s'était moqué, et on recommence à en faire partie?

MOLIÈRE. — N'en doutez pas; l'autre jour, en me divertissant, je fis ici une fable sur ce sujet. Un jeune oison volait avec la mauvaise grâce qu'ont tous ceux de son espèce, quand ils volent; et pendant ce vol d'un moment, qui ne l'élevait qu'à un pied de terre, il insultait au reste de la basse-cour. "Malheureux animaux, disait-il, je vous vois au-dessous de moi, et vous ne savez pas fendre ainsi les airs." La moquerie fut courte, l'oison retomba dans le même temps.

PARACELSE. — A quoi donc servent les réflexions que la comédie fait faire, puisqu'elles ressemblent au vol de cet oison, et qu'au même instant on retombe dans les sottises communes?

MOLIÈRE. — C'est beaucoup que de s'être moqué de soi; la nature nous y a donné une merveilleuse facilité pour nous empêcher d'être la dupe de nous-mêmes. Combien de fois arrive-t-il que dans le temps qu'une partie de nous fait quelque chose avec ardeur et avec empressement, une autre partie s'en moque? Et s'il en était besoin même, on trouverait encore une troisième partie qui se moquerait des deux premières ensemble. Ne dirait-on pas que l'homme soit fait de pièces rapportées?

PARACELSE. — Je ne vois pas qu'il y ait matière sur tout cela d'exercer beaucoup son esprit. Quelques légères réflexions, quelques plaisanteries souvent mal fondées ne méritent pas une grande estime: mais quels efforts de méditation ne faudrait-il pas faire pour traiter des sujets plus relevés?

MOLIÈRE. — Vous revenez à vos génies, et moi, je ne reconnais que mes sots. Cependant, quoique je n'aie jamais travaillé que sur ces sujets si exposés aux yeux de tout le monde, je puis vous prédire que mes comédies vivront plus que vos sublimes ouvrages. Tout est sujet aux changements de la mode; les productions de l'esprit ne sont pas au-dessus de la destinée des habits. J'ai vu je ne sais combien de livres et de genres d'écrire enterrés avec leurs auteurs, ainsi que chez de certains peuples on enterre avec les morts les choses qui leur ont été les plus précieuses pendant leur vie. Je connais parfaitement quelles peuvent être les révolutions de l'empire des lettres; et avec tout cela, je garantis la durée de mes pièces. J'en sais bien la raison. Qui veut peindre pour l'immortalité doit peindre des sots.

DIGRESSION SUR LES ANCIENS ET LES MODERNES
1688

The Quarrel of the Ancients and Moderns [9] was a complex affair with manifestations not only in France but also in England, where it led to Swift's *Battle of the Books*.[10] In France, Charles Perrault extolled modern writers at the expense of the ancient in a poem, "Le Siècle de Louis le grand," read in 1687 before the French Academy, and in his *Parallèle des anciens et des modernes* (1688–1696). Fontenelle saw that the problem was not entirely literary and linked it with the advance of science and the idea of progress. His *Digression* is a victorious compromise. He first attacked the notion of degeneration and claimed that in regard to purely imaginative works the moderns were made of the same stuff as their forebears. In the experimental sciences, however, knowledge was transmitted and added unto from generation to generation. This accumulation brought about the progress that was so apparent to those who had witnessed the remarkable advances made in the seventeenth century, called by A. N. Whitehead "the great age of scientific discovery." [11] If the arts and sciences are taken as a whole, then the superiority of the moderns can hardly be contested.

Toute la question de la prééminence entre les anciens et les modernes étant une fois bien entendue, se réduit à savoir si les arbres qui étaient autrefois dans nos campagnes étaient plus grands que ceux d'aujourd'hui. En cas qu'ils l'aient été, Homère, Platon, Démosthène ne peuvent être égalés dans ces derniers siècles; mais si nos arbres sont aussi grands que ceux d'autrefois, nous pouvons égaler Homère, Platon et Démosthène.

Eclaircissons ce paradoxe. Si les anciens avaient plus d'esprit que nous, c'est donc que les cerveaux de ce temps-là étaient mieux disposés, formés de fibres plus fermes ou plus délicates, remplis de plus d'esprits animaux; mais en vertu de quoi les cerveaux de ce temps-là auraient-ils été mieux disposés? Les arbres auraient donc été aussi plus grands et plus beaux; car si la nature était alors plus jeune et plus vigoureuse, les arbres, aussi bien que les cerveaux des hommes, auraient dû se sentir de cette vigueur et de cette jeunesse.

Que les admirateurs des anciens y prennent un peu garde, quand ils nous disent que ces gens-là sont les sources du bon goût et de la raison, et les lumières destinées à éclairer tous les autres hommes; que l'on n'a d'esprit qu'autant qu'on les admire; que la nature s'est épuisée à produire ces grands originaux:[12] en vérité ils nous les font d'une autre espèce que nous, et la

---

9. Cf. H. Rigault, *Histoire de la querelle des anciens et des modernes*, and Brunetière, *Etudes critiques* (V⁰ série), "La Formation de l'idée de progrès."
10. On this phase, see R. F. Jones, *Ancients and Moderns: A Study of the Background of the Battle of the Books*.
11. In *Science and the Modern World;* see also Harcourt Brown, *Scientific Organizations in Seventeenth-Century France*.
12. Until the great advance of science in the seventeenth century it was a common belief that the world was running down.

physique n'est pas d'accord avec toutes ces belles phrases. La nature a entre les mains une certaine pâte qui est toujours la même, qu'elle tourne et retourne sans cesse en mille façons, et dont elle forme les hommes, les animaux, les plantes; et certainement elle n'a point formé Platon, Démosthène ni Homère d'une argile plus fine ni mieux préparée que nos philosophes, nos orateurs et nos poètes d'aujourd'hui. Je ne regarde ici dans nos esprits, qui ne sont pas d'une nature matérielle, que la liaison qu'ils ont avec le cerveau, qui est matériel, et qui par ses différentes dispositions produit toutes les différences qui sont entre eux. . . .

Quoi qu'il en soit, voilà, ce me semble, la grande question des anciens et des modernes vidée. Les siècles ne mettent aucune différence naturelle entre les hommes. Le climat de la Grèce ou de l'Italie, et celui de la France, sont trop voisins pour mettre quelque différence sensible entre les Grecs ou les Latins et nous. Quand ils y mettraient quelqu'une, elle serait fort aisée à effacer, et enfin elle ne serait pas plus à leur avantage qu'au nôtre. Nous voilà donc tous parfaitement égaux, anciens et modernes, Grecs, Latins et Français. . . .

Les anciens ont tout inventé, c'est sur ce point que leurs partisans triomphent; donc ils avaient beaucoup plus d'esprit que nous: point du tout, mais ils étaient avant nous. J'aimerais autant qu'on les vantât sur ce qu'ils ont bu les premiers l'eau de nos rivières, et que l'on nous insultât sur ce que nous ne buvons plus que leurs restes. Si l'on nous avait mis en leur place, nous aurions inventé; s'ils étaient en la nôtre, ils ajouteraient à ce qu'ils trouveraient inventé; il n'y a pas là grand mystère. . . .

Cependant, afin que les modernes puissent toujours enchérir sur les anciens, il faut que les choses soient d'une espèce à le permettre. L'éloquence et la poésie ne demandent qu'un certain nombre de vues assez borné par rapport à d'autres arts, et elles dépendent principalement de la vivacité de l'imagination. Or les hommes peuvent avoir amassé en peu de siècles un petit nombre de vues; et la vivacité de l'imagination n'a pas besoin d'une longue suite d'expériences, ni d'une grande quantité de règles, pour avoir toute la perfection dont elle est capable. Mais la physique, la médecine, les mathématiques sont composées d'un nombre infini de vues, et dépendent de la justesse du raisonnement, qui se perfectionne avec une extrême lenteur, et se perfectionne toujours;[13] il faut même souvent qu'elles soient aidées par des expériences que le hasard seul fait naître, et qu'il n'amène pas à point nommé. Il est évident que tout cela n'a point de fin, et que les derniers physiciens ou mathématiciens devront naturellement être les plus habiles.

Et en effet, ce qu'il y a de principal dans la philosophie et ce qui de là se répand sur tout, je veux dire la manière de raisonner, s'est extrêmement perfectionné dans ce siècle. Je doute fort que la plupart des gens entrent dans la remarque que je vais faire; je la ferai cependant pour ceux qui se con-

---

13. F. has been called a pessimistic believer in the idea of progress, because progress seemed to him so slow as to appear almost imperceptible.

naissent en raisonnements; et je puis me vanter que c'est avoir du courage que de s'exposer pour l'intérêt de la vérité à la critique de tous les autres, dont le nombre n'est assurément pas méprisable. Sur quelque matière que ce soit, les anciens sont assez sujets à ne pas raisonner dans la dernière perfection. Souvent de faibles convenances, de petites similitudes, des jeux d'esprit peu solides, des discours vagues et confus, passent chez eux pour des preuves; aussi rien ne leur coûte à prouver: mais ce qu'un ancien démontrait en se jouant, donnerait à l'heure qu'il est bien de la peine à un pauvre moderne; car de quelle rigueur n'est-on pas sur les raisonnements? On veut qu'ils soient intelligibles, on veut qu'ils soient justes, on veut qu'ils concluent. On aura la malignité de démêler la moindre équivoque, ou d'idées, ou de mots; on aura la dureté de condamner la chose du monde la plus ingénieuse, si elle ne va pas au fait. Avant M. Descartes on raisonnait plus commodément; les siècles passés sont bienheureux de n'avoir pas eu cet homme-là. C'est lui, à ce qu'il me semble, qui a amené cette nouvelle méthode de raisonner, beaucoup plus estimable que sa philosophie même, dont une bonne partie se trouve fausse ou fort incertaine, selon les propres règles qu'il nous a apprises. Enfin il règne non seulement dans nos bons ouvrages de physique et de métaphysique, mais dans ceux de religion, de morale, de critique, une précision et une justesse qui jusqu'à présent n'avaient été guère connues.

Si les grands hommes de ce siècle avaient des sentiments charitables pour la postérité, ils l'avertiraient de ne les admirer point trop, et d'aspirer toujours du moins à les égaler. Rien n'arrête tant le progrès des choses, rien ne borne tant les esprits, que l'admiration excessive des anciens. Parce qu'on s'était dévoué à l'autorité d'Aristote, et qu'on ne cherchait la vérité que dans ses écrits énigmatiques, et jamais dans la nature, non seulement la philosophie n'avançait en aucune façon, mais elle était tombée dans un abîme de galimatias et d'idées inintelligibles, d'où l'on a eu toutes les peines du monde à la retirer. Aristote n'a jamais fait un vrai philosophe, mais il en a beaucoup étouffé qui le fussent devenus, s'il eût été permis. Et le mal est qu'une fantaisie de cette espèce une fois établie parmi les hommes, en voilà pour longtemps: on sera des siècles entiers à en revenir, même après qu'on en aura reconnu le ridicule.[14] Si l'on allait s'entêter un jour de Descartes, et le mettre à la place d'Aristote, ce serait à peu près le même inconvénient....

ENTRETIENS SUR LA PLURALITE DES MONDES
1686

This first serious popularization of astronomical science was unsurpassed for more than a century. The ideas of Copernicus, Galileo, and Kepler, known to

---

14. F. was belittling Aristotle because he was the great authority of Scholastic philosophy. The neo-Thomist school, both in France and in America, would have the modern world turn back to pre-Cartesian metaphysics.

only a handful of scientists, were now to challenge the world. The condemnation of Galileo had persuaded Descartes to hold up the publication of his treatise *De la terre;* Gassendi dared not publicly choose between the Ptolemaic and Copernican systems; and Pascal "thought it wise not to inquire into the opinions of Copernicus."

The Scholastic conception of the cosmos, superbly illustrated in Dante's *Divine Comedy*, held that the earth, seat of corruption, was motionless in the center of the universe. Round the earth moved the spherical heavens, immutable and incorruptible, home of the various orders of the angels. To the first seven of these heavens were attached the seven known planets; then came in order the Firmament with the fixed stars, the Empyrean, and Heaven proper, where stood the throne of God. Theology had become so involved in this conception that the Copernican system was officially pronounced by the Vatican to be "false and altogether opposed to Holy Scripture," and was finally accepted only in 1822.

Fontenelle's work is divided into five "Entretiens" or "Soirs" (a sixth was later added), of which the subjects are the earth, the moon, the other planets, the sun, and the stars. The idea constantly emphasized is the relatively humble status of man in the midst of vast reaches of space and time,[15] in a heliocentric rather than an anthropocentric universe. The suggestion is made, too, that the various planets may be inhabited by creatures superior to man, endowed with more numerous and more refined senses. The method of presentation is a dialogue between Fontenelle and a marquise as they walk in a garden under a brilliant starry sky. The scientific pill is coated with gallantry, which Voltaire found insipid but which was justifiable in Fontenelle's time. He requires of the marquise only that application of mind necessary in reading *La Princesse de Clèves*. After much discussion of the relative merits of blonds and brunets — the blond beauties of the day contrasted with the darker beauties of the night — Fontenelle is ready to lead his companion to an amazingly lucid description of the Copernican system.

[Le système de Copernic]

... Figurez-vous un Allemand, nommé Copernic,[16] qui fait main basse sur tous ces cercles différents, et sur tous ces cieux solides, qui avaient été imaginés par l'antiquité. Il détruit les uns, il met les autres en pièces. Saisi d'une noble fureur d'astronome, il prend la terre, et l'envoie bien loin du
5 centre de l'univers où elle s'était placée, et dans ce centre il y met le soleil, à qui cet honneur était bien mieux dû. Les planètes ne tournent plus autour de la terre, et ne l'enferment plus au milieu du cercle qu'elles décrivent. Si elles nous éclairent, c'est en quelque sorte par hasard, et parce qu'elles

---

15. Cf. Pascal: "Qu'est-ce que l'homme dans l'infini?" and "Tout ce monde visible n'est qu'un trait imperceptible dans l'ample sein de la nature." But Pascal's purpose was to humble man before his God, whereas F.'s was scientific exposition, more in line with the spirit of Voltaire's *Micromégas* (see, below, pp. 443-448).

16. Polish or German-Polish astonomer (1473-1543). His work was continued by the Italian Galileo, who discovered the law of gravity, and the German Kepler, who discovered laws governing the rotation of the planets

Fontenelle: *La Pluralité des mondes*

nous rencontrent en leur chemin. Tout tourne présentement autour du soleil; la terre y tourne elle-même; et pour la punir du long repos qu'elle s'était attribué, Copernic la charge le plus qu'il peut de tous les mouvements qu'elle donnait aux planètes et aux cieux. Enfin, de tout cet équipage céleste, dont cette petite terre se faisait accompagner et environner, il ne lui est demeuré que la lune, qui tourne encore autour d'elle. Attendez un peu, dit la Marquise, il vient de vous prendre un enthousiasme qui vous fait expliquer les choses si pompeusement, que je ne crois pas les avoir entendues. Le soleil est au centre de l'univers, et là il est immobile. Après lui, qu'est-ce qui suit? C'est Mercure, répondis-je; il tourne autour du soleil, en sorte que le soleil est à peu près le centre du cercle que Mercure décrit. Au-dessus de Mercure est Vénus, qui tourne de même autour du soleil. Ensuite vient la terre, qui, étant plus élevée que Mercure et Vénus, décrit autour du soleil un plus grand cercle que ces planètes. Enfin, suivent Mars, Jupiter, Saturne, selon l'ordre où je vous les nomme; et vous voyez bien que Saturne doit décrire autour du soleil le plus grand cercle de tous; aussi emploie-t-il plus de temps qu'aucune autre planète à faire sa révolution. Et la lune, vous l'oubliez, interrompit-elle? Je la retrouverai bien, repris-je. La lune tourne autour de la terre, et ne l'abandonne point; mais comme la terre avance toujours dans le cercle qu'elle décrit autour du soleil, la lune la suit, en tournant toujours autour d'elle; et si elle tourne autour du soleil, ce n'est que pour ne point quitter la terre.

Je vous entends, répondit-elle; et j'aime la lune de nous être restée, lorsque toutes les autres planètes nous abandonnaient. Avouez, que si votre Allemand eût pu nous la faire perdre, il l'aurait fait volontiers; car je vois, dans tout son procédé, qu'il était bien mal intentionné pour la terre. Je lui sais bon gré, répliquai-je, d'avoir rabattu la vanité des hommes, qui s'étaient mis à la plus belle place de l'univers; et j'ai du plaisir à voir présentement la terre dans la foule des planètes. Bon, répondit-elle, croyez-vous que la vanité des hommes s'étende jusqu'à l'astronomie? Croyez-vous m'avoir humiliée, pour m'avoir appris que la terre tourne autour du soleil? Je vous jure que je ne m'en estime pas moins. Mon Dieu, Madame, repris-je, je sais bien qu'on sera moins jaloux du rang qu'on tient dans l'univers, que de celui qu'on croit devoir tenir dans une chambre, et que la préséance de deux planètes ne sera jamais une si grande affaire que celle de deux ambassadeurs. Cependant, la même inclination, qui fait qu'on veut avoir la place la plus honorable dans une cérémonie, fait qu'un philosophe, dans un système, se met au centre du monde, s'il peut. Il est bien aise que tout soit fait pour lui; il suppose peut-être, sans s'en apercevoir, ce principe qui le flatte, et son cœur ne laisse pas de s'intéresser à une affaire de pure spéculation. Franchement, répliqua-t-elle, c'est là une calomnie que vous avez inventée contre le genre humain. On n'aurait donc jamais dû recevoir le système de Copernic, puisqu'il est si humiliant. Aussi, repris-je, Copernic lui-même se défiait-il fort du succès de son opinion. Il fut très longtemps à ne la vouloir pas publier. Enfin, il s'y résolut, à la prière de gens très considérables; mais aussi, le jour qu'on lui apporta le premier exemplaire imprimé de son livre, savez-vous ce qu'il fit? il mourut. Il ne voulut point essuyer toutes les contradictions qu'il prévoyait, et se tira habilement d'affaire. Ecoutez, dit la Marquise, il faut rendre justice à tout le monde. Il est sûr qu'on a de la peine à s'imaginer qu'on tourne autour du soleil; car enfin, on ne change point de place, et on se retrouve toujours le matin où l'on s'était couché le soir. Je vois, ce me semble, à votre air, que vous m'allez dire que, comme la terre toute entière marche... Assurément, interrompis-je, c'est la même chose que si vous vous endormiez dans un bateau qui allât sur la rivière, vous vous trouveriez à votre réveil dans la même place et dans la même situation, à l'égard de toutes les parties du bateau. Oui; mais, répliqua-t-elle, voici une différence; je trouverais à mon réveil le rivage changé, et cela me ferait bien voir que mon bateau aurait changé de place. Mais il n'en va pas de même de la terre; j'y retrouve toutes choses comme je les avais laissées. Non pas, Madame, répondis-je, non pas; le rivage est changé aussi. Vous savez qu'au delà de tous les cercles des planètes sont les étoiles fixes: voilà notre rivage. Je suis sur la terre, et la terre décrit un grand cercle autour du soleil. Je regarde au centre de ce cercle, j'y vois le soleil. S'il n'effaçait point les étoiles, en poussant ma vue en ligne droite au delà du soleil, je le verrais nécessairement répondre à quelques étoiles fixes; mais je vois aisément, pendant la nuit, à quelles étoiles il a répondu le jour, et c'est exactement la même chose. Si la terre ne changeait point de place sur le cercle où elle est, je verrais toujours le soleil répondre aux mêmes étoiles fixes; mais dès que la terre change de place, il faut que je la voie répondre à d'autres étoiles. C'est là le rivage qui change tous les jours; et comme la terre fait son cercle en un an autour du soleil, je vois le soleil, en l'espace d'une année, répondre successivement à diverses étoiles fixes qui composent un cercle; ce cercle s'appelle le zodiaque. Voulez-vous que je vous fasse ici une figure sur le sable? Non, réponditelle, je m'en passerai bien, et puis cela donnerait à mon parc un air savant que je ne veux pas qu'il ait.[17] N'ai-je pas ouï dire qu'un philosophe, qui fut jeté, par un naufrage, dans une île qu'il ne connaissait point, s'écria à ceux qui le suivaient, en voyant de certaines figures, des lignes et des cercles tracés sur le bord de la mer: *Courage, compagnons, l'île est habitée; voici des pas d'hommes.* Vous jugez bien qu'il ne m'appartient point de faire de ces pas-là, et qu'il ne faut pas qu'on en voie ici.

Il vaut mieux, en effet, répondis-je, qu'on n'y voie que des pas d'amants, c'est-à-dire, votre nom et vos chiffres gravés sur l'écorce des arbres par la main de vos adorateurs. Laissons-là, je vous prie, les adorateurs, repritelle, et parlons du soleil. J'entends bien comment nous nous imaginons qu'il décrit le cercle que nous décrivons nous-mêmes; mais ce tour ne s'achève

---

17. La Marquise did not wish to appear to be a bluestocking; Molière's *Les Femmes savantes* had too recently ridiculed pedantry among women.

qu'en un an, et celui que le soleil fait tous les jours sur notre tête, comment se fait-il? Avez-vous remarqué, lui répondis-je, qu'une boule qui roulerait sur cette allée aurait deux mouvements? Elle irait vers le bout de l'allée, et en même temps elle tournerait plusieurs fois sur elle-même, en sorte que la partie de cette boule, qui est en haut, descendrait en bas, et que celle d'en bas monterait en haut. La terre fait la même chose. Dans le temps qu'elle avance sur le cercle qu'elle décrit en un an autour du soleil, elle tourne sur elle-même en vingt-quatre heures. Ainsi, en vingt-quatre heures, chaque partie de la terre perd le soleil et le recouvre; et à mesure qu'en tournant, on va vers le côté où est le soleil, il semble qu'il s'élève; et quand on commence à s'en éloigner, en continuant le tour, il semble qu'il s'abaisse. Cela est assez plaisant, dit-elle; la terre prend tout sur soi, et le soleil ne fait rien: et quand la lune et les autres planètes, et les étoiles fixes, paraissent faire un tour sur notre tête, en vingt-quatre heures, c'est donc aussi une imagination? Les planètes font seulement leurs cercles autour du soleil en des temps inégaux, selon leurs distances inégales; et celle que nous voyons aujourd'hui répondre à un certain point du zodiaque, ou de ce cercle d'étoiles fixes, nous la voyons demain à la même heure répondre à un autre point, tant parce qu'elle a avancé sur son cercle, que parce que nous avons avancé sur le nôtre. Nous marchons, et les autres planètes marchent aussi; mais plus ou moins vite que nous. Cela nous met dans différents points de vue à leur égard, et nous fait paraître dans leurs cours des bizarreries dont il n'est pas nécessaire que je vous parle: il suffit que vous sachiez que ce qu'il y a d'irrégulier dans les planètes, ne vient que de la diverse manière dont notre mouvement nous les fait rencontrer, et qu'au fond elles sont toutes très réglées. Je consens qu'elles le soient, dit la Marquise; mais je voudrais bien que leur régularité coûtât moins à la terre. On ne l'a guère ménagée; et pour une grosse masse aussi pesante qu'elle est, on lui demande bien de l'agilité. Mais, lui répondis-je, aimeriez-vous mieux que le soleil, et tous les autres astres, qui sont de très grands corps, fissent, en vingt-quatre heures, autour de la terre, un tour immense? que les étoiles fixes, qui seraient dans le plus grand cercle, parcourussent en un jour plus de vingt-sept mille six cent soixante fois deux cent millions de lieues? car il faut que tout cela arrive, si la terre ne tourne pas sur elle-même en vingt-quatre heures. En vérité, il est bien plus raisonnable qu'elle fasse ce tour, qui n'est tout au plus que de neuf mille lieues. Vous voyez bien que neuf mille lieues, en comparaison de l'horrible nombre que je viens de vous dire, ne sont qu'une bagatelle.

Oh! répliqua la Marquise, le soleil et les astres sont tout de feu, et le mouvement ne leur coûte rien; mais la terre ne paraît guère portative. Et croiriez-vous, repris-je, si vous n'en aviez l'expérience, que ce fût quelque chose de bien portatif qu'un gros navire monté de cent cinquante pièces de canon, chargé de plus de trois mille hommes, et d'une très grande quantité de marchandises? Cependant, il ne faut qu'un petit souffle de vent pour le faire aller sur l'eau, parce que l'eau est liquide, et que se laissant diviser avec facilité, elle résiste peu au mouvement du navire; ou, s'il est au milieu d'une rivière, il suivra sans peine le fil de l'eau, parce qu'il n'y a rien qui le retienne. Ainsi, la terre, toute massive qu'elle est, est aisément portée au milieu de la matière céleste, qui est infiniment plus fluide que l'eau, et qui remplit tout ce grand espace où nagent les planètes. Et où faudrait-il que la terre fût cramponnée pour résister au mouvement de cette matière céleste,[18] et ne s'y pas laisser emporter? C'est comme si une petite boule de bois pouvait ne pas suivre le courant d'une rivière.

Mais, répliqua-t-elle encore, comment la terre, avec tout son poids, se soutient-elle sur votre matière céleste, qui doit être bien légère, puisqu'elle est si fluide? Ce n'est pas à dire, répondis-je, que ce qui est fluide en soit plus léger. Que dites-vous de notre gros vaisseau, qui, avec tout son poids, est plus léger que l'eau, puisqu'il surnage? Je ne veux plus vous dire rien, dit-elle comme en colère, tant que vous aurez le gros vaisseau. Mais, m'assurez-vous bien qu'il n'y a rien à craindre sur une pirouette aussi légère que vous me faites la terre? Eh bien, lui répondis-je, faisons porter la terre par quatre éléphants, comme font les Indiens. Voici bien un autre système, s'écria-t-elle! Du moins j'aime ces gens-là d'avoir pourvu à leur sûreté, et fait de bons fondements; au lieu que nous autres Coperniciens nous sommes assez inconsidérés pour vouloir bien nager à l'aventure dans cette matière céleste. Je gage que si les Indiens savaient que la terre fût le moins du monde en péril de se mouvoir, ils doubleraient les éléphants.

Cela le mériterait bien, repris-je, en riant de sa pensée; il ne faut point épargner les éléphants, pour dormir en assurance; et si vous en avez besoin pour cette nuit, nous en mettrons dans notre système autant qu'il nous plaira; ensuite, nous les retrancherons peu à peu, à mesure que vous vous rassurerez. Sérieusement, reprit-elle, je ne crois pas, dès à présent, qu'ils me soient fort nécessaires, et je me sens assez de courage pour oser tourner. Vous irez encore plus loin, répliquai-je; vous tournerez avec plaisir, et vous vous ferez sur ce système des idées réjouissantes. Quelquefois, par exemple, je me figure que je suis suspendu en l'air, et que j'y demeure sans mouvement, pendant que la terre tourne sous moi en vingt-quatre heures.[19] Je vois passer sous mes yeux tous ces visages différents, les uns blancs, les autres noirs, les autres basanés, les autres olivâtres. D'abord ce sont des chapeaux, et puis des turbans, et puis des têtes chevelues, et puis des têtes rasées; tantôt des villes à clochers, tantôt des villes à longues aiguilles, qui ont des croissants, tantôt des villes à tours de porcelaine, tantôt de grands

---

18. Descartes filled space with whirlpools or vortices of matter (*tourbillons*) which impelled the movement of the earth. Newton's theory, published shortly after the *Entretiens*, showed that the planets moved through a void according to definite laws of attraction.

19. Cyrano de Bergerac traveled to Canada by mounting in the air and letting the earth turn beneath him. See, above, p. 20.

pays, qui n'ont que des cabanes; ici de vastes mers, là des déserts épouvantables; enfin toute cette variété infinie qui est sur la surface de la terre.

En vérité, dit-elle, tout cela mériterait bien que l'on donnât vingt-quatre heures de son temps à le voir. Ainsi donc, dans le même lieu où nous sommes à présent, je ne dis pas dans ce parc, mais dans ce même lieu, à le prendre dans l'air, il y passe continuellement d'autres peuples, qui prennent notre place; et au bout de vingt-quatre heures, nous y revenons.

Copernic, lui répondis-je, ne le comprendrait pas mieux. D'abord il passera par ici des Anglais, qui raisonneront peut-être de quelque dessein de politique avec moins de gaieté que nous ne raisonnons de notre philosophie; ensuite viendra une grande mer, et il se pourra trouver en ce lieu-là quelque vaisseau qui n'y sera pas si à son aise que nous. Après cela paraîtront des Iroquois, en mangeant tout vif quelque prisonnier de guerre, qui fera semblant de ne s'en pas soucier; des femmes de la terre de Jesso,[20] qui n'emploieront tout leur temps qu'à préparer le repas de leurs maris, et à se peindre de bleu les lèvres et les sourcils, pour plaire aux plus vilains hommes du monde; des Tartares, qui iront fort dévotement en pèlerinage vers ce grand-prêtre, qui ne sort jamais d'un lieu obscur, où il n'est éclairé que par des lampes, à la lumière desquelles on l'adore; de belles Circassiennes, qui ne feront aucune façon d'accorder tout au premier venu, hormis ce qu'elles croient qui appartient essentiellement à leurs maris; de petits Tartares, qui iront voler des femmes pour les Turcs et pour les Persans; enfin nous, qui débiterons peut-être encore des rêveries.

Il est assez plaisant, dit la Marquise, d'imaginer ce que vous venez de me dire; mais si je voyais tout cela d'en haut, je voudrais avoir la liberté de hâter ou d'arrêter le mouvement de la terre, selon que les objets me plairaient plus ou moins, et je vous assure que je ferais passer bien vite ceux qui s'embarrassent de politique, ou qui mangent leurs ennemis; mais il y en a d'autres pour qui j'aurais de la curiosité. J'en aurais pour ces belles Circassiennes, par exemple, qui ont un usage si particulier. Mais il me vient une difficulté sérieuse. Si la terre tourne, nous changeons d'air à chaque moment, et nous respirons toujours celui d'un autre pays. Nullement, Madame, répondis-je; l'air qui environne la terre ne s'étend que jusqu'à une certaine hauteur, peut-être jusqu'à vingt lieues tout au plus; il nous suit et tourne avec nous. Vous avez vu quelquefois l'ouvrage d'un ver à soie, ou ces coques que ces petits animaux travaillent avec tant d'art pour s'y emprisonner: elles sont d'une soie fort serrée; mais elles sont couvertes d'un certain duvet fort léger et fort lâche. C'est ainsi que la terre, qui est assez solide, est couverte, depuis sa surface jusqu'à une certaine hauteur, d'une espèce de duvet, qui est l'air, et toute la coque du ver à soie tourne en même temps. Au delà de l'air est la matière céleste, incomparablement plus pure, plus subtile, et même plus agitée qu'il n'est.

20. Yesso is one of the most northern of the principal islands of Japan.

Vous me présentez la terre sous des idées bien méprisables, dit la Marquise. C'est pourtant sur cette coque de ver à soie qu'il se fait de si grands travaux, de si grandes guerres, et qu'il règne de tous côtés une si grande agitation. Oui, répondis-je; et pendant ce temps-là, la nature, qui n'entre point en connaissance de tous ces petits mouvements particuliers, nous emporte tous ensemble d'un mouvement général, et se joue de la petite boule.

Il me semble, reprit-elle, qu'il est ridicule d'être sur quelque chose qui tourne, et de se tourmenter tant; mais le malheur est qu'on n'est pas assuré qu'on tourne; car enfin, à ne vous rien celer, toutes les précautions que vous prenez pour m'empêcher qu'on ne s'aperçoive du mouvement de la terre, me sont suspectes. Est-il possible qu'il ne laissera pas quelque petite marque sensible à laquelle on le reconnaisse?

Les mouvements les plus naturels, répondis-je, et les plus ordinaires, sont ceux qui se font le moins sentir: cela est vrai, jusque dans la morale. Le mouvement de l'amour-propre nous est si naturel, que le plus souvent nous ne le sentons pas, et que nous croyons agir par d'autres principes. Ah! vous moralisez, dit-elle, quand il est question de physique; cela s'appelle bâiller. Retirons-nous; aussi bien en voilà assez pour la première fois; demain nous reviendrons ici, vous avec vos systèmes, et moi avec mon ignorance....

(*Premier soir*)

[L'Apologue des roses]

... Toute cette masse immense de matière qui compose l'univers, est dans un mouvement perpétuel dont aucune de ses parties n'est entièrement exempte; et dès qu'il y a du mouvement quelque part, ne vous y fiez point: il faut qu'il arrive des changements, soit lents, soit prompts, mais toujours dans des temps proportionnés à l'effet. Les anciens étaient plaisants de s'imaginer que les corps célestes étaient de nature à ne changer jamais, parce qu'ils ne les avaient pas encore vus changer. Avaient-ils eu le loisir de s'en assurer par l'expérience? Les anciens étaient jeunes auprès de nous. Si les roses, qui ne durent qu'un jour, faisaient des histoires, et se laissaient des mémoires les unes aux autres, les premières auraient fait le portrait de leur jardinier d'une certaine façon, et de plus de quinze mille âges de roses; les autres qui l'auraient encore laissé à celles qui les devaient suivre, n'y auraient rien changé. Sur cela, elles diraient: "Nous avons toujours vu le même jardinier; de mémoire de rose on n'a vu que lui; il a toujours été fait comme il est: assurément il ne meurt point comme nous; il ne change seulement pas." Le raisonnement des roses serait-il bon? Il aurait pourtant plus de fondement que celui que faisaient les anciens sur les corps célestes; et quand même il ne serait arrivé aucun changement dans les cieux jusqu'à aujourd'hui, quand ils paraîtraient marquer qu'ils seraient faits pour durer toujours, sans aucune altération, je ne les en croirais pas encore; j'attendrais une plus longue expérience. Devons-nous établir notre durée, qui n'est qu'un instant, pour la mesure de quelqu'autre? Serait-ce à dire que ce qui aurait duré cent mille fois plus que nous, dût toujours durer? On n'est pas si aisément éternel. Il faudrait qu'une chose eût passé bien des âges d'homme mis bout à bout pour commencer à donner quelque signe d'immortalité. Vraiment, dit la marquise, je vois les mondes bien éloignés d'y pouvoir prétendre. Je ne leur ferais seulement pas l'honneur de les comparer à ce jardinier qui dure tant à l'égard des roses; ils ne sont que comme les roses mêmes qui naissent et qui meurent dans un jardin les unes après les autres; car je m'attends bien que s'il disparaît des étoiles anciennes, il en paraît de nouvelles; il faut que l'espèce se répare. Il n'est pas à craindre qu'elle périsse, répondis-je. Les uns vous diront que ce ne sont que des soleils qui se rapprochent de nous, après avoir été longtemps perdus pour nous dans la profondeur du ciel. D'autres vous diront que ce sont des soleils qui se sont dégagés de cette croûte obscure qui commençait à les environner. Je crois aisément que tout cela peut être; mais je crois aussi que l'univers peut avoir été fait de sorte qu'il s'y formera de temps en temps des soleils nouveaux. Pourquoi la matière propre à faire un soleil ne pourra-t-elle pas, après avoir été dispersée en plusieurs endroits différents, se ramasser à la longue en un certain lieu, et y jeter les fondements d'un nouveau monde? J'ai d'autant plus d'inclination à croire ces nouvelles productions, qu'elles répondent mieux à la haute idée que j'ai des ouvrages de la nature. N'aurait-elle le pouvoir que de faire naître et mourir des planètes ou des animaux par une révolution continuelle? Je suis persuadé, et vous l'êtes déjà aussi, qu'elle met en usage ce même pouvoir sur les mondes, et qu'il ne lui en coûte pas davantage. Mais nous avons sur cela plus que de simples conjectures. Le fait est, que depuis près de cent ans que l'on voit avec les lunettes un ciel tout nouveau et inconnu aux anciens,[21] il n'y a pas beaucoup de constellations où il ne soit arrivé quelque changement sensible; et c'est dans la voie de lait qu'on en remarque le plus, comme si dans cette fourmilière de petits mondes il régnait plus de mouvement et d'inquiétude. De bonne foi, dit la marquise, je trouve à présent les mondes, les cieux et les corps célestes si sujets au changement, que m'en voilà tout à fait revenue. Revenons-en encore mieux, si vous m'en croyez, répliquai-je, n'en parlons plus; aussi bien, vous voilà arrivée à la dernière voûte des cieux; et pour vous dire s'il y a encore des étoiles au delà, il faudrait être plus habile que je ne suis. Mettez-y encore des mondes, n'y en mettez pas, cela dépend de vous. C'est proprement l'empire des philosophes que ces grands pays invisibles qui peuvent être ou n'être pas si on veut, ou être tels que l'on veut. Il me suffit d'avoir mené votre esprit aussi loin que vont vos yeux.

Quoi, s'écria-t-elle, j'ai dans la tête tout le système de l'univers! Je suis

---

21. Greek and medieval scientists had only magnifying glasses and were therefore limited in their scientific observations. The telescope, which seems to have been invented by Dutch spectacle-makers, was first used for astronomical observation by Galileo early in the seventeenth century

savante! Oui, répliquai-je; vous l'êtes raisonnablement, et vous l'êtes avec la commodité de pouvoir ne rien croire de tout ce que je vous ai dit, dès que l'envie vous en prendra. Je vous demande seulement, pour récompense de mes peines, de ne voir jamais le soleil, ni le ciel, ni les étoiles, sans songer à moi. *(Cinquième soir)*

L'ORIGINE DES FABLES
1724

Fontenelle's remark that, were his hand full of truths, he would be careful not to open it to the gaze of the people, has been interpreted as a mark of aristocratic contempt for the vulgar, or as an indication of his belief that truth unmixed with fable is commonly unpalatable. Voltaire, suggesting prudence as a third interpretation, felt that Fontenelle had once opened his hand with a satire on religious persecution and had had his knuckles rapped. His works were daring for his age, and some of them, such as the deterministic *Traité de la liberté*, were never acknowledged. J.-R. Carré, who has prepared a critical edition of *L'Origine des fables*, believes that this work was written for the most part before 1680 but that it could not be published until the censorship had been somewhat relaxed in 1724. It was, then, the first truly modern study in the field of comparative religion, and it sets the tone of the general treatment of religious origins by eighteenth-century philosophers.

On nous a si fort accoutumés, pendant notre enfance, aux fables des Grecs que, quand nous sommes en état de raisonner, nous ne nous avisons plus de les trouver aussi étonnantes qu'elles le sont. Mais, si l'on vient à se défaire des yeux de l'habitude, il ne se peut qu'on ne soit épouvanté de voir toute l'ancienne histoire d'un peuple, qui n'est qu'un amas de chimères, de rêveries et d'absurdités. Serait-il possible qu'on nous eût donné tout cela pour vrai? A quel dessein nous l'aurait-on donné pour faux? Quel aurait été cet amour des hommes pour des faussetés manifestes et ridicules, et pourquoi ne durerait-il plus? Car les fables des Grecs n'étaient pas comme nos romans, qu'on nous donne pour ce qu'ils sont, et non pas pour des histoires; il n'y a point d'autres histoires anciennes que les fables. Eclaircissons, s'il se peut, cette matière; étudions l'esprit humain dans une de ses plus étranges productions: c'est là bien souvent qu'il se donne le mieux à connaître.

Dans les premiers siècles du monde, et chez les nations qui n'avaient point entendu parler des traditions de la famille de Seth,[22] ou qui ne les conservèrent pas, l'ignorance et la barbarie durent être à un excès que nous ne sommes presque plus en état de nous représenter. Figurons-nous les Cafres,[23] les Lapons ou les Iroquois; et même prenons garde que, ces peuples

---

22. The third son of Adam and Eve. F. is referring to the Biblical tradition.
23. Inhabitants of southeastern Africa. In F.'s time *Kafir* was the name given to all pagan African natives.

Fontenelle: *L'Origine des fables*

étant déjà anciens, ils ont dû parvenir à quelque degré de connaissance et de politesse que les premiers hommes n'avaient pas.[24]

À mesure que l'on est plus ignorant, et que l'on a moins d'expérience, on voit plus de prodiges. Les premiers hommes en virent donc beaucoup; et comme naturellement les pères content à leurs enfants ce qu'ils ont vu et ce qu'ils ont fait, ce ne furent que prodiges dans les récits de ces temps-là.

Quand nous racontons quelque chose de surprenant, notre imagination s'échauffe sur son objet, et se porte d'elle-même à l'agrandir, et à y ajouter ce qui manquerait pour le rendre tout à fait merveilleux, comme si elle avait regret de laisser une belle chose imparfaite. De plus, on est flatté des sentiments de surprise et d'admiration que l'on cause à ses auditeurs; et on est bien aise de les augmenter encore, parce qu'il semble qu'il en revient je ne sais quoi à notre vanité. Ces deux raisons, jointes ensemble, font que tel homme, qui n'a point dessein de mentir en commençant un récit un peu extraordinaire, pourra néanmoins se surprendre lui-même en mensonge, s'il n'y prend bien garde; et de là vient qu'on a besoin d'une espèce d'effort et d'une attention particulière pour ne dire exactement que la vérité. Que sera-ce, après cela, de ceux qui naturellement aiment à inventer et à imposer aux autres?

Les récits que les premiers hommes firent à leurs enfants, étant donc souvent faux en eux-mêmes, parce qu'ils étaient faits par des gens sujets à voir bien des choses qui n'étaient pas, et, par-dessus cela, ayant été exagérés, ou de bonne foi, selon que nous venons de l'expliquer, ou de mauvaise foi, il est clair que les voilà déjà bien gâtés dès leur source. Mais assurément ce sera encore bien pis, quand ils passeront de bouche en bouche; chacun en ôtera quelque petit trait de vrai, et y en mettra quelqu'un de faux, et principalement du faux merveilleux qui est le plus agréable; et peut-être qu'après un siècle ou deux, non seulement il n'y restera rien du peu de vrai qui y était d'abord, mais même il n'y restera guère de chose du premier faux.

Croira-t-on ce que je vais dire? Il y a eu de la philosophie même dans ces siècles grossiers, et elle a beaucoup servi à la naissance des fables. Les hommes, qui ont un peu plus de génie que les autres, sont naturellement portés à rechercher la cause de ce qu'ils voient. D'où peut venir cette rivière qui coule toujours, a dû dire un contemplatif de ces siècles-là? Etrange sorte de philosophe, mais qui aurait peut-être été un Descartes dans ce siècle-ci.[25] Après une longue méditation, il a trouvé fort heureusement qu'il y avait quelqu'un qui avait soin de verser toujours cette eau de dedans une cruche. Mais qui lui fournissait toujours cette eau? Le contemplatif n'allait pas si loin.

24. F. gives no credence to the myth of the noble savage.
25. F. upholds the idea that man has always reasoned with the same facility. The imaginative faculties of early philosophers predominated over the faculties of control, which can exist only when man has considerable empirical knowledge at his command.

Il faut prendre garde que ces idées, qui peuvent être appelées les systèmes de ces temps-là étaient toujours copiées d'après les choses les plus connues. On avait vu souvent verser de l'eau de dedans une cruche; on imaginait donc fort bien comment un dieu versait celle d'une rivière; et, par la facilité même qu'on avait à l'imaginer, on était tout à fait porté à le croire. Ainsi, pour rendre raison des tonnerres et des foudres, on se représentait volontiers un dieu de figure humaine, lançant sur nous des flèches de feu; idées manifestement prises sur des objets très familiers.

Cette philosophie des premiers siècles roulait sur un principe si naturel, qu'encore aujourd'hui, notre philosophie n'en a point d'autre; c'est-à-dire que nous expliquons les choses inconnues de la nature par celles que nous avons devant les yeux, et que nous transportons à la physique les idées que l'expérience nous fournit. Nous avons découvert par l'usage, et non pas deviné, ce que peuvent les poids, les ressorts, les leviers; nous ne faisons agir la nature que par des leviers, des poids et des ressorts. Ces pauvres sauvages, qui ont les premiers habité le monde, ou ne connaissaient point ces choses-là, ou n'y avaient fait aucune attention. Ils n'expliquaient donc les effets de la nature que par des choses plus grossières et plus palpables, qu'ils connaissaient. Qu'avons-nous fait les uns et les autres? Nous nous sommes toujours représenté l'inconnu sous la figure de ce qui nous était connu; mais, heureusement, il y a tous les sujets du monde de croire que l'inconnu ne peut pas ne point ressembler à ce qui nous est connu présentement.

De cette philosophie grossière, qui régna nécessairement dans les premiers siècles, sont nés les dieux et les déesses. Il est assez curieux de voir comment l'imagination humaine a enfanté les fausses divinités. Les hommes voyaient bien des choses qu'ils n'eussent pas pu faire: lancer les foudres, exciter les vents, agiter les flots de la mer; tout cela était beaucoup au-dessus de leur pouvoir. Ils imaginèrent des êtres plus puissants qu'eux, et capables de produire ces grands effets. Il fallait bien que ces êtres-là fussent faits comme des hommes. Quelle autre figure eussent-ils pu avoir? Du moment qu'ils sont de figure humaine, l'imagination leur attribue naturellement tout ce qui est humain; les voilà hommes en toutes manières, à cela près qu'ils sont toujours un peu plus puissants que des hommes.

De là vient une chose, à laquelle on n'a peut-être pas encore fait de réflexion; c'est que, dans toutes les divinités que les païens ont imaginées, ils y ont fait dominer l'idée du pouvoir, et n'ont eu presque aucun égard, ni à la sagesse, ni à la justice, ni à tous les autres attributs qui suivent la nature divine. Rien ne prouve mieux que ces divinités sont fort anciennes, et ne marque mieux le chemin que l'imagination a tenu en les formant. Les premiers hommes ne connaissaient point de plus belle qualité que la force du corps; la sagesse et la justice n'avaient pas seulement de nom dans les langues anciennes, comme elles n'en ont pas encore aujourd'hui chez les barbares de l'Amérique;[26] d'ailleurs la première idée que les hommes prirent de quelque être supérieur, ils la prirent sur des effets extraordinaires, et nullement sur l'ordre réglé de l'univers, qu'ils n'étaient point capables de reconnaître ni d'admirer. Ainsi, ils imaginèrent les dieux dans un temps où ils n'avaient rien de plus beau à leur donner que du pouvoir et ils les imaginèrent sur ce qui portait des marques de pouvoir, et non sur ce qui en portait de sagesse. Il n'est donc pas surprenant qu'ils aient imaginé plusieurs dieux, souvent opposés les uns aux autres, cruels, bizarres, injustes, ignorants; tout cela n'est point directement contraire à l'idée de force et de pouvoir, qui est la seule qu'ils eussent prise. Il fallait bien que ces dieux se sentissent, et du temps où ils avaient été faits, et des occasions qui les avaient fait faire. Et même, quelle misérable espèce de pouvoir leur donnait-on? Mars, le dieu de la guerre, est blessé dans un combat par un mortel; cela déroge beaucoup à sa dignité; mais, en se retirant, il fait un cri tel que dix mille hommes ensemble l'auraient pu faire: c'est par ce vigoureux cri que Mars l'emporte en force sur Diomède; et en voilà assez, selon le judicieux Homère, pour sauver l'honneur du dieu. De la manière dont l'imagination est faite, elle se contente de peu de chose, et elle reconnaîtra toujours pour une divinité ce qui aura un peu plus de pouvoir qu'un homme....

L'HISTOIRE DES ORACLES
1686

This work was given as a popularization of the learned and unmethodical *De oraculis veterum ethnicorum* of the Dutch doctor Van Dale. Fontenelle admits in his Preface that he thought at first of a translation but finally decided to take liberties with the order and form of his original, to cut it down to essentials and present it in conversational style.

Fontenelle, after Van Dale, attacks the commonly accepted beliefs that oracular pronouncements were rendered by demons and that they ceased with the advent of Christ. He explains such beliefs as the result of ancient tradition and human love for the marvelous. His work becomes a general treatise against superstition and credulity. From charges of pious fraud Fontenelle is careful to except Christian priests, yet Lanson has called this work the first frontal attack of the Enlightenment against the Christian religion. It is an application of the theories outlined in *L'Origine des fables* to historical data concerning oracles.

26. On this point F. is more empirical, less purely rationalistic, than Montesquieu, Voltaire, and especially Rousseau, all of whom would like to consider justice innate, instinctive, or primordial.

Que les histoires surprenantes qu'on débite sur les oracles doivent être fort suspectes

Il serait difficile de rendre raison des histoires et des oracles que nous avons rapportés, sans avoir recours aux démons; mais aussi tout cela est-il bien vrai? Assurons-nous bien du fait, avant que de nous inquiéter de la cause. Il est vrai que cette méthode est bien lente pour la plupart des gens qui courent naturellement à la cause, et passent par-dessus la vérité du fait; mais enfin nous éviterons le ridicule d'avoir trouvé la cause de ce qui n'est point.

Ce malheur arriva si plaisamment sur la fin du siècle passé à quelques savants d'Allemagne, que je ne puis m'empêcher d'en parler ici.

En 1593, le bruit courut que les dents étant tombées à un enfant de Silésie, âgé de sept ans, il lui en était venu une d'or à la place d'une de ses grosses dents. Horstius, professeur en médecine dans l'université de Helmstad, écrivit, en 1595, l'histoire de cette dent, et prétendit qu'elle était en partie naturelle, en partie miraculeuse, et qu'elle avait été envoyée de Dieu à cet enfant, pour consoler les chrétiens affligés par les Turcs. Figurez-vous quelle consolation, et quel rapport de cette dent aux chrétiens ni aux Turcs. En la même année, afin que cette dent d'or ne manquât pas d'historiens, Rullandus en écrit encore l'histoire. Deux ans après, Ingolsteterus, autre savant, écrit contre le sentiment que Rullandus avait de la dent d'or, et Rullandus fait aussitôt une belle et docte réplique. Un autre grand homme, nommé Libavius, ramasse tout ce qui avait été dit de la dent, et y ajoute son sentiment particulier. Il ne manquait autre chose à tant de beaux ouvrages, sinon qu'il fût vrai que la dent était d'or. Quand un orfèvre l'eut examinée, il se trouva que c'était une feuille d'or appliquée à la dent, avec beaucoup d'adresse; mais on commença par faire des livres, et puis on consulta l'orfèvre.[27]

Rien n'est plus naturel que d'en faire autant sur toutes sortes de matières. Je ne suis pas si convaincu de notre ignorance par les choses qui sont, et dont la raison nous est inconnue, que par celles qui ne sont point, et dont nous trouvons la raison. Cela veut dire que, non seulement nous n'avons pas les principes qui mènent au vrai, mais que nous en avons d'autres qui s'accommodent très bien avec le faux.

De grands physiciens ont fort bien trouvé pourquoi les lieux souterrains sont chauds en hiver, et froids en été. De plus grands physiciens ont trouvé depuis peu que cela n'était pas.

Les discussions historiques sont encore plus susceptibles de cette sorte d'erreur. On raisonne sur ce qu'ont dit les historiens; mais ces historiens n'ont-ils été ni passionnés, ni crédules, ni mal instruits, ni négligents? Il en faudrait trouver un qui eût été spectateur de toutes choses, indifférent, et appliqué.

---

27. Striking and often quoted illustration of the necessity of empirical control.

Fontenelle: L'Histoire des oracles

Surtout quand on écrit des faits qui ont liaison avec la religion, il est assez difficile que, selon le parti dont on est, on ne donne à une fausse religion des avantages qui ne lui sont point dus ou qu'on ne donne à la vraie de faux avantages dont elle n'a pas besoin. Cependant on devrait être persuadé qu'on ne peut jamais ajouter de la vérité à celle qui est vraie, ni en donner à celles qui sont fausses.... *(1º Diss., ch. IV)*

Lieux où étaient les oracles

Nous allons entrer présentement dans le détail des artifices que pratiquaient les prêtres: cela renferme beaucoup de choses de l'antiquité assez agréables et assez particulières.

Les pays montagneux, et par conséquent pleins d'antres et de cavernes, étaient les plus abondants en oracles. Telle était la Béotie,[28] qui anciennement, dit Plutarque, en avait une très grande quantité. Remarquez, en passant, que les Béotiens étaient en réputation d'être les plus sottes gens du monde; c'était là un bon pays pour les oracles; des sots et des cavernes!

Je ne crois point que le premier établissement des oracles ait été une imposture méditée; mais le peuple tomba dans quelque superstition qui donna lieu à des gens un peu plus raffinés d'en profiter. Car les sottises du peuple sont telles assez souvent, qu'elles n'ont pu être prévues, et quelquefois ceux qui le trompent ne songeaient à rien moins, et ont été invités par lui-même à le tromper. Ainsi ma pensée est qu'on n'a point mis d'abord des oracles dans la Béotie, parce qu'elle est montagneuse; mais que l'oracle de Delphes ayant une fois pris naissance dans la Béotie de la manière que nous avons dit, les autres que l'on fit à son imitation dans le même pays, furent mis dans des cavernes, parce que les prêtres en avaient reconnu la commodité.

Cet usage ensuite se répandit presque partout. Le prétexte des exhalaisons divines rendait les cavernes nécessaires; et il semble de plus que les cavernes inspirent d'elles-mêmes je ne sais quelle horreur qui n'est pas inutile à la superstition. Dans les choses qui ne sont faites que pour frapper l'imagination des hommes, il ne faut rien négliger. Peut-être la situation de Delphes a-t-elle bien servi à la faire regarder comme une ville sainte. Elle était à moitié chemin de la montagne du Parnasse, bâtie sur un peu de terre-plein, et environnée de précipices, qui la fortifiaient sans le secours de l'art. La partie de la montagne, qui était au-dessus, avait à peu près la figure d'un théâtre, le cri des hommes et le son des trompettes se multipliaient dans les rochers. Croyez qu'il n'y avait pas jusqu'à ces échos qui ne valussent leur prix.

La commodité des prêtres et la majesté des oracles demandaient donc également des cavernes; aussi ne voyez-vous pas un si grand nombre de

---

28. Country of ancient Greece north of Athens, of which the capital was Thebes. The Boeotians were the "Philistines" of the classical world.

temples prophétiques en plat pays; mais s'il y en avait quelques-uns, on savait bien remédier à ce défaut de leur situation; au lieu de cavernes naturelles on en faisait d'artificielles, c'est-à-dire, de ces sanctuaires qui étaient des espèces d'antres où résidait particulièrement la divinité, et où d'autres que les prêtres n'entraient jamais.

Quand la Pythie se mettait sur le trépied, c'était dans son sanctuaire, lieu obscur et éloigné d'une certaine petite chambre où se tenaient ceux qui venaient consulter l'oracle. L'ouverture même de ce sanctuaire était couverte de feuillages de laurier; et ceux à qui on permettait d'en approcher, n'avaient garde d'y rien voir....

Dans ces sanctuaires ténébreux étaient cachées toutes les machines des prêtres, et ils y entraient par des conduits souterrains. Rufin [29] nous décrit le temple de Sérapis tout plein de chemins couverts; et pour rapporter un témoignage encore plus fort que le sien, l'Ecriture Sainte ne nous apprend-elle pas comment Daniel découvrit l'imposture des prêtres de Bélus,[30] qui savaient bien rentrer secrètement dans son temple pour prendre les viandes qu'on y avait offertes? Il me semble que cette histoire seule devait décider toute la question en notre faveur. Il s'agit là d'un des miracles du paganisme qui était cru le plus universellement, de ces victimes que les dieux prenaient la peine de venir manger eux-mêmes. L'Ecriture attribue-t-elle ce prodige aux démons? Point du tout, mais à des prêtres imposteurs; et c'est là la seule fois où l'Ecriture s'étend un peu sur un prodige du paganisme; et en ne nous avertissant point que tous les autres n'étaient pas de la même nature, elle nous donne à entendre fort clairement qu'ils en étaient. Combien, après tout, devait-il être plus aisé de persuader aux peuples que les dieux descendaient dans des temples pour leur parler, leur donner des instructions utiles, que de leur persuader qu'ils venaient manger des membres de chèvres et de moutons? Et si les prêtres mangeaient bien en la place des dieux, à plus forte raison pouvaient-ils parler aussi en leur place.

Les voûtes des sanctuaires augmentaient la voix, et faisaient un retentissement qui imprimait de la terreur: aussi voyez-vous, dans tous les poètes, que la Pythie poussait une voix plus qu'humaine; peut-être même les trompettes, qui multipliaient le son, n'étaient-elles pas alors tout à fait inconnues; peut-être le chevalier Morland n'a-t-il fait que renouveler un secret que les prêtres païens avaient su avant lui, et dont ils avaient mieux aimé tirer du profit, en ne le publiant pas, que de l'honneur en le publiant. Du moins le P. Kirker assure qu'Alexandre avait une de ces trompettes avec laquelle il se faisait entendre de toute son armée en même temps.

Je ne veux pas oublier une bagatelle, qui peut servir à marquer l'extrême application que les prêtres avaient à fourber. Du sanctuaire ou du fond des temples, il sortait quelquefois une vapeur très agréable, qui remplissait

---

29. Ecclesiastical Latin author (345–410).
30. The history of Bel and the dragon was an apocryphal addition to the *Book of Daniel*.

tout le lieu où étaient les consultants. C'était l'arrivée du dieu qui parfumait tout. Jugez si des gens qui poussaient jusqu'à ces minutes presque inutiles l'exactitude de leurs impostures, pouvaient rien négliger d'essentiel.

(*1º Diss., ch. XII*)

Bayle
1647-1706

"To forget Bayle or to suppress him," wrote Brunetière, "is to mutilate and falsify the whole history of ideas in the eighteenth century." Both in England and in France the work of this conscientious scholar was to have far-reaching effect. In fact, many of the ideas of the English deists, utilized by Diderot, D'Holbach, and Voltaire, were directly inspired by Bayle.

Born into a Protestant family in southern France, Pierre Bayle was destined to become a Protestant pastor like his father. Educated at first in Protestant schools, he went to study under the Jesuits at Toulouse and was converted to Catholicism in 1669. The following year, intellectual difficulties brought him back into the Protestant fold. But in the process he seems to have lost the firmness of his faith and the sectarian spirit. He then studied for a while at Geneva and in 1675 became professor of philosophy at the Protestant Academy of Sedan. When that institution was closed in 1681, he followed his colleague, Jurieu, professor of theology, to Rotterdam and continued his teaching at L'Ecole Illustre. Jurieu's fanatical and intolerant sectarianism led to a break between the two men and to Bayle's relinquishment of his chair in 1693. He devoted the latter years of his life chiefly to the publication of the *Dictionnaire historique et critique*. He died in Rotterdam in 1706.

Bayle's other important works were: *Pensées diverses sur la comète* in 1682, with later additions; a critical review handsomely entitled *Nouvelles de la République des Lettres*, begun in 1684; *Ce que c'est que la France toute catholique sous le règne de Louis-le-Grand* in 1686, a description of the immoral state of France; and that same year, following the revocation of the Edict of Nantes, when his family was persecuted and his older brother died as a result of imprisonment, the *Commentaire philosophique sur ces paroles de Jésus-Christ: Contrains-les d'entrer*, a plea for religious toleration.

PENSEES DIVERSES SUR LA COMETE
1682

In his *Pensées diverses sur la comète* Bayle set out to prove that the "blazing star" of 1680 [1] was a natural phenomenon which obeyed the fixed and im-

[1]. The less spectacular comet of 1682 was named after Bayle's contemporary Edmund Halley, who figured out that it had a recurrence period of seventy-seven years, that it had appeared in 1066 (thus finding a place in the Bayeux tapestry of the Battle of Hastings) and would appear again in 1759.

mutable laws of nature, rather than a miraculous "act of God" and portent of baleful human occurrences.[2] The work becomes a general attack on superstition — the line of demarcation between superstitious and religious beliefs is already but vaguely drawn —, on astrology, and on miracles, except those specifically indicated as such in the Scriptures. Addressing a theologically minded age, Bayle stresses the argument that, if comets are sent now to strengthen our belief in the Christian God, then those which appeared before the advent of Christ must have been sent to strengthen the belief of idolaters in heathen gods, which is manifestly absurd. This leads him to discuss the relative merits of societies of idolaters, Christians, and atheists, and to establish his principle: "Ce ne sont pas les opinions générales de l'esprit qui nous déterminent à agir, mais les passions présentes au cœur." Thus the affirmation of the separation of religious belief and moral conduct and of the primacy of human passions led to the eighteenth-century effort to establish a "natural" moral code and to justify the utility and beneficence of the emotions.

L'antiquité et la généralité d'une opinion n'est pas une marque de vérité

Prenez la peine de voir présentement, s'il faut compter pour beaucoup la conformité qui se trouve entre les anciens et les modernes, à juger que les comètes sont des présages sinistres. Je le dis encore un coup; c'est une illusion toute pure, que de prétendre qu'un sentiment qui passe de siècle en siècle, et de génération en génération, ne peut être entièrement faux. Pour peu qu'on examine les causes qui établissent certaines opinions dans le monde, et celles qui les perpétuent de père en fils, on verra qu'il n'y a rien de moins raisonnable que cette prétention. On m'avouera sans doute, qu'il est facile de persuader au peuple certaines opinions fausses, qui s'accordent avec les préjugés de l'enfance, ou avec les passions du cœur, comme sont toutes les prétendues règles des présages. Je n'en demande pas davantage, car cela suffit pour rendre ces opinions éternelles; parce qu'à la réserve de quelques esprits philosophes, personne ne s'avise d'examiner, si ce qu'on entend dire partout est véritable. Chacun suppose qu'on l'a examiné autrefois, et que les anciens ont assez pris les devants contre l'erreur; et là-dessus c'est à l'enseigner à son tour à la postérité, comme une chose infaillible.[3] Souvenez-vous de ce que j'ai dit ailleurs de la paresse de l'homme, et de la peine qu'il faut prendre pour examiner les choses à fond, et vous verrez qu'au lieu de dire avec Minucius Félix,[4] "Tout est incertain parmi les hommes, mais plus tout est incertain, plus y a-t-il lieu de s'étonner que quelques-uns par le dégoût d'une recherche exacte de

---

2. Cf. Milton: "The Comet from its horrid hair
     Shakes pestilence and war."
3. Bayle believed that universal acceptance of an opinion was by no means proof of its truth. He adopted in its place the Cartesian criterion of "incontradiction," i.e., an opinion may be held true if, after critical examination, nothing can be objected to it.
4. Eloquent Christian apologist of the third century, author of *Octavius*.

la vérité, aiment mieux embrasser témérairement la première opinion qui se présente, que d'approfondir les choses longtemps et soigneusement"; il faut dire, *plus tout est incertain, moins y a-t-il lieu de s'étonner que quelques-uns*, etc. L'auteur de l'*Art de penser*[5] remarque fort judicieusement, que la plupart des hommes se déterminent à croire un sentiment plutôt qu'un autre, par certaines marques extérieures et étrangères, qu'ils jugent plus convenables à la vérité qu'à la fausseté, et qu'ils discernent facilement; au lieu que les raisons solides et essentielles, qui font connaître la vérité, sont difficiles à découvrir. De sorte que comme les hommes se portent aisément à ce qui leur est plus facile, ils se rangent presque toujours du côté où ils voient ces marques extérieures. Or comme vous savez, Monsieur, l'antiquité et la généralité d'une opinion passent volontiers dans notre esprit pour une de ces marques extérieures.

Je vois tous les jours des gens qui évitent de se marier dans le mois de mai, parce qu'ils ont ouï dire, qu'on a cru de temps immémorial que cela portait malheur: et je ne doute point que cette superstition, qui nous est venue de l'ancienne Rome, et qui était fondée sur ce que l'on y célébrait dans le mois de mai la fête des esprits malins, *lemuralia*, ne subsiste parmi les chrétiens jusqu'à la fin des siècles. Car il ne faut pour la conserver dans une famille, sinon qu'on se souvienne qu'un grand-père, ou qu'un oncle, ont eu ce scrupule-là. C'est une raison invincible, et qui fait d'autant plus impression sur l'esprit, qu'on voit des gens d'entendement dans la même préoccupation. En effet, il y en a qui sans être superstitieux, reculent, ou avancent leurs noces, pour éviter le mois de mai, parce qu'il leur importe qu'on ne croie pas qu'ils se sont livrés eux-mêmes à la mauvaise fortune. Il ne faut rien négliger en ce monde. Un marchand peut devenir effectivement malheureux, par la ridicule opinion que l'on a, qu'il est menacé de malheur, personne ne voulant lui faire crédit, ni se lier de commerce avec lui. Qui voudrait rechercher toutes les causes qui fomentent les erreurs populaires, ce ne serait jamais fait. (C)

L'athéisme ne conduit pas nécessairement à la corruption des mœurs [6]

Je reviens à vous, Monsieur, et commence par vous dire, que la raison sur laquelle notre docteur insista le plus amplement fut celle-ci: que ce qui nous persuade que l'athéisme est le plus abominable état où l'on se puisse trouver, n'est qu'un faux préjugé que l'on se forme touchant les lumières de la conscience, que l'on s'imagine être la règle de nos actions, faute de

---

5. I.e., *Logique de Port-Royal ou Art de penser* by Arnauld and Nicole, leading Jansenist writers.

6. Of this title, Jurieu wrote: "Il pose et prouve ce méchant principe dans tous les articles suivants avec un très grand scandale; car si cela est, les magistrats n'ont pas raison de chasser les athées et de les faire mourir." In this chapter, however, B. exposes the traditional view.

bien examiner les véritables ressorts qui nous font agir. Car voici le raisonnement que l'on fait. L'homme est naturellement raisonnable, il n'aime jamais sans connaître, il se porte nécessairement à l'amour de son bonheur, et à la haine de son malheur, et à donner la préférence aux objets qui lui semblent les plus commodes. S'il est donc convaincu qu'il y a une providence qui gouverne le monde, et à qui rien ne peut échapper, qui récompense d'un bonheur infini ceux qui aiment la vertu, qui punit d'un châtiment éternel ceux qui s'adonnent au vice; il ne manquera point de se porter à la vertu, et de fuir le vice, et de renoncer aux voluptés corporelles, qu'il sait fort bien qui attirent des douleurs qui ne finiront jamais pour quelques moments de plaisir qui les accompagnent, au lieu que la privation de ces plaisirs passagers est suivie d'une éternelle félicité. Mais s'il ignore qu'il y ait une providence, il regardera ses désirs comme sa dernière fin, et comme la règle de toutes ses actions: il se moquera de ce que les autres appellent vertu et honnêteté, et il ne suivra que les mouvements de sa convoitise: il se défera, s'il peut, de tous ceux qui lui déplairont: il fera de faux serments pour la moindre chose; et s'il se trouve dans un poste qui le mette au-dessus des lois humaines, aussi bien qu'il s'est déjà mis au-dessus des remords de la conscience, il n'y a point de crime qu'on ne doive attendre de lui. C'est un monstre infiniment plus dangereux que ces bêtes féroces, ces lions et ces taureaux dont Hercule délivra la Grèce. Un autre qui n'aurait rien à craindre de la part des hommes, pourrait être du moins retenu par la crainte de ses dieux. C'est par là qu'on a tenu en bride de tout temps les passions de l'homme: et il est sûr qu'on a prévenu quantité de crimes dans le paganisme, par le soin qu'on avait de conserver la mémoire de toutes les punitions éclatantes des scélérats, et de les attribuer à leur impiété, et d'en supposer même quelques exemples, comme était celui qu'on débita du temps d'Auguste, à l'occasion d'un temple d'Asie pillé par les soldats de M. Antoine.[7] On disait que celui qui avait mis le premier la main sur l'image de la déesse qui était adorée dans ce temple, avait perdu la vue subitement, et était devenu paralytique de toutes les parties de son corps. Auguste voulant éclairer le fait, apprit d'un vieux officier qui avait fait le coup, non seulement qu'il s'était toujours bien porté depuis ce temps-là, mais aussi que cette action l'avait mis à son aise pour toute sa vie. Tel était encore ce qu'on débitait de ceux qui avaient la témérité d'entrer, malgré la défense qui en était faite, dans un temple d'Arcadie consacré à Jupiter; c'est que leur corps ne faisait plus d'ombre après cette action. Apparemment la mort subite de cet envoyé des Latins, qui avait parlé irrévéremment du Jupiter des Romains en plein sénat, sur laquelle Tite-Live n'ose rien avancer de positif, à cause qu'il voyait que les auteurs étaient partagés là-dessus, est une semblable fraude pieuse. Ces sortes de choses, vraies ou fausses, qui faisaient un très bon effet sur l'esprit d'un idolâtre, ne sont d'aucune vertu pour un athée. Si bien qu'étant inaccessible à toutes

---

7. I.e., Mark Antony.

ces considérations, il doit être nécessairement le plus grand et le plus incorrigible scélérat de l'univers. (CXXXIII)

Que l'expérience combat le raisonnement [8] que l'on fait pour prouver que la connaissance d'un Dieu corrige les inclinations vicieuses des hommes

Tout cela est beau et bon à dire quand on regarde les choses dans leur idée et qu'on fait des abstractions métaphysiques. Mais le mal est que cela ne se trouve pas conforme à l'expérience. J'avoue que si on donnait à deviner les mœurs des chrétiens à des gens d'un autre monde, à qui on dirait simplement que les chrétiens sont des créatures douées de raison et de bon sens, avides de la félicité, persuadées qu'il y a un Paradis pour ceux qui obéissent à la loi de Dieu et un Enfer pour ceux qui n'y obéissent pas; ces gens d'un autre monde ne manqueraient pas d'assurer que les chrétiens font à qui mieux mieux pour observer les préceptes de l'Evangile; que c'est parmi eux à qui se signaler davantage dans les œuvres de miséricorde, dans la prière et dans l'oubli des injures, s'il est possible que parmi eux quelqu'un soit capable d'offenser son prochain. Mais d'où viendrait qu'ils feraient ce jugement si avantageux? C'est qu'ils ne considéreraient les chrétiens que dans une idée abstraite; car s'ils les considéraient en détail et par tous les endroits qui les déterminent à agir, ils rabattraient bien de la bonne opinion qu'ils en auraient eue, et ils n'auraient pas plutôt vécu quinze jours parmi nous qu'ils prononceraient que dans ce monde on ne se conduit pas selon les lumières de la conscience. (CXXXIV)

Que l'homme n'agit pas selon ses principes

Que l'homme soit une créature raisonnable, tant qu'il vous plaira; il n'en est pas moins vrai, qu'il n'agit presque jamais conséquemment à ses principes. Il a bien la force dans les choses de spéculation de ne point tirer de mauvaises conséquences, car dans cette sorte de matières il pèche beaucoup plus par la facilité qu'il a de recevoir de faux principes, que par les fausses conclusions qu'il en infère. Mais c'est tout autre chose quand il est question de bonnes mœurs. Ne donnant presque jamais dans de faux principes, retenant presque toujours dans sa conscience les idées de l'équité naturelle, il conclut néanmoins presque toujours à l'avantage de ses désirs déréglés.[9] D'où vient je vous prie, qu'encore qu'il y ait parmi les hommes une prodi-

---

8. Gustave Lanson has combated Taine's notion that the Enlightenment was rationalistic without the appeal to experience ("Le Rôle de l'expérience dans la formation de la philosophie du XVIIIe siècle en France," *Revue du mois*, janv., avril 1910).

9. B. seems to affirm here a natural law, which, however, man does not follow any more than he does his religious principles. The qualifying "presque toujours" indicates that B., avoiding the absolute, is nevertheless forcing the argument.

gieuse diversité d'opinions touchant la manière de servir Dieu, et de vivre selon les lois de la bienséance, on voit néanmoins certaines passions régner constamment dans tous les pays, et dans tous les siècles? Que l'ambition, l'avarice, l'envie, le désir de se venger, l'impudicité, et tous les crimes qui peuvent satisfaire ces passions se voient partout? Que le Juif, le mahométan, le Turc et le Maure, le chrétien et l'infidèle, l'Indien et le Tartare, l'habitant de terre ferme et l'habitant des îles, le noble et le roturier, toutes ces sortes de gens qui dans le reste ne conviennent, pour ainsi dire, que dans la notion générale de l'homme, sont si semblables à l'égard de ces passions, que l'on dirait qu'ils se copient les uns les autres? D'où vient tout cela, sinon de ce que le véritable principe des actions de l'homme (j'excepte ceux en qui la grâce du Saint Esprit se déploie avec toute son efficace) n'est autre chose que le tempérament, l'inclination naturelle pour le plaisir, le goût que l'on contracte pour certains objets, le désir de plaire à quelqu'un, une habitude gagnée dans le commerce de ses amis, ou quelque autre disposition qui résulte du fond de notre nature, en quelque pays que l'on naisse, et de quelques connaissances que l'on nous remplisse l'esprit?

Il faut bien que cela soit, puisque les anciens païens accablés d'une multitude incroyable de superstitions, perpétuellement occupés à apaiser la colère de leurs dieux, épouvantés par une infinité de prodiges, s'imaginant que les dieux étaient les dispensateurs de l'adversité et de la prospérité selon la vie que l'on menait, n'ont pas laissé de commettre tous les crimes imaginables. Et si cela n'était pas, comment serait-il possible que les chrétiens qui connaissent si clairement par une révélation soutenue de tant de miracles, qu'il faut renoncer au vice pour être éternellement heureux, et pour n'être pas éternellement malheureux; qui ont tant d'excellents prédicateurs payés pour leur faire là-dessus les plus vives et les plus pressantes exhortations du monde; qui trouvent partout tant de directeurs de conscience zélés et savants et tant de livres de dévotion; comment, dis-je, serait-il possible parmi tout cela, que les chrétiens vécussent, comme ils le font, dans les plus énormes dérèglements du vice? (*CXXXVI*)

Réflexion sur ce que quelques infidèles ont objecté aux chrétiens, que leur religion n'est propre qu'à faire des lâches

... On a quelquefois objecté aux chrétiens que les principes de l'Evangile ne sont point propres à la conservation du bien public, parce qu'ils énervent le courage et qu'ils inspirent de l'horreur pour le sang et pour toutes les violences de la guerre. ...

Le courage évangélique ne va qu'à nous faire mépriser les injures de la pauvreté, la persécution des tyrans, les prisons, les roues, les chevalets et tous les supplices du martyre. Il est propre à nous faire braver par une patience héroïque la rage la plus inhumaine des persécuteurs de la foi. Il nous résigne à la volonté de Dieu dans les maladies les plus aiguës. Voilà quel est le courage du vrai chrétien. Cela suffit, je l'avoue, pour convaincre les infidèles que notre religion n'amollit point le courage et n'inspire point de poltronnerie. Mais cela n'empêche pas qu'ils ne puissent dire avec raison, qu'en prenant le mot de courage au sens qu'on le prend dans le monde, l'Evangile n'est point propre à en donner. On entend par un homme courageux, un homme qui est fort délicat sur le point d'honneur,[10] qui ne peut souffrir la moindre injure, qui se venge avec éclat, et au péril de sa vie, de la moindre offense qu'on lui ait faite; qui aime la guerre, qui va chercher les occasions les plus périlleuses pour tremper ses mains dans le sang des ennemis, qui a de l'ambition, qui veut s'élever par-dessus les autres. Il faudrait avoir perdu les sens pour dire que les conseils et les préceptes de Jésus-Christ nous inspirent cet esprit-là; car il est de notoriété publique à tous ceux qui savent les premiers éléments de la religion chrétienne, qu'elle ne nous recommande rien tant que de souffrir les injures, que d'être humbles, que d'aimer notre prochain, que de chercher la paix, que de rendre le bien pour le mal, que de nous abstenir de tout ce qui sent la violence. Je défie tous les hommes du monde, pour si experts qu'ils puissent être en l'art militaire, de faire jamais de bons soldats d'une armée où il n'y aurait que des personnes résolues de suivre ponctuellement toutes ces maximes. Tout le mieux qu'on en pourrait attendre, serait qu'ils ne craindraient point de mourir pour leur pays et pour leur Dieu. Mais je m'en rapporte à ceux qui savent la guerre si cela suffit pour la qualité de bon soldat et s'il ne faut pas, quand on veut réussir en ce métier, faire tout le mal que l'on peut à l'ennemi, le prévenir, le surprendre, le passer au fil de l'épée, brûler ses magasins, l'affamer, le saccager....

Je laisse à dire que si les principes du christianisme étaient bien suivis, on ne verrait point de conquérant parmi les chrétiens, ni point de guerre offensive, et qu'on se contenterait de se défendre des invasions des infidèles. Et cela étant, combien verrions-nous de peuples en Europe qui jouiraient d'une paix profonde depuis longtemps, et qui à cause de cela seraient les plus mal propres du monde à faire la guerre. Il est donc vrai que l'esprit de notre sainte religion ne nous rend pas belliqueux: et cependant il n'y a point sur la terre des nations plus belliqueuses que celles qui font profession de christianisme....

Ce sont les chrétiens qui perfectionnent tous les jours l'art de la guerre, en inventant une infinité de machines pour rendre les sièges plus meurtriers et plus affreux; et c'est de nous que les infidèles apprennent à se servir des meilleures armes. Je sais bien que nous ne faisons pas cela en tant que chrétiens, mais parce que nous avons plus d'adresse que les infidèles: car s'ils avaient assez de génie et de valeur pour faire mieux la guerre que les chrétiens, ils la feraient mieux infailliblement. Mais néanmoins je trouve ici une raison très convaincante pour prouver que l'on ne suit point dans

---

10. Reference to the common practice of dueling which Louis XIV did so much to discourage.

le monde les principes de sa religion, puisque je fais voir que les chrétiens emploient tout leur esprit et toutes leurs passions à se perfectionner dans l'art de la guerre, sans que la connaissance de l'Evangile traverse le moins du monde ce cruel dessein. (*CXLI*)

Quels principes on peut inférer de ce qui vient d'être dit

Nous pouvons donc poser pour principe:

I: Que les hommes peuvent être tout ensemble fort déréglés dans leurs mœurs, et fort persuadés de la vérité d'une religion, et même de la vérité de la religion chrétienne.

II: Que les connaissances de l'âme ne sont pas la cause de nos actions.

III: Que, généralement parlant (car j'excepte toujours ceux qui sont conduits par l'esprit de Dieu), la foi que l'on a pour une religion n'est pas la règle de la conduite de l'homme, si ce n'est qu'elle est souvent fort propre à exciter dans son âme de la colère contre ceux qui sont de différent sentiment, de la crainte quand on se croit menacé de quelque péril, et quelques autres passions semblables, et surtout un je ne sais quel zèle pour la pratique des cérémonies extérieures, dans la pensée que ces actes extérieurs, et la profession publique de la vraie foi serviront de rempart à tous les désordres où l'on s'abandonne, et en procureront un jour le pardon. Par ce principe on peut voir manifestement combien on se trompe, de croire que les idolâtres sont nécessairement plus vertueux que les athées. (*CXLIII*)

Conjectures sur les mœurs d'une société qui serait sans religion

Après toutes ces remarques, je ne ferai pas difficulté de dire, si on veut savoir ma conjecture touchant une société d'athées, qu'il me semble qu'à l'égard des mœurs et des actions civiles, elle serait toute semblable à une société de païens. Il y faudrait à la vérité des lois fort sévères, et fort bien exécutées pour la punition des criminels. Mais n'en faut-il pas partout? Et oserions-nous sortir de nos maisons, si le vol, le meurtre, et les autres voies de fait étaient permises par les lois du prince? N'est-ce pas uniquement la nouvelle vigueur que le roi a donnée aux lois pour réprimer la hardiesse des filous, qui nous met à couvert de leurs insultes la nuit et le jour dans les rues de Paris? Sans cela ne serions-nous pas exposés aux mêmes violences que sous les autres règnes, quoique les prédicateurs et les confesseurs fassent encore mieux leur devoir qu'ils ne faisaient autrefois? Malgré les roues, et le zèle des magistrats, et la diligence des prévôts, combien se fait-il de meurtres et de brigandages, jusque dans les lieux et dans le temps où on exécute les criminels? On peut dire sans faire le déclamateur, que la justice humaine fait la vertu de la plus grande partie du monde, car dès qu'elle lâche la bride à quelque péché, peu de personnes s'en garantissent. (*CLXI*)

Si une société d'athées se ferait des lois de bienséance et d'honneur

On voit à cette heure combien il est apparent qu'une société d'athées pratiquerait les actions civiles et morales, aussi bien que les pratiquent les autres sociétés, pourvu qu'elle fît sévèrement punir les crimes, et qu'elle attachât de l'honneur et de l'infamie à certaines choses. Comme l'ignorance d'un premier Etre créateur et conservateur du monde n'empêcherait pas les membres de cette société d'être sensibles à la gloire et au mépris, à la récompense et à la peine, et à toutes les passions qui se voient dans les autres hommes, et n'étoufferait pas toutes les lumières de la raison, on verrait parmi eux des gens qui auraient de la bonne foi dans le commerce, qui assisteraient les pauvres, qui s'opposeraient à l'injustice, qui seraient fidèles à leurs amis, qui mépriseraient les injures, qui renonceraient aux voluptés du corps, qui ne feraient tort à personne, soit parce que le désir d'être loués les pousserait à toutes ces belles actions, qui ne sauraient manquer d'avoir l'approbation publique, soit parce que le dessein de se ménager des amis et des protecteurs, en cas de besoin, les y porterait. Les femmes s'y piqueraient de pudicité, parce qu'infailliblement cela leur acquerrait l'amour et l'estime des hommes.[11] Il s'y ferait des crimes de toutes les espèces, je n'en doute point; mais il ne s'y en ferait pas plus que dans les sociétés idolâtres, parce que tout ce qui fait agir les païens, soit pour le bien, soit pour le mal, se trouverait dans une société d'athées, savoir les peines et les récompenses, la gloire et l'ignominie, le tempérament et l'éducation. Car pour cette grâce sanctifiante, qui nous remplit de l'amour de Dieu, et qui nous fait triompher de nos mauvaises habitudes, les païens en sont aussi dépourvus que les athées.[12]

Qui voudra se convaincre pleinement, qu'un peuple destitué de la connaissance de Dieu se ferait des règles d'honneur, et une grande délicatesse pour les observer, n'a qu'à prendre garde qu'il y a parmi les chrétiens un certain honneur du monde, qui est directement contraire à l'esprit de l'Evangile. Je voudrais bien savoir, d'après quoi on a tiré ce plan d'honneur, duquel les chrétiens sont si idolâtres, qu'ils lui sacrifient toutes choses. Est-ce parce qu'ils savent qu'il y a un Dieu, un Evangile, une Résurrection, un Paradis, un Enfer, qu'ils croient que c'est déroger à son honneur, que de laisser un affront impuni, que de céder la première place à un autre, que

---

11. This theory of a natural moral code looks back to the Abbaye de Thélème of Rabelais and ahead to the idea commonly held in the eighteenth century that vice and virtue were purely social matters depending on public approbation or reprobation and in accord with the law of the nation.

12. Even Jesuit thinkers in the eighteenth century granted a moral code founded on natural law but, unlike the philosophers, superimposed the theological virtues, which the Church alone dispensed. See R. R. Palmer, *Catholics and Unbelievers in the Eighteenth Century*, "Nature and Grace."

d'avoir moins de fierté et moins d'ambition que ses égaux? On m'avouera que non. Que l'on parcoure toutes les idées de bienséance qui ont lieu parmi les chrétiens, à peine en trouvera-t-on deux ayant été empruntées de la religion, et quand les choses deviennent honnêtes, de malséantes qu'elles étaient, ce n'est nullement parce que l'on a mieux consulté la morale de l'Evangile. Les femmes se sont avisées depuis quelque temps, qu'il était d'un plus grand air de qualité de s'habiller en public et devant le monde,[13] d'aller à cheval, de courir à toute bride après une bête, etc., et elles ont tant fait, qu'on ne regarde plus cela comme éloigné de la modestie. Est-ce la religion qui a changé nos idées à cet égard? Comparez un peu les manières de plusieurs nations qui professent le christianisme; comparez-les, dis-je, les unes avec les autres, vous verrez que ce qui passe pour malhonnête dans un pays, ne l'est point du tout ailleurs. Il faut donc que les idées d'honnêteté qui sont parmi les chrétiens, ne viennent pas de la religion qu'ils professent. Il y en a quelques-unes de générales, je l'avoue, car nous n'avons point de nations chrétiennes, où il soit honteux à une femme d'être chaste.

Mais pour agir de bonne foi, il faut confesser que cette idée est plus vieille, ni que l'Evangile, ni que Moïse, c'est une certaine impression qui est aussi vieille que le monde,[14] et je vous ferai voir tantôt, que les païens ne l'ont pas empruntée de leur religion. Avouons donc, qu'il y a des idées d'honneur dans le genre humain, qui sont un ouvrage de la nature, c'est-à-dire de la Providence générale.[15] Avouons-le surtout de cet honneur dont nos braves sont si jaloux, et qui est si opposé à la loi de Dieu. Et comment douter après cela, que la nature ne pût faire parmi les athées, où la connaissance de l'Evangile ne la contrecarrerait pas, ce qu'elle fait parmi les chrétiens?

(CLXXII)

COMMENTAIRE PHILOSOPHIQUE SUR CES PAROLES DE JESUS-CHRIST: CONTRAINS-LES D'ENTRER
1686–1687

The measure of religious toleration that is enjoyed today did not come into the world unassisted, nor will it survive without constant revivifying. We owe what progress we have made in large measure to the inspiration of Bayle and his contemporaries and to the great fight waged by Voltaire.

Bayle's effort was consistently intellectual, but it was based on observation of the religious disputes of his age.[16] First he had to distinguish religious toleration and religious indifference, then through an appeal to conscience to assert

---

13. Louis XIV set the fashion by receiving privileged courtiers during his *lever*.
14. Cf. Matthew Tindal's deistic title, *Christianity as Old as Creation*.
15. This question will be much discussed by later writers. See, below, Voltaire, *Providence*, and Rousseau, *Lettre sur la Providence*.
16. As a direct or indirect result of persecution of Protestants, B.'s mother died in 1682, his younger brother in 1684, his father and older brother in 1685.

Bayle: Commentaire philosophique

that the Gospel words of his title [17] could not be taken by the Church in a literal sense to justify the crimes of persecution. He further showed that through the principle of reciprocity, preached by his coreligionist Jurieu, intolerance led inevitably to civil war and dissension.

Bayle's views on toleration are broader and more daring than those found in Locke's *Letters on Toleration*. Agreeing with Montaigne that, since ultimate truth is unknowable, people should not be persecuted for their beliefs, Bayle defended the right of the "erring conscience" and would allow political protection of Jews, Mohammedans, and, by implication, even atheists, from intolerant religious groups. He also asserted against Bossuet that a multiplicity of religions produces less disorder and increases the spirit of toleration within the state.

Maux politiques causés par l'intolérance

Si la multiplicité de religions nuit à l'état, c'est uniquement parce qu'une religion ne veut pas tolérer l'autre, mais l'engloutir par la voie des persécutions.[18] *Hinc prima mali labes,* c'est là l'origine du mal. Si chacun avait la tolérance que je soutiens, il y aurait la même concorde dans un état divisé en dix religions, que dans une ville où les diverses espèces d'artisans s'entre-supportent mutuellement. Tout ce qu'il pourrait y avoir, ce serait une honnête émulation à qui plus se signalerait en piété, en bonnes mœurs, en science; chacune se piquerait de prouver qu'elle est la plus amie de Dieu en témoignant un plus fort attachement à la pratique des bonnes mœurs; elles se piqueraient même de plus d'affection pour la patrie, si le souverain les protégeait toutes, et les tenait en équilibre par son équité; or il est manifeste qu'une si belle émulation serait cause d'une infinité de biens; et par conséquent la tolérance est la chose du monde la plus propre à ramener le siècle d'or et à faire un concert et une harmonie de plusieurs voix et instruments de différents tons et notes, aussi agréable pour le moins que l'uniformité d'une seule voix. Qu'est-ce donc qui empêche ce beau concert formé de voix et de tons si différents l'un de l'autre? C'est que l'une des deux religions veut exercer une tyrannie cruelle sur les esprits, et forcer les autres à lui sacrifier leur conscience; c'est que les rois fomentent cette injuste partialité, et livrent le bras séculier aux désirs furieux et tumultueux d'une populace de moines et de clercs; en un mot, tout le désordre vient, non pas de la tolérance, mais de la non-tolérance. (*2ᵉ part., ch. VI*)

---

17. In the parable of the great supper (*St. Luke,* xiv, 15–24), when the bidden guests offered excuses, "the Lord said unto the servant, Go out into the highways and hedges and compel them to come in, that my house may be filled."

18. Voltaire follows B. in this opinion; Montesquieu does too in the *Lettres persanes,* but in his *Esprit des lois* he suggests a state religion under civil control.

Impossibilité d'arriver à découvrir la vérité absolue — Respect des droits de la conscience errante

... Il est impossible, dans l'état où nous nous trouvons, de connaître certainement que la vérité qui nous paraît (je parle des vérités particulières de la religion, et non pas des propriétés des nombres, ou des premiers principes de métaphysique, ou des démonstrations de géométrie) est la vérité absolue; car tout ce que nous pouvons faire est d'être pleinement convaincus que nous tenons la vérité absolue, que nous ne nous trompons point, que ce sont les autres qui se trompent, toutes marques équivoques de vérité, puisqu'elles se trouvent dans les païens et dans les hérétiques les plus perdus. Il est donc certain que nous ne saurions discerner à aucune marque assurée ce qui est effectivement vérité quand nous le croyons, de ce qui ne l'est pas lorsque nous le croyons. Ce n'est point par l'évidence que nous pouvons faire ce discernement; car tout le monde dit au contraire que les vérités que Dieu nous révèle dans sa parole, sont des mystères profonds qui demandent que l'on captive son entendement à l'obéissance de la Foi. Ce n'est point par l'incompréhensibilité, car qu'y a-t-il de plus faux et de plus incompréhensible tout ensemble qu'un cercle carré, qu'un premier principe essentiellement méchant, qu'un Dieu père par la génération charnelle, comme le Jupiter du paganisme? Ce n'est point par la satisfaction de la conscience, car un Papiste est aussi satisfait de sa religion, un Turc de la sienne, un Juif de la sienne, que nous de la nôtre. Ce n'est point par le courage et par le zèle qu'une opinion inspire, car les plus fausses religions ont leurs martyrs, leurs austérités incroyables, un esprit de faire des prosélytes qui surpasse bien souvent la charité des orthodoxes, et un attachement extrême pour leurs cérémonies superstitieuses. Rien en un mot ne peut caractériser à un homme la persuasion de la vérité, et la persuasion du mensonge. Ainsi, c'est lui demander plus qu'il ne peut faire, que de vouloir qu'il fasse ce discernement. Tout ce qu'il peut faire, c'est que certains objets qu'il examine lui paraissent faux et d'autres vrais.

Il faut donc lui commander qu'il tâche de faire que ceux qui sont vrais le lui paraissent; mais, soit qu'il en vienne à bout, soit que ceux qui sont faux lui paraissent vrais, qu'il suive après cela sa persuasion.

... Cette considération, si on la pesait mûrement et si on la méditait profondément, nous ferait connaître sans doute la vérité de ce que je prétends établir ici: c'est que, dans la condition où se trouve l'homme, Dieu se contente d'exiger de lui qu'il cherche la vérité le plus soigneusement qu'il pourra, et que, croyant l'avoir trouvée, il l'aime et y règle sa vie. Ce qui, comme chacun voit, est une preuve que nous sommes obligés d'avoir les mêmes égards pour la vérité putative que pour la vérité réelle. Et dès lors, toutes les objections que l'on fait sur la difficulté de l'examen disparaissent comme de vains fantômes, puisqu'il est certain qu'il est de la portée de chaque particulier, quelque simple qu'il soit, de donner un sens à ce qu'il lit, ou à ce qu'on lui dit, et de sentir que ce sens est véritable; et voilà sa vérité à lui toute trouvée. Il suffit à un chacun qu'il consulte sincèrement et de bonne foi les lumières que Dieu lui donne, et que, suivant cela, il s'attache à l'idée qui lui semble la plus raisonnable et la plus conforme à la volonté de Dieu. Il est moyennant cela orthodoxe à l'égard de Dieu, quoique, par un défaut qu'il ne saurait éviter, ses pensées ne soient pas une fidèle image de la réalité des choses, tout de même qu'un enfant est orthodoxe, en prenant pour son père le mari de sa mère, duquel il n'est point fils. Le principal est ensuite d'agir vertueusement; et ainsi chacun doit employer toutes ses forces à honorer Dieu par une prompte obéissance à la morale. A cet égard, c'est-à-dire à l'égard de la connaissance de nos devoirs pour les mœurs, la lumière révélée est si claire, que peu de gens s'y trompent, quand de bonne foi ils cherchent ce qui en est.

... D'où je conclus que l'ignorance de bonne foi disculpe dans les cas les plus criminels, comme le vol et l'adultère, et qu'ainsi partout ailleurs elle disculpe, de sorte qu'un hérétique de bonne foi, un infidèle même de bonne foi, ne sera puni de Dieu qu'à cause des mauvaises actions qu'il aura faites, croyant qu'elles étaient mauvaises. Pour celles qu'il aura faites en conscience, je dis par une conscience qu'il n'aura pas lui-même aveuglée malicieusement, je ne saurais me persuader qu'elles soient un crime.

... Selon les idées que nous pouvons nous former d'un homme le plus achevé en sagesse et en justice, nous concevons que si, ayant laissé à ses domestiques un ordre en partant pour un long voyage, il trouvait à son retour qu'ils l'entendaient différemment, et que, pendant qu'ils étaient d'un accord très unanime à soutenir que la volonté de leur maître est l'unique règle qu'ils doivent suivre, ils disputent seulement quelle est cette volonté, il prononcerait qu'ils étaient tous également respectueux pour ses ordres; mais que les uns avaient plus d'esprit que les autres, pour entendre le sens légitime d'un discours. Il est certain que nous concevons clairement et distinctement qu'il ne prononcerait que cela; donc la Raison veut que nous concevions que Dieu prononce la même chose d'un orthodoxe et d'un hérétique de bonne foi....[19] (*2ᵉ part., ch. X*)

DICTIONNAIRE HISTORIQUE ET CRITIQUE
1697

This dictionary has been variously called the Bible of the eighteenth century and the great arsenal in the fight for religious liberties. The first edition appeared in Rotterdam in two fat folios of 2,600 pages in 1697. A second, enlarged edition was published in 1702. From then on, edition succeeded edition in France, Holland, England, and Germany, until the definitive edition was prepared by Beuchot and printed in Paris in 1820.

19. This idea, commonly accepted by eighteenth-century philosophers, is imaginatively treated in Diderot's *Apologue du jeune Mexicain* (below, p. 282).

These folios were entirely the work of one man and clearly reflect his personality and tremendous erudition. Bayle set out merely to correct the errors in the *Grand Dictionnaire historique* (1674) of Moréri, whose careless scholarship mixed mythology indiscriminately with history. This limited aim accounts for the omission of many prominent people, such as Homer, Horace, and Montaigne, in Bayle's general bibliographical work. One sixth of the articles deal with pre-Christian persons. Biblical characters are few but noteworthy (Adam, David, Eve, Sarah), and the Middle Ages are relatively slighted. The dictionary is still a valuable source of information concerning sixteenth- and seventeenth-century authors. The humanists, such as Erasmus, received special attention.

The main text of the articles takes up from one to several lines of large print at the top of the folio page, the rest of which is given over to extensive and critical notes. For example, the article on Erasmus consists of less than a page of main text, fifteen folio pages of notes, and some 200 marginal citations of authorities (see Howard Robinson, *Bayle the Sceptic*, ch. VII). It is in these notes, with their complicated cross references, that we find the originality and the qualities for thinking of Bayle's mind. His tendency is to attack all dogma through the accumulation of logical difficulties, contradictions of texts, and historical and critical examination of the sources. He is himself rarely dogmatic, and he lets the reader draw his own conclusions. Many of the articles, in fact, end in an appeal to skepticism and the necessity of submitting reason to faith.

In France, Bayle's work was censored for its lack of religious spirit, ridicule of the Church fathers, licentious reflections, and even "insufferable obscenities." Bayle defended himself against the charge of obscenity, but it is true that he lightened the weary hours with piquant details concerning the all too human character of Greek gods and goddesses, Biblical heroes and heroines, and famous courtesans of all ages. Yet it was chiefly the freethinking tendencies of his work which aroused the ire of the political and religious authorities. Diderot's fulsome praise of Bayle was deleted from the *Encyclopedia*, and Voltaire, as late as 1756, was obliged to suppress a note on Bayle in his Lisbon poem. A few years later, however, the battle had been won, and Voltaire could write ironically: "Plût à Dieu que ce Bayle se fût noyé, ainsi que ses Hollandais hérétiques! A-t-on jamais vu un plus abominable homme? il expose les choses avec une fidélité si odieuse; il met sous les yeux le pour et le contre avec une impartialité si lâche; il est d'une clarté si intolérable, qu'il met les gens qui n'ont que le sens commun en état de juger et même de douter: on n'y peut pas tenir; et pour moi, j'avoue que j'entre dans une sainte fureur quand on parle de cet homme-là et de ses semblables."

David

The article "David" as it appeared in the first edition created such a furore that Bayle modified it considerably in subsequent editions. It was, however, printed separately in its full form and found its way back into later editions. Taking his title from Bayle's first sentence, Peter Annet, radical English deist, composed his *David, the Man after God's Own Heart*. It was from the English text that Voltaire wrote his burlesque drama *Saül*, in which David is more ef-

Bayle: *Dictionnaire historique et critique*

fectively mistreated than in Bayle's original work (see N. L. Torrey, *Voltaire and the English Deists*, ch. VIII).

The text below is from the revised version of 1702 and is followed by one of the "Remarques" of the 1697 edition which had been temporarily suppressed. Bayle's own notes appear throughout this selection.

DAVID, roi des Juifs, a été un des plus grands hommes du monde, quand même on ne le considérait pas comme un roi prophète, qui était selon le cœur de Dieu. La première fois que l'Ecriture le fait paraître sur la scène (*a*), c'est pour nous apprendre que Samuel le désigna roi, et fit la cérémonie du sacre. David n'était alors qu'un simple berger. Il était le plus jeune des huit fils d'Isaï Bethléémite (A). Après cela, l'Ecriture nous apprend qu'il fut envoyé au roi Saül (*b*), pour lui faire passer les accès de sa frénésie, au son des instruments de musique (B). Un service de cette importance le fit tellement aimer de Saül, que ce prince le retint dans sa maison, et le fit son écuyer (*c*). L'Ecriture dit ensuite (*d*) que David s'en retournait de temps en temps chez son père pour avoir soin des troupeaux; et qu'un jour son père l'envoya au camp de Saül avec quelques provisions, qu'il destinait à trois de ses fils qui portaient les armes. David, en exécutant cet ordre, ouït le défi qu'un Philistin nommé Goliath, fier de sa force et de sa taille gigantesque, venait faire tous les jours aux Israélites, sans que personne parmi eux osât l'accepter. Il témoigna bonne envie de s'aller battre contre ce géant; et là-dessus il fut amené au roi, et l'assura qu'il triompherait de ce Philistin. Saül lui donna ses armes; mais comme David s'en trouvait embarrassé, il les quitta, et résolut de ne se servir que de sa fronde. Il le fit si heureusement qu'il terrassa d'un coup de pierre ce rodomont (*e*), et puis il le tua de sa propre épée, et lui coupa la tête qu'il vint présenter à Saül (C). Ce prince avait demandé à son général, en voyant marcher David contre Goliath: *de qui est fils ce jeune garçon* (*f*) (D)? Le général lui

(A) [Bayle here discusses at length David's own admission "qu'il a été formé en iniquité et que sa mère l'a conçu en péché" (*Psalms*, li, 5).]

(B) [Bayle refers us to Caspar Lœscherus' *Dissertatio historico-theologica de Saüle per musicam curato* (1688).]

(C) [We are told of the disposition David made of Goliath's head and weapons.]

(D) *Saül avait demandé à son général...de qui est fils ce jeune garçon?* C'est une chose un peu étrange, que Saül n'ait point connu David ce jour-là, vu que ce jeune homme avait joué des instruments plusieurs fois en sa présence, pour calmer les noires vapeurs qui le tourmentaient. Si une narration comme celle-ci se trouvait dans Thucydide ou dans Tite-Live, tous les critiques con-

(*a*) Ier livre de *Samuel*, chap. xvi, 13.
(*b*) *Là même*, 20.
(*c*) C'est-à-dire qu'il portait les armes de Saül. *Là même*, 21.
(*d*) *Là même*, xvii, 15.
(*e*) *Là même*, 49, 50.
(*f*) *Là même*, 55.

répondit qu'il n'en savait rien, et reçut ordre de Saül de s'en informer: mais Saül l'apprit lui-même de la bouche de ce jeune homme; car, lorsqu'on le lui eut amené après la victoire, il lui demanda: *de qui es-tu fils?* et David lui répondit qu'il était fils d'Isaï (*g*). Alors Saül le retint à son service, sans lui plus permettre de s'en retourner chez Isaï (*h*). Mais comme les chansons qu'on chanta par toutes les villes, sur la défaite des Philistins, faisaient dix fois plus d'honneur à David qu'à Saül (*i*), le roi sentit une jalousie véhémente qui s'augmenta de plus en plus, parce que les emplois qu'il donnait à David, afin de l'éloigner de la cour, ne servaient qu'à le rendre plus illustre, et à lui acquérir l'affection et l'admiration des Juifs. Par une fausse politique il voulut l'avoir pour gendre: il espéra que la condition sous laquelle il lui donnerait sa seconde fille le déliverait de cet objet d'aversion; mais il fut confondu dans sa ruse. (*k*) ... Il épousa la fille de Saül, et n'en devint que plus formidable au roi (*l*): toutes ses expéditions furent très heureuses contre les Philistins; son nom fit grand bruit; il fut dans une estime extraordinaire (*m*); si bien que Saül, qui connaissait beaucoup moins la vertu de son beau-fils que le naturel des peuples, s'imagina que la mort de David était la seule chose qui fût capable d'empêcher que l'on ne le détrônât. Il résolut donc de s'en défaire pour une bonne fois. Il fit confidence de ce dessein à son fils aîné qui, bien loin d'entrer dans la jalousie de son père, avertit David de ce noir complot (*n*). David prit la fuite, et fut poursuivi de lieu en lieu, jusqu'à ce qu'il eût donné des preuves incontestables de sa probité, et de sa fidélité à son beau-père, à qui il ne fit aucun mal en deux occasions favorables (*o*), où il ne tenait qu'à lui de le tuer. Cela fit résoudre Saül à le laisser en repos. Mais comme David craignit le retour des mauvais desseins de ce prince, il n'eut garde de relâcher ses précautions; au contraire, il se pourvut mieux d'asile qu'auparavant au pays des Philistins (*p*). Il demanda au roi de Gath une ville pour sa demeure, d'où il fit cent courses sur les pays d'alentour (*q*). Il retourna en Judée après la mort de

---

cluraient unanimement que les copistes auraient transposé les pages, oublié quelque chose en un lieu, répété quelque chose dans un autre, ou inséré des morceaux postiches dans l'ouvrage de l'auteur. Mais il faut bien se garder de pareils soupçons lorsqu'il s'agit de la Bible. Il y a eu néanmoins des personnes assez hardies, pour prétendre que tous les chapitres ou tous les versets du premier livre de *Samuel* n'ont point la place qu'ils ont eue dans leur origine....

(*g*) *Là même,* 58.
(*h*) *Là même,* xviii, 2.
(*i*) Les femmes allant au-devant du roi dansaient et chantaient: Saül en a tué ses mille, et David ses dix mille. Ier livre de *Samuel,* xviii, 7.
(*k*) *Là même,* 27.
(*l*) *Là même,* 29.
(*m*) *Là même,* 30.
(*n*) *Là même,* xix, 1, 2.
(*o*) *Là même,* xxiv et xxvi.
(*p*) *Là même,* xxvii.
(*q*) *Là même.*

Saül, et y fut déclaré roi par la tribu de Juda (*r*). Cependant, les autres tribus se soumirent à Isbozet fils de Saül: la fidélité d'Abner en fut cause (*s*). Cet homme, qui avait été général d'armée sous le roi Saül, mit Isbozet sur le trône et l'y maintint contre les efforts de David; mais n'ayant pu souffrir qu'Isbozet le censurât d'avoir pris une concubine de Saül (*t*), il négocia avec David pour le mettre en possession du royaume d'Isbozet. La négociation eût été bientôt conclue au contentement de David, si Joab (*u*), pour venger une querelle particulière, n'eût tué Abner. La mort de cet homme ne fit que hâter la ruine du malheureux Isbozet: deux de ses principaux capitaines le tuèrent, et portèrent sa tête à David qui, bien loin de les récompenser comme ils s'y étaient attendus, donna ordre qu'on les tuât (*x*). Les sujets d'Isbozet ne tardèrent guère à subir volontairement le joug de David. Ce prince avait régné sept ans et demi sur la tribu de Juda: depuis il régna environ trente-trois ans sur tout Israël (*y*). Ce long règne fut remarquable par de grands succès et par des conquêtes glorieuses: il ne fut guère troublé que par l'attentat des propres enfants du prince (E). Ce sont ordinairement les ennemis que les souverains ont le plus à craindre. Peu s'en fallut que David ne retournât à la condition chétive où Samuel le trouva. Humainement parlant, ce revers lui était inévitable (F), s'il n'eût trouvé des gens qui firent l'office d'un traître auprès d'Absalom son fils (*z*). La piété de David est si éclatante dans ses psaumes, et dans plusieurs de ses

(E) [Bayle enumerates the crimes of Absalom and his brothers committed against their father's house.]

(F) *Peu s'en fallut qu'il ne retournât à la condition... où Samuel le trouva. ...Ce revers lui était inévitable.* On peut voir par cet exemple qu'il n'y a nul fond à faire sur la fidélité des peuples; car enfin, David était tout ensemble un bon roi et un grand roi. Il s'était fait aimer; il s'était fait estimer, et il avait pour la religion du pays tout le zèle imaginable. Ses sujets avaient donc lieu d'être contents, et s'ils avaient eu à choisir un prince, lui eussent-ils pu souhaiter d'autres qualités? Cependant ils sont si peu fermes dans leur devoir à l'égard de David, que son fils Absalom, pour se faire déclarer roi, n'a qu'à se rendre populaire pendant quelque temps, et à entretenir quelques émissaires dans chaque tribu. On peut appliquer aux peuples la maxime, *casta est quam nemo rogavit.* Si l'on ne voit pas plus souvent des rois détrônés, c'est que les peuples n'ont pas été solicités à la révolte par des intrigues assez bien conduites. Il ne faut que cela: si le prince n'est pas méchant, on sait bien le faire passer pour tel, ou pour esclave d'un méchant conseil. Les prétextes ne manquent jamais; et pourvu qu'on les soutienne habilement, ils passent pour une raison légitime, quelques faibles qu'ils soient dans le fond.

(*r*) IIe livre de *Samuel*, ii, 4.
(*s*) *Là même*, 8.
(*t*) *Là même*, iii.
(*u*) C'était le général d'armée de David.
(*x*) *Là même*, iv.
(*y*) *Là même*, v, 5.
(*z*) *Là même*, xv, 34 et suiv.

actions, qu'on ne le saurait assez admirer. C'est un soleil de sainteté dans l'église: il y répand par ses ouvrages une merveilleuse lumière de consolation et de piété; mais il a eu ses taches (G). La vie de ce grand prince, publiée par M. l'abbé de Choisi est un bon livre, et serait beaucoup meilleur si l'on avait pris la peine de marquer en marge les années de chaque fait, et les endroits de la Bible ou de Josèphe qui ont fourni ce que l'on avance. Un lecteur n'est pas bien aise d'ignorer si ce qu'il lit vient d'une source sacrée, ou d'une source profane. Je ne marquerai pas beaucoup de fautes de M. Moréri (H). L'article de David, que je viens de lire dans le *Dictionnaire de la Bible*, me fournira la matière d'une remarque (I).

REMARQUE D
(1697)

David, ayant demeuré quelque temps dans la ville capitale du roi Akis, avec sa petite troupe de 600 braves aventuriers, craignit d'être à charge à ce prince, et le pria de lui assigner une autre demeure. Akis lui marqua la ville de Siceleg. David s'y transporta avec ses braves, et ne laissa point rouiller leurs épées. Il les menait souvent en parti, et tuait sans miséricorde hommes et femmes: il ne laissait en vie que les bestiaux; c'était le seul butin avec quoi il s'en revenait; il avait peur que les prisonniers ne découvrissent tout le mystère au roi Akis; c'est pourquoi il n'en amenait aucun, il faisait faire main basse sur l'un et sur l'autre sexe. Le mystère, qu'il ne voulait

(G) *Il a eu ses taches*. Le dénombrement du peuple fut une chose que Dieu considéra comme un grand péché (*Samuel II*, xxiv). Ses amours pour la femme d'Urie, et les ordres qu'il donna de faire périr le même Urie (*Là même*, xi) sont deux crimes très énormes; mais il en fut si touché, et il les expia par une repentance si admirable, que ce n'est pas l'endroit de sa vie par où il contribue le moins à l'instruction et à l'édification des âmes fidèles. On y apprend la fragilité des saints; et c'est un précepte de vigilance: on y apprend de quelle manière il faut pleurer ses péchés; et c'est un très beau modèle. Quant aux remarques que certains critiques voudraient étaler pour faire voir qu'en quelques autres actions de sa vie il a mérité un grand blâme, je les supprime dans cette édition, d'autant plus agréablement que des personnes beaucoup plus éclairées que moi en ce genre de matières m'ont assuré que l'on dissipe facilement tous ces nuages d'objections, dès qu'on se souvient, 1°. qu'il était roi de droit pendant la vie de Saül; 2°. qu'il avait avec lui le grand sacrificateur qui consultait Dieu pour savoir ce qu'il fallait faire; 3°. que l'ordre donné à Josué d'exterminer les infidèles de la Palestine subsistait toujours; 4°. que plusieurs autres circonstances, tirées de l'Ecriture, nous peuvent convaincre de l'innocence de David dans une conduite qui, considérée en général, paraît mauvaise, et qui le serait aujourd'hui.

(H) [Bayle examines in detail five errors he has found in the work of Moréri.]

(I) [Bayle attacks various conclusions in Simon's *Dictionnaire de la Bible* (1693).]

point que l'on révélât, est que ces ravages se faisaient, non pas sur les terres des Israëlites, comme il le faisait accroire au roi de Gath, mais sur les terres des anciens peuples de la Palestine.

Franchement, cette conduite était fort mauvaise; pour couvrir une faute, on en commettait une plus grande. On trompait un roi à qui l'on avait de l'obligation; et on exerçait une cruauté prodigieuse, afin de cacher cette tromperie. Si l'on avait demandé à David: *"De quelle autorité fais-tu ces choses,"* qu'eût-il pu répondre? Un particulier comme lui, un fugitif qui trouve un asile sur les terres d'un prince voisin, est-il en droit de commettre des hostilités pour son propre compte, et sans commission émanée du souverain du pays? David avait-il une telle commission? Ne s'éloignait-il pas au contraire et des intentions et des intérêts du roi de Gath? Il est sûr que si aujourd'hui un particulier, de quelque naissance qu'il fût, se conduisait comme fit David en cette rencontre, il ne pourrait pas éviter qu'on ne lui donnât des noms très peu honorables. Je sais bien que les plus illustres héros, et les plus fameux prophètes du Vieux Testament, ont quelquefois approuvé que l'on passât au fil de l'épée tout ce que l'on trouverait en vie; et ainsi je me garderais bien d'appeler inhumanité ce que fit David, s'il avait été autorisé des ordres de quelque prophète, ou si Dieu par inspiration lui eût commandé à lui-même d'en user ainsi: mais il paraît manifestement par le silence de l'Ecriture, qu'il fit tout cela de son propre mouvement....

Lucrèce

Bayle's dictionary is a mine of information concerning the history and thought of classical civilizations. An article presents Lucretius (95–51 B.C.), author of *De rerum natura*, as one of the greatest poets of his century, and as an honorable and scholarly interpreter of the system of Epicurus. In "Remarque F" Bayle applies his critical acumen to an inconsistency in Lucretius' denial of Providence and affirmation of the complete indifference of nature. For Lucretius admits of some hidden force or fate, deified by the Greeks as Nemesis, and endows this force with the anthropomorphic quality of mockery. Similarly Dom Deschamps, one of the most radical thinkers of the eighteenth century, wrote of Diderot: "On dit cet homme athée mais on a tort. Il se croit méchant par le grand diable d'enfer, dès qu'il se croit méchant par nature, et croire cela, c'est croire au grand diable d'enfer. Or, qui croit n'est point athée, et je ne vois pas pourquoi il craint la police à ce titre."

Bayle finds in Lucretius an age-old dilemma frequently treated by eighteenth-century writers. In our day, John Cowper Powys in *The Meaning of Culture* explained it thus: "Mysterious gratitude — mysterious defiance — such seems to be the attitude of Nature herself to the unknown Power that begat her; and this attitude, we, her innumerable offspring, share with our great unscrupulous Mother." According to this definition Diderot was defiant, Rousseau grateful, and Voltaire inclined toward defiance in *Zadig* and *Le Poème sur le désastre de Lisbonne*.

REMARQUE F

Ayant parlé de la peur qui saisit les Amiraux à la vue d'une tempête, Lucrèce ajoute que c'est en vain qu'ils font des vœux, tant il est vrai qu'une force occulte semble se jouer des dignités de la terre:

"Summa etiam cum vis violenti per mare venti
Induperatorem classis super aequora verrit,
Cum validis pariter legionibus, atque elephantis:
Non divum pacem votis adit? ac prece quaesit
Ventorum pavidus paces, animasque secundas?
Nequicquam: quoniam violento turbine saepe
Conreptus nihilo fertur minus ad vada lethi:
Usque adea res humanas VIS ABDITA quaedam
Obterit, et pulchros fasceis, saevasque secureis
Proculcare, ac LUDIBRIO SIBI HABERE videtur. (lib. 5, 1225)." [20]

Voilà un philosophe qui a beau nier opiniâtrément la Providence, et la force de la fortune, et attribuer toutes choses au mouvement nécessaire des atomes, cause qui ne sait où elle va, ni ce qu'elle fait, l'expérience le contraint de reconnaître dans le cours des événements, une affection particulière de renverser les dignités éminentes qui paraissent parmi les hommes. Il n'est presque pas possible de méconnaître cette affectation, quand on étudie attentivement l'histoire, ou seulement ce qui se passe dans les pays de sa connaissance. Une vie médiocrement longue suffit pour nous faire voir des hommes, qui étant montés par une suite précipitée de bons succès à une haute fortune, retombent dans le néant par une suite semblable de mauvais succès. Tout leur réussissait auparavant, rien ne leur réussit aujourd'hui; ils ont part à mille infortunes qui épargnent les conditions médiocres, posées pour ainsi dire au même chemin. C'est contre eux que la fortune paraît irritée, c'est leur ruine qu'il semble qu'elle ait conspirée, pendant qu'elle laisse en repos les autres hommes. Je ne m'étonne donc point que Lucrèce se soit aperçu d'une telle affectation, inexplicable selon ses principes, et très mal aisée à expliquer selon les autres systèmes: car il faut demeurer d'accord que les phénomènes de l'histoire humaine ne jettent pas les philosophes dans de moindres embarras, que les phénomènes de l'histoire naturelle. Ce qu'il y a de plus sensible dans l'histoire humaine, est

---

[20]. "Or again, when the fiercest force of furious wind at sea sweeps the commander of a fleet over the waters with his strong legions and his elephants, all in like case, does he not seek with vows the peace of the gods, and fearfully crave in prayer a calm from wind and favoring breezes; all in vain, since often when caught in the headstrong hurricane he is borne for all his prayers to the shallow waters of death? So greatly does some *secret force* grind beneath its heel the greatness of men, and it is seen to tread down and *make sport for itself* of the glorious rods and relentless axes [symbols of Roman authority]." (Tr. by Cyril Bailey.)

Bayle: Dictionnaire historique et critique

l'alternative d'élévation et d'abaissement dont je parle ailleurs,[21] et qui au dire d'Esope est l'occupation ordinaire de la Providence. Comment accorder cela avec les idées d'un Dieu infiniment bon, infiniment sage, et directeur de toutes choses. L'être infiniment parfait se peut-il plaire à élever une créature au plus haut faîte de la gloire, pour la précipiter ensuite au plus bas degré de l'ignominie? Ne serait-ce pas se conduire comme les enfants,[22] qui n'ont pas plutôt bâti un château de cartes qu'ils le défont, et qu'ils le renversent? Cela, dira-t-on, est nécessaire parce que les hommes abusant de leur prospérité, en deviennent si insolents, qu'il faut que leur chute soit la punition du mauvais usage qu'ils ont fait des faveurs du ciel, et la consolation des malheureux, et une leçon pour ceux à qui Dieu fera des grâces à l'avenir. Mais ne vaudrait-il pas mieux, répondra quelque autre, mêler à tant de faveurs celle de n'en point abuser? Au lieu de six grands succès n'en donnez que quatre, et ajoutez-y pour compenser les deux autres la force de bien employer les quatre. Il ne sera plus nécessaire ni de punir l'insolent, ni de consoler le malheureux, ni d'instruire celui qui est destiné à l'élévation. La première chose que ferait un père, s'il le pouvait, serait de fournir à ses enfants le don de se bien servir de tous les biens qu'il voudrait leur communiquer; car sans cela les autres présents sont plutôt un piège qu'une faveur, quand on sait qu'ils inspireront une conduite dont il faudra que la punition serve d'exemple. Outre que l'on ne remarque point les utilités de ces exemples; toutes les générations jusqu'ici ont eu besoin de cette leçon, et il n'y a nulle apparence que les siècles à venir soient moins exempts de cette vicissitude dont parlait Esope, que ceux qui ont précédé. Ainsi cette alternative ne porte point le caractère d'un être infiniment bon, infiniment sage, infiniment immuable. Je sais bien qu'on peut inventer mille raisons contre ces difficultés, mais on peut aussi inventer mille répliques: l'esprit de l'homme est encore plus fécond en objections qu'en solutions; de sorte qu'il faut avouer que sans les lumières de la révélation, la philosophie ne se peut débarrasser des doutes qui se tirent de l'histoire humaine. C'est aux théologiens, et non pas aux philosophes qu'il appartient d'aplanir cela. Les poètes du paganisme recoururent à une hypothèse qui fut fort goûtée des peuples: ils prétendirent que dans ce grand nombre de divinités qui se mêlent du gouvernement du monde, il y en a qui portent envie aux hommes heureux, et qui pour apaiser le chagrin que cette envie leur cause, mettent tout en œuvre afin de perdre ces hommes-là. D'où vint que le paganisme eut un soin tout particulier d'apaiser ces dieux jaloux: la déesse Némésis qu'on se figurait à leur tête, avait autant de part qu'aucune autre divinité aux cultes et aux honneurs de la religion, et lors même que l'on

---

21. Article "Esope," Remarque I: "Les philosophes mêmes qui niaient la Providence reconnaissaient un je ne sais quoi qui affectait de renverser les grandeurs."
22. Cf. Shakespeare, *King Lear* (IV, i):
> "As flies to wanton boys are we to the gods, —
> They kill us for their sport."

croyait avoir été abattu, autant que ces êtres envieux eussent pu le souhaiter, on les suppliait très humblement de cesser leur persécution. Si on admettait une fois cette hypothèse, on expliquerait pourquoi les grandeurs humaines sont plus exposées aux revers de la fortune que les conditions médiocres; chacun comprendrait la cause de l'affectation que Lucrèce même n'a pu nier. Or de tous les systèmes de philosophie, il n'y en a point qui succombe sans ressource, autant que celui d'Epicure, aux difficultés dont je parle. Lucrèce ne savait à quoi se prendre, il ne pouvait se servir ni de l'hypothèse des poètes, ni d'aucune sorte de moralité, car il ne donnait aux dieux aucune part au gouvernement de l'univers, et il ne reconnaissait dans notre monde aucun composé invisible, qui connût ou qui voulût quelque chose, et par conséquent son *vis abdita quaedam* est une preuve convaincante contre lui-même. Il renversait par là ses principes.

Je dirai en passant qu'il lui eût été très facile, de concilier avec son système l'existence de ce qu'on nommait fortune, némésis, bons génies, mauvais génies. Il pouvait laisser les dieux dans l'état où il se les figurait, contents de leur propre condition, et jouissants d'une souveraine félicité, sans se mêler de nos affaires, sans punir le mal, sans récompenser le bien etc., mais il pouvait supposer que certains amas d'atomes, qu'il aurait nommés tout comme il aurait voulu, étaient capables de jalousie par rapport à l'homme, et capables de travailler invisiblement à la destruction des hautes fortunes. Il y a longtemps que je suis surpris que ni Epicure, ni aucun de ses sectateurs n'aient pas considéré que les atomes qui forment un nez, deux yeux, plusieurs nerfs, un cerveau, n'ont rien de plus excellent que ceux qui forment une pierre, et qu'ainsi il est très absurde de supposer que tout assemblage d'atomes, qui n'est ni un homme ni une bête, est destitué de connaissance.[23] Dès qu'on nie que l'âme de l'homme soit une substance distincte de la matière, on raisonne puérilement, si l'on ne suppose pas que tout l'univers est animé, et qu'il y a partout des êtres particuliers qui pensent; et que comme il y en a qui n'égalent point les hommes, il y en a aussi qui les surpassent. Dans cette supposition les plantes, les pierres sont des substances pensantes. Il n'est pas nécessaire qu'elles sentent les couleurs, les sons, les odeurs etc., mais il est nécessaire qu'elles aient d'autres connaissances:[24] et comme elles seraient ridicules de nier qu'il y ait des hommes qui leur font beaucoup de mal, qui les déracinent, qui les coupent, qui les brisent, comme, dis-je, elles seraient ridicules de le nier, sous prétexte qu'elles ne voient pas le bras et

---

23. I.e., if, according to the atomic theory of Epicurean physics, the universe is formed by the chance association of atoms, B. sees no reason why such associations might not produce specters, sylphs, guardian angels, and demons. With the progress of the natural sciences in the next half century, Diderot was able to apply his evolutionary principles to this problem, thus endowing all matter, not with *connaissance*, but with *sensibilité*. See, below, p. 242.

24. With the development, too, of Locke's psychological principles, Diderot could say that, on the contrary, knowledge was derived only through the medium of the senses and in proportion to the complexity of their organization.

la hache qui les maltraitent, les Epicuriens sont de même très ridicules de nier qu'il y ait des êtres dans l'air ou ailleurs qui nous connaissent, qui nous font tantôt du mal, tantôt du bien, ou dont les uns ne sont enclins qu'à nous perdre, et les autres ne sont enclins qu'à nous protéger: les Epicuriens, dis-je, sont très ridicules de nier cela, sous prétexte que nous ne voyons pas de tels êtres.[25] Ils n'ont aucune bonne raison de nier les sortilèges, la magie, les *larves*, les spectres, les *lemures*, les farfadets, les lutins, et autres choses de cette nature.[26] Il est plus permis de nier cela à ceux qui croient que l'âme de l'homme est distincte de la matière; et néanmoins par je ne sais quel travers d'esprit, l'existence des démons n'est rejetée que par ceux qui tiennent que l'âme des hommes est corporelle.[27]

Usson

REMARQUE F [QUELS SONT LES DEVOIRS ET LES DROITS D'UN HISTORIEN]

Tous ceux qui savent les lois de l'histoire, tombent d'accord qu'un écrivain qui veut remplir fidèlement ses devoirs, doit se dépouiller de l'esprit de flatterie et de l'esprit de médisance, et se mettre, autant qu'il est possible, dans l'état d'un stoïcien, qui n'est agité d'aucune passion. Insensible à tout le reste, il ne doit être attentif qu'aux intérêts de la vérité, et sacrifier à cela le ressentiment d'une injure, le souvenir d'un bienfait, l'amour même de la patrie. Il doit oublier qu'il est d'un certain pays, qu'il a été élevé dans une certaine communion, qu'il est redevable de sa fortune à tels et à tels: il doit méconnaître jusqu'à ses parents et ses amis. Un historien, en tant que tel, est comme Melchisédech, sans père, sans mère, sans généalogie. Si on lui demande: *D'où êtes-vous?* Il faut qu'il réponde: *Je ne suis ni Français ni Allemand, ni Anglais, ni Espagnol, etc.... Je suis citoyen du monde: je ne sers ni l'empereur, ni le roi de France; mais je suis au service de la Vérité: c'est ma seule reine; je n'ai prêté qu'à elle le serment d'obéissance: je suis son chevalier; j'ai fait vœu de la défendre envers tous et contre tous....*[28]

Tout ce qu'il donne à l'amour de la patrie est autant de pris sur les attributs de l'histoire, et il devient un mauvais historien à proportion qu'il se montre bon sujet.

25. An excellent example of B.'s all-embracing skepticism. There is a possibility, too, that B.'s critical effort against the atheism of Lucretius was a protective device.

26. Cf., above, Fontenelle's dialogue between Paracelsus and Molière, where similar preoccupations with noncorporeal beings are treated; also Anatole France, *La Rôtisserie de la Reine Pédauque*.

27. Interestingly enough, B., along with Fontenelle and the Dutch pastor Bekker, did more than anyone else to destroy the belief in sorcerers, demons, and sidereal influences. In *Le Monde enchanté*, Bekker claimed that the Devil had no power over this world and that those who believed in both God and the Devil could not call themselves monotheists.

28. Cf. B.'s statement: "The perfection of a history consists in its being unacceptable to all sects and nations. It is a sign that the writer neither flatters nor spares any of them." (Beuchot ed., XV, 343.)

Fénelon
1651-1715

François de Salignac de la Mothe-Fénelon, member of an aristocratic family from Périgord, was trained to enter the field of foreign missions. He showed an early interest in Jesuit reports from *les deux Indes*, a term used to indicate the East and West Indies and, in fact, the whole Far East and the Americas until the French Revolution. In 1689, however, he was entrusted with the education of the young Duc de Bourgogne, grandson of Louis XIV. His *Traité de l'éducation des filles* (1687), in which he extolled the natural goodness of man, seemed to qualify him eminently as an educator. In 1693 he was elected to the French Academy and two years later became Archbishop of Cambrai. His *Explication des maximes des saints* (1697), which contained mystical pronouncements in sympathy with the "Quietism" of Mme Guyon, led to his banishment from Paris to his diocese at Cambrai and was condemned two years later at Rome. An unfortunately venomous public quarrel with Bossuet, defender of Gallican liberties and the divine prerogatives of kingship, resulted thus in rebuke to Fénelon's mystical pietism. His frank *Lettre à Louis XIV* (1694), though perhaps never brought directly to the monarch's attention, and the unmistakable criticism of the sun-king's administrative and financial policies in *Les Aventures de Télémaque, fils d'Ulysse* (1699), led to Fénelon's final disgrace and lent an apparent but only apparent justification to his reputation among the philosophers as a fellow-martyr to the cause of enlightenment. His hopes of regaining control over the royal heir, whose native impetuosity and will he had already succeeded so well in dominating, were frustrated when the Duc de Bourgogne died in 1712. Fénelon himself did not live to see succession to the French throne.

While Fénelon was composing his *Lettre à Louis XIV*, Vauban and Boisguillebert were making more technically critical observations on the sad state of the realm, and the misery of the people was reflected in additions to La Bruyère's *Caractères* (1694 ed.). If Louis XIV was, by common agreement, responsible to God alone for his regal conduct, that responsibility was considered no mean thing by Fénelon, who pictures vividly the punishment of evil kings in Telemachus's descent to Hades. Montesquieu, no less ardently opposed to the despotic measures of Louis XIV, admitted the restraining power of religion on despotism, and Voltaire's *Poème sur la loi naturelle* was inspired by his anxiety to find a check in nature for the evil propensities of Frederick the Great.

The story of Telemachus in search of his father, Ulysses, is an epic in prose that was extremely popular for more than a century in France, England, and America. It falls short of being great literature because of its too apparently didactic purpose and its soft, unrelieved style. Fénelon was a great admirer of pagan literature and captured the picturesque beauties and pathetic situations of the poetry of Homer and Vergil. He was so interested, however, in the education through experience of the young prince under the tutelage of Minerva disguised as Mentor that he cut the novel short on a highly moralistic note before the fiction had reached its climax in the meeting of father and son. Each section was designed to show the prince overcoming a specific vice or displaying a particular virtue. Venus is infuriated, for example, by the churchman's triumph over Telemachus's love for Calypso. Two utopias are encountered, one along the banks of the Baetis in Spain, a sort of presocial primitivistic Golden Age in which theological tradition is mingled with the uncorrupted felicity of the noble savage discovered by the missionaries; the other at Salentum, in which sumptuary laws and a strictly regulated class society restrain the relaxed morals and easy vices of effete civilization. Fénelon's mild humanitarianism, in the Christian tradition, envisages the kingly duties as those of a shepherd towards his flock, but stops short of the shearing. His influence is marked upon Rousseau and later upon Chateaubriand. More amazing is the extent to which Voltaire borrowed from *Télémaque* criticisms of royal power, passages expressing cosmic mysticism, and mythological trappings for his own short stories.

LETTRE A LOUIS XIV
1694

La personne, Sire, qui prend la liberté de vous écrire cette lettre, n'a aucun intérêt en ce monde. Elle ne l'écrit ni par chagrin, ni par ambition, ni par envie de se mêler des grandes affaires. Elle vous aime sans être connue de vous; elle regarde Dieu en votre personne. Avec toute votre puissance vous ne pouvez lui donner aucun bien qu'elle désire, et il n'y a aucun mal qu'elle ne souffrît de bon cœur pour vous faire connaître les vérités nécessaires à votre salut. Si elle vous parle fortement, n'en soyez pas étonné, c'est que la vérité est libre et forte. Vous n'êtes guère accoutumé à l'entendre. Les gens accoutumés à être flattés prennent aisément pour chagrin, pour âpreté et pour excès, ce qui n'est que la vérité pure. C'est la trahir, que de ne vous la montrer pas dans toute son étendue. Dieu est témoin que la personne qui vous parle, le fait avec un cœur plein de zèle, de respect, de fidélité et d'attendrissement sur tout ce qui regarde votre véritable intérêt.

Vous êtes né, Sire, avec un cœur droit et équitable; mais ceux qui vous ont élevé, ne vous ont donné pour science de gouverner, que la défiance, la jalousie, l'éloignement de la vertu, la crainte de tout mérite éclatant, le goût des hommes souples et rampants, la hauteur, et l'attention à votre seul intérêt.

Depuis environ trente ans, vos principaux ministres ont ébranlé et renversé toutes les anciennes maximes de l'Etat, pour faire monter jusqu'au comble votre autorité, qui était devenue la leur parce qu'elle était dans leurs mains. On n'a plus parlé de l'Etat ni des règles; on n'a parlé que du Roi et de son bon plaisir. On a poussé vos revenus et vos dépenses à l'infini.

On vous a élevé jusqu'au ciel, pour avoir effacé, disait-on, la grandeur de tous vos prédécesseurs ensemble, c'est-à-dire pour avoir appauvri la France entière, afin d'introduire à la cour un luxe monstrueux et incurable. Ils ont voulu vous élever sur les ruines de toutes les conditions de l'Etat: comme si vous pouviez être grand en ruinant tous vos sujets sur qui votre grandeur est fondée. Il est vrai que vous avez été jaloux de l'autorité, peut-être même trop dans les choses extérieures; mais pour le fond, chaque ministre a été le maître dans l'étendue de son administration. Vous avez cru gouverner, parce que vous avez réglé les limites entre ceux qui gouvernaient. Ils ont bien montré au public leur puissance, et on ne l'a que trop sentie. Ils ont été durs, hautains, injustes, violents, de mauvaise foi. Ils n'ont connu d'autre règle, ni pour l'administration du dedans de l'Etat, ni pour les négociations étrangères, que de menacer, que d'écraser, que d'anéantir tout ce qui leur résistait. Ils ne vous ont parlé que pour écarter de vous tout mérite qui pouvait leur faire ombrage. Ils vous ont accoutumé à recevoir sans cesse des louanges outrées qui vont jusqu'à l'idolâtrie, et que vous auriez dû, pour votre honneur, rejeter avec indignation. On a rendu votre nom odieux, et toute la nation française insupportable à nos voisins. On n'a conservé aucun ancien allié, parce qu'on n'a voulu que des esclaves. On a causé depuis plus de vingt ans des guerres sanglantes. Par exemple, Sire, on fit entreprendre à Votre Majesté, en 1672, la guerre de Hollande pour votre gloire, et pour punir les Hollandais, qui avaient fait quelque raillerie, dans le chagrin où on les avait mis en troublant les règles du commerce établies par le cardinal de Richelieu. Je cite en particulier cette guerre, parce qu'elle a été la source de toutes les autres. Elle n'a eu pour fondement qu'un motif de gloire et de vengeance, ce qui ne peut jamais rendre une guerre juste; d'où il s'ensuit que toutes les frontières que vous avez étendues par cette guerre sont injustement acquises dans l'origine. . . .

Elle est encore la vraie source de tous les maux que la France souffre. Depuis cette guerre, vous avez toujours voulu donner la paix en maître, et imposer les conditions, au lieu de les régler avec équité et modération. Voilà ce qui fait que la paix n'a pu durer. Vos ennemis, honteusement accablés, n'ont songé qu'à se relever, et qu'à se réunir contre vous. Faut-il s'en étonner? vous n'avez pas même demeuré dans les termes de cette paix que vous aviez donnée avec tant de hauteur. En pleine paix vous avez fait la guerre et des conquêtes prodigieuses. Vous avez établi une chambre des réunions, pour être tout ensemble juge et partie: c'était ajouter l'insulte et la dérision à l'usurpation et à la violence. Vous avez cherché, dans le traité de Westphalie, des armes équivoques pour surprendre Strasbourg.[1] Jamais aucun de vos ministres n'avait osé, depuis tant d'années, alléguer ces termes dans

---

1. A treaty (1648) concluded between France, Sweden, and the German emperor at the conclusion of the Thirty Years' War. In this check upon the power of Austria, France regained Alsace. Strasbourg, which had been declared a free city in the thirteenth century and so remained for four hundred years, was seized by Louis XIV in 1681.

aucune négociation, pour montrer que vous eussiez la moindre prétention sur cette ville. Une telle conduite a réuni et animé toute l'Europe contre vous. ...

Cependant vos peuples, que vous devriez aimer comme vos enfants, et qui ont été jusqu'ici si passionnés pour vous, meurent de faim. La culture des terres est presque abandonnée; les villes et la campagne se dépeuplent; tous les métiers languissent, et ne nourissent plus les ouvriers. Tout commerce est anéanti. Par conséquent vous avez détruit la moitié des forces réelles du dedans de votre Etat, pour faire et pour défendre de vaines conquêtes au dehors. Au lieu de tirer de l'argent de ce pauvre peuple, il faudrait lui faire l'aumône et le nourrir. La France entière n'est plus qu'un grand hôpital désolé et sans provision. Les magistrats sont avilis et épuisés. La noblesse, dont tout le bien est en décret, ne vit que de lettres d'Etat. ... Les émotions populaires, qui étaient inconnues depuis si longtemps, deviennent fréquentes. Paris même, si près de vous, n'en est pas exempt. Les magistrats sont contraints de tolérer l'insolence des mutins, et de faire couler sous main quelque monnaie pour les apaiser; ainsi on paie ceux qu'il faudrait punir. Vous êtes réduit à la honteuse et déplorable extrémité, ou de laisser la sédition impunie, et de l'accroître par cette impunité, ou de faire massacrer avec inhumanité des peuples que vous mettez au désespoir, en leur arrachant, par vos impôts pour la guerre, le pain qu'ils tâchent de gagner à la sueur de leurs visages.[2]

Mais, pendant qu'ils manquent de pain, vous manquez vous-même d'argent, et vous ne voulez pas voir l'extrémité où vous êtes réduit. ...

Tout le monde le voit, et personne n'ose vous le faire voir. Vous le verrez peut-être trop tard. Le vrai courage consiste à ne se point flatter, et à prendre un parti ferme sur la nécessité. Vous ne prêtez volontiers l'oreille, Sire, qu'à ceux qui vous flattent de vaines espérances. Les gens que vous estimez les plus solides sont ceux que vous craignez et que vous évitez le plus. Il faudrait aller au-devant de la vérité, puisque vous êtes roi, presser les gens de vous la dire sans adoucissement, et encourager ceux qui sont trop timides. Tout au contraire, vous ne cherchez qu'à ne point approfondir; mais Dieu saura bien enfin lever le voile qui vous couvre les yeux, et vous montrer ce que vous évitez de voir. Il y a longtemps qu'il tient son bras levé sur vous: mais il est lent à vous frapper, parce qu'il a pitié d'un prince qui a été toute sa vie obsédé de flatteurs, et parce que, d'ailleurs, vos ennemis sont aussi les siens. Mais il saura bien séparer sa cause juste, d'avec

---

2. Cf. La Bruyère, *Les Caractères*, ch. 9: "L'on voit certains animaux farouches, des mâles et des femelles, répandus par la campagne, noirs, livides et tout brûlés du soleil, attachés à la terre qu'ils remuent avec une opiniâtreté invincible: ils ont comme une voix articulée, et, quand ils se lèvent sur leurs pieds, ils montrent une face humaine; et en effet ils sont des hommes. Ils se retirent la nuit dans des tanières, où ils vivent de pain noir, d'eau et de racines: ils épargnent aux autres hommes la peine de semer, de labourer et de recueillir pour vivre, et méritent ainsi de ne pas manquer de ce pain qu'ils ont semé."

la vôtre qui ne l'est pas, et vous humilier pour vous convertir; car vous ne serez chrétien que dans l'humiliation. Vous n'aimez point Dieu; vous ne le craignez même que d'une crainte d'esclave; c'est l'enfer, et non pas Dieu, que vous craignez. Votre religion ne consiste qu'en superstitions, en petites pratiques superficielles. Vous êtes comme les Juifs dont Dieu dit: *Pendant qu'ils m'honorent des lèvres, leur cœur est loin de moi.* Vous êtes scrupuleux sur des bagatelles, et endurci sur des maux terribles. Vous n'aimez que votre gloire et votre commodité. Vous rapportez tout à vous comme si vous étiez le Dieu de la terre, et que tout le reste n'eût été créé que pour vous être sacrifié. C'est, au contraire, vous que Dieu n'a mis au monde que pour votre peuple. Mais hélas! vous ne comprenez point ces vérités: comment les goûteriez-vous? Vous ne connaissez point Dieu, vous ne l'aimez point, vous ne le priez point du cœur, et vous ne faites rien pour le connaître.

Vous avez un archevêque [3] corrompu, scandaleux, incorrigible, faux, malin, artificieux, ennemi de toute vertu, et qui fait gémir tous les gens de bien. Vous vous en accommodez, parce qu'il ne songe qu'à vous plaire par ses flatteries. Il y a plus de vingt ans, qu'en prostituant son honneur, il jouit de votre confiance. Vous lui livrez les gens de bien, vous lui laissez tyranniser l'Eglise, et nul prélat vertueux n'est traité aussi bien que lui.

Pour votre confesseur,[4] il n'est pas vicieux; mais il craint la solide vertu, et il n'aime que les gens profanes et relâchés: il est jaloux de son autorité, que vous avez poussée au delà de toutes les bornes. Jamais confesseurs des rois n'avaient fait seuls les évêques, et décidé de toutes les affaires de conscience. Vous êtes seul en France, Sire, à ignorer qu'il ne sait rien, que son esprit est court et grossier, et qu'il ne laisse pas d'avoir son artifice avec cette grossièreté d'esprit. Les Jésuites mêmes le méprisent, et sont indignés de le voir si facile à l'ambition ridicule de sa famille. Vous avez fait d'un religieux un ministre d'Etat. Il ne se connaît point en hommes, non plus qu'en autre chose....

On avait espéré, Sire, que votre conseil vous tirerait de ce chemin si égaré; mais votre conseil n'a ni force ni vigueur pour le bien. Du moins madame de M*** et M. le D. de B*** [5] devaient-ils se servir de votre confiance en eux pour vous détromper; mais leur faiblesse et leur timidité les déshonorent et scandalisent tout le monde.... Vous demanderez peut-être, Sire, qu'est-ce qu'ils doivent vous dire; le voici: ils doivent vous représenter qu'il faut vous humilier sous la puissante main de Dieu, si vous ne voulez qu'il vous humilie; qu'il faut demander la paix, et expier par cette honte toute la gloire dont vous avez fait votre idole; qu'il faut rejeter les conseils

---

3. François de Harlay de Champvallon, whose unedifying life was terminated in 1695.

4. Père La Chaise, confessor to Louis XIV until 1708.

5. It is probable that Fénelon's letter came to the attention of the king through Mme de Maintenon and M. le duc de Beauvilliers, who was associated with F. in the education of the young prince.

injustes des politiques flatteurs; qu'enfin il faut rendre au plus tôt à vos ennemis, pour sauver l'Etat, des conquêtes que vous ne pouvez d'ailleurs retenir sans injustice. N'êtes-vous pas trop heureux dans vos malheurs, que Dieu fasse finir les prospérités qui vous ont aveuglé; qu'il vous contraigne de faire des restitutions essentielles à votre salut, que vous n'auriez jamais pu vous résoudre à faire dans un état paisible et triomphant? La personne qui vous dit ces vérités, Sire, bien loin d'être contraire à vos intérêts, donnerait sa vie pour vous voir tel que Dieu vous veut, et elle ne cesse de prier pour vous.

TELEMAQUE

[La Bétique]

Le fleuve Bétis [6] coule dans un pays fertile, et sous un ciel doux, qui est toujours serein. Le pays a pris le nom du fleuve, qui se jette dans le grand Océan, assez près des colonnes d'Hercule et de cet endroit où la mer furieuse, rompant ses digues, sépara autrefois la terre de Tharsis [7] d'avec la grande Afrique. Ce pays semble avoir conservé les délices de l'âge d'or. Les hivers y sont tièdes, et les rigoureux aquilons n'y soufflent jamais. L'ardeur de l'été y est toujours tempérée par des zéphyrs rafraîchissants, qui viennent adoucir l'air vers le milieu du jour. Ainsi toute l'année n'est qu'un heureux hymen du Printemps et de l'Automne, qui semblent se donner la main. La terre, dans les vallons et dans les campagnes unies, y porte chaque année une double moisson. Les chemins y sont bordés de lauriers, de grenadiers, de jasmins, et d'autres arbres toujours verts et toujours fleuris. Les montagnes sont couvertes de troupeaux, qui fournissent des laines fines recherchées de toutes les nations connues. Il y a plusieurs mines d'or et d'argent dans ce beau pays; mais les habitants, simples et heureux dans leur simplicité, ne daignent pas seulement compter l'or et l'argent parmi leurs richesses; ils n'estiment que ce qui sert véritablement aux besoins de l'homme.

Quand nous avons commencé à faire notre commerce chez ces peuples, nous avons trouvé l'or et l'argent parmi eux employés aux mêmes usages que le fer; par exemple, pour des socs de charrue. Comme ils ne faisaient aucun commerce au dehors, ils n'avaient besoin d'aucune monnaie.[8] Ils sont presque tous bergers ou laboureurs. On voit en ce pays peu d'artisans: car ils ne veulent souffrir que les arts qui servent aux véritables nécessités des hommes; encore même la plupart des hommes en ce pays, étant adonnés à

---

6. The river Baetis is now called the Guadalquivir and separates the Spanish provinces of Andalusia and Granada. It was a sort of end of the world for Greek navigators.
7. An island known to early antiquity under the name of Tartessus.
8. The influence of *Télémaque* was especially strong upon Voltaire's philosophical tales. The development of this idea in the Eldorado of *Candide* will be apparent to all readers.

l'agriculture ou à conduire des troupeaux, ne laissent pas d'exercer les arts nécessaires pour leur vie simple et frugale.[9]

Les femmes filent cette belle laine, et en font des étoffes fines d'une merveilleuse blancheur: elles font le pain, apprêtent à manger; et ce travail leur est facile, car on vit en ce pays de fruit ou de lait, et rarement de viande. Elles emploient le cuir de leurs moutons à faire une chaussure légère pour elles, pour leurs maris et pour leurs enfants; elles font des tentes,[10] dont les unes sont de peaux cirées et les autres d'écorces d'arbres; elles font et lavent tous les habits de la famille, et tiennent les maisons dans un ordre et une propreté admirables. Leurs habits sont aisés à faire; car, en ce doux climat, on ne porte qu'une pièce d'étoffe fine et légère, qui n'est point taillée et que chacun met à longs plis autour de son corps pour la modestie, lui donnant la forme qu'il veut.

Les hommes n'ont d'autres arts à exercer, outre la culture des terres et la conduite des troupeaux, que l'art de mettre le bois et le fer en œuvre; encore même ne se servent-ils guère du fer, excepté pour les instruments nécessaires au labourage. Tous les arts qui regardent l'architecture leur sont inutiles; car ils ne bâtissent jamais des maisons. C'est, disent-ils, s'attacher trop à la terre, que de s'y faire une demeure qui dure beaucoup plus que nous; il suffit de se défendre des injures de l'air. Pour tous les autres arts estimés chez les Grecs, chez les Egyptiens et chez tous les autres peuples bien policés, ils les détestent, comme des inventions de la vanité et de la mollesse.

Quand on leur parle des peuples qui ont l'art de faire des bâtiments superbes, des meubles d'or et d'argent, des étoffes ornées de broderies et de pierres précieuses, des parfums exquis, des mets délicieux, des instruments dont l'harmonie charme, ils répondent en ces termes: "Ces peuples sont bien malheureux d'avoir employé tant de travail et d'industrie à se corrompre eux-mêmes! Ce superflu amollit, enivre, tourmente ceux qui le possèdent:[11] il tente ceux qui en sont privés de vouloir l'acquérir par l'injustice et par la violence. Peut-on nommer bien, un superflu qui ne sert qu'à rendre les hommes mauvais? Les hommes de ces pays sont-ils plus sains et plus robustes que nous? vivent-ils plus longtemps? sont-ils plus unis entre eux? mènent-ils une vie plus libre, plus tranquille, plus gaie? Au contraire, ils doivent être jaloux les uns des autres, rongés, par une noire et lâche envie, toujours agités par l'ambition, par la crainte, par l'avarice, incapables des plaisirs purs et simples, puisqu'ils sont esclaves de tant de fausses nécessités dont ils font dépendre tout leur bonheur."

C'est ainsi, continuait Adoam,[12] que parlent ces hommes sages, qui n'ont

---

9. F.'s utopia also strikingly resembles Rousseau's ideal society in his *Discours sur l'origine de l'inégalité* (see below).

10. Cf., below, Rousseau's *Lettre à Voltaire sur la Providence*.

11. Cf., below, Voltaire's *Mondain*: "Le superflu, chose très nécessaire." At the end of the poem Voltaire directly attacks the ideas here expressed by F.

12. Adoam was the captain of the Tyrian vessel on which Telemachus and Mentor were at the moment voyaging.

appris la sagesse qu'en étudiant la simple nature. Ils ont horreur de notre politesse; et il faut avouer que la leur est grande dans leur aimable simplicité. Ils vivent tous ensemble sans partager les terres; chaque famille est gouvernée par son chef, qui en est le véritable roi. Le père de famille est en droit de punir chacun de ses enfants ou petits-enfants qui fait une mauvaise action: mais, avant que de le punir, il prend les avis du reste de la famille. Ces punitions n'arrivent presque jamais; car l'innocence des mœurs, la bonne foi, l'obéissance et l'horreur du vice habitent dans cette heureuse terre. Il semble qu'Astrée,[13] qu'on dit qui est retirée dans le ciel, est encore ici-bas cachée parmi ces hommes. Il ne faut point de juges parmi eux, car leur propre conscience les juge. Tous les biens sont communs: les fruits des arbres, les légumes de la terre, le lait des troupeaux, sont des richesses si abondantes que des peuples si sobres et si modérés n'ont pas besoin de les partager. Chaque famille, errante dans ce beau pays, transporte ses tentes d'un lieu en un autre, quand elle a consumé les fruits et puisé les pâturages de l'endroit où elle s'était mise. Ainsi, ils n'ont point d'intérêts à soutenir les uns contre les autres, et ils s'aiment tous d'un amour fraternel que rien ne trouble.[14] C'est le retranchement des vaines richesses et des plaisirs trompeurs qui leur conserve cette paix, cette union et cette liberté. Ils sont tous libres et tous égaux. On ne voit parmi eux aucune distinction, que celle qui vient de l'expérience des sages vieillards, ou de la sagesse extraordinaire de quelques jeunes hommes qui égalent les vieillards consommés en vertu. La fraude, la violence, le parjure, les procès, les guerres ne font jamais entendre leur voix cruelle et empestée, dans ce pays chéri des dieux. Jamais le sang humain n'a rougi cette terre; à peine y voit-on couler celui des agneaux. Quand on parle à ces peuples des batailles sanglantes, des rapides conquêtes, des renversements d'États qu'on voit dans les autres nations, ils ne peuvent assez s'étonner. — Quoi! disent-ils, les hommes ne sont-ils pas assez mortels, sans se donner les uns aux autres une mort précipitée? La vie est si courte! et il semble qu'elle leur paraisse trop longue! Sont-ils sur la terre pour se déchirer les uns les autres, et pour se rendre mutuellement malheureux?...

(*Bk. VII* [*viii*])

[Un Petit Amas de boue]

Pendant que Télémaque et Adoam s'entretenaient de la sorte, oubliant le sommeil, et n'apercevant pas que la nuit était déjà au milieu de sa course, une divinité ennemie et trompeuse les éloignait d'Ithaque, que leur pilote Athamas cherchait en vain. Neptune, quoique favorable aux Phéniciens, ne pouvait supporter plus longtemps que Télémaque eût échappé à la tempête

---

13. Daughter of Jupiter and goddess of justice, who, according to Greek mythology, lived among men during the Golden Age. F. uses her here to personify men's native instinct of justice, i.e., the natural law so generally stressed among eighteenth-century philosophers.

14. Cf. the happy state of the Troglodytes in Montesquieu's *Lettres persanes*, No. 12 (below).

qui l'avait jeté contre les rochers de l'île de Calypso. Vénus était encore plus irritée de voir ce jeune homme qui triomphait, ayant vaincu l'amour et tous ses charmes. Dans le transport de sa douleur, elle quitta Cythère, Paphos, Idalie,[15] et tous les honneurs qu'on lui rend dans l'île de Chypre: elle ne pouvait plus demeurer dans ces lieux où Télémaque avait méprisé son empire. Elle monte vers l'éclatant Olympe, où les dieux étaient assemblés auprès du trône de Jupiter. De ce lieu ils aperçoivent les astres qui roulent sous leurs pieds; ils voient le globe de la terre comme un petit amas de boue; les mers immenses ne leur paraissent que comme des gouttes d'eau dont ce morceau de boue est un peu détrempé: les plus grands royaumes ne sont à leurs yeux qu'un peu de sable qui couvre la surface de cette boue; les peuples innombrables et les plus puissantes armées ne sont que comme des fourmis qui se disputent les unes aux autres un brin d'herbe sur ce morceau de boue. Les immortels rient des affaires les plus sérieuses qui agitent les faibles mortels, et elles leur paraissent des jeux d'enfants. Ce que les hommes appellent grandeur, gloire, puissance, profonde politique, ne paraît à ces suprêmes divinités que misère et faiblesse....[16]

(Bk. VIII [ix])

[Dernières Instructions]

A peine le sacrifice est-il achevé, qu'il [Télémaque] suit Mentor dans les routes sombres d'un petit bois voisin. Là, il aperçoit tout à coup que le visage de son ami prend une nouvelle forme: les rides de son front s'effacent comme les ombres disparaissent, quand l'Aurore, de ses doigts de rose, ouvre les portes de l'Orient et enflamme tout l'horizon; ses yeux creux et austères se changent en des yeux bleus d'une douceur céleste et pleins d'une flamme divine; sa barbe grise et négligée disparaît; des traits nobles et fiers, mêlés de douceur et de grâces, se montrent aux yeux de Télémaque ébloui. Il reconnaît un visage de femme, avec un teint plus uni qu'une fleur tendre et nouvellement éclose au soleil: on y voit la blancheur des lis mêlés de roses naissantes: sur ce visage fleurit une éternelle jeunesse, avec une majesté simple et négligée. Une odeur d'ambroisie se répand de ses habits flottants; ses habits éclatent comme les vives couleurs dont le soleil, en se levant, peint les sombres voûtes du ciel et les nuages qu'il vient dorer. Cette divinité ne touche pas du pied à terre; elle coule légèrement dans l'air comme un oiseau

---

15. Islands dedicated to Venus. Cf. Watteau's painting, *L'Embarquement pour Cythère*.

16. Cf. Voltaire's *Zadig*, ch. 9: "Zadig dirigeait sa route sur les étoiles. La constellation d'Orion et le brillant astre de Sirius le guidaient vers le port de Canope. Il admirait ces vastes globes de lumière qui ne paraissent que de faibles étincelles à nos yeux, tandis que la terre, qui n'est en effet qu'un point imperceptible dans la nature, paraît à notre cupidité quelque chose de si grand et de si noble. Il se figurait alors les hommes tels qu'ils sont en effet, des insectes se dévorant les uns les autres sur un petit atome de boue. Cette image vraie semblait anéantir ses malheurs, en lui retraçant le néant de son être et celui de Babylon. Son âme s'élançait jusque dans l'infini, et contemplait, détachée de ses sens, l'ordre immuable de l'univers."

Fénelon: Télémaque

le fend de ses ailes: elle tient de sa puissante main une lance brillante, capable de faire trembler les villes et les nations les plus guerrières: Mars même en serait effrayé. Sa voix est douce et modérée, mais forte et insinuante; toutes ses paroles sont des traits de feu qui percent le cœur de Télémaque et qui lui font ressentir je ne sais quelle douleur délicieuse. Sur son casque paraît l'oiseau triste d'Athènes,[17] et sur sa poitrine brille la redoutable égide.[18] A ces marques, Télémaque reconnaît Minerve.

"O déesse, dit-il, c'est donc vous-même qui avez daigné conduire le fils d'Ulysse pour l'amour de son père!"

Il voulait en dire davantage, mais la voix lui manqua: ses lèvres s'efforçaient en vain d'exprimer les pensées qui sortaient avec impétuosité du fond de son cœur: la divinité présente l'accablait, et il était comme un homme qui, dans un songe, est oppressé jusqu'à perdre la respiration, et qui, par l'agitation pénible de ses lèvres, ne peut former aucune voix.

Enfin Minerve prononça ces paroles: "Fils d'Ulysse, écoutez-moi pour la dernière fois. Je n'ai instruit aucun mortel avec autant de soin que vous; je vous ai mené par la main au travers des naufrages, des terres inconnues, des guerres sanglantes, et de tous les maux qui peuvent éprouver le cœur de l'homme. Je vous ai montré, par des expériences sensibles, les vraies et les fausses maximes par lesquelles on peut régner. Vos fautes ne vous ont pas été moins utiles que vos malheurs: car quel est l'homme qui peut gouverner sagement, s'il n'a jamais souffert, et s'il n'a jamais profité des souffrances où ses fautes l'ont précipité?...

"Fuyez la mollesse, le faste, la profusion; mettez votre gloire dans la simplicité; que vos vertus et vos bonnes actions soient les ornements de votre personne et de votre palais; qu'elles soient la garde qui vous environne, et que tout le monde apprenne de vous en quoi consiste le vrai honneur.

"N'oubliez jamais que les rois ne règnent point pour leur propre gloire, mais pour le bien des peuples. Les biens qu'ils font se multiplient de génération en génération, jusqu'à la postérité la plus reculée. Les maux qu'ils font ont la même étendue. Un mauvais règne fait quelquefois la calamité de plusieurs siècles. . . .

"Craignez les dieux, ô Télémaque; cette crainte est le plus grand trésor du cœur de l'homme: avec elle vous viendront la sagesse, la justice, la paix, la joie, les plaisirs purs, la vraie liberté, la douce abondance, la gloire sans tache. . . ."

A peine la déesse eut achevé ce discours, qu'elle s'éleva dans les airs, et s'enveloppa d'un nuage d'or et d'azur, où elle disparut. Télémaque, soupirant, étonné, et hors de lui-même, se prosterna à terre, levant les mains au ciel; puis il alla éveiller ses compagnons, se hâta de partir, arriva à Ithaque, et reconnut son père chez le fidèle Eumée.[19]

17. The owl.
18. Jupiter's shield, which he often entrusted to Minerva; a symbol of protection.
19. Note the striking resemblance between this passage and the chapter "L'Ermite" of Voltaire's *Zadig* (below).

MONTESQUIEU

1689-1755

Charles de Secondat, baron de la Brède et de Montesquieu, was born near Bordeaux on the eighteenth of January, 1689, in the château de la Brède, where he was to write the greater part of his works.

His life had little of the drama which colored the careers of so many of his contemporaries. From 1700 to 1711, he attended the Collège de Juilly not far from Meaux. The education which he there received in letters and the classics, particularly his studies in the Latin authors, laid the foundation for a stoicism which was to be apparent throughout his life.

His preliminary education at an end, he decided to take up law in accordance with the family tradition. Referring to this period of his life he later wrote, "On me mit entre les mains des livres de droit, j'en ai cherché l'esprit." At the age of twenty-five he became a counselor of the Parlement de Bordeaux and two years later inherited from his uncle, the Baron of Montesquieu, both his title and his position as *président à mortier* of this body. Only slightly interested in legal procedure, he devoted much of his time to scientific research. A number of his studies on anatomy, botany, and physics took the form of *discours académiques*, which he intermittently presented at the Académie de Bordeaux. There is no doubt that his efforts along scientific lines, coupled with his law studies, went a long way toward fashioning the thought of the mature writer.

After the enormous success of the *Lettres persanes*, published in 1721, Montesquieu came to Paris, where he frequented some of the most celebrated salons of his day and after some difficulty succeeded in becoming a member of the Académie Française in 1727. Shortly thereafter he set out across Europe, visiting Germany, Austria, Hungary, Italy, and, finally, England, where he stayed almost two years.

In the peace and solitude of La Brède he pondered over what he had observed and continued to absorb himself in his great passion, books, for he once stated that he had never had any sorrow which an hour's reading did not dissipate. As a result of his reflections the *Considérations sur les causes de la grandeur des Romains et de leur décadence* appeared in 1734. Then, after years of incessant labor, with his eyesight and health failing, Montesquieu published in 1748 his most important work, *L'Esprit des lois*, to which Voltaire paid such

MONTESQUIEU

high tribute when he remarked, "Le genre humain avait perdu ses titres, M. de Montesquieu les a trouvés, et les lui a rendus."

Immediately upon publication, the book was discussed and admired throughout the civilized world. Although exhausted by this prodigious undertaking, Montesquieu again picked up his pen, this time to answer the charges of his adversaries in the *Défense de l'Esprit des lois* (1750). From time to time he left his château for a brief visit to Paris. It was upon one of these occasions that he died in 1755.

LETTRES PERSANES

When the *Lettres persanes* appeared anonymously in 1721, they enjoyed a *succès de scandale*. Montesquieu used the literary device of transplanting two observant and intelligent members of a distant Oriental civilization into the heart of Paris and watching their reactions to the French institutions of the period (1711-1721). The result was bold and witty social satire enlivened by epistolary form and endowed with enduring literary qualities.

An early manifestation of the spirit of Enlightenment in France was a keen interest in the diversity of lands and peoples. The Oriental vogue, to which Montesquieu subscribed in the *Lettres persanes,* was increasing in momentum during the first part of the eighteenth century. Dufresnay's *Les Amusements sérieux et comiques* (1707), which related the experiences of a Siamese in Paris, and *Les Mille et une nuits* translated by Galland (1704-1717), were familiar to Montesquieu. Whatever hints he received from these works were supplemented by such books as Tavernier's *Voyages en Turquie, en Perse et aux Indes* (1682) and Bernier's *Voyages* (1699). However, Chardin's *Voyages en Perse et autres lieux de l'Orient* (1711) was the most important single source from which Montesquieu drew to supply the proper local color for his own work.

His two Persian travelers are somewhat differently characterized. Usbek had left behind him at Ispahan a flourishing harem, but the attendant fears and responsibilities, as well as letters from his wives and servants, followed him to Paris and made him ponder seriously over the comparative advantages of Occidental and Oriental marriage customs. The more carefree and vivacious Rica gives himself over to the gayer aspects of Parisian life. When Montesquieu reflected later in life on the success of his work, he wrote: "Rien n'a plu davantage, dans les *Lettres persanes*, que d'y trouver, sans y penser, une espèce de roman." It is true that the work has a plot which may be very briefly summarized: Usbek's numerous wives write to him of their troubles and joys. These letters and those of his servants present a very detailed picture of harem life, a much more serious and carefully documented picture than would at first appear. But the chief eunuch soon has his troubles and writes to his absent master (Letter 96): "Viens apaiser l'amour qui murmure, viens soulager tes fidèles eunuques d'un fardeau qui s'appesantit chaque jour." The last fifteen letters (146-160) are entirely concerned with the relaxed discipline in the harem, the death of the chief eunuch, the full disciplinary powers accorded, too late, to his successor, the complaints of the cruelly treated wives, and as a final tragic climax the letter of vengeance from Usbek's favorite wife, Roxane, in which she announces her hatred, treachery, and approaching death from self-administered poison.

"Il y a," writes Albert Sorel, "tout un attirail de harem, plus gascon que persan, toute une polygamie, plus européenne qu'orientale, dont l'étalage a je ne sais quoi de travesti, de fané, de vieillot qui nous impatiente et nous glace." A revision of judgment is now necessary. Montesquieu's harem is quite Persian, quite Oriental, his study of polygamy quite serious (its weaknesses as an institution are apparent in the *Lettres persanes* and condemned in the *Esprit des lois*), and the discussion has a certain historical as well as novelistic interest. The *décor* was treated as an intellectual curiosity, while the characterization and plot are too thin even for a *conte philosophique*.

Keenly observed and eminently well-written social satire still attracts enthusiastic readers to Montesquieu's *Lettres persanes*. The satire of Parisian institutions (*le théâtre, le café, l'Académie française, les journaux, l'université*) is lively, and the individuals satirized (*le grand seigneur fat, le fâcheux, le décisionnaire, le bel esprit, le savant, le directeur de conscience, le financier, l'actrice, la coquette*) have their counterpart wherever men live together in civilized society.

Important historical events of the years covered by the letters (1711–1721) include the persecution of the Jansenists, culminating in the papal bull *Unigenitus* (1713), the death of Louis XIV (1715), the establishment of the regency of Philippe d'Orléans, and the inconsistency, folly, and final crash of France's first banking scheme (1719–1720) under the direction of the Scot John Law, with its subsequent reversals of fortune among all classes. The satire of manners and customs is most effective when the author lashes out, good-naturedly and urbanely, against social pretensions, marriage infidelity, gambling, changing fashions, dueling, celibacy, and intolerance. Even the abuses of royal power and organized religion are not spared. The *esprit philosophique* is here most daring. Stricter censorship was encountered under the ministry of Cardinal Fleury (1726), and even a Voltaire was to be more cautious until he found relative security in exile.

The *Lettres persanes* marks an epoch in the history of eighteenth-century French prose, justly praised for its precision and clarity. Each skillfully constructed letter forms a literary gem in itself (see letters 30 and 52).[1]

1. Albert Sorel's *Montesquieu* has long been a standard study of the author and his work. It is considerably out of date, however, and hardly does justice to M.'s genius and breadth of vision. Among important book-length studies of a more recent vintage, two are in English: Robert Shackleton's *Montesquieu: A Critical Biography* (1961) and J. Robert Loy's *Montesquieu* (1968). M.'s Orientalism has been the subject of numerous inquiries. For a study which pushes this theme to its extreme consequences, see Aram Vartanian's provocative article, "Eroticism and Politics in the *Lettres persanes*," *Romanic Review*, Spring 1969.

Another interesting modern reaction to the *Lettres persanes* can be found in Paul Valéry, *Variété II*. Excellent critical editions have been offered by Henri Barckhausen, Elie Carcassonne, Roger Caillois and Antoine Adam. Much of the historical background can be filled in from Lavisse, *Histoire de France*, Vol. VIII-2, or perhaps more colorfully from Michelet's chapter "La Régence" in his *Histoire de France*.

The descriptive titles below did not appear in the original text.

Lettres persanes

Lettre 1. Usbek à Rustan. A Ispahan

RAISON DU VOYAGE D'USBEK ET DE RICA. QU'EN DIT-ON A ISPAHAN?

Nous n'avons séjourné qu'un jour à Com. Lorsque nous eûmes fait nos dévotions sur le tombeau de la vierge [2] qui a mis au monde douze prophètes, nous nous remîmes en chemin; et hier, vingt-cinquième jour de notre départ d'Ispahan, nous arrivâmes à Tauris.

Rica et moi sommes peut-être les premiers, parmi les Persans, que l'envie de savoir ait fait sortir de leur pays, et qui aient renoncé aux douceurs d'une vie tranquille pour aller chercher laborieusement la sagesse.

Nous sommes nés dans un royaume florissant; mais nous n'avons pas cru que ses bornes fussent celles de nos connaissances, et que la lumière orientale dût seule nous éclairer.

Mande-moi ce que l'on dit de notre voyage; ne me flatte point: je ne compte pas sur un grand nombre d'approbateurs. Adresse ta lettre à Erzéron, où je séjournerai quelque temps. Adieu, mon cher Rustan. Sois assuré qu'en quelque lieu du monde où je sois, tu as un ami fidèle.

De Tauris, le 15 de la lune de Saphar, 1711 [3]

Lettre 11. Usbek à Mirza.[4] A Ispahan

HISTOIRE DES TROGLODYTES: [5] LE MANQUE DE L'ESPRIT DE JUSTICE CHEZ LES PREMIERS TROGLODYTES FUT CAUSE DE LEUR PERTE

Tu renonces à ta raison pour essayer la mienne: tu descends jusqu'à me consulter; tu me crois capable de t'instruire. Mon cher Mirza, il y a une

---

2. The very pure virgin, Fatima, whose tomb is venerated at Koum. Montesquieu begins his work with a lightly irreverent touch.

3. Inconsistently, M. combines the Persian lunar month, used for local color, with the Christian year.

4. This and the following three letters form a reply to Mirza's query in Letter 10: "Je t'ai souvent ouï dire que les hommes étaient nés pour être vertueux, et que la justice est une qualité qui leur est aussi propre que l'existence. Explique-moi, je te prie, ce que tu veux dire.

"J'ai parlé à des mollaks, qui me désespèrent avec leurs passages de l'Alcoran: car je ne leur parle pas comme vrai croyant, mais comme homme, comme citoyen, comme père de famille. Adieu."

5. Mythological tribe of cave-dwellers supposed to have inhabited the banks of the Red Sea. The fable contained in these four letters illustrates M.'s belief that a sense of justice, the supreme political virtue, is essential to the organization and maintenance of human society. His pessimism is revealed in the last letter when he portrays the republic founded on virtue giving way to a monarchy based on the theoretically less desirable principle of honor. These ideas will be further clarified in *De l'esprit des lois* (Book III, 3-7).

The origin of society is more simply explained in Letter 94: "Je n'ai jamais ouï parler du droit public, qu'on n'ait commencé par rechercher soigneusement quelle est l'origine des sociétés; ce qui me paraît ridicule. Si les hommes n'en formaient point, s'ils se quittaient et se fuyaient les uns les autres, il faudrait en demander la raison, et chercher pourquoi ils se tiennent séparés: mais ils naissent tous liés les uns aux autres;

chose qui me flatte encore plus que la bonne opinion que tu as conçue de moi: c'est ton amitié qui me la procure.

Pour remplir ce que tu me prescris, je n'ai pas cru devoir employer des raisonnements fort abstraits. Il y a de certaines vérités qu'il ne suffit pas de persuader, mais qu'il faut encore faire sentir; telles sont les vérités de morale. Peut-être que ce morceau d'histoire te touchera plus qu'une philosophie subtile.

Il y avait en Arabie un petit peuple appelé Troglodyte, qui descendait de ces anciens Troglodytes qui, si nous en croyons les historiens, ressemblaient plus à des bêtes qu'à des hommes. Ceux-ci n'étaient point si contrefaits, ils n'étaient point velus comme des ours, ils ne sifflaient point, ils avaient deux yeux: mais ils étaient si méchants et si féroces, qu'il n'y avait parmi eux aucun principe d'équité ni de justice.

Ils avaient un roi d'une origine étrangère, qui, voulant corriger la méchanceté de leur naturel, les traitait sévèrement: mais ils conjurèrent contre lui, le tuèrent, et exterminèrent toute la famille royale.

Le coup étant fait, ils s'assemblèrent pour choisir un gouvernement; et, après bien des dissensions, ils créèrent des magistrats. Mais à peine les eurent-ils élus, qu'ils leur devinrent insupportables; et ils les massacrèrent encore.

Ce peuple, libre de ce nouveau joug, ne consulta plus que son naturel sauvage. Tous les particuliers convinrent qu'ils n'obéiraient plus à personne; que chacun veillerait uniquement à ses intérêts, sans consulter ceux des autres.

Cette résolution unanime flattait extrêmement tous les particuliers: ils disaient: Qu'ai-je affaire d'aller me tuer à travailler pour des gens dont je ne me soucie point? Je penserai uniquement à moi; je vivrai heureux; que m'importe que les autres le soient? Je me procurerai tous mes besoins; et, pourvu que je les aie, je ne me soucie point que tous les autres Troglodytes soient misérables.

On était dans le mois où l'on ensemence les terres; chacun dit: Je ne labourerai mon champ que pour qu'il me fournisse le blé qu'il me faut pour me nourrir; une plus grande quantité me serait inutile; je ne prendrai point de la peine pour rien.

Les terres de ce petit royaume n'étaient pas de même nature: il y en avait d'arides et de montagneuses, et d'autres qui, dans un terrain bas, étaient arrosées de plusieurs ruisseaux. Cette année la sécheresse fut très grande, de manière que les terres qui étaient dans les lieux élevés manquèrent absolument, tandis que celles qui purent être arrosées furent très fertiles: ainsi les peuples des montagnes périrent presque tous de faim par la dureté des autres, qui leur refusèrent de partager la récolte.

L'année d'ensuite fut très pluvieuse: les lieux élevés se trouvèrent d'une fertilité extraordinaire, et les terres basses furent submergées. La moitié

---

un fils est né auprès de son père, et il s'y tient: voilà la société et la cause de la société."

du peuple cria une seconde fois famine; mais ces misérables trouvèrent des gens aussi durs qu'ils l'avaient été eux-mêmes.

Un des principaux habitants avait une femme fort belle; son voisin en devint amoureux et l'enleva: il s'émut une grande querelle; et, après bien des injures et des coups, ils convinrent de s'en remettre à la décision d'un Troglodyte, qui, pendant que la république subsistait, avait eu quelque crédit. Ils allèrent à lui, et voulurent lui dire leurs raisons. Que m'importe, dit cet homme, que cette femme soit à vous, ou à vous? J'ai mon champ à labourer; je n'irai peut-être pas employer mon temps à terminer vos différends, et à travailler à vos affaires, tandis que je négligerai les miennes. Je vous prie de me laisser en repos, et de ne m'importuner plus de vos querelles. Là-dessus il les quitta, et s'en alla travailler sa terre. Le ravisseur, qui était le plus fort, jura qu'il mourrait plutôt que de rendre cette femme, et l'autre, pénétré de l'injustice de son voisin et de la dureté du juge, s'en retournait désespéré, lorsqu'il trouva dans son chemin une femme jeune et belle, qui revenait de la fontaine: il n'avait plus de femme, celle-là lui plut; et elle lui plut bien davantage lorsqu'il apprit que c'était la femme de celui qu'il avait voulu prendre pour juge, et qui avait été si peu sensible à son malheur. Il l'enleva et l'emmena dans sa maison.

Il y avait un homme qui possédait un champ [6] assez fertile, qu'il cultivait avec grand soin: deux de ses voisins s'unirent ensemble, le chassèrent de sa maison, occupèrent son champ: ils firent entre eux une union pour se défendre contre tous ceux qui voudraient l'usurper; et effectivement ils se soutinrent par là pendant plusieurs mois. Mais un des deux, ennuyé de partager ce qu'il pouvait avoir tout seul, tua l'autre, et devint seul maître du champ. Son empire ne fut pas long: deux autres Troglodytes vinrent l'attaquer; il se trouva trop faible pour se défendre, et il fut massacré.

Un Troglodyte presque tout nu vit de la laine qui était à vendre; il en demanda le prix: le marchand dit en lui-même: Naturellement je ne devrais espérer de ma laine qu'autant d'argent qu'il en faut pour acheter deux mesures de blé; mais je la vais vendre quatre fois davantage, afin d'avoir huit mesures. Il fallut en passer par là, et payer le prix demandé. Je suis bien aise, dit le marchand; j'aurai du blé à présent. Que dites-vous? reprit l'acheteur: vous avez besoin de blé? J'en ai à vendre: il n'y a que le prix qui vous étonnera peut-être; car vous saurez que le blé est extrêmement cher, et que la famine règne presque partout: mais rendez-moi mon argent, et je vous donnerai une mesure de blé; car je ne veux pas m'en défaire autrement, dussiez-vous crever de faim.

Cependant une maladie cruelle ravageait la contrée. Un médecin habile y arriva du pays voisin, et donna ses remèdes si à propos, qu'il guérit tous ceux qui se mirent dans ses mains. Quand la maladie eut cessé, il alla chez

---

6. Cf. Rousseau's diatribe against the beginnings of private property in his *Discours sur l'origine de l'inégalité* and also the chapter on the right of the first occupant in his *Contrat social*.

tous ceux qu'il avait traités demander son salaire; mais il ne trouva que des refus: il retourna dans son pays, et il y arriva accablé des fatigues d'un si long voyage. Mais bientôt après il apprit que la même maladie se faisait sentir de nouveau, et affligeait plus que jamais cette terre ingrate. Ils allèrent à lui cette fois, et n'attendirent pas qu'il vînt chez eux. Allez, leur dit-il, hommes injustes, vous avez dans l'âme un poison plus mortel que celui dont vous voulez guérir; vous ne méritez pas d'occuper une place sur la terre, parce que vous n'avez point d'humanité, et que les règles de l'équité vous sont inconnues: je croirais offenser les dieux, qui vous punissent, si je m'opposais à la justice de leur colère.

D'Erzéron, le 3 de la lune de Gemmadi 2, 1711

Lettre 12. Usbek au même. A Ispahan
LES VERTUS DES NOUVEAUX TROGLODYTES ASSURERENT LEUR BONHEUR

Tu as vu, mon cher Mirza, comment les Troglodytes périrent par leur méchanceté même, et furent les victimes de leurs propres injustices. De tant de familles, il n'en resta que deux qui échappèrent aux malheurs de la nation. Il y avait dans ce pays deux hommes bien singuliers: ils avaient de l'humanité; ils connaissaient la justice; ils aimaient la vertu: autant liés par la droiture de leur cœur que par la corruption de celui des autres, ils voyaient la désolation générale, et ne la ressentaient que par la pitié: c'était le motif d'une union nouvelle. Ils travaillaient avec une sollicitude commune pour l'intérêt commun: ils n'avaient de différends que ceux qu'une douce et tendre amitié faisait naître; et, dans l'endroit du pays le plus écarté, séparés de leurs compatriotes indignes de leur présence, ils menaient une vie heureuse et tranquille: la terre semblait produire d'elle-même, cultivée par ces vertueuses mains.

Ils aimaient leurs femmes, et ils en étaient tendrement chéris. Toute leur attention était d'élever leurs enfants à la vertu. Ils leur représentaient sans cesse les malheurs de leurs compatriotes, et leur mettaient devant les yeux cet exemple si triste: ils leur faisaient surtout sentir que l'intérêt des particuliers se trouve toujours dans l'intérêt commun; que vouloir s'en séparer, c'est vouloir se perdre: que la vertu n'est point une chose qui doive nous coûter; qu'il ne faut point la regarder comme un exercice pénible; et que la justice pour autrui est une charité pour nous.

Ils eurent bientôt la consolation des pères vertueux, qui est d'avoir des enfants qui leur ressemblent. Le jeune peuple qui s'éleva sous leurs yeux s'accrut par d'heureux mariages: le nombre augmenta, l'union fut toujours la même; et la vertu, bien loin de s'affaiblir dans la multitude, fut fortifiée au contraire par un plus grand nombre d'exemples.

Qui pourrait représenter ici le bonheur de ces Troglodytes? Un peuple si juste devait être chéri des dieux. Dès qu'il ouvrit les yeux pour les connaître, il apprit à les craindre; et la religion vint adoucir dans les mœurs ce que la nature y avait laissé de trop rude.

Ils instituèrent des fêtes en l'honneur des dieux. Les jeunes filles, ornées de fleurs, et les jeunes garçons, les célébraient par leurs danses et par les accords d'une musique champêtre: on faisait ensuite des festins, où la joie ne régnait pas moins que la frugalité. C'était dans ces assemblées que parlait la nature naïve; c'est là qu'on apprenait à donner le cœur et à le recevoir; c'est là que la pudeur virginale faisait, en rougissant, un aveu surpris, mais bientôt confirmé par le consentement des pères; et c'est là que les tendres mères se plaisaient à prévoir de loin une union douce et fidèle.

On allait au temple pour demander les faveurs des dieux: ce n'était pas les richesses, et une onéreuse abondance; de pareils souhaits étaient indignes des heureux Troglodytes; ils ne savaient les désirer que pour leurs compatriotes. Ils n'étaient aux pieds des autels que pour demander la santé de leurs pères, l'union de leurs frères, la tendresse de leurs femmes, l'amour et l'obéissance de leurs enfants. Les filles y venaient apporter le tendre sacrifice de leur cœur, et ne leur demandaient d'autre grâce que celle de pouvoir rendre un Troglodyte heureux.

Le soir, lorsque les troupeaux quittaient les prairies, et que les bœufs fatigués avaient ramené la charrue, ils s'assemblaient; et, dans un repas frugal, ils chantaient les injustices des premiers Troglodytes, et leurs malheurs; la vertu renaissante avec un nouveau peuple, et sa félicité; ils célébraient les grandeurs des dieux, leurs faveurs toujours présentes aux hommes qui les implorent, et leur colère inévitable à ceux qui ne les craignent pas: ils décrivaient ensuite les délices de la vie champêtre, et le bonheur d'une condition toujours parée de l'innocence. Bientôt ils s'abandonnaient à un sommeil que les soins et les chagrins n'interrompaient jamais.

La nature ne fournissait pas moins à leurs désirs qu'à leurs besoins. Dans ce pays heureux, la cupidité était étrangère: ils se faisaient des présents, où celui qui donnait croyait toujours avoir l'avantage. Le peuple troglodyte se regardait comme une seule famille: les troupeaux étaient presque toujours confondus; la seule peine qu'on s'épargnait ordinairement, c'était de les partager.

D'Erzéron, le 6 de la lune de Gemmadi 2, 1711

Lettre 13. Usbek au même. A Ispahan

PAR LEURS VERTUS, LES TROGLODYTES, HEUREUX AU DEDANS, TRIOMPHERENT AUSSI DE LEURS ENNEMIS DU DEHORS

Je ne saurais assez te parler de la vertu des Troglodytes. Un d'eux disait un jour: Mon père doit demain labourer son champ: je me lèverai deux heures avant lui; et, quand il ira à son champ, il le trouvera tout labouré.

Un autre disait en lui-même: Il me semble que ma sœur a du goût pour un jeune Troglodyte de nos parents; il faut que je parle à mon père, et que je le détermine à faire ce mariage.

On vint dire à un autre que des voleurs avaient enlevé son troupeau: j'en suis bien fâché, dit-il; car il y avait une génisse toute blanche que je voulais offrir aux dieux.

On entendait dire à un autre: Il faut que j'aille au temple remercier les dieux; car mon frère, que mon père aime tant, et que je chéris si fort, a recouvré la santé.

Ou bien: Il y a un champ qui touche celui de mon père, et ceux qui le cultivent sont tous les jours exposés aux ardeurs du soleil: il faut que j'aille y planter deux arbres, afin que ces pauvres gens puissent aller quelquefois se reposer sous leur ombre.

Un jour que plusieurs Troglodytes étaient assemblés, un vieillard parla d'un jeune homme qu'il soupçonnait d'avoir commis une mauvaise action, et lui en fit des reproches. Nous ne croyons pas qu'il ait commis ce crime, dirent les jeunes Troglodytes: mais, s'il l'a fait, puisse-t-il mourir le dernier de sa famille!

On vint dire à un Troglodyte que des étrangers avaient pillé sa maison, et avaient tout emporté. S'ils n'étaient pas injustes, répondit-il, je souhaiterais que les dieux leur en donnassent un plus long usage qu'à moi.

Tant de prospérités ne furent pas regardées sans envie: les peuples voisins s'assemblèrent; et sous un vain prétexte, ils résolurent d'enlever leurs troupeaux. Dès que cette résolution fut connue, les Troglodytes envoyèrent au-devant d'eux des ambassadeurs qui leur parlèrent ainsi:

Que vous ont fait les Troglodytes? Ont-ils enlevé vos femmes, dérobé vos bestiaux, ravagé vos campagnes? Non: nous sommes justes, et nous craignons les dieux. Que demandez-vous donc de nous? Voulez-vous de la laine pour vous faire des habits? Voulez-vous du lait de nos troupeaux, ou des fruits de nos terres? Mettez bas les armes, venez au milieu de nous, et nous vous donnerons de tout cela. Mais nous jurons par ce qu'il y a de plus sacré que, si vous entrez dans nos terres comme ennemis, nous vous regarderons comme un peuple injuste, et que nous vous traiterons comme des bêtes farouches.

Ces paroles furent renvoyées avec mépris; ces peuples sauvages entrèrent armés dans la terre des Troglodytes, qu'ils ne croyaient défendus que par leur innocence.

Mais ils étaient bien disposés à la défense. Ils avaient mis leurs femmes et leurs enfants au milieu d'eux. Ils furent étonnés de l'injustice de leurs ennemis et non pas de leur nombre. Une ardeur nouvelle s'était emparée de leur cœur: l'un voulait mourir pour son père, un autre pour sa femme et ses enfants, celui-ci pour ses frères, celui-là pour ses amis, tous pour le peuple troglodyte: la place de celui qui expirait était d'abord[7] prise par un autre, qui, outre la cause commune, avait encore une mort particulière à venger.

Tel fut le combat de l'injustice et de la vertu. Ces peuples lâches, qui ne cherchaient que le butin, n'eurent pas honte de fuir, et ils cédèrent à la vertu des Troglodytes, même sans en être touchés.

D'Erzéron, le 9 de la lune de Gemmadi 2, 1711

Lettre 14. Usbek au même. A Ispahan

DEVENUS NOMBREUX, LES TROGLODYTES SE DONNERENT UN ROI

Comme le peuple grossissait tous les jours, les Troglodytes crurent qu'il était à propos de se choisir un roi: ils convinrent qu'il fallait déférer la couronne à celui qui était le plus juste; et ils jetèrent tous les yeux sur un vieillard vénérable par son âge et par une longue vertu. Il n'avait pas voulu se trouver à cette assemblée; il s'était retiré dans sa maison, le cœur serré de tristesse.

Lorsqu'on lui envoya des députés pour lui apprendre le choix qu'on avait fait de lui: A Dieu ne plaise, dit-il que je fasse ce tort aux Troglodytes, que l'on puisse croire qu'il n'y a personne parmi eux de plus juste que moi! Vous me déférez la couronne, et, si vous le voulez absolument, il faudra bien que je la prenne: mais comptez que je mourrai de douleur d'avoir vu en naissant les Troglodytes libres, et de les voir aujourd'hui assujettis. A ces mots, il se mit à répandre un torrent de larmes. Malheureux jour! disait-il; et pourquoi ai-je tant vécu! Puis il s'écria d'une voix sévère: Je vois bien ce que c'est, ô Troglodytes! votre vertu commence à vous peser. Dans l'état où vous êtes, n'ayant point de chef, il faut que vous soyez vertueux malgré vous; sans cela vous ne sauriez subsister, et vous tomberiez dans le malheur de vos premiers pères. Mais ce joug vous paraît trop dur: vous aimez mieux être soumis à un prince, et obéir à ses lois moins rigides que vos mœurs. Vous savez que pour lors vous pourrez contenter votre ambition, acquérir des richesses, et languir dans une lâche volupté; et que pourvu que vous évitiez de tomber dans les grands crimes, vous n'aurez pas besoin de la vertu. Il s'arrêta un moment; et ses larmes coulèrent plus que jamais. Et que prétendez-vous que je fasse? Comment se peut-il que je commande quelque chose à un Troglodyte? Voulez-vous qu'il fasse une action vertueuse parce que je la lui commande, lui qui la ferait tout de même sans moi, et par le seul penchant de la nature? O Troglodytes! je suis à la fin de mes jours, mon sang est glacé dans mes veines, je vais bientôt revoir vos sacrés aïeux: pourquoi voulez-vous que je les afflige, et que je sois obligé de leur dire que je vous ai laissés sous un autre joug que celui de la vertu?

D'Erzéron, le 10 de la lune de Gemmadi 2, 1711

---

7. "at once" (frequent seventeenth-century meaning).

Lettre 24. Rica à Ibben. A Smyrne

GRANDEUR DE PARIS; PUISSANCE DU ROI DE FRANCE ET DU PAPE; LA BULLE UNIGENITUS; INQUIETUDES DE LOUIS XIV

Nous sommes à Paris depuis un mois, et nous avons toujours été dans un mouvement continuel. Il faut bien des affaires avant qu'on soit logé, qu'on ait trouvé les gens à qui on est adressé, et qu'on se soit pourvu des choses nécessaires, qui manquent toutes à la fois.

Paris est aussi grand qu'Ispahan: les maisons y sont si hautes qu'on jurerait qu'elles ne sont habitées que par des astrologues. Tu juges bien qu'une ville bâtie en l'air, qui a six ou sept maisons les unes sur les autres, est extrêmement peuplée; et que, quand tout le monde est descendu dans la rue, il s'y fait un bel embarras.

Tu ne le croirais pas peut-être: depuis un mois que je suis ici, je n'y ai encore vu marcher personne. Il n'y a point de gens au monde qui tirent mieux parti de leur machine[8] que les Français: ils courent, ils volent; les voitures lentes d'Asie, le pas réglé de nos chameaux, les feraient tomber en syncope. Pour moi, qui ne suis point fait à ce train, et qui vais souvent à pied sans changer d'allure, j'enrage quelquefois comme un chrétien: car encore passe qu'on m'éclabousse depuis les pieds jusqu'à la tête; mais je ne puis pardonner les coups de coude que je reçois régulièrement et périodiquement. Un homme qui vient après moi et qui me passe me fait faire un demi-tour; et un autre qui me croise de l'autre côté me remet soudain où le premier m'avait pris; et je n'ai pas fait cent pas, que je suis plus brisé que si j'avais fait dix lieues.

Ne crois pas que je puisse, quant à présent, te parler à fond des mœurs et des coutumes européennes: je n'en ai moi-même qu'une légère idée, et je n'ai eu à peine que le temps de m'étonner.

Le roi de France est le plus puissant prince de l'Europe. Il n'a point de mines d'or comme le roi d'Espagne son voisin; mais il a plus de richesses que lui, parce qu'il les tire de la vanité de ses sujets, plus inépuisable que les mines. On lui a vu entreprendre ou soutenir de grandes guerres, n'ayant d'autres fonds que des titres d'honneur à vendre; et, par un prodige de l'orgueil humain, ses troupes se trouvaient payées, ses places munies, et ses flottes équipées.

D'ailleurs, ce roi est un grand magicien: il exerce son empire sur l'esprit même de ses sujets; il les fait penser comme il veut. S'il n'a qu'un million d'écus dans son trésor, et qu'il en ait besoin de deux, il n'a qu'à leur persuader qu'un écu en vaut deux, et ils le croient. S'il a une guerre difficile à soutenir, et qu'il n'ait point d'argent, il n'a qu'à leur mettre dans la tête qu'un morceau de papier est de l'argent, et ils en sont aussitôt convaincus. Il va même jusqu'à leur faire croire qu'il les guérit de toutes

---
8. "bodily machine."

sortes de maux en les touchant, tant est grande la force et la puissance qu'il a sur les esprits!

Ce que je dis de ce prince ne doit pas t'étonner: il y a un autre magicien plus fort que lui, qui n'est pas moins maître de son esprit, qu'il l'est lui-même de celui des autres. Ce magicien s'appelle le pape: tantôt il lui fait croire que trois ne sont qu'un; que le pain qu'on mange n'est pas du pain, ou que le vin qu'on boit n'est pas du vin; et mille autres choses de cette espèce.

Et, pour le tenir toujours en haleine, et ne point lui laisser perdre l'habitude de croire, il lui donne de temps en temps pour l'exercer de certains articles de croyance. Il y a deux ans qu'il lui envoya un grand écrit qu'il appela *constitution*,[9] et voulut obliger, sous de grandes peines, ce prince et ses sujets de croire tout ce qui y était contenu. Il réussit à l'égard du prince, qui se soumit aussitôt et donna l'exemple à ses sujets; mais quelques-uns d'entre eux se révoltèrent, et dirent qu'ils ne voulaient rien croire de tout ce qui était dans cet écrit. Ce sont les femmes qui ont été les motrices de toute cette révolte, qui divise toute la cour, tout le royaume, et toutes les familles. Cette constitution leur défend de lire un livre que tous les chrétiens disent avoir été apporté du ciel: c'est proprement leur Alcoran. Les femmes, indignées de l'outrage fait à leur sexe, soulèvent tout contre la constitution: elles ont mis les hommes de leur parti, qui, dans cette occasion, ne veulent point avoir de privilège. On doit pourtant avouer que ce moufti ne raisonne pas mal; et, par le grand Hali! il faut qu'il ait été instruit des principes de notre sainte loi: car, puisque les femmes sont d'une création inférieure à la nôtre, et que nos prophètes nous disent qu'elles n'entreront point dans le paradis, pourquoi faut-il qu'elles se mêlent de lire un livre qui n'est fait que pour apprendre le chemin du paradis?

J'ai ouï raconter du roi des choses qui tiennent du prodige, et je ne doute pas que tu ne balances à les croire.

On dit que, pendant qu'il faisait la guerre à ses voisins, qui s'étaient tous ligués contre lui, il avait dans son royaume un nombre innombrable d'ennemis invisibles qui l'entouraient; on ajoute qu'il les a cherchés pendant plus de trente ans; et que malgré les soins infatigables de certains dervis, qui ont sa confiance, il n'en a pu trouver un seul. Ils vivent avec lui; ils sont à sa cour, dans sa capitale, dans ses troupes, dans ses tribunaux; et cependant on dit qu'il aura le chagrin de mourir sans les avoir trouvés.

---

9. The bull *Unigenitus*, commonly referred to as the *Constitution*, was a papal bull published in 1713, condemning as heretical 101 propositions extracted from the *Réflexions morales sur le Nouveau Testament* by the Jansenist Père Quesnel. (See Lavisse, *Histoire de France*, VIII-2, 322–339.) Many bishops insisted on maintaining their "Gallican liberty" and refused to subscribe to the bull. For fifty years there was to be a bitter struggle between the Jesuits ("les dervis"), who dominated the court and the Sorbonne, and the Jansenists ("les ennemis invisibles"), who were especially strong in parliamentary and legal circles.

On dirait qu'ils existent en général, et qu'ils ne sont plus rien en particulier: c'est un corps, mais point de membres. Sans doute que le ciel veut punir ce prince de n'avoir pas été assez modéré envers les ennemis qu'il a vaincus, puisqu'il lui en donne d'invisibles, et dont le génie et le destin sont au-dessus du sien.

Je continuerai à t'écrire, et je t'apprendrai des choses bien éloignées du caractère et du génie persan. C'est bien la même terre qui nous porte tous deux; mais les hommes du pays où je vis, et ceux du pays où tu es, sont des hommes bien différents.

De Paris, le 4 de la lune de Rébiab 2, 1711

Lettre 26. Usbek à Roxane. Au sérail d'Ispahan

CONTRASTE QUE PRESENTENT LES MŒURS DES FEMMES EN ORIENT ET EN OCCIDENT

Que vous êtes heureuse, Roxane, d'être dans le doux pays de Perse, et non pas dans ces climats empoisonnés, où l'on ne connaît ni la pudeur, ni la vertu! Que vous êtes heureuse! Vous vivez dans mon sérail comme dans le séjour de l'innocence, inaccessible aux attentats de tous les humains: vous vous trouvez avec joie dans une heureuse impuissance de faillir: jamais homme ne vous a souillée de ses regards lascifs: votre beau-père même, dans la liberté des festins, n'a jamais vu votre belle bouche: vous n'avez jamais manqué de vous attacher un bandeau sacré pour la couvrir. Heureuse Roxane! quand vous avez été à la campagne, vous avez toujours eu des eunuques qui ont marché devant vous, pour donner la mort à tous les téméraires qui n'ont pas fui votre vue. Moi-même, à qui le ciel vous a donnée pour faire mon bonheur, quelle peine n'ai-je pas eue pour me rendre maître de ce trésor, que vous défendiez avec tant de constance! Quel chagrin pour moi, dans les premiers jours de notre mariage, de ne pas vous voir! Et quelle impatience, quand je vous eus vue! Vous ne la satisfaisiez pourtant pas; vous l'irritiez au contraire par les refus obstinés d'une pudeur alarmée: vous me confondiez avec tous ces hommes à qui vous vous cachez sans cesse. Vous souvient-il de ce jour où je vous perdis parmi vos esclaves, qui me trahirent, et vous dérobèrent à mes recherches? Vous souvient-il de cet autre où, voyant vos larmes impuissantes, vous employâtes l'autorité de votre mère pour arrêter les fureurs de mon amour? Vous souvient-il, lorsque toutes les ressources vous manquèrent, de celles que vous trouvâtes dans votre courage? Vous prîtes un poignard, et menaçâtes d'immoler un époux qui vous aimait, s'il continuait à exiger de vous ce que vous chérissiez plus que votre époux même. Deux mois se passèrent dans ce combat de l'amour et de la vertu. Vous poussâtes trop loin vos chastes scrupules: vous ne vous rendîtes pas même après avoir été vaincue: vous défendîtes jusqu'à la dernière extrémité une virginité mourante: vous me regardâtes comme un ennemi qui vous avait fait un outrage, non pas comme un époux qui vous avait aimée: vous fûtes plus de trois mois que vous n'osiez me regarder sans rougir: votre air confus semblait me reprocher l'avantage que j'avais pris. Je n'avais pas même une possession tranquille; vous me dérobiez tout ce que vous pouviez de ces charmes et de ces grâces; et j'étais enivré des plus grandes faveurs sans avoir obtenu les moindres.

Si vous aviez été élevée dans ce pays-ci, vous n'auriez pas été si troublée. Les femmes y ont perdu toute retenue; elles se présentent devant les hommes à visage découvert, comme si elles voulaient demander leur défaite; elles les cherchent de leurs regards; elles les voient dans les mosquées, les promenades, chez elles même; l'usage de se faire servir par des eunuques leur est inconnu. Au lieu de cette noble simplicité, et de cette aimable pudeur qui règne parmi vous, on voit une impudence brutale à laquelle il est impossible de s'accoutumer.

Oui, Roxane, si vous étiez ici, vous vous sentiriez outragée dans l'affreuse ignominie où votre sexe est descendu; vous fuiriez ces abominables lieux, et vous soupireriez pour cette douce retraite, où vous trouvez l'innocence, où vous êtes sûre de vous-même, où nul péril ne vous fait trembler, où enfin vous pouvez m'aimer, sans craindre de perdre jamais l'amour que vous me devez.

Quand vous relevez l'éclat de votre teint par les plus belles couleurs; quand vous vous parfumez tout le corps des essences les plus précieuses; quand vous vous parez de vos plus beaux habits; quand vous cherchez à vous distinguer de vos compagnes par les grâces de la danse et par la douceur de votre chant; que vous combattez gracieusement avec elles de charmes, de douceur et d'enjouement, je ne puis pas m'imaginer que vous ayez d'autre objet que celui de me plaire; et quand je vous vois rougir modestement, que vos regards cherchent les miens, que vous vous insinuez dans mon cœur par des paroles douces et flatteuses, je ne saurais, Roxane, douter de votre amour.

Mais que puis-je penser des femmes d'Europe? L'art de composer leur teint, les ornements dont elles se parent, les soins qu'elles prennent de leur personne, le désir continuel de plaire qui les occupe, sont autant de taches faites à leur vertu, et d'outrages à leur époux.

Ce n'est pas, Roxane, que je pense qu'elles poussent l'attentat aussi loin qu'une pareille conduite devrait le faire croire, et qu'elles portent la débauche à cet excès horrible, qui fait frémir, de violer absolument la foi conjugale. Il y a bien peu de femmes assez abandonnées pour aller jusque-là: elles portent toutes dans leur cœur un certain caractère de vertu qui y est gravé, que la naissance donne, et que l'éducation affaiblit, mais ne détruit pas. Elles peuvent bien se relâcher des devoirs extérieurs que la pudeur exige; mais quand il s'agit de faire les derniers pas, la nature se révolte. Aussi, quand nous vous enfermons si étroitement, quand nous vous faisons garder par tant d'esclaves, que nous gênons si fort vos désirs lorsqu'ils volent trop loin, ce n'est pas que nous craignions la dernière infidélité; mais c'est que nous savons que la pureté ne saurait être trop grande, et que la moindre tache peut la corrompre.

Je vous plains, Roxane. Votre chasteté, si longtemps éprouvée, méritait un époux qui ne vous eût jamais quittée, et qui pût lui-même réprimer les désirs que votre seule vertu sait soumettre.

De Paris, le 7 de la lune de Rhégeb, *1712*

Lettre 29. Rica à Ibben. A Smyrne

AUTORITE DU PAPE ET DES EVEQUES; CONTROVERSES RELIGIEUSES

Le pape est le chef des chrétiens. C'est une vieille idole qu'on encense par habitude. Il était autrefois redoutable aux princes mêmes; car il les déposait aussi facilement que nos magnifiques sultans déposent les rois d'Irimette et de Géorgie. Mais on ne le craint plus. Il se dit successeur d'un des premiers chrétiens, qu'on appelle saint Pierre, et c'est certainement une riche succession: car il a des trésors immenses, et un grand pays sous sa domination.

Les évêques sont des gens de loi qui lui sont subordonnés, et ont sous son autorité deux fonctions bien différentes. Quand ils sont assemblés, ils font, comme lui, des articles de foi. Quand ils sont en particulier, ils n'ont guère d'autre fonction que de dispenser d'accomplir la loi. Car tu sauras que la religion chrétienne est chargée d'une infinité de pratiques très difficiles; et comme on a jugé qu'il était moins aisé de remplir ses devoirs que d'avoir des évêques qui en dispensent, on a pris ce dernier parti pour l'utilité publique: de sorte que, si on ne veut pas faire le rhamazan,[10] si on ne veut pas s'assujettir aux formalités du mariage, si on veut rompre ses vœux, si on veut se marier contre les défenses de la loi, quelquefois même si on veut revenir contre son serment, on va à l'évêque ou au pape, qui donne aussitôt la dispense.

Les évêques ne font pas des articles de foi de leur propre mouvement. Il y a un nombre infini de docteurs, la plupart dervis, qui soulèvent entre eux mille questions nouvelles sur la religion: on les laisse disputer longtemps, et la guerre dure jusqu'à ce qu'une décision vienne la terminer.

Aussi puis-je t'assurer qu'il n'y a jamais eu de royaume où il y ait eu tant de guerres civiles que dans celui du Christ.

Ceux qui mettent au jour quelque proposition nouvelle sont d'abord appelés hérétiques. Chaque hérésie a son nom, qui est, pour ceux qui y sont engagés, comme le mot de ralliement. Mais n'est hérétique qui ne veut: il n'y a qu'à partager le différend par la moitié, et donner une dis-

10. A Mohammedan festival corresponding to Christian Lent.

tinction[11] à ceux qui accusent d'hérésie; et quelle que soit la distinction, intelligible ou non, elle rend un homme blanc comme de la neige, et il peut se faire appeler orthodoxe.

Ce que je dis est bon pour la France et l'Allemagne; car j'ai ouï dire qu'en Espagne et en Portugal il y a de certains dervis qui n'entendent point raillerie, et qui font brûler un homme comme de la paille. Quand on tombe entre les mains de ces gens-là, heureux celui qui a toujours prié Dieu avec de petits grains de bois à la main, qui a porté sur lui deux morceaux de drap attachés à deux rubans, et qui a été quelquefois dans une province qu'on appelle la Galice![12] Sans cela, un pauvre diable est bien embarrassé. Quand il jurerait comme un païen qu'il est orthodoxe, on pourrait bien ne pas demeurer d'accord des qualités, et le brûler comme hérétique: il aurait beau donner sa distinction, point de distinction; il serait en cendres avant que l'on eût seulement pensé à l'écouter.

Les autres juges présument qu'un accusé est innocent; ceux-ci le présument toujours coupable. Dans le doute, ils tiennent pour règle de se déterminer du côté de la rigueur; apparemment parce qu'ils croient les hommes mauvais: mais, d'un autre côté, ils en ont si bonne opinion, qu'ils ne les jugent jamais capables de mentir: car ils reçoivent le témoignage des ennemis capitaux, des femmes de mauvaise vie, de ceux qui exercent une profession infâme. Ils font dans leur sentence un petit compliment à ceux qui sont revêtus d'une chemise de soufre,[13] et leur disent qu'ils sont bien fâchés de les voir si mal habillés, qu'ils sont doux, qu'ils abhorrent le sang, et sont au désespoir de les avoir condamnés: mais, pour se consoler, ils confisquent tous les biens de ces malheureux à leur profit.

Heureuse la terre qui est habitée par les enfants des prophètes! Ces tristes spectacles y sont inconnus. La sainte religion que les anges y ont apportée se défend par sa vérité même: elle n'a point besoin de ces moyens violents pour se maintenir.

De Paris, le 4 de la lune de Chalval, 1712

Lettre 30. Rica à Ibben. A Smyrne

CURIOSITE NAIVE DES PARISIENS

Les habitants de Paris sont d'une curiosité qui va jusqu'à l'extravagance. Lorsque j'arrivai, je fus regardé comme si j'avais été envoyé du ciel,

---

11. A reference to the casuistic *distinguo* which Pascal satirizes in *Lettres provinciales* (No. 1).
12. Reference to the rosary, the scapulary, and pilgrimages to Santiago de Compostela, former capital of Spanish Galicia.
13. A symbolic tunic, saturated with sulphur, worn by heretics being led to the stake under the Inquisition. (See the critical edition by A. Morize of Voltaire's *Candide*, pp. 44, 47.)

vieillards, hommes, femmes, enfants, tous voulaient me voir. Si je sortais, tout le monde se mettait aux fenêtres; si j'étais aux Tuileries,[14] je voyais aussitôt un cercle se former autour de moi; les femmes mêmes faisaient un arc-en-ciel nuancé de mille couleurs, qui m'entourait. Si j'étais aux spectacles, je trouvais d'abord cent lorgnettes dressées contre ma figure: enfin, jamais homme n'a tant été vu que moi. Je souriais quelquefois d'entendre des gens qui n'étaient presque jamais sortis de leur chambre, qui disaient entre eux: Il faut avouer qu'il a l'air bien persan. Chose admirable! Je trouvais de mes portraits partout; je me voyais multiplié dans toutes les boutiques, sur toutes les cheminées, tant on craignait de ne m'avoir pas assez vu.

Tant d'honneurs ne laissent pas d'être à charge: je ne me croyais pas un homme si curieux et si rare; et, quoique j'aie très bonne opinion de moi, je ne me serais jamais imaginé que je dusse troubler le repos d'une grande ville où je n'étais point connu. Cela me fit résoudre à quitter l'habit persan, et à en endosser un à l'européenne, pour voir s'il resterait encore dans ma physionomie quelque chose d'admirable. Cet essai me fit connaître ce que je valais réellement. Libre de tous les ornements étrangers, je me vis apprécié au plus juste. J'eus sujet de me plaindre de mon tailleur, qui m'avait fait perdre en un instant l'attention et l'estime publiques; car j'entrai tout à coup dans un néant affreux. Je demeurais quelquefois une heure dans une compagnie sans qu'on m'eût regardé et qu'on m'eût mis en occasion d'ouvrir la bouche: mais si quelqu'un par hasard apprenait à la compagnie que j'étais Persan, j'entendais aussitôt autour de moi un bourdonnement: Ah! ah! monsieur est Persan! C'est une chose bien extraordinaire! Comment peut-on être Persan!

De Paris, le 6 de la lune de Chalval, 1712

Lettre 37. Usbek à Ibben. A Smyrne

VIEILLESSE DE LOUIS XIV; CONTRADICTIONS DE SON CARACTERE

Le roi de France est vieux.[15] Nous n'avons point d'exemple dans nos histoires d'un monarque qui ait si longtemps régné. On dit qu'il possède à un très haut degré le talent de se faire obéir: il gouverne avec le même génie sa famille, sa cour, son Etat. On lui a souvent entendu dire que, de tous les gouvernements du monde, celui des Turcs ou celui de notre auguste sultan lui plairait le mieux; tant il fait cas de la politique orientale.

J'ai étudié son caractère, et j'y ai trouvé des contradictions qu'il m'est impossible de résoudre: par exemple, il a un ministre qui n'a que dix-huit

---

14. A royal palace of which the grounds were a popular promenade.
15. In 1713, two years before his death, Louis XIV was 75 years old, and had been King of France since 1643.

ans,[16] et une maîtresse qui en a quatre-vingts;[17] il aime sa religion, et il ne peut souffrir ceux qui disent[18] qu'il la faut observer à la rigueur: quoiqu'il fuie le tumulte des villes, et qu'il se communique peu, il n'est occupé depuis le matin jusqu'au soir qu'à faire parler de lui: il aime les trophées et les victoires; mais il craint autant de voir un bon général à la tête de ses troupes, qu'il aurait sujet de le craindre à la tête d'une armée ennemie. Il n'est, je crois, jamais arrivé qu'à lui d'être en même temps comblé de plus de richesses qu'un prince n'en saurait espérer et accablé d'une pauvreté qu'un particulier ne pourrait soutenir.

Il aime à gratifier ceux qui le servent; mais il paye aussi libéralement les assiduités, ou plutôt l'oisiveté de ses courtisans, que les campagnes laborieuses de ses capitaines: souvent il préfère un homme qui le déshabille, ou qui lui donne la serviette lorsqu'il se met à table, à un autre qui lui prend des villes, ou lui gagne des batailles: il ne croit pas que la grandeur souveraine doive être gênée dans la distribution des grâces; et, sans examiner si celui qu'il comble de biens est homme de mérite, il croit que son choix va le rendre tel: aussi lui a-t-on vu donner une petite pension à un homme qui avait fui deux lieues, et un beau gouvernement à un autre qui en avait fui quatre.

Il est magnifique, surtout dans ses bâtiments: il y a plus de statues dans les jardins de son palais que de citoyens dans une grande ville. Sa garde est aussi forte que celle du prince devant qui tous les trônes se renversent; ses armées sont aussi nombreuses, ses ressources aussi grandes, et ses finances aussi inépuisables.

De Paris, le 7 de la lune de Maharram, 1713

Lettre 46. Usbek à Rhédi. A Venise

EN QUOI CONSISTE L'ESSENCE DE LA RELIGION? PRIERE ADRESSEE A DIEU

Je vois ici des gens qui disputent sans fin sur la religion; mais il semble qu'ils combattent en même temps à qui l'observera le moins.

Non seulement ils ne sont pas meilleurs chrétiens, mais même meilleurs citoyens; et c'est ce qui me touche; car, dans quelque religion qu'on vive, l'observation des lois, l'amour pour les hommes, la piété envers les parents, sont toujours les premiers actes de religion.

En effet, le premier objet d'un homme religieux ne doit-il pas être de plaire à la divinité qui a établi la religion qu'il professe? Mais le moyen le plus sûr pour y parvenir est sans doute d'observer les règles de la so-

---

16. Reference to the Marquis de Cany, Secretary of State in 1708.
17. Mme de Maintenon, born in 1635, was secretly married to Louis in 1684.
18. The Jansenists.

ciété et les devoirs de l'humanité. Car, en quelque religion qu'on vive, dès qu'on en suppose une, il faut bien que l'on suppose aussi que Dieu aime les hommes, puisqu'il établit une religion pour les rendre heureux; que, s'il aime les hommes, on est assuré de lui plaire en les aimant aussi, c'est-à-dire en exerçant envers eux tous les devoirs de la charité et de l'humanité, et en ne violant point les lois sous lesquelles ils vivent.

Par là on est bien plus sûr de plaire à Dieu qu'en observant telle ou telle cérémonie; car les cérémonies n'ont point un degré de bonté par elles-mêmes; elles ne sont bonnes qu'avec égard, et dans la supposition que Dieu les a commandées: mais c'est la matière d'une grande discussion; on peut facilement s'y tromper; car il faut choisir les cérémonies d'une religion entre celles de deux mille.

Un homme faisait tous les jours à Dieu cette prière: Seigneur, je n'entends rien dans les disputes que l'on fait sans cesse à votre sujet: je voudrais vous servir selon votre volonté; mais chaque homme que je consulte veut que je vous serve à la sienne. Lorsque je veux vous faire ma prière, je ne sais en quelle langue je dois vous parler. Je ne sais pas non plus en quelle posture je dois me mettre: l'un dit que je dois vous prier debout; l'autre veut que je sois assis; l'autre exige que mon corps porte sur mes genoux. Ce n'est pas tout: il y en a qui prétendent que je dois me laver tous les matins avec de l'eau froide, d'autres soutiennent que vous me regarderez avec horreur si je ne me fais pas couper un petit morceau de chair. Il m'arriva l'autre jour de manger un lapin dans un caravansérail; trois hommes qui étaient auprès de là me firent trembler; ils me soutinrent tous trois que je vous avais grièvement offensé: l'un,[19] parce que cet animal était immonde; l'autre,[20] parce qu'il était étouffé; l'autre,[21] enfin, parce qu'il n'était pas poisson. Un brahmane qui passait par là, et que je pris pour juge, me dit: Ils ont tort, car apparemment vous n'avez pas tué vous-même cet animal. Si fait, lui dis-je. Ah! vous avez commis une action abominable, et que Dieu ne vous pardonnera jamais, me dit-il d'une voix sévère: que savez-vous si l'âme de votre père n'était pas passée dans cette bête? Toutes ces choses, Seigneur, me jettent dans un embarras inconcevable: je ne puis remuer la tête que je ne sois menacé de vous offenser: cependant je voudrais vous plaire, et employer à cela la vie que je tiens de vous. Je ne sais si je me trompe; mais je crois que le meilleur moyen pour y parvenir est de vivre en bon citoyen dans la société où vous m'avez fait naître, et en bon père dans la famille que vous m'avez donnée.

De Paris, le 8 de la lune de Chahban, 1713

---

19. "Un Juif." (M.)
20. "Un Turc." (M.)
21. "Un Arménien." (M.) A chapter in Voltaire's *Zadig* treats this deistic subject matter in very similar fashion.

Lettre 52. Rica à Usbek. A ***

PORTRAITS DE VIEILLES COQUETTES

J'étais l'autre jour dans une société où je me divertis assez bien. Il y avait là des femmes de tous les âges; une de quatre-vingts ans, une de soixante, une de quarante, qui avait une nièce de vingt à vingt-deux. Un certain instinct me fit approcher de cette dernière, et elle me dit à l'oreille: Que dites-vous de ma tante, qui à son âge veut avoir des amants, et fait encore la jolie? Elle a tort, lui dis-je: c'est un dessein qui ne convient qu'à vous. Un moment après, je me trouvai auprès de sa tante, qui me dit: Que dites-vous de cette femme qui a pour le moins soixante ans, qui a passé aujourd'hui plus d'une heure à sa toilette? C'est du temps perdu, lui dis-je; et il faut avoir vos charmes pour devoir y songer. J'allai à cette malheureuse femme de soixante ans, et la plaignais dans mon âme, lorsqu'elle me dit à l'oreille: Y a-t-il rien de si ridicule? Voyez cette femme qui a quatre-vingts ans, et qui met des rubans couleur de feu: elle veut faire la jeune, et elle y réussit; car cela approche de l'enfance. Ah! bon Dieu! dis-je en moi-même, ne sentirons-nous jamais que le ridicule des autres! C'est peut-être un bonheur, disais-je ensuite, que nous trouvions de la consolation dans les faiblesses d'autrui. Cependant j'étais en train de me divertir, et je dis: Nous avons assez monté; descendons à présent, et commençons par la vieille qui est au sommet. Madame, vous vous ressemblez si fort, cette dame à qui je viens de parler et vous, qu'il semble que vous soyez deux sœurs; je vous crois à peu près du même âge. Vraiment, monsieur, me dit-elle, lorsque l'une mourra, l'autre devra avoir grand'peur: je ne crois pas qu'il y ait d'elle à moi deux jours de différence. Quand je tins cette femme décrépite, j'allai à celle de soixante ans. Il faut, madame, que vous décidiez un pari que j'ai fait: j'ai gagé que cette dame et vous, lui montrant la femme de quarante ans, étiez de même âge. Ma foi, dit-elle, je ne crois pas qu'il y ait six mois de différence. Bon, m'y voilà; continuons. Je descendis encore, et j'allai à la femme de quarante ans. Madame, faites-moi la grâce de me dire si c'est pour rire que vous appelez cette demoiselle, qui est à l'autre table, votre nièce? Vous êtes aussi jeune qu'elle; elle a même quelque chose dans le visage de passé, que vous n'avez certainement pas; et ces couleurs vives qui paraissent sur votre teint... Attendez, me dit-elle: je suis sa tante; mais sa mère avait pour le moins vingt-cinq ans plus que moi: nous n'étions pas de même lit;[22] j'ai ouï dire à feu ma sœur que sa fille et moi naquîmes la même année. Je le disais bien, madame; et je n'avais pas tort d'être étonné.

Mon cher Usbek, les femmes qui se sentent finir d'avance par la perte de leurs agréments voudraient reculer vers la jeunesse. Eh! comment ne chercheraient-elles pas à tromper les autres? elles font tous leurs efforts

---

22. I.e., "we did not have the same mother."

pour se tromper elles-mêmes, et se dérober à la plus affligeante de toutes les idées. *De Paris, le 3 de la lune de Chalval, 1713*

Lettre 68. Rica à Usbek. A ***
LEGERETE ET IGNORANCE DES MAGISTRATS

J'allai l'autre jour dîner chez un homme de robe qui m'en avait prié plusieurs fois. Après avoir parlé de bien des choses, je lui dis: Monsieur, il me paraît que votre métier est bien pénible. Pas tant que vous vous l'imaginez, répondit-il: de la manière dont nous le faisons, ce n'est qu'un amusement. Mais quoi! n'avez-vous pas toujours la tête remplie des affaires d'autrui? N'êtes-vous pas toujours occupé de choses qui ne sont point intéressantes? Vous avez raison; ces choses ne sont point intéressantes, car nous nous y intéressons si peu que rien; et cela même fait que le métier n'est pas si fatigant que vous dites. Quand je vis qu'il prenait la chose d'une manière si dégagée, je continuai et lui dis: Monsieur, je n'ai point vu votre cabinet. Je le crois, car je n'en ai point. Quand je pris cette charge, j'eus besoin d'argent pour la payer: je vendis ma bibliothèque; et le libraire qui la prit, d'un nombre prodigieux de volumes ne me laissa que mon livre de raison.[23] Ce n'est pas que je les regrette: nous autres juges ne nous enflons point d'une vaine science. Qu'avons-nous affaire de tous ces volumes de lois? Presque tous les cas sont hypothétiques et sortent de la règle générale. Mais ne serait-ce pas, monsieur, lui dis-je, parce que vous les en faites sortir? Car enfin pourquoi chez tous les peuples du monde y aurait-il des lois, si elles n'avaient point leur application? et comment peut-on les appliquer si on ne les sait pas? Si vous connaissiez le palais, reprit le magistrat, vous ne parleriez pas comme vous faites: nous avons des livres vivants, qui sont les avocats; ils travaillent pour nous, et se chargent de nous instruire. Et ne se chargent-ils pas aussi quelquefois de vous tromper? lui repartis-je. Vous ne ferez donc pas mal de vous garantir de leurs embûches. Ils ont des armes avec lesquelles ils attaquent votre équité; il serait bon que vous en eussiez aussi pour la défendre, et que vous n'allassiez pas vous mettre dans la mêlée, habillés à la légère, parmi des gens cuirassés jusqu'aux dents.

De Paris, le 13 de la lune de Chahban, 1714

Lettre 72. Rica à Usbek. A ***
PORTRAIT DU DECISIONNAIRE

Je me trouvai l'autre jour dans une compagnie où je vis un homme bien content de lui. Dans un quart d'heure il décida trois questions de morale, quatre problèmes historiques, et cinq points de physique. Je n'ai jamais

---

23. "account book."

vu un décisionnaire si universel; son esprit ne fut jamais suspendu par le moindre doute. On laissa les sciences; on parla des nouvelles du temps: il décida sur les nouvelles du temps. Je voulus l'attraper, et je dis en moi-même: Il faut que je me mette en mon fort; je vais me réfugier dans mon pays. Je lui parlai de la Perse: mais, à peine lui eus-je dit quatre mots, qu'il me donna deux démentis, fondé sur l'autorité de messieurs Tavernier et Chardin. Ah! bon Dieu! dis-je en moi-même, quel homme est-ce là? Il connaîtra tout à l'heure les rues d'Ispahan mieux que moi! Mon parti fut bientôt pris: je me tus, je le laissai parler, et il décide encore.

De Paris, le 8 de la lune de Zilcadé, 1715

Lettre 74. Usbek à Rica. A ***

FAUSSE ET VRAIE DIGNITE DES GRANDS

Il y a quelques jours qu'un homme de ma connaissance me dit: Je vous ai promis de vous produire [24] dans les bonnes maisons de Paris: je vous mène à présent chez un grand seigneur qui est un des hommes du royaume qui représente le mieux.[25]

Que veut dire cela, monsieur? est-ce qu'il est plus poli, plus affable que tous les autres? Non, me dit-il. Ah! j'entends: il fait sentir à tous les instants la supériorité qu'il a sur tous ceux qui l'approchent: si cela est, je n'ai que faire d'y aller, je la lui passe tout entière, et je prends condamnation.

Il fallut pourtant marcher: et je vis un petit homme si fier, il prit une prise de tabac avec tant de hauteur, il se moucha si impitoyablement, il cracha avec tant de flegme, il caressa ses chiens d'une manière si offensante pour les hommes, que je ne pouvais me lasser de l'admirer. Ah! bon Dieu! dis-je en moi-même, si, lorsque j'étais à la cour de Perse, je représentais ainsi, je représentais un grand sot! Il aurait fallu, Rica, que nous eussions eu un bien mauvais naturel pour aller faire cent petites insultes à des gens qui venaient tous les jours chez nous nous témoigner leur bienveillance. Ils savaient bien que nous étions au-dessus d'eux; et s'ils l'avaient ignoré, nos bienfaits le leur auraient appris chaque jour. N'ayant rien à faire pour nous faire respecter, nous faisions tout pour nous rendre aimables; nous nous communiquions aux plus petits; au milieu des grandeurs, qui endurcissent toujours, ils nous trouvaient sensibles; ils ne voyaient que notre cœur au-dessus d'eux; nous descendions jusqu'à leurs besoins. Mais lorsqu'il fallait soutenir la majesté du prince dans les cérémonies publiques, lorsqu'il fallait faire respecter la nation aux étrangers, lorsque enfin dans les occasions périlleuses il fallait animer les soldats, nous remontions cent fois plus haut que nous n'étions descendus; nous ra-

---

24. "vous présenter."
25. "most typical" or "most representative."

menions la fierté sur notre visage, et l'on trouvait quelquefois que nous représentions assez bien.   *De Paris, le 10 de la lune de Saphar, 1715*

Lettre 75. Usbek à Rhédi. A Venise

INCONSTANCE DES PRINCIPES PROFESSES CHEZ LES CHRETIENS

Il faut que je te l'avoue, je n'ai point remarqué chez les chrétiens cette persuasion vive de leur religion qui se trouve parmi les musulmans. Il y a bien loin chez eux de la profession à la croyance, de la croyance à la conviction, de la conviction à la pratique. La religion est moins un sujet de sanctification qu'un sujet de disputes qui appartient à tout le monde. Les gens de cour, les gens de guerre, les femmes mêmes, s'élèvent contre les ecclésiastiques, et leur demandent de leur prouver ce qu'ils sont résolus de ne pas croire.

Ce n'est pas qu'ils se soient déterminés par raison, et qu'ils aient pris la peine d'examiner la vérité ou la fausseté de cette religion qu'ils rejettent: ce sont des rebelles qui ont senti le joug et l'ont secoué avant de l'avoir connu. Aussi ne sont-ils pas plus fermes dans leur incrédulité que dans leur foi: ils vivent dans un flux et reflux qui les porte sans cesse l'un à l'autre. Un d'eux me disait un jour: Je crois l'immortalité de l'âme par semestre; mes opinions dépendent absolument de la constitution de mon corps; selon que j'ai plus ou moins d'esprits animaux, que mon estomac digère bien ou mal, que l'air que je respire est subtil ou grossier, que les viandes dont je me nourris sont légères ou solides, je suis spinosiste,[26] socinien,[27] catholique, impie ou dévot. Quand le médecin est auprès de mon lit, le confesseur me trouve à son avantage. Je sais bien empêcher la religion de m'affliger quand je me porte bien; mais je lui permets de me consoler quand je suis malade: lorsque je n'ai plus rien à espérer d'un côté, la religion se présente et me gagne par ses promesses; je veux bien m'y livrer, et mourir du côté de l'espérance.

Il y a longtemps que les princes chrétiens affranchirent tous les esclaves de leurs Etats, parce que, disaient-ils, le christianisme rend tous les hommes égaux. Il est vrai que cet acte de religion leur était très utile: ils abaissaient par là les seigneurs, de la puissance desquels ils retiraient le bas peuple. Ils ont ensuite fait des conquêtes dans les pays où ils ont vu qu'il leur était avantageux d'avoir des esclaves: ils ont permis d'en acheter et d'en vendre, oubliant ce principe de religion qui les touchait tant. Que veux-tu que je te dise? Vérité dans un temps, erreur dans un autre. Que ne faisons-nous comme les chrétiens? Nous sommes bien simples de refuser des établissements et des conquêtes faciles dans des climats heu-

---

26. Spinoza (1632–1677), pantheist and materialist, was generally considered an atheist during the early part of the eighteenth century.
27. Socinus, like modern Unitarians, rejected the dogma of the Trinity.

reux,[28] parce que l'eau n'y est pas assez pure pour nous laver selon les principes du saint Alcoran!

Je rends grâces au Dieu tout-puissant, qui a envoyé Hali, son grand prophète, de ce que je professe une religion qui se fait préférer à tous les intérêts humains, et qui est pure comme le Ciel, dont elle est descendue.

A Paris, le 13 de la lune de Saphar, 1715

Lettre 80. Usbek à Rhédi. A Venise

AVANTAGES DE LA DOUCEUR ET INCONVENIENTS DE LA SEVERITE DES PEINES

Depuis que je suis en Europe, mon cher Rhédi, j'ai vu bien des gouvernements. Ce n'est pas comme en Asie, où les règles de la politique se trouvent partout les mêmes.

J'ai souvent recherché quel était le gouvernement le plus conforme à la raison. Il m'a semblé que le plus parfait est celui qui va à son but à moins de frais; de sorte que celui qui conduit les hommes de la manière qui convient le plus à leur penchant et à leur inclination est le plus parfait.

Si dans un gouvernement doux le peuple est aussi soumis que dans un gouvernement sévère, le premier est préférable, puisqu'il est plus conforme à la raison, et que la sévérité est un motif étranger.

Compte, mon cher Rhédi, que dans un Etat les peines plus ou moins cruelles ne font pas que l'on obéisse plus aux lois. Dans les pays où les châtiments sont modérés, on les craint comme dans ceux où ils sont tyranniques et affreux.

Soit que le gouvernement soit doux, soit qu'il soit cruel, on punit toujours par degrés, on inflige un châtiment plus ou moins grand à un crime plus ou moins grand. L'imagination se plie d'elle-même aux mœurs du pays où l'on est: huit jours de prison, ou une légère amende, frappent autant l'esprit d'un Européen nourri dans un pays de douceur, que la perte d'un bras intimide un Asiatique. Ils attachent un certain degré de crainte à un certain degré de peine, et chacun la partage à sa façon: le désespoir de l'infamie vient désoler un Français condamné à une peine qui n'ôterait pas un quart d'heure de sommeil à un Turc.

D'ailleurs, je ne vois pas que la police, la justice, et l'équité soient mieux observées en Turquie, en Perse, chez le Mogol, que dans les républiques de Hollande, de Venise, et dans l'Angleterre même; je ne vois pas qu'on y commette moins de crimes, et que les hommes, intimidés par la grandeur des châtiments, y soient plus soumis aux lois.

Je remarque, au contraire, une source d'injustice et de vexations au milieu de ces mêmes Etats.

---

28. "Les mahométans ne se soucient point de prendre Venise, parce qu'ils n'y trouveraient point d'eau pour leurs purifications." (M.)

Je trouve même le prince, qui est la loi même, moins maître que partout ailleurs.

Je vois que, dans ces moments rigoureux, il y a toujours des mouvements tumultueux où personne n'est le chef, et que, quand une fois l'autorité violente est méprisée, il n'en reste plus assez à personne pour la faire revenir;

Que le désespoir même de l'impunité confirme le désordre, et le rend plus grand;

Que dans ces Etats il ne se forme point de petite révolte, et qu'il n'y a jamais d'intervalle entre le murmure et la sédition;

Qu'il ne faut point que les grands événements y soient préparés par de grandes causes; au contraire, le moindre accident produit une grande révolution, souvent aussi imprévue de ceux qui la font que de ceux qui la souffrent.

Lorsque Osman, empereur des Turcs, fut déposé, aucun de ceux qui commirent cet attentat ne songeait à le commettre: ils demandaient seulement en suppliant qu'on leur fît justice sur quelque grief: une voix, qu'on n'a jamais connue, sortit de la foule par hasard; le nom de Mustapha fut prononcé, et soudain Mustapha fut empereur.

De Paris, le 2 de la lune de Rébiab 1, 1715

Lettre 83. Usbek à Rhédi. A Venise

CARACTERES DE LA JUSTICE, INDEPENDANTE DE DIEU ET INNEE DANS L'HOMME

S'il y a un Dieu, mon cher Rhédi, il faut nécessairement qu'il soit juste; car, s'il ne l'était pas, il serait le plus mauvais et le plus imparfait de tous les êtres.

La justice est un rapport de convenance qui se trouve réellement entre deux choses: [29] ce rapport est toujours le même, quelque être qui le considère, soit que ce soit Dieu, soit que ce soit un ange, ou enfin que ce soit un homme.

Il est vrai que les hommes ne voient pas toujours ces rapports; souvent même lorsqu'ils les voient, ils s'en éloignent, et leur intérêt est toujours ce qu'ils voient le mieux. La justice élève sa voix; mais elle a peine à se faire entendre dans le tumulte des passions.

Les hommes peuvent faire des injustices, parce qu'ils ont intérêt de les commettre, et qu'ils préfèrent leur propre satisfaction à celle des autres. C'est toujours par un retour sur eux-mêmes qu'ils agissent: nul n'est mauvais gratuitement; il faut qu'il y ait une raison qui détermine, et cette raison est toujours une raison d'intérêt.

Mais il n'est pas possible que Dieu fasse jamais rien d'injuste: dès qu'on

---

29. M. later developed this theme in the first chapter of his *Esprit des lois*.

suppose qu'il voit la justice, il faut nécessairement qu'il la suive: car, comme il n'a besoin de rien, et qu'il se suffit à lui-même, il serait le plus méchant de tous les êtres, puisqu'il le serait sans intérêt.

Ainsi, quand il n'y aurait pas de Dieu, nous devrions toujours aimer la justice, c'est-à-dire faire nos efforts pour ressembler à cet être dont nous avons une si belle idée, et qui, s'il existait, serait nécessairement juste. Libres que nous serions du joug de la religion, nous ne devrions pas l'être de celui de l'équité.

Voilà, Rhédi, ce qui m'a fait penser que la justice est éternelle, et ne dépend point des conventions humaines. Et quand elle en dépendrait, ce serait une vérité terrible qu'il faudrait se dérober à soi-même.

Nous sommes entourés d'hommes plus forts que nous: ils peuvent nous nuire de mille manières différentes; les trois quarts du temps, ils peuvent le faire impunément. Quel repos pour nous de savoir qu'il y a dans le cœur de tous ces hommes un principe intérieur qui combat en notre faveur, et nous met à couvert de leurs entreprises!

Sans cela nous devrions être dans une frayeur continuelle; nous passerions devant les hommes comme devant les lions; et nous ne serions jamais assurés un moment de notre bien, de notre honneur et de notre vie.

Toutes ces pensées m'animent contre ces docteurs qui représentent Dieu comme un être qui fait un exercice tyrannique de sa puissance; qui le font agir d'une manière dont nous ne voudrions pas agir nous-mêmes de peur de l'offenser; qui le chargent de toutes les imperfections qu'il punit en nous; et, dans leurs opinions contradictoires, le représentent, tantôt comme un être mauvais, tantôt comme un être qui hait le mal et le punit.

Quand un homme s'examine, quelle satisfaction pour lui de trouver qu'il a le cœur juste! Ce plaisir, tout sévère qu'il est, doit le ravir: il voit son être autant au-dessus de ceux qui ne l'ont pas qu'il se voit au-dessus des tigres et des ours. Oui, Rhédi, si j'étais sûr de suivre toujours inviolablement cette équité que j'ai devant les yeux, je me croirais le premier des hommes.   *De Paris, le 1er de la lune de Gemmadi 1, 1715*

Lettre 85. Usbek à Mirza. A Ispahan

AVANTAGES DE LA MULTIPLICITE DES RELIGIONS DANS UN ETAT

Tu sais, Mirza, que quelques ministres de Cha-Soliman avaient formé le dessein d'obliger tous les Arméniens de Perse de quitter le royaume, ou de se faire mahométans, dans la pensée que notre empire serait toujours pollué tandis qu'il garderait dans son sein ces infidèles.[30]

C'était fait de la grandeur persane, si dans cette occasion l'aveugle dévotion avait été écoutée.

---

30. A veiled allusion to Louis XIV's revocation of the Edict of Nantes.

On ne sait comment la chose manqua. Ni ceux qui firent la proposition, ni ceux qui la rejetèrent, n'en connurent les conséquences: le hasard fit l'office de la raison et de la politique, et sauva l'empire d'un péril plus grand que celui qu'il aurait pu courir de la perte d'une bataille et de la prise de deux villes.

En proscrivant les Arméniens, on pensa détruire en un seul jour tous les négociants, et presque tous les artisans du royaume. Je suis sûr que le grand Cha-Abbas aurait mieux aimé se faire couper les deux bras que de signer un ordre pareil, et qu'en envoyant au Mogol et aux autres rois des Indes ses sujets les plus industrieux, il aurait cru leur donner la moitié de ses Etats.

Les persécutions que nos mahométans zélés ont faites aux Guèbres [31] les ont obligés de passer en foule dans les Indes, et ont privé la Perse de cette nation si appliquée au labourage, et qui seule par son travail était en état de vaincre la stérilité de nos terres.

Il ne restait à la dévotion qu'un second coup à faire: c'était de ruiner l'industrie; moyennant quoi l'empire tombait de lui-même, et avec lui, par une suite nécessaire, cette même religion qu'on voulait rendre si florissante.

S'il faut raisonner sans prévention,[32] je ne sais, Mirza, s'il n'est pas bon que dans un Etat il y ait plusieurs religions.

On remarque que ceux qui vivent dans des religions tolérées se rendent ordinairement plus utiles à leur patrie que ceux qui vivent dans la religion dominante, parce qu'éloignés des honneurs, ne pouvant se distinguer que par leur opulence et leurs richesses, ils sont portés à en acquérir par leur travail, et à embrasser les emplois de la société les plus pénibles.

D'ailleurs, comme toutes les religions contiennent des préceptes utiles à la société, il est bon qu'elles soient observées avec zèle. Or, qu'y a-t-il de plus capable d'animer ce zèle que leur multiplicité?

Ce sont des rivales qui ne se pardonnent rien. La jalousie descend jusqu'aux particuliers: chacun se tient sur ses gardes, et craint de faire des choses qui déshonoreraient son parti, et l'exposeraient aux mépris et aux censures impardonnables du parti contraire.

Aussi a-t-on toujours remarqué qu'une secte nouvelle introduite dans un Etat était le moyen le plus sûr pour corriger tous les abus de l'ancienne.

On a beau dire qu'il n'est pas de l'intérêt du prince de souffrir plusieurs religions dans son Etat: quand toutes les sectes du monde viendraient s'y rassembler, cela ne lui porterait aucun préjudice, parce qu'il n'y en a aucune qui ne prescrive l'obéissance et ne prêche la soumission.

J'avoue que les histoires sont remplies de guerres de religion: mais,

---

31. Members of an ancient Persian cult, now called Parsees, worshipers of fire and of the sun.
32. "without prejudice." M. takes this suggestion from Pierre Bayle.

qu'on y prenne bien garde, ce n'est point la multiplicité des religions qui a produit ces guerres, c'est l'esprit d'intolérance qui animait celle qui se croyait la dominante.

C'est cet esprit de prosélytisme que les Juifs ont pris des Egyptiens, et qui d'eux est passé comme une maladie épidémique et populaire aux mahométans et aux chrétiens.

C'est enfin cet esprit de vertige dont les progrès ne peuvent être regardés que comme une éclipse entière de la raison humaine.

Car enfin, quand il n'y aurait pas de l'inhumanité à affliger la conscience des autres, quand il n'en résulterait aucun des mauvais effets qui en germent à milliers, il faudrait être fou pour s'en aviser. Celui qui veut me faire changer de religion ne le fait sans doute que parce qu'il ne changerait pas la sienne quand on voudrait l'y forcer: il trouve donc étrange que je ne fasse pas une chose qu'il ne ferait pas lui-même peut-être pour l'empire du monde. *De Paris, le 26 de la lune de Gemmadi 1, 1715*

Lettre 88. Usbek à Rhédi. A Venise

GRANDS SEIGNEURS FRANÇAIS ET GRANDS SEIGNEURS PERSANS

A Paris règnent la liberté et l'égalité. La naissance, la vertu, le mérite même de la guerre, quelque brillant qu'il soit, ne sauve pas un homme de la foule dans laquelle il est confondu. La jalousie des rangs y est inconnue. On dit que le premier de Paris est celui qui a les meilleurs chevaux à son carrosse.

Un grand seigneur est un homme qui voit le Roi, qui parle aux ministres, qui a des ancêtres, des dettes, et des pensions. S'il peut avec cela cacher son oisiveté par un air empressé, ou par un feint attachement pour les plaisirs, il croit être le plus heureux de tous les hommes.

En Perse, il n'y a de grands que ceux à qui le monarque donne quelque part au gouvernement. Ici, il y a des gens qui sont grands par leur naissance; mais ils sont sans crédit. Les rois font comme ces ouvriers habiles qui, pour exécuter leurs ouvrages, se servent toujours des machines les plus simples.

La Faveur[33] est la grande Divinité des Français. Le Ministre est le grand prêtre, qui lui offre bien des victimes. Ceux qui l'entourent ne sont point habillés de blanc: tantôt sacrificateurs, et tantôt sacrifiés, ils se dévouent eux-mêmes à leur idole avec tout le peuple.

De Paris, le 9 de la lune de Gemmadi 2, 1715

---

33. "of the King" is understood.

Lettre 89. Usbek à Ibben. A Smyrne

INFLUENCE QUE LE SENTIMENT DE L'HONNEUR PEUT AVOIR EN OCCIDENT ET EN ORIENT

Le désir de la gloire n'est point différent de cet instinct que toutes les créatures ont pour leur conservation. Il semble que nous augmentons notre être lorsque nous pouvons le porter dans la mémoire des autres; c'est une nouvelle vie que nous acquérons, et qui nous devient aussi précieuse que celle que nous avons reçue du ciel.

Mais comme tous les hommes ne sont pas également attachés à la vie, ils ne sont pas aussi également sensibles à la gloire. Cette noble passion est bien toujours gravée dans leur cœur; mais l'imagination et l'éducation la modifient de mille manières.

Cette différence, qui se trouve d'homme à homme, se fait encore plus sentir de peuple à peuple.

On peut poser pour maxime que dans chaque Etat le désir de la gloire croît avec la liberté des sujets et diminue avec elle: la gloire n'est jamais compagne de la servitude.

Un homme de bon sens me disait l'autre jour: On est en France, à bien des égards, plus libre qu'en Perse; aussi y aime-t-on plus la gloire. Cette heureuse fantaisie fait faire à un Français, avec plaisir et avec goût, ce que votre sultan n'obtient de ses sujets qu'en leur mettant sans cesse devant les yeux les supplices et les récompenses.

Aussi, parmi nous, le prince est-il jaloux de l'honneur du dernier de ses sujets. Il y a pour le maintenir des tribunaux respectables: c'est le trésor sacré de la nation, et le seul dont le souverain n'est pas le maître, parce qu'il ne peut l'être sans choquer ses intérêts. Ainsi, si un sujet se trouve blessé dans son honneur par son prince, soit par quelque préférence, soit par la moindre marque de mépris, il quitte sur-le-champ sa cour, son emploi, son service, et se retire chez lui.

La différence qu'il y a des troupes françaises aux vôtres, c'est que les unes, composées d'esclaves naturellement lâches, ne surmontent la crainte de la mort que par celle du châtiment; ce qui produit dans l'âme un nouveau genre de terreur qui la rend comme stupide, au lieu que les autres se présentent aux coups avec délices, et bannissent la crainte par une satisfaction qui lui est supérieure.

Mais le sanctuaire de l'honneur, de la réputation et de la vertu semble être établi dans les républiques et dans les pays où l'on peut prononcer le mot de patrie. A Rome, à Athènes, à Lacédémone, l'honneur payait seul les services les plus signalés. Une couronne de chêne ou de laurier, une statue, un éloge, était une récompense immense pour une bataille gagnée ou une ville prise.

Là, un homme qui avait fait une belle action se trouvait suffisamment récompensé par cette action même. Il ne pouvait voir un de ses compatriotes, qu'il ne ressentît le plaisir d'être son bienfaiteur: il comptait le nombre de ses services par celui de ses concitoyens. Tout homme est capable de faire du bien à un homme: mais c'est ressembler aux dieux que de contribuer au bonheur d'une société entière.

Or cette noble émulation ne doit-elle point être entièrement éteinte dans le cœur de vos Persans, chez qui les emplois et les dignités ne sont que des attributs de la fantaisie du souverain? La réputation et la vertu y sont regardées comme imaginaires, si elles ne sont accompagnées de la faveur du prince, avec laquelle elles naissent et meurent de même. Un homme qui a pour lui l'estime publique n'est jamais sûr de ne pas être déshonoré demain. Le voilà aujourd'hui général d'armée; peut-être que le prince le va faire son cuisinier, et qu'il ne lui laissera plus à espérer d'autre éloge que celui d'avoir fait un bon ragoût.

De Paris, le 15 de la lune de Gemmadi 2, 1715

Lettre 90. Usbek au même. A Smyrne

CONFLIT ENTRE LE POINT D'HONNEUR ET LA LOI PENALE

De cette passion générale que la nation française a pour la gloire, il s'est formé dans l'esprit des particuliers un certain je ne sais quoi qu'on appelle *point d'honneur;* c'est proprement le caractère de chaque profession; mais il est plus marqué chez les gens de guerre, et c'est le point d'honneur par excellence. Il me serait bien difficile de te faire sentir ce que c'est; car nous n'en avons point précisément d'idée.

Autrefois les Français, surtout les nobles, ne suivaient guère d'autres lois que celles de ce point d'honneur: elles réglaient toute la conduite de leur vie; et elles étaient si sévères qu'on ne pouvait, sans une peine plus cruelle que la mort, je ne dis pas les enfreindre, mais en éluder la plus petite disposition.

Quand il s'agissait de régler les différends, elles ne prescrivaient guère qu'une manière de décision, qui était le duel, qui tranchait toutes les difficultés. Mais ce qu'il y avait de mal, c'est que souvent le jugement se rendait entre d'autres parties que celles qui y étaient intéressées.

Pour peu qu'un homme fût connu d'un autre, il fallait qu'il entrât dans la dispute et qu'il payât de sa personne, comme s'il avait été lui-même en colère. Il se sentait toujours honoré d'un tel choix et d'une préférence si flatteuse; et tel qui n'aurait pas voulu donner quatre pistoles à un homme pour le sauver de la potence, lui et toute sa famille, ne faisait aucune difficulté d'aller risquer pour lui mille fois sa vie.

Cette manière de décider était assez mal imaginée; car de ce qu'un homme était plus adroit ou plus fort qu'un autre, il ne s'ensuivait pas qu'il eût de meilleures raisons.

Aussi les rois l'ont-ils défendue sous des peines très sévères: mais c'est en vain; l'honneur, qui veut toujours régner, se révolte, et il ne reconnaît point de lois.

Ainsi les Français sont dans un état bien violent; car les mêmes lois de l'honneur obligent un honnête homme de se venger quand il a été offensé; mais, d'un autre côté, la justice le punit des plus cruelles peines lorsqu'il se venge. Si l'on suit les lois de l'honneur, on périt sur un échafaud; si l'on suit celles de la justice, on est banni pour jamais de la société des hommes; il n'y a donc que cette cruelle alternative, ou de mourir ou d'être indigne de vivre.   *De Paris, le 18 de la lune de Gemmadi 2, 1715*

Lettre 102. Usbek à Ibben. A Smyrne
POUVOIR ILLIMITÉ DES PRINCES EN PERSE; LIMITES DU POUVOIR DU ROI DE FRANCE

Les plus puissants Etats de l'Europe sont ceux de l'empereur, des rois de France, d'Espagne, et d'Angleterre. L'Italie et une grande partie de l'Allemagne sont partagées en un nombre infini de petits Etats, dont les princes sont, à proprement parler, les martyrs de la souveraineté. Nos glorieux sultans ont plus de femmes que quelques-uns de ces princes n'ont de sujets. Ceux d'Italie, qui ne sont pas si unis, sont plus à plaindre; leurs Etats sont ouverts comme des caravansérails, où ils sont obligés de loger les premiers qui viennent; il faut donc qu'ils s'attachent aux grands princes, et leur fassent part de leur frayeur plutôt que de leur amitié.

La plupart des gouvernements d'Europe sont monarchiques, ou plutôt sont ainsi appelés; car je ne sais pas s'il y en a jamais eu véritablement de tels; au moins est-il difficile qu'ils aient subsisté longtemps dans leur pureté. C'est un état violent qui dégénère toujours en despotisme ou en république. La puissance ne peut jamais être également partagée entre le peuple et le prince; l'équilibre est trop difficile à garder: il faut que le pouvoir diminue d'un côté pendant qu'il augmente de l'autre; mais l'avantage est ordinairement du côté du prince qui est à la tête des armées.

Aussi le pouvoir des rois d'Europe est-il bien grand, et on peut dire qu'ils l'ont tel qu'ils le veulent: mais ils ne l'exercent point avec tant d'étendue que nos sultans: premièrement, parce qu'ils ne veulent point choquer les mœurs et la religion des peuples; secondement, parce qu'il n'est pas de leur intérêt de le porter si loin.

Rien ne rapproche plus nos princes de la condition de leurs sujets que cet immense pouvoir qu'ils exercent sur eux; rien ne les soumet plus aux revers et aux caprices de la fortune.

L'usage où ils sont de faire mourir tous ceux qui leur déplaisent, au moindre signe qu'ils font, renverse la proportion qui doit être entre les fautes et les peines, qui est comme l'âme des Etats et l'harmonie des empires; et cette proportion, scrupuleusement gardée par les princes chrétiens, leur donne un avantage infini sur nos sultans.

    Un Persan qui, par imprudence ou par malheur, s'est attiré la disgrâce du prince, est sûr de mourir; la moindre faute ou le moindre caprice le met dans cette nécessité. Mais, s'il avait attenté à la vie de son souverain, s'il avait voulu livrer ses places aux ennemis, il en serait quitte aussi pour perdre la vie: il ne court donc pas plus de risque dans ce dernier cas que dans le premier.

    Aussi, dans la moindre disgrâce, voyant la mort certaine, et ne voyant rien de pis, il se porte naturellement à troubler l'Etat, et à conspirer contre le souverain: seule ressource qui lui reste.

    Il n'en est pas de même des grands d'Europe, à qui la disgrâce n'ôte rien que la bienveillance et la faveur. Ils se retirent de la cour et ne songent qu'à jouir d'une vie tranquille et des avantages de leur naissance. Comme on ne les fait guère périr que pour le crime de lèse-majesté, ils craignent d'y tomber, par la considération de ce qu'ils ont à perdre et du peu qu'ils ont à gagner; ce qui fait qu'on voit peu de révoltes, et peu de princes qui périssent d'une mort violente.

    Si, dans cette autorité illimitée qu'ont nos princes, ils n'apportaient pas tant de précautions pour mettre leur vie en sûreté, ils ne vivraient pas un jour; et, s'ils n'avaient à leur solde un nombre innombrable de troupes pour tyranniser le reste de leurs sujets, leur empire ne subsisterait pas un mois.

    Il n'y a que quatre ou cinq siècles qu'un roi de France prit des gardes, contre l'usage de ces temps-là, pour se garantir des assassins qu'un petit prince d'Asie avait envoyés pour le faire périr:[34] jusque-là les rois avaient vécu tranquilles au milieu de leurs sujets, comme des pères au milieu de leurs enfants.

    Bien loin que les rois de France puissent de leur propre mouvement ôter la vie à un de leurs sujets, comme nos sultans, ils portent au contraire toujours avec eux la grâce de tous les criminels; il suffit qu'un homme ait été assez heureux pour voir l'auguste visage de son prince, pour qu'il cesse d'être indigne de vivre. Ces monarques sont comme le soleil, qui porte partout la chaleur et la vie.

De Paris, le 8 de la lune de Rébiab 2, 1717

Lettre 104. Usbek au même. A Smyrne

IDEES DES ANGLAIS SUR LES DROITS DE PRINCE

    Tous les peuples d'Europe ne sont pas également soumis à leurs princes: par exemple, l'humeur impatiente des Anglais ne laisse guère à leur roi le

---

[34]. Philippe II (1165-1223) surrounded himself with a bodyguard for protection against assassins sent by Ala-ed-din, "the Old Man of the Mountain."

temps d'appesantir son autorité. La soumission et l'obéissance sont les vertus dont ils se piquent le moins. Ils disent là-dessus des choses bien extraordinaires. Selon eux, il n'y a qu'un lien qui puisse attacher les hommes, qui est celui de la gratitude: un mari, une femme, un père, et un fils, ne sont liés entre eux que par l'amour qu'ils se portent ou par les bienfaits qu'ils se procurent; et ces motifs divers de reconnaissance sont l'origine de tous les royaumes et de toutes les sociétés.

Mais si un prince, bien loin de faire vivre ses sujets heureux, veut les accabler et les détruire, le fondement de l'obéissance cesse; rien ne les lie, rien ne les attache à lui; et ils rentrent dans leur liberté naturelle. Ils soutiennent que tout pouvoir sans bornes ne saurait être légitime, parce qu'il n'a jamais pu avoir d'origine légitime. Car nous ne pouvons pas, disent-ils, donner à un autre plus de pouvoir sur nous que nous n'en avons nous-mêmes: or nous n'avons pas sur nous-mêmes un pouvoir sans bornes; par exemple, nous ne pouvons pas nous ôter la vie: personne n'a donc, concluent-ils, sur la terre un tel pouvoir.

Le crime de lèse-majesté n'est autre chose, selon eux, que le crime que le plus faible commet contre le plus fort en lui désobéissant, de quelque manière qu'il lui désobéisse. Aussi le peuple d'Angleterre, qui se trouva le plus fort contre un de leurs rois, déclara-t-il que c'était un crime de lèse-majesté à un prince de faire la guerre à ses sujets.[35] Ils ont donc grande raison quand ils disent que le précepte de leur Alcoran qui ordonne de se soumettre aux puissances[36] n'est pas bien difficile à suivre, puisqu'il leur est impossible de ne le pas observer; d'autant que ce n'est pas au plus vertueux qu'on les oblige de se soumettre, mais à celui qui est le plus fort.

Les Anglais disent qu'un de leurs rois, ayant vaincu et fait prisonnier un prince qui lui disputait la couronne, voulut lui reprocher son infidélité et sa perfidie. Il n'y a qu'un moment, dit le prince infortuné, qu'il vient d'être décidé lequel de nous deux est le traître.

Un usurpateur déclare rebelles tous ceux qui n'ont point opprimé la patrie comme lui: et, croyant qu'il n'y a pas de loi là où il ne voit point de juges, il fait révérer comme des arrêts du ciel les caprices du hasard et de la fortune.   *De Paris, le 20 de la lune de Rébiab 2, 1717*

Lettre 145. Usbek à Rhédi. A Venise

DEMORALISATION QUE LE SYSTEME DE LAW A PRODUITE EN FRANCE

Il y a longtemps que l'on a dit que la bonne foi était l'âme d'un grand ministre.

Un particulier peut jouir de l'obscurité où il se trouve, il ne se décrédite que devant quelques gens; il se tient couvert devant les autres: mais un

---

35. Statement made by the House of Commons at the trial of Charles I.
36. "Let every soul be subject unto higher powers." (*Romans*, xiii, 1.)

ministre qui manque à la probité a autant de témoins, autant de juges, qu'il y a de gens qu'il gouverne.

Oserai-je le dire? le plus grand mal que fait un ministre sans probité n'est pas de desservir son prince et de ruiner son peuple; il y en a un autre, à mon avis, mille fois plus dangereux: c'est le mauvais exemple qu'il donne.

Tu sais que j'ai longtemps voyagé dans les Indes.[37] J'y ai vu une nation, naturellement généreuse, pervertie en un instant, depuis le dernier des sujets jusqu'aux plus grands, par le mauvais exemple d'un ministre: j'y ai vu tout un peuple, chez qui la générosité, la probité, la candeur et la bonne foi ont passé de tout temps pour les qualités naturelles, devenir tout à coup le dernier des peuples; le mal se communiquer, et n'épargner pas même les membres les plus sains; les hommes les plus vertueux faire des choses indignes, et violer les premiers principes de la justice, sur ce vain prétexte qu'on la leur avait violée.

Ils appelaient des lois odieuses en garantie des actions les plus lâches, et nommaient nécessité l'injustice et la perfidie.

J'ai vu la foi des contrats bannie, les plus saintes conventions anéanties, toutes les lois des familles renversées. J'ai vu des débiteurs avares, fiers d'une insolente pauvreté, instruments indignes de la fureur des lois et de la rigueur des temps, feindre un payement au lieu de le faire, et porter le couteau dans le sein de leurs bienfaiteurs.

J'en ai vu d'autres, plus indignes encore, acheter presque pour rien, ou plutôt ramasser de terre des feuilles de chêne pour les mettre à la place de la substance des veuves et des orphelins.

J'ai vu naître soudain dans tous les cœurs une soif insatiable des richesses. J'ai vu se former en un moment une détestable conjuration de s'enrichir, non par un honnête travail et une généreuse industrie, mais par la ruine du prince, de l'Etat et des concitoyens.

J'ai vu un honnête citoyen, dans ces temps malheureux, ne se coucher qu'en disant: J'ai ruiné une famille aujourd'hui: j'en ruinerai une autre demain.

Je vais, disait un autre, avec un homme noir[38] qui porte une écritoire à la main et un fer pointu à l'oreille, assassiner tous ceux à qui j'ai de l'obligation.

Un autre disait: Je vois que j'accommode mes affaires: il est vrai que, lorsque j'allai il y a trois jours faire un certain payement, je laissai toute une famille en larmes, que je dissipai la dot de deux honnêtes filles, que j'ôtai l'éducation à un petit garçon: le père en mourra de douleur, la mère périt de tristesse; mais je n'ai fait que ce qui est permis par la loi.

Quel plus grand crime que celui que commet un ministre lorsqu'il corrompt les mœurs de toute une nation, dégrade les âmes les plus géné-

---

37. "Les Indes" here represents France.
38. "bailiff."

reuses, ternit l'éclat des dignités, obscurcit la vertu même, et confond la plus haute naissance dans le mépris universel!

Que dira la postérité lorsqu'il lui faudra rougir de la honte de ses pères? Que dira le peuple naissant, lorsqu'il comparera le fer de ses aïeux avec l'or de ceux à qui il doit immédiatement le jour? Je ne doute pas que les nobles ne retranchent de leurs quartiers un indigne degré de noblesse qui les déshonore, et ne laissent la génération présente dans l'affreux néant où elle s'est mise. *De Paris, le 11 de la lune de Rhamazan, 1720*

Lettre 160. Roxane à Usbek. A Paris
LA VENGEANCE DE ROXANE, FEMME FAVORITE D'USBEK

Oui, je t'ai trompé, j'ai séduit tes eunuques; je me suis jouée de ta jalousie, et j'ai su de ton affreux sérail faire un lieu de délices et de plaisirs.

Je vais mourir; le poison va couler dans mes veines: car que ferais-je ici, puisque le seul homme qui me retenait à la vie n'est plus? Je meurs; mais mon ombre s'envole bien accompagnée: je viens d'envoyer devant moi ces gardiens sacrilèges qui ont répandu le plus beau sang du monde.

Comment as-tu pensé que je fusse assez crédule pour m'imaginer que je ne fusse dans le monde que pour adorer tes caprices; que, pendant que tu te permets tout, tu eusses le droit d'affliger tous mes désirs? Non: j'ai pu vivre dans la servitude; mais j'ai toujours été libre. J'ai réformé tes lois sur celles de la nature; et mon esprit s'est toujours tenu dans l'indépendance.

Tu devais me rendre grâces encore du sacrifice que je t'ai fait; de ce que je me suis abaissée jusqu'à te paraître fidèle; de ce que j'ai lâchement gardé dans mon cœur ce que j'aurais dû faire paraître à toute la terre; enfin, de ce que j'ai profané la vertu en souffrant qu'on appelât de ce nom ma soumission à tes fantaisies.

Tu étais étonné de ne point trouver en moi les transports de l'amour: si tu m'avais bien connue, tu y aurais trouvé toute la violence de la haine.

Mais tu as eu longtemps l'avantage de croire qu'un cœur comme le mien t'était soumis. Nous étions tous deux heureux; tu me croyais trompée, et je te trompais.

Ce langage, sans doute, te paraît nouveau. Serait-il possible qu'après t'avoir accablé de douleurs je te forçasse encore d'admirer mon courage? Mais c'en est fait, le poison me consume, ma force m'abandonne; la plume me tombe des mains; je sens affaiblir jusqu'à ma haine; je me meurs. *Du sérail d'Ispahan, le 8 de la lune de Rébiab 1, 1720*

CONSIDERATIONS SUR LES CAUSES DE LA GRANDEUR DES ROMAINS ET LEUR DECADENCE

When the *Considérations* appeared in 1734, its gravity of tone and solidity of matter contrasted substantially with the sparkling satire and delightful disorder of the *Lettres persanes*. Montesquieu, in the midst of his laborious work on the *Esprit des lois*, had turned aside momentarily to study Roman history, tempted by the splendid example it offered him of a logical development in the rise and fall of a great nation. This work takes its place between Saint-Evremond's *Réflexions sur les divers génies du peuple romain* ... and Gibbon's *Decline and Fall of the Roman Empire*, in an increasingly successful attempt to explain Roman history as the result of purely human motives without recourse to direct divine intervention. More specifically, Montesquieu wanted to demonstrate how a democracy, once having lost those public virtues which constitute the very conditions of its existence, perishes through tyranny: "Voici en un mot l'histoire des Romains. Ils vainquirent tous les peuples par leurs maximes, mais lorsqu'ils y furent parvenus, leur république ne put subsister; il fallut changer de gouvernement, et des maximes contraires aux premières, employées dans ce gouvernement nouveau, firent tomber leur grandeur." (Ch. XVIII.)

Chapter VI of the *Considérations* was called a "chef-d'œuvre" by Sainte-Beuve and singled out for praise by Lanson: "Jamais Montesquieu n'a été plus érudit, plus ingénieux, plus profond que dans ce chapitre VI, où il nous explique le jeu de la politique extérieure des Romains." This chapter, included here almost in its entirety, may be said to give the essence of Montesquieu's study. The reader of today will perhaps be more greatly impressed by the striking parallel between the external politics of the Romans and those of the Third Reich.

De la conduite que les Romains tinrent pour soumettre tous les peuples

Dans le cours de tant de prospérités, où l'on se néglige pour l'ordinaire, le sénat agissait toujours avec la même profondeur; et, pendant que les armées consternaient tout,[1] il tenait à terre ceux qu'il trouvait abattus.

Il s'érigea en tribunal qui jugea tous les peuples: à la fin de chaque guerre, il décidait des peines et des récompenses que chacun avait méritées. Il ôtait une partie du domaine du peuple vaincu pour la donner aux alliés; en quoi il faisait deux choses: il attachait à Rome des rois dont elle avait peu à craindre et beaucoup à espérer; et il en affaiblissait d'autres dont elle n'avait rien à espérer, et tout à craindre.

On se servait des alliés pour faire la guerre à un ennemi; mais, d'abord,[2] on détruisait les destructeurs.[3] Philippe fut vaincu par le moyen des Etoliens, qui furent anéantis d'abord après pour s'être joints à Antiochus.

---

1. "were laying everything low."
2. "immediately."
3. I.e., their allies.

Antiochus fut vaincu par le secours des Rhodiens; mais, après qu'on leur eut donné des récompenses éclatantes, on les humilia pour jamais, sous prétexte qu'ils avaient demandé qu'on fît la paix avec Persée.

Quand ils avaient plusieurs ennemis sur les bras, ils accordaient une trêve au plus faible, qui se croyait heureux de l'obtenir, comptant pour beaucoup d'avoir différé sa ruine.

Lorsque l'on était occupé à une grande guerre, le sénat dissimulait toutes sortes d'injures, et attendait, dans le silence, que le temps de la punition fût venu; que si quelque peuple lui envoyait les coupables, il refusait de les punir, aimant mieux tenir toute la nation pour criminelle, et se réserver une vengeance utile.

Comme ils faisaient à leurs ennemis des maux inconcevables, il ne se formait guère de ligues contre eux; car celui qui était le plus éloigné du péril ne voulait pas en approcher.

Par là ils recevaient rarement la guerre, mais la faisaient toujours dans le temps,[4] de la manière et avec ceux qu'il leur convenait; et, de tant de peuples qu'ils attaquèrent, il y en a bien peu qui n'eussent souffert toutes sortes d'injures si l'on avait voulu les laisser en paix.

Leur coutume étant de parler toujours en maîtres, les ambassadeurs qu'ils envoyaient chez les peuples qui n'avaient point encore senti leur puissance étaient sûrement maltraités: ce qui était un prétexte sûr pour faire une nouvelle guerre.

Comme ils ne faisaient jamais la paix de bonne foi, et que, dans le dessein d'envahir tout, leurs traités n'étaient proprement que des suspensions de guerre, ils y mettaient des conditions qui commençaient toujours la ruine de l'Etat qui les acceptait. Ils faisaient sortir les garnisons des places fortes, ou bornaient le nombre des troupes de terre, ou se faisaient livrer les chevaux ou les éléphants; et si ce peuple était puissant sur la mer, ils l'obligeaient de brûler ses vaisseaux, et quelquefois d'aller habiter plus avant dans les terres.

Après avoir détruit les armées d'un prince, ils ruinaient ses finances par des taxes excessives, ou un tribut, sous prétexte de lui faire payer les frais de la guerre: nouveau genre de tyrannie, qui le forçait d'opprimer ses sujets, et de perdre leur amour.

Lorsqu'ils accordaient la paix à quelque prince, ils prenaient quelqu'un de ses frères ou de ses enfants en otage: ce qui leur donnait le moyen de troubler son royaume à leur fantaisie. Quand ils avaient le plus proche héritier, ils intimidaient le possesseur; s'ils n'avaient qu'un prince d'un degré éloigné, ils s'en servaient pour animer les révoltes des peuples.

Quand quelque prince ou quelque peuple s'était soustrait de l'obéissance de son souverain, ils lui accordaient d'abord le titre d'allié du peuple romain; et par là ils le rendaient sacré et inviolable: de manière

---

4. "at the propitious moment."

La Grandeur et la décadence des Romains 139

qu'il n'y avait point de roi, quelque grand qu'il fût, qui pût un moment être sûr de ses sujets, ni même de sa famille.

Quoique le titre de leur allié fût une espèce de servitude, il était néanmoins très recherché; car on était sûr que l'on ne recevait d'injures que d'eux, et l'on avait sujet d'espérer qu'elles seraient moindres. Ainsi, il n'y avait point de services que les peuples et les rois ne fussent prêts de rendre, ni de bassesses qu'ils ne fissent pour l'obtenir....

Lorsqu'ils laissaient la liberté à quelques villes, ils y faisaient d'abord naître deux factions: l'une défendait les lois et la liberté du pays; l'autre soutenait qu'il n'y avait de lois que la volonté des Romains: et, comme cette dernière faction était toujours la plus puissante, on voit bien qu'une pareille liberté n'était qu'un nom.

Quelquefois ils se rendaient maîtres d'un pays sous prétexte de succession: ils entrèrent en Asie, en Bithynie, en Libye, par les testaments d'Attalus, de Nicomède et d'Apion; et l'Egypte fut enchaînée par celui du roi de Cyrène.

Pour tenir les grands princes toujours faibles, ils ne voulaient pas qu'ils reçussent dans leur alliance ceux à qui ils avaient accordé la leur, et comme ils ne la refusaient à aucun des voisins d'un prince puissant, cette condition, mise dans un traité de paix, ne lui laissait plus d'alliés.

De plus, lorsqu'ils avaient vaincu quelque prince considérable, ils mettaient dans le traité qu'il ne pourrait faire la guerre pour ses différends avec les alliés des Romains (c'est-à-dire, ordinairement, avec tous ses voisins), mais qu'il les mettrait en arbitrage; ce qui lui ôtait pour l'avenir la puissance militaire.

Et, pour se la réserver toute, ils en privaient leurs alliés même: dès que ceux-ci avaient le moindre démêlé, ils envoyaient des ambassadeurs qui les obligeaient de faire la paix. Il n'y a qu'à voir comme ils terminèrent les guerres d'Attalus et de Prusias.[5]

Quand quelque prince avait fait une conquête qui souvent l'avait épuisé, un ambassadeur romain survenait d'abord, qui la lui arrachait des mains. Entre mille exemples, on peut se rappeler comment, avec une parole, ils chassèrent d'Egypte Antiochus.

Sachant combien les peuples d'Europe étaient propres à la guerre, ils établirent comme une loi qu'il ne serait permis à aucun roi d'Asie d'entrer en Europe et d'y assujettir quelque peuple que ce fût. Le principal motif de la guerre qu'ils firent à Mithridate fut que, contre cette défense, il avait soumis quelques Barbares.

Lorsqu'ils voyaient que deux peuples étaient en guerre, quoiqu'ils n'eussent aucune alliance, ni rien à démêler avec l'un ni avec l'autre, ils ne lais-

---

5. Prusia, king of Bithynia, and brother-in-law of Philip of Macedonia, conquered Atalas, king of Persia. The Romans, however, obliged Prusia to restore his conquests and pay indemnity.

saient pas de paraître sur la scène, et, comme nos chevaliers errants, ils
prenaient le parti du plus faible. C'était, dit Denys d'Halicarnasse, une
ancienne coutume des Romains d'accorder toujours leur secours à quiconque venait l'implorer.

Ces coutumes des Romains n'étaient point quelques faits particuliers
arrivés par hasard; c'étaient des principes toujours constants; et cela se
peut voir aisément: car les maximes dont ils firent usage contre les plus
grandes puissances furent précisément celles qu'ils avaient employées
dans les commencements contre les petites villes qui étaient autour
d'eux....

Mais surtout leur maxime constante fut de diviser. La république
d'Achaïe [6] était formée par une association de villes libres: le Sénat déclara
que chaque ville se gouvernerait dorénavant par ses propres lois, sans
dépendre d'une autorité commune.

La république des Béotiens était pareillement une ligue de plusieurs
villes; mais comme, dans la guerre contre Persée, les unes suivirent le
parti de ce prince, les autres celui des Romains, ceux-ci les reçurent en
grâce, moyennant la dissolution de l'alliance commune.

Si un grand prince qui a régné de nos jours avait suivi ces maximes,
lorsqu'il vit un de ses voisins détrôné, il aurait employé de plus grandes
forces pour le soutenir, et le borner dans l'île [7] qui lui resta fidèle: en
divisant la seule puissance qui pût s'opposer à ses desseins, il aurait tiré
d'immenses avantages du malheur même de son allié.

Lorsqu'il y avait quelques disputes dans un Etat, ils jugeaient d'abord
l'affaire; et par là ils étaient sûrs de n'avoir contre eux que la partie qu'ils
avaient condamnée. Si c'étaient des princes du même sang qui se disputaient
la couronne, ils les déclaraient quelquefois tous deux rois; si l'un d'eux
était en bas âge, ils décidaient en sa faveur, et ils en prenaient la tutelle,
comme protecteurs de l'univers. Car ils avaient porté les choses au point
que les peuples et les rois étaient leurs sujets, sans savoir précisément par
quel titre: étant établi que c'était assez d'avoir ouï parler d'eux pour devoir
leur être soumis.

Ils ne faisaient jamais de guerres éloignées sans s'être procuré quelque
allié auprès de l'ennemi qu'ils attaquaient, qui pût joindre ses troupes à
l'armée qu'ils envoyaient, et, comme elle n'était jamais considérable par
le nombre, ils observaient toujours d'en tenir une autre dans la province
la plus voisine de l'ennemi, et une troisième dans Rome, toujours prête à
marcher. Ainsi ils n'exposaient qu'une très petite partie de leurs forces,
pendant que leur ennemi mettait au hasard toutes les siennes.

Quelquefois ils abusaient de la subtilité des termes de leur langue. Ils
détruisirent Carthage, disant qu'ils avaient promis de conserver la cité, et

---

6. The league, or confederacy, of Achaia was destroyed by the Romans in 146 B.C.
7. Ireland; a reference to Louis XIV's efforts to restore James II to the throne of England.

non pas la ville.[8] On sait comment les Etoliens, qui s'étaient abandonnés à leur foi, furent trompés: les Romains prétendirent que la signification de ces mots: *s'abandonner à la foi d'un ennemi*, emportait la perte de toutes sortes de choses, des personnes, des terres, des villes, des temples et des sépultures même.

Ils pouvaient même donner à un traité une interprétation arbitraire: ainsi, lorsqu'ils voulurent abaisser les Rhodiens, ils dirent qu'ils ne leur avaient pas donné autrefois la Lycie comme présent, mais comme amie et alliée.

Lorsqu'un de leurs généraux faisait la paix pour sauver son armée prête à périr, le Sénat, qui ne la ratifiait point, profitait de cette paix, et continuait la guerre. Ainsi, quand Jugurtha eut enfermé une armée romaine, et qu'il l'eut laissée aller sous la foi d'un traité, on se servit contre lui des troupes mêmes qu'il avait sauvées; et lorsque les Numantins eurent réduit vingt mille Romains, prêts à mourir de faim, à demander la paix, cette paix, qui avait sauvé tant de citoyens, fut rompue à Rome, et l'on éluda la foi publique en envoyant [9] le consul qui l'avait signée.

Quelquefois ils traitaient de la paix avec un prince sous des conditions raisonnables; et lorsqu'il les avait exécutées, ils en ajoutaient de telles qu'il était forcé de recommencer la guerre. Ainsi, quand ils se furent fait livrer par Jugurtha ses éléphants, ses chevaux, ses trésors, ses transfuges, ils lui demandèrent de livrer sa personne; chose qui, étant pour un prince le dernier des malheurs, ne peut jamais faire une condition de paix.

Enfin, ils jugèrent les rois pour leurs fautes et leurs crimes particuliers. Ils écoutèrent les plaintes de tous ceux qui avaient quelques démêlés avec Philippe; ils envoyèrent des députés pour pourvoir à leur sûreté; et ils firent accuser Persée devant eux pour quelques meurtres et quelques querelles avec des citoyens des villes alliées.

Comme on jugeait de la gloire d'un général par la quantité de l'or et de l'argent qu'on portait à son triomphe, il ne laissait rien à l'ennemi vaincu. Rome s'enrichissait toujours, et chaque guerre la mettait en état d'en entreprendre une autre.

Les peuples qui étaient amis ou alliés se ruinaient tous par les présents immenses qu'ils faisaient pour conserver la faveur, ou l'obtenir plus grande; et la moitié de l'argent qui fut envoyé pour ce sujet aux Romains aurait suffi pour les vaincre.

Maîtres de l'univers, ils s'en attribuèrent tous les trésors: ravisseurs moins injustes en qualité de conquérants qu'en qualité de législateurs. Ayant su que Ptolémée, roi de Chypre, avait des richesses immenses, ils firent une loi, sur la proposition d'un tribun, par laquelle ils se donnèrent l'hérédité d'un homme vivant, et la confiscation d'un prince allié.

---

8. Comparable to the figure of the soul dwelling in the body, the opposition between form and substance.
9. "dismissing."

Bientôt la cupidité des particuliers acheva d'enlever ce qui avait échappé à l'avarice publique. Les magistrats et les gouverneurs vendaient aux rois leurs injustices. Deux compétiteurs se ruinaient à l'envi pour acheter une protection toujours douteuse contre un rival qui n'était pas entièrement épuisé: car on n'avait pas même cette justice des brigands, qui portent une certaine probité dans l'exercice du crime. Enfin les droits légitimes ou usurpés ne se soutenant que par de l'argent, les princes, pour en avoir, dépouillaient les temples, confisquaient les biens des plus riches citoyens: on faisait mille crimes pour donner aux Romains tout l'argent du monde.

Mais rien ne servit mieux Rome que le respect qu'elle imprima à la terre. Elle mit d'abord les rois dans le silence, et les rendit comme stupides. Il ne s'agissait pas du degré de leur puissance; mais leur personne propre était attaquée. Risquer une guerre, c'était s'exposer à la captivité, à la mort, à l'infamie du triomphe. Ainsi des rois qui vivaient dans le faste et dans les délices n'osaient jeter des regards fixes sur le peuple romain; et perdant le courage, ils attendaient de leur patience et de leurs bassesses quelque délai aux misères dont ils étaient menacés.

Remarquez, je vous prie, la conduite des Romains. Après la défaite d'Antiochus, ils étaient maîtres de l'Afrique, de l'Asie et de la Grèce, sans y avoir presque de villes en propre. Il semblait qu'ils ne conquissent que pour donner; mais ils restaient si bien les maîtres que, lorsqu'ils faisaient la guerre à quelque prince, ils l'accablaient, pour ainsi dire, du poids de tout l'univers.

Il n'était pas temps encore de s'emparer des pays conquis. S'ils avaient gardé les villes prises à Philippe, ils auraient fait ouvrir les yeux aux Grecs; si, après la seconde guerre punique, ou celle contre Antiochus, ils avaient pris des terres en Afrique ou en Asie, ils n'auraient pu conserver des conquêtes si peu solidement établies.

Il fallait attendre que toutes les nations fussent accoutumées à obéir, comme libres et comme alliées, avant de leur commander comme sujettes, et qu'elles eussent été se perdre peu à peu dans la république romaine.

Voyez le traité qu'ils firent avec les Latins après la victoire du lac Régille: il fut un des principaux fondements de leur puissance. On n'y trouve pas un seul mot qui puisse faire soupçonner l'empire.

C'était une manière lente de conquérir. On vainquait un peuple, et on se contentait de l'affaiblir; on lui imposait des conditions qui le minaient insensiblement; s'il se relevait, on l'abaissait encore davantage; et il devenait sujet sans qu'on pût donner une époque de sa sujétion.

Ainsi Rome n'était pas proprement une monarchie ou une république, mais la tête du corps formé par tous les peuples du monde.

Si les Espagnols, après la conquête du Mexique et du Pérou, avaient suivi ce plan, ils n'auraient pas été obligés de tout détruire pour tout conserver.

C'est la folie des conquérants de vouloir donner à tous les peuples

La Grandeur et la décadence des Romains

leurs lois et leurs coutumes: cela n'est bon à rien, car dans toute sorte de gouvernement on est capable d'obéir.

Mais Rome n'imposant aucunes lois générales, les peuples n'avaient point entre eux de liaisons dangereuses: ils ne faisaient un corps que par une obéissance commune; et, sans être compatriotes, ils étaient tous Romains.... (*Ch. VI*)

DE L'ESPRIT DES LOIS

Of his greatest work, *De l'esprit des lois*, first published in 1748, Montesquieu could say that it was the result of forty years, even a lifetime, of arduous labor. Large sections of the *Lettres persanes*, beginning with the history of the Troglodytes, had already revealed his major preoccupation. His *Considérations sur les causes de la grandeur des Romains et de leur décadence* led him more deeply into political science. It may be considered either as a detached chapter from, or as a historical preparation for, *The Spirit of Laws*. To the divine right of kings he opposed the natural rights of citizens. Bossuet had written his *Politique tirée des propres paroles de l'Ecriture sainte* in defense of Gallican freedom from Rome, but in the Biblical tradition. Montesquieu's work represents a continuation in a new field of the Renaissance, or rebirth of the pagan culture of antiquity.

The author's vast reading and erudition are apparent from the text and voluminous notes. He was well acquainted with the political philosophies of the ancients, the laws and customs of the Greek republics, and the historical and legalistic writings of the Romans.[1] Tavernier and Chardin on Persia, and Father Duhalde on China, are the most obvious sources among many for his knowledge of Oriental political systems. The histories of Poland and Venice contributed much of the material on aristocracies. His analysis of English institutions helped him discover the principles of democratic government which were so soon to be put into practice on the North American continent and in France.

The general principles which made possible the organization of the superabundant material that Montesquieu had assembled are derived from two sources: (1) the natural, universal law of reason and equity,[2] which was essential and antecedent to the formulation of positive laws; and (2) the principle of relativity, which furnished so many of his chapter headings.

Like the Stoics, Montesquieu considered natural law, not as a substitute, but as the basis, for all positive laws. It was not an innate idea or *a priori* deduction in the Cartesian sense, nor the harmony of a remote and somewhat mythical primitive, uncorrupted state of nature, which lay back of the ideas of Locke and Rousseau, nor the categorical imperative of Kant. In one sense it was derived from Thomas Aquinas, who made the first effort in Christian philosophy to sec-

---

1. Cf. L. M. Levin, *The Political Doctrine of Montesquieu's Esprit des lois: Its Classical Background.*
2. It is now apparent that nineteenth-century positivists too readily attacked the principle of natural law. Albert Sorel's criticisms in his generally useful *Montesquieu* are here subject to caution. The article "Natural Law" in the *Encyclopedia of the Social Sciences* presents a brief but thorough history of the problem. Cf. also D. G. Ritchie, *Natural Rights.*

ularize natural law;[3] but Aquinas went on to expound the superior Eternal Law of the Church, which Montesquieu and his fellow philosophers forgot, or purposefully slighted, or implicitly denied. In another sense natural law was based on the essential identity of physiological and psychological man, the similarity of human instincts, and the therefore necessarily common factors in the experience of men living together in society.[4] The appeal to natural law is, then, an appeal to experience, to a sense of justice which develops along with the increasing complexity of social contacts. Such an appeal is well exemplified by Montesquieu's work and is justified whenever man feels that there ought to be a law, that there ought to be a better law, or that there ought to be an international law.

Justice was Montesquieu's supreme political virtue: if God did not exist, men would be obliged to deify justice.[5] The Christian religion was founded on Jewish law, and love might be "the second mile" of the Gospel, but justice was its necessary antecedent. The brotherhood of man, according to Montesquieu's principles, cannot be realized until the sanction of international law is firmly established. There was nothing soft about his humanitarianism.

The principle of relativity, resulting from Montesquieu's historical investigation of the varieties of positive laws and customs, is apparent throughout his work. "Plusieurs choses," he wrote, "gouvernent l'homme: le climat, la religion, les lois, les maximes du gouvernement, les exemples des choses passées, les mœurs, les manières; d'où il se forme un esprit général qui en résulte." The inductive method of generalizing from man's experiments in social living is here apparent. In Montesquieu's day, the sciences of anthropology, sociology, and comparative religion were in their infancy. Added evidence has necessarily modified some of his conclusions. But no apology need be made for Montesquieu. Many of the generalizations of the first three books are "working" principles, undogmatically conceived, which, if not taken too seriously, add to the clarification of the author's undeniable penetration into the underlying spirit of laws. His insistence that virtue is the principal support of republics, but not of monarchies, can be understood in the light of his fear that France under Louis XIV and Louis XV was fast degenerating into a despotism. He had a theoretical preference for the democratic way of life, but believed it practical only under especially favorable conditions. His analysis of these conditions is not the least attractive feature of his work.

For France, Montesquieu's more immediate ideal was obviously a constitutional monarchy patterned after the English system, a limited monarchy in which the aristocracy would regain its lost political power and constitute a Senate or House of Lords. Pride in his supposedly Frankish ancestry led him into occasional historical misapprehensions [6] and induced him to undertake, in the final books, an incomplete and comparatively uninteresting study of the feudal system.

3. The Jesuits preached a natural law and even a natural or humanistic morality, upon which they superimposed the theological virtues of faith, hope, and charity. Unlike their enemies, the Jansenists, they believed that Adam's sin did not lead to the depravity of natural man, but only of theological man. Cf. R. R. Palmer, *Catholics and Unbelievers in Eighteenth-Century France.*
4. Diderot stressed the identity of organization ("like organs produce like needs"); Voltaire, the instincts, in his *Poème sur la loi naturelle* (see below).
5. See, above, *Lettres persanes*, No. 83.
6. See, below, notes 42 and 64.

His tendencies were nevertheless quite generally in the direction of liberalism and humanity. For to the scientific ideal he added a philosophical ideal, a faith in the power of reason to triumph over the legally unreasonable. The king's sole aim was to be the liberty, security, and prosperity of the nation and the citizens which composed it. Reason condemned slavery, however much climatic conditions might seem to favor it, offensive wars, which are invariably ruinous, all violence and cruelty in the laws and in their application, all punishment for heresy, witchcraft, or sorcery. Until Beccaria and Voltaire no one spoke out more courageously than Montesquieu against the atrocities of the legal procedure of his day or did more to prepare the way for the reforms which the civilized world has all too thanklessly enjoyed for a century and a half.

The Spirit of Laws is a monument to the progressive rise of the human spirit. It is not a lawbook, nor an economic or sociological or anthropological treatise, but the product of a universality of mind too often disparaged in the modern world. Catherine the Great, in an abortive attempt to recodify the laws of Russia, called it her breviary. Franklin, Jefferson, and Madison were imbued with its principles. Its very genuine literary merits as well as the enduring pertinence of its subject matter make it still one of the most readable books of the French eighteenth century.

Livre premier

DES LOIS EN GENERAL

Des lois dans le rapport qu'elles ont avec les divers êtres

Les lois, dans la signification la plus étendue, sont les rapports nécessaires qui dérivent de la nature des choses: et, dans ce sens, tous les êtres ont leurs lois; la Divinité a ses lois; le monde matériel a ses lois; les intelligences supérieures à l'homme ont leurs lois; les bêtes ont leurs lois; l'homme a ses lois.

Ceux qui ont dit qu'*une fatalité aveugle a produit tous les effets que nous voyons dans le monde*,[7] ont dit une grande absurdité; car quelle plus grande absurdité qu'une fatalité aveugle qui aurait produit des êtres intelligents?

Il y a donc une raison primitive; et les lois sont les rapports qui se trouvent entre elle et les différents êtres, et les rapports de ces divers êtres entre eux.

Dieu a du rapport avec l'univers, comme créateur et comme conservateur:[8] les lois selon lesquelles il a créé sont celles selon lesquelles il conserve. Il agit selon ces règles, parce qu'il les connaît; il les connaît parce qu'il les a faites; il les a faites, parce qu'elles ont du rapport avec sa sagesse et sa puissance.

Comme nous voyons que le monde, formé par le mouvement de la

---

7. This is the Epicurean philosophy of Lucretius, commented upon by Bayle (see, above, p. 85), later affirmed by Diderot (see, below, p. 269), and attacked by Voltaire (see below, *passim*).
8. Cf. Voltaire's dictionary article "Théisme."

matière, et privé d'intelligence, subsiste toujours, il faut que ses mouvements aient des lois invariables, et, si l'on pouvait imaginer un autre monde que celui-ci, il aurait des règles constantes, ou il serait détruit.

Ainsi la création, qui paraît être un acte arbitraire, suppose des règles aussi invariables que la fatalité des athées. Il serait absurde de dire que le créateur, sans ces règles, pourrait gouverner le monde, puisque le monde ne subsisterait pas sans elles.[9]

Ces règles sont un rapport constamment établi. Entre un corps mû et un autre corps mû, c'est suivant les rapports de la masse et de la vitesse que tous les mouvements sont reçus, augmentés, diminués, perdus; chaque diversité est *uniformité*, chaque changement est *constance*.

Les êtres particuliers intelligents peuvent avoir des lois qu'ils ont faites; mais ils en ont aussi qu'ils n'ont pas faites. Avant qu'il y eût des êtres intelligents, ils étaient possibles: ils avaient donc des rapports possibles, et par conséquent des lois possibles. Avant qu'il y eût des lois faites, il y avait des rapports de justice possibles. Dire qu'il n'y a rien de juste ni d'injuste que ce qu'ordonnent ou défendent les lois positives, c'est dire qu'avant qu'on eût tracé de cercle, tous les rayons n'étaient pas égaux.[10]

Il faut donc avouer des rapports d'équité antérieurs à la loi positive qui les établit: comme, par exemple, que supposé qu'il y eût des sociétés d'hommes, il serait juste de se conformer à leurs lois; que, s'il y avait des êtres intelligents qui eussent reçu quelque bienfait d'un autre être, ils devraient en avoir de la reconnaissance; que, si un être intelligent avait créé un être intelligent, le créé devrait rester dans la dépendance qu'il a eue dès son origine; qu'un être intelligent, qui a fait du mal à un être intelligent, mérite de recevoir le même mal, et ainsi du reste.... (*Ch. 1*)

Des lois de la nature

Avant toutes ces lois, sont celles de la nature, ainsi nommées, parce qu'elles dérivent uniquement de la constitution de notre être. Pour les connaître bien, il faut considérer un homme avant l'établissement des sociétés. Les lois de la nature seront celles qu'il recevrait dans un état pareil.

Cette loi qui, en imprimant dans nous-mêmes l'idée d'un créateur, nous porte vers lui, est la première des lois naturelles par son importance, et non pas dans l'ordre de ces lois. L'homme, dans l'état de nature, aurait plutôt la faculté de connaître, qu'il n'aurait des connaissances. Il est clair que ses premières idées ne seraient point des idées spéculatives: il songerait à la conservation de son être, avant de chercher l'origine de son être. Un homme pareil ne sentirait d'abord que sa faiblesse; sa timidité serait

---

9. God moves, but intelligently and according to fixed laws, not in mysterious ways, his wonders to perform.

10. M. appeals from positive law to natural law. His position is quite similar to Voltaire's.

De l'esprit des lois

extrême: et, si l'on avait là-dessus besoin de l'expérience, l'on a trouvé dans les forêts des hommes sauvages; tout les fait trembler, tout les fait fuir.

Dans cet état, chacun se sent inférieur; à peine chacun se sent-il égal. On ne chercherait donc point à s'attaquer, et la paix serait la première loi naturelle.

Le désir que Hobbes donne d'abord aux hommes de se subjuguer les uns les autres, n'est pas raisonnable. L'idée de l'empire et de la domination est si composée, et dépend de tant d'autres idées, que ce ne serait pas celle qu'il aurait d'abord.

Hobbes demande "pourquoi, si les hommes ne sont pas naturellement en état de guerre, ils vont toujours armés? et pourquoi ils ont des clefs pour fermer leurs maisons?" Mais on ne sent pas que l'on attribue aux hommes, avant l'établissement des sociétés, ce qui ne peut leur arriver qu'après cet établissement, qui leur fait trouver des motifs pour s'attaquer et pour se défendre.

Au sentiment de sa faiblesse, l'homme joindrait le sentiment de ses besoins. Ainsi une autre loi naturelle serait celle qui lui inspirerait de chercher à se nourrir.

J'ai dit que la crainte porterait les hommes à se fuir: mais les marques d'une crainte réciproque les engageraient bientôt à s'approcher. D'ailleurs, ils y seraient portés par le plaisir qu'un animal sent à l'approche d'un animal de son espèce. De plus, ce charme que les deux sexes s'inspirent par leur différence, augmenterait ce plaisir; et la prière naturelle qu'ils se font toujours l'un à l'autre, serait une troisième loi.

Outre le sentiment que les hommes ont d'abord, ils parviennent encore à avoir des connaissances; ainsi ils ont un second lien que les autres animaux n'ont pas. Ils ont donc un nouveau motif de s'unir; et le désir de vivre en société est une quatrième loi naturelle.[11] (*Ch. 2*)

Des lois positives

Sitôt que les hommes sont en société, ils perdent le sentiment de leur faiblesse; l'égalité, qui était entre eux, cesse, et l'état de guerre commence.

Chaque société particulière vient à sentir sa force; ce qui produit un état de guerre de nation à nation. Les particuliers, dans chaque société, commencent à sentir leur force: ils cherchent à tourner en leur faveur les principaux avantages de cette société; ce qui fait entre eux un état de guerre.

Ces deux sortes d'état de guerre font établir les lois parmi les hommes.

---

11. The argument in favor of natural law drawn from a supposed primitive, pre-social state of nature (see, below, Rousseau's *Discours sur l'origine de l'inégalité*) has often been attacked since the eighteenth century. The psychological argument, based upon the instincts of conservation, preservation, and gregariousness rather than innate ideas, as developed in the second section of Voltaire's *Poème sur la loi naturelle* (see below), is more easily defended. But even modern philosophers have difficulty enumerating the instincts.

Considérés comme habitants d'une si grande planète, qu'il est nécessaire qu'il y ait différents peuples, ils ont des lois dans le rapport que ces peuples ont entre eux; et c'est le DROIT DES GENS. Considérés comme vivants dans une société qui doit être maintenue, ils ont des lois dans le rapport qu'ont ceux qui gouvernent, avec ceux qui sont gouvernés; et c'est le DROIT POLITIQUE. Ils en ont encore dans le rapport que tous les citoyens ont entre eux; et c'est le DROIT CIVIL.

Le droit des gens est naturellement fondé sur ce principe: que les diverses nations doivent se faire, dans la paix, le plus de bien, et, dans la guerre, le moins de mal qu'il est possible, sans nuire à leurs véritables intérêts.

L'objet de la guerre, c'est la victoire; celui de la victoire, la conquête; celui de la conquête, la conservation. De ce principe et du précédent doivent dériver toutes les lois qui forment le droit des gens.

Toutes les nations ont un droit des gens; et les Iroquois même, qui mangent leurs prisonniers, en ont un. Ils envoient et reçoivent des ambassades; ils connaissent des droits de la guerre et de la paix: le mal est que ce droit des gens n'est pas fondé sur les vrais principes.

Outre le droit des gens, qui regarde toutes les sociétés, il y a un droit politique pour chacune. Une société ne saurait subsister sans un gouvernement. *La réunion de toutes les forces particulières*, dit très bien GRAVINA, *forme ce qu'on appelle* l'ÉTAT POLITIQUE.

La force générale peut être placée entre les mains d'*un seul*, ou entre les mains de *plusieurs*. Quelques-uns ont pensé que, la nature ayant établi le pouvoir paternel, le gouvernement d'un seul était le plus conforme à la nature. Mais l'exemple du pouvoir paternel ne prouve rien. Car, si le pouvoir du père a du rapport au gouvernement d'un seul, après la mort du père, le pouvoir des frères ou, après la mort des frères, celui des cousins germains ont du rapport au gouvernement de plusieurs. La puissance politique comprend nécessairement l'union de plusieurs familles.

Il vaut mieux dire que le gouvernement le plus conforme à la nature est celui dont la disposition particulière se rapporte mieux à la disposition du peuple pour lequel il est établi.[12]

Les forces particulières ne peuvent se réunir sans que toutes les volontés se réunissent. *La réunion de ces volontés*, dit encore très bien GRAVINA, *est ce qu'on appelle* l'ÉTAT CIVIL.

La loi, en général, est la raison humaine, en tant qu'elle gouverne tous les peuples de la terre; et les lois politiques et civiles de chaque nation ne doivent être que les cas particuliers où s'applique cette raison humaine.

Elles doivent être tellement propres au peuple pour lequel elles sont faites, que c'est un très grand hasard si celles d'une nation peuvent convenir à une autre.

12. Relativity is a marked characteristic of M.'s entire discussion of the spirit of laws.

De l'esprit des lois

Il faut qu'elles se rapportent à la nature et au principe du gouvernement qui est établi, ou qu'on veut établir; soit qu'elles le forment, comme font les lois politiques; soit qu'elles le maintiennent, comme font les lois civiles.

Elles doivent être relatives au *physique* du pays; au climat glacé, brûlant ou tempéré; à la qualité du terrain, à sa situation, à sa grandeur; au genre de vie des peuples, laboureurs, chasseurs ou pasteurs; elles doivent se rapporter au degré de liberté que la constitution peut souffrir; à la religion des habitants, à leurs inclinations, à leurs richesses, à leur nombre, à leur commerce, à leurs mœurs, à leurs manières. Enfin elles ont des rapports entre elles; elles en ont avec leur origine, avec l'objet du législateur, avec l'ordre des choses sur lesquelles elles sont établies. C'est dans toutes ces vues qu'il faut les considérer.

C'est ce que j'entreprends de faire dans cet ouvrage. J'examinerai tous ces rapports: ils forment tous ensemble ce que l'on appelle l'ESPRIT DES LOIS.

Je n'ai point séparé les lois politiques des civiles: car, comme je ne traite point des lois, mais de l'esprit des lois, et que cet esprit consiste dans les divers rapports que les lois peuvent avoir avec diverses choses, j'ai dû moins suivre l'ordre naturel des lois, que celui de ces rapports et de ces choses.

J'examinerai d'abord les rapports que les lois ont avec la nature et avec le principe de chaque gouvernement: et, comme ce principe a sur les lois une suprême influence, je m'attacherai à le bien connaître; et, si je puis une fois l'établir, on en verra couler les lois comme de leur source. Je passerai ensuite aux autres rapports, qui semblent être plus particuliers.

(*Ch. 3*)

Livre deuxième

DES LOIS QUI DERIVENT DIRECTEMENT DE LA NATURE DU GOUVERNEMENT

De la nature des trois divers gouvernements

Il y a trois espèces de gouvernements: le RÉPUBLICAIN, le MONARCHIQUE et le DESPOTIQUE. Pour en découvrir la nature, il suffit de l'idée qu'en ont les hommes les moins instruits. Je suppose trois définitions, ou plutôt trois faits: l'un que "le gouvernement républicain est celui où le peuple en corps, ou seulement une partie du peuple a la souveraine puissance; le monarchique, celui où un seul gouverne, mais par des lois fixes et établies; au lieu que, dans le despotique, un seul, sans loi et sans règle, entraîne tout par sa volonté et par ses caprices."

Voilà ce que j'appelle la nature de chaque gouvernement. Il faut voir quelles sont les lois qui suivent directement de cette nature, et qui par conséquent sont les premières lois fondamentales.

(*Ch. 1*)

Du gouvernement républicain et des lois relatives à la démocratie

Lorsque, dans la république, le peuple en corps a la souveraine puissance, c'est une *Démocratie*. Lorsque la souveraine puissance est entre les mains d'une partie du peuple, cela s'appelle une *Aristocratie*.

Le peuple, dans la démocratie, est, à certains égards, le monarque; à certains autres, il est le sujet.

Il ne peut être monarque que par ses suffrages qui sont ses volontés. La volonté du souverain est le souverain lui-même. Les lois qui établissent le droit de suffrage sont donc fondamentales dans ce gouvernement. En effet, il est aussi important d'y régler comment, par qui, à qui, sur quoi, les suffrages doivent être donnés, qu'il l'est dans une monarchie de savoir quel est le monarque, et de quelle manière il doit gouverner.

Libanius dit que *à Athènes un étranger qui se mêlait dans l'assemblée du peuple, était puni de mort*. C'est qu'un tel homme usurpait le droit de souveraineté.

Il est essentiel de fixer le nombre des citoyens qui doivent former les assemblées; sans cela, on pourrait ignorer si le peuple a parlé, ou seulement une partie du peuple. A Lacédémone, il fallait dix mille citoyens. A Rome, née dans la petitesse pour aller à la grandeur; à Rome, faite pour éprouver toutes les vicissitudes de la fortune; à Rome, qui avait tantôt presque tous ses citoyens hors de ses murailles, tantôt toute l'Italie et une partie de la terre dans ses murailles, on n'avait point fixé ce nombre; et ce fut une des grandes causes de sa ruine.

Le peuple qui a la souveraine puissance doit faire par lui-même tout ce qu'il peut bien faire; et ce qu'il ne peut pas bien faire, il faut qu'il le fasse par ses ministres.

Ses ministres ne sont point à lui s'il ne les nomme: c'est donc une maxime fondamentale de ce gouvernement, que le peuple nomme ses ministres, c'est-à-dire ses magistrats.

Il a besoin, comme les monarques, et même plus qu'eux, d'être conduit par un conseil ou sénat. Mais, pour qu'il y ait confiance, il faut qu'il en élise les membres; soit qu'il les choisisse lui-même, comme à Athènes; ou par quelque magistrat qu'il a établi pour les élire, comme cela se pratiquait à Rome dans quelques occasions.

Le peuple est admirable pour choisir ceux à qui il doit confier quelque partie de son autorité. Il n'a à se déterminer que par des choses qu'il ne peut ignorer, et des faits qui tombent sous les sens. Il sait très bien qu'un homme a été souvent à la guerre, qu'il y a eu tels ou tels succès; il est donc très capable d'élire un général. Il sait qu'un juge est assidu; que beaucoup de gens se retirent de son tribunal content de lui; qu'on ne l'a pas convaincu de corruption; en voilà assez pour qu'il élise un préteur. Il a été frappé de la magnificence ou des richesses d'un citoyen; cela suffit pour qu'il puisse choisir un édile. Toutes ces choses sont des faits dont il s'instruit mieux

De l'esprit des lois

dans la place publique, qu'un monarque dans son palais. Mais saura-t-il conduire une affaire, connaître les lieux, les occasions, les moments, en profiter? Non: il ne le saura pas.

Si l'on pouvait douter de la capacité naturelle qu'a le peuple pour discerner le mérite, il n'y aurait qu'à jeter les yeux sur cette suite continuelle de choix étonnants que firent les Athéniens et les Romains; ce qu'on n'attribuera pas sans doute au hasard.

On sait qu'à Rome, quoique le peuple se fût donné le droit d'élever aux charges les plébéiens, il ne pouvait se résoudre à les élire; et quoiqu'à Athènes on pût, par la loi d'Aristide, tirer les magistrats de toutes les classes, il n'arriva jamais, dit Xénophon, que le bas peuple demandât celles qui pouvaient intéresser son salut ou sa gloire.

Comme la plupart des citoyens, qui ont assez de suffisance pour élire, n'en ont pas assez pour être élus; de même le peuple, qui a assez de capacité pour se faire rendre compte de la gestion des autres, n'est pas propre à gérer par lui-même.

Il faut que les affaires aillent, et qu'elles aillent un certain mouvement qui ne soit ni trop lent ni trop vite. Mais le peuple a toujours trop d'action, ou trop peu. Quelquefois avec cent mille bras il renverse tout; quelquefois avec cent mille pieds il ne va que comme les insectes....

Sans doute que, lorsque le peuple donne ses suffrages, ils doivent être publics; et ceci doit être regardé comme une loi fondamentale de la démocratie. Il faut que le petit peuple soit éclairé par les principaux, et contenu par la gravité de certains personnages. Ainsi, dans la république romaine, en rendant les suffrages secrets, on détruisit tout; il ne fut plus possible d'éclairer une populace qui se perdait. Mais lorsque dans une aristocratie le corps des nobles donne les suffrages, ou dans une démocratie le sénat; comme il n'est là question que de prévenir les brigues,[13] les suffrages ne sauraient être trop secrets.

La brigue est dangereuse dans un sénat; elle est dangereuse dans un corps de nobles: elle ne l'est pas dans le peuple, dont la nature est d'agir par passion. Dans les Etats où il n'a point de part au gouvernement, il s'échauffera pour un acteur, comme il aurait fait pour les affaires. Le malheur d'une république, c'est lorsqu'il n'y a plus de brigues; et cela arrive lorsqu'on a corrompu le peuple à prix d'argent: il devient de sang-froid, il s'affectionne à l'argent, mais il ne s'affectionne plus aux affaires: sans souci du gouvernement et de ce qu'on y propose, il attend tranquillement son salaire.

C'est encore une loi fondamentale de la démocratie, que le peuple seul fasse des lois. Il y a pourtant mille occasions où il est nécessaire que le sénat puisse statuer; il est même souvent à propos d'essayer une loi avant de l'établir. La constitution de Rome et celle d'Athènes étaient très sages. Les arrêts du sénat avaient force de loi pendant un an; ils ne devenaient perpétuels que par la volonté du peuple.

(*Ch. 2*)

13. "political factions."

Livre troisième
DES PRINCIPES DES TROIS GOUVERNEMENTS
Différence de la nature du gouvernement et de son principe

Après avoir examiné quelles sont les lois relatives à la nature de chaque gouvernement, il faut voir celles qui le sont à ce principe.

Il y a cette différence entre la nature du gouvernement et son principe que sa nature est ce qui le fait être tel, et son principe ce qui le fait agir. L'une est sa structure particulière, et l'autre les passions humaines qui le font mouvoir.[14]

Or les lois ne doivent pas être moins relatives au principe de chaque gouvernement qu'à sa nature. Il faut donc chercher quel est le principe. C'est ce que je vais faire dans ce livre-ci. *(Ch. 1)*

Du principe des divers gouvernements

J'ai dit que la nature du gouvernement républicain est que le peuple en corps, ou de certaines familles, y aient la souveraine puissance: celle du gouvernement monarchique, que le prince y ait la souveraine puissance, mais qu'il l'exerce selon des lois établies: celle du gouvernement despotique, qu'un seul y gouverne selon ses volontés et ses caprices. Il ne m'en faut pas davantage pour trouver leurs trois principes; ils en dérivent naturellement. Je commencerai par le gouvernement républicain, et je parlerai d'abord du démocratique. *(Ch. 2)*

Du principe de la démocratie

Il ne faut pas beaucoup de probité pour qu'un gouvernement monarchique ou un gouvernement despotique se maintienne ou se soutienne. La force des lois dans l'un, le bras du prince toujours levé dans l'autre, règlent ou contiennent tout. Mais, dans un état populaire, il faut un ressort de plus, qui est la VERTU.[15]

Ce que je dis est confirmé par le corps entier de l'histoire, et est très conforme à la nature des choses. Car il est clair que dans une monarchie, où celui qui fait exécuter les lois se juge au-dessus des lois, on a besoin de moins de vertu que dans un gouvernement populaire, où celui qui fait exécuter les lois sent qu'il y est soumis lui-même, et qu'il en portera le poids.

Il est clair encore que le monarque qui, par mauvais conseil ou par

---

14. M. accepts the emotions as the mainsprings of action and thus adds his authority to the general eighteenth-century rehabilitation of the passions. Cf. the selections from Bayle's *Pensées diverses sur la comète* and Diderot's *Pensées philosophiques*.

15. La "vertu politique" — see, below, note 20.

De l'esprit des lois

négligence, cesse de faire exécuter les lois, peut aisément réparer le mal: il n'a qu'à changer de Conseil, ou se corriger de cette négligence même. Mais lorsque, dans un gouvernement populaire, les lois ont cessé d'être exécutées, comme cela ne peut venir que de la corruption de la république, l'Etat est déjà perdu.

Ce fut un assez beau spectacle, dans le siècle passé, de voir les efforts impuissants des Anglais pour établir parmi eux la démocratie. Comme ceux qui avaient part aux affaires n'avaient point de vertu, que leur ambition était irritée par le succès de celui qui avait le plus osé,[16] que l'esprit d'une faction n'était réprimé que par l'esprit d'une autre, le gouvernement changeait sans cesse; le peuple étonné cherchait la démocratie et ne la trouvait nulle part. Enfin, après bien des mouvements, des chocs et des secousses, il fallut se reposer dans le gouvernement même qu'on avait proscrit.

Quand Sylla voulut rendre à Rome la liberté, elle ne put plus la recevoir; elle n'avait plus qu'un faible reste de vertu, et, comme elle en eut toujours moins, au lieu de se réveiller après César, Tibère, Caïus, Claude, Néron, Domitien, elle fut toujours plus esclave; tous les coups portèrent sur les tyrans, aucun sur la tyrannie.[17]

Les politiques grecs, qui vivaient dans le gouvernement populaire, ne reconnaissaient d'autre force qui pût les soutenir que celle de la vertu. Ceux d'aujourd'hui ne nous parlent que de manufactures, de commerce, de finances, de richesses et de luxe même.[18]

Lorsque cette vertu cesse, l'ambition entre dans les cœurs qui peuvent la recevoir, et l'avarice entre dans tous. Les désirs changent d'objets: ce qu'on aimait, on ne l'aime plus; on était libre avec les lois, on veut être libre contre elles; chaque citoyen est comme un esclave échappé de la maison de son maître; ce qui était *maxime*, on l'appelle *rigueur*; ce qui était *règle*, on l'appelle *gêne*; ce qui y était *attention*, on l'appelle *crainte*. C'est la frugalité qui y est l'avarice, et non pas le désir d'avoir. Autrefois le bien des particuliers faisait le trésor public; mais pour lors le trésor public devient le patrimoine des particuliers. La république est une dépouille; et sa force n'est plus que le pouvoir de quelques citoyens et la licence de tous.... *(Ch. 3)*

Du principe de l'aristocratie

Comme il faut de la vertu dans le gouvernement populaire, il en faut aussi dans l'aristocratique. Il est vrai qu'elle n'y est pas si absolument requise.

---

16. Cromwell.
17. M. uses this word in the classical sense as "le dessein de renverser le pouvoir établi, et surtout la démocratie."
18. These opposing attitudes are illustrated in the quarrel between Rousseau and Voltaire. Rousseau upheld Greek civic virtue in his *Discours sur les sciences et les arts* while Voltaire sang the praises of luxury in *Le Mondain*.

Le peuple, qui est à l'égard des nobles ce que les sujets sont à l'égard du monarque, est contenu par leurs lois. Il a donc moins besoin de vertu que le peuple de la démocratie. Mais comment les nobles seront-ils contenus? Ceux qui doivent faire exécuter les lois contre leurs collègues sentiront d'abord qu'ils agissent contre eux-mêmes. Il faut donc de la vertu dans ce corps, par la nature de la constitution.

Le gouvernement aristocratique a par lui-même une certaine force que la démocratie n'a pas. Les nobles y forment un corps, qui, par sa prérogative et pour son intérêt particulier, réprime le peuple: il suffit qu'il y ait des lois, pour qu'à cet égard elles soient exécutées.

Mais autant qu'il est aisé à ce corps de réprimer les autres, autant est-il difficile qu'il se réprime lui-même. Telle est la nature de cette constitution, qu'il semble qu'elle mette les mêmes gens sous la puissance des lois, et qu'elle les en retire.

Or, un corps pareil ne peut se réprimer que de deux manières: ou par une grande vertu, qui fait que les nobles se trouvent en quelque façon égaux à leur peuple, ce qui peut former une grande république; ou par une vertu moindre, qui est une certaine modération qui rend les nobles au moins égaux à eux-mêmes, ce qui fait leur conservation.

La *modération* est donc l'âme de ces gouvernements. J'entends celle qui est fondée sur la vertu, non pas celle qui vient d'une lâcheté et d'une paresse de l'âme. (*Ch. 4*)

Que la vertu n'est point le principe du gouvernement monarchique

Dans les monarchies, la politique fait faire les grandes choses avec le moins de vertu qu'elle peut; comme, dans les plus belles machines, l'art emploie aussi peu de mouvements, de forces et de roues qu'il est possible.

L'Etat subsiste indépendamment de l'amour pour la patrie, du désir de la vraie gloire, du renoncement à soi-même, du sacrifice de ses plus chers intérêts, et de toutes ces vertus héroïques que nous trouvons dans les anciens, et dont nous avons seulement entendu parler.

Les lois y tiennent la place de toutes ces vertus, dont on n'a aucun besoin; l'Etat vous en dispense: [19] une action qui se fait sans bruit, y est en quelque façon sans conséquence.

Quoique tous les crimes soient publics par leur nature, on distingue pourtant les crimes véritablement publics d'avec les crimes privés, ainsi appelés parce qu'ils offensent plus un particulier que la société entière.

Or, dans les républiques, les crimes privés sont plus publics, c'est-à-dire choquent plus la constitution de l'Etat que les particuliers; et, dans les monarchies, les crimes publics sont plus privés, c'est-à-dire choquent plus les fortunes particulières que la constitution de l'Etat même.

Je supplie qu'on ne s'offense pas de ce que j'ai dit; je parle après toutes

---

19. Cf. *Lettres persanes*, No. 14.

les histoires. Je sais très bien qu'il n'est pas rare qu'il y ait des princes vertueux; mais je dis que, dans une monarchie, il est très difficile que le peuple le soit.[20]

Qu'on lise ce que les historiens de tous les temps ont dit sur la cour des monarques; qu'on se rappelle les conversations des hommes de tous les pays sur le misérable caractère des courtisans: ce ne sont point des choses de spéculation, mais d'une triste expérience.

L'ambition dans l'oisiveté, la bassesse dans l'orgueil, le désir de s'enrichir sans travail, l'aversion pour la vérité, la flatterie, la trahison, la perfidie, l'abandon de tous ses engagements, le mépris des devoirs du citoyen, la crainte de la vertu du prince, l'espérance de ses faiblesses, et plus que tout cela, le ridicule perpétuel jeté sur la vertu, forment, je crois, le caractère du plus grand nombre des courtisans, marqué dans tous les lieux et dans tous les temps. Or il est très malaisé que la plupart des principaux d'un Etat soient malhonnêtes gens, et que les inférieurs soient gens de bien; que ceux-là soient trompeurs, et que ceux-ci consentent à n'être que dupes.

Que si, dans le peuple, il se trouve quelque malheureux honnête homme, le cardinal de Richelieu, dans son testament politique, insinue qu'un monarque doit se garder de s'en servir.[21] Tant il est vrai que la vertu n'est pas le ressort de ce gouvernement! Certainement elle n'en est point exclue; mais elle n'en est pas le ressort.

(Ch. 5)

Comment on supplée à la vertu dans le gouvernement monarchique

Je me hâte, et je marche à grands pas, afin qu'on ne croie pas que je fasse une satire du gouvernement monarchique. Non; s'il manque d'un ressort, il en a un autre: L'HONNEUR, c'est-à-dire le préjugé de chaque personne et de chaque condition, prend la place de la vertu politique dont j'ai parlé, et la représente partout. Il y peut inspirer les plus belles actions; il peut, joint à la force des lois, conduire au but du gouvernement comme la vertu même.

Ainsi, dans les monarchies bien réglées, tout le monde sera à peu près bon citoyen, et on trouvera rarement quelqu'un qui soit homme de bien; car, pour être homme de bien, il faut avoir intention de l'être, et aimer l'Etat moins pour soi que pour lui-même.

(Ch. 6)

---

20. "Je parle ici de la vertu politique, qui est la vertu morale, dans le sens qu'elle se dirige au bien général; fort peu des vertus morales particulières, et point du tout de cette vertu qui a du rapport aux vérités révélées." (M.) This distinction between virtue and honor was objected to by many, including Voltaire (see, below, p. 429). M.'s failing health did not permit him to delay the completion of his work by developing and affirming his theories. Granting his definitions, his principles are not so indefensible as have been often held by positivistic legal minds.

21. "Il ne faut pas se servir des gens de bas lieu: ils sont trop austères et trop difficiles." *Testament*, ch. 4. (M.)

Du principe de la monarchie

Le gouvernement monarchique suppose, comme nous avons dit, des prééminences, des rangs, et même une noblesse d'origine. La nature de l'*honneur* est de demander des préférences et des distinctions; il est donc, par la chose même, placé dans ce gouvernement.

L'ambition est pernicieuse dans une république. Elle a de bons effets dans la monarchie; elle donne la vie à ce gouvernement; et on y a cet avantage, qu'elle n'y est pas dangereuse, parce qu'elle y peut être sans cesse réprimée.

Vous diriez qu'il en est comme du système de l'univers, où il y a une force qui éloigne sans cesse du centre tous les corps, et une force de pesanteur qui les y ramène. L'honneur fait mouvoir toutes les parties du corps politique; il les lie par son action même et il se trouve que chacun va au bien commun, croyant aller à ses intérêts particuliers.

Il est vrai que, philosophiquement parlant, c'est un honneur faux qui conduit toutes les parties de l'Etat; mais cet honneur faux est aussi utile au public, que le vrai le serait aux particuliers qui pourraient l'avoir.

Et n'est-ce pas beaucoup d'obliger les hommes à faire toutes les actions difficiles, et qui demandent de la force, sans autre récompense que le bruit de ces actions? *(Ch. 7)*

Que l'honneur n'est point le principe des Etats despotiques

Ce n'est point l'*honneur* qui est le principe des Etats despotiques: les hommes y étant tous égaux, on n'y peut se préférer aux autres; les hommes y étant tous esclaves, on n'y peut se préférer à rien.

De plus, comme l'honneur a ses lois et ses règles, et qu'il ne saurait plier; qu'il dépend bien de son propre caprice, et non pas de celui d'un autre, il ne peut se trouver que dans des Etats où la constitution est fixe, et qui ont des lois certaines.

Comment serait-il souffert chez le despote? Il fait gloire de mépriser la vie, et le despote n'a de force que parce qu'il peut l'ôter. Comment pourrait-il souffrir le despote? Il a des règles suivies et des caprices soutenus; le despote n'a aucune règle, et ses caprices détruisent tous les autres.

L'honneur, inconnu aux Etats despotiques, où même souvent on n'a pas de mot pour l'exprimer, règne dans les monarchies; il y donne la vie à tout le corps politique, aux lois et aux vertus même. *(Ch. 8)*

Du principe du gouvernement despotique

Comme il faut de la vertu dans une république, et dans une monarchie, de l'honneur, il faut de la CRAINTE dans un gouvernement despotique: pour la vertu, elle n'y est point nécessaire, et l'honneur y serait dangereux.

Le pouvoir immense du prince y passe tout entier à ceux à qui il le confie. Des gens capables de s'estimer beaucoup eux-mêmes seraient en état d'y faire des révolutions. Il faut donc que la crainte y abatte tous les courages, et y éteigne jusqu'au moindre sentiment d'ambition.

Un gouvernement modéré peut, tant qu'il veut, et sans péril, relâcher ses ressorts. Il se maintient par ses lois et par sa force même. Mais lorsque, dans le gouvernement despotique, le prince cesse un moment de lever le bras; quand il ne peut pas anéantir à l'instant ceux qui ont les premières places, tout est perdu: car le ressort du gouvernement, qui est la crainte, n'y étant plus, le peuple n'a plus de protecteur.... *(Ch. 9)*

Réflexion sur tout ceci

Tels sont les principes des trois gouvernements: ce qui ne signifie pas que, dans une certaine république, on soit vertueux; mais qu'on devrait l'être. Cela ne prouve pas non plus que, dans une certaine monarchie, on ait de l'honneur: et que, dans un Etat despotique particulier, on ait de la crainte; mais qu'il faudrait en avoir: sans quoi le gouvernement sera imparfait. *(Ch. 11)*

Livre quatrième

QUE LES LOIS DE L'EDUCATION DOIVENT ETRE RELATIVES AUX PRINCIPES DU GOUVERNEMENT

Différence des effets de l'éducation chez les anciens et parmi nous

La plupart des peuples anciens vivaient dans des gouvernements qui ont la vertu pour principe; et, lorsqu'elle y était dans sa force, on y faisait des choses que nous ne voyons plus aujourd'hui et qui étonnent nos petites âmes.

Leur éducation avait un autre avantage sur la nôtre; elle n'était jamais démentie. Epaminondas, la dernière année de sa vie, disait, écoutait, voyait, faisait les mêmes choses que dans l'âge où il avait commencé d'être instruit.

Aujourd'hui, nous recevons trois éducations différentes ou contraires: celle de nos pères, celle de nos maîtres, celle du monde. Ce qu'on nous dit dans la dernière renverse toutes les idées des premières. Cela vient, en quelque partie, du contraste qu'il y a parmi nous entre les engagements de la religion et ceux du monde; chose que les anciens ne connaissaient pas.[22] *(Ch. 4)*

22. The discrepancy between theoretical and social ethics is still a philosophical and practical problem. Again M. deals with a subject in much the same fashion as his predecessor Pierre Bayle in *Pensées diverses sur la comète*.

De l'éducation dans le gouvernement républicain

C'est dans le gouvernement républicain que l'on a besoin de toute la puissance de l'éducation. La crainte des gouvernements despotiques naît d'elle-même parmi les menaces et les châtiments; l'honneur des monarchies est favorisé par les passions, et les favorise à son tour: mais la vertu politique est un renoncement à soi-même, qui est toujours une chose très pénible.

On peut définir cette vertu, l'amour des lois et de la patrie. Cet amour, demandant une préférence continuelle de l'intérêt public au sien propre, donne toutes les vertus particulières; elles ne sont que cette préférence.

Cet amour est singulièrement affecté aux démocraties. Dans elles seules, le gouvernement est confié à chaque citoyen. Or, le gouvernement est comme toutes les choses du monde; pour le conserver, il faut l'aimer.

On n'a jamais ouï dire que les rois n'aimassent pas la monarchie, et que les despotes haïssent le despotisme.

Tout dépend donc d'établir dans la république cet amour; et c'est à l'inspirer que l'éducation doit être attentive. Mais, pour que les enfants puissent l'avoir, il y a un moyen sûr: c'est que les pères l'aient eux-mêmes.

On est ordinairement le maître de donner à ses enfants ses connaissances; on l'est encore plus de leur donner ses passions.

Si cela n'arrive pas, c'est que ce qui a été fait dans la maison paternelle est détruit par les impressions du dehors.

Ce n'est point le peuple naissant qui dégénère; il ne se perd que lorsque les hommes faits sont déjà corrompus. (Ch. 5)

Livre cinquième

QUE LES LOIS QUE LE LEGISLATEUR DONNE DOIVENT ETRE RELATIVES AU PRINCIPE DE GOUVERNEMENT

Ce que c'est que l'amour de la république dans la démocratie

L'amour de la république, dans une démocratie, est celui de la démocratie; l'amour de la démocratie est celui de l'égalité.

L'amour de la démocratie est encore l'amour de la frugalité. Chacun devant y avoir le même bonheur et les mêmes avantages, y doit goûter les mêmes plaisirs, et former les mêmes espérances; chose qu'on ne peut attendre que de la frugalité générale.

L'amour de l'égalité, dans une démocratie, borne l'ambition au seul désir, au seul bonheur de rendre à sa patrie de plus grands services que les autres citoyens. Ils ne peuvent pas lui rendre tous des services égaux; mais ils doivent tous également lui en rendre. En naissant, on contracte envers elle une dette immense dont on ne peut jamais s'acquitter.

Ainsi les distinctions y naissent du principe de l'égalité, lors même qu'elle paraît ôtée par des services heureux, ou par des talents supérieurs.

L'amour de la frugalité borne le désir d'avoir à l'attention que demande le nécessaire pour sa famille et même le superflu pour sa patrie. Les richesses donnent une puissance dont un citoyen ne peut pas user pour lui; car il ne serait pas égal. Elles procurent des délices dont il ne doit pas jouir non plus parce qu'elles choqueraient l'égalité tout de même.

Aussi les bonnes démocraties, en établissant la frugalité domestique, ont-elles ouvert la porte aux dépenses publiques, comme on fit à Athènes et à Rome. Pour lors la magnificence et la profusion naissaient du fonds de la frugalité même: et, comme la religion demande qu'on ait les mains pures pour faire des offrandes aux dieux, les lois voulaient des mœurs frugales pour que l'on pût donner à sa patrie.

Le bon sens et le bonheur des particuliers consiste beaucoup dans la médiocrité de leurs talents et de leurs fortunes.[23] Une république où les lois auront formé beaucoup de gens médiocres, composée de gens sages, se gouvernera sagement; composée de gens heureux, elle sera très heureuse.

(*Ch. 3*)

Livre sixième

CONSEQUENCES DES PRINCIPES DES DIVERS GOUVERNEMENTS PAR RAPPORT A LA SIMPLICITE DES LOIS CIVILES ET CRIMINELLES, LA FORME DES JUGEMENTS ET L'ETABLISSEMENT DES PEINES

De la sévérité des peines dans les divers gouvernements[24]

La sévérité des peines convient mieux au gouvernement despotique, dont le principe est la terreur, qu'à la monarchie et à la république, qui ont pour ressort l'honneur et la vertu.

Dans les Etats modérés, l'amour de la patrie, la honte et la crainte du blâme, sont des motifs réprimants, qui peuvent arrêter bien des crimes. La plus grande peine d'une mauvaise action sera d'en être convaincu. Les lois civiles y corrigeront donc plus aisément, et n'auront pas besoin de tant de force.

Dans ces Etats, un bon législateur s'attachera moins à punir les crimes qu'à les prévenir; il s'appliquera plus à donner des mœurs qu'à infliger des supplices.

C'est une remarque perpétuelle des auteurs chinois, que plus, dans leur empire, on voyait augmenter les supplices, plus la révolution était prochaine. C'est qu'on augmentait les supplices à mesure qu'on manquait de mœurs.

Il serait aisé de prouver que, dans tous ou presque tous les Etats d'Europe,

---

23. M.'s contemporary Helvétius commented as follows on this passage: "Médiocrité dans la fortune, cela s'entend quand on a vu des riches, mais dans les talents, c'est parler en grand seigneur, et non en sage qui croit qu'il y a bien et mal, vice et vertu."

24. Cf., above, *Lettres persanes*, Nos. 80 and 102.

les peines ont diminué ou augmenté à mesure qu'on s'est plus approché ou plus éloigné de la liberté.[25]

Dans les pays despotiques on est si malheureux, que l'on y craint plus la mort qu'on ne regrette la vie; les supplices y doivent donc être plus rigoureux. Dans les Etats modérés, on craint plus de perdre la vie qu'on ne redoute la mort en elle-même; les supplices qui ôtent simplement la vie y sont donc suffisants.

Les hommes extrêmement heureux, et les hommes extrêmement malheureux, sont également portés à la dureté; témoin les moines et les conquérants. Il n'y a que la médiocrité et le mélange de la bonne et de la mauvaise fortune, qui donnent de la douceur et de la pitié.

Ce que l'on voit dans les hommes en particulier se trouve dans les diverses nations. Chez les peuples sauvages qui mènent une vie très dure, et chez les peuples des gouvernements despotiques où il n'y a qu'un homme exorbitamment favorisé de la fortune, tandis que tout le reste en est outragé, on est également cruel. La douceur règne dans les gouvernements modérés.

Lorsque nous lisons, dans les histoires, les exemples de la justice atroce des sultans, nous sentons avec une espèce de douleur les maux de la nature humaine.... (*Ch. 9*)

De la puissance des peines

L'expérience a fait remarquer que, dans les pays où les peines sont douces, l'esprit du citoyen en est frappé, comme il l'est ailleurs par les grandes.

Quelque inconvénient se fait-il sentir dans un état: un gouvernement violent veut soudain le corriger; et, au lieu de songer à faire exécuter les anciennes lois, on établit une peine cruelle qui arrête le mal sur-le-champ. Mais on use le ressort du gouvernement: l'imagination se fait à cette grande peine, comme elle s'était faite à la moindre; et comme on diminue la crainte pour celle-ci, l'on est bientôt forcé d'établir l'autre dans tous les cas. Les vols sur les grands chemins étaient communs dans quelques Etats; on voulut les arrêter; on inventa le supplice de la roue,[26] qui les suspendit pendant quelque temps. Depuis ce temps on a volé comme auparavant sur les grands chemins.

De nos jours la désertion fut très fréquente; on établit la peine de mort contre les déserteurs, et la désertion n'est pas diminuée. La raison en est bien naturelle: un soldat, accoutumé tous les jours à exposer sa vie, en méprise ou se flatte d'en mépriser le danger. Il est tous les jours accoutumé à craindre la honte: il fallait donc laisser une peine qui faisait porter une flétrissure pendant la vie. On a prétendu augmenter la peine, et on l'a réellement diminuée.

---

25. This idea, later developed by the Italian Beccaria and by Voltaire, transformed the criminal codes of Europe and America in the direction of moderation and humanity. This was an immediate and outstanding reform of the Enlightenment.

26. "punishment by death on the wheel."

Il ne faut point mener les hommes par les voies extrêmes; on doit être ménager des moyens que la nature nous donne pour les conduire. Qu'on examine la cause de tous les relâchements, on verra qu'elle vient de l'impunité des crimes, et non pas de la modération des peines.

Suivons la nature, qui a donné aux hommes la honte comme leur fléau, et que la plus grande partie de la peine soit l'infamie de la souffrir.

Que, s'il se trouve des pays où la honte ne soit pas une suite de supplice, cela vient de la tyrannie, qui a infligé les mêmes peines aux scélérats et aux gens de bien.

Et si vous en voyez d'autres où les hommes ne sont retenus que par des supplices cruels, comptez encore que cela vient en grande partie de la violence du gouvernement, qui a employé ces supplices pour des fautes légères.

Souvent un législateur qui veut corriger un mal ne songe qu'à cette correction; ses yeux sont ouverts sur cet objet, et fermés sur les inconvénients. Lorsque le mal est une fois corrigé, on ne voit plus que la dureté du législateur; mais il reste un vice dans l'Etat, que cette dureté a produit; les esprits sont corrompus, ils se sont accoutumés au despotisme....

Il y a deux genres de corruption: l'un, lorsque le peuple n'observe point les lois; l'autre, lorsqu'il est corrompu par les lois; mal incurable, parce qu'il est dans le remède même. (*Ch. 12*)

De la torture ou question contre les criminels

Parce que les hommes sont méchants, la loi est obligée de les supposer meilleurs qu'ils ne sont. Ainsi la déposition de deux témoins suffit dans la punition de tous les crimes. La loi les croit, comme s'ils parlaient par la bouche de la vérité. L'on juge aussi que tout enfant conçu pendant le mariage est légitime; la loi a confiance en la mère comme si elle était la pudicité même. Mais la *question* contre les criminels n'est pas dans un cas forcé comme ceux-ci. Nous voyons aujourd'hui une nation [27] très bien policée la rejeter sans inconvénient. Elle n'est donc pas nécessaire par sa nature.

Tant d'habiles gens et tant de beaux génies ont écrit contre cette pratique, que je n'ose parler après eux. J'allais dire qu'elle pourrait convenir dans les gouvernements despotiques, où tout ce qui inspire la crainte entre plus dans les ressorts du gouvernement; j'allais dire que les esclaves chez les Grecs et chez les Romains... Mais j'entends la voix de la nature qui crie contre moi.

(*Ch. 17*)

---

27. "La nation anglaise." M. was mistaken, however. Frederick the Great of Prussia had already abolished torture, but the procedure continued in mitigated form in England into the nineteenth century. See Marcel Maestro, *Voltaire, Beccaria, and the Reform of Criminal Law*.

Livre septième

CONSEQUENCES DES DIFFERENTS PRINCIPES DES TROIS GOUVERNEMENTS PAR RAPPORT AUX LOIS SOMPTUAIRES, AU LUXE ET A LA CONDITION DES FEMMES

Du luxe [28]

Le luxe est toujours en proportion avec l'inégalité des fortunes. Si, dans un Etat, les richesses sont également partagées, il n'y aura point de luxe; car il n'est fondé que sur les commodités qu'on se donne par le travail des autres.

Pour que les richesses restent également partagées, il faut que la loi ne donne à chacun que le nécessaire physique. Si l'on a au delà, les uns dépenseront, les autres acquerront, et l'inégalité s'établira....

Le luxe est encore en proportion avec la grandeur des villes, et surtout de la capitale; en sorte qu'il est en raison composée des richesses de l'Etat, de l'inégalité des fortunes des particuliers et du nombre d'hommes qu'on assemble dans de certains lieux.

Plus il y a d'hommes ensemble, plus ils sont vains et sentent naître en eux l'envie de se signaler par de petites choses.[29] S'ils sont en si grand nombre que la plupart soient inconnus les uns aux autres, l'envie de se distinguer redouble, parce qu'il y a plus d'espérance de réussir. Le luxe donne cette espérance; chacun prend les marques de la condition qui précède la sienne. Mais à force de vouloir se distinguer, tout devient égal, et on ne se distingue plus: comme tout le monde veut se faire regarder, on ne remarque personne.

Il résulte de tout cela une incommodité générale. Ceux qui excellent dans une profession mettent à leur art le prix qu'ils veulent; les plus petits talents suivent cet exemple; il n'y a plus d'harmonie entre les besoins et les moyens. Lorsque je suis forcé de plaider, il est nécessaire que je puisse payer un avocat; lorsque je suis malade, il faut que je puisse avoir un médecin....

(*Ch. 1*)

Des lois somptuaires dans la démocratie

Je viens de dire que, dans les républiques où les richesses sont également partagées, il ne peut point y avoir de luxe; et comme on a vu au livre cin-

---

28. M. here, and Voltaire in *Le Mondain*, use the term *luxury* in the very limited sense of all that is over and above the bare physical necessities of life. This definition, taken from Bayle and from Mandeville in his *Fable of the Bees*, was an effort to develop a more striking argument against Christian asceticism. M.'s contemporary, Abbé de Saint-Pierre, defined luxury vaguely as "le mauvais usage du superflu."

29. Vanity, according to Mandeville, was perhaps a private vice, but also a public benefit in that it most effectively set the economic wheels in motion and thus enriched the State. Rousseau, on the contrary, will see in vanity the first serious principle of corruption in human societies (see, below, p. 538).

quième que cette égalité de distribution faisait l'excellence d'une république, il suit que moins il y a de luxe dans une république, plus elle est parfaite. Il n'y en avait point chez les premiers Romains; il n'y en avait point chez les Lacédémoniens; et dans les républiques où l'égalité n'est pas tout à fait perdue, l'esprit de commerce, de travail et de vertu fait que chacun y peut et que chacun y veut vivre de son propre bien, et que par conséquent il y a peu de luxe.

Les lois du nouveau partage des champs, demandées avec tant d'instance dans quelques républiques, étaient salutaires par leur nature. Elles ne sont dangereuses que comme action subite. En ôtant tout à coup les richesses aux uns, et augmentant de même celles des autres, elles font dans chaque famille une révolution, et en doivent produire une générale dans l'Etat.

A mesure que le luxe s'établit dans une république, l'esprit se tourne vers l'intérêt particulier. A des gens à qui il ne faut rien que le nécessaire, il ne reste à désirer que la gloire de la patrie et la sienne propre. Mais une âme corrompue par le luxe a bien d'autres désirs. Bientôt elle devient ennemie des lois qui la gênent.... (Ch. 2)

Livre huitième

DE LA CORRUPTION DES PRINCIPES DES TROIS GOUVERNEMENTS

Idée générale de ce livre

La corruption de chaque gouvernement commence presque toujours par celle des principes.[30] (Ch. 1)

De la corruption du principe de la démocratie

Le principe de la démocratie se corrompt, non seulement lorsqu'on perd l'esprit d'égalité, mais encore quand on prend l'esprit d'égalité extrême, et que chacun veut être égal à ceux qu'il choisit pour lui commander. Pour lors le peuple, ne pouvant souffrir le pouvoir même qu'il confie, veut tout faire par lui-même, délibérer pour le sénat, exécuter pour les magistrats, et dépouiller tous les juges.

Il ne peut plus y avoir de vertu dans la république. Le peuple veut faire les fonctions des magistrats; on ne les respecte donc plus. Les délibérations du sénat n'ont plus de poids; on n'a donc plus d'égards pour les sénateurs, et par conséquent pour les vieillards, on n'en aura pas non plus pour les pères; les maris ne méritent pas plus de déférence, ni les maîtres plus de soumission. Tout le monde parviendra à aimer ce libertinage; la gêne du commandement fatiguera comme celle de l'obéissance. Les femmes, les enfants, les

---

30. This one-and-a-half-line chapter is typical of M.'s effort to make his work clear, unpedantic, and readable.

esclaves n'auront de soumission pour personne. Il n'y aura plus de mœurs, plus d'amour de l'ordre, enfin plus de vertu....

La démocratie a donc deux excès à éviter: l'esprit d'inégalité, qui la mène à l'aristocratie, ou au gouvernement d'un seul; et l'esprit d'égalité extrême, qui la conduit au despotisme d'un seul, comme le despotisme d'un seul finit par la conquête.

Il est vrai que ceux qui corrompirent les républiques grecques ne devinrent pas toujours tyrans. C'est qu'ils s'étaient plus attachés à l'éloquence qu'à l'art militaire: outre qu'il y avait dans le cœur de tous les Grecs une haine implacable contre ceux qui renversaient le gouvernement républicain; ce qui fit que l'anarchie dégénéra en anéantissement, au lieu de se changer en tyrannie.... (*Ch. 2*)

De l'esprit d'égalité extrême

Autant que le ciel est éloigné de la terre, autant le véritable esprit d'égalité l'est-il de l'esprit d'égalité extrême. Le premier ne consiste point à faire en sorte que tout le monde commande, ou que personne ne soit commandé; mais à obéir et à commander à ses égaux. Il ne cherche pas à n'avoir point de maître, mais à n'avoir que ses égaux pour maîtres.

Dans l'état de nature, les hommes naissent bien dans l'égalité; mais ils n'y sauraient rester. La société la leur fait perdre, et ils ne redeviennent égaux que par les lois.

Telle est la différence entre la démocratie réglée et celle qui ne l'est pas, que, dans la première, on n'est égal que comme citoyen, et que, dans l'autre, on est encore égal comme magistrat, comme sénateur, comme juge, comme père, comme mari, comme maître.

La place naturelle de la vertu est auprès de la liberté; mais elle ne se trouve pas plus auprès de la liberté extrême qu'auprès de la servitude. (*Ch. 3*)

De la corruption du principe de la monarchie

Comme les démocraties se perdent lorsque le peuple dépouille le sénat, les magistrats et les juges de leurs fonctions, les monarchies se corrompent lorsqu'on ôte peu à peu les prérogatives des corps ou les privilèges des villes. Dans le premier cas, on va au despotisme de tous; dans l'autre au despotisme d'un seul.

"Ce qui perdit les dynasties de Tsin et de Souï, dit un auteur chinois, c'est qu'au lieu de se borner, comme les anciens, à une inspection générale, seule digne du souverain, les princes voulurent gouverner tout immédiatement par eux-mêmes." L'auteur chinois nous donne ici la cause de la corruption de presque toutes les monarchies.

La monarchie se perd, lorsqu'un prince croit qu'il montre plus sa puissance en changeant l'ordre des choses qu'en le suivant; lorsqu'il ôte les fonctions naturelles des uns pour les donner arbitrairement à d'autres, et lorsqu'il est plus amoureux de ses fantaisies que de ses volontés.

La monarchie se perd, lorsque le prince, rapportant tout uniquement à lui, appelle l'Etat à sa capitale, la capitale à sa cour, et la cour à sa seule personne.[31]

Enfin elle se perd, lorsqu'un prince méconnaît son autorité, sa situation, l'amour de ses peuples; et lorsqu'il ne sent pas bien qu'un monarque doit se juger en sûreté, comme un despote doit se croire en péril. (*Ch. 6*)

De la corruption du principe du gouvernement despotique

Le principe du gouvernement despotique se corrompt sans cesse, parce qu'il est corrompu par sa nature. Les autres gouvernements périssent, parce que des accidents particuliers en violent le principe: celui-ci périt par son vice intérieur lorsque quelques causes accidentelles n'empêchent point son principe de se corrompre. Il ne se maintient donc que quand des circonstances tirées du climat, de la religion, de la situation ou du génie du peuple, le forcent à suivre quelque ordre, et à souffrir quelque règle. Ces choses forcent sa nature sans la changer; sa férocité reste; elle est pour quelque temps apprivoisée. (*Ch. 10*)

Propriétés distinctives de la république

Il est de la nature d'une république qu'elle n'ait qu'un petit territoire; sans cela elle ne peut guère subsister. Dans une grande république, il y a des grandes fortunes, et par conséquent peu de modération dans les esprits: il y a de trop grands dépôts à mettre entre les mains d'un citoyen; les intérêts se particularisent; un homme sent d'abord qu'il peut être heureux, grand, glorieux, sans sa patrie; et bientôt, qu'il peut être seul grand sur les ruines de sa patrie.

Dans une grande république, le bien commun est sacrifié à mille considérations; il est subordonné à des exceptions; il dépend des accidents. Dans une petite, le bien public est mieux senti, mieux connu, plus près de chaque citoyen; les abus y sont moins étendus, et par conséquent moins protégés.

Ce qui fit subsister si longtemps Lacédémone, c'est qu'après toutes ses guerres, elle resta toujours avec son territoire. Le seul but de Lacédémone était la liberté; le seul avantage de sa liberté, c'était la gloire.

Ce fut l'esprit des républiques grecques de se contenter de leurs terres, comme de leurs lois. Athènes prit de l'ambition, et en donna à Lacédémone: mais ce fut plutôt pour commander à des peuples libres, que pour gouverner

---

31. Quite boldly M. criticizes here the policies of Louis XIV, who had forced the French nobles to reside at his court at Versailles, where their duties were confined to the rendering of personal services.

des esclaves; plutôt pour être à la tête de l'union, que pour la rompre. Tout fut perdu lorsqu'une monarchie s'éleva; gouvernement dont l'esprit est plus tourné vers l'agrandissement.... (Ch. 16)

Propriétés distinctives de la monarchie

Un Etat monarchique doit être d'une grandeur médiocre. S'il était petit, il se formerait en république; s'il était fort étendu, les principaux de l'Etat, grands par eux-mêmes, n'étant point sous les yeux du prince, ayant leur cour hors de sa cour, assurés d'ailleurs contre les exécutions promptes par les lois et par les mœurs, pourraient cesser d'obéir; ils ne craindraient pas une punition trop lente et trop éloignée.

Aussi Charlemagne eut-il à peine fondé son empire qu'il fallût le diviser; soit que les gouverneurs des provinces n'obéissent pas; soit que, pour les faire mieux obéir, il fût nécessaire de partager l'empire en plusieurs royaumes.

Après la mort d'Alexandre, son empire fut partagé. Comment ces grands de Grèce et de Macédoine, libres, ou du moins chefs des conquérants répandus dans cette vaste conquête, auraient-ils pu obéir?

Après la mort d'Attila, son empire fut dissous: tant de rois qui n'étaient plus contenus, ne pouvaient point reprendre des chaînes.

Le prompt établissement du pouvoir sans bornes est le remède qui, dans ces cas, peut prévenir la dissolution: nouveau malheur après celui de l'agrandissement!

Les fleuves courent se mêler dans la mer: les monarchies vont se perdre dans le despotisme.[32] (Ch. 17)

Conséquence des chapitres précédents

Que si la propriété naturelle des petits Etats est d'être gouvernés en république; celle des médiocres, d'être soumis à un monarque; celle des grands empires, d'être dominés par un despote; il suit que, pour conserver les principes du gouvernement établi, il faut maintenir l'Etat dans la grandeur qu'il avait déjà; et que cet Etat changera d'esprit, à mesure qu'on rétrécira, ou qu'on étendra ses limites. (Ch. 20)

Livre neuvième

DES LOIS DANS LE RAPPORT QU'ELLES ONT AVEC LA FORCE DEFENSIVE

Comment les républiques pourvoient à leur sûreté

Si une république est petite, elle est détruite par une force étrangère; si elle est grande, elle se détruit par un vice intérieur.

---

32. A pessimistic expression of a tendency which M. wrote his book to combat.

De l'esprit des lois

Ce double inconvénient infecte également les démocraties et les aristocraties, soit qu'elles soient bonnes, soit qu'elles soient mauvaises. Le mal est dans la chose même; il n'y a aucune forme qui puisse y remédier.

Ainsi il y a grande apparence que les hommes auraient été à la fin obligés de vivre toujours sous le gouvernement d'un seul, s'ils n'avaient imaginé une manière de constitution qui a tous les avantages intérieurs du gouvernement républicain, et la force extérieure du monarchique. Je parle de la république fédérative.[33]

Cette forme de gouvernement est une convention par laquelle plusieurs Corps politiques consentent à devenir citoyens d'un Etat plus grand qu'ils veulent former. C'est une société de sociétés, qui en font une nouvelle, qui peut s'agrandir par de nouveaux associés qui se sont unis.

Ce furent ces associations qui firent fleurir si longtemps le corps de la Grèce. Par elles les Romains attaquèrent l'univers, et par elles seules l'univers se défendit contre eux; et quand Rome fut parvenue au comble de sa grandeur, ce fut par des associations derrière le Danube et le Rhin, associations que la frayeur avait fait faire, que les Barbares purent lui résister.

C'est par là que la Hollande, l'Allemagne, les Ligues suisses, sont regardées en Europe comme des républiques éternelles.

Les associations des villes étaient autrefois plus nécessaires qu'elles ne le sont aujourd'hui. Une cité sans puissance courait de plus grands périls. La conquête lui faisait perdre, non seulement la puissance exécutrice et la législative, comme aujourd'hui, mais encore tout ce qu'il y a de propriété parmi les hommes.[34]

Cette sorte de république, capable de résister à la force extérieure, peut se maintenir dans sa grandeur sans que l'intérieur se corrompe: la forme de cette société prévient tous les inconvénients.

Celui qui voudrait usurper ne pourrait guère être également accrédité dans tous les Etats confédérés. S'il se rendait trop puissant dans l'un, il alarmerait tous les autres; s'il subjuguait une partie, celle qui serait libre encore pourrait lui résister avec des forces indépendantes de celles qu'il aurait usurpées, et l'accabler avant qu'il eût achevé de s'établir.

S'il arrive quelque sédition chez un des membres confédérés, les autres peuvent l'apaiser. Si quelques abus s'introduisent quelque part, ils sont corrigés par les parties saines. Cet Etat peut périr d'un côté sans périr de l'autre; la confédération peut être dissoute, et les confédérés rester souverains.

Composé de petites républiques, il jouit de la bonté du gouvernement intérieur de chacune; et, à l'égard du dehors, il a, par la force de l'association, tous les avantages des grandes monarchies. *(Ch. 1)*

---

33. For the particular interest in M. shown in the records of the framers of the American Constitution, see Paul M. Spurlin, *Montesquieu in America (1760–1801)*.
34. "Liberté civile, biens, femmes, enfants, temples et sépulture même." (M.)

Que la constitution fédérale doit être composée d'Etats de même nature, surtout d'Etats républicains [35]

Les Cananéens furent détruits, parce que c'étaient de petites monarchies qui ne s'étaient point confédérées, et qui ne se défendirent pas en commun. C'est que la nature des petites monarchies n'est pas la confédération.

La république fédérative d'Allemagne est composée de villes libres et de petits Etats soumis à des princes. L'expérience fait voir qu'elle est plus imparfaite que celle de Hollande et de Suisse.

L'esprit de la monarchie est la guerre et l'agrandissement; l'esprit de la république est la paix et la modération. Ces deux sortes de gouvernements ne peuvent que d'une manière forcée subsister dans une république fédérative.

Aussi voyons-nous dans l'histoire romaine que lorsque les Véiens eurent choisi un roi, toutes les petites républiques de Toscane les abandonnèrent. Tout fut perdu en Grèce, lorsque les rois de Macédoine obtinrent une place parmi les Amphictyons.

La république fédérative d'Allemagne, composée de princes et de villes libres, subsiste parce qu'elle a un chef, qui est en quelque façon le magistrat de l'union, et en quelque façon le monarque. *(Ch. 2)*

De la faiblesse des Etats voisins

Lorsqu'on a pour voisin un Etat qui est dans sa décadence, on doit bien se garder de hâter sa ruine, parce qu'on est, à cet égard, dans la situation la plus heureuse où l'on puisse être; n'y ayant rien de si commode pour un prince que d'être auprès d'un autre qui reçoit pour lui tous les coups et tous les outrages de la fortune. Et il est rare que par la conquête d'un pareil Etat on augmente autant en puissance réelle qu'on a perdu en puissance relative. *(Ch. 10)*

Livre dixième

DES LOIS DANS LE RAPPORT QU'ELLES ONT AVEC LA FORCE OFFENSIVE

De la guerre

La vie des Etats est comme celle des hommes. Ceux-ci ont droit de tuer dans le cas de la défense naturelle; ceux-là ont droit de faire la guerre pour leur propre conservation.

Dans le cas de la défense naturelle, j'ai droit de tuer, parce que ma vie est à moi, comme la vie de celui qui m'attaque est à lui; de même un Etat fait la guerre, parce que sa conservation est juste comme toute autre conservation.

---

35. This is a fundamental principle in Clarence Streit's *Union Now*, a plan for world federation based on the federal Constitution of the U.S.A.

Entre les citoyens, le droit de la défense naturelle n'emporte point avec lui la nécessité de l'attaque. Au lieu d'attaquer, ils n'ont qu'à recourir aux tribunaux. Ils ne peuvent donc exercer le droit de cette défense que dans les cas momentanés où l'on serait perdu si l'on attendait le secours des lois. Mais, entre les sociétés, le droit de la défense naturelle entraîne quelquefois la nécessité d'attaquer, lorsqu'un peuple voit qu'une plus longue paix en mettrait un autre en état de le détruire, et que l'attaque est dans ce moment le seul moyen d'empêcher cette destruction.[36]

Il suit de là que les petites sociétés ont plus souvent le droit de faire la guerre que les grandes, parce qu'elles sont plus souvent dans le cas de craindre d'être détruites.

Le droit de la guerre dérive donc de la nécessité et du juste rigide. Si ceux qui dirigent la conscience ou les conseils des princes ne se tiennent pas là, tout est perdu; et lorsqu'on se fondera sur des principes arbitraires de gloire, de bienséance, d'utilité, des flots de sang inonderont la terre.

Que l'on ne parle pas surtout de la gloire du prince; sa gloire serait son orgueil; c'est une passion et non pas un droit légitime.

Il est vrai que la réputation de sa puissance pourrait augmenter les forces de son Etat; mais la réputation de sa justice les augmenterait tout de même.

(Ch. 2)

Du droit de conquête

Du droit de la guerre dérive celui de conquête, qui en est la conséquence; il en doit donc suivre l'esprit.

Lorsqu'un peuple est conquis, le droit que le conquérant a sur lui suit quatre sortes de lois: la loi de la nature, qui fait que tout tend à la conservation des espèces; la loi de la lumière naturelle, qui veut que nous fassions à autrui ce que nous voudrions qu'on nous fît; la loi qui forme les sociétés politiques, qui sont telles que la nature n'en a point borné la durée; enfin la loi tirée de la chose même. La conquête est une acquisition; l'esprit d'acquisition porte avec lui l'esprit de conservation et d'usage, et non pas celui de destruction.

Un Etat qui en a conquis un autre le traite d'une des quatre manières suivantes: il continue à le gouverner selon ses lois, et ne prend pour lui que l'exercice du gouvernement politique et civil; ou il lui donne un nouveau gouvernement politique et civil; ou il détruit la société, et la disperse dans d'autres; ou enfin il extermine tous les citoyens.

La première manière est conforme au droit des gens que nous suivons aujourd'hui; la quatrième est plus conforme au droit des gens des Romains: sur quoi je laisse à juger à quel point nous sommes devenus meilleurs. Il faut rendre ici hommage à nos temps modernes, à la raison présente, à la religion d'aujourd'hui, à notre philosophie, à nos mœurs.

36. Voltaire pointed out the very possible abuses of this principle (Moland ed., XIX, 322).

Les auteurs de notre droit public, fondés sur les histoires anciennes, étant sortis de cas rigides, sont tombés dans de grandes erreurs. Ils ont donné dans l'arbitraire; ils ont supposé dans les conquérants un droit, je ne sais quel, de tuer: ce qui leur a fait tirer des conséquences terribles comme le principe, et établir des maximes que les conquérants eux-mêmes, lorsqu'ils ont eu le moindre sens, n'ont jamais prises. Il est clair que, lorsque la conquête est faite, le conquérant n'a plus le droit de tuer, puisqu'il n'est plus dans le cas de la défense naturelle, et de sa propre conservation.

Ce qui les a fait penser ainsi, c'est qu'ils ont cru que le conquérant avait droit de détruire la société: d'où ils ont conclu qu'il avait celui de détruire les hommes qui la composent; ce qui est une conséquence faussement tirée d'un faux principe. Car, de ce que la société serait anéantie, il ne s'ensuivrait pas que les hommes qui la forment dussent aussi être anéantis. La société est l'union des hommes, et non pas les hommes; le citoyen peut périr, et l'homme rester.

Du droit de tuer dans la conquête, les politiques ont tiré le droit de réduire en servitude; mais la conséquence est aussi mal fondée que le principe. On n'a droit de réduire en servitude que lorsqu'elle est nécessaire pour la conservation de la conquête. L'objet de la conquête c'est la conservation; la servitude n'est jamais l'objet de la conquête; mais il peut arriver qu'elle soit un moyen nécessaire pour aller à la conservation.

Dans ce cas, il est contre la nature de la chose que cette servitude soit éternelle. Il faut que le peuple esclave puisse devenir sujet. L'esclavage dans la conquête est une chose d'accident. Lorsqu'après un certain espace de temps, toutes les parties de l'Etat conquérant se sont liées avec celles de l'Etat conquis, par des coutumes, des mariages, des lois, des associations, et une certaine conformité d'esprit, la servitude doit cesser. Car les droits du conquérant ne sont fondés que sur ce que ces choses-là ne sont pas, et qu'il y a un éloignement entre les deux nations, tel que l'une ne peut pas prendre confiance en l'autre.

Ainsi, le conquérant qui réduit le peuple en servitude doit toujours se réserver des moyens (et ces moyens sont sans nombre) pour l'en faire sortir.... *(Ch. 3)*

Livre onzième

DES LOIS QUI FORMENT LA LIBERTE POLITIQUE DANS SON RAPPORT AVEC LA CONSTITUTION

Diverses significations données au mot de liberté

Il n'y a point de mot qui ait reçu plus de différentes significations, et qui ait frappé les esprits de tant de manières, que celui de liberté. Les uns l'ont pris pour la facilité de déposer celui à qui ils avaient donné un pouvoir tyrannique; les autres, pour la faculté d'élire celui à qui ils devaient obéir;

d'autres, pour le droit d'être armés, et de pouvoir exercer la violence; ceux-ci, pour le privilège de n'être gouvernés que par un homme de leur nation, ou par leurs propres lois. Certain peuple a longtemps pris la liberté pour l'usage de porter une longue barbe.[37] Ceux-ci ont attaché ce nom à une forme de gouvernement, et en ont exclu les autres. Ceux qui avaient goûté du gouvernement républicain l'ont mise dans ce gouvernement: ceux qui avaient joui du gouvernement monarchique l'ont placée dans la monarchie. Enfin chacun a appelé liberté le gouvernement qui était conforme à ses coutumes ou à ses inclinations; et comme dans une république on n'a pas toujours devant les yeux, et d'une manière si présente, les instruments des maux dont on se plaint, et que même les lois paraissent y parler plus, et les exécuteurs de la loi y parler moins, on la place ordinairement dans les républiques, et on l'a exclue des monarchies. Enfin, comme dans les démocraties le peuple paraît à peu près faire ce qu'il veut, on a mis la liberté dans ces sortes de gouvernements, et on a confondu le pouvoir du peuple avec la liberté du peuple. (Ch. 2)

Ce que c'est que la liberté

Il est vrai que dans les démocraties le peuple paraît faire ce qu'il veut; mais la liberté politique ne consiste point à faire ce que l'on veut. Dans un Etat, c'est-à-dire dans une société où il y a des lois, la liberté ne peut consister qu'à pouvoir faire ce que l'on doit vouloir, et à n'être point contraint de faire ce que l'on ne doit pas vouloir.

Il faut se mettre dans l'esprit ce que c'est que l'indépendance, et ce que c'est que la liberté. La liberté est le droit de faire tout ce que les lois permettent; et si un citoyen pouvait faire ce qu'elles défendent, il n'aurait plus de liberté, parce que les autres auraient tout de même ce pouvoir. La démocratie et l'aristocratie ne sont point des Etats libres par leur nature. La liberté politique ne se trouve que dans les gouvernements modérés. Mais elle n'est pas toujours dans les Etats modérés; elle n'y est que lorsqu'on n'abuse pas du pouvoir; mais c'est une expérience éternelle que tout homme qui a du pouvoir est porté à en abuser; il va jusqu'à ce qu'il trouve des limites. Qui le dirait! la vertu même a besoin de limites.[38]

Pour qu'on ne puisse abuser du pouvoir, il faut que, par la disposition des choses, le pouvoir arrête le pouvoir. Une constitution peut être telle que personne ne sera contraint de faire les choses auxquelles la loi ne l'oblige pas, et à ne point faire celles que la loi permet. (Chs. 3, 4)

---

37. "Les Moscovites ne pouvaient souffrir que le czar Pierre la leur fît couper." (M.)
38. The Greek principle of moderation, or nothing in excess; cf. Montaigne, "La sagesse aussi a ses excès."

De la constitution d'Angleterre [39]

Il y a dans chaque Etat trois sortes de pouvoirs: la puissance législative, la puissance exécutrice des choses qui dépendent du droit des gens, et la puissance exécutrice de celles qui dépendent du droit civil.

Par la première, le prince ou le magistrat fait des lois pour un temps ou pour toujours, et corrige ou abroge celles qui sont faites. Par la seconde, il fait la paix ou la guerre, envoie ou reçoit des ambassades, établit la sûreté, prévient les invasions. Par la troisième, il punit les crimes, ou juge les différends des particuliers. On appellera cette dernière la puissance de juger, et l'autre simplement la puissance exécutrice de l'Etat.

La liberté politique dans un citoyen est cette tranquillité d'esprit qui provient de l'opinion que chacun a de sa sûreté; et pour qu'on ait cette liberté, il faut que le gouvernement soit tel qu'un citoyen ne puisse pas craindre un autre citoyen.

Lorsque dans la même personne ou dans le même corps de magistrature, la puissance législative est réunie à la puissance exécutrice, il n'y a point de liberté; parce qu'on peut craindre que le même monarque ou le même sénat ne fasse des lois tyranniques pour les exécuter tyranniquement.

Il n'y a point encore de liberté si la puissance de juger n'est pas séparée de la puissance législative et de l'exécutrice. Si elle était jointe à la puissance législative, le pouvoir sur la vie et la liberté des citoyens serait arbitraire: car le juge serait législateur. Si elle était jointe à la puissance exécutrice, le juge pourrait avoir la force d'un oppresseur.

Tout serait perdu si le même homme, ou le même corps des principaux, ou des nobles, ou du peuple, exerçaient ces trois pouvoirs: celui de faire des lois, celui d'exécuter les résolutions publiques, et celui de juger les crimes ou les différends des particuliers.

Dans la plupart des royaumes de l'Europe, le gouvernement est modéré, parce que le prince, qui a les deux premiers pouvoirs, laisse à ses sujets l'exercice du troisième. Chez les Turcs, où ces trois pouvoirs sont réunis sur la tête du sultan, il règne un affreux despotisme. . . .

La puissance de juger ne doit pas être donnée à un sénat permanent mais exercée par des personnes tirées du corps du peuple,[40] dans certains temps de l'année, de la manière prescrite par la loi, pour former un tribunal qui ne dure qu'autant que la nécessité le requiert.

De cette façon, la puissance de juger, si terrible parmi les hommes, n'étant attachée ni à un certain état, ni à une certaine profession, devient, pour ainsi

---

39. Many of the principles here discussed can be found in Locke's *Treatise on Civil Government*. This chapter especially interested the fathers of the American Constitution, for whom M. was the great authority. If, as many have said, the idea of the separation of the executive, legislative, and judicial powers came from M.'s error in interpreting the unwritten English constitution, we can still be grateful to him for his error.

40. "Comme à Athènes." (M.)

De l'esprit des lois

dire, invisible et nulle. On n'a point continuellement des juges devant les yeux; et l'on craint la magistrature, et non pas les magistrats.

Il faut même que, dans les grandes accusations, le criminel, concurremment avec la loi, se choisisse des juges; ou du moins qu'il en puisse récuser un si grand nombre, que ceux qui restent soient censés être de son choix.

Les deux autres pouvoirs pourraient plutôt être donnés à des magistrats ou à des corps permanents, parce qu'ils ne s'exercent sur aucun particulier; n'étant, l'un, que la volonté générale de l'Etat, et l'autre, que l'exécution de cette volonté générale.

Mais, si les tribunaux ne doivent pas être fixes, les jugements doivent l'être à un tel point, qu'ils ne soient jamais qu'un texte précis de la loi. S'ils étaient une opinion particulière du juge, on vivrait dans la société sans savoir précisément les engagements que l'on y contracte.

Il faut même que les juges soient de la condition de l'accusé, ou ses pairs, pour qu'il ne puisse pas se mettre dans l'esprit qu'il soit tombé entre les mains de gens portés à lui faire violence.

Si la puissance législative laisse à l'exécutrice le droit d'emprisonner des citoyens qui peuvent donner caution de leur conduite, il n'y a plus de liberté, à moins qu'ils ne soient arrêtés pour répondre, sans délai, à une accusation que la loi a rendue capitale; auquel cas ils sont réellement libres, puisqu'ils ne sont soumis qu'à la puissance de la loi.

Mais, si la puissance législative se croyait en danger par quelque conjuration secrète contre l'Etat, ou quelque intelligence avec les ennemis du dehors, elle pourrait, pour un temps court et limité, permettre à la puissance exécutrice de faire arrêter les citoyens suspects, qui ne perdraient leur liberté pour un temps que pour la conserver pour toujours.

Et c'est le seul moyen conforme à la raison de suppléer à la tyrannique magistrature des Ephores et aux Inquisiteurs d'Etat de Venise, qui sont aussi despotiques.

Comme, dans un Etat libre, tout homme qui est censé avoir une âme libre doit être gouverné par lui-même, il faudrait que le peuple en corps eût la puissance législative. Mais comme cela est impossible dans les grands Etats, et est sujet à beaucoup d'inconvénients dans les petits, il faut que le peuple fasse par ses représentants tout ce qu'il ne peut faire par lui-même.

L'on connaît beaucoup mieux les besoins de sa ville que ceux des autres villes; et on juge mieux de la capacité de ses voisins que de celle de ses autres compatriotes. Il ne faut donc pas que les membres du corps législatif soient tirés en général du corps de la nation; mais il convient que, dans chaque lieu principal, les habitants se choisissent un représentant.

Le grand avantage des représentants, c'est qu'ils sont capables de discuter les affaires. Le peuple n'y est point du tout propre; ce qui forme un des grands inconvénients de la démocratie.

Il n'est pas nécessaire que les représentants, qui ont reçu de ceux qui les ont choisis une instruction générale, en reçoivent une particulière sur chaque affaire, comme cela se pratique dans les diètes d'Allemagne. Il est vrai que, de cette manière, la parole des députés serait plus l'expression de la voix de la nation; mais cela jetterait dans les longueurs infinies, rendrait chaque député le maître de tous les autres, et dans les occasions les plus pressantes, toute la force de la nation pourrait être arrêtée par un caprice.

Quand les députés, dit très bien M. Sidney, représentent un corps de peuple, comme en Hollande, ils doivent rendre compte à ceux qui les ont commis: c'est autre chose lorsqu'ils sont députés par des bourgs, comme en Angleterre.

Tous les citoyens, dans les divers districts, doivent avoir droit de donner leur voix pour choisir le représentant; excepté ceux qui sont dans un tel état de bassesse, qu'ils sont réputés n'avoir point de volonté propre.

Il y avait un grand vice dans la plupart des anciennes républiques: c'est que le peuple avait droit d'y prendre des résolutions actives, et qui demandent quelque exécution, chose dont il est entièrement incapable. Il ne doit entrer dans le gouvernement que pour choisir ses représentants, ce qui est très à sa portée. Car, s'il y a peu de gens qui connaissent le degré précis de la capacité des hommes, chacun est pourtant capable de savoir, en général, si celui qu'il choisit est plus éclairé que la plupart des autres.

Le corps représentant ne doit pas être choisi non plus pour prendre quelque résolution active, chose qu'il ne ferait pas bien; mais pour faire des lois, ou pour voir si l'on a bien exécuté celles qu'il a faites, chose qu'il peut très bien faire, et qu'il n'y a même que lui qui puisse bien faire.

Il y a toujours dans un Etat des gens distingués par la naissance, les richesses ou les honneurs; mais s'ils étaient confondus parmi le peuple, et s'ils n'y avaient qu'une voix comme les autres, la liberté commune serait leur esclavage, et ils n'auraient aucun intérêt à la défendre, parce que la plupart des résolutions seraient contre eux. La part qu'ils ont à la législation doit donc être proportionnée aux autres avantages qu'ils ont dans l'Etat: ce qui arrivera s'ils forment un corps qui ait droit d'arrêter les entreprises du peuple, comme le peuple a droit d'arrêter les leurs.[41]

Ainsi, la puissance législative sera confiée, et au corps des nobles, et au corps qui sera choisi pour représenter le peuple, qui auront chacun leurs assemblées et leurs délibérations à part, et des vues et des intérêts séparés.

Des trois puissances dont nous avons parlé, celle de juger est en quelque façon nulle. Il n'en reste que deux; et comme elles ont besoin d'une puissance réglante pour les tempérer, la partie du corps législatif qui est composée de nobles est très propre à produire cet effet.

Le corps des nobles doit être héréditaire. Il l'est premièrement par sa nature; et d'ailleurs il faut qu'il ait un très grand intérêt à conserver ses prérogatives, odieuses par elles-mêmes, et qui, dans un Etat libre, doivent toujours être en danger.

---

41. A theoretical defense of an upper house. Condorcet disagreed and attacked the principle of a bicameral legislature on democratic grounds.

De l'esprit des lois

Mais comme une puissance héréditaire pourrait être induite à suivre ses intérêts particuliers et à oublier ceux du peuple, il faut que dans les choses où l'on a un souverain intérêt à la corrompre, comme dans les lois qui concernent la levée de l'argent, elle n'ait de part à la législation que par sa faculté d'empêcher, et non par sa faculté de statuer.

J'appelle *faculté de statuer*, le droit d'ordonner par soi-même, ou de corriger ce qui a été ordonné par un autre. J'appelle *faculté d'empêcher*, le droit de rendre nulle une résolution prise par quelque autre; ce qui était la puissance des tribuns de Rome. Et quoique celui qui a la faculté d'empêcher puisse avoir aussi le droit d'approuver, pour lors cette approbation n'est autre chose qu'une déclaration qu'il ne fait point d'usage de sa faculté d'empêcher, et dérive de cette faculté.

La puissance exécutrice doit être entre les mains d'un monarque, parce que cette partie du gouvernement, qui a presque toujours besoin d'une action momentanée, est mieux administrée par un que par plusieurs; au lieu que ce qui dépend de la puissance législative est souvent mieux ordonné par plusieurs que par un seul.

Que s'il n'y avait point de monarque, et que la puissance exécutrice fût confiée à un certain nombre de personnes tirées du corps législatif, il n'y aurait plus de liberté, parce que les deux puissances seraient unies; les mêmes personnes ayant quelquefois, et pouvant toujours avoir part à l'une et à l'autre.

Si le corps législatif était un temps considérable sans être assemblé, il n'y aurait plus de liberté. Car il arriverait de deux choses l'une: ou qu'il n'y aurait plus de résolution législative, et l'Etat tomberait dans l'anarchie; ou que ces résolutions seraient prises par la puissance exécutrice, et elle deviendrait absolue.

Il serait inutile que le corps législatif fût toujours assemblé. Cela serait incommode pour les représentants, et d'ailleurs occuperait trop la puissance exécutrice, qui ne penserait point à exécuter, mais à défendre ses prérogatives, et le droit qu'elle a d'exécuter.

De plus, si le corps législatif était continuellement assemblé, il pourrait arriver que l'on ne ferait que suppléer de nouveaux députés à la place de ceux qui mourraient; et, dans ce cas, si le corps législatif était une fois corrompu, le mal serait sans remède. Lorsque divers corps législatifs se succèdent les uns aux autres, le peuple, qui a mauvaise opinion du corps législatif actuel, porte, avec raison, ses espérances sur celui qui viendra après. Mais si c'était toujours le même corps, le peuple, le voyant une fois corrompu, n'espérerait plus rien de ses lois; il deviendrait furieux, ou tomberait dans l'indolence.

Le corps législatif ne doit point s'assembler lui-même; car un corps n'est censé avoir de volonté que lorsqu'il est assemblé; et, s'il ne s'assemblait pas unanimement, on ne saurait dire quelle partie serait véritablement le corps législatif: celle qui serait assemblée, ou celle qui ne le serait pas. Que s'il avait droit de se proroger lui-même, il pourrait arriver qu'il ne se prorogerait jamais; ce qui serait dangereux dans le cas où il voudrait attenter contre la puissance exécutrice. D'ailleurs, il y a des temps plus convenables les uns que les autres pour l'assemblée du corps législatif: il faut donc que ce soit la puissance exécutrice qui règle le temps de la tenue et de la durée de ces assemblées, par rapport aux circonstances qu'elle connaît.

Si la puissance exécutrice n'a pas le droit d'arrêter les entreprises du corps législatif, celui-ci sera despotique; car, comme il pourra se donner tout le pouvoir qu'il peut imaginer, il anéantira toutes les autres puissances. Mais il ne faut pas que la puissance législative ait réciproquement la faculté d'arrêter la puissance exécutrice. Car, l'exécution ayant ses limites par sa nature, il est inutile de la borner; outre que la puissance exécutrice s'exerce toujours sur des choses momentanées. Et la puissance des tribuns de Rome était vicieuse, en ce qu'elle arrêtait non seulement la législation, mais même l'exécution: ce qui causait de grands maux.

Mais si, dans un Etat libre, la puissance législative ne doit pas avoir le droit d'arrêter la puissance exécutrice, elle a droit, et doit avoir la faculté d'examiner de quelle manière les lois qu'elle a faites ont été exécutées; et c'est l'avantage qu'a ce gouvernement sur celui de Crète et de Lacédémone, où les Cosmes et les Ephores ne rendaient point compte de leur administration.

Mais, quel que soit cet examen, le corps législatif ne doit point avoir le pouvoir de juger la personne, et par conséquent la conduite de celui qui exécute. Sa personne doit être sacrée, parce qu'étant nécessaire à l'Etat pour que le corps législatif n'y devienne pas tyrannique, dès le moment qu'il serait accusé ou jugé, il n'y aurait plus de liberté....

La puissance exécutrice, comme nous avons dit, doit prendre part à la législation par sa faculté d'empêcher; sans quoi elle sera bientôt dépouillée de ses prérogatives. Mais si la puissance législative prend part à l'exécution, la puissance exécutrice sera également perdue.

Si le monarque prenait part à la législation par la faculté de statuer, il n'y aurait plus de liberté. Mais, comme il faut pourtant qu'il ait part à la législation pour se défendre, il faut qu'il y prenne part par la faculté d'empêcher.

Ce qui fut cause que le gouvernement changea à Rome, c'est que le Sénat, qui avait une partie de la puissance exécutrice, et les magistrats, qui avaient l'autre, n'avaient pas, comme le peuple, la faculté d'empêcher.

Voici donc la constitution fondamentale du gouvernement dont nous parlons. Le corps législatif y étant composé de deux parties, l'une enchaînera l'autre par sa faculté mutuelle d'empêcher. Toutes les deux seront liées par la puissance exécutrice, qui le sera elle-même par la législative.

Ces trois puissances devraient former un repos ou une inaction. Mais comme, par le mouvement nécessaire des choses, elles sont contraintes d'aller, elles seront forcées d'aller de concert.

La puissance exécutrice ne faisant partie de la législative que par sa faculté d'empêcher, elle ne saurait entrer dans le débat des affaires. Il n'est pas même nécessaire qu'elle propose, parce que, pouvant toujours désapprouver les résolutions, elle peut rejeter les décisions des propositions qu'elle aurait voulu qu'on n'eût pas faites.

Dans quelques républiques anciennes, où le peuple en corps avait le débat des affaires, il était naturel que la puissance exécutrice les proposât et les débattît avec lui; sans quoi il y aurait eu dans les résolutions une confusion étrange.

Si la puissance exécutrice statue sur la levée des deniers publics autrement que par son consentement, il n'y aura plus de liberté, parce qu'elle deviendra législative dans le point le plus important de la législation.

Si la puissance législative statue, non pas d'année en année, mais pour toujours, sur la levée des deniers publics, elle court risque de perdre sa liberté, parce que la puissance exécutrice ne dépendra plus d'elle; et quand on tient un pareil droit pour toujours, il est assez indifférent qu'on le tienne de soi ou d'un autre. Il en est de même si elle statue, non pas d'année en année, mais pour toujours, sur les forces de terre et de mer qu'elle doit confier à la puissance exécutrice. . . .

Si l'on veut lire l'admirable ouvrage de Tacite *sur les mœurs des Germains,* on verra que c'est d'eux que les Anglais ont tiré l'idée de leur gouvernement politique. Ce beau système a été trouvé dans les bois.[42]

Comme toutes les choses humaines ont une fin, l'Etat dont nous parlons perdra sa liberté, il périra. Rome, Lacédémone et Carthage ont bien péri. Il périra lorsque la puissance législative sera plus corrompue que l'exécutrice.

Ce n'est point à moi à examiner si les Anglais jouissent actuellement de cette liberté ou non. Il me suffit de dire qu'elle est établie par leurs lois, et je n'en cherche pas davantage.

Je ne prétends point par là ravaler les autres gouvernements, ni dire que cette liberté politique extrême doive mortifier ceux qui n'en ont qu'une modérée. Comment dirais-je cela, moi qui crois que l'excès même de la raison n'est pas toujours désirable, et que les hommes s'accommodent presque toujours mieux des milieux que des extrémités?. . . (*Ch. 6*)

Fin de ce livre

Je voudrais rechercher, dans tous les gouvernements modérés que nous connaissons, quelle est la distribution des trois pouvoirs, et calculer par là les degrés de liberté dont chacun d'eux peut jouir. Mais il ne faut pas toujours tellement épuiser un sujet, qu'on ne laisse rien à faire au lecteur. Il ne s'agit pas de faire lire, mais de faire penser. (*Ch. 20*)

---

42. M. would like us to believe that English liberties came in with the Germanic Anglo-Saxons, cousins of his ancestors, the Franks, a supposition which historians today find quite untenable.

Livre douzième
DES LOIS FORMANT LA LIBERTÉ POLITIQUE DANS SON RAPPORT AVEC LE CITOYEN

Idée de ce livre

Ce n'est pas assez d'avoir traité de la liberté politique dans son rapport avec la constitution; il faut la faire voir dans le rapport qu'elle a avec le citoyen.

J'ai dit que, dans le premier cas, elle est formée par une certaine distribution des trois pouvoirs; mais, dans le second, il faut la considérer sous une autre idée. Elle consiste dans la sûreté, ou dans l'opinion que l'on a de sa sûreté.

Il pourra arriver que la constitution sera libre, et que le citoyen ne le sera point. Le citoyen pourra être libre, et la constitution ne l'être pas. Dans ces cas, la constitution sera libre de droit, et non de fait; le citoyen sera libre de fait, et non pas de droit.

Il n'y a que la disposition des lois, et même des lois fondamentales, qui forme la liberté dans son rapport avec la constitution. Mais, dans le rapport avec le citoyen, des mœurs, des manières, des exemples reçus peuvent la faire naître; et de certaines lois civiles la favoriser, comme nous allons voir dans ce livre-ci.

De plus, dans la plupart des États, la liberté étant plus gênée, choquée ou abattue, que leur constitution ne le demande, il est bon de parler des lois particulières, qui, dans chaque constitution, peuvent aider ou choquer le principe de la liberté dont chacun d'eux peut être susceptible. (*Ch. 1*)

De la liberté du citoyen

La liberté philosophique consiste dans l'exercice de sa volonté, ou du moins s'il faut parler dans tous les systèmes, dans l'opinion où l'on est que l'on exerce sa volonté. La liberté consiste dans la sûreté, ou du moins dans l'opinion que l'on a de sa sûreté.

Cette sûreté n'est jamais plus attaquée que dans les accusations publiques ou privées. C'est donc de la bonté des lois criminelles que dépend principalement la liberté du citoyen....

Les connaissances que l'on a acquises dans quelques pays, et que l'on acquerra dans d'autres, sur les règles les plus sûres que l'on puisse tenir dans les jugements criminels, intéressent le genre humain plus qu'aucune chose qu'il y ait au monde.

Ce n'est que sur la pratique de ces connaissances que la liberté peut être fondée; et dans un État qui aurait là-dessus les meilleures lois possibles, un homme à qui on ferait son procès, et qui devrait être pendu le lendemain, serait plus libre qu'un bacha ne l'est en Turquie. Les lois qui font périr un

De l'esprit des lois

homme sur la déposition d'un seul témoin sont fatales à la liberté. La raison en exige deux; parce qu'un témoin qui affirme et un accusé qui nie font un partage; et il faut un tiers pour le vider.... *(Chs. 2, 3)*

Que la liberté est favorisée par la nature des peines et leur proportion

C'est le triomphe de la liberté, lorsque les lois criminelles tirent chaque peine de la nature particulière du crime. Tout l'arbitraire cesse, la peine ne descend point du caprice du législateur, mais de la nature de la chose; et ce n'est point l'homme qui fait violence à l'homme.

Il y a quatre sortes de crimes: ceux de la première espèce choquent la religion; ceux de la seconde, les mœurs; ceux de la troisième, la tranquillité; ceux de la quatrième, la sûreté des citoyens. Les peines que l'on inflige doivent dériver de la nature de chacune de ces espèces.

Je ne mets dans la classe des crimes qui intéressent la religion que ceux qui l'attaquent directement, comme sont tous les sacrilèges simples. Car les crimes qui en troublent l'exercice sont de la nature de ceux qui choquent la tranquillité des citoyens ou leur sûreté, et doivent être renvoyés à ces classes.

Pour que la peine des sacrilèges simples soit tirée de la nature [43] de la chose, elle doit consister dans la privation de tous les avantages que donne la religion: l'expulsion hors des temples; la privation de la société des fidèles, pour un temps ou pour toujours; la fuite de leur présence, les exécrations, les détestations, les conjurations.

Dans les choses qui troublent la tranquillité ou la sûreté de l'Etat, les actions cachées sont du ressort de la justice humaine. Mais dans celles qui blessent la Divinité, là où il n'y a point d'action publique, il n'y a point de matière de crime; tout s'y passe entre l'homme et Dieu, qui sait la mesure et le temps de ses vengeances. Que si, confondant les choses, le magistrat recherche aussi le sacrilège caché, il porte une inquisition sur un genre d'action où elle n'est point nécessaire: il détruit la liberté des citoyens, en armant contre eux le zèle des consciences timides, et celui des consciences hardies.

Le mal est venu de cette idée, qu'il faut venger la Divinité. Mais il faut faire honorer la Divinité, et ne la venger jamais.[44] En effet, si l'on se conduisait par cette dernière idée, quelle serait la fin des supplices? Si les lois des hommes ont à venger un être infini, elles se régleront sur son infinité, et non pas sur les faiblesses, sur les ignorances, sur les caprices de la nature humaine.

---

43. "Saint Louis fit des lois si outrées contre ceux qui juraient, que le pape se crut obligé de l'en avertir. Ce prince modéra son zèle et adoucit ses lois. Voyez ses ordonnances." (M.)

44. Such ideas explain the meaning of the word "Enlightenment," often used to characterize M.'s century.

Un historien de Provence rapporte un fait, qui nous peint très bien ce que peut produire sur des esprits faibles cette idée de venger la Divinité. Un Juif, accusé d'avoir blasphémé contre la sainte Vierge, fut condamné à être écorché. Des chevaliers masqués, le couteau à la main, montèrent sur l'échafaud, et en chassèrent l'exécuteur, pour venger eux-mêmes l'honneur de la sainte Vierge... Je ne veux point prévenir les réflexions du lecteur.

La seconde classe est des crimes qui sont contre les mœurs. Telles sont la violation de la continence publique ou particulière; c'est-à-dire, de la police sur la manière dont on doit jouir des plaisirs attachés à l'usage des sens et à l'union des corps. Les peines de ces crimes doivent encore être tirées de la nature de la chose. La privation des avantages que la société a attachés à la pureté des mœurs, les amendes, la honte, la contrainte de se cacher, l'infamie publique, l'expulsion hors de la ville et de la société; enfin, toutes les peines qui sont de la juridiction correctionnelle suffisent pour réprimer la témérité des deux sexes. En effet, ces choses sont moins fondées sur la méchanceté que sur l'oubli ou le mépris de soi-même.

Il n'est ici question que des crimes qui intéressent uniquement les mœurs, non de ceux qui choquent aussi la sûreté publique, tels que l'enlèvement et le viol, qui sont de la quatrième espèce.

Les crimes de la troisième classe sont ceux qui choquent la tranquillité des citoyens; et les peines en doivent être tirées de la nature de la chose, et se rapporter à cette tranquillité, comme la prison, l'exil, les corrections et autres peines qui ramènent les esprits inquiets et les font rentrer dans l'ordre établi.

Je restreins les crimes contre la tranquillité aux choses qui contiennent une simple lésion de police: car celles qui, troublant la tranquillité, attaquent en même temps la sûreté, doivent être mises dans la quatrième classe.

Les peines de ces derniers crimes sont ce qu'on appelle des supplices. C'est une espèce de talion, qui fait que la société refuse la sûreté à un citoyen qui en a privé, ou qui a voulu en priver un autre. Cette peine est tirée de la nature de la chose, puisée dans la raison et dans les sources du bien et du mal. Un citoyen mérite la mort lorsqu'il a violé la sûreté au point qu'il a ôté la vie, ou qu'il a entrepris de l'ôter.[45] Cette peine de mort est comme le remède de la société malade. Lorsqu'on viole la sûreté à l'égard des biens il peut y avoir des raisons pour que la peine soit capitale; mais il vaudrait peut-être mieux, et il serait plus de la nature, que la peine des crimes contre la sûreté des biens fût punie par la perte des biens; et cela devrait être ainsi, si les fortunes étaient communes ou égales. Mais ce sont ceux qui n'ont point de biens qui attaquent plus volontiers celui des autres, il a fallu que la peine corporelle suppléât à la pécuniaire.

Tout ce que je dis est puisé dans la nature, et est très favorable à la liberté du citoyen. (*Ch. 4*)

---

45. Beccaria was one of the very few figures of the century who condemned capital punishment without reservations.

De certaines accusations qui ont particulièrement besoin de modération et de prudence

Maxime importante: il faut être très circonspect dans la poursuite de la magie et de l'hérésie. L'accusation de ces deux crimes peut extrêmement choquer la liberté et être la source d'une infinité de tyrannies, si le législateur ne sait la borner. Car, comme elle ne porte pas directement sur les actions d'un citoyen, mais plutôt sur l'idée que l'on s'est faite de son caractère, elle devient dangereuse à proportion de l'ignorance du peuple; et pour lors un citoyen est toujours en danger, parce que la meilleure conduite du monde, la morale la plus pure, la pratique de tous les devoirs, ne sont pas des garants contre les soupçons de ces crimes. ...

Sous le règne de Philippe le Long, les Juifs furent chassés de France, accusés d'avoir empoisonné les fontaines par le moyen des lépreux. Cette absurde accusation doit bien faire douter de toutes celles qui sont fondées sur la haine publique.

Je n'ai point dit ici qu'il ne fallait punir l'hérésie; je dis qu'il faut être très circonspect à la punir.[46] (*Ch. 5*)

Des paroles indiscrètes

Rien ne rend encore le crime de lèse-majesté plus arbitraire que quand les paroles indiscrètes en deviennent la matière. Les discours sont si sujets à interprétation, il y a tant de différence entre l'indiscrétion et la malice, et il y en a si peu dans les expressions qu'elles emploient, que la loi ne peut guère soumettre les paroles à une peine capitale, à moins qu'elle ne déclare expressément celles qu'elle y soumet.

Les paroles ne forment point un corps de délit; elles ne restent que dans l'idée. La plupart du temps elles ne signifient point par elles-mêmes, mais par le ton dont on les dit. Souvent, en redisant les mêmes paroles, on ne rend pas le même sens; ce sens dépend de la liaison qu'elles ont avec d'autres choses. Quelquefois le silence exprime plus que tous les discours. Il n'y a rien de si équivoque que tout cela. Comment donc en faire un crime de lèse-majesté? Partout où cette loi est établie, non seulement la liberté n'est plus, mais son ombre même. ... (*Ch. 12*)

Des écrits

Les écrits contiennent quelque chose de plus permanent que les paroles; mais, lorsqu'ils ne préparent pas au crime de lèse-majesté, ils ne sont point une matière du crime de lèse-majesté. ...

Les écrits satiriques ne sont guère connus dans les Etats despotiques, où

---

46. This hedging may be charged directly to fear of censorship.

l'abattement d'un côté et l'ignorance de l'autre ne donnent ni le talent ni la volonté d'en faire. Dans la démocratie on ne les empêche pas, par la raison même qui dans le gouvernement d'un seul les fait défendre. Comme ils sont ordinairement composés contre des gens puissants ils flattent dans la démocratie la malignité du peuple qui gouverne. Dans la monarchie on les défend; mais on en fait plutôt un sujet de police que de crime. Ils peuvent amuser la malignité générale, consoler les mécontents, diminuer l'envie contre les places, donner au peuple la patience de souffrir, et le faire rire de ses souffrances.... (*Ch. 13*)

Livre quatorzième

DES LOIS DANS LE RAPPORT QU'ELLES ONT AVEC LA NATURE DU CLIMAT

Idée générale

S'il est vrai que le caractère de l'esprit et les passions du cœur soient extrêmement différents dans les divers climats, les lois doivent être relatives et à la différence de ces passions, et à la différence de ces caractères.

(*Ch. 1*)

Combien les hommes sont différents dans les divers climats [47]

L'air froid resserre les extrémités des fibres extérieures de notre corps; cela augmente leur ressort, et favorise le retour du sang des extrémités vers le cœur. Il diminue la longueur de ces mêmes fibres; il augmente donc encore par là leur force. L'air chaud, au contraire, relâche les extrémités des fibres, et les allonge; il diminue donc leur force et leur ressort.

On a donc plus de vigueur dans des climats froids. L'action du cœur et la réaction des extrémités des fibres s'y font mieux, les liqueurs sont mieux en équilibre, le sang est plus déterminé vers le cœur, et réciproquement le cœur a plus de puissance. Cette force plus grande doit produire bien des effets: par exemple, plus de confiance en soi-même, c'est-à-dire plus de courage; plus de connaissance de sa supériorité, c'est-à-dire moins de désir de la vengeance; plus d'opinion de sa sûreté, c'est-à-dire plus de franchise, moins de soupçons, de politique et de ruses. Enfin cela doit faire des caractères bien différents. Mettez un homme dans un lieu chaud et enfermé, il souffrira, par les raisons que je viens de dire, une défaillance de cœur très grande. Si, dans cette circonstance, on va lui proposer une action hardie, je crois qu'on l'y trouvera très peu disposé; sa faiblesse présente

---

47. M. was not the first to stress the influence of climate. We find it in Jean Bodin (1566), Fontenelle (*Digression*, 1688), Chardin (1711), and Abbé Dubos (*Réflexions critiques*, 1719). Here, however, M. produces his microscope and tries to give the idea scientific standing.

mettra un découragement dans son âme; il craindra tout, parce qu'il sentira qu'il ne peut rien. Les peuples des pays chauds sont timides comme les vieillards le sont; ceux des pays froids sont courageux comme le sont les jeunes gens. Si nous faisons attention aux dernières guerres, qui sont celles que nous avons le plus sous nos yeux, et dans lesquelles nous pouvons mieux voir de certains effets légers, imperceptibles de loin, nous sentirons bien que les peuples du nord, transportés dans les pays du midi, n'y ont pas fait d'aussi belles actions que leurs compatriotes qui, combattant dans leur propre climat, y jouissaient de tout leur courage.

La force des fibres des peuples du nord fait que les sucs les plus grossiers sont tirés des aliments. Il en résulte deux choses: l'une, que les parties du chyle, ou de la lymphe, sont plus propres, par leur grande surface, à être appliquées sur les fibres, et à les nourrir; l'autre, qu'elles sont moins propres, par leur grossièreté, à donner une certaine subtilité au suc nerveux. Ces peuples auront donc de grands corps et peu de vivacité.

Les nerfs, qui aboutissent de tous côtés au tissu de notre peau, font chacun un faisceau de nerfs. Ordinairement ce n'est pas tout le nerf qui est remué, c'en est une partie infiniment petite. Dans les pays chauds, où le tissu de la peau est relâché, les bouts des nerfs sont épanouis et exposés à la plus petite action des objets les plus faibles. Dans les pays froids, le tissu de la peau est resserré, et les mamelons comprimés; les petites houppes sont, en quelque façon, paralytiques; la sensation ne passe guère au cerveau que lorsqu'elle est extrêmement forte, et qu'elle est de tout le nerf ensemble. Mais c'est d'un nombre infini de petites sensations que dépendent l'imagination, le goût, la sensibilité, la vivacité.

J'ai observé le tissu extérieur d'une langue de mouton dans l'endroit où elle paraît, à la simple vue, couverte de mamelons. J'ai vu avec un microscope, sur ces mamelons, de petits poils ou une espèce de duvet; entre les mamelons étaient des pyramides, qui formaient par le bout comme de petits pinceaux. Il y a grande apparence que ces pyramides sont le principal organe du goût.

J'ai fait geler la moitié de cette langue, et j'ai trouvé, à la simple vue, les mamelons considérablement diminués; quelques rangs même de mamelons s'étaient enfoncés dans leur gaîne. J'en ai examiné le tissu avec le microscope, je n'ai plus vu de pyramides. A mesure que la langue s'est dégelée, les mamelons, à la vue simple, ont paru se relever; et, au microscope, les petites houppes ont commencé à reparaître.

Cette observation confirme ce que j'ai dit, que, dans les pays froids, les houppes nerveuses sont moins épanouies: elles s'enfoncent dans leurs gaînes, où elles sont à couvert de l'action des objets extérieurs. Les sensations sont donc moins vives.

Dans les pays froids on aura peu de sensibilité pour les plaisirs; elle sera plus grande dans les pays tempérés: dans les pays chauds, elle sera extrême. Comme on distingue les climats par les degrés de latitude, on pourrait les distinguer, pour ainsi dire, par les degrés de sensibilité. J'ai vu les opéras d'Angleterre et d'Italie; ce sont les mêmes pièces et les mêmes acteurs: mais la même musique produit des effets si différents sur les deux nations, l'une est si calme, et l'autre si transportée, que cela paraît inconcevable.

Il en sera de même de la douleur: elle est excitée en nous par le déchirement de quelque fibre de notre corps. L'auteur de la nature a établi que cette douleur serait plus forte à mesure que le dérangement serait plus grand: or il est évident que les grands corps et les fibres grossières des peuples du nord sont moins capables de dérangement que les fibres délicates des peuples des pays chauds; l'âme y est donc moins sensible à la douleur. Il faut écorcher un Moscovite pour lui donner du sentiment.

Avec cette délicatesse d'organes que l'on a dans les pays chauds, l'âme est souverainement émue par tout ce qui a du rapport à l'union des deux sexes: tout conduit à cet objet.

Dans les climats du nord, à peine le physique de l'amour a-t-il la force de se rendre bien sensible; dans les climats tempérés, l'amour, accompagné de mille accessoires, se rend agréable par des choses qui d'abord semblent être lui-même, et ne sont pas encore lui; dans les climats plus chauds, on aime l'amour pour lui-même; il est la cause unique du bonheur; il est la vie.

Dans les pays du midi, une machine délicate, faible, mais sensible, se livre à un amour qui, dans un sérail, naît et se calme sans cesse; ou bien à un amour qui, laissant les femmes dans une plus grande indépendance, est exposé à mille troubles. Dans les pays du nord, une machine saine et bien constituée, mais lourde, trouve ses plaisirs dans tout ce qui peut remettre les esprits en mouvement: la chasse, les voyages, la guerre, le vin. Vous trouverez dans les climats du nord des peuples qui ont peu de vices, assez de vertus, beaucoup de sincérité et de franchise. Approchez des pays du midi, vous croirez vous éloigner de la morale même: des passions plus vives multiplieront les crimes; chacun cherchera à prendre sur les autres tous les avantages qui peuvent favoriser ces mêmes passions. Dans les pays tempérés, vous verrez des peuples inconstants dans leurs manières, dans leurs vices même, et dans leurs vertus; le climat n'y a pas une qualité assez déterminée pour les fixer eux-mêmes.

La chaleur du climat peut être si excessive que le corps y sera absolument sans force. Pour lors l'abattement passera à l'esprit même; aucune curiosité, aucune noble entreprise, aucun sentiment généreux; les inclinations y seront toutes passives; la paresse y fera le bonheur; la plupart des châtiments y seront moins difficiles à soutenir que l'action de l'âme, et la servitude moins insupportable que la force d'esprit qui est nécessaire pour se conduire soi-même. *(Ch. 2)*

Des lois qui ont rapport à la sobriété des peuples

Dans les pays chauds, la partie aqueuse du sang se dissipe beaucoup par la transpiration; il y faut donc substituer un liquide pareil. L'eau y est d'un usage admirable, les liqueurs fortes y coaguleraient les globules du sang qui restent après la dissipation de la partie aqueuse.

Dans les pays froids, la partie aqueuse du sang s'exhale peu par la transpiration; elle reste en grande abondance. On y peut donc user des liqueurs spiritueuses, sans que le sang se coagule. On y est plein d'humeurs; les liqueurs fortes, qui donnent du mouvement au sang, y peuvent être convenables.

La loi de Mahomet, qui défend de boire du vin, est donc une loi du climat d'Arabie; aussi avant Mahomet l'eau était-elle la boisson commune des Arabes. La loi qui défendait aux Carthaginois de boire du vin, était aussi une loi du climat; effectivement le climat de ces deux pays est à peu près le même.

Une pareille loi ne serait pas bonne dans les pays froids, où le climat semble forcer à une certaine ivrognerie de nation, bien différente de celle de la personne. L'ivrognerie se trouve établie par toute la terre, dans la proportion de la froideur et de l'humidité du climat. Passez de l'équateur jusqu'à notre pôle, vous y verrez l'ivrognerie augmenter avec les degrés de latitude. Passez du même équateur au pôle opposé, vous y trouverez l'ivrognerie aller vers le midi, comme de ce côté-ci elle avait été vers le nord....

(Ch. 10)

Livre quinzième

COMMENT LES LOIS DE L'ESCLAVAGE CIVIL ONT DU RAPPORT AVEC LA NATURE DU CLIMAT

De l'esclavage des nègres [48]

Si j'avais à soutenir le droit que nous avons eu de rendre les nègres esclaves, voici ce que je dirais:

Les peuples d'Europe ayant exterminé ceux de l'Amérique, ils ont dû mettre en esclavage ceux de l'Afrique, pour s'en servir à défricher tant de terres.

Le sucre serait trop cher, si l'on ne faisait travailler la plante qui le produit par des esclaves.

Ceux dont il s'agit sont noirs depuis les pieds jusqu'à la tête; et ils ont le nez si écrasé qu'il est presque impossible de les plaindre.

On ne peut se mettre dans l'idée que Dieu, qui est un être très sage, ait mis une âme, surtout une âme bonne, dans un corps tout noir.

---

48. Change of tone, as well as of pace, is a characteristic literary quality of M.'s treatment of the spirit of laws. Here he adopts the ironical in condemning the institution of slavery.

Il est si naturel de penser que c'est la couleur qui constitue l'essence de l'humanité, que les peuples d'Asie, qui font des eunuques, privent toujours les noirs du rapport qu'ils ont avec nous d'une façon plus marquée.

On peut juger de la couleur de la peau par celle des cheveux, qui, chez les Egyptiens, les meilleurs philosophes du monde, étaient d'une si grande conséquence, qu'ils faisaient mourir tous les hommes roux qui leur tombaient entre les mains.

Une preuve que les nègres n'ont pas le sens commun, c'est qu'ils font plus de cas d'un collier de verre que de l'or, qui, chez des nations policées, est d'une si grande conséquence.

Il est impossible que nous supposions que ces gens-là soient des hommes; parce que, si nous les supposions des hommes, on commencerait à croire que nous ne sommes pas nous-mêmes chrétiens.

De petits esprits exagèrent trop l'injustice que l'on fait aux Africains. Car, si elle était telle qu'ils le disent, ne serait-il pas venu dans la tête des princes d'Europe, qui font entre eux tant de conventions inutiles, d'en faire une générale en faveur de la miséricorde et de la pitié? (Ch. 5)

Livre seizième

COMMENT LES LOIS DE L'ESCLAVAGE DOMESTIQUE ONT DU RAPPORT AVEC LA NATURE DU CLIMAT

Que, dans les pays du Midi, il y a dans les deux sexes une inégalité naturelle

Les femmes sont nubiles dans les climats chauds, à huit, neuf et dix ans: ainsi l'enfance et le mariage y vont presque toujours ensemble. Elles sont vieilles à vingt: la raison ne se trouve donc jamais chez elles avec la beauté. Quand la beauté demande l'empire, la raison le fait refuser; quand la raison pourrait l'obtenir, la beauté n'est plus. Les femmes doivent être dans la dépendance; car la raison ne peut leur procurer dans leur vieillesse un empire que la beauté ne leur avait pas donné dans la jeunesse même. Il est donc très simple qu'un homme, lorsque la religion ne s'y oppose pas, quitte sa femme pour en prendre une autre, et que la polygamie s'introduise.

Dans les pays tempérés, où les agréments des femmes se conservent mieux, où elles sont plus tard nubiles, et où elles ont des enfants dans un âge plus avancé, la vieillesse de leur mari suit en quelque façon la leur; et, comme elles y ont plus de raison et de connaissances quand elles se marient, ne fût-ce que parce qu'elles ont plus longtemps vécu, il a dû naturellement s'introduire une espèce d'égalité dans les deux sexes, et par conséquent la loi d'une seule femme.

Dans les pays froids, l'usage presque nécessaire des boissons fortes établit l'intempérance parmi les hommes. Les femmes, qui ont à cet égard une retenue naturelle, parce qu'elles ont toujours à se défendre, ont donc encore l'avantage de la raison sur eux.

La nature, qui a distingué les hommes par la force et par la raison, n'a mis à leur pouvoir de terme que celui de cette force et de cette raison. Elle a donné aux femmes les agréments, et a voulu que leur ascendant finît avec ces agréments; mais dans les pays chauds, ils ne se trouvent que dans les commencements, et jamais dans le cours de leur vie.

Ainsi la loi qui ne permet qu'une femme se rapporte plus au physique du climat de l'Europe qu'au physique du climat de l'Asie. C'est une des raisons qui a fait que le mahométisme a trouvé tant de facilité à s'établir en Asie, et tant de difficulté à s'étendre en Europe; que le christianisme s'est maintenu en Europe, et a été détruit en Asie; et qu'enfin les mahométans font tant de progrès à la Chine, et les chrétiens si peu. Les raisons humaines sont toujours subordonnées à cette cause suprême, qui fait tout ce qu'elle veut, et se sert de tout ce qu'elle veut.... *(Ch. 2)*

Livre dix-septième

COMMENT LES LOIS DE LA SERVITUDE POLITIQUE ONT DU RAPPORT AVEC LA NATURE DU CLIMAT

Différence des peuples par rapport au courage

Nous avons déjà dit que la grande chaleur énervait la force et le courage des hommes; et qu'il y avait dans les climats froids une certaine force de corps et d'esprit qui rendait les hommes capables des actions longues, pénibles, grandes et hardies. Cela se remarque non seulement de nation à nation, mais encore dans le même pays, d'une partie à une autre. Les peuples du nord de la Chine sont plus courageux que ceux du midi; les peuples du midi de la Corée ne le sont pas tant que ceux du nord.

Il ne faut donc pas être étonné que la lâcheté des peuples des climats chauds les ait presque toujours rendus esclaves, et que le courage des peuples des climats froids les ait maintenus libres. C'est un effet qui dérive de sa cause naturelle.[49]

Ceci s'est encore trouvé vrai dans l'Amérique; les empires despotiques du Mexique et du Pérou étaient vers la ligne, et presque tous les petits peuples libres étaient et sont encore vers les pôles. *(Ch. 2)*

---

49. Cf. J.-J. Rousseau: "Quand tout le midi serait couvert de Républiques, et tout le nord d'Etats despotiques, il n'en serait pas moins vrai que, par l'effet du climat, le despotisme convient aux pays chauds, la barbarie aux pays froids, et la bonne police aux régions intermédiaires." (*Contrat social*, III, viii.)

Livre dix-neuvième
DES LOIS DANS LE RAPPORT QU'ELLES ONT AVEC LES PRINCIPES QUI FORMENT L'ESPRIT GENERAL, LES MŒURS ET LES MANIERES D'UNE NATION

Ce que c'est que l'esprit général

Plusieurs choses gouvernent les hommes: le climat, la religion, les lois, les maximes du gouvernement, les exemples des choses passées, les mœurs, les manières; d'où il se forme un esprit général qui en résulte.

A mesure que, dans chaque nation, une de ces causes agit avec plus de force, les autres lui cèdent d'autant. La nature et le climat dominent presque seuls sur les sauvages; les manières gouvernent les Chinois; les lois tyrannisent le Japon; les mœurs donnaient autrefois le ton dans Lacédémone; les maximes du gouvernement et les mœurs anciennes le donnaient dans Rome.

(*Ch. 4*)

Combien il faut être attentif à ne point changer l'esprit général d'une nation

S'il y avait dans le monde une nation qui eût une humeur sociable, une ouverture de cœur, une joie dans la vie, un goût, une facilité à communiquer ses pensées; qui fût vive, agréable, quelquefois imprudente, souvent indiscrète; et qui eût avec cela du courage, de la générosité, de la franchise, un certain point d'honneur, il ne faudrait point chercher à gêner, par des lois, ses manières, pour ne point gêner ses vertus. Si en général le caractère est bon, qu'importe de quelques défauts qui s'y trouvent.[50]

On y pourrait contenir les femmes, faire des lois pour corriger leurs mœurs, et borner leur luxe; mais qui sait si on n'y perdrait pas un certain goût qui serait la source des richesses de la nation, et une politesse qui attire chez elle les étrangers?

C'est au législateur à suivre l'esprit de la nation, lorsqu'il n'est pas contraire aux principes du gouvernement; car nous ne faisons rien de mieux que ce que nous faisons librement, et en suivant notre génie naturel.

Qu'on donne un esprit de pédanterie à une nation naturellement gaie, l'Etat n'y gagnera rien, ni pour le dedans ni pour le dehors. Laissez-lui faire les choses frivoles sérieusement, et gaiement les choses sérieuses. (*Ch. 5*)

Qu'il ne faut pas tout corriger

Qu'on nous laisse comme nous sommes, disait un gentilhomme d'une nation qui ressemble beaucoup à celle dont nous venons de donner une

---

50. "Il ne faut pas être lynx pour reconnaître ici le Français." (Luzac.)

idée. La nature répare tout. Elle nous a donné une vivacité capable d'offenser, et propre à nous faire manquer à tous les égards; cette même vivacité est corrigée par la politesse qu'elle nous procure, en nous inspirant du goût pour le monde, et surtout pour le commerce des femmes.

Qu'on nous laisse tels que nous sommes. Nos qualités indiscrètes, jointes à notre peu de malice, font que les lois qui gêneraient l'humeur sociable parmi nous, ne seraient point convenables. (Ch. 6)

De la vanité et de l'orgueil des nations

La vanité est un aussi bon ressort pour un gouvernement, que l'orgueil en est un dangereux.[51] Il n'y a pour cela qu'à se représenter, d'un côté, les biens sans nombre qui résultent de la vanité: de là le luxe, l'industrie, les arts, les modes, la politesse, le goût; et, d'un autre côté, les maux infinis qui naissent de l'orgueil de certaines nations: la paresse, la pauvreté, l'abandon de tout, la destruction des nations que le hasard a fait tomber entre leurs mains, et de la leur même. La paresse est l'effet de l'orgueil; le travail est une suite de la vanité: l'orgueil d'un Espagnol le portera à ne pas travailler; la vanité d'un Français le portera à savoir travailler mieux que les autres....

Les divers caractères des nations sont mêlés de vertus et de vices, de bonnes et de mauvaises qualités. Les heureux mélanges sont ceux dont il résulte de grands biens et souvent on ne les soupçonnerait pas; il y en a dont il résulte de grands maux, et qu'on ne soupçonnerait pas non plus....

Le caractère des Chinois forme un autre mélange, qui est en contraste avec le caractère des Espagnols. Leur vie précaire fait qu'ils ont une activité prodigieuse et un désir si excessif du gain, qu'aucune nation commerçante ne peut se fier à eux.[52] Cette infidélité reconnue leur a conservé le commerce du Japon; aucun négociant d'Europe n'a osé entreprendre de le faire sous leur nom, quelque facilité qu'il y eût à l'entreprendre par leurs provinces maritimes du Nord.

Je n'ai point dit ceci pour diminuer rien de la distance infinie qu'il y a entre les vices et les vertus: à Dieu ne plaise! J'ai seulement voulu faire comprendre que tous les vices politiques ne sont pas des vices moraux, et que tous les vices moraux ne sont pas des vices politiques; et c'est ce que ne doivent point ignorer ceux qui font des lois qui choquent l'esprit général.

(Chs. 9, 10, 11)

---

51. M. definitely sided with Voltaire against Rousseau in proclaiming the social advantages of vanity. Rousseau condemned without distinction "amour-propre," "vanité," and "orgueil" (see, below, *Discours sur l'origine de l'inégalité*).

52. Twentieth-century opinion among commercial men is quite to the contrary.

Quels sont les moyens naturels de changer les mœurs et les manières d'une nation

Nous avons dit que les lois étaient des institutions particulières et précises du législateur; et les mœurs et les manières, des institutions de la nation en général. De là il suit que lorsqu'on veut changer les mœurs et les manières, il ne faut pas les changer par les lois: cela paraîtrait trop tyrannique: il vaut mieux les changer par d'autres mœurs et d'autres manières.

Ainsi, lorsqu'un prince veut faire de grands changements dans sa nation, il faut qu'il réforme par les lois ce qui est établi par les lois, et qu'il change par les manières ce qui est établi par les manières: et c'est une très mauvaise politique de changer par les lois ce qui doit être changé par les manières.

La loi qui obligeait les Moscovites à se faire couper la barbe et les habits, et la violence de Pierre Ier, qui faisait tailler jusqu'aux genoux les longues robes de ceux qui entraient dans les villes, étaient tyranniques. Il y a des moyens pour empêcher les crimes: ce sont les peines; il y en a pour faire changer les manières: ce sont les exemples....

En général, les peuples sont très attachés à leurs coutumes; les leur ôter violemment, c'est les rendre malheureux: il ne faut donc pas les changer, mais les engager à les changer eux-mêmes.

Toute peine qui ne dérive pas de la nécessité est tyrannique. La loi n'est pas un pur acte de puissance; les choses indifférentes par leur nature ne sont pas de son ressort. *(Ch. 14)*

Comment les lois doivent être relatives aux mœurs et aux manières

Il n'y a que des institutions singulières qui confondent ainsi des choses naturellement séparées: les lois, les mœurs et les manières; mais quoiqu'elles soient séparées, elles ne laissent pas d'avoir entre elles de grands rapports.

On demanda à Solon si les lois qu'il avait données aux Athéniens étaient les meilleures: "Je leur ai donné, répondit-il, les meilleures de celles qu'ils pouvaient souffrir." Belle parole, qui devrait être entendue de tous les législateurs. Quand la sagesse divine dit au peuple juif: "Je vous ai donné des préceptes qui ne sont pas bons," cela signifie qu'ils n'avaient qu'une bonté relative; ce qui est l'éponge de toutes les difficultés que l'on peut faire sur les lois de Moïse. *(Ch. 21)*

Comment les lois peuvent contribuer à former les mœurs, les manières et le caractère d'une nation

Les coutumes d'un peuple esclave sont une partie de sa servitude: celles d'un peuple libre sont une partie de sa liberté.

De l'esprit des lois

J'ai parlé au livre XI [53] d'un peuple libre; j'ai donné les principes de sa constitution: voyons les effets qui ont dû suivre, le caractère qui a pu s'en former, et les manières qui en résultent.

Je ne dis point que le climat n'ait produit, en grande partie, les lois, les mœurs et les manières de cette nation; mais je dis que les mœurs et les manières de cette nation devraient avoir un grand rapport à ses lois.

Comme il y aurait dans cet Etat deux pouvoirs visibles: la puissance législative et l'exécutrice, et que tout citoyen y aurait sa volonté propre, et ferait valoir à son gré son indépendance, la plupart des gens auraient plus d'affection pour une de ces puissances que pour l'autre, le grand nombre n'ayant pas ordinairement assez d'équité ni de sens pour les affectionner également toutes les deux.

Et, comme la puissance exécutrice, disposant de tous les emplois, pourrait donner de grandes espérances et jamais de craintes, tous ceux qui obtiendraient d'elle seraient portés à se tourner de son côté, et elle pourrait être attaquée par tous ceux qui n'en espéraient rien.

Toutes les passions y étant libres, la haine, l'envie, la jalousie, l'ardeur de s'enrichir et de se distinguer, paraîtraient dans toute leur étendue; et si cela était autrement, l'Etat serait comme un homme abattu par la maladie, qui n'a point de passions parce qu'il n'a point de forces.

La haine qui serait entre les deux partis durerait, parce qu'elle serait toujours impuissante.

Ces partis étant composés d'hommes libres, si l'un prenait trop le dessus, l'effet de la liberté ferait que celui-ci serait abaissé, tandis que les citoyens, comme les mains qui secourent le corps, viendraient relever l'autre.

Comme chaque particulier, toujours indépendant, suivrait beaucoup ses caprices et ses fantaisies, ou changerait souvent de parti; on en abandonnerait un où l'on laisserait tous ses amis pour se lier à un autre dans lequel on trouverait tous ses ennemis; et souvent, dans cette nation, on pourrait oublier les lois de l'amitié et celles de la haine....

Comme, pour jouir de la liberté, il faut que chacun puisse dire ce qu'il pense; et que, pour la conserver, il faut encore que chacun puisse dire ce qu'il pense; un citoyen, dans cet Etat, dirait et écrirait tout ce que les lois ne lui ont pas défendu expressément de dire ou d'écrire.

Cette nation, toujours échauffée, pourrait plus aisément être conduite par ses passions que par la raison, qui ne produit jamais de grands effets sur l'esprit des hommes; et il serait facile à ceux qui la gouverneraient de lui faire faire des entreprises contre ses véritables intérêts.

Cette nation aimerait prodigieusement sa liberté, parce que cette liberté

---

53. In this long but significant chapter concerning the customs and manners of the English nation, M. coquettishly refrains from mentioning England by name. The technique of this development called for the use of the conditional tense throughout. M. was acquainted with English letters and had also spent two years in England. See J. Churton Collins, *Voltaire, Montesquieu and Rousseau in England*.

serait vraie; et il pourrait arriver que, pour la défendre, elle sacrifierait son bien, son aisance, ses intérêts; qu'elle se chargerait des impôts les plus durs, et tels que le prince le plus absolu n'oserait les faire supporter à ses sujets.

Mais, comme elle aurait une connaissance certaine de la nécessité de s'y soumettre, qu'elle paierait dans l'espérance bien fondée de ne payer plus; les charges y seraient plus pesantes que le sentiment de ces charges; au lieu qu'il y a des Etats [54] où le sentiment est infiniment au-dessus du mal.

Elle aurait un crédit sûr, parce qu'elle emprunterait à elle-même, et se paierait elle-même. Il pourrait arriver qu'elle entreprendrait au-dessus de ses forces naturelles, et ferait valoir contre ses ennemis d'immenses richesses de fiction, que la confiance et la nature de son gouvernement rendraient réelles.

Pour conserver sa liberté, il emprunterait de ses sujets; et ses sujets, qui verraient que son crédit serait perdu si elle était conquise, auraient un nouveau motif de faire des efforts pour défendre sa liberté.

Si cette nation habitait une île, elle ne serait point conquérante, parce que des conquêtes séparées l'affaibliraient. Si le terrain de cette île était bon, elle le serait encore moins, parce qu'elle n'aurait pas besoin de la guerre pour s'enrichir. Et, comme aucun citoyen ne dépendrait d'un autre citoyen, chacun ferait plus de cas de sa liberté que de la gloire de quelques citoyens, ou d'un seul.

Là, on regarderait les hommes de guerre comme des gens d'un métier qui peut être utile et souvent dangereux, comme des gens dont les services sont laborieux pour la nation même; et les qualités civiles y seraient plus considérées.

Cette nation, que la paix et la liberté rendraient aisée, affranchie des préjugés destructeurs, serait portée à devenir commerçante. Si elle avait quelqu'une de ces marchandises primitives qui servent à faire de ces choses auxquelles la main de l'ouvrier donne un grand prix, elle pourrait faire des établissements propres à se procurer la jouissance de ce don du ciel dans toute son étendue.

Si cette nation était située vers le nord, et qu'elle eût un grand nombre de denrées superflues; comme elle manquerait aussi d'un grand nombre de marchandises que son climat lui refuserait, elle ferait un commerce nécessaire, mais grand, avec les peuples du Midi: et, choisissant les Etats qu'elle favoriserait d'un commerce avantageux, elle ferait des traités réciproquement utiles avec la nation qu'elle aurait choisie.

Dans un Etat où, d'un côté, l'opulence serait extrême, et, de l'autre, les impôts excessifs, on ne pourrait guère vivre sans industrie avec une fortune bornée. Bien des gens, sous prétexte de voyages ou de santé, s'exileraient de chez eux et iraient chercher l'abondance dans les pays de la servitude même.

Une nation commerçante a un nombre prodigieux de petits intérêts par-

---

54. In eighteenth-century France the clergy and the nobility were notoriously unwilling to contribute to an already bankrupt treasury.

De l'esprit des lois

ticuliers; elle peut donc choquer et être choquée d'une infinité de manières. Celle-ci deviendrait souverainement jalouse; et elle s'affligerait plus de la prospérité des autres, qu'elle ne jouirait de la sienne.

Et ses lois, d'ailleurs douces et faciles, pourraient être si rigides à l'égard du commerce et de la navigation qu'on ferait chez elle, qu'elle semblerait ne négocier qu'avec des ennemis.

Si cette nation envoyait au loin des colonies, elle le ferait plus pour étendre son commerce que sa domination.

Comme on aime à établir ailleurs ce qu'on trouve établi chez soi, elle donnerait au peuple de ses colonies la forme de son gouvernement propre: et ce gouvernement portant avec lui la prospérité, on verrait se former de grands peuples dans les forêts mêmes qu'elle enverrait habiter.[55]

Il pourrait être qu'elle aurait autrefois subjugué une nation voisine[56] qui, par sa situation, la bonté de ses ports, la nature de ses richesses, lui donnerait de la jalousie: ainsi, quoiqu'elle lui eût donné ses propres lois, elle la tiendrait dans une grande dépendance; de façon que les citoyens y seraient libres, et que l'Etat lui-même serait esclave.

L'Etat conquis aurait un très bon gouvernement civil, mais il serait accablé par le droit des gens; et on lui imposerait des lois de nation à nation, qui seraient telles que sa prospérité ne serait que précaire, et seulement en dépôt pour un maître.

La nation dominante habitant une grande île, et étant en possession d'un grand commerce, aurait toutes sortes de facilités pour avoir des forces de mer; et comme la conservation de sa liberté demanderait qu'elle n'eût ni places, ni forteresses, ni armées de terre, elle aurait besoin d'une armée de mer qui la garantît des invasions; et sa marine serait supérieure à celle de toutes les autres puissances, qui, ayant besoin d'employer leurs finances pour la guerre de terre, n'en auraient plus assez pour la guerre de mer.

L'empire de la mer a toujours donné aux peuples qui l'ont possédé, une fierté naturelle; parce que, se sentant capables d'insulter partout, ils croient que leur pouvoir n'a pas plus de bornes que l'Océan.

Cette nation pourrait avoir une grande influence dans les affaires de ses voisins. Car, comme elle n'emploierait pas sa puissance à conquérir, on rechercherait plus son amitié, et l'on craindrait plus sa haine que l'inconstance de son gouvernement et son agitation intérieure ne sembleraient le permettre.

Ainsi, ce serait le destin de la puissance exécutrice d'être presque toujours inquiétée au dedans, et respectée au dehors.

S'il arrivait que cette nation devînt en quelques occasions le centre des

---

55. Historians have suggested that the English under George III were so deceived by M.'s analysis and praise of their colonial system that they refused to compromise with the American colonies. But M. foresaw the coming separation: "Je crois que si quelque nation est abandonnée de ses colonies, cela commencera par la nation anglaise." (*Notes sur l'Angleterre.*)

56. Eire.

négociations de l'Europe, elle y porterait un peu plus de probité et de bonne foi que les autres; parce que ses ministres étant souvent obligés de justifier leur conduite devant un conseil populaire, leurs négociations ne pourraient être secrètes, et ils seraient forcés d'être, à cet égard, un peu plus honnêtes gens.[57]

De plus, comme ils seraient en quelque façon garants des événements qu'une conduite détournée pourrait faire naître, le plus sûr pour eux serait de prendre le plus droit chemin.

Si les nobles avaient eu dans de certains temps un pouvoir immodéré dans la nation, et que le monarque eût trouvé le moyen de les abaisser en élevant le peuple, le point de l'extrême servitude aurait été entre le moment de l'abaissement des grands, et celui où le peuple aurait commencé à sentir son pouvoir.

Il pourrait être que cette nation ayant été autrefois soumise à un pouvoir arbitraire,[58] en aurait, en plusieurs occasions, conservé le style; de manière que, sur le fond d'un gouvernement libre, on verrait souvent la forme d'un gouvernement absolu.

A l'égard de la religion, comme dans cet Etat chaque citoyen aurait sa volonté propre, et serait par conséquent conduit par ses propres lumières, ou ses fantaisies, il arriverait, ou que chacun aurait beaucoup d'indifférence pour toutes sortes de religions de quelque espèce qu'elles fussent, moyennant que tout le monde serait porté à embrasser la religion dominante, ou que l'on serait zélé pour la religion en général, moyennant quoi les sectes se multiplieraient.

Il ne serait pas impossible qu'il y eût dans cette nation des gens qui n'auraient point de religion, et qui ne voudraient pas cependant souffrir qu'on les obligeât à changer celle qu'ils auraient, s'ils en avaient une: car ils sentiraient d'abord que la vie et les biens ne sont pas plus à eux que leur manière de penser; et que qui peut ravir l'un, peut encore mieux ôter l'autre.

Si, parmi les différentes religions, il y en avait une[59] à l'établissement de laquelle on eût tenté de parvenir par la voie de l'esclavage, elle y serait odieuse; parce que, comme nous jugeons des choses par les liaisons et les accessoires que nous y mettons, celle-ci ne se présenterait jamais à l'esprit avec l'idée de liberté.

Les lois contre ceux qui professeraient cette religion, ne seraient point sanguinaires; car la liberté n'imagine point ces sortes de peines; mais elles seraient si réprimantes, qu'elles feraient tout le mal qui peut se faire de sang-froid.

Il pourrait arriver de mille manières que le clergé aurait si peu de crédit que les autres citoyens en auraient davantage. Ainsi, au lieu de se séparer,

---

57. Une petite différence, mais vive la petite différence!
58. Under the Tudors.
59. Roman Catholicism.

il aimerait mieux supporter les mêmes charges que les laïques, et ne faire à cet égard qu'un même corps: mais, comme il chercherait toujours à s'attirer le respect du peuple, il se distinguerait par une vie plus retirée, une conduite plus réservée, et des mœurs plus pures.

Ce clergé ne pouvant protéger la religion, ni être protégé par elle, sans force pour contraindre, chercherait à persuader: on verrait sortir de sa plume de très bons ouvrages, pour prouver la révélation et la providence du grand Etre.

Il pourrait arriver qu'on éluderait ses assemblées, et qu'on ne voudrait pas lui permettre de corriger ses abus mêmes; et que, par un délire de la liberté, on aimerait mieux laisser sa réforme imparfaite, que de souffrir qu'il fût réformateur.

Les dignités, faisant partie de la constitution fondamentale, seraient plus fixes qu'ailleurs; mais, d'un autre côté, les grands, dans ce pays de liberté, s'approcheraient plus du peuple; les rangs seraient donc plus séparés, et les personnes plus confondues.

Ceux qui gouvernent ayant une puissance qui se remonte, pour ainsi dire, et se refait tous les jours, auraient plus d'égard pour ceux qui leur sont utiles que pour ceux qui les divertissent: ainsi on y verrait peu de courtisans, de flatteurs, de complaisants, enfin de toutes ces sortes de gens qui font payer aux grands le vide même de leur esprit.

On n'y estimerait guère les hommes par des talents ou des attributs frivoles, mais par des qualités réelles; et de ce genre il n'y en a que deux: les richesses et le mérite personnel.

Il y aurait un luxe solide, fondé, non pas sur le raffinement de la vanité, mais sur celui des besoins réels; et l'on ne chercherait guère dans les choses que les plaisirs que la nature y a mis.

On y jouirait d'un grand superflu, et cependant les choses frivoles y seraient proscrites; ainsi plusieurs ayant plus de bien que d'occasions de dépense, l'emploieraient d'une manière bizarre; et dans cette nation, il y aurait plus d'esprit que de goût.

Comme on serait toujours occupé de ses intérêts, on n'aurait point cette politesse qui est fondée sur l'oisiveté: et réellement on n'en aurait pas le temps....[60]

Dans une nation où tout homme, à sa manière, prendrait part à l'administration de l'Etat, les femmes ne devraient guère vivre avec les hommes. Elles seraient donc modestes, c'est-à-dire timides: cette timidité ferait leur vertu; tandis que les hommes, sans galanterie, se jetteraient dans une débauche qui leur laisserait toute leur liberté et leur loisir.

Les lois n'y étant pas faites pour un particulier plus que pour un autre, chacun se regarderait comme monarque; et les hommes, dans cette nation, seraient plutôt des confédérés que des concitoyens.

Si le climat avait donné à bien des gens un esprit inquiet et des vues éten-

---

60. "Les Anglais vous font peu de politesses; mais jamais d'impolitesses." (M.)

dues, dans un pays où la constitution donnerait à tout le monde une part au gouvernement et des intérêts politiques, on parlerait beaucoup de politique; on verrait des gens qui passeraient leur vie à calculer des événements qui, vu la nature des choses et le caprice de la fortune, c'est-à-dire, des hommes, ne sont guère soumis au calcul.

Dans une nation libre, il est très souvent indifférent que les particuliers raisonnent bien ou mal; il suffit qu'ils raisonnent: de là sort la liberté qui garantit des effets de ces mêmes raisonnements.

De même, dans un gouvernement despotique, il est également pernicieux qu'on raisonne bien ou mal; il suffit qu'on raisonne pour que le principe du gouvernement soit choqué.

Bien des gens qui ne se soucieraient de plaire à personne, s'abandonneraient à leur humeur. La plupart, avec de l'esprit, seraient tourmentés par leur esprit même: dans le dédain ou le dégoût de toutes choses, ils seraient malheureux avec tant de sujets de ne l'être pas.[61]

Aucun citoyen ne craignant aucun citoyen, cette nation serait fière; car la fierté des rois n'est fondée que sur leur indépendance.

Les nations libres sont superbes, les autres peuvent plus aisément être vaines.

Mais ces hommes si fiers, vivant beaucoup avec eux-mêmes, se trouveraient souvent au milieu de gens inconnus; ils seraient timides, et l'on verrait en eux, la plupart du temps, un mélange bizarre de mauvaise honte et de fierté.

Le caractère de la nation paraîtrait surtout dans leurs ouvrages d'esprit, dans lesquels on verrait des gens recueillis, et qui auraient pensé tout seuls.

La société nous apprend à sentir les ridicules; la retraite nous rend plus propres à sentir les vices. Leurs écrits satiriques seraient sanglants; et l'on verrait bien des Juvénals chez eux, avant d'avoir trouvé un Horace.

Dans les monarchies extrêmement absolues, les historiens trahissent la vérité, parce qu'ils n'ont pas la liberté de la dire: dans les Etats extrêmement libres, ils trahissent la vérité à cause de leur liberté même, qui, produisant toujours des divisions, chacun devient aussi esclave des préjugés de sa faction, qu'il le serait d'un despote.

Leurs poètes auraient plus souvent cette rudesse originale de l'invention, qu'une certaine délicatesse que donne le goût: on y trouverait quelque chose qui approcherait plus de la force de Michel-Ange que de la grâce de Raphaël.[62]   (*Ch. 27*)

61. Swift? Pope? Bolingbroke?
62. An obvious reference to Milton.

Livre vingtième
DES LOIS DANS LE RAPPORT QU'ELLES ONT AVEC LE COMMERCE CONSIDERE DANS SA NATURE ET SES DISTINCTIONS

De l'esprit du commerce

L'effet naturel du commerce est de porter à la paix. Deux nations qui négocient ensemble se rendent réciproquement dépendantes: si l'une a intérêt d'acheter, l'autre a intérêt de vendre; et toutes les unions sont fondées sur des besoins mutuels.

Mais, si l'esprit de commerce unit les nations, il n'unit pas de même les particuliers. Nous voyons que dans les pays où l'on n'est affecté que de l'esprit de commerce, on trafique de toutes les actions humaines, et de toutes les vertus morales: les plus petites choses, celles que l'humanité demande, s'y font ou s'y donnent pour de l'argent.[63]

L'esprit de commerce produit dans les hommes un certain sentiment de justice exacte, opposé d'un côté au brigandage, et de l'autre à ces vertus morales qui font qu'on ne discute pas toujours ses intérêts avec rigidité, et qu'on peut les négliger pour ceux des autres.

La privation totale du commerce produit au contraire le brigandage, qu'Aristote met au nombre des manières d'acquérir. L'esprit n'en est point opposé à de certaines vertus morales: par exemple, l'hospitalité, très rare dans les pays de commerce, se trouve admirablement parmi les peuples brigands.... *(Ch. 2)*

Réflexion particulière

Des gens frappés de ce qui se pratique dans quelques Etats, pensent qu'il faudrait qu'en France il y eût des lois qui engageassent les nobles à faire le commerce. Ce serait le moyen d'y détruire la noblesse, sans aucune utilité pour le commerce. La pratique de ce pays est très sage: les négociants n'y sont pas nobles, mais ils peuvent le devenir. Ils ont l'espérance d'obtenir la noblesse, sans en avoir l'inconvénient actuel. Ils n'ont pas de moyen plus sûr de sortir de leur profession que de la bien faire, ou de la faire avec honneur; chose qui est ordinairement attachée à la suffisance.

Les lois qui ordonnent que chacun reste dans sa profession, et la fasse passer à ses enfants, ne sont et ne peuvent être utiles que dans les Etats despotiques, où personne ne peut ni ne doit avoir d'émulation.

Qu'on ne dise pas que chacun fera mieux sa profession lorsqu'on ne pourra pas la quitter pour une autre. Je dis qu'on fera mieux sa profession, lorsque ceux qui y auront excellé espéreront de parvenir à une autre.

L'acquisition qu'on peut faire de la noblesse à prix d'argent encourage

---

[63] M. had no special acquaintance with the Dutch. He treats them much less fairly than he treated the English.

beaucoup les négociants à se mettre en état d'y parvenir. Je n'examine pas si l'on fait bien de donner ainsi aux richesses le prix de la vertu: il y a tel gouvernement où cela peut être très utile....[64] (*Ch. 22*)

Livre vingt-troisième
DES LOIS, DANS LE RAPPORT QU'ELLES ONT AVEC LE NOMBRE DES HABITANTS

Des hommes et des animaux par rapport à la multiplication de leur espèce

... Les femelles des animaux ont à peu près une fécondité constante. Mais, dans l'espèce humaine, la manière de penser, le caractère, les passions, les fantaisies, les caprices, l'idée de conserver sa beauté, l'embarras de la grossesse, celui d'une famille trop nombreuse, troublent la propagation de mille manières. (*Ch. 1*)

Des mariages

L'obligation naturelle qu'a le père de nourrir ses enfants a fait établir le mariage, qui déclare celui qui doit remplir cette obligation. Les peuples dont parle Pomponius Mela ne le fixaient que par la ressemblance.

Chez les peuples bien policés, le père est celui que les lois, par la cérémonie du mariage, ont déclaré devoir être tel,[65] parce qu'elles trouvent en lui la personne qu'elles cherchent.

Cette obligation, chez les animaux, est telle que la mère peut ordinairement y suffire. Elle a beaucoup plus d'étendue chez les hommes: leurs enfants ont de la raison, mais elle ne leur vient que par degrés: il ne suffit pas de les nourrir, il faut encore les conduire: déjà ils pourraient vivre, et ils ne peuvent pas se gouverner.

Les conjonctions illicites contribuent peu à la propagation de l'espèce. Le père, qui a l'obligation naturelle de nourrir et d'élever les enfants, n'y est point fixé; et la mère, à qui l'obligation reste, trouve mille obstacles; par la honte, les remords, la gêne de son sexe, la rigueur des lois: la plupart du temps elle manque de moyens.

Les femmes qui se sont soumises à une prostitution publique ne peuvent avoir la commodité d'élever leurs enfants. Les peines de cette éducation sont même incompatibles avec leur condition; et elles sont si corrompues, qu'elles ne sauraient avoir la confiance de la loi.

Il suit de tout ceci, que la continence publique est naturellement jointe à la propagation de l'espèce. (*Ch. 2*)

---

64. M.'s aristocratic pride is evident in this chapter (for a more liberal attitude, see, below, Voltaire, *Lettres philosophiques*, No. 10).
65. "Pater est quem nuptiae demonstrant." (M.)

Du consentement des pères au mariage

En Angleterre, les filles abusent souvent de la loi pour se marier à leur fantaisie, sans consulter leurs parents. Je ne sais pas si cet usage n'y pourrait pas être plus toléré qu'ailleurs, par la raison que les lois n'y ayant point établi un célibat monastique, les filles n'y ont d'état à prendre que celui du mariage, et ne peuvent s'y refuser. En France, au contraire, où le monachisme est établi, les filles ont toujours la ressource du célibat; et la loi qui leur ordonne d'attendre le consentement des pères, y pourrait être plus convenable. Dans cette idée, l'usage d'Italie et d'Espagne serait le moins raisonnable; le monachisme y est établi, et l'on peut s'y marier sans le consentement des pères. *(Ch. 8)*

Des filles

Les filles, que l'on ne conduit que par le mariage aux plaisirs et à la liberté, qui ont un esprit qui n'ose penser, un cœur qui n'ose sentir, des yeux qui n'osent voir, des oreilles qui n'osent entendre, qui ne se présentent que pour se montrer stupides, condamnées sans relâche à des bagatelles et à des préceptes, sont assez portées au mariage: ce sont les garçons qu'il faut encourager. *(Ch. 9)*

Ce qui détermine au mariage

Partout où il se trouve une place où deux personnes peuvent vivre commodément, il se fait un mariage. La nature y porte assez, lorsqu'elle n'est point arrêtée par la difficulté de la subsistance.

Les peuples naissants se multiplient et croissent beaucoup. Ce serait chez eux une grande incommodité de vivre dans le célibat: ce n'en est point une d'avoir beaucoup d'enfants. Le contraire arrive lorsque la nation est formée. *(Ch. 10)*

De la dureté du gouvernement

Les gens qui n'ont absolument rien, comme les mendiants, ont beaucoup d'enfants. C'est qu'ils sont dans le cas des peuples naissants: il n'en coûte rien au père pour donner son art à ses enfants, qui même sont, en naissant, des instruments de cet art. Ces gens, dans un pays riche ou superstitieux, se multiplient, parce qu'ils n'ont pas les charges de la société, mais sont eux-mêmes les charges de la société. Mais les gens qui ne sont pauvres que parce qu'ils vivent dans un gouvernement dur, qui regardent leur champ moins comme le fondement de leur subsistance que comme un prétexte à la vexation; ces gens-là, dis-je, font peu d'enfants. Ils n'ont pas même leur nourriture; comment pourraient-ils songer à la partager? Ils ne peuvent se soigner dans leurs maladies; comment pourraient-ils élever des créatures qui sont dans une maladie continuelle, qui est l'enfance?

C'est la facilité de parler, et l'impuissance d'examiner, qui ont fait dire que plus les sujets étaient pauvres, plus les familles étaient nombreuses; que plus on était chargé d'impôts, plus on se mettait en état de les payer: deux sophismes qui ont toujours perdu, et qui perdront à jamais les monarchies.

La dureté du gouvernement peut aller jusqu'à détruire les sentiments naturels par les sentiments naturels mêmes. Les femmes de l'Amérique ne se faisaient-elles pas avorter, pour que leurs enfants n'eussent pas des maîtres aussi cruels? (*Ch. 11*)

Des hôpitaux

Un homme n'est pas pauvre parce qu'il n'a rien, mais parce qu'il ne travaille pas. Celui qui n'a aucun bien et qui travaille, est aussi à son aise que celui qui a cent écus de revenu sans travailler. Celui qui n'a rien et qui a un métier, n'est pas plus pauvre que celui qui a dix arpents de terre en propre, et qui doit les travailler pour subsister. L'ouvrier qui a donné à ses enfants son art pour héritage, leur a laissé un bien qui s'est multiplié à proportion de leur nombre. Il n'en est pas de même de celui qui a dix arpents de fonds pour vivre, et qui les partage à ses enfants.

Dans les pays de commerce, où beaucoup de gens n'ont que leur art, l'Etat est souvent obligé de pourvoir aux besoins des vieillards, des malades et des orphelins. Un Etat bien policé tire cette subsistance du fonds des arts mêmes; il donne aux uns les travaux dont ils sont capables; il enseigne les autres à travailler, ce qui fait déjà un travail.

Quelques aumônes que l'on fait à un homme nu dans les rues ne remplissent point les obligations de l'Etat, qui doit à tous les citoyens une subsistance assurée, la nourriture, un vêtement convenable, et un genre de vie qui ne soit point contraire à la santé....

Les richesses d'un Etat supposent beaucoup d'industrie. Il n'est pas possible que dans un si grand nombre de branches de commerce, il n'y en ait toujours quelqu'une qui souffre, et dont par conséquent les ouvriers ne soient dans une nécessité momentanée.

C'est pour lors que l'Etat a besoin d'apporter un prompt secours, soit pour empêcher le peuple de souffrir, soit pour éviter qu'il ne se révolte: c'est dans ce cas qu'il faut des hôpitaux, ou quelque règlement équivalent, qui puisse prévenir cette misère.

Mais quand la nation est pauvre, la pauvreté particulière dérive de la misère générale; et elle est, pour ainsi dire, la misère générale. Tous les hôpitaux du monde ne sauraient guérir cette pauvreté particulière; au contraire, l'esprit de paresse qu'ils inspirent augmente la pauvreté générale, et par conséquent la particulière....

J'ai dit que les nations riches avaient besoin d'hôpitaux, parce que la for-

De l'esprit des lois

tune y était sujette à mille accidents: mais on sent que des secours passagers vaudraient bien mieux que des établissements perpétuels. Le mal est momentané: il faut donc des secours de même nature, et qui soient applicables à l'accident particulier. *(Ch. 29)*

Livre vingt-quatrième
DES LOIS, DANS LE RAPPORT QU'ELLES ONT AVEC LA RELIGION ETABLIE DANS CHAQUE PAYS, CONSIDEREE DANS SES PRATIQUES ET EN ELLE-MEME

Paradoxe de Bayle

M. Bayle [66] a prétendu prouver qu'il valait mieux être athée qu'idolâtre; c'est-à-dire, en d'autres termes, qu'il est moins dangereux de n'avoir point du tout de religion, que d'en avoir une mauvaise. "J'aimerais mieux, dit-il, que l'on dît de moi que je n'existe pas, que si l'on disait que je suis un méchant homme." Ce n'est qu'un sophisme, fondé sur ce qu'il n'est d'aucune utilité au genre humain que l'on croie qu'un certain homme existe, au lieu qu'il est très utile que l'on croie que Dieu est. De l'idée qu'il n'est pas, suit l'idée de notre indépendance; ou, si nous ne pouvons pas avoir cette idée, celle de notre révolte. Dire que la religion n'est pas un motif réprimant, parce qu'elle ne réprime pas toujours, c'est dire que les lois civiles ne sont pas un motif réprimant non plus. C'est mal raisonner contre la religion, de rassembler dans un grand ouvrage une longue énumération des maux qu'elle a produits, si l'on ne fait de même celle des biens qu'elle a faits. Si je voulais raconter tous les maux qu'ont produits dans le monde les lois civiles, la monarchie, le gouvernement républicain, je dirais des choses effroyables. Quand il serait inutile que les sujets eussent une religion, il ne le serait pas que les princes en eussent, et qu'ils blanchissent d'écume le seul frein que ceux qui ne craignent point les lois humaines puissent avoir.

Un prince qui aime la religion et qui la craint est un lion qui cède à la main qui le flatte, ou à la voix qui l'apaise: celui qui craint la religion et qui la hait, est comme les bêtes sauvages qui mordent la chaîne qui les empêche de se jeter sur ceux qui passent: celui qui n'a point du tout de religion, est cet animal terrible qui ne sent sa liberté que lorsqu'il déchire et qu'il dévore.

La question n'est pas de savoir s'il vaudrait mieux qu'un certain homme ou qu'un certain peuple n'eût point de religion, que d'abuser de celle qu'il a; mais de savoir quel est le moindre mal, que l'on abuse quelquefois de la religion, ou qu'il n'y en ait point du tout parmi les hommes.... *(Ch. 2)*

---

66. In *Pensées sur la comète* (see, above, p. 74), etc. Both Voltaire and Diderot were censored for praising Bayle. M., who borrowed extensively from Bayle in spirit and in letter, found it expedient to attack him at the start. M.'s ideas are hardly more orthodox for that. The irreverent tone, at least, of certain *Lettres persanes* has disappeared.

Que la religion catholique convient mieux à une monarchie, et que la protestante s'accommode mieux d'une république

Lorsqu'une religion naît et se forme dans un Etat, elle suit ordinairement le plan du gouvernement où elle est établie: car les hommes qui la reçoivent, et ceux qui la font recevoir, n'ont guère d'autres idées de police[67] que celles de l'Etat dans lequel ils sont nés.

Quand la religion chrétienne souffrit, il y a deux siècles, ce malheureux partage qui la divisa en catholique et en protestante, les peuples du nord embrassèrent la protestante, et ceux du midi gardèrent la catholique.

C'est que les peuples du nord ont et auront toujours un esprit d'indépendance et de liberté que n'ont pas les peuples du midi, et qu'une religion qui n'a point de chef visible, convient mieux à l'indépendance du climat que celle qui en a un.... (Ch. 5)

De l'accord des lois de la morale avec celles de la religion

Dans un pays où l'on a le malheur d'avoir une religion que Dieu n'a pas donnée, il est toujours nécessaire qu'elle s'accorde avec la morale; parce que la religion, même fausse, est le meilleur garant que les hommes puissent avoir de la probité des hommes.

Les points principaux de la religion de ceux de Pégu sont de ne point tuer, de ne point voler, d'éviter l'impudicité, de ne faire aucun déplaisir à son prochain, de lui faire, au contraire, tout le bien qu'on peut.[68] Avec cela ils croient qu'on se sauvera dans quelque religion que ce soit; ce qui fait que ces peuples, quoique fiers et pauvres, ont de la douceur et de la compassion pour les malheureux. (Ch. 8)

De la secte stoïque

Les diverses sectes de philosophie chez les anciens pouvaient être considérées comme des espèces de religion. Il n'y en a jamais eu dont les principes fussent plus dignes de l'homme, et plus propres à former des gens de bien, que celle des stoïciens; et, si je pouvais un moment cesser de penser que je suis chrétien, je ne pourrais m'empêcher de mettre la destruction de la secte de Zénon au nombre des malheurs du genre humain.

Elle n'outrait que les choses dans lesquelles il y a de la grandeur: le mépris des plaisirs et de la douleur.

Elle seule savait faire les citoyens; elle seule faisait les grands hommes; elle seule faisait les grands empereurs.

Faites pour un moment abstraction des vérités révélées; cherchez dans toute la nature, et vous n'y trouverez pas de plus grand objet que les An-

---

67. "d'autres idées politiques."
68. Buddhist precepts.

tonins; Julien même, Julien (un suffrage ainsi arraché ne me rendra point complice de son apostasie), non, il n'y a point eu après lui de prince plus digne de gouverner les hommes.

Pendant que les stoïciens regardaient comme une chose vaine les richesses, les grandeurs humaines, la douleur, les chagrins, les plaisirs, ils n'étaient occupés qu'à travailler au bonheur des hommes, à exercer les devoirs de la société: il semblait qu'ils regardassent cet esprit sacré qu'ils croyaient être en eux-mêmes, comme une espèce de providence favorable qui veillait sur le genre humain.

Nés pour la société, ils croyaient tous que leur destin était de travailler pour elle: d'autant moins à charge, que leurs récompenses étaient toutes dans eux-mêmes; qu'heureux par leur philosophie seule, il semblait que le seul bonheur des autres pût augmenter le leur. (*Ch. 10*)

Comment la force de la religion s'applique à celle des lois civiles

Comme la religion et les lois civiles doivent tendre principalement à rendre les hommes bons citoyens, on voit que lorsqu'une des deux s'écartera de ce but, l'autre y doit tendre davantage: moins la religion sera réprimante, plus les lois civiles doivent réprimer....

L'idée d'un lieu de récompense emporte nécessairement l'idée d'un séjour de peines; et quand on espère l'un sans craindre l'autre, les lois civiles n'ont plus de force. Des hommes qui croient des récompenses sûres dans l'autre vie échapperont au législateur; ils auront trop de mépris pour la mort. Quel moyen de contenir par les lois un homme qui croit être sûr que la plus grande peine que les magistrats lui pourront infliger, ne finira dans un moment que pour commencer son bonheur? (*Ch. 14*)

Livre vingt-cinquième
DES LOIS, DANS LE RAPPORT QU'ELLES ONT AVEC L'ETABLISSEMENT DE LA RELIGION DE CHAQUE PAYS, ET SA POLICE EXTERIEURE

De la tolérance en fait de religion

Nous sommes ici politiques et non pas théologiens; et, pour les théologiens mêmes, il y a bien de la différence entre tolérer une religion et l'approuver.

Lorsque les lois d'un Etat ont cru devoir souffrir plusieurs religions, il faut qu'elles les obligent aussi à se tolérer entre elles. C'est un principe, que toute religion qui est réprimée devient elle-même réprimante: car sitôt que par quelque hasard, elle peut sortir de l'oppression, elle attaque la religion qui l'a réprimée, non pas comme une religion, mais comme une tyrannie.

Il est donc utile que les lois exigent de ces diverses religions, non seulement qu'elles ne troublent pas l'Etat, mais aussi qu'elles ne se troublent pas entre elles. Un citoyen ne satisfait point aux lois en se contentant de ne pas agiter le corps de l'Etat; il faut encore qu'il ne trouble pas quelque citoyen que ce soit. (*Ch. 9*)

Très humble remontrance aux inquisiteurs d'Espagne et de Portugal

Une Juive de dix-huit ans, brûlée à Lisbonne au dernier auto-da-fé, donna occasion à ce petit ouvrage; et je crois que c'est le plus inutile qui ait jamais été écrit. Quand il s'agit de prouver des choses si claires, on est sûr de ne pas convaincre.

L'auteur déclare que, quoiqu'il soit Juif, il respecte la religion chrétienne, et qu'il l'aime assez pour ôter aux princes qui ne seront pas chrétiens un prétexte plausible pour la persécuter.

"Vous vous plaignez, dit-il aux inquisiteurs, de ce que l'empereur du Japon fait brûler à petit feu tous les chrétiens qui sont dans ses Etats; mais il vous répondra: Nous vous traitons, vous qui ne croyez pas comme nous, comme vous traitez vous-mêmes ceux qui ne croient pas comme vous: vous ne pouvez vous plaindre que de votre faiblesse, qui vous empêche de nous exterminer, et qui fait que nous vous exterminons.

"Mais il faut avouer que vous êtes bien plus cruels que cet empereur. Vous nous faites mourir, nous qui ne croyons que ce que vous croyez, parce que nous ne croyons pas tout ce que vous croyez. Nous suivons une religion que vous savez vous-mêmes avoir été autrefois chérie de Dieu: nous pensons que Dieu l'aime encore, et vous pensez qu'il ne l'aime plus; et parce que vous jugez ainsi, vous faites passer par le fer et par le feu ceux qui sont dans cette erreur si pardonnable, de croire que Dieu aime encore ce qu'il a aimé.

"Si vous êtes cruels à notre égard, vous l'êtes bien plus à l'égard de nos enfants; vous les faites brûler, parce qu'ils suivent les inspirations que leur ont données ceux que la loi naturelle et les lois de tous les peuples leur apprennent à respecter comme des dieux.

"Vous vous privez de l'avantage que vous a donné sur les mahométans la manière dont leur religion s'est établie. Quand ils se vantent du nombre de leurs fidèles, vous leur dites que la force les leur a acquis, et qu'ils ont étendu leur religion par le fer: pourquoi donc établissez-vous la vôtre par le feu?

"Quand vous voulez nous faire venir à vous, nous vous objectons une source dont vous faites gloire de descendre. Vous nous répondez que votre religion est nouvelle, mais qu'elle est divine; et vous le prouvez parce qu'elle s'est accrue par la persécution des païens et par le sang de vos martyrs; mais aujourd'hui vous prenez le rôle des Dioclétiens, et vous nous faites prendre le vôtre.

"Nous vous conjurons, non pas par le Dieu puissant que nous servons, vous et nous, mais par le Christ que vous nous dites avoir pris la condition humaine pour vous proposer des exemples que vous puissiez suivre; nous vous conjurons d'agir avec nous comme il agirait lui-même s'il était encore sur la terre. Vous voulez que nous soyons chrétiens, et vous ne voulez pas l'être.

"Mais si vous ne voulez pas être chrétiens, soyez au moins des hommes:[69] traitez-nous comme vous feriez, si, n'ayant que ces faibles lueurs de justice que la nature nous donne, vous n'aviez point une religion pour vous conduire, et une révélation pour vous éclairer.

"Si le ciel vous a assez aimés pour vous faire voir la vérité, il vous a fait une grande grâce; mais est-ce aux enfants qui ont eu l'héritage de leur père de haïr ceux qui ne l'ont pas eu?

"Que si vous avez cette vérité, ne nous la cachez pas par la manière dont vous nous la proposez. Le caractère de la vérité, c'est son triomphe sur les cœurs et les esprits, et non pas cette impuissance que vous avouez lorsque vous voulez la faire recevoir par des supplices.

"Si vous êtes raisonnables, vous ne devez pas nous faire mourir parce que nous ne voulons pas vous tromper. Si votre Christ est le fils de Dieu, nous espérons qu'il nous récompensera de n'avoir pas voulu profaner ses mystères; et nous croyons que le Dieu que nous servons, vous et nous, ne nous punira pas de ce que nous avons souffert la mort pour une religion qu'il nous a autrefois donnée, parce que nous croyons qu'il nous l'a encore donnée.

"Vous vivez dans un siècle où la lumière naturelle est plus vive qu'elle n'a jamais été, où la philosophie a éclairé les esprits, où la morale de votre Evangile a été plus connue, où les droits respectifs des hommes les uns sur les autres, l'empire qu'une conscience a sur une autre conscience, sont mieux établis. Si donc vous ne revenez pas de vos anciens préjugés, qui, si vous n'y prenez garde, sont vos passions, il faut avouer que vous êtes incorrigibles, incapables de toute lumière et de toute instruction; et une nation est bien malheureuse, qui donne de l'autorité à des hommes tels que vous.

"Voulez-vous que nous vous disions naïvement notre pensée? Vous nous regardez plutôt comme vos ennemis, que comme les ennemis de votre religion; car, si vous aimiez votre religion, vous ne la laisseriez pas corrompre par une ignorance grossière.

"Il faut que nous vous avertissions d'une chose: c'est que, si quelqu'un dans la postérité ose jamais dire que dans le siècle où nous vivons, les peuples d'Europe étaient policés, on vous citera pour prouver qu'ils étaient barbares; et l'idée que l'on aura de vous sera telle, qu'elle flétrira votre siècle, et portera la haine sur tous vos contemporains." *(Ch. 13)*

---

69. The final appeal is to humanism.

DIDEROT
1713-1784

Denis Diderot was born at Langres into a sturdy, bourgeois family which had supplied both the cutlery trade and the Church. However, neither of these callings was to appeal to him. An adolescent of remarkable intellectual promise, he was taught first by the Jesuits in his native town and later studied at the Collège d'Harcourt in Paris, where he distinguished himself in the humanities and in science. His formal education completed, Diderot was persuaded by his father to turn to law. Though he ostensibly devoted two years to legal study, his heart was not in this work, and he continued his interest in the classics, mathematics, and physics. The elder Diderot, uneasy over his son's varied interests, felt it time that he should choose a profession. But Denis protested that he would not be a doctor as he had no desire to kill anyone. Law held no attractions for him since he detested the thought of spending his life meddling in the affairs of others.

"What do you want to be, then?" he was asked.

"Ma foi, rien, mais rien du tout! J'aime l'étude et je ne demande pas autre chose."

The father, unwilling to sponsor such a career, withdrew his support, and Diderot, thrown on his own resources, had to live as best he could. Few details are available concerning the years of hardship which immediately followed. Still, we are afforded a glimpse of them in the following conversation between Rameau's nephew and Diderot:

> Lui. — Là, monsieur le philosophe, la main sur la conscience, parlez net; il y eut un temps où vous n'étiez pas cossu comme aujourd'hui.
>
> Moi. — Je ne le suis pas encore trop.
>
> Lui. — Mais vous n'iriez plus au Luxembourg en été... Vous vous en souvenez?...
>
> Moi. — Laissons cela; oui, je m'en souviens.
>
> Lui. — En redingote de peluche grise...
>
> Moi. — Oui, oui.
>
> Lui. — Ereintée par un des côtés, avec la manchette déchirée et les bas de laine, noirs et recousus par derrière avec du fil blanc.
>
> Moi. — Et oui, oui, tout comme il vous plaira.
>
> Lui. — Que faisiez-vous alors dans l'allée des Soupirs?

DIDEROT

Diderot

Moi. — Une assez triste figure.
Lui. — Au sortir de là, vous trottiez sur le pavé.
Moi. — D'accord.
Lui. — Vous donniez des leçons de mathématiques.
Moi. — Sans en savoir un mot; n'est-ce pas là que vous en vouliez venir?
Lui. — Justement.
Moi. — J'apprenais en montrant aux autres, et j'ai fait quelques bons écoliers.

He could have added that he also found time to prepare himself seriously in the sciences and in modern languages, especially English and Italian. Leisure moments were passed at the Procope and other cafés, where Diderot hobnobbed with playwrights, actors, and lesser gentry of the hour. He was secretly married in 1743 to Antoinette Champion, who, with her widowed mother, kept a little lace and linen shop. The marriage was not happy, and of their children the only one to survive was Angélique, who, as Mme Vandeul, wrote her father's memoirs.

By 1746 Diderot began to attract wide notice, for in that year his *Pensées philosophiques* were condemned by the Parlement de Paris. Other writings, equally unorthodox, soon came from his pen, and he spent the late summer months of 1749 in the prison of Vincennes for the notorious *Lettre sur les aveugles*, which, according to modern authorities, is the first scientific treatise on the blind.

Released from prison through the efforts of the bookseller Le Breton, Diderot, already linked with D'Alembert as general editor of the *Encyclopedia*, assumed the chief responsibility for this monumental work, which was to absorb much of his time and energy during the next twenty years. Busy as he was with this gigantic undertaking, Pantophile-Diderot, as Voltaire once called him, nevertheless found occasion to write pieces abounding in new and fruitful ideas in almost every field of intellectual interest. He composed plays accompanied by essays on the drama which opened new vistas in the art of the theater. His "Salons" are masterpieces of early art criticism; among his novels are works which rank with the best in eighteenth-century literature; and certain miscellaneous writings, such as *Le Rêve de d'Alembert*, which were written about the time that his labor on the *Encyclopedia* was drawing to a close, are exceptional for their depth and originality.

Between 1755 and 1759 Diderot met the woman who was to have such an important place in his life. Little is known of Sophie Volland, but it is she who inspired the most brilliant, living, and witty letters of his correspondence. By this time he was a frequenter of the drawing rooms of the day, where he dominated the conversation among such distinguished company as Condillac, Grimm, and Baron d'Holbach.

As Diderot's reputation spread over Europe, Catherine II of Russia became one of his most illustrious admirers. He received almost a quarter of a million francs from his royal patroness for his library, of which he was himself appointed curator, and in 1773 he accepted her invitation to visit the court in St. Petersburg.

His last years, which were spent in Paris in comparative domestic and intellectual tranquillity, abruptly came to an end one day when he died at the dinner table. That he had looked forward to this moment *en vrai philosophe* may be judged by a letter written when his health was failing. We read in part: "Life is merely a long workday, death a long sleep, the grave a bed of repose, and the earth a pillow where it is very pleasant, at last, to lay one's head in final sleep."

Much of Diderot's outstanding work was published only after his death. The *Supplément au Voyage de Bougainville*, *La Religieuse*, and *Jacques le fataliste* all appeared in 1797. *Le Neveu de Rameau* was not published in France until 1821. The *Paradoxe sur le comédien*, the *Entretien*, *Le Rêve*, and the *Suite de l'Entretien*, as well as the first edition of the correspondence with Sophie Volland, were printed as late as 1830. Such volumes could not but add to Diderot's reputation, which has been growing with each succeeding generation, and today the significance of his contribution to French thought and literature is being more and more stressed. In the light of this increasing appreciation of Diderot it is interesting to cite the prophecy of Rousseau, all the more remarkable in that Jean-Jacques was rarely charitable towards his contemporaries. In the *Confessions* he wrote: "Les formes de M. Diderot ont étonné ce siècle, qui en a d'autres, et c'est ce qui lui a fait autant de détracteurs que d'admirateurs. Mais chaque siècle change de formes et les hommes ne changent point de raison. Au bout de quelques siècles, les formes qui se sont détruites les unes par les autres sont comptées pour très peu de chose et l'on ne fait entrer dans les jugements que les idées dont les auteurs ont enrichi l'esprit humain. Lorsque M. Diderot sera à cette distance du moment où il aura vécu, cet homme paraîtra un homme prodigieux. On regardera de loin cette tête universelle avec une admiration mêlée d'étonnement, comme nous regardons aujourd'hui la tête des Platon et des Aristote."

LE NEVEU DE RAMEAU

This satire on parasites, reminiscent of Lucian, has been considered Diderot's masterpiece by many critics. Others, on hasty reading, have found it baffling. The vivid realism of its characters, setting, and pantomime points to the literary procedures of the nineteenth century. Even the apparent looseness of structure adds to the impression that here we have a segment of the stream of life, the rich and highly colored life of Diderot's Paris, with its financiers, art patrons, and bohemians. The clever dialogue pits Diderot, café philosopher and modern Diogenes, against Rameau's nephew, amateur musician and parasite of the salon of the wealthy Bertin and his "hostess" actress, Mlle Hus. The setting is the Palais-Royal and the adjacent Café de la Régence. Rameau's nephew has been given a somewhat doubtful immortality: he is taken from life but with the modifications necessary for Diderot's literary and philosophical purposes. On the intellectual plane, Diderot is debating with his *alter ego* to test the new principles of lay morality as they might work out if practiced in the Parisian society of his day. In the short run, they, like truth, might work for evil, although in the long run (and in a better ordered society) they should prove beneficial. Suggestions for a philosophical subtitle are therefore "L'Immoraliste" and "Moral Man in an Immoral Society." Rameau's nephew also represents a confusion in Diderot's mind between ethical and aesthetic values, which is made concrete in the discussion of the relative merits of Italian and French opera, Pergolesi and Duni set against Lulli and the great Rameau.[1] Diderot himself, while admiring the uncle, agrees with the nephew that Italian librettists gave composers a more *natural* "lyric poetry" to work from. The most bitter satire, however, is directed against the enemies of the *Encyclopedia*, especially Palissot, whose polemical play *Les Philosophes* (1760) was an attack on Diderot as philosopher and playwright. At the table of the despicable Bertin (as only too often in the world at large), the most sordid moral principles of the enemies of the Encyclopedists were shamelessly rewarded.

Using some phrases from Renan's *Prière sur l'Acropole*, Paul Ledieu thus analyzes Diderot's character and literary procedures:

"Le caractère de Diderot est d'une rare richesse et présente les aspects les plus contradictoires. La forme du dialogue adoptée souvent par lui dans ses écrits philosophiques, pour pouvoir exprimer les façons de penser les plus opposées, montre bien cette incertitude morale, 'cette inquiétude d'esprit, qui, quand le vrai est trouvé, le lui fait chercher encore,' cette conviction que 'les rêves de tous les sages renferment une part de vérité' et que 'le bien et le mal, le plaisir et la douleur, le beau et le laid, la raison et la folie se transforment les uns dans les autres par des nuances aussi indiscernables que celles du cou de la colombe.' ...

"La pensée de Diderot était toujours en effervescence.... Une cause généreuse le fait vibrer, une idée le transporte; il ne se contente pas de les exposer, de les défendre, il les rend concrètes, il les joue, il les mime, comme le faisait des airs d'opéra le neveu de Rameau, ce fils de sa fantaisie, qui lui ressemble si étrangement." (*Diderot et Sophie Volland.*)

Because Diderot satirized real and influential people by name, he could not hope to publish *Le Neveu de Rameau*, nor was it ever mentioned by any of his contemporaries. Yet in bequeathing his manuscripts to posterity, from whom he expected immortality,[2] he was either coy or careless. His descendants, moreover, have been guilty of considerable conservative vandalism. Through a strange concatenation of circumstances, *Rameaus Neffe* first appeared in 1805 in a German translation by Goethe from a copy, given him by Schiller, of a St. Petersburg manuscript. The first French edition (1821) was a retranslation from the German. The present text is that of an original manuscript discovered by a bibliophile, Georges Monval, on the quais of Paris in 1890.

Much of Diderot's fiction not only is realistic but accurately describes real incidents. Except for a number of later interpolations, all the events of this work took place in the year 1761 or shortly before. The liaison between the financier Bertin and the actress Mlle Hus was for the moment well established. The elder Rameau was for three more years to walk gravely through the arcades of the Palais-Royal, the nephew was still grieving over the death of his wife, and Diderot was still smarting from Palissot's satire. Diderot, too, frequented the Palais-Royal and its famous Café de la Régence, rendezvous of musicians and chess players, a realistic setting for a realistic dialogue.

---

1. This question had been violently debated during the "Querelle des Bouffons" occasioned by the arrival in Paris in 1752 of an Italian *opéra-bouffe* troupe. In his *Lettre sur la musique française* (1753), Rousseau, on the side of the Encyclopedists, categorically denied the possibility of good French opera because of the musical inadaptability of the French language.
2. See, below, the "Lettre à Falconet."

*Vertumnis, quotquot sunt, natus iniquis.*³
—Horat., Lib. II, satyr. vii

Qu'il fasse beau, qu'il fasse laid, c'est mon habitude d'aller sur les cinq heures du soir me promener au Palais-Royal. C'est moi qu'on voit toujours seul, rêvant sur le banc d'Argenson. Je m'entretiens avec moi-même de politique, d'amour, de goût ou de philosophie. J'abandonne mon esprit à tout son libertinage. Je le laisse maître de suivre la première idée sage ou folle qui se présente, comme on voit dans l'allée de Foy nos jeunes dissolus marcher sur les pas d'une courtisane à l'air éventé, au visage riant, à l'œil vif, au nez retroussé, quitter celle-ci pour une autre, les attaquant toutes et ne s'attachant à aucune. Mes pensées, ce sont mes catins.⁴ Si le temps est trop froid ou trop pluvieux, je me réfugie au café de la Régence; là je m'amuse à voir jouer aux échecs. Paris est l'endroit du monde, et le café de la Régence est l'endroit de Paris où l'on joue le mieux à ce jeu; c'est chez Rey que font assaut Légal le profond, Philidor le subtil, le solide Mayot; qu'on voit les coups les plus surprenants et qu'on entend les plus mauvais propos; car si l'on peut être homme d'esprit et grand joueur d'échecs comme Légal, on peut être aussi un grand joueur d'échecs et un sot comme Foubert et Mayot. Un après-dîner, j'étais là, regardant beaucoup, parlant peu et écoutant le moins que je pouvais, lorsque je fus abordé par un des plus bizarres personnages de ce pays où Dieu n'en a pas laissé manquer. C'est un composé de hauteur et de bassesse, de bon sens et de déraison. Il faut que les notions de l'honnête et du déshonnête soient bien étrangement brouillées dans sa tête, car il montre ce que la nature lui a donné de bonnes qualités sans ostentation, et ce qu'il en a reçu de mauvaises sans pudeur. Au reste, il est doué d'une organisation forte, d'une chaleur d'imagination singulière, et d'une vigueur de poumons peu commune. Si vous le rencontrez jamais et que son originalité ne vous arrête pas, ou vous mettrez vos doigts dans vos oreilles, ou vous vous enfuirez. Dieux, quels terribles poumons! Rien ne dissemble plus de lui que lui-même. Quelquefois, il est maigre et hâve comme un malade au dernier degré de la consomption; on compterait ses dents à travers ses joues; on dirait qu'il a passé plusieurs jours sans manger, ou qu'il sort de la Trappe.⁵ Le mois suivant, il est gras et replet comme s'il n'avait pas quitté la table d'un financier, ou qu'il eût été renfermé dans un couvent de Bernardins. Aujourd'hui, en linge sale, en culotte déchirée, couvert de lambeaux, presque sans souliers, il va la tête basse, il se dérobe, on serait tenté de l'appeler pour lui donner l'aumône. Demain, poudré, chaussé, frisé, bien vêtu, il marche la tête haute, il se montre, et vous le prendriez à peu près pour un honnête homme. Il vit

---

3. "Born under the malignant influence of Vertumnus, the god of change."
4. "La comparaison est juste à beaucoup d'égards. . . . Filles du Palais-Royal, ses pensées l'étaient à bien des titres; elles en avaient la séduction, la hardiesse, la légèreté, le brillant, l'excitant factice, et aussi parfois l'inconsistance et l'incapacité à se fixer." (Paul Ledieu, *Diderot et Sophie Volland.*)
5. Discipline among the Trappist monks is notoriously austere.

au jour la journée, triste ou gai selon les circonstances. Son premier soin, le matin, quand il est levé, est de savoir où il dînera; après dîner, il pense où il ira souper. La nuit amène aussi son inquiétude. Ou il regagne à pied un petit grenier qu'il habite, à moins que l'hôtesse, ennuyée d'attendre son loyer, ne lui en ait redemandé la clef; ou il se rabat dans une taverne du faubourg où il attend le jour, entre un morceau de pain et un pot de bière. Quand il n'a pas six sols dans sa poche, ce qui lui arrive quelquefois, il a recours soit à un fiacre de ses amis, soit au cocher d'un grand seigneur qui lui donne un lit sur de la paille, à côté de ses chevaux. Le matin, il a encore une partie de son matelas dans ses cheveux. Si la saison est douce, il arpente toute la nuit le Cours ou les Champs-Elysées. Il reparaît avec le jour à la ville, habillé de la veille pour le lendemain, et du lendemain quelquefois pour le reste de la semaine. Je n'estime pas ces originaux-là; d'autres en font leurs connaissances familières, même leurs amis. Ils m'arrêtent une fois l'an, quand je les rencontre, parce que leur caractère tranche avec celui des autres, et qu'ils rompent cette fastidieuse uniformité que notre éducation, nos conventions de société, nos bienséances d'usage ont introduite. S'il en paraît un dans une compagnie, c'est un grain de levain qui fermente et qui restitue à chacun une portion de son individualité naturelle. Il secoue, il agite, il fait approuver ou blâmer, il fait sortir la vérité, il fait connaître les gens de bien, il démasque les coquins; c'est alors que l'homme de bon sens écoute et démêle son monde.

Je connaissais celui-ci de longue main. Il fréquentait dans une maison dont son talent lui avait ouvert la porte. Il y avait une fille unique. Il jurait au père et à la mère qu'il épouserait leur fille. Ceux-ci haussaient les épaules, lui riaient au nez, lui disaient qu'il était fou, et je vis le moment que la chose était faite. Il m'empruntait quelques écus que je lui donnais. Il s'était introduit, je ne sais comment, dans quelques maisons honnêtes où il avait son couvert, mais à la condition qu'il ne parlerait pas sans en avoir obtenu la permission. Il se taisait et mangeait de rage; il était excellent à voir dans cette contrainte. S'il lui prenait envie de manquer au traité et qu'il ouvrît la bouche, au premier mot tous les convives s'écriaient: "Oh, Rameau!" Alors la fureur étincelait dans ses yeux, et il se remettait à manger avec plus de rage. Vous étiez curieux de savoir le nom de l'homme, et vous le savez. C'est le neveu de ce musicien célèbre qui nous a délivrés du plain-chant de Lulli[6] que nous psalmodiions depuis plus de cent ans, qui a tant écrit de visions inintelligibles et de vérités apocalyptiques sur la théorie de la musique, où ni lui ni personne n'entendit jamais rien, et de qui nous avons un

---

6. Jean-Baptiste Lulli (1633-1687), Florentine composer who enjoyed great favor at the court of Louis XIV. Early in his career he collaborated with Molière. Lulli's music was mainly melodic. Rameau (1683-1764) put the emphasis on harmony, the fundamental theory of which was his greatest and lasting contribution. His best-known opera was *Castor et Pollux* (1737). He was deeply hurt by the Encyclopedists' enthusiasm for Italian music, and his popularity waned after the "Querelle des Bouffons."

certain nombre d'opéras où il y a de l'harmonie, des bouts de chants, des idées décousues, du fracas, des vols, des triomphes, des lances, des gloires, des murmures, des victoires à perte d'haleine, des airs de danse qui dureront éternellement et qui, après avoir enterré le Florentin, sera enterré par les virtuoses italiens, ce qu'il pressentait et qui le rendait sombre, triste, hargneux; car personne n'a autant d'humeur, pas même une jolie femme qui se lève avec un bouton sur le nez, qu'un auteur menacé de survivre à sa réputation, témoins Marivaux et Crébillon le fils...[7]

Moi. — Vous avez montré,[8] dites-vous, l'accompagnement et la composition.

Lui. — Oui.

Moi. — Et vous n'en saviez rien du tout?

Lui. — Non, ma foi; et c'est pour cela qu'il y en avait de pires que moi: ceux qui croyaient savoir quelque chose. Au moins je ne gâtais ni le jugement ni les mains des enfants. En passant de moi à un bon maître, comme ils n'avaient rien appris, du moins ils n'avaient rien à désapprendre; et c'était toujours autant d'argent et de temps épargné.

Moi. — Comment faisiez-vous?

Lui. — Comme ils font tous. J'arrivais, je me jetais dans une chaise. "Que le temps est mauvais! que le pavé est fatigant!" Je bavardais quelques nouvelles: "Mlle Lemierre devait faire un rôle de vestale dans l'opéra nouveau; mais elle est grosse pour la seconde fois; on ne sait qui la doublera. Mlle Arnould vient de quitter son petit comte;[9] on dit qu'elle est en négociation avec Bertin. Le petit comte a pourtant trouvé la porcelaine de M. de Montamy. Il y avait au dernier concert des amateurs, une Italienne qui a chanté comme un ange. C'est un rare corps que ce Préville; il faut le voir dans le *Mercure galant;*[10] l'endroit de l'énigme est impayable. Cette pauvre Dumesnil[11] ne sait plus ni ce qu'elle dit ni ce qu'elle fait. Allons, mademoiselle, prenez votre livre." Tandis que Mademoiselle, qui ne se presse pas, cherche son livre qu'elle a égaré, qu'on appelle une femme de chambre, qu'on gronde, je continue: "La Clairon[12] est vraiment incompréhensible. On parle d'un mariage fort saugrenu: c'est celui de Mademoiselle..., comment l'ap-

---

7. Marivaux took so seriously his election to the French Academy in 1743 that his creative abilities were seriously impaired. His graceful comedies and psychological novels were being unjustly neglected when he died in 1763. Crébillon *fils* (1707-1777), writer of highly intellectualized licentious tales, was to publish one of his best works, *Le Hasard du coin du feu*, in 1763.

8. "given lessons in."

9. Count de Lauraguais' stormy love affair with the celebrated singer Sophie Arnould was common knowledge at the time. As usual, the characters and events are drawn from life. Lauraguais is more favorably known for his generosity in clearing spectators from the stage of the Comédie-Française (1759). Bertin, a wealthy tax-collector and vulgar patron of the arts, figures later in the satire.

10. Boursault's comedy was revived for the actor Préville in 1753.

11. Actress of the Comédie-Française.

12. An outstanding tragedienne.

pelez-vous? une petite créature qu'il entretenait, à qui il a fait deux ou trois enfants, qui avait été entretenue par tant d'autres. — Allons, Rameau, cela ne se peut; vous radotez. — Je ne radote point; on dit même que la chose est faite. Le bruit court que de Voltaire[13] est mort; tant mieux. — Et pourquoi tant mieux? — C'est qu'il va nous donner quelque bonne folie; c'est son usage que de mourir une quinzaine auparavant." Que vous dirai-je encore? Je disais quelques polissonneries que je rapportais des maisons où j'avais été; car nous sommes tous grands colporteurs. Je faisais le fou, on m'écoutait, on riait, on s'écriait: "Il est toujours charmant." Cependant, le livre de Mademoiselle s'était enfin retrouvé sous un fauteuil où il avait été traîné, mâchonné, déchiré par un jeune doguin ou par un petit chat. Elle se mettait à son clavecin; d'abord elle y faisait du bruit toute seule, ensuite je m'approchais, après avoir fait à la mère un signe d'approbation. — *La mère:* "Cela ne va pas mal; on n'aurait qu'à vouloir, mais on ne veut pas. On aime mieux perdre son temps à jaser, à chiffonner, à courir, à je ne sais quoi. Vous n'êtes pas sitôt parti que le livre est fermé, pour ne le rouvrir qu'à votre retour. Aussi vous ne la grondez jamais..." Cependant, comme il fallait faire quelque chose, je lui prenais les mains que je lui plaçais autrement. Je me dépitais, je criais: "*Sol, sol, sol;* Mademoiselle, c'est un *sol.*" *La mère:* "Mademoiselle, est-ce que vous n'avez point d'oreilles? Moi qui ne suis pas au clavecin et qui ne vois pas sur votre livre, je sens qu'il faut un *sol*. Vous donnez une peine infinie à Monsieur. Je ne conçois pas sa patience. Vous ne retenez rien de ce qu'il vous dit; vous n'avancez point..." Alors je rabattais un peu les coups,[14] et hochant de la tête, je disais: "Pardonnez-moi, Madame, pardonnez-moi. Cela pourrait mieux aller si Mademoiselle voulait, si elle étudiait un peu; mais cela ne va pas mal." — *La mère:* "A votre place, je la tiendrais un an sur la même pièce. — Ho! pour cela, elle n'en sortira pas qu'elle ne soit au-dessus de toutes difficultés; et cela ne sera pas si long que madame le croit." — *La mère:* "Monsieur Rameau, vous la flattez; vous êtes trop bon. Voilà de sa leçon la seule chose qu'elle retiendra et qu'elle saura bien me répéter dans l'occasion." L'heure se passait; mon écolière me présentait le petit cachet avec la grâce du bras et la révérence qu'elle avait apprise du maître à danser. Je le mettais dans ma poche pendant que la mère disait: "Fort bien, mademoiselle; si Javillier[15] était là, il vous applaudirait." Je bavardais encore un moment par bienséance; je disparaissais ensuite, et voilà ce qu'on appelait alors une leçon d'accompagnement.

Moi. — Et aujourd'hui, c'est donc autre chose?

Lui. — Vertudieu, je le crois! J'arrive; je suis grave; je me hâte d'ôter mon manchon. J'ouvre le clavecin, j'essaye les touches. Je suis toujours

---

13. The rumor of Voltaire's death was spread about Paris on at least three different occasions. D. invariably uses the particle before the name of the elder writer. Cf. Rousseau's less respectful "célèbre Arouet" in his *Discours sur les sciences et les arts*.
14. "I toned things down a bit."
15. The king's dancing-master.

pressé; si l'on me fait attendre un moment, je crie comme si l'on me volait un écu. Dans une heure d'ici, il faut que je sois là, dans deux heures chez madame la duchesse une telle. Je suis attendu à dîner chez une belle marquise, et au sortir de là, c'est un concert chez M. le baron de Bagge, rue Neuve-des-Petits-Champs.

Moi. — Et cependant vous n'êtes attendu nulle part?

Lui. — Il est vrai.

Moi. — Et pourquoi employer toutes ces petites viles ruses-là?

Lui. — Viles? Et pourquoi, s'il vous plaît? Elles sont d'usage dans mon état. Je ne m'avilis point en faisant comme tout le monde. Ce n'est pas moi qui les ai inventées, et je serais bizarre et maladroit de ne pas m'y conformer. Vraiment, je sais bien que si vous allez appliquer à cela certains principes généraux de je ne sais quelle morale qu'ils ont tous à la bouche et qu'aucun d'eux ne pratique, il se trouvera que ce qui est blanc sera noir, et que ce qui est noir sera blanc. Mais, monsieur le philosophe, il y a une conscience générale, comme il y a une grammaire générale, et puis des exceptions dans chaque langue, que vous appelez, je crois, vous autres savants, des... aidez-moi donc... des...

Moi. — Idiotismes.

Lui. — Tout juste. Hé bien, chaque état a ses exceptions à la conscience générale auxquelles je donnerais volontiers le nom d'idiotismes de métier.

Moi. — J'entends. Fontenelle parle bien, écrit bien, quoique son style fourmille d'idiotismes français.

Lui. — Et le souverain, le ministre, le financier, le magistrat, le militaire, l'homme de lettres, l'avocat, le procureur, le commerçant, le banquier, l'artisan, le maître à chanter, le maître à danser, sont de fort honnêtes gens, quoique leur conduite s'écarte en plusieurs points de la conscience générale, et soit remplie d'idiotismes moraux. Plus l'institution des choses est ancienne, plus il y a d'idiotismes; plus les temps sont malheureux, plus les idiotismes se multiplient. Tant vaut l'homme, tant vaut le métier; et réciproquement, à la fin, tant vaut le métier, tant vaut l'homme. On fait donc valoir le métier tant qu'on peut.

Moi. — Ce que je conçois clairement à tout cet entortillage, c'est qu'il y a peu de métiers honnêtement exercés, ou peu d'honnêtes gens dans leurs métiers.

Lui. — Bon, il n'y en a point; mais en revanche il y a peu de fripons hors de leur boutique; et tout irait assez bien sans un certain nombre de gens qu'on appelle assidus, exacts, remplissant rigoureusement leurs devoirs, stricts, ou ce qui revient au même, toujours dans leurs boutiques, et faisant leur métier depuis le matin jusqu'au soir, et ne faisant que cela. Aussi sont-ils les seuls qui deviennent opulents et qui soient estimés.

Moi. — A force d'idiotismes.

Lui. — C'est cela; je vois que vous m'avez compris. Or donc un idiotisme de presque tous les états, car il y en a de communs à tous les pays, à tous les temps, comme il y a des sottises communes; un idiotisme commun est de se procurer le plus de pratiques que l'on peut; une sottise commune est de croire que le plus habile est celui qui en a le plus. Voilà deux exceptions à la conscience générale auxquelles il faut se plier. C'est une espèce de crédit. Ce n'est rien en soi, mais cela vaut par l'opinion. On a dit que *bonne renommée valait mieux que ceinture dorée;* cependant qui a bonne renommée n'a pas ceinture dorée, et je vois qu'aujourd'hui, qui a ceinture dorée ne manque guère de renommée. Il faut, autant qu'il est possible, avoir le renom et la ceinture; et c'est mon objet, lorsque je me fais valoir par ce que vous qualifiez d'adresses viles, d'indignes petites ruses. Je donne ma leçon, et je la donne bien; voilà la règle générale. Je fais croire que j'en ai plus à donner que la journée n'a d'heures, voilà l'idiotisme.

Moi. — Et la leçon, vous la donnez bien?

Lui. — Oui, pas mal, passablement. La basse fondamentale[16] du cher oncle a bien simplifié tout cela. Autrefois, je volais l'argent de mon écolier, oui, je le volais, cela est sûr; aujourd'hui je le gagne, du moins comme les autres.

Moi. — Et le voliez-vous sans remords?

Lui. — Ho! sans remords. On dit que *si un voleur vole l'autre, le diable s'en rit.* Les parents regorgeaient d'une fortune acquise Dieu sait comment; c'étaient des gens de cour, des financiers, de gros commerçants, des banquiers, des gens d'affaires. Je les aidais à restituer, moi et une foule d'autres qu'ils employaient comme moi. Dans la nature, toutes les espèces se dévorent; toutes les conditions se dévorent dans la société. Nous faisons justice les uns des autres sans que la loi s'en mêle. La Deschamps[17] autrefois, aujourd'hui la Guimard[17] venge le prince du financier; et c'est la marchande de modes, le bijoutier, le tapissier, la lingère, l'escroc, la femme de chambre, le cuisinier, le bourrelier qui vengent le financier de la Deschamps. Au milieu de tout cela il n'y a que l'imbécile ou l'oisif qui soit lésé sans avoir vexé personne, et c'est fort bien fait. D'où vous voyez que ces exceptions à la conscience générale, ou ces idiotismes moraux dont on fait tant de bruit sous la dénomination de *tours du bâton,*[18] ne sont rien, et qu'à tout prendre, il n'y a que le coup d'œil qu'il faut avoir juste.

Moi. — J'admire le vôtre.

Lui. — Et puis la misère. La voix de la conscience et de l'honneur est bien faible, lorsque les boyaux crient. Suffit que si je deviens jamais riche, il faudra bien que je restitue, et que je suis bien résolu à restituer de toutes les manières possibles, par la table, par le jeu, par le vin, par les femmes.

---

16. A rational, unwritten base upon which the harmony was built in Rameau's system. This was his most important technical contribution.

17. Opera dancers; D. knew the latter (see the letter to Sophie Volland of November 22, 1768).

18. "secret and illicit profit."

Moi. — Mais j'ai peur que vous ne deveniez jamais riche.

Lui. — Moi, j'en ai le soupçon.

Moi. — Mais s'il en arrivait autrement, que feriez-vous?

Lui. — Je ferais comme tous les gueux revêtus; je serais le plus insolent maroufle qu'on eût encore vu. C'est alors que je me rappellerais tout ce qu'ils m'ont fait souffrir, et je leur rendrais bien les avanies qu'ils m'ont faites. J'aime à commander, et je commanderai. J'aime qu'on me loue, et l'on me louera. J'aurai à mes gages toute la troupe vilmorienne,[19] et je leur dirai, comme on me l'a dit: "Allons, faquins, qu'on m'amuse," et l'on m'amusera; "Qu'on me déchire les honnêtes gens," et on les déchirera, si l'on en trouve encore; et puis nous aurons des filles, nous nous tutoierons quand nous serons ivres; nous nous enivrerons, nous ferons des contes, nous aurons toutes sortes de travers et de vices. Cela sera délicieux. Nous prouverons que de Voltaire est sans génie; que Buffon, toujours guindé sur des échasses,[20] n'est qu'un déclamateur ampoulé; que Montesquieu n'est qu'un bel esprit; nous reléguerons d'Alembert dans ses mathématiques; nous en donnerons sur dos et ventre à tous ces petits Catons comme vous [21] qui nous méprisent par envie, dont la modestie est le manteau de l'orgueil, et dont la sobriété est la loi du besoin. Et de la musique! C'est alors que nous en ferons.

Moi. — Au digne emploi que vous feriez de la richesse, je vois combien c'est grand dommage que vous soyez gueux. Vous vivriez là d'une manière bien honorable pour l'espèce humaine, bien utile à vos concitoyens, bien glorieuse pour vous.

Lui. — Mais je crois que vous vous moquez de moi. Monsieur le philosophe, vous ne savez pas à qui vous vous jouez; vous ne vous doutez pas que dans ce moment je représente la partie la plus importante de la ville et de la cour. Nos opulents dans tous les états ou se sont dit à eux-mêmes ou ne se sont pas dit les mêmes choses que je vous ai confiées; mais le fait est que la vie que je mènerais à leur place est exactement la leur. Voilà où vous en êtes, vous autres, vous croyez que le même bonheur est fait pour tous. Quelle étrange vision! Le vôtre suppose un certain tour d'esprit romanesque que nous n'avons pas, une âme singulière, un goût particulier. Vous décorez cette bizarrerie du nom de vertu, vous l'appelez philosophie; mais la vertu, la philosophie sont-elles faites pour tout le monde? En a qui peut, en conserve qui peut. Imaginez l'univers sage et philosophe; convenez qu'il serait diablement triste. Tenez, vive la philosophie, vive la sagesse de Salomon: boire de bon vin, se gorger de mets délicats, [avoir] de jolies femmes, se reposer dans des lits bien mollets; excepté cela, le reste n'est que vanité.

---

19. Clientele of the financier Vilmorien.

20. "always mounted on stilts." In disagreement with this famous naturalist's *Discours sur le style* (see below), D. preferred the less affected style of conversation. But here D. means to praise Buffon.

21. "we'll rain blows on all you little moralizers (Catos)."

Moi. — Quoi! défendre sa patrie?

Lui. — Vanité! Il n'y a plus de patrie; je ne vois d'un pôle à l'autre que des tyrans et des esclaves.

Moi. — Servir ses amis?

Lui. — Vanité! Est-ce qu'on a des amis? Quand on en aurait, faudrait-il en faire des ingrats? Regardez-y bien, et vous verrez que c'est presque toujours là ce qu'on recueille des services rendus. La reconnaissance est un fardeau, et tout fardeau est fait pour être secoué.

Moi. — Avoir un état dans la société et en remplir les devoirs?

Lui. — Vanité! Qu'importe qu'on ait un état ou non, pourvu qu'on soit riche, puisqu'on ne prend un état que pour le devenir. Remplir ses devoirs, à quoi cela mène-t-il? A la jalousie, au trouble, à la persécution. Est-ce ainsi qu'on s'avance? Faire sa cour, morbleu! faire sa cour, voir les grands, étudier leurs goûts, se prêter à leurs fantaisies, servir leurs vices, approuver leurs injustices: voilà le secret.

Moi. — Veiller à l'éducation de ses enfants?

Lui. — Vanité! C'est l'affaire d'un précepteur.

Moi. — Mais si ce précepteur, pénétré de vos principes, néglige ses devoirs, qui est-ce qui en sera châtié?

Lui. — Ma foi, ce ne sera pas moi, mais peut-être un jour le mari de ma fille ou la femme de mon fils.

Moi. — Mais si l'un et l'autre se précipitent dans la débauche et les vices?

Lui. — Cela est de leur état.

Moi. — S'ils se déshonorent?

Lui. — Quoi qu'on fasse, on ne peut se déshonorer quand on est riche.

Moi. — S'ils se ruinent?

Lui. — Tant pis pour eux.

Moi. — Je vois que si vous vous dispensez de veiller à la conduite de votre femme, de vos enfants, de vos domestiques, vous pourriez aisément négliger vos affaires.

Lui. — Pardonnez-moi, il est quelquefois difficile de trouver de l'argent, et il est prudent de s'y prendre de loin.

Moi. — Vous donnerez peu de soin à votre femme?

Lui. — Aucun, s'il vous plaît. Le meilleur procédé, je crois, qu'on puisse avoir avec sa chère moitié, c'est de faire ce qui lui convient. A votre avis, la société ne serait-elle pas fort amusante, si chacun y était à sa chose?

Moi. — Pourquoi pas? La soirée n'est jamais plus belle pour moi que quand je suis content de ma matinée.

Lui. — Et pour moi aussi.

Moi. — Ce qui rend les gens du monde si délicats sur leurs amusements, c'est leur profonde oisiveté.[22]

Lui. — Ne croyez pas cela: ils s'agitent beaucoup.

---

22. Cf. *Hamlet* (V, i): "The hand of little employment hath the daintier sense."

Moi. — Comme ils ne se lassent jamais, ils ne se délassent jamais.

Lui. — Ne croyez pas cela: ils sont sans cesse excédés.

Moi. — Le plaisir est toujours une affaire pour eux, et jamais un besoin.

Lui. — Tant mieux; le besoin est toujours une peine.

Moi. — Ils usent tout. Leur âme s'hébète, l'ennui s'en empare. Celui qui leur ôterait la vie, au milieu de leur abondance accablante, les servirait. C'est qu'ils ne connaissent du bonheur que la partie qui s'émousse le plus vite. Je ne méprise pas les plaisirs des sens; j'ai un palais aussi, et il est flatté d'un mets délicat ou d'un vin délicieux; j'ai un cœur et des yeux, et j'aime à voir une jolie femme, j'aime à sentir sous ma main la fermeté et la rondeur de sa gorge, à presser ses lèvres des miennes, à puiser la volupté dans ses regards et à en expirer entre ses bras. Quelquefois avec mes amis, une partie de débauche, même un peu tumultueuse, ne me déplaît pas; mais, je ne vous le dissimulerai pas, il m'est infiniment plus doux encore d'avoir secouru le malheureux, d'avoir terminé une affaire épineuse, donné un conseil salutaire, fait une lecture agréable, une promenade avec un homme ou une femme chère à mon cœur, passé quelques heures instructives avec mes enfants, écrit une bonne page, rempli les devoirs de mon état, dit à celle que j'aime quelques choses tendres et douces qui amènent ses bras autour de mon cou. Je connais telle action que je voudrais avoir faite pour tout ce que je possède. C'est un sublime ouvrage que *Mahomet*;[23] j'aimerais mieux avoir réhabilité la mémoire des Calas....[24]

Lui. — Cependant, je vois une infinité d'honnêtes gens qui ne sont pas heureux et une infinité de gens qui sont heureux sans être honnêtes.

Moi. — Il vous semble.

Lui. — Et n'est-ce pas pour avoir eu du sens commun et de la franchise un moment, que je ne sais où aller souper ce soir?

Moi. — Hé, non! c'est pour n'en avoir pas toujours eu; c'est pour n'avoir pas senti de bonne heure qu'il fallait d'abord se faire une ressource indépendante de la servitude.

Lui. — Indépendante ou non, celle que je me suis faite est au moins la plus aisée.

Moi. — Et la moins sûre et la moins honnête.

Lui. — Mais la plus conforme à mon caractère de fainéant, de sot, de vaurien.

Moi. — D'accord.

Lui. — Et que, puisque je puis faire mon bonheur par des vices qui me sont naturels, que j'ai acquis sans travail, que je conserve sans effort, qui cadrent avec les mœurs de ma nation, qui sont du goût de ceux qui me

---

23. Voltaire's play, exposing the dangers of religious fanaticism, was first produced in 1741. It is still one of his most stirring plays.

24. The persecution of Calas, a Protestant broken on the wheel by religious fanatics of Toulouse, was the occasion of Voltaire's *Traité sur la tolérance* (1763) and an ardent and successful campaign for the reversal of the judicial verdict.

protègent, et plus analogues à leurs petits besoins particuliers, que des vertus qui les gêneraient en les accusant depuis le matin jusqu'au soir, il serait bien singulier que j'allasse me tourmenter comme une âme damnée pour me bistourner et me faire autre que je ne suis; pour me donner un caractère étranger au mien, des qualités très estimables, j'y consens pour ne pas disputer, mais qui me coûteraient beaucoup à acquérir, à pratiquer, ne me mèneraient à rien, peut-être à pis que rien, par la satire continuelle des riches auprès desquels les gueux comme moi ont à chercher leur vie. On loue la vertu, mais on la hait, mais on la fuit, mais elle gèle de froid, et dans ce monde il faut avoir les pieds chauds. Et puis cela me donnerait de l'humeur infailliblement; car pourquoi voyons-nous si fréquemment les dévots si durs, si fâcheux, si insociables? C'est qu'ils se sont imposé une tâche qui ne leur est pas naturelle; ils souffrent, et quand on souffre on fait souffrir les autres. Ce n'est pas là mon compte, ni celui de mes protecteurs; il faut que je sois gai, souple, plaisant, bouffon, drôle. La vertu se fait respecter, et le respect est incommode; la vertu se fait admirer, et l'admiration n'est pas amusante. J'ai affaire à des gens qui s'ennuient, et il faut que je les fasse rire. Or, c'est le ridicule et la folie qui font rire, il faut donc que je sois ridicule et fou; et quand la nature ne m'aurait pas fait tel, le plus court serait de le paraître. Heureusement, je n'ai pas besoin d'être hypocrite; il y en a déjà tant de toutes les couleurs, sans compter ceux qui le sont avec eux-mêmes....

Moi. — Il faut cependant que vous ayez péché une fois contre les principes de l'art, et qu'il vous soit échappé par mégarde quelques-unes de ces vérités amères qui blessent; car en dépit du rôle misérable, abject, vil, abominable, que vous faites, je crois qu'au fond vous avez l'âme délicate.

Lui. — Moi, point du tout. Que le diable m'emporte si je sais au fond ce que je suis. En général, j'ai l'esprit rond comme une boule, et le caractère franc comme l'osier. Jamais faux, pour peu que j'aie intérêt d'être vrai; jamais vrai pour peu que j'aie intérêt d'être faux. Je dis les choses comme elles me viennent; sensées, tant mieux; impertinentes, on n'y prend pas garde. J'use en plein de mon franc parler. Je n'ai pensé de ma vie, ni avant que de dire, ni en disant, ni après avoir dit. Aussi je n'offense personne.

Moi. — Cela vous est pourtant arrivé avec les honnêtes gens chez qui vous viviez, et qui avaient pour vous tant de bontés.

Lui. — Que voulez-vous? C'est un malheur; un mauvais moment comme il y en a dans la vie. Point de félicité continue; j'étais trop bien, cela ne pouvait durer. Nous avons, comme vous savez, la compagnie la plus nombreuse et la mieux choisie. C'est une école d'humanité, le renouvellement de l'antique hospitalité. Tous les poètes qui tombent, nous les ramassons; nous eûmes Palissot, après sa *Zarès*, Bret après le *Faux géné-*

reux;[25] tous les musiciens décriés, tous les auteurs qu'on ne lit point, toutes les actrices sifflées, tous les acteurs hués, un tas de pauvres honteux, plats parasites à la tête desquels j'ai l'honneur d'être, brave chef d'une troupe timide. C'est moi qui les exhorte à manger la première fois qu'ils viennent; c'est moi qui demande à boire pour eux. Ils tiennent si peu de place! Quelques jeunes gens déguenillés qui ne savent où donner de la tête, mais qui ont de la figure; d'autres scélérats qui cajolent le patron et qui l'endorment, afin de glaner après lui sur la patronne. Nous paraissons gais, mais au fond nous avons tous de l'humeur et grand appétit. Des loups ne sont pas plus affamés; des tigres ne sont pas plus cruels. Nous dévorons comme des loups, lorsque la terre a été longtemps couverte de neige; nous déchirons comme des tigres tout ce qui réussit. Quelquefois, les cohues Bertin, Montsauge et Vilmorien se réunissent; c'est alors qu'il se fait un beau bruit dans la ménagerie. Jamais on ne vit ensemble tant de bêtes tristes, acariâtres, malfaisantes et courroucées. On n'entend que les noms de Buffon, de Duclos,[26] de Montesquieu, de Rousseau, de Voltaire, de d'Alembert, de Diderot; et Dieu sait de quelles épithètes ils sont accompagnés. Nul n'aura de l'esprit s'il n'est aussi sot que nous. C'est là que le plan de la comédie des *Philosophes*[27] a été conçu; la scène du colporteur, c'est moi qui l'ai fournie, d'après la *Théologie en quenouille*.[28] Vous n'êtes pas épargné là plus qu'un autre.

MOI. — Tant mieux! Peut-être me fait-on plus d'honneur que je n'en mérite. Je serais humilié si ceux qui disent du mal de tant d'habiles et honnêtes gens s'avisaient de dire du bien de moi.

LUI. — Nous sommes beaucoup, et il faut que chacun paye son écot. Après le sacrifice des grands animaux, nous immolons les autres.

MOI. — Insulter la science et la vertu pour vivre, voilà du pain bien cher!

LUI. — Je vous l'ai déjà dit, nous sommes sans conséquence; nous injurions tout le monde et nous n'affligeons personne. Nous avons quelquefois le pesant abbé d'Olivet, le gros abbé Le Blanc, l'hypocrite Batteux.[29] Le gros abbé n'est méchant qu'avant dîner; son café pris, il se jette dans un fauteuil, les pieds appuyés contre la tablette de la cheminée, et s'endort comme un vieux perroquet sur son bâton. Si le vacarme devient violent,

---

25. Palissot's tragedy *Zarès* failed in 1751; Bret's "comédie sérieuse" *L'Orpheline ou le Faux généreux*, in 1758.

26. Duclos, memorialist and historian, was long secretary of the French Academy.

27. In Palissot's polemical comedy, D. was attacked under the name of Dortidius, and Rousseau was presented on all fours with a head of lettuce in his mouth, a "return to nature" with a vengeance. At the time D. quietly ignored the attack but here reopens the case for posterity.

28. Comedy by Père Bougeant directed against the Jansenists. In Palissot's play the *colporteur*, or peddler of forbidden books, presents for sale several of D.'s early works.

29. Abbé d'Olivet, member of the French Academy, was a reputable grammarian and historian; Abbé Le Blanc was a minor playwright, author, and memorialist; Abbé Batteux was an aesthetician of some repute (see, below, *Lettre sur les sourds et muets*).

il bâille, il étend ses bras, il frotte ses yeux et dit: "Hé bien, qu'est-ce? qu'est-ce? — Il s'agit de savoir si Piron [30] a plus d'esprit que de Voltaire. — Entendons-nous. C'est de l'esprit que vous dites? Il ne s'agit pas de goût? Car du goût, votre Piron ne s'en doute pas. — Ne s'en doute pas? — Non." Et puis nous voilà embarqués dans une dissertation sur le goût. Alors le patron fait signe de la main qu'on l'écoute; car c'est surtout de goût qu'il se pique. Le goût, dit-il,... le goût est une chose... Ma foi, je ne sais quelle chose il disait que c'était, ni lui non plus. . . .

J'étais quelquefois surpris de la justesse des observations de ce fou sur les hommes et sur les caractères, et je le lui témoignai.

C'est, me répondit-il, qu'on tire parti de la mauvaise compagnie, comme du libertinage; on est dédommagé de la perte de son innocence par celle de ses préjugés. Dans la société des méchants, où le vice se montre à masque levé, on apprend à les connaître. Et puis j'ai un peu lu.

Moi. — Qu'avez-vous lu?

Lui. — J'ai lu et je lis et relis sans cesse Théophraste,[31] La Bruyère et Molière.

Moi. — Ce sont d'excellents livres.

Lui. — Ils sont bien meilleurs qu'on ne pense; mais qui est-ce qui sait les lire?

Moi. — Tout le monde, selon la mesure de son esprit.

Lui. — Presque personne. Pourriez-vous me dire ce qu'on y cherche?

Moi. — L'amusement et l'instruction.

Lui. — Mais quelle instruction? Car c'est là le point.

Moi. — La connaissance de ses devoirs, l'amour de la vertu, la haine du vice.

Lui. — Moi, j'y recueille tout ce qu'il faut faire et tout ce qu'il ne faut pas dire. Ainsi quand je lis l'*Avare*, je me dis: Sois avare si tu veux, mais garde-toi de parler comme l'avare. Quand je lis le *Tartuffe*, je me dis: Sois hypocrite si tu veux, mais ne parle pas comme l'hypocrite. Garde des vices qui te sont utiles, mais n'en aie ni le ton ni les apparences qui te rendraient ridicule. Pour se garantir de ce ton, de ces apparences, il faut les connaître; or, ces auteurs en ont fait des peintures excellentes. Je suis moi et je reste ce que je suis, mais j'agis et je parle comme il convient. Je ne suis pas de ces gens qui méprisent les moralistes. Il y a beaucoup à profiter, surtout en ceux qui ont mis la morale en action. Le vice ne blesse les hommes que par intervalle; les caractères apparents du vice les blessent du matin au soir. Peut-être vaudrait-il mieux être un insolent que d'en avoir la physionomie; l'insolent de caractère n'insulte que de temps en

---

30. Playwright and poet, writer of epigrams who posed as Voltaire's rival. Never quite taken seriously by his contemporaries, he wrote his own epitaph:
"Ci-gît Piron qui ne fut rien,
 Pas même académicien."

31. Greek philosopher and moralist, whose *Caractères* served as a model for La Bruyère.

temps; l'insolent de physionomie insulte toujours. Au reste, n'allez pas imaginer que je sois le seul lecteur de mon espèce. Je n'ai d'autre mérite ici, que d'avoir fait par système, par justesse d'esprit, par une vue raisonnable et vraie, ce que la plupart des autres font par instinct. De là vient que leurs lectures ne les rendent pas meilleurs que moi, mais qu'ils restent ridicules en dépit d'eux, au lieu que je ne le suis que quand je veux et que je les laisse alors loin derrière moi: car le même art qui m'apprend à me sauver du ridicule en certaines occasions, m'apprend aussi dans d'autres à l'attraper supérieurement. Je me rappelle alors tout ce que les autres ont dit, tout ce que j'ai lu, et j'y ajoute tout ce qui sort de mon fonds qui est en ce genre d'une fécondité surprenante.

Moi. — Vous avez bien fait de me révéler ces mystères, sans quoi je vous aurais cru en contradiction.

Lui. — Je n'y suis point; car pour une fois où il faut éviter le ridicule, heureusement, il y en a cent où il faut s'en donner. Il n'y a point de meilleur rôle auprès des grands que celui de fou. Longtemps il y a eu le fou du roi en titre; en aucun il n'y a eu en titre le sage du roi. Moi, je suis le fou de Bertin et de beaucoup d'autres, le vôtre peut-être dans ce moment; ou peut-être vous, le mien. Celui qui serait sage n'aurait point de fou. Celui donc qui a un fou n'est pas sage; s'il n'est pas sage, il est fou; et peut-être, fût-il roi, le fou de son fou. Au reste, souvenez-vous que dans un sujet aussi variable que les mœurs, il n'y a [rien] d'absolument, d'essentiellement, de généralement vrai ou faux, sinon qu'il faut être ce que l'intérêt veut qu'on soit: bon ou mauvais, sage ou fou, décent ou ridicule, honnête ou vicieux. Si par hasard la vertu avait conduit à la fortune, ou j'aurais été vertueux, ou j'aurais simulé la vertu comme un autre. On m'a voulu ridicule, et je me le suis fait; pour vicieux, nature seule en avait fait les frais. Quand je dis vicieux, c'est pour parler votre langue; car si nous venions à nous expliquer, il pourrait arriver que vous appelassiez vice ce que j'appelle vertu, et vertu ce que j'appelle vice.

Nous avons aussi les auteurs de l'Opéra-Comique, leurs acteurs et leurs actrices, et plus souvent leurs entrepreneurs, Corby, Moette, tous gens de ressource et d'un mérite supérieur!

Et j'oubliais les grands critiques de la littérature: l'*Avant-coureur*, les *Petites-affiches*, l'*Année littéraire*, l'*Observateur littéraire*, le *Censeur hebdomadaire*, toute la clique des feuillistes.

Moi. — L'*Année littéraire*, l'*Observateur littéraire*? Cela ne se peut; ils se détestent.[32]

---

32. The European literary periodical was inaugurated by the *Journal des savants* in 1665. One of its descendants was Bayle's *Nouvelles de la République des Lettres*. The earlier periodicals were chiefly interested in keeping readers of various countries informed of the latest books. With the second half of the century, however, a new era in journalism began — that of polemics. Among the hostile journals mentioned by D., *L'Année littéraire* edited by Fréron, who followed in the footsteps of Abbé Desfontaines, represented the most striking and the most persistent expression of the long

LUI. — Il est vrai. Mais tous les gueux se réconcilient à la gamelle. Ce maudit *Observateur littéraire!* Que le diable l'eût emporté, lui et ses feuilles! C'est ce chien de petit prêtre, avare, puant et usurier, qui est la cause de mon désastre. Il parut sur notre horizon, hier, pour la première fois; il arriva à l'heure qui nous chasse tous de nos repaires, l'heure du dîner. Quand il fait mauvais temps, heureux celui d'entre nous qui a la pièce de vingt-quatre sols dans sa poche! Tel s'est moqué de son confrère qui était arrivé le matin crotté jusqu'à l'échine et mouillé jusqu'aux os, qui, le soir, rentre chez lui dans le même état. Il y en eut un, je ne sais plus lequel, qui eut, il y a quelques mois, un démêlé violent avec le Savoyard qui s'est établi à notre porte. Ils étaient en compte courant; le créancier voulait que son débiteur se liquidât, et celui-ci n'était pas en fonds. On sert, on fait les honneurs de la table à l'abbé, on le place au haut bout. J'entre, je l'aperçois. Comment, l'abbé, lui dis-je, vous présidez? Voilà qui est fort bien pour aujourd'hui; mais demain, vous descendrez, s'il vous plaît, d'une assiette, après-demain, d'une autre assiette; et ainsi d'assiette en assiette soit à droite, soit à gauche, jusqu'à ce que de la place que j'ai occupée une fois avant vous, Fréron une fois après moi, Dorat une fois après Fréron, Palissot une fois après Dorat, vous deveniez stationnaire à côté de moi, pauvre plat bougre comme vous....[33] L'abbé qui est bon diable et qui prend tout bien, se mit à rire. Mademoiselle, pénétrée de la vérité de mon observation et de la justesse de ma comparaison, se mit à rire: tous ceux qui siégeaient à droite et à gauche de l'abbé et qu'il avait reculés d'un cran, se mirent à rire; tout le monde rit, excepté monsieur qui se fâche et me tient des propos qui n'auraient rien signifié si nous avions été seuls: Rameau, vous êtes un impertinent. — Je le sais bien, et c'est à cette condition que vous m'avez reçu. — Un faquin. — Comme un autre. — Un gueux. — Est-ce que je serais ici, sans cela? — Je vous ferai chasser. — Après dîner, je m'en irai de moi-même. — Je vous le conseille. On dîna; je n'en perdis pas un coup de dent. Après avoir bien mangé, bu largement, car après tout il n'en aurait été ni plus ni moins, messer Gaster[34] est un personnage contre lequel je n'ai jamais boudé, je pris mon parti et je me disposais à m'en aller. J'avais engagé ma parole en présence de tant de monde qu'il fallait bien la tenir. Je fus un temps con-

---

struggle journalism waged against the spirit of Enlightenment in France. D.'s contemporary La Harpe discusses the new trend in the press as follows: "Les Journaux de toute espèce sont actuellement la grande ressource de toute la petite littérature, parce que c'est tout ce qu'il y a de plus aisé à faire. — Chacun veut avoir son journal à lui. C'est comme une place forte où chaque auteur, chaque parti, fait la guerre aux autres, et ces places-là sont étrangement multipliées sur notre Parnasse. Ce ne sont sûrement pas les citadelles du bon goût." (*Correspondance littéraire*, I, 362.)

33. D., who at rare moments shows restraint, uses the Italian language here to express an effective but indecent figure. In defending the use of obscene words, toward the end of *Jacques le fataliste*, D. is an obvious precursor of D. H. Lawrence and James Joyce.

34. Pantagruelian personification of the stomach, whom Rabelais calls the first Master of Arts (Bk. IV, ch. 57).

sidérable à rôder dans l'appartement, cherchant ma canne et mon chapeau où ils n'étaient pas, et comptant toujours que le patron se répandrait dans un nouveau torrent d'injures, que quelqu'un s'interposerait et que nous finirions par nous raccommoder à force de nous fâcher. Je tournais, je tournais, car moi je n'avais rien sur le cœur; mais le patron, lui, plus sombre et plus noir que l'Apollon d'Homère lorsqu'il décoche ses traits sur l'armée des Grecs, son bonnet une fois plus renfoncé que de coutume, se promenait en long et en large, le poing sous le menton. Mademoiselle s'approche de moi: Mais, Mademoiselle, qu'est-ce qu'il y a donc d'extraordinaire? Ai-je été différent aujourd'hui de moi-même? — Je veux qu'il sorte. — Je sortirai. Je ne lui ai point manqué. — Pardonnez-moi; on invite Monsieur l'abbé, et... — C'est lui qui s'est manqué à lui-même en invitant l'abbé, en me recevant, et avec moi tant d'autres bélîtres tels que moi. — Allons, mon petit Rameau, il faut demander pardon à Monsieur l'abbé. — Je n'ai que faire de son pardon... — Allons, allons, tout cela s'apaisera...

On me prend par la main, on m'entraîne vers le fauteuil de l'abbé; j'étends les bras, je contemple l'abbé avec une espèce d'admiration, car qui est-ce qui a jamais demandé pardon à l'abbé? "L'abbé, lui dis-je, l'abbé, tout ceci est bien ridicule, n'est-il pas vrai?..." Et puis je me mets à rire, et l'abbé aussi. Me voilà donc excusé de ce côté-là; mais il fallait aborder l'autre, et ce que j'avais à lui dire était une autre paire de manches. Je ne sais plus trop comment je tournai mon excuse: "Monsieur, voilà ce fou... — Il y a trop longtemps qu'il me fait souffrir; je n'en veux plus entendre parler...."

Moi. — Et vous trouvez de la beauté dans ces nouveaux chants?[35]

Lui. — Si j'y en trouve? Pardieu, je vous en réponds. Comme cela est déclamé! Quelle vérité! Quelle expression!

Moi. — Tout art d'imitation a son modèle dans la nature. Quel est le modèle du musicien quand il fait un chant?

Lui. — Pourquoi ne pas prendre la chose de plus haut? Qu'est-ce qu'un chant?

Moi. — Je vous avouerai que cette question est au-dessus de mes forces. Voilà comme nous sommes tous. Nous n'avons dans la mémoire que des mots que nous croyons entendre par l'usage fréquent et l'application même juste que nous en faisons; dans l'esprit, que des notions vagues. Quand je prononce le mot chant, je n'ai pas des notions plus nettes que vous et la plupart de vos semblables quand ils disent: réputation, blâme, honneur, vice, vertu, pudeur, décence, honte, ridicule.

35. I.e., the arias in Italian opera, which, since the "Querelle des Bouffons," was becoming more and more popular in Paris. D. takes this opportunity to introduce interesting and often original observations on music, which played a large part in his life and works and for which he had genuine appreciation.

Lui. — Le chant est une imitation, par les sons, d'une échelle, inventée par l'art ou inspirée par la nature, comme il vous plaira, ou par la voix ou par l'instrument, des bruits physiques ou des accents de la passion; et vous voyez qu'en changeant là-dedans les choses à changer, la définition conviendrait exactement à la peinture, à l'éloquence, à la sculpture et à la poésie. Maintenant, pour en venir à votre question, quel est le modèle du musicien ou du chant? C'est la déclamation,[36] si le modèle est vivant et pensant; c'est le bruit, si le modèle est inanimé. Il faut considérer la déclamation comme une ligne, et le chant comme une autre ligne qui serpenterait sur la première. Plus cette déclamation, type du chant, sera forte et vraie; plus le chant qui s'y conforme la coupera en un plus grand nombre de points; plus le chant sera vrai, et plus il sera beau. Et c'est ce qu'ont très bien senti nos jeunes musiciens. Quand on entend: *Je suis un pauvre diable*, on croit reconnaître la plainte d'un avare; s'il ne chantait pas, c'est sur les mêmes tons qu'il parlerait à la terre, quand il lui confie son or et qu'il lui dit: *O terre, reçois mon trésor*. Et cette petite fille qui sent palpiter son cœur, qui rougit, qui se trouble et qui supplie monseigneur de la laisser partir, s'exprimerait-elle autrement? Il y a dans ces ouvrages toutes sortes de caractères, une variété infinie de déclamations; cela est sublime; c'est moi qui vous le dis. Allez, allez entendre le morceau où le jeune homme qui se sent mourir s'écrie: *Mon cœur s'en va*. Ecoutez le chant, écoutez la symphonie, et vous me direz après quelle différence il y a entre les vraies voix d'un moribond et le tour de ce chant; vous verrez si la ligne de la mélodie ne coïncide pas tout entière avec la ligne de la déclamation. Je ne vous parle pas de la mesure, qui est encore une des conditions du chant; je m'en tiens à l'expression; et il n'y a rien de plus évident que le passage suivant que j'ai lu quelque part: *Musices seminarium accentus*, l'accent est la pépinière de la mélodie. Jugez de là de quelle difficulté et de quelle importance il est de savoir bien faire le récitatif. Il n'y a point de bel air dont on ne puisse faire un beau récitatif, et point de beau récitatif dont un habile homme ne puisse tirer un bel air.[37] Je ne voudrais pas assurer que celui qui récite bien chantera bien; mais je serais surpris que celui qui chante bien ne sût pas bien réciter. Et croyez tout ce que je vous dis là, car c'est le vrai.

36. The opera in France began as an offshoot of tragedy: Lulli's melodies set to Quinault's tragic lyrics. The libretto was therefore considered its most important element. The Encyclopedists, with D. at their head, demanded a natural and impassioned declamation, more adaptable to musical expression. Music thus began to gain the upper hand, and the Encyclopedists were a party to the reform movement exemplified by Gluck.

37. The composer Grétry relates that he consulted D. on a difficult passage in his opera *Zémire et Azor*. D. replied: "Le modèle du musicien, c'est le cri de l'homme passionné: entrez dans le sentiment de votre personnage; cherchez quel doit être l'accent de ses paroles dans une situation déchirante, et vous aurez votre air." D. then gave him the words and the accent. Grétry adds that he set D.'s declamation to music and found his difficulties solved. (Grétry, *Essais sur la musique*, I, 225.)

Moi. — Je ne demanderais pas mieux que de vous en croire, si je n'étais arrêté par un petit inconvénient.

Lui. — Et cet inconvénient?

Moi. — C'est que, si cette musique est sublime, il faut que celle du divin Lulli, de Campra, de Destouches, de Mouret, et même, soit dit entre nous, celle du cher oncle, soit un peu plate....

Et puis le voilà qui se met à se promener en murmurant dans son gosier quelques-uns des airs de l'*Ile des fous*, du *Peintre amoureux de son modèle*, du *Maréchal ferrant*, de la *Plaideuse;* [38] et de temps en temps, il s'écriait en levant les mains et les yeux au ciel: "Si cela est beau, mordieu! si cela est beau! Comment peut-on porter à sa tête une paire d'oreilles et faire une pareille question?" Il commençait à entrer en passion et à chanter tout bas; il élevait le ton à mesure qu'il se passionnait davantage. Vinrent ensuite les gestes, les grimaces du visage et les contorsions du corps; et je dis: "Bon, voilà la tête qui se perd et quelque scène nouvelle qui se prépare." En effet, il part d'un éclat de voix: "*Je suis un pauvre misérable... Monseigneur, monseigneur, laissez-moi partir... O terre, reçois mon or; conserve bien mon trésor... Mon âme, mon âme, ma vie! O terre!... Le voilà le petit ami; le voilà le petit ami! Aspettare e non venire... A Zerbina penserete... Sempre in contrasti con te si sta...*" [39] Il entassait et brouillait ensemble trente airs italiens, français, tragiques, comiques, de toutes sortes de caractères. Tantôt avec une voix de basse-taille, il descendait jusqu'aux enfers; tantôt s'égosillant et contrefaisant le fausset, il déchirait le haut des airs, imitant de la démarche, du maintien, du geste, les différents personnages chantants; successivement furieux, radouci, impérieux, ricaneur. Ici, c'est une jeune fille qui pleure, et il en rend toute la minauderie; là, il est prêtre, il est roi, il est tyran, il menace, il commande, il s'emporte, il est esclave, il obéit. Il s'apaise, il se désole, il se plaint, il rit; jamais hors de ton, de mesure, du sens des paroles et du caractère de l'air. Tous les pousse-bois [40] avaient quitté leurs échiquiers et s'étaient rassemblés autour de lui. Les fenêtres du café étaient occupées, en dehors, par les passants qui s'étaient arrêtés au bruit. On faisait des éclats de rire à entr'ouvrir le plafond. Lui n'apercevait rien; il continuait, saisi d'une aliénation d'esprit, d'un enthousiasme si voisin de la folie qu'il est incertain qu'il en revienne, s'il ne faudra pas le jeter dans un fiacre et le mener droit aux Petites-Maisons.[41] En chantant un lambeau des *Lamentations* de Jomelli,[42] il répétait avec une précision, une vérité et une chaleur incroyables les

---

38. Operas by Duni.
39. All these snatches are from Duni's *Ile des fous* (1760) and Pergolesi's *Servante maîtresse* (1746). This latter work was revived in June, 1761, in Italian, as *La Serva padrona*.
40. "chess-players."
41. The insane asylum.
42. Famous composer (1714–1774) often referred to as the Italian Gluck.

plus beaux endroits de chaque morceau; ce beau récitatif obligé [43] où le prophète peint la désolation de Jérusalem, il l'arrosa d'un torrent de larmes qui en arrachèrent de tous les yeux. Tout y était, et la délicatesse du chant, et la force de l'expression, et la douleur. Il insistait sur les endroits où le musicien s'était particulièrement montré un grand maître. S'il quittait la partie du chant, c'était pour prendre celle des instruments qu'il laissait subitement pour revenir à la voix, entrelaçant l'une à l'autre de manière à conserver les liaisons et l'unité du tout; s'emparant de nos âmes et les tenant suspendues dans la situation la plus singulière que j'aie jamais éprouvée... Admirais-je? Oui, j'admirais! Etais-je touché de pitié? J'étais touché de pitié; mais une teinte de ridicule était fondue dans ces sentiments et les dénaturait.

Mais vous vous seriez échappé en éclats de rire à la manière dont il contrefaisait les différents instruments. Avec des joues renflées et bouffies, et un son rauque et sombre, il rendait les cors et les bassons; il prenait un son éclatant et nasillard pour les hautbois; précipitant sa voix avec une rapidité incroyable pour les instruments à cordes dont il cherchait les sons les plus approchés; il sifflait les petites flûtes, il recoulait les traversières,[44] criant, chantant, se démenant comme un forcené, faisant lui seul les danseurs, les danseuses, les chanteurs, les chanteuses, tout un orchestre, tout un théâtre lyrique, et se divisant en vingt rôles divers, courant, s'arrêtant avec l'air d'un énergumène, étincelant des yeux, écumant de la bouche. Il faisait une chaleur à périr; et la sueur qui suivait les plis de son front et la longueur de ses joues, se mêlait à la poudre de ses cheveux, ruisselait et sillonnait le haut de son habit. Que ne lui vis-je pas faire? Il pleurait, il criait, il soupirait; il regardait ou attendri, ou tranquille, ou furieux; c'était une femme qui se pâme de douleur; c'était un malheureux livré à tout son désespoir; un temple qui s'élève; des oiseaux qui se taisent au soleil couchant; des eaux ou qui murmurent dans un lieu solitaire et frais, ou qui descendent en torrent du haut des montagnes; un orage, une tempête, la plainte de ceux qui vont périr, mêlée au sifflement des vents, au fracas du tonnerre. C'était la nuit avec ses ténèbres; c'était l'ombre et le silence, car le silence même se peint par des sons. Sa tête était tout à fait perdue. Epuisé de fatigue, tel qu'un homme qui sort d'un profond sommeil ou d'une longue distraction, il resta immobile, stupide, étonné. Il tournait ses regards autour de lui comme un homme égaré qui cherche à reconnaître le lieu où il se trouve; il attendait le retour de ses forces et de ses esprits; il essuyait machinalement son visage. Semblable à celui qui verrait à son réveil son lit environné d'un grand nombre de personnes dans un entier oubli ou dans une profonde ignorance de ce qu'il a fait, il s'écria dans le premier moment: "Hé bien, Messieurs, qu'est-ce qu'il y a? D'où viennent vos ris et votre surprise? Qu'est-ce qu'il y a?"

---

43. A recitative accompanied by the entire orchestra.
44. "cooed for the flutes" (*recoulait* for *roucoulait*).

Ensuite il ajouta: "Voilà ce qu'on doit appeler de la musique et un musicien. Cependant, Messieurs, il ne faut pas mépriser certains morceaux de Lulli. Qu'on fasse mieux la scène *Ah! j'attendrai* sans changer les paroles, j'en défie. Il ne faut pas mépriser quelques endroits de Campra, les airs de violon de mon oncle, ses gavottes, ses entrées de soldats, de prêtres, de sacrificateurs... *Pâles flambeaux, nuit plus affreuse que les ténèbres... Dieux du Tartare, Dieux de l'Oubli...*" Là, il enflait sa voix, il soutenait ses sons; les voisins se mettaient aux fenêtres, nous mettions nos doigts dans nos oreilles. Il ajoutait: "C'est qu'ici il faut des poumons, un grand organe, un volume d'air; mais avant peu, serviteur à l'Assomption; le carême et les Rois sont passés.[45] Ils ne savent pas encore ce qu'il faut mettre en musique, ni par conséquent ce qui convient au musicien. La poésie lyrique[46] est encore à naître; mais ils y viendront. A force d'entendre le Pergolèse, le Saxon, Terradeglias, Traetta et les autres; à force de lire le Métastase,[47] il faudra bien qu'ils y viennent."

Moi. — Quoi donc? Est-ce que Quinault, La Motte, Fontenelle[48] n'y ont rien entendu?

Lui. — Non, pour le nouveau style. Il n'y a pas six vers de suite dans tous leurs charmants poèmes qu'on puisse musiquer. Ce sont des sentences ingénieuses, des madrigaux légers, tendres et délicats. Mais pour savoir combien cela est vide de ressource pour notre art, le plus violent de tous, sans en excepter celui de Démosthène, faites-vous réciter ces morceaux: combien ils vous paraîtront froids, languissants, monotones! C'est qu'il n'y a rien là qui puisse servir de modèle au chant. J'aimerais autant avoir à musiquer les *Maximes de La Rochefoucauld* ou les *Pensées de Pascal*.[49] C'est au cri animal de la passion à dicter la ligne qui nous convient. Il faut que ces expressions soient pressées les unes sur les autres; il faut que la phrase soit courte, que le sens en soit coupé, suspendu; que le musicien puisse disposer du tout et de chacune de ses parties, en omettre un mot ou le répéter, y en ajouter un qui lui manque, la tourner et retourner comme un polype, sans la détruire; ce qui rend la poésie lyrique française beaucoup plus difficile que dans les langues à inversions,[50] qui présentent d'elles-mêmes tous ces avantages... *Barbare, cruel, plonge ton poignard dans mon sein. Me voilà prête à recevoir le coup fatal. Frappe. Ose... Ah!*

45. "good-by to the Assumption; Lent and Epiphany are over"; D. means that this type of subject is outmoded. Another interpretation might be "bow in Assumption"; as the year progresses, so does the opera.
46. D. is referring to opera librettos. His friend Grimm wrote the article "Poésie lyrique" for the *Encyclopedia*.
47. The most successful of Italian librettists.
48. Fontenelle's lack of musical appreciation is summed up in his phrase "Sonate, que me veux-tu?" La Motte-Houdar was better known as a disparager of Homer than as a librettist.
49. Excellent examples of didactic prose and classical restraint.
50. Cf., below, *Lettre sur les sourds et muets*.

je languis, je meurs... Un feu secret s'allume dans mes sens... Cruel amour, que veux-tu de moi? Laisse-moi la douce paix dont j'ai joui... Rends-moi la raison... Il faut que les passions soient fortes; la tendresse du musicien et du poète lyrique doit être extrême. L'air est presque toujours la péroraison de la scène. Il nous faut des exclamations, des interjections, des suspensions, des interruptions, des affirmations, des négations; nous appelons, nous invoquons, nous crions, nous gémissons, nous pleurons, nous rions franchement. Point d'esprit, point d'épigrammes, point de ces jolies pensées; cela est trop loin de la simple nature. Or n'allez pas croire que le jeu des acteurs de théâtre et leur déclamation puissent nous servir de modèles. Fi donc! Il nous le faut plus énergique, moins maniéré, plus vrai. Les discours simples, les voix communes de la passion, nous sont d'autant plus nécessaires que la langue sera plus monotone, aura moins d'accent. Le cri animal ou de l'homme passionné leur en donne.

Tandis qu'il me parlait ainsi, la foule qui nous environnait, ou n'entendait rien, ou prenant peu d'intérêt à ce qu'il disait, parce qu'en général l'enfant comme l'homme, et l'homme comme l'enfant aime mieux s'amuser que s'instruire, s'était retirée; chacun était à son jeu et nous étions restés seuls dans notre coin. Assis sur une banquette, la tête appuyée contre le mur, les bras pendants, les yeux à demi fermés, il me dit: Je ne sais ce que j'ai; quand je suis venu ici, j'étais frais et dispos, et me voilà roué, brisé, comme si j'avais fait dix lieues. Cela m'a pris subitement.

Moi. — Voulez-vous vous rafraîchir?

Lui. — Volontiers. Je me sens enroué, les forces me manquent et je souffre un peu de la poitrine. Cela m'arrive presque tous les jours comme cela, sans que je sache pourquoi.

Moi. — Que voulez-vous?

Lui. — Ce qui vous plaira. Je ne suis pas difficile. L'indigence m'a appris à m'accommoder de tout.

On nous sert de la bière, de la limonade; il en remplit un grand verre qu'il vide deux ou trois fois de suite.... Il allait se noyer, comme il s'était épuisé, sans s'en apercevoir, si je n'avais déplacé la bouteille qu'il cherchait de distraction. Alors je lui dis:

Moi. — Comment se fait-il qu'avec un tact aussi fin, une si grande sensibilité pour les beautés de l'art musical, vous soyez aussi aveugle sur les belles choses en morale, aussi insensible aux charmes de la vertu?

Lui. — C'est apparemment qu'il y a pour les unes un sens que je n'ai pas, une fibre qui ne m'a point été donnée, une fibre lâche qu'on a beau pincer et qui ne vibre pas; ou peut-être c'est que j'ai toujours vécu avec de bons musiciens et de méchantes gens; d'où il est arrivé que mon oreille est devenue très fine et que mon cœur est devenu sourd. Et puis c'est qu'il y avait quelque chose de race. Le sang de mon père et le sang de mon oncle est le même sang; mon sang est le même que celui de mon père, la molécule[51] paternelle était dure et obtuse; et cette maudite molécule première s'est assimilé tout le reste.

Moi. — Aimez-vous votre enfant?

Lui. — Si je l'aime, le petit sauvage? J'en suis fou.

Moi. — Est-ce que vous ne vous occuperez pas sérieusement d'arrêter en lui l'effet de la maudite molécule paternelle?

Lui. — J'y travaillerais, je crois, bien inutilement. S'il est destiné à devenir un homme de bien, je n'y nuirai pas; mais si la molécule voulait qu'il fût un vaurien comme son père, les peines que j'aurais prises pour en faire un homme honnête lui seraient très nuisibles. L'éducation croisant sans cesse la pente de la molécule, il serait tiré comme par deux forces contraires et marcherait tout de guingois[52] dans le chemin de la vie, comme j'en vois une infinité, également gauches dans le bien et dans le mal. C'est ce que nous appelons des espèces,[53] de toutes les épithètes la plus redoutable, parce qu'elle marque la médiocrité et le dernier degré du mépris. Un grand vaurien est un grand vaurien, mais n'est point une espèce. Avant que la molécule paternelle n'eût repris le dessus et ne l'eût amené à la parfaite abjection où j'en suis, il lui faudrait un temps infini; il perdrait ses plus belles années. Je n'y fais rien à présent; je le laisse venir, je l'examine. Il est déjà gourmand, patelin,[54] filou, paresseux, menteur, je crains bien qu'il ne chasse de race.

Moi. — Et vous en ferez un musicien afin qu'il ne manque rien à la ressemblance?

Lui. — Un musicien! Un musicien! Quelquefois je le regarde en grinçant les dents, et je dis: Si tu devais jamais savoir une note, je crois que je te tordrais le cou.

Moi. — Et pourquoi cela, s'il vous plaît?

Lui. — Cela ne mène à rien.

Moi. — Cela mène à tout.

Lui. — Oui, quand on excelle; mais qui est-ce qui peut se promettre de son enfant qu'il excellera? Il y a dix mille à parier contre un qu'il ne serait qu'un misérable racleur de cordes comme moi. Savez-vous qu'il serait peut-être plus aisé de trouver un enfant propre à gouverner un royaume, à faire un grand roi qu'un grand violon!

Moi. — Il me semble que les talents agréables, même médiocres, chez un peuple sans mœurs, perdu de débauche et de luxe, avancent rapidement un homme dans le chemin de la fortune. Moi qui vous parle, j'ai entendu la conversation qui suit entre une espèce de protecteur et une espèce de protégé. Celui-ci avait été adressé au premier comme à un

---

51. Modern biologists would use the word "gene."
52. "all awry."
53. "the average man" or "Babbitts."
54. "crafty."

Le Neveu de Rameau

homme obligeant qui pourrait le servir: "Monsieur, que savez-vous? — Je sais passablement les mathématiques. — Hé bien, montrez les mathématiques; après vous être crotté dix à douze ans sur le pavé de Paris, vous aurez trois à quatre cents livres de rente. — J'ai étudié les lois, et je suis versé dans le droit. — Si Puffendorf et Grotius [55] revenaient au monde, ils mourraient de faim contre une borne. — Je sais très bien l'histoire et la géographie. — S'il y avait des parents qui eussent à cœur la bonne éducation de leurs enfants, votre fortune serait faite; mais il n'y en a point. — Je suis assez bon musicien. — Eh! que ne disiez-vous cela d'abord? Et pour vous faire voir le parti qu'on peut tirer de ce dernier talent, j'ai une fille. Venez tous les jours, depuis sept heures et demie du soir jusqu'à neuf, vous lui donnerez leçon et je vous donnerai vingt-cinq louis par an. Vous déjeunerez, dînerez, goûterez, souperez avec nous. Le reste de votre journée vous appartiendra; vous en disposerez à votre profit."

Lui. — Et cet homme, qu'est-il devenu?

Moi. — S'il eût été sage, il eût fait fortune, la seule chose qu'il paraît que vous avez en vue.

Lui. — Sans doute. De l'or, de l'or. L'or est tout; et le reste, sans or, n'est rien. Aussi, au lieu de lui [56] farcir la tête de belles maximes, qu'il faudrait qu'il oubliât sous peine de n'être qu'un gueux, lorsque je possède un louis, ce qui ne m'arrive pas souvent, je me plante devant lui. Je tire le louis de ma poche, je le lui montre avec admiration, j'élève les yeux au ciel, je baise le louis devant lui, et pour lui faire entendre mieux encore l'importance de la pièce sacrée, je lui bégaye de la voix, je lui désigne du doigt tout ce qu'on en peut acquérir, un beau fourreau, un beau toquet, un bon biscuit. Ensuite je mets le louis dans ma poche, je me promène avec fierté, je relève la basque de ma veste, je frappe de la main sur mon gousset; et c'est ainsi que je lui fais concevoir que c'est du louis qui est là, que naît l'assurance qu'il me voit.

Moi. — On ne peut rien de mieux. Mais s'il arrivait que, profondément pénétré de la valeur du louis, un jour...

Lui. — Je vous entends. Il faut fermer les yeux là-dessus. Il n'y a point de principe de morale qui n'ait son inconvénient. Au pis aller, c'est un mauvais quart d'heure, et tout est fini.

Moi. — Même d'après des vues si courageuses et si sages, je persiste à croire qu'il serait bon d'en faire un musicien. Je ne connais pas de moyen d'approcher plus rapidement des grands, de servir leurs vices et de mettre à profit les siens.

Lui. — Il est vrai; mais j'ai des projets d'un succès plus prompt et plus

---

55. Internationally known legal authorities of the seventeenth century.
56. "lui" refers back to Rameau's four-year-old son, after an obvious interpolation in the original text. Goethe was forced to translate this as "meinem Knaben." The pantomime is aptly used to condition the young child.

sûr. Ah! si c'était aussi bien une fille! Mais comme on ne fait pas ce qu'on veut, il faut prendre ce qui vient, en tirer le meilleur parti, et pour cela ne pas donner bêtement, comme la plupart des pères qui ne feraient rien de pis quand ils auraient médité le malheur de leurs enfants, l'éducation de Lacédémone à un enfant destiné à vivre à Paris. Si elle est mauvaise, c'est la faute des mœurs de ma nation, et non la mienne. En répondra qui pourra. Je veux que mon fils soit heureux, ou ce qui revient au même, honoré, riche et puissant. Je connais un peu les voies les plus faciles d'arriver à ce but; et je les lui enseignerai de bonne heure. Si vous me blâmez, vous autres sages, la multitude et le succès m'absoudront. Il aura de l'or; c'est moi qui vous le dis. S'il en a beaucoup, rien ne lui manquera, pas même votre estime et votre respect.

Moi. — Vous pourriez vous tromper.

Lui. — Ou il s'en passera, comme bien d'autres.

Il y avait dans tout cela beaucoup de ces choses qu'on pense, d'après lesquelles on se conduit; mais qu'on ne dit pas. Voilà, en vérité, la différence la plus marquée entre mon homme et la plupart de nos entours. Il avouait les vices qu'il avait, que les autres ont; mais il n'était pas hypocrite. Il n'était ni plus ni moins abominable qu'eux; il était seulement plus franc, et plus conséquent, et quelquefois profond dans sa dépravation....

Puis il se met à sourire, à contrefaire [57] l'homme admirateur, l'homme suppliant, l'homme complaisant; il a le pied droit en avant, le gauche en arrière, le dos courbé, la tête relevée, le regard comme attaché sur d'autres yeux, la bouche entr'ouverte, les bras portés vers quelque objet; il attend un ordre, il le reçoit, il part comme un trait, il revient, il est exécuté, il en rend compte; il est attentif à tout; il ramasse ce qui tombe; il place un oreiller ou un tabouret sous des pieds; il tient une soucoupe, il approche une chaise, il ouvre une porte; il ferme une fenêtre, il tire des rideaux; il observe le maître et la maîtresse; il est immobile, les bras pendants, les jambes parallèles; il écoute; il cherche à lire sur des visages, et il ajoute: "Voilà ma pantomime, à peu près la même que celle des flatteurs, des courtisans, des valets et des gueux."

Les folies de cet homme, les contes de l'abbé Galiani,[58] les extravagances de Rabelais, m'ont quelquefois fait rêver profondément. Ce sont trois magasins où je me suis pourvu de masques ridicules que je place sur le visage des plus graves personnages; et je vois Pantalon dans un prélat, un satyre dans un président, un pourceau dans un cénobite, une autruche dans un ministre, une oie dans son premier commis.

---

57. Rameau attempts here to imitate "les différentes pantomimes de l'espèce humaine."

58. Celebrated Neapolitan abbé, often with D. in the salons of D'Holbach and Mme d'Épinay (see, below, p. 315).

Moi. — Mais à votre compte, dis-je à mon homme, il y a bien des gueux dans ce monde-ci, et je ne connais personne qui ne sache quelques pas de votre danse.
Lui. — Vous avez raison. Il n'y a dans tout un royaume qu'un homme qui marche, c'est le souverain; tout le reste prend des positions.
Moi. — Le souverain? Encore y a-t-il quelque chose à dire. Et croyez-vous qu'il ne se trouve pas, de temps en temps, à côté de lui, un petit pied, un petit chignon, un petit nez qui lui fasse faire un peu de la pantomime? Quiconque a besoin d'un autre est indigent et prend une position. Le roi prend une position devant sa maîtresse et devant Dieu; il fait son pas de pantomime. Le ministre fait le pas de courtisan, de flatteur, de valet ou de gueux devant son roi. La foule des ambitieux danse vos positions, en cent manières plus viles les unes que les autres, devant le ministre. L'abbé de condition, en rabat et en manteau long, au moins une fois la semaine, devant le dépositaire de la feuille des bénéfices. Ma foi, ce que vous appelez la pantomime des gueux est le grand branle de la terre. Chacun a sa petite Hus et son Bertin.
Lui. — Cela me console.

Mais tandis que je parlais, il contrefaisait à mourir de rire les positions des personnages que je nommais. Par exemple, pour le petit abbé, il tenait son chapeau sous le bras et son bréviaire de la main gauche; de la droite il relevait la queue de son manteau, il s'avançait la tête un peu penchée sur l'épaule, les yeux baissés, imitant si parfaitement l'hypocrite, que je crus voir l'auteur des *Réfutations*[59] devant l'évêque d'Orléans. Aux flatteurs, aux ambitieux, il était ventre à terre; c'était Bouret[60] au contrôle général.
Moi. — Cela est supérieurement exécuté, lui dis-je; mais il y a pourtant un être dispensé de la pantomime. C'est le philosophe qui n'a rien et qui ne demande rien.
Lui. — Et où est cet animal-là? S'il n'a rien, il souffre; s'il ne sollicite rien, il n'obtiendra rien, et il souffrira toujours.
Moi. — Non. Diogène se moquait des besoins.
Lui. — Mais il faut être vêtu.
Moi. — Non, il allait tout nu.
Lui. — Quelquefois il faisait froid dans Athènes.
Moi. — Moins qu'ici.
Lui. — On y mangeait.
Moi. — Sans doute.
Lui. — Aux dépens de qui?
Moi. — De la nature. A qui s'adresse le sauvage? A la terre, aux ani-

---

59. Reference to abbé Gauchat, author of *Analyse et réfutation de divers écrits modernes contre la religion.*
60. Bouret, *fermier général*, found his superior in the *contrôleur général.*

maux, aux poissons, aux arbres, aux herbes, aux racines, aux ruisseaux.

Lui. — Mauvaise table.

Moi. — Elle est grande.

Lui. — Mais mal servie.

Moi. — C'est pourtant celle qu'on dessert pour couvrir les nôtres.

Lui. — Mais vous conviendrez que l'industrie de nos cuisiniers, pâtisseurs, rôtisseurs, traiteurs, confiseurs, y met un peu du sien. Avec la diète austère de votre Diogène, il ne devait pas avoir des organes fort indociles.

Moi. — Vous vous trompez. L'habit du Cynique était, autrefois, notre habit monastique avec la même vertu. Les Cyniques étaient les Carmes et les Cordeliers[61] d'Athènes....

Lui. — Mais il me faut un bon lit, une bonne table, un vêtement chaud en hiver, un vêtement frais en été, du repos, de l'argent et beaucoup d'autres choses, que je préfère de devoir à la bienveillance, plutôt que de les acquérir par le travail.

Moi. — C'est que vous êtes un fainéant, un gourmand, un lâche, une âme de boue.

Lui. — Je crois vous l'avoir dit.

Moi. — Les choses de la vie ont un prix sans doute; mais vous ignorez celui du sacrifice que vous faites pour les obtenir. Vous dansez, vous avez dansé et vous continuerez de danser la vile pantomime....[62]

JACQUES LE FATALISTE

Jacques le fataliste, Diderot's longest novel, reflects the humor and exploits an episode in Laurence Sterne's *Tristram Shandy*. It marks a definite trend toward realism in the history of the French novel. Diderot's mind worked through digression and association rather than through logical pattern, in the Baconian and experimental rather than in the Cartesian tradition. As a result, the novel wanders along with its chief characters, at the mercy of the fates. It contains many a short story and novelette, the best-known of which is the "Histoire de Mme de la Pommeraye." "Digressions, incontestably, are the sunshine; they are the life, the soul of reading," exclaims Sterne. F. C. Green in his *Minuet* adds: "One has to read *Jacques le fataliste* to appreciate the justice of this remark."

The following passage illustrates Diderot's command of dramatic and realistic dialogue. Jacques' fatalism is a literary counterpart of Diderot's philosophical determinism.

61. Mendicant friars.
62. The story ends shortly with Rameau's unregenerate lamentations on the death of his wife, upon whose beauty and artful ways he had built his hopes of prosperity.

[La Dispute de Jacques et de son maître]

LE MAÎTRE. — Eh bien! Jacques, te voilà chez Desglands,[1] près de Denise, et Denise autorisée par sa mère à te faire au moins quatre visites par jour. La coquine! préférer un Jacques![2]

JACQUES. — Un Jacques! un Jacques, monsieur, est un homme comme un autre.

LE MAÎTRE. — Jacques, tu te trompes, un Jacques n'est point un homme comme un autre.

JACQUES. — C'est quelquefois mieux qu'un autre.

LE MAÎTRE. — Jacques, vous vous oubliez. Reprenez l'histoire de vos amours, et souvenez-vous que vous n'êtes et que vous ne serez jamais qu'un Jacques.

JACQUES. — Si, dans la chaumière où nous trouvâmes les coquins, Jacques n'avait pas valu un peu mieux que son maître...

LE MAÎTRE. — Jacques, vous êtes un insolent: vous abusez de ma bonté. Si j'ai fait la sottise de vous tirer de votre place, je saurai bien vous y remettre. Jacques, prenez votre bouteille et votre coquemar, et descendez là-bas.

JACQUES. — Cela vous plaît à dire, monsieur; je me trouve bien ici, et je ne descendrai pas là-bas.

LE MAÎTRE. — Je te dis que tu descendras.

JACQUES. — Je suis sûr que vous ne dites pas vrai. Comment, monsieur, après m'avoir accoutumé pendant dix ans à vivre de pair à compagnon...[3]

LE MAÎTRE. — Il me plaît que cela cesse.

JACQUES. — Après avoir souffert toutes mes impertinences...

LE MAÎTRE. — Je n'en veux plus souffrir.

JACQUES. — Après m'avoir fait asseoir à table à côté de vous, m'avoir appelé votre ami...

LE MAÎTRE. — Vous ne savez pas ce que c'est que le nom d'ami donné par un supérieur à son subalterne.

JACQUES. — Quand on sait que tous vos ordres ne sont que clous à soufflet,[4] s'ils n'ont été ratifiés par Jacques; après avoir si bien accolé votre nom au mien, que l'un ne va jamais sans l'autre, et que tout le monde dit Jacques et son maître; tout à coup il vous plaira de les séparer! Non, monsieur, cela ne sera pas. Il est écrit là-haut que tant que Jacques vivra, que tant que son maître vivra, et même après qu'ils seront morts tous deux, on dira Jacques et son maître.

LE MAÎTRE. — Et je dis, Jacques, que vous descendrez, et que vous descendrez sur-le-champ, parce que je vous l'ordonne.

---

1. Jacques, wounded in the knee, is convalescing at the home of Desglands.
2. "an ignoramus."
3. "on an equal footing."
4. "so much wind."

JACQUES. — Monsieur, commandez-moi toute autre chose, si vous voulez que je vous obéisse.

Ici le maître de Jacques se leva, le prit à la boutonnière, et lui dit gravement:
"Descendez."
Jacques lui répondit froidement:
"Je ne descends pas."
Le maître le secouant fortement, lui dit:
"Descendez, maroufle! obéissez-moi."
Jacques lui répliqua froidement encore:
"Maroufle, tant qu'il vous plaira; mais le maroufle ne descendra pas. Tenez, monsieur, ce que j'ai à la tête, comme on dit, je ne l'ai pas au talon. Vous vous échauffez inutilement, Jacques restera où il est, et ne descendra pas."
Et puis Jacques et son maître, après s'être modérés jusqu'à ce moment, s'échappent [5] tous les deux à la fois, et se mettent à crier à tue-tête:
"Tu descendras.
— Je ne descendrai pas.
— Tu descendras.
— Je ne descendrai pas."
A ce bruit, l'hôtesse monta, et s'informa de ce que c'était, mais ce ne fut pas dans le premier instant qu'on lui répondit; on continua à crier: "Tu descendras. Je ne descendrai pas." Ensuite le maître, le cœur gros, se promenant dans la chambre, disait en grommelant: "A-t-on jamais rien vu de pareil?" L'hôtesse ébahie et debout: "Eh bien! messieurs, de quoi s'agit-il?"
Jacques, sans s'émouvoir, à l'hôtesse: C'est mon maître à qui la tête tourne; il est fou.
LE MAÎTRE. — C'est bête que tu veux dire.
JACQUES. — Tout comme il vous plaira.
LE MAÎTRE (*à l'hôtesse*). — L'avez-vous entendu?
L'HÔTESSE. — Il a tort; mais la paix, la paix; parlez l'un ou l'autre, et que je sache ce dont il s'agit.
LE MAÎTRE (*à Jacques*). — Parle, maroufle.
JACQUES (*à son maître*). — Parlez vous-même.
L'HÔTESSE (*à Jacques*). — Allons, monsieur Jacques, parlez, votre maître vous l'ordonne; après tout, un maître est un maître...
Jacques expliqua la chose à l'hôtesse. L'hôtesse, après avoir entendu, leur dit: — Messieurs, voulez-vous m'accepter pour arbitre?
JACQUES ET SON MAÎTRE (*tous les deux à la fois*). — Très volontiers, très volontiers, notre hôtesse.
L'HÔTESSE. — Et vous vous engagez d'honneur à exécuter ma sentence?

5. "break out."

Jacques et son maître. — D'honneur, d'honneur...

Alors l'hôtesse s'asseyant sur la table, et prenant le ton et le maintien d'un grave magistrat, dit:

"Ouï la déclaration de monsieur Jacques, et d'après des faits tendant à prouver que son maître est un bon, un très bon, un trop bon maître; et que Jacques n'est point un mauvais serviteur, quoiqu'un peu sujet à confondre la possession absolue et inamovible avec la concession passagère et gratuite, j'annule l'égalité qui s'est établie entre eux par laps de temps, et la recrée sur-le-champ. Jacques descendra, et quand il aura descendu il remontera: il rentrera dans toutes les prérogatives dont il a joui jusqu'à ce jour. Son maître lui tendra la main, et lui dira d'amitié: 'Bonjour, Jacques, je suis bien aise de vous revoir...' Jacques lui répondra: 'Et moi, monsieur, je suis enchanté de vous retrouver...' Et je défends qu'il soit jamais question entre eux de cette affaire, et que la prérogative de maître et de serviteur soit agitée à l'avenir. Voulons que l'un ordonne et que l'autre obéisse, chacun de son mieux; et qu'il soit laissé, entre ce que l'un peut et ce que l'autre doit, la même obscurité que ci-devant."

En achevant ce prononcé, qu'elle avait pillé dans quelque ouvrage du temps, publié à l'occasion d'une querelle toute pareille, et où l'on avait entendu, de l'une des extrémités du royaume à l'autre, le maître crier à son serviteur: [6] "Tu descendras!" et le serviteur crier de son côté: "Je ne descendrai pas!" "Allons, dit-elle à Jacques, vous, donnez-moi le bras sans parlementer davantage..."

Jacques s'écria douloureusement: — Il était donc écrit là-haut que je descendrais!...

L'hôtesse (à Jacques). — Il était écrit là-haut qu'au moment où l'on prend maître, on descendra, on montera, on avancera, on reculera, on restera, et cela sans qu'il soit jamais libre aux pieds de se refuser aux ordres de la tête. Qu'on me donne le bras, et que mon ordre s'accomplisse...

Jacques donna le bras à l'hôtesse; mais à peine eurent-ils passé le seuil de la chambre, que le maître se précipita sur Jacques et l'embrassa; quitta Jacques pour embrasser l'hôtesse; et les embrassant l'un et l'autre, il disait: "Il est écrit là-haut que je ne me déferai jamais de cet original-là, et que tant que je vivrai il sera mon maître et que je serai son serviteur..."

L'hôtesse ajouta: "Et qu'à vue de pays, vous ne vous en trouverez pas plus mal tous deux."

L'hôtesse, après avoir apaisé cette querelle, qu'elle prit pour la première, et qui n'était pas la centième de la même espèce, et réinstallé Jacques à sa place, s'en alla à ses affaires, et le maître dit à Jacques: "A présent que nous voilà de sang-froid et en état de juger sainement, ne conviendras-tu pas?...

Jacques. — Je conviendrai que, quand on a donné sa parole d'honneur,

6. Allusion to the struggle between Louis XV and Parlement.

il faut la tenir; et puisque nous avons promis au juge sur notre parole d'honneur de ne pas revenir sur cette affaire, il n'en faut plus parler.

Le maître. — Tu as raison.

Jacques. — Mais sans revenir sur cette affaire, ne pourrions-nous pas en prévenir cent autres par quelque arrangement raisonnable?

Le maître. — J'y consens.

Jacques. — Stipulons: 1° qu'attendu qu'il est écrit là-haut que je vous suis essentiel, et que je sens, que je sais que vous ne pouvez pas vous passer de moi, j'abuserai de ces avantages toutes et quantes fois que l'occasion s'en présentera.

Le maître. — Mais, Jacques, on n'a jamais rien stipulé de pareil.

Jacques. — Stipulé ou non stipulé, cela s'est fait de tous les temps, se fait aujourd'hui, et se fera tant que le monde durera. Croyez-vous que les autres n'aient pas cherché comme vous à se soustraire à ce décret, et que vous serez plus habile qu'eux? Défaites-vous de cette idée, et soumettez-vous à la loi d'un besoin dont il n'est pas en votre pouvoir de vous affranchir.

Stipulons: 2° qu'attendu qu'il est aussi impossible à Jacques de ne pas connaître son ascendant et sa force sur son maître, qu'à son maître de méconnaître sa faiblesse et de se dépouiller de son indulgence, il faut que Jacques soit insolent, et que, pour la paix, son maître ne s'en aperçoive pas... Tout cela s'est arrangé à notre insu, tout cela fut scellé là-haut au moment où la nature fit Jacques et son maître. Il fut arrêté que vous auriez les titres, et que j'aurais la chose. Si vous vouliez vous opposer à la volonté de nature, vous n'y feriez que de l'eau claire.

Le maître. — Mais à ce compte, ton lot vaudrait mieux que le mien.

Jacques. — Qui vous le dispute?

Le maître. — Mais, à ce compte, je n'ai qu'à prendre ta place et te mettre à la mienne.

Jacques. — Savez-vous ce qui en arriverait? Vous y perdriez le titre et vous n'auriez pas la chose. Restons comme nous sommes, nous sommes fort bien tous deux; et que le reste de notre vie soit employé à faire un proverbe.

Le maître. — Quel proverbe?

Jacques. — Jacques mène son maître. Nous serons les premiers dont on l'aura dit; mais on le répétera de mille autres qui valent mieux que vous et moi.

Le maître. — Cela me semble dur, très dur.

Jacques. — Mon maître, mon cher maître, vous allez regimber contre un aiguillon qui n'en piquera que plus vivement. Voilà donc qui est convenu entre nous.

Le maître. — Et que fait notre consentement à une loi nécessaire?

Jacques. — Beaucoup. Croyez-vous qu'il soit inutile de savoir une bonne fois, nettement, clairement, à quoi s'en tenir? Toutes nos querelles ne sont venues jusqu'à présent que parce que nous ne nous étions pas encore bien dit, vous, que vous vous appelleriez mon maître, et que c'est moi qui serais le vôtre. Mais voilà qui est entendu; et nous n'avons plus qu'à cheminer en conséquence.

LE MAÎTRE. — Mais où diable as-tu appris tout cela?

JACQUES. — Dans le grand livre. Ah! mon maître, on a beau réfléchir, méditer, étudier dans tous les livres du monde, on n'est jamais qu'un petit clerc quand on n'a pas lu dans le grand livre....[7]

ENTRETIEN ENTRE D'ALEMBERT ET DIDEROT
et
LE REVE DE D'ALEMBERT

On the subject of these works Diderot wrote to Sophie Volland as follows:

"J'ai fait un Dialogue entre d'Alembert et moi: nous y causons assez gaiement, et même assez clairement, malgré la sécheresse et l'obscurité du sujet. A ce Dialogue il en succède un second beaucoup plus étendu, qui sert d'éclaircissement au premier: celui-ci est intitulé: *Le Rêve de d'Alembert*. Les interlocuteurs sont: d'Alembert rêvant, Mlle de l'Espinasse, amie de d'Alembert, et le docteur Bordeu. Si j'avais voulu sacrifier la richesse du fond à la noblesse du ton, Démocrite, Hippocrate et Leucippe [1] auraient été mes personnages; mais la vraisemblance m'aurait renfermé dans les bornes étroites de la philosophie ancienne, et j'y aurais trop perdu. Cela est de la plus haute extravagance, et tout à la fois de la philosophie la plus profonde; il y a quelque adresse à avoir mis mes idées dans la bouche d'un homme qui rêve: il faut souvent donner à la sagesse l'air de la folie, afin de lui procurer ses entrées; j'aime mieux qu'on dise: 'Mais cela n'est pas si insensé qu'on croirait bien,' que de dire: 'Ecoutez-moi, voici des choses très sages.'...

"J'y ai ajouté après coup cinq ou six pages [2] capables de faire dresser les cheveux à mon amoureuse; aussi ne les verra-t-elle jamais. Mais ce qui va bien vous surprendre, c'est qu'il n'y a pas un mot de religion, et pas un seul mot déshonnête." (2, 11 sept. 1769.)

This dialogue is the best introduction to Diderot's thought. It reveals a consistent philosophy which might best be described as humanistic naturalism, more comprehensive than the mechanistic materialism of his contemporary La Mettrie, or the economic determinisms and materialisms of nineteenth-century dialecticians. Man is treated here as a whole; but the material and physiological origins of the thinking, sensitive, moral, and social human animal are not forgotten. When it is remembered that the natural sciences were in their infancy,

---

7. Jacques is more presumptuous than Alexander Pope, who wrote: "Heaven from all creatures hides the book of Fate." Cf., below, the endings of Voltaire's *Zadig* and *Micromégas*.

1. Democritus and Leucippus were early Greek materialistic philosophers. Hippocrates was a famous Greek physician.

2. The *Suite de l'Entretien*, in which D., as in the *Supplément au Voyage de Bougainville* and in parts of *La Religieuse*, reveals the more Freudian aspects of his thought.

the scope and profundity of Diderot's insights are amazing. The work, purposefully unsystematic and peculiarly undogmatic, is in the Lucretian tradition, yet it points also to the theories of Lamarck and Darwin, Balzac and Taine. The scientific imagination, like the poetic, creates hypotheses, which must be tested in human experience and of which only the fruitful are to be retained.

The chief characters, as Diderot has informed us, are D'Alembert, Mlle de Lespinasse, and Dr. Bordeu. D'Alembert, illegitimate son of Mme de Tencin, became one of the great mathematicians of his century and long collaborated with Diderot in editing the *Encyclopedia*. Mlle de Lespinasse, at first a *protégée* of Mme du Deffand, broke with her patroness and set up her own drawing room, in which D'Alembert was both the shining light and the unrequited lover.[3] Dr. Bordeu, the historical importance of whose works has only recently been revealed,[4] was not only a protagonist but the source, along with Maupertuis, of much of the biological information over which Diderot let his fancy wander.

Diderot's materialistic monism is Plato's idealistic monism in reverse. It is not surprising, then, to discover many similarities in their thought. Like matter and energy, their interpretations may well represent different phases of the same mystery.

Entretien entre d'Alembert et Diderot

D'ALEMBERT. — J'avoue qu'un Etre qui existe quelque part et qui ne correspond à aucun point de l'espace; un Etre qui est inétendu[5] et qui occupe de l'étendue; qui est tout entier sous chaque partie de cette étendue; qui diffère essentiellement de la matière et qui lui est uni; qui la suit et qui la meut sans se mouvoir; qui agit sur elle et qui en subit toutes les vicissitudes; un Etre dont je n'ai pas la moindre idée; un Etre d'une nature aussi contradictoire est difficile à admettre. Mais d'autres obscurités attendent celui qui le rejette; car enfin cette sensibilité que vous lui substituez, si c'est une qualité générale et essentielle de la matière,[6] il faut que la pierre sente.

DIDEROT. — Pourquoi non?

D'ALEMBERT. — Cela est dur à croire.

DIDEROT. — Oui, pour celui qui la coupe, la taille, la broie et qui ne l'entend pas crier.

D'ALEMBERT. — Je voudrais bien que vous me dissiez quelle différence vous mettez entre l'homme et la statue, entre le marbre et la chair.

---

3. Lest their platonic relationship be revealed to the world, Mlle de Lespinasse insisted that D. burn his manuscript. D. did so and pretended, at least, not to know that a copy had previously been taken of this work which he particularly cherished.

4. By Herbert Dieckmann in "Théophile Bordeu und Diderots 'Rêve de D'Alembert,'" *Romanische Forschungen*, LII (1938), 55–122.

5. "lacks extension."

6. In his effort to substitute the primacy of nature for the primacy of the spirit, D. sets up a hypothesis that "feeling" is a general and essential attribute of matter, called such, however, only in its later and more complex manifestations, i.e., in the range between the sensitive plant and man.

Entretien entre d'Alembert et Diderot

Diderot. — Assez peu. On fait du marbre avec de la chair, et de la chair avec du marbre.

D'Alembert. — Mais l'un n'est pas l'autre.

Diderot. — Comme ce que vous appelez la force vive n'est pas la force morte.[7]

D'Alembert. — Je ne vous entends pas.

Diderot. — Je m'explique. Le transport d'un corps d'un lieu dans un autre n'est pas le mouvement, ce n'en est que l'effet. Le mouvement est également et dans le corps transféré et dans le corps immobile.

D'Alembert. — Cette façon de voir est nouvelle.

Diderot. — Elle n'en est pas moins vraie. Otez l'obstacle qui s'oppose au transport local du corps immobile, et il sera transféré. Supprimez par une raréfaction subite l'air qui environne cet énorme tronc de chêne, et l'eau qu'il contient, entrant tout à coup en expansion, le dispersera en cent mille éclats. J'en dis autant de votre propre corps.

D'Alembert. — Soit. Mais quel rapport y a-t-il entre le mouvement et la sensibilité? Serait-ce par hasard que vous reconnaîtriez une sensibilité active et une sensibilité inerte, comme il y a une force vive et une force morte? Une force vive qui se manifeste par la translation, une force morte qui se manifeste par la pression; une sensibilité active qui se caractérise par certaines actions remarquables dans l'animal et peut-être dans la plante; et une sensibilité inerte dont on serait assuré par le passage à l'état de sensibilité active.

Diderot. — A merveille. Vous l'avez dit.

D'Alembert. — Ainsi la statue n'a qu'une sensibilité inerte; et l'homme, l'animal, la plante même peut-être, sont doués d'une sensibilité active.

Diderot. — Il y a sans doute cette différence entre le bloc de marbre et le tissu de chair; mais vous concevez bien que ce n'est pas la seule.

D'Alembert. — Assurément. Quelque ressemblance qu'il y ait entre la forme extérieure de l'homme et de la statue, il n'y a point de rapport entre leur organisation intérieure. Le ciseau du plus habile statuaire ne fait pas même un épiderme. Mais il y a un procédé fort simple pour faire passer une force morte à l'état de force vive; c'est une expérience qui se répète sous nos yeux cent fois par jour; au lieu que je ne vois pas trop comment on fait passer un corps de l'état de sensibilité inerte à l'état de sensibilité active.

Diderot. — C'est que vous ne voulez pas le voir. C'est un phénomène aussi commun.

D'Alembert. — Et ce phénomène aussi commun, quel est-il, s'il vous plaît?

---

7. "animate and inanimate force"; i.e., kinetic energy or energy of motion (e.g., flowing water) and its opposite, potential energy or energy of position (e.g., a coiled spring).

Diderot. — Je vais vous le dire, puisque vous voulez en avoir la honte. Cela se fait toutes les fois que vous mangez.

D'Alembert. — Toutes les fois que je mange!

Diderot. — Oui; car en mangeant, que faites-vous? Vous levez les obstacles qui s'opposaient à la sensibilité active de l'aliment. Vous l'assimilez avec vous-même; vous en faites de la chair; vous l'animalisez; vous le rendez sensible; et ce que vous exécutez sur un aliment, je l'exécuterai quand il me plaira sur le marbre.

D'Alembert. — Et comment cela?

Diderot. — Comment? je le rendrai comestible.

D'Alembert. — Rendre le marbre comestible, cela ne me paraît pas facile.

Diderot. — C'est mon affaire que de vous en indiquer le procédé. Je prends la statue que vous voyez, je la mets dans un mortier, et à grands coups de pilon...

D'Alembert. — Doucement, s'il vous plaît: c'est le chef-d'œuvre de Falconet.[8] Encore si c'était un morceau d'Huez ou d'un autre...

Diderot. — Cela ne fait rien à Falconet; la statue est payée, et Falconet fait peu de cas de la considération présente, aucun de la considération à venir.[9]

D'Alembert. — Allons, pulvérisez donc.

Diderot. — Lorsque le bloc de marbre est réduit en poudre impalpable, je mêle cette poudre à l'humus ou terre végétale; je les pétris bien ensemble; j'arrose le mélange, je le laisse putréfier un an, deux ans, un siècle, le temps ne me fait rien. Lorsque le tout s'est transformé en une matière à peu près homogène, en humus, savez-vous ce que je fais?

D'Alembert. — Je suis sûr que vous ne mangez pas de l'humus.

Diderot. — Non, mais il y a un moyen d'union, d'appropriation, entre l'humus et moi, un *latus*,[10] comme vous dirait le chimiste.

D'Alembert. — Et ce *latus*, c'est la plante?

Diderot. — Fort bien. J'y sème des pois, des fèves, des choux, d'autres plantes légumineuses. Les plantes se nourrissent de la terre, et je me nourris des plantes.

D'Alembert. — Vrai ou faux, j'aime ce passage du marbre à l'humus, de l'humus au règne végétal, et du règne végétal au règne animal, à la chair.

Diderot. — Je fais donc de la chair ou de l'âme, comme dit ma fille, une matière activement sensible;[11] et si je ne résous pas le problème que

---

8. Celebrated sculptor whom D. sent to Russia to execute the equestrian statue of Peter the Great. Huez, a member of the Académie de Sculpture, was evidently in D.'s eyes a mediocre artist.

9. In a formal exchange of letters, D. was unable to persuade Falconet that the hope of being esteemed by posterity had a present "cash value" (see below, pp. 322–324).

10. An intermediary or "friendly" chemical agent.

11. In a letter to Mlle Volland (August 10, 1769), Diderot wrote concerning his daughter: "Oh, le beau chemin que cette enfant-là a fait toute seule! Je m'avisai, il y a

Entretien entre d'Alembert et Diderot

vous m'avez proposé, du moins j'en approche beaucoup; car vous m'avouerez qu'il y a bien plus loin d'un morceau de marbre à un être qui sent, que d'un être qui sent à un être qui pense.

D'ALEMBERT. — J'en conviens. Avec tout cela l'être sensible n'est pas encore l'être pensant.

DIDEROT. — Avant que de faire un pas en avant, permettez-moi de vous faire l'histoire d'un des plus grands géomètres de l'Europe. Qu'était-ce d'abord que cet être merveilleux? Rien.

D'ALEMBERT. — Comment rien! On ne fait rien de rien.

DIDEROT. — Vous prenez les mots trop à la lettre. Je veux dire qu'avant que sa mère, la belle et scélérate chanoinesse Tencin, eût atteint l'âge de puberté, avant que le militaire La Touche fût adolescent, les molécules qui devaient former les premiers rudiments de mon géomètre étaient éparses dans les jeunes et frêles machines de l'un et de l'autre, se filtrèrent avec la lymphe, circulèrent avec le sang, jusqu'à ce qu'enfin elles se rendissent dans les réservoirs destinés à leur coalition, les testicules de son père et de sa mère. Voilà ce germe rare formé; le voilà, comme c'est l'opinion commune, amené par les trompes de Fallope dans la matrice; le voilà attaché à la matrice par un long pédicule; le voilà, s'accroissant successivement et s'avançant à l'état de fœtus; voilà le moment de sa sortie de l'obscure prison arrivé; le voilà né, exposé sur les degrés de Saint-Jean-le-Rond qui lui donna son nom; tiré des Enfants-Trouvés; attaché à la mamelle de la bonne vitrière, Mme Rousseau; allaité, devenu grand de corps et d'esprit, littérateur, mécanicien, géomètre. Comment cela s'est-il fait? En mangeant et par d'autres opérations purement mécaniques. Voici en quatre mots la formule générale: Mangez, digérez, distillez *in vasi licito, et fiat homo secundum artem*.[12] Et celui qui exposerait à l'Académie le progrès de la formation d'un homme ou d'un animal, n'emploierait que des agents matériels dont les effets successifs seraient un être inerte, un être sentant, un être pensant, un être résolvant le problème de la précession des équinoxes, un être sublime, un être merveilleux, un être vieillissant, dépérissant, mourant, dissous et rendu à la terre végétale....

DIDEROT. — Pourriez-vous me dire ce que c'est que l'existence d'un être sentant, par rapport à lui-même?

D'ALEMBERT. — C'est la conscience d'avoir été lui, depuis le premier instant de sa réflexion jusqu'au moment présent.

DIDEROT. — Et sur quoi cette conscience est-elle fondée?

D'ALEMBERT. — Sur la mémoire de ses actions.

DIDEROT. — Et sans cette mémoire?

---

quelques jours, de lui demander ce que c'était que l'âme. 'L'âme! me répondit-elle; mais on fait de l'âme quand on fait de la chair.'"

12. "into the appropriate vessels and in this way let man be made."

D'ALEMBERT. — Sans cette mémoire il n'aurait point de lui, puisque, ne sentant son existence que dans le moment de l'impression, il n'aurait aucune histoire de sa vie. Sa vie serait une suite interrompue de sensations que rien ne lierait.

DIDEROT. — Fort bien. Et qu'est-ce que la mémoire? d'où naît-elle?

D'ALEMBERT. — D'une certaine organisation qui s'accroît, s'affaiblit et se perd quelquefois entièrement.

DIDEROT. — Si donc un être qui sent et qui a cette organisation propre à la mémoire, lie les impressions qu'il reçoit, forme par cette liaison une histoire qui est celle de sa vie, et acquiert la conscience de lui, il nie, il affirme, il conclut, il pense.

D'ALEMBERT. — Cela me paraît; il ne me reste plus qu'une difficulté.

DIDEROT. — Vous vous trompez; il vous en reste bien davantage.

D'ALEMBERT. — Mais une principale; c'est qu'il me semble que nous ne pouvons penser qu'à une seule chose à la fois, et que pour former, je ne dis pas ces énormes chaînes de raisonnements qui embrassent dans leur circuit des milliers d'idées, mais une simple proposition, on dirait qu'il faut avoir au moins deux choses présentes, l'objet qui semble rester sous l'œil de l'entendement, tandis qu'il s'occupe de la qualité qu'il en affirmera ou niera.

DIDEROT. — Je le pense; ce qui m'a fait quelquefois comparer les fibres de nos organes à des cordes vibrantes sensibles. La corde vibrante sensible oscille, résonne longtemps encore après qu'on l'a pincée. C'est cette oscillation, cette espèce de résonnance nécessaire qui tient l'objet présent, tandis que l'entendement s'occupe de la qualité qui lui convient. Mais les cordes vibrantes ont encore une autre propriété, c'est d'en faire frémir d'autres; et c'est ainsi qu'une première idée en rappelle une seconde, ces deux-là une troisième, toutes les trois une quatrième, et ainsi de suite, sans qu'on puisse fixer la limite des idées réveillées, enchaînées, du philosophe qui médite ou qui s'écoute dans le silence et l'obscurité. Cet instrument a des sauts étonnants, et une idée réveillée va faire quelquefois frémir une harmonique qui en est à un intervalle incompréhensible. Si le phénomène s'observe entre des cordes sonores, inertes et séparées, comment n'aurait-il pas lieu entre des points vivants et liés, entre des fibres continues et sensibles?

D'ALEMBERT. — Si cela n'est pas vrai, cela est au moins très ingénieux. Mais on serait tenté de croire que vous tombez imperceptiblement dans l'inconvénient que vous vouliez éviter.

DIDEROT. — Quel?

D'ALEMBERT. — Vous en voulez à la distinction des deux substances.[13]

DIDEROT. — Je ne m'en cache pas.

D'ALEMBERT. — Et si vous y regardez de près, vous faites de l'entendement du philosophe un être distinct de l'instrument, une espèce de mu-

---

13. Reference to the dualists' distinction between mind and matter.

sicien qui prête l'oreille aux cordes vibrantes, et qui prononce sur leur consonance ou leur dissonance.

DIDEROT. — Il se peut que j'aie donné lieu à cette objection, que peut-être vous ne m'eussiez pas faite si vous eussiez considéré la différence de l'instrument philosophe et de l'instrument clavecin. L'instrument philosophe est sensible; il est en même temps le musicien et l'instrument. Comme sensible, il a la conscience momentanée du son qu'il rend; comme animal, il en a la mémoire. Cette faculté organique, en liant les sons en lui-même, y produit et conserve la mélodie. Supposez au clavecin de la sensibilité et de la mémoire, et dites-moi s'il ne se répétera pas de lui-même les airs que vous aurez exécutés sur ses touches. Nous sommes des instruments doués de sensibilité et de mémoire. Nos sens sont autant de touches qui sont pincées par la nature qui nous environne, et qui se pincent souvent elles-mêmes; et voici, à mon jugement, tout ce qui se passe dans un clavecin organisé comme vous et moi. Il y a une impression qui a sa cause au dedans ou au dehors de l'instrument, une sensation qui naît de cette impression, une sensation qui dure; car il est impossible d'imaginer qu'elle se fasse et qu'elle s'éteigne dans un instant indivisible; une autre impression qui lui succède, et qui a pareillement sa cause au dedans et au dehors de l'animal; une seconde sensation et des voix qui les désignent par des sons naturels ou conventionnels.

D'ALEMBERT. — J'entends. Ainsi donc, si ce clavecin sensible et animé était encore doué de la faculté de se nourrir et de se reproduire, il vivrait et engendrerait de lui-même, ou avec sa femelle, de petits clavecins vivants et résonnants.

DIDEROT. — Sans doute. A votre avis, qu'est-ce autre chose qu'un pinson, un rossignol, un musicien, un homme? Et quelle autre différence trouvez-vous entre le serin et la serinette?[14] Voyez-vous cet œuf? c'est avec cela qu'on renverse toutes les écoles de théologie et tous les temples de la terre. Qu'est-ce que cet œuf? une masse insensible avant que le germe y soit introduit; et après que le germe y est introduit, qu'est-ce encore? une masse insensible, car ce germe n'est lui-même qu'un fluide inerte et grossier. Comment cette masse passera-t-elle à une autre organisation, à la sensibilité, à la vie? par la chaleur. Qui produira la chaleur? le mouvement. Quels seront les effets successifs du mouvement? Au lieu de me répondre, asseyez-vous, et suivons-les de l'œil de moment en moment. D'abord c'est un point qui oscille, un filet qui s'étend et qui se colore; de la chair qui se forme; un bec, des bouts d'ailes, des yeux, des pattes qui paraissent; une matière jaunâtre qui se dévide et produit des intestins; c'est un animal. Cet animal se meut, s'agite, crie; j'entends ses cris à travers la coque; il se couvre de duvet; il voit. La pesanteur de sa tête, qui oscille, porte sans cesse son bec contre la paroi intérieure de sa prison; la voilà brisée; il en sort, il marche, il vole, il s'irrite, il fuit, il approche,

14. Music box to teach a canary tunes.

il se plaint, il souffre, il aime, il désire, il jouit; il a toutes vos affections; toutes vos actions, il les fait. Prétendrez-vous, avec Descartes, que c'est une pure machine imitative ? [15] Mais les petits enfants se moqueront de vous, et les philosophes vous répliqueront que si c'est là une machine vous en êtes une autre. Si vous avouez qu'entre l'animal et vous il n'y a de différence que dans l'organisation, vous montrerez du sens et de la raison, vous serez de bonne foi; mais on en conclura contre vous qu'avec une matière inerte, disposée d'une certaine manière, imprégnée d'une autre matière inerte, de la chaleur et du mouvement on obtient de la sensibilité, de la vie, de la mémoire, de la conscience, des passions, de la pensée. Il ne vous reste qu'un de ces deux partis à prendre; c'est d'imaginer dans la masse inerte de l'œuf un élément caché qui en attendait le développement pour manifester sa présence, ou de supposer que cet élément imperceptible s'y est insinué à travers la coque dans un instant déterminé du développement. Mais qu'est-ce que cet élément? Occupait-il de l'espace, ou n'en occupait-il point? Comment est-il venu, ou s'est-il échappé, sans se mouvoir? Où était-il? Que faisait-il là ou ailleurs? A-t-il été créé à l'instant du besoin? Existait-il? Attendait-il un domicile? Homogène, il était matériel; hétérogène, on ne conçoit ni son inertie avant le développement, ni son énergie dans l'animal développé. Ecoutez-vous, et vous aurez pitié de vous-même; vous sentirez que, pour ne pas admettre une supposition simple qui explique tout, la sensibilité, propriété générale de la matière, ou produit de l'organisation, vous renoncez au sens commun, et vous précipitez dans un abîme de mystères, de contradictions et d'absurdités.

D'ALEMBERT. — Une supposition! Cela vous plaît à dire. Mais si c'était une qualité essentiellement incompatible avec la matière?

DIDEROT. — Et d'où savez-vous que la sensibilité est essentiellement incompatible avec la matière, vous qui ne connaissez l'essence de quoi que ce soit, ni de la matière, ni de la sensibilité? Entendez-vous mieux la nature du mouvement, son existence dans un corps, et sa communication d'un corps à un autre?

D'ALEMBERT. — Sans concevoir la nature de la sensibilité, ni celle de la matière, je vois que la sensibilité est une qualité simple, une, indivisible et incompatible avec un sujet ou suppôt divisible.

DIDEROT. — Galimatias métaphysico-théologique. Quoi? est-ce que vous ne voyez pas que toutes les qualités, toutes les formes sensibles dont la matière est revêtue, sont essentiellement indivisibles? Il n'y a ni plus ni moins d'impénétrabilité. Il y a la moitié d'un corps rond, mais il n'y a pas la moitié de la rondeur; il y a plus ou moins de mouvement, mais il n'y a ni plus ni moins mouvement; il n'y a ni la moitié, ni le tiers, ni le quart d'une tête, d'une oreille, d'un doigt, pas plus que la moitié, le tiers, le

---

15. To identify *âme* and *pensée* and to reserve them as attributes of man, Descartes claimed that animals were mechanical automata lacking thought and even feeling.

quart d'une pensée. Si dans l'univers il n'y a pas une molécule [16] qui ressemble à une autre, dans une molécule pas un point qui ressemble à un autre point, convenez que l'atome même est doué d'une qualité, d'une forme indivisible; convenez que la division est incompatible avec les essences des formes, puisqu'elle les détruit. Soyez physicien, et convenez de la production d'un effet lorsque vous le voyez produit, quoique vous ne puissiez expliquer la liaison de la cause à l'effet. Soyez logicien, et ne substituez pas à une cause qui est et qui explique tout, une autre cause qui ne se conçoit pas, dont la liaison avec l'effet se conçoit encore moins, qui engendre une multitude infinie de difficultés, et qui n'en résout aucune.

D'ALEMBERT. — Mais si je me départs de cette cause?

DIDEROT. — Il n'y a plus qu'une substance dans l'univers, dans l'homme, dans l'animal. La serinette est de bois, l'homme est de chair. Le serin est de chair, le musicien est d'une chair diversement organisée; mais l'un et l'autre ont une même origine, une même formation, les mêmes fonctions et la même fin.

D'ALEMBERT. — Et comment s'établit la convention des sons entre vos deux clavecins?

DIDEROT. — Un animal étant un instrument sensible parfaitement semblable à un autre, doué de la même conformation, monté des mêmes cordes, pincé de la même manière par la joie, par la douleur, par la faim, par la soif, par la colique, par l'admiration, par l'effroi, il est impossible qu'au pôle et sous la ligne il rende des sons différents. Aussi trouvez-vous les interjections à peu près les mêmes dans toutes les langues mortes et vivantes. Il faut tirer du besoin et de la proximité l'origine des sons conventionnels. L'instrument sensible ou l'animal a éprouvé qu'en rendant tel son il s'ensuivait tel effet hors de lui, que d'autres instruments sensibles pareils à lui ou d'autres animaux semblables s'approchaient, s'éloignaient, demandaient, offraient, blessaient, caressaient, et ces effets se sont liés dans sa mémoire et dans celle des autres à la formation de ces sons; et remarquez qu'il n'y a dans le commerce des hommes que des bruits et des actions. Et pour donner à mon système toute sa force, remarquez encore qu'il est sujet à la même difficulté insurmontable que Berkeley a proposée contre l'existence des corps.[17] Il y a un moment de délire où le clavecin sensible a pensé qu'il était le seul clavecin qu'il y eût au monde, et que toute l'harmonie de l'univers se passait en lui....

D'ALEMBERT. — Adieu, mon ami, bonsoir et bonne nuit.

DIDEROT. — Vous plaisantez; mais vous rêverez sur votre oreiller à cet entretien, et s'il n'y prend pas de la consistance, tant pis pour vous, car

16. "particle." *Molecule* had not yet received its strict chemical definition.
17. Berkeley held that, since the mind cannot perceive material things directly, but merely their perceptible qualities, the external world exists only as a mental concept. D. rightly said: "To the disgrace of the human mind and philosophy this system, though the most absurd, is the most difficult to combat."

vous serez forcé d'embrasser des hypothèses bien autrement ridicules.

D'Alembert. — Vous vous trompez; sceptique je me serai couché, sceptique je me lèverai.

Diderot. — Sceptique! Est-ce qu'on est sceptique?

D'Alembert. — En voici bien d'une autre? N'allez-vous pas me soutenir que je ne suis pas sceptique? Et qui le sait mieux que moi?

Diderot. — Attendez un moment.

D'Alembert. — Dépêchez-vous, car je suis pressé de dormir.

Diderot. — Je serai court. Croyez-vous qu'il y ait une seule question discutée sur laquelle un homme reste avec une égale et rigoureuse mesure de raison pour et contre?

D'Alembert. — Non, ce serait l'âne de Buridan.[18]

Diderot. — En ce cas, il n'y a donc point de sceptique, puisqu'à l'exception des questions de mathématiques, qui ne comportent pas la moindre incertitude, il y a du pour et du contre dans toutes les autres. La balance n'est donc jamais égale, et il est impossible qu'elle ne penche pas du côté où nous croyons le plus de vraisemblance.

D'Alembert. — Mais je vois le matin la vraisemblance à ma droite, et l'après-midi elle est à ma gauche.

Diderot. — C'est-à-dire que vous êtes dogmatique pour, le matin, et dogmatique contre, l'après-midi.

D'Alembert. — Et le soir, quand je me rappelle cette circonstance si rapide de mes jugements, je ne crois rien, ni du matin, ni de l'après-midi.

Diderot. — C'est-à-dire que vous ne vous rappelez plus la prépondérance des deux opinions entre lesquelles vous avez oscillé; que cette prépondérance vous paraît trop légère pour asseoir un sentiment fixe, et que vous prenez le parti de ne plus vous occuper de sujets aussi problématiques, d'en abandonner la discussion aux autres, et de n'en pas disputer davantage.

D'Alembert. — Cela se peut.

Diderot. — Mais si quelqu'un vous tirait à l'écart, et vous questionnant d'amitié, vous demandait, en conscience, des deux partis quel est celui où vous trouvez le moins de difficultés, de bonne foi, seriez-vous embarrassé de répondre, et réaliseriez-vous l'âne de Buridan?

D'Alembert. — Je crois que non.

Diderot. — Tenez, mon ami, si vous y pensez bien, vous trouverez qu'en tout, notre véritable sentiment n'est pas celui dans lequel nous n'avons jamais vacillé; mais celui auquel nous sommes le plus habituellement revenus.

D'Alembert. — Je crois que vous avez raison.

---

18. To illustrate a metaphysically insoluble problem, Jean Buridan (1297–1358) imagined a donkey that died of both hunger and thirst when unable to choose between a measure of oats and a bucket of water.

DIDEROT. — Et moi aussi. Bonsoir, mon ami, et *memento quia pulvis es, et in pulverem reverteris.*[19]

D'ALEMBERT. — Cela est triste.

DIDEROT. — Et nécessaire. Accordez à l'homme, je ne dis pas l'immortalité, mais seulement le double de sa durée, et vous verrez ce qui en arrivera.

D'ALEMBERT. — Et que voulez-vous qu'il en arrive? Mais qu'est-ce que cela me fait? Qu'il en arrive ce qui pourra. Je veux dormir, bonsoir.

Le Rêve de d'Alembert

BORDEU. — Eh bien! qu'est-ce qu'il y a de nouveau? Est-ce qu'il est malade?

MADEMOISELLE DE L'ESPINASSE. — Je le crains; il a eu la nuit la plus agitée.

BORDEU. — Est-il éveillé?

MADEMOISELLE DE L'ESPINASSE. — Pas encore.

BORDEU (*après s'être approché du lit de d'Alembert et lui avoir tâté le pouls et la peau*). — Ce ne sera rien.

MADEMOISELLE DE L'ESPINASSE. — Vous croyez?

BORDEU. — J'en réponds. Le pouls est bon... un peu faible... la peau moite... la respiration facile.

MADEMOISELLE DE L'ESPINASSE. — N'y a-t-il rien à lui faire?

BORDEU. — Rien.

MADEMOISELLE DE L'ESPINASSE. — Tant mieux, car il déteste les remèdes.

BORDEU. — Et moi aussi. Qu'a-t-il mangé à souper?

MADEMOISELLE DE L'ESPINASSE. — Il n'a rien voulu prendre. Je ne sais où il avait passé la soirée, mais il est revenu soucieux.

BORDEU. — C'est un petit mouvement fébrile qui n'aura point de suite.

MADEMOISELLE DE L'ESPINASSE. — En rentrant, il a pris sa robe de chambre, son bonnet de nuit, et s'est jeté dans son fauteuil, où il s'est assoupi.

BORDEU. — Le sommeil est bon partout; mais il eût été mieux dans son lit.

MADEMOISELLE DE L'ESPINASSE. — Il s'est fâché contre Antoine, qui le lui disait; il a fallu le tirailler une demi-heure pour le faire coucher.

BORDEU. — C'est ce qui m'arrive tous les jours, quoique je me porte bien.

MADEMOISELLE DE L'ESPINASSE. — Quand il a été couché, au lieu de reposer comme à son ordinaire, car il dort comme un enfant, il s'est mis à se tourner, à se retourner, à tirer ses bras, à écarter ses couvertures, et à parler haut.

BORDEU. — Et qu'est-ce qu'il disait? de la géométrie?

---

19. "remember that dust thou art, and unto dust returneth."

Mademoiselle de l'Espinasse. — Non; cela avait tout l'air du délire. C'était, en commençant, un galimatias de cordes vibrantes et de fibres sensibles. Cela m'a paru si fou que, résolue de ne le pas quitter de la nuit et ne sachant que faire, j'ai approché une petite table du pied de son lit, et je me suis mise à écrire tout ce que j'ai pu attraper de sa rêvasserie.

Bordeu. — Bon tour de tête qui est bien de vous. Et peut-on voir cela?

Mademoiselle de l'Espinasse. — Sans difficulté; mais je veux mourir, si vous y comprenez quelque chose.

Bordeu. — Peut-être.

Mademoiselle de l'Espinasse. — Docteur, êtes-vous prêt?

Bordeu. — Oui.

Mademoiselle de l'Espinasse. — Ecoutez. "Un point vivant... Non, je me trompe. Rien d'abord, puis un point vivant... A ce point vivant il s'en applique un autre, encore un autre; et par ces applications successives il résulte un être un, car je suis bien un, je n'en saurais douter... (En disant cela, il se tâtait partout.) Mais comment cette unité s'est-elle faite? (Eh! mon ami, lui ai-je dit, qu'est-ce que cela vous fait? dormez... Il s'est tu. Après un moment de silence, il a repris comme s'il s'adressait à quelqu'un.) Tenez, philosophe, je vois bien un agrégat, un tissu de petits êtres sensibles, mais un animal!... un tout! un système un, lui, ayant la conscience de son unité! Je ne le vois pas, non, je ne le vois pas..." Docteur, y entendez-vous quelque chose?

Bordeu. — A merveille.

Mademoiselle de l'Espinasse. — Vous êtes bien heureux... "Ma difficulté vient peut-être d'une fausse idée."

Bordeu. — Est-ce vous qui parlez?

Mademoiselle de l'Espinasse. — Non, c'est le rêveur.

Je continue... Il a ajouté, en s'apostrophant lui-même: "Mon ami d'Alembert, prenez-y garde, vous ne supposez que de la contiguïté où il y a continuité... Oui, il est assez malin pour me dire cela... Et la formation de cette continuité? Elle ne l'embarrassera guère... Comme une goutte de mercure se fond dans une autre goutte de mercure, une molécule sensible et vivante [20] se fond dans une molécule sensible et vivante... D'abord il y avait deux gouttes, après le contact il n'y en a plus qu'une. Avant l'assimilation il y avait deux molécules, après l'assimilation il n'y en a plus qu'une... La sensibilité devient commune à la masse commune... En effet, pourquoi non?... Je distinguerai par la pensée sur la longueur de la fibre animale tant de parties qu'il me plaira, mais la fibre sera continue, une... oui, une... Le contact de deux molécules homogènes, parfaitement homogènes, forme la continuité... et c'est le cas de l'union, de la cohésion, de la combinaison, de l'identité la plus complète qu'on puisse imaginer... Oui, philosophe, si ces molécules sont élémentaires et simples; mais si ce sont des agrégats, si ce sont des composés?... La combinaison ne s'en fera pas moins, et

---

20. D. here approaches the notion of the organic cell.

en conséquence l'identité, la continuité... Et puis l'action et la réaction habituelles... Il est certain que le contact de deux molécules vivantes est tout autre chose que la contiguïté de deux masses inertes... Passons, passons; on pourrait peut-être vous chicaner; mais je ne m'en soucie pas; je n'épilogue jamais... Cependant reprenons. Un fil d'or très pur, je m'en souviens, c'est une comparaison qu'il m'a faite; un réseau homogène, entre les molécules duquel d'autres s'interposent et forment peut-être un autre réseau homogène, un tissu de matière sensible, un contact qui assimile, de la sensibilité active ici, inerte là, qui se communique comme le mouvement, sans compter, comme il l'a très bien dit, qu'il doit y avoir de la différence entre le contact de deux molécules sensibles et le contact de deux molécules qui ne le seraient pas; et cette différence, quelle peut-elle être?... une action, une réaction habituelles... et cette action et réaction avec un caractère particulier... Tout concourt donc à produire une sorte d'unité qui n'existe que dans l'animal... Ma foi, si ce n'est pas de la vérité, cela y ressemble fort..." Vous riez, docteur; est-ce que vous trouvez du sens à cela?
BORDEU. — Beaucoup.
MADEMOISELLE DE L'ESPINASSE. — Il n'est donc pas fou?
BORDEU. — Nullement.
MADEMOISELLE DE L'ESPINASSE. — Après ce préambule, il s'est mis à crier: "Mademoiselle de l'Espinasse! mademoiselle de l'Espinasse! — Que voulez-vous? — Avez-vous vu quelquefois un essaim d'abeilles s'échapper de leur ruche?... Le monde, ou la masse générale de la matière, est la ruche... Les avez-vous vues s'en aller former à l'extrémité de la branche d'un arbre une longue grappe de petits animaux ailés, tous accrochés les uns aux autres par les pattes?... Cette grappe est un être, un individu, un animal quelconque... Mais ces grappes devraient se ressembler toutes... Oui, s'il n'admettait qu'une seule matière homogène... Les avez-vous vues? — Oui, je les ai vues. — Vous les avez vues? — Oui, mon ami, je vous dis que oui. — Si l'une de ces abeilles s'avise de pincer d'une façon quelconque l'abeille à laquelle elle s'est accrochée, que croyez-vous qu'il en arrive? Dites donc. — Je n'en sais rien. — Dites toujours... Vous l'ignorez donc, mais le philosophe ne l'ignore pas, lui. Si vous le voyez jamais, et vous le verrez ou vous ne le verrez pas, car il me l'a promis, il vous dira que celle-ci pincera la suivante; qu'il s'excitera dans toute la grappe autant de sensations qu'il y a de petits animaux; que le tout s'agitera, se remuera, changera de situation et de forme; qu'il s'élèvera du bruit, de petits cris, et que celui qui n'aurait jamais vu une pareille grappe s'arranger, serait tenté de la prendre pour un animal à cinq ou six cents têtes et à mille ou douze cents ailes..." Eh bien, docteur?
BORDEU. — Eh bien, savez-vous que ce rêve est fort beau, et que vous avez bien fait de l'écrire.
MADEMOISELLE DE L'ESPINASSE. — Rêvez-vous aussi?
BORDEU. — Si peu, que je m'engagerais presque à vous dire la suite.

Mademoiselle de l'Espinasse. — Je vous en défie.
Bordeu. — Vous m'en défiez?
Mademoiselle de l'Espinasse. — Oui.
Bordeu. — Et si je rencontre?
Mademoiselle de l'Espinasse. — Si vous rencontrez, je vous promets... je vous promets de vous tenir pour le plus grand fou qu'il y ait au monde.
Bordeu. — Regardez sur votre papier et écoutez-moi: L'homme qui prendrait cette grappe pour un animal se tromperait; mais, mademoiselle, je présume qu'il a continué de vous adresser la parole. Voulez-vous qu'il juge plus sainement? Voulez-vous transformer la grappe d'abeilles en un seul et unique animal? amollissez les pattes par lesquelles elles se tiennent; de contiguës qu'elles étaient, rendez-les continues. Entre ce nouvel état de la grappe et le précédent, il y a certainement une différence marquée; et quelle peut être cette différence, sinon qu'à présent c'est un tout, un animal un, et qu'auparavant ce n'était qu'un assemblage d'animaux?...[21] Tous nos organes...
Mademoiselle de l'Espinasse. — Tous nos organes!
Bordeu. — Pour celui qui a exercé la médecine et fait quelques observations...
Mademoiselle de l'Espinasse. — Après!
Bordeu. — Après? Ne sont que des animaux distincts que la loi de continuité tient dans une sympathie, une unité, une identité générales.
Mademoiselle de l'Espinasse. — J'en suis confondue; c'est cela, et presque mot pour mot. Je puis donc assurer à présent à toute la terre qu'il n'y a aucune différence entre un médecin qui veille et un philosophe qui rêve.
Bordeu. — On s'en doutait. Est-ce là tout?
Mademoiselle de l'Espinasse. — Oh que non, vous n'y êtes pas. Après votre radotage ou le sien, il m'a dit: "Mademoiselle? — Mon ami. — Approchez-vous... encore... encore... J'aurais une chose à vous proposer. — Qu'est-ce? — Tenez cette grappe, la voilà, vous la croyez bien là, là; faisons une expérience. — Quelle? — Prenez vos ciseaux; coupent-ils bien? — A ravir. — Approchez doucement, tout doucement, et séparez-moi ces abeilles, mais prenez garde de les diviser par la moitié du corps, coupez juste à l'endroit où elles se sont assimilées par les pattes. Ne craignez rien, vous les blesserez un peu, mais vous ne les tuerez pas... Fort bien, vous êtes adroite comme une fée... Voyez-vous comme elles s'envolent chacune de son côté? Elles s'envolent une à une, deux à deux, trois à trois. Combien il y en a! Si vous m'avez bien compris... vous m'avez bien compris? — Fort bien. — Supposez maintenant... supposez..." Ma foi, docteur, j'entendais si peu ce que j'écrivais; il parlait si bas, cet endroit de mon papier est si barbouillé que je ne le saurais lire.

21. From the continuity and contiguity of cells D. imagines, in this bold and striking metaphor of the bees, an organism that is greater than the sum of its parts.

BORDEU. — J'y suppléerai, si vous voulez.
MADEMOISELLE DE L'ESPINASSE. — Si vous pouvez.
BORDEU. — Rien de plus facile. Supposez ces abeilles si petites, si petites que leur organisation échappât toujours au tranchant grossier de votre ciseau: vous pousserez la division si loin qu'il vous plaira sans en faire mourir aucune, et ce tout, formé d'abeilles imperceptibles, sera un véritable polype que vous ne détruirez qu'en l'écrasant. La différence de la grappe d'abeilles continues, et de la grappe d'abeilles contiguës, est précisément celle des animaux ordinaires, tels que nous, les poissons, et [22] des vers, des serpents et des animaux polypeux; encore toute cette théorie souffre-t-elle quelques modifications... (*Ici mademoiselle de l'Espinasse se lève brusquement et va tirer le cordon de la sonnette.*) Doucement, doucement, mademoiselle, vous l'éveillerez, et il a besoin de repos.
MADEMOISELLE DE L'ESPINASSE. — Je n'y pensais pas, tant j'en suis étourdie. (*Au domestique qui entre.*) Qui de vous a été chez le docteur?
LE DOMESTIQUE. — C'est moi, mademoiselle.
MADEMOISELLE DE L'ESPINASSE. — Y a-t-il longtemps?
LE DOMESTIQUE. — Il n'y a pas une heure que j'en suis revenu.
MADEMOISELLE DE L'ESPINASSE. — N'y avez-vous rien porté?
LE DOMESTIQUE. — Rien.
MADEMOISELLE DE L'ESPINASSE. — Point de papier?
LE DOMESTIQUE. — Aucun.
MADEMOISELLE DE L'ESPINASSE. — Voilà qui est bien, allez... Je n'en reviens pas. Tenez, docteur, j'ai soupçonné quelqu'un d'eux de vous avoir communiqué mon griffonnage.
BORDEU. — Je vous assure qu'il n'en est rien.
MADEMOISELLE DE L'ESPINASSE. — A présent que je connais votre talent, vous me serez d'un grand secours dans la société. Sa rêvasserie n'en est pas demeurée là.
BORDEU. — Tant mieux.
MADEMOISELLE DE L'ESPINASSE. — Vous n'y voyez donc rien de fâcheux?
BORDEU. — Pas la moindre chose....
MADEMOISELLE DE L'ESPINASSE. — Ensuite il s'est mis à marmotter je ne sais quoi de graines, de lambeaux de chair mis en macération dans de l'eau, de différentes races d'animaux successifs qu'il voyait naître et passer. Il avait imité avec sa main droite le tube d'un microscope, et avec sa gauche, je crois, l'orifice d'un vase. Il regardait dans le vase par ce tube, et il disait: "Voltaire en plaisantera tant qu'il voudra, mais l'Anguillard [23] a raison; j'en crois mes yeux; je les vois: combien il y en a! comme ils

---

22. "and on the other hand." D. bases this somewhat primitive biological distinction on the relative concentration of the nervous system.

23. Voltaire nicknamed the English biologist Needham (1713-1781) the "eel-man" because the latter believed in the spontaneous generation of little eels in fermenting flour. Pasteur proved that Voltaire was right, for in reality Needham saw microorganisms which were causing the fermentation.

vont! comme ils viennent! comme ils frétillent!..." Le vase où il apercevait tant de générations momentanées, il le comparait à l'univers; il voyait dans une goutte d'eau l'histoire du monde. Cette idée lui paraissait grande; il la trouvait tout à fait conforme à la bonne philosophie qui étudie les grands corps dans les petits. Il disait: "Dans la goutte d'eau de Needham, tout s'exécute et se passe en un clin d'œil. Dans le monde, le même phénomène dure un peu davantage; mais qu'est-ce que notre durée en comparaison de l'éternité des temps? moins que la goutte que j'ai prise avec la pointe d'une aiguille, en comparaison de l'espace illimité qui m'environne. Suite indéfinie d'animalcules dans l'atome qui fermente, même suite indéfinie d'animalcules dans l'autre atome qu'on appelle la Terre.[24] Qui sait les races d'animaux qui nous ont précédés? qui sait les races d'animaux qui succéderont aux nôtres? Tout change, tout passe, il n'y a que le tout qui reste. Le monde commence et finit sans cesse; il est à chaque instant à son commencement et à sa fin; il n'en a jamais eu d'autre, et n'en aura jamais d'autre.

"Dans cet immense océan de matière, pas une molécule qui ressemble à une molécule, pas une molécule qui ressemble à elle-même un instant: *Rerum novus nascitur ordo*,[25] voilà son inscription éternelle...."

D'ALEMBERT. — Qui est-ce qui est là?... Est-ce vous, mademoiselle de l'Espinasse?

MADEMOISELLE DE L'ESPINASSE. — Paix, paix... (*Mademoiselle de l'Espinasse et le docteur gardent le silence pendant quelque temps, ensuite mademoiselle de l'Espinasse dit à voix basse:*) Je le crois rendormi.

BORDEU. — Non, il me semble que j'entends quelque chose.

MADEMOISELLE DE L'ESPINASSE. — Vous avez raison; est-ce qu'il reprendrait son rêve?

BORDEU. — Ecoutons.

D'ALEMBERT. — Pourquoi suis-je tel? c'est qu'il a fallu que je fusse tel... Ici, oui, mais ailleurs? au pôle? mais sous la ligne? mais dans Saturne?... Si une distance de quelques mille lieues change mon espèce, que ne fera point l'intervalle de quelques milliers de diamètres terrestres?... Et si tout est un flux général, comme le spectacle de l'univers me le montre partout, que ne produiront point ici et ailleurs la durée et les vicissitudes de quelques millions de siècles? Qui sait ce qu'est l'être pensant et sentant en Saturne?... Mais y a-t-il en Saturne du sentiment et de la pensée?... pourquoi non?... L'être sentant et pensant en Saturne aurait-il plus de sens que je n'en ai?... Si cela est, ah! qu'il est malheureux le Saturnien!... Plus de sens, plus de besoins.

24. *Atom* is here used in the classic sense with the connotation of microcosm and macrocosm.
25. "A new order of things comes into being." D.'s immense ocean of matter recalls the Heraclitean doctrine of flux, which has been vindicated in every field of modern science.

Bordeu. — Il a raison; les organes produisent les besoins, et réciproquement les besoins produisent les organes.[26]

Mademoiselle de l'Espinasse. — Docteur, délirez-vous aussi?

Bordeu. — Pourquoi non? J'ai vu deux moignons[27] devenir à la longue deux bras.

Mademoiselle de l'Espinasse. — Vous mentez.

Bordeu. — Il est vrai; mais au défaut de deux bras qui manquaient, j'ai vu deux omoplates s'allonger, se mouvoir en pince, et devenir deux moignons.

Mademoiselle de l'Espinasse. — Quelle folie!

Bordeu. — C'est un fait. Supposez une longue suite de générations manchotes,[28] supposez des efforts continus, et vous verrez les deux côtés de cette pincette s'étendre, s'étendre de plus en plus, se croiser sur le dos, revenir par devant, peut-être se digiter à leurs extrémités, et refaire des bras et des mains. La conformation originelle s'altère ou se perfectionne par la nécessité et les fonctions habituelles. Nous marchons si peu, nous travaillons si peu et nous pensons tant, que je ne désespère pas que l'homme ne finisse par n'être qu'une tête.

Mademoiselle de l'Espinasse. — Une tête! une tête! c'est bien peu de chose; j'espère que la galanterie effrénée... Vous me faites venir des idées bien ridicules.

Bordeu. — Paix.

D'Alembert. — Je suis donc tel, parce qu'il a fallu que je fusse tel. Changez le tout, vous me changez nécessairement; mais le tout change sans cesse... L'homme n'est qu'un effet commun, le monstre qu'un effet rare; tous les deux également naturels, également nécessaires, également dans l'ordre universel et général... Et qu'est-ce qu'il y a d'étonnant à cela?... Tous les êtres circulent les uns dans les autres, par conséquent toutes les espèces... tout est en un flux perpétuel... Tout animal est plus ou moins homme; tout minéral est plus ou moins plante; toute plante est plus ou moins animal. Il n'y a rien de précis en nature... Le ruban du père Castel...[29] Oui, père Castel, c'est votre ruban et ce n'est que cela. Toute chose est plus ou moins une chose quelconque, plus ou moins terre, plus ou moins eau, plus ou moins air, plus ou moins feu; plus ou moins d'un règne ou d'un autre... donc rien n'est de l'essence d'un être particulier... Non, sans doute, puisqu'il n'y a aucune qualité dont aucun être ne soit participant... et que c'est le rapport plus ou moins grand de cette qualité

---

26. D. may have found these ideas, which foreshadow Lamarck, in the works of Robinet, whose *De la nature* had been published in 1761. See also, below, the introduction to D.'s *Pensées sur l'interprétation de la nature*.
27. "stumps."
28. "armless."
29. Père Bertrand Castel (1680–1751) invented an "ocular clavecin" which, when the keyboard was struck, produced multicolored ribbons combined in color harmonies. D. discussed Castel's invention in the *Lettre sur les sourds et muets* and in his article "Clavecin" in the *Encyclopedia*.

qui nous la fait attribuer à un être exclusivement à un autre... Et vous parlez d'individus, pauvres philosophes! laissez là vos individus; répondez-moi. Y a-t-il un atome en nature rigoureusement semblable à un autre atome?... Non... Ne convenez-vous pas que tout tient en nature et qu'il est impossible qu'il y ait un vide dans la chaîne? Que voulez-vous donc dire avec vos individus? Il n'y en a point, non, il n'y en a point... Il n'y a qu'un seul grand individu, c'est le tout. Dans ce tout, comme dans une machine, dans un animal quelconque, il y a une partie que vous appellerez telle ou telle; mais quand vous donnerez le nom d'individu à cette partie du tout, c'est par un concept aussi faux que si, dans un oiseau, vous donniez le nom d'individu à l'aile, à une plume de l'aile... Et vous parlez d'essences, pauvres philosophes! laissez là vos essences. Voyez la masse générale, ou si, pour l'embrasser, vous avez l'imagination trop étroite, voyez votre première origine et votre fin dernière... O Architas![30] vous qui avez mesuré le globe, qu'êtes-vous? un peu de cendre... Qu'est-ce qu'un être?... La somme d'un certain nombre de tendances... Est-ce que je puis être autre chose qu'une tendance?... non, je vais à un terme... Et les espèces?... Les espèces ne sont que des tendances à un terme commun qui leur est propre... Et la vie?... La vie, une suite d'actions et de réactions. Vivant, j'agis et je réagis en masse... mort, j'agis et je réagis en molécules... Je ne meurs donc point?... Non, sans doute, je ne meurs point en ce sens, ni moi, ni quoi que ce soit... Naître, vivre et passer, c'est changer de formes... Et qu'importe une forme ou une autre? Chaque forme a le bonheur et le malheur qui lui est propre. Depuis l'éléphant jusqu'au puceron... depuis le puceron jusqu'à la molécule sensible et vivante, l'origine de tout, pas un point dans la nature entière qui ne souffre ou qui ne jouisse.

MADEMOISELLE DE L'ESPINASSE. — Il ne dit plus rien.

BORDEU. — Non; il a fait une assez belle excursion. Voilà de la philosophie bien haute; systématique dans ce moment, je crois que plus les connaissances de l'homme feront des progrès, plus elle se vérifiera.

MADEMOISELLE DE L'ESPINASSE. — Et nous, où en étions-nous?

BORDEU. — Ma foi, je ne m'en souviens plus; il m'a rappelé tant de phénomènes, tandis que je l'écoutais!

MADEMOISELLE DE L'ESPINASSE. — Attendez, attendez,... j'en étais à mon araignée.

BORDEU. — Oui, oui.

MADEMOISELLE DE L'ESPINASSE. — Docteur, approchez-vous. Imaginez une araignée au centre de sa toile. Ebranlez un fil, et vous verrez l'animal alerte accourir. Eh bien! si les fils que l'insecte tire de ses intestins, et y rappelle quand il lui plaît, faisaient partie sensible de lui-même?...

BORDEU. — Je vous entends. Vous imaginez en vous, quelque part, dans un recoin de votre tête, celui, par exemple, qu'on appelle les méninges,

30. Ancient Greek philosopher and teacher of Plato.

Le Rêve de d'Alembert

un ou plusieurs points où se rapportent toutes les sensations excitées sur la longueur des fils.

MADEMOISELLE DE L'ESPINASSE. — C'est cela.

BORDEU. — Votre idée est on ne saurait plus juste; mais ne voyez-vous pas que c'est à peu près la même qu'une certaine grappe d'abeilles?

MADEMOISELLE DE L'ESPINASSE. — Ah! cela est vrai; j'ai fait de la prose sans m'en douter.[31]

BORDEU. — Et de la très bonne prose, comme vous allez voir. Celui qui ne connaît l'homme que sous la forme qu'il nous présente en naissant, n'en a pas la moindre idée. Sa tête, ses pieds, ses mains, tous ses membres, tous ses viscères, tous ses organes, son nez, ses yeux, ses oreilles, son cœur, ses poumons, ses intestins, ses muscles, ses os, ses nerfs, ses membranes, ne sont, à proprement parler, que les développements grossiers d'un réseau qui se forme, s'accroît, s'étend, jette une multitude de fils imperceptibles.[32]

MADEMOISELLE DE L'ESPINASSE. — Voilà ma toile; et le point originaire de tous ces fils c'est mon araignée.

BORDEU. — A merveille.

MADEMOISELLE DE L'ESPINASSE. — Où sont les fils? où est placée l'araignée?

BORDEU. — Les fils sont partout; il n'y a pas un point à la surface de votre corps auquel ils n'aboutissent; et l'araignée est nichée dans une partie de votre tête que je vous ai nommée, les méninges, à laquelle on ne saurait presque toucher sans frapper de torpeur toute la machine.

MADEMOISELLE DE L'ESPINASSE. — Mais si un atome fait osciller un des fils de la toile de l'araignée, alors elle prend l'alarme, elle s'inquiète, elle fuit ou elle accourt. Au centre elle est instruite de tout ce qui se passe en quelque endroit que ce soit de l'appartement immense qu'elle a tapissé. Pourquoi est-ce que je ne sais pas ce qui se passe dans le mien, ou le monde, puisque je suis un peloton de points sensibles, que tout presse sur moi et que je presse sur tout?

BORDEU. — C'est que les impressions s'affaiblissent en raison de la distance d'où elles partent.

MADEMOISELLE DE L'ESPINASSE. — Si l'on frappe du coup le plus léger à l'extrémité d'une longue poutre, j'entends ce coup, si j'ai mon oreille placée à l'autre extrémité. Cette poutre toucherait d'un bout sur la terre et de l'autre bout dans Sirius, que le même effet serait produit. Pourquoi tout étant lié, contigu, c'est-à-dire la poutre existante et réelle, n'entends-je pas ce qui se passe dans l'espace immense qui m'environne, surtout si j'y prête l'oreille?

BORDEU. — Et qui est-ce qui vous a dit que vous ne l'entendiez pas plus

---

31. Cf. Molière's Monsieur Jourdain: "Par ma foi! il y a plus de quarante ans que je dis de la prose sans que j'en susse rien."

32. Bordeu is referring to the development of the nervous system.

ou moins? Mais il y a si loin, l'impression est si faible, si croisée sur la route; vous êtes entourée et assourdie de bruits si violents et si divers; c'est qu'entre Saturne et vous il n'y a que des corps contigus, au lieu qu'il y faudrait de la continuité.

Mademoiselle de l'Espinasse. — C'est bien dommage.

Bordeu. — Il est vrai, car vous seriez Dieu. Par votre identité avec tous les êtres de la nature, vous sauriez tout ce qui se fait; par votre mémoire, vous sauriez tout ce qui s'y est fait.

Mademoiselle de l'Espinasse. — Et ce qui s'y fera?

Bordeu. — Vous formeriez sur l'avenir des conjectures vraisemblables, mais sujettes à erreur. C'est précisément comme si vous cherchiez à deviner ce qui va se passer au dedans de vous, à l'extrémité de votre pied ou de votre main.

Mademoiselle de l'Espinasse. — Et qui est-ce qui vous a dit que ce monde n'avait pas aussi ses méninges, ou qu'il ne réside pas dans quelque recoin de l'espace une grosse ou petite araignée dont les fils s'étendent à tout?

Bordeu. — Personne, moins encore si elle n'a pas été ou si elle ne sera pas.

Mademoiselle de l'Espinasse. — Comment cette espèce de Dieu-là...[33]

Bordeu. — La seule qui se conçoive...

Mademoiselle de l'Espinasse. — Pourrait avoir été, ou venir et passer?

Bordeu. — Sans doute; mais puisqu'il serait matière dans l'univers, portion de l'univers, sujet à vicissitudes, il vieillirait, il mourrait.

Mademoiselle de l'Espinasse. — Mais voici bien une autre extravagance qui me vient.

Bordeu. — Je vous dispense de la dire, je la sais.

Mademoiselle de l'Espinasse. — Voyons, quelle est-elle?

Bordeu. — Vous voyez l'intelligence unie à des portions de matières très énergiques, et la possibilité de toutes sortes de prodiges imaginables. D'autres l'ont pensé comme vous.

Mademoiselle de l'Espinasse. — Vous m'avez devinée, et je ne vous en estime pas davantage. Il faut que vous ayez un merveilleux penchant à la folie.

Bordeu. — D'accord. Mais que cette idée a-t-elle d'effrayant? Ce serait une épidémie de bons et de mauvais génies; les lois les plus constantes de la nature seraient interrompues par des agents naturels; notre physique générale en deviendrait plus difficile, mais il n'y aurait point de miracles.

Mademoiselle de l'Espinasse. — En vérité, il faut être bien circonspect sur ce qu'on assure et sur ce qu'on nie.

Bordeu. — Allez, celui qui vous raconterait un phénomène de ce genre aurait l'air d'un grand menteur. Mais laissons là tous ces êtres imaginaires,

---

33. A conception of God as macrocosm. Cf. F. S. C. Northrop, *Science and First Principles*.

sans en excepter votre araignée à réseaux infinis: revenons au vôtre et à sa formation.

Mademoiselle de l'Espinasse. — J'y consens.

D'Alembert. — Mademoiselle, vous êtes avec quelqu'un: qui est-ce qui cause là avec vous?

Mademoiselle de l'Espinasse. — C'est le docteur.

D'Alembert. — Bonjour, docteur: que faites-vous ici si matin?

Bordeu. — Vous le saurez: dormez.

D'Alembert. — Ma foi, j'en ai besoin. Je ne crois pas avoir passé une autre nuit aussi agitée que celle-ci. Vous ne vous en irez pas que je ne sois levé.

Bordeu. — Non. Je gage, mademoiselle, que vous avez cru qu'ayant été à l'âge de douze ans une femme la moitié plus petite, à l'âge de quatre ans encore une femme la moitié plus petite, fœtus une petite femme, dans les testicules de votre mère une femme très petite, vous avez pensé que vous aviez toujours été une femme sous la forme que vous avez, en sorte que les seuls accroissements successifs que vous avez pris ont fait toute la différence de vous à votre origine, et de vous telle que vous voilà.

Mademoiselle de l'Espinasse. — J'en conviens.

Bordeu. — Rien cependant n'est plus faux que cette idée. D'abord vous n'étiez rien. Vous fûtes, en commençant, un point imperceptible, formé de molécules plus petites, éparses dans le sang, la lymphe de votre père ou de votre mère; ce point devint un fil délié, puis un faisceau de fils. Jusque-là, pas le moindre vestige de cette forme agréable que vous avez: vos yeux, ces beaux yeux, ne ressemblaient non plus à des yeux que l'extrémité d'une griffe d'anémone ne ressemble à une anémone. Chacun des brins du faisceau de fils [34] se transforma, par la seule nutrition et par sa conformation, en un organe particulier. Abstraction faite des organes dans lesquels les brins du faisceau se métamorphosent, et auxquels ils donnent naissances, le faisceau est un système purement sensible. S'il persistait sous cette forme, il serait susceptible de toutes les impressions relatives à la sensibilité pure, comme le froid, le chaud, le doux, le rude. Ces impressions successives, variées entre elles, et variées chacune dans leur intensité, y produiraient peut-être la mémoire, la conscience de soi, une raison très bornée. Mais cette sensibilité pure et simple, ce toucher, se diversifie par les organes émanés de chacun des brins; un brin formant une oreille, donne naissance à une espèce de toucher que nous appelons bruit ou son; un autre formant le palais, donne naissance à une seconde espèce de toucher que nous appelons saveur; un troisième formant le nez et le tapissant, donne naissance à une troisième espèce de toucher que nous appelons

---

34. "fibers of the bundle of threads." D. seems here to suggest the division and differentiation of cells at early stages of growth of the germ cell. In subsequent passages, not included here, the "brins" seem to refer to the chromosomes of the cells, the upsetting of which might account for the "monsters" of biological development. Geneticists are today producing abnormalities by subjecting the germ plasm to X rays.

odeur; un quatrième formant un œil, donne naissance à une quatrième espèce de toucher que nous appelons couleur....

[Bordeu explains a matter of common knowledge to all students of embryology concerning the formation of the sex organs. At this point D'Alembert awakens, and there is the following exchange of remarks:

D'ALEMBERT. — Je crois que vous dites des ordures à mademoiselle de l'Espinasse.

BORDEU. — Quand on parle science, il faut se servir des mots techniques.

D'ALEMBERT. — Vous avez raison; alors ils perdent le cortège d'idées accessoires qui les rendraient malhonnêtes. Continuez, docteur.]

BORDEU. — Vous voyez, mademoiselle, que dans la question de nos sensations en général, qui ne sont toutes qu'un toucher diversifié, il faut laisser là les formes successives que le réseau prend, et s'en tenir au réseau seul.

MADEMOISELLE DE L'ESPINASSE. — Chaque fil du réseau sensible peut être blessé ou chatouillé sur toute sa longueur. Le plaisir ou la douleur est là ou là, dans un endroit ou dans un autre de quelqu'une des longues pattes de mon araignée, car j'en reviens toujours à mon araignée; que c'est l'araignée qui est à l'origine commune de toutes les pattes, et qui rapporte à tel ou tel endroit la douleur ou le plaisir sans l'éprouver.

BORDEU. — Que c'est le rapport constant, invariable de toutes les impressions à cette origine commune qui constitue l'unité de l'animal.

MADEMOISELLE DE L'ESPINASSE. — Que c'est la mémoire de toutes ces impressions successives qui fait pour chaque animal l'histoire de sa vie et de son soi.

BORDEU. — Et que c'est la mémoire et la comparaison qui s'ensuivent nécessairement de toutes ces impressions qui font la pensée et le raisonnement.

MADEMOISELLE DE L'ESPINASSE. — Et cette comparaison se fait où?

BORDEU. — A l'origine du réseau.

MADEMOISELLE DE L'ESPINASSE. — Et ce réseau?

BORDEU. — N'a à son origine aucun sens qui lui soit propre: ne voit point, n'entend point, ne souffre point. Il est produit, nourri; il émane d'une substance molle, insensible, inerte, qui lui sert d'oreiller, et sur laquelle il siège, écoute, juge et prononce.

MADEMOISELLE DE L'ESPINASSE. — Il ne souffre point.

BORDEU. — Non: l'impression la plus légère suspend son audience, et l'animal tombe dans l'état de mort. Faites cesser l'impression, il revient à ses fonctions, et l'animal renaît....

BORDEU. — Dans le cours de vos méditations, à peine vos yeux s'ouvraient le matin que, ressaisi de l'idée qui vous avait occupé la veille, vous vous vêtiez, vous vous asseyiez à votre table, vous méditiez, vous traciez des figures, vous suiviez des calculs, vous dîniez, vous repreniez vos combinaisons, quelquefois vous quittiez la table pour les vérifier; vous parliez à d'autres, vous donniez des ordres à votre domestique, vous soupiez, vous vous couchiez, vous vous endormiez sans avoir fait le moindre acte de volonté. Vous n'avez été qu'un point; vous avez agi, mais vous n'avez pas voulu. Est-ce qu'on veut, de soi? La volonté naît toujours de quelque motif intérieur ou extérieur, de quelque impression présente, de quelque réminiscence du passé, de quelque passion, de quelque projet dans l'avenir. Après cela je ne vous dirai de la liberté qu'un mot, c'est que la dernière de nos actions est l'effet nécessaire d'une cause une: nous, très compliquée, mais une.

MADEMOISELLE DE L'ESPINASSE. — Nécessaire?

BORDEU. — Sans doute. Tâchez de concevoir la production d'une autre action, en supposant que l'être agissant soit le même.

MADEMOISELLE DE L'ESPINASSE. — Il a raison. Puisque j'agis ainsi, celui qui peut agir autrement n'est plus moi; et assurer qu'au moment où je fais ou dis une chose, j'en puis dire ou faire une autre, c'est assurer que je suis moi et que je suis un autre. Mais, docteur, et le vice et la vertu? La vertu, ce mot si saint dans toutes les langues, cette idée si sacrée chez toutes les nations!

BORDEU. — Il faut le transformer en celui de bienfaisance, et son opposé en celui de malfaisance. On est heureusement ou malheureusement né; on est irrésistiblement entraîné par le torrent général qui conduit l'un à la gloire, l'autre à l'ignominie.

MADEMOISELLE DE L'ESPINASSE. — Et l'estime de soi, et la honte, et le remords?

BORDEU. — Puérilité fondée sur l'ignorance et la vanité d'un être qui s'impute à lui-même le mérite ou le démérite d'un instant nécessaire.

MADEMOISELLE DE L'ESPINASSE. — Et les récompenses, et les châtiments?

BORDEU. — Des moyens de corriger l'être modifiable qu'on appelle méchant, et d'encourager celui qu'on appelle bon.

MADEMOISELLE DE L'ESPINASSE. — Et toute cette doctrine n'a-t-elle rien de dangereux?

BORDEU. — Est-elle vraie ou est-elle fausse?

MADEMOISELLE DE L'ESPINASSE. — Je la crois vraie.

BORDEU. — C'est-à-dire que vous pensez que le mensonge a ses avantages, et la vérité ses inconvénients.

MADEMOISELLE DE L'ESPINASSE. — Je le pense.

BORDEU. — Et moi aussi: mais les avantages du mensonge sont d'un moment, et ceux de la vérité sont éternels; mais les suites fâcheuses de la vérité, quand elle en a, passent vite, et celles du mensonge ne finissent qu'avec lui....

SUITE DE L'ENTRETIEN

Interlocuteurs
Mademoiselle de l'Espinasse, Bordeu

[As Dr. Bordeu prepares to leave, the conversation reverts to the possibilities of hybridization. The doctor bemoans the lack of experimentation, but suggests that a race of goat-men might be developed to serve as lackeys. Mlle de l'Espinasse, remembering the unsavory reputation of fauns and satyrs, demurs, out of respect for womanhood.

As was often the case, Diderot's speculations, destined for future generations, outdistanced his social permissiveness.]

Sur les deux heures le docteur revint. D'Alembert était allé dîner dehors, et le docteur se trouva en tête à tête avec Mlle de l'Espinasse. On servit. Ils parlèrent de choses assez indifférentes jusqu'au dessert, mais lorsque les domestiques furent éloignés, Mlle de l'Espinasse dit au docteur:

MADEMOISELLE DE L'ESPINASSE. — Allons, docteur, buvez un verre de malaga, et vous me répondrez ensuite à une question qui m'a passé cent fois par la tête, et que je n'oserais faire qu'à vous.

BORDEU. — Il est excellent ce malaga... Et votre question?

MADEMOISELLE DE L'ESPINASSE. — Que pensez-vous du mélange des espèces?

BORDEU. — Ma foi, la question est bonne aussi. Je pense que les hommes ont mis beaucoup d'importance à l'acte de la génération, et qu'ils ont eu raison; mais je suis mécontent de leurs lois tant civiles que religieuses.

MADEMOISELLE DE L'ESPINASSE. — Et qu'y trouvez-vous à redire?

BORDEU. — Qu'on les a faites sans équité, sans but et sans aucun égard à la nature des choses et à l'utilité publique.

MADEMOISELLE DE L'ESPINASSE. — Tâchez de vous expliquer.

BORDEU. — C'est mon dessein... Mais attendez... *(Il regarde à sa montre.)* J'ai encore une bonne heure à vous donner; j'irai vite, et cela nous suffira. Nous sommes seuls, vous n'êtes pas une bégueule, vous n'imaginerez pas que je veuille manquer au respect que je vous dois; et, quel que soit le jugement que vous portiez de mes idées, j'espère de mon côté que vous n'en conclurez rien contre l'honnêteté de mes mœurs.

MADEMOISELLE DE L'ESPINASSE. — Très assurément; mais votre début me chiffonne.

BORDEU. — En ce cas, changeons de propos.

MADEMOISELLE DE L'ESPINASSE. — Non, non: allez votre train. Un de vos amis qui nous cherchait des époux, à moi et à mes deux sœurs, donnait un sylphe à la cadette, un grand ange d'annonciation à l'aînée, et à moi un disciple de Diogène; il nous connaissait bien toutes trois. Cependant, docteur, de la gaze, un peu de gaze.

BORDEU. — Cela s'en va sans dire, autant que le sujet et mon état en comportent.

Suite de l'entretien

Mademoiselle de l'Espinasse. — Cela ne vous mettra pas en frais... Mais voilà votre café... prenez votre café.

Bordeu, *après avoir pris son café.* — Votre question est de physique, de morale et de poétique.

Mademoiselle de l'Espinasse. — De poétique!

Bordeu. — Sans doute; l'art de créer des êtres qui ne sont pas, à l'imitation de ceux qui sont, est de la vraie poésie. Cette fois-ci, au lieu d'Hippocrate, vous me permettrez donc de citer Horace. Ce poète, ou faiseur, dit quelque part: *Omne tulit punctum, qui miscuit utile dulci;* le mérite suprême est d'avoir réuni l'agréable à l'utile. La perfection consiste à concilier ces deux points. L'action agréable et utile doit occuper la première place dans l'ordre esthétique; nous ne pouvons refuser la seconde à l'utile; la troisième sera pour l'agréable; et nous reléguerons au rang infime celle qui ne rend ni plaisir ni profit.

Mademoiselle de l'Espinasse. — Jusque-là je puis être de votre avis sans rougir. Où cela nous mènera-t-il?

Bordeu. — Vous l'allez voir: mademoiselle, pourriez-vous m'apprendre quel profit ou quel plaisir la chasteté et la continence rigoureuses rendent soit à l'individu qui les pratique, soit à la société?

Mademoiselle de l'Espinasse. — Ma foi, aucun.

Bordeau. — Donc, en dépit des magnifiques éloges que le fanatisme leur a prodigués, en dépit des lois civiles qui les protègent, nous les rayerons du catalogue des vertus, et nous conviendrons qu'il n'y a rien de si puéril, de si ridicule, de si absurde, de si nuisible, de si méprisable, rien de pire, à l'exception du mal positif, que ces deux rares qualités...

Mademoiselle de l'Espinasse. — On peut accorder cela.

Bordeu. — Prenez-y garde, je vous en préviens, tout à l'heure vous reculerez.

Mademoiselle de l'Espinasse. — Nous ne reculons jamais.

Bordeu. — Et les actions solitaires?

Mademoiselle de l'Espinasse. — Eh bien?

Bordeu. — Eh bien, elles rendent du moins du plaisir à l'individu, et notre principe est faux, ou...

Mademoiselle de l'Espinasse. — Quoi, docteur!...

Bordeu. — Oui, mademoiselle, oui, et par la raison qu'elles sont aussi indifférentes, et qu'elles ne sont pas aussi stériles. C'est un besoin, et quand on n'y serait pas sollicité par le besoin, c'est toujours une chose douce. Je veux qu'on se porte bien, je le veux absolument, entendez-vous? Je blâme tout excès, mais dans un état de société tel que le nôtre, il y a cent considérations raisonnables pour une, sans compter le tempérament et les suites funestes d'une continence rigoureuse, surtout pour les jeunes personnes; le peu de fortune, la crainte parmi les hommes d'un repentir cuisant, chez les femmes celle du déshonneur, qui réduisent une malheureuse créature qui périt de langueur et d'ennui, un pauvre diable qui ne sait à qui s'adresser, à s'expédier à la façon du cynique. Caton, qui disait à un jeune homme sur le point d'entrer chez une courtisane: « Courage, mon fils... », lui tiendrait-il le même propos aujourd'hui? S'il le surprenait, au contraire, seul, en flagrant délit, n'ajouterait-il pas: cela est mieux que de corrompre la femme d'autrui, ou que d'exposer son honneur et sa santé? ...Et quoi! Parce que les circonstances me privent du plus grand bonheur qu'on puisse imaginer, celui de confondre mes sens avec les sens, mon ivresse avec l'ivresse, mon âme avec l'âme d'une compagne que mon cœur se choisirait, et de me reproduire en elle et avec elle; parce que je ne puis consacrer mon action par le sceau de l'utilité, je m'interdirai un instant nécessaire et délicieux! On se fait saigner dans la pléthore; et qu'importe la nature de l'humeur surabondante, et sa couleur, et la manière de s'en délivrer? Elle est tout aussi superflue dans une de ces indispositions que dans l'autre; et si, repompée de ses réservoirs, distribuée dans toute la machine, elle s'évacue par une autre voie plus longue, plus pénible et dangereuse, en sera-t-elle moins perdue? La nature ne souffre rien d'inutile; et comment serais-je coupable de l'aider, lorsqu'elle appelle mon secours par les symptômes les moins équivoques? Ne la provoquons jamais, mais prêtons-lui la main dans l'occasion; je ne vois au refus et à l'oisiveté que de la sottise et du plaisir manqué. Vivez sobre, me dira-t-on, excédez-vous de fatigue. Je vous entends: que je me prive d'un plaisir; que je me donne de la peine pour éloigner un autre plaisir. Bien imaginé!

Mademoiselle de l'Espinasse. — Voilà une doctrine qui n'est pas bonne à prêcher aux enfants.

Bordeu. — Ni aux autres. Cependant me permettrez-vous une supposition? Vous avez une fille sage, trop sage, innocente, trop innocente; elle est dans l'âge où le tempérament se développe. Sa tête s'embarrasse, la nature ne la secourt point: vous m'appelez. Je m'aperçois tout à coup que tous les symptômes qui vous effrayent naissent de la surabondance et de la rétention du fluide séminal; je vous avertis qu'elle est menacée d'une folie qu'il est facile de prévenir, et qui quelquefois est impossible à guérir; je vous en indique le remède. Que ferez-vous?

Mademoiselle de l'Espinasse. — A vous parler vrai, je crois... mais ce cas n'arrive point...

Bordeu. — Détrompez-vous; il n'est pas rare; et il serait fréquent, si la licence de nos mœurs n'y obviait... Quoi qu'il en soit, ce serait fouler aux pieds toute décence, attirer sur soi les soupçons les plus odieux, et commettre un crime de lèse-société que de divulguer ces principes. Vous rêvez.

Mademoiselle de l'Espinasse. — Oui, je balançais à vous demander s'il vous était jamais arrivé d'avoir une pareille confidence à faire à des mères.

Bordeu. — Assurément.

Mademoiselle de l'Espinasse. — Et quel parti ces mères ont-elles pris?

Bordeu. — Toutes, sans exception, le bon parti, le parti sensé... Je n'ôterais pas mon chapeau dans la rue à l'homme suspecté de pratiquer ma doctrine; il me suffirait qu'on l'appelât un infâme. Mais nous causons sans témoins et sans conséquence; et je vous dirai de ma philosophie ce que Diogène tout nu disait au jeune et pudique Athénien contre lequel il se préparait à lutter: « Mon fils, ne crains rien, je ne suis pas si méchant que celui-là. »

MADEMOISELLE DE L'ESPINASSE. — Docteur, je vous vois arriver, et je gage...

BORDEU. — Je ne gage pas, vous gagneriez. Oui, mademoiselle, c'est mon avis.

MADEMOISELLE DE L'ESPINASSE. — Comment! soit qu'on se renferme dans l'enceinte de son espèce, soit qu'on en sorte?

BORDEU. — Il est vrai.

MADEMOISELLE DE L'ESPINASSE. — Vous êtes monstrueux.

BORDEU. — Ce n'est pas moi, c'est ou la nature ou la société. Écoutez, mademoiselle, je ne m'en laisse point imposer par des mots, et je m'explique d'autant plus librement que je suis net et que la pureté de mes mœurs ne laisse prise d'aucun côté. Je vous demanderai donc, de deux actions également restreintes à la volupté, qui ne peuvent rendre que du plaisir sans utilité, mais dont l'une n'en rend qu'à celui qui la fait et l'autre le partage avec un être semblable mâle ou femelle, car le sexe ici, ni même l'emploi du sexe n'y fait rien, en faveur de laquelle le sens commun prononcera-t-il?

MADEMOISELLE DE L'ESPINASSE. — Ces questions-là sont trop sublimes pour moi.

BORDEU. — Ah! après avoir été un homme pendant quatre minutes, voilà que vous reprenez votre cornette et vos cotillons, et que vous redevenez femme. A la bonne heure; eh bien! il faut vous traiter comme telle... Voilà qui est fait... On ne dit plus mot de Mme du Barry... Vous voyez, tout s'arrange; on croyait que la cour allait être bouleversée. Le maître a fait en homme sensé; *Omne tulit punctum;* il a gardé la femme qui lui fait plaisir, et le ministre qui lui est utile... Mais vous ne m'écoutez pas... Où en êtes-vous?

MADEMOISELLE DE L'ESPINASSE. — J'en suis à ces combinaisons qui me semblent toutes contre nature.

BORDEU. — Tout ce qui est ne peut être ni contre nature ni hors de nature, je n'en excepte pas même la chasteté et la continence volontaires qui seraient les premiers des crimes contre nature, si l'on pouvait pécher contre nature, et les premiers des crimes contre les lois sociales d'un pays où l'on pèserait les actions dans une autre balance que celle du fanatisme et du préjugé.

MADEMOISELLE DE L'ESPINASSE. — Je reviens sur vos maudits syllogismes, et je n'y vois point de milieu, il faut ou tout nier ou tout accorder....

Philosophy and Science

PENSEES PHILOSOPHIQUES
1746

This early work was presumably composed over the week end of Easter, 1746. Published anonymously, it was condemned by order of the parliament in July of that same year and was variously attributed to Voltaire and La Mettrie in the many controversies that followed in its train. Diderot's thoughts are apparently still deistic, even professedly Christian (Pensée LVIII), whether from conviction or as a measure of prudence, it is difficult to determine. He appeals to a conception of a god that could hardly be confined within the churches of his day and succeeds in including a celebrated Lucretian argument, given below, against creation of the universe by design (Pensée XXI). A modern critical edition has been prepared by Robert Niklaus.

The Age of Enlightenment was far from being entirely an age of cold logic and mathematical reason. Diderot begins his work in the anti-Pascalian vein with the rehabilitation of the emotions, or passions (Pensées I–IV). In his earlier works, along with Prévost and Rousseau, he points definitely towards the era of romanticism. This period of *sensibilité* culminates in Le Père de famille (1757) and L'Eloge de Richardson (1761), and in his enthusiasm for the more sentimental paintings of Greuze, an aspect which has, perhaps, been unduly emphasized.

On déclame sans fin contre les passions; on leur impute toutes les peines de l'homme, et l'on oublie qu'elles sont aussi la source de tous ses plaisirs. C'est dans sa constitution un élément dont on ne peut dire ni trop de bien ni trop de mal. Mais ce qui me donne de l'humeur, c'est qu'on ne les
5 regarde jamais que du mauvais côté. On croirait faire injure à la raison, si l'on disait un mot en faveur de ses rivales; cependant il n'y a que les passions, et les grandes passions, qui puissent élever l'âme aux grandes choses. Sans elles, plus de sublime, soit dans les mœurs, soit dans les ouvrages; les beaux-arts retournent en enfance, et la vertu devient mi-
10 nutieuse. *(I)*

Les passions amorties dégradent les hommes extraordinaires. La contrainte anéantit la grandeur et l'énergie de la nature. Voyez cet arbre; c'est au luxe de ses branches que vous devez la fraîcheur et l'étendue de ses ombres: vous en jouirez jusqu'à ce que l'hiver vienne le dépouiller de
15 sa chevelure. Plus d'excellence en poésie, en peinture, en musique, lorsque la superstition aura fait sur le tempérament l'ouvrage de la vieillesse. *(III)*

Ce serait donc un bonheur, me dira-t-on, d'avoir les passions fortes. Oui, sans doute, si toutes sont à l'unisson. Etablissez entre elles une juste harmonie, et n'en appréhendez point de désordres. Si l'espérance est balancée par la crainte, le point d'honneur par l'amour de la vie, le penchant au plaisir par l'intérêt de la santé, vous ne verrez ni libertins, ni téméraires, ni lâches. (*IV*)

J'ouvre les cahiers d'un professeur célèbre, et je lis: "Athées, je vous accorde que le mouvement est essentiel à la matière; qu'en concluez-vous?... que le monde résulte du jet fortuit des atomes? J'aimerais autant que vous me dissiez que l'*Iliade* d'Homère, ou la *Henriade* de Voltaire est un résultat de jets fortuits de caractères." Je me garderai bien de faire ce raisonnement à un athée: cette comparaison lui donnerait beau jeu. Selon les lois de l'analyse des sorts, me dirait-il, je ne dois point être surpris qu'une chose arrive lorsqu'elle est possible, et que la difficulté de l'événement est compensée par la quantité des jets. Il y a tel nombre de coups dans lesquels je gagerais, avec avantage, d'amener cent mille six à la fois avec cent mille dés. Quelle que fût la somme finie des caractères avec laquelle on me proposerait d'engendrer fortuitement l'*Iliade*, il y a telle somme finie de jets qui me rendrait la proposition avantageuse: mon avantage serait même infini si la quantité de jets accordée était infinie. Vous voulez bien convenir avec moi, continuerait-il, que la matière existe de toute éternité, et que le mouvement lui est essentiel. Pour répondre à cette faveur, je vais supposer avec vous que le monde n'a point de bornes; que la multitude des atomes était infinie, et que cet ordre qui vous étonne ne se dément nulle part: or, de ces aveux réciproques, il ne s'ensuit autre chose, sinon que la possibilité d'engendrer fortuitement l'univers est très petite, mais que la quantité des jets est infinie, c'est-à-dire que la difficulté de l'événement est plus que suffisamment compensée par la multitude des jets. Donc, si quelque chose doit répugner à la raison, c'est la supposition que, la matière s'étant mue de toute éternité, et qu'y ayant peut-être dans la somme infinie des combinaisons possibles un nombre infini d'arrangements admirables, il ne se soit rencontré aucun de ces arrangements admirables dans la multitude infinie de ceux qu'elle a pris successivement. Donc, l'esprit doit être plus étonné de la durée hypothétique du chaos que de la naissance réelle de l'univers. (*XXI*)

LETTRE SUR LES SOURDS ET MUETS
1751

After the publication of the *Lettre sur les aveugles* (1749) and the subsequent imprisonment at Vincennes, Diderot turned to the less dangerous fields of literature and art. His article "Beau" in the *Encyclopedia* and the *Lettre sur les sourds et muets*, the chief results of these preoccupations, are basic texts for the study of his aesthetic ideas. The latter work was published anonymously and ostensibly in answer to a not unworthy treatise on aesthetics by Abbé Batteux. Diderot's scientific interest in the deaf and dumb links this letter, however, with his earlier letter on the blind. Both are based on Locke's theory of the sensations, which Diderot, at first in close association with Condillac, was applying to particular problems. Condillac's *Essai sur l'origine des connaissances humaines* (1746) affirmed that all knowledge originates in sense perceptions, reflection is merely transformed sensation, and judgment arises spontaneously from the comparison of sensations which are stored in the mind and are reproduced under proper stimulus by a process called memory.

Condillac's work was too abstract and theoretical to satisfy Diderot, who condemned abstractions as ideas "emptied of their meaning." Just as Gassendi had suggested brain anatomy as a corrective to Descartes' rational system, so Diderot sought to discover concrete cases in Saunderson, blind teacher of mathematics at Cambridge, and in the sign language of the deaf and dumb. Condillac, in his *Traité des sensations* (1754), was to endow a statue with one sense at a time, just as Buffon [1] had imagined primitive man becoming conscious of one sense at a time. Diderot's more scientific approach is to take actual cases of the deprivation of the different senses and attempt to discover normal psychological reactions through the study of the abnormal. For a highly informative inquiry into Diderot's *Lettre sur les sourds et muets*, see Paul H. Meyer's critical edition with prefatory essay by Georges May, *Diderot Studies VII*, 1965.

... Mon idée serait donc de décomposer, pour ainsi dire, un homme, et de considérer ce qu'il tient de chacun des sens qu'il possède. Je me souviens d'avoir été quelquefois occupé de cette espèce d'anatomie métaphysique; et je trouvais que, de tous les sens, l'œil était le plus superficiel; l'oreille, le plus orgueilleux; l'odorat, le plus voluptueux; le goût, le plus superstitieux et le plus inconstant; le toucher, le plus profond et le plus philosophe. Ce serait, à mon avis, une société plaisante, que celle de cinq personnes dont chacune n'aurait qu'un sens; il n'y a pas de doute que ces gens-là ne se traitassent tous d'insensés; et je vous laisse à penser avec quel fondement. C'est là pourtant une image de ce qui arrive à tout moment dans le monde: on n'a qu'un sens, et l'on juge de tout. Au reste, il y a une observation singulière à faire sur cette société de cinq personnes dont chacune ne jouirait que d'un sens; c'est que, par la faculté qu'elles auraient d'abstraire, elles pourraient toutes être géomètres, s'entendre à merveille, et ne s'entendre qu'en géométrie. Mais je reviens à nos muets de convention,[2] et aux questions dont on leur demanderait la réponse.

Si ces questions étaient de nature à en permettre plus d'une, il arriverait presque nécessairement qu'un des muets en ferait une, un autre muet une autre; et que la comparaison de leurs discours serait, sinon impossible, du moins difficile. Cet inconvénient m'a fait imaginer qu'au lieu de proposer une question, peut-être vaudrait-il mieux proposer un discours à traduire du français en gestes. Il ne faudrait pas manquer d'interdire l'ellipse aux traducteurs, la langue des gestes n'est déjà pas trop claire, sans augmenter

1. See, below, p. 629.
2. "un homme qui, s'interdisant l'usage des sons articulés, tâcherait de s'exprimer par gestes." (D.)

Lettre sur les sourds et muets

encore son laconisme par l'usage de cette figure. On conçoit, aux efforts que font les sourds et muets de naissance pour se rendre intelligibles, qu'ils expriment tout ce qu'ils peuvent exprimer. Je recommanderais donc à nos muets de convention de les imiter, et de ne former, autant qu'ils le pourraient, aucune phrase où le sujet et l'attribut avec toutes leurs dépendances ne fussent énoncés. En un mot, ils ne seraient libres que sur l'ordre qu'ils jugeraient à propos de donner aux idées, ou plutôt aux gestes qu'ils emploieraient pour les représenter....

Il vous paraîtra singulier, sans doute, qu'on vous renvoie à celui que la nature a privé de la faculté d'entendre et de parler, pour en obtenir les véritables notions de la formation du langage. Mais considérez, je vous prie, que l'ignorance est moins éloignée de la vérité que le préjugé; et qu'un sourd et muet de naissance est sans préjugé sur la manière de communiquer la pensée; que les inversions n'ont point passé d'une autre langue dans la sienne; que s'il en emploie, c'est la nature seule qui les lui suggère; et qu'il est une image très approchée de ces hommes fictifs qui, n'ayant aucun signe d'institution, peu de perceptions, presque point de mémoire, pourraient passer aisément pour des animaux à deux pieds ou à quatre....

Il faut avouer cependant . . . que, la question étant donnée avec une exposition précise des gestes qui composeraient la réponse, on parviendrait à substituer aux gestes à peu près leur équivalent en mots; je dis à peu près, parce qu'il y a des gestes sublimes que toute l'éloquence oratoire ne rendra jamais. Tel est celui de Macbeth dans la tragédie de Shakespeare. La somnambule Macbeth s'avance en silence (acte V, scène i), et les yeux fermés, sur la scène, imitant l'action d'une personne qui se lave les mains, comme si les siennes eussent encore été teintes du sang de son roi qu'elle avait égorgé il y avait plus de vingt ans. Je ne sais rien de si pathétique en discours que le silence et le mouvement des mains de cette femme. Quelle image du remords! ...

Je jouais un jour aux échecs, et le muet me regardait jouer; mon adversaire me réduisit dans une position embarrassante; le muet s'en aperçut à merveille; et, croyant la partie perdue, il ferma les yeux, inclina la tête, et laissa tomber ses bras; signes par lesquels il m'annonçait, qu'il me tenait pour mat ou mort. Remarquez, en passant, combien la langue des gestes est métaphorique! Je crus d'abord qu'il avait raison: cependant, comme le coup était composé, et que je n'avais pas épuisé les combinaisons, je ne me pressai pas de céder, et je me mis à chercher une ressource. L'avis du muet était toujours qu'il n'y en avait point, ce qu'il disait très clairement en secouant la tête et en remettant les pièces perdues sur l'échiquier. Son exemple invita les autres spectateurs à parler sur le coup; on l'examina; et à force d'essayer de mauvais expédients on en découvrit un bon. Je ne manquai pas de m'en servir, et de faire entendre au muet qu'il s'était trompé, et que je sortirais d'embarras malgré son avis. Mais lui, me montrant du doigt tous les spectateurs les uns après les autres, et faisant en même temps un petit mouvement des lèvres, qu'il accompagna d'un grand mouvement de ses deux bras qui allaient et venaient dans la direction de la porte et des tables, me répondit qu'il y avait peu de mérite à être sorti du mauvais pas où j'étais, avec les conseils *du tiers, du quart et des passants;* ce que ces gestes signifiaient si clairement, que personne ne s'y trompa, et que l'expression populaire *consulter le tiers, le quart et les passants* vint à plusieurs en même temps; ainsi, bonne ou mauvaise, notre muet rencontra cette expression en gestes.

Vous connaissez, au moins de réputation, une machine singulière, sur laquelle l'inventeur se proposait d'exécuter des sonates de couleurs. J'imaginai que s'il y avait un être au monde qui dût prendre quelque plaisir à de la musique oculaire, et qui pût en juger sans prévention, c'était un sourd et muet de naissance. Je conduisis donc le mien rue Saint-Jacques, dans la maison où l'on montre l'homme et la machine aux couleurs.[3] Ah! Monsieur, vous ne devinerez jamais l'impression que cette machine fit sur lui, et moins encore les pensées qui lui vinrent.

Vous concevez d'abord qu'il n'était pas possible de lui rien communiquer sur la nature et les propriétés merveilleuses du clavecin; que n'ayant aucune idée de son, celles qu'il prenait de l'instrument oculaire n'étaient assurément pas relatives à la musique, et que la destination de cette machine lui était tout aussi incompréhensible que l'usage que nous faisons des organes de la parole. Que pensait-il donc? et quel était le fondement de l'admiration dans laquelle il tomba, à l'aspect des éventails du Père Castel? Cherchez, monsieur; devinez ce qu'il conjectura de cette machine ingénieuse, que peu de gens ont vue, dont plusieurs ont parlé, et dont l'invention ferait bien de l'honneur à la plupart de ceux qui en ont parlé avec dédain; ou plutôt, écoutez, le voici:

Mon sourd s'imagina que ce génie inventeur était sourd et muet aussi; que son clavecin lui servait à converser avec les autres hommes; que chaque nuance avait sur le clavier la valeur d'une des lettres de l'alphabet; et qu'à l'aide des touches et de l'agilité des doigts, il combinait ces lettres, en formait des mots, des phrases; enfin, tout un discours en couleurs:

Après cet effort de pénétration, convenez qu'un sourd et muet pouvait être assez content de lui-même; mais le mien ne s'en tint pas là; il crut tout d'un coup qu'il avait saisi ce que c'était que la musique et tous les instruments de musique. Il crut que la musique était une façon particulière de communiquer la pensée, et que les instruments, les vielles, les violons, les trompettes étaient, entre nos mains, d'autres organes de la parole. C'était bien là, direz-vous, le système d'un homme qui n'avait jamais entendu ni instrument ni musique. Mais considérez, je vous prie, que ce système, qui est évidemment faux pour vous, est presque démontré pour un sourd et muet. Lorsque ce sourd se rappelle l'attention que nous donnons à la musique et à ceux qui jouent d'un instrument, les signes de joie ou de tristesse

---

3. See, above, *Le Rêve de d'Alembert*, note 29, p. 257.

Lettre sur les sourds et muets 273

qui se peignent sur nos visages et dans nos gestes, quand nous sommes frappés d'une belle harmonie, et qu'il compare ces effets avec ceux du discours et des autres objets extérieurs, comment peut-il imaginer qu'il n'y a pas de bon sens dans les sons, quelque chose que ce puisse être, et que ni les voix ni les instruments ne réveillent en nous aucune perception distincte?...

Cette sagacité vous surprendra moins, peut-être, si vous considérez que celui qui se promène dans une galerie de peintures, fait, sans y penser, le rôle d'un sourd qui s'amuserait à examiner des muets qui s'entretiennent sur des sujets qui lui sont connus. Ce point de vue est un de ceux sous lesquels j'ai toujours regardé les tableaux qui m'ont été présentés; et j'ai trouvé que c'était un moyen sûr d'en connaître les actions amphibologiques et les mouvements équivoques; d'être promptement affecté de la froideur ou du tumulte d'un fait mal ordonné, ou d'une conversation mal instituée, et de saisir, dans une scène mise en couleurs, tous les vices d'un jeu languissant ou forcé.

Le terme de jeu, qui est propre au théâtre, et que je viens d'employer ici, parce qu'il rend bien mon idée, me rappelle une expérience que j'ai faite quelquefois, et dont j'ai tiré plus de lumières sur les mouvements et les gestes, que de toutes les lectures du monde. Je fréquentais jadis beaucoup les spectacles, et je savais par cœur la plupart de nos bonnes pièces. Les jours que je me proposais un examen des mouvements et du geste, j'allais aux troisièmes loges; car plus j'étais éloigné des acteurs, mieux j'étais placé. Aussitôt que la toile était levée, et le moment venu où tous les autres spectateurs se disposaient à écouter, moi, je mettais mes doigts dans mes oreilles, non sans quelque étonnement de la part de ceux qui m'environnaient, et qui, ne me comprenant pas, me regardaient presque comme un insensé, qui ne venait à la comédie que pour ne la pas entendre. Je m'embarrassais fort peu des jugements, et je me tenais opiniâtrément les oreilles bouchées, tant que l'action et le jeu de l'acteur me paraissaient d'accord avec le discours que je me rappelais. Je n'écoutais que quand j'étais dérouté par les gestes, ou que je croyais l'être. Ah! monsieur, qu'il y a peu de comédiens en état de soutenir une pareille épreuve; et que les détails dans lesquels je pourrais entrer seraient humiliants pour la plupart d'entre eux!...

[Il] me semble que la communication de la pensée étant l'objet principal du langage, notre langue est de toutes les langues la plus châtiée, la plus exacte et la plus estimable; celle, en un mot, qui a retenu le moins de ces négligences que j'appellerais volontiers des restes de la *balbutie* des premiers âges; ou, pour continuer le parallèle sans partialité, je dirais que nous avons gagné, à n'avoir point d'inversions, de la netteté, de la clarté, de la précision, qualités essentielles au discours; et que nous y avons perdu de la chaleur, de l'éloquence et de l'énergie. J'ajouterais volontiers que la marche didactique et réglée à laquelle notre langue est assujettie, la rend plus propre aux sciences; et que, par les tours et les inversions que le grec, le latin, l'italien, l'anglais se permettent, ces langues sont plus avantageuses pour les lettres. Que nous pouvons mieux qu'aucun autre peuple faire parler l'esprit, et que le bon sens choisirait la langue française; mais que l'imagination et les passions donneront la préférence aux langues anciennes et à celles de nos voisins. Qu'il faut parler français dans la société et dans les écoles de philosophie; et grec, latin, anglais, dans les chaires et sur les théâtres; que notre langue sera celle de la vérité, si jamais elle revient sur la terre; et que la grecque, la latine et les autres seront les langues de la fable et du mensonge. Le français est fait pour instruire, éclairer et convaincre; le grec, le latin, l'italien, l'anglais, pour persuader, émouvoir et tromper: parlez grec, latin, italien au peuple; mais parlez français au sage....

Il faut distinguer, dans tout discours en général, la pensée et l'expression; si la pensée est rendue avec clarté, pureté et précision, c'en est assez pour la conversation familière; joignez à ces qualités le choix des termes avec le nombre et l'harmonie de la période, et vous aurez le style qui convient à la chaire; mais vous serez encore loin de la poésie, surtout de la poésie que l'ode et le poème épique déploient dans leurs descriptions. Il passe alors dans le discours du poète un esprit qui en meut et vivifie toutes les syllabes.[4] Qu'est-ce que cet esprit? j'en ai quelquefois senti la présence; mais tout ce que j'en sais, c'est que c'est lui qui fait que les choses sont dites et représentées tout à la fois; que dans le même temps que l'entendement les saisit, l'âme en est émue, l'imagination les voit et l'oreille les entend, et que le discours n'est plus seulement un enchaînement de termes énergiques qui exposent la pensée avec force et noblesse, mais que c'est encore un tissu d'hiéroglyphes entassés les uns sur les autres qui la peignent. Je pourrais dire, en ce sens, que toute poésie est emblématique.[5]

[4]. D. attempted to describe the moment of creative enthusiasm in *Dorval et moi*: "Le poète sent le moment de l'enthousiasme: c'est après qu'il a médité. Il s'annonce en lui par un frémissement qui part de sa poitrine, et qui passe, d'une manière délicieuse et rapide, jusqu'aux extrémités de son corps. Bientôt ce n'est plus un frémissement; c'est une chaleur forte et permanente qui l'embrase, qui le fait haleter, qui le consume, qui le tue, mais qui donne l'âme, la vie à tout ce qu'il touche." This very interesting conception forms a link between the classical idea of genius as talent and the romantic view of genius-poet as described in Mme de Staël's chapter on enthusiasm in *De l'Allemagne*.

[5]. In this paragraph on the nature of poetic discourse, D. has hit upon the real reason why poetry cannot be translated. His "hiéroglyphes" might well be translated as "symbols." "Emblématique" could be translated as "allegorical" or "symbolical," but D. clearly sees the distinction and points to Mallarmé. Baudelaire often used D.'s term in his critical works. Cf. also his *Correspondances*:

> La nature est un temple où de vivants piliers
> Laissent parfois sortir de confuses paroles;
> L'homme y passe à travers des forêts de symboles
> Qui l'observent avec des regards familiers.

Lettre sur les sourds et muets

Mais l'intelligence de l'emblème poétique n'est pas donnée à tout le monde; il faut être presque en état de le créer pour le sentir fortement. Le poète dit:

> Et des fleuves français les eaux ensanglantées
> Ne portaient que des morts aux mers épouvantées.
> —Voltaire, *Henriade*, chant II, vers 357

Mais, qui est-ce qui voit, dans la première syllabe de *portaient*, les eaux gonflées de cadavres, et le cours des fleuves comme suspendu par cette digue? Qui est-ce qui voit la masse des eaux et des cadavres s'affaisser et descendre vers les mers à la seconde syllabe du même mot? l'effroi des mers est montré à tout lecteur dans *épouvantées;* mais la prononciation emphatique de sa troisième syllabe me découvre encore leur vaste étendue. Le poète dit:

> Soupire, étend les bras, ferme l'œil et s'endort.
> —Boileau, *Lutrin*, chant II, vers 164 et dernier

Tous s'écrient: Que cela est beau! Mais celui qui s'assure du nombre des syllabes d'un vers par ses doigts, sentira-t-il combien il est heureux pour un poète qui a le soupir à peindre, d'avoir dans sa langue un mot dont la première syllabe est sourde, la seconde ténue, et la dernière muette? On lit *étend les bras,* mais on ne soupçonne guère la longueur et la lassitude des bras d'être représentées dans ce monosyllabe pluriel; ces bras étendus retombent si doucement avec le premier hémistiche du vers, que presque personne ne s'en aperçoit, non plus que du mouvement subit de la paupière dans *ferme l'œil,* et du passage imperceptible de la veille au sommeil dans la chute du second hémistiche *ferme l'œil et s'endort.*

L'homme de goût remarquera sans doute que le poète a quatre actions à peindre, et que son vers est divisé en quatre membres; que les deux dernières actions sont si voisines l'une de l'autre, qu'on ne discerne presque point d'intervalles entre elles; et que, des quatre membres du vers, les deux derniers, unis par une conjonction et par la vitesse de la prosodie de l'avant-dernier, sont aussi presque indivisibles; que chacune de ces actions prend, de la durée totale du vers, la quantité qui lui convient par la nature; et qu'en les renfermant toutes quatre dans un seul vers, le poète a satisfait à la promptitude avec laquelle elles ont coutume de se succéder.[6] Voilà, monsieur, un de ces problèmes que le génie poétique résout sans se les proposer. Mais cette solution est-elle à la portée de tous les lecteurs? Non, monsieur, non; aussi je m'attends bien que ceux qui n'ont pas saisi d'eux-mêmes ces hiéroglyphes en lisant le vers de Despréaux (et ils seront en grand nombre) riront de mon com-

---

6. D., who could find a line of pure poetry in the policeman of Parnassus and explain why it was poetry, should have written a *Traité de versification.*

mentaire, se rappelleront celui du *Chef-d'œuvre d'un inconnu*,[7] et me traiteront de visionnaire....

Partout où l'hiéroglyphe accidental aura lieu, soit dans un vers, soit sur un obélisque, comme il est ici l'ouvrage de l'imagination, et là celui du mystère, il exigera, pour être entendu, ou une imagination, ou une sagacité peu communes. Mais s'il est si difficile de bien entendre des vers, combien ne l'est-il pas davantage d'en faire! on me dira peut-être: *Tout le monde fait des vers;* et je répondrai simplement: *Presque personne ne fait de vers.* Tout art d'imitation ayant ses hiéroglyphes particuliers, je voudrais bien que quelque esprit instruit et délicat s'occupât un jour à les comparer entre eux.

Balancer les beautés d'un poète avec celles d'un autre poète, c'est ce qu'on a fait mille fois. Mais rassembler les beautés communes de la poésie, de la peinture et de la musique; en montrer les analogies; expliquer comment le poète, le peintre et le musicien rendent la même image; saisir les emblèmes fugitifs de leur expression; examiner s'il n'y aurait pas quelque similitude entre ces emblèmes, etc., c'est ce qui reste à faire, et ce que je vous conseille d'ajouter à vos *Beaux-arts réduits à un même principe*.[8] Ne manquez pas non plus de mettre à la tête de cet ouvrage un chapitre sur ce que c'est que la belle nature, car je trouve des gens qui me soutiennent que, faute de l'une de ces choses, votre traité reste sans fondement; et que, faute de l'autre, il manque d'application. Apprenez-leur, monsieur, une bonne fois, comment chaque art imite la nature dans un même objet; et démontrez-leur qu'il est faux, ainsi qu'ils le prétendent, que toute nature soit belle, et qu'il n'y ait de laide nature que celle qui n'est pas à sa place. Pourquoi, me disent-ils, un vieux chêne gercé, tortu, ébranché, et que je ferais couper s'il était à ma porte, est-il précisément celui que le peintre y planterait, s'il avait à peindre ma chaumière? Ce chêne est-il beau? est-il laid? qui a raison, du propriétaire ou du peintre? Il n'est pas un seul objet d'imitation sur lequel ils ne fassent la même difficulté, et beaucoup d'autres....

Je persiste dans mon sentiment; et je pense toujours que le français a sur le grec, le latin, l'italien, l'anglais, etc., l'avantage de l'utile sur l'agréable.

L'on m'objectera peut-être que si, de mon aveu, les langues anciennes et celles de nos voisins servent mieux à l'agrément, il est d'expérience qu'on n'en est pas abandonné dans les occasions utiles. Mais je répondrai

---

7. A work of collaboration published in 1714 in which a group of scholars commented in all known languages and with mock pedantry upon a little ditty beginning:
L'autre jour Colin malade
Dedans son lit...

8. Title of the work on aesthetics by Abbé Batteux. D. pointed out that Batteux had not properly defined his one and only principle, "l'imitation de la belle nature."

que, si notre langue est admirable dans les choses utiles, elle sait aussi se prêter aux choses agréables. Y a-t-il quelque caractère qu'elle n'ait pris avec succès? Elle est folâtre dans Rabelais, naïve dans La Fontaine et Brantôme, harmonieuse dans Malherbe et Fléchier, sublime dans Corneille et Bossuet. Que n'est-elle point dans Boileau, Racine, Voltaire et une foule d'autres écrivains en vers et en prose! Ne nous plaignons donc pas. Si nous savons nous en servir, nos ouvrages seront aussi précieux pour la postérité que les ouvrages des Anciens le sont pour nous. Entre les mains d'un homme ordinaire, le grec, le latin, l'anglais, l'italien ne produiront que des choses communes; le français produira des miracles sous la plume d'un homme de génie. En quelque langue que ce soit, l'ouvrage que le génie soutient ne tombe jamais.

La perception des rapports est un des premiers pas de notre raison. Les rapports sont simples ou composés; ils constituent la symétrie. La perception des rapports simples étant plus facile que celle des rapports composés; et, entre tous les rapports, celui d'égalité étant le plus simple, il était naturel de le préférer; et c'est ce qu'on a fait. C'est par cette raison que les ailes d'un bâtiment sont égales, et que les côtés des fenêtres sont parallèles. Dans les arts, par exemple en architecture, s'écarter souvent des rapports simples et des symétries qu'ils engendrent, c'est faire une machine, un labyrinthe, et non pas un palais. Si les raisons d'utilité, de variété, d'emplacement, etc., nous contraignent de renoncer au rapport d'égalité et à la symétrie la plus simple, c'est toujours à regret; et nous nous hâtons d'y revenir par des voies qui paraissent entièrement arbitraires aux hommes superficiels....

Ne croyez pas, mademoiselle, que ces principes ne s'étendent qu'à l'architecture; le goût, en général, consiste dans la perception des rapports.[9] Un beau tableau, un poème, une belle musique, ne nous plaisent que par les rapports que nous y remarquons. Il en est même d'une belle vie comme d'un beau concert....

PENSEES SUR L'INTERPRETATION DE LA NATURE
1754[10]

This work takes its title and the inspiration for a striking differentiation between pure rationalism and the experimental method from Francis Bacon. Diderot indicates, however, that the scientific ideas were inspired by Buffon's *Histoire naturelle* and Maupertuis' *Système universel de la nature* (1751), published

---

9. Art, says D. elsewhere, is the technical expression of perceived relationships. These last paragraphs are taken from a *Lettre à mademoiselle...* (1751), an addition to the main *Lettre*.

10. A copy dated 1753 with D.'s notes has been discovered, but this early printing was apparently recalled.

278 *Diderot*

pseudonymously as a Latin doctoral dissertation by "Dr. Baumann." Like Buffon, Diderot sees the end of an era of great discovery in mathematical and physical sciences and the dawning of the age of biological sciences. Maupertuis, whose ideas Diderot develops, proved a better guide.[11]

Diderot closely associates the poetic imagination with the scientific both in theory and in practice and arrives at principles of transformism and natural selection that were fundamental to his philosophic thinking. The observed variability of existing species led Maupertuis to accept the evolutionary hypothesis by 1751. Buffon at first embraced nonevolutionary views in accord with the Leibnizian "chain of being," which implied that created species differ one from another in almost imperceptible gradations and that classifications of species are purely arbitrary. In the fourth volume (1753) of his *Histoire naturelle*, however, the anatomical comparison of the foot of the horse and the hand of man by Daubenton, one of Buffon's collaborators, gave rise to the hypothesis of community of descent. The sterility of hybrids as well as pious considerations prevented Buffon from accepting this hypothesis, which Diderot was quick to embrace.

C'est de la nature que je vais écrire. Je laisserai les pensées se succéder sous ma plume, dans l'ordre même selon lequel les objets se sont offerts à ma réflexion; parce qu'elles n'en représenteront que mieux les mouvements et la marche de mon esprit. *(I)*

5   Il semble que la nature se soit plue à varier le même mécanisme d'une infinité de manières différentes. Elle n'abandonne un genre de productions qu'après en avoir multiplié les individus sous toutes les faces possibles. Quand on considère le règne animal, et qu'on s'aperçoit que, parmi les quadrupèdes, il n'y en a pas un qui n'ait les fonctions et les
10 parties, surtout intérieures, entièrement semblables à un autre quadrupède, ne croirait-on pas volontiers qu'il n'y a jamais eu qu'un premier animal, prototype de tous les animaux, dont la nature n'a fait qu'allonger, raccourcir, transformer, multiplier, oblitérer certains organes? Imaginez les doigts de la main réunis, et la matière des ongles si abondante que, venant
15 à s'étendre et à se gonfler, elle enveloppe et couvre le tout; au lieu de la main d'un homme, vous aurez le pied d'un cheval. Quand on voit les métamorphoses successives de l'enveloppe du prototype, quel qu'il ait été, approcher un règne d'un autre règne par des degrés insensibles, et peupler les confins des deux règnes (s'il est permis de se servir du terme
20 de confins où il n'y a aucune division réelle), et peupler, dis-je, les confins des deux règnes, d'êtres incertains, ambigus, dépouillés en grande partie des formes, des qualités, des fonctions de l'autre, qui ne se sentirait

11. Maupertuis' fanciful imagination and haughty, domineering spirit drew Voltaire's ridicule in *Micromégas* and *La Diatribe du docteur Akakia*. Yet his scientific genius is undeniable. In *Science and the Modern World*, A. N. Whitehead writes: "When Carlyle, as the mouthpiece of the subsequent Romantic Age, scoffingly terms the period the Age of Victorious Analysis, and mocks at Maupertuis as a 'sublimish gentleman in a white periwig,' he only exhibits the narrow side of the Romanticists whom he is then voicing."

Pensées sur l'interprétation de la nature

porté à croire qu'il n'y a jamais eu qu'un premier être prototype de tous les êtres? Mais, que cette conjecture philosophique soit admise avec le docteur Baumann, comme vraie, ou rejetée avec M. de Buffon comme fausse, on ne niera pas qu'il ne faille l'embrasser comme une hypothèse essentielle au progrès de la physique expérimentale, à celui de la philosophie rationnelle, à la découverte et à l'explication des phénomènes qui dépendent de l'organisation. *(XII)*

Je me représente la vaste enceinte des sciences, comme un grand terrain parsemé de places obscures et de places éclairées. Nos travaux doivent avoir pour but, ou d'étendre les limites des places éclairées, ou de multiplier sur le terrain les centres de lumières. L'un appartient au génie qui crée; l'autre à la sagacité qui perfectionne. *(XIV)*

Nous avons trois moyens principaux: l'observation de la nature, la réflexion et l'expérience. L'observation recueille les faits; la réflexion les combine; l'expérience vérifie le résultat de la combinaison. Il faut que l'observation de la nature soit assidue, que la réflexion soit profonde, et que l'expérience soit exacte. On voit rarement ces moyens réunis. Aussi les génies créateurs ne sont-ils pas communs. *(XV)*

Il n'y a qu'un seul moyen de rendre la philosophie vraiment recommandable aux yeux du vulgaire; c'est de la lui montrer accompagnée de l'utilité. Le vulgaire demande toujours: *à quoi cela sert-il?* et il ne faut jamais se trouver dans le cas de lui répondre: *à rien*; il ne sait pas que ce qui éclaire le philosophe et ce qui sert au vulgaire sont deux choses fort différentes, puisque l'entendement du philosophe est souvent éclairé par ce qui nuit, et obscurci par ce qui sert. *(XIX)*

Nous avons distingué deux sortes de philosophie, l'expérimentale et la rationnelle. L'une a les yeux bandés, marche toujours en tâtonnant, saisit tout ce qui lui tombe sous les mains, et rencontre à la fin des choses précieuses. L'autre recueille ces matières précieuses, et tâche de s'en former un flambeau; mais ce flambeau prétendu lui a, jusqu'à présent, moins servi que le tâtonnement à sa rivale, et cela devait être. L'expérience multiplie ses mouvements à l'infini; elle est sans cesse en action; elle met à chercher des phénomènes tout le temps que la raison emploie à chercher des analogies. La philosophie expérimentale ne sait ni ce qui lui viendra, ni ce qui ne lui viendra pas de son travail; mais elle travaille sans relâche. Au contraire, la philosophie rationnelle pèse les possibilités, prononce et s'arrête tout court. Elle dit hardiment: *on ne peut décomposer la lumière:* la philosophie expérimentale l'écoute, et se tait devant elle pendant des siècles entiers; puis tout à coup elle montre le prisme, et dit: *la lumière se décompose.* *(XXIII)*

La grande habitude de faire des expériences donne aux manouvriers d'opérations les plus grossiers un pressentiment qui a le caractère de l'inspiration.[12] Il ne tiendrait qu'à eux de s'y tromper comme Socrate, et de l'appeler un *démon familier*. Socrate avait une si prodigieuse habitude de considérer les hommes et de peser les circonstances, que, dans les occasions les plus délicates, il s'exécutait secrètement en lui une combinaison prompte et juste, suivie d'un pronostic dont l'événement ne s'écartait guère.[13] Il jugeait des hommes comme les gens de goût jugent des ouvrages d'esprit, par sentiment. Il en est de même en physique expérimentale, de l'instinct de nos grands manouvriers. Ils ont vu si souvent et de si près la nature dans ses opérations qu'ils devinent avec assez de précision le cours qu'elle pourra suivre dans le cas où il leur prend envie de la provoquer par les essais les plus bizarres. Ainsi le service le plus important qu'ils aient à rendre à ceux qu'ils initient à la philosophie expérimentale, c'est bien moins de les instruire du procédé et du résultat, que de faire passer en eux cet esprit de divination par lequel on *subodore*, pour ainsi dire, des procédés inconnus, des expériences nouvelles, des résultats ignorés. (XXX)

De même que dans les règnes animal et végétal, un individu commence, pour ainsi dire, s'accroît, dure, dépérit et passe; n'en serait-il pas de même des espèces entières? Si la foi ne nous apprenait que les animaux sont sortis des mains du Créateur tels que nous les voyons; et s'il était permis d'avoir la moindre incertitude sur leur commencement et sur leur fin, le philosophe abandonné à ses conjectures ne pourrait-il pas soupçonner que l'animalité avait de toute éternité ses éléments particuliers, épars et confondus dans la masse de la matière; qu'il est arrivé à ses éléments de se réunir, parce qu'il était possible que cela se fît; que l'embryon formé de ces éléments a passé par une infinité d'organisations et de développements; qu'il a eu, par succession, du mouvement, de la sensation, des idées, de la pensée, de la réflexion, de la conscience, des sentiments, des passions, des signes, des gestes, des sons, des sons articulés, une langue, des lois, des sciences, et des arts; qu'il s'est écoulé des millions d'années entre chacun de ces développements; qu'il a peut-être encore d'autres développements à subir et d'autres accroissements à prendre, qui nous sont inconnus; qu'il a eu ou qu'il aura un état stationnaire; qu'il s'éloigne ou qu'il s'éloignera de cet état par un dépérissement éternel, pendant lequel ses facultés sortiront de lui comme elles y étaient entrées; qu'il disparaîtra pour jamais de la nature, ou plutôt qu'il continuera d'y

---

12. Over a period of many years D. spent a great deal of time in workshops studying trades and mechanical processes for the volumes of plates which were his special contribution to the *Encyclopedia*.

13. The flash of insight or intuition which was D.'s own dominant characteristic can thus be defined in the domain of Locke's theory of sensations. It is here that D. associates the scientific imagination with the poetic.

Pensées sur l'interprétation de la nature

exister, mais sous une forme et avec des facultés tout autres que celles qu'on lui remarque dans cet instant de la durée ? [14] (*LVIII*)

ELEMENTS DE PHYSIOLOGIE
Mémoire [15]

Je suis porté à croire que tout ce que nous avons vu, connu, aperçu, entendu; jusqu'aux arbres d'une longue forêt, que dis-je ? jusqu'à la disposition des branches, à la forme des feuilles et à la variété des couleurs, des verts et des lumières; [16] jusqu'à l'aspect des grains de sable du rivage de la mer, aux inégalités de la surface des flots soit agités par un souffle léger, soit écumeux et soulevés par les vents de la tempête; jusqu'à la multitude des voix humaines, des cris animaux et des bruits physiques, à la mélodie et à l'harmonie de tous les airs, de toutes les pièces de musique, de tous les concerts que nous avons entendus, tout cela existe en nous à notre insu.

Je revois actuellement, éveillé, toutes les forêts de la Westphalie, de la Prusse, de la Saxe et de la Pologne.[17]

Je les revois en rêve aussi fortement coloriées qu'elles le seraient dans un tableau de Vernet.[18]

Le sommeil m'a remis dans les concerts qui se sont exécutés derechef comme lorsque j'y étais.[19]

Il me revient après trente ans des représentations comiques et tragiques; ce sont les mêmes acteurs, c'est le même parterre, ce sont aux loges les mêmes hommes, les mêmes femmes, les mêmes ajustements, les mêmes bruits ou de huées ou d'applaudissements.

Un tableau de Van der Meulen [20] ne m'aurait pas remontré une revue à la plaine des Sablons, un beau jour d'été, avec la multitude des incidents

---

14. This striking synthesis combines ideas of Lucretius and Heraclitus with Locke's sensationalism and the new discoveries in the biological sciences.

15. Here again, in the midst of serious scientific notes jotted down between 1774 and 1780, the poet emerges. The naturalistic D. joins with the idealistic Plato to point the way to the involuntary memory of Baudelaire and Proust. (See Justin O'Brien, "La Mémoire involuntaire avant Marcel Proust," *Revue de littérature comparée*, janvier-mars, 1939.)

16. Cf. Baudelaire, *Le Cygne*:
>Ainsi dans la forêt où mon esprit s'exile
>Un vieux Souvenir sonne à plein souffle du cor!

17. Reminiscences of D.'s trip to St. Petersburg to visit Catherine II.

18. Painter (1714-1789) whose light effects D. greatly esteemed and often discussed in his "Salons."

19. On the subject of music cf. William Cowper's lines from *The Task*:
>With easy force it opens all the cells
>Where mem'ry slept. Wherever I have heard
>A kindred melody, the scene recurs,
>And with it all its pleasures and its pains.

20. Flemish painter of battle scenes (1634-1690).

d'une aussi grande foule de peuple rassemblé, que le rêve me l'a retracée après un très grand nombre d'années.

APOLOGUE DU JEUNE MEXICAIN

In the lively dialogue entitled *Entretien d'un philosophe avec la maréchale de ****, Crudeli (i.e., Diderot) discusses with Mme de Broglie, a virtuous wife and pious mother, the question of religion and morality. Presumably an idealized version of an authentic conversation, the *Entretien* was published in 1777. It is a brilliantly written plea for tolerance and intellectual integrity. Within the dialogue occurs the following parable of the young Mexican.

CRUDELI. — Las de son travail, [un jeune Mexicain] se promenait un jour au bord de la mer. Il voit une planche qui trempait d'un bout dans les eaux, et qui de l'autre posait sur le rivage. Il s'assied sur cette planche, et là, prolongeant ses regards sur la vaste étendue qui se déployait devant lui, il se disait: Rien n'est plus vrai que ma grand'mère radote avec son histoire de je ne sais quels habitants qui, dans je ne sais quel temps, abordèrent ici de je ne sais où, d'une contrée au delà de nos mers. Il n'y a pas le sens commun: ne vois-je pas la mer confiner avec le ciel? Et puis-je croire, contre le témoignage de mes sens, une vieille fable dont on ignore la date, que chacun arrange à sa manière, et qui n'est qu'un tissu de circonstances absurdes, sur lesquelles ils se mangent le cœur et s'arrachent le blanc des yeux? Tandis qu'il raisonnait ainsi, les eaux agitées le berçaient sur sa planche, et il s'endormit. Pendant qu'il dort, le vent s'accroît, le flot soulève la planche sur laquelle il est étendu, et voilà notre jeune raisonneur embarqué.

LA MARÉCHALE. — Hélas! c'est bien là notre image: nous sommes chacun sur notre planche; le vent souffle, et le flot nous emporte.

CRUDELI. — Il était déjà loin du continent lorsqu'il s'éveilla. Qui fut bien surpris de se trouver en pleine mer? ce fut notre Mexicain. Qui le fut bien davantage? ce fut encore lui, lorsqu'ayant perdu de vue le rivage sur lequel il se promenait il n'y a qu'un instant, la mer lui parut confiner avec le ciel de tous côtés. Alors il soupçonna qu'il pourrait bien s'être trompé; et que, si le vent restait au même point, peut-être serait-il porté sur la rive, et parmi ces habitants dont sa grand'mère l'avait si souvent entretenu.

LA MARÉCHALE. — Et de son souci, vous ne m'en dites mot.

CRUDELI. — Il n'en eut point. Il se dit: Qu'est-ce que cela me fait, pourvu que j'aborde? J'ai raisonné comme un étourdi, soit; mais j'ai été sincère avec moi-même; et c'est tout ce qu'on peut exiger de moi. Si ce n'est pas une vertu que d'avoir de l'esprit, ce n'est pas un crime que d'en manquer. Cependant le vent continuait, l'homme et la planche voguaient, et la rive inconnue commençait à paraître: il y touche, et l'y voilà.

LA MARÉCHALE. — Nous nous y reverrons un jour, monsieur Crudeli.

CRUDELI. — Je le souhaite, madame la maréchale; en quelque endroit que ce soit, je serai toujours très flatté de vous faire ma cour. A peine eut-il quitté sa planche, et mis le pied sur le sable, qu'il aperçut un vieillard vénérable, debout à ses côtés. Il lui demanda où il était, et à qui il avait l'honneur de parler: "Je suis le souverain de la contrée," lui répondit le vieillard. A l'instant le jeune homme se prosterne. "Relevez-vous, lui dit le vieillard. Vous avez nié mon existence? — Il est vrai. — Et celle de mon empire? — Il est vrai. — Je vous pardonne, parce que je suis celui qui voit le fond des cœurs, et que j'ai lu au fond du vôtre que vous étiez de bonne foi; mais le reste de vos pensées et de vos actions n'est pas également innocent." Alors le vieillard, qui le tenait par l'oreille, lui rappelait toutes les erreurs de sa vie; et, à chaque article, le jeune Mexicain s'inclinait, se frappait la poitrine, et demandait pardon... Là, madame la maréchale, mettez-vous pour un moment à la place du vieillard, et dites-moi ce que vous auriez fait? Auriez-vous pris ce jeune insensé par les cheveux; et vous seriez-vous complu à le traîner à toute éternité sur le rivage?

La maréchale. — En vérité, non.

Crudeli. — Si un de ces six jolis enfants que vous avez, après s'être échappé de la maison paternelle et avoir fait force sottises, y revenait bien repentant?

La maréchale. — Moi, je courrais à sa rencontre; je le serrerais entre mes bras, et je l'arroserais de mes larmes; mais M. le maréchal son père ne prendrait pas la chose si doucement.

Crudeli. — M. le maréchal n'est pas un tigre.

La maréchale. — Il s'en faut bien.

Crudeli. — Il se ferait peut-être un peu tirailler; mais il pardonnerait.

La maréchale. — Certainement.

Crudeli. — Surtout s'il venait à considérer qu'avant de donner la naissance à cet enfant, il en savait toute la vie, et que le châtiment de ses fautes serait sans aucune utilité ni pour lui-même, ni pour le coupable, ni pour ses frères.

La maréchale. — Le vieillard et M. le maréchal sont deux.

Crudeli. — Vous voulez dire que M. le maréchal est meilleur que le vieillard?

La maréchale. — Dieu m'en garde! Je veux dire que, si ma justice n'est pas celle de M. le maréchal, la justice de M. le maréchal pourrait bien n'être pas celle du vieillard.

Crudeli. — Ah! madame! vous ne sentez pas les suites de cette réponse. Ou la définition générale convient également à vous, à M. le maréchal, à moi, au jeune Mexicain et au vieillard; ou je ne sais plus ce que c'est, et j'ignore comment on plaît ou l'on déplaît à ce dernier....[21]

---

21. An English deist once suggested that, instead of saying God is just and good when His justice and goodness do not conform to our human, terrestrial standards, we should say God is *blictri*, thus using an unintelligible word for an incomprehensible quality.

SUPPLEMENT AU VOYAGE DE BOUGAINVILLE

Bougainville, who had led an expedition to Oceania, published an account of his trip in the *Voyage autour du monde* (1771). The book was an immediate success. Diderot's *Supplément au Voyage de Bougainville, ou Dialogue entre A. et B. sur l'inconvénient d'attacher des idées morales à certaines actions physiques qui n'en comportent pas*, completed the following year, was circulated in manuscript form until its publication in 1796. In offering a philosophical comment on Bougainville's work, Diderot seized the occasion to expound his belief that civilization had in many respects too narrowly confined man's natural instincts. In praising the lot of the noble savage of Tahiti, he is not recommending a return to nature but rather a modification of certain unnatural laws and artificial restraints in French society. On the other hand, he grasps the opportunity, in *Les Adieux du vieillard*, to show, with almost merciless insistence, how certain practices of Western Europe can vitiate a society closer to nature and, in consequence, more simple.

In his *Discours sur l'origine de l'inégalité* Rousseau stressed economic factors in the social degeneration of man, and in the *Contrat social* he pictured his regeneration in the complete surrender of individual rights to the state. Through legislation Helvétius would completely condition the individual. Diderot reacted against these extreme and somewhat theoretical ideas, as he would against the economic determinism of Karl Marx, in the name of biological man, whose fundamental instincts and desires should be given consideration. The tone of the *Supplément*, exemplified in the following brief extracts of the *Suite du dialogue entre A. et B.*, therefore seems anarchical and revolutionary and reminds the modern reader of a whole trend from *idéologues* and romantics to Zola, Freud, D. H. Lawrence, and Havelock Ellis. (See the Introduction in Gilbert Chinard's critical edition of this work.)

Les adieux du vieillard

C'est un vieillard qui parle. Il était père d'une famille nombreuse. A l'arrivée des Européens, il laissa tomber des regards de dédain sur eux, sans marquer ni étonnement, ni frayeur, ni curiosité. Ils l'abordèrent; il leur tourna le dos et se retira dans sa cabane. Son silence et son souci ne décelaient que trop sa pensée: il gémissait en lui-même sur les beaux jours de son pays éclipsés. Au départ de Bougainville, lorsque les habitants accouraient en foule sur le rivage, s'attachaient à ses vêtements, serraient ses camarades entre leurs bras, et pleuraient, ce vieillard s'avança d'un air sévère, et dit:

« Pleurez, malheureux Tahitiens! Pleurez; mais que ce soit de l'arrivée, et non du départ de ces hommes ambitieux et méchants: un jour, vous les connaîtrez mieux. Un jour, ils reviendront, le morceau de bois[1] que vous voyez attaché à la ceinture de celui-ci, dans une main, et le fer qui pend

---

1. The naval chaplain's crucifix.

Supplement au Voyage de Bougainville 285

au côté de celui-là, dans l'autre, vous enchaîner, vous égorger, ou vous assujettir à leurs extravagances et à leurs vices; un jour vous servirez sous eux, aussi corrompus, aussi vils, aussi malheureux qu'eux. Mais je me console; je touche à la fin de ma carrière; et la calamité que je vous annonce, je ne la verrai point. O Tahitiens! ô mes amis! vous auriez un moyen d'échapper à un funeste avenir; mais j'aimerais mieux mourir que de vous en donner le conseil. Qu'ils s'éloignent, et qu'ils vivent. »

Puis s'adressant à Bougainville, il ajouta: « Et toi, chef des brigands qui t'obéissent, écarte promptement ton vaisseau de notre rive: nous sommes innocents, nous sommes heureux; et tu ne peux que nuire à notre bonheur. Nous suivons le pur instinct de la nature; et tu as tenté d'effacer de nos âmes son caractère. Ici tout est à tous [2]; et tu nous as prêché je ne sais quelle distinction du *tien* et du *mien*. Nos filles et nos femmes nous sont communes; tu as partagé ce privilège avec nous; et tu es venu allumer en elles des fureurs inconnues. Elles sont devenues folles dans tes bras; tu es devenu féroce entre les leurs. Elles ont commencé à se haïr; vous vous êtes égorgés pour elles; et elles nous sont revenues teintes de votre sang. Nous sommes libres; et voilà que tu as enfoui dans notre terre le titre de notre futur esclavage. Tu n'es ni un dieu, ni un démon: qui es-tu donc, pour faire des esclaves? Orou! toi qui entends la langue de ces hommes-là, dis-nous à tous, comme tu me l'as dit à moi-même, ce qu'ils ont écrit sur cette lame de métal: *Ce pays est à nous* [3]. Ce pays est à toi! et pourquoi? parce que tu y as mis le pied? Si un Tahitien débarquait un jour sur vos côtes, et qu'il gravât sur une de vos pierres ou sur l'écorce d'un de vos arbres: *Ce pays est aux habitants de Tahiti*, qu'en penserais-tu? Tu es le plus fort! Et qu'est-ce que cela fait? Lorsqu'on t'a enlevé une des méprisables bagatelles [4] dont ton bâtiment est rempli, tu t'es récrié, tu t'es vengé; et dans le même instant tu as projeté au fond de ton cœur le vol de toute une contrée! Tu n'es pas esclave: tu souffrirais plutôt la mort que de l'être, et tu veux nous asservir! Tu crois donc que le Tahitien ne sait pas défendre sa liberté et mourir? Celui dont tu veux t'emparer comme de la brute, le Tahitien est ton frère. Vous êtes deux enfants de la nature; quel droit as-tu sur lui qu'il n'ait pas sur toi? Tu es venu; nous sommes-nous jetés sur ta personne avons-nous pillé ton vaisseau? t'avons-nous saisi et exposé aux flèches de nos ennemis? t'avons-nous associé dans nos champs au travail de nos animaux? Nous avons respecté notre image en toi. Laisse-nous nos mœurs; elles sont plus sages et plus honnêtes

---

2. Bougainville and his officers had read Rousseau and believed that communism existed among primitive peoples. Furthermore, the expression "tout est à tous" may be found in Bougainville's *Voyage*.

3. Bougainville had, in fact, taken possession of Tahiti in the name of Louis XV, although the preceding year the Englishman, Wallis, had already offered the island to George III.

4. According to accounts of the day, the Tahitians were light-fingered.

que les tiennes; nous ne voulons point troquer ce que tu appelles notre ignorance, contre tes inutiles lumières. Tout ce qui nous est nécessaire et bon, nous le possédons. Sommes-nous dignes de mépris, parce que nous n'avons pas su nous faire des besoins superflus? Lorsque nous avons faim, nous avons de quoi manger; lorsque nous avons froid, nous avons de quoi nous vêtir. Tu es entré dans nos cabanes, qu'y manque-t-il, à ton avis? Poursuis jusqu'où tu voudras ce que tu appelles commodités de la vie; mais permets à des êtres sensés de s'arrêter, lorsqu'ils n'auraient à obtenir, de la continuité de leurs pénibles efforts, que des biens imaginaires. Si tu nous persuades de franchir l'étroite limite du besoin, quand finirons-nous de travailler? Quand jouirons-nous? Nous avons rendu la somme de nos fatigues annuelles et journalières la moindre qu'il était possible, parce que rien ne nous paraît préférable au repos. Va dans ta contrée t'agiter, te tourmenter tant que tu voudras; laisse-nous reposer: ne nous entête ni de tes besoins factices, ni de tes vertus chimériques. Regarde ces hommes; vois comme ils sont droits, sains et robustes. Regarde ces femmes; vois comme elles sont droites, saines, fraîches et belles. Prends cet arc, c'est le mien; appelle à ton aide un, deux, trois, quatre de tes camarades, et tâchez de le tendre. Je le tends moi seul. Je laboure la terre; je grimpe la montagne; je perce la forêt; je parcours une lieue de la plaine en moins d'une heure. Tes jeunes compagnons ont eu peine à me suivre; et j'ai quatre-vingt-dix ans passés. Malheur à cette île! malheur aux Tahitiens présents, et à tous les Tahitiens à venir, du jour où tu nous as visités! Nous ne connaissions qu'une maladie; celle à laquelle l'homme, l'animal et la plante ont été condamnés, la vieillesse, et tu nous en a apporté une autre: tu as infecté notre sang. Il nous faudra peut-être exterminer de nos propres mains nos filles, nos femmes, nos enfants; ceux qui ont approché tes femmes; celles qui ont approché tes hommes. Nos champs seront trempés du sang impur qui a passé de tes veines dans les nôtres; ou nos enfants, condamnés à nourrir et à perpétuer le mal que tu as donné aux pères et aux mères, et qu'ils transmettront à jamais à leurs descendants. Malheureux! tu seras coupable, ou des ravages qui suivront les funestes caresses des tiens, ou des meurtres que nous commettrons pour en arrêter le poison. Tu parles de crimes! as-tu l'idée d'un plus grand crime que le tien? Quel est chez toi le châtiment de celui qui tue son voisin? la mort par le fer. Quel est chez toi le châtiment du lâche qui l'empoisonne? la mort par le feu. Compare ton forfait à ce dernier; et dis-nous, empoisonneur de nations, le supplice que tu mérites?...L'idée de crime et le péril de la maladie sont entrés avec toi parmi nous. Nos jouissances, autrefois si douces, sont accompagnées de remords et d'effroi. Cet homme noir, qui est près de toi, qui m'écoute, a parlé à nos garçons; je ne sais ce qu'il a dit à nos filles; mais nos garçons hésitent; mais nos filles rougissent. Enfonce-toi, si tu veux, dans la forêt obscure avec la compagne perverse de tes plaisirs; mais accorde aux bons et simples Tahitiens de se reproduire sans honte, à la face du ciel et au grand jour. Quel sentiment plus honnête et plus grand pourrais-tu mettre à la place de celui que nous leur avons inspiré, et qui les anime? Ils pensent que le moment d'enrichir la nation et la famille d'un nouveau citoyen est venu, et ils s'en glorifient. Ils mangent pour vivre et pour croître: ils croissent pour multiplier, et ils n'y trouvent ni vice, ni honte. Écoute la suite de tes forfaits. A peine t'es-tu montré parmi eux, qu'ils sont devenus voleurs. A peine es-tu descendu dans notre terre, qu'elle a fumé de sang. Ce Tahitien qui courut à ta rencontre, qui t'accueillit, qui te reçut en criant: *Taïo! ami, ami;* vous l'avez tué. Et pourquoi l'avez-vous tué? parce qu'il avait été séduit par l'éclat de tes petits œufs de serpents. Il te donnait ses fruits; il t'offrait sa femme et sa fille; il te cédait sa cabane: et tu l'as tué pour une poignée de ces grains, qu'il avait pris sans te les demander. Et ce peuple? Au bruit de ton arme meurtrière, la terreur s'est emparée de lui; et il s'est enfui dans la montagne.[5] ... Tu as fait pis encore; regarde de ce côté; vois cette enceinte hérissée de flèches; ces armes qui n'avaient menacé que nos ennemis, vois-les tournées contre nos propres enfants: vois les malheureuses compagnes de vos plaisirs; vois leur tristesse; vois la douleur de leurs pères; vois le désespoir de leurs mères: c'est là qu'elles sont condamnées à périr ou par nos mains, ou par le mal que tu leur as donné. Éloigne-toi, à moins que tes yeux cruels ne se plaisent à des spectacles de mort: éloigne-toi; va, et puissent les mers coupables qui t'ont épargné dans ton voyage, s'absoudre, et nous venger en t'engloutissant avant ton retour! Et vous, Tahitiens, rentrez dans vos cabanes, rentrez tous; et que ces indignes étrangers n'entendent à leur départ que le flot qui mugit, et ne voient que l'écume dont sa fureur blanchit une rive déserte! »

A peine eut-il achevé, que la foule des habitants disparut: un vaste silence régna dans toute l'étendue de l'île; et l'on n'entendit que le sifflement aigu des vents et le bruit sourd des eaux sur toute la longueur de la côte: on eût dit que l'air et la mer, sensibles à la voix du vieillard, se disposaient à lui obéir.

B. Eh bien! qu'en pensez-vous? [6]

Suite du dialogue entre A et B

... A. — Malgré cet éloge, quelles conséquences utiles à tirer des mœurs et des usages bizarres d'un peuple non civilisé?

---

5. Reference to the only tragic incident during Bougainville's stay. Three Tahitians, quarreling over a pig with soldiers of the expedition, were bayoneted to death. Those remaining fled to the mountain.
6. A. and B. resume the dialogue begun in Chapter I, entitled *Jugement du voyage de Bougainville.*

B. — Je vois qu'aussitôt que quelques causes physiques, telles, par exemple, que la nécessité de vaincre l'ingratitude du sol, ont mis en jeu la sagacité de l'homme, cet élan le conduit bien au delà du but, et que, le terme du besoin passé, on est porté dans l'océan sans bornes des fantaisies, d'où l'on ne se retire plus. Puisse l'heureux Tahitien s'arrêter où il en est! Je vois qu'excepté dans ce recoin écarté de notre globe, il n'y a point eu de mœurs, et qu'il n'y en aura peut-être jamais nulle part.

A. — Qu'entendez-vous donc par des mœurs?

B. — J'entends une soumission générale et une conduite conséquente à des lois bonnes ou mauvaises. Si les lois sont bonnes, les mœurs sont bonnes; si les lois sont mauvaises, les mœurs sont mauvaises; si les lois, bonnes ou mauvaises, ne sont point observées, la pire condition d'une société, il n'y a point de mœurs. Or, comment voulez-vous que des lois s'observent quand elles se contredisent? Parcourez l'histoire des siècles et des nations tant anciennes que modernes, et vous trouverez les hommes assujettis à trois codes, le code de la nature, le code civil, et le code religieux, et contraints d'enfreindre alternativement ces trois codes qui n'ont jamais été d'accord; d'où il est arrivé qu'il n'y a eu dans aucune contrée, comme Orou l'a deviné de la nôtre, ni homme, ni citoyen, ni religieux.

A. — D'où vous concluez, sans doute, qu'en fondant la morale sur les rapports éternels, qui subsistent entre les hommes, la loi religieuse devient peut-être superflue; et que la loi civile ne doit être que l'énonciation de la loi de la nature.

B. — Et cela, sous peine de multiplier les méchants, au lieu de faire des bons.

A. — Ou que, si l'on juge nécessaire de les conserver toutes trois, il faut que les deux dernières ne soient que des calques rigoureux de la première que nous apportons gravée au fond de nos cœurs, et qui sera toujours la plus forte.

B. — Cela n'est pas exact. Nous n'apportons en naissant qu'une similitude d'organisation avec d'autres êtres, les mêmes besoins, de l'attrait vers les mêmes plaisirs, une aversion commune pour les mêmes peines: voilà ce qui constitue l'homme ce qu'il est, et doit fonder la morale qui lui convient.

... A. — Mais enfin, dites-moi, faut-il civiliser l'homme, ou l'abandonner à son instinct?

B. — Faut-il vous répondre net?

A. — Sans doute.

B. — Si vous vous proposez d'en être le tyran, civilisez-le; empoisonnez-le de votre mieux d'une morale contraire à la nature; faites-lui des entraves de toute espèce; embarrassez ses mouvements de mille obstacles; attachez-lui des fantômes qui l'effraient; éternisez la guerre dans la caverne, et que l'homme naturel y soit toujours enchaîné sous les pieds de l'homme moral.

Le voulez-vous heureux et libre? ne vous mêlez pas de ses affaires: assez d'incidents imprévus le conduiront à la lumière et à la dépravation; et demeurez à jamais convaincu que ce n'est pas pour vous, mais pour eux, que ces sages législateurs vous ont pétri et maniéré comme vous l'êtes. J'en appelle à toutes les institutions politiques, civiles et religieuses: examinez-les profondément; et je me trompe fort, ou vous y verrez l'espèce humaine pliée de siècle en siècle au joug qu'une poignée de fripons se promettait de lui imposer. Méfiez-vous de celui qui veut mettre de l'ordre. Ordonner, c'est toujours se rendre le maître des autres en les gênant: et les Calabrais sont presque les seuls à qui la flatterie des législateurs n'en ait point encore imposé.

A. — Et cette anarchie de la Calabre vous plaît?

B. — J'en appelle à l'expérience; et je gage que leur barbarie est moins vicieuse que notre urbanité. Combien de petites scélératesses compensent ici l'atrocité de quelques grands crimes dont on fait tant de bruit! Je considère les hommes non civilisés comme une multitude de ressorts épars et isolés. Sans doute, s'il arrivait à quelques-uns de ces ressorts de se choquer, l'un ou l'autre, ou tous les deux, se briseraient. Pour obvier à cet inconvénient, un individu d'une sagesse profonde et d'un génie sublime rassembla ces ressorts et en composa une machine, et dans cette machine appelée société, tous les ressorts furent rendus agissants, réagissants les uns contre les autres, sans cesse fatigués; et il s'en rompit plus dans un jour, sous l'état de législation, qu'il ne s'en rompait en un an sous l'anarchie de nature. Mais quel fracas! quel ravage! quelle énorme destruction des petits ressorts, lorsque deux, trois, quatre de ces énormes machines vinrent à se heurter avec violence!

A. — Ainsi vous préféreriez l'état de nature brute et sauvage?

B. — Ma foi, je n'oserais prononcer; mais je sais qu'on a vu plusieurs fois l'homme des villes se dépouiller et rentrer dans la forêt, et qu'on n'a jamais vu l'homme de la forêt se vêtir et s'établir dans la ville.

A. — Il m'est venu souvent dans la pensée que la somme des biens et des maux était variable pour chaque individu; mais que le bonheur ou le malheur d'une espèce animale quelconque avait sa limite qu'elle ne pouvait franchir, et que peut-être nos efforts nous rendaient en dernier résultat autant d'inconvénient que d'avantage; en sorte que nous nous étions bien tourmentés pour accroître les deux membres d'une équation, entre lesquels il subsistait une éternelle et nécessaire égalité. Cependant je ne doute pas que la vie moyenne de l'homme civilisé ne soit plus longue que la vie moyenne de l'homme sauvage.

B. — Et si la durée d'une machine n'est pas une juste mesure de son plus ou moins de fatigue, qu'en concluez-vous?

A. — Je vois qu'à tout prendre, vous inclineriez à croire les hommes d'autant plus méchants et plus malheureux qu'ils sont plus civilisés?

B. — Je ne parcourrai point toutes les contrées de l'univers; mais je vous avertis seulement que vous ne trouverez la condition de l'homme heureuse que dans Taïti, et supportable que dans un recoin de l'Europe. Là, des maîtres ombrageux et jaloux de leur sécurité se sont occupés à le tenir dans ce que vous appelez l'abrutissement.

A. — A Venise, peut-être?

B. — Pourquoi non? Vous ne nierez pas, du moins, qu'il n'y a nulle part moins de lumières acquises, moins de morale artificielle, et moins de vices et de vertus chimériques....

A. — ... Que ferons-nous donc? reviendrons-nous à la nature? nous soumettrons-nous aux lois?

B. — Nous parlerons contre les lois insensées jusqu'à ce qu'on les réforme; et, en attendant, nous nous y soumettrons. Celui qui, de son autorité privée, enfreint une mauvaise loi, autorise tout autre à enfreindre les bonnes. Il y a moins d'inconvénients à être fou avec des fous, qu'à être sage tout seul. Disons-nous à nous-mêmes, crions incessamment qu'on a attaché la honte, le châtiment et l'ignominie à des actions innocentes en elles-mêmes; mais ne les commettons pas, parce que la honte, le châtiment et l'ignominie sont les plus grands de tous les maux....

Political Observations

Diderot's political views are scattered throughout the volumes of the *Encyclopédie*. They first appeared in his article "Autorité politique" (Vol. I, 1751). The most succinct expression of his political theories and, because they were not subject to French censorship, the most radical, are found in his Observations on Catherine II's Instructions to her deputies for the liberal reform of the Russian code of laws.

The first paragraphs of the article, "Autorité politique," were strong medicine for a nation in which the divine right of kings was the established doctrine. Diderot boldly proclaimed the sovereignty of the people, which, as in France, was often delegated to a royal family through a tacit (*supposé*) contract. These ideas were more extensively and forcefully treated in Rousseau's *Du Contrat social*.

In further paragraphs of the article, Diderot defends his views by appealing first to the fatherhood of God, then to Holy Scripture, and finally to a speech by Henri IV, the tolerant king idolized by the Enlightenment. He finds room, however, for other liberal remarks: "L'observation des lois, la conservation de la liberté et l'amour de la patrie sont les sources fécondes de toutes grandes choses et de toutes belles actions. Là se trouvent le bonheur des peuples et la véritable illustration des princes qui les gouvernent."

The Observations had their source in long conversations between Catherine and Diderot in St. Petersburg during Diderot's visit (1773-1774). Catherine's Instructions were based on the writings of Montesquieu and Beccaria. She asked Diderot, when he left, to write out his ideas, which were duly delivered to her in manuscript in 1785. Her attempts at reform were blocked by the powerful Russian noblemen. She deemed Diderot's remarks much too radical and unrealistic, became alarmed at the revolutionary trends in France, and kept the manuscript under lock and key. It was not published until the twentieth century. A critical text, from which the following passages are taken, was published in mimeograph form (1953) by Pierre C. Oustinoff and Edward J. Geary.

AUTORITÉ POLITIQUE

Aucun homme n'a reçu de la nature le droit de commander aux autres. La liberté est un présent du ciel, et chaque individu de la même espèce a le droit d'en jouir aussitôt qu'il jouit de la raison. Si la nature a établi quelque *autorité*, c'est la puissance paternelle; mais la puissance paternelle a ses bornes, et dans l'état de nature elle finirait aussitôt que les enfants seraient en état de se conduire. Toute autre *autorité* vient d'une autre origine que de la nature. Qu'on examine bien et on la fera toujours remonter à l'une de ces deux sources: ou la force et la violence de celui qui s'en est emparé, ou le consentement de ceux qui s'y sont soumis par un contrat fait ou supposé entre eux et celui à qui ils ont déféré l'*autorité*.

La puissance qui s'acquiert par la violence, n'est qu'une usurpation, et et ne dure qu'autant que la force de celui qui commande l'emporte sur celle de ceux qui obéissent; en sorte que si ces derniers deviennent à leur tour les plus forts et qu'ils secouent le joug, ils le font avec autant de droit et de justice que l'autre qui le leur avait imposé. La même loi qui a fait l'*autorité*, la défait alors: c'est la loi du plus fort.

Quelquefois l'*autorité* qui s'établit par la violence change de nature; c'est lorsqu'elle continue et se maintient du consentement exprès de ceux qu'on a soumis; mais elle rentre par là dans la seconde espèce dont je vais parler, et celui qui se l'était arrogée, devenant alors prince, cesse d'être tyran.

La puissance qui vient du consentement des peuples, suppose nécessairement des conditions qui en rendent l'usage légitime, utile à la société, avantageux à la république, et qui la fixent et la restreignent entre des limites; car l'homme ne doit ni ne peut se donner entièrement et sans réserve à un autre homme, parce qu'il a un maître supérieur au-dessus de tout, à qui seul il appartient tout entier....

Observations sur l'instruction
de sa majesté impériale
aux députés pour la confection des lois

CHAPITRE PREMIER

Il n'y a point de vrai souverain que la nation. Il ne peut y avoir de vrai législateur que le peuple. Il est rare qu'un peuple se soumette sincèrement à des lois qu'on lui impose. Il les aimera, il les respectera, il y obéira, il les défendra comme son propre ouvrage, s'il en est lui-même l'auteur. Ce ne sont plus les volontés arbitraires d'un seul; ce sont celles d'un nombre d'hommes qui ont consulté entre eux sur leur bonheur et leur sécurité. Elles sont vaines, si elles ne commandent pas également à tous. Elles sont vaines, s'il y a un seul membre dans la société qui puisse les enfreindre impunément. Le premier point d'un code doit donc m'instruire des précautions que l'on a prises pour assurer aux lois leur autorité.

La première ligne d'un code bien fait doit lier le souverain. Il doit commencer ainsi: "Nous, Peuple, et Nous, Souverain de ce peuple, jurons conjointement ces lois, par lesquelles nous serons également jugés; et s'il nous arrivait à nous, Souverain, de les changer ou de les enfreindre, ennemi de notre peuple, il est juste qu'il soit le nôtre, qu'il soit délié du serment de fidélité, qu'il nous poursuive, qu'il nous dépose et même qu'il nous condamne à mort si le cas l'exige." Et c'est là la première loi de notre code. Malheur au souverain qui méprisera la loi, malheur au peuple qui souffrira le mépris de la loi. Et comme l'autorité du souverain est la seule redoutable pour la loi, il faut qu'à chaque loi ce serment soit fait par le peuple et par le souverain; et que sur l'original écrit et sur les copies publiques, il soit pris acte que ce serment a été fait. Tout souverain qui se refuse à ce serment se déclare d'avance despote et tyran.

La seconde loi, c'est que les représentants de la nation se reassembleront tous les cinq ans, pour juger si le souverain s'est exactement conformé à une loi qu'il a jurée; statuer sur la peine qu'il mérite, s'il en a été infracteur; le continuer ou le déposer; et jurer derechef ces lois, serment dont il sera pris acte.

Peuples, si vous avez toute autorité sur vos souverains, faites un code. Si votre souverain a toute autorité sur vous, laissez là votre code. Vous ne forgeriez des chaînes que pour vous.

Après ce préliminaire, le second point dont ce code doit m'offrir la décision, c'est quelle est la sorte de gouvernement dont la nation a fait choix?

L'Impératrice de Russie est certainement·despote. Son intention est-elle de garder le despotisme et de le transmettre à ses successeurs, ou de l'abdiquer? Si elle garde pour elle et pour ses successeurs le despotisme, qu'elle fasse son code comme il lui plaira; elle n'a que faire de l'aveu de sa nation. Si elle l'abdique, que cette abdication soit formelle. Si cette abdication est sincère, qu'elle s'occupe conjointement avec sa nation des

Autorité politique

moyens les plus sûrs d'empêcher le despotisme de renaître, et qu'on lise dans le premier chapitre la perte infaillible de celui qui ambitionnerait à l'avenir l'autorité arbitraire dont elle se dépouille. Voilà les premiers pas d'une instruction proposée à des peuples par une souveraine de bonne foi, grande comme Catherine Seconde et aussi ennemie de la tyrannie qu'elle.

Si, en lisant ce que je viens d'écrire et en écoutant sa conscience, son cœur tressaillit de joie, elle ne veut plus d'esclaves; si elle frémit, si son sang se retire, si elle pâlit, elle s'est crue meilleure qu'elle n'était.

[Catherine had written:
"Seigneur mon Dieu! sois attentif à ma voix, et accorde-moi l'intelligence pour juger ton peuple selon ta sainte loi et en toute vérité.
La religion chrétienne nous enseigne de nous faire les uns aux autres tout le bien que nous pouvons."]

C'est une question à discuter, s'il faut mettre les institutions politiques sous la sanction de la religion. Je n'aime point à faire entrer dans les actes de souveraineté des gens qui prêchent un être supérieur au souverain, et qui font dire à cet être tout ce qui leur plaît. Je n'aime point à faire une chose de fanatisme d'une chose de raison. Je n'aime point à faire une chose de foi d'une chose de conviction. Je n'aime point à donner du poids et de la considération à ceux qui parlent au nom du Tout Puissant. La religion est un appui qui finit presque toujours par renverser la maison.

La distance entre l'autel et le trône ne peut jamais être trop grande. L'expérience de tous les temps et de tous les lieux a démontré le danger du voisinage de l'autel pour le trône.

* * *

["Il est plus avantageux d'obéir aux lois sous un seul maître, que de dépendre de plusieurs."]

J'en conviens, mais à condition que le maître sera le premier esclave des lois. C'est contre le maître, le plus puissant et le plus dangereux des malfaiteurs, que les lois doivent être principalement dirigées. Les autres malfaiteurs peuvent troubler l'ordre de la société; il n'y a que celui-là qui puisse le renverser. Il n'y a qu'un palais dans un empire; il y a une centaine de millions de maisons autour de ce palais. Pour une fois que le sens commun, la grandeur d'âme, l'équité, la fermeté, le génie tombent du ciel sur ce palais, ces qualités qui font le grand roi doivent une centaine de millions de fois tomber à côté. On doit donc, selon une loi de nature que nous ne pouvons déranger, s'attendre à être gouverné par un sot, par un méchant ou par un fou. On n'a rien fait, tant qu'on n'a pas pourvu à cet inconvénient....

Dramatic Criticism

In the eighteenth century the growing importance of the bourgeoisie was already making itself felt in the novel and in the drama both in England and in France. The criterion of taste was no longer the court but the city. Diderot greatly admired the tragedies of Corneille and Racine and the comedies of Molière. He was nauseated, however, by the unnatural declamation and insipid gallantry of their eighteenth-century imitators. Between the classic tragedy in which the characters were princes or nobles and the classic comedy which ridiculed M. Jourdain and George Dandin, Diderot would establish the "tragédie bourgeoise" (*Le Père de famille*) and the "comédie sérieuse" (*Le Fils naturel*), in which bourgeois joys and sorrows were to be naturally and realistically presented. His own plays could hardly be called successful. The most readable today is *Est-il bon? Est-il méchant?* (1781), which Baudelaire called Diderot's "seul ouvrage très dramatique." But the interest resides chiefly in its revelation of the author's personality, of the struggle within him between practical and speculative morality, and in the depiction of Parisian manners.

Diderot's dramatic theories are most fully assembled in the *Entretiens sur le Fils naturel* (1757), often called *Dorval et moi*, and in the *Discours sur la poésie dramatique* (1758). Although his ideas did not immediately or directly change the nature of the French theater, their influence may be seen in the "drame bourgeois" of Sedaine and Beaumarchais and the rise of melodrama, and more especially in Germany, where they met the receptive minds of Lessing, Goethe, Schiller, and Kotzebue. Mme de Staël brought back from Germany something of the development of Diderot's inspiration, and Kotzebue's plays in the same tradition enjoyed considerable popularity on the Parisian stage of the early nineteenth century.

Particularly pertinent were Diderot's attacks upon the "bienséances cruelles et surannées" and his insistence on the value of gesture, pantomime, and the diction of everyday life, aspects which are less didactically and more entertainingly treated in *Le Neveu de Rameau*. In the passages below, Diderot recommends the substitution of "conditions" (the judge, the soldier, the father, the merchant, etc.) for the "caractères" of traditional comedy (the miser, the hypocrite, the prude, etc.) and stresses the moral influence that the theater should exert.

ENTRETIENS SUR LE FILS NATUREL
[Les Conditions au théâtre]

Moi. — Quels seront les sujets de ce comique sérieux, que vous regardez comme une branche nouvelle du genre dramatique? Il n'y a, dans la nature

humaine, qu'une douzaine, tout au plus, de caractères vraiment comiques et
marqués de grands traits.

Dorval. — Je le pense.

Moi. — Les petites différences qui se remarquent dans les caractères des
hommes, ne peuvent être maniées aussi heureusement que les caractères tranchés.

Dorval. — Je le pense. Mais savez-vous ce qui s'ensuit de là?... Que ce ne
sont plus, à proprement parler, les caractères qu'il faut mettre sur la scène,
mais les conditions. Jusqu'à présent, dans la comédie, le caractère a été l'objet principal, et la condition n'a été que l'accessoire; il faut que la condition
devienne aujourd'hui l'objet principal, et que le caractère ne soit que l'accessoire. C'est du caractère qu'on tirait toute l'intrigue. On cherchait en général les circonstances qui le faisaient sortir, et l'on enchaînait ces circonstances.
C'est la condition, ses devoirs, ses avantages, ses embarras, qui doivent servir
de base à l'ouvrage. Il me semble que cette source est plus féconde, plus étendue et plus utile que celle des caractères. Pour peu que le caractère fût
changé, un spectateur pouvait se dire à lui-même: ce n'est pas moi. Mais il
ne peut se cacher que l'état qu'on joue devant lui, ne soit le sien; il ne peut
méconnaître ses devoirs. Il faut absolument qu'il s'applique ce qu'il entend.

Moi. — Il me semble que l'on a déjà traité plusieurs de ces sujets.

Dorval. — Cela n'est point. Ne vous y trompez point.

Moi. — N'avons-nous pas des financiers dans nos pièces?[1]

Dorval. — Sans doute, il y en a. Mais le financier n'est pas fait.

Moi. — On aurait de la peine à en citer une sans père de famille.

Dorval. — J'en conviens; mais le père de famille n'est pas fait. En
un mot, je vous demanderai si les devoirs des conditions, leurs avantages,
leurs inconvénients, leurs dangers ont été mis sur la scène; si c'est la
base de l'intrigue et de la morale de nos pièces; enfin, si ces devoirs, ces
avantages, ces inconvénients, ces dangers, ne nous montrent pas, tous les
jours, les hommes dans des situations très embarrassantes.

Moi. — Ainsi, vous voudriez qu'on jouât l'homme de lettres, le philosophe, le commerçant, le juge, l'avocat, le politique, le citoyen, le magistrat, le financier, le grand seigneur, l'intendant.

Dorval. — Ajoutez à cela, toutes les relations: le père de famille,
l'époux, la sœur, les frères. Le père de famille! Quel sujet, dans un siècle
tel que le nôtre, où il ne paraît pas qu'on ait la moindre idée de ce que
c'est qu'un père de famille!

Songez qu'il se forme tous les jours des conditions nouvelles. Songez
que rien, peut-être, ne nous est moins connu que les conditions, et ne doit
nous intéresser davantage. Nous avons chacun notre état dans la société,
mais nous avons affaire à des hommes de tous les états.

Les conditions! Combien de détails importants, d'actions publiques et
domestiques, de vérités inconnues, de situations nouvelles à tirer de ce

---

1. For example, in *Turcaret* (1709) by Lesage.

fonds! Et les conditions n'ont-elles pas entre elles les mêmes contrastes que les caractères? Et le poète ne pourra-t-il pas les opposer?

DISCOURS SUR LA POESIE DRAMATIQUE [2]
[La Morale dans le drame]

Je le répète donc: l'honnête, l'honnête. Il nous touche d'une manière plus intime et plus douce que ce qui excite notre mépris et nos ris. Poète, êtes-vous sensible et délicat? pincez cette corde; et vous l'entendrez résonner, ou frémir dans toutes les âmes.

"La nature humaine est donc bonne?"

Oui, mon ami, et très bonne.[3] L'eau, l'air, la terre, le feu, tout est bon dans la nature; et l'ouragan, qui s'élève sur la fin de l'automne, secoue les forêts, et, frappant les arbres les uns contre les autres, en brise et sépare les branches mortes; et la tempête, qui bat les eaux de la mer et les purifie; et le volcan, qui verse de son flanc entr'ouvert des flots de matières embrasées, et porte dans l'air la vapeur qui le nettoie.[4]

Ce sont les misérables conventions qui pervertissent l'homme, et non la nature humaine qu'il faut accuser. En effet, qu'est-ce qui nous affecte comme le récit d'une action généreuse? Où est le malheureux qui puisse écouter froidement la plainte d'un homme de bien?

Le parterre de la comédie est le seul endroit où les larmes de l'homme vertueux et du méchant soient confondues. Là, le méchant s'irrite contre des injustices qu'il aurait commises, compatit à des maux qu'il aurait occasionnés, et s'indigne contre un homme de son propre caractère. Mais l'impression est reçue; elle demeure en nous, malgré nous; et le méchant sort de sa loge, moins disposé à faire le mal, que s'il eût été gourmandé par un orateur sévère et dur.[5]

Le poète, le romancier, le comédien vont au cœur d'une manière détournée, et en frappent d'autant plus sûrement et plus fortement l'âme, qu'elle s'étend et s'offre d'elle-même au coup. Les peines sur lesquelles ils m'attendrissent sont imaginaires, d'accord, mais ils m'attendrissent.

---

2. In this work (1758), D. is smarting from the unflattering reception of his *Père de famille*. He humbly confesses that he has not the dramatic genius of a Racine but hopes that his theories of the bourgeois drama will not be rejected for that reason. Later, in 1765, he warmly congratulated Sedaine on his *Philosophe sans le savoir*.

3. The rehabilitation of the passions as a protest against the doctrine of original sin obviously led to exaggeration. D., perhaps even more sincerely than Rousseau, affirmed the essential goodness of nature, even human nature. Defections from this point of view in D.'s later works may have been caused in some measure by the quarrel between the two men.

4. To D., an apologist of the strong passions, "good" often seems to mean "vast"— a romantic conception.

5. There is much of the *comédie larmoyante* still clinging to D. For a later and more realistic conception, see, above, *Le Neveu de Rameau*, p. 223.

Discours sur la poésie dramatique

Chaque ligne de l'*Homme de qualité retiré du monde*, du *Doyen de Killerine* et de *Cléveland*,[6] excite en moi un mouvement d'intérêt sur les malheurs de la vertu, et me coûte des larmes. Quel art serait plus funeste que celui qui me rendrait complice du vicieux? Mais aussi quel art plus précieux, que celui qui m'attache imperceptiblement au sort de l'homme de bien, qui me tire de la situation tranquille et douce dont je jouis, pour me promener avec lui, m'enfoncer dans les cavernes où il se réfugie, et m'associer à toutes les traverses par lesquelles il plaît au poète d'éprouver sa constance?

O quel bien il en reviendrait aux hommes, si tous les arts d'imitation se proposaient un objet commun, et concouraient un jour avec les lois pour nous faire aimer la vertu et haïr le vice![7] C'est au philosophe à les y inviter; c'est à lui à s'adresser au poète, au peintre, au musicien, et à leur crier avec force: Hommes de génie, pourquoi le ciel vous a-t-il doués? S'il en est entendu, bientôt les images de la débauche ne couvriront plus les murs de nos palais; nos voix ne seront plus les organes de crime; et le goût et les mœurs y gagneront.

[Ariste]

Mon ami, vous connaissez Ariste[8]; c'est de lui que je tiens ce que je vais vous en raconter. Il avait alors quarante ans. Il s'était particulièrement livré à l'étude de la philosophie. On l'avait surnommé le philosophe, parce qu'il était né sans ambition, qu'il avait l'âme honnête, et que l'envie n'en avait jamais altéré la douceur et la paix. Du reste, grave dans son maintien,

---

6. Novels by another great preromanticist, Abbé Prévost, much prized by D. and Rousseau.

7. The pulpit having lost its authority as moral guide, D. and Voltaire both felt the need of the theater as a moral civilizing agent. D.'s *Discours* appeared a year after D'Alembert's defense of the theater in the *Encyclopédie* article "Genève" and in the same year as Rousseau's diatribe on moral grounds in his *Lettre à d'Alembert sur les spectacles* against the theater and all its appurtenances (see below).

8. Upon occasion D. assumed fictitious names which would, in part at least, reveal certain aspects of his character. To Sophie Volland and her sister he sometimes referred to himself as "l'ami Diogène," and for Catherine the Great he was often "le roi Denis." To suggest certain depths to his identity he twice used the name Ariste, in *La Promenade du sceptique* in 1747 and, in the present instance, in the concluding pages of the *Discours*. Ariste is both D. as he appears to himself, and as he would like to be — at once the *philosophe* and the ideal *philosophe*. These pages are, in some measure, a public confession by D. and may be profitably compared with Rousseau's self-portrait in *Les Confessions* (see below, pp. 613–616). Some of the more clearly marked affinities and divergences of the two men become apparent in such a comparison. The complexities of this conclusion to the *Discours*, including its significance to D.'s esthetics, are admirably handled by Jacques Chouillet in "Le Mythe d'Ariste ou Diderot en face de lui-même," *Revue d'Histoire littéraire de la France*, 64:565–88.

sévère dans ses mœurs, austère et simple dans ses discours, le manteau d'un ancien philosophe était presque la seule chose qui lui manquât; car il était pauvre, et content de sa pauvreté.

Un jour qu'il s'était proposé de passer avec ses amis quelques heures à s'entretenir sur les lettres ou sur la morale, car il n'aimait pas à parler des affaires publiques, ils étaient absents, et il prit le parti de se promener seul.

Il fréquentait peu les endroits où les hommes s'assemblent. Les lieux écartés lui plaisaient davantage. Il allait en rêvant et voici ce qu'il se disait:

J'ai quarante ans. J'ai beaucoup étudié; on m'appelle le philosophe. Si cependant il se présentait ici quelqu'un qui me dît: Ariste, qu'est-ce que le vrai, le bon et le beau? aurais-je ma réponse prête? Non. Comment, Ariste, vous ne savez pas ce que c'est que le vrai, le bon et le beau;[9] et vous souffrez qu'on vous appelle le philosophe!

Après quelques réflexions sur la vanité des éloges qu'on prodigue sans connaissance, et qu'on accepte sans pudeur, il se mit à rechercher l'origine de ces idées fondamentales de notre conduite et de nos jugements; et voici comment il continua de raisonner avec lui-même.

Il n'y a peut-être pas, dans l'espèce humaine entière, deux individus qui aient quelque ressemblance approchée. L'organisation générale, les sens, la figure extérieure, les viscères, ont leur variété. Les fibres, les muscles, les solides, les fluides, ont leur variété. L'esprit, l'imagination, la mémoire, les idées, les vérités, les préjugés, les aliments, les exercices, les connaissances, les états, l'éducation, les goûts, la fortune, les talents, ont leur variété. Les objets, les climats, les mœurs, les lois, les coutumes, les usages, les gouvernements, les religions, ont leur variété. Comment serait-il donc possible que deux hommes eussent précisément un même goût, ou les mêmes notions du vrai, du bon et du beau? La différence de la vie et la variété des événements suffiraient seules pour en mettre dans les jugements.[10]

Ce n'est pas tout. Dans un même homme, tout est dans une vicissitude perpétuelle, soit qu'on le considère au physique, soit qu'on le considère au moral; la peine succède au plaisir, le plaisir à la peine; la santé à la maladie, la maladie à la santé. Ce n'est que par la mémoire que nous sommes un même individu pour les autres et pour nous-mêmes. Il ne me reste peut-être pas, à l'âge que j'ai, une seule molécule du corps que j'apportai en naissant. J'ignore le terme prescrit à ma durée; mais lorsque

---

9. The order of the words, "le vrai," "le bon," "le beau," which is anything but haphazard, will be maintained throughout the Ariste passage. Moreover, in *Le Neveu de Rameau*, D. speaks of "le vrai, qui est le père et qui engendre le bon qui est le fils d'où procède le beau qui est le Saint-Esprit" (A.-T., V, 462).

10. The motivation for this assertion of individuality, typical of D., is quite different from that of Rousseau's famous, wholly subjective declaration, "Je suis autre."

Discours sur la poésie dramatique

le moment de rendre ce corps à la terre sera venu, il ne lui restera peut-être pas une des molécules qu'il a. L'âme en différentes périodes de la vie, ne se ressemble pas davantage. Je balbutiais dans l'enfance; je crois raisonner à présent; mais tout en raisonnant, le temps passe et je m'en retourne à la balbutie. Telle est ma condition et celle de tous. Comment serait-il donc possible qu'il y en eût un seul d'entre nous qui conservât pendant toute la durée de son existence le même goût, et qui portât les mêmes jugements du vrai, du bon et du beau? Les révolutions, causées par le chagrin et par la méchanceté des hommes, suffiraient seules pour altérer ses jugements.

L'homme est-il donc condamné à n'être d'accord ni avec ses semblables, ni avec lui-même, sur les seuls objets qu'il lui importe de connaître, la vérité, la bonté, la beauté? Sont-ce là des choses locales, momentanées et arbitraires, des mots vides de sens? N'y a-t-il rien qui soit tel? Une chose est-elle vraie, bonne et belle, quand elle me le paraît? Et toutes nos disputes sur le goût se résoudraient-elles enfin à cette proposition: nous sommes, vous et moi, deux êtres différents; et moi-même, je ne suis jamais dans un instant ce que j'étais dans un autre?

Ici Ariste fit une pause, puis il reprit:

Il est certain qu'il n'y aura point de terme à nos disputes, tant que chacun se prendra soi-même pour modèle et pour juge. Il y aura autant de mesures que d'hommes, et le même homme aura autant de modules différents que de périodes sensiblement différents dans son existence.

Cela me suffit, ce me semble, pour sentir la nécessité de chercher une mesure, un module hors de moi. Tant que cette recherche ne sera pas faite, la plupart de mes jugements seront faux et tous seront incertains.

Mais où prendre la mesure invariable que je cherche et qui me manque?... Dans un homme idéal que je me formerai, auquel je présenterai les objets, qui prononcera, et dont je me bornerai à n'être que l'écho fidèle?... Mais cet homme sera mon ouvrage... Qu'importe, si je le crée d'après des éléments constants... Et ces éléments constants, où sont-ils?... Dans la nature?... Soit, mais comment les rassembler?... La chose est difficile, mais est-elle impossible?... Quand je ne pourrais espérer de me former un modèle accompli, serais-je dispensé d'essayer?... Non... Essayons donc... Mais si le modèle de beauté auquel les anciens sculpteurs rapportèrent dans la suite tous leurs ouvrages, leur coûta tant d'observations, d'études et de peines, à quoi m'engagé-je?... Il le faut pourtant, ou s'entendre toujours appeler Ariste le philosophe, et rougir.

Dans cet endroit, Ariste fit une seconde pause un peu plus longue que la première, après laquelle il continua:

Je vois du premier coup d'œil, que l'homme idéal que je cherche étant un composé comme moi, les anciens sculpteurs, en déterminant les proportions qui leur ont paru les plus belles, ont fait une partie de mon modèle... Oui. Prenons cette statue, et animons-la...[11] Donnons-lui les organes les plus parfaits que l'homme puisse avoir. Douons-la de toutes les qualités qu'il est donné à un mortel de posséder, et notre modèle idéal sera fait... Sans doute... Mais quelle étude! quel travail! Combien de connaissances physiques, naturelles et morales à acquérir! Je ne connais aucune science, aucun art dans lequel il ne me fallût être profondément versé... Aussi aurais-je le modèle idéal de toute vérité, de toute bonté et de toute beauté... Mais ce modèle général idéal est impossible à former, à moins que les dieux ne m'accordent leur intelligence, et ne me promettent leur éternité: me voilà donc retombé dans les incertitudes, d'où je me proposais de sortir.

Ariste, triste et pensif, s'arrêta encore dans cet endroit.[12]

Mais pourquoi, reprit-il après un moment de silence, n'imiterais-je pas aussi les sculpteurs? Ils se sont fait un modèle propre à leur état; et j'ai le mien... Que l'homme de lettres se fasse un modèle idéal de l'homme de lettres le plus accompli, et que ce soit par la bouche de cet homme qu'il juge les productions des autres et les siennes. Que le philosophe suive le même plan... Tout ce qui semblera bon et beau à ce modèle, le sera. Tout ce qui lui semblera faux, mauvais et difforme, le sera... Voilà l'organe de ses décisions... Le modèle idéal sera d'autant plus grand et plus sévère, qu'on étendra davantage ses connaissances... Il n'y a personne, et il ne peut y avoir personne, qui juge également bien en tout du vrai, du bon et du beau. Non: et si l'on entend par un homme de goût celui qui porte en lui-même le modèle général idéal de toute perfection, c'est une chimère.

Mais de ce modèle idéal qui est propre à mon état de philosophe, puisqu'on veut m'appeler ainsi, quel usage ferai-je quand je l'aurai? Le même que les peintres et les sculpteurs ont fait de celui qu'ils avaient. Je le modifierai selon les circonstances. Voilà la seconde étude à laquelle il faudra que je me livre.

L'étude courbe l'homme de lettres. L'exercice affermit la démarche, et relève la tête du soldat. L'habitude de porter des fardeaux affaisse les reins du crocheteur.[13] La femme grosse renverse sa tête en arrière. L'homme bossu dispose ses membres autrement que l'homme droit. Voilà les observa-

---

11. Condillac's *Traité des sensations* appeared four years before the *Discours*. Men of the Enlightenment were intrigued by Condillac's statue in which each of the five senses is awakened in turn. But D. uses the statue to give it qualities of perfection, to form the "homme idéal."

12. Ariste-Diderot has good reason to be "triste et pensif," for he is fully aware that no man can create a model of perfectibility without himself partaking of this perfectibility which is, according to Jacques Chouillet, "l'apanage des dieux."

13. The concept of professional deformation plays a significant role in D.'s esthetics.

tions qui, multipliées à l'infini, forment le statuaire, et lui apprennent à altérer, fortifier, affaiblir, défigurer et réduire son modèle idéal de l'état de nature à tel autre état qu'il lui plaît.

C'est l'étude des passions, des mœurs, des caractères, des usages, qui apprendra au peintre de l'homme à altérer son modèle, et à le réduire de l'état d'homme à celui d'homme bon ou méchant, tranquille ou colère.

C'est ainsi que d'un seul simulacre, il émanera une variété infinie de représentations différentes, qui couvriront la scène et la toile. Est-ce un poète? Est-ce un poète qui compose? Compose-t-il une satire ou un hymne? Si c'est une satire, il aura l'œil farouche, la tête renfoncée entre les épaules, la bouche fermée, les dents serrées, la respiration contrainte et étouffée: c'est un furieux. Est-ce un hymne? Il aura la tête élevée, la bouche entr'ouverte, les yeux tournés vers le ciel, l'air du transport et de l'extase, la respiration haletante: c'est un enthousiaste. Et la joie de ces deux hommes, après le succès, n'aura-t-elle pas des caractères différents?

Après cet entretien avec lui-même, Ariste conçut qu'il avait encore beaucoup à apprendre. Il rentra chez lui. Il s'y renferma pendant une quinzaine d'années. Il se livra à l'histoire, à la philosophie, à la morale, aux sciences et aux arts; et il fut à cinquante-cinq ans homme de bien, homme instruit, homme de goût, grand auteur et critique excellent.

PARADOXE SUR LE COMEDIEN[14]

This work, the authenticity of which has been, but is no longer, questioned, was inspired by a pamphlet on Garrick, the famous interpreter and reviver of Shakespeare. It is the fountainhead of modern discussions of the actor's technique. Diderot recommends a most careful study and perfect control of the expressions and gestures that register the indicated emotions, rather than a reliance on the actor's inspiration in experiencing the emotions himself. Only in this way does the great actor maintain a consistent mastery of his role. At first blush, in the successful transmission of emotion to the spectator, one would expect the same high degree of emotion in the transmitter; hence the paradox.

Diderot is here employing the dialectical method to write a polemic against himself. The method explains the extreme position that is taken against emotionalism. The actor's genius is closely associated with the writer's; Diderot's was characterized by enthusiastic outbursts which often inspired others, but which he himself was all too rarely able or willing to control. The actor Got corrects Diderot's exaggeration when he writes: "en même temps que l'artiste *exécute* et *éprouve*, une sorte d'être de raison doit rester en lui vigilant à côté."[15]

---

14. Composed between 1772 and 1778, first published in 1830.
15. Béatrix Dussane, *Le Comédien sans paradoxe*, p. 10.

... Le premier interlocuteur. — Pourquoi l'acteur différerait-il du poète, du peintre, de l'orateur, du musicien? Ce n'est pas dans la fureur du premier jet que les traits caractéristiques se présentent, c'est dans des moments tranquilles et froids, dans des moments tout à fait inattendus. On ne sait d'où ces traits viennent; ils tiennent de l'inspiration. C'est lorsque, suspendus entre la nature et leur ébauche, ces génies portent alternativement un œil attentif sur l'une et l'autre; les beautés d'inspiration, les traits fortuits qu'ils répandent dans leurs ouvrages, et dont l'apparition subite les étonne eux-mêmes, sont d'un effet et d'un succès bien autrement assurés que ce qu'ils y ont jeté de boutade.[16] C'est au sang-froid à tempérer le délire de l'enthousiasme.

Ce n'est pas l'homme violent qui est hors de lui-même qui dispose de nous; c'est un avantage réservé à l'homme qui se possède. Les grands poètes dramatiques surtout sont spectateurs assidus de ce qui se passe autour d'eux dans le monde physique et dans le monde moral.

Le second. — Qui n'est qu'un.

Le premier. — Ils saisissent tout ce qui les frappe; ils en font des recueils. C'est de ces recueils formés en eux, à leur insu, que tant de phénomènes rares passent dans leurs ouvrages. Les hommes chauds, violents, sensibles, sont en scène; ils donnent le spectacle, mais ils n'en jouissent pas. C'est d'après eux que l'homme de génie fait sa copie. Les grands poètes, les grands acteurs, et peut-être en général tous les grands imitateurs de la nature, quels qu'ils soient, doués d'une belle imagination, d'un grand jugement, d'un tact fin, d'un goût très sûr, sont les êtres les moins sensibles. Ils sont également propres à trop de choses; ils sont trop occupés à regarder, à reconnaître et à imiter, pour être vivement affectés au dedans d'eux-mêmes. Je les vois sans cesse le portefeuille sur les genoux et le crayon à la main.

Nous sentons, nous; ils observent, étudient et peignent. Le dirai-je? Pourquoi non? La sensibilité n'est guère la qualité d'un grand génie.[17] Il aimera la justice; mais il exercera cette vertu sans en recueillir la douceur. Ce n'est pas son cœur, c'est sa tête qui fait tout. A la moindre circonstance inopinée, l'homme sensible la perd. Il ne sera ni un grand roi, ni un grand ministre, ni un grand capitaine, ni un grand avocat, ni

---

16. "than the first bursts of enthusiasm." Only with difficulty could D. bring himself to revise the manuscripts which he was to leave to the judgment of posterity. See "Question aux gens de lettres," *Correspondance littéraire* (1770), concerning D.'s *La Religieuse:* "M. Diderot, après avoir passé des matinées à composer des lettres bien écrites, bien pensées, bien pathétiques, bien romanesques, employait des journées à les gâter en supprimant, sur les conseils de sa femme et de ses associés en scélératesse, tout ce qu'elles avaient de saillant, d'exagéré, de contraire à l'extrême simplicité et à la dernière vraisemblance...."

17. D., seeking to correct the role of *sensibilité* in his conception of genius (cf. *Pensées philosophiques*, I, III, IV), goes to the opposite extreme in this *Paradoxe*. The result obtained by his dialectic method would seem to be a belief in the necessity of strong passions firmly controlled (cf. *Le Rêve de d'Alembert*, éd. Pléiade, p. 955).

un grand médecin. Remplissez la salle du spectacle de ces pleureurs-là, mais ne m'en placez aucun sur la scène. Voyez les femmes; elles nous surpassent certainement, et de fort loin, en sensibilité: quelle comparaison d'elles à nous dans les instants de la passion? Mais autant nous leur cédons quand elles agissent, autant elles restent au-dessous de nous quand elles imitent. La sensibilité n'est jamais sans faiblesse d'organisation. La larme qui s'échappe de l'homme vraiment homme nous touche plus que tous les pleurs d'une femme. Dans la grande comédie, la comédie du monde, celle à laquelle j'en reviens toujours, toutes les âmes chaudes occupent le théâtre; tous les hommes de génie sont au parterre. Les premiers s'appellent des fous; les seconds, qui s'occupent à copier leurs folies, s'appellent des sages. C'est l'œil du sage qui saisit le ridicule de tant de personnages divers, qui le peint, et qui vous fait rire et de ces fâcheux originaux dont vous avez été la victime, et de vous-même. C'est lui qui vous observait, et qui traçait la copie comique et du fâcheux et de votre supplice.

Ces vérités seraient démontrées que les grands comédiens n'en conviendraient pas; c'est leur secret. Les acteurs médiocres ou novices sont faits pour les rejeter, et l'on pourrait dire de quelques autres qu'ils croient sentir, comme on a dit du superstitieux qu'il croit croire, et que sans la foi pour celui-ci et sans la sensibilité pour celui-là, il n'y a point de salut.

Mais quoi? dira-t-on, ces accents si plaintifs, si douloureux, que cette mère arrache du fond de ses entrailles, et dont les miennes sont si violemment secouées, ce n'est pas le sentiment actuel qui les produit, ce n'est pas le désespoir qui les inspire? Nullement: et la preuve, c'est qu'ils sont mesurés; qu'ils font partie d'un système de déclamation; que, plus bas ou plus aigus de la vingtième partie d'un quart de ton, ils sont faux; qu'ils sont soumis à une loi d'unité; qu'ils sont, comme dans l'harmonie, préparés et sauvés; qu'ils ne satisfont à toutes les conditions requises que par une longue étude; qu'ils concourent à la solution d'un problème proposé; que pour être poussés juste, ils ont été répétés cent fois, et que malgré ces fréquentes répétitions, on les manque encore; c'est qu'avant de dire:

>Zaïre, vous pleurez!

ou

>Vous y serez, ma fille,[18]

l'acteur s'est longtemps écouté lui-même; c'est qu'il s'écoute au moment où il vous trouble, et que tout son talent consiste, non pas à sentir, comme vous le supposez, mais à rendre si scrupuleusement les signes extérieurs du sentiment, que vous vous y trompiez. Les cris de sa douleur sont notés dans son oreille. Les gestes de son désespoir sont de mémoire,

---

18. Voltaire, *Zaïre*, IV, ii; Racine, *Iphigénie*, II, ii; both examples were generally considered to be the culmination of effective dramatic scenes.

et ont été préparés devant une glace. Il sait le moment précis où il tirera son mouchoir et où les larmes couleront; attendez-les à ce mot, à cette syllabe, ni plus tôt ni plus tard. Ce tremblement de la voix, ces mots suspendus, ces sons étouffés ou traînés, ce frémissement des mem-
5 bres, ce vacillement des genoux, ces évanouissements, ces fureurs, pure imitation, leçon recordée d'avance, grimace pathétique, singerie sublime dont l'acteur garde le souvenir longtemps après l'avoir étudiée, dont il avait la conscience présente au moment où il l'exécutait, qui lui laisse, heureusement pour le poète, pour le spectateur et pour lui, toute la
10 liberté de son esprit, et qui ne lui ôte, ainsi que les autres exercices, que la force du corps. Le socque ou le cothurne déposé, sa voix est éteinte, il éprouve une extrême fatigue, il va changer de linge ou se coucher; mais il ne lui reste ni trouble, ni douleur, ni affaissement d'âme. C'est vous qui remportez toutes ces impressions. L'acteur est las, et vous tristes;
15 c'est qu'il s'est démené sans rien sentir, et que vous avez senti sans vous démener. S'il en était autrement, la condition du comédien serait la plus malheureuse des conditions; mais il n'est pas le personnage, il le joue, et le joue si bien que vous le prenez pour tel: l'illusion n'est que pour vous; il sait bien, lui, qu'il ne l'est pas....

Art Criticism

Diderot created modern French art criticism as a literary genre. Beautiful paintings and statues were the joy of his soul. As an intelligent connoisseur who knew all the great artists of his period, he wrote numerous "Salons" for Grimm's *Correspondance littéraire* and collected a remarkable group of works for Catherine II. He was author, too, of an *Essai sur la peinture* and *Pensées détachées sur la peinture*... Detached thoughts on art appear, in fact, in most of his major works. If his criticisms seem often too literary, too moralistic, he nevertheless made a definite contribution to artistic technique and aesthetic theory. He has rarely been surpassed in the art of making readers see the paintings described. It should be remembered that his "Salons" were addressed to foreigners who did not have the opportunity of viewing the objects of his criticism.

Diderot well realized the difficulty of his task. In a letter to Grimm he writes: "Pour écrire un 'Salon' à mon gré et au vôtre savez-vous, mon ami, ce qu'il faudrait avoir? Toutes les sortes de goût, un cœur sensible à tous les charmes, une âme susceptible d'une infinité d'enthousiasmes différents, une variété de style qui répondît à la variété des pinceaux; pouvoir être grand ou voluptueux avec Deshays, simple et vrai avec Chardin, délicat avec Vien, pathétique avec Greuze, produire toutes les illusions possibles avec Vernet...."

SALONS

Greuze:[1] La Jeune Fille qui pleure son oiseau mort

La pauvre petite est de face; sa tête est appuyée sur la main gauche, l'oiseau mort est posé sur le bord supérieur de la cage, la tête pendante, les ailes traînantes, les pattes en l'air.... La pauvre petite! ah! qu'elle est affligée! comme elle est naturellement placée! que sa tête est belle! ... oh! la belle main! voyez la vérité des détails de ces doigts, et ces fossettes, et cette noblesse, et cette teinte de rougeur dont la pression de la tête a coloré le bout de ces doigts délicats. — Mais, petite, votre douleur est bien profonde, bien réfléchie! que signifie cet air rêveur et mélancolique? quoi! pour un oiseau! ça, petite, ouvrez-moi votre cœur! est-ce bien la mort de cet oiseau qui vous retire si fortement et si tristement en vous-même? vous baissez les yeux, vous ne me répondez pas;... eh bien! je le conçois, il vous aimait.... *(Salon de 1765)*

Boucher:[2] La Bergerie

Imaginez sur le fond un vase posé sur son piédestal et couronné d'un faisceau de branches renversées; au-dessous, un berger endormi sur les genoux de sa bergère; répandez autour une houlette, un petit chapeau rempli de roses, un chien, des moutons, un bout de paysage et je ne sais combien d'autres objets entassés les uns sur les autres; peignez le tout de la couleur la plus brillante, et vous aurez la *Bergerie* de Boucher.

Quel abus de talent! combien de temps de perdu! Avec la moitié moins de frais, on eût obtenu la moitié plus d'effet. Entre tant de détails, tous également soignés, l'œil ne sait où s'arrêter; point d'air, point de repos. Cependant la bergère a bien la physionomie de son état; et ce bout de paysage qui serre le vase est d'une délicatesse, d'une fraîcheur et d'un charme surprenants. Mais que signifient ce vase et son piédestal? que signifient les lourdes branches dont il est surmonté? Quand on écrit, faut-il tout écrire? quand on peint, faut-il tout peindre? De grâce, laissez quelque chose à suppléer par mon imagination... Mais dites cela à un homme corrompu par la louange et entêté de son talent, et il hochera dédaigneusement de la tête; il vous laissera dire et nous le quitterons: *Jussum se suaque solum amare.*[3] C'est dommage pourtant.

---

1. Greuze (1725–1805) was an excellent portrait painter. Much of his work, however, is characterized by false sentiment and sensuality. D. was especially captivated by his moralistic and symbolic paintings, such as *L'Accordée du village*, *La Cruche cassée* (symbolizing lost virtue), and *L'Oiseau mort* (representing a broken engagement).

2. Boucher (1703–1770) was a master of decorative painting. As D. notes, his art was flawless but not profound, for he wasted his talents on the innocent loves and less innocent gallantries of nymphs and goddesses, an art so perfectly suited to the sophisticated tastes and elegant interiors of the age of Louis XV.

3. "In love with himself and his works."

Cet homme, lorsqu'il était nouvellement revenu d'Italie, faisait de très belles choses; il avait une couleur forte et vraie; sa composition était sage, quoique pleine de chaleur; son faire, large et grand. Je connais quelques-uns de ses premiers morceaux qu'il appelle aujourd'hui des *croûtes* et qu'il rachèterait volontiers pour les brûler.

Il a de vieux portefeuilles pleins de morceaux admirables qu'il dédaigne. Il en a de nouveaux, farcis de moutons et de bergers à la Fontenelle [4] sur lesquels il s'extasie.

Cet homme est la ruine de tous les jeunes élèves en peinture. A peine savent-ils manier le pinceau et tenir la palette, qu'ils se tourmentent à enchaîner des guirlandes d'enfants, et à se jeter dans toutes sortes d'extravagances qui ne sont rachetées ni par la chaleur, ni par l'originalité, ni par la gentillesse, ni par la magie de leur modèle: ils n'en ont que les défauts. (*Salon de 1763*)

Chardin [5]

... C'est celui-ci qui est un peintre; c'est celui-ci qui est un coloriste.

Il y a au Salon plusieurs petits tableaux de Chardin; ils représentent presque tous des fruits avec les accessoires d'un repas. C'est la nature même; les objets sont hors de la toile et d'une vérité à tromper les yeux.

Celui qu'on voit en montant l'escalier mérite surtout l'attention. L'artiste a placé sur une table un vase de vieille porcelaine de la Chine, deux biscuits, un bocal rempli d'olives, une corbeille de fruits, deux verres à moitié pleins de vin, une bigarade [6] avec un pâté.

Pour regarder les tableaux des autres, il semble que j'aie besoin de me faire des yeux; pour voir ceux de Chardin, je n'ai qu'à garder ceux que la nature m'a donnés et m'en bien servir.

Si je destinais mon enfant à la peinture, voilà le tableau que j'achèterais. "Copie-moi cela, lui dirais-je, copie-moi cela encore." Mais peut-être la nature n'est-elle pas plus difficile à copier.

C'est que ce vase de porcelaine est de la porcelaine; c'est que ces olives sont réellement séparées de l'œil par l'eau dans laquelle elles nagent; c'est qu'il n'y a qu'à prendre ces biscuits et les manger, cette bigarade, l'ouvrir et la presser, ce verre de vin et le boire, ces fruits et les peler, ce pâté et y mettre le couteau.

C'est celui-ci qui entend l'harmonie des couleurs et des reflets. O Chardin! ce n'est pas du blanc, du rouge, du noir que tu broies sur ta palette: c'est la substance même des objets, c'est l'air et la lumière que tu prends à la pointe de ton pinceau et que tu attaches sur la toile.

4. Reference to Fontenelle's *Pastorales*.
5. Chardin (1699–1779) was a simple, unpretentious painter of familiar scenes (*La Bénédicité*). He made his reputation with a picture of a sting ray and excelled in still-life painting. D.'s admiration for Chardin was perfectly justified.
6. "Seville orange."

Après que mon enfant aurait copié et recopié ce morceau, je l'occuperais sur la *Raie dépouillée* du même maître. L'objet est dégoûtant, mais c'est la chair même du poisson, c'est sa peau, c'est son sang; l'aspect même de la chose n'affecterait pas autrement Monsieur Pierre;[7] regardez bien ce morceau, quand vous irez à l'Académie, et apprenez, si vous pouvez, le secret de sauver par le talent le dégoût de certaines natures.

On n'entend rien à cette magie. Ce sont des couches épaisses de couleur appliquées les unes sur les autres et dont l'effet transpire de dessous en dessus. D'autres fois, on dirait que c'est une vapeur qu'on a soufflée sur la toile; ailleurs, une écume légère qu'on y a jetée. Rubens, Berghem, Greuze, Loutherbourg vous expliqueraient ce faire bien mieux que moi; tous en feront sentir l'effet à vos yeux. Approchez-vous, tout se brouille, s'aplatit et disparaît; éloignez-vous, tout se recrée et se reproduit.

On m'a dit que Greuze montant au Salon et apercevant le morceau de Chardin que je viens de décrire, le regarda et passa en poussant un profond soupir. Cet éloge est plus court et vaut mieux que le mien.

Qui est-ce qui payera les tableaux de Chardin, quand cet homme rare ne sera plus? Il faut que vous sachiez encore que cet artiste a le sens droit et parle de son art.

Ah! mon ami, crachez sur le rideau d'Apelle et sur les raisins de Zeuxis.[8] On trompe sans peine un artiste impatient et les animaux sont mauvais juges en peinture. N'avons-nous pas vu les oiseaux du jardin du Roi aller se casser la tête contre la plus mauvaise des perspectives? Mais c'est vous, c'est moi que Chardin trompera quand il voudra. (*Salon de 1763*)

PENSEES DETACHEES SUR LA PEINTURE

Du goût

Question qui n'est pas aussi ridicule qu'elle le paraîtra: Peut-on avoir le goût pur, quand on a le cœur corrompu?...

Le sentiment du beau est le résultat d'une longue suite d'observations; et ces observations, quand les a-t-on faites? En tout temps, à tout instant. Ce sont ces observations qui dispensent de l'analyse. Le goût a prononcé longtemps avant que de connaître le motif de son jugement; il le cherche quelquefois sans le trouver, et cependant il persiste....

Tous disent que le goût est antérieur à toutes les règles; peu savent le pourquoi. Le goût, le bon goût est aussi vieux que le monde, l'homme et la vertu; les siècles ne l'ont que perfectionné.

J'en demande pardon à Aristote; mais c'est une critique vicieuse que de déduire des règles exclusives des ouvrages les plus parfaits, comme si les moyens de plaire n'étaient pas infinis. Il n'y a presque aucune de ces

---

7. A painter of pious allegories.
8. Classic examples of "trompe-l'œil" or deceptive painting.

règles que le génie ne puisse enfreindre avec succès. Il est vrai que la troupe des esclaves, tout en admirant, crie au sacrilège.

De la composition, et du choix des sujets

Rien n'est beau sans unité; et il n'y a point d'unité sans subordination. Cela semble contradictoire; mais cela ne l'est pas.

L'unité du tout naît de la subordination des parties; et de cette subordination naît l'harmonie qui suppose la variété.

Il y a entre l'unité et l'uniformité la différence d'une belle mélodie à un son continu.

La symétrie est l'égalité des parties correspondantes dans un tout. La symétrie, essentielle dans l'architecture, est bannie de tout genre de peinture. La symétrie des parties de l'homme y est toujours détruite par la variété des actions et des positions; elle n'existe pas même dans une figure vue de face et qui présente ses deux bras étendus. La vie et l'action d'une figure sont deux choses différentes. La vie est dans une figure en repos. Les artistes ont attaché au mot de *mouvement* une acception particulière. Ils disent d'une figure en repos, qu'elle a du *mouvement*, c'est-à-dire qu'elle est prête à se mouvoir.

L'harmonie du plus beau tableau n'est qu'une bien faible imitation de l'harmonie de la nature. Le plus grand effort de l'art consiste souvent à sauver la difficulté.[9]

C'est cet effet qui caractérise en grande partie la technique ou le faire de chaque maître.

Celui qui demande un tableau, plus il détaille le sujet, plus il est sûr d'avoir un mauvais tableau. Il ignore combien dans le maître le plus habile l'art est borné....

Pourquoi est-ce que les ouvrages des Anciens ont un si grand caractère? C'est qu'ils avaient tous fréquenté les écoles des philosophes.

Tout morceau de sculpture ou de peinture doit être l'expression d'une grande maxime, une leçon pour le spectateur; sans quoi il est muet.

Deux qualités essentielles à l'artiste, la morale et la perspective.

La plus belle pensée ne peut plaire à l'esprit si l'oreille est blessée. De là, la nécessité du dessin et de la couleur.

Dans toute imitation de la nature, il y a le technique et le moral. Le jugement du moral appartient à tous les hommes de goût; celui du technique n'appartient qu'aux artistes.

Quel que soit le coin de la nature que vous regardiez, sauvage ou cultivé, pauvre ou riche, désert ou peuplé, vous y trouverez toujours deux qualités enchanteresses, la vérité et l'harmonie....

Préférez, autant qu'il vous sera possible, les personnages réels aux êtres symboliques....

9. By the suppression of dissident detail.

Pensées détachées sur la peinture

Ce sont les limites étroites de l'art, sa pauvreté, qui a distingué les couleurs en *couleurs amies* et en *couleurs ennemies*. Il y a des coloristes hardis qui ont négligé cette distinction. Il est dangereux de les imiter, et de braver le jugement du goût fondé sur la nature de l'œil....

Je sais que l'art a ses règles qui tempèrent toutes les précédentes; mais il est rare que le moral doive être sacrifié au technique. Ce n'est ni à Van Huysum ni à Chardin que je m'adresse; dans la peinture de genre il faut tout immoler à l'effet.

La peinture de genre n'est pas sans enthousiasme; c'est qu'il y a deux sortes d'enthousiasme: l'enthousiasme d'âme et celui du métier. Sans l'un, le concept est froid; sans l'autre, l'exécution est faible; c'est leur union qui rend l'ouvrage sublime.[10] Le grand paysagiste a son enthousiasme particulier; c'est une espèce d'horreur sacrée. Ses antres sont ténébreux et profonds; ses rochers escarpés menacent le ciel; les torrents en descendent avec fracas, ils rompent au loin le silence auguste de ses forêts. L'homme passe à travers la demeure des démons et des dieux. C'est là que l'amant a détourné sa bien-aimée, c'est là que son soupir n'est entendu que d'elle. C'est là que le philosophe, assis ou marchant à pas lents, s'enfonce en lui-même. Si j'arrête mon regard sur cette mystérieuse imitation de la nature, je frissonne.

Si le peintre de ruines ne me ramène pas aux vicissitudes de la vie et à la vanité des travaux de l'homme, il n'a fait qu'un amas informe de pierres....

L'unité de temps est encore plus rigoureuse pour le peintre que pour le poète; celui-là n'a qu'un instant presque indivisible....

J'ai dit que l'artiste n'avait qu'un instant;[11] mais cet instant peut subsister avec des traces de l'instant qui a précédé, et des annonces de celui qui suivra.[12] On n'égorge pas encore Iphigénie; mais je vois approcher le victimaire avec le large bassin qui doit recevoir son sang, et cet accessoire me fait frémir....

Pourquoi l'art s'accommode-t-il si aisément des sujets fabuleux, malgré leur invraisemblance? C'est par la même raison que les spectacles s'accommodent mieux des lumières artificielles que du jour. L'art et ces lumières sont un commencement d'illusion et de prestige. Je penserais volontiers que les scènes nocturnes auraient sur la toile plus d'effet que les scènes du jour, si l'imitation en était aussi facile....

Une composition doit être ordonnée de manière à me persuader qu'elle

---

10. Cf. the extract above from the *Paradoxe sur le comédien*. D. seems to distinguish between passive *sensibilité* and creative enthusiasm, which becomes a byword in Mme de Staël and the romantics.
11. D. explains this difference between poetry and painting in his *Lettre sur les sourds et muets*.
12. Cf. Keats's *Ode on a Grecian Urn*, where the poet celebrates immobilization of the fleeting moment between two eternities.

n'a pu s'ordonner autrement; une figure doit agir ou se reposer, de manière à me persuader qu'elle n'a pu agir autrement....

Il ne faut pas croire que les êtres inanimés soient sans caractères. Les métaux et les pierres ont les leurs. Entre les arbres, qui n'a pas observé la flexibilité du saule, l'originalité du peuplier, la raideur du sapin, la majesté du chêne? Entre les fleurs, la coquetterie de la rose, la pudeur du bouton, l'orgueil du lis, l'humilité de la violette, la nonchalance du pavot?...

La ligne ondoyante est le symbole du mouvement et de la vie; la ligne droite est le symbole de l'inertie ou de l'immobilité....

Les quatre chevaux d'un quadrige ne se ressemblent pas....

Peindre comme on parlait à Sparte.

En poésie dramatique et en peinture, le moins de personnages qu'il est possible....

Quand on a bien choisi la nature, il est difficile de s'y conformer trop rigoureusement; autant de coups de pinceau donnés pour l'embellir, autant d'efforts malheureux pour lui ôter son originalité. Il y a une teinte de rusticité qui convient singulièrement aux ouvrages d'imitation, en quelque genre que ce soit, parce que la nature la conserve dans ses ouvrages, à moins qu'elle n'en ait été effacée par la main de l'homme. La nature ne fait point d'arbres en boule; c'est le ciseau du jardinier, commandé par le goût gothique[13] de son maître; et les arbres en boule vous plaisent-ils beaucoup? L'arbre des forêts le plus régulier a toujours quelques branches extravagantes; gardez-vous de les supprimer, vous en feriez un arbre de jardin.

Du coloris, de l'intelligence des lumières et du clair-obscur

...Combien de choses l'artiste doit avoir vues, combinées, agencées dans son imagination, avant que de passer le pouce dans sa palette, et cela sous peine de peindre et de repeindre sans cesse!

Le maître tâtonne moins que son élève; mais il tâtonne aussi.

Combien de beautés et de défauts inattendus naissent ou disparaissent sous le pinceau!

Du naïf

Pour dire ce que je sens, il faut que je fasse un mot, ou du moins que j'étende l'acception d'un mot déjà fait; c'est *naïf*.[14] Outre la simplicité qu'il exprimait, il faut y joindre l'innocence, la vérité et l'originalité d'une enfance heureuse qui n'a point été contrainte; et alors le naïf sera essentiel à toute production des beaux-arts; le naïf se discernera dans tous les points d'une toile de Raphaël; le naïf sera tout voisin du sublime; le naïf se

---

13. "barbaric."
14. This conception is given special significance by Schiller in his *Naive und sentimentalische Dichtung*.

retrouvera dans tout ce qui sera très beau; dans une attitude, dans un mouvement, dans une draperie, dans une expression. C'est la chose, mais la chose pure, sans la moindre altération. L'art n'y est plus....

La manière est dans les beaux-arts ce que l'hypocrisie est dans les mœurs. Boucher est le plus grand hypocrite que je connaisse; il n'y a pas une de ses figures à laquelle on ne pût dire: "Tu veux être vraie, mais tu ne l'es pas." La naïveté est de tous les états; on est naïvement héros, naïvement scélérat, naïvement dévot, naïvement beau, naïvement orateur, naïvement philosophe. Sans naïveté, point de vraie beauté. On est un arbre, une fleur, une plante, un animal naïvement. Je dirais presque que de l'eau est naïvement de l'eau, sans quoi elle visera à l'acier poli ou au cristal. La naïveté est une grande ressemblance de l'imitation avec la chose, accompagnée d'une grande facilité de faire: c'est de l'eau prise dans le ruisseau, et jetée sur la toile....

Le naïf, selon mon sens, est dans les passions violentes comme dans les passions tranquilles, dans l'action comme dans le repos. Il tient à presque rien; souvent l'artiste en est tout près; mais il n'y est pas....

En quelque genre que ce soit, il vaut encore mieux être extravagant que froid....

Différents Caractères des peintres

...Quoiqu'il n'y ait qu'une nature, et qu'il ne puisse y avoir qu'une bonne manière de l'imiter, celle qui la rend avec le plus de force et de vérité, cependant on laisse à chaque artiste son faire; on n'est intraitable que sur le dessin. — Il n'y a qu'une bonne manière de l'imiter. Est-ce que chaque écrivain n'a pas son style? — D'accord. — Est-ce que ce style n'est pas une imitation? — J'en conviens; mais cette imitation, où en est le modèle? Dans l'âme, dans l'esprit, dans l'imagination plus ou moins vive, dans le cœur plus ou moins chaud de l'auteur. Il ne faut donc pas confondre un modèle intérieur avec un modèle extérieur. — Mais n'arrive-t-il pas aussi quelquefois que le littérateur ait à peindre un site de nature, une bataille; alors son modèle n'est-il pas extérieur? — Il l'est; mais son expression n'est pas physiquement de la couleur; ce n'est ni du bleu, ni du vert, ni du gris, ni du jaune; sans quoi l'expression ne serait aucunement à son choix; sans quoi, si la richesse de la langue s'y prêtait, et qu'elle possédât huit cent dix-neuf mots correspondant aux huit cent dix-neuf teintes de la palette, il faudrait qu'il employât le seul qui rendrait précisément la teinte de l'objet, sous peine d'être faux. Le peintre est précis; le discours qui peint est toujours vague....

Correspondence

Diderot's correspondence shows that his naturalistic philosophy was tempered with humanism. In a delightful little book, *Diderot et Sophie Volland,* Paul Ledieu thus explains the charm of the *Lettres à Sophie Volland:* "Diderot y retrouve l'art de se dire, qu'avait enseigné Montaigne, et même étant donné le développement en ce siècle des salons et de la vie sociale, il y ajoute l'art d'exprimer sa société." But Diderot himself explains his aims to Sophie:

"Mes lettres sont une histoire assez fidèle de la vie. J'exécute, sans m'en apercevoir, ce que j'ai désiré cent fois. Comment, ai-je dit, un astronome passe trente ans de sa vie au haut d'un observatoire, l'œil appliqué le jour et la nuit à l'extrémité d'un télescope, pour déterminer les mouvements d'un astre; et personne ne s'étudiera soi-même, n'aura le courage de nous tenir un registre exact de toutes les pensées de son esprit, de tous les mouvements de son cœur, de toutes ses peines, de tous ses plaisirs, et des siècles innombrables se passeront, sans qu'on sache si la vie est bonne ou méchante, ce qui fait notre bonheur et notre malheur. Mais il faudrait bien du courage pour ne rien celer.... Pour moi, dans l'éloignement où je suis de vous, je ne sache rien qui vous rapproche de moi, comme de vous dire tout, et de vous rendre présente à mes actions par mon récit.... Je cause en vous écrivant, comme si j'étais à côté de vous, un bras passé sur le dos de votre fauteuil et que je vous parlasse...." (14 juillet 1762.) And again he writes to Sophie: "On serre toujours contre son sein celui qu'on aime, et l'art d'écrire n'est que l'art d'allonger les bras."

Constant in his general philosophical beliefs, Diderot was nevertheless aware of the limits of human understanding and of the demands of the heart:

"Il est dur de s'abandonner aveuglément au torrent universel; il est impossible de lui résister. Les efforts impuissants ou victorieux sont aussi dans l'ordre. Si je crois que je vous aime librement, je me trompe. Il n'en est rien. O, le beau système pour les ingrats! J'enrage d'être empêtré d'une diable de philosophie, que mon esprit ne peut s'empêcher d'approuver et mon cœur de démentir. Je ne puis souffrir que mes sentiments pour vous, que vos sentiments pour moi, soient assujettis à quoi que ce soit au monde.... Peu s'en faut que je ne me fasse chrétien, pour me promettre de vous aimer dans ce monde, tant que j'y serai, et de vous aimer encore dans l'autre.

"Heureux celui qui a reçu de nature une âme sensible et mobile! Il porte en lui la source d'une multitude d'instants délicieux que les autres ignorent. Tous les hommes s'affligent, mais c'est lui seul qui sait se plaindre et pleurer.... C'est son cœur qui lie ses idées. Celui qui n'a que de l'esprit, que du génie, ne l'entend pas. Il est un organe qui leur manque. La langue du cœur est mille fois plus variée que celle de l'esprit, et il est impossible de donner les règles de sa dialectique. Cela tient du délire et ce n'est pas le délire; cela tient du rêve et ce n'est pas le rêve. Mais comme le rêve ou le délire, ce sont les fils du réseau qui commandent à leur origine, le maître se résout à la condition d'interprète.... Mon amie, ne cherchez pas de sens à ces dernières lignes, elles ne seront claires qu'après la lecture de deux dialogues dont je crois vous avoir parlé." (Undated fragments.)

Diderot recounts that while walking in the country one day with Grimm he picked a spike of wheat and a bluet and fell into deep meditation: "Que faites-vous là, demande Grimm. — J'écoute. — Qui est-ce qui parle? — Dieu. — Eh bien? — C'est de l'hébreu; le cœur comprend, mais l'esprit n'est pas assez haut placé." But the still small voice of Nature seemed to say to him: "Demeure en repos, reste comme tout ce qui t'environne, dure comme tout ce qui t'environne, jouis doucement comme tout ce qui t'environne, et passe comme tout ce qui t'environne."

LETTRES A SOPHIE VOLLAND

Langres, le 10 août 1759

Les habitants de ce pays ont beaucoup d'esprit, trop de vivacité, une inconstance de girouettes; cela vient, je crois, des vicissitudes de leur atmosphère qui passe en vingt-quatre heures du froid au chaud, du calme à l'orage, du serein au pluvieux. Il est impossible que ces effets ne se fassent sentir sur eux, et que leurs âmes soient quelque temps de suite dans une même assiette. Elles s'accoutument ainsi, dès la plus tendre enfance, à tourner à tout vent. La tête d'un Langrois est sur ses épaules comme un coq d'église au haut d'un clocher: elle n'est jamais fixe dans un point; et si elle revient à celui qu'elle a quitté, ce n'est pas pour s'y arrêter. Avec une rapidité surprenante dans les mouvements, dans les désirs, dans les projets, dans les fantaisies, dans les idées, ils ont le parler lent. Pour moi, je suis de mon pays, seulement le séjour de la capitale et l'application assidue m'ont un peu corrigé.[1] Je suis constant dans mes goûts; ce qui m'a plu une fois me plaît toujours, parce que mon choix est toujours motivé: que je haïsse ou que j'aime, je sais pourquoi. Il est vrai que je suis porté naturellement à négliger les défauts et à m'enthousiasmer des qualités. Je suis plus affecté des charmes de la vertu que de la difformité du vice; je me détourne doucement des méchants, et je vole au-devant des bons. S'il y a dans un ouvrage, dans un caractère, dans un tableau, dans une statue, un bel endroit, c'est là que mes yeux s'arrêtent; je ne vois que cela; je ne me souviens que de cela; le reste est presque oublié. Que deviens-je lorsque tout est beau? Vous le savez, vous, ma Sophie, vous le savez, vous, mon amie; un tout est beau lorsqu'il est un; en ce sens Cromwell est beau, et Scipion aussi, et Médée, et Aria, et César, et Brutus. Voilà un petit bout de philosophie qui m'échappe; ce sera le texte d'une de vos causeries sur le banc du Palais-Royal. Adieu, mon amie; dans huit jours d'ici j'y serai, je l'espère.

---

1. The first sentences of this letter have too often been used by critics to describe the flexibility and inconstancy of D.'s mind. His general tastes and fundamental philosophy were constant indeed, yet truth to D. was neither absolute nor fixed. His dialectic was methodical, never the plaything of the winds.

Du Grandval, ce 20 octobre 1760

Voici, ma bonne amie, la suite de nos journées. Je vous en aurais peut-être fait un récit amusant; mais le moyen de plaisanter et de rire lorsque nos âmes sont dans la tristesse. Je parle de votre mère, de votre sœur et de vous. Qu'il est heureusement né cet ami![2] que j'envie son caractère! L'espérance reste toujours au fond de sa boîte; au contraire le hasard vient-il à entr'ouvrir le couvercle de la mienne, c'est la première chose qui s'en va. Ce n'est pas que je n'aperçoive aussi les fils auxquels je pourrais m'accrocher; mais je les vois si faibles et si déliés que je n'oserais m'y fier. J'aime presque autant m'abandonner au torrent que de saisir la feuille d'un saule.

Nous avons ici beaucoup de monde; M. Le Roy, comme je vous l'ai dit, l'ami Grimm et l'abbé Galiani, M. et Mme Rodier.[3] J'aime la physionomie de M. Rodier. S'il avait seulement la moitié de l'esprit qu'elle promet! C'est un mélange de finesse et de volupté. Le matin, lorsque ses longs cheveux bruns tombent en boucles négligées sur ses épaules, on le prendrait pour l'Hymen, mais comme il est le lendemain d'une noce, blême et un peu fatigué. Mme Rodier était vêtue d'un rouge foncé qui lui sied mal, et notre ami lui disait: "Comment chère sœur, vous voilà belle comme un œuf de Pâques!" D'Alainville et Mme Geoffrin[4] presque point ennuyée, chose rare. Mme de Charmoi toujours avec ses beaux yeux et sa mine intéressante. Mon fils d'Aine le monotone, M. et Mme Schiester, M. Schiester[5] avec sa mandore et son tympanon, et puis deux ou trois inconnus brochant sur le tout.[6]

Je tiens à mes aises partout, mais plus encore à la campagne qu'ailleurs. J'occupe un appartement de femme; c'est le plus agréable de la maison; au milieu de ce monde il m'est resté, et j'en aime encore un peu plus notre hôtesse.

Plus la compagnie est nombreuse, plus on est libre. Tout à moi, je n'ai jamais eu tant de temps pour lire, pour me promener, pour être à vous, pour vous aimer et pour vous l'écrire.

Notre dîner a été très gai. M. Le Roy racontait qu'une fois il avait été malheureux en amour. "*Rien qu'une fois?* — Pas davantage..." Alors il dormait ses quinzes heures et il engraissait à vue d'œil. "*Mais un amant malheureux doit être défait.* — Ou le paraître, et il n'y avait pas moyen.

---

2. D. alludes to a friend of the Volland family who comforted them after the bankruptcy of Sophie's brother-in-law.
3. Guests of Baron d'Holbach at Grandval. Grimm was D.'s intimate friend with whom he collaborated in the *Correspondance littéraire*, a chronicle of Parisian arts and letters. Abbé Galiani has been introduced in *Le Neveu de Rameau*.
4. Mme Geoffrin's salon was one of the most celebrated of the century.
5. "Mon fils d'Aine" was the younger brother of D'Holbach's wife. Their sixty-four-year-old widowed mother, Mme d'Aine, figures gaily in D.'s account of life at Grandval. M. Schiester was a well-known German musician.
6. "filling out the pattern."

C'est ce qui me désespérait." Il reposait en raison de la peine qu'il avait endurée; et quand il avait reposé, il pouvait souffrir derechef en raison du repos qu'il avait pris. *"Sans cela vous n'y auriez pas suffi.* — Il est vrai; mais du soir au matin j'étais tout frais pour la peine... — *Mais si, malheureux, vous dormez vos quinzes heures; heureux, combien dormez-vous?* — Presque point. — *Le bonheur vous fatigue peu.* — On ne peut moins, et puis je répare vite."

Vous comprenez tout ce que cela doit devenir à table, au dessert, entre douze et quinze personnes, avec du vin de Champagne, de la gaîté, de l'esprit, et toute la liberté des champs.

Mme Geoffrin fut fort bien; je fis un piquet avec elle, d'Alainville et le Baron. Je remarque toujours le goût noble et simple dont cette femme s'habille. C'était ce jour-là, une étoffe simple, d'une couleur austère, des manches larges, le linge le plus uni et le plus fin, et puis la netteté la plus recherchée de tout côté. Elle me demanda de la mère et de l'enfant.

Je répondis de l'enfant que je craignais qu'elle n'eût une vie agitée et malheureuse; car elle était ennuyée du repos. "Tant mieux," me dit-elle, "elle se remuera pour les paresseux," et elle en prit l'occasion de faire l'éloge de Mme d'Aine, que son attention continuelle pour nous autres fainéants tenait un pied levé et l'autre en l'air.

Ah! mon amie, où étiez-vous? Que faisiez-vous à Isle, où vous étiez lorsque je vous désirais ici? Partout où je rencontre le plaisir, je vous y souhaite. Voilà M. Schiester qui prend sa mandore. Le voilà qui joue quelque musique. Quelle exécution! Tout ce que ses doigts font dire à des cordes! cela est incroyable; et comme Mme d'Holbach et moi nous n'en perdions pas un mot! — Le joli courroux! — Que cette plainte est douce! — Il se dépite; il prend son parti. — Je le crois. — Les voilà qui se raccommodent. — Il est vrai. — Le moyen de tenir contre un homme qui sait s'excuser ainsi! — Il est sûr que nous entendions tout cela.

M. Schiester quitta sa mandore, et la vivacité de notre plaisir devint le sujet de la conversation. Nous les laissâmes dire tout ce qu'ils voulurent, et nous préférâmes jouir en silence du reste de notre émotion. Le moment de palpitation qui suit un grand plaisir est encore un moment fort doux: car le cœur palpite avant et après le plaisir.

Mme Geoffrin ne découche point; sur les six heures du soir, elle nous embrassa et remonta dans sa voiture avec l'ami d'Alainville, et la voilà partie.

Sur les sept heures, ils se sont mis à des tables de jeu, et MM. Le Roy, Grimm, l'abbé Galiani et moi, nous avons causé. Oh! pour cette fois, je vous apprendrai à connaître l'abbé, que peut-être vous n'avez regardé jusqu'à présent que comme un agréable polisson. Il est mieux que cela.

Il s'agissait entre Grimm et M. Le Roy du génie qui crée et de la méthode qui ordonne. Grimm déteste la méthode; c'est, selon lui, la pé-

danterie des lettres. Ceux qui ne savent qu'arranger feraient aussi bien de rester en repos; ceux qui ne peuvent être instruits que par des choses arrangées feraient tout aussi bien de rester ignorants. *"Mais c'est la méthode qui fait valoir. — Et qui gâte. — Sans elle on ne profiterait de rien.*
— *Qu'en se fatiguant, et cela n'en serait que mieux. Où est la nécessité que tant de gens sachent autre chose que leur métier?"* Ils dirent beaucoup de choses que je ne vous rapporte pas, et ils en diraient encore, si l'abbé Galiani ne les eût interrompus comme ceci:

"Mes amis, je me rappelle une fable, écoutez-la. Elle sera peut-être un peu longue, mais elle ne vous ennuiera pas.

Un jour, au fond d'une forêt, il s'éleva une contestation sur le chant entre le rossignol et le coucou. Chacun prise son talent. — Quel oiseau, disait le coucou, a le chant aussi facile, aussi simple, aussi naturel et aussi mesuré que moi?

— Quel oiseau, disait le rossignol, l'a plus doux, plus varié, plus éclatant, plus léger, plus touchant que moi?

Le coucou: — Je dis peu de choses; mais elles ont du poids, de l'ordre, et on les retient.

Le rossignol: — J'aime à parler; mais je suis toujours nouveau, et je ne fatigue jamais. J'enchante les forêts; le coucou les attriste. Il est tellement attaché à la leçon de sa mère, qu'il n'oserait hasarder un ton qu'il n'a point pris d'elle. Moi, je ne reconnais point de maître. Je me joue de règles. C'est surtout lorsque je les enfreins qu'on m'admire. Quelle comparaison de sa fastidieuse méthode avec mes heureux écarts!

Le coucou essaya plusieurs fois d'interrompre le rossignol. Mais les rossignols chantent toujours et n'écoutent point: c'est un peu leur défaut. Le nôtre, entraîné par ses idées, les suivait avec rapidité, sans se soucier des réponses de son rival.

Cependant, après quelques dits et contredits, ils convinrent de s'en rapporter au jugement d'un tiers animal.

Mais où trouver ce tiers également instruit et impartial qui les jugera? Ce n'est pas sans peine qu'on trouve un bon juge. Ils vont en cherchant un partout.

Ils traversaient une prairie, lorsqu'ils y aperçurent un âne des plus graves et des plus solennels. Depuis la création de l'espèce, aucun n'avait porté d'aussi longues oreilles. — Ah! dit le coucou en les voyant, nous sommes trop heureux; notre querelle est une affaire d'oreilles; voilà notre juge; Dieu le fit pour nous tout exprès.

L'âne broutait. Il n'imaginait guère qu'un jour il jugerait de musique. Mais la Providence s'amuse à beaucoup d'autres choses. Nos deux oiseaux s'abattent devant lui, le complimentent sur sa gravité et sur son jugement, lui exposent le sujet de leur dispute, et le supplient très humblement de les entendre et de décider.

Mais l'âne, détournant à peine sa lourde tête et n'en perdant pas un coup de dent, leur fait signe de ses oreilles qu'il a faim, et qu'il ne tient pas aujourd'hui son lit de justice. Les oiseaux insistent; l'âne continue à brouter. En broutant son appétit s'apaise. Il y avait quelques arbres plantés sur la lisière du pré. — Eh bien! leur dit-il, allez là: je m'y rendrai; vous chanterez, je digérerai, je vous écouterai, et puis je vous en dirai mon avis.

Les oiseaux vont à tire-d'aile et se perchent; l'âne les suit de l'air et du pas d'un président à mortier qui traverse les salles du palais: il arrive, il s'étend à terre et dit: — Commencez, la cour vous écoute. C'est lui qui était toute la cour.

Le coucou dit: — Monseigneur, il n'y a pas un mot à perdre de mes raisons; saisissez bien le caractère de mon chant, et surtout daignez en observer l'artifice et la méthode. Puis se rengorgeant et battant à chaque fois des ailes, il chanta: coucou, coucou, coucoucou, coucou, coucoucou. Et après avoir combiné cela de toutes les manières possibles, il se tut.

Et le rossignol, sans préambule, déploie sa voix, s'élance dans les modulations les plus hardies, suit les chants les plus neufs et les plus recherchés; ce sont des cadences ou des tenues à perte d'haleine; tantôt on entendait les sons descendre et murmurer au fond de sa gorge comme l'onde du ruisseau qui se perd sourdement entre des cailloux, tantôt on les entendait s'élever, se renfler peu à peu, remplir l'étendue des airs et y demeurer comme suspendus. Il était successivement doux, léger, brillant, pathétique, et quelque caractère qu'il prît, il peignait; mais son chant n'était pas fait pour tout le monde.

Emporté par son enthousiasme, il chanterait encore; mais l'âne, qui avait déjà bâillé plusieurs fois, l'arrêta et lui dit: — Je me doute que tout ce que vous avez chanté là est fort beau, mais je n'y entends rien; cela me paraît bizarre, brouillé, décousu. Vous êtes peut-être plus savant que votre rival, mais il est plus méthodique que vous, et je suis, moi, pour la méthode."

Et l'abbé, s'adressant à M. Le Roy et montrant Grimm du doigt: "Voilà," dit-il, "le rossignol, et vous êtes le coucou, et moi je suis l'âne qui vous donne gain de cause. Bonsoir."

Les contes de l'abbé sont bons, mais il les joue supérieurement. On n'y tient pas. Vous auriez trop ri de lui voir tendre son cou en l'air, et faire la petite voix du rossignol; se rengorger et prendre le ton rauque pour le coucou; redresser ses oreilles et imiter la gravité bête et lourde de l'âne; et tout cela naturellement sans y tâcher. C'est qu'il est pantomime depuis la tête jusqu'aux pieds.

M. Le Roy prit le parti de louer la fable et d'en rire.

A propos du chant des oiseaux, on demanda ce qui avait fait dire aux anciens que le cygne, qui a le cri nasillard et rauque, chantait mélodieusement en mourant.

Je répondis que peut-être le cygne était le symbole de l'homme qui parle toujours au dernier moment, et j'ajoutai que si j'avais jamais à mettre en vers les dernières paroles d'un orateur, d'un poète, d'un législateur, j'intitulerais ma pièce: *Le Chant du cygne.*

La conversation en prit un tour un peu sérieux. On parla de l'horreur que nous avons tous pour l'anéantissement.

"Tous!" s'écria le père Hoop;[7] "vous m'en excepterez, s'il vous plaît. Je m'en suis trop mal trouvé la première fois pour y revenir. On me donnerait l'immortalité bienheureuse pour un seul jour de purgatoire que je n'en voudrais pas: le mieux est de n'être plus."

Cela me fit rêver, et il me sembla que tant que je serais en santé, je penserais comme le père Hoop; mais qu'au dernier instant peut-être achèterais-je le bonheur d'exister encore une fois de mille ans, de mille ans d'enfer. Ah! chère amie, nous nous retrouverions! je vous aimerais encore! je me persuaderais ce qu'une fille réussit à persuader à son père qui se mourait. C'était un vieil usurier; un prêtre lui avait juré qu'il serait damné s'il ne restituait. Il y était résolu, et ayant fait appeler sa fille, il lui dit: "Mon enfant, tu as cru que je te laisserais fort riche, et tu l'aurais été en effet; mais voilà un homme qui va te ruiner; il prétend que je brûlerai dans l'enfer à jamais si je meurs sans restituer. — Vous vous moquez, mon père," lui répliqua la fille, "avec votre restitution et votre damnation; du caractère dont je vous connais, vous n'aurez pas été damné dix ans que vous y serez fait."

Cela lui parut vrai, et il mourut sans restituer. Une fille se résoudra à damner son père, un père à l'être pour enrichir sa fille; et un amant passionné, un honnête homme s'en effrayera. N'est-il pas bien doux d'être, et de retrouver son père, sa mère, son amie, son ami, sa femme, ses enfants, tout ce que nous avons chéri, même en enfer!

Et puis nous voilà discourant de la vie, de la mort, du monde et de son auteur prétendu.

Quelqu'un remarqua qu'il y eût un dieu ou qu'il n'y en eût point, il était impossible d'introduire cette machine soit dans la nature, soit dans une question, sans l'obscurcir.

Une autre, que si une supposition expliquait tous les phénomènes, il ne s'ensuivrait pas qu'elle fût vraie: car qui sait si l'ordre général n'a qu'une raison? Que faut-il donc penser d'une supposition qui, loin de résoudre la seule difficulté pour laquelle on l'imagine, en fait éclore une infinité d'autres?

Chère amie, je pense que notre babil de dessous la cheminée vous amuse toujours, et je le suis.

Parmi ces difficultés il y en a une qu'on a proposée depuis que le monde est monde: c'est que les hommes souffrent sans l'avoir mérité, et à laquelle on n'a pas encore répondu. C'est l'incompatibilité du mal physique et moral avec la nature de l'être éternel.

---

7. A disabused, much-traveled Scotch surgeon, whose pessimism fascinated D.

Lettres à Sophie Volland

Voici comment on la propose: c'est en lui impuissance ou mauvaise volonté; impuissance s'il a voulu empêcher le mal et qu'il ne l'ait pu; mauvaise volonté, s'il a pu empêcher le mal et qu'il ne l'ait pas voulu.

Un enfant entendrait cela. C'est là ce qui a fait imaginer la faute du premier père, le péché originel, les peines et les récompenses à venir, l'incarnation, l'immortalité, les deux principes des Manichéens, l'Oromase et l'Arimane [8] des Perses, les émanations, l'empire de la lumière et de la nuit, la succession des vies, la métempsycose, l'optimisme, et d'autres absurdités accréditées chez les différents peuples de la terre où l'on trouve toujours une vision creuse en réponse à un fait clair, net et précis.

Dans ces occasions quel est le parti du bon sens? Celui, mon amie, que nous avons pris: quoi que les optimistes nous disent, nous leur répliquerons que si le monde ne pouvait exister sans les êtres sensibles, ni les êtres sensibles sans la douleur, il n'y avait qu'à demeurer en repos. Il s'était bien passé une éternité sans que cette sottise-là fût.

Le monde, une sottise! Ah! mon amie, la belle sottise pourtant! C'est selon quelques habitants du Malabar, une des soixante-quatorze comédies dont l'Eternel s'amuse.

Leibnitz, le fondateur de l'optimisme, aussi grand poète que profond philosophe, raconte quelque part qu'il y avait dans un temple de Memphis une haute pyramide de globes placés les uns sur les autres; qu'un prêtre, interrogé par un voyageur sur cette pyramide et ces globes, répondit que c'étaient tous les mondes possibles, et que le plus parfait était au sommet; que le voyageur, curieux de voir ce plus parfait des mondes, monta au haut de la pyramide, et que la première chose qui frappa ses yeux attachés sur le globe du sommet, ce fut Tarquin qui violait Lucrèce.

Je ne sais qui est-ce qui rappela ce trait que je connaissais et dont je crois vous avoir entretenu.

C'est une chose singulière que la conversation, surtout lorsque la compagnie est un peu nombreuse. Voyez les circuits que nous avons faits; les rêves d'un malade en délire ne sont pas plus hétéroclites. Cependant, comme il n'y a rien de décousu ni dans la tête d'un homme qui rêve, ni dans celle d'un fou, tout se tient aussi dans la conversation; mais il serait quelquefois bien difficile de retrouver les chaînons imperceptibles qui ont attiré tant d'idées disparates. Un homme jette un mot qu'il détache de ce qui a précédé et suivi dans sa tête; un autre en fait autant, et puis attrape qui pourra. Une seule qualité physique peut conduire l'esprit qui s'en occupe à une infinité de choses diverses. Prenons une couleur, le jaune, par exemple: l'or est jaune, la soie est jaune, le souci est jaune, la bile est jaune, la paille est jaune; à combien d'autres fils ce fil ne répond-il pas? La folie, le rêve, le décousu de la conversation consistent à passer d'un objet à un autre par l'entremise d'une qualité commune.[9]

---

8. Gods who represented the opposing principles of good and evil.
9. Critics have seen here the definite suggestion of Sainte-Beuve's "Les Rayons

Le fou ne s'aperçoit pas qu'il en change. Il tient un brin de paille jaune et luisante à la main, et il crie qu'il a saisi un rayon du soleil. Combien d'hommes qui ressemblent à ce fou sans s'en douter! et moi-même, peut-être, dans ce moment.

Le mot de viol lia le forfait de Tarquin avec celui de Lovelace.[10] Lovelace est le héros du roman de *Clarisse*, et nous voilà sautés de l'histoire romaine à un roman anglais. On disputa beaucoup de *Clarisse*. Ceux qui méprisaient cet ouvrage, le méprisaient souverainement; ceux qui l'estimaient, aussi outrés dans leur estime que les premiers dans leur mépris, le regardaient comme un des tours de force de l'esprit humain. Je l'ai: je suis bien fâché que vous ne l'ayez pas enfermé dans votre malle. Je ne serai content ni de vous ni de moi que je ne vous aie amenée à goûter la vérité de *Paméla*, de *Tom Jones*, de *Clarisse*, et de *Grandison*.

Il s'est dit et fait ici tant de choses sages et folles, que je ne finirais pas si je ne rompais le fil pour aller tout de suite à deux petites aventures burlesques dont je ne saurais vous faire grâce, quoique je sache très bien qu'elles sont puériles et d'une couleur qui ne revient guère à la situation d'esprit où vous êtes.

Nous sommes tous logés au premier, le long d'un même corridor; les uns sur la cour d'entrée et les fossés, les autres sur le jardin et la campagne. Oh! chère amie, combien je suis bavard! "Ne pourrai-je jamais," comme disait Mme de Sévigné, qui était aussi bavarde et aussi gloutonne, quoi! "ne plus manger et me taire!"

Le soir nous étions tous retirés. On avait beaucoup parlé de l'incendie de M. de Bagueville, et voilà Mme d'Aine qui se ressouvient, dans son lit, qu'elle a laissé une énorme souche embrasée sous la cheminée du salon; peut-être qu'on n'aura pas mis le garde-feu, et puis la souche roulera sur le parquet, comme il est déjà arrivé une fois. La peur la prend; et, comme elle ne commande rien de ce qu'elle peut faire, elle se lève, met ses pieds nus dans ses pantoufles, et sort de sa chambre en corset de nuit et en chemise, une petite lampe de nuit à la main. Elle descendait l'escalier lorsque M. Le Roy, qui veille d'habitude, et qui s'était amusé à lire dans le salon, remontait; ils s'aperçoivent. Mme d'Aine se sauve. M. Le Roy la poursuit, l'atteint, et le voilà qui la saisit par le milieu du corps, et qui la baise; et elle qui crie: *A moi! à mon secours!* et les baisers de son ravisseur l'empêchaient de parler distinctement. Cependant on entendait à peu près: *A moi, mes gendres! s'il me fait un enfant, tant pis pour vous*. Les portes s'ouvrent; on passe sur le corridor, et l'on n'y trouve que Mme

---

jaunes," which the symbolist Verlaine praised so highly. D., taking his cue from the seemingly unrelated trends of conversation, arrives at the theory of associationism which is so important in the technique of modern poetry.

10. An illustration of D.'s theory in the paragraphs above. At just this time D. wrote his *Eloge de Richardson*, in which his enthusiasm for English realism and sentimentality is boundless. After *La Religieuse*, composed also at this time, D. abandoned the manner of Richardson for that of Sterne and Fielding in *Jacques le fataliste*.

Lettres à Sophie Volland

d'Aine fort en désordre, cherchant sa cornette et ses pantoufles dans les ténèbres; car sa lampe s'était éteinte et renversée, et notre ami s'était renfermé chez lui.

Je les ai laissés dans le corridor, où ils faisaient, encore à deux heures du matin, des ris semblables à ceux des dieux d'Homère, qui ne finissaient point, et qui en avaient quelquefois moins de raison; car vous conviendrez qu'il est plus plaisant de voir une femme grasse, blanche et potelée, presque nue, entre les bras d'un jeune homme insolent et lascif, qu'un vilain boiteux, maladroit, versant à boire à son père et à sa mère après une querelle de ménage assez maussade. C'est la fin du premier livre de l'*Iliade*.

Cette aventure a fait la plaisanterie du jour. Les uns prétendent que Mme d'Aine a appelé trop tôt, d'autres qu'elle n'a appelé qu'après s'être bien assurée qu'il n'y avait rien à craindre, et qu'elle eût tout autant aimé se taire pour son plaisir que de crier pour son honneur; et que sais-je quoi encore?

L'autre historiette est une impertinence du premier ordre. Imaginez que nous sommes quatorze ou quinze à table. Sur la fin du repas, "mon fils" était assis à la gauche de Mme de Charmoi. Il est ordinairement familier avec elle. Il lui prend la main, il veut voir le bras, il relève les manchettes. On le laisse faire, exprès ou de distraction. Il voit sur une peau assez blanche de grands poils noirs; il se met à lui plumer le bras; elle veut retirer sa main, il tient ferme; rabattre sa manchette, il la relève et plume. Elle crie: "*Monsieur, voulez-vous finir?*" Il lui répond: "*Non, madame, à quoi diable cela sert-il là?*" et plume toujours. Elle se fâche: "*Vous êtes un insolent.*" Il la laisse se fâcher et n'en plume pas moins. Mme d'Aine étouffant moitié de rire, moitié de colère, se tenant les côtes, et cherchant un ton sérieux, lui disait: "*D'Aine, y pensez-vous?*" Et puis elle riait. "*Qui est-ce qui a jamais épluché une femme à table?*" Et puis elle riait. "*Où est l'éducation que je vous ai donnée?*" Et tous les autres d'éclater: pour moi, les larmes m'en tombaient des yeux, et j'ai cru que j'en mourrais.

Cependant, un moment après, sa mère a fait signe à son fils, et il est allé se jeter aux pieds de la dame et lui demander pardon. Elle prétend qu'il lui a fait mal, mais cela n'est pas vrai; c'est la mauvaise plaisanterie et nos ris inhumains qui lui ont fait mal....

Adieu, adieu! Prévenez-moi de loin sur votre retour, afin qu'il n'y ait pas une douzaine de mes lettres en l'air qui aillent vous chercher à Isle quand vous n'y serez plus.

Vous m'êtes plus chère que jamais; l'absence n'y fait rien: si, elle y fait: elle impatiente.

[P.S.] Je viens de relire cette lettre. J'avais presque envie de la brûler; j'ai craint que la lecture que vous en ferez ne vous fatiguât.

Pour peu qu'elle vous applique, laissez-la. Vous y reviendrez, elle n'est obscure que par l'impossibilité de ne rien omettre de ce qui s'est dit.

Et puis ces matières ne vous sont pas aussi familières qu'à nous. Je brûle de vous revoir.

Paris, le 23 sept. 1762

C'est cette succession perpétuelle d'occupations utiles et variées qui rend le séjour à la campagne si doux et celui de la ville si maussade à ceux qui ont pris le goût des occupations des champs.

Pourquoi, plus la vie est remplie, moins on y est attaché? Si cela est vrai, c'est qu'une vie occupée est communément une vie innocente; c'est qu'on pense moins à la mort, et qu'on la craint moins, c'est que, sans s'en apercevoir, on se résigne au sort commun des êtres qu'on voit sans cesse mourir et renaître autour de soi; c'est qu'après avoir satisfait pendant un certain nombre d'années à des ouvrages que la nature ramène tous les ans, on s'en détache, on s'en lasse; les forces se perdent, on s'affaiblit, on désire la fin de la vie, comme après avoir bien travaillé on désire la fin de la journée; c'est qu'en vivant dans l'état de nature on ne se révolte pas contre les ordres que l'on voit s'exécuter si nécessairement et si universellement; c'est qu'après avoir fouillé la terre tant de fois, on a moins de répugnance à y descendre; c'est qu'après avoir sommeillé tant de fois sur la surface de la terre, on est plus disposé à sommeiller un peu au-dessous; c'est pour revenir à une des idées précédentes qu'il n'y a personne parmi nous qui, après avoir beaucoup fatigué, n'ait désiré son lit, n'ait vu approcher le moment de se coucher avec un plaisir extrême; c'est que la vie n'est, pour certaines personnes, qu'un long jour de fatigue, et la mort qu'un long sommeil, et le cercueil qu'un lit de repos, et la terre qu'un oreiller où il est doux à la fin d'aller mettre sa tête pour ne la plus relever. Je vous assure que la mort, considérée sous ce point de vue, et après les longues traverses que j'ai essuyées, m'est on ne peut pas plus agréable. Je veux m'accoutumer de plus en plus à la voir ainsi.

LETTRE A FALCONET [11]

Ce 10 décembre 1765

Oui, je veux vous aimer toujours; car je ne vous en aimerais pas moins, quand je ne le voudrais pas. Je pourrais presque vous adresser la prière que les Stoïciens faisaient au Destin: "O Destin, conduis-moi où tu voudras, je suis prêt à te suivre; car tu ne m'en conduirais et je ne t'en suivrais pas moins, quand je ne le voudrais pas."

Vous sentez que la postérité m'aimera, et vous en êtes bien content; et vous sentez bien mieux qu'elle vous aimera aussi, et vous ne vous en souciez pas. Comment pouvez-vous faire cas pour un autre d'un bien que

---

11. This is but one of a series of letters in which D. tries to persuade the sculptor Falconet of the advantages of working for posterity.

vous dédaignez pour vous? S'il vous est doux d'avoir pour ami... Je m'arrête là, je crois que j'allais faire un sophisme qui aurait gâté une raison de sentiment.[12]

Il est doux d'entendre pendant la nuit un concert de flûtes qui s'exécute au loin et dont il ne me parvient que quelques sons épars que mon imagination, aidée de la finesse de mon oreille, réussit à lier, et dont elle fait un chant suivi qui la charme d'autant plus que c'est en bonne partie son ouvrage. Je crois que le concert qui s'exécute de près a bien son prix. Mais le croiriez-vous, mon ami? ce n'est pas celui-ci, c'est le premier qui enivre. La sphère qui nous environne, et où l'on nous admire, la durée pendant laquelle nous existons et nous entendons la louange, le nombre de ceux qui nous adressent directement l'éloge que nous avons mérité d'eux, tout cela est trop petit pour la capacité de notre âme ambitieuse; peut-être ne nous trouvons-nous pas suffisamment récompensés de nos travaux par les génuflexions d'un monde actuel. A côté de ceux que nous voyons prosternés, nous agenouillons ceux qui ne sont pas encore. Il n'y a que cette foule d'adorateurs illimitée qui puisse satisfaire un esprit dont les élans sont toujours vers l'infini. Les prétentions, direz-vous, sont souvent au delà du mérite. D'accord, mais n'y voyez-vous pas un hommage merveilleux, vous me l'avez dit, et certainement vous êtes trop éclairés tous tant que vous êtes pour que l'avenir soit jamais assez osé pour penser autrement que vous?

Vous voyez, mon ami, que je me moque de tout cela, que je me persifle, moi et toutes les autres mauvaises têtes comme la mienne: eh bien, vous l'avouerai-je, en regardant au fond de mon cœur, j'y retrouve le sentiment dont je me moque, et mon oreille, plus vaine que philosophique, entend même en ce moment quelques sons imperceptibles du concert lointain.

O curas hominum! O quantum est in rebus inane![13]

Cela est vrai, mais réduisez le bonheur au petit sachet de la réalité, et puis dites-moi ce que ce sera. Puisqu'il y a cent peines d'opinions dont il est presque impossible de se délivrer, permettez à ces pauvres fous de se faire, en dédommagement, cent plaisirs chimériques. Mon ami, ne soufflons point sur ces fantômes, puisque notre souffle n'écarterait que ceux qui nous suivraient toujours, d'un peu plus près ou d'un peu plus loin.

O le joli moment! comme la tête allait s'exalter, si j'avais le temps de la laisser faire! Mais il faut que je vous quitte pour aller à des êtres qui ne vous valent pas, sans flatterie, et pour dire des choses dont la postérité ne s'entretiendra pas.

En vérité, cette postérité serait une ingrate si elle m'oubliait tout à fait, moi qui me suis tant souvenu d'elle.

---

12. It seems that D. was about to attribute Falconet's friendship to a desire for reflected glory.
13. "Oh, the anxieties of men! Oh, the vanity of this world!" (Persius, Satire I.)

Mon ami, prenez garde que je ne fais nul cas de la postérité pour les morts, mais que son éloge, légitimement présumé, garanti par le suffrage unanime des contemporains, est un plaisir actuel pour les vivants, un plaisir tout aussi réel pour vous que celui que vous savez vous être accordé par le contemporain qui n'est pas assis tout à côté de vous, mais qui parle de vous, quoiqu'il ne soit pas entendu de vous.

L'éloge payé comptant, c'est celui qu'on entend tout contre, et c'est celui des contemporains. L'éloge présumé, c'est celui qu'on entend dans l'éloignement et c'est celui de la postérité. Mon ami, pourquoi ne voulez-vous accepter que la moitié de ce qui vous est dû?

Ce n'est ni moi, ni Pierre, ni Paul, ni Jean qui vous loue; c'est le bon goût, et le bon goût est un être abstrait qui ne meurt point; sa voix se fait entendre sans discontinuer, par des organes successifs qui se succèdent les uns aux autres. Cette voix immortelle se taira sans doute pour vous, quand vous ne serez plus; mais c'est elle que vous entendez à présent, elle est immortelle malgré vous, elle s'en va et s'en ira disant toujours: "Falconet! Falconet!"

THE ENCYCLOPEDIA

L'ENCYCLOPEDIE
ou
DICTIONNAIRE RAISONNE DES SCIENCES, DES ARTS ET DES METIERS

This first of the great modern encyclopedias was the work of a "société des gens de lettres."[1] The stormy history of its preparation and publication ended with the final triumph of the Encyclopedists over censorship and repression, though many a battle was lost along the way.

Conceived at first in 1745 as a translation of Ephraim Chamber's English *Cyclopedia* by Le Breton, printer and publisher, the editorship was entrusted in 1746 to Abbé Gua de Malves, under the supervision of D'Alembert and Diderot. The plan was now enlarged to include additional and original articles. Three other large publishing houses were brought in to share the increasing expenses of what proved to be the greatest publishing venture of the century. When the Abbé proved unequal to the task, the editorship was assigned to D'Alembert (for the mathematical articles) and Diderot. To the latter must be given the credit for its completion, for he worked on it doggedly and persistently in the face of every obstacle: early condemnation by the *Journal de Trévoux*;[2] condemnation of the first two volumes in 1752, because Diderot's theories of sensationalism were believed to be implicated in the heretical Sorbonne thesis of Abbé de Prades; defamatory attacks on the Encyclopedists by Palissot, Fréron, and Moreau, which led to D'Alembert's defection after the appearance of the seventh volume (1757); revocation of the essential *privilège du roi* along with the condemnation of Helvétius's *De l'esprit* and Voltaire's *Poème sur la loi naturelle* (1759); six more years of heavy labor on Diderot's part, now mightily seconded by the indefatigable compiler Chevalier de Jaucourt, before the last ten volumes of text appeared by a ruse, but treacher-

---
1. Besides those mentioned in this foreword and among many others: Condillac, Quesnay, Morellet, Marmontel, Turgot, Voltaire, Saint-Lambert, Bernouilli, Condorcet, D'Holbach, Daubenton, La Condamine, Bordeu, Tronchin, Grimm, Rousseau.
2. See John N. Pappas, *Berthier's "Journal de Trévoux" and the Philosophes*, 1957.

ously censored by Le Breton (1765-1766); and seven more years of toil on eleven volumes of *planches*, illustrating the trades and mechanical arts, Diderot's outstanding contribution. By 1780, other editors had added four volumes of text, one of plates, and two of index, bringing the total to thirty-five folio volumes.

Diderot announced that full independence of thought would be granted to collaborators, who represented widely varying ideologies. Because of the censorship, which became more rigid after the second volume, theological articles (the views of Abbés Yvon and Mallet were somewhat doubtfully orthodox) and political articles present little of the spirit of the age. In many a shy corner, however, often discoverable only by cross-references, were hidden paragraphs which represent the true spirit and character of the Enlightenment, so that the work as a whole, in spite of its uneven and often disappointing character, justifies its reputation as a monument of philosophical and technical progress.

Diderot nobly expressed its aims at the beginning of his article "Encyclopédie": "Le but d'une *Encyclopédie* est de rassembler les connaissances éparses sur la surface de la terre; d'en exposer le système général aux hommes avec qui nous vivons, et de le transmettre aux hommes qui viendront après nous; afin que les travaux des siècles passés n'aient pas été des travaux inutiles pour les siècles qui succéderont; que nos neveux, devenant plus instruits, deviennent en même temps plus vertueux et plus heureux, et que nous ne mourions pas sans avoir bien mérité du genre humain."

Discours préliminaire

The "Preliminary Discourse"[3] of the *Encyclopedia* was the product of D'Alembert's systematic mind. He accepts and develops Cartesian logic and mathematics, but turns against Cartesian physics and metaphysics. He especially attacks the clear, simple, axiomatic truths which Descartes implied were innate, and for them he substitutes the evidence of the senses, in accord with Locke's theory.

The first part of the Discourse is metaphysical in that it deals with the theory, origin, systematization, and fundamental unity of knowledge. "Les connaissances humaines" are logically divisible into three categories according to their dependence upon the three faculties of memory, reason, and imagination. Under memory fall the works of compilation: sacred history, civil history, natural history, and finally the history of the arts and crafts. Dependent on reason is the field of philosophy: theology and metaphysics; psychology, logic, and ethics; mathematics and applied natural sciences. Nursed by the imagination are the creative arts: the epic, drama, and novel; music, painting, sculpture, and architecture.

The second part of the Discourse is a summary history of the progress of scientific knowledge. Here D'Alembert mentions the discoveries of the ancients, followed by twelve centuries of eclipse, until the Rennaissance, accompanied by the art of printing and a new critical spirit, prepared the way, hesitatingly at first, for the enlightenment of the great age of philosophy. Many pages are devoted to praising the famous men of science of the seventeenth

---

3. A critical and well-annotated edition has been prepared by F. Picavet (Armand Colin, 1929).

century. D'Alembert has been severely condemned for slighting the Middle Ages. He should be commended, however, for emphasizing the continuity of spirit from the sixteenth to the eighteenth century, a fact often played down by recent historians and obscured by the dissimilarity of literary schools. Far from being "mythical," the spirit of the Renaissance gradually enlarged its domain until it reached its culmination in the Enlightenment.[4] The general recognition of this continuity was indicated in 1749 when the Academy of Dijon set as its annual subject for prize essays: "Si le rétablissement des sciences et des arts a contribué à épurer les mœurs."[5]

[1]

... L'ouvrage que nous commençons (et que nous désirons de finir) a deux objets: comme *encyclopédie*, il doit exposer, autant qu'il est possible, l'ordre et l'enchaînement des connaissances humaines: comme *dictionnaire raisonné des sciences, des arts et des métiers*, il doit contenir sur chaque science et sur chaque art, soit libéral, soit mécanique, des principes généraux qui en sont la base, et les détails les plus essentiels, qui en font le corps et la substance. Ces deux points de vue, d'*encyclopédie* et de *dictionnaire raisonné*, formeront donc le plan et la division du discours préliminaire. Nous allons les envisager, les suivre l'un après l'autre, et rendre compte des moyens par lesquels on a tâché de satisfaire à ce double objet.

Pour peu qu'on ait réfléchi sur la liaison que les découvertes ont entre elles, il est facile de s'apercevoir que les sciences et les arts se prêtent mutuellement des secours, et qu'il y a par conséquent une chaîne qui les unit. Mais il est souvent difficile de réduire à un petit nombre de règles ou de notions générales, chaque science ou chaque art en particulier; il ne l'est pas moins de renfermer dans un système qui soit un, les branches infiniment variées de la science humaine.[6]

Le premier pas que nous ayons à faire dans cette recherche, est d'examiner, qu'on nous permette ce terme, la généalogie et la filiation de nos connaissances, les causes qui ont dû les faire naître, et les caractères qui les distinguent; en un mot, de remonter jusqu'à l'origine et à la génération de nos idées. Indépendamment des secours que nous tirerons de cet examen pour l'énumération encyclopédique des sciences et des arts, il ne

---

4. C. H. Haskins' *The Early Renaissance* led to an extreme devaluation of the later Renaissance, unfairly viewed apart from its subsequent developments. A chapter entitled "The Myth of the Renaissance" in Harry Elmer Barnes' *An Intellectual and Cultural History of the Western World* closely follows this view and is thus quite out of keeping with the general tenor of the book.
5. In his *Discours sur les sciences et les arts* (see below) Rousseau changed the wording and the whole nature of the debate.
6. D'Alembert immediately states his view of the unity of knowledge and proposes his all-embracing tree of science. Diderot's image (in his article "Encyclopédie"), less systematic, was rather that of a series of maps of the intelligible world.

saurait être déplacé à la tête d'un dictionnaire raisonné des connaissances humaines.

On peut diviser toutes nos connaissances en directes et en réfléchies. Les directes sont celles que nous recevons immédiatement sans aucune opération de notre volonté, qui, trouvant ouvertes, si on peut parler ainsi, toutes les portes de notre âme, y entrent sans résistance et sans effort. Les connaissances réfléchies sont celles que l'esprit acquiert en opérant sur les directes, en les unissant et en les combinant.

Toutes nos connaissances directes se réduisent à celles que nous recevons par les sens; d'où il s'ensuit que c'est à nos sensations que nous devons toutes nos idées. Ce principe des premiers philosophes a été longtemps regardé comme axiome par les scolastiques;[7] pour qu'ils lui fissent cet honneur, il suffisait qu'il fût ancien, et ils auraient défendu avec la même chaleur les formes substantielles ou les qualités occultes. Aussi cette vérité fut-elle traitée à la renaissance de la philosophie, comme les opinions absurdes dont on aurait dû la distinguer; on la proscrivit avec ces opinions, parce que rien n'est si dangereux pour le vrai, et ne l'expose tant à être méconnu, que l'alliage ou le voisinage de l'erreur. Le système des idées innées, séduisant à plusieurs égards, et plus frappant peut-être parce qu'il était moins connu, a succédé à l'axiome des scolastiques; et après avoir longtemps régné, il conserve encore quelques partisans; tant la vérité a de la peine à reprendre sa place, quand les préjugés ou le sophisme[8] l'en ont chassée. Enfin, depuis assez peu de temps on convient presque généralement que les anciens avaient raison; et ce n'est pas la seule question sur laquelle nous commençons à nous rapprocher d'eux.

Rien n'est plus incontestable que l'existence de nos sensations; ainsi pour prouver qu'elles sont le principe de toutes nos connaissances, il suffit de démontrer qu'elles peuvent l'être: car en bonne philosophie, toute déduction qui a pour base des faits ou des vérités reconnues, est préférable à ce qui n'est appuyé que sur des hypothèses, même ingénieuses. Pourquoi supposer que nous ayons d'avance des notions purement intellectuelles, si nous n'avons besoin pour les former, que de réfléchir sur nos sensations? le détail où nous allons entrer fera voir que ces notions n'ont point en effet d'autre origine.

La première chose que nos sensations nous apprennent, et qui même

---

7. The Scholastic philosophers, especially St. Thomas Aquinas, were interpreters of Aristotle (hence often called Peripatetics). As in the case of natural law, many of their Jesuit disciples agreed with the *philosophes*, for they held that nothing exists in the mind which does not originate in sense perception. Again, however, they maintained the superior wisdom of the spirit based on the truths of Revelation. The Scholastic Sorbonne was obliged by the Jansenists to defend innate ideas at the time of the famous thesis of Abbé de Prades (1752) in a common attack against the philosophers.

8. *Sophistry*, or specious reasoning, is a rather severe term for Cartesian metaphysics.

n'est pas distinguée, c'est notre existence; [9] d'où il s'ensuit que nos premières idées réfléchies doivent tomber sur nous, c'est-à-dire, sur ce principe pensant qui constitue notre nature, et qui n'est point différent de nous-mêmes. La seconde connaissance que nous devons à nos sensations, est l'existence des objets extérieurs, parmi lesquels notre propre corps doit être compris, puisqu'il nous est, pour ainsi dire, extérieur, même avant que nous ayons démêlé la nature du principe qui pense en nous. Ces objets innombrables produisent sur nous un effet si puissant, si continu, et qui nous unit tellement à eux, qu'après un premier instant où nos idées réfléchies nous rappellent en nous-mêmes, nous sommes forcés d'en sortir par les sensations qui nous assiègent de toutes parts, et qui nous arrachent à la solitude où nous resterions sans elles. La multiplicité de ces sensations, l'accord que nous remarquons dans leur témoignage, les nuances que nous y observons, les affections involontaires qu'elles nous font éprouver, comparées avec la détermination volontaire qui préside à nos idées réfléchies, et qui n'opère que sur nos sensations mêmes; tout cela forme en nous un penchant insurmontable à assurer l'existence des objets auxquels nous rapportons ces sensations, et qui nous paraissent en être la cause; penchant que bien des philosophes ont regardé comme l'ouvrage d'un Etre supérieur, et comme l'argument le plus convaincant de l'existence de ces objets. En effet, n'y ayant aucun rapport entre chaque sensation et l'objet qui l'occasionne, ou du moins auquel nous le rapportons, il ne paraît pas qu'on puisse trouver par le raisonnement de passage possible de l'un à l'autre: il n'y a qu'une espèce d'instinct, plus sûr que la raison même, qui puisse nous forcer à franchir un si grand intervalle;[10] et cet instinct est si vif en nous, que quand on supposerait pour un moment qu'il subsistât pendant que les objets extérieurs seraient anéantis, ces mêmes objets reproduits tout à coup ne pourraient augmenter sa force. Jugeons donc, sans balancer, que nos sensations ont en effet hors de nous la cause que nous leur supposons, puisque l'effet qui peut résulter de l'existence réelle de cette cause ne saurait différer en aucune manière de celui que nous éprouvons; et n'imitons point ces philosophes dont parle Montaigne, qui, interrogés sur le principe des actions humaines, cherchent encore s'il y a des hommes.[11] Loin de vouloir répandre des nuages sur une vérité reconnue des sceptiques mêmes lorsqu'ils ne disputent pas, laissons aux métaphysiciens éclairés le soin d'en développer le principe: c'est à

---

9. "Je sens, donc je suis" replaces Descartes' "Je pense, donc je suis."
10. An attack on the Cartesian belief that the existence of the exterior world could be rationally verified. Descartes' argument was that, since God was truth and perfection, He would not allow our senses to deceive us. Descartes erroneously placed the seat of intercommunication between the physical and spiritual worlds in the pineal gland.
11. "Et quant aux philosophes, les voulez-vous faire juges des droicts d'un procez, des actions d'un homme? Ils en sont bien prests! Ils cherchent encores s'il y a vie, s'il y a mouvement, si l'homme est aultre chose qu'un bœuf; que c'est qu'agir et souffrir, quelles bestes ce sont que lois et justice." ("Du pédantisme," I, xxv.)

eux à déterminer, s'il est possible, quelle gradation observe notre âme dans ce premier pas qu'elle fait hors d'elle-même, poussée, pour ainsi dire, et retenue tout à la fois par une foule de perceptions, qui d'un côté l'entraînent vers les objets extérieurs, et qui de l'autre n'appartenant proprement qu'à elle, semblent lui circonscrire un espace étroit dont elles ne lui permettent pas de sortir.

De tous les objets qui nous affectent par leur présence, notre propre corps est celui dont l'existence nous frappe le plus, parce qu'elle nous appartient plus intimement: mais à peine sentons-nous l'existence de notre corps que nous nous apercevons de l'attention qu'il exige de nous, pour écarter les dangers qui l'environnent. Sujet à mille besoins, et sensible au dernier point à l'action des corps extérieurs, il serait bientôt détruit, si le soin de sa conservation ne nous occupait. Ce n'est pas que tous les corps extérieurs nous fassent éprouver des sensations désagréables; quelques-uns semblent nous dédommager par le plaisir que leur action nous procure. Mais tel est le malheur de la condition humaine, que la douleur est en nous le sentiment le plus vif; le plaisir nous touche moins qu'elle, et ne suffit presque jamais pour nous en consoler. En vain quelques philosophes soutenaient, en retenant leurs cris au milieu des souffrances, que la douleur n'était point un mal: en vain quelques autres plaçaient le bonheur suprême dans la volupté, à laquelle ils ne laissaient pas de se refuser par la crainte de ses suites: tous auraient mieux connu notre nature, s'ils s'étaient contentés de borner à l'exemption de la douleur le souverain bien de la vie présente,[12] et de convenir que sans pouvoir atteindre à ce souverain bien, il nous était seulement permis d'en approcher plus ou moins, à proportion de nos soins et de notre vigilance. Des réflexions si naturelles frapperont infailliblement tout homme abandonné à lui-même, et libre de préjugés, soit d'éducation, soit d'étude: elles seront la suite de la première impression qu'il recevra des objets; et on peut les mettre au nombre de ces premiers mouvements de l'âme, précieux pour les vrais sages, et dignes d'être observés par eux, mais négligés ou rejetés par la philosophie ordinaire, dont ils démentent presque toujours les principes.

La nécessité de garantir notre propre corps de la douleur et de la destruction, nous fait examiner parmi les objets extérieurs, ceux qui peuvent nous être utiles ou nuisibles, pour rechercher les uns et fuir les autres. Mais à peine commençons-nous à parcourir ces objets, que nous découvrons parmi eux un grand nombre d'êtres qui nous paraissent entièrement semblables à nous, c'est-à-dire, dont la forme est toute pareille à la nôtre, et qui, autant que nous en pouvons juger au premier coup d'œil, semblent avoir les mêmes perceptions que nous: tout nous porte donc à penser qu'ils ont aussi les mêmes besoins que nous éprouvons, et

---

12. Epicurus defined pleasure as the absence of pain; Locke attributed to "uneasiness" the mainsprings of human action. Modern psychologists speak of emotional unbalance or tension.

par conséquent le même intérêt à les satisfaire; d'où il résulte que nous devons trouver beaucoup d'avantage à nous unir avec eux pour démêler dans la nature ce qui peut nous conserver ou nous nuire. La communication des idées est le principe et le soutien de cette union, et demande nécessairement l'invention des signes; telle est l'origine de la formation des sociétés avec laquelle les langues ont dû naître.[13]

Ce commerce que tant de motifs puissants nous engagent à former avec les autres hommes, augmente bientôt l'étendue de nos idées, et nous en fait naître de très nouvelles pour nous, et de très éloignées, selon toute apparence, de celles que nous aurions eues par nous-mêmes sans un tel secours. C'est aux philosophes à juger si cette communication réciproque, jointe à la ressemblance que nous apercevons entre nos sensations et celles de nos semblables, ne contribue pas beaucoup à former ce penchant invincible que nous avons à supposer l'existence de tous les objets qui nous frappent. Pour me renfermer dans mon sujet, je remarquerai seulement que l'agrément et l'avantage que nous trouvons dans un pareil commerce, soit à faire part de nos idées aux autres hommes, soit à joindre les leurs aux nôtres, doit nous porter à resserrer de plus en plus les liens de la société commencée, et à la rendre la plus utile pour nous qu'il est possible. Mais chaque membre de la société cherchant ainsi à augmenter pour lui-même l'utilité qu'il en retire, et ayant à combattre dans chacun des autres membres un empressement égal, tous ne peuvent avoir la même part aux avantages, quoique tous y aient le même droit. Un droit si légitime est donc bientôt enfreint par ce droit barbare d'inégalité, appelé loi du plus fort, dont l'usage semble nous confondre avec les animaux, et dont il est pourtant si difficile de ne pas abuser. Ainsi la force, donnée par la nature à certains hommes, et qu'ils ne devraient sans doute employer qu'au soutien et à la protection des faibles, est au contraire l'origine de l'oppression de ces derniers. Mais plus l'oppression est violente, plus ils la souffrent impatiemment, parce qu'ils sentent que rien n'a dû les y assujettir. De là la notion de l'injuste, et par conséquent du bien et du mal moral, dont tant de philosophes ont cherché le principe, et que le cri de la nature, qui retentit dans tout homme, fait entendre chez les peuples même les plus sauvages. De là aussi cette loi naturelle[14] que nous trouvons au dedans de nous, source des premières lois que les hommes ont dû former: sans le secours même de ces lois elle est quelquefois assez forte, sinon pour anéantir l'oppression, au moins pour la contenir dans certaines bornes. C'est ainsi que le mal que nous éprouvons par les vices de nos semblables,

---

13. D'Al.'s contemporaries were struck by the fact that he gave natural reasons for the development of language without recourse to God's intervention.
14. D'Al. thus finds the origin of right, justice, and natural law in men's reactions to violent oppression. Cf. the first sentence of Diderot's article "Autorité politique" in the *Encyclopedia:* "Aucun homme n'a reçu de la nature le droit de commander aux autres." Rousseau, who at this time was closely associated with the Encyclopedists, develops this idea in his *Contrat social.*

produit en nous la connaissance réfléchie des vertus opposées à ces vices, connaissance précieuse, dont une union et une égalité parfaite nous auraient peut-être privés.[15]

Par l'idée acquise du juste et de l'injuste, et conséquemment de la nature morale des actions, nous sommes naturellement amenés à examiner quel est en nous le principe qui agit, ou, ce qui est la même chose, la substance qui veut et qui conçoit. Il ne faut pas approfondir beaucoup la nature de notre corps et l'idée que nous en avons, pour reconnaître qu'il ne saurait être cette substance, puisque les propriétés que nous observons dans la matière n'ont rien de commun avec la faculté de vouloir et de penser: d'où il résulte que cet être appelé *nous*,[16] est formé de deux principes de différente nature, tellement unis qu'il règne entre les mouvements de l'un et les affections de l'autre, une correspondance que nous ne saurions ni suspendre ni altérer, et qui les tient dans un assujettissement réciproque. Cet esclavage si indépendant de nous, joint aux réflexions que nous sommes forcés de faire sur la nature des deux principes et sur leur imperfection, nous élève à la contemplation d'une intelligence toute puissante à qui nous devons ce que nous sommes, et qui exige par conséquent notre culte: son existence, pour être reconnue, n'aurait besoin que de notre sentiment intérieur, quand même le témoignage universel des autres hommes, et celui de la nature entière, ne s'y joindraient pas.[17]

Il est donc évident que les notions purement intellectuelles du vice et de la vertu, le principe et la nécessité des lois, la spiritualité de l'âme, l'existence de Dieu et nos devoirs envers lui, en un mot, les vérités dont nous avons le besoin le plus prompt et le plus indispensable, sont le fruit des premières idées réfléchies que nos sensations occasionnent. . . .

L'esprit accoutumé à la méditation, et avide d'en tirer quelque fruit, a dû trouver alors une espèce de ressource dans la découverte des propriétés des corps uniquement curieuse, découverte qui ne connaît point de bornes. En effet, si un grand nombre de connaissances agréables suffisait pour consoler de la privation d'une vérité utile, on pourrait dire que l'étude de la nature, quand elle nous refuse le nécessaire, fournit du moins avec profusion à nos plaisirs: c'est une espèce de superflu, qui supplée, quoique très imparfaitement, à ce qui nous manque. De plus, dans l'ordre de nos besoins et des objets de nos passions, le plaisir tient une des premières places, et la curiosité est un besoin pour qui sait penser, surtout

---

15. D'Al. is here laying the bases of a moral code independent of religion and metaphysics.
16. Common spelling for the Greek word signifying "higher intellect."
17. Here D'Al., like Descartes, distinguishes between mind and body, and refers the mystery of their union to God, but, unlike Descartes, he bases his argument on the theory of sensations. In a letter to Voltaire, D'Al. describes this passage of his discourse as, "style de notaire et pure précaution contre la censure."

lorsque ce désir inquiet est animé par une sorte de dépit de ne pouvoir entièrement se satisfaire. Nous devons donc un grand nombre de connaissances simplement agréables à l'impuissance malheureuse où nous sommes d'acquérir celles qui nous seraient d'une plus grande nécessité. Un autre motif sert à nous soutenir dans un pareil travail; si l'utilité n'en est pas l'objet, elle peut en être au moins le prétexte. Il nous suffit d'avoir trouvé quelquefois un avantage réel dans certaines connaissances, où d'abord nous ne l'avions pas soupçonné, pour nous autoriser à regarder toutes les recherches de pure curiosité, comme pouvant un jour nous être utiles.[18] Voilà l'origine et la cause des progrès de cette vaste science, appelée en général *physique* ou *étude de la nature*, qui comprend tant de parties différentes: l'agriculture et la médecine, qui l'ont principalement fait naître, n'en sont plus aujourd'hui que des branches. Aussi, quoique les plus essentielles et les premières de toutes, elles ont été plus ou moins en honneur à proportion qu'elles ont été plus ou moins étouffées et obscurcies par les autres....

Rentrés enfin tout à fait dans le monde corporel, nous apercevons bientôt l'usage que nous pouvons faire de la Géométrie et de la Mécanique, pour acquérir sur les propriétés des corps, les connaissances les plus variées et les plus profondes. C'est à peu près de cette manière que sont nées toutes les sciences appelées physico-mathématiques. On peut mettre à leur tête l'Astronomie, dont l'étude, après celle de nous-mêmes, est la plus digne de notre application par le spectacle magnifique qu'elle nous présente. Joignant l'observation au calcul, et les éclairant l'un par l'autre, cette science détermine avec une exactitude digne d'admiration les distances et les mouvements les plus compliqués des corps célestes...

L'usage des connaissances mathématiques n'est pas moins grand dans l'examen des corps terrestres qui nous environnent. Toutes les propriétés que nous observons dans ces corps ont entre elles des rapports plus ou moins sensibles pour nous: la connaissance ou la découverte de ces rapports est presque toujours le seul objet auquel il nous soit permis d'atteindre, et le seul par conséquent que nous devions nous proposer. Ce n'est donc point par des hypothèses vagues et arbitraires que nous pouvons espérer de connaître la nature, c'est par l'étude réfléchie des phénomènes, par la comparaison que nous ferons des uns avec les autres, par l'art de réduire autant qu'il sera possible, un grand nombre de phénomènes à un seul qui puisse en être regardé comme le principe....

La seule ressource qui nous reste donc dans une recherche si pénible, quoique si nécessaire, et même si agréable, c'est d'amasser le plus de faits qu'il nous est possible, de les disposer dans l'ordre le plus naturel, de les

---

18. Cf. below, Buffon, p. 624.

rappeler à un certain nombre de faits principaux dont les autres ne soient que des conséquences. Si nous osons quelquefois nous élever plus haut, que ce soit avec cette sage circonspection qui sied si bien à une vue aussi faible que la nôtre... Tel est le plan que nous devons suivre dans cette vaste partie de la physique appelée Physique générale et expérimentale...

La première opération de la réflexion consistant à rapprocher et à unir les notions directes, nous avons dû commencer dans ce Discours par envisager la réflexion de ce côté-là, et parcourir les différentes sciences qui en résultent. Mais les notions formées par la combinaison des idées primitives ne sont pas les seules dont notre esprit soit capable. Il est une autre espèce de connaissances réfléchies dont nous devons maintenant parler. Elles consistent dans les idées que nous nous formons à nous-mêmes, en imaginant et en composant des êtres semblables à ceux qui sont l'objet de nos idées directes: c'est ce qu'on appelle l'imitation de la Nature, si connue et si recommandée par les anciens. Comme les idées directes qui nous frappent le plus vivement sont celles dont nous conservons le plus aisément le souvenir, ce sont aussi celles que nous cherchons le plus à réveiller en nous par l'imitation de leurs objets....

A la tête des connaissances qui consistent dans l'imitation, doivent être placées la Peinture et la Sculpture, parce que ce sont celles de toutes où l'imitation approche le plus des objets qu'elle représente, et parle le plus directement aux sens. On peut y joindre cet art, né de la nécessité et perfectionné par le luxe, l'Architecture, qui s'étant élevée par degrés des chaumières aux palais, n'est aux yeux du philosophe, si on peut parler ainsi, que le masque embelli d'un de nos plus grands besoins....

La Poésie qui vient après la Peinture et la Sculpture, et qui n'emploie pour l'imitation que les mots disposés suivant une harmonie agréable à l'oreille, parle plutôt à l'imagination qu'aux sens; elle lui représente d'une manière vive et touchante les objets qui composent cet univers, et semble plutôt les créer que les peindre, par la chaleur, le mouvement, et la vie qu'elle sait leur donner. Enfin la Musique, qui parle à la fois à l'imagination et aux sens, tient le dernier rang dans l'ordre de l'imitation; non que son imitation soit moins parfaite dans les objets qu'elle se propose de représenter, mais parce qu'elle semble bornée jusqu'ici à un plus petit nombre d'images; ce qu'on doit moins attribuer à sa nature, qu'à trop peu d'invention et de ressources dans la plupart de ceux qui la cultivent....

On peut en général donner le nom d'Art à tout système de connaissances qu'il est permis de réduire à des règles positives, invariables et indépendantes du caprice ou de l'opinion, et il serait permis de dire en ce sens, que plusieurs de nos sciences sont des arts, étant envisagées par leur côté pratique. Mais comme il y a des règles pour les opérations de l'esprit

Discours préliminaire

ou de l'âme, il y en a aussi pour celles du corps, c'est-à-dire pour celles qui, bornées aux corps extérieurs, n'ont besoin que de la main seule pour être exécutées. De là la distinction des arts en libéraux et en mécaniques, et la supériorité qu'on accorde aux premiers sur les seconds. Cette supériorité est sans doute injuste à plusieurs égards. . . .

[II]

Nous allons présentement considérer cet ouvrage comme *Dictionnaire raisonné des sciences et des arts.* . . .

Les chefs-d'œuvre que les anciens nous avaient laissés dans presque tous les genres avaient été oubliés pendant douze siècles.[19] Les principes des sciences et des arts étaient perdus, parce que le beau et le vrai qui semblent se montrer de toutes parts aux hommes, ne les frappent guère à moins qu'ils n'en soient avertis. Ce n'est pas que ces temps malheureux aient été plus stériles que d'autres en génies rares; la nature est toujours la même: mais que pouvaient faire ces grands hommes, semés de loin à loin comme ils le sont toujours, occupés d'objets différents, et abandonnés sans culture à leurs seules lumières? Les idées qu'on acquiert par la lecture et par la société,[20] sont le germe de presque toutes les découvertes. C'est un air que l'on respire sans y penser, et auquel on doit la vie; et les hommes dont nous parlons étaient privés d'un tel secours. Ils ressemblaient aux premiers créateurs des sciences et des arts, que leurs illustres successeurs ont fait oublier, et qui précédés par ceux-ci les auraient fait oublier de même. Celui qui trouva le premier les roues et les pignons, eût inventé les montres dans un autre siècle; et Gerbert[21] placé au temps d'Archimède l'aurait peut-être égalé.

Cependant la plupart des beaux esprits de ces temps ténébreux se faisaient appeler *poètes* ou *philosophes.* Que leur en coûtait-il en effet pour usurper deux titres dont on se pare à si peu de frais, et qu'on se flatte toujours de ne guère devoir à des lumières empruntées? Ils croyaient qu'il était inutile de chercher les modèles de la poésie dans les ouvrages des Grecs et des Romains, dont la langue ne se parlait plus; et ils prenaient

---

19. Critics have condemned this as a narrow view of the Middle Ages. A considerable number of the works of Aristotle, for example, were generally known, though shrouded in commentary. D'Al. is unaware of the true significance of the twelfth- and thirteenth-century renaissance.
20. I.e., the discovery of the printing press and the formation of academies of science had created a favorable atmosphere for intellectual progress.
21. Gerbert of Aurillac, later Pope Sylvester II (999–1003), was one of the most learned men of his age, well-versed in classical culture and interested in the natural sciences.

pour la véritable philosophie des anciens une tradition barbare qui la défigurait. La poésie se réduisait pour eux à un mécanisme puéril: l'examen approfondi de la nature, et la grande étude de l'homme, étaient remplacés par mille questions frivoles sur des êtres abstraits et métaphysiques; questions dont la solution, bonne ou mauvaise, demandait souvent beaucoup de subtilité, et par conséquent un grand abus de l'esprit. Qu'on joigne à ce désordre l'état d'esclavage où presque toute l'Europe était plongée, les ravages de la superstition qui naît de l'ignorance, et qui la reproduit à son tour: et on verra que rien ne manquait aux obstacles qui éloignaient le retour de la raison et du goût; car il n'y a que la liberté d'agir et de penser qui soit capable de produire de grandes choses, et elle n'a besoin que de lumières, pour se préserver des excès.

Aussi fallut-il au genre humain, pour sortir de la barbarie, une de ces révolutions qui font prendre à la terre une face nouvelle: l'empire grec est détruit, sa ruine fait refluer en Europe le peu de connaissances qui restaient encore au monde: l'invention de l'imprimerie, la protection des Médicis et de François Ier raniment les esprits; et la lumière renaît de toutes parts.

L'étude des langues et de l'histoire abandonnée par nécessité durant les siècles d'ignorance, fut la première à laquelle on se livra. L'esprit humain se trouvait, au sortir de la barbarie, dans une espèce d'enfance, avide d'accumuler des idées, et incapable pourtant d'en acquérir d'abord d'un certain ordre par l'espèce d'engourdissement où les facultés de l'âme avaient été si longtemps. De toutes ces facultés, la mémoire fut celle que l'on cultiva d'abord, parce qu'elle est la plus facile à satisfaire, et que les connaissances qu'on obtient par son secours, sont celles qui peuvent le plus aisément être entassées.[22] On ne commença donc point par étudier la nature, ainsi que les premiers hommes avaient dû faire: on jouissait d'un secours dont ils étaient dépourvus, celui des ouvrages des anciens, que la générosité des grands et l'impression commençaient à rendre communs: on croyait n'avoir qu'à lire pour devenir savant; et il est bien plus aisé de lire que de voir. Ainsi, on dévora sans distinction tout ce que les anciens nous avaient laissé dans chaque genre: on les traduisit, on les commenta; et par une espèce de reconnaissance on se mit à les adorer, sans connaître à beaucoup près ce qu'ils valaient.

De là cette foule d'érudits profonds dans les langues savantes, jusqu'à dédaigner la leur, qui, comme l'a dit un auteur célèbre, connaissaient tout dans les anciens, hors la grâce et la finesse, et qu'un vain étalage d'érudition rendait si orgueilleux; parce que les avantages qui coûtent le moins sont pour l'ordinaire ceux dont on aime le plus à se parer. C'était une espèce de grands seigneurs, qui sans ressembler par le mérite réel à ceux

---

22. Montaigne deplored this tendency and stated his preference for a head "bien faite" rather than "bien pleine."

dont ils tenaient la vie, tiraient beaucoup de vanité de croire leur appartenir. D'ailleurs cette vanité n'était point sans quelque espèce de prétexte. Le pays de l'érudition et des faits est inépuisable; on croit, pour ainsi dire, voir tous les jours augmenter sa substance par les acquisitions que l'on y fait sans peine. Au contraire le pays de la raison et des découvertes est d'une assez petite étendue; et souvent au lieu d'y apprendre ce que l'on ignorait, on ne parvient à force d'étude qu'à désapprendre ce qu'on croyait savoir. C'est pourquoi, à mérite fort inégal, un érudit doit être beaucoup plus vain qu'un philosophe, et peut-être qu'un poète: car l'esprit qui invente est toujours mécontent de ses progrès, parce qu'il voit au delà; et les plus grands génies trouvent souvent dans leur amour-propre même un juge secret, mais sévère, que l'approbation des autres fait taire pour quelques instants, mais qu'elle ne parvient jamais à corrompre. On ne doit donc pas s'étonner que les savants dont nous parlons missent tant de gloire à jouir d'une science hérissée, souvent ridicule, et quelquefois barbare.

Il est vrai que notre siècle qui se croit destiné à changer les lois en tout genre, et à faire justice, ne pense pas fort avantageusement de ces hommes autrefois si célèbres. C'est une espèce de mérite aujourd'hui que d'en faire peu de cas; et c'est même un mérite que bien des gens se contentent d'avoir. Il semble que par le mépris qu'on a pour les savants, on cherche à les punir de l'estime outrée qu'ils faisaient d'eux-mêmes, ou du suffrage peu éclairé de leurs contemporains, et qu'en foulant aux pieds ces idoles, on veuille en faire oublier jusqu'aux noms. Mais tout excès est injuste. Jouissons plutôt avec reconnaissance du travail de ces hommes laborieux. Pour nous mettre à portée d'extraire des ouvrages des anciens tout ce qui pouvait nous être utile, il a fallu qu'ils en tirassent aussi ce qui ne l'était pas; on ne saurait tirer l'or d'une mine sans en faire sortir en même temps beaucoup de matières viles ou moins précieuses; ils auraient fait comme nous la séparation, s'ils étaient venus plus tard. L'érudition était donc nécessaire pour nous conduire aux belles-lettres....

Nous serions injustes, si à l'occasion du détail où nous venons d'entrer, nous ne reconnaissions point ce que nous devons à l'Italie; c'est d'elle que nous avons reçu les sciences, qui, depuis, ont fructifié si abondamment dans toute l'Europe; c'est à elle surtout que nous devons les beaux-arts et le bon goût, dont elle nous a fourni un grand nombre de modèles inimitables.

Pendant que les arts et les belles-lettres étaient en honneur, il s'en fallait beaucoup que la philosophie fît le même progrès, du moins dans chaque nation prise en corps; elle n'a reparu que beaucoup plus tard. Ce n'est pas qu'au fond il soit plus aisé d'exceller dans les belles-lettres que dans la philosophie; la supériorité en tout genre est également difficile à atteindre. Mais la lecture des anciens devait contribuer plus promptement à l'avancement des belles-lettres et du bon goût, qu'à celui des sciences naturelles. Les beautés littéraires n'ont pas besoin d'être vues longtemps pour être senties; et comme les hommes sentent avant que de penser, ils doivent par la même raison juger ce qu'ils sentent avant de juger ce qu'ils pensent....

[*Bacon*]

Pendant que des adversaires peu instruits ou malintentionnés faisaient ouvertement la guerre à la philosophie, elle se réfugiait, pour ainsi dire, dans les ouvrages de quelques grands hommes qui, sans avoir l'ambition dangereuse d'arracher le bandeau des yeux de leurs contemporains, préparaient de loin, dans l'ombre et le silence, la lumière dont le monde devait être éclairé peu à peu et par degrés insensibles.

A la tête de ces illustres personnages doit être placé l'immortel chancelier d'Angleterre FRANÇOIS BACON, dont les ouvrages si justement estimés, et plus estimés pourtant qu'ils ne sont connus, méritent encore plus notre lecture que nos éloges. A considérer les vues saines et étendues de ce grand homme, la multitude d'objets sur lesquels son esprit s'est porté, la hardiesse de son style, qui réunit partout les plus sublimes images avec la précision la plus rigoureuse, on serait tenté de le regarder comme le plus grand, le plus universel et le plus éloquent des philosophes. Bacon, né dans le sein de la nuit la plus profonde, sentit que la philosophie n'était pas encore, quoique bien des gens, sans doute, se flattassent d'y exceller; car, plus un siècle est grossier, plus il se croit instruit de tout ce qu'il peut savoir. Il commença donc par envisager d'une vue générale les divers objets de toutes les sciences naturelles; il partagea ces sciences en différentes branches, dont il fit l'énumération la plus exacte qu'il lui fut possible; il examina ce que l'on savait déjà sur chacun de ces objets, et fit le catalogue immense de ce qui restait à découvrir. C'est le but de son admirable ouvrage *De la dignité et de l'accroissement des connaissances humaines*. Dans son *Nouvel organe des sciences*, il perfectionne les vues qu'il avait données dans le premier ouvrage; il les porte plus loin, et fait connaître la nécessité de la physique expérimentale, à laquelle on ne pensait point encore. Ennemi des systèmes, il n'envisage la philosophie que comme cette partie de nos connaissances qui doit contribuer à nous rendre meilleurs ou plus heureux: il semble la borner à la science des choses utiles, et recommande partout l'étude de la nature. Ses autres écrits sont formés sur le même plan; tout, jusqu'à leurs titres, y annonce l'homme de génie, l'esprit qui voit en grand. Il y recueille des faits, il y compare des expériences, il en indique un grand nombre à faire; il invite les savants à étudier et à perfectionner les arts, qu'il regarde comme la partie la plus relevée et la plus essentielle de la science humaine: il expose avec une simplicité noble *ses conjectures et ses pensées* sur les différents objets dignes d'intéresser les hommes; et il eût pu dire, comme ce vieillard de Térence, que rien de ce qui touche l'humanité ne lui était étranger.[23] Science de la nature, morale, politique, économique, tout semble avoir été du ressort de cet esprit lumineux et profond; et l'on ne sait ce qu'on doit le plus admirer, ou des richesses qu'il répand sur tous les sujets qu'il traite, ou de la dignité avec laquelle il en parle. Ses écrits ne peuvent être mieux comparés qu'à ceux d'Hippocrate sur la médecine; et ils ne seraient ni moins admirés ni moins lus, si la culture de l'esprit était aussi nécessaire au genre humain que la conservation de la santé. Mais il n'y a que les chefs de secte en tout genre dont les ouvrages puissent avoir un certain éclat; Bacon n'a pas été du nombre, et la forme de sa philosophie s'y opposait: elle était trop sage pour étonner personne. La scolastique, qui dominait de son temps, ne pouvait être renversée que par des opinions hardies et nouvelles; et il n'y a pas d'apparence qu'un philosophe qui se contente de dire aux hommes: "Voilà le peu que vous avez appris, voici ce qui vous reste à chercher," soit destiné à faire beaucoup de bruit parmi les contemporains.

Nous oserions même faire quelque reproche au chancelier Bacon d'avoir été peut-être trop timide, si nous ne savions avec quelle retenue, et pour ainsi dire avec quelle superstition on doit juger un génie si sublime. Quoiqu'il avoue que les scolastiques ont énervé les sciences par leurs questions minutieuses, et que l'esprit doit sacrifier l'étude des êtres généraux à celle des objets particuliers, il semble pourtant, par l'emploi fréquent qu'il fait des termes de l'école, quelquefois même par celui des principes scolastiques, et par des divisions et subdivisions dont l'usage était alors à la mode, avoir marqué un peu trop de ménagement ou de déférence pour le goût dominant de son siècle. Ce grand homme, après avoir brisé tant de fers, était encore retenu par quelques chaînes qu'il ne pouvait ou n'osait rompre....[24]

[*Descartes*]

Au chancelier Bacon succéda l'illustre DESCARTES. Cet homme rare, dont la fortune a tant varié en moins d'un siècle, avait tout ce qu'il fallait pour changer la face de la philosophie: une imagination forte, un esprit très conséquent, des connaissances puisées dans lui-même plus que dans les livres, beaucoup de courage pour combattre les préjugés les plus généralement reçus, et aucune espèce de dépendance qui le forçât à les ménager. Aussi éprouva-t-il, de son vivant même, ce qui arrive à

---

23. From *The Self-Tormentor*, Act I, line 77.
24. Speaking of Bacon's Tree of Knowledge, D'Al., in agreement with Diderot, points out changes they had made in his system: "Si nous n'avons pas placé, comme lui, la raison après l'imagination, c'est que nous avons suivi dans le système encyclopédique l'ordre métaphysique des opérations de l'esprit, plutôt que l'ordre historique de ses progrès depuis la renaissance des lettres."

tout homme qui prend un ascendant trop marqué sur les autres. Il fit quelques enthousiastes et eut beaucoup d'ennemis. Soit qu'il connût sa nation ou qu'il s'en défiât seulement, il s'était réfugié dans un pays [25] entièrement libre pour y méditer plus à son aise.

Quoiqu'il pensât beaucoup moins à faire des disciples qu'à les mériter, la persécution alla le chercher dans sa retraite, et la vie cachée qu'il menait ne put l'y soustraire.

Malgré toute la sagacité qu'il avait employée pour prouver l'existence de Dieu, il fut accusé de la nier par des ministres qui peut-être ne le croyaient pas. Tourmenté et calomnié par des étrangers, et assez mal accueilli de ses compatriotes, il alla mourir en Suède, bien éloigné sans doute de s'attendre au succès brillant que ses opinions eurent un jour.

On peut considérer Descartes comme géomètre ou comme philosophe. Les mathématiques, dont il semble avoir fait assez peu de cas, font néanmoins aujourd'hui la partie la plus solide et la moins contestée de sa gloire.

L'algèbre, créée en quelque manière par les Italiens, prodigieusement augmentée par notre illustre Viète,[26] a reçu entre les mains de Descartes de nouveaux accroissements. Un des plus considérables est sa "Méthode des indéterminées," artifice très ingénieux et très subtil, qu'on a su appliquer depuis à un grand nombre de recherches. Mais ce qui a surtout immortalisé le nom de ce grand homme, c'est l'application qu'il a su faire de l'algèbre à la géométrie, idée plus vaste et des plus heureuses que l'esprit humain ait jamais eues, et qui sera toujours la clef des plus profondes recherches, non seulement dans la géométrie, mais dans toutes les sciences physico-mathématiques.

Comme philosophe, il a peut-être été aussi grand, mais il n'a pas été si heureux. La géométrie, qui, par la nature de son objet, doit toujours gagner sans perdre, ne pouvait manquer, étant manié par un aussi grand génie, de faire des progrès très sensibles et apparents pour tout le monde. La philosophie se trouvait dans un état bien différent: tout y était à commencer; et que ne coûtent point les premiers pas en tout genre? Le mérite de les faire dispense de celui d'en faire de grands. Si Descartes, qui nous a ouvert la route, n'y a pas été aussi loin que ses sectateurs le croient, il s'en faut beaucoup que les sciences lui doivent aussi peu que le prétendent ses adversaires. Sa *Méthode* seule aurait suffi pour le rendre immortel; sa *Dioptrique* est la plus grande application qu'on eût faite encore de la géométrie à la physique; on voit enfin dans ses ouvrages, même les moins lus maintenant, briller partout le génie inventeur. Si on juge sans partialité ces *tourbillons* [27] devenus aujourd'hui presque ridicules, on conviendra, j'ose le dire, qu'on ne pouvait alors imaginer mieux. Les

---

25. Holland.
26. François Viète (1540–1603) was the first to represent algebraic quantities by letters.
27. The hypothesis of "vortices" (see above, Fontenelle, p. 56) was often vainly defended in opposition to Newton's principle of universal gravitation.

observations astronomiques qui ont servi à les détruire étaient encore imparfaites ou peu constatées: rien n'était plus naturel que de supposer un fluide qui transportât les planètes. Il n'y avait qu'une longue suite de phénomènes, de raisonnements et de calculs, et par conséquent une longue suite d'années, qui pût faire renoncer à une théorie si séduisante. Elle avait d'ailleurs l'avantage singulier de rendre raison de la gravitation des corps par la force centrifuge du tourbillon même, et je ne crains point d'avancer que cette explication de la pesanteur est une des plus belles et des plus ingénieuses hypothèses que la philosophie ait jamais imaginées. Aussi a-t-il fallu, pour l'abandonner, que les physiciens aient été entraînés comme malgré eux par la théorie des forces centrales et par des expériences faites longtemps après. Reconnaissons donc que Descartes, forcé de créer une physique toute nouvelle, n'a pu la créer meilleure; qu'il a fallu, pour ainsi dire, passer par les tourbillons pour arriver au vrai système du monde, et que, s'il s'est trompé sur les lois du mouvement, il a du moins deviné le premier qu'il devait y en avoir.

Sa métaphysique, aussi ingénieuse et aussi nouvelle que sa physique, a eu le même sort à peu près; et c'est aussi à peu près par les mêmes raisons qu'on peut la justifier; car telle est aujourd'hui la fortune de ce grand homme, qu'après avoir eu des sectateurs sans nombre, il est presque réduit à des apologistes. Il se trompa sans doute en admettant les idées innées: mais s'il eût retenu de la secte péripatéticienne la seule vérité qu'elle enseignait sur l'origine des idées par les sens, peut-être les erreurs, qui déshonoraient cette vérité par leur alliage, auraient été plus difficiles à déraciner.

Descartes a osé du moins montrer aux bons esprits à secouer le joug de la scolastique, de l'opinion, de l'autorité, en un mot des préjugés et de la barbarie; et par cette révolte dont nous recueillons aujourd'hui les fruits, la philosophie a reçu de lui un service plus difficile peut-être à rendre que tous ceux qu'elle doit à ses illustres successeurs. On peut le regarder comme un chef de conjurés, qui a eu le courage de s'élever le premier contre une puissance despotique et arbitraire, et qui, en préparant une résolution éclatante, a jeté les fondements d'un gouvernement plus juste et plus heureux qu'il n'a pu voir établi. S'il a fini par croire tout expliquer, il a du moins commencé par douter de tout; et les armes dont nous nous servons pour le combattre ne lui en appartiennent pas moins, parce que nous les tournons contre lui.[28] D'ailleurs, quand les opinions absurdes sont invétérées, on est quelquefois forcé, pour désabuser le genre humain, de les remplacer par d'autres erreurs, lorsqu'on ne peut mieux faire. L'incertitude et la vanité de l'esprit sont telles, qu'il a toujours besoin d'une opinion à laquelle il se fixe. C'est un enfant à qui il faut présenter un jouet pour lui enlever une arme dangereuse. Il

---

28. Cf. Voltaire, *Lettres philosophiques* (below, p. 400): "Il apprit aux hommes de son temps à raisonner, et à se servir contre lui-même de ses armes."

quittera de lui-même ce jouet quand le temps de la raison sera venu. En donnant ainsi le change aux philosophes, ou à ceux qui croient l'être, on leur apprend du moins à se méfier de leurs lumières, et cette disposition est le premier pas vers la vérité. Aussi Descartes a-t-il été persécuté de son vivant, comme s'il fût venu l'apporter aux hommes.

[Leibnitz]

Entre ces grands hommes[29] il en est un, dont la philosophie, aujourd'hui fort accueillie et fort combattue dans le Nord de l'Europe, nous oblige à ne le point passer sous silence; c'est l'illustre LEIBNITZ.[30] Quand il n'aurait pour lui que la gloire, ou même que le soupçon d'avoir partagé avec Newton l'invention du calcul différentiel, il mériterait à ce titre une mention honorable. Mais c'est principalement par sa métaphysique que nous voulons l'envisager. Comme Descartes, il semble avoir reconnu l'insuffisance de toutes les solutions qui avaient été données jusqu'à lui des questions les plus élevées, sur l'union du corps et de l'âme, sur la Providence, sur la nature de la matière; il paraît même avoir eu l'avantage d'exposer avec plus de force que personne les difficultés qu'on peut proposer sur ces questions; mais, moins sage que Locke et Newton, il ne s'est pas contenté de former des doutes, il a cherché à les dissiper, et de ce côté-là il n'a peut-être pas été plus heureux que Descartes. Son principe de *la raison suffisante*, très beau et très vrai en lui-même, ne paraît pas devoir être fort utile à des êtres aussi peu éclairés que nous le sommes sur les raisons premières de toutes choses; ses *Monades* prouvent tout au plus qu'il a vu mieux que personne qu'on ne peut se former une idée nette de la matière, mais elles ne paraissent pas faites pour la donner; son *Harmonie préétablie* semble n'ajouter qu'une difficulté de plus à l'opinion de Descartes sur l'union du corps et de l'âme; enfin son système de l'*optimisme* est peut-être dangereux par le prétendu avantage qu'il a d'expliquer tout. Ce grand homme paraît avoir porté dans la métaphysique plus de sagacité que de lumière; mais de quelque manière qu'on pense sur cet article, on ne peut lui refuser l'admiration que méritent la grandeur de ses vues en tout genre, l'étendue prodigieuse de ses

29. After paying his respects to Newton and Locke, D'Al. gives honorable mention to Galileo, Harvey, Huyghens, Pascal, Malebranche, Boyle, Vesalius, Sydenham, and Boerhaave.

30. Leibniz was the leading apologist of Cartesian innate ideas, and accepted the dual realms of matter and spirit, with a theological explanation ("pre-established harmony") for their intercommunication. He believed that matter consists of atoms but that these atoms are spiritual force-centers which he called monads. The monads were of three grades: matter, animal souls, and spirits. The term "sufficient reason" is his explanation of cause. His theistic optimism, which held that God created the best of all possible worlds, was devastatingly ridiculed in Voltaire's *Candide*. Such metaphysical rationalizations were quite contrary to the spirit of the Enlightenment.

Articles

ART,[31] s.m. ...*Distribution des arts en libéraux et en mécaniques.* En examinant les produits des *arts*, on s'est aperçu que les uns étaient plus l'ouvrage de l'esprit que de la main, et qu'au contraire d'autres étaient plus l'ouvrage de la main que de l'esprit. Telle est *en partie* l'origine de la prééminence que l'on a accordée à certains *arts* sur d'autres, et de la distribution qu'on a faite des *arts* en *arts libéraux* et en *arts mécaniques*. Cette distinction, quoique bien fondée, a produit un mauvais effet, en avilissant des gens très estimables et très utiles, et en fortifiant en nous je ne sais quelle paresse naturelle, qui ne nous portait déjà que trop à croire que donner une application constante et suivie à des expériences et à des objets particuliers, sensibles et matériels, c'était déroger à la dignité de l'esprit humain, et que de pratiquer, ou même d'étudier les *arts mécaniques*, c'était s'abaisser à des choses dont la recherche est laborieuse, la méditation ignoble, l'exposition difficile, le commerce déshonorant, le nombre inépuisable, et la valeur minutielle: *Minui majestatem mentis humanae, si in experimentis et rebus particularibus, etc.* Bac. *nov. org.*[32] Préjugé qui tendait à remplir les villes d'orgueilleux raisonneurs et de contemplateurs inutiles, et les campagnes de petits tyrans ignorants, oisifs et dédaigneux. Ce n'est pas ainsi qu'ont pensé Bacon, un des premiers génies de l'Angleterre; Colbert,[33] un des plus grands ministres de la France; enfin les bons esprits et les hommes sages de tous les temps. Bacon regardait l'histoire des *arts mécaniques* comme la branche la plus importante de la vraie philosophie; il n'avait donc garde d'en mépriser la pratique. Colbert regardait l'industrie des peuples et l'établissement des manufactures comme la richesse la plus sûre d'un royaume. Au jugement de ceux qui ont aujourd'hui des idées saines de la valeur des choses, celui qui peupla la France de graveurs, de peintres, de sculpteurs et d'artistes en tout genre; qui surprit aux Anglais la machine à faire des bas, les velours aux Gênois, les glaces aux Vénitiens, ne fit guère moins pour l'état que ceux qui battirent ses ennemis, et leur enlevèrent leurs places fortes; et aux yeux du philosophe, il y a peut-être plus de mérite réel à avoir fait naître les Le Brun, les Le Sueur et les Audran,[34]

---

31. In this article Diderot defends the mechanical arts, which, if we count both texts and plates, were to occupy such a large and original part of the *Encyclopedia*.

32. In his *Novum Organum* (Bk. I, ch. lxxxiii) Bacon condemns the idea that "the majesty of the human mind is diminished if it is directed towards experiments and particular objects."

33. Colbert (1619–1683) was the hero, too, of Voltaire's *Siècle de Louis XIV* and for the same reasons that Diderot outlines, but with less insistence on the development of the mechanical arts.

34. Gérard Audran engraved the works of such famous court painters in the grand style as Le Brun and Le Sueur.

peindre et graver les batailles d'Alexandre, et exécuter en tapisserie les victoires de nos généraux, qu'il n'y en a à les avoir remportées. Mettez dans un des côtés de la balance les avantages réels des sciences les plus sublimes et des *arts* les plus honorés, et dans l'autre côté ceux des *arts* mécaniques, et vous trouverez que l'estime qu'on a faite des uns, et celle qu'on a faite des autres, n'ont pas été distribuées dans le juste rapport de ces avantages, et qu'on a bien plus loué les hommes occupés à faire croire que nous étions heureux, que les hommes occupés à faire que nous le fussions en effet. Quelle bizarrerie dans nos jugements! nous exigeons qu'on s'occupe utilement, et nous méprisons les hommes utiles....

BIEN (*homme de*), homme d'honneur, honnête homme (*Gramm.*) Il me semble que l'*homme de bien* est celui qui satisfait exactement aux préceptes de sa religion; l'*homme d'honneur*, celui qui suit rigoureusement les lois et les usages de la société; et l'*honnête homme*, celui qui ne perd de vue dans aucune de ses actions les principes de l'équité naturelle: L'*homme de bien* fait des aumônes; l'*homme d'honneur* ne manque point à sa promesse; l'*honnête homme* rend la justice, même à son ennemi. L'*honnête homme* est de tout pays; l'*homme de bien* et l'*homme d'honneur* ne doivent point faire des choses que l'*honnête homme* ne se permet pas.[35]

CAPUCHON,[36] s.m. (*Hist. ecclés.*) Espèce de vêtement à l'usage des Bernardins, des Bénédictins, etc. Il y a deux sortes de *capuchons;* l'un blanc, fort ample, que l'on porte dans les occasions de cérémonie: l'autre noir, qui est une partie de l'habit ordinaire.

Le P. Mabillon[37] prétend que le *capuchon* était dans son origine, la même chose que le scapulaire. Mais l'auteur de l'Apologie pour l'empereur Henri IV, distingue deux espèces de *capuchon;* l'une était une robe qui descendait de la tête jusqu'aux pieds, qui avait des manches, et dont on se couvrait dans les jours et les occasions remarquables; l'autre une sorte de camail pour les autres jours: c'est ce dernier qu'on appelait proprement *scapulaire*, parce qu'il n'enveloppait que la tête et les épaules. *Voyez* SCAPULAIRE.

Capuchon, se dit plus communément d'une pièce d'étoffe grossière, taillée et cousue en cône, ou arrondie par le bout, dont les Capucins, les Récollets, les Cordeliers, et d'autres religieux mendiants, se couvrent la tête.

Le *capuchon* fut autrefois l'occasion d'une grande guerre entre les

---

35. Cf. below, the end of the article "Philosophe."
36. Diderot uses Bayle's technique for propaganda purposes. In the article "Cordeliers," where the Franciscans are treated with the greatest respect, we find a cross reference to "Capuchon." Here D. avenges himself for attacks on the treatment of the Cordelier Duns Scotus in the article "Aristotélisme."
37. Erudite Benedictine (1632–1707).

Cordeliers. L'ordre fut divisé en deux factions, les frères spirituels, et les frères de communauté. Les uns voulaient le *capuchon* étroit, les autres le voulaient large. La dispute dura plus d'un siècle avec beaucoup de chaleur et d'animosité, et fut à peine terminée par les bulles des quatre papes, Nicolas IV, Clément V, Jean XXII, et Benoît XII. Les religieux de cet ordre ne se rappellent à présent cette contestation qu'avec le dernier mépris.

Cependant si quelqu'un s'avisait aujourd'hui de traiter le scotisme comme il le mérite, quoique les futilités du docteur subtil soient un objet moins important encore que la forme du coqueluchon de ses disciples, je ne doute point que l'agresseur, n'eût une querelle fort vive à soutenir, et qu'il ne s'attirât bien des injures.

Mais un Cordelier qui aurait du bon sens, ne pourrait-il pas dire aux autres avec raison: "Il me semble, mes pères, que nous faisons trop de bruit pour rien: les injures qui nous échapperont ne rendront pas meilleur l'ergotisme de Scot. Si nous attendions que la saine philosophie, dont les lumières se répandent partout, eût pénétré un peu plus avant dans nos cloîtres, peut-être trouverions-nous alors les rêveries de notre docteur aussi ridicules que l'entêtement de nos prédécesseurs sur la mesure de notre *capuchon.*" *Voyez les articles* CORDELIERS *et* SCOTISME.

GENEVE [38] (*Hist. polit.*) ...On ne souffre point à *Genève* de comédie; ce n'est pas qu'on y désapprouve les spectacles en eux-mêmes, mais on craint, dit-on, le goût de parure, de dissipation et de libertinage que les troupes de comédiens répandent parmi la jeunesse. Cependant ne serait-il pas possible de remédier à cet inconvénient par des lois sévères et bien exécutées sur la conduite des comédiens? Par ce moyen *Genève* aurait des spectacles et des mœurs, et jouirait de l'avantage des uns et des autres: les représentations théâtrales formeraient le goût des citoyens, et leur donneraient une finesse de tact, une délicatesse de sentiment qu'il est très difficile d'acquérir sans ce secours. La littérature en profiterait sans que le libertinage fît des progrès, et *Genève* réunirait à la sagesse de Lacédémone la politesse d'Athènes. Une autre considération, digne d'une république si sage et si éclairée, devrait peut-être l'engager à permettre les spectacles. Le préjugé barbare contre la profession de comédien,[39] l'espèce d'avilissement où nous avons mis ces hommes si nécessaires au progrès et au soutien des arts, est certainement une des principales causes qui contribuent au déréglement que nous leur reprochons: ils cherchent à se dédommager par les plaisirs, de l'estime que leur état ne peut obtenir. Parmi nous, un comédien qui a des mœurs est

---

38. This article, inspired by D'Alembert's recent visit with Voltaire at Geneva, was the occasion for Rousseau's *Lettre à d'Alembert sur les spectacles* (see, below, p. 568). After describing the geography, history, and government of Geneva, D'Al. supports Voltaire's project for the establishment of a theater in this stronghold of Calvinism.

39. Cf., below, Voltaire's *La Mort de Mlle Lecouvreur*, p. 504.

doublement respectable, mais à peine lui en sait-on quelque gré. Le traitant qui insulte à l'indigence publique et qui s'en nourrit, le courtisan qui rampe et qui ne paye point ses dettes, voilà l'espèce d'hommes que nous honorons le plus. Si les comédiens étaient non seulement soufferts à Genève, mais contenus d'abord par des règlements sages, protégés ensuite, et même considérés dès qu'ils en seraient dignes, enfin absolument placés sur la même ligne que les autres citoyens, cette ville aurait bientôt l'avantage de posséder ce qu'on croit si rare, et qui ne l'est que par notre faute, une troupe de comédiens estimable. Ajoutons que cette troupe deviendrait bientôt la meilleure de l'Europe; plusieurs personnes pleines de goût et de dispositions pour le théâtre, et qui craignent de se déshonorer parmi nous en s'y livrant, accourraient à Genève pour cultiver non seulement sans honte, mais même avec estime, un talent si agréable et si peu commun. Le séjour de cette ville, que bien des Français regardent comme triste par la privation des spectacles, deviendrait alors le séjour des plaisirs honnêtes, comme il est celui de la philosophie et de la liberté; et les étrangers ne seraient plus surpris de voir que dans une ville où les spectacles décents et réguliers sont défendus, on permette des farces grossières et sans esprit, aussi contraires au bon goût qu'aux bonnes mœurs. Ce n'est pas tout: peu à peu l'exemple des comédiens de Genève, la régularité de leur conduite, et la considération dont elle les ferait jouir, serviraient de modèle aux comédiens des autres nations, et de leçon à ceux qui les ont traités jusqu'ici avec tant de rigueur, et même d'inconséquence. On ne les verrait pas d'un côté pensionnés par le gouvernement, et de l'autre un objet d'anathème; nos prêtres perdraient l'habitude de les excommunier, et nos bourgeois de les regarder avec mépris: et une petite république aurait la gloire d'avoir réformé l'Europe sur ce point, plus important peut-être qu'on ne pense.

LUXE [40] ... Voyons ce que doit être l'esprit national d'un peuple qui rassemble chez lui tous les objets possibles du plus grand *luxe*, mais que sait maintenir dans l'ordre un gouvernement sage et vigoureux, également attentif à conserver les véritables richesses de l'état et les mœurs.

Ces richesses et ces mœurs sont le fruit de l'aisance du grand nombre, et surtout de l'attention extrême de la part du gouvernement à diriger toutes ses opérations pour le bien général, sans acceptions ni de classes ni de particuliers, et de se parer sans cesse aux yeux du public de ces intentions vertueuses.

Partout ce grand nombre est ou doit être composé des habitants de

40. Although Saint-Lambert later claimed this article, it seems to have been written in close collaboration with Diderot, to whom it is often assigned. In the early sections it is shown that luxury is not responsible for corruption but is an evil only when political abuses already exist. For a discussion of the general subject, see, below, Voltaire, *Le Mondain*, and Rousseau, *Discours sur les sciences et les arts*.

la campagne, des cultivateurs; pour qu'ils soient dans l'aisance, il faut qu'ils soient laborieux; pour qu'ils soient laborieux, il faut qu'ils aient l'espérance que leur travail leur procurera un état agréable; il faut aussi qu'ils en aient le désir. Les peuples tombés dans le découragement se contentent volontiers du simple nécessaire, ainsi que les habitants de ces contrées fertiles où la nature donne tout, et où tout languit si le législateur ne sait point introduire la vanité et à la suite un peu de *luxe*. Il faut qu'il y ait dans les villages, dans les plus petits bourgs, des manufactures d'ustensiles, d'étoffes, nécessaires à l'entretien et même à la parure grossière des habitants de la campagne: ces manufactures y augmenteront encore l'aisance et la population. C'était le projet du grand Colbert, qu'on a trop accusé d'avoir voulu faire des Français une nation seulement commerçante.

Lorsque les habitants de la campagne sont bien traités, insensiblement le nombre des propriétaires s'augmente parmi eux: on y voit diminuer l'extrême distance et la vile dépendance du pauvre au riche; de là ce peuple a des sentiments élevés, du courage, de la force d'âme, des corps robustes, l'amour de la patrie, du respect, de l'attachement pour des magistrats, pour un prince, un ordre, des lois auxquelles il doit son bien-être et son repos: il tremble moins devant son seigneur, mais il craint sa conscience, la perte de ses biens, de son honneur et de sa tranquillité. Il vendra chèrement son travail aux riches, et on ne verra pas le fils de l'honorable laboureur quitter si facilement le noble métier de ses pères pour aller se souiller des livrées et du mépris de l'homme opulent.

Si l'on n'a point accordé de privilèges exclusifs, si le système des finances n'entasse point les richesses, si le gouvernement ne favorise pas la corruption des grands, il y aura moins d'hommes opulents fixés dans la capitale, et ceux qui s'y fixeront n'y seront pas oisifs; il y aura peu de grandes fortunes et aucune de rapide: les moyens de s'enrichir, partagés entre un plus grand nombre de citoyens, auront naturellement divisé les richesses; l'extrême pauvreté et l'extrême richesse seront également rares....

Il y aura, dans le peuple des villes et un peu dans celui des campagnes, une certaine recherche de commodités et même un *luxe* de bienséance,[41] mais qui tiendra toujours à l'utile; et l'amour de ce *luxe* ne dégénérera jamais en une folle émulation.

Il y régnera dans la seconde classe des citoyens[42] un esprit d'ordre et cette aptitude à la discussion que prennent naturellement les hommes qui s'occupent de leurs affaires; cette classe de citoyens cherchera du solide dans ses amusements même: fière, parce que de mauvaises mœurs ne l'auront point avilie; jalouse des grands qui ne l'auront pas corrompue,

---

41. I.e., in moderation, suitable to one's economic status.
42. I.e., the bourgeois class from which *philosophes* are recruited.

elle veillera sur leur conduite, elle sera flattée de les éclairer, et ce sera d'elle que partiront des lumières qui tomberont sur le peuple et remonteront vers les grands.

    Ceux-ci auront des devoirs, ce sera dans les armées et sur la frontière qu'apprendront la guerre ceux qui se consacrent à ce métier, qui est leur état; ceux qui se destinent à quelques parties du gouvernement s'en instruiront longtemps avec assiduité, avec application; et si des récompenses pécuniaires ne sont jamais entassées sur ceux même qui ont rendu les plus grands services, si les grandes places, les gouvernements, les commandements ne sont jamais donnés à la naissance sans les services, s'ils ne sont jamais sans fonctions, les grands ne perdront pas dans un *luxe* oisif et frivole leur sentiment et la faculté de s'éclairer; moins tourmentés par l'ennui, ils n'épuiseront ni leur imagination ni celle de leurs flatteurs à la recherche de plaisirs puérils et de modes fantastiques; ils n'étaleront pas un faste excessif, parce qu'ils auront des prérogatives réelles et un mérite véritable dont le public leur tiendra compte. Moins rassemblés, et voyant à côté d'eux moins d'hommes opulents, ils ne porteront point à l'excès leur *luxe* de bienséance; ils seront attachés à la décence des mœurs, ils auront le maintien et le ton de leur état....

    PHILOSOPHE,[43] s.m. ...Les autres hommes sont déterminés à agir sans sentir ni connaître les causes qui les font mouvoir, sans même songer qu'il y en ait. Le *philosophe*, au contraire, démêle les causes autant qu'il est en lui, et souvent même les prévient, et se livre à elles avec connaissance: c'est une horloge qui se monte, pour ainsi dire, quelquefois elle-même. Ainsi, il évite les objets qui peuvent lui causer des sentiments qui ne conviennent ni au bien-être ni à l'être raisonnable et cherche ceux qui peuvent exciter en lui des affections convenables à l'état où il se trouve. La raison est à l'égard du *philosophe* ce que la grâce est à l'égard du chrétien. La grâce détermine le chrétien à agir; la raison détermine le *philosophe*.

    Les autres hommes sont emportés par leurs passions sans que les actions qu'ils font soient précédées de la réflexion: ce sont des hommes qui marchent dans les ténèbres; au lieu que le *philosophe*, dans ses passions mêmes, n'agit qu'après la réflexion; il marche la nuit, mais il est précédé d'un flambeau.

    Le *philosophe* forme ses principes sur une infinité d'observations particulières. Le peuple adopte le principe sans penser aux observations qui l'ont produit: il croit que la maxime existe, pour ainsi dire par elle-même; mais le *philosophe* prend la maxime dès sa source; il en examine l'origine; il en connaît la propre valeur, et n'en fait que l'usage qui lui convient.

    La vérité n'est pas pour le *philosophe* une maîtresse qui corrompe son

---

43. A definition of the philosopher by Dumarsais (?), which Diderot could have found in *Nouvelles Libertés de penser* (1743).

imagination, et qu'il croie trouver partout; il se contente de la pouvoir démêler où il peut l'apercevoir. Il ne la confond point avec la vraisemblance; il prend pour vrai ce qui est vrai, pour faux ce qui est faux, pour douteux ce qui est douteux, et pour vraisemblable ce qui n'est que vraisemblable. Il fait plus, et c'est ici une grande perfection du *philosophe*, c'est que lorsqu'il n'a point de motif pour juger, il sait demeurer indéterminé. ...

L'esprit philosophique est donc un esprit d'observation et de justesse, qui rapporte tout à ses véritables principes; mais ce n'est pas l'esprit seul que le *philosophe* cultive, il porte plus loin son attention et ses soins.

L'homme n'est point un monstre qui ne doive vivre que dans les abîmes de la mer ou au fond d'une forêt: les seules nécessités de la vie lui rendent le commerce des autres nécessaire; et dans quelque état où il puisse se trouver, ses besoins et le bien-être l'engagent à vivre en société. Ainsi, la raison exige de lui qu'il étudie, et qu'il travaille à acquérir les qualités sociables.

Notre *philosophe* ne se croit pas en exil dans ce monde; il ne croit point être en pays ennemi;[44] il veut jouir en sage économe des biens que la nature lui offre; il veut trouver du plaisir avec les autres; et pour en trouver, il en faut faire: ainsi il cherche à convenir à ceux avec qui le hasard ou son choix le font vivre; et il trouve en même temps ce qui lui convient: c'est un honnête homme qui veut plaire et se rendre utile.

La plupart des grands, à qui les dissipations ne laissent pas assez de temps pour méditer, sont féroces envers ceux qu'ils ne croient pas leurs égaux. Les *philosophes* ordinaires qui méditent trop, ou plutôt qui méditent mal, le sont envers tout le monde; ils fuient les hommes, et les hommes les évitent: mais notre *philosophe* qui sait se partager entre la retraite et le commerce des hommes est plein d'humanité. C'est le Chrémès de Térence qui sent qu'il est un homme, et que la seule humanité intéresse à la mauvaise ou à la bonne fortune de son voisin. *Homo sum, humani a me nihil alienum puto.*[45]

Il serait inutile de remarquer ici combien le *philosophe* est jaloux de tout ce qui s'appelle honneur et probité. La société civile est, pour ainsi dire, une divinité pour lui sur la terre; il l'encense, il l'honore par la probité, par une attention exacte à ses devoirs, et par un désir sincère de n'en être pas un membre inutile ou embarrassant. Les sentiments de probité entrent autant dans la constitution mécanique du *philosophe* que les lumières de l'esprit. Plus vous trouverez de raison dans un homme, plus vous trouverez en lui de probité. Au contraire, où règne le fanatisme et la superstition, règnent les passions et l'emportement. Le tem-

---

44. Although many critics have seen here a reference to Rousseau's withdrawal (1756) to a hermitage in the woods of Montmorency, the same idea appears much earlier in D.'s works and could also be a reflection on Pascal, who sought personal salvation in retirement at Port-Royal.

45. Cf., above, p. 339, note 23.

pérament du *philosophe*, c'est d'agir par esprit d'ordre ou par raison; comme il aime extrêmement la société, il lui importe bien plus qu'au reste des hommes de disposer tous ses ressorts à ne produire que des effets conformes à l'idée d'honnête homme. Ne craignez pas que parce que personne n'a les yeux sur lui, il s'abandonne à une action contraire à la probité. Non. Cette action n'est point conforme à la disposition mécanique du sage; il est pétri, pour ainsi dire, avec le levain de l'ordre et de la règle; il est rempli des idées du bien de la société civile; il en connaît les principes bien mieux que les autres hommes. Le crime trouverait en lui trop d'opposition, il aurait trop d'idées naturelles et trop d'idées acquises à détruire. Sa faculté d'agir est, pour ainsi dire, comme une corde d'instrument de musique montée sur un certain ton; elle n'en saurait produire un contraire. Il craint de se détonner, de se désaccorder avec lui-même; et ceci me fait ressouvenir de ce que Velleius[46] dit de Caton d'Utique. "Il n'a jamais, dit-il, fait de bonnes actions pour paraître les avoir faites, mais parce qu'il n'était pas en lui de faire autrement."....[47]

Cet amour de la société si essentiel au *philosophe* fait voir combien est véritable la remarque de l'empereur Antonin: "Que les peuples seront heureux quand les rois seront *philosophes*, ou quand les *philosophes* seront rois!"[48]

Le *philosophe* est donc un honnête homme qui agit en tout par raison et qui joint à un esprit de réflexion et de justesse les mœurs et les qualités sociables. Entez un souverain sur un *philosophe* d'une telle trempe, et vous aurez un parfait souverain....[49]

ROUGE, s.m. (*Cosmétique*) Espèce de fard fort en usage, que les femmes mettent sur leurs joues, par mode ou par nécessité. En d'autres termes, c'est

> Cette artificieuse rougeur
> Qui supplée au défaut de celle
> Que jadis causait la pudeur.

Le *rouge* dont on faisait usage anciennement se nommait *purpurissus*, sorte de vermillon préparé; c'était un fard d'un très beau rouge purpurin, dont les dames grecques et romaines se coloraient le visage. Il paraît par sa composition qu'il avait quelque chose d'approchant de ce que nos peintres appellent *rose d'œillet, carnation d'œillet*, en anglais *rose-pink*. Il était fait de la plus fine espèce de craie blanche, *creta argentaria*, dissoute dans une forte teinture pourpre, tirée de l'écume chaude du pois-

---

46. Velleius Paterculus, Latin historian of the first century A.D.
47. In this paragraph the superiority of natural or lay morality is clearly implied.
48. Quoted from Plato's *Republic* by Marcus Aurelius (Antoninus).
49. D. attempted to graft his talents upon those of Catherine the Great just as Voltaire before him tried to work through Frederick II.

Rouge

son *purpura*, du *murex*, ou, à leur défaut, des racines et des bois qui teignent en rouge.

L'usage du *rouge* a passé en France avec les Italiens sous le règne de Catherine de Médicis. On employait le *rouge* d'Espagne, dont voici la préparation. On lave plusieurs fois dans l'eau claire les étamines jaunes du carthame ou safran bâtard, jusqu'à ce qu'elles ne donnent plus la couleur jaune; alors on y mêle des cendres gravelées, et on y verse de l'eau chaude. On remue bien le tout, ensuite on laisse reposer pendant très peu de temps la liqueur rouge; les parties les plus grossières étant déposées au fond du vaisseau, on la verse peu à peu dans un autre vaisseau sans verser la lie. La lie plus fine d'un rouge foncé et fort brillante se sépare peu à peu de la liqueur et va au fond du vaisseau; on verse la liqueur dans d'autres vaisseaux, et lorsque la lie qui reste dans ces vaisseaux, après en avoir versé l'eau, est parfaitement sèche, on la frotte avec une dent d'or. De cette manière on la rend plus compacte, afin que le vent ne la dissipe point lorsqu'elle est en fine poussière. Le gros *rouge* se fait de cinabre minéral bien broyé avec l'eau-de-vie, et ensuite séché....

Est-ce pour réparer les injures du temps, rétablir sur le visage une beauté chancelante, et se flatter de redescendre jusqu'à la jeunesse, que nos dames mettent du *rouge* flamboyant? Est-ce dans l'espoir de mieux séduire qu'elles emploient cet artifice que la nature désavoue? Il me semble que ce n'est pas un moyen propre à flatter les yeux que d'arborer un vermillon terrible, parce qu'on ne flatte point un organe en le déchirant. Mais qu'il est difficile de s'affranchir de la tyrannie de la mode! La présence du gros *rouge* jaunit tout ce qui l'environne. On se résout donc à être jaune, et assurément ce n'est pas la couleur d'une belle peau. Mais d'un autre côté, si l'on renonce à ce *rouge* éclatant, il faudra donc paraître pâle. C'est une cruelle alternative, car on veut mettre absolument du *rouge*, de quelque espèce qu'il soit, pâle ou flamboyant. On ne se contente pas d'en user lorsque les roses du visage sont flétries, on le prend même au sortir de l'enfance....

Après tout, je ne serais pas fâché que quelqu'un plus éclairé que je ne le suis, nous fît une histoire du *rouge*, nous apprît comment il s'introduisit chez les Grecs et les Romains, par quelle raison il fut l'indice d'une mauvaise conduite, par quelle transition il vint à passer au théâtre, et à dominer tellement que chacun jusqu'à Polyphème [50] en mit pour s'embellir; enfin comment il est depuis assez longtemps parmi nous une des marques du rang ou de la fortune. (D. J.) [51]

50. A one-eyed monster, most famous of the Cyclops, who imprisoned Ulysses in a cave.
51. Signature of Chevalier de Jaucourt, Diderot's most active compiler.

THÉOLOGIEN, s.m. (*Gram.*) qui étudie, enseigne ou écrit de la théologie. Voyez *Théologie.* Il est honteux que les gens du monde soient souvent en droit de faire des leçons d'équité aux *Théologiens.* Il est honteux que les Philosophes soient souvent en droit de faire des leçons de tolérance et d'humanité aux *Théologiens.* Il est honteux que ces hommes dont la science est pleine de difficultés, de mystères et d'incompréhensibilités, et qui sont d'accord que, sans une grace spéciale de Dieu, on n'a point de foi à ce qu'ils enseignent, aient employé le feu et le fer, et les emploiassent encore aujourd'hui, si le souverain les laissait faire, contre des hommes malheureux qui sont tout-au-plus à plaindre d'avoir été oubliés de Dieu, dans la répartition qu'il a faite de ses dons. Les incrédules choqués des manières fougueuses des *Théologiens*, seraient tentés de croire que leur religion est une faction qu'on veut faire prévaloir, à quelque prix que ce soit.

(Article suppressed by the publisher, Le Breton.)

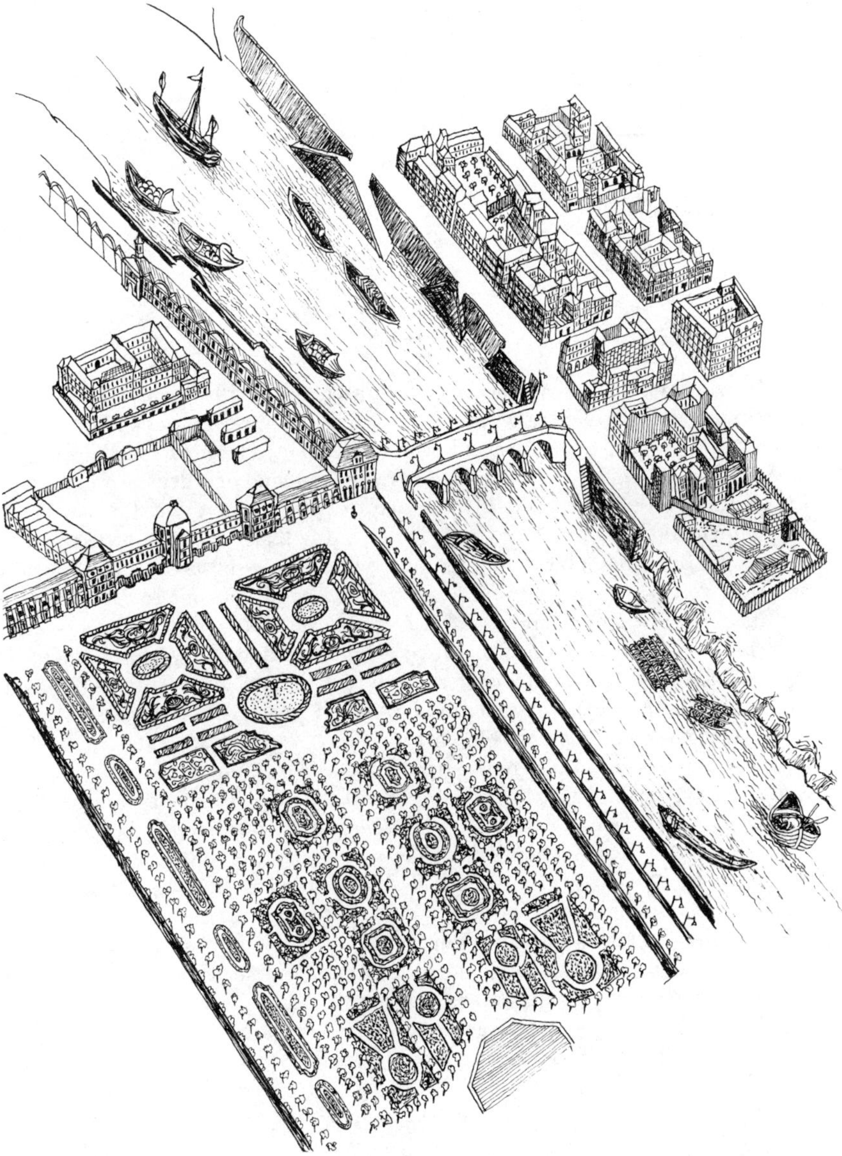

GENERAL PHILOSOPHICAL CURRENTS

La Mettrie

1709-1751

Julien Offray de La Mettrie was the miscreant of the philosophic school, the most notorious materialist of his day. He was born at Saint-Malo, native city of Maupertuis, Chateaubriand, and Lammenais. Destined for the Church, he abandoned religion for medicine, obtained his doctor's degree at Reims in 1728, and five years later left his practice to study anatomy at Leyden under the renowned Boerhaave. Appointed doctor of the King's Guards, he found time to indulge in philosophical speculations, which he published as the *Histoire naturelle de l'âme* (1745). Taking seriously Gassendi's advice to Descartes, he had made an anatomical investigation of the brain and reported that he found only matter where others had supposed a superior essence. While in command of the military hospitals in Flanders he wrote several satires directed against the Faculty of Medicine. Assailed now by both priests and doctors, he retired to Leyden to write his best-known work, *L'Homme machine* (1747).[1] Calvinists, Catholics, and Lutherans, wrote Frederick the Great, now forgot their disputes to unite in the persecution of the French philosopher. For his book was written in defiance of all religious beliefs and spiritual philosophies. This attitude, as well as his genuine scientific merit, was enough to win him membership in the Academy of Sciences at Berlin. In Frederick the Great's palace at Potsdam his imperturbable gaiety enlivened many a banquet.

Soon after Voltaire's arrival at Potsdam, La Mettrie published *Anti-Sénèque, ou Le Souverain Bien* (1751), in which he favored practical legislative control of conduct rather than reliance on the speculative moralizing of education and insisted that remorse, coming after rather than before the evil deed, was not a deterrent but only added to man's misery. It was in answer to this "boutade" that Voltaire, fearful of its influence on the king, wrote his *Poème sur la loi naturelle*, in defense of conscience and remorse. La Mettrie died unregenerate

---

1. The best editions of this work are those of J. Assézat (1865) and M. Solovine (1921), both with introductions and notes.

La Mettrie: L'Homme machine

in 1751 of acute indigestion (as a result, it was said, of a bet that he could eat a whole pheasant pie) after having himself bled "pour démentir tous les raisonnements des médecins allemands" and declaring to the priest that his appeal in agony to consoling holy names was only "une façon de parler."

Despite his uneven qualities, La Mettrie has been accorded an important place in the history of freethought (J. M. Robertson), materialism (F. A. Lange), and science (Joseph Needham). In his *Eloge de La Mettrie*, Frederick described the man as "orateur et philosophe," "une âme pure et un cœur serviable," "un honnête homme et un savant médecin," and his principal traits as "un fond de gaîté intarissable," "l'esprit vif et l'imagination féconde." Voltaire, definitely hostile, called him "le plus franc athée de toutes les facultés de médecine de l'Europe; homme d'ailleurs gai, plaisant, étourdi, tout aussi instruit de la théorie qu'aucun de ses confrères, et sans contredit, le plus mauvais médecin de la terre." For a thorough study of La Mettrie's master work see the Introduction to Aram Vartanian's edition of *L'Homme machine* (1960).

L'HOMME MACHINE
1747

L'Homme machine is the reply of a doctor imbued with Lucretian materialism to Descartes' theory that animals were mere machines or automata, without thought or even feeling. Gassendi's earlier objections, reflected in the works of Cyrano (see above) and developed especially by Dutch medical scientists, come to fruition in La Mettrie.

The author reduces philosophical systems to two, one the materialism of the early Greeks, and the other the spiritualism of the Platonic tradition. He recommends that after twenty odd centuries of aberration we return to the older philosophy. Among the modern spiritualists he attacks especially Descartes, Pascal, Malebranche, and Leibniz. The soul is defined as "the part in us that thinks"; mind to him is "minding," a function of the brain. The dominant faculty is the imagination, which he shows to be inseparably bound up with physical or bodily change and upon which he founds an original definition of natural law. With ethical principles dependent upon this law he concludes: "Enfin le matérialiste convaincu...ne maltraitera point ses semblables, trop instruit sur la nature de ces actions [inhumaines]...et ne voulant pas...faire à autrui ce qu'il ne voudrait pas qu'il lui fît." Man is a machine, thinks La Mettrie, but so complicated that we can never hope to discover his essence nor even all the springs that control human behavior.

Il ne suffit pas à un sage d'étudier la nature de la vérité; il doit oser la dire en faveur du petit nombre de ceux qui veulent et peuvent penser: car pour les autres, qui sont volontairement esclaves des préjugés, il ne leur est pas plus possible d'atteindre la vérité, qu'aux grenouilles de voler.

Je réduis à deux les systèmes des philosophes sur l'âme de l'homme. Le premier, et le plus ancien, est le système du matérialisme; le second est celui du spiritualisme.[2]

---

2. Histories of science here agree with La Mettrie's chronology.

Les métaphysiciens, qui ont insinué que la matière pourrait bien avoir la faculté de penser, n'ont pas déshonoré leur raison. Pourquoi? C'est qu'ils ont un avantage (car ici c'en est un), de s'être mal exprimés. En effet, demander si la matière peut penser, sans la considérer autrement qu'en elle-même, c'est demander si la matière peut marquer les heures.[3] On voit d'avance que nous éviterons cet écueil, où M. Locke a eu le malheur d'échouer.

Les leibniziens, avec leurs monades, ont élevé une hypothèse inintelligible.[4] Ils ont plutôt spiritualisé la matière que matérialisé l'âme. Comment peut-on définir un être dont la nature nous est absolument inconnue?

Descartes et tous les cartésiens, parmi lesquels il y a longtemps qu'on a compté les malebranchistes,[5] ont fait la même faute. Ils ont admis deux substances distinctes dans l'homme, comme s'ils les avaient vues et bien comptées. . . .

L'expérience et l'observation doivent donc seules nous guider ici. Elles se trouvent sans nombre dans les fastes des médecins qui ont été philosophes,[6] et non dans les philosophes qui n'ont pas été médecins. Ceux-ci ont parcouru, ont éclairé le labyrinthe de l'homme; ils nous ont seuls dévoilé ces ressorts cachés sous des enveloppes qui dérobent à nos yeux tant de merveilles. Eux seuls, contemplant tranquillement notre âme, l'ont mille fois surprise, et dans sa misère et dans sa grandeur, sans plus la mépriser dans l'un de ces états, que l'admirer dans l'autre. Encore une fois, voilà les seuls physiciens qui aient droit de parler ici. Que nous diraient les autres, et surtout les théologiens? N'est-il pas ridicule de les entendre décider sans pudeur sur un sujet qu'ils n'ont point été à portée de connaître, dont ils ont été au contraire entièrement détournés par des études obscures qui les ont conduits à mille préjugés et, pour tout dire en un mot, au fanatisme, qui ajoute encore à leur ignorance dans le mécanisme des corps?

Mais quoique nous ayons choisi les meilleurs guides, nous trouverons encore beaucoup d'épines et d'obstacles dans cette carrière.

L'homme est une machine si composée, qu'il est impossible de s'en faire d'abord une idée claire, et conséquemment de la définir. C'est pourquoi toutes les recherches que les plus grands philosophes ont faites *a priori*, c'est-à-dire en voulant se servir en quelque sorte des ailes de l'esprit, ont été vaines. Ainsi ce n'est qu'*a posteriori*, ou en cherchant à

---

3. I.e., only specifically organized matter can think, in the same way that not mere matter, but a clock, marks the hours.
4. Cf., above, p. 342.
5. Malebranche (1638–1715) was a Christian philosopher who based his belief in the existence of the physical world on revelation.
6. Locke, for example, was a doctor who founded his metaphysical and ethical principles on his study of physiological man. Diderot leaned heavily on the opinions of his medical friends in his *Rêve de d'Alembert* (see above).

La Mettrie: L'Homme machine

démêler l'âme, comme au travers des organes du corps, qu'on peut, je ne dis pas découvrir avec évidence la nature même de l'homme, mais atteindre le plus grand degré de probabilité possible sur ce sujet.

Prenons donc le bâton de l'expérience,[7] et laissons là l'histoire de toutes les vaines opinions des philosophes. Etre aveugle et croire pouvoir se passer de ce bâton, c'est le comble de l'aveuglement. Qu'un moderne a bien raison de dire qu'il n'y a que la vanité seule qui ne tire pas des causes secondes le même parti que des premières! On peut et on doit même admirer tous ces beaux génies dans leurs travaux les plus inutiles, les Descartes, les Malebranche, les Leibniz, les Wolff,[8] etc.; mais quel fruit, je vous prie, a-t-on retiré de leurs profondes méditations et de tous leurs ouvrages? Commençons donc et voyons, non ce qu'on a pensé, mais ce qu'il faut penser pour le repos de la vie.

Autant de tempéraments, autant d'esprits, de caractères et de mœurs différentes. Galien[9] même a connu cette vérité, que Descartes, et non Hippocrate, comme le dit l'auteur de l'*Histoire de l'âme*,[10] a poussée loin, jusqu'à dire que la médecine seule pouvait changer les esprits et les mœurs avec le corps.[11] Il est vrai que la mélancolie, la bile, le flegme, le sang, etc., suivant la nature, l'abondance et la diverse combinaison de ces humeurs, de chaque homme font un homme différent.

Dans les maladies, tantôt l'âme s'éclipse et ne montre aucun signe d'elle-même; tantôt on dirait qu'elle est double, tant la fureur la transporte; tantôt l'imbécillité se dissipe, et la convalescence d'un sot fait un homme d'esprit. Tantôt le plus beau génie, devenu stupide, ne se reconnaît plus. Adieu toutes ces belles connaissances acquises à si grands frais et avec tant de peine!

Ici c'est un paralytique qui demande si sa jambe est dans son lit; là c'est un soldat qui croit avoir le bras qu'on lui a coupé. La mémoire de ses anciennes sensations et du lieu où son âme les rapportait, fait son illusion et son espèce de délire. Il suffit de lui parler de cette partie qui lui manque, pour lui en rappeler et faire sentir tous les mouvements; ce qui se fait avec je ne sais quel déplaisir d'imagination qu'on ne peut exprimer.

Celui-ci pleure comme un enfant aux approches de la mort, que celui-là badine. Que fallait-il à Canus Julius, à Sénèque, à Pétrone, pour changer leur intrépidité en pusillanimité ou en poltronnerie? Une obs-

---

7. In his refutation entitled *L'Homme plus que machine*, Luzac pointed out that Newton could not have made his discoveries without the art of reason, and that "Celui qui n'a que le bâton de l'expérience pour guide, ne peut qu'être un misérable boiteux." But La M. would certainly not deny this.

8. Wolff was a disciple and interpreter of Leibniz.

9. Galen, Greek physician and founder of experimental physiology (131–201 A.D). Rabelais received his doctor's degree for a translation from his works.

10. I.e., La M.

11. Descartes: "Si l'espèce humaine peut être perfectionnée, c'est dans la médecine qu'il faut en chercher les moyens."

truction dans la rate, dans le foie, un embarras dans la veine porte. Pourquoi? Parce que l'imagination se bouche avec les viscères; et de là naissent tous ces singuliers phénomènes de l'affection hystérique et hypocondriaque.

Que dirais-je de nouveau sur ceux qui s'imaginent être transformés en loups-garous, en coqs, en vampires, qui croient que les morts les sucent? Pourquoi m'arrêterais-je à ceux qui voient leur nez ou autres membres de verre, et à qui il faut conseiller de coucher sur la paille de peur qu'ils ne se cassent; afin qu'ils en retrouvent l'usage et la véritable chair, lorsque mettant le feu à la paille, on leur fait craindre d'être brûlés: frayeur qui a quelquefois guéri la paralysie. Je dois légèrement passer sur des choses connues de tout le monde.

Je ne serai pas plus long sur le détail des effets du sommeil. Voyez ce soldat fatigué: il ronfle dans la tranchée, au bruit de cent pièces de canons! Son âme n'entend rien, son sommeil est une parfaite apoplexie. Une bombe va l'écraser: il sentira peut-être moins ce coup qu'un insecte qui se trouve sous le pied.

D'un autre côté, cet homme que la jalousie, la haine, l'avarice ou l'ambition dévore, ne peut trouver aucun repos. Le lieu le plus tranquille, les boissons les plus fraîches et les plus calmantes, tout est inutile à qui n'a pas délivré son cœur du tourment des passions.

L'âme et le corps s'endorment ensemble. A mesure que le mouvement du sang se calme, un doux sentiment de paix et de tranquillité se répand dans toute la machine; l'âme se sent mollement s'appesantir avec les paupières et s'affaisser avec les fibres du cerveau: elle devient ainsi peu à peu comme paralytique, avec tous les muscles du corps. Ceux-ci ne peuvent plus porter le poids de la tête; celle-là ne peut plus soutenir le fardeau de la pensée; elle est dans le sommeil comme n'étant point.

La circulation se fait-elle avec trop de vitesse? l'âme ne peut dormir. L'âme est-elle trop agitée, le sang ne peut se calmer; il galope dans les veines avec un bruit qu'on entend: telles sont les deux causes réciproques de l'insomnie. Une seule frayeur dans les songes fait battre le cœur à coups redoublés et nous arrache à la nécessité ou à la douceur du repos, comme feraient une vive douleur ou des besoins urgents. Enfin comme la seule cessation des fonctions de l'âme procure le sommeil, il est, même pendant la veille (qui n'est alors qu'une demi-veille), des sortes de petits sommeils d'âme très fréquents, des "rêves à la Suisse,"[12] qui prouvent que l'âme n'attend pas toujours le corps pour dormir; car si elle ne dort pas tout à fait, combien peu s'en faut-il! puisqu'il lui est impossible d'assigner un seul objet auquel elle ait prêté quelque attention, parmi cette foule innombrable d'idées confuses, qui, comme autant de nuages, remplissent pour ainsi dire l'atmosphère de notre cerveau....

[12] An obsolete expression reflecting the reputation of the Swiss for heavy and vapid rumination.

La Mettrie: L'Homme machine

Le corps humain est une machine qui monte elle-même ses ressorts; vivante image du mouvement perpétuel. Les aliments entretiennent ce que la fièvre excite. Sans eux, l'âme languit, entre en fureur et meurt abattue. C'est une bougie dont la lumière se ranime au moment de s'éteindre. Mais nourrissez le corps, versez dans ses tuyaux des sucs vigoureux, des liqueurs fortes: alors l'âme, généreuse comme elles, s'arme d'un fier courage,[13] et le soldat que l'eau eût fait fuir, devenu féroce, court gaiement à la mort au bruit des tambours. C'est ainsi que l'eau chaude agite un sang que l'eau froide eût calmé.

Quelle puissance d'un repas! La joie renaît dans un cœur triste; elle passe dans l'âme des convives qui l'expriment par d'aimables chansons, où le Français excelle. Le mélancolique seul est accablé, et l'homme d'étude n'y est plus propre....

En général, la forme et la composition du cerveau des quadrupèdes est à peu près la même que dans l'homme. Même figure, même disposition partout; avec cette différence essentielle, que l'homme est de tous les animaux celui qui a le plus de cerveau, et le cerveau le plus tortueux, en raison de la masse de son corps: ensuite le singe, le castor, l'éléphant, le chien, le renard, le chat etc., voilà les animaux qui ressemblent le plus à l'homme; car on remarque aussi chez eux la même analogie graduée, par rapport au corps calleux, dans lequel Lancisi[14] avait établi le siège de l'âme, avant feu M. de la Peyronie,[15] qui cependant a illustré cette opinion par une foule d'expériences.

Après tous les quadrupèdes, ce sont les oiseaux qui ont le plus de cerveau. Les poissons ont la tête grosse, mais elle est vide de sens, comme celle de bien des hommes. Ils n'ont point de corps calleux et fort peu de cerveau, lequel manque aux insectes....

Si l'imbécile ne manque pas de cerveau, comme on le remarque ordinairement, ce viscère péchera par une mauvaise consistance, par trop de mollesse, par exemple. Il en est de même des fous; les vices de leur cerveau ne se dérobent pas toujours à nos recherches; mais si les causes de l'imbécillité, de la folie, etc., ne sont pas sensibles, où aller chercher celles de la variété de tous les esprits? Elles échappent aux yeux des lynx et des Argus. "Un rien, une petite fibre, quelque chose que la plus subtile anatomie ne peut découvrir," eût fait deux sots d'Erasme et de Fontenelle, qui le remarque lui-même dans un de ses meilleurs dialogues....[16]

Parmi les animaux, les uns apprennent à parler et à chanter;[17] ils re-

---

13. La M. was evidently well acquainted with Lucretius' poem *De rerum natura* (Bk. I, 809–811).
14. Famous anatomist (1654–1720) at the Papal court, who studied nervous influences on the heartbeat.
15. Brain surgeon and writer, founder of the Académie de Chirurgie under Louis XV.
16. The quotation is from Fontenelle's dialogue "Charles-Quint et Erasme."
17. A conversation between a parrot and Prince Maurice of Nassau is described in

tiennent des airs et prennent tous les tons aussi exactement qu'un musicien. Les autres, qui montrent cependant plus d'esprit, tels que le singe, n'en peuvent venir à bout. Pourquoi cela, si ce n'est par un vice des organes de la parole?

Mais ce vice est-il tellement de conformation qu'on n'y puisse apporter aucun remède? En un mot, serait-il absolument impossible d'apprendre une langue à cet animal? Je ne le crois pas.

Je prendrais le grand singe préférablement à tout autre, jusqu'à ce que le hasard nous eût fait découvrir quelque autre espèce plus semblable à la nôtre, car rien ne répugne qu'il y en ait dans des régions qui nous sont inconnues. Cet animal nous ressemble si fort, que les naturalistes l'ont appelé homme sauvage ou homme des bois. ...

La même mécanique, qui ouvre le canal d'Eustachi dans les sourds, ne pourrait-il le déboucher dans les singes? [18] Une heureuse envie d'imiter la prononciation du maître ne pourrait-elle mettre en liberté les organes de la parole dans des animaux qui imitent tant d'autres signes avec tant d'adresse et d'intelligence? Non seulement je défie qu'on me cite aucune expérience vraiment concluante qui décide mon projet impossible et ridicule, mais la similitude de la structure et des opérations du singe est telle, que je ne doute presque point, si on exerçait parfaitement cet animal, qu'on ne vînt enfin à bout de lui apprendre à prononcer et par conséquent à savoir une langue. Alors ce ne serait plus ni un homme sauvage, ni un homme manqué: ce serait un homme parfait, un petit homme de ville, avec autant d'étoffe ou de muscles que nous-mêmes, pour penser et profiter de son éducation.

Des animaux à l'homme, la transition n'est pas violente; les vrais philosophes en conviendront. Qu'était l'homme, avant l'invention des mots et la connaissance des langues? Un animal de son espèce qui, avec beaucoup moins d'instinct naturel que les autres, dont alors il ne se croyait pas roi, n'était distingué du singe et des autres animaux que comme le singe l'est lui-même; je veux dire par une physionomie qui annonçait plus de discernement. Réduit à la seule "connaissance intuitive" des leibniziens, il ne voyait que des figures et des couleurs, sans pouvoir rien distinguer entre elles; vieux comme jeune, enfant à tout âge, il bégayait ses sensations et ses besoins, comme un chien affamé ou ennuyé du repos demande à manger ou à se promener.

Les mots, les langues, les lois, les sciences, les beaux arts sont venus; et par eux enfin, le diamant brut de notre esprit a été poli. On a dressé un homme comme un animal; on est devenu auteur comme porte-faix.

---

the *Memoirs* of Sir William Temple. In *L'Histoire de l'âme*, La M. ridiculed Locke's credence in the report.

18. Jean Conrad Amman (1669–1724) was credited with having taught the deaf and dumb to speak (figuratively, "opened their auditory tubes") and thereby endowed them with ideas and a soul. La M. suggests that monkeys might be endowed with a soul in the same manner.

Un géomètre a appris à faire les démonstrations et les calculs les plus difficiles, comme un singe à ôter ou mettre son petit chapeau et à monter sur son chien docile. Tout s'est fait par des signes; chaque espèce a compris ce qu'elle a pu comprendre: et c'est de cette manière que les hommes ont acquis "la connaissance symbolique," ainsi nommée encore par nos philosophes d'Allemagne....

Tout ce savoir dont le vent enfle le ballon du cerveau de nos pédants orgueilleux, n'est donc qu'un vaste amas de mots et de figures, qui forment dans la tête toutes les traces par lesquelles nous distinguons et nous nous rappelons les objets. Toutes nos idées se réveillent, comme un jardinier qui connaît les plantes se souvient de toutes leurs phases à leur aspect. Ces mots et les figures qui sont désignées par eux, sont tellement liés ensemble dans le cerveau, qu'il est assez rare qu'on imagine une chose sans le nom ou le signe qui lui est attaché.

Je me sers toujours du mot "imaginer," parce que je crois que tout s'imagine, et que toutes les parties de l'âme peuvent être justement réduites à la seule imagination qui les forme toutes; et qu'ainsi le jugement, le raisonnement, la mémoire, ne sont que des parties de l'âme nullement absolues, mais de véritables modifications de cette espèce de "toile médullaire," sur laquelle les objets peints dans l'œil sont renvoyés comme d'une lanterne magique.

Mais si tel est ce merveilleux et incompréhensible résultat de l'organisation du cerveau, si tout se conçoit par l'imagination, si tout s'explique par elle, pourquoi diviser le principe sensitif qui pense dans l'homme? N'est-ce pas une contradiction manifeste dans les partisans de la simplicité de l'esprit? Car une chose qu'on divise ne peut plus être, sans absurdité regardée comme indivisible. Voilà où conduit l'abus des langues et l'usage de ces grands mots, "spiritualité" "immatérialité," etc., placés à tout hasard, sans être entendus, même par des gens d'esprit.

Rien de plus facile que de prouver un système fondé comme celui-ci, sur le sentiment intime et l'expérience propre de chaque individu. L'imagination ou cette partie fantastique du cerveau, dont la nature nous est aussi inconnue que sa manière d'agir, est-elle naturellement petite ou faible? elle aura à peine la force de comparer l'analogie ou la ressemblance de ses idées; elle ne pourra voir que ce qui sera vis-à-vis d'elle ou ce qui l'affectera le plus vivement; et encore de quelle manière! Mais toujours est-il vrai que l'imagination seule aperçoit, que c'est elle qui se représente tous les objets, avec les mots et les figures qui les caractérisent; et qu'ainsi c'est elle encore une fois qui est l'âme, puisqu'elle en fait tous les rôles. Par elle, par son pinceau flatteur, le froid squelette de la raison prend des chairs vives et vermeilles; par elle, les sciences fleurissent, les arts s'embellissent, les bois parlent, les échos soupirent, les rochers pleurent, le marbre respire, tout prend vie parmi les corps inanimés....

Je dis de la vérité en général ce que M. de Fontenelle dit de certaines en particulier: qu'il faut la sacrifier aux agréments de la société. Il est de la douceur de mon caractère d'obvier à toute dispute, lorsqu'il ne s'agit pas d'aiguiser la conversation. Les cartésiens viendraient ici vainement à la charge avec leurs idées innées; je ne me donnerais certainement pas le quart de la peine qu'a prise M. Locke pour attaquer de telles chimères. Quelle utilité, en effet, de faire un gros livre, pour prouver une doctrine qui était érigée en axiome, il y a trois mille ans? [19]

Suivant les principes que nous avons posés et que nous croyons vrais, celui qui a le plus d'imagination doit être regardé comme ayant le plus d'esprit ou de génie, car tous ces mots sont synonymes; et encore une fois, c'est par un abus honteux qu'on croit dire des choses différentes, lorsqu'on ne dit que différents mots ou différents sons, auxquels on n'a attaché aucune idée ou distinction réelle.

La plus belle, la plus grande ou la plus forte imagination, est donc la plus propre aux sciences comme aux arts. Je ne décide point s'il faut plus d'esprit pour exceller dans l'art des Aristote ou des Descartes, que dans celui des Euripide ou des Sophocle; et si la nature s'est mise en plus grands frais pour faire Newton que pour former Corneille (ce dont je doute fort), il est certain que c'est la seule imagination, diversement appliquée, qui a fait leur différent triomphe et leur gloire immortelle....

Malgré toutes ces prérogatives de l'homme sur les animaux, c'est lui faire honneur que de le ranger dans la même classe. Il est vrai que jusqu'à un certain âge, il est plus animal qu'eux, parce qu'il apporte moins d'instinct en naissant.

Quel est l'animal qui mourrait de faim au milieu d'une rivière de lait? L'homme seul. Semblable à ce vieux enfant dont un moderne parle d'après Arnobe,[20] il ne connaît ni les aliments qui lui sont propres, ni l'eau qui peut le noyer, ni le feu qui peut le réduire en poudre. Faites briller pour la première fois la lumière d'une bougie aux yeux d'un enfant, il y portera machinalement le doigt, comme pour savoir quel est le nouveau phénomène qu'il aperçoit; c'est à ses dépens qu'il en connaîtra le danger, mais il n'y sera pas repris.

Mettez-le encore avec un animal sur le bord d'un précipice: lui seul y tombera; il se noie où l'autre se sauve à la nage.... Sans éducation, [les animaux] sont sans préjugés. Mais voyons encore ce chien et cet enfant qui ont tous deux perdu leur maître dans un grand chemin: l'enfant pleure, il ne sait à quel saint se vouer; le chien, mieux servi par son odorat que l'autre par sa raison, l'aura bientôt retrouvé....

Nous n'avons pas dessein de nous dissimuler les objections qu'on peut

---

19. The doctrine that all knowledge originates in sense perception was held by early Greek philosophers.

20. Arnobius, Christian apologist († 327), in his book *Against the Gentiles*, imagined a child nourished in a cave, deprived of contacts with human beings and with the exterior world. No matter at what age the "vieux enfant" left his cave, he would be a helpless idiot.

faire en faveur de la distinction primitive de l'homme et des animaux, contre notre sentiment. Il y a, dit-on, dans l'homme, une loi naturelle, une connaissance du bien et du mal, qui n'a pas été gravée dans le cœur des animaux.[21]

Mais cette objection, ou plutôt cette assertion, est-elle fondée sur l'expérience, sans laquelle un philosophe peut tout rejeter? En avons-nous quelqu'une qui nous convainque que l'homme seul a été éclairé d'un rayon refusé à tous les autres animaux? S'il n'y en a point, nous ne pouvons pas plus connaître par elle ce qui se passe en eux, et même dans les hommes, que ne pas sentir ce qui affecte l'intérieur de notre être. Nous savons que nous pensons et que nous avons des remords; un sentiment intime ne nous force que trop d'en convenir; mais pour juger des remords d'autrui, ce sentiment qui est dans nous est insuffisant: c'est pourquoi il en faut croire les autres hommes sur leur parole ou sur les signes sensibles et extérieurs que nous avons remarqués en nous-mêmes, lorsque nous éprouvions la même conscience et les mêmes tourments....

Mais un être à qui la nature a donné un instinct si précoce, si éclairé, qui juge, combine, raisonne et délibère autant que s'étend et lui permet la sphère de son activité; un être qui s'attache par les bienfaits, qui se détache par les mauvais traitements et va essayer un meilleur maître; un être d'une structure semblable à la nôtre, qui fait les mêmes opérations, qui a les mêmes passions, les mêmes douleurs, les mêmes plaisirs, plus ou moins vifs, suivant l'empire de l'imagination et la délicatesse des nerfs; un tel être enfin ne montre-t-il pas clairement qu'il sent ses torts et les nôtres, qu'il connaît le bien et le mal, et en un mot a conscience de ce qu'il fait? Son âme qui marque comme la nôtre les mêmes joies, les mêmes mortifications, les mêmes déconcertements, serait-elle sans aucune répugnance à la vue de son semblable déchiré, ou après l'avoir lui-même impitoyablement mis en pièces? Cela posé, le don précieux dont il s'agit n'aurait point été refusé aux animaux; car puisqu'ils nous offrent des signes évidents de leur repentir comme de leur intelligence, qu'y a-t-il d'absurde à penser que ces êtres, des machines presque aussi parfaites que nous, soient, comme nous, faites pour penser et pour sentir la nature?

L'homme n'est pas pétri d'un limon plus précieux; la nature n'a employé qu'une seule et même pâte dont elle a seulement varié les levains. Si donc l'animal ne se repent pas d'avoir violé le sentiment intérieur dont je parle, ou plutôt s'il en est absolument privé, il faut nécessairement que l'homme soit dans le même cas: moyennant quoi adieu la loi naturelle et tous ces beaux traités qu'on a publiés sur elle! Tout le règne animal en serait généralement dépourvu. Mais, réciproquement, si l'homme ne peut se dispenser de convenir qu'il distingue toujours lorsque la santé le laisse jouir de lui-même, ceux qui ont de la probité, de l'humanité, de

---

21. Voltaire long flirted with this deistic conception of natural law. See, below, *Epître à Uranie* and *Poème sur la loi naturelle*.

la vertu, de ceux qui ne sont ni humains, ni vertueux, ni honnêtes gens; qu'il est facile de distinguer ce qui est vice ou vertu, par l'unique plaisir ou la propre répugnance qui en sont comme les effets naturels; il s'ensuit que les animaux formés de la même matière, à laquelle il n'a peut-être manqué qu'un degré de fermentation pour égaler les hommes en tout, doivent participer aux mêmes prérogatives de l'animalité, et qu'ainsi il n'est point d'âme ou de substance sensitive, sans remords. La réflexion suivante va fortifier celle-ci.

On ne peut détruire la loi naturelle. L'empreinte en est si forte dans tous les animaux, que je ne doute nullement que les plus sauvages et les plus féroces n'aient quelques moments de repentir. Je crois que la fille sauvage de Châlons en Champagne aura porté la peine de son crime, s'il est vrai qu'elle ait mangé sa sœur....[22]

Je sens tout ce que demande l'intérêt de la société. Mais il serait sans doute à souhaiter qu'il n'y eût pour juges que d'excellents médecins. Eux seuls pourraient distinguer le criminel innocent du coupable. Si la raison est esclave d'un sens dépravé ou en fureur, comment peut-elle le gouverner?

Mais si le crime porte avec soi sa propre punition plus ou moins cruelle; si la plus longue et la plus barbare habitude ne peut tout à fait arracher le repentir des cœurs les plus inhumains; s'ils sont déchirés par la mémoire même de leurs actions, pourquoi effrayer l'imagination des esprits faibles par un enfer, par des spectres et des précipices de feu moins réels encore que ceux de Pascal?...[23]

Nous n'avons pas originairement été faits pour être savants; c'est peut-être par une espèce d'abus de nos facultés organiques que nous le sommes devenus, et cela à la charge de l'Etat, qui nourrit une multitude de fainéants que la vanité a décorés du nom de philosophes. La nature nous a tous créés uniquement pour être heureux;[24] oui, tous, depuis le ver qui rampe jusqu'à l'aigle qui se perd dans la nue. C'est pourquoi elle a donné à tous les animaux quelque portion de la loi naturelle, portion plus ou moins exquise selon que le comportent les organes bien conditionnés de chaque animal.

---

22. Voltaire related this story in the preface of his *Poème sur la loi naturelle;* see also Chauncey B. Tinker, *Nature's Simple Plan.*

23. "Dans un cercle, ou à table, il lui fallait toujours un rempart de chaises ou quelqu'un dans son voisinage, du côté gauche, pour l'empêcher de voir des abîmes épouvantables dans lesquels il craignait quelquefois de tomber, quelque connaissance qu'il eût de ces illusions. Quel effrayant effet de l'imagination, ou d'une singulière circulation dans un lobe du cerveau! Grand homme d'un côté, il était à moitié fou de l'autre. La folie et la sagesse avaient chacune leur département, ou leur lobe, séparé par la faux. De quel côté tenait-il si fort à MM. de Port-Royal?" (La M.)

24. Thus formulated, this animistic principle could hardly be proved "par le bâton de l'expérience," or seriously maintained by La M., as passages which follow will show. However, the right to *pursue* happiness (cf., below, p. 675) is a political appeal to natural law, without implicating nature's intentions.

La Mettrie: L'Homme machine

A présent, comment définirons-nous la loi naturelle? C'est un sentiment qui nous apprend ce que nous ne devons pas faire, parce que nous ne voudrions pas qu'on nous le fît.[25] Oserais-je ajouter à cette idée commune qu'il me semble que ce sentiment n'est qu'une espèce de crainte ou de frayeur, aussi salutaire à l'espèce qu'à l'individu; car peut-être ne respectons-nous la bourse et la vie des autres, que pour nous conserver nos biens, notre honneur et nous-mêmes; semblables à ces Ixions[26] du christianisme qui n'aiment Dieu et n'embrassent tant de chimériques vertus que parce qu'ils craignent l'enfer.

Vous voyez que la loi naturelle n'est qu'un sentiment intime qui appartient encore à l'imagination, comme tous les autres, parmi lesquels on compte la pensée. Par conséquent, elle ne suppose évidemment ni éducation, ni révélation, ni législateur, à moins qu'on ne veuille la confondre avec les lois civiles, à la manière ridicule des théologiens.

Les armes du fanatisme peuvent détruire ceux qui soutiennent ces vérités; mais elles ne détruiront jamais ces vérités mêmes.

Ce n'est pas que je révoque en doute l'existence d'un être suprême; il me semble, au contraire, que le plus grand degré de probabilité est pour elle: mais comme cette existence ne prouve pas plus la nécessité d'un culte que toute autre, c'est une vérité théorique qui n'est guère d'usage dans la pratique; de sorte que, comme on peut dire d'après tant d'expériences que la religion ne suppose pas l'exacte probité, les mêmes raisons autorisent à penser que l'athéisme ne l'exclut pas.[27]

Qui sait d'ailleurs si la raison de l'existence de l'homme ne serait pas son existence même? Peut-être a-t-il été jeté au hasard sur un point de la surface de la terre sans qu'on puisse savoir ni comment, ni pourquoi; mais seulement qu'il doit vivre et mourir, semblable à ces champignons qui paraissent d'un jour à l'autre, ou à ces fleurs qui bordent les fossés et couvrent les murailles.

Ne nous perdons point dans l'infini, nous ne sommes pas faits pour en avoir la moindre idée; il nous est absolument impossible de remonter à l'origine des choses. Il est égal d'ailleurs pour notre repos que la matière soit éternelle ou qu'elle ait été créée, qu'il y ait un Dieu ou qu'il n'y en ait pas. Quelle folie de tant se tourmenter pour ce qu'il est impossible de connaître et ce qui ne nous rendrait pas plus heureux quand nous en viendrions à bout....

Mais puisque toutes les facultés de l'âme dépendent tellement de la propre organisation du cerveau et de tout le corps qu'elles ne sont visiblement que cette organisation même, voilà une machine bien éclairée! car

---

25. This is the Silver Rule of Confucius (551–479 B.C.), celebrated also by Voltaire and considered by the deists as less selfish than the Golden Rule.
26. Ixion, king of the Lapithae, was accorded asylum on Olympus but was later cast by Jupiter into Hades.
27. Cf. Bayle, "L'Athéisme ne conduit pas nécessairement à la corruption des mœurs" (above, p. 69).

enfin, quand l'homme seul aurait reçu en partage la loi naturelle, en serait-il moins une machine? Des roues, quelques ressorts de plus que dans les animaux les plus parfaits, le cerveau proportionnellement plus proche du cœur et recevant aussi plus de sang, la même raison donnée; que sais-je enfin? des causes inconnues produiraient toujours cette conscience délicate si facile à blesser, ces remords qui ne sont pas plus étrangers à la matière que la pensée, et en un mot toute la différence qu'on suppose ici. L'organisation suffirait-elle donc à tout? Oui, encore une fois; puisque la pensée se développe visiblement avec les organes,[28] pourquoi la matière dont ils sont faits ne serait-elle pas aussi susceptible de remords, quand une fois elle a acquis avec le temps la faculté de sentir.

L'âme n'est donc qu'un vain terme dont on n'a point d'idée, et dont un bon esprit ne doit se servir que pour nommer la partie qui pense en nous. Posé le moindre principe de mouvement, les corps animés auront tout ce qu'il leur faut pour se mouvoir, sentir, penser, se repentir et se conduire, en un mot, dans le physique et dans le moral qui en dépend....

Mais on a dû voir que je ne me suis permis le raisonnement le plus vigoureux et le plus immédiatement tiré, qu'à la suite d'une multitude d'observations physiques qu'aucun savant ne contestera; et c'est encore eux seuls que je reconnais pour juges des conséquences que j'en tire, récusant ici tout homme à préjugés, et qui n'est ni anatomiste, ni au fait de la seule philosophie qui est ici de mise, celle du corps humain. Que pourraient contre un chêne aussi ferme et solide ces faibles roseaux de la théologie, de la métaphysique et des écoles; armes puériles, semblables aux fleurets de nos salles, qui peuvent bien donner le plaisir de l'escrime, mais jamais entamer son adversaire. Faut-il dire que je parle de ces idées creuses et triviales, de ces raisonnements rebattus et pitoyables, qu'on fera sur la prétendue incompatibilité de deux substances qui se touchent et se remuent sans cesse l'une et l'autre, tant qu'il restera l'ombre du préjugé ou de la superstition sur la terre? Voilà mon système, ou plutôt la vérité si je ne me trompe fort. Elle est courte et simple. Dispute à présent qui voudra!

Condillac
1714-1780

Etienne Bonnot, Abbé de Condillac, brother of Abbé de Mably and D'Alembert's cousin, contributed many philosophical articles to the *Encyclopedia*. A clear, brief résumé of his principal tenets, that the senses form human understanding (through attention, memory, comparison, judgment, reflection), is

28. Again reflections of the doctrine of Lucretius (Bk. III, 446).

found at the beginning of his capital work, *Traité des sensations* (1754), from which the following extract is taken.

Some ten years earlier Rousseau had introduced the Abbé to Diderot, and the three dined together weekly at the Panier Fleuri, where the chief topic of conversation was Locke's theory of sensations. Condillac and Diderot undoubtedly influenced each other, and it is impossible to tell which influence was dominant. Condillac has been referred to as "le philosophe des philosophes" and credited with the establishment of Locke's psychology in eighteenth-century thought. Diderot, in fact, called him "Locke perfectionné" but was astute enough to point out that he had no answer to Berkeley's idealism. Condillac's influence was especially strong upon Helvétius and the Ideologists. (For further comment, see, above, the introduction to Diderot's *Lettre sur les sourds et muets*).

TRAITE DES SENSATIONS
1754

Si une multitude de sensations se font à la fois avec le même degré de vivacité, ou à peu près, l'homme n'est encore qu'un animal qui sent: l'expérience seule suffit pour nous convaincre qu'alors la multitude des impressions ôte toute action à l'esprit.

Mais ne laissons subsister qu'une seule sensation, ou même, sans retrancher entièrement les autres, diminuons-en seulement la force; aussitôt l'esprit est occupé plus particulièrement de la sensation qui conserve toute sa vivacité, et cette sensation devient attention, sans qu'il soit nécessaire de supposer rien de l'âme.[1]

Je suis, par exemple, peu attentif à ce que je vois, je ne le suis même point du tout, si tous mes sens assaillissent mon âme de toutes parts; mais les sensations de la vue deviennent attention, dès que mes yeux s'offrent seuls à l'action des objets. Cependant les impressions que j'éprouve peuvent être alors, et sont quelquefois si étendues, si variées et en si grand nombre, que j'aperçois une infinité de choses, sans être attentif à aucune; mais à peine j'arrête la vue sur un objet, que les sensations particulières que j'en reçois sont l'attention même que je lui donne. Ainsi une sensation est attention, soit parce qu'elle est seule, soit parce qu'elle est plus vive que toutes les autres.

Qu'une nouvelle sensation acquière plus de vivacité que la première, elle deviendra à son tour attention.

Mais plus la première a eu de force, plus l'impression qu'elle a faite se conserve. L'expérience le prouve.

Notre capacité de sentir se partage donc entre la sensation que nous avons eue et celle que nous avons, nous les apercevons à la fois toutes

---

[1]. The Abbé did not, however, suppress the activity of the soul but reserved it for more complex or theological speculation.

deux; mais nous les apercevons différemment: l'une nous paraît passée, l'autre nous paraît actuelle.

Apercevoir ou sentir ces deux sensations, c'est la même chose: or ce sentiment prend le nom de sensation, lorsque l'impression se fait actuellement sur les sens, et il prend celui de mémoire, lorsque cette sensation, qui ne se fait pas actuellement, s'offre à nous comme une sensation qui s'est faite. La mémoire n'est donc que la sensation transformée.

Par là nous sommes capables de deux attentions: l'une s'exerce par la mémoire, et l'autre par les sens.

Dès qu'il y a double attention, il y a comparaison; car être attentif à deux idées ou les comparer, c'est la même chose. Or on ne peut les comparer sans apercevoir entre elles quelque différence ou quelque ressemblance: apercevoir de pareils rapports c'est juger. Les actions de comparer et de juger ne sont donc que l'attention même: c'est ainsi que la sensation devient successivement attention, comparaison, jugement.

Les objets que nous comparons ont une multitude de rapports, soit parce que les impressions qu'ils font sur nous sont tout à fait différentes, soit parce qu'elles diffèrent seulement du plus au moins, soit parce qu'étant semblables elles se combinent différemment dans chacun. En pareil cas, l'attention que nous leur donnons enveloppe d'abord toutes les sensations qu'ils occasionnent. Mais cette attention étant aussi partagée, nos comparaisons sont vagues, nous ne saisissons que des rapports confus, nos jugements sont imparfaits ou mal assurés: nous sommes donc obligés de porter notre attention d'un objet sur l'autre, en considérant séparément leurs qualités. Après avoir, par exemple, jugé de leur couleur, nous jugeons de leur figure pour juger ensuite de leur grandeur; et parcourant de la sorte toutes les sensations qu'ils font sur nous, nous découvrons par une suite de comparaisons et de jugements les rapports qui sont entre eux, et le résultat de ces jugements est l'idée que nous nous formons de chacun. L'attention ainsi conduite est comme une lumière, qui réfléchit d'un corps sur un autre pour les éclairer tous deux,[2] et je l'appelle réflexion. La sensation après avoir été attention, comparaison, jugement, devient donc encore la réflexion même.

Helvétius

1715-1771

Claude-Adrien Helvétius became a General Tax Collector at the age of twenty-three through the influence of his father, a court physician who had

---

[2]. Condillac maintains that physical phenomena (e.g., reflection of light) have given their names to mental processes and finds therein linguistic confirmations of his sensualistic theory.

saved the life of Louis XV. After eleven years at this lucrative profession he had amassed a large fortune, and he retired to engage in philanthropy, the protection of the philosophers, and the production of his two principal works, *De l'esprit* (1758) and *De l'homme* (published posthumously in 1772). The Jansenist Parlement immediately condemned his first book to the flames. Obliged to make repeated official retractions, he prepared his second work, which was even more explicit and forthright. Nine months of the year he spent as benevolent landlord on his country estate, the other three in Paris, where he and his wife maintained a distinguished salon. After his death the beautiful Mme Helvétius grouped around her the most eminent men of the age, including Franklin and Turgot, both of whom vainly sought her hand in marriage.

Helvétius' treatise *On the Mind* stressed a utilitarian system of ethics and the all-inclusive role of education and legislation in molding the individual. He took seriously Locke's idea that the mind at birth is like a blank sheet of paper ready for the imprint of sense perception. Against Rousseau and Diderot, he upheld the absolute and natural equality of man, thus denying hereditary as well as innate faculties. Born without character and indifferent to good and evil, the individual acquires all his virtues and vices, talents and prejudices. Environmental factors are therefore absolute. We have here a philosophy similar to and as rigid as the behaviorism of a more recent epoch.

Helvétius started with a complete acceptance of sensationalism but departed from Condillac's parallelism between physical and mental faculties to accept the more materialistic doctrines of La Mettrie. In attempting to free morality from arbitrary metaphysical and religious forms, he founded his ethics on the principle of self-interest, which could be transformed into public welfare not through enlightenment but through remunerative or punitive legislation. Virtue was thus entirely a matter of social approval, a term that the larger public employed to qualify actions that were useful to its members. This led him to the principle of the greatest good to the greatest number, which was to figure prominently in the works of Jeremy Bentham and John Stuart Mill.

Educationally, Helvétius' theories were diametrically opposed to Rousseau's, for he stressed the deliberate conditioning of group education against the spontaneous natural growth of the privately tutored Emile. Diderot corrected many of Helvétius' extreme ideas in his *Réflexions sur le livre de l'Esprit* and *Réfutation... de l'Homme*. The mind, Diderot asserted, has from the beginning varying physiological predispositions. Education can do much but not everything. The sensations may be the origin of judgment but do not constitute the faculty of judgment. Neither moral nor intellectual equality can be expected, for experiences cannot be identical even in the same environment.

Voltaire's disapproval of *De l'esprit* was expressed in a letter to Saurin (December 14, 1772) after Helvétius' death: "Il y a des traits ingénieux dans ce livre; il y a des choses lumineuses, et souvent de l'imagination dans l'expression; mais j'ai été révolté de ce qu'il dit sur l'amitié.... Le système que tous les hommes sont nés avec les mêmes talents est d'un ridicule extrême.... J'ai vu avec chagrin une infinité de citations puériles ou fausses, et presque partout une affectation qui m'a prodigieusement déplu. Mais je ne considérai alors que ce qu'il y avait de bon dans son livre, et l'infâme persécution qu'on lui faisait.

Je pris son parti hautement; et quand il a fallu depuis analyser son livre, je l'ai critiqué très doucement." [1]

These comments by Voltaire, and especially those by Diderot, disclose real differences of opinion within the philosophic group. Mme de Boufflers did not, therefore, express the whole truth when she remarked that Helvétius had revealed everybody's secret, implying that the philosophers were frightened when they saw the logical conclusions of their own doctrines.

DE L'ESPRIT

De la probité, par rapport aux siècles et aux peuples divers

Si la morale a, jusqu'à présent, peu contribué au bonheur de l'humanité, ce n'est pas qu'à d'heureuses expressions, à beaucoup d'élégance et de netteté, plusieurs moralistes n'aient joint beaucoup de profondeur d'esprit et d'élévation d'âme: mais, quelque supérieurs qu'aient été ces moralistes, il faut convenir qu'ils n'ont pas assez souvent regardé les différents vices des nations comme des dépendances nécessaires de la différente forme de leur gouvernement: ce n'est cependant qu'en considérant la morale de ce point de vue qu'elle peut devenir réellement utile aux hommes.[2] Qu'ont produit, jusqu'aujourd'hui, les plus belles maximes de morale? Elles ont corrigé quelques particuliers des défauts que, peut-être, ils se reprochaient; d'ailleurs, elles n'ont produit aucun changement dans les mœurs des nations. Quelle en est la cause? C'est que les vices d'un peuple sont, si j'ose le dire, toujours cachés au fond de sa législation: c'est là qu'il faut fouiller, pour arracher la racine productrice de ses vices. Qui n'est doué ni des lumières ni du courage nécessaires pour l'entreprendre, n'est, en ce genre, de presque aucune utilité à l'univers. Vouloir détruire des vices attachés à la législation d'un peuple, sans faire aucun changement dans cette législation, c'est prétendre à l'impossible, c'est rejeter les conséquences justes des principes qu'on admet.

Qu'espérer de tant de déclamations contre la fausseté des femmes, si ce vice est l'effet nécessaire d'une contradiction entre les désirs de la nature et les sentiments que, par les lois et la décence, les femmes sont contraintes d'affecter?

Dans le Malabar, à Madagascar, si toutes les femmes sont vraies c'est qu'elles y satisfont, sans scandale, toutes leurs fantaisies, qu'elles ont mille galants, et ne se déterminent au choix d'un époux qu'après des essais répétés. Il en est de même des sauvages de la Nouvelle-Orléans, de ces peuples où les parentes du grand soleil, les princesses du sang, peuvent, lorsqu'elles se dégoûtent de leurs maris, les répudier pour en épouser d'autres.

---

1. With the general sentiment here expressed, cf., below, p. 501, note 42.
2. Helvétius agrees here with the principle of relativity as expressed in Montesquieu's *Esprit des lois*. By contrast Voltaire was the ardent defender of a universally uniform morality, fundamentally the same at all times in all climes.

En de tels pays, on ne trouve point de femmes fausses, parce qu'elles n'ont aucun intérêt de l'être.

Je ne prétends pas inférer de ces exemples qu'on doive introduire chez nous de pareilles mœurs. Je dis seulement qu'on ne peut raisonnablement reprocher aux femmes une fausseté dont la décence et les lois leur font, pour ainsi dire, une nécessité; et qu'enfin l'on ne change point les effets en laissant subsister les causes.

Prenons la médisance pour second exemple. La médisance est, sans doute, un vice: mais c'est un vice nécessaire; parce qu'en tous pays où les citoyens n'auront point de part au maniement des affaires publiques, ces citoyens, peu intéressés à s'instruire, doivent croupir dans une honteuse paresse. Or, s'il est, dans ce pays, de mode et d'usage de se jeter dans le monde, et du bon air d'y parler beaucoup, l'ignorant, ne pouvant parler des choses, doit nécessairement parler des personnes. Tout panégyrique est ennuyeux, et toute satire agréable; sous peine d'être ennuyeux, l'ignorant est donc forcé d'être médisant. On ne peut donc détruire ce vice sans anéantir la cause qui le produit, sans arracher les citoyens à la paresse, et, par conséquent, sans changer la forme du gouvernement.

Il suit de ce que je viens de dire qu'on ne peut se flatter de faire aucun changement dans les idées d'un peuple, qu'après en avoir fait dans sa législation; que c'est par la réforme des lois qu'il faut commencer la réforme des mœurs; que des déclamations contre un vice utile, dans la forme actuelle d'un gouvernement, seraient politiquement nuisibles, si elles n'étaient vaines; mais elles le seront toujours, parce que la masse d'une nation n'est jamais remuée que par la force des lois. D'ailleurs, qu'il me soit permis de l'observer en passant: parmi les moralistes, il en est peu qui sachent, en armant nos passions les unes contre les autres, s'en servir utilement pour faire adopter leur opinion; la plupart de leurs conseils sont trop injurieux. Ils devraient pourtant sentir que des injures ne peuvent, avec avantage, combattre contre des sentiments; que c'est une passion qui seule peut triompher d'une passion....[3]

Je dis que tous les hommes ne tendent qu'à leur bonheur; qu'on ne peut les soustraire à cette tendance; qu'il serait inutile de l'entreprendre, et dangereux d'y réussir; que, par conséquent, l'on ne peut les rendre vertueux qu'en unissant l'intérêt personnel à l'intérêt général.[4] Ce principe posé, il est évident que la morale n'est qu'une science frivole, si l'on ne la confond avec la politique et la législation: d'où je conclus que, pour se rendre utile à l'univers, les philosophes doivent considérer les objets du point de vue d'où le législateur les contemple. Sans être armés du même pouvoir, ils doivent être animés du même esprit. C'est au moraliste d'indiquer les lois, dont le législateur assure l'exécution par l'apposition du sceau de sa puissance....

(*Disc. II, ch. xv*)

---

3. Cf., above (p. 268), Diderot, *Pensées philosophiques*, IV.
4. This is the foundation of man's natural right to the pursuit of happiness.

De la probité, par rapport à l'univers [5]

S'il existait une probité par rapport à l'univers, cette probité ne serait que l'habitude des actions utiles à toutes les nations: or il n'est point d'action qui puisse immédiatement influer sur le bonheur ou le malheur de tous les peuples. L'action la plus généreuse, par le bienfait de l'exemple, ne produit pas, dans le monde moral, un effet plus sensible que la pierre, jetée dans l'océan, n'en produit sur les mers, dont elle élève nécessairement la surface.

Il n'est donc point de probité pratique par rapport à l'univers. A l'égard de la probité d'intention, qui se réduirait au désir constant et habituel du bonheur des hommes, et par conséquent au vœu simple et vague de la félicité universelle, je dis que cette espèce de probité n'est encore qu'une chimère platonicienne. En effet, si l'opposition des intérêts des peuples les tient, les uns à l'égard des autres, dans un état de guerre perpétuelle; si les paix conclues entre les nations, ne sont proprement que des trêves comparables au temps, qu'après un long combat, deux vaisseaux prennent pour se ragréer et recommencer l'attaque; si les nations ne peuvent étendre leurs conquêtes et leur commerce qu'aux dépens de leurs voisins; enfin, si la félicité et l'agrandissement d'un peuple sont presque toujours attachés au malheur et à l'affaiblissement d'un autre, il est évident que la passion du patriotisme, passion si désirable, si vertueuse et si estimable dans un citoyen, est, comme le prouve l'exemple des Grecs et des Romains, absolument exclusive de l'amour universel.

Il faudrait, pour donner l'être à cette espèce de probité, que les nations, par des lois et des conventions réciproques, s'unissent entre elles, comme les familles qui composent un état; que l'intérêt particulier des nations fût soumis à un intérêt plus général; et qu'enfin l'amour de la patrie en s'éteignant dans les cœurs, y allumât le feu de l'amour universel: [6] supposition qui ne se réalisera de longtemps. D'où je conclus qu'il ne peut y avoir de probité pratique, ni même de probité d'intention, par rapport à l'univers, et c'est en ce point que l'esprit diffère de la probité.

En effet, si les actions d'un particulier ne peuvent en rien contribuer au bonheur universel, et si les influences de sa vertu ne peuvent sensiblement s'étendre au delà des limites d'un empire, il n'en est pas ainsi de ses idées: qu'un homme découvre un spécifique, qu'il invente une machine, tel qu'un moulin à vent, ces productions de son esprit peuvent en faire un bienfaiteur du monde.[7]

---

5. As an example of dependence of morality on legislation, H. argues that without international law there can be no question of good or evil in international relations.
6. For the theory of narrower loyalties yielding to broader loyalties, see Josiah Royce, *The Philosophy of Loyalty*.
7. Since the march of science recognizes no political boundaries, so H. explains in a note, mind is man's greatest gift and contributes the most to his happiness. If we

D'ailleurs, en matière d'esprit comme en matière de probité, l'amour de la patrie n'est point exclusif de l'amour universel. Ce n'est point aux dépens de ses voisins qu'un peuple acquiert des lumières: au contraire, plus les nations sont éclairées, plus elles se refléchissent réciproquement d'idées, et plus la force et l'activité de l'esprit universel s'augmente. D'où je conclus que, s'il n'est point de probité relative à l'univers, il est du moins certains genres d'esprit qu'on peut considérer sous cet aspect....

(*Disc. II, ch. xxv*)

Si l'esprit doit être considéré comme un don de la nature, ou comme un effet de l'éducation

Je vais examiner dans ce discours ce que peuvent sur l'esprit la nature et l'éducation: pour cet effet, je dois d'abord déterminer ce qu'on entend par le mot *nature*.

Ce mot peut exciter en nous l'idée confuse d'un être ou d'une force qui nous a doués de tous nos sens: or, les sens sont les sources de toutes nos idées; privés d'un sens, nous sommes privés de toutes les idées qui y sont relatives; un aveugle-né n'a par cette raison aucune idée des couleurs: il est donc évident que, dans cette signification, l'esprit doit être en entier considéré comme un don de la nature.

Mais si l'on prend ce mot dans une acception différente, et si l'on suppose qu'entre les hommes bien conformés, doués de tous leurs sens, et dans l'organisation desquels on n'aperçoit aucun défaut, la nature cependant ait mis de si grandes différences et des dispositions si inégales à l'esprit, que les uns soient organisés pour être stupides, et les autres pour être spirituels, la question devient plus délicate.

J'avoue qu'on ne peut d'abord considérer la grande inégalité d'esprit des hommes, sans admettre entre les esprits la même différence qu'entre les corps, dont les uns sont faibles et délicats, lorsque les autres sont forts et robustes. Qui pourrait, dira-t-on, à cet égard occasionner les différences dans la manière uniforme dont la nature opère?

Ce raisonnement, il est vrai, n'est fondé que sur une analogie. Il est assez semblable à celui des astronomes qui conclueraient que le globe de la lune est habité, parce qu'il est composé d'une matière à peu près pareille au globe de la terre.

Quelque faible que ce raisonnement soit en lui-même, il doit cependant paraître démonstratif; car enfin, dira-t-on, à quelle cause attribuer la grande inégalité d'esprit qu'on remarque entre des hommes qui semblent avoir eu la même éducation?

Pour répondre à cette objection, il faut d'abord examiner si plusieurs

---

have the patience of Abbé de Saint-Pierre, author of *Projet de paix perpétuelle*, the mind will yet lead men to an international order.

hommes peuvent, à la rigueur, avoir eu la même éducation, et pour cet effet, fixer l'idée qu'on attache au mot *éducation*.

Si par *l'éducation* on entend simplement celle qu'on reçoit dans les mêmes lieux et par les mêmes maîtres; en ce sens, l'éducation est la même pour une infinité d'hommes.

Mais si l'on donne à ce mot une signification plus vraie et plus étendue, et qu'on y comprenne généralement tout ce qui sert à notre instruction, alors je dis que personne ne reçoit la même éducation, parce que chacun a, si je l'ose dire, pour précepteurs, et la forme du gouvernement sous lequel il vit, et ses amis, et ses maîtresses, et les gens dont il est entouré, et ses lectures, et enfin le hasard, c'est-à-dire, une infinité d'événements dont notre ignorance ne nous permet pas d'apercevoir l'enchaînement et les causes. Or ce hasard a plus de part qu'on ne pense à notre éducation. C'est lui qui met certains objets sous nos yeux, nous occasionne en conséquence les idées les plus heureuses, et nous conduit quelquefois aux plus grandes découvertes. Ce fut le hasard, pour en donner quelques exemples, qui guida Galilée dans les jardins de Florence, lorsque les jardiniers en faisaient jouer les pompes: ce fut lui qui inspira ces jardiniers, lorsque ne pouvant élever les eaux au-dessus de la hauteur de trente-deux pieds, ils en demandèrent la cause à Galilée, et piquèrent, par cette question, l'esprit et la vanité de ce philosophe: ce fut ensuite sa vanité, mise en action par ce coup du hasard, qui l'obligea à faire de cet effet naturel l'objet de ses méditations, jusqu'à ce qu'enfin il eût, par la découverte du principe de la pesanteur de l'air, trouvé la solution de ce problème.

Dans un moment où l'âme paisible de Newton n'était occupée d'aucune affaire, agitée d'aucune passion, c'est pareillement le hasard qui, l'attirant sous une allée de pommiers, détacha quelques fruits de leurs branches, et donna à ce philosophe la première idée de son système:[8] c'est réellement de ce fait qu'il partit pour examiner si la lune ne gravitait pas vers la terre avec la même force que les corps tombent sur sa surface. C'est donc au hasard que les grands génies ont dû souvent les idées les plus heureuses. Combien de gens d'esprit restent confondus dans la foule des hommes médiocres, faute d'une certaine tranquillité d'âme ou de la rencontre d'un jardinier, ou de la chute d'une pomme!

Je sens qu'on ne peut d'abord, sans quelque peine, attribuer de si grands effets à des causes si éloignées et si petites en apparence, Cependant l'expérience nous apprend que, dans le physique comme dans le moral, les plus grands événements sont souvent l'effet de causes presque imperceptibles. Qui doute qu'Alexandre n'ait dû en partie la conquête de la Perse, à l'instituteur [9] de la phalange macédonienne? Que le chantre d'Achille,

---

8. Voltaire, in his *Lettres philosophiques*, first told the story of the influence of the falling apple on Newton's meditations. Gravitation, however, had long been an object of speculation (see Cyrano, above, p. 23), but it was left for Newton to present unmistakable mathematical proof.

9. Philip, king of Macedonia, father of Alexander the Great.

Helvétius: De l'esprit

animant ce prince de la fureur de la gloire,[10] n'ait eu part à la destruction de l'empire de Darius, comme Quinte-Curce aux victoires de Charles XII?[11] Que les pleurs de Véturie[12] n'aient désarmé Coriolan, n'aient affermi la puissance de Rome prête à succomber sous les efforts des Volsques, n'aient occasionné ce long enchaînement de victoires qui changèrent la face du monde; et que ce ne soit par conséquent aux larmes de cette Véturie que l'Europe doit sa situation présente?...

La plupart des événements ont des causes aussi petites:[13] nous les ignorons, parce que la plupart des historiens les ont ignorées eux-mêmes, ou parce qu'ils n'ont pas eu d'yeux pour les apercevoir. Il est vrai qu'à cet égard l'esprit peut réparer leurs omissions; la connaissance de certains principes supplée facilement à la connaissance de certains faits. Ainsi, sans m'arrêter davantage à prouver que le hasard joue dans ce monde un plus grand rôle qu'on ne pense, je conclurai de ce que je viens de dire, que, si l'on comprend sous le mot d'*éducation* généralement tout ce qui sert à notre instruction, ce même hasard doit nécessairement y avoir la plus grande part; et que personne n'étant exactement placé dans le même concours de circonstances, personne ne reçoit précisément la même éducation.

Ce fait posé, qui peut assurer que la différence de l'éducation ne produise la différence qu'on remarque entre les esprits? Que les hommes ne soient semblables à ces arbres de la même espèce dont le germe, indestructible et absolument le même, n'étant jamais semé exactement dans la même terre, ni précisément exposé aux mêmes vents, au même soleil, aux mêmes pluies, doit, en se développant, prendre nécessairement une infinité de formes différentes. Je pourrais donc conclure que l'inégalité d'esprit des hommes peut être indifféremment regardée comme l'effet de la nature ou de l'éducation. Mais, quelque vraie que fût cette conclusion, comme elle n'aurait rien que de vague, et qu'elle se réduirait pour ainsi dire à un *peut-être*, je crois devoir considérer cette question sous un point de vue nouveau, la ramener à des principes plus certains et plus précis. Pour cet effet, il faut réduire la question à des points simples, remonter jusqu'à l'origine de nos idées, au développement de l'esprit, et se rappeler que l'homme ne fait que sentir, se ressouvenir et observer les ressemblances et les différences, c'est-à-dire les rapports qu'ont entre eux les objets divers qui s'offrent à lui, ou que sa mémoire lui présente; qu'ainsi la nature ne pourrait donner aux hommes plus ou moins de disposition à l'esprit qu'en

---

10. I.e., Alexander was inspired by Homer.
11. Quintus Curtius was the Latin author of a novelized *History of Alexander*. Alexander was the model of Charles XII, king of Sweden, hero of Voltaire's first great historical work.
12. Mother of Coriolanus, who dissuaded her son from pillaging Rome.
13. Pascal remarked in his *Pensées* that, if the nose of Cleopatra had been shorter, the whole face of the earth would have been changed. Cf. also Fontenelle's dialogue "Hélène et Fulvie."

douant les uns préférablement aux autres d'un peu plus de finesse de sens, d'étendue de mémoire et de capacité d'attention. (*Disc. III, ch. i*)

De la finesse des sens

La plus ou moins grande perfection des organes des sens, dans laquelle se trouve nécessairement comprise celle de l'organisation intérieure, puisque je ne juge ici de la finesse des sens que par leurs effets, serait-elle la cause de l'inégalité d'esprit des hommes?

Pour raisonner avec quelque justesse sur ce sujet, il faut examiner si le plus ou le moins de finesse des sens donne à l'esprit ou plus d'étendue, ou plus de cette justesse qui, prise dans sa vraie signification, renferme toutes les qualités de l'esprit.

La perfection plus ou moins grande des organes des sens n'influe en rien sur la justesse de l'esprit, si les hommes, quelque impression qu'ils reçoivent des mêmes objets, doivent cependant toujours apercevoir les mêmes rapports entre ces objets. Or pour prouver qu'ils les aperçoivent, je choisis le sens de la vue pour exemple, comme celui auquel nous devons le plus grand nombre de nos idées, et je dis qu'à des yeux différents, si les mêmes objets paraissent plus ou moins grands ou petits, brillants ou obscurs; si la toise, par exemple, est aux yeux d'un tel homme plus petite, la neige moins blanche, et l'ébène moins noire qu'aux yeux de tel autre, ces deux hommes apercevront néanmoins toujours les mêmes rapports entre tous les objets: la toise, en conséquence, paraîtra toujours à leurs yeux plus grande que le pied; la neige, le plus blanc de tous les corps; et l'ébène, le plus noir de tous les bois.

Or comme la justesse d'esprit consiste dans la vue nette des véritables rapports, que les objets ont entre eux, et qu'en répétant sur les autres sens ce que j'ai dit sur celui de la vue, on arrivera toujours au même résultat; j'en conclus que la plus ou moins grande perfection de l'organisation, tant extérieure qu'intérieure, ne peut rien influer sur la justesse de nos jugements.... (*Disc. III, ch. ii*)

De la puissance des passions

Les passions sont dans le moral ce que dans le physique est le mouvement: il crée, anéantit, conserve, anime tout, et sans lui tout est mort:[14] ce sont elles aussi qui vivifient le monde moral. C'est l'avarice qui guide les vaisseaux à travers les déserts de l'Océan;[15] l'orgueil qui comble les vallons, aplanit les montagnes, s'ouvre des routes à travers les rochers, élève les pyramides de Memphis, creuse le lac Mœris,[16] et fond le colosse

---

14. Cf., above (p. 268), Diderot, *Pensées philosophiques*, I.
15. Cf., below, Voltaire, *Le Mondain*.
16. A flood-control project in ancient Egypt.

de Rhodes.[17] L'amour tailla, dit-on, le crayon du premier dessinateur. Dans un pays où la révélation n'avait point pénétré, ce fut encore l'amour qui, pour flatter la douleur d'une veuve éplorée par la mort de son jeune époux, lui découvrit le système de l'immortalité de l'âme. C'est l'enthousiasme de la reconnaissance qui mit au rang des dieux les bienfaiteurs de l'humanité, qui inventa aussi les fausses religions et les superstitions, qui toutes n'ont pas pris leur source dans des passions aussi nobles que l'amour et la reconnaissance.

C'est donc aux passions fortes qu'on doit l'invention et les merveilles des arts: elles doivent donc être regardées comme le germe productif de l'esprit, et le ressort puissant qui porte les hommes aux grandes actions. Mais, avant que de passer outre, je dois fixer l'idée que j'attache à ce mot de *passion forte*. Si la plupart des hommes parlent sans s'entendre, c'est à l'obscurité des mots qu'il faut s'en prendre; c'est à cette cause qu'on peut attribuer la prolongation du miracle de la tour de Babel.

J'entends par ce mot de *passion forte* une passion dont l'objet soit si nécessaire à notre bonheur, que la vie nous soit insupportable sans la possession de cet objet. Telle est l'idée qu'Omar[18] se formait des passions, lorsqu'il dit: "Qui que tu sois, qui amoureux de la liberté, veux être riche sans bien, puissant sans sujets, sujet sans maître, ose mépriser la mort: les rois trembleront devant toi; toi seul ne craindras personne."

Ce sont, en effet, les passions seules qui, portées à ce degré de force, peuvent exécuter les plus grandes actions, et braver les dangers, la douleur, la mort et le ciel même.... (*Disc. III, ch. vi*)

On devient stupide dès qu'on cesse d'être passionné

Cette proposition est une conséquence nécessaire de la précédente. En effet, si l'homme épris du désir le plus vif de l'estime, et capable, en ce genre, de la plus forte passion, n'est point à portée de satisfaire ce désir, ce désir cessera bientôt de l'animer, parce qu'il est de la nature de tout désir de s'éteindre, s'il n'est point nourri par l'espérance. Or, la même cause qui éteindra en lui la passion de l'estime, y doit nécessairement étouffer le germe de l'esprit.

Qu'on nomme à la recette d'un péage ou à quelque emploi pareil des hommes aussi passionnés pour l'estime publique que devaient l'être les Turenne, les Condé, les Descartes, les Corneille et les Richelieu: privés, par leur position, de tout espoir de gloire, ils seront à l'instant dépourvus de l'esprit nécessaire pour remplir de pareils emplois. Peu propres à l'étude des ordonnances ou des tarifs, ils seront sans talents pour un emploi qui

---

17. An enormous statue of Apollo placed at the entrance to the Gulf of Rhodes, one of the seven wonders of the world.

18. Second Mohammedan caliph, who conquered Syria, Persia, and Egypt and who has been accused of burning the Alexandrian library because it contained books contrary to the Moslem faith.

peut les rendre odieux au public; ils n'auront que du dégoût pour une science dans laquelle l'homme qui s'est profondément instruit, et qui s'est en conséquence couché très savant et très respectable à ses propres yeux, peut se réveiller très ignorant et très inutile, si le magistrat a cru devoir supprimer ou simplifier ces droits. Entièrement livrés à la force d'inertie, de pareils hommes seront bientôt incapables de toute espèce d'application.

Voilà pourquoi, dans la gestion d'une place subalterne, les hommes nés pour le grand sont souvent inférieurs aux esprits les plus communs. Vespasien, qui, sur le trône, fut l'admiration des Romains, avait été l'objet de leur mépris dans la charge de préteur. L'aigle, qui perce les nues d'un vol audacieux, rase la terre d'une aile moins rapide que l'hirondelle. Détruisez dans un homme la passion qui l'anime, vous le privez au même instant de toutes ses lumières. Il semble que la chevelure de Samson soit à cet égard l'emblème des passions: cette chevelure est-elle coupée, Samson n'est plus qu'un homme ordinaire....

Qui doute qu'un physicien ne porte infiniment plus d'attention à l'examen d'un fait de physique souvent peu important pour l'humanité, qu'un sultan à l'examen d'une loi d'où dépend le bonheur ou le malheur de plusieurs milliers d'hommes? Si ce dernier emploie moins de temps à méditer, à rédiger ses ordonnances et ses édits, qu'un homme d'esprit à composer un madrigal ou une épigramme, c'est que la méditation, toujours fatigante, est, pour ainsi dire, contraire à notre nature; et qu'à l'abri, sur le trône, et de la punition, et des traits de la satire, un sultan n'a point de motif pour triompher d'une paresse dont la jouissance est si agréable à tous les hommes.

Il paraît donc que l'activité de l'esprit dépend de l'activité des passions. C'est aussi dans l'âge des passions, c'est-à-dire depuis vingt-cinq jusqu'à trente-cinq et quarante ans, qu'on est capable des plus grands efforts et de vertu et de génie. A cet âge, les hommes nés pour le grand ont acquis une certaine quantité de connaissances, sans que leurs passions aient encore presque rien perdu de leur activité. Cet âge passé, les passions s'affaiblissent en nous, et voilà le terme de la croissance de l'esprit; on n'acquiert plus alors d'idées nouvelles; et quelque supérieurs que soient dans la suite les ouvrages que l'on compose, on ne fait plus qu'appliquer et développer les idées conçues dans le temps de l'effervescence des passions, et dont on n'avait point encore fait usage.... *(Disc. III, ch. viii)*

Du génie

Beaucoup d'auteurs ont écrit sur le génie: la plupart l'ont considéré comme un feu, une inspiration, un enthousiasme divin, et l'on a pris ces métaphores pour des définitions.

Quelques vagues que soient ces espèces de définitions, la même raison cependant qui nous fait dire que le feu est chaud, et mettre au nombre de ses propriétés l'effet qu'il produit sur nous, a dû faire donner le nom de *feu* à toutes les idées et aux sentiments propres à remuer nos passions, et à les allumer vivement en nous.

Peu d'hommes ont senti que ces métaphores applicables à certaines espèces de génie, tel que celui de la poésie ou de l'éloquence, ne l'étaient point à des génies de réflexion, tels que ceux de Locke et de Newton.

Pour avoir une définition exacte du mot *génie*, et généralement de tous les noms divers donnés à l'esprit, il faut s'élever à des idées plus générales, et, pour cet effet, prêter une oreille extrêmement attentive aux jugements du public.

Le public place également au rang des génies les Descartes, les Newton, les Locke, les Montesquieu, les Corneille, les Molière, etc. Le nom de *génies*, qu'il donne à des hommes si différents, suppose donc une qualité commune qui caractérise en eux le génie.

Pour reconnaître cette qualité, remontons jusqu'à l'étymologie du mot *génie*, puisque c'est communément dans ces étymologies que le public manifeste le plus clairement les idées qu'il attache aux mots.

Celui de *génie* dérive de *gignere, gigno, j'enfante, je produis;* il suppose toujours *invention;* et cette qualité est la seule qui appartienne à tous les génies différents.

Les inventions ou les découvertes sont de deux espèces. Il en est que nous devons au hasard; telles sont la boussole, la poudre à canon, et généralement presque toutes les découvertes que nous avons faites dans les arts.

Il en est d'autres que nous devons au génie: et par ce mot de découverte, on doit alors entendre une nouvelle combinaison, un rapport nouveau aperçu entre certains objets ou certaines idées. On obtient le titre d'homme de génie, si les idées qui résultent de ce rapport forment un grand ensemble, sont fécondes en vérités et intéressantes pour l'humanité. Or, c'est le hasard qui choisit presque toujours pour nous les sujets de nos méditations. Il a donc plus de part qu'on n'imagine aux succès de grands hommes, puisqu'il leur fournit les sujets plus ou moins intéressants qu'ils traitent, et que c'est ce même hasard qui les fait naître dans un moment où ces grands hommes peuvent faire époque. . . .

C'est ce désir[19] seul qui, dans les sciences ou les arts, nous élève à des vérités nouvelles, ou nous procure des amusements nouveaux. Ce désir enfin est l'âme de l'homme de génie: il est la source de ses ridicules et de ses succès; succès qu'il ne doit ordinairement qu'à l'opiniâtreté avec laquelle il se concentre dans un seul genre. Une science suffit pour remplir toute la capacité d'une âme: aussi n'est-il pas et ne peut-il y avoir de génie universel.

19. "le désir vif de la gloire."

La longueur des méditations nécessaires pour se rendre supérieur dans un genre, comparée au court espace de la vie, nous démontre l'impossibilité d'exceller en plusieurs genres.

D'ailleurs, il n'est qu'un âge, et c'est celui des passions, où l'on peut dévorer les premières difficultés qui défendent l'accès de chaque science. Cet âge passé, on peut apprendre encore à manier avec plus d'adresse l'outil dont on s'est toujours servi, à mieux développer ses idées, à les présenter dans un plus grand jour; mais on est incapable des efforts nécessaires pour défricher un terrain nouveau.

Le génie, en quelque genre que ce soit, est toujours le produit d'une infinité de combinaisons qu'on ne fait que dans la première jeunesse.

(*Disc. IV, ch. i*)

De l'éducation

L'art de former des hommes est, en tout pays, si étroitement lié à la forme du gouvernement, qu'il n'est peut-être pas possible de faire aucun changement considérable dans l'éducation publique,[20] sans en faire dans la constitution même des états.

L'art de l'éducation n'est autre chose que la connaissance des moyens propres à former des corps plus robustes et plus forts, des esprits plus éclairés et des âmes plus vertueuses. Quant au premier objet de l'éducation, c'est sur les Grecs qu'il faut prendre exemple, puisqu'ils honoraient les exercices du corps, et que ces exercices faisaient même une partie de leur médecine. Quant aux moyens de rendre et les esprits plus éclairés, et les âmes plus fortes et plus vertueuses, je crois qu'ayant fait sentir et l'importance du choix des objets qu'on place dans sa mémoire, et la facilité avec laquelle on peut allumer en nous des passions fortes, et les diriger au bien général, j'ai suffisamment indiqué au lecteur éclairé le plan qu'il faudrait suivre pour perfectionner l'éducation publique....

Il n'est point d'éducation sans objet; et l'unique qu'on puisse se proposer, c'est, comme je l'ai déjà dit, de rendre les citoyens plus forts, plus éclairés, plus vertueux, et enfin plus propres à contribuer au bonheur de la société dans laquelle ils vivent. Or, dans les gouvernements arbitraires, l'opposition que les despotes croient apercevoir entre leur intérêt et l'intérêt général, ne leur permet pas d'adopter un système si conforme à l'utilité publique. Dans ces pays, il n'est donc point d'objet d'éducation, ni par conséquent d'éducation. En vain, la réduirait-on aux seuls moyens de plaire aux souverains: quelle éducation que celle dont le plan serait tracé d'après la connaissance toujours imparfaite des mœurs d'un prince qui peut mourir ou changer de caractère avant la fin d'une éducation! Ce n'est, en ces pays, qu'après avoir perfectionné l'éducation des souverains,

---

20. Condorcet, in many respects a disciple of H., made practical suggestions for the establishment of public schools. See, below, p. 665, his theoretical observations.

qu'on pourrait utilement travailler à la réforme de l'éducation publique....[21]

Quel homme s'essaierait donc, en ces empires, à tracer le plan d'une éducation vertueuse que personne ne donnerait à ses enfants? Quelle manie que de prétendre former des âmes magnanimes dans des pays où les hommes ne sont pas vicieux parce qu'en général ils sont méchants, mais parce que la récompense y devient le prix du crime, et la punition celui de la vertu? Qu'espérer enfin, en ce genre, d'un peuple chez qui l'on ne peut citer comme honnêtes que les hommes prêts à le devenir, si la forme du gouvernement s'y prêtait; où d'ailleurs, personne n'étant animé de la passion forte du bien public, il ne peut par conséquent y avoir d'hommes vraiment vertueux? Il faut, dans les gouvernements despotiques, renoncer à l'espoir de former des hommes célèbres par leurs vertus ou par leurs talents. Il n'en est pas ainsi des états monarchiques. Dans ces états, comme je l'ai déjà dit, on peut sans doute tenter cette entreprise avec quelque espoir de succès; mais il faut en même temps convenir que l'exécution en serait d'autant plus difficile que la constitution monarchique se rapprocherait davantage de la forme du despotisme, ou que les mœurs seraient plus corrompues.

Je ne m'étendrai pas davantage sur ce sujet, et je me contenterai de rappeler au citoyen zélé qui voudrait former des hommes plus vertueux et plus éclairés, que tout le problème d'une excellente éducation se réduit, premièrement, à fixer, pour chacun des états différents où la fortune nous place, l'espèce d'objets et d'idées dont on doit charger la mémoire des jeunes gens; et, secondement, à déterminer les moyens les plus sûrs pour allumer en eux la passion de la gloire et de l'estime.

Ces deux problèmes résolus, il est certain que les grands hommes, qui maintenant sont l'ouvrage d'un concours aveugle de circonstances, deviendraient l'ouvrage du législateur; et qu'en laissant moins à faire au hasard, une excellente éducation pourrait, dans les grands empires, infiniment multiplier et les talents et les vertus. *(Disc. IV, ch. xvii)*

D'Holbach
1723-1789

Baron d'Holbach wrote scientific articles on metallurgy for the *Encyclopedia*. He is much better known, however, for his forthright attacks on Christianity. His militant atheism, decried by Voltaire, gave him the title "personal enemy of God." His *Morale universelle* (1776), from which the following extract is taken, forms a practical conclusion to *Le Système de la nature* (1770), in

21. For similar ideas, see, below (p. 564), Rousseau, *Contrat social*.

which are outlined such eighteenth-century ideas as the triumph of physics over metaphysics, the sovereignty of the scientific method, physical and moral determinism, evolution, and progress.

Born in the German Palatinate, D'Holbach married into a French family and became entirely French. His wealth permitted him to serve as host to many a hungry philosopher and Encyclopedist. Life at his country house at Grandval has been described by Diderot in his *Lettres à Sophie Volland* (see, above, p. 298).

LA MORALE UNIVERSELLE

[De la conscience]

Les expériences que nous faisons, les opinions vraies ou fausses que l'on nous donne ou que nous prenons, notre raison plus ou moins soigneusement cultivée, les habitudes que nous contractons, l'éducation que nous recevons, développent en nous un sentiment intérieur de plaisir ou de douleur que l'on nomme *conscience*. On peut la définir la connaissance des effets que nos actions produisent sur nos semblables, et par contrecoup sur nous-mêmes.

Pour peu qu'on y réfléchisse, on reconnaîtra que, de même que l'instinct ou le sentiment moral dont on vient de parler, la conscience est une disposition acquise, et que c'est avec très peu de fondement que tant de moralistes l'ont regardée comme un sentiment inné, c'est-à-dire, comme une qualité inhérente à notre nature.[1] Quand on voudra s'entendre en morale, on sera forcé de convenir que le cœur de l'homme n'est qu'une table rase, plus ou moins disposée à recevoir les impressions que l'on peut y faire.[2]

Dans le plus grand nombre des hommes on ne trouve qu'une conscience erronée, c'est-à-dire qui juge d'une façon peu conforme à la nature des choses ou à la vérité: cela vient des opinions fausses que l'on s'est formées ou que l'on a reçues des autres, qui font attacher l'idée de bien à des actions que l'on trouverait très nuisibles si on les avait plus mûrement examinées. Beaucoup de gens font le mal, et commettent même des crimes en sûreté de conscience, parce que leur conscience est faussée par des préjugés.

Il n'est point de vice qui ne perde la difformité de ses traits quand il est approuvé par la société où nous vivons; le crime lui-même s'ennoblit par le nombre et l'autorité des coupables. Personne ne rougit de l'adultère ou de la dissolution des mœurs, chez un peuple corrompu. Personne ne rougit d'être bas à la cour. Le soldat n'est pas honteux de ses rapines et de ses forfaits, il en fera même trophée devant ses camarades qu'il connaît disposés à faire comme lui. Pour peu qu'on ouvre les yeux, l'on trouve

---

1. For example, Rousseau (see, below, p. 604).
2. D'Holbach is transporting to the ethical plane Condillac's theory of sensations.

des hommes très injustes, très méchants, très inhumains, et qui pourtant ne se reprochent ni leurs injustices fréquentes, qu'ils prennent souvent pour des actions légitimes, ou des droits; ni leurs cruautés, qu'ils regardent comme les effets d'un courage louable, comme des devoirs. Nous voyons des riches à qui leur conscience ne dit rien pour avoir acquis une fortune immense aux dépens de leurs concitoyens. Les voyageurs nous montrent des sauvages qui se croient obligés de faire mourir leurs pères, lorsque la décrépitude les a rendus inutiles. Nous trouvons des zélés que leur conscience aveuglée par des idées fausses de vertu, sollicite à exterminer sans remords et sans pitié ceux qui n'ont pas les mêmes opinions qu'eux. En un mot, il est des nations tellement viciées, que la conscience ne reproche rien à des hommes qui se permettent des rapines, des homicides, des duels, des adultères, des séductions, etc., parce que ces crimes et ces vices sont approuvés ou tolérés par l'opinion générale, ou ne sont pas réprimés par les lois; dès lors, chacun s'y livre sans honte et sans remords. Ces excès ne sont évités que par quelques hommes plus modérés, plus timides, plus prudents que les autres.

La conscience ne parle qu'à ceux qui rentrent en eux-mêmes, qui raisonnent leurs actions, et dans lesquels une éducation convenable a fait naître le désir, l'intérêt de plaire et la crainte habituelle de se faire mépriser ou haïr. Un être ainsi modifié devient capable de se juger; il se condamne quand il a commis quelque action qu'il sait pouvoir altérer les sentiments qu'il voudrait constamment exciter dans ceux dont l'estime et la tendresse sont nécessaires à son bien-être. Il éprouve de la honte, des remords, du repentir, toutes les fois qu'il a mal fait; il s'observe, il se corrige, par la crainte d'éprouver encore par la suite ces sentiments douloureux, qui le forcent souvent à se détester lui-même, parce qu'il se voit alors des mêmes yeux qu'il est vu par les autres.[3]

D'où l'on voit que la conscience suppose une imagination qui nous peigne d'une façon vive et marquée les sentiments que nous excitons dans les autres; un homme sans imagination ne se représente que peu ou point ces impressions ou sentiments; il ne se met point en leur place. Il est très difficile de faire un homme de bien d'un stupide, à qui l'imagination ne dit rien, ainsi que d'un insensé que cette imagination tient dans une ivresse continuelle.

Tout nous prouve donc que la conscience, loin d'être une qualité innée ou inhérente à la nature humaine, ne peut être que le fruit de l'expérience, de l'imagination guidée par la raison, de l'habitude de se replier sur soi, de l'attention sur ses actions, de la prévoyance de leurs influences sur les autres et de leur réaction sur nous-mêmes.   (*Pt. I, §1, ch. xiii*)

---

3. Despite the rhetorical passage referred to above, Rousseau uses this principle in the education of Emile.

VOLTAIRE

1694-1778

Born in 1694 of a mother of the lesser provincial nobility and of a bourgeois father, who, however, had an important position and many friends at court, François-Marie Arouet reached his majority at the beginning of the regency which followed the death of Louis XIV. He had just received a thorough education in the Latin humanities from the Jesuit fathers at the fashionable college of Louis-le-Grand, where he formed many lifelong friendships among his masters and noble comrades. The brilliance and facility of his light verse and his lack of repressions led him into the libertine society of the Temple.[1] Physical weakness nevertheless prevented him from entering into any debauch save that of his wit. Satirical poems against the regent and the reign of Louis XIV sent him more than once into exile from Paris and finally to the Bastille. His first play, *Œdipe*, was produced on his release in 1718, and won for him the reputation of outstanding poet of the age, the worthy successor of Corneille and Racine. In an effort to maintain his new position of dignity he now desired to be known as M. de Voltaire.

Unfortunately he found the caste system rigidly maintained. After an exchange of words, the Chevalier de Rohan had him roundly beaten by lackeys and shut up in the Bastille, to the general indifference of his erstwhile noble friends. Voltaire was soon released on condition that he leave Paris. Impressed by what he had heard of English liberties and English thought, and eager to publish his epic poem, *La Henriade*, without restrictions, he chose to go to England.

The English visit nourished the tendencies that were later to make Voltaire the major prophet of the Enlightenment. The firsthand knowledge that he there acquired of the English language permitted him to establish the vogue of English philosophy and science and to double his own intellectual attainments. Thus interpreted, Morley's statement that Voltaire went to England a poet and returned a philosopher is not far from the truth. The first significant result of his trip was the appearance of the *Lettres philosophiques*, which Lanson has called "la première bombe lancée contre l'ancien régime."

---

1. Former hostelry of the Knights Templars built in the twelfth century and razed in 1812. Louis XVI was imprisoned in its tower in 1792. During Voltaire's youth it was the residence of dissolute members of the Vendôme family.

VOLTAIRE

Voltaire

In 1734, two years after the presentation of his best-known play, *Zaïre*, Voltaire became closely associated with the most learned woman of the age, Mme du Châtelet. During their relationship she maintained a strict censorship over his publications and kept his extraordinary burlesque of Joan of Arc, *La Pucelle*, under lock and key. Together they studied the physics of Newton, the metaphysics of Leibniz, and critical commentaries on the Bible, while Voltaire was also preparing his historical works. After the death of the inimical Cardinal Fleury, Voltaire's friendship for Mme de Pompadour won him a seat in the French Academy and several high positions at court as official Historiographer and Gentleman in Ordinary to the King. But Louis XV feared and disliked Voltaire and was not sorry when, after the death of Mme du Châtelet in 1749, he left France to join a group of eminent scientists and men of letters whom Frederick the Great had gathered into his Berlin Academy.

Three years of intimate association convinced the philosopher-poet and the philosopher-king that they could not live together. Voltaire gained some freedom of expression on certain matters, principally religious, but found himself in other matters the victim of royal oppression and caprice. "On presse l'orange, et on la jette quand on a avalé le jus," the royal patron is presumed to have said. However, it was at Berlin that Voltaire published his famous *Siècle de Louis XIV*, *Micromégas*, one of his best philosophical tales, and the cutting personal satire directed against Maupertuis, the *Diatribe du docteur Akakia*. Furthermore, the *Poème sur la loi naturelle* was composed in 1752 for the king, and the *Essai sur les mœurs* was nearing completion. Voltaire's break with Frederick and his departure from Germany were attended by humiliating experiences with Prussian officialdom. It was made plain that he would not again be received in France. At Colmar, Bayle's *Dictionnaire* had recently been burned, and the Church party was not anxious to harbor in their city a man of such talent and already pronounced leanings toward impiety. At Lyons, where he hoped to find refuge, he was snubbed by Archbishop Tencin. Finally, near Geneva, he was allowed to buy property despite the law preventing acquisition of real estate by Catholics. He was now a very wealthy man, and after "cultivating his garden" for a while at Les Délices and writing *Candide*, he was able to purchase two estates on the Swiss frontier, one of which gave him the title of Count of Tournay, and the other that much more important title of Patriarch of Ferney.

Though past sixty, Voltaire now entered upon the most active period of his long career. It was from Ferney that he deluged Europe with plays, poems, philosophical tales, satires, burlesques, histories, essays, diatribes, deistic sermons, and anti-Biblical pamphlets, and won for himself the reputation of intellectual ruler of his age. He corresponded with the reigning princes of Germany, Denmark, Russia, and Sweden, whom he interested in religious tolerance, and even with the Pope, from whom he jokingly demanded the ears of the chief officer of the Inquisition. With tireless efforts he used his matchless genius to rehabilitate Calas, a Protestant who had been tortured and executed at Toulouse under conditions of suspicious religious fanaticism, and succeeded in reversing the court decision. He likewise aided the Sirven family and defended, at great risk to his own life, the young Chevalier de la Barre, executed in 1766 for acts of disrespect that could only be attributed to youthful impetuosity; also found in his possession was a copy of Voltaire's *Dictionnaire philosophique*. He was the spiritual head of the Encyclopedists, and, aided by D'Alembert and Diderot, he waged against fanaticism and intolerance the war that almost precipitated a revolution in the early sixties and made it possible to continue the publication of the *Encyclopedia*, the most ambitious literary undertaking of the century and a powerful weapon in the assault on the old regime. Dissatisfied with the reservations and compromises on questions of religion that Diderot was obliged to make, Voltaire worked tirelessly over a period of ten years on his own *Dictionnaire philosophique* and *Questions sur l'Encyclopédie*. The energy of the sick old man of Ferney was amazing. Numbers of distinguished visitors from all countries thronged to Ferney and taxed his hospitality to the utmost. As he remarked, unlike Don Quixote, who mistook inns for castles, these visitors mistook castles for inns. But there is no doubt that he was much pleased by the cult paid to his person, and still more by the refined and intelligent society of which his exile had so long deprived him.

Not only was he the intellectual ruler of Europe, but he governed the village of Ferney and surrounding properties with the most benevolent "despotism." His reforms were intensely practical, and he applied them to his own people, established several very successful industries for them, and freed them from many of the oppressive taxes of Church and State. The villagers had good reason to weep when he decided, in 1778, that Paris would receive him, in spite of the court at Versailles, and set out in his coach for the capital which he had not seen for twenty-eight years.

The tremendous ovations received by Voltaire in Paris were the first evidences of the strength of public opinion in France, eleven years before the outbreak of the Revolution. He had produced a new play for the French theater, during the presentation of which he was again acclaimed, sixty years after his *Œdipe*, the greatest French poet.

He was borne through the streets by enthusiastic crowds and visited by friends, authors, musicians, princes, ambassadors, and philosophers; he fell in Franklin's arms and blessed Franklin's grandson with the English words "God and Liberty"; at a meeting of the French Academy he laid the plans for a new dictionary and began work immediately on the letter A. The strain was too much for his feeble constitution. After a first illness and partial recovery, he died on May 30, 1778, in his eighty-fourth year.

An indefatigable writer, Voltaire had left to the world a vast literary heritage: the Moland edition of his *Œuvres complètes* comprises no less than fifty large volumes, and Theodore Besterman's edition of the Correspondence has appeared in 107 volumes.

HISTOIRE D'UN BON BRAMIN
1761

This brief apologue, which hardly needs an introduction, may serve in itself as an introduction to Voltaire's thought.

Je rencontrai dans mes voyages un vieux bramin, homme fort sage, plein d'esprit et très savant; de plus il était riche, et partant il en était plus sage encore: car, ne manquant de rien, il n'avait besoin de tromper personne. Sa famille était très bien gouvernée par trois belles femmes qui s'étudiaient à lui plaire; et, quand il ne s'amusait pas avec ses femmes, il s'occupait à philosopher.

Près de sa maison, qui était belle, ornée et accompagnée de jardins charmants, demeurait une vieille Indienne, bigote, imbécile et assez pauvre.

Le bramin me dit un jour: Je voudrais n'être jamais né. Je lui demandai pourquoi. Il me répondit: J'étudie depuis quarante ans, ce sont quarante années de perdues: j'enseigne les autres, et j'ignore tout; cet état porte dans mon âme tant d'humiliation et de dégoût que la vie m'est insupportable. Je suis né, je vis dans le temps, et je ne sais pas ce que c'est que le temps; je me trouve dans un point entre deux éternités, comme disent nos sages, et je n'ai nulle idée de l'éternité; je suis composé de matière; je pense, je n'ai jamais pu m'instruire de ce qui produit la pensée; j'ignore si mon entendement est en moi une simple faculté, comme celle de marcher, de digérer, et si je pense avec ma tête comme je prends avec mes mains. Non seulement le principe de ma pensée m'est inconnu, mais le principe de mes mouvements m'est également caché: je ne sais pourquoi j'existe; cependant on me fait chaque jour des questions sur tous ces points; il faut répondre; je n'ai rien de bon à dire; je parle beaucoup, et je demeure confus et honteux de moi-même après avoir parlé.

C'est bien pis quand on me demande si Brama a été produit par Vitsnou, ou s'ils sont tous deux éternels. Dieu m'est témoin que je n'en sais pas un mot, et il y paraît bien à mes réponses. Ah! mon révérend père, me dit-on, apprenez-nous comment le mal inonde toute la terre. Je suis aussi en peine que ceux qui me font cette question: je leur dis quelquefois que tout est le mieux du monde; mais que ceux qui ont été ruinés et mutilés à la guerre n'en croient rien, ni moi non plus: je me retire chez moi accablé de ma curiosité et de mon ignorance. Je lis nos anciens livres, et ils redoublent mes ténèbres. Je parle à mes compagnons: les uns me répondent qu'il faut jouir de la vie et se moquer des hommes; les autres croient savoir quelque chose, et se perdent dans des idées extravagantes; tout augmente le sentiment douloureux que j'éprouve. Je suis prêt quelquefois de tomber dans le désespoir, quand je songe qu'après toutes mes recherches, je ne sais ni d'où je viens, ni ce que je suis, ni où j'irai, ni ce que je deviendrai.

L'état de ce bon homme me fit une vraie peine: personne n'était ni plus raisonnable ni de meilleure foi que lui. Je conçus que plus il avait de lumières dans son entendement et de sensibilité dans son cœur, plus il était malheureux.

Je vis le même jour la vieille femme qui demeurait dans son voisinage: je lui demandai si elle avait jamais été affligée de ne savoir pas comment son âme était faite. Elle ne comprit seulement pas ma question: elle n'avait jamais réfléchi un seul moment de sa vie sur un seul des points qui tourmentaient le bramin; elle croyait aux métamorphoses de Vitsnou de tout son cœur, et, pourvu qu'elle pût avoir quelquefois de l'eau du Gange pour se laver, elle se croyait la plus heureuse des femmes.

Frappé du bonheur de cette pauvre créature, je revins à mon philosophe, et je lui dis: N'êtes-vous pas honteux d'être malheureux dans le temps qu'à votre porte il y a un vieil automate qui ne pense à rien, et qui vit content? — Vous avez raison, me répondit-il; je me suis dit cent fois que je serais heureux si j'étais aussi sot que ma voisine, et cependant je ne voudrais pas d'un tel bonheur.

Cette réponse de mon bramin me fit une plus grande impression que tout le reste; je m'examinai moi-même, et je vis qu'en effet je n'aurais pas voulu être heureux à condition d'être imbécile.

Je proposai la chose à des philosophes, et ils furent de mon avis. Il y a pourtant, disais-je, une furieuse contradiction dans cette façon de penser: car enfin de quoi s'agit-il? d'être heureux. Qu'importe d'avoir de l'esprit, ou d'être sot? Il y a bien plus: ceux qui sont contents de leur être sont bien sûrs d'être contents; ceux qui raisonnent ne sont pas si sûrs de bien raisonner. Il est donc clair, disais-je, qu'il faudrait choisir de n'avoir pas le sens commun, pour peu que ce sens commun contribue à notre mal être. Tout le monde fut de mon avis, et cependant je ne trouvai personne qui voulût accepter le marché de devenir imbécile pour devenir content. De là je conclus que, si nous faisons cas du bonheur, nous faisons encore plus de cas de la raison.

Mais, après y avoir réfléchi, il paraît que de préférer la raison à la félicité, c'est être très insensé. Comment donc cette contradiction peut-elle s'expliquer? comme toutes les autres. Il y a là de quoi parler beaucoup.

LETTRES PHILOSOPHIQUES
1734

From the point of view of the Enlightenment, these sprightly letters may well be considered the most significant literary event of the eighteenth century before the publication of the *Esprit des lois*. In his excellent critical work on Voltaire, Lanson says that they lay down a complete revolutionary program: political, religious, and philosophical liberty, the experimental method, the social value of the intellect, and the unification of the sciences. Voltaire's primary purpose was to describe, not England, but rather what he saw in England that could be used with malicious satirical intent in comparison with French institutions. By implication he condemns oppressive religious unity in France, the wealth and political power of the clergy, the despotism of the king, and the absurd privileges of the nobility; he recommends the equality of the English merchant and noble, the fair distribution of taxes, the separation of faith and reason, the sovereignty of the experimental method, and the free cultivation of science and letters.

More important than the opposition of Newton to Descartes in physics were the skeptical ideas which Voltaire opposed to Pascal's *Pensées*. He thereby offended the Jansenistic French Parlement, and his book was officially burned by the high executioner as contrary to religion, morals, and respect for authority. Despite the light tone and apparent mildness of these letters, the old regime had reason to be afraid.

From a literary standpoint Voltaire shows a complete mastery of French prose. This work was to be a model of clarity and precision for the rest of the century.

Sur les quakers

J'ai cru que la doctrine et l'histoire d'un peuple si extraordinaire méritaient la curiosité d'un homme raisonnable. Pour m'en instruire, j'allai trouver un des plus célèbres quakers d'Angleterre, qui, après avoir été trente ans dans le commerce, avait su mettre des bornes à sa fortune et à ses désirs, et s'était retiré dans une campagne auprès de Londres. Je fus le chercher dans sa retraite; c'était une maison petite, mais bien bâtie, pleine de propreté sans ornement. Le quaker était un vieillard frais qui n'avait jamais eu de maladie, parce qu'il n'avait jamais connu les passions ni l'intempérance; je n'ai point vu en ma vie d'air plus noble ni plus engageant que le sien. Il était vêtu, comme tous ceux de sa religion, d'un habit sans plis dans les côtés, et sans boutons sur les poches ni sur les manches, et portait un grand chapeau à bords rabattus comme nos ecclésiastiques. Il me reçut avec son chapeau sur la tête, et s'avança vers moi sans faire la moindre inclination de corps; mais il y avait plus de politesse dans l'air ouvert et humain de son visage qu'il n'y en a dans l'usage de tirer une jambe derrière l'autre, et de porter à la main ce qui est fait pour couvrir la tête. "Ami, me dit-il, je vois que tu es un étranger; si je puis t'être de quelque utilité, tu n'as qu'à parler. — Monsieur, lui dis-je, en me courbant le corps et en glissant un pied vers lui, selon notre coutume, je me flatte que ma juste curiosité ne vous déplaira pas, et que vous voudrez bien me faire l'honneur de m'instruire de votre religion. — Les gens de ton pays, me répondit-il, font trop de compliments et de révérences; mais je n'en ai encore vu aucun qui ait eu la même curiosité que toi. Entre, et dînons d'abord ensemble." Je fis encore quelques mauvais compliments, parce qu'on ne se défait pas de ses habitudes tout d'un coup; et, après un repas sain et frugal, qui commença et qui finit par une prière à Dieu, je me mis à interroger mon homme. Je débutai par la question que de bons catholiques ont faite plus d'une fois aux huguenots. "Mon cher monsieur, lui dis-je, êtes-vous baptisé? — Non, me répondit le quaker, et mes confrères ne le sont point. — Comment, morbleu, repris-je, vous n'êtes donc pas chrétiens? — Mon fils, repartit-il d'un ton doux, ne jure point; nous sommes chrétiens, et tâchons d'être bons chrétiens; mais nous ne pensons pas que le christianisme consiste à jeter de l'eau froide sur la tête avec un peu de sel. — Eh! ventrebleu, repris-je, outré de cette impiété, vous avez donc oublié que Jésus-Christ fut baptisé par Jean? — Ami, point de jurements, encore un coup, dit le bénin quaker. Le Christ reçut le baptême de Jean, mais il ne baptisa jamais personne; nous ne sommes pas les disciples de Jean, mais du Christ. — Hélas! dis-je, comme vous seriez brûlé en pays d'inquisition, pauvre homme. Eh pour l'amour de Dieu, que je vous baptise, et que je vous fasse chrétien. — S'il ne fallait que cela pour condescendre à ta faiblesse, nous le ferions volontiers, repartit-il gravement: nous ne condamnons personne pour user de la cérémonie du baptême, mais nous croyons que ceux qui professent une religion toute sainte et toute spirituelle doivent s'abstenir, autant qu'ils le peuvent, des cérémonies judaïques. — En voici bien d'une autre,[1] m'écriai-je, des cérémonies judaïques? — Oui, mon fils, continua-t-il, et si judaïques, que plusieurs juifs encore aujourd'hui usent quelquefois du baptême de Jean. Consulte l'antiquité, elle t'apprendra que Jean ne fit que renouveler cette pratique, laquelle était en usage longtemps avant lui parmi les Hébreux, comme le pèlerinage de la Mecque l'était parmi les Ismaélites. Jésus voulut bien recevoir le baptême de Jean, de même qu'il s'était soumis à la circoncision; mais et la circoncision et le lavement d'eau doivent être tous deux abolis par le baptême du Christ, ce baptême de l'esprit, cette ablution de l'âme qui sauve les hommes; aussi le précurseur Jean disait: 'Je vous baptise à la vérité avec de l'eau, mais un autre viendra après moi, plus puissant que moi, et dont je ne suis pas digne de porter les sandales; celui-là vous baptisera avec le feu et le Saint Esprit.' Aussi le grand apôtre des Gentils, Paul, écrit aux Corinthiens: *Le Christ ne m'a pas envoyé pour baptiser, mais pour prêcher l'Evangile;* aussi ce même Paul ne baptisa jamais avec de l'eau que deux personnes, encore fut-ce malgré lui; il circoncit son disciple Timothée; les autres apôtres circoncisaient aussi tous ceux qui voulaient. Es-tu circoncis? ajouta-t-il. Je lui répondis que je n'avais pas cet honneur. — Eh bien! dit-il, l'ami, tu es chrétien sans être circoncis, et moi sans être baptisé."

Voilà comme mon saint homme abusait assez spécieusement de trois ou quatre passages de la sainte Ecriture, qui semblaient favoriser sa secte: mais il oubliait de la meilleure foi du monde une centaine de passages qui l'écrasaient. Je me gardai bien de lui rien contester; il n'y a rien à gagner avec un enthousiaste: il ne faut point s'aviser de dire à un homme les défauts de sa maîtresse, ni à un plaideur le faible de sa cause, ni des raisons à un illuminé; ainsi je passai à d'autres questions.

"A l'égard de la communion, lui dis-je, comment en usez-vous? — Nous n'en usons point, dit-il. — Quoi! point de communion? — Non, point d'autre que celle des cœurs." Alors il me cita encore les Ecritures. Il me fit un fort beau sermon contre la communion, et me parla d'un ton inspiré pour me prouver que les sacrements étaient tous d'invention humaine, et que le mot de sacrement ne se trouvait pas une seule fois dans l'Evangile.

1. "another strange idea."

Lettres philosophiques 393

"Pardonne, dit-il, à mon ignorance, je ne t'ai pas apporté la centième partie des preuves de ma religion; mais tu peux les voir dans l'Exposition de notre foi par Robert Barclay: c'est un des meilleurs livres qui soient jamais sortis de la main des hommes. Nos ennemis conviennent qu'il est très dangereux: cela prouve combien il est raisonnable." Je lui promis de lire ce livre, et mon quaker me crut déjà converti.

Ensuite il me rendit raison en peu de mots de quelques singularités qui exposent cette secte au mépris des autres. "Avoue, dit-il, que tu as eu bien de la peine à t'empêcher de rire quand j'ai répondu à toutes tes civilités avec mon chapeau sur ma tête et en te tutoyant; cependant tu me parais trop instruit pour ignorer que du temps du Christ aucune nation ne tombait dans le ridicule de substituer le pluriel au singulier. On disait à César-Auguste: *Je t'aime, je te prie, je te remercie;* il ne souffrait pas même qu'on l'appelât Monsieur, *Dominus*. Ce ne fut que très longtemps après lui que les hommes s'avisèrent de se faire appeler *vous* au lieu de *tu*, comme s'ils étaient doubles, et d'usurper les titres impertinents de grandeur, d'éminence, de sainteté, que des vers de terre donnent à d'autres vers de terre, en les assurant qu'ils sont avec un profond respect, et une fausseté infâme, leurs très humbles et très obéissants serviteurs. C'est pour être plus sur nos gardes contre cet indigne commerce de mensonges et de flatteries que nous tutoyons également les rois et les savetiers, que nous ne saluons personne, n'ayant pour les hommes que de la charité, et du respect que pour les lois.

"Nous portons aussi un habit un peu différent des autres hommes, afin que ce soit pour nous un avertissement continuel de ne leur pas ressembler. Les autres portent les marques de leurs dignités, et nous celles de l'humilité chrétienne; nous fuyons les assemblées de plaisir, les spectacles, le jeu; car nous serions bien à plaindre de remplir de ces bagatelles des cœurs en qui Dieu doit habiter; nous ne faisons jamais de serments, pas même en justice; nous pensons que le nom du Très-Haut ne doit point être prostitué dans les débats misérables des hommes. Lorsqu'il faut que nous comparaissions devant les magistrats pour les affaires des autres (car nous n'avons jamais de procès), nous affirmons la vérité par un *oui* ou par un *non*, et les juges nous en croient sur notre simple parole, tandis que tant de chrétiens se parjurent sur l'Evangile. Nous n'allons jamais à la guerre: ce n'est pas que nous craignions la mort, au contraire nous bénissons le moment qui nous unit à l'Etre des êtres; mais c'est que nous ne sommes ni loups, ni tigres, ni dogues, mais hommes, mais chrétiens. Notre Dieu, qui nous a ordonné d'aimer nos ennemis et de souffrir sans murmure, ne veut pas sans doute que nous passions la mer pour aller égorger nos frères, parce que des meurtriers vêtus de rouge, avec un bonnet haut de deux pieds, enrôlent des citoyens en faisant du bruit avec deux petits bâtons sur une peau d'âne bien tendue. Et lorsque, après des batailles gagnées, tout Londres brille d'illuminations, que le ciel est enflammé de fusées, que l'air retentit du bruit des actions de grâces,[2] des cloches, des orgues, des canons, nous gémissons en silence sur ces meurtres qui causent la publique allégresse." *(Lettre I)*

Sur la religion anglicane

C'est ici le pays des sectes. Un Anglais, comme homme libre, va au ciel par le chemin qui lui plaît.

Cependant, quoique chacun puisse ici servir Dieu à sa mode, leur véritable religion, celle où l'on fait fortune, est la secte des épiscopaux, appelée l'Eglise anglicane, ou l'Eglise par excellence. On ne peut avoir d'emploi, ni en Angleterre, ni en Irlande, sans être du nombre des fidèles anglicans; cette raison, qui est une excellente preuve, a converti tant de non-conformistes, qu'aujourd'hui il n'y a pas la vingtième partie de la nation qui soit hors du giron de l'Eglise dominante....

A l'égard des mœurs, le clergé anglican est plus réglé que celui de France; et en voici la cause. Tous les ecclésiastiques sont élevés dans l'université d'Oxford ou dans celle de Cambridge, loin de la corruption de la capitale; ils ne sont appelés aux dignités de l'Eglise que très tard, et dans un âge où les hommes n'ont d'autres passions que l'avarice, lorsque leur ambition manque d'aliment. Les emplois sont ici la récompense des longs services dans l'Eglise aussi bien que dans l'armée; on n'y voit point de jeunes gens évêques ou colonels au sortir du collège. Les prêtres vont quelquefois au cabaret, parce que l'usage le leur permet; et s'ils s'enivrent, c'est sérieusement et sans scandale.

Cet être indéfinissable, qui n'est ni ecclésiastique ni séculier, en un mot, ce que l'on appelle un abbé, est une espèce inconnue en Angleterre; les ecclésiastiques sont tous ici réservés et presque tous pédants. Quand ils apprennent qu'en France de jeunes gens connus par leurs débauches, et élevés à la prélature par des intrigues, s'égayent à composer des chansons tendres, donnent tous les jours des soupers délicats et longs, et de là vont implorer les lumières du Saint-Esprit, et se nomment hardiment les successeurs des apôtres, ils remercient Dieu d'être protestants. Mais ce sont de vilains hérétiques à brûler à tous les diables, comme dit maître François Rabelais; c'est pourquoi je ne me mêle point de leurs affaires. *(Lettre V)*

Sur les presbytériens

La religion anglicane ne s'étend qu'en Angleterre et en Irlande. Le presbytérianisme est la religion dominante en Ecosse. Ce presbytérianisme n'est autre chose que le calvinisme pur, tel qu'il avait été établi en France et qu'il subsiste à Genève. Comme les prêtres de cette secte ne reçoivent de leurs

2. "thanksgiving."

églises que des gages très médiocres, et que par conséquent ils ne peuvent vivre dans le même luxe que les évêques, ils ont pris le parti naturel de crier contre des honneurs où ils ne peuvent atteindre....

Ces messieurs, qui ont aussi quelques églises en Angleterre, ont mis les airs graves et sévères à la mode en ce pays. C'est à eux qu'on doit la sanctification du dimanche dans les Trois-Royaumes; il est défendu ce jour-là de travailler et de se divertir, ce qui est le double de la sévérité des églises catholiques; point d'opéra, point de comédies, point de concerts à Londres le dimanche; les cartes même y sont si expressément défendues, qu'il n'y a que les personnes de qualité, et ce qu'on appelle les honnêtes gens, qui jouent ce jour-là....

Quoique la secte épiscopale et la presbytérienne soient les deux dominantes dans la Grande-Bretagne, toutes les autres y sont bien venues et vivent assez bien ensemble, pendant que la plupart de leurs prédicants se détestent réciproquement avec presque autant de cordialité qu'un janséniste damne un jésuite.

Entrez dans la bourse de Londres, cette place plus respectable que bien des cours, vous y voyez rassemblés les députés de toutes les nations pour l'utilité des hommes. Là le juif, le mahométan, et le chrétien, traitent l'un avec l'autre comme s'ils étaient de la même religion, et ne donnent le nom d'infidèles qu'à ceux qui font banqueroute; là le presbytérien se fie à l'anabaptiste, et l'anglican reçoit la promesse du quaker....

S'il n'y avait en Angleterre qu'une religion, le despotisme serait à craindre; s'il y en avait deux, elles se couperaient la gorge; mais il y en a trente, et elles vivent en paix et heureuses. *(Lettre VI)*

Sur le gouvernement

... Vous n'entendez point ici parler de haute, moyenne et basse justice, ni du droit de chasser sur les terres d'un citoyen, lequel n'a pas la liberté de tirer un coup de fusil sur son propre champ.

Un homme, parce qu'il est noble ou parce qu'il est prêtre, n'est point ici exempt de payer certaines taxes; tous les impôts sont réglés par la chambre des communes, qui, n'étant que la seconde par son rang, est la première par son crédit.

Les seigneurs et les évêques peuvent bien rejeter le bill des communes, pour les taxes, mais il ne leur est pas permis d'y rien changer; il faut ou qu'ils le reçoivent ou qu'ils le rejettent sans restriction. Quand le bill est confirmé par les lords et approuvé par le roi, alors tout le monde paie; chacun donne, non selon sa qualité (ce qui est absurde), mais selon son revenu; il n'y a point de taille ni de capitation arbitraire, mais une taxe réelle sur les terres; elles ont toutes été évaluées sous le fameux roi Guillaume III et mises au-dessous de leur prix.

La taxe subsiste toujours la même, quoique les revenus des terres aient augmenté; ainsi personne n'est foulé et personne ne se plaint. Le paysan n'a point les pieds meurtris par des sabots, il mange du pain blanc, il est bien vêtu, il ne craint point d'augmenter le nombre de ses bestiaux ni de couvrir son toit de tuiles, de peur que l'on ne hausse ses impôts l'année d'après. Il y a ici beaucoup de paysans qui ont environ deux cent mille francs de bien, et qui ne dédaignent pas de continuer à cultiver la terre qui les a enrichis et dans laquelle ils vivent libres.   (*Lettre IX*)

Sur le commerce

Le commerce qui a enrichi les citoyens en Angleterre, a contribué à les rendre libres, et cette liberté a étendu le commerce à son tour; de là s'est formée la grandeur de l'état; c'est le commerce qui a établi peu à peu les forces navales, par qui les Anglais sont les maîtres des mers. Ils ont à présent près de deux cents vaisseaux de guerre, la postérité apprendra peut-être avec surprise qu'une petite île, qui n'a de soi-même qu'un peu de plomb, de l'étain, de la terre à foulon,[3] et de la laine grossière, est devenue par son commerce assez puissante pour envoyer en 1723[4] trois flottes à la fois en trois extrémités du monde, l'une devant Gibraltar conquise et conservée par ses armes, l'autre à Portobello pour ôter au roi d'Espagne la jouissance des trésors des Indes, et la troisième dans la mer baltique pour empêcher les puissances du nord de se battre.

Quand Louis XIV faisait trembler l'Italie, et que ses armées, déjà maîtresses de la Savoie et du Piémont, étaient prêtes de prendre Turin, il fallut que le prince Eugène marchât du fond de l'Allemagne au secours du duc de Savoie; il n'avait point d'argent, sans quoi on ne prend ni ne défend les villes; il eut recours à des marchands anglais; en une demi-heure de temps, on lui prêta cinq millions: avec cela il délivra Turin, battit les Français, et écrivit à ceux qui avaient prêté cette somme ce petit billet: "Messieurs, j'ai reçu votre argent, et je me flatte de l'avoir employé à votre satisfaction."

Tout cela donne un juste orgueil à un marchand anglais et fait qu'il ose se comparer, non sans quelque raison, à un citoyen romain. Aussi le cadet d'un pair du royaume ne dédaigne point le négoce. Milord Townshend, ministre d'Etat, a un frère qui se contente d'être marchand dans la Cité.[5] Dans le temps que milord Oxford gouvernait l'Angleterre, son cadet était facteur à Alep, d'où il ne voulut pas revenir et où il est mort.

Cette coutume, qui pourtant commence trop à se passer, paraît monstrueuse à des Allemands entêtés de leurs quartiers;[6] ils ne sauraient con-

---

3. Fuller's earth, used to take grease out of cloth.
4. Lanson, in his critical edition, gives 1726 as the correct date.
5. The financial center of London, seat of the Royal Exchange.
6. "quarters" (heraldry). Cf. the first paragraph of *Candide*.

cevoir que le fils d'un pair d'Angleterre ne soit qu'un riche et puissant bourgeois, au lieu qu'en Allemagne tout est prince; on a vu jusqu'à trente altesses du même nom n'ayant pour tout bien que des armoiries et de l'orgueil.

En France est marquis qui veut; et quiconque arrive à Paris du fond d'une province avec de l'argent à dépenser, et un nom en *ac* ou en *ille*, peut dire: "Un homme comme moi, un homme de ma qualité," et mépriser souverainement un négociant. Le négociant entend lui-même parler si souvent avec dédain de sa profession, qu'il est assez sot pour en rougir; je ne sais pourtant lequel est le plus utile à un Etat, ou un seigneur bien poudré qui sait précisément à quelle heure le roi se lève, à quelle heure il se couche, et qui se donne des airs de grandeur en jouant le rôle d'esclave dans l'antichambre d'un ministre, ou un négociant qui enrichit son pays, donne de son cabinet des ordres à Surate et au Caire, et contribue au bonheur du monde. (*Lettre X*)

Sur M. Locke [7]

... Tant de raisonneurs ayant fait le roman de l'âme, un sage est venu qui en a fait modestement l'histoire. Locke a développé à l'homme la raison humaine, comme un excellent anatomiste explique les ressorts du corps humain. Il s'aide partout du flambeau de la physique, il ose quelquefois parler affirmativement, mais il ose aussi douter. Au lieu de définir tout d'un coup ce que nous ne connaissons pas, il examine par degrés ce que nous voulons connaître. Il prend un enfant au moment de sa naissance, il suit pas à pas les progrès de son entendement; il voit ce qu'il a de commun avec les bêtes, et ce qu'il a au-dessus d'elles; il consulte surtout son propre témoignage, la conscience de sa pensée.

"Je laisse, dit-il, à discuter à ceux qui en savent plus que moi, si notre âme existe avant ou après l'organisation de notre corps; mais j'avoue qu'il m'est tombé en partage une de ces âmes grossières qui ne pensent pas toujours, et j'ai même le malheur de ne pas concevoir qu'il soit plus nécessaire à l'âme de penser toujours, qu'au corps d'être toujours en mouvement."

Pour moi je me vante de l'honneur d'être en ce point aussi simple que Locke. Personne ne me fera jamais croire que je pense toujours; et je ne me sens pas plus disposé que lui à imaginer que quelques secondes après ma conception j'étais une fort savante âme, sachant alors mille choses que j'ai oubliées en naissant, et ayant fort inutilement possédé des connaissances qui m'ont échappé dès que j'ai pu en avoir besoin, et que je n'ai jamais bien pu rapprendre depuis.

---

7. Faguet is only half right when he calls V. "esprit léger et peu puissant dont le grand homme était Locke." V. was the first influential figure in his century to understand the important implications of Locke's *Essay on Human Understanding*.

Locke, après avoir ruiné les idées innées, après avoir bien renoncé à la vanité de croire qu'on pense toujours, ayant bien établi que toutes nos idées nous viennent par les sens, ayant examiné nos idées simples et celles qui sont composées, ayant suivi l'esprit de l'homme dans toutes ses opérations, ayant fait voir combien les langues que les hommes parlent sont imparfaites et quel abus nous faisons des termes à tout moment; Locke, dis-je, considère enfin l'étendue, ou plutôt le néant des connaissances humaines. C'est dans ce chapitre qu'il ose avancer modestement ces paroles: *Nous ne serons peut-être jamais capables de connaître si un être purement matériel pense ou non.*[8]

Ce discours sage parut à plus d'un théologien une déclaration scandaleuse que l'âme est matérielle et mortelle....

Si j'osais parler après M. Locke sur un sujet si délicat, je dirais: Les hommes disputent depuis longtemps sur la nature et sur l'immortalité de l'âme; à l'égard de son immortalité, il est impossible de la démontrer, puisqu'on dispute encore sur sa nature, et qu'assurément il faut connaître à fond un être créé, pour décider s'il est immortel ou non. La raison humaine est si peu capable de démontrer par elle-même l'immortalité de l'âme, que la religion a été obligée de nous la révéler. Le bien commun de tous les hommes demande qu'on croie l'âme immortelle: la foi nous l'ordonne; il n'en faut pas davantage, et la chose est presque décidée. Il n'en est pas de même de sa nature; il importe peu à la religion de quelle substance soit l'âme, pourvu qu'elle soit vertueuse. C'est une horloge [9] qu'on nous a donnée à gouverner; mais l'ouvrier ne nous a pas dit de quoi le ressort de cette horloge est composé.

Je suis corps et je pense, je n'en sais pas davantage.[10] Si je ne consulte que mes faibles lumières, irai-je attribuer à une cause inconnue ce que je puis si aisément attribuer à la seule cause seconde que je connais un peu? Ici tous les philosophes de l'école m'arrêtent en argumentant, et disent: "Il n'y a dans le corps que de l'étendue et de la solidité, et il ne peut avoir que du mouvement et de la figure. Or, du mouvement, de la figure, de l'étendue et de la solidité ne peuvent faire une pensée; donc l'âme ne peut pas être matière." Tout ce grand raisonnement répété tant de fois se réduit uniquement à ceci: "Je ne connais que très peu de chose de la matière, j'en devine imparfaitement quelques propriétés: or je ne sais point du tout si ces propriétés peuvent être jointes à la pensée; donc, parce que je ne sais rien du tout, j'assure positivement que la matière ne saurait penser." Voilà nettement la manière de raisonner de l'école.

---

8. This sentence had much to do with the condemnation of the *Lettres philosophiques*. On the occasion of his later attacks on atheistic materialism V. was maliciously reminded (by Diderot) that he was the first to give currency to the hypothesis that thought might be an attribute of organized matter.

9. This comparison had been suggested by Descartes.

10. An allusion to Descartes' principle "Je pense, donc je suis." Descartes thus stressed the predominance of the spirit. V. guardedly refused to commit himself.

M. Locke dirait avec simplicité à ces messieurs: "Confessez du moins que vous êtes aussi ignorants que moi: votre imagination ni la mienne ne peuvent concevoir comment un corps a des idées; et comprenez-vous mieux comment une substance, telle qu'elle soit, a des idées? Vous ne concevez ni la matière ni l'esprit, comment osez-vous assurer quelque chose? Que vous importe que l'âme soit un de ces êtres incompréhensibles qu'on appelle esprit? Quoi! Dieu, le créateur de tout, ne peut-il pas éterniser ou anéantir votre âme à son gré, quelle que soit sa substance?"

Le superstitieux vient à son tour, et dit qu'il faut brûler pour le bien de leurs âmes ceux qui soupçonnent qu'on peut penser avec la seule aide du corps; mais que dirait-il si c'était lui-même qui fût coupable d'irréligion? En effet, quel est l'homme qui osera assurer, sans une impiété absurde, qu'il est impossible au Créateur de donner à la matière la pensée et le sentiment? [11] Voyez, je vous prie, à quel embarras vous êtes réduits, vous qui bornez ainsi la puissance du Créateur. Les bêtes ont les mêmes organes que nous, les mêmes perceptions; elles ont de la mémoire, elles combinent quelques idées. Si Dieu n'a pas pu animer la matière, et lui donner le sentiment, il faut de deux choses l'une, ou que les bêtes soient de pures machines, ou qu'elles aient une âme spirituelle....[12]

(*Lettre XIII*)

Sur Descartes et Newton

...L'opinion publique en Angleterre sur ces deux philosophes est que le premier était un rêveur et que l'autre était un sage.[13]

Très peu de personnes à Londres lisent Descartes, dont effectivement les ouvrages sont devenus inutiles; très peu lisent aussi Newton, parce qu'il faut être fort savant pour le comprendre. Cependant tout le monde parle d'eux; on n'accorde rien au Français et on donne tout à l'Anglais. Quelques gens croient que, si l'on ne s'en tient plus à l'horreur du vide, si l'on sait que l'air est pesant, si l'on se sert de lunettes d'approche, on en a l'obligation à Newton. Il est ici l'Hercule de la fable, à qui les ignorants attribuaient tous les faits des autres héros.

Dans une critique qu'on a faite à Londres du discours de M. de Fonte-

---

11. Diderot adopted and developed the hypothesis that feeling, too, is essential to matter and that thought is a function of the material brain. V. believed that the orthodox conception of God was much too limited, hence "impious." Diderot went further and refused to accept the Creation.

12. V. then tries to prove that animals have a soul. In *L'Homme machine*, La Mettrie prefers to deny a soul to both animals and human beings. Descartes, who identified soul with thought and deprived animals of both thought and feeling, was originally responsible for the confusion.

13. V. was converted in 1732 to Newton's physics by Maupertuis, whom he later satirized in his *Diatribe du docteur Akakia*, but V. in this work and his *Eléments sur la philosophie de Newton* was largely responsible for the conversion of French scientists to the Newtonian system.

nelle, on a osé avancer que Descartes n'était pas un grand géomètre. Ceux qui parlent ainsi peuvent se reprocher de battre leur nourrice; Descartes a fait un aussi grand chemin du point où il a trouvé la géométrie jusqu'au point où il l'a poussée, que Newton en a fait après lui: il est le premier qui ait enseigné la manière de donner les équations algébriques des courbes. Sa géométrie, grâce à lui devenue aujourd'hui commune, était de son temps si profonde, qu'aucun professeur n'osa entreprendre de l'expliquer, et qu'il n'y avait guère en Hollande que Scooten, et en France que Fermat,[14] qui l'entendissent.

Il porta cet esprit de géométrie et d'invention dans la dioptrique, qui devint entre ses mains un art tout nouveau; et s'il s'y trompa beaucoup, c'est qu'un homme qui découvre de nouvelles terres ne peut tout d'un coup en connaître toutes les propriétés. Ceux qui le suivent lui ont au moins l'obligation de la découverte. Je ne nierai pas que tous les autres ouvrages de M. Descartes ne fourmillent d'erreurs.

La géométrie était un guide que lui-même avait en quelque façon formé, et qui l'aurait conduit sûrement dans sa physique; cependant il abandonna à la fin ce guide, et se livra à l'esprit de système. Alors sa philosophie ne fut plus qu'un roman ingénieux, et tout au plus vraisemblable pour les philosophes ignorants du même temps. Il se trompa sur la nature de l'âme, sur les lois du mouvement, sur la nature de la lumière. Il admit des idées innées, il inventa de nouveaux éléments, il créa un monde, il fit l'homme à sa mode; et on dit avec raison que l'homme de Descartes n'est en effet que celui de Descartes, fort éloigné de l'homme véritable.

Il poussa ses erreurs métaphysiques jusqu'à prétendre que deux et deux ne font quatre que parce que Dieu l'a voulu ainsi; mais ce n'est point trop dire qu'il était estimable même dans ses égarements. Il se trompa, mais ce fut au moins avec méthode et de conséquence en conséquence. S'il inventa de nouvelles chimères en physique, du moins il en détruisit d'anciennes; il apprit aux hommes de son temps à raisonner et à se servir contre lui-même de ses armes. S'il n'a pas payé en bonne monnaie, c'est beaucoup d'avoir décrié la fausse.

Je ne crois pas qu'on ose à la vérité comparer en rien sa philosophie à celle de Newton: la première est un essai, la seconde est un chef-d'œuvre; mais celui qui nous a mis sur la voie de la vérité vaut peut-être celui qui a été depuis au bout de cette carrière.

Descartes donna un œil aux aveugles; ils virent les fautes de l'antiquité et les siennes. La route qu'il ouvrait est, depuis lui, devenue immense. Le petit livre de Rohault a fait pendant quelque temps une physique complète; aujourd'hui tous les recueils des académies de l'Europe ne sont pas

---

14. Pierre de Fermat (1601–1665), mathematician who shared with Pascal the discovery of the calculation of probabilities.

même un commencement de système. En approfondissant cet abîme, il s'est trouvé infini. Il s'agit maintenant de voir ce que M. Newton a creusé dans ce précipice.[15] *(Lettre XIV)*

Sur la considération qu'on doit aux gens de lettres

Ni en Angleterre ni en aucun pays du monde on ne trouve des établissements en faveur des beaux-arts comme en France. Il y a presque partout des universités; mais c'est en France seule qu'on trouve ces utiles encouragements pour l'astronomie, pour toutes les parties des mathématiques, pour celles de la médecine, pour les recherches de l'antiquité, pour la peinture, la sculpture et l'architecture. Louis XIV s'est immortalisé par toutes ces fondations, et cette immortalité ne lui a pas coûté deux cent mille francs par an.

J'avoue que c'est un de mes étonnements que le parlement d'Angleterre, qui s'est avisé de promettre vingt mille guinées à celui qui ferait l'impossible découverte des longitudes, n'ait jamais pensé à imiter Louis XIV dans sa magnificence envers les arts.

Le mérite trouve à la vérité, en Angleterre, d'autres récompenses plus honorables pour la nation; tel est le respect que ce peuple a pour les talents, qu'un homme de mérite y fait toujours fortune. M. Addison, en France, eût été de quelque académie, et aurait pu obtenir, par le crédit de quelque femme, une pension de douze cents livres, ou plutôt on lui aurait fait des affaires, sous prétexte qu'on aurait aperçu dans sa tragédie de *Caton* quelques traits contre le portier d'un homme en place; en Angleterre, il a été secrétaire d'État. M. Newton était intendant des monnaies du royaume; M. Congrève avait une charge importante; M. Prior a été plénipotentiaire; le docteur Swift est doyen d'Irlande, et y est beaucoup plus considéré que le primat. Si la religion de M. Pope ne lui permet pas d'avoir une place, elle n'empêche pas au moins que sa traduction d'Homère ne lui ait valu deux cent mille francs. J'ai vu longtemps en France l'auteur de *Rhadamiste*[16] près de mourir de faim; le fils[17] d'un des plus grands hommes que la France ait eus, et qui commençait à marcher sur les traces de son père, était réduit à la misère sans M. Fagon. Ce qui encourage le plus les arts en Angleterre, c'est la considération où ils sont: le portrait du premier ministre se trouve sur la cheminée de son cabinet; mais j'ai vu celui de M. Pope dans vingt maisons.

---

15. V. devotes his next three letters to Newton's laws of gravitation and his theories concerning optics, chronolgy, and the infinite.

16. Crébillon *père*.

17. Louis Racine.

M. Newton était honoré de son vivant, et l'a été après sa mort comme il devait l'être. Les principaux de la nation se sont disputé l'honneur de porter le poêle à son convoi. Entrez à Westminster: ce ne sont pas les tombeaux des rois qu'on y admire, ce sont les monuments que la reconnaissance de la nation a érigés aux plus grands hommes qui ont contribué à sa gloire; vous y voyez leurs statues comme on voyait dans Athènes celle des Sophocle et des Platon; et je suis persuadé que la seule vue de ces glorieux monuments a excité plus d'un esprit et a formé plus d'un grand homme.

On a même reproché aux Anglais d'avoir été trop loin dans les honneurs qu'ils rendent au simple mérite; on a trouvé à redire qu'ils aient enterré dans Westminster la célèbre comédienne Mlle Oldfield, à peu près avec les mêmes honneurs qu'on a rendus à M. Newton: quelques-uns ont prétendu qu'ils avaient affecté d'honorer à ce point la mémoire de cette actrice, afin de nous faire sentir davantage la barbare et lâche injustice qu'ils nous reprochent, d'avoir jeté à la voirie le corps de Mlle Lecouvreur.

Mais je puis vous assurer que les Anglais, dans la pompe funèbre de Mlle Oldfield, enterrée dans leur Saint-Denis, n'ont rien consulté que leur goût; ils sont bien loin d'attacher l'infamie à l'art des Sophocle et des Euripide, et de retrancher du corps de leurs citoyens ceux qui se dévouent à réciter devant eux des ouvrages dont leur nation se glorifie...

On se garde bien en Italie de flétrir l'opéra et d'excommunier le signor Tenezini, ou la signora Cuzzoni. Pour moi, j'oserais souhaiter qu'on pût supprimer en France je ne sais quels mauvais livres qu'on a imprimés contre nos spectacles. Lorsque les Italiens et les Anglais apprennent que nous flétrissons de la plus grande infamie un art dans lequel nous excellons, que l'on excommunie des personnes gagées par le roi, que l'on condamne comme impie un spectacle représenté chez les religieux et dans les couvents, qu'on déshonore des jeux où de grands princes ont été acteurs, qu'on déclare œuvre du démon des pièces revues par les magistrats les plus sévères, et représentées devant une reine vertueuse; quand, dis-je, des étrangers apprennent cette insolence, cette barbarie gothique qu'on ose nommer sévérité chrétienne, que voulez-vous qu'ils pensent de notre nation, et comment peuvent-ils concevoir ou que nos lois autorisent un art déclaré si infâme, ou qu'on ose marquer de tant d'infamie un art autorisé par les lois, récompensé par les souverains, cultivé par les plus grands hommes, et admiré des nations; et qu'on trouve chez le même libraire l'impertinente déclamation contre nos spectacles à côté des ouvrages immortels de Corneille, de Racine, de Molière, de Quinault?

(*Lettre XXIII*)

Lettres philosophiques
Sur les *Pensées* de M. Pascal [18]

Je vous envoie les remarques critiques que j'ai faites depuis longtemps sur les *Pensées* de M. Pascal. Ne me comparez point ici, je vous prie, à Ezéchias, qui voulut faire brûler tous les livres de Salomon.[19] Je respecte le génie et l'éloquence de Pascal; mais plus je les respecte, plus je suis persuadé qu'il aurait lui-même corrigé beaucoup de ces *Pensées*, qu'il avait jetées au hasard sur le papier, pour les examiner ensuite:[20] et c'est en admirant son génie que je combats quelques-unes de ses idées.

Il me paraît qu'en général l'esprit dans lequel M. Pascal écrivit ces *Pensées* était de montrer l'homme dans un jour odieux. Il s'acharne à nous peindre tous méchants et malheureux. Il écrit contre la nature humaine à peu près comme il écrivait contre les Jésuites. Il impute à l'essence de notre nature ce qui n'appartient qu'à certains hommes. Il dit éloquemment des injures au genre humain. J'ose prendre le parti de l'humanité contre ce misanthrope sublime; j'ose assurer que nous ne sommes ni si méchants ni si malheureux qu'il le dit; je suis, de plus, très persuadé que, s'il avait suivi, dans le livre qu'il méditait, le dessein qui paraît dans ses *Pensées*, il aurait fait un livre plein de paralogismes[21] éloquents et de faussetés admirablement déduites. Je crois même que tous ces livres qu'on a faits depuis peu pour prouver la religion chrétienne, sont plus capables de scandaliser que d'édifier. Ces auteurs prétendent-ils en savoir plus que Jésus-Christ et les Apôtres? C'est vouloir soutenir un chêne en l'entourant de roseaux; on peut écarter ces roseaux inutiles sans craindre de faire tort à l'arbre.

J'ai choisi avec discrétion quelques pensées de Pascal; je mets les réponses au bas. C'est à vous à juger si j'ai tort ou raison.

    I. "Les grandeurs et les misères de l'homme sont tellement visibles qu'il faut nécessairement que la vraie religion nous enseigne qu'il y a en lui quelque grand principe de grandeur, et en même temps quelque grand principe de misère. Car il faut que la véritable religion connaisse à fond notre nature, c'est-à-dire qu'elle connaisse tout ce qu'elle a de grand et tout ce qu'elle a de misérable, et la

---

18. Published as a twenty-fifth letter in the surreptitious first French edition of the *Lettres philosophiques*, this rebuttal of Pascal's *Pensées* brought V. into serious difficulty with the Jansenist Parlement. Contrary to general belief, V. quoted Pascal with great accuracy from a reprint of the Port-Royal edition. The contrast between two very different ways of looking upon human destiny is clearly brought out. For a scholarly presentation of these remarks see Mina Waterman, *Voltaire, Pascal and Human Destiny*.
19. As related in an apocryphal book of *Ezra*.
20. Beginning with the first edition, scholars have attempted to give order and arrangement to Pascal's manuscript.
21. Unconsciously false reasoning.

raison de l'un et de l'autre. Il faut encore qu'elle nous rende raison des étonnantes contrariétés qui s'y rencontrent."

Cette manière de raisonner paraît fausse et dangereuse: car la fable de Prométhée et de Pandore, les androgynes de Platon et les dogmes des Siamois [22] rendraient aussi bien raison de ces contrariétés apparentes. La religion chrétienne n'en demeurera pas moins vraie, quand même on n'en tirerait pas ces conclusions ingénieuses, qui ne peuvent servir qu'à faire briller l'esprit.

Le Christianisme n'enseigne que la simplicité, l'humanité, la charité; vouloir le réduire à la métaphysique, c'est en faire une source d'erreurs.

II. "Qu'on examine sur cela toutes les religions du monde, et qu'on voie s'il y en a une autre que la chrétienne qui y satisfasse. Sera-ce celle qu'enseignaient les philosophes qui nous proposent pour tout bien un bien qui est en nous? Est-ce le vrai bien? Ont-ils trouvé le remède à nos maux? Est-ce avoir guéri la présomption de l'homme que de l'avoir égalé à Dieu? Et ceux qui nous ont égalés aux bêtes et qui nous ont donné des plaisirs de la terre pour tout bien, ont-ils apporté le remède à nos concupiscences?"

Les philosophes n'ont point enseigné de religion; ce n'est pas leur philosophie qu'il s'agit de combattre. Jamais philosophe ne s'est dit inspiré de Dieu, car dès lors il eût cessé d'être philosophe, et il eût fait le prophète. Il ne s'agit pas de savoir si Jésus-Christ doit l'emporter sur Aristote; il s'agit de prouver que la religion de Jésus-Christ est la véritable, et que celles de Mahomet, des Païens [23] et toutes les autres sont fausses.

III. "Et cependant sans ce mystère, [24] le plus incompréhensible de tous, nous sommes incompréhensibles à nous-mêmes. Le nœud de notre condition prend ses retours et ses plis dans l'abîme du péché originel, de sorte que l'homme est plus inconcevable sans ce mystère que ce mystère n'est inconcevable à l'homme."

Est-ce raisonner que de dire: *L'homme est inconcevable sans ce mystère inconcevable.* Pourquoi vouloir aller plus loin que l'Ecriture? N'y a-t-il pas de la témérité à croire qu'elle a besoin d'appui, et que ces idées philosophiques peuvent lui en donner?

Qu'aurait répondu M. Pascal à un homme qui lui aurait dit: "Je sais que le mystère du péché originel est l'objet de ma foi et non de ma raison. Je conçois fort bien sans mystère ce que c'est que l'homme; je vois qu'il vient au monde comme les autres animaux; que l'accouchement

---

22. V. immediately points out that there have been many explanations of the mixture of good and evil in man.
23. In another edition V. named here Marcus Aurelius and Epictetus, whose philosophy formed a significant part of V.'s deism and is especially apparent in *Zadig*. The Stoics stressed the self-sufficiency of natural law.
24. The transmission of original sin.

des mères est plus douloureux à mesure qu'elles sont plus délicates; que quelquefois des femmes et des animaux femelles meurent dans l'enfantement; qu'il y a quelquefois des enfants mal organisés qui vivent privés d'un ou deux sens et de la faculté du raisonnement; que ceux qui sont le mieux organisés sont ceux qui ont les passions les plus vives; que l'amour de soi-même est égal chez tous les hommes; et qu'il leur est aussi nécessaire que les cinq sens; que cet amour-propre nous est donné de Dieu pour la conservation de notre être, et qu'il nous a donné la religion pour régler cet amour-propre; que nos idées sont justes ou inconséquentes, obscures ou lumineuses, selon que nos organes sont plus ou moins solides, plus ou moins déliés, et selon que nous sommes plus ou moins passionnés; que nous dépendons en tout de l'air qui nous environne, des aliments que nous prenons, et que, dans tout cela, il n'y a rien de contradictoire. L'homme n'est point une énigme, comme vous vous le figurez, pour avoir le plaisir de la deviner. L'homme paraît être à sa place dans la nature, supérieur aux animaux, auxquels il est semblable par les organes, inférieur à d'autres êtres,[25] auxquels il ressemble probablement par la pensée. Il est, comme tout ce que nous voyons, mêlé de mal et de bien, de plaisir et de peine; il est pourvu de passions pour agir, et de raison pour gouverner ses actions. Si l'homme était parfait, il serait Dieu, et ces prétendues contrariétés, que vous appelez *contradictions*, sont les ingrédients nécessaires qui entrent dans le composé de l'homme, qui est ce qu'il doit être."

IV. "Suivons nos mouvements, observons-nous nous-mêmes, et voyons si nous n'y trouverons pas les caractères vivants de ces deux natures.

"Tant de contradictions se trouveraient-elles dans un sujet simple?

"Cette duplicité de l'homme est si visible qu'il y en a qui ont pensé que nous avions deux âmes, un sujet simple leur paraissant incapable de telles et si soudaines variétés, d'une présomption démesurée à un horrible abattement de cœur."[26]

Nos diverses volontés ne sont point des contradictions dans la nature, et l'homme n'est point un sujet simple. Il est composé d'un nombre innombrable d'organes: si un seul de ces organes est un peu altéré, il est nécessaire qu'il change toutes les impressions du cerveau, et que l'animal ait de nouvelles pensées et de nouvelles volontés. Il est très vrai que nous sommes tantôt abattus de tristesse, tantôt enflés de présomption: et cela doit être quand nous nous trouvons dans des situations opposées. Un animal que son maître caresse et nourrit, et un autre qu'on égorge lente-

---

25. A concession to the numerous orders of angels between man and God in the great chain of being.
26. I.e., "from the heights of presumption to the depths of despair." V. notes that this thought comes from Montaigne's essay "De l'inconstance de nos actions" (*Essais*, II, ch. 1).

ment et avec adresse pour en faire une dissection, éprouvent des sentiments bien contraires: aussi faisons-nous; et les différences qui sont en nous sont si peu contradictoires qu'il serait contradictoire qu'elles n'existassent pas.

Les fous qui ont dit que nous avions deux âmes pouvaient par la même raison nous en donner trente ou quarante; car un homme, dans une grande passion, a souvent trente ou quarante idées différentes de la même chose, et doit nécessairement les avoir selon que cet objet lui paraît sous différentes faces.

Cette prétendue *duplicité* de l'homme est une idée aussi absurde que métaphysique. J'aimerais autant dire que le chien qui mord et qui caresse est double; que la poule, qui a tant soin de ses petits, et qui ensuite les abandonne jusqu'à les méconnaître, est double; que la glace, qui représente à la fois des objets différents, est double; que l'arbre, qui est tantôt chargé, tantôt dépouillé de feuilles, est double. J'avoue que l'homme est inconcevable; mais tout le reste de la nature l'est aussi, et il n'y a pas plus de contradictions apparentes dans l'homme que dans tout le reste.

V. "Ne parier point que Dieu est,[27] c'est parier qu'il n'est pas.[28] Lequel prendrez-vous donc? Pesons le gain et la perte, en prenant le parti de croire que Dieu est. Si vous gagnez, vous gagnez tout; si vous perdez, vous ne perdez rien. Pariez donc qu'il est, sans hésiter. — Oui, il faut gager; mais je gage peut-être trop. — Voyons, puisqu'il y a pareil hasard de gain et de perte, quand vous n'auriez que deux vies à gagner pour une, vous pourriez encore gager."

Il est évidemment faux de dire: "Ne point parier que Dieu est, c'est parier qu'il n'est pas"; car celui qui doute et demande à s'éclairer ne parie assurément ni pour ni contre.

D'ailleurs cet article paraît un peu indécent et puéril; cette idée de jeu, de perte et de gain, ne convient point à la gravité du sujet.

De plus, l'intérêt que j'ai à croire une chose n'est pas une preuve de l'existence de cette chose. Je vous donnerai, me dites-vous, l'empire du monde, si je crois que vous avez raison. Je souhaite alors de tout mon cœur que vous ayez raison; mais jusqu'à ce que vous me l'ayez prouvé, je ne puis vous croire.

Commencez, pourrait-on dire à M. Pascal, par convaincre ma raison. J'ai intérêt, sans doute, qu'il y ait un Dieu; mais si, dans votre système, Dieu n'est venu que pour si peu de personnes; si le petit nombre des

---

27. The theological argument of the wager had been used many times before Pascal, for example by Raimond Sebond, whose *Apologie* was written by Montaigne. It had been used, however, in connection with the immortality of the soul. V., always a firm believer in God, was shocked that His existence should be made to depend upon a wager. Pascal is, of course, using the argument only as an appeal to unbelievers.

28. V. has here omitted the sentence "Oui, mais il faut parier; cela n'est pas volontaire, vous êtes embarqué."

élus est si effrayant; si je ne puis rien du tout par moi-même,[29] dites-moi, je vous prie, quel intérêt j'ai à vous croire? N'ai-je pas un intérêt visible à être persuadé du contraire? De quel front osez-vous me montrer un bonheur infini, auquel, d'un million d'hommes, à peine un seul a droit d'aspirer?[30] Si vous voulez me convaincre, prenez-vous-y d'une autre façon, et n'allez pas tantôt me parler de jeu de hasard, de pari, de croix et de pile,[31] et tantôt m'effrayer par les épines que vous semez sur le chemin que je veux et que je dois suivre. Votre raisonnement ne servirait qu'à faire des athées, si la voix de toute la nature ne nous criait qu'il y a un Dieu,[32] avec autant de force que ces subtilités ont de faiblesse.

VI. "En voyant l'aveuglement et la misère de l'homme, et ces contrariétés étonnantes qui se découvrent dans sa nature, et regardant tout l'univers muet, et l'homme sans lumière, abandonné à lui-même, et comme égaré dans ce recoin de l'univers, sans savoir qui l'y a mis, ce qu'il est venu y faire, ce qu'il deviendra en mourant, j'entre en effroi comme un homme qu'on aurait emporté endormi dans une île déserte et effroyable, et qui s'éveillerait sans connaître où il est et sans avoir aucun moyen d'en sortir; et sur cela j'admire comment on n'entre pas en désespoir d'un si misérable état."

En lisant cette réflexion, je reçois une lettre d'un de mes amis,[33] qui demeure dans un pays fort éloigné. Voici ses paroles:

"Je suis ici comme vous m'y avez laissé, ni plus gai, ni plus triste, ni plus riche, ni plus pauvre, jouissant d'une santé parfaite, ayant tout ce qui rend la vie agréable, sans amour, sans avarice, sans ambition et sans envie; et tant que tout cela durera, je m'appellerai hardiment un homme très heureux."

Il y a beaucoup d'hommes aussi heureux que lui. Il en est des hommes comme des animaux; tel chien couche et mange avec sa maîtresse; tel autre tourne la broche et est tout aussi content; tel autre devient enragé, et on le tue. Pour moi, quand je regarde Paris ou Londres, je ne vois aucune raison pour entrer dans ce désespoir dont parle M. Pascal; je vois une ville qui ne ressemble en rien à une île déserte, mais peuplée, opulente, policée, et où les hommes sont heureux autant que la nature humaine le comporte. Quel est l'homme sage qui sera prêt à se pendre parce qu'il ne sait pas comme on voit Dieu face à face, et que sa raison ne peut

---

29. A reference to the Jansenist doctrines of predetermination and predestination.
30. Probably an exaggeration, although no one seems willing to guess what proportion of mankind is predestined to eternal damnation.
31. "heads or tails."
32. Elsewhere V. quotes from the nineteenth Psalm, "The heavens declare the glory of God."
33. Sir Everard Falkener, an English merchant with whom V. lived in England, later English ambassador to Constantinople.

débrouiller le mystère de la Trinité? Il faudrait autant se désespérer de n'avoir pas quatre pieds et deux ailes.[34]

Pourquoi nous faire horreur de notre être? Notre existence n'est point si malheureuse qu'on veut nous le faire accroire. Regarder l'univers comme un cachot, et tous les hommes comme des criminels qu'on va exécuter, est l'idée d'un fanatique. Croire que le monde est un lieu de délices où l'on ne doit avoir que du plaisir, c'est la rêverie d'un Sybarite. Penser que la terre, les hommes et les animaux sont ce qu'ils doivent être dans l'ordre de la Providence, est, je crois, d'un homme sage....

(*Lettre XXV*)

History

The modern approach to history, introduced by Voltaire, Montesquieu, Hume, and Gibbon, was an outstanding achievement of the Age of Enlightenment. France had already produced some solid histories and one historical genius, Bossuet, but Bossuet began his history with the Bible and explained the events of history as acts of Providence rather than as the results of human thought and conduct. Voltaire's *Histoire de Charles XII* (1731), first in the field, was revolutionary in its choice of a contemporary subject, its accurate documentation and impartial treatment, and its philosophical implications. For Voltaire believed that history could be interesting and useful as well as true. His object was to show that the ambitions of the most admirable warrior could bring nothing but distress to his nation. The dramatic interest and vivacious style of this work deceived many critics, who thought that such a well-written history must have been composed with little regard for documentation.

Voltaire's *Siècle de Louis XIV*, first published in 1751, is generally considered his masterpiece. It was written to celebrate the tremendous progress in the arts, sciences, and letters of that epoch. Wars were not neglected but were given a subordinate place. The real benefactors of mankind, he insisted, are not its generals but its thinkers, inventors, and poets. This history represents twenty years of the most careful study of all available sources and marks great progress in scientific method. In the back of Voltaire's head was undoubtedly the satirical intent to condemn the age of Louis XV, which forced its thinkers and poets into exile. Again we find in this work genuine literary talent applied to the discernment of historical truths, a history of a century rather than that of a king, glorifying human intelligence and deriding human stupidity.

Voltaire's most ambitious historical work was the *Essai sur les mœurs et l'esprit des nations*, the first truly universal history of man. The composition

---

34. Similar ideas were expressed by Shaftesbury: "Ask not merely why man is naked.... Ask why he has not wings also for the air, fins for the water, and so on...." And Pope:

"Why has not man a microscopic eye?
For this plain reason, man is not a fly."

L'Histoire de Charles XII

and publication of this work were spread over more than two decades. He began where Bossuet left off, with the history of Charlemagne, and continued through the Renaissance. He then added his histories of Louis XIV and Louis XV and in 1765 wrote a preliminary discourse entitled *La Philosophie de l'histoire*, a general view of the origins of civilization and of the great peoples of antiquity. He believed that it was a mutilation of history to limit it to Occidental cultures and their Hebrew and Greek origins. The definitive text was published in 1769. The development of anthropology and the social sciences since Voltaire's time has rendered obsolete a number of his assumptions. But Voltaire thus defends the validity of his liberal and philosophical intentions:

"Cette philosophie humaine, qui commence à pénétrer dans plusieurs états, . . . probablement écartera du moins les guerres de religion, s'il ne peut empêcher celles d'une malheureuse politique. C'est elle qui a multiplié les académies dans tant de royaumes et de républiques; qui a étendu l'esprit humain en étendant les connaissances; c'est par ce même esprit, qui se communique de proche en proche, que l'on s'est appliqué plus que jamais à l'agriculture, et que les sages ont pensé à rendre la terre plus fertile, tandis que les ambitieux l'ensanglantaient. Enfin, il est à croire que la raison et l'industrie feront toujours de nouveaux progrès; que les arts utiles prendront des accroissements; que parmi les maux qui ont affligé les hommes, les préjugés, qui ne sont pas leur moindre fléau, disparaîtront peu à peu chez tous ceux qui sont à la tête des nations, et que la philosophie, partout répandue, consolera un peu la nature humaine des calamités qu'elle éprouvera dans tous les temps. C'est dans cette vue et dans cette espérance qu'on a donné au public l'*Essai sur les mœurs et l'esprit des nations*. L'humanité l'a dicté et la vérité a tenu la plume." (*Nouvelles Remarques sur l'histoire à l'occasion de l'Essai sur les mœurs*, Moland, XXIV, 474-475.)

Voltaire's historical preoccupations are in evidence throughout the many volumes of his collected works. Other formal histories are the *Annales de l'Empire* (1753), *Histoire de l'empire de Russie sous Pierre le grand* (1759), and *Histoire du Parlement de Paris* (1769). The subject of Voltaire as historian is well treated in G. Lanson, *Voltaire* (Ch. VI), J. B. Black, *The Art of History*, J.-R. Carré, *Consistance de Voltaire le philosophe* (Ch. IV), and J. H. Brumfitt, *Voltaire Historian*, 1958.

L'HISTOIRE DE CHARLES XII

Discours sur *L'Histoire de Charles XII*

Il y a bien peu de souverains dont on dût écrire une histoire particulière. En vain la malignité ou la flatterie s'est exercée sur presque tous les princes; il n'y en a qu'un très petit nombre dont la mémoire se conserve, et ce nombre serait encore plus petit si l'on ne se souvenait que de ceux qui ont été justes.

Les princes qui ont le plus de droit à l'immortalité sont ceux qui ont fait quelque bien aux hommes; ainsi, tant que la France subsistera, on s'y souviendra de la tendresse que Louis XII avait pour son peuple; on excusera les grandes fautes de François Ier, en faveur des arts et des sciences dont il a été le père; on bénira la mémoire de Henri IV, qui conquit son héritage à force de vaincre et de pardonner; on louera la magnificence de Louis XIV, qui a protégé les arts que François Ier avait fait naître.

Par une raison contraire, on garde le souvenir des mauvais princes, comme on se souvient des inondations, des incendies et des pestes.

Entre les tyrans et les bons rois sont les conquérants, mais plus approchants des premiers; ceux-ci ont une réputation éclatante: on est avide de connaître les moindres particularités de leur vie. Telle est la misérable faiblesse des hommes qu'ils regardent avec admiration ceux qui ont fait du mal d'une manière brillante, et qu'ils parleront souvent plus volontiers du destructeur d'un empire que de celui qui l'a fondé.

Pour tous les autres princes qui n'ont été illustres ni en paix ni en guerre, et qui n'ont été connus ni par de grands vices ni par de grandes vertus, comme leur vie ne fournit aucun exemple ni à imiter ni à fuir, elle n'est pas digne qu'on s'en souvienne. De tant d'empereurs de Rome, d'Allemagne, de Moscovie; de tant de sultans, de califes, de papes, de rois, combien y en a-t-il dont le nom ne mérite de se trouver ailleurs que dans les tables chronologiques, où ils ne sont que pour servir d'époques?

Il y a un vulgaire parmi les princes comme parmi les autres hommes; cependant la fureur d'écrire est venue au point qu'à peine un souverain cesse de vivre, que le public est inondé de volumes sous le nom de mémoires, d'histoire de sa vie, d'anecdotes de sa cour. Par là les livres se multiplient de telle sorte, qu'un homme qui vivrait cent ans, et qui les emploierait à lire, n'aurait pas le temps de parcourir ce qui s'est imprimé sur l'histoire seule, depuis deux siècles, en Europe.

Cette démangeaison de transmettre à la postérité des détails inutiles, et d'arrêter les yeux des siècles à venir sur des événements communs, vient d'une faiblesse très ordinaire à ceux qui ont vécu dans quelque cour, et qui ont eu le malheur d'avoir quelque part aux affaires publiques. Ils regardent la cour où ils ont vécu comme la plus belle qui ait jamais été, le roi qu'ils ont vu comme le plus grand monarque, les affaires dont ils se sont mêlés comme ce qui a jamais été de plus important dans le monde: ils s'imaginent que la postérité verra tout cela avec les mêmes yeux.

Qu'un prince entreprenne une guerre; que sa cour soit troublée d'intrigues; qu'il achète l'amitié d'un de ses voisins, et qu'il vende la sienne à un autre; qu'il fasse enfin la paix avec ses ennemis, après quelques victoires et quelques défaites; ses sujets, échauffés par la vivacité de ces événements pensent être dans l'époque la plus singulière depuis la création. Qu'arrive-t-il? ce prince meurt: on prend après lui des mesures toutes différentes; on oublie et les intrigues de sa cour, et ses maîtresses, et ses ministres, et ses généraux, et ses guerres, et lui-même.

Depuis le temps que les princes chrétiens tâchent de se tromper les uns les autres, et font des guerres et des alliances, on a signé des milliers de traités et donné autant de batailles; les belles ou infâmes actions sont innombrables. Quand toute cette foule d'événements et de détails se présente devant la postérité, ils sont presque tous anéantis les uns par les autres; les seuls qui restent sont ceux qui ont produit de grandes révolutions, ou ceux qui, ayant été décrits par quelque écrivain excellent, se sauvent de la foule comme des portraits d'hommes obscurs peints par de grands maîtres.

On se serait donc bien donné de garde d'ajouter cette histoire particulière de Charles XII, roi de Suède, à la multitude des livres dont le public est accablé, si ce prince et son rival, Pierre Alexiowitz,[1] beaucoup plus grand homme que lui, n'avaient été, du consentement de toute la terre, les personnages les plus singuliers qui eussent paru depuis plus de vingt siècles: mais on n'a pas été déterminé seulement à donner cette vie pour la petite satisfaction d'écrire des faits extraordinaires; on a pensé que cette lecture pourrait être utile à quelques princes, si ce livre leur tombe par hasard entre les mains. Certainement il n'y a point de souverain qui, en lisant la vie de Charles XII, ne doive être guéri de la folie des conquêtes; car où est le souverain qui puisse dire: J'ai plus de courage et de vertus, une âme plus forte, un corps plus robuste, j'entends mieux la guerre, j'ai de meilleures troupes que Charles XII? Que si avec tous ces avantages, et après tant de victoires, ce roi a été si malheureux, que devraient espérer les autres princes qui auraient la même ambition avec moins de talents et de ressources?

On a composé cette histoire sur des récits de personnes connues, qui ont passé plusieurs années auprès de Charles XII et de Pierre le Grand, empereur de Moscovie, et qui s'étant retirées dans un pays libre, longtemps après la mort de ces princes, n'avaient aucun intérêt à déguiser la vérité. M. Fabrice, qui a vécu sept années dans la familiarité de Charles XII, M. de Fierville, envoyé de France, M. de Villelongue, colonel au service de Suède, M. Poniatowski même, ont fourni les mémoires.

On n'a pas avancé un seul fait sur lequel on n'ait consulté des témoins oculaires et irréprochables: c'est pourquoi on trouvera cette histoire fort différente des gazettes qui ont paru jusqu'ici sous le nom de la vie de Charles XII. Si l'on a omis plusieurs petits combats donnés entre les officiers suédois et moscovites, c'est qu'on n'a point prétendu écrire l'histoire de ces officiers, mais seulement celle du roi de Suède; même, parmi les événements de sa vie, on n'a choisi que les plus intéressants. On est persuadé que l'histoire d'un prince n'est pas tout ce qu'il a fait, mais ce qu'il a fait de digne d'être transmis à la postérité....[2]

1. V. was one of the very first to point out the constructive side of the rule of Peter the Great (1682–1725).
2. In an omitted passage occurs V.'s often quoted remark on the relativity of history: "On dit d'un homme: Il était brave un tel jour; il faudrait dire, en parlant d'une nation: Elle paraissait telle sous un tel gouvernement et en telle année."

Si quelque prince et quelque ministre trouvaient dans cet ouvrage des vérités désagréables, qu'ils se souviennent qu'étant hommes publics, ils doivent compte au public de leurs actions; que c'est à ce prix qu'ils achètent leur grandeur; que l'histoire est un témoin, et non un flatteur; et que le seul moyen d'obliger les hommes à dire du bien de nous, c'est d'en faire.

La Mort de Charles XII [3]

Cependant Charles partit une seconde fois pour la conquête de la Norvège, au mois d'octobre 1718. Il avait si bien pris toutes ses mesures qu'il espérait se rendre maître en six mois de ce royaume. Il aima mieux aller conquérir des rochers au milieu des neiges et des glaces, dans l'âpreté de l'hiver, qui tue les animaux en Suède même où l'air est moins rigoureux, que d'aller reprendre ses belles provinces d'Allemagne des mains de ses ennemis: c'est qu'il espérait que sa nouvelle alliance avec le czar le mettrait bientôt en état de ressaisir toutes ces provinces; bien plus, sa gloire était flattée d'enlever un royaume à son ennemi victorieux.

A l'embouchure du fleuve Tistedal, près de la manche de Danemark, entre les villes de Bahus et d'Anslo, est située Frédrickhall, place forte et importante, qu'on regardait comme la clef du royaume. Charles en forma le siège au mois de décembre. Le soldat, transi de froid, pouvait à peine remuer la terre endurcie sous la glace: c'était ouvrir la tranchée dans une espèce de roc; mais les Suédois ne pouvaient se rebuter en voyant à leur tête un roi qui partageait leurs fatigues. Jamais Charles n'en essuya de plus grandes. Sa constitution, éprouvée par dix-huit ans de travaux pénibles, s'était fortifiée au point qu'il dormait en plein champ en Norvège, au cœur de l'hiver, sur de la paille ou sur une planche, enveloppé seulement d'un manteau, sans que sa santé en fût altérée. Plusieurs de ses soldats tombaient morts de froid dans leurs postes; et les autres, presque gelés, voyant leur roi qui souffrait comme eux, n'osaient proférer une plainte. Ce fut quelque temps avant cette expédition qu'ayant entendu parler en Scanie d'une femme nommée Johns Dotter, qui avait vécu plusieurs mois sans prendre d'autre nourriture que de l'eau, lui qui s'était étudié toute sa vie à supporter les plus extrêmes rigueurs que la nature humaine peut soutenir, voulut essayer encore combien de temps il pourrait supporter la faim sans en être abattu. Il passa cinq jours entiers sans manger ni boire; le sixième, au matin, il courut deux lieues à cheval, et descendit chez le prince de Hesse, son beau-frère, où il mangea beau-

---

3. After his defeat at Poltava (1709), Charles was held prisoner by the Turks for six years. In 1715 he returned to Sweden. Undaunted by past defeats, he made an alliance with Peter the Great and attempted the conquest of Norway.

coup, sans que ni une abstinence de cinq jours l'eût abattu, ni qu'un grand repas, à la suite d'un si long jeûne, l'incommodât.[4]

Avec ce corps de fer, gouverné par une âme si hardie et si inébranlable, dans quelque état qu'il pût être réduit, il n'avait point de voisin auquel il ne fût redoutable.

Le 11 décembre, jour de Saint-André, il alla sur les neuf heures du soir visiter la tranchée, et, ne trouvant pas la parallèle[5] assez avancée à son gré, il parut très mécontent. M. Mégret, ingénieur français, qui conduisait le siège, l'assura que la place serait prise dans huit jours. "Nous verrons," dit le roi; et il continua de visiter les ouvrages avec l'ingénieur. Il s'arrêta dans un endroit où le boyau[6] faisait un angle avec la parallèle; il se mit à genoux sur le talus intérieur, et, appuyant ses coudes sur le parapet, resta quelque temps à considérer les travailleurs, qui continuaient les tranchées à la lueur des étoiles.

Les moindres circonstances deviennent essentielles quand il s'agit de la mort d'un homme tel que Charles XII; ainsi je dois avertir que toute la conversation que tant d'écrivains ont rapportée entre le roi et l'ingénieur Mégret est absolument fausse. Voici ce que je sais de véritable sur cet événement.

Le roi était exposé presque à demi corps à une batterie de canon pointée vis-à-vis l'angle où il était: il n'y avait alors auprès de sa personne que deux Français: l'un était M. Siquier, son aide de camp, homme de tête et d'exécution, qui s'était mis à son service en Turquie, et qui était particulièrement attaché au prince de Hesse; l'autre était cet ingénieur. Le canon tirait sur eux à cartouches; mais le roi, qui se découvrait davantage, était le plus exposé. A quelques pas derrière était le comte Schwerin, qui commandait la tranchée. Le comte Posse, capitaine aux gardes, et un aide de camp nommé Kaulbar, recevaient des ordres de lui. Siquier et Mégret virent dans ce moment le roi de Suède qui tombait sur le parapet en poussant un grand soupir: ils s'approchèrent; il était déjà mort. Une balle pesant une demi-livre l'avait atteint à la tempe droite, et avait fait un trou dans lequel on pouvait enfoncer trois doigts; sa tête était renversée sur le parapet, l'œil gauche était enfoncé, et le droit entièrement hors de son orbite. L'instant de sa blessure avait été celui de sa mort; cependant il avait eu la force, en expirant d'une manière si subite, de mettre, par un mouvement naturel, la main sur la garde de son épée, et était encore dans cette attitude.[7] A ce spectacle, Mégret, homme singulier et indifférent, ne dit autre chose, sinon: "Voilà la pièce finie, allons

---

4. With an eye for picturesque details, V. nevertheless used only those that were relevant to his story or the character of his hero.
5. Trench dug parallel to the enemy positions.
6. Normally a zigzag communicating trench.
7. On the basis of this gesture it has often been insinuated without proof that Charles was the victim of foul play.

souper." Siquier court sur-le-champ avertir le comte Schwerin. Ils résolurent ensemble de dérober la connaissance de cette mort aux soldats, jusqu'à ce que le prince de Hesse [8] en pût être informé. On enveloppa le corps d'un manteau gris: Siquier mit sa perruque et son chapeau sur la tête du roi; en cet état, on transporta Charles, sous le nom du capitaine Carlberg, au travers des troupes, qui voyaient passer leur roi mort sans se douter que ce fût lui.

Le prince ordonna à l'instant que personne ne sortît du camp, et fit garder tous les chemins de la Suède, afin d'avoir le temps de prendre ses mesures pour faire tomber la couronne sur la tête de sa femme; et pour en exclure le duc de Holstein, qui pouvait y prétendre.

Ainsi périt, à l'âge de trente-six ans et demi, Charles XII, roi de Suède, après avoir éprouvé ce que la prospérité a de plus grand, et ce que l'adversité a de plus cruel, sans avoir été amolli par l'une, ni ébranlé un moment par l'autre. Presque toutes ses actions, jusqu'à celles de sa vie privée et unie, ont été bien loin au delà du vraisemblable. C'est peut-être le seul de tous les hommes, et jusqu'ici le seul de tous les rois, qui ait vécu sans faiblesses; il a porté toutes les vertus des héros à un excès où elles sont aussi dangereuses que les vices opposés. Sa fermeté, devenue opiniâtreté, fit ses malheurs dans l'Ukraine,[9] et le retint cinq ans en Turquie; sa libéralité, dégénérant en profusion, a ruiné la Suède; son courage, poussé jusqu'à la témérité, a causé sa mort; sa justice a été quelquefois jusqu'à la cruauté, et, dans les dernières années, le maintien de son autorité approchait de la tyrannie. Ses grandes qualités, dont une seule eût pu immortaliser un autre prince, ont fait le malheur de son pays. Il n'attaqua jamais personne; mais il ne fut pas aussi prudent qu'implacable dans ses vengeances. Il a été le premier qui ait eu l'ambition d'être conquérant sans avoir l'envie d'agrandir ses Etats: il voulait gagner des empires pour les donner. Sa passion pour la gloire, pour la guerre, et pour la vengeance, l'empêcha d'être bon politique, qualité sans laquelle on n'a jamais vu de conquérant. Avant la bataille et après la victoire, il n'avait que de la modestie; après la défaite, que de la fermeté: dur pour les autres comme pour lui-même, comptant pour rien la peine et la vie de ses sujets, aussi bien que la sienne; homme unique plutôt que grand homme; admirable plutôt qu'à imiter. Sa vie doit apprendre aux rois combien un gouvernement pacifique et heureux est au-dessus de tant de gloire.

8. Brother-in-law of Charles XII and his successor to the throne.
9. A reference to Charles's defeat at Poltava.

LE SIÈCLE DE LOUIS XIV
[Les Mœurs sous Louis XIV]

... Tous les changements qu'on vient de voir dans le gouvernement, et dans tous les ordres de l'Etat, en produisirent nécessairement un très grand dans les mœurs. L'esprit de faction, de rébellion, et de fureur, qui possédait les citoyens depuis le temps de François II, devint une émulation de servir le prince. Les seigneurs des grandes terres n'étant plus cantonnés chez eux, les gouverneurs des provinces n'ayant plus de postes importants à donner, chacun songea à ne mériter de grâces que celles du souverain, et l'Etat devint un tout régulier dont chaque ligne aboutit au centre.

Les maisons que tous les seigneurs bâtirent ou achetèrent dans Paris, et leurs femmes qui y vécurent avec dignité, formèrent des écoles de politesse, qui retirèrent peu à peu les jeunes gens de cette vie de cabaret qui fut encore longtemps à la mode, et qui n'inspirait qu'une débauche hardie. Les mœurs tiennent à si peu de chose, que la coutume d'aller à cheval dans Paris entretenait une disposition aux querelles fréquentes, qui cessèrent quand cet usage fut aboli. La décence, dont on fut redevable principalement aux femmes qui rassemblèrent la société chez elles, rendit les esprits plus agréables, et la lecture les rendit à la longue plus solides. Les trahisons et les grands crimes, qui ne déshonorent point les hommes dans les temps de faction et de trouble, ne furent presque plus connus. Les horreurs des Brinvilliers et des Voisin [10] ne furent que des orages passagers, sous un ciel d'ailleurs serein; et il serait aussi déraisonnable de condamner une nation sur les crimes éclatants de quelques particuliers, que de la canoniser sur la réforme de la Trappe.[11]

Tous les différents états de la vie étaient auparavant reconnaissables par des défauts qui les caractérisaient. Les militaires et les jeunes gens qui se destinaient à la profession des armes avaient une vivacité emportée; les gens de justice, une gravité rebutante, à quoi ne contribuait pas peu l'usage d'aller toujours en robe, même à la cour. Il en était de même des universités et des médecins. Les marchands portaient encore de petites robes lorsqu'ils s'assemblaient, et qu'ils allaient chez les ministres, et les plus grands commerçants étaient alors des hommes grossiers; mais les maisons, les spectacles, les promenades publiques, où l'on commençait à se rassembler pour goûter une vie plus douce, rendirent peu à peu l'extérieur de tous les citoyens presque semblable. On s'aperçoit aujourd'hui, jusque dans le fond d'une boutique, que la politesse a gagné toutes les

---
10. The Marquise de Brinvilliers and La Voisin were notorious poisoners, executed for their crimes in 1676 and 1680 respectively.
11. This abbey was reformed by Rancé in 1664.

conditions. Les provinces se sont ressenties avec le temps de tous ces changements.

On est parvenu enfin à ne plus mettre le luxe que dans le goût et dans la commodité. La foule de pages et de domestiques de livrée a disparu, pour mettre plus d'aisance dans l'intérieur des maisons. On a laissé la vaine pompe et le faste extérieur aux nations chez lesquelles on ne sait encore que se montrer en public, et où l'on ignore l'art de vivre.

L'extrême facilité introduite dans le commerce du monde,[12] l'affabilité, la simplicité, la culture de l'esprit, ont fait de Paris une ville qui, pour la douceur de la vie, l'emporte probablement de beaucoup sur Rome et sur Athènes, dans le temps de leur splendeur.

Cette foule de secours toujours prompts, toujours ouverts pour toutes les sciences, pour tous les arts, les goûts, et les besoins; tant d'utilités solides réunies avec tant de choses agréables, jointes à cette franchise particulière aux Parisiens, tout cela engage un grand nombre d'étrangers à voyager ou à faire leur séjour dans cette patrie de la société. Si quelques natifs en sortent, ce sont ceux qui, appelés ailleurs par leurs talents, sont un témoignage honorable à leur pays; ou c'est le rebut de la nation, qui essaye de profiter de la considération qu'elle inspire; ou bien ce sont des émigrants qui préfèrent encore leur religion à leur patrie, et qui vont ailleurs chercher la misère ou la fortune, à l'exemple de leurs pères chassés de France par la fatale injure faite aux cendres du grand Henri IV, lorsqu'on anéantit sa loi perpétuelle appelée l'Edit de Nantes;[13] ou enfin ce sont des officiers mécontents du ministère, des accusés qui ont échappé aux formes rigoureuses d'une justice quelquefois mal administrée, et c'est ce qui arrive dans tous les pays de la terre.

On s'est plaint de ne plus voir à la cour autant de hauteur dans les esprits qu'autrefois. Il n'y a plus en effet de petits tyrans, comme du temps de la Fronde,[14] et sous Louis XIII et dans les siècles précédents; mais la véritable grandeur s'est retrouvée dans cette foule de noblesse, si longtemps avilie à servir auparavant des sujets trop puissants. On voit des gentilshommes, des citoyens qui se seraient crus honorés autrefois d'être domestiques[15] de ces seigneurs, devenus leurs égaux, et très souvent leurs supérieurs dans le service militaire; et plus le service en tout genre prévaut sur les titres, plus un Etat est florissant.

On a comparé le siècle de Louis XIV à celui d'Auguste. Ce n'est pas que la puissance et les événements personnels soient comparables. Rome

---

12. "social intercourse."

13. Although he praises the reign of Louis XIV, V. could hardly condone the revocation of the Edict of Nantes (1685). This whole paragraph was added in 1756 in the interests of impartiality.

14. A civil war which occurred between court and parliament during the minority of Louis XIV. The king's love of order and authority and his subjugation of the nobility were inspired by the disorders of this period.

15. "pensioners." The best-known authors of the seventeenth century were the "domestiques" of the nobility.

et Auguste étaient dix fois plus considérables dans le monde que Louis XIV et Paris; mais il faut se souvenir qu'Athènes a été égale à l'empire romain dans toutes les choses qui ne tirent pas leur prix de la force et de la puissance. Il faut encore songer que s'il n'y a rien aujourd'hui dans le monde tel que l'ancienne Rome et qu'Auguste, cependant toute l'Europe ensemble est très supérieure à tout l'empire romain. Il n'y avait du temps d'Auguste qu'une seule nation, et il y en a aujourd'hui plusieurs, policées, guerrières, éclairées, qui possèdent des arts que les Grecs et les Romains ignorèrent; et de ces nations il n'y en a aucune qui ait eu plus d'éclat en tout genre, depuis environ un siècle, que la nation formée, en quelque sorte, par Louis XIV.[16] (*Ch. XXIX*)

[Les Beaux-Arts]

Il ne s'éleva guère de grands génies depuis les beaux jours de ces artistes illustres;[17] et, à peu près vers le temps de la mort de Louis XIV, la nature sembla se reposer.

La route était difficile au commencement du siècle, parce que personne n'y avait marché; elle l'est aujourd'hui, parce qu'elle a été battue. Les grands hommes du siècle passé ont enseigné à penser et à parler; ils ont dit ce qu'on ne savait pas. Enfin une espèce de dégoût est venue de la multitude des chefs-d'œuvre.[18]

Il ne faut pas croire que les grandes passions tragiques et les grands sentiments puissent se varier à l'infini d'une manière neuve et frappante. Tout a ses bornes.

La haute comédie a les siennes. Il n'y a dans la nature humaine qu'une douzaine, tout au plus, de caractères vraiment comiques et marqués de grands traits.[19] L'abbé Dubos,[20] faute de génie, croit que les hommes de génie peuvent encore trouver une foule de nouveaux caractères; mais il faudrait que la nature en fît. Il s'imagine que ces petites différences qui sont dans les caractères des hommes peuvent être maniées aussi heureusement que les grands sujets. Les nuances, à la vérité, sont innombrables, mais les couleurs éclatantes sont en petit nombre; et ce sont ces couleurs primitives qu'un grand artiste ne manque pas d'employer.

L'éloquence de la chaire, et surtout celle des oraisons funèbres, sont

---

16. The bourgeois V. was chiefly interested in cultural progress under the more or less benevolent despotism of Louis XIV, which Baron de Montesquieu, preoccupied with the political aspects of the reign, severely criticized in his *Lettres persanes*.

17. In the earlier pages of this chapter, V. has eulogized the great writers of the classical age.

18. V. often expressed the feeling of discouragement among the followers and emulators of Racine and Molière.

19. Diderot held the same opinion and suggested the substitution of "conditions" for characters.

20. Author of the ingenious and highly prized *Réflexions sur la poésie et la peinture* (1719).

dans ce cas. Les vérités morales une fois annoncées avec éloquence, les tableaux des misères et des faiblesses humaines, des vanités de la grandeur, des ravages de la mort, étant faits par des mains habiles,[21] tout cela devient lieu commun. On est réduit ou à imiter ou à s'égarer. Un nombre suffisant de fables étant composé par un La Fontaine, tout ce qu'on y ajoute rentre dans la même morale, et presque dans les mêmes aventures. Ainsi donc le génie n'a qu'un siècle, après quoi il faut qu'il dégénère.[22]

Il faut encore observer que le siècle passé ayant instruit le siècle présent, il est devenu si facile d'écrire des choses médiocres qu'on a été inondé de livres frivoles, et, ce qui est encore pis, de livres sérieux inutiles; mais parmi cette multitude de médiocres écrits, mal devenu nécessaire dans une ville immense, opulente, et oisive, où une partie des citoyens s'occupe sans cesse à amuser l'autre, il se trouve de temps en temps d'excellents ouvrages, ou d'histoire, ou de réflexions, ou de cette littérature légère qui délasse toutes sortes d'esprits.

La nation française est de toutes les nations celle qui a produit le plus de ces ouvrages. Sa langue est devenue la langue de l'Europe; tout y a contribué; les grands auteurs du siècle de Louis XIV, ceux qui les ont suivis; les pasteurs calvinistes réfugiés, qui ont porté l'éloquence, la méthode dans les pays étrangers; un Bayle surtout, qui, écrivant en Hollande, s'est fait lire dans toutes les nations; un Rapin de Thoiras, qui a donné en français la seule bonne histoire d'Angleterre; un Saint-Evremond, dont toute la cour de Londres recherchait le commerce; la duchesse de Mazarin,[23] à qui l'on ambitionnait de plaire; Mme d'Olbreuse, devenue duchesse de Zell, qui porta en Allemagne toutes les grâces de sa patrie. L'esprit de société est le partage naturel des Français: c'est un mérite et un plaisir dont les autres peuples ont senti le besoin. La langue française est de toutes les langues celle qui exprime avec le plus de facilité, de netteté, et de délicatesse, tous les objets de la conversation des honnêtes gens; et par là elle contribue dans toute l'Europe à un des plus grands agréments de la vie.[24]

21. Bossuet, Bourdaloue, and Massillon.
22. In a list of writers appended to *Le Siècle de Louis XIV*, V. added: "A moins que d'autres mœurs, une autre sorte de gouvernement ne donne un tour nouveau aux esprits." Diderot felt also that there would be no renewal of poetic themes except after a great social upheaval.
23. Hortense Mancini, whose salon in London was the comfort of the political exile Saint-Evremond and a center of French culture. The other persons mentioned in this paragraph are Protestant refugees.
24. V.'s theme has recently been developed by Louis Réau in *L'Europe française au siècle des lumières*.

ESSAI SUR LES MŒURS

De la Pucelle.[25] — Un gentilhomme des frontières de Lorraine, nommé Baudricourt, crut trouver dans une jeune servante d'un cabaret de Vaucouleurs un personnage propre à jouer le rôle de guerrière et d'inspirée. Cette Jeanne d'Arc, que le vulgaire croit une bergère, était en effet une jeune servante d'hôtellerie, "robuste, montant chevaux à poil, comme dit Monstrelet, et faisant autres apertises [26] que jeunes filles n'ont point accoutumé de faire." On la fit passer pour une bergère de dix-huit ans. Il est cependant avéré, par sa propre confession, qu'elle avait alors vingt-sept années. Elle eut assez de courage et assez d'esprit pour se charger de cette entreprise, qui devint héroïque. On la mena devant le roi à Bourges. Elle fut examinée... par une partie des docteurs de l'université et quelques conseillers du parlement, qui ne balancèrent pas à la déclarer inspirée; soit qu'elle les trompât, soit qu'ils fussent eux-mêmes assez habiles pour entrer dans cet artifice: le vulgaire le crut, et ce fut assez.

(1429.) Les Anglais assiégeaient alors la ville d'Orléans, la seule ressource de Charles,[27] et étaient prêts de s'en rendre maîtres. Cette fille guerrière, vêtue en homme, conduite par d'habiles capitaines, entreprend de jeter du secours dans la place. Elle parle aux soldats de la part de Dieu, et leur inspire ce courage d'enthousiasme qu'ont tous les hommes qui croient voir la Divinité combattre pour eux. Elle marche à leur tête et délivre Orléans, bat les Anglais, prédit à Charles qu'elle le fera sacrer dans Reims, et accomplit sa promesse l'épée à la main. Elle assista au sacre, tenant l'étendard avec lequel elle avait combattu.

(1429.) Ces victoires rapides d'une fille, les apparences d'un miracle, le sacre du roi qui rendait sa personne plus vénérable, allaient bientôt rétablir le roi légitime et chasser l'étranger; mais l'instrument de ces merveilles, Jeanne d'Arc, fut blessée et prise en défendant Compiègne. Un homme tel que le Prince Noir [28] eût honoré et respecté son courage. Le régent Betford [29] crut nécessaire de la flétrir pour ranimer les Anglais. Elle avait feint un miracle,[30] Betford feignit de la croire sorcière. Mon but est toujours d'observer l'esprit du temps; c'est lui qui dirige les grands événements du monde. L'université de Paris présenta requête

---

25. V. had written many cantos of his famous burlesque *La Pucelle* (the Maid of Orleans) more than twenty years before the publication of this history. Speaking of the poem, Alfred E. Noyes writes in his study of V.: "It would be absurd, of course, to take it as an onslaught upon the historic Joan of Arc. Anyone who desires to see what Voltaire thought of the real Joan can read his grave and beautiful version of the true story in the *Essai sur les mœurs*. (Ch. LXXX)."
26. An old word meaning "feats of skill" (such as "riding bareback").
27. Charles VII (1403-1461), king of France.
28. Edward, Prince of Wales, called the Black Prince because of the color of his armor.
29. The Duke of Bedford, regent of France during the English occupation following the battle of Agincourt (1415).
30. To V. all miracles were pretense.

contre Jeanne d'Arc, l'accusant d'hérésie et de magie. Ou l'université pensait ce que le régent voulait qu'on crût; ou si elle ne le pensait pas, elle commettait une lâcheté détestable. Cette héroïne, digne du miracle qu'elle avait feint, fut jugée à Rouen par Cauchon, évêque de Beauvais, cinq autres évêques français, un seul évêque d'Angleterre, assistés d'un moine dominicain, vicaire de l'Inquisition, et par des docteurs de l'université. Elle fut qualifiée de "superstitieuse, devineresse du diable, blasphémeresse en Dieu et en ses saints et saintes, errant par moult de fors en[31] la foi de Christ." Comme telle, elle fut condamnée à jeûner au pain et à l'eau dans une prison perpétuelle. Elle fit à ses juges une réponse digne d'une mémoire éternelle. Interrogée pourquoi elle avait osé assister au sacre de Charles avec son étendard, elle répondit: "Il est juste que qui a eu part au travail en ait à l'honneur."

(1431.) Enfin, accusée d'avoir repris une fois l'habit d'homme, qu'on lui avait laissé exprès pour la tenter, ses juges, qui n'étaient pas assurément en droit de la juger, puisqu'elle était prisonnière de guerre, la déclarèrent hérétique relapse, et firent mourir par le feu celle qui, ayant sauvé son roi, aurait eu des autels dans les temps héroïques, où les hommes en élevaient à leurs libérateurs. Charles VII rétablit depuis sa mémoire, assez honorée par son supplice même.

Ce n'est pas assez de la cruauté pour porter les hommes à de telles exécutions, il faut encore ce fanatisme composé de superstition et d'ignorance, qui a été la maladie de presque tous les siècles. Quelque temps auparavant, les Anglais condamnèrent la princesse de Glocester à faire amende honorable dans l'église de Saint-Paul, et une de ses amies à être brûlée vive, sous prétexte de je ne sais quel sortilège employé contre la vie du roi.[32] On avait brûlé le baron de Cobham en qualité d'hérétique; et en Bretagne on fit mourir par le même supplice le maréchal de Retz,[33] accusé de magie, et d'avoir égorgé des enfants pour faire avec leur sang de prétendus enchantements.

Que les citoyens d'une ville immense, où les arts, les plaisirs et la paix règnent aujourd'hui, où la raison même commence à s'introduire, comparent les temps, et qu'ils se plaignent s'ils l'osent.[34] C'est une réflexion qu'il faut faire presque à chaque page de cette histoire.

31. "wandering far from."
32. Henry VI.
33. Retz, sometimes considered the original of the Bluebeard story, was in reality a criminal and a sexual pervert.
34. The last burning for witchcraft in France was that of Urbain Grandier in 1634. (See Alfred de Vigny, *Cinq-Mars*.) In 1670 Colbert, one of the heroes of V.'s *Siècle de Louis XIV*, saved fourteen "sorcerers" from burning at Rouen. A late occurrence of the delusion was that in Salem, Massachusetts, in the late seventeenth century.

FABLE [35]

Quelques personnes, plus tristes que sages, ont voulu proscrire depuis peu l'ancienne mythologie comme un recueil de contes puérils, indignes de la gravité reconnue de nos mœurs. Il serait triste pourtant de brûler Ovide, Homère, Hésiode, et toutes nos belles tapisseries, et nos tableaux, et nos opéras: beaucoup de fables, après tout, sont plus philosophiques que ces messieurs ne sont philosophes. S'ils font grâce aux contes familiers d'Esope, pourquoi faire main-basse sur ces fables sublimes qui ont été respectées du genre humain, dont elles ont fait l'instruction? Elles sont mêlées de beaucoup d'insipidité, car quelle chose est sans mélange? Mais tous les siècles adopteront la boîte de Pandore, au fond de laquelle se trouve la consolation du genre humain; les deux tonneaux de Jupiter, qui versent sans cesse le bien et le mal; la nue embrassée par Ixion,[36] emblème et châtiment d'un ambitieux; et la mort de Narcisse,[37] qui est la punition de l'amour-propre. Y a-t-il rien de plus sublime que Minerve, la divinité de la sagesse, formée dans la tête du maître des dieux? Y a-t-il rien de plus vrai et de plus agréable que la déesse de la beauté, obligée de n'être jamais sans les grâces? Les déesses des arts, toutes filles de la Mémoire, ne nous avertissent-elles pas aussi bien que Locke que nous ne pouvons sans mémoire avoir le moindre jugement, la moindre étincelle d'esprit? Les flèches de l'Amour, son bandeau, son enfance, Flore caressée par Zéphyre, etc., ne sont-ils pas les emblèmes sensibles de la nature entière? Ces fables ont survécu aux religions qui les consacraient; les temples des dieux d'Egypte, de la Grèce, de Rome, ne sont plus, et Ovide subsiste. On peut détruire les objets de la crédulité, mais non ceux du plaisir; nous aimerons à jamais ces images vraies et riantes. Lucrèce ne croyait pas à ces dieux de la fable; mais il célébrait la nature sous le nom de Vénus....

Les belles fables de l'antiquité ont encore ce grand avantage sur l'histoire, qu'elles présentent une morale sensible: ce sont des leçons de vertu, et presque toute l'histoire est le succès des crimes. Jupiter, dans la fable, descend sur la terre pour punir Tantale et Lycaon;[38] mais, dans l'histoire, nos Tantales et nos Lycaons sont les dieux de la terre. Baucis et Philémon obtiennent que leur cabane soit changée en un temple; nos Baucis et nos

---

35. This article, first published in 1746, shows a side of V. not commonly emphasized. In one of his notebooks he wrote: "La raison a fait tort à la littérature comme à la religion: elle l'a décharnée. Plus de prédictions, plus d'oracles, de dieux, de magiciens, de géants, de monstres, de chevaliers, d'héroïnes. La raison seule ne peut faire un poème épique."
36. Having been permitted to inhabit Olympus by Jupiter, Ixion was disrespectful to Juno and was cast into Hades, where he was bound to an eternally revolving, flaming wheel.
37. Narcissus, too well pleased with his image in the water, fell in and was drowned.
38. Kings who offered humanity as a sacrifice to the gods. In fable they were severely punished by Jupiter.

Philémons[39] voient vendre par le collecteur des tailles leurs marmites, que les dieux changent en vases d'or dans Ovide.

Je sais combien l'histoire peut nous instruire, je sais combien elle est nécessaire; mais en vérité il faut lui aider beaucoup pour en tirer des règles de conduite....

Pour qui ne regarde qu'aux événements, l'histoire semble accuser la Providence, et les belles fables morales la justifient. Il est clair qu'on trouve dans elles l'utile et l'agréable: ceux qui dans ce monde ne sont ni l'un ni l'autre crient contre elles. Laissons-les dire, et lisons Homère et Ovide, aussi bien que Tite-Live et Rapin-Thoiras.[40] Le goût donne des préférences, le fanatisme donne des exclusions.

> Tous les arts sont amis, ainsi qu'ils sont divins:
> Qui veut les séparer est loin de les connaître.
> L'histoire nous apprend ce que sont les humains,
> La fable ce qu'ils doivent être.

Economics and Politics

Social and political abuses of the old regime as well as its religious intolerance were the direct inspiration of Voltaire's intellectual revolt. When he saw an abuse, he suggested a reform, and these suggestions are to be found widely scattered throughout his immense production.[1] He himself did not develop them into any doctrinaire system, since he hated abstract theories. In enlightenment, rather than in any particular form of government, he put his trust. Through the slow development of reason, first among the magistrates, then among the bourgeois, and finally among the "rabble," he saw the cure for human ills in so far as this depended on human intelligence and not on earthquakes. This position might be defined as gradualistic or amelioristic rather than revolutionary. Voltaire's ideas on uniform legislation, humane legislative procedure, enlightened penology, universal taxation, and freedom of speech, of worship, and of the press were nonetheless realized in the American Declaration of Independence and Bill of Rights and the French *Droits de l'homme*.

From Locke, Voltaire adopted the notion of the inviolability of person and property. With Mandeville he agreed that personal ambition was necessary to set the economic wheels in motion. In *Le Mondain* the liberalism of the Renaissance joins with English economic theory to produce an apology for

---

39. Baucis and Philemon were a peasant couple, mythological symbol of conjugal love.

40. V. often expressed a preference for Livy among the ancient and Rapin-Thoiras among the modern historians. The latter wrote a long *Histoire d'Angleterre*, the best work on the subject before Hume.

1. Among the *Mélanges* pertinent material can be found in *Idées républicaines*, *L'A.B.C.*, and *Prix de la justice et de l'humanité*.

Le Mondain 423

luxury, economic progress, and the wealth of the nation. Liberal in its day and essential to the Industrial Revolution, the "laisser-faire" doctrine of capitalism is now being challenged by those who feel that democracy and capitalism are no longer compatible. In *André Destouches à Siam* Voltaire's mockery of the diversity and contradictions in the confused bodies of law and customs by which the French people were governed was much more effective than any amount of reasoned eloquence in behalf of written code or constitution.

A fuller treatment of this subject can be found in F. J. C. Hearnshaw (ed.), *Social and Political Ideas of Some Great French Thinkers of the Age of Reason*, and Kingsley Martin, *French Political Thought in the Eighteenth Century*. In his *Rise of Liberalism* Harold J. Laski has, we believe, overemphasized Voltaire's role as proprietor and his consequent fear of the populace. In regard to universal education quite contradictory statements can be found in Voltaire's works. The masses could obviously not be trusted with political power until they could be enlightened. But Voltaire was afraid there would not be time enough for this necessarily slow process. To the Marquis of Chauvelin he wrote (April 2, 1764): "Tout ce que je vois jette les semences d'une révolution qui arrivera immanquablement et dont je n'aurai pas le plaisir d'être témoin. Les Français arrivent tard à tout, mais enfin ils arrivent. La lumière s'est tellement répandue de proche en proche, qu'on éclatera à la première occasion, et alors ce sera un beau tapage. Les jeunes gens sont bien heureux; ils verront de belles choses."

LE MONDAIN [2]
1736

Regrettera qui veut le bon vieux temps,
Et l'âge d'or, et le règne d'Astrée,
Et les beaux jours de Saturne et de Rhée,[3]
Et le jardin de nos premiers parents;
Moi, je rends grâce à la nature sage   5
Qui, pour mon bien, m'a fait naître en cet âge
Tant décrié par nos tristes frondeurs:
Ce temps profane est tout fait pour mes mœurs.
J'aime le luxe, et même la mollesse,
Tous les plaisirs, les arts de toute espèce,   10
La propreté, le goût, les ornements:
Tout honnête homme a de tels sentiments.
Il est bien doux pour mon cœur très immonde

---

2. André Morize, in his *L'Apologie du luxe au XVIIIe siècle: Le Mondain et ses sources*, describes this work as the confluence of two important trends of thought: (1) an apology for the epicurean way of life celebrated by Rabelais, exemplified by Montaigne, and epitomized by Parisian life as V. knew it; (2) an economic theory proclaiming the usefulness of luxury as a contributing factor in the wealth of nations through commercial and industrial activity, a *laisser-faire* doctrine implicit in Mandeville's *Fable of the Bees*.

3. Names of gods and goddesses associated in Latin mythology with the Golden Age.

De voir ici l'abondance à la ronde,
Mère des arts et des heureux travaux,
Nous apporter, de sa source féconde,
Et des besoins et des plaisirs nouveaux.
L'or de la terre et les trésors de l'onde,
Leurs habitants et les peuples de l'air,
Tout sert au luxe, aux plaisirs de ce monde.
O le bon temps que ce siècle de fer!
Le superflu, chose très nécessaire,[4]
A réuni l'un et l'autre hémisphère.
Voyez-vous pas ces agiles vaisseaux
Qui, du Texel, de Londres, de Bordeaux,
S'en vont chercher, par un heureux échange,
De nouveaux biens, nés aux sources du Gange,
Tandis qu'au loin, vainqueurs des musulmans,[5]
Nos vins de France enivrent les sultans?
Quand la nature était dans son enfance,
Nos bons aïeux vivaient dans l'ignorance,
Ne connaissant ni le *tien* ni le *mien*.
Qu'auraient-ils pu connaître? ils n'avaient rien.
Ils étaient nus: et c'est chose très claire
Que qui n'a rien n'a nul partage à faire.
Sobres étaient. Ah! je le crois encor:
Martialo[6] n'est point du siècle d'or.
D'un bon vin frais ou la mousse ou la sève
Ne gratta point le triste gosier d'Eve;
La soie et l'or ne brillaient point chez eux.
Admirez-vous pour cela nos aïeux?
Il leur manquait l'industrie et l'aisance:
Est-ce vertu? c'était pure ignorance.
Quel idiot, s'il avait eu pour lors
Quelque bon lit, aurait couché dehors?
Mon cher Adam, mon gourmand, mon bon père,
Que faisais-tu dans les jardins d'Eden?
Travaillais-tu pour ce sot genre humain?
Caressais-tu madame Eve, ma mère?
Avouez-moi que vous aviez tous deux
Les ongles longs, un peu noirs et crasseux,
La chevelure un peu mal ordonnée,
Le teint bruni, la peau bise et tannée.[7]

4. In more serious moments, V. explained that the luxury of one generation is the necessity of the next.
5. The Koran forbids the use of wine.
6. For Massiallo, author of a book on culinary arts.
7. Forced to flee France to avoid persecution because of these impious remarks,

Le Mondain

Sans propreté l'amour le plus heureux
N'est plus amour, c'est un besoin honteux.
Bientôt lassés de leur belle aventure,
Dessous un chêne ils soupent galamment
Avec de l'eau, du millet, et du gland; 5
Le repas fait, ils dorment sur la dure:
Voilà l'état de la pure nature.[8]
   Or maintenant voulez-vous, mes amis,
Savoir un peu, dans nos jours tant maudits,
Soit à Paris, soit dans Londre, ou dans Rome, 10
Quel est le train des jours d'un honnête homme?
Entrez chez lui: la foule des beaux-arts,
Enfants du goût, se montre à vos regards.
De mille mains l'éclatante industrie
De ces dehors orna la symétrie. 15
L'heureux pinceau, le superbe dessin
Du doux Corrège et du savant Poussin
Sont encadrés dans l'or d'une bordure;
C'est Bouchardon qui fit cette figure,
Et cet argent fut poli par Germain. 20
Des Gobelins l'aiguille et la teinture
Dans ces tapis surpassent la peinture.
Tous ces objets sont vingt fois répétés
Dans des trumeaux tout brillants de clartés.[9]
De ce salon je vois par la fenêtre, 25
Dans des jardins, des myrtes en berceaux;
Je vois jaillir les bondissantes eaux.
Mais du logis j'entends sortir le maître:
Un char commode, avec grâces orné,
Par deux chevaux rapidement traîné, 30
Paraît aux yeux une maison roulante,
Moitié dorée, et moitié transparente:
Nonchalamment je l'y vois promené;
De deux ressorts la liante souplesse
Sur le pavé le porte avec mollesse. 35
Il court au bain: les parfums les plus doux
Rendent sa peau plus fraîche et plus polie.

Voltaire wrote ironically: "Cela mènerait tout droit à penser qu'il n'y avait ni ciseaux, ni rasoir, ni savonnette dans le paradis terrestre, ce qui serait une hérésie aussi criante qu'il y en ait."
   8. By his use of explosive labial and dental consonants before the stressed vowels V. literally spits out his contempt for the pure state of nature soon to be praised by Rousseau.
   9. V. is describing the artistic creations which he had bought for his mirrored drawing room at Cirey. He will soon, however, be describing life in the metropolis.

Le plaisir presse; il vole au rendez-vous
Chez Camargo, chez Gaussin, chez Julie; [10]
Il est comblé d'amour et de faveurs.
Il faut se rendre à ce palais magique
Où les beaux vers, la danse, la musique,
L'art de tromper les yeux par les couleurs,
L'art plus heureux de séduire les cœurs,
De cent plaisirs font un plaisir unique.
Il va siffler quelque opéra nouveau,
Ou, malgré lui, court admirer Rameau.
Allons souper. Que ces brillants services,
Que ces ragoûts ont pour moi de délices!
Qu'un cuisinier est un mortel divin!
Chloris, Eglé, me versent de leur main
D'un vin d'Aï dont la mousse pressée,
De la bouteille, avec force élancée,
Comme un éclair fait voler le bouchon;
Il part, on rit; il frappe le plafond.
De ce vin frais l'écume pétillante
De nos Français est l'image brillante.[11]
Le lendemain donne d'autres désirs,
D'autres soupers, et de nouveaux plaisirs.

   Or maintenant, monsieur du Télémaque,
Vantez-nous bien votre petite Ithaque,
Votre Salente, et vos murs malheureux,
Où vos Crétois, tristement vertueux,
Pauvres d'effet, et riches d'abstinence,
Manquent de tout pour avoir l'abondance: [12]
J'admire fort votre style flatteur,
Et votre prose, encor qu'un peu traînante;
Mais, mon ami, je consens de grand cœur
D'être fessé dans vos murs de Salente,
Si je vais là pour chercher mon bonheur.
Et vous, jardin de ce premier bonhomme,
Jardin fameux par le diable et la pomme,
C'est bien en vain que, par l'orgueil séduits,
Huet, Calmet,[13] dans leur savante audace,

---

10. These are the names of a ballet dancer at the Opéra ("ce palais magique"), a tragedienne at the Comédie-Française, and an unidentified lady of pleasure.
11. This hymn to the glory of effervescent champagne is symbolic poetry but not of the school.
12. Fénelon, in *Télémaque* (1699), describes a utopian society at Salentum on the island of Crete, where sumptuary laws were established to prevent luxurious living. V. also had in mind Fénelon's more primitive utopia of Bétique.
13. Theological writers whose works V. often referred to in his anti-Biblical attacks.

Le Mondain

Du paradis ont recherché la place:
Le paradis terrestre est où je suis.[14]

LUXE [15]
1764

... Lorsqu'on inventa les ciseaux, qui ne sont certainement pas de l'antiquité la plus haute, que ne dit-on pas contre les premiers qui se rognèrent les ongles, et qui coupèrent une partie des cheveux qui leur tombaient sur le nez? On les traita sans doute de petits maîtres et de prodigues, qui achetaient chèrement un instrument de vanité, pour gâter l'ouvrage du Créateur. Quel péché énorme d'accourcir la corne que Dieu fait naître au bout de nos doigts! C'était un outrage à la Divinité. Ce fut bien pis quand on inventa les chemises et les chaussons. On sait avec quelle fureur les vieux conseillers, qui n'en avaient jamais porté, crièrent contre les jeunes magistrats qui donnèrent dans ce luxe funeste.

Si l'on entend par luxe tout ce qui est au delà du nécessaire, le luxe est une suite naturelle des progrès de l'espèce humaine; et pour raisonner conséquemment, tout ennemi du luxe doit croire avec Rousseau que l'état de bonheur et de vertu pour l'homme est celui, non de sauvage, mais d'orang-outang.[16] On sent qu'il serait absurde de regarder comme un mal des commodités dont tous les hommes jouiraient: aussi ne donne-t-on en général le nom de luxe qu'aux superfluités dont un petit nombre d'individus seulement peuvent jouir. Dans ce sens, le luxe est une suite nécessaire de la propriété, sans laquelle aucune société ne peut subsister, et d'une grande inégalité entre les fortunes, qui est la conséquence, non du droit de propriété, mais des mauvaises lois. Ce sont donc les mauvaises lois qui font naître le luxe, et ce sont les bonnes lois qui peuvent le détruire. Les moralistes doivent adresser leurs sermons aux législateurs, et non aux particuliers, parce qu'il est dans l'ordre des choses possibles qu'un homme vertueux et éclairé ait le pouvoir de faire des lois raisonnables, et qu'il n'est pas dans la nature humaine que tous les riches d'un pays renoncent par vertu à se procurer à prix d'argent des jouissances de plaisir ou de vanité.

---

14. An early manuscript ends perhaps more fittingly: "Le paradis terrestre est à Paris."
15. The following passage is V.'s note to his article "Luxe" in the *Dictionnaire philosophique*. In it he corrects many of the exaggerations and poetic licenses in *Le Mondain*.
16. In a long note to his *Discours sur l'origine de l'inégalité*, Rousseau speaks of the orangutan.

ETATS, GOUVERNEMENTS
Quel est le meilleur? [17]
1764

Je n'ai connu jusqu'à présent personne qui n'ait gouverné quelque Etat. Je ne parle pas de MM. les ministres, qui gouvernent en effet, les uns deux ou trois ans, les autres six mois, les autres six semaines; je parle de tous les autres hommes qui, à souper ou dans leur cabinet, étalent leur système de gouvernement, réforment les armées, l'Eglise, la robe et la finance....

Mais il faut convenir que des hommes très sages, très dignes peut-être de gouverner, ont écrit sur l'administration des Etats, soit en France, soit en Espagne, soit en Angleterre. Leurs livres ont fait beaucoup de bien: ce n'est pas qu'ils aient corrigé les ministres qui étaient en place quand ces livres parurent, car un ministre ne se corrige point et ne peut se corriger; il a pris sa croissance; plus d'instructions, plus de conseils: il n'a pas le temps de les écouter, le courant des affaires l'emporte; mais ces bons livres forment les jeunes gens destinés aux places; ils forment les princes, et la seconde génération est instruite.

Le fort et le faible de tous les gouvernements a été examiné de près dans les derniers temps. Dites-moi donc, vous qui avez voyagé, qui avez lu et vu, dans quel Etat, dans quelle sorte de gouvernement voudriez-vous être né? Je conçois qu'un grand seigneur terrien en France ne serait pas fâché d'être né en Allemagne: il serait souverain au lieu d'être sujet. Un pair de France serait fort aise d'avoir les privilèges de la pairie anglaise: il serait législateur. L'homme de robe et le financier se trouveraient mieux en France qu'ailleurs. Mais quelle patrie choisirait un homme sage, libre, un homme d'une fortune médiocre, et sans préjugés?

Un membre du conseil de Pondichéry, assez savant, revenait en Europe par terre avec un brame, plus instruit que les brames ordinaires.

"Comment trouvez-vous le gouvernement du Grand Mogol? dit le conseiller.

— Abominable, répondit le brame; comment voulez-vous qu'un Etat soit heureusement gouverné par des Tartares? Nos raïas, nos omras, nos nababs, sont fort contents; mais les citoyens ne le sont guère: et des millions de citoyens sont quelque chose."

Le conseiller et le brame traversèrent en raisonnant toute la haute Asie.

"Je fais une réflexion, dit le brame: c'est qu'il n'y a pas une république dans toute cette vaste partie du monde.

— Il y a eu autrefois celle de Tyr, dit le conseiller, mais elle n'a pas duré longtemps; il y en avait encore une autre vers l'Arabie Pétrée, dans un petit coin nommé la Palestine, si on peut honorer du nom de ré-

---

17. From the *Dictionnaire philosophique*.

publique une horde de voleurs et d'usuriers, tantôt gouvernée par des juges, tantôt par des espèces de rois, tantôt par des grands pontifes, devenue esclave sept ou huit fois, et enfin chassée du pays qu'elle avait usurpé.

— Je conçois, dit le brame, qu'on ne doit trouver sur la terre que très peu de républiques. Les hommes sont rarement dignes de se gouverner eux-mêmes. Ce bonheur ne doit appartenir qu'à des petits peuples qui se cachent dans les îles, ou entre les montagnes, comme des lapins qui se dérobent aux animaux carnassiers; mais à la longue ils sont découverts et dévorés." [18]

Quand les deux voyageurs furent arrivés dans l'Asie Mineure, le conseiller dit au brame:

"Croiriez-vous bien qu'il y a eu une république [19] formée dans un coin de l'Italie, qui a duré plus de cinq cents ans, et qui a possédé cette Asie Mineure, l'Asie, l'Afrique, la Grèce, les Gaules, l'Espagne, et l'Italie entière?

— Elle se tourna donc bien vite en monarchie? dit le brame.

— Vous l'avez deviné, dit l'autre; mais cette monarchie est tombée, et nous faisons tous les jours de belles dissertations pour trouver les causes de sa décadence et de sa chute.[20]

— Vous prenez bien de la peine, dit l'Indien; cet empire est tombé parce qu'il existait. Il faut bien que tout tombe; j'espère bien qu'il en arrivera tout autant à l'empire du Grand Mogol.

— A propos, dit l'Européen, croyez-vous qu'il faille plus d'honneur dans un Etat despotique, et plus de vertu dans une république?"

L'Indien, s'étant fait expliquer ce qu'on entend par honneur, répondit que l'honneur était plus nécessaire dans une république, et qu'on avait bien plus besoin de vertu dans un Etat monarchique. "Car, dit-il, un homme qui prétend être élu par le peuple ne le sera pas s'il est déshonoré; au lieu qu'à la cour il pourra aisément obtenir une charge, selon la maxime d'un grand prince, qu'un courtisan, pour réussir, doit n'avoir ni honneur ni humeur. A l'égard de la vertu, il en faut prodigieusement dans une cour pour oser dire la vérité. L'homme vertueux est bien plus à son aise dans une république; il n'a personne à flatter.[21]

— Croyez-vous, dit l'homme d'Europe, que les lois et les religions soient faites pour les climats, de même qu'il faut des fourrures à Moscou, et des étoffes de gaze à Delhi?

— Oui, sans doute, dit le brame; toutes les lois qui concernent la

---

18. Montesquieu, too, believed that the republican form of government could survive only in small states, but he went on to suggest a federation of republics. See, above, p. 167.

19. The Roman republic.

20. See Montesquieu's *Considérations sur la grandeur et la décadence des Romains* and Gibbon's *Decline and Fall of the Roman Empire*. But these were only the end of a long series of dissertations on the subject; cf. *Lettres persanes*, No. 136.

21. V. refuses to grant Montesquieu the purely political definitions of the terms **virtue** and **honor**.

physique sont calculées pour le méridien qu'on habite; il ne faut qu'une femme à un Allemand, et il en faut trois ou quatre à un Persan. Les rites de la religion sont de même nature. Comment voudriez-vous, si j'étais chrétien, que je disse la messe dans ma province, où il n'y a ni pain ni vin? A l'égard des dogmes, c'est autre chose: le climat n'y fait rien. Votre religion n'a-t-elle pas commencé en Asie, d'où elle a été chassée? n'existe-t-elle pas vers la mer Baltique, où elle était inconnue?

— Dans quel Etat, sous quelle domination aimeriez-vous mieux vivre? dit le conseiller.

— Partout ailleurs que chez moi, dit son compagnon; et j'ai trouvé beaucoup de Siamois, de Tonquinois, de Persans et de Turcs, qui en disaient autant.

— Mais encore une fois, dit l'Européen, quel Etat choisiriez-vous?"
Le brame répondit: "Celui où l'on n'obéit qu'aux lois."

— C'est une vieille réponse, dit le conseiller.
— Elle n'en est pas plus mauvaise, dit le brame.
— Où est ce pays-là? dit le conseiller."
Le brame dit: "Il faut le chercher."

L'A, B, C, (1768)
OU
DIALOGUES ENTRE A,B,C.

Sixième entretien

The following section from these dialogues on the forms of government shows Voltaire's theoretical appreciation of a democratic republic. A is a member of the English Parliament, C is a wealthy French aristocrat, and B could be a citizen of northern Holland.

Des trois gouvernements, et de mille erreurs anciennes.

B.

Allons au fait. Je vous avouerai que je m'accommoderais assez d'un gouvernement démocratique. Je trouve que ce philosophe avait tort, qui disait à un partisan d'un gouvernement populaire: "Commence par l'essayer dans ta maison, tu t'en repentiras bien vite." Avec sa permission, une maison et une ville sont deux choses fort différentes. Ma maison est à moi; mes enfants sont à moi; mes domestiques, quand je les paye, sont à moi; mais de quel droit mes concitoyens m'appartiendraient-ils? Tous ceux qui ont des possessions dans le même territoire ont droit également au maintien de l'ordre dans ce territoire. J'aime à voir des hommes libres faire eux-mêmes les lois sous lesquelles ils vivent, comme ils ont fait leurs habitations. C'est un plaisir pour moi que mon maçon, mon charpentier, mon forgeron, qui m'ont aidé à bâtir mon logement, mon voisin l'agriculteur, et mon ami le manufacturier, s'élèvent tous au-dessus de leur métier, et connaissent mieux l'intérêt public que le plus insolent chiaoux de Turquie. Aucun laboureur, aucun artisan, dans une démocratie, n'a la vexation et le mépris à redouter; aucun n'est dans le cas de ce chapelier qui présentait sa requête à un duc et pair pour être payé de ses fournitures: "Est-ce que vous n'avez rien reçu, mon ami, sur votre partie? — Je vous demande pardon, monseigneur: j'ai reçu un soufflet de monseigneur votre intendant."

Il est bien doux de n'être point exposé à être traîné dans un cachot pour n'avoir pu payer à un homme qu'on ne connaît pas un impôt dont on ignore la valeur et la cause, et jusqu'à l'existence.

Être libre, n'avoir que des égaux, est la vraie vie, la vie naturelle de l'homme; toute autre est un indigne artifice, une mauvaise comédie, où l'un joue le personnage de maître, l'autre d'esclave, celui-là de parasite, et cet autre d'entremetteur. Vous m'avouerez que les hommes ne peuvent être descendus de l'état naturel que par lâcheté et par bêtise.

Cela est clair: personne ne peut avoir perdu sa liberté que pour n'avoir pas su la défendre. Il y a eu deux manières de la perdre: c'est quand les sots ont été trompés par des fripons, ou quand les faibles ont été subjugés par les forts. On parle de je ne sais quels vaincus à qui je ne sais quels vainqueurs firent crever un œil; il y a des peuples à qui on a crevé les deux yeux comme aux vieilles rosses à qui l'on fait tourner la meule. Je veux garder mes yeux; je m'imagine qu'on en crève un dans l'État aristocratique, et deux dans l'État monarchique.

A.

Vous parlez comme un citoyen de la Nord-Hollande, et je vous le pardonne.

C.

Pour moi, je n'aime que l'aristocratie; le peuple n'est pas digne de gouverner. Je ne saurais souffrir que mon perruquier soit législateur; j'aimerais mieux ne porter jamais de perruque. Il n'y a que ceux qui ont reçu une très-bonne éducation qui soient faits pour conduire ceux qui n'en ont reçu aucune. Le gouvernement de Venise est le meilleur: cette aristocratie est le plus ancien État de l'Europe. Je mets après lui le gouvernement de l'Allemagne. Faites-moi noble vénitien ou comte de l'empire, je vous déclare que je ne peux vivre joyeusement que dans l'une ou dans l'autre de ces deux conditions.

A.

Vous êtes un seigneur riche, monsieur C, et j'approuve fort votre façon de penser. Je vois que vous seriez pour le gouvernement des Turcs si vous étiez empereur de Constantinople. Pour moi, quoique je ne sois que membre du parlement de la Grande-Bretagne, je regarde ma constitution comme la meilleure de toutes; et je citerai pour mon garant un témoignage qui n'est pas récusable: c'est celui d'un Français qui, dans un poème consacré aux vérités et non aux vaines fictions, parle ainsi de notre gouvernement:

>   Aux murs de Westminster on voit paraître ensemble
>   Trois pouvoirs étonnés du nœud qui les rassemble,
>   Les députés du peuple, et les grands, et le roi,
>   Divisés d'intérêt, réunis par la loi;
>   Tous trois membres sacrés de ce corps invincible,
>   Dangereux à lui-même, à ses voisins terrible.[22]

C.

Dangereux à lui-même! Vous avez donc de très grands abus chez vous?

A.

Sans doute, comme il en fut chez les Romains, chez les Athéniens, et comme il y en aura toujours chez les hommes. Le comble de la perfection humaine est d'être puissant et heureux avec des abus énormes; et c'est à quoi nous sommes parvenus. Il est dangereux de trop manger; mais je veux que ma table soit bien garnie....

22. V. himself in *La Henriade*, chant 1er, vers 313–318. Many of V.'s suggested reforms were realized during the French Revolution: see Renée Waldinger, *Voltaire and Reform in the light of the French Revolution*, 1959.

L'A, B, C

Laissons donc là toute la prétendue histoire ancienne, et, à l'égard de la moderne, que chacun cherche à s'instruire par les fautes de son pays et par celles de ses voisins: la leçon sera longue; mais aussi voyons toutes les belles institutions par lesquelles les nations modernes se signalent: cette leçon sera longue encore.

B.

Et que nous apprendra-t-elle?

A.

Que plus les lois de convention se rapprochent de la loi naturelle, et plus la vie est supportable.

IMPOT
1774

On a fait tant d'ouvrages philosophiques sur la nature de l'impôt, qu'il faut bien en dire ici un petit mot. Il est vrai que rien n'est moins philosophique que cette matière; mais elle peut rentrer dans la philosophie morale, en représentant à un surintendant des finances, ou à un tefterdar[23] turc, qu'il n'est pas selon la morale universelle de prendre l'argent de son prochain, et que tous les receveurs, douaniers, commis des aides et gabelles,[24] sont maudits dans l'Evangile.

Tout maudits qu'ils sont, il faut pourtant convenir qu'il est impossible qu'une société subsiste sans que chaque membre paye quelque chose pour les frais de cette société; et puisque tout le monde doit payer, il est nécessaire qu'il y ait un receveur. On ne voit pas pourquoi ce receveur est maudit, et regardé comme un idolâtre. Il n'y a certainement nulle idolâtrie à recevoir l'argent des convives pour payer leur souper.

Dans les républiques, et dans les Etats qui, avec le nom de *royaume*, sont des républiques en effet,[25] chaque particulier est taxé suivant ses forces et suivant les besoins de la société.

Dans les royaumes despotiques, ou, pour parler plus poliment, dans les Etats monarchiques, il n'en est pas tout à fait de même. On taxe la nation

---

23. Read "desterham," title of a Turkish official.
24. The salt tax was particularly onerous under the Ancien Régime.
25. Reference to England. Cf. *Lettres philosophiques*, IX.

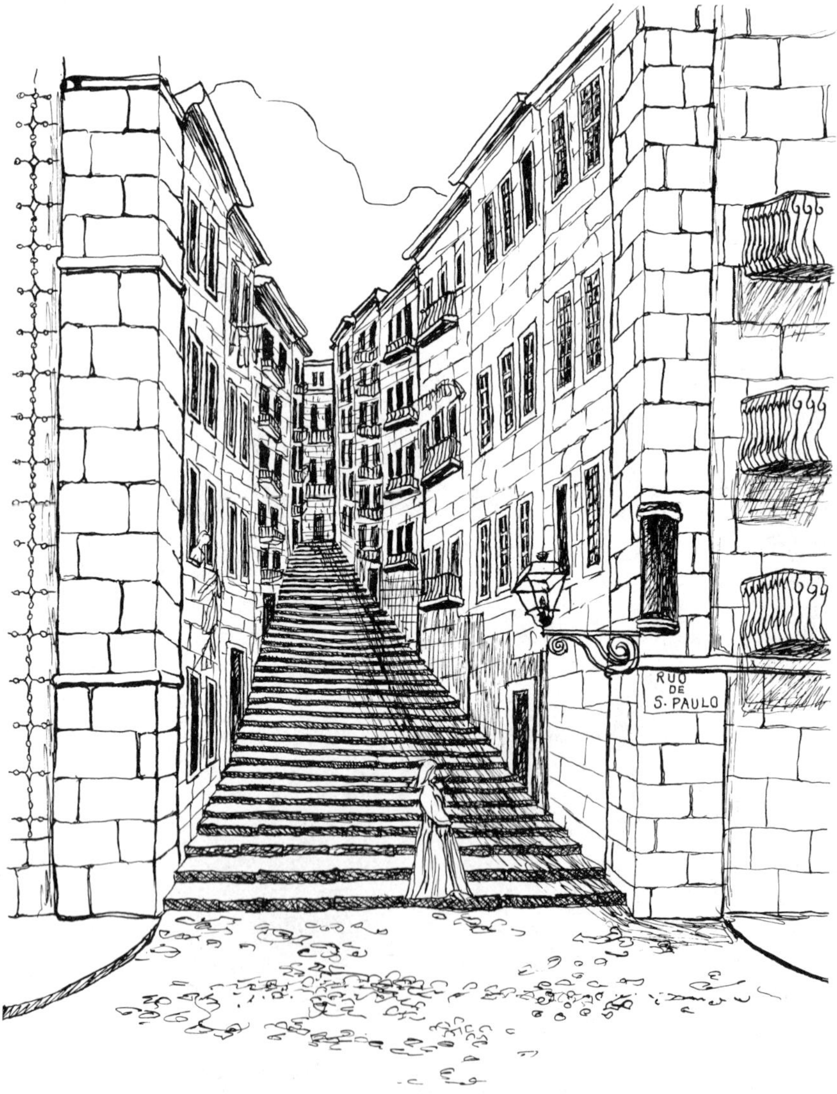

RUO
DE
S. PAULO

sans la consulter. Un agriculteur qui a douze cents livres de revenu est tout étonné qu'on lui en demande quatre cents. Il en est même plusieurs qui sont obligés de payer plus de la moitié de ce qu'ils recueillent.

A quoi est employé tout cet argent? L'usage le plus honnête qu'on puisse en faire est de le donner à d'autres citoyens.

Le cultivateur demande pourquoi on lui ôte la moitié de son bien pour payer des soldats, tandis que la centième partie suffirait: on lui répond qu'outre les soldats il faut payer les arts et le luxe, que rien n'est perdu, que chez les Perses on assignait à la reine des villes et des villages pour payer sa ceinture, ses pantoufles, et ses épingles.

Il réplique qu'il ne sait point l'histoire de Perse, et qu'il est très fâché qu'on lui prenne la moitié de son bien pour une ceinture, des épingles, et des souliers; qu'il les fournirait à bien meilleur marché, et que c'est une véritable écorcherie.

On lui fait entendre raison en le mettant dans un cachot, et en faisant vendre ses meubles. S'il résiste aux exacteurs que le Nouveau Testament a damnés, on le fait pendre, et cela rend tous ses voisins infiniment accommodants.

Si tout cet argent n'était employé par le souverain qu'à faire venir des épiceries de l'Inde, du café de Moka, des chevaux anglais et arabes, des soies du Levant, des colifichets de la Chine, il est clair qu'en peu d'années il ne resterait pas un sou dans le royaume. Il faut donc que l'impôt serve à entretenir les manufactures, et que ce qui a été versé dans les coffres du prince retourne aux cultivateurs. Ils souffrent, ils se plaignent, les autres parties de l'Etat souffrent et se plaignent aussi; mais au bout de l'année il se trouve que tout le monde a travaillé et a vécu bien ou mal.

Si par hasard l'homme agreste va dans la capitale, il voit avec des yeux étonnés une belle dame vêtue d'une robe de soie brochée d'or, traînée dans un carrosse magnifique par deux chevaux de prix, suivie de quatre laquais habillés d'un drap à vingt francs l'aune; il s'adresse à un laquais de cette belle dame, et lui dit: "Monseigneur, où cette dame prend-elle tant d'argent pour faire une si grande dépense? —Mon ami, lui dit le laquais, le roi lui fait une pension de quarante mille livres. — Hélas! dit le rustre, c'est mon village qui paye cette pension. — Oui, répond le laquais; mais la soie que tu as recueillie, et que tu as vendue, a servi à l'étoffe dont elle est habillée; mon drap est en partie de la laine de tes moutons; mon boulanger a fait mon pain de ton blé; tu as vendu au marché les poulardes que nous mangeons: ainsi la pension de madame est revenue à toi et à tes camarades."

Le paysan ne convient pas tout à fait des axiomes de ce laquais philosophe: cependant une preuve qu'il y a quelque chose de vrai dans sa réponse, c'est que le village subsiste, et qu'on y fait des enfants, qui tout en se plaignant feront aussi des enfants qui se plaindront encore.

DE L'HORRIBLE DANGER DE LA LECTURE[26]
1765

Nous Joussouf-Chéribi, par la grâce de Dieu mouphti du Saint-Empire ottoman, lumière des lumières, élu entre les élus, à tous les fidèles qui ces présentes verront, sottise et bénédiction.

Comme ainsi soit que Saïd-Effendi, ci-devant ambassadeur de la Sublime-Porte vers un petit Etat nommé Frankrom, situé entre l'Espagne et l'Italie, a rapporté parmi nous le pernicieux usage de l'imprimerie, ayant consulté sur cette nouveauté nos vénérables frères les cadis et imans de la ville impériale de Stamboul, et surtout les fakirs connus par leur zèle contre l'esprit, il a semblé bon à Mahomet et à nous de condamner, proscrire, anathématiser ladite infernale invention de l'imprimerie, pour les causes ci-dessous énoncées.

1° Cette facilité de communiquer ses pensées tend évidemment à dissiper l'ignorance, qui est la gardienne et la sauvegarde des Etats bien policés.

2° Il est à craindre que, parmi les livres apportés d'Occident, il ne s'en trouve quelques-uns sur l'agriculture et sur les moyens de perfectionner les arts mécaniques,[27] lesquels ouvrages pourraient à la longue, ce qu'à Dieu ne plaise, réveiller le génie de nos cultivateurs et de nos manufacturiers, exciter leur industrie, augmenter leurs richesses, et leur inspirer un jour quelque élévation d'âme, quelque amour du bien public, sentiments absolument opposés à la saine doctrine.

3° Il arriverait à la fin que nous aurions des livres d'histoire dégagés du merveilleux qui entretient la nation dans une heureuse stupidité. On aurait dans ces livres l'imprudence de rendre justice aux bonnes et aux mauvaises actions, et de recommander l'équité et l'amour de la patrie, ce qui est visiblement contraire aux droits de notre place.

4° Il se pourrait, dans la suite des temps, que de misérables philosophes, sous le prétexte spécieux, mais punissable, d'éclairer les hommes et de les rendre meilleurs, viendraient nous enseigner des vertus dangereuses dont le peuple ne doit jamais avoir de connaissance.

5° Ils pourraient, en augmentant le respect qu'ils ont pour Dieu, et en imprimant scandaleusement qu'il remplit tout de sa présence,[28] diminuer le nombre des pèlerins de la Mecque, au grand détriment du salut des âmes.

6° Il arriverait sans doute qu'à force de lire les auteurs occidentaux qui ont traité des maladies contagieuses, et de la manière de les prévenir, nous

---

26. A satire on censorship of the press in the form of a pastoral mandate.
27. A reference to the *Encyclopedia* and especially to Diderot's articles and plates
28. A reference to Spinoza and Malebranche.

serions assez malheureux pour nous garantir de la peste,[29] ce qui serait un attentat énorme contre les ordres de la Providence.

A ces causes et autres, pour l'édification des fidèles et pour le bien de leurs âmes, nous leur défendons de jamais lire aucun livre, sous peine de damnation éternelle. Et, de peur que la tentation diabolique ne leur prenne de s'instruire, nous défendons aux pères et aux mères d'enseigner à lire à leurs enfants. Et, pour prévenir toute contravention à notre ordonnance, nous leur défendons expressément de penser, sous les mêmes peines; enjoignons à tous les vrais croyants de dénoncer à notre officialité quiconque aurait prononcé quatre phrases liées ensemble, desquelles on pourrait inférer un sens clair et net. Ordonnons que dans toutes les conversations on ait à se servir de termes qui ne signifient rien, selon l'ancien usage de la Sublime-Porte.

Et pour empêcher qu'il n'entre quelque pensée en contrebande dans la sacrée ville impériale, commettons spécialement le premier médecin de Sa Hautesse,[30] né dans un marais de l'Occident septentrional; lequel médecin, ayant déjà tué quatre personnes augustes de la famille ottomane, est intéressé plus que personne à prévenir toute introduction de connaissances dans le pays; lui donnons pouvoir, par ces présentes, de faire saisir toute idée qui se présenterait par écrit ou de bouche aux portes de la ville, et nous amener ladite idée pieds et poings liés, pour lui être infligé par nous tel châtiment qu'il nous plaira.

Donné dans notre palais de la stupidité, le 7 de la lune de Muharem, l'an 1143 de l'hégire.

ANDRE DESTOUCHES A SIAM[31]
1766

André Destouches était un musicien très agréable dans le beau siècle de Louis XIV, avant que la musique eût été perfectionnée par Rameau, et gâtée par ceux qui préfèrent la difficulté surmontée au naturel et aux grâces.

Avant d'avoir exercé ses talents il avait été mousquetaire; et avant d'être

---

29. V., who had nearly died of smallpox in his youth, battled courageously in favor of inoculation, which had long been practiced in the Orient. Between 1712 and 1715 three heirs to the throne of France had died of the disease, leaving the five-year-old Louis XV successor to his great-grandfather.

30. V. is here venting his spleen at the expense of a certain doctor of the Viennese court who opposed inoculation.

31. A philosophical and allegorical satire on the government of France in 1766. V.'s interest in penology and judicial procedure had been renewed by the work of the Italian Beccaria, translated into French by Abbé Morellet under the title *Des délits et des peines* (1766). That same year, V. wrote his *Commentaire*, usually published with Beccaria's own treatise. See, above, p. 161. André Destouches went to Siam with the Jesuit father Tachard. He later became one of the best composers of opera after Lulli and figures in Diderot's *Neveu de Rameau*.

mousquetaire, il fit, en 1688, le voyage de Siam avec le jésuite Tachard, qui lui donna beaucoup de marques particulières de tendresse pour avoir un amusement sur le vaisseau; et Destouches parla toujours avec admiration du P. Tachard le reste de sa vie.

Il fit connaissance, à Siam, avec un premier commis du barcalon;[32] ce premier commis s'appelait Croutef, et il mit par écrit la plupart des questions qu'il avait faites à Croutef, avec les réponses de ce Siamois. Les voici telles qu'on les a trouvées dans ses papiers:

André Destouches. — Combien avez-vous de soldats?

Croutef. — Quatre-vingt mille, fort médiocrement payés.

André Destouches. — Et de talapoins?[33]

Croutef. — Cent vingt mille, tous fainéants et très riches. Il est vrai que, dans la dernière guerre, nous avons été bien battus; mais, en récompense, nos talapoins ont fait très grande chère, bâti de belles maisons, et entretenu de très jolies filles.

André Destouches. — Il n'y a rien de plus sage et de mieux avisé. Et vos finances, en quel état sont-elles?

Croutef. — En fort mauvais état. Nous avons pourtant quatre-vingt-dix mille hommes employés pour les faire fleurir; et s'ils n'en ont pu venir à bout, ce n'est pas leur faute, car il n'y a aucun d'eux qui ne prenne honnêtement tout ce qu'il peut prendre, et qui ne dépouille les cultivateurs pour le bien de l'Etat.

André Destouches. — Bravo! Et votre jurisprudence, est-elle aussi parfaite que tout le reste de votre administration?

Croutef. — Elle est bien supérieure; nous n'avons point de lois, mais nous avons cinq ou six mille volumes sur les lois. Nous nous conduisons d'ordinaire par des coutumes, car on sait qu'une coutume ayant été établie au hasard est toujours ce qu'il y a de plus sage. Et de plus, chaque coutume ayant nécessairement changé dans chaque province, comme les habillements et les coiffures, les juges peuvent choisir à leur gré l'usage qui était en vogue il y a quatre siècles, ou celui qui régnait l'année passée; c'est une variété de législation que nos voisins ne cessent d'admirer; c'est une fortune assurée pour les praticiens, une ressource pour tous les plaideurs de mauvaise foi, et un agrément infini pour les juges, qui peuvent, en sûreté de conscience, décider les causes sans les entendre.

André Destouches. — Mais pour le criminel, vous avez du moins des lois constantes?

Croutef. — Dieu nous en préserve! nous pouvons condamner au bannissement, aux galères, à la potence, ou renvoyer hors de cour, selon que la fantaisie nous en prend. Nous nous plaignons quelquefois du pouvoir arbitraire de monsieur le barcalon; mais nous voulons que tous nos jugements soient arbitraires.

32. "prime minister."
33. "priests" or "monks."

André Destouches. — Cela est juste. Et de la question,[34] en usez-vous?
Croutef. — C'est notre plus grand plaisir; nous avons trouvé que c'est un secret infaillible pour sauver un coupable qui a les muscles vigoureux, les jarrets forts et souples, les bras nerveux et les reins doubles; et nous rouons gaiement tous les innocents à qui la nature a donné des organes faibles. Voici comme nous nous y prenons avec une sagesse et une prudence merveilleuses. Comme il y a des demi-preuves, c'est-à-dire des demi-vérités, il est clair qu'il y a des demi-innocents et des demi-coupables. Nous commençons donc par leur donner une demi-mort, après quoi nous allons déjeuner; ensuite vient la mort tout entière, ce qui donne dans le monde une grande considération, qui est le revenu du prix de nos charges.
André Destouches. — Rien n'est plus prudent et plus humain, il faut en convenir. Apprenez-moi ce que deviennent les biens des condamnés.
Croutef. — Les enfants en sont privés: car vous savez que rien n'est plus équitable que de punir tous les descendants d'une faute de leur père.
André Destouches. — Oui, il y a longtemps que j'ai entendu parler de cette jurisprudence.
Croutef. — Les peuples de Lao,[35] nos voisins, n'admettent ni la question, ni les peines arbitraires, ni les coutumes différentes, ni les horribles supplices qui sont parmi nous en usage; mais aussi nous les regardons comme des barbares qui n'ont aucune idée d'un bon gouvernement. Toute l'Asie convient que nous dansons beaucoup mieux qu'eux, et que par conséquent il est impossible qu'ils approchent de nous en jurisprudence, en commerce, en finances, et surtout dans l'art militaire.
André Destouches. — Dites-moi, je vous prie, par quels degrés on parvient dans Siam à la magistrature.
Croutef. — Par de l'argent comptant. Vous sentez qu'il serait impossible de bien juger si on n'avait pas trente ou quarante mille pièces d'argent toutes prêtes. En vain on saurait par cœur toutes les coutumes, en vain on aurait plaidé cinq cents causes avec succès, en vain on aurait un esprit rempli de justesse et un cœur plein de justice; on ne peut parvenir à aucune magistrature sans argent. C'est encore ce qui nous distingue de tous les peuples de l'Asie, et surtout de ces barbares de Lao, qui ont la manie de récompenser tous les talents, et de ne vendre aucun emploi.
André Destouches, qui était un peu distrait, comme le sont tous les musiciens, répondit au Siamois que la plupart des airs qu'il venait de chanter lui paraissaient un peu discordants, et voulut s'informer à fond de la musique siamoise; mais Croutef, plein de son sujet, et passionné pour son pays, continua en ces termes:
Il m'importe fort peu que nos voisins qui habitent par delà nos mon-

---

34. "third degree," but accompanied by genuine torture in eighteenth-century France.
35. I.e., the English.

tagnes [36] aient de meilleure musique que nous, et de meilleurs tableaux, pourvu que nous ayons toujours des lois sages et humaines. C'est dans cette partie que nous excellons. Par exemple, il y a mille circonstances où une fille étant accouchée d'un enfant mort, nous réparons la perte de l'enfant en faisant pendre la mère, moyennant quoi elle est manifestement hors d'état de faire une fausse couche.

Si un homme a volé adroitement trois ou quatre cent mille pièces d'or, nous le respectons et nous allons dîner chez lui; mais si une pauvre servante s'approprie maladroitement trois ou quatre pièces de cuivre qui étaient dans la cassette de sa maîtresse, nous ne manquons pas de tuer cette servante en place publique: premièrement, de peur qu'elle ne se corrige; secondement, afin qu'elle ne puisse donner à l'Etat des enfants en grand nombre, parmi lesquels il s'en trouverait peut-être un ou deux qui pourraient voler trois ou quatre petites pièces de cuivre, ou devenir de grands hommes; troisièmement, parce qu'il est juste de proportionner la peine au crime, et qu'il serait ridicule d'employer dans une maison de force, à des ouvrages utiles, une personne coupable d'un forfait si énorme.

Mais nous sommes encore plus justes, plus cléments, plus raisonnables, dans les châtiments que nous infligeons à ceux qui ont l'audace de se servir de leurs jambes pour aller où ils veulent. Nous traitons si bien nos guerriers qui nous vendent leur vie, nous leur donnons un si prodigieux salaire, ils ont une part si considérable à nos conquêtes, qu'ils sont sans doute les plus criminels de tous les hommes lorsque, s'étant enrôlés dans un moment d'ivresse, ils veulent s'en retourner chez leurs parents dans un moment de raison.[37] Nous leur faisons tirer à bout portant douze balles de plomb dans la tête pour les faire rester en place après quoi ils deviennent infiniment utiles à leur patrie.

Je ne vous parle pas de la quantité innombrable d'excellentes institutions qui ne vont pas, à la vérité, jusqu'à verser le sang des hommes, mais qui rendent la vie si douce et si agréable qu'il est impossible que les coupables ne deviennent gens de bien. Un cultivateur n'a-t-il point payé à point nommé une taxe qui excédait ses facultés, nous vendons sa marmite et son lit pour le mettre en état de mieux cultiver la terre quand il sera débarrassé de son superflu.

André Destouches. — Voilà ce qui est tout à fait harmonieux, cela fait un beau concert.

Croutef. — Pour faire connaître notre profonde sagesse, sachez que notre base fondamentale [38] consiste à reconnaître pour notre souverain, à plusieurs égards, un étranger tondu qui demeure à neuf cent mille pas de chez nous. Quand nous donnons nos plus belles terres à quelques-uns

---

36. I.e., the Italians.
37. Louis XVI later abolished the death penalty for desertion.
38. In this long tirade, André Destouches, whose mind is wandering off to his music, hears "basse fondamentale," Rameau's chief contribution to the study of harmony. His next speech shows the trend his thought is taking and prompts Croutef's oath.

de nos talapoins, ce qui est très prudent, il faut que ce talapoin siamois paye la première année de son revenu à ce tondu tartare, sans quoi il est clair que nous n'aurions point de récolte.

Mais où est le temps, l'heureux temps, où ce tondu faisait égorger une moitié de la nation par l'autre pour décider si Sammonocodom[39] avait joué au cerf-volant ou au trou-madame; s'il s'était déguisé en éléphant ou en vache; s'il avait dormi trois cent quatre-vingt-dix jours[40] sur le côté droit ou sur le gauche? Ces grandes questions, qui tiennent si essentiellement à la morale, agitaient alors tous les esprits; elles ébranlaient le monde; le sang coulait pour elles: on massacrait les femmes sur les corps de leurs maris; on écrasait leurs petits enfants sur la pierre avec une dévotion, une onction, une componction angéliques. Malheur à nous, enfants dégénérés de nos pieux ancêtres, qui ne faisons plus de ces saints sacrifices! Mais au moins il nous reste, grâces au ciel, quelques bonnes âmes qui les imiteraient si on les laissait faire.

ANDRÉ DESTOUCHES. — Dites-moi, je vous prie, monsieur, si vous divisez à Siam le ton majeur en deux comma et deux semi-comma, et si le progrès du son fondamental se fait par 1, 3, et 9.

CROUTEF. — Par Sammonocodom, vous vous moquez de moi. Vous n'avez point de tenue; vous m'avez interrogé sur la forme de notre gouvernement, et vous me parlez de musique.

ANDRÉ DESTOUCHES. — La musique tient à tout; elle était le fondement de toute la politique des Grecs. Mais, pardon; puisque vous avez l'oreille dure, revenons à notre propos. Vous disiez donc que pour faire un accord parfait...

CROUTEF. — Je vous disais qu'autrefois le Tartare tondu prétendait disposer de tous les royaumes de l'Asie, ce qui était fort loin de l'accord parfait; mais il en résultait un grand bien; on était beaucoup plus dévot à Sammonocodom et à son éléphant que dans nos jours, où tout le monde se mêle de prétendre au sens commun avec une indiscrétion qui fait pitié. Cependant tout va; on se réjouit, on danse, on joue, on dîne, on soupe, on fait l'amour: cela fait frémir tous ceux qui ont de bonnes intentions.

ANDRÉ DESTOUCHES. — Et que voulez-vous de plus? Il ne vous manque qu'une bonne musique. Quand vous l'aurez, vous pourrez hardiment vous dire la plus heureuse nation de la terre.

---

39. Siamese divinity.
40. Reference to a strange admonition that V. found in *Ezekiel*, iv, 4-6.

Philosophy

The division between Voltaire's philosophical and religious ideas is quite arbitrary. Not a systematic philosopher himself, he disparaged all philosophical and theological systems. For this reason his criticisms are often dismissed as negative; yet every negation implies an opposite affirmation, and Voltaire gives us not an explanation, but a philosophy, of life. As a disciple of Locke he was keenly aware of the limits of human reason. Locke supposed that the human mind is furnished with the materials of knowledge through the experience of the senses alone. A process of gradually increasing complexity leads through memory to the comparison of sensations, to reflection, to judgment, and finally through symbols to abstract ideas. Innate ideas as distinguished from inherent tendencies or instincts are thus barred out. Revelation is also stripped of its supernatural connotations, and mysticism becomes an emotional experience devoid of ideational content. Locke's suppositions, accepted by Voltaire and the eighteenth century in general, are today being attacked in the name of extrasensory perception.

Contrary to Locke, however, the underlying principle of Voltaire's philosophy was the uniformity of human experience, which produced everywhere uniform ideas of justice and morality. These ideas could then be considered as engraved in the hearts of all men, who had no need of revelation to teach them the distinction between good and evil, justice and injustice. In his *Poème sur la loi naturelle* Voltaire sought somewhat more scientifically the origin of this universal moral principle. This is his nearest approach to systematic philosophy.

With increasing years Voltaire became more and more suspicious of metaphysical explanations of life's fundamental mysteries. In 1766 the *Philosophe ignorant* declares: "Nous sommes tous dans la même ignorance des premiers principes où nous étions dans notre berceau." Ethics remained for him the only useful branch of philosophy, and he spent his last years in ardent effort for the reform of social abuses.

Voltaire's philosophic ideas are discussed excellently and in detail by Georges Pellissier, *Voltaire philosophe*.

MICROMEGAS

The text which follows contains the last two chapters of Voltaire's philosophical tale *Micromégas*. All things being relative, the giant Micromégas (his name comes from the Greek words meaning small and great), inhabitant of the star of Sirius, accompanied by a "dwarf" from the planet of Saturn, pays a visit to this puny world, man's habitation. The celestial travelers pick out of the Baltic Sea a small vessel on which a group of scientists including Maupertuis and Clairaut are returning from a scientific expedition to the Arctic Circle (1737). With the aid of a microscope the visitors are at last able to distinguish tiny, moving objects in the shape of men. In the ensuing conversation the terrestrial scientists show a remarkable knowledge of physical and mathematical laws. Yet, quite ignorant of the underlying substances and unable to read in the Book of Destiny, they give diverse metaphysical explanations, which afford the interplanetary visitors much merriment. Voltaire is again disparaging metaphysical systems and affirming that mathematical facts alone can be accepted as universally true. In a similar vein, a modern defender of naturalism states: "What things are is how they behave. This is all we ever know and all we need to know." (Eliseo Vivas in *Kenyon Review*, Autumn, 1941.)

Micromégas, revised and published while Voltaire was in Berlin (1752), was probably composed during the period of scientific experimentation at Cirey. Like his forebears, Cyrano de Bergerac and Swift, Voltaire uses the medium of the imaginary voyage chiefly for satirical purposes.

Les Hommes savants

Micromégas, bien meilleur observateur que son nain, vit clairement que les atomes se parlaient; et il le fit remarquer à son compagnon.... "Je n'ose plus ni croire ni nier, dit le nain; je n'ai plus d'opinion; il faut tâcher d'examiner ces insectes, nous raisonnerons après.[1] — C'est fort bien dit," reprit Micromégas; et aussitôt il tira une paire de ciseaux dont il se coupa les ongles, et d'une rognure de l'ongle de son pouce il fit sur-le-champ une espèce de grande trompette parlante, comme un vaste entonnoir, dont il mit le tuyau dans son oreille. La circonférence de l'entonnoir enveloppait le vaisseau et tout l'équipage. La voix la plus faible entrait dans les fibres circulaires de l'ongle; de sorte que, grâce à son industrie, le philosophe de là-haut entendit parfaitement le bourdonnement de nos insectes de là-bas. En peu d'heures il parvint à distinguer les paroles, et enfin à entendre le français. Le nain en fit autant, quoique avec plus de difficulté. L'étonnement des voyageurs redoublait à chaque instant. Ils entendaient des mites parler d'assez bon sens: ce jeu de la nature leur paraissait inexplicable. Vous croyez bien que le Sirien et son nain brûlaient d'impatience de lier conversation avec les atomes; le nain craignait que sa voix de tonnerre, et surtout celle de Micromégas, n'assourdît les mites sans en être entendue. Il fallait en diminuer la force. Ils se mirent dans la bouche des espèces de petits cure-dents, dont le bout fort effilé venait donner auprès du vaisseau. Le Sirien tenait le nain sur ses genoux, et le vaisseau avec l'équipage sur un ongle; il baissait la tête et parlait bas. Enfin, moyennant toutes ces précautions et bien d'autres encore, il commença ainsi son discours:

"Insectes invisibles, que la main du Créateur s'est plu à faire naître dans l'abîme de l'infiniment petit, je le remercie de ce qu'il a daigné me dé-

---

[1]. The "nain" of this story clearly refers to Fontenelle. Here is, perhaps, an allusion to the "gold tooth" which Fontenelle (*Histoire des oracles*) gave as an example of false reasoning preceding scientific examination (see, above, p. 64).

couvrir des secrets qui semblaient impénétrables. Peut-être ne daigneraiton pas vous regarder à ma cour; mais je ne méprise personne, et je vous offre ma protection."

Si jamais il y eut quelqu'un d'étonné, ce furent les gens qui entendirent ces paroles. Ils ne pouvaient deviner d'où elles partaient. L'aumônier du vaisseau récita les prières des exorcismes, les matelots jurèrent, et les philosophes du vaisseau firent des systèmes; mais quelque système qu'ils fissent, ils ne purent jamais deviner qui leur parlait. Le nain de Saturne qui avait la voix plus douce que Micromégas, leur apprit alors en peu de mots à quelles espèces ils avaient affaire. Il leur raconta le voyage de Saturne, les mit au fait de ce qu'était M. Micromégas; et après les avoir plaints d'être si petits, il leur demanda s'ils avaient toujours été dans ce misérable état si voisin de l'anéantissement, ce qu'ils faisaient dans un globe qui paraissait appartenir à des baleines, s'ils étaient heureux, s'ils multipliaient, s'ils avaient une âme, et cent autres questions de cette nature.

Un raisonneur de la troupe, plus hardi que les autres, et choqué de ce qu'on doutait de son âme, observa l'interlocuteur avec des pinnules braquées sur un quart de cercle,[2] fit deux stations, et à la troisième il parla ainsi: "Vous croyez donc, monsieur, parce que vous avez mille toises[3] depuis la tête jusqu'aux pieds, que vous êtes un... Mille toises! s'écria le nain: juste Ciel! d'où peut-il savoir ma hauteur? mille toises! il ne se trompe pas d'un pouce. Quoi! cet atome m'a mesuré! il est géomètre, il connaît ma grandeur; et moi, qui ne le vois qu'à travers un microscope, je ne connais pas encore la sienne! — Oui, je vous ai mesuré, dit le physicien, et je mesurerai bien encore votre grand compagnon." La proposition fut acceptée; Son Excellence se coucha de son long; car, s'il se fût tenu debout, sa tête eût été trop au-dessus des nuages. Nos philosophes, ... par une suite de triangles liés ensemble, conclurent que ce qu'ils voyaient était en effet un jeune homme de cent vingt mille pieds de roi.

Alors Micromégas prononça ces paroles: "Je vois plus que jamais qu'il ne faut juger de rien sur sa grandeur apparente. O Dieu! qui avez donné une intelligence à des substances qui paraissent si méprisables; l'infiniment petit vous coûte aussi peu que l'infiniment grand; et s'il est possible qu'il y ait des êtres plus petits que ceux-ci, ils peuvent encore avoir un esprit supérieur à ceux de ces superbes animaux que j'ai vus dans le ciel, dont le pied seul couvrirait le globe où je suis descendu."

Un des philosophes lui répondit qu'il pouvait en toute sûreté croire qu'il est en effet des êtres intelligents beaucoup plus petits que l'homme. Il lui conta, non pas tout ce que Virgile a dit de fabuleux sur les abeilles, mais ce que Swammerdam a découvert, et ce que Réaumur[4] a disséqué.

    2. "observed the interlocutor with sights on a quadrant."
    3. An ancient measure somewhat more than two yards in length. In an early chapter, V. carefully worked out his mathematical proportions.
    4. Swammerdam (1637-1680). a Dutch naturalist, was the founder of the science

Il lui apprit enfin qu'il y a des animaux qui sont pour les abeilles ce que les abeilles sont pour l'homme, ce que le Sirien lui-même était pour ces animaux si vastes dont il parlait, et ce que ces grands animaux sont pour d'autres substances devant lesquelles ils ne paraissent que comme des atomes. Peu à peu la conversation devint intéressante, et Micromégas parla ainsi:

"O atomes intelligents, dans qui l'Etre éternel s'est plu à manifester son adresse et sa puissance, vous devez, sans doute, goûter des joies bien pures sur votre globe; car ayant si peu de matière, et paraissant tout esprit, vous devez passer votre vie à aimer et à penser; c'est la véritable vie des esprits. Je n'ai vu nulle part le vrai bonheur, mais il est ici, sans doute."

A ce discours, tous les philosophes secouèrent la tête; et l'un d'eux, plus franc que les autres, avoua de bonne foi que, si l'on en excepte un petit nombre d'habitants fort peu considérés, tout le reste est un assemblage de fous, de méchants et de malheureux. "Nous avons plus de matière qu'il ne nous en faut, dit-il, pour faire beaucoup de mal, si le mal vient de la matière; et trop d'esprit, si le mal vient de l'esprit. Savez-vous bien, par exemple, qu'à l'heure que je vous parle, il y a cent mille fous de notre espèce, couverts de chapeaux, qui tuent cent mille autres animaux couverts d'un turban,[5] ou qui sont massacrés par eux, et que, presque par toute la terre, c'est ainsi qu'on en use de temps immémorial?" Le Sirien frémit, et demanda quel pouvait être le sujet de ces horribles querelles entre de si chétifs animaux. "Il s'agit, dit le philosophe, de quelques tas de boue grands comme votre talon. Ce n'est pas qu'aucun de ces millions d'hommes qui se font égorger prétende un fétu sur ces tas de boue. Il ne s'agit que de savoir s'il appartiendra à un certain homme qu'on nomme *Sultan*, ou à un autre qu'on nomme, je ne sais pourquoi, *César*. Ni l'un ni l'autre n'a jamais vu ni ne verra jamais le petit coin de terre dont il s'agit; et presque aucun de ces animaux, qui s'égorgent mutuellement, n'a jamais vu l'animal pour lequel il s'égorge.

— Ah! malheureux! s'écria le Sirien avec indignation, peut-on concevoir cet excès de rage forcenée! Il me prend envie de faire trois pas, et d'écraser de trois coups de pied toute cette fourmilière d'assassins ridicules.

— Ne vous en donnez pas la peine, lui répondit-on; ils travaillent assez à leur ruine. Sachez qu'au bout de dix ans, il ne reste jamais la centième partie de ces misérables; sachez que, quand même ils n'auraient pas tiré l'épée, la faim, la fatigue, ou l'intempérance les emportent presque tous. D'ailleurs, ce n'est pas eux qu'il faut punir, ce sont ces barbares sédentaires qui du fond de leur cabinet ordonnent, dans le temps de leur digestion, le massacre d'un million d'hommes, et qui ensuite en font remercier Dieu solennellement."

---

of entomology. Réaumur (1683-1757), besides inventing a thermometer, wrote systematic memoirs on the natural history of insects.

5. A reference to the war between the Russians and the Turks (1736-1739).

Le voyageur se sentait ému de pitié pour la petite race humaine, dans laquelle il découvrait de si étonnants contrastes. "Puisque vous êtes du petit nombre des sages, dit-il à ces messieurs, et qu'apparemment vous ne tuez personne pour de l'argent, dites-moi, je vous en prie, à quoi vous vous occupez. — Nous disséquons des mouches, dit le philosophe, nous mesurons des lignes,[6] nous assemblons des nombres; nous sommes d'accord sur deux ou trois points que nous entendons, et nous disputons sur deux ou trois mille que nous n'entendons pas."

Il prit aussitôt fantaisie au Sirien et au Saturnien d'interroger ces atomes pensants, pour savoir les choses dont ils convenaient. "Combien comptez-vous, dit celui-ci, de l'étoile de la Canicule à la grande étoile des Gémeaux?"[7] Ils répondirent tous à la fois: "Trente-deux degrés et demi. — Combien comptez-vous d'ici à la lune? — Soixante demi-diamètres de la terre en nombre rond. — Combien pèse votre air?" Il croyait les attraper, mais tous lui dirent que l'air pèse environ neuf cents fois moins qu'un pareil volume de l'eau la plus légère, et dix-neuf mille fois moins que l'or de ducat. Le petit nain de Saturne, étonné de leurs réponses, fut tenté de prendre pour des sorciers ces mêmes gens auxquels il avait refusé une âme un quart d'heure auparavant.

Enfin Micromégas leur dit: "Puisque vous savez si bien ce qui est hors de vous, sans doute vous savez encore mieux ce qui est en dedans. Dites-moi ce que c'est que votre âme, et comment vous formez vos idées." Les philosophes parlèrent tous à la fois comme auparavant; mais ils furent tous de différents avis. Le plus vieux citait Aristote, l'autre prononçait le nom de Descartes; celui-ci, de Malebranche;[8] cet autre, de Leibnitz; cet autre, de Locke; un vieux péripatéticien[9] dit tout haut avec confiance: "L'âme est une entéléchie, et une raison par qui elle a la puissance d'être ce qu'elle est. C'est ce que déclare expressément Aristote, page 633 de l'édition du Louvre." Il cita le passage. "Je n'entends pas trop bien le grec, dit le géant. — Ni moi non plus, dit la mite philosophique. — Pourquoi donc, reprit le Sirien, citez-vous un certain Aristote en grec? — C'est, répliqua le savant, qu'il faut bien citer ce qu'on ne comprend point du tout dans la langue qu'on entend le moins."

Le cartésien prit la parole, et dit: "L'âme est un esprit pur qui a reçu dans le ventre de sa mère toutes les idées métaphysiques, et qui, en sortant de là, est obligé d'aller à l'école, et d'apprendre tout de nouveau ce qu'elle a si bien su, et qu'elle ne saura plus. — Ce n'était donc pas la peine, ré-

---

6. Maupertuis and his fellow explorers had gone to northern Finland to measure a degree of longitude in order to verify Newton's hypothesis that the world is flattened at the poles.

7. "from the Dog Star to the Gemini."

8. Malebranche (1638-1715), author of *Recherche de la vérité*, in which he bases his metaphysical system on the principle that "God is the immediate occasion of all our thoughts and acts."

9. A disciple of Aristotle, in whose philosophy *entelechy* meant ultimate end or perfection.

pondit l'animal de huit lieues, que ton âme fût si savante dans le ventre de ta mère, pour être si ignorante quand tu aurais de la barbe au menton.¹⁰ Mais qu'entends-tu par esprit? — Que me demandez-vous là? dit le raisonneur, je n'en ai point d'idée; on dit que ce n'est pas la matière. — Mais sais-tu au moins ce que c'est que la matière? — Très bien, répondit l'homme. Par exemple cette pierre est grise et d'une telle forme; elle a ses trois dimensions; elle est pesante et divisible. — Eh bien! dit le Sirien, cette chose qui te paraît être divisible, pesante, et grise, me diras-tu bien ce que c'est? Tu vois quelques attributs: mais le fond de la chose, le connais-tu? — Non, dit l'autre. — Tu ne sais donc point ce que c'est que la matière."

Alors M. Micromégas, adressant la parole à un autre sage qu'il tenait sur son pouce, lui demanda ce que c'était que son âme, et ce qu'elle faisait. "Rien du tout, dit le philosophe malebranchiste; c'est Dieu qui fait tout pour moi; je vois tout en lui; je fais tout en lui: c'est lui qui fait tout sans que je m'en mêle. — Autant vaudrait ne pas être, reprit le sage de Sirius. Et toi, mon ami, dit-il à un Leibnitzien qui était là, qu'est-ce que ton âme? — C'est, répondit le Leibnitzien,¹¹ une aiguille qui montre les heures pendant que mon corps carillonne; ou bien, si vous voulez, c'est elle qui carillonne pendant que mon corps montre l'heure; ou bien mon âme est le miroir de l'univers, et mon corps est la bordure du miroir: tout cela est clair."

Un petit partisan de Locke était là tout auprès, et quand on lui eut enfin adressé la parole: "Je ne sais pas, disait-il, comment je pense, mais je sais que je n'ai jamais pensé qu'à l'occasion de mes sens. Qu'il y ait des substances immatérielles et intelligentes, c'est de quoi je ne doute pas: mais qu'il soit impossible à Dieu de communiquer la pensée à la matière,¹² c'est de quoi je doute fort. Je révère la puissance éternelle; il ne m'appartient pas de la borner: je n'affirme rien; je me contente de croire qu'il y a plus de choses possibles qu'on ne pense."

L'animal de Sirius sourit: il ne trouva pas celui-là le moins sage; et le nain de Saturne aurait embrassé le sectateur de Locke sans l'extrême disproportion. Mais il y avait là, par malheur, un petit animalcule en bonnet carré¹³ qui coupa la parole à tous les animalcules philosophes; il dit qu'il savait tout le secret; que cela se trouvait dans la *Somme de saint Thomas*;¹⁴ il regarda de haut en bas les deux habitants célestes, il leur soutint que leurs personnes, leurs mondes, leurs soleils, leurs étoiles, tout était fait

---

10. Again an attack on innate ideas.
11. Leibniz attempted to explain the problem of dualism by postulating a predetermined harmony arranged by the mind of God. V.'s ironical description indicates a lack of clarity in Leibniz's system.
12. Cf. *Lettres philosophiques*, above, p. 398.
13. Academic cap worn by doctors of theology.
14. The *Summa Theologica* of St. Thomas Aquinas (1227–1274) is an authoritative statement of Catholic doctrine.

uniquement pour l'homme. A ce discours, nos deux voyageurs se laissèrent aller l'un sur l'autre en étouffant de ce rire inextinguible qui, selon Homère, est le partage des dieux,[15] leurs épaules et leurs ventres allaient et venaient, et dans ces convulsions le vaisseau que le Sirien avait sur son ongle tomba dans une poche de la culotte du Saturnien. Ces deux bonnes gens le cherchèrent longtemps; enfin ils retrouvèrent l'équipage, et le rajustèrent fort proprement. Le Sirien reprit les petites mites; il leur parla encore avec beaucoup de bonté, quoiqu'il fût un peu fâché dans le fond du cœur de voir que les infiniment petits eussent un orgueil presque infiniment grand. Il leur promit de leur faire un beau livre de philosophie, écrit fort menu pour leur usage, et que, dans ce livre, ils verraient le bout des choses. Effectivement, il leur donna ce volume avant son départ: on le porta à Paris à l'Académie des sciences; mais, quand le vieux secrétaire l'eut ouvert, il ne vit rien qu'un livre tout blanc: "Ah! dit-il, je m'en étais bien douté."

POEME SUR LA LOI NATURELLE
1756

This poem, addressed to Frederick the Great, was composed in 1752 while Voltaire was still at Potsdam. It was first published with the Lisbon poem in 1756. Voltaire feared the evil influence on Frederick of the atheistic La Mettrie, author of *L'Homme machine* and *Anti-Sénèque*, a moral treatise denying the ethical significance of remorse. The editors of the Beaumarchais edition of Voltaire's works, published at Kehl (1784–1790), thus described the purpose of the poem: "L'objet du poème sur *la Loi naturelle* est d'établir l'existence d'une morale universelle et indépendante, non seulement de toute religion révélée, mais de tout système particulier sur la nature de l'Etre suprême." A critical edition of this poem has been prepared by Professor Francis J. Crowley.

Voltaire's own summary precedes each part of the poem. The fourth part, often called "Epître au roi de Prusse," deals with the relation of religious bodies to the State and reflects ideas in Frederick's *Réfutation du Prince de Machiavel*.

Première partie

Dieu a donné aux hommes les idées de la justice, et la conscience pour les avertir, comme il leur a donné tout ce qui leur est nécessaire. C'est là cette loi naturelle sur laquelle la religion est fondée; c'est le seul principe qu'on développe ici. L'on ne parle que de la loi naturelle, et non de la religion et de ses augustes mystères.

> Soit qu'un Etre inconnu, par lui seul existant,
> Ait tiré depuis peu l'univers du néant;
> Soit qu'il ait arrangé la matière éternelle;

---

[15]. This Homeric laughter is directed against the anthropocentric idea of the universe. Cf. above, Fontenelle, *Entretiens sur la pluralité des mondes*.

Poème sur la loi naturelle

Qu'elle nage en son sein, ou qu'il règne loin d'elle;
Que l'âme, ce flambeau souvent si ténébreux,
Ou soit un de nos sens ou subsiste sans eux;
Vous êtes sous la main de ce maître invisible.
    Mais du haut de son trône, obscur, inaccessible,
Quel hommage, quel culte exige-t-il de vous?
De sa grandeur suprême indignement jaloux,
Des louanges, des vœux, flattent-ils sa puissance?
Est-ce le peuple altier conquérant de Byzance,
Le tranquille Chinois, le Tartare indompté,
Qui connaît son essence, et suit sa volonté?
Différents dans leurs mœurs ainsi qu'en leur hommage,
Ils lui font tenir tous un différent langage:
Tous se sont donc trompés. Mais détournons les yeux
De cet impur amas d'imposteurs odieux;
Et, sans vouloir sonder d'un regard téméraire
De la loi des chrétiens l'ineffable mystère,
Sans expliquer en vain ce qui fut révélé,
Cherchons par la raison si Dieu n'a point parlé.
    La nature a fourni d'une main salutaire
Tout ce qui dans la vie à l'homme est nécessaire,
Les ressorts de son âme, et l'instinct de ses sens.
Le ciel à ses besoins soumet les éléments.
Dans les plis du cerveau la mémoire habitante
Y peint de la nature une image vivante.
Chaque objet de ses sens prévient la volonté;[16]
Le son dans son oreille est par l'air apporté;
Sans efforts et sans soins son œil voit la lumière.
Sur son Dieu, sur sa fin, sur sa cause première,
L'homme est-il sans secours à l'erreur attaché?
Quoi! le monde est visible, et Dieu serait caché?
Quoi! le plus grand besoin que j'aie en ma misère
Est le seul qu'en effet je ne puis satisfaire?
Non; le Dieu qui m'a fait ne m'a point fait en vain:
Sur le front des mortels il mit son sceau divin.
Je ne puis ignorer ce qu'ordonna mon maître;
Il m'a donné sa loi, puisqu'il m'a donné l'être.
Sans doute il a parlé; mais c'est à l'univers:
Il n'a point de l'Egypte habité les déserts;
Delphes, Délos, Ammon, ne sont pas ses asiles;[17]

---

16. I.e., sensual perception must precede willful action or belief. In these lines, V. is basing his reasoning on the psychology of Locke. Knowledge can originate only in sense perception, but the senses are sufficient to give us an awareness of God.

17. Cf. Fontenelle's *Histoire des oracles*, which denies supernatural intervention in oracular pronouncements.

Il ne se cacha point aux antres des sibylles.
La morale uniforme en tout temps, en tout lieu,
A des siècles sans fin parle au nom de ce Dieu.
C'est la loi de Trajan, de Socrate, et la vôtre.
De ce culte éternel la nature est l'apôtre.
Le bon sens la reçoit, et les remords vengeurs,
Nés de la conscience, en sont les défenseurs;
Leur redoutable voix partout se fait entendre....
Cette loi souveraine, à la Chine, au Japon,
Inspira Zoroastre, illumina Solon.
D'un bout du monde à l'autre elle parle, elle crie:
"Adore un Dieu, sois juste, et chéris ta patrie."...

Seconde partie

Réponses aux objections contre les principes d'une morale universelle. Preuve de cette vérité.

J'entends avec Cardan [18] Spinosa qui murmure:
"Ces remords, me dit-il, ces cris de la nature,
Ne sont que l'habitude, et les illusions
Qu'un besoin mutuel inspire aux nations."
Raisonneur malheureux, ennemi de toi-même,
D'où nous vient ce besoin? pourquoi l'Etre suprême
Mit-il dans notre cœur, à l'intérêt porté,
Un instinct qui nous lie à la société?...

Tous ont reçu du ciel avec l'intelligence
Ce frein de la justice et de la conscience.
De la raison naissante elle est le premier fruit;
Dès qu'on la peut entendre, aussitôt elle instruit:
Contrepoids toujours prompt à rendre l'équilibre
Au cœur plein de désirs, asservi, mais né libre;
Arme que la nature a mise en notre main,
Qui combat l'intérêt par l'amour du prochain.
De Socrate, en un mot, c'est là l'heureux génie;
C'est là ce dieu secret qui dirigeait sa vie,
Ce dieu qui jusqu'au bout présidait à son sort
Quand il but sans pâlir la coupe de la mort....
On insiste, on me dit: "L'enfant dans son berceau
N'est point illuminé par ce divin flambeau;
C'est l'éducation qui forme ses pensées;
Par l'exemple d'autrui ses mœurs lui sont tracées;

---

18. Italian philosopher of the sixteenth century, who, with Pomponazzi, exerted considerable influence on the rationalistic movement in France.

Poème sur la loi naturelle

Il n'a rien dans l'esprit, il n'a rien dans le cœur;
De ce qui l'environne il n'est qu'imitateur;
Il répète les noms de devoir, de justice;
Il agit en machine, et c'est par sa nourrice
Qu'il est juif ou païen, fidèle ou musulman, 5
Vêtu d'un justaucorps, ou bien d'un doliman." [19]
   Oui, de l'exemple en nous je sais quel est l'empire.
Il est des sentiments que l'habitude inspire.
Le langage, la mode et les opinions,
Tous les dehors de l'âme, et ses préventions, 10
Dans nos faibles esprits sont gravés par nos pères,
Du cachet des mortels impressions légères.
Mais les premiers ressorts sont faits d'une autre main; [20]
Leur pouvoir est constant, leur principe est divin.
Il faut que l'enfant croisse, afin qu'il les exerce; 15
Il ne les connaît pas sous la main qui le berce.
Le moineau, dans l'instant qu'il a reçu le jour,
Sans plumes dans son nid, peut-il sentir l'amour?
Le renard en naissant va-t-il chercher sa proie?
Les insectes changeants qui nous filent la soie, 20
Les essaims bourdonnants de ces filles du ciel
Qui pétrissent la cire et composent le miel,
Sitôt qu'ils sont éclos forment-ils leur ouvrage?
Tout mûrit par le temps, et s'accroît par l'usage.
Chaque être a son objet, et dans l'instant marqué 25
Il marche vers le but par le ciel indiqué.
De ce but, il est vrai, s'écartent nos caprices;
Le juste quelquefois commet des injustices;
On fuit le bien qu'on aime, on hait le mal qu'on fait:
De soi-même en tout temps quel cœur est satisfait? 30
   L'homme, on nous l'a tant dit, est une énigme obscure.
Mais en quoi l'est-il plus que toute la nature? [21]
Avez-vous pénétré, philosophes nouveaux,
Cet instinct sûr et prompt qui sert les animaux?

---

19. V., inspired by Dryden, adopted this point of view as the central idea of his play *Zaïre* (I, 1):

> "Je le vois trop: les soins qu'on prend de notre enfance,
> Forment nos sentiments, nos mœurs, notre croyance:
> J'eusse été près du Gange esclave des faux dieux,
> Chrétienne dans Paris, musulmane en ces lieux.
> L'instruction fait tout; et la main de nos pères
> Grave en nos faibles cœurs ces premiers caractères...."

20. V., having denied Descartes' innate ideas, is forced by the behavioristic doctrines of Helvétius and La Mettrie to revert to the instincts. It is interesting to note that the modern reaction against behaviorism is following exactly this same course.

21. Cf. V.'s *Remarques sur les Pensées de Pascal*, above, p. 403.

Dans son germe impalpable avez-vous pu connaître
L'herbe qu'on foule aux pieds, et qui meurt pour renaître?
Sur ce vaste univers un grand voile est jeté;
Mais, dans les profondeurs de cette obscurité,
Si la raison nous luit, qu'avons-nous à nous plaindre?
Nous n'avons qu'un flambeau, gardons-nous de l'éteindre....[22]
   Quand de l'immensité Dieu peupla les déserts,
Alluma des soleils, et souleva des mers:
"Demeurez, leur dit-il, dans vos bornes prescrites."
Tous les mondes naissants connurent leurs limites.
Il imposa des lois à Saturne, à Vénus,
Aux seize orbes divers dans nos cieux contenus,
Aux éléments unis dans leur utile guerre,
A la course des vents, aux flèches du tonnerre,
A l'animal qui pense, et né pour l'adorer,
Au ver qui nous attend, né pour nous dévorer.
Aurons-nous bien l'audace, en nos faibles cervelles,
D'ajouter nos décrets à ces lois immortelles?
Hélas! serait-ce à nous, fantômes d'un moment,
Dont l'être imperceptible est voisin du néant,
De nous mettre à côté du maître du tonnerre,
Et de donner en dieux des ordres à la terre?

Troisième partie

Que les hommes, ayant pour la plupart défiguré, par les opinions qui les divisent, le principe de la religion naturelle qui les unit, doivent se supporter les uns les autres.

   L'univers est un temple où siège l'Eternel.
Là chaque homme à son gré veut bâtir un autel.
Chacun vante sa foi, ses saints et ses miracles,
Le sang de ses martyrs, la voix de ses oracles.
L'un pense, en se lavant cinq ou six fois par jour,
Que le ciel voit ses bains d'un regard plein d'amour,
Et qu'avec un prépuce on ne saurait lui plaire;
L'autre a du dieu Brama désarmé la colère,
Et, pour s'être abstenu de manger du lapin,
Voit le ciel entr'ouvert, et des plaisirs sans fin.
Tous traitent leurs voisins d'impurs et d'infidèles:

---

22. Diderot uses the metaphor somewhat more concretely in his *Additions aux Pensées philosophiques:* "Egaré dans une forêt immense pendant la nuit, je n'ai qu'une petite lumière pour me conduire Survient un inconnu qui me dit: *Mon ami, souffle ta bougie pour mieux trouver ton chemin.* Cet inconnu est un théologien."

Poème sur la loi naturelle

Des chrétiens divisés les infâmes querelles
Ont, au nom du Seigneur, apporté plus de maux,
Répandu plus de sang, creusé plus de tombeaux,
Que le prétexte vain d'une utile balance [23]
N'a désolé jamais l'Allemagne et la France.
  Un doux inquisiteur, un crucifix en main,
Au feu, par charité, fait jeter son prochain,
Et, pleurant avec lui d'une fin si tragique,
Prend, pour s'en consoler, son argent qu'il s'applique;
Tandis que, de la grâce ardent à se toucher,
Le peuple, en louant Dieu, danse autour du bûcher.
On vit plus d'une fois, dans une sainte ivresse,
Plus d'un bon catholique, au sortir de la messe,
Courant sur son voisin pour l'honneur de la foi,
Lui crier: "Meurs, impie, ou pense comme moi."
Calvin et ses suppôts, guettés par la justice,
Dans Paris, en peinture, allèrent au supplice.
Servet [24] fut en personne immolé par Calvin.
Si Servet dans Genève eût été souverain,
Il eût, pour argument contre ses adversaires,
Fait serrer d'un lacet le cou des trinitaires.
Ainsi d'Arminius [25] les ennemis nouveaux
En Flandre étaient martyrs, en Hollande bourreaux.
  D'où vient que, deux cents ans, cette pieuse rage
De nos aïeux grossiers fut l'horrible partage?
C'est que de la nature on étouffa la voix;
C'est qu'à sa loi sacrée on ajouta des lois;
C'est que l'homme, amoureux de son sot esclavage,
Fit, dans ses préjugés, Dieu même à son image.
Nous l'avons fait injuste, emporté, vain, jaloux,
Séducteur, inconstant, barbare comme nous.
  Enfin, grâce en nos jours à la philosophie,
Qui de l'Europe au moins éclaire une partie,
Les mortels, plus instruits, en sont moins inhumains;
Le fer est émoussé, les bûchers sont éteints.
Mais si le fanatisme était encor le maître,
Que ces feux étouffés seraient prompts à renaître!
On s'est fait, il est vrai, le généreux effort
D'envoyer moins souvent ses frères à la mort;

---

23. Reference to the political principle of the balance of power among nations.

24. V. early incurred the enmity of the Genevan Calvinists by calling the burning of Servetus for heresy "an atrocious act."

25. Dutch Protestant theologian, who disagreed with the Flemish Gomar, a rigid supporter of Calvinistic predestination.

On brûle moins d'Hébreux dans les murs de Lisbonne;
Et même le mouphti, qui rarement raisonne,
Ne dit plus aux chrétiens que le sultan soumet:
"Renonce au vin, barbare, et crois à Mahomet."...

5 Dans nos jours passagers de peines, de misères,
Enfants du même Dieu, vivons au moins en frères;
Aidons-nous l'un et l'autre à porter nos fardeaux:
Nous marchons tous courbés sous le poids de nos maux;
Mille ennemis cruels assiègent notre vie,
10 Toujours par nous maudite, et toujours si chérie;
Notre cœur égaré, sans guide et sans appui,
Est brûlé de désirs, ou glacé par l'ennui;
Nul de nous n'a vécu sans connaître les larmes.
De la société les secourables charmes
15 Consolent nos douleurs, au moins quelques instants:
Remède encor trop faible à des maux si constants.
Ah! n'empoisonnons pas la douceur qui nous reste.
Je crois voir des forçats dans un cachot funeste,
Se pouvant secourir, l'un sur l'autre acharnés,
20 Combattre avec les fers dont ils sont enchaînés.

Quatrième partie

C'est au gouvernement à calmer les malheureuses disputes de l'école qui troublent la société.

...Je ne demande pas que dans sa capitale
Un roi, portant en main la crosse épiscopale,
Au sortir du conseil allant en mission,
Donne au peuple contrit sa bénédiction;
25 Toute église a ses lois, tout peuple a son usage:
Mais je prétends qu'un roi, que son devoir engage
A maintenir la paix, l'ordre, la sûreté,
Ait sur tous ses sujets égale autorité.
Ils sont tous ses enfants: cette famille immense
30 Dans ses soins paternels a mis sa confiance.
Le marchand, l'ouvrier, le prêtre, le soldat,
Sont tous également les membres de l'Etat.[26]
De la religion l'appareil nécessaire
Confond aux yeux de Dieu le grand et le vulgaire;

---

26. Here V. lays down the principle of the political subordination of Church to State.

Et les civiles lois, par un autre lien,
Ont confondu le prêtre avec le citoyen.
La loi dans tout Etat doit être universelle:
Les mortels, quels qu'ils soient, sont égaux devant elle.
Je n'en dirai pas plus sur ces points délicats.
Le ciel ne m'a point fait pour régir les Etats,
Pour conseiller les rois, pour enseigner les sages;
Mais, du port où je suis contemplant les orages,
Dans cette heureuse paix où je finis mes jours,
Eclairé par vous-même, et plein de vos discours,
De vos nobles leçons salutaire interprète,
Mon esprit suit le vôtre, et ma voix vous répète.
 Que conclure à la fin de tous mes longs propos?
C'est que les préjugés sont la raison des sots;
Il ne faut pas pour eux se déclarer la guerre:
Le vrai nous vient du ciel, l'erreur vient de la terre;
Et, parmi les chardons qu'on ne peut arracher,
Dans les sentiers secrets le sage doit marcher.
La paix enfin, la paix, que l'on trouble et qu'on aime,
Est d'un prix aussi grand que la vérité même.

Prière

O Dieu qu'on méconnaît, ô Dieu que tout annonce,
Entends les derniers mots que ma bouche prononce;
Si je me suis trompé, c'est en cherchant ta loi.
Mon cœur peut s'égarer, mais il est plein de toi.
Je vois sans m'alarmer l'éternité paraître;
Et je ne puis penser qu'un Dieu qui m'a fait naître,
Qu'un Dieu qui sur mes jours versa tant de bienfaits,
Quand mes jours sont éteints me tourmente à jamais.

POEME SUR LE DESASTRE DE LISBONNE
1756

The terrible earthquake at Lisbon occurred on All Saints' Day, November 1, 1755. Exaggerated accounts, which told of the loss of some two hundred thousand lives, reached Geneva late that same month. Voltaire, in a state of despondency, immediately set to work on this poem, in which he questioned not only the philosophical optimism of Leibniz and Pope but also the general view of Divine benevolence. In a serious effort not to offend orthodox opinion, he found the theological doctrine of original sin and redemption more acceptable than philosophical optimism: "L'optimisme est désespérant; c'est une philosophie cruelle sous un nom consolant." The first draft of the poem ended on the note of adoration and submission. Upon the advice of his friends, Voltaire finally included the word *espérance*, but did so in such a way as to leave its interpretation ambiguous.

Voltaire published this poem along with the *Poème sur la loi naturelle* in 1756 and sent a copy to Jean-Jacques Rousseau, who approved the latter poem but wrote a long reply to this one, defending both philosophical optimism and a general Providence.[27] Alfred E. Noyes was misled into using this poem as a main argument in his apology of Voltaire's Christian beliefs. George R. Havens has made this clear in "The Conclusion of Voltaire's *Poème sur le désastre de Lisbonne*," in *Modern Language Notes*, June, 1941.

Voltaire used a different medium to express essentially the same ideas in *Candide* three years later.

PREFACE

    Si jamais la question du mal physique a mérité l'attention de tous les hommes, c'est dans ces événements funestes qui nous rappellent à la contemplation de notre faible nature; comme les pestes générales qui ont enlevé le quart des hommes dans le monde connu, le tremblement de terre
5 qui engloutit quatre cent mille personnes à la Chine en 1699, celui de Lima et de Collao, et en dernier lieu celui du Portugal, et du royaume de Fez. L'axiome *Tout est bien*[28] paraît un peu étrange à ceux qui sont les témoins de ces désastres. Tout est arrangé, tout est ordonné, sans doute, par la Providence; mais il n'est que trop sensible que tout, depuis long-
10 temps, n'est pas arrangé pour notre bien-être présent.

    Lorsque l'illustre Pope donna son *Essai sur l'homme*, et qu'il développa dans ses vers immortels les systèmes de Leibnitz, du lord Shaftesbury, et du lord Bolingbroke, une foule de théologiens de toutes les communions attaqua ce système. On se révoltait contre cet axiome nouveau, que *tout*
15 *est bien, que l'homme jouit de la seule mesure du bonheur dont son être soit susceptible*, etc.[29] Il y a toujours un sens dans lequel on peut condamner un écrit, et un sens dans lequel on peut l'approuver. Il serait bien plus raisonnable de ne faire attention qu'aux beautés utiles d'un ouvrage, et de n'y point chercher un sens odieux: mais c'est une des imperfections

---

27. See, below, pp. 543–549.
28. Cf. Pope's *Essay on Man:*

    "All nature is but art, unknown to thee;
    All Chance, Direction, which thou canst not see;
    All Discord, Harmony not understood;
    All partial Evil, universal Good:
    And, spite of Pride, in erring Reason's spite,
    One truth is clear, WHATEVER IS, IS RIGHT."

29. Cf. the following lines from Pope:

    "Then say not Man's imperfect, Heaven in fault;
    Say rather, Man's as perfect as he ought."

de notre nature, d'interpréter malignement tout ce qui peut être interprété, et de vouloir décrier tout ce qui a eu du succès.

On crut donc voir dans cette proposition, *Tout est bien,* le renversement du fondement des idées reçues. "Si tout est bien, disait-on, il est donc faux que la nature humaine soit déchue. Si l'ordre général exige que tout soit comme il est, la nature humaine n'a donc pas été corrompue; elle n'a donc pas eu besoin de rédempteur. Si ce monde, tel qu'il est, est le meilleur des mondes possibles, on ne peut donc pas espérer un avenir plus heureux. Si tous les maux dont nous sommes accablés sont un bien général,[30] toutes les nations policées ont donc eu tort de rechercher l'origine du mal physique et du mal moral. Si un homme mangé par les bêtes féroces fait le bien-être de ces bêtes et contribue à l'ordre du monde, si les malheurs de tous les particuliers ne sont que la suite de cet ordre général et nécessaire, nous ne sommes donc que des roues qui servent à faire jouer la grande machine; nous ne sommes pas plus précieux aux yeux de Dieu que les animaux qui nous dévorent."

Voilà les conclusions qu'on tirait du poème de M. Pope; et ces conclusions mêmes augmentaient encore la célébrité et le succès de l'ouvrage. Mais on devait l'envisager sous un autre aspect: il fallait considérer le respect pour la Divinité, la résignation qu'on doit à ses ordres suprêmes, la saine morale, la tolérance, qui sont l'âme de cet excellent écrit. C'est ce que le public a fait; et l'ouvrage, ayant été traduit par des hommes dignes de le traduire, a triomphé d'autant plus des critiques qu'elles roulaient sur des matières plus délicates....

L'auteur du poème sur *le Désastre de Lisbonne* ne combat point l'illustre Pope, qu'il a toujours admiré et aimé; il pense comme lui sur presque tous les points: mais, pénétré des malheurs des hommes, il s'élève contre les abus qu'on peut faire de cet ancien axiome, *Tout est bien.* Il adopte cette triste et plus ancienne vérité reconnue de tous les hommes, qu'*il y a du mal sur la terre;* il avoue que le mot *Tout est bien,* pris dans un sens absolu et sans l'espérance d'un avenir, n'est qu'une insulte aux douleurs de notre vie.

Si, lorsque Lisbonne, Méquinez, Tétuan, et tant d'autres villes, furent englouties avec un si grand nombre de leurs habitants au mois de novembre, 1755, des philosophes avaient crié aux malheureux qui échappaient à peine des ruines: "Tout est bien; les héritiers des morts augmenteront leurs fortunes; les maçons gagneront de l'argent à rebâtir des maisons; les bêtes se nourriront des cadavres enterrés dans les débris: c'est l'effet nécessaire des causes nécessaires; votre mal particulier n'est rien, vous contribuez au bien général"; un tel discours certainement eût été aussi cruel

---

30. Cf. Pope:
"God sends not ill if rightly understood;
Or partial Ill is universal Good."

que le tremblement de terre a été funeste. Et voilà ce que dit l'auteur du poème sur *le Désastre de Lisbonne.*

Il avoue donc avec toute la terre qu'il y a du mal sur la terre, ainsi que du bien; il avoue qu'aucun philosophe n'a pu jamais expliquer l'origine du mal moral et du mal physique; il avoue que Bayle,[31] le plus grand dialecticien qui ait jamais écrit, n'a fait qu'apprendre à douter, et qu'il se combat lui-même; il avoue qu'il y a autant de faiblesse dans les lumières de l'homme que de misères dans sa vie. Il expose tous les systèmes en peu de mots. Il dit que la révélation seule peut dénouer ce grand nœud, que tous les philosophes ont embrouillé; il dit que l'espérance d'un développement de notre être, dans un nouvel ordre de choses, peut seule consoler des malheurs présents, et que la bonté de la Providence est le seul asile auquel l'homme puisse recourir dans les ténèbres de sa raison, et dans les calamités de sa nature faible et mortelle....

    O malheureux mortels! ô terre déplorable!
    O de tous les fléaux assemblage effroyable!
    D'inutiles douleurs éternel entretien!
    Philosophes trompés qui criez: "Tout est bien";
    Accourez, contemplez ces ruines affreuses,
    Ces débris, ces lambeaux, ces cendres malheureuses,
    Ces femmes, ces enfants l'un sur l'autre entassés,
    Sous ces marbres rompus ces membres dispersés;
    Cent mille infortunés que la terre dévore,
    Qui, sanglants, déchirés, et palpitants encore,
    Enterrés sous leurs toits, terminent sans secours
    Dans l'horreur des tourments leurs lamentables jours!
    Aux cris demi-formés de leurs voix expirantes,
    Au spectacle effrayant de leurs cendres fumantes,
    Direz-vous: "C'est l'effet des éternelles lois
    Qui d'un Dieu libre et bon nécessitent le choix?"[32]
    Direz-vous, en voyant cet amas de victimes:
    "Dieu s'est vengé, leur mort est le prix de leurs crimes?"
    Quel crime, quelle faute ont commis ces enfants
    Sur le sein maternel écrasés et sanglants?
    Lisbonne, qui n'est plus, eut-elle plus de vices
    Que Londres, que Paris, plongés dans les délices?
    Lisbonne est abîmée, et l'on danse à Paris.
    Tranquilles spectateurs, intrépides esprits,

---

31. An excellent example of Bayle's method of treating the problem of evil can be found in his *Dictionnaire historique et critique,* article "Manichéens."

32. This couplet refers to the philosophical optimists; the following couplet refers to the theologians.

Poème sur le désastre de Lisbonne

De vos frères mourants contemplant les naufrages,
Vous recherchez en paix les causes des orages:
Mais du sort ennemi quand vous sentez les coups,
Devenus plus humains, vous pleurez comme nous.
Croyez-moi, quand la terre entr'ouvre ses abîmes,
Ma plainte est innocente et mes cris légitimes.
Partout environnés des cruautés du sort,
Des fureurs des méchants, des pièges de la mort,
De tous les éléments éprouvant les atteintes,
Compagnons de nos maux, permettez-nous les plaintes.
C'est l'orgueil, dites-vous, l'orgueil séditieux,
Qui prétend qu'étant mal, nous pouvions être mieux.
Allez interroger les rivages du Tage;[33]
Fouillez dans les débris de ce sanglant ravage;
Demandez aux mourants, dans ce séjour d'effroi,
Si c'est l'orgueil qui crie: "O ciel, secourez-moi!
O ciel, ayez pitié de l'humaine misère!"
"Tout est bien, dites-vous, et tout est nécessaire."
Quoi! l'univers entier, sans ce gouffre infernal,
Sans engloutir Lisbonne, eût-il été plus mal?
Etes-vous assurés que la cause éternelle
Qui fait tout, qui sait tout, qui créa tout pour elle,
Ne pouvait nous jeter dans ces tristes climats
Sans former des volcans allumés sous nos pas?
Borneriez-vous ainsi la suprême puissance?
Lui défendriez-vous d'exercer sa clémence?
L'éternel artisan n'a-t-il pas dans ses mains
Des moyens infinis tout prêts pour ses desseins?
Je désire humblement, sans offenser mon maître,
Que ce gouffre enflammé de soufre et de salpêtre
Eût allumé ses feux dans le fond des déserts.[34]
Je respecte mon Dieu, mais j'aime l'univers.[35]
Quand l'homme ose gémir d'un fléau si terrible,
Il n'est point orgueilleux, hélas! il est sensible.
    Les tristes habitants de ces bords désolés

---

33. A tidal wave following the earthquake did great damage along the banks of the Tagus.

34. Rousseau writes in *Lettre sur la Providence:* "Vous auriez voulu que le tremblement de terre se fût fait au fond d'un désert plutôt qu'à Lisbonne.... Serait-ce donc à dire que l'ordre du monde doit être soumis à nos lois, et que pour lui interdire un tremblement de terre en quelque lieu, nous n'avons qu'à y bâtir une ville?"

35. "Voltaire aimait le bon Dieu comme (sous la monarchie constitutionnelle) beaucoup de gens, dans l'opposition, aimaient le roi, c'est-à-dire à la condition de lui jouer de temps en temps de mauvais tours et de critiquer à son aise son gouvernement." (Saint-Marc Girardin, *J. J. Rousseau,* I, 156.)

Dans l'horreur des tourments seraient-ils consolés
Si quelqu'un leur disait: "Tombez, mourez tranquilles;
Pour le bonheur du monde on détruit vos asiles:
D'autres mains vont bâtir vos palais embrasés,
D'autres peuples naîtront dans vos murs écrasés:
Le Nord va s'enrichir de vos pertes fatales;
Tous vos maux sont un bien dans les lois générales;
Dieu vous voit du même œil que les vils vermisseaux
Dont vous serez la proie au fond de vos tombeaux."
A des infortunés quel horrible langage!
Cruels, à mes douleurs n'ajoutez point l'outrage.
   Non, ne présentez plus à mon cœur agité
Ces immuables lois de la nécessité,
Cette chaîne des corps, des esprits et des mondes.
O rêves des savants! ô chimères profondes! ...
Dieu tient en main la chaîne, et n'est point enchaîné:
Par son choix bienfaisant tout est déterminé:
Il est libre, il est juste, il n'est point implacable.
Pourquoi donc souffrons-nous sous un maître équitable?
Voilà le nœud fatal qu'il fallait délier.
Guérirez-vous nos maux en osant les nier?
Tous les peuples, tremblant sous une main divine,
Du mal que vous niez ont cherché l'origine.
Si l'éternelle loi qui meut les éléments
Fait tomber les rochers sous les efforts des vents,
Si les chênes touffus par la foudre s'embrasent,
Ils ne ressentent point les coups qui les écrasent:
Mais je vis, mais je sens, mais mon cœur opprimé
Demande des secours au Dieu qui l'a formé.
   Enfants du Tout-Puissant, mais nés dans la misère,
Nous étendons les mains vers notre commun père.
Le vase, on le sait bien, ne dit point au potier:
"Pourquoi suis-je si vil, si faible, et si grossier?"
Il n'a point la parole, il n'a point la pensée;
Cette urne en se formant qui tombe fracassée,
De la main du potier ne reçut point un cœur
Qui désirât les biens et sentît son malheur.
"Ce malheur, dites-vous, est le bien d'un autre être."
De mon corps tout sanglant mille insectes vont naître;
Quand la mort met le comble aux maux que j'ai soufferts,
Le beau soulagement d'être mangé des vers!
Tristes calculateurs des misères humaines,
Ne me consolez point, vous aigrissez mes peines;

Poème sur le désastre de Lisbonne

Et je ne vois en vous que l'effort impuissant
D'un fier infortuné qui feint d'être content.[36]
Je ne suis du grand *tout* qu'une faible partie:
Oui; mais les animaux condamnés à la vie,
Tous les êtres sentants, nés sous la même loi,
Vivent dans la douleur, et meurent comme moi.
   Le vautour, acharné sur sa timide proie,
De ses membres sanglants se repaît avec joie;
Tout semble bien pour lui: mais bientôt à son tour
Une aigle au bec tranchant dévore le vautour;
L'homme d'un plomb mortel atteint cette aigle altière:
Et l'homme aux champs de Mars couché sur la poussière,
Sanglant, percé de coups, sur un tas de mourants,
Sert d'aliment affreux aux oiseaux dévorants.
Ainsi du monde entier tous les membres gémissent;
Nés tous pour les tourments, l'un par l'autre ils périssent:
Et vous composerez dans ce chaos fatal
Des malheurs de chaque être un bonheur général![37]
Quel bonheur! ô mortel et faible et misérable,
Vous criez: "Tout est bien," d'une voix lamentable;
L'univers vous dément, et votre propre cœur
Cent fois de votre esprit a réfuté l'erreur.
   Eléments, animaux, humains, tout est en guerre.
Il le faut avouer, le *mal* est sur la terre:
Son principe secret ne nous est point connu.
De l'auteur de tout bien le mal est-il venu?
Est-ce le noir Typhon,[38] le barbare Arimane,[39]
Dont la loi tyrannique à souffrir nous condamne?
Mon esprit n'admet point ces monstres odieux
Dont le monde en tremblant fit autrefois des dieux.
   Mais comment concevoir un Dieu, la bonté même,
Qui prodigua ses biens à ses enfants qu'il aime,
Et qui versa sur eux les maux à pleines mains?
Quel œil peut pénétrer dans ses profonds desseins?

---

36. The six lines above were singled out for attack in Rousseau's reply. Having stated that, since the circulation of substance between men, animals, and vegetables is necessary for the preservation of the human race, particular evil therefore contributes to the general good, he remarks: "Et moi, homme obscur, pauvre et tourmenté d'un mal sans remède, je médite avec plaisir dans ma retraite et trouve que tout est bien."
37. The moment that happiness is considered apart from the thinking, feeling individual, it becomes an empty abstraction. Individualists will therefore always be on V.'s side of the argument.
38. "Principe du mal chez les Egyptiens." (V.)
39. "Principe du mal chez les Perses." (V.)

De l'Etre tout parfait le mal ne pouvait naître;
Il ne vient point d'autrui, puisque Dieu seul est maître:
Il existe pourtant. O tristes vérités!
O mélange étonnant de contrariétés!
Un Dieu vint consoler notre race affligée;
Il visita la terre, et ne l'a point changée!
Un sophiste arrogant nous dit qu'il ne l'a pu:
"Il le pouvait, dit l'autre, et ne l'a point voulu:
Il le voudra, sans doute"; et, tandis qu'on raisonne,
Des foudres souterrains engloutissent Lisbonne,
Et de trente cités dispersent les débris,
Des bords sanglants du Tage à la mer de Cadix.
 Ou l'homme est né coupable, et Dieu punit sa race,
Ou ce maître absolu de l'être et de l'espace,
Sans courroux, sans pitié, tranquille, indifférent,
De ses premiers décrets suit l'éternel torrent; [40]
Ou la matière informe, à son maître rebelle,
Porte en soi des défauts *nécessaires* comme elle;
Ou bien Dieu nous éprouve, et ce séjour mortel
N'est qu'un passage étroit vers un monde éternel.
Nous essuyons ici des douleurs passagères:
Le trépas est un bien qui finit nos misères.
Mais quand nous sortirons de ce passage affreux,
Qui de nous prétendra mériter d'être heureux?...

 Que peut donc de l'esprit la plus vaste étendue? [41]
Rien: le livre du sort se ferme à notre vue.
L'homme, étranger à soi, de l'homme est ignoré.
Que suis-je, où suis-je, où vais-je, et d'où suis-je tiré?
Atomes tourmentés sur cet amas de boue, [42]
Que la mort engloutit, et dont le sort se joue,
Mais atomes pensants, atomes dont les yeux,

---

40. The Epicurean explanation of the origin of evil. The optimistic and theological reasons follow.

41. In a development omitted above, V. has appealed in vain for an explanation of the origin of evil to the great minds of the ages, ending with Bayle, who was "assez sage, assez grand pour être sans système."

42. Cf., above, Fénelon, p. 97. In his remarks on Pascal's *Pensées*, V. saw no reason to despair because the above questions were unanswerable. In this poem and in *Candide* we find V. in a pessimistic mood which justifies the conclusion of J.-R. Carré (*Réflexions sur l'anti-Pascal de Voltaire*, p. 120): "Pascal est dans Voltaire; et donc Pascal n'a pas si mal défini l'homme; du moins pour les grands hommes Pascal avait raison: ils vivent avec un cœur que rien ne rassasie. Mais, précisément, le propre des philosophes est, peut-être, de savoir vivre, eux seuls, sous un ciel de fer; et de ne pas trahir leur raison, pour chercher l'euthanasie, ou la béatitude, coûte que coûte, et fût-ce en se jetant aux bras de l'inconnaissable."

Poème sur le désastre de Lisbonne

Guidés par la pensée, ont mesuré les cieux;
Au sein de l'infini nous élançons notre être,
Sans pouvoir un moment nous voir et nous connaître.[43]
Ce monde, ce théâtre et d'orgueil et d'erreur,
Est plein d'infortunés qui parlent de bonheur.
Tout se plaint, tout gémit en cherchant le bien-être:
Nul ne voudrait mourir, nul ne voudrait renaître.
Quelquefois, dans nos jours consacrés aux douleurs,
Par la main du plaisir nous essuyons nos pleurs;
Mais le plaisir s'envole, et passe comme une ombre;
Nos chagrins, nos regrets, nos pertes, sont sans nombre.
Le passé n'est pour nous qu'un triste souvenir;
Le présent est affreux, s'il n'est point d'avenir,
Si la nuit du tombeau détruit l'être qui pense.
Un jour tout sera bien, voilà notre espérance;
Tout est bien aujourd'hui, voilà l'illusion.
Les sages me trompaient, et Dieu seul a raison.
Humble dans mes soupirs, soumis dans ma souffrance,
Je ne m'élève point contre la Providence.
Sur un ton moins lugubre on me vit autrefois
Chanter des doux plaisirs les séduisantes lois:[44]
D'autres temps, d'autres mœurs: instruit par la vieillesse,
Des humains égarés partageant la faiblesse,
Dans une épaisse nuit cherchant à m'éclairer,
Je ne sais que souffrir, et non pas murmurer.
   Un calife autrefois, à son heure dernière,
Au Dieu qu'il adorait dit pour toute prière:
"Je t'apporte, ô seul roi, seul être illimité,
Tout ce que tu n'as pas dans ton immensité,
Les défauts, les regrets, les maux, et l'ignorance."
Mais il pouvait encore ajouter l'*espérance*.[45]

---

43. In an early edition V. ended his poem here with the two following lines:

"Que faut-il ô mortels! mortels, il faut souffrir
Se soumettre en silence, adorer, et mourir."

This stoic attitude, which reminds us of *Zadig* and Vigny's *Le Loup*, shocked Voltaire's friends. Upon their insistence he changed the last line to read: "Se soumettre, adorer, espérer et mourir." Since they were still dissatisfied, he gave the poem its present ending.

44. Cf. especially *Le Mondain*.

45. Professor G. R. Havens discovered a printed copy with manuscript notes of this poem in which V., still recalcitrant, had written here: "Mais pouvait-il encore ajouter l'*espérance*?" In his letter to V., Rousseau clearly saw that the poem offered only "une espérance incertaine et vague, plutôt comme un palliatif actuel que comme un dédommagement à venir."

Voltaire
LE PHILOSOPHE IGNORANT [46]
1766
Première question

Qui es-tu? d'où viens-tu? que fais-tu? que deviendras-tu? C'est une question qu'on doit faire à tous les êtres de l'univers, mais à laquelle nul ne nous répond. Je demande aux plantes quelle vertu les fait croître, et comment le même terrain produit des fruits si divers. Ces êtres insensibles et muets, quoique enrichis d'une faculté divine, me laissent à mon ignorance et à mes vaines conjectures.

J'interroge cette foule d'animaux différents, qui tous ont le mouvement et le communiquent, qui jouissent des mêmes sensations que moi, qui ont une mesure d'idées et de mémoire avec toutes les passions. Ils savent encore moins que moi ce qu'ils sont, pourquoi ils sont, et ce qu'ils deviennent.

Je soupçonne, j'ai même lieu de croire que les planètes qui roulent autour des soleils innombrables qui remplissent l'espace sont peuplées d'êtres sensibles et pensants; mais une barrière éternelle nous sépare, et aucun de ces habitants des autres globes ne s'est communiqué à nous.

Monsieur le prieur, dans le *Spectacle de la nature*,[47] a dit à monsieur le chevalier que les astres étaient faits pour la terre, et la terre, ainsi que les animaux, pour l'homme. Mais comme le petit globe de la terre roule avec les autres planètes autour du soleil; comme les mouvements réguliers et proportionnels des astres peuvent éternellement subsister sans qu'il y ait des hommes; comme il y a sur notre petite planète infiniment plus d'animaux que de mes semblables, j'ai pensé que monsieur le prieur avait un peu trop d'amour-propre en se flattant que tout avait été fait pour lui; j'ai vu que l'homme, pendant sa vie, est dévoré par tous les animaux s'il est sans défense, et que tous le dévorent encore après sa mort. Ainsi j'ai eu de la peine à concevoir que monsieur le prieur et monsieur le chevalier fussent les rois de la nature. Esclave de tout ce qui m'environne, au lieu d'être roi, resserré dans un point, et entouré de l'immensité, je commence par me chercher moi-même.

Notre Faiblesse

Je suis un faible animal; je n'ai en naissant ni force, ni connaissance, ni instinct; je ne peux même me traîner à la mamelle de ma mère, comme font tous les quadrupèdes; je n'acquiers quelques idées que comme

---

46. In 1766, when this work first appeared, V. was seventy-two years old. He had become increasingly cautious in his pronouncements upon metaphysical questions.

47. It was in this work by Abbé Pluche that V. found the theory of final causes carried to ridiculous extremes. Cf. *Candide* (ch. I): "Remarquez bien que les nez ont

Le Philosophe ignorant

j'acquiers un peu de force, quand mes organes commencent à se développer.[48] Cette force augmente en moi jusqu'au temps où, ne pouvant plus s'accroître, elle diminue chaque jour. Ce pouvoir de concevoir des idées s'augmente de même jusqu'à son terme, et ensuite s'évanouit insensiblement par degrés.

Quelle est cette mécanique qui accroît de moment en moment les forces de mes membres jusqu'à la borne prescrite? Je l'ignore; et ceux qui ont passé leur vie à chercher cette cause n'en savent pas plus que moi.

Quel est cet autre pouvoir qui fait entrer des images dans mon cerveau, qui les conserve dans ma mémoire? Ceux qui sont payés pour le savoir l'ont inutilement cherché; nous sommes tous dans la même ignorance des premiers principes où nous étions dans notre berceau.

Comment puis-je penser?

Les livres faits depuis deux mille ans m'ont-ils appris quelque chose? Il nous vient quelquefois des envies de savoir comment nous pensons, quoiqu'il nous prenne rarement l'envie de savoir comment nous digérons, comment nous marchons. J'ai interrogé ma raison, je lui ai demandé ce qu'elle est: cette question l'a toujours confondue.

J'ai essayé de découvrir par elle si les mêmes ressorts qui me font digérer, qui me font marcher, sont ceux par lesquels j'ai des idées.[49] Je n'ai jamais pu concevoir comment et pourquoi ces idées s'enfuyaient quand la faim faisait languir mon corps, et comment elles renaissaient quand j'avais mangé.[50]

J'ai vu une si grande différence entre des pensées et la nourriture, sans laquelle je ne penserais point, que j'ai cru qu'il y avait en moi une substance qui raisonnait, et une autre substance qui digérait. Cependant, en cherchant toujours à me prouver que nous sommes deux, j'ai senti grossièrement que je suis un seul;[51] et cette contradiction m'a toujours fait une extrême peine....

Substance

Ne pouvant avoir aucune notion que par expérience, il est impossible que nous puissions jamais savoir ce que c'est que la matière. Nous tou-

---

été faits pour porter des lunettes; aussi avons-nous des lunettes. Les jambes sont visiblement instituées pour être chaussées, et nous avons des chausses." In a general way, however, V. accepted the teleological argument for the existence of God.

48. Again V. adopts Locke's refutation of Descartes' innate ideas.

49. V. is asking himself if there is not the same connection between the brain and minding as between the legs and walking.

50. La Mettrie, in his *L'Homme machine*, goes to great length to explain how much the mind is influenced by the body.

51. For a modern discussion of this dilemma, see A. O. Lovejoy, *The Revolt against Dualism*.

chons, nous voyons les propriétés de cette substance; mais ce mot même *substance, ce qui est dessous,* nous avertit assez que ce dessous nous sera inconnu à jamais: quelque chose que nous découvrions de ses apparences, il restera toujours ce dessous à découvrir. Par la même raison, nous ne saurons jamais par nous-mêmes ce que c'est qu'esprit. C'est un mot qui originairement signifie *souffle,* et dont nous nous sommes servis pour tâcher d'exprimer vaguement et grossièrement ce qui nous donne des pensées. Mais quand même, par un prodige qui n'est pas à supposer, nous aurions quelque légère idée de la substance de cet esprit, nous ne serions pas plus avancés; nous ne pourrions jamais deviner comment cette substance reçoit des sentiments et des pensées. Nous savons bien que nous avons un peu d'intelligence, mais comment l'avons-nous? C'est le secret de la nature, elle ne l'a dit à nul mortel....

Suis-je libre? [52]

... Cette question sur la liberté de l'homme m'intéressa vivement; je lus des *Scolastiques,* je fus comme eux dans les ténèbres; je lus Locke, et j'aperçus des traits de lumière; je lus le *Traité* de Collins,[53] qui me parut *Locke* perfectionné; et je n'ai jamais rien lu depuis qui m'ait donné un nouveau degré de connaissance. Voici ce que ma faible raison a conçu, aidée de ces deux grands hommes, les seuls, à mon avis, qui se soient entendus eux-mêmes en écrivant sur cette matière, et les seuls qui se soient fait entendre aux autres.

Il n'y a rien sans cause. Un effet sans cause n'est qu'une parole absurde. Toutes les fois que je veux, ce ne peut être qu'en vertu de mon jugement bon ou mauvais; ce jugement est nécessaire, donc ma volonté l'est aussi. En effet, il serait bien singulier que toute la nature, tous les astres obéissent à des lois éternelles, et qu'il y eût un petit animal haut de cinq pieds qui, au mépris de ces lois, pût agir toujours comme il lui plairait au seul gré de son caprice. Il agirait au hasard, et on sait que le hasard n'est rien. Nous avons inventé ce mot pour exprimer l'effet connu de toute cause inconnue....

Intelligence

Mais, en apercevant l'ordre, l'artifice prodigieux, les lois mécaniques et géométriques qui règnent dans l'univers, les moyens, les fins innombrables de toutes choses, je suis saisi d'admiration et de respect. Je juge incontinent que si les ouvrages des hommes, les miens même, me forcent à

---

52. "Is my will free?"
53. *A Philosophical Inquiry Concerning Human Liberty,* by Anthony Collins, is still considered an excellent treatment of the subject. For a modern discussion of the problem, see the chapter "Moral Freedom" in W. G. Everett, *Moral Values.*

reconnaître en nous une intelligence, je dois en reconnaître une bien supérieurement agissante dans la multitude de tant d'ouvrages. J'admets cette intelligence suprême sans craindre que jamais on puisse me faire changer d'opinion. Rien n'ébranle en moi cet axiome: "Tout ouvrage démontre un ouvrier."

Nature Partout La Même

...La loi de la gravitation qui agit sur un astre agit sur tous les astres, sur toute la matière: ainsi la loi fondamentale de la morale agit également sur toutes les nations bien connues. Il y a mille différences dans les interprétations de cette loi, en mille circonstances; mais le fond subsiste toujours le même, et ce fond est l'idée du juste et de l'injuste. On commet prodigieusement d'injustices dans les fureurs de ses passions, comme on perd sa raison dans l'ivresse: mais quand l'ivresse est passée, la raison revient; et c'est, à mon avis, l'unique cause qui fait subsister la société humaine, cause subordonnée au besoin que nous avons les uns des autres.

Comment donc avons-nous acquis l'idée de la justice? comme nous avons acquis celle de la prudence, de la vérité, de la convenance; par le sentiment et par la raison...

Morale universelle

La morale me paraît tellement universelle, tellement calculée par l'Être universel qui nous a formés, tellement destinée à servir de contrepoids à nos passions funestes, et à soulager les peines inévitables de cette courte vie, que, depuis Zoroastre jusqu'au lord Shaftesbury, je vois tous les philosophes enseigner la même morale, quoiqu'ils aient tous des idées différentes sur les principes des choses. Nous avons vu que Hobbes, Spinosa, et Bayle lui-même, qui ont ou nié les premiers principes, ou qui en ont douté, ont cependant recommandé fortement la justice et toutes les vertus.

Chaque nation eut des rites religieux particuliers, et très souvent d'absurdes et de révoltantes opinions en métaphysique, en théologie; mais s'agit-il de savoir s'il faut être juste, tout l'univers est d'accord....

Religion

Voltaire's religious beliefs are usually described as deistic. A somewhat arbitrary distinction is made between constructive and critical deism. Constructive deism may be defined as the adoption of natural religion based on common ideas of morality [1] and including the worship of a rather indefinite Supreme Being, or vaguely impersonal Supreme Intelligence. This is Voltaire's position in the *Epître à Uranie*, which seems to represent his ideas before his acquaintance with England and the works of the English deists. Voltaire's later works show that he was not entirely satisfied with the plain light of reason, which resembled too closely the innate ideas of the Cartesians. For propaganda purposes, however, he did not completely discard them, as is evident in such writings as the *Profession de foi des théistes* (XXVII, 55-74), the article "Théiste" in the *Dictionnaire philosophique*, the *Poème sur la loi naturelle*, etc.

Yet by far the greater part of Voltaire's comments on religion must be classified as critical or destructive deism. Revealed religions, with their differing ceremonies and contradictory dogmas, produced nothing but intolerance and discord among men. Of all discordant revealed religions, the Christian religion had shed the most blood over purely religious matters and was therefore the most worthy of attack. Since morality was all that counted in the conduct of human affairs, natural religion, or deism, which was considered as old as creation, was the only religion upon which all men could agree and which could prevent them from flying at each other's throats over unessential questions of dogma. Moreover, the Church in Voltaire's day was having little success in giving a moral tone to eighteenth-century society. Granting that morality was a social rather than an individual matter to Voltaire and his group, his attack on the Church, the Bible, and the Christian religion sprang from his preoccupation with the question of morality. (Cf. Norman L. Torrey, *Voltaire and the English Deists*, 3rd publication, 1967.)

On the practical side, Voltaire was soon aware that every idea and every reform that he suggested for the good of humanity met the instant opposition of the Church. Only late in his life did he decide that compromise was ineffectual and adopt the motto: *Ecrasez l'infâme*. The infamous thing to be crushed was superstition which was contrary to reason, fanaticism which tried to suppress the progress of human thought by violent means; it was also by inference the Christian Church and the Christian religion. If the morality of the Old and New Testaments did not coincide with the morality of thinking men of the Age of Reason, so much the worse for that morality. Among reasoning human beings, morality was universally the same. The immorality of the Bible only proved the ignorance and superstition of the Jews. The God of the Jews was far from representing the just Supreme Being of the deists, and the idea of a particular Providence was a tribal idea based on ignorance. Voltaire worked tirelessly during the last fifteen years of his life to upset the foundations of the Christian religion, attacking its history, its miracles, its prophecies, and its morality. His light mockery does not conceal the fact that he was in dead earnest. In his dictionary article "Religion" he is willing to accept Christianity only if he can prove that its founder was a deist who preached love and tolerance and forbearance among men, in direct opposition to the history and practice of the Church.

1. With its insistence on the uniform and the universal, deism may thus be considered an extension of the principles of French classicism into the domain of religion. See A. O. Lovejoy, "The Parallel of Deism and Classicism," *Modern Philology*, XXIX (February, 1932), 281-299.

EPITRE A URANIE [2]
1722?

Tu veux donc, belle Uranie,
Qu'érigé par ton ordre en Lucrèce nouveau,[3]
Devant toi, d'une main hardie,
Aux superstitions j'arrache le bandeau;
Que j'expose à tes yeux le dangereux tableau
Des mensonges sacrés dont la terre est remplie,
Et que ma philosophie
T'apprenne à mépriser les horreurs du tombeau
Et les terreurs de l'autre vie.
Ne crois point qu'enivré des erreurs de mes sens,
De ma religion blasphémateur profane,
Je veuille avec dépit dans mes égarements
Détruire en libertin[4] la loi qui les condamne.
Viens, pénètre avec moi, d'un pas respectueux,
Les profondeurs du sanctuaire
Du Dieu qu'on nous annonce, et qu'on cache à nos yeux.
Je veux aimer ce Dieu, je cherche en lui mon père:
On me montre un tyran[5] que nous devons haïr.
Il créa des humains à lui-même semblables,
Afin de les mieux avilir;
Il nous donna des cœurs coupables,
Pour avoir droit de nous punir;[6]
Il nous fit aimer le plaisir,
Pour nous mieux tourmenter par des maux effroyables,
Qu'un miracle éternel empêche de finir.
Il venait de créer un homme à son image:
On l'en voit soudain repentir,
Comme si l'ouvrier n'avait pas dû sentir

---

2. This epistle, also early called by V. *Le Pour et le contre*, was addressed to Mme de Rupelmonde, with whom V. traveled to Belgium and Holland in 1722. A copy presumably seized on V.'s person in 1726 is preserved in Leningrad among documents emanating from the Bastille. V. did not dare to include it in his published works until 1772. See the critical edition by Professor Ira O. Wade in *Publications of the Modern Language Association of America* (December, 1932).
3. Like Lucretius in the *De rerum natura*, V. will attempt to free his readers from fear of punishment in an afterlife.
4. "freethinker." The word also connotes the Epicurean philosophy of the disciples of Gassendi, kept alive in the Société du Temple and reflected in Abbé Chaulieu's poems, which were soon surpassed by those of V., his young protégé.
5. The Jehovah of the Old Testament.
6. V. here attacks the doctrine of original sin.

Les défauts de son propre ouvrage.[7]
Aveugle en ses bienfaits, aveugle en son courroux,
A peine il nous fit naître, il va nous perdre tous.
Il ordonne à la mer de submerger le monde,
Ce monde qu'en six jours il forma du néant.
Peut-être qu'on verra sa sagesse profonde
Faire un autre univers plus pur, plus innocent:
  Non; il tire de la poussière
  Une race d'affreux brigands,
D'esclaves sans honneur, et de cruels tyrans,
  Plus méchante que la première.[8]
Que fera-t-il enfin, quels foudres dévorants
Vont sur ces malheureux lancer ses mains sévères?
Va-t-il dans le chaos plonger les éléments?
Ecoutez; ô prodige! ô tendresse! ô mystères!
  Il venait de noyer les pères,
  Il va mourir pour les enfants.

Il est un peuple obscur, imbécile, volage,
Amateur insensé des superstitions,
Vaincu par ses voisins, rampant dans l'esclavage,
Et l'éternel mépris des autres nations:
Le fils de Dieu, Dieu même, oubliant sa puissance,
Se fait concitoyen de ce peuple odieux;
Dans les flancs d'une Juive il vient prendre naissance;
Il rampe sous sa mère, il souffre sous ses yeux
  Les infirmités de l'enfance.
Longtemps, vil ouvrier,[9] le rabot à la main,
Ses beaux jours sont perdus dans ce lâche exercice;
Il prêche enfin trois ans le peuple iduméen,
  Et périt du dernier supplice.
Son sang du moins, le sang d'un Dieu mourant pour nous,
N'était-il pas d'un prix assez noble, assez rare,
  Pour suffire à parer les coups
  Que l'enfer jaloux nous prépare?
Quoi! Dieu voulut mourir pour le salut de tous,

---

7. Alfred E. Noyes, in his *Voltaire*, defends these lines as no more impious than the following from Omar Khayyám:

> "'Why,' said another, 'some there are who tell
> Of one who threatens he will toss to hell
> The luckless pots he marred in making.'"

8. In his anxiety to destroy theological doctrines founded on the Old Testament, V. was often unjust to the ancient Hebrews.

9. V. reflects the aristocratic opinions of his society, yet in later life he will praise and support the artisans of Geneva.

Epître à Uranie

Et son trépas est inutile!
Quoi! l'on me vantera sa clémence facile,
Quand remontant au ciel il reprend son courroux,
Quand sa main nous replonge aux éternels abîmes,
Et quand, par sa fureur effaçant ses bienfaits,
Ayant versé son sang pour expier nos crimes,
Il nous punit de ceux que nous n'avons point faits!
Ce Dieu poursuit encore, aveugle en sa colère,
Sur ses derniers enfants l'erreur d'un premier père;
Il en demande compte à cent peuples divers
    Assis dans la nuit du mensonge;
  Il punit au fond des enfers
L'ignorance invincible où lui-même il les plonge,
Lui qui veut éclairer et sauver l'univers!
    Amérique, vastes contrées,
Peuples que Dieu fit naître aux portes du soleil,
  Vous nations hyperborées,[10]
Que l'erreur entretient dans un si long sommeil,
Serez-vous pour jamais à sa fureur livrées
    Pour n'avoir pas su qu'autrefois,
Dans un autre hémisphère, au fond de la Syrie,
Le fils d'un charpentier, enfanté par Marie,
Renié par Céphas,[11] expira sur la croix?
Je ne reconnais point à cette indigne image
  Le Dieu que je dois adorer:
  Je croirais le déshonorer
Par une telle insulte et par un tel hommage.

Entends, Dieu que j'implore, entends du haut des cieux
  Une voix plaintive et sincère.
Mon incrédulité ne doit pas te déplaire;
  Mon cœur est ouvert à tes yeux:
L'insensé te blasphème, et moi, je te révère;
Je ne suis pas chrétien; mais c'est pour t'aimer mieux.[12]

Cependant quel objet se présente à ma vue!
Le voilà, c'est le Christ, puissant et glorieux.
  Auprès de lui dans une nue
L'étendard de sa mort, la croix brille à mes yeux.
Sous ses pieds triomphants la mort est abattue;

---

10. Countries of the north untouched by Christian missions. One of Montesquieu's early essays was likewise a protest against theological damnation of the heathen.
11. Simon Peter, who thrice denied Christ.
12. V. believes he is appealing to a nobler conception of the Deity than that offered by the theology of his day.

Des portes de l'enfer il sort victorieux:
Son règne est annoncé par la voix des oracles;
Son trône est cimenté par le sang des martyrs;
Tous les pas de ses saints sont autant de miracles;
Il leur promet des biens plus grands que leurs désirs;
Ses exemples sont saints, sa morale est divine;
Il console en secret les cœurs qu'il illumine;
Dans les plus grands malheurs il leur offre un appui;
Et si sur l'imposture il fonde sa doctrine,
C'est un bonheur encor d'être trompé par lui.[13]

Entre ces deux portraits, incertaine Uranie,
C'est à toi de chercher l'obscure vérité,
A toi, que la nature honora d'un génie
    Qui seul égale ta beauté.
Songe que du Très-Haut la sagesse éternelle
A gravé de sa main dans le fond de ton cœur
    La religion naturelle;[14]
Crois que de ton esprit la naïve candeur
Ne sera point l'objet de sa haine immortelle;
Crois que devant son trône, en tout temps, en tous lieux,
    Le cœur du juste est précieux;
Crois qu'un bonze[15] modeste, un dervis charitable,
    Trouvent plutôt grâce à ses yeux
Qu'un janséniste impitoyable,[16]
    Ou qu'un pontife ambitieux.
Eh! qu'importe en effet sous quel titre on l'implore?
Tout hommage est reçu, mais aucun ne l'honore.
Un Dieu n'a pas besoin de nos soins assidus:
Si l'on peut l'offenser, c'est par des injustices;
    Il nous juge sur nos vertus,
    Et non pas sur nos sacrifices.[17]

---

13. These fifteen lines justify the title *Le Pour et le contre*. The "pour" follows the "contre," yet V. gives it scanty attention and adopts the now outmoded belief that all formal religions were founded on imposture. The final section of the poem is purely deistic.

14. V.'s explanation of natural religion will later become more precise; he has not yet had occasion to attack Descartes' theory of innate ideas.

15. A Buddhist priest.

16. The Jansenist doctrine of predestination relegated the great majority of mankind to eternal damnation.

17. V. esteems justice and mercy above "sacrifices and burnt-offering."

SUPERSTITION [18]

1765

Le superstitieux est au fripon ce que l'esclave est au tyran. Il y a plus encore: le superstitieux est gouverné par le fanatique, et le devient. La superstition, née dans le paganisme, adoptée par le judaïsme, infecta l'Eglise chrétienne dès les premiers temps.[19] Tous les Pères de l'Eglise sans exception crurent au pouvoir de la magie. L'Eglise condamna toujours la magie, mais elle y crut toujours: elle n'excommunia point les sorciers comme des fous qui étaient trompés, mais comme des hommes qui étaient réellement en commerce avec les diables.

Aujourd'hui la moitié de l'Europe croit que l'autre a été longtemps et est encore superstitieuse. Les protestants regardent les reliques, les indulgences, les macérations, les prières pour les morts, l'eau bénite, et presque tous les rites de l'Eglise romaine, comme une démence superstitieuse. La superstition, selon eux, consiste à prendre des pratiques inutiles pour des pratiques nécessaires. Parmi les catholiques romains il y en a de plus éclairés que leurs ancêtres, qui ont renoncé à beaucoup de ces usages, autrefois sacrés; et ils se défendent sur les autres qu'ils ont conservés, en disant: Ils sont indifférents, et ce qui n'est qu'indifférent ne peut être un mal.

Il est difficile de marquer les bornes de la superstition.[20] Un Français voyageant en Italie trouve presque tout superstitieux, et ne se trompe guère. L'archevêque de Cantorbéry prétend que l'archevêque de Paris est superstitieux; les presbytériens font le même reproche à M. de Cantorbéry, et sont à leur tour traités de superstitieux par les quakers, qui sont les plus superstitieux de tous aux yeux des autres chrétiens.

Personne ne convient donc chez les sociétés chrétiennes de ce que c'est que la superstition. La secte qui semble le moins attaquée de cette maladie de l'esprit est celle qui a le moins de rites. Mais si avec peu de cérémonies elle est fortement attachée à une croyance absurde,[21] cette croyance absurde équivaut, elle seule, à toutes les pratiques superstitieuses observées depuis Simon le Magicien [22] jusqu'au curé Gauffridi.[23]

18. This article first appeared in the *Dictionnaire philosophique* (1765 ed.).
19. Cf. V.'s early play *Œdipe* (1718), IV, i:
"Nos prêtres ne sont point ce qu'un vain peuple pense,
Notre crédulité fait toute leur science."
20. This difficulty explains the willful vagueness of V.'s slogan "Ecrasez l'infâme!" V. insisted that the adjective "infâme" referred not to religion but to superstition. The whole question is, then, where the one begins and the other ends.
21. V. is obviously referring to the "quaking" enthusiasm of the Society of Friends.
22. Cf. Acts VIII, 9-24, wherein it is related that Simon Magnus, a former magician who was converted to Christianity, attempted to buy spiritual powers from St. Peter, the Apostle.
23. V. often speaks of the absurd inhumanity of the burning of this priest at Aix-en-Provence in 1611 for sorcery.

Il est donc évident que c'est le fond de la religion d'une secte qui passe pour superstition chez une autre secte.

Les musulmans en accusent toutes les sociétés chrétiennes, et en sont accusés. Qui jugera ce grand procès? Sera-ce la raison? Mais chaque secte prétend avoir la raison de son côté. Ce sera donc la force qui jugera, en attendant que la raison pénètre dans un assez grand nombre de têtes pour désarmer la force....

Jusqu'à quel point la politique permet-elle qu'on ruine la superstition? Cette question est très épineuse; c'est demander jusqu'à quel point on doit faire la ponction à un hydropique, qui peut mourir dans l'opération. Cela dépend de la prudence du médecin.

Peut-il exister un peuple libre de tous préjugés superstitieux? C'est demander: Peut-il exister un peuple de philosophes? On dit qu'il n'y a nulle superstition dans la magistrature de la Chine. Il est vraisemblable qu'il n'en restera aucune dans la magistrature de quelques villes d'Europe.

Alors ces magistrats empêcheront que la superstition du peuple ne soit dangereuse. L'exemple de ces magistrats n'éclairera pas la canaille, mais les principaux bourgeois la contiendront. Il n'y a peut-être pas un seul tumulte, un seul attentat religieux où les bourgeois n'aient autrefois trempé, parce que ces bourgeois alors étaient canaille; mais la raison et le temps les auront changés. Leurs mœurs adoucies adouciront celles de la plus vile et de la plus féroce populace: c'est de quoi nous avons des exemples frappants dans plus d'un pays. En un mot, moins de superstitions, moins de fanatisme; et moins de fanatisme, moins de malheurs.[24]

THEISME [25]

1742

Le théisme est une religion répandue dans toutes les religions; c'est un métal qui s'allie avec tous les autres, et dont les veines s'étendent sous terre aux quatre coins du monde. Cette mine est plus à découvert, plus travaillée à la Chine;[26] partout ailleurs elle est cachée, et le secret n'est que dans les mains des adeptes.[27]

Il n'y a point de pays où il y ait plus de ces adeptes qu'en Angleterre. Il y avait, au dernier siècle, beaucoup d'athées en ce pays-là, comme en France et en Italie. Ce que le chancelier Bacon avait dit se trouve vrai à

---

24. V. had faith in the ultimate salvation of the masses through enlightenment. His optimistic belief in progress is tempered by considerations of time and the evident nonperfectibility of human nature.

25. This article from the *Dictionnaire philosophique* was first published in 1742 under the more appropriate title "Déisme."

26. Reference to the Confucian literati.

27. Shaftesbury said that wise men were all of the same religion. When asked what that religion was, he replied that wise men never tell. On the margin of a book by an English deist V. wrote: "Natural religion for the magistrates; damned stuff for the mob!"

Théisme

la lettre, qu'un peu de philosophie rend un homme athée, et que beaucoup de philosophie mène à la connaissance d'un Dieu. Lorsqu'on croyait, avec Epicure, que le hasard fait tout, ou, avec Aristote, et même avec plusieurs anciens théologiens, que rien ne naît que par corruption, et qu'avec de la matière et du mouvement le monde va tout seul, alors on pouvait ne pas croire à la Providence. Mais depuis qu'on entrevoit la nature, que les anciens ne voyaient point du tout; depuis qu'on s'est aperçu que tout est organisé, que tout a son germe; depuis qu'on a bien su qu'un champignon est l'ouvrage d'une sagesse infinie aussi bien que tous les mondes; alors ceux qui pensent ont adoré, là où leurs devanciers avaient blasphémé. Les physiciens sont devenus les hérauts de la Providence: un catéchiste annonce Dieu à des enfants, et un Newton le démontre aux sages.

Bien des gens demandent si le théisme, considéré à part, et sans aucune autre cérémonie religieuse, est en effet une religion? La réponse est aisée: celui qui ne reconnaît qu'un Dieu créateur, celui qui ne considère en Dieu qu'un être infiniment puissant, et qui ne voit dans ses créatures que des machines admirables, n'est pas plus religieux envers lui qu'un Européen qui admirerait le roi de la Chine n'est pour cela sujet de ce prince. Mais celui qui pense que Dieu a daigné mettre un rapport entre lui et les hommes, qu'il les a faits libres, capables du bien et du mal, et qu'il leur a donné à tous ce bon sens qui est l'instinct de l'homme, et sur lequel est fondée la loi naturelle, celui-là sans doute a une religion, et une religion beaucoup meilleure que toutes les sectes qui sont hors de notre Eglise:[28] car toutes ces sectes sont fausses, et la loi naturelle est vraie. Notre religion révélée n'est même et ne pouvait être que cette loi naturelle perfectionnée. Ainsi le théisme est le bon sens qui n'est pas encore instruit de la révélation, et les autres religions sont le bon sens perverti par la superstition.

Toutes les sectes sont différentes, parce qu'elles viennent des hommes; la morale est partout la même, parce qu'elle vient de Dieu.

On demande pourquoi, de cinq ou six cents sectes, il n'y en a guère eu qui n'aient fait répandre du sang, et que les théistes, qui sont partout si nombreux, n'ont jamais causé le moindre tumulte? C'est que ce sont des philosophes. Or des philosophes peuvent faire de mauvais raisonnements, mais ils ne font jamais d'intrigues. Aussi ceux qui persécutent un philosophe, sous prétexte que ses opinions peuvent être dangereuses au public, sont aussi absurdes que ceux qui craindraient que l'étude de l'algèbre ne fît enchérir le pain au marché; il faut plaindre un être pensant qui s'égare; le persécuter est insensé et horrible. Nous sommes tous

---

28. Necessary hedging, since this article was first published before V. had found relative freedom and security at Ferney. Many ideas here expressed represent a profession rather than a confession of faith on V.'s part. See "Voltaire and Deism" in N. L. Torrey, *The Spirit of Voltaire*.

frères; si quelqu'un de mes frères, plein du respect et de l'amour filial, animé de la charité la plus fraternelle, ne salue pas notre père commun avec les mêmes cérémonies que moi, dois-je l'égorger et lui arracher le cœur?

Qu'est-ce qu'un vrai théiste? C'est celui qui dit à Dieu: *Je vous adore, et je vous sers;* c'est celui qui dit au Turc, au Chinois, à l'Indien, et au Russe: *Je vous aime*....[29]

PROVIDENCE [30]

1771

J'étais à la grille lorsque sœur Fessue disait à sœur Confite: "La Providence prend un soin visible de moi; vous savez comme j'aime mon moineau; il était mort, si je n'avais pas dit neuf *Ave Maria* pour obtenir sa guérison. Dieu a rendu mon moineau à la vie; remercions la sainte Vierge."

Un métaphysicien lui dit: "Ma sœur, il n'y a rien de si bon que des *Ave Maria,* surtout quand une fille les récite en latin dans un faubourg de Paris; mais je ne crois pas que Dieu s'occupe beaucoup de votre moineau, tout joli qu'il est; songez, je vous prie, qu'il a d'autres affaires. Il faut qu'il dirige continuellement le cours de seize planètes et de l'anneau de Saturne, au centre desquels il a placé le soleil, qui est aussi gros qu'un million de nos terres. Il a des milliards de milliards d'autres soleils, de planètes et de comètes à gouverner. Ses lois immuables et son concours éternel font mouvoir la nature entière; tout est lié à son trône par une chaîne infinie dont aucun anneau ne peut jamais être hors de sa place. Si des *Ave Maria* avaient fait vivre le moineau de sœur Fessue un instant de plus qu'il ne devait vivre, ces *Ave Maria* auraient violé toutes les lois posées de toute éternité par le grand Etre; vous auriez dérangé l'univers; il vous aurait fallu un nouveau monde, un nouveau Dieu, un nouvel ordre de choses.[31]

Sœur Fessue. — Quoi! vous croyez que Dieu fasse si peu de cas de sœur Fessue?

Le Métaphysicien. — Je suis fâché de vous dire que vous n'êtes, comme moi, qu'un petit chaînon imperceptible de la chaîne infinie; que vos organes, ceux de votre moineau, et les miens, sont destinés à subsister un nombre déterminé de minutes dans ce faubourg de Paris.

---

29. For Christ's commandment to love God and one's neighbor, see *St. Matthew,* xxii, 37-39.

30. In this article from *Questions sur l'Encyclopédie* the subject is treated in a different but no less vivid manner than in *Zadig.* The security of Ferney led V. to adopt a much bolder exposition of his thought.

31. Here again V. accepts the scientific bases of the philosophic optimism of Pope and Leibniz but not their metaphysical solution of the problem of evil.

Sœur Fessue. — S'il est ainsi, j'étais prédestinée à dire un nombre déterminé d'*Ave Maria*.

Le Métaphysicien. — Oui; mais ils n'ont pas forcé Dieu à prolonger la vie de votre moineau au delà de son terme. La constitution du monde portait que dans ce couvent, à une certaine heure, vous prononceriez comme un perroquet certaines paroles dans une certaine langue que vous n'entendez point; que cet oiseau, né comme vous par l'action irrésistible des lois générales, ayant été malade, se porterait mieux; que vous vous imagineriez l'avoir guéri avec des paroles, et que nous aurions ensemble cette conversation.

Sœur Fessue. — Monsieur, ce discours sent l'hérésie. Mon confesseur, le révérend P. de Menou, en inférera que vous ne croyez pas à la Providence.

Le Métaphysicien. — Je crois la Providence générale, ma chère sœur, celle dont est émanée de toute éternité la loi qui règle toute chose, comme la lumière jaillit du soleil; mais je ne crois point qu'une Providence particulière change l'économie du monde pour votre moineau ou pour votre chat.[32]

Sœur Fessue. — Mais pourtant, si mon confesseur vous dit, comme il me l'a dit à moi, que Dieu change tous les jours ses volontés en faveur des âmes dévotes?

Le Métaphysicien. — Il me dira la plus plate bêtise qu'un confesseur de filles puisse dire à un homme qui pense.

Sœur Fessue. — Mon confesseur une bête! sainte Vierge Marie!

Le Métaphysicien. — Je ne dis pas cela; je dis qu'il ne pourrait justifier que par une bêtise énorme les faux principes qu'il vous a insinués, peut-être fort adroitement, pour vous gouverner.

Sœur Fessue. — Ouais! j'y penserai; cela mérite réflexion.

L'ERMITE[33]

1748

Il rencontra en marchant un ermite, dont la barbe blanche et vénérable lui descendait jusqu'à la ceinture. Il tenait en main un livre qu'il lisait attentivement. Zadig s'arrêta, et lui fit une profonde inclination. L'ermite le salua d'un air si noble et si doux, que Zadig eut la curiosité de l'entre-

---

32. V. thus denies Providence in its commonly accepted sense. His "Providence générale" would seem to mean the benevolent universe of modern philosophy.

33. This chapter from V.'s well-known tale *Zadig, ou La Destinée* (1748) gives the philosophical import of the story. The legend of the hermit was common in the literature of the Middle Ages and has been treated in modern times by Thomas Parnell and Mark Twain. V.'s treatment is, of course, entirely original. In a letter to Abbé de Bernis, V. calls *Zadig* "ce roman moral qu'on devrait intituler plutôt la *Providence* que la *Destinée* si on osait se servir de ce mot respectable de *Providence*, dans un ouvrage de pur amusement."

tenir. Il lui demanda quel livre il lisait. "C'est le livre des destinées, dit l'ermite; voulez-vous en lire quelque chose?" Il mit le livre dans les mains de Zadig, qui, tout instruit qu'il était dans plusieurs langues, ne put déchiffrer un seul caractère du livre.[34] Cela redoubla encore sa curiosité.

"Vous me paraissez bien chagrin, lui dit ce bon père. — Hélas! que j'en ai sujet! dit Zadig. — Si vous permettez que je vous accompagne, repartit le vieillard, peut-être vous serai-je utile: j'ai quelquefois répandu des sentiments de consolation dans l'âme des malheureux." Zadig se sentit du respect pour l'air, pour la barbe, et pour le livre de l'ermite. Il lui trouva dans la conversation des lumières supérieures. L'ermite parlait de la destinée, de la justice, de la morale, du souverain bien, de la faiblesse humaine, des vertus et des vices, avec une éloquence si vive et si touchante, que Zadig se sentit entraîné vers lui par un charme invincible. Il le pria avec instance de ne le point quitter, jusqu'à ce qu'ils fussent de retour à Babylone. "Je vous demande moi-même cette grâce, lui dit le vieillard; jurez-moi par Orosmade que vous ne vous séparerez pas de moi d'ici à quelques jours, quelque chose que je fasse." Zadig jura, et ils partirent ensemble.

Les deux voyageurs arrivèrent le soir à un château superbe. L'ermite demanda l'hospitalité pour lui et pour le jeune homme qui l'accompagnait. Le portier, qu'on aurait pris pour un grand seigneur, les introduisit avec une espèce de bonté dédaigneuse. On les présenta à un principal domestique, qui leur fit voir les appartements magnifiques du maître. Ils furent admis à sa table au bas bout, sans que le seigneur du château les honorât d'un regard; mais ils furent servis comme les autres avec délicatesse et profusion. On leur donna ensuite à laver dans un bassin d'or garni d'émeraudes et de rubis. On les mena coucher dans un bel appartement, et le lendemain matin un domestique leur apporta à chacun une pièce d'or, après quoi on les congédia.

"Le maître de la maison, dit Zadig en chemin, me paraît être un homme généreux, quoique un peu fier; il exerce noblement l'hospitalité." En disant ces paroles, il aperçut qu'une espèce de poche très large que portait l'ermite paraissait tendue et enflée: il y vit le bassin d'or garni de pierreries, que celui-ci avait volé. Il n'osa d'abord en rien témoigner; mais il était dans une étrange surprise.

Vers le midi, l'ermite se présenta à la porte d'une maison très petite, où logeait un riche avare; il y demanda l'hospitalité pour quelques heures. Un vieux valet mal habillé le reçut d'un ton rude, et fit entrer l'ermite et Zadig dans l'écurie, où on leur donna quelques olives pourries, de mauvais pain et de la bière gâtée. L'ermite but et mangea d'un air aussi content que

---

34. Man's inability to decipher the Book of Destiny is also the final thought in V.'s *Micromégas*. Anatole France has treated the same idea in "L'Humaine Tragédie" (*Le Puits de Sainte Claire*).

L'Ermite

la veille; puis s'adressant à ce vieux valet qui les observait tous deux pour voir s'ils ne volaient rien, et qui les pressait de partir, il lui donna les deux pièces d'or qu'il avait reçues le matin, et le remercia de toutes ses attentions. "Je vous prie, ajouta-t-il, faites-moi parler à votre maître." Le valet, étonné, introduisit les deux voyageurs: "Magnifique seigneur, dit l'ermite, je ne puis que vous rendre de très humbles grâces de la manière noble dont vous nous avez reçus: daignez accepter ce bassin d'or comme un faible gage de ma reconnaissance." L'avare fut près de tomber à la renverse. L'ermite ne lui donna pas le temps de revenir de son saisissement; il partit au plus vite avec son jeune voyageur. "Mon père, lui dit Zadig, qu'est-ce que tout ce que je vois? Vous ne me paraissez ressembler en rien aux autres hommes: vous volez un bassin d'or garni de pierreries à un seigneur qui vous reçoit magnifiquement, et vous le donnez à un avare qui vous traite avec indignité. — Mon fils, répondit le vieillard, cet homme magnifique, qui ne reçoit les étrangers que par vanité et pour faire admirer ses richesses, deviendra plus sage; l'avare apprendra à exercer l'hospitalité: ne vous étonnez de rien, et suivez-moi." Zadig ne savait encore s'il avait affaire au plus fou ou au plus sage de tous les hommes; mais l'ermite parlait avec tant d'ascendant que Zadig, lié d'ailleurs par son serment, ne put s'empêcher de le suivre.

Ils arrivèrent le soir à une maison agréablement bâtie, mais simple, où rien ne sentait ni la prodigalité ni l'avarice. Le maître était un philosophe retiré du monde, qui cultivait en paix la sagesse et la vertu, et qui cependant ne s'ennuyait pas. Il s'était plu à bâtir cette retraite dans laquelle il recevait les étrangers avec une noblesse qui n'avait rien de l'ostentation. Il alla lui-même au-devant des deux voyageurs, qu'il fit reposer d'abord dans un appartement commode. Quelque temps après, il les vint prendre lui-même pour les inviter à un repas propre et bien entendu, pendant lequel il parla avec discrétion des dernières révolutions de Babylone. Il parut sincèrement attaché à la reine, et souhaita que Zadig eût paru dans la lice pour disputer la couronne.[35] "Mais les hommes, ajouta-t-il, ne méritent pas d'avoir un roi comme Zadig." Celui-ci rougissait, et sentait redoubler ses douleurs. On convint dans la conversation que les choses de ce monde n'allaient pas toujours au gré des plus sages. L'ermite soutint toujours qu'on ne connaissait pas les voies de la Providence, et que les hommes avaient tort de juger d'un tout dont ils n'apercevaient que la plus petite partie.

On parla des passions. "Ah! qu'elles sont funestes! disait Zadig. — Ce sont les vents qui enflent les voiles du vaisseau, repartit l'ermite: elles le submergent quelquefois; mais sans elles il ne pourrait voguer."[36] La bile

---

[35]. Zadig had appeared in the lists incognito and had been cheated out of his victory.
[36]. An idea common to Fontenelle, Pope, Diderot, and many other writers of the period.

rend colère et malade; mais sans la bile l'homme ne saurait vivre. Tout est dangereux ici-bas, et tout est nécessaire."

On parla de plaisir, et l'ermite prouva que c'est un présent de la Divinité; "car, dit-il, l'homme ne peut se donner ni sensation ni idées, il reçoit tout; la peine et le plaisir lui viennent d'ailleurs comme son être."

Zadig admirait comment un homme qui avait fait des choses si extravagantes pouvait raisonner si bien. Enfin, après un entretien aussi instructif qu'agréable, l'hôte reconduisit ses deux voyageurs dans leur appartement, en bénissant le Ciel qui lui avait envoyé deux hommes si sages et si vertueux. Il leur offrit de l'argent d'une manière aisée et noble qui ne pouvait déplaire. L'ermite le refusa et lui dit qu'il prenait congé de lui, comptant partir pour Babylone avant le jour. Leur séparation fut tendre, Zadig surtout se sentait plein d'estime et d'inclination pour un homme si aimable.

Quand l'ermite et lui furent dans leur appartement, ils firent longtemps l'éloge de leur hôte. Le vieillard au point du jour éveilla son camarade. "Il faut partir, dit-il; mais tandis que tout le monde dort encore, je veux laisser à cet homme un témoignage de mon estime et de mon affection." En disant ces mots, il prit un flambeau, et mit le feu à la maison. Zadig, épouvanté, jeta des cris, et voulut l'empêcher de commettre une action si affreuse. L'ermite l'entraînait par une force supérieure; la maison était enflammée. L'ermite, qui était déjà assez loin avec son compagnon, la regardait brûler tranquillement. "Dieu merci! dit-il, voilà la maison de mon cher hôte détruite de fond en comble! L'heureux homme!" A ces mots Zadig fut tenté à la fois d'éclater de rire, de dire des injures au révérend père, de le battre et de s'enfuir; mais il ne fit rien de tout cela, et, toujours subjugué par l'ascendant de l'ermite, il le suivit malgré lui à la dernière couchée.

Ce fut chez une veuve charitable et vertueuse qui avait un neveu de quatorze ans, plein d'agréments et son unique espérance. Elle fit du mieux qu'elle put les honneurs de sa maison. Le lendemain, elle ordonna à son neveu d'accompagner les voyageurs jusqu'à un pont qui, étant rompu depuis peu, était devenu un passage dangereux. Le jeune homme, empressé, marche au-devant d'eux. Quand ils furent sur le pont: "Venez, dit l'ermite au jeune homme, il faut que je marque ma reconnaissance à votre tante." Il le prend alors par les cheveux et le jette dans la rivière. L'enfant tombe, reparaît un moment sur l'eau, et est englouti dans le torrent. "O monstre! ô le plus scélérat de tous les hommes! s'écria Zadig.

— Vous m'aviez promis plus de patience, lui dit l'ermite en l'interrompant; apprenez que sous les ruines de cette maison où la Providence a mis le feu, le maître a trouvé un trésor immense; apprenez que ce jeune homme dont la Providence a tordu le cou aurait assassiné sa tante dans un an, et vous dans deux. — Qui te l'a dit, barbare? cria Zadig; et quand tu aurais lu cet événement dans ton livre des destinées, t'est-il permis de noyer un enfant qui ne t'a point fait de mal?" [37]

Tandis que le Babylonien parlait, il aperçut que le vieillard n'avait plus de barbe, que son visage prenait les traits de la jeunesse. Son habit d'ermite disparut; quatre belles ailes couvraient un corps majestueux et resplendissant de lumière. "O envoyé du ciel! ô ange divin! s'écria Zadig en se prosternant, tu es donc descendu de l'empyrée pour apprendre à un faible mortel à se soumettre aux ordres éternels? — Les hommes, dit l'ange Jesrad,[38] jugent de tout sans rien connaître: tu étais celui de tous les hommes qui méritait le plus d'être éclairé." Zadig lui demanda la permission de parler. "Je me défie de moi-même, dit-il; mais oserai-je le prier de m'éclaircir un doute: ne vaudrait-il pas mieux avoir corrigé cet enfant, et l'avoir rendu vertueux, que de le noyer?" Jesrad reprit: "S'il avait été vertueux, et s'il eût vécu, son destin était d'être assassiné lui-même avec la femme qu'il devait épouser, et le fils qui en devait naître. — Mais quoi! dit Zadig, il est donc nécessaire qu'il y ait des crimes et des malheurs? et les malheurs tombent sur les gens de bien! — Les méchants, répondit Jesrad, sont toujours malheureux: ils servent à éprouver un petit nombre de justes répandus sur la terre, et il n'y a point de mal dont il ne naisse un bien. — Mais, dit Zadig, s'il n'y avait que du bien, et point de mal? — Alors, reprit Jesrad, cette terre serait une autre terre, l'enchaînement des événements serait un autre ordre de sagesse;[39] et cet ordre, qui serait parfait, ne peut être que dans la demeure éternelle de l'Etre suprême, de qui le mal ne peut approcher. Il a créé des millions de mondes, dont aucun ne peut ressembler à l'autre. Cette immense variété est un attribut de sa puissance immense. Il n'y a ni deux feuilles d'arbre sur la terre, ni deux globes dans les champs infinis du ciel, qui soient semblables, et tout ce que tu vois sur le petit atome où tu es né devait être dans sa place et dans son temps fixe, selon les ordres immuables de celui qui embrasse tout. Les hommes pensent que cet enfant qui vient de périr est tombé dans l'eau par hasard, que c'est par un même hasard que cette maison est brûlée; mais il n'y a point de hasard: tout est épreuve, ou punition, ou récompense, ou prévoyance.[40] Souviens-toi de ce pêcheur qui se croyait le plus malheureux de tous les hommes.

---

37. If V. is not impugning here the ways of the Almighty, he is at least condemning the presumption of men who, unable to read the Book of Destiny, claim to be the agents of God's will. Zadig's anger cools only when the hermit reveals his celestial nature. Cf., above, Fénelon, p. 99.

38. *Jezd* in the religion of the ancient Persians is found both as the name of an angel and as the name of God.

39. Jesrad reflects the philosophy of Leibniz, which is also the philosophical background of Pope's *Essay on Man*. See Arthur O. Lovejoy, *The Great Chain of Being*.

40. V. admitted that what we call chance could only be the unknown cause of a known effect. He was, however, far from accepting the theological interpretations of evil here enumerated.

Orosmade t'a envoyé pour changer sa destinée. Faible mortel! cesse de disputer contre ce qu'il faut adorer. — Mais,[41] dit Zadig..." Comme il disait *mais*, l'ange prenait déjà son vol vers la dixième sphère. Zadig, à genoux, adora la Providence, et se soumit. L'ange lui cria du haut des airs: "Prends ton chemin vers Babylone."

LES QUESTIONS DE ZAPATA

TRADUITES PAR LE SIEUR TAMPONET, DOCTEUR DE SORBONNE [42]

1767

Le licencié Zapata, nommé professeur en théologie dans l'université de Salamanque, présenta ces questions à la junta des docteurs en 1629. Elles furent supprimées. L'exemplaire espagnol est dans la bibliothèque de Brunsvick.

SAGES MAÎTRES,

1° Comment dois-je m'y prendre pour prouver que les Juifs, que nous faisons brûler par centaines,[43] furent, pendant quatre mille ans, le peuple chéri de Dieu?

2° Pourquoi Dieu, qu'on ne peut sans blasphème regarder comme injuste, a-t-il pu abandonner la terre entière pour la petite horde juive, et ensuite abandonner sa petite horde pour une autre, qui fut pendant deux cents ans beaucoup plus petite et plus méprisée? [44]

---

41. The "philosophic but" is part of V.'s propaganda technique. His friends would understand that he was on the side of the doubters, whereas the orthodox critics could not easily condemn his work. Another notable example of the same technique may be found in a letter to his niece from Potsdam (November 6, 1750), in which V. thus expresses his early disillusionment: "Les soupers du roi sont délicieux, on y parle raison, esprit, science; la liberté y règne; il est l'âme de tout cela; point de mauvaise humeur, point de nuages, du moins point d'orages. Ma vie est libre et occupée; mais... mais... Opéras, comédies, carrousels, soupers à Sans-Souci, manœuvres de guerre, concerts, études, lectures; mais... mais..." Cf. also the last line of *Candide:* "Cela est bien dit, répondit Candide, mais il faut cultiver notre jardin."

42. Bachaumont, in his *Mémoires secrets*, makes the following entry on May 16, 1767: "Le *Zapata* est un Bachelier de Valladolid que M. de Voltaire suppose proposer à la Junte des Docteurs de Salamanque un nombre de questions qui l'embarrassent dans l'ancien et le nouveau Testament. Ce sont toutes les contradictions, toutes les absurdités, toutes les horreurs et même toutes les impiétés qu'il a déjà relevées dans son *Dictionnaire philosophique*, et dans les différents ouvrages qu'il a donnés depuis qu'il s'est livré à la théologie et à la métaphysique: en général il ramène ce qu'il a dit vingt fois, mais son sarcasme est toujours piquant et réveille le goût des lecteurs pour les matières remâchées trop souvent. M. de Voltaire prétend que l'original de ces doutes est dans la bibliothèque de Brunswick. Ils sont au nombre de 67, et l'on juge bien que les sages Maîtres restent sans réponse."

43. The Inquisition was especially severe in Spain and Portugal.

44. Reference to the inferior social status of the early Christians. V.'s "anti-Semitism" is a theological weapon in his attacks upon the Christian Church. Pascal and other apologists had founded the truth of the Christian religion on the sacred writings of the Old Testament.

3° Pourquoi a-t-il fait une foule de miracles incompréhensibles, en faveur de cette chétive nation, avant les temps qu'on nomme historiques? Pourquoi n'en fait-il plus depuis quelques siècles? et pourquoi n'en voyons-nous jamais, nous qui sommes le peuple de Dieu?

4° Si Dieu est le Dieu d'Abraham, pourquoi brûlez-vous les enfants d'Abraham? et si vous les brûlez, pourquoi récitez-vous leurs prières, même en les brûlant? Comment, vous qui adorez le livre de leur loi, les faites-vous mourir pour avoir suivi leur loi?

5° Comment concilierai-je la chronologie des Chinois, des Chaldéens, des Phéniciens, des Egyptiens, avec celle des Juifs? et comment accorderai-je entre elles quarante manières différentes de supputer les temps chez les commentateurs? Je dirai que Dieu dicta ce livre; et on me répondra que Dieu ne sait donc pas la chronologie.

6° Par quels arguments prouverai-je que les livres attribués à Moïse furent écrits par lui dans le désert? A-t-il pu dire qu'il écrivait au delà du Jourdain, quand il n'a jamais passé le Jourdain? On me répondra que Dieu ne sait donc pas la géographie....

9° Le livre de la *Genèse* est-il physique ou allégorique? Dieu ôta-t-il en effet une côte à Adam pour en faire une femme? et comment est-il dit auparavant qu'il le créa mâle et femelle? comment Dieu créa-t-il la lumière avant le soleil? comment divisa-t-il la lumière des ténèbres, puisque les ténèbres ne sont autre chose que la privation de la lumière? comment fit-il le jour avant que le soleil fût fait? comment le firmament fut-il formé au milieu des eaux, puisqu'il n'y a point de firmament, et que cette fausse notion d'un firmament n'est qu'une imagination des anciens Grecs? Il y a des gens qui conjecturent que la *Genèse* ne fut écrite que quand les Juifs eurent quelque connaissance de la philosophie erronée des autres peuples, et j'aurai la douleur d'entendre dire que Dieu ne sait pas plus la physique que la chronologie et la géographie....

11° Je voudrais de tout mon cœur manger du fruit qui pendait à l'arbre de la science, et il me semble que la défense d'en manger est étrange: car Dieu ayant donné la raison à l'homme, il devait l'encourager à s'instruire. Voulait-il n'être servi que par un sot? Je voudrais parler aussi au serpent, puisqu'il a tant d'esprit; mais je voudrais savoir quelle langue il parlait. L'empereur Julien,[45] ce grand philosophe, le demanda au grand saint Cyrille, qui ne put satisfaire à cette question, mais qui répondit à ce sage empereur: "C'est vous qui êtes le serpent." Saint Cyrille n'était pas poli; mais vous remarquerez qu'il ne répondit cette impertinence théologique que quand Julien fut mort....

12° Comment expliquerai-je l'histoire des anges qui devinrent amoureux des filles des hommes, et qui engendrèrent les géants?[46] Ne m'objectera-t-on pas que ce trait est tiré des fables païennes? Mais puisque les Juifs

45. Julian the Apostate, often defended by the *philosophes*.
46. *Genesis*, vi, 4.

inventèrent tout dans le désert, et qu'ils étaient fort ingénieux, il est clair que toutes les autres nations ont pris d'eux leur science. Homère, Platon, Cicéron, Virgile, n'ont rien su que par les Juifs. Cela n'est-il pas démontré?

13° Comment me tirerai-je du déluge, des cataractes du ciel, qui n'a point de cataractes, de tous les animaux arrivés du Japon, de l'Afrique, de l'Amérique et des terres australes, enfermés dans un grand coffre avec leurs provisions pour boire et pour manger pendant un an, sans compter le temps où la terre, trop humide encore, ne put rien produire pour leur nourriture? Comment le petit ménage de Noé put-il suffire à donner à tous ces animaux leurs aliments convenables? Il n'était composé que de huit personnes....

20° Comment dois-je traiter le séjour des Juifs en Egypte, et leur évasion? L'*Exode* dit qu'ils restèrent quatre cents ans en Egypte; et en faisant le compte juste, on ne trouve que deux cent cinq ans. Pourquoi la fille de Pharaon se baignait-elle dans le Nil, où l'on ne se baigne jamais à cause des crocodiles? etc., etc....

29° Comment excuserai-je l'action de la courtisane Rahab, qui trahit Jéricho sa patrie? En quoi cette trahison était-elle nécessaire, puisqu'il suffisait de sonner de la trompette pour prendre la ville? Et comment sonderai-je la profondeur des décrets divins, qui ont voulu que notre divin Sauveur Jésus-Christ naquît de cette courtisane Rahab, aussi bien que de l'inceste que Thamar commit avec Juda son beau-père, et de l'adultère de David et de Bethzabée? Tant les voies de Dieu sont incompréhensibles!...

32° Que dirai-je de Jephté, qui immola sa fille et qui fit égorger quarante-deux mille Juifs de la tribu d'Ephraïm, qui ne pouvaient pas prononcer *shiboleth*? [47]

33° Dois-je avouer ou nier que la loi des Juifs n'annonce en aucun endroit des peines ou des récompenses après la mort? Comment se peut-il que ni Moïse ni Josué n'aient parlé de l'immortalité de l'âme, dogme connu des anciens Egyptiens, des Chaldéens, des Persans, et des Grecs; dogme qui ne fut un peu en vogue chez les Juifs qu'après Alexandre, et que les saducéens réprouvèrent toujours, parce qu'il n'est pas dans le *Pentateuque*?...[48]

37° L'histoire d'Aod me fait beaucoup plus de peine. Je vois les Juifs presque toujours asservis, malgré le secours de leur Dieu, qui leur avait promis avec serment de leur donner tout le pays qui est entre le Nil, la mer et l'Euphrate. Il y avait dix-huit ans qu'ils étaient sujets d'un roitelet

---

47. *Judges*, xii, 4-6; *shiboleth*, used here as a test word, has come to mean a party cry or slogan.
48. The *Pentateuch*, long held to have been written by Moses, comprises the first five books of the Bible. Bishop Warburton, in his *Divine Legation of Moses*, argued that the ancient Jews did not need this essential dogma, later adopted from the Egyptians, because they were the objects of God's special care.

nommé Eglon, lorsque Dieu suscita en leur faveur Aod, fils de Géra qui se servait de la main gauche comme de la main droite. Aod, fils de Géra, s'étant fait faire un poignard à deux tranchants, le cacha sous son manteau, comme firent depuis Jacques Clément [49] et Ravaillac. Il demande au roitelet une audience secrète; il dit qu'il a un mystère de la dernière importance à lui communiquer de la part de Dieu. Eglon se lève respectueusement, et Aod, de la main gauche, lui enfonce son poignard dans le ventre. Dieu favorisa en tout cette action, qui, dans la morale de toutes les nations de la terre, paraît un peu dure. Apprenez-moi quel est l'assassinat le plus divin, ou celui de ce saint Aod, ou de ce saint David, qui fit assassiner son cocu Uriah, ou du bienheureux Salomon, qui, ayant sept cents femmes et trois cents concubines,[50] assassina son frère Adonias parce qu'il lui en demandait une, etc., etc., etc., etc.

38° Je vous prie de me dire par quelle adresse Samson prit trois cents renards, les lia les uns aux autres par la queue, et leur attacha des flambeaux allumés au cul pour mettre le feu aux moissons des Philistins. Les renards n'habitent guère que les pays couverts de bois. Il n'y avait point de forêt dans ce canton, et il semble assez difficile de prendre trois cents renards en vie, et de les attacher par la queue. Il est dit ensuite qu'il tua mille Philistins avec une mâchoire d'âne, et que d'une des dents de cette mâchoire il sortit une fontaine. Quand il s'agit de mâchoires d'âne, vous me devez des éclaircissements....

41° Je ne sais comment je justifierai l'action de Samuel, qui trancha en morceaux le roi Agag, que Saül avait fait prisonnier, et qu'il avait mis à rançon.

Je ne sais si notre roi Philippe, ayant pris un roi maure prisonnier, et ayant composé avec lui, serait bien reçu à couper en pièces ce roi prisonnier.

42° Nous devons un grand respect à David, qui était un homme selon le cœur de Dieu; mais je craindrais de manquer de science pour justifier, par les lois ordinaires, la conduite de David, qui s'associe quatre cents hommes de mauvaise vie, et accablés de dettes, comme dit l'Ecriture;[51] qui marche pour aller saccager la maison de Nabal, serviteur du roi, et qui, huit jours après, épouse sa veuve; qui va offrir ses services à Achis, ennemi de son roi, et qui met à feu et à sang les terres des alliés d'Achis, sans pardonner ni au sexe ni à l'âge; qui, dès qu'il est sur le trône, prend de nouvelles concubines; et qui, non content encore de ses concubines, ravit Bethzabée à son mari, et fait tuer celui qu'il déshonore.[52] J'ai quelque peine encore à imaginer que Dieu naisse ensuite en Judée de cette femme adultère et homicide que l'on compte entre les aïeules de l'Etre

---

49. Dominican monk who assassinated Henri III in 1589. Ravaillac assassinated Henri IV, hero of V.'s *Henriade*.
50. *1 Kings*, xi, 3.
51. *1 Samuel*, xxii, 2.
52. V. put the subject matter above in more vividly shocking form in his drama *Saül*.

éternel. Je vous ai déjà prévenus sur cet article, qui fait une peine extrême aux âmes dévotes.

43° Les richesses de David et de Salomon, qui se montent à plus de cinq milliards de ducats d'or, paraissent difficiles à concilier avec la pauvreté du pays, et avec l'état où étaient réduits les Juifs sous Saül, quand ils n'avaient pas de quoi faire aiguiser leurs socs et leurs cognées. Nos colonels de cavalerie lèveront les épaules, si je leur dis que Salomon avait quatre cent mille chevaux dans un petit pays où l'on n'eut jamais et où il n'y a encore que des ânes, comme j'ai déjà eu l'honneur de vous le représenter....

45° Je vois ce petit peuple presque toujours esclave sous les Phéniciens, sous les Babyloniens, sous les Perses, sous les Syriens, sous les Romains; et j'aurai peut-être quelque peine à concilier tant de misères avec les magnifiques promesses de leurs prophètes....

48° Comment dois-je entendre l'histoire de Jonas, envoyé à Ninive pour y prêcher la pénitence? Ninive n'était point israélite, et il semble que Jonas devait l'instruire de la loi judaïque avant de l'induire à cette pénitence. Le prophète, au lieu d'obéir au Seigneur, s'enfuit à Tharsis: une tempête s'élève, les matelots jettent Jonas dans la mer pour apaiser l'orage. Dieu envoie un grand poisson qui avale Jonas; il demeure trois jours et trois nuits dans le ventre du poisson. Dieu commande au poisson de rendre Jonas: le poisson obéit; Jonas débarque sur le rivage de Joppé. Dieu lui ordonne d'aller dire à Ninive que dans quarante jours elle sera renversée si elle ne fait pénitence. De Joppé à Ninive il y a plus de quatre cents milles. Toutes ces histoires ne demandent-elles pas des connaissances supérieures qui me manquent? Je voudrais bien confondre les savants qui prétendent que cette fable est tirée de la fable de l'ancien Hercule. Cet Hercule fut enfermé trois jours dans le ventre d'une baleine; mais il y fit bonne chère, car il mangea sur le gril le foie de la baleine. Jonas ne fut pas si adroit....

50° J'ai encore plus besoin de vos sages instructions sur le Nouveau Testament; j'ai peur de ne savoir que dire quand il faudra concorder les deux généalogies de Jésus.[53] Car on me dira que Matthieu donne Jacob pour père à Joseph, et que Luc le fait fils d'Héli, et que cela est impossible, à moins qu'on ne change *he* en *ja*, et *li* en *cob*. On me demandera comment l'un compte cinquante-six générations, et comment l'autre n'en compte que quarante-deux, et pourquoi ces générations sont toutes différentes, et encore pourquoi, dans les quarante-deux qu'on a promises, il ne s'en trouve que quarante et une; et enfin, pourquoi cet arbre généalogique est celui de Joseph, qui n'était pas le père de Jésus? J'ai peur de

---

53. Pascal, in his *Pensées,* had written: "Les faiblesses les plus apparentes sont des forces à ceux qui prennent bien les choses: Par exemple, les deux généalogies de Saint Matthieu et de Saint Luc. Il est visible que cela n'a pas été fait de concert."

ne répondre que des sottises, comme ont fait tous mes prédécesseurs. J'espère que vous me tirerez de ce labyrinthe....

51° Si j'annonce, d'après Luc, qu'Auguste avait ordonné un dénombrement de toute la terre quand Marie fut grosse, et que Cyrénius ou Quirinus, gouverneur de Syrie, publia ce dénombrement, et que Joseph et Marie allèrent à Bethléem pour s'y faire dénombrer; et si on me rit au nez; si les antiquaires m'apprennent qu'il n'y eut jamais de dénombrement de l'empire romain; que c'était Quintilius Varus, et non pas Cyrénius, qui était alors gouverneur de la Syrie; que Cyrénius ne gouverna la Syrie que dix ans après la naissance de Jésus; je serai très embarrassé, et sans doute vous éclaircirez cette petite difficulté. Car, s'il y avait un seul mensonge dans un livre sacré, ce livre serait-il sacré?

52° Quand j'enseignerai que la famille alla en Egypte selon Matthieu, on me répondra que cela n'est pas vrai, et qu'elle resta en Judée selon les autres évangélistes; et si alors j'accorde qu'elle resta en Judée, on me soutiendra qu'elle a été en Egypte. N'est-il pas plus court de dire que l'on peut être en deux endroits à la fois, comme cela est arrivé à saint François Xavier, et à plusieurs autres saints?...

55° Je vous prie, quand vous irez à la noce, de me dire de quelle manière Dieu, qui allait aussi à la noce, s'y prenait pour changer l'eau en vin en faveur de gens qui étaient déjà ivres.[54]

56° En mangeant des figues à votre déjeuner à la fin de juillet, je vous supplie de me dire pourquoi Dieu, ayant faim, chercha des figues au commencement du mois de mars, quand ce n'était pas le temps des figues.[55]

57° Après avoir reçu vos instructions sur tous les prodiges de cette espèce, il faudra que je dise que Dieu a été condamné à être pendu pour le péché originel. Mais si on me répond que jamais il ne fut question du péché originel, ni dans l'Ancien Testament, ni dans le Nouveau; qu'il est seulement dit qu'Adam fut condamné à mourir le jour qu'il aurait mangé de l'arbre de la science, mais qu'il n'en mourut pas; et qu'Augustin, évêque d'Hippone, ci-devant manichéen,[56] est le premier qui ait établi le système du péché originel, je vous avoue que, n'ayant pas pour auditeurs des gens d'Hippone, je pourrais me faire moquer de moi en parlant beaucoup sans rien dire. Car, lorsque certains disputeurs sont venus me remontrer qu'il était impossible que Dieu fût supplicié pour une pomme mangée quatre mille ans avant sa mort, impossible qu'en rachetant le genre humain il ne le rachetât pas, et le laissât encore tout entier entre

---

54. *St. John*, ii, 9.
55. *St. Matthew*, xxi, 19; *St. Mark*, xi, 13.
56. The Persian Manes or Manichaeus, like Zoroaster, attributed creation to two principles, one essentially good, which is God, Spirit, or Light, and the other essentially evil, which is the Devil, Matter, or Darkness. Augustine, bishop of Hippo, was the most celebrated of the Church Fathers.

les griffes du diable, à quelques élus près; je ne répondais à cela que du verbiage, et j'allais me cacher de honte....

60° On me demandera ensuite si Pierre a été à Rome; je répondrai, sans doute, qu'il y a été pape vingt-cinq ans, et la grande raison que j'en rapporterai, c'est que nous avons une épître de ce bonhomme, qui ne savait ni lire ni écrire, et que cette lettre est datée de Babylone; il n'y a pas de réplique à cela, mais je voudrais quelque chose de plus fort....

62° N'êtes-vous pas fâchés comme moi que les premiers chrétiens aient forgé tant de mauvais vers, qu'ils attribuèrent aux sibylles; qu'ils aient forgé des lettres de saint Paul à Sénèque, des lettres de Jésus, des lettres de Marie, des lettres de Pilate; et qu'ils aient ainsi établi leur secte par cent crimes de faux qu'on punirait dans tous les tribunaux de la terre? Ces fraudes sont aujourd'hui reconnues de tous les savants. On est réduit à les appeler pieuses. Mais n'est-il pas triste que votre vérité ne soit fondée que sur des mensonges?...

64° Je sais bien que l'Eglise est infaillible; mais est-ce l'Eglise grecque, ou l'Eglise latine, ou celle d'Angleterre, ou celle de Danemark et de Suède, ou celle de la superbe ville de Neufchâtel,[57] ou celle des primitifs appelés quakers, ou celle des anabaptistes, ou celle des moraves?[58] L'Eglise turque a aussi du bon, mais on dit que l'Eglise chinoise est beaucoup plus ancienne.

65° Le pape est-il infaillible quand il couche avec sa maîtresse ou avec sa propre fille, et qu'il apporte à souper une bouteille de vin empoisonnée pour le cardinal Adriano di Corneto?...[59]

66° Enfin ne vaudrait-il pas mieux ne point s'enfoncer dans ces labyrinthes, et prêcher simplement la vertu? Quand Dieu nous jugera, je doute fort qu'il nous demande si la grâce est versatile ou concomitante;[60] si le mariage est le signe visible d'une chose invisible; si nous croyons qu'il y ait dix chœurs d'anges ou neuf; si le pape est au-dessus du concile, ou le concile au-dessus du pape. Sera-ce un crime à ses yeux de lui avoir adressé des prières en espagnol quand on ne sait pas le latin? Serons-nous les objets de son éternelle colère pour avoir mangé pour la valeur de douze maravédis[61] de mauvaise viande un certain jour? Et serons-nous récompensés à jamais si nous avons mangé avec vous, sages maîtres, pour cent piastres de turbots, de soles et d'esturgeons? Vous ne le croyez pas dans le fond de vos cœurs; vous pensez que Dieu nous jugera selon nos œuvres, et non selon les idées de Thomas ou de Bonaventure.[62]

---

57. Swiss city, a center of Calvinism.
58. Moravians, religious association of the followers of John Huss.
59. V. explains in a note that he is referring to Pope Alexander VI, a member of the Borgia family.
60. A dig at theological squabbling over the attributes of God's grace.
61. Spanish equivalent of the centime.
62. St. Thomas Aquinas (1226–1274), outstanding Catholic theologian. St. Bonaventure (1221–1274), a venerated Church Father.

Ne rendrai-je pas service aux hommes en ne leur annonçant que la morale? Cette morale est si pure, si sainte, si universelle, si claire, si ancienne, qu'elle semble venir de Dieu même, comme la lumière qui passe parmi nous pour son premier ouvrage. N'a-t-il pas donné aux hommes l'amour-propre, pour veiller à leur conservation; la bienveillance, la bienfaisance, la vertu, pour veiller sur l'amour-propre; les besoins mutuels, pour former la société; le plaisir, pour en jouir; la douleur, qui avertit de jouir avec modération; les passions, qui nous portent aux grandes choses, et la sagesse, qui met un frein à ces passions?[63]

N'est-il pas enfin inspiré à tous les hommes réunis en société d'idée d'un Etre suprême, afin que l'adoration qu'on doit à cet Etre soit le plus fort lien de la société? Les sauvages qui errent dans les bois n'ont pas besoin de cette connaissance: les devoirs de la société qu'ils ignorent ne les regardent point; mais sitôt que les hommes sont rassemblés, Dieu se manifeste à leur raison: ils ont besoin de justice, ils adorent en lui le principe de toute justice.[64] Dieu, qui n'a que faire de leurs vaines adorations, les reçoit comme nécessaires pour eux et non pour lui. Et de même qu'il leur donne le génie des arts, sans lesquels toute société périt, il leur donne l'esprit de religion, la première des sciences et la plus naturelle: science divine dont le principe est certain, quoiqu'on en tire tous les jours des conséquences incertaines. Me permettrez-vous d'annoncer ces vérités aux nobles Espagnols?

67° Si vous voulez que je cache cette vérité; si vous m'ordonnez absolument d'annoncer les miracles de Saint-Jacques en Galice, ... dites-moi comment j'en dois user avec les réfractaires qui oseront douter: faudra-t-il que je leur fasse donner, avec édification, la question ordinaire et extraordinaire? Quand je rencontrerai des filles juives, dois-je coucher avec elles avant de les faire brûler? et lorsqu'on les mettra au feu, n'ai-je pas le droit d'en prendre une cuisse ou une fesse pour mon souper avec des filles catholiques?

J'attends l'honneur de votre réponse.

                        DOMINICO ZAPATA,
            Y verdadero, y honrado, y caritativo [65]

Zapata, n'ayant point eu de réponse, se mit à prêcher Dieu tout simplement. Il annonça aux hommes le père des hommes, rémunérateur, punisseur, et pardonneur. Il dégagea la vérité des mensonges, et sépara la religion du fanatisme; il enseigna et il pratiqua la vertu. Il fut doux, bienfaisant, modeste; et fut rôti à Valladolid, l'an de grâce 1631. Priez Dieu pour l'âme de frère Zapata.

63. An interesting, concise summary of V.'s deistic profession.
64. Like Montesquieu, V. sees the social necessity of deifying justice.
65. "Véridique, plein d'honneur et de charité."

TRAITE SUR LA TOLERANCE
1763

Voltaire began this plea for religious toleration with a brief account of what he called the judicial murder of the sixty-eight-year-old Jean Calas of Toulouse, charged with hanging his son to keep him from departing from the family's Protestant faith. Calas was condemned to death on the wheel, on which his body was stretched and his bones broken. His spirit, however, was not broken, and as he lay dying, he called God as a witness of his innocence and prayed that his judges be forgiven.

After some hesitation and questioning of witnesses, Voltaire was convinced of the innocence of Calas and after three years of constant effort succeeded in having the decision reversed and the judges rebuked. Calas was the most memorable of a number of victims of religious fanaticism whom Voltaire defended. When he came to Paris during the last months of his life, he was hailed by the populace of Paris as the "savior of Calas."

The Treatise ends with a plea for universal tolerance and an eloquent prayer emphasizing the brotherhood of man.

De la tolérance universelle

Il ne faut pas un grand art, une éloquence bien recherchée, pour prouver que des chrétiens doivent se tolérer les uns les autres. Je vais plus loin: je vous dis qu'il faut regarder tous les hommes comme nos frères. Quoi! mon frère le Turc? mon frère le Chinois? le Juif? le Siamois? Oui, sans doute; ne sommes-nous pas tous enfants du même père, et créatures du même Dieu?

Mais ces peuples nous méprisent; mais ils nous traitent d'idolâtres! Hé bien! je leur dirai qu'ils ont grand tort. Il me semble que je pourrais étonner au moins l'orgueilleuse opiniâtreté d'un iman ou d'un talapoin, si je leur parlais à peu près ainsi:

"Ce petit globe, qui n'est qu'un point, roule dans l'espace, ainsi que tant d'autres globes; nous sommes perdus dans cette immensité. L'homme, haut d'environ cinq pieds, est assurément peu de chose dans la création. Un de ces êtres imperceptibles dit à quelques-uns de ses voisins, dans l'Arabie ou dans la Cafrerie: "Ecoutez-moi, car le Dieu de tous ces mondes m'a éclairé: il y a neuf cents millions de petites fourmis comme nous sur la terre mais il n'y a que ma fourmilière qui soit chère à Dieu; toutes les autres lui sont en horreur de toute éternité; elle sera seule heureuse, et toutes les autres seront éternellement infortunées."

Ils m'arrêteraient alors, et me demanderaient quel est le fou qui a dit cette sottise. Je serais obligé de leur répondre: "C'est vous-mêmes." Je tâcherais ensuite de les adoucir; mais cela serait bien difficile....

Quand nous portons le deuil d'un roi de Suède, ou de Danemark, ou d'Angleterre, ou de Prusse, disons-nous que nous portons le deuil d'un réprouvé qui brûle éternellement en enfer? Il y a dans l'Europe quarante millions d'habitants qui ne sont pas de l'Église de Rome, dirons-nous à chacun d'eux: "Monsieur, attendu que vous êtes infailliblement damné, je ne veux ni manger, ni contracter, ni converser avec vous?"

Quel est l'ambassadeur de France qui, étant présenté à l'audience du Grand Seigneur, se dira dans le fond de son cœur: Sa Hautesse sera infailliblement brûlée pendant toute l'éternité, parce qu'elle est soumise à la circoncision? S'il croyait réellement que le Grand Seigneur est l'ennemi mortel de Dieu, et l'objet de sa vengeance, pourrait-il lui parler? devrait-il être envoyé vers lui? Avec quel homme pourrait-on commercer, quel devoir de la vie civile pourrait-on jamais remplir, si en effet on était convaincu de cette idée que l'on converse avec des réprouvés?

O sectateurs d'un Dieu clément! si vous aviez un cœur cruel; si, en adorant celui dont toute la loi consistait en ces paroles: "Aimez Dieu et votre prochain," vous aviez surchargé cette loi pure et sainte de sophismes et de disputes incompréhensibles; si vous aviez allumé la discorde, tantôt pour un mot nouveau, tantôt pour une seule lettre de l'alphabet; si vous aviez attaché des peines éternelles à l'omission de quelques paroles, de quelques cérémonies que d'autres peuples ne pouvaient connaître, je vous dirais, en répandant des larmes sur le genre humain: "Transportez-vous avec moi au jour où tous les hommes seront jugés, et où Dieu rendra à chacun selon ses œuvres."

"Je vois tous les morts des siècles passés et du nôtre comparaître en sa présence. Êtes-vous bien sûrs que notre Créateur et notre Père dira au sage et vertueux Confucius, au législateur Solon, à Pythagore, à Zaleucus, à Socrate, à Platon, aux divins Antonins, au bon Trajan, à Titus, les délices du genre humain, à Épictète, à tant d'autres hommes, les modèles des hommes: Allez, monstres, allez subir des châtiments infinis en intensité et en durée; que votre supplice soit éternel comme moi! Et vous, mes bien aimés, Jean Châtel, Ravaillac, Damiens, Cartouche,[66] etc., qui êtes morts avec les formules prescrites, partagez à jamais à ma droite mon empire et ma félicité."

Vous reculez d'horreur à ces paroles; et, après qu'elles me sont échappées, je n'ai plus rien à vous dire.

66. Regicides and a highway robber.

PRIERE A DIEU
1763

 Ce n'est donc plus aux hommes que je m'adresse; c'est à toi, Dieu de tous les êtres, de tous les mondes, et de tous les temps: s'il est permis à de faibles créatures perdues dans l'immensité, et imperceptibles au reste de l'univers, d'oser te demander quelque chose, à toi qui as tout donné, à toi dont les décrets sont immuables comme éternels, daigne regarder en pitié les erreurs attachées à notre nature; que ces erreurs ne fassent point nos calamités. Tu ne nous as point donné un cœur pour nous haïr, et des mains pour nous égorger; fais que nous nous aidions mutuellement à supporter le fardeau d'une vie pénible et passagère; que les petites différences entre les vêtements qui couvrent nos débiles corps, entre tous nos langages insuffisants, entre tous nos usages ridicules, entre toutes nos lois imparfaites, entre toutes nos opinions insensées, entre toutes nos conditions si disproportionnées à nos yeux, et si égales devant toi; que toutes ces petites nuances qui distinguent les atomes appelés *hommes* ne soient pas des signaux de haine et de persécution; que ceux qui allument des cierges en plein midi pour te célébrer supportent ceux qui se contentent de la lumière de ton soleil; que ceux qui couvrent leur robe d'une toile blanche pour dire qu'il faut t'aimer ne détestent pas ceux qui disent la même chose sous un manteau de laine noire; qu'il soit égal de t'adorer dans un jargon formé d'une ancienne langue, ou dans un jargon plus nouveau; que ceux dont l'habit est teint en rouge ou en violet, qui dominent sur une petite parcelle d'un petit tas de la boue de ce monde, et qui possèdent quelques fragments arrondis d'un certain métal, jouissent sans orgueil de ce qu'ils appellent *grandeur* et *richesse,* et que les autres les voient sans envie: car tu sais qu'il n'y a dans ces vanités ni de quoi envier, ni de quoi s'enorgueillir.

 Puissent tous les hommes se souvenir qu'ils sont frères! qu'ils aient en horreur la tyrannie exercée sur les âmes, comme ils ont en exécration le brigandage qui ravit par la force le fruit du travail et de l'industrie paisible! Si les fléaux de la guerre sont inévitables, ne nous haïssons pas, ne nous déchirons pas les uns les autres dans le sein de la paix, et employons l'instant de notre existence à bénir également en mille langages divers, depuis Siam jusqu'à la Californie, ta bonté qui nous a donné cet instant.

Letters, Satires, and Miscellaneous Poems

Much of Voltaire's most effective and at the time most popular work was of the nature of miscellanies, in prose or verse. His voluminous correspondence, which filled eighteen large octavo volumes when last collected in the Moland edition, and which, if re-collected now, would fill almost twice that number, is certainly one of the most interesting in history and best reveals the author's tireless curiosity and universal knowledge. In formal satire Voltaire was less happy than in the more personal spontaneous satire which characterizes his letters, philosophical tales, and minor poetic forms. The following section includes three letters that were probably intended for publication, a more intimate letter to an old friend, Mme du Deffand, several satirical or occasional poems, and two epigrams. The light manner of presentation is often in sharp contrast with the seriousness of content, which touches upon some of the gravest issues of the century, such as the status of actors, the freedom of the press, and the struggle for religious toleration.

RELATION DE LA MALADIE, DE LA CONFESSION, DE LA MORT DU JESUITE BERTHIER [1]
1759

Ce fut le 12 octobre 1759 que frère Berthier alla, pour son malheur, de Paris à Versailles avec frère Coutu, qui l'accompagne ordinairement. Berthier avait mis dans la voiture quelques exemplaires du *Journal de Trévoux*,[2] pour les présenter à ses protecteurs et protectrices; comme à la femme de chambre de madame la nourrice, à un officier de bouche,[3] à un des garçons apothicaires du roi, et à plusieurs autres seigneurs qui font cas des talents. Berthier sentit en chemin quelques nausées; sa tête s'appesantit: il eut de fréquents bâillements. "Je ne sais ce que j'ai, dit-il à Coutu, je n'ai jamais tant bâillé. — Mon révérend père, répondit frère Coutu, ce n'est qu'un rendu.[4] — Comment! que voulez-vous dire avec

---

1. As editor of the Jesuit *Journal de Trévoux*, Father Berthier had consistently and effectively attacked the publication of the *Encyclopedia*. Borrowing an idea from Swift, who had similarly treated Partridge the almanac-maker, V. wittily describes the sickness, confession, and death of his victim, who nevertheless continued to be very much alive. This satire, along with the cry of the savages in *Candide* — "Mangeons du jésuite, mangeons du jésuite!" — reflected a movement which led to the suppression of the Jesuit order three years later (1762) by the Jansenist Parlement. *La Relation* is an outstanding example of V.'s *facéties*, short, amusing, satirical pamphlets which have been lucidly studied by Diana Guiragossian in *Voltaire's Facéties* (1963).
2. This publication, carried on from 1701 to 1775, is still a very valuable source of information about the intellectual and artistic life of the eighteenth century.
3. An officer of the king's commissary.
4. A general term for regurgitation.

votre rendu? dit frère Berthier. — C'est, dit frère Coutu, que je bâille aussi, et je ne sais pourquoi, car je n'ai rien lu de la journée, et vous ne m'avez point parlé depuis que je suis en route avec vous." Frère Coutu, en disant ces mots, bâilla plus que jamais. Berthier répliqua par des bâillements qui ne finissaient point. Le cocher se retourna, et les voyant ainsi bâiller, se mit à bâiller aussi; le mal gagna tous les passants: on bâilla dans toutes les maisons voisines. Tant la seule présence d'un savant a quelquefois d'influence sur les hommes![5]

Cependant une petite sueur froide s'empara de Berthier. "Je ne sais ce que j'ai, dit-il, je me sens à la glace. — Je le crois bien, dit le frère compagnon. — Comment, vous le croyez bien! dit Berthier; qu'entendez-vous par là? — C'est que je suis gelé aussi, dit Coutu. — Je m'endors, dit Berthier. — Je n'en suis pas surpris, dit l'autre. — Pourquoi cela? dit Berthier. — C'est que je m'endors aussi," dit le compagnon. Les voilà saisis tous deux d'une affection soporifique et léthargique, et en cet état ils s'arrêtèrent devant la porte des coches de Versailles. Le cocher, en leur ouvrant la portière, voulut les tirer de ce profond sommeil; il n'en put venir à bout: on appela du secours. Le compagnon, qui était plus robuste que frère Berthier, donna enfin quelques signes de vie; mais Berthier était plus froid que jamais. Quelques médecins de la cour, qui revenaient de dîner, passèrent auprès de la chaise; on les pria de donner un coup d'œil au malade: l'un d'eux, lui ayant tâté le pouls, s'en alla en disant qu'il ne se mêlait plus de médecine depuis qu'il était à la cour. Un autre, l'ayant considéré plus attentivement, déclara que le mal venait de la vésicule du fiel,[6] qui était toujours trop pleine; un troisième assura que le tout provenait de la cervelle, qui était trop vide.

Pendant qu'ils raisonnaient, le patient empirait, les convulsions commençaient à donner des signes funestes, et déjà les trois doigts dont on tient la plume étaient tout retirés, lorsqu'un médecin principal, qui avait étudié sous Mead et sous Boerhaave, et qui en savait plus que les autres, ouvrit la bouche de Berthier avec un biberon, et, ayant attentivement réfléchi sur l'odeur qui s'en exhalait, prononça qu'il était empoisonné.

A ce mot tout le monde se récria. "Oui, messieurs, continua-t-il, il est empoisonné; il n'y a qu'à tâter sa peau, pour voir que les exhalaisons d'un poison froid se sont insinuées par les pores; et je maintiens que ce poison est pire qu'un mélange de ciguë, d'ellébore noire, d'opium, de solanum, et de jusquiame. Cocher, n'auriez-vous point mis dans votre voiture quelque paquet pour nos apothicaires? — Non, monsieur, répondit le cocher; voilà l'unique ballot que j'y ai placé par ordre du révérend père." Alors il fouilla dans le coffre, et en tira deux douzaines d'exemplaires du *Journal de Trévoux*. "Eh bien, messieurs, avais-je tort?" dit ce grand médecin.

---

5. Certainly from the artistic point of view this is a superior paragraph.
6. "gall bladder."

La Mort du jésuite Berthier

Tous les assistants admirèrent sa prodigieuse sagacité; chacun reconnut l'origine du mal: on brûla sur-le-champ sous le nez du patient le paquet pernicieux, et les particules pesantes s'étant atténuées par l'action du feu, Berthier fut un peu soulagé; mais comme le mal avait fait de grands progrès, et que la tête était attaquée, le danger subsistait toujours. Le médecin imagina de lui faire avaler une page de l'*Encyclopédie* dans du vin blanc, pour remettre en mouvement les humeurs de la bile épaissie: il en résulta une évacuation copieuse; mais la tête était toujours horriblement pesante, les vertiges continuaient, le peu de paroles qu'il pouvait articuler n'avaient aucun sens: il resta deux heures dans cet état, après quoi on fut obligé de le faire confesser.

Deux prêtres se promenaient alors dans la rue des Récollets:[7] on s'adressa à eux. Le premier refusa: "Je ne veux point, dit-il, me charger de l'âme d'un jésuite, cela est trop scabreux: je ne veux avoir à faire à ces gens-là, ni pour les affaires de ce monde, ni pour celles de l'autre. Confessera un jésuite qui voudra, ce ne sera pas moi." Le second ne fut pas si difficile. "J'entreprendrai cette opération, dit-il; on peut tirer parti de tout."

Aussitôt il fut conduit dans la chambre où le malade venait d'être transporté; et comme Berthier ne pouvait encore parler distinctement, le confesseur prit le parti de l'interroger. "Mon révérend père, lui dit-il, croyez-vous en Dieu? — Voilà une étrange question, dit Berthier. — Pas si étrange, dit l'autre; il y a croire et croire: pour s'assurer de croire comme il faut, il est nécessaire d'aimer Dieu et son prochain; les aimez-vous sincèrement? — Je distingue,[8] dit Berthier. — Point de distinction, s'il vous plaît, reprit le confessant; point d'absolution si vous ne commencez par ces deux devoirs. — Eh bien! oui, dit le confessé, puisque vous m'y forcez, j'aime Dieu, et le prochain comme je peux.

— N'avez-vous point lu souvent de mauvais livres? dit le confessant. — Qu'entendez-vous par mauvais livres? dit le confessé. — Je n'entends pas, dit le confessant, les livres simplement ennuyeux; ...j'entends les imaginations de frère Bougeant,[9] condamnées par le parlement et par l'archevêque de Paris; j'entends les gentillesses de frère Berruyer,[10] qui a changé l'Ancien et le Nouveau Testament en un roman de ruelle dans le goût de *Clélie*,[11] si justement flétri à Rome et en France; ...j'entends en-

---

7. The Récollets were traditional rivals of the Jesuits.
8. V. often declared that Pascal's *Lettres provinciales*, directed against the Jesuits, was a model of polemical prose. Pascal in the first letter satirized the *distinguo* of Jesuit casuistry. Cf. also Montesquieu, *Lettres persanes*, No. 57.
9. In his *Amusement philosophique sur le langage des bêtes*, Father Bougeant claimed that the bodies of animals were inhabited by fallen angels.
10. Author of *L'Histoire du peuple de Dieu*, which was burned by parliamentary decree.
11. A seventeenth-century novel by Mlle de Scudéry containing a much discussed allegorical map of the Kingdom of Love.

fin cette foule innombrable de vos casuistes, que l'éloquent Pascal a trop épargnés, et surtout votre Sanchez, qui, dans son livre *De Matrimonio*,[12] a fait un recueil de tout ce que *l'Arétin*[13] et *le Portier des Chartreux*[14] auraient tremblé de dire. Pour peu que vous ayez fait de telles lectures, vous êtes en grand danger de votre salut.

— Je distingue, répondit l'interrogé. — Point de distinction, encore une fois, reprit l'interrogeant. Avez-vous lu tous ces livres, oui ou non? — Monsieur, dit Berthier, je suis en droit de tout lire, attendu le poste éminent que j'occupe dans la Compagnie. — Eh! quel est donc ce grand poste? dit le confessant. — Eh bien! répondit Berthier, c'est moi, afin que vous le sachiez, qui suis l'auteur du *Journal de Trévoux*.

— Quoi! c'est vous qui êtes l'auteur de ce livre qui damne tant de monde? — Monsieur, monsieur, mon livre ne damne personne; dans quel péché pourrait-il faire tomber, s'il vous plaît? — Ah! frère, dit le confessant, ne savez-vous pas que quiconque appelle son frère Raca est coupable de la géhenne du feu?[15] o! vous avez le malheur de faire venir à quiconque vous lit la tentation prochaine de vous nommer Raca: combien ai-je vu d'honnêtes gens qui, ayant lu seulement deux ou trois pages de votre livre, le jetaient au feu, transportés de colère! Quel impertinent auteur! disaient-ils; l'ignorant! le butor! le cuistre! le cheval! Cela ne finissait point: l'esprit de charité était totalement éteint en eux, et ils étaient évidemment en risque de leur salut. Jugez de combien de maux vous avez été cause! Il y a peut-être près de cinquante personnes qui vous lisent, et ce sont cinquante âmes que vous mettez en péril tous les mois. Ce qui excite surtout la colère parmi les fidèles, c'est cette confiance avec laquelle vous décidez de tout ce que vous n'entendez point. Ce vice prend visiblement sa source dans deux péchés mortels: l'un est l'orgueil, et l'autre l'avarice. N'est-il pas vrai que vous faites votre livre pour de l'argent, et que vous êtes atteint de la superbe quand vous critiquez mal à propos l'abbé Velly, et l'abbé Coyer et l'abbé d'Olivet,[16] et tous nos bons auteurs? Je ne puis vous donner l'absolution, que vous n'ayez fait un ferme propos de ne travailler de votre vie au *Journal de Trévoux*."

Frère Berthier ne savait que répondre; sa tête n'était pas bien libre, et il tenait furieusement à ses deux péchés favoris. "Eh quoi! vous hésitez, dit le confessant; songez que dans peu d'heures tout va finir pour vous: peut-on chérir encore ses passions quand il faut renoncer pour jamais à les satisfaire? Vous demandera-t-on au jour du jugement si vous avez réussi ou non à faire le *Journal de Trévoux*? Est-ce pour cela que vous êtes né? est-ce pour nous ennuyer que vous avez fait vœu de chasteté, d'hu-

---

12. A very frank discussion of what a married woman should know.
13. Pietro Aretino, licentious but witty Italian author.
14. Pornographical eighteenth-century French novel.
15. *St. Matthew*, v, 22: "Whosoever shall say, Thou fool, shall be in danger of hell fire."
16. V. here defends his former teacher and friend, Abbé d'Olivet.

milité et d'obéissance? Arbre séché, arbre rabougri, qui allez être réduit en cendres, profitez du moment qui vous reste; portez encore des fruits de pénitence; détestez surtout l'esprit de calomnie qui vous a possédé jusqu'à présent; tâchez d'avoir autant de religion que ceux que vous accusez d'être sans religion. Sachez, frère Berthier, que la piété et la vertu ne consistent pas à croire que votre François Xavier ayant laissé tomber son crucifix dans la mer, un cancre vint humblement le lui rapporter. On peut être honnête homme, et douter que le même Xavier ait été en deux endroits à la fois; vos livres peuvent le dire; mais, mon frère, il est permis de ne rien croire de ce qui est dans vos livres.

"A propos, frère, n'auriez-vous point écrit à frère Malagrida [17] et complices? Vraiment j'oubliais cette peccadille: vous croyez donc que parce qu'il n'en coûta autrefois qu'une dent à Henri IV,[18] et qu'il n'en coûte aujourd'hui qu'un bras au roi de Portugal, vous pourrez vous sauver avec la direction d'intention? Vous pensez que ce sont là des péchés véniels, et pourvu que le *Journal de Trévoux* se débite, vous vous souciez peu du reste.

— Je distingue, monsieur, dit Berthier. — Encore des distinctions! dit le confessant; eh bien! moi, je ne distingue point, et je vous refuse net l'absolution."

Comme il disait ces mots arrive frère Coutu en hâte, tout courant, tout essoufflé, tout suant, tout haletant, tout puant; il s'était informé de celui qui avait l'honneur de confesser son révérend père. "Arrêtez, arrêtez, cria-t-il, point de sacrements, mon cher révérend père, point de sacrements, je vous en conjure, mon cher révérend Père Berthier, mourez sans sacrements; c'est l'auteur des *Nouvelles ecclésiastiques*[19] avec qui vous êtes, c'est le renard qui se confesse au loup: vous êtes perdu si vous avez dit la vérité."

L'étonnement, la honte, la douleur, la colère, la rage, ranimèrent alors un moment les esprits du patient. "Vous l'auteur des *Nouvelles ecclésiastiques!* s'écria-t-il; et vous avez attrapé un jésuite! — Oui, mon ami, répondit le confessant avec un sourire amer. — Rends-moi ma confession, coquin, dit Berthier; rends-moi ma confession tout à l'heure.[20] Ah! c'est donc toi, l'ennemi de Dieu, des rois et même des jésuites; c'est toi qui viens abuser de l'état où je suis: traître, que n'es-tu en apoplexie, et que ne puis-je te donner l'extrême-onction! Tu crois donc être moins ennuyeux et moins fanatique que moi? Oui, j'ai écrit des sottises, j'en conviens; je me suis rendu méprisable et haïssable, je l'avoue; mais toi, n'es-tu pas le plus bas et le plus exécrable de tous les barbouilleurs de papier à qui la

---

17. A Jesuit who supported the view that killing Joseph I, king of Portugal, was not even a venial sin.
18. A reference to the first attempt on the life of Henri IV, by Jean Châtel.
19. It was a stroke of genius to imagine the editor of the leading Jesuit review confessing to the editor of the rival Jansenist paper.
20. "immediately."

démence a mis la plume à la main? Dis-moi donc si ton histoire des convulsions [21] ne vaut pas bien nos *Lettres édifiantes et curieuses?* [22] Nous voulons dominer partout, je le confesse; et toi, tu voudrais tout brouiller. Nous voudrions séduire toutes les puissances; et toi, tu voudrais exciter la sédition contre elles. La justice a fait brûler nos livres, d'accord; mais n'a-t-elle pas fait aussi brûler les tiens? Nous sommes tous en prison dans le Portugal,[23] il est vrai; mais la police ne t'a-t-elle pas poursuivi cent fois, toi et tes complices? Si j'ai eu la bêtise d'écrire contre des hommes éclairés qui dédaignaient jusque-là de m'écraser, n'as-tu pas eu la même impertinence? ne nous tourne-t-on pas tous deux également en ridicule? et ne devons-nous pas avouer que dans ce siècle, l'égout des siècles, nous sommes tous deux les plus vils insectes de tous les insectes qui bourdonnent au milieu de la fange de ce bourbier?" Voilà ce que la force de la vérité arrachait de la bouche de frère Berthier. Il parlait comme un inspiré; ses yeux, remplis d'un feu sombre, roulaient avec égarement; sa bouche se tordait, l'écume la couvrait, son corps se raidissait, son cœur palpitait: bientôt une défaillance générale succéda à ces convulsions; et dans cette défaillance il serra tendrement la main de frère Coutu. "J'avoue, dit-il, qu'il y a bien des pauvretés dans mon *Journal de Trévoux;* mais il faut excuser la faiblesse humaine. — Ah! mon révérend père, vous êtes un saint, dit frère Coutu; vous êtes le premier auteur qui ait jamais avoué qu'il était ennuyeux; allez, mourez en paix; moquez-vous des *Nouvelles ecclésiastiques;* mourez, mon révérend père, et soyez sûr que vous ferez des miracles."

Ainsi passa de cette vie à l'autre frère Berthier, le 12 octobre, à cinq heures et demie du soir.

LETTRES

A Rousseau [24]

Aux Délices, près de Genève, 30 août 1755
J'ai reçu, Monsieur, votre nouveau livre contre le genre humain, je vous en remercie. Vous plairez aux hommes à qui vous dites leurs vérités

---

21. V. never withheld his scorn for the Jansenistic convulsionary enthusiasm and miracle-working described in Carré de Montgeron's *Recueil des miracles opérés à Saint-Médard, à Paris*. Their rivals, the Jesuits, had the cemetery closed, whereupon a wag put up a placard reading:

"De par le Roi. Défense à Dieu
De faire miracles en ce lieu."

22. A collection of reports from Jesuit missionaries.

23. On account of the attempted assassination of the king of Portugal.

24. In this lightly ironical letter V. is thanking Rousseau for sending him a copy of his *Discours sur l'origine de l'inégalité*. Rousseau's work was pessimistic enough, perhaps, to justify V.'s phrase "contre le genre humain." Rousseau wrote, however, at the beginning of his *Discours:* "Je défendrai donc avec confiance la cause de l'humanité."

et vous ne les corrigerez pas. Vous peignez avec des couleurs bien vraies les horreurs de la société humaine dont l'ignorance et la faiblesse se promettent tant de douceurs.[25] On n'a jamais tant employé d'esprit à vouloir nous rendre bêtes.

Il prend envie de marcher à quatre pattes, quand on lit votre ouvrage.[26] Cependant, comme il y a plus de soixante ans que j'en ai perdu l'habitude, je sens malheureusement qu'il m'est impossible de la reprendre, et je laisse cette allure naturelle à ceux qui en sont plus dignes que vous et moi. Je ne peux non plus m'embarquer pour aller trouver les Sauvages du Canada, premièrement parce que les maladies auxquelles je suis condamné me rendent un médecin d'Europe nécessaire; secondement parce que la guerre est portée dans ce pays-là, et que les exemples de nos nations ont rendu les sauvages presque aussi méchants que nous; je me borne à être un sauvage paisible dans la solitude que j'ai choisie auprès de votre patrie où vous devriez être.[27]

J'avoue avec vous que les belles-lettres et les sciences ont causé quelquefois beaucoup de mal.[28]

Les ennemis du Tasse firent de sa vie un tissu de malheurs;[29] ceux de Galilée le firent gémir dans les prisons à soixante-dix ans pour avoir connu le mouvement de la terre, et ce qu'il y a de plus honteux, c'est qu'ils l'obligèrent à se rétracter.[30]

Dès que nos amis eurent commencé le *Dictionnaire encyclopédique*, ceux qui osaient être leurs rivaux les traitèrent de déistes, d'athées et même de jansénistes.[31] Si j'osais me compter parmi ceux dont les travaux n'ont eu que la persécution pour récompense, je vous ferais voir une troupe de misérables acharnés à me perdre du jour que je donnai la

---

25. "from which in our ignorance and weakness we are led to expect so many delights." We are giving here the original text of V.'s letter as found in Rousseau's *Correspondance générale*, II, pp. 203–205. In Rousseau's copy of the letter the word "douceurs" was changed to "consolations," thereby weakening the Epicurean connotations of V.'s thought.

26. Rousseau had written: "Il y a, je le sens, un âge auquel l'homme individuel voudrait s'arrêter." V.'s method of rebuttal is the reduction to the absurd.

27. Rousseau had gone to Geneva and been granted citizenship but was now back in Paris.

28. Rousseau had continued the argument of his *Discours sur les sciences et les arts*. He argues that he who excels in the arts takes the first step toward inequality and therefore toward vice and, "de ces premières préférences naquirent d'un côté la vanité et le mépris; de l'autre, la honte et l'envie; ... enfin des composés funestes au bonheur et à l'innocence." V. deliberately speaks of the tribulations of authors rather than of social evils.

29. Tasso, the Italian author of *Jerusalem Delivered*, much admired by V., was imprisoned for insanity.

30. In his *Pucelle*, V. wrote:

> "Voyez-vous pas le pauvre Galilée
> Qui tout contrit leur demande pardon,
> Bien condamné pour avoir eu raison?"

31. The censorship of the *Encyclopedia*, edited by Diderot and D'Alembert, has a long history. The first official condemnation occurred in 1752.

tragédie d'*Œdipe;* une bibliothèque de calomnies ridicules imprimées contre moi,[32] un prêtre ex-jésuite que j'avais sauvé du dernier supplice me payant par des libelles diffamatoires du service que je lui avais rendu;[33] un homme plus coupable encore faisant imprimer mon propre ouvrage du *Siècle de Louis XIV* avec des notes où la plus crasse ignorance débite les impostures les plus effrontées;[34] un autre qui vend à un libraire une prétendue histoire universelle sous mon nom, et le libraire assez avide et assez sot pour imprimer le tissu informe de bévues, de fausses dates, de faits et de noms estropiés, et enfin des hommes assez lâches et assez méchants pour m'imputer cette rapsodie.[35] Je vous ferais voir la société infectée de ce nouveau genre d'hommes inconnus à toute l'antiquité qui, ne pouvant embrasser une profession honnête, soit de laquais, soit de manœuvre, et sachant malheureusement lire et écrire, se font courtiers de la littérature, volent des manuscrits, les défigurent et les vendent. Je pourrais me plaindre qu'une plaisanterie faite, il y a plus de trente ans, sur le même sujet que Chapelain eut la bêtise de traiter sérieusement, court aujourd'hui le monde par l'infidélité et l'infâme avarice de ces malheureux qui l'ont défigurée avec autant de sottise que de malice, et qui, au bout de trente ans, vendent partout cet ouvrage, lequel certainement n'est plus le mien et qui est devenu le leur.[36] J'ajouterai qu'en dernier lieu, on a osé fouiller dans les archives les plus respectables et y voler une partie des mémoires que j'y avais mise en dépôt lorsque j'étais historiographe de France, et qu'on a vendu à un libraire de Paris le fruit de mes travaux. Je vous peindrais l'ingratitude, l'imposture et la rapine me poursuivant jusqu'aux pieds des Alpes et jusqu'au bord de mon tombeau.

Mais, Monsieur, avouez que ces épines, attachées à la littérature et à la réputation, ne sont que des fleurs en comparaison des autres maux qui, de tous temps, ont inondé la terre. Avouez que ni Cicéron, ni Lucrèce, ni Virgile, ni Horace ne furent les auteurs des proscriptions de Marius, de Sylla, de ce débauché d'Antoine, de cet imbécile Lépide, de ce tyran sans courage, Octave Cépias, surnommé si lâchement Auguste.[37]

Avouez que le badinage de Marot n'a pas produit la Saint-Barthélemy,[38] et que la tragédie du *Cid* ne causa pas les guerres de la Fronde. Les grands crimes n'ont été commis que par de célèbres ignorants. Ce qui fait et ce

---

32. *Voltariana, ou Eloges amphigouriques de François Marie Arouet,* which, according to Lanson, was "le plus copieux recueil de diffamations qui ait jamais été réuni contre lui."

33. Abbé Desfontaines, contributor to the *Voltariana,* had been saved by V. from capital punishment on charges of sexual perversion.

34. La Beaumelle, an unscrupulous young writer, took unfair advantage of the lack of copyright laws. V.'s work was too solid to give him more than temporary notoriety.

35. V. sometimes had trial editions published which he later refused to recognize as his own.

36. *La Pucelle.*

37. Politicians rather than authors were the cause of persecutions in Roman times.

38. The massacre of St. Bartholomew in 1572 was the subject of an inspired passage in V.'s *Henriade* (Canto II, 175–244).

qui fera toujours de ce monde une vallée de larmes, c'est l'insatiable cupidité et l'indomptable orgueil des hommes, depuis Thamas-Kouli-Kan,[39] qui ne savait pas lire, jusqu'à un commis de la douane, qui ne sait que chiffrer. Les Lettres nourrissent l'âme, la rectifient, la consolent, et elles font même votre gloire dans le temps que vous écrivez contre elles; vous êtes comme Achille, qui s'emporte contre la gloire, et comme le père Malebranche, dont l'imagination brillante écrivait contre l'imagination.[40]

M. Chappuis m'apprend que votre santé est bien mauvaise; il faudrait la venir rétablir dans l'air natal, jouir de la liberté, boire avec moi le lait de nos vaches et brouter nos herbes.[41] Je suis très philosophiquement, et avec la plus tendre estime, Monsieur, votre très humble et très obéissant serviteur.

A Helvétius [42]

EPITRE AUX FIDELES, PAR LE GRAND APOTRE DES DELICES [43]

2 juillet, 1763

La seule vengeance qu'on puisse prendre de l'absurde insolence avec laquelle on a condamné tant de vérités en divers temps est de publier souvent ces mêmes vérités pour rendre service à ceux mêmes qui les combattent. Il est à désirer que ceux qui sont riches [44] veuillent bien consacrer quelque argent à faire imprimer des choses utiles. Les libraires ne doivent point les débiter, la vérité ne doit point être vendue comme les prêtres vendent le baptême et l'enterrement.

Deux ou trois cents exemplaires distribués à propos entre les mains des sages peuvent faire beaucoup de bien sans bruit et sans danger. Il paraît convenable de n'écrire que des choses simples, courtes, intelligibles aux esprits les plus grossiers; que le vrai seul, et non l'envie de briller, caracté-

---

39. A Persian usurper and pillager (1688–1747).
40. In his *Recherche de la vérité* Malebranche presents a purely intellectual philosophical system.
41. V.'s insinuation that he, not Rousseau, was leading the simple life may have helped persuade Rousseau to abandon Parisian life the following year and install himself in the Hermitage on the country estate of Mme d'Epinay.
42. Helvétius' iconoclastic *De l'esprit* (see above) was hailed by Diderot as "un furieux coup de massue porté sur les préjugés en tous genres," and by the opposition as "un livre matérialiste, destructeur de toute religion et même de toute morale." In her book *Voltaire in His Letters*, S. G. Tallentyre (Miss E. B. Hall) wrote: "When, in 1759, *On the Mind* was burned by the public hangman in company with Voltaire's poem *On Natural Law*, though he had soundly hated (and roundly abused) Helvétius' masterpiece, he fought for its right to live, tooth and nail, up hill and down dale, on the essentially Voltairean principle: 'I wholly disapprove of what you say—and will defend to the death your right to say it.'" The principle is indeed V.'s, but the credit for the already proverbial wording belongs to Miss Hall.
43. This is the title given the letter in Grimm's *Correspondance littéraire*, August 1, 1763. For many years, and especially after the execution of the Chevalier de la Barre, V. tried to spur the philosophers to united action against *l'infâme*.
44. This was especially pertinent to Helvétius, who had long been a *fermier-général*.

rise ces ouvrages; qu'ils confondent le mensonge et la superstition, et qu'ils apprennent aux hommes à être justes et tolérants. Il est à souhaiter qu'on ne se jette point dans la métaphysique, que peu de personnes entendent, et qui fournit toujours des armes aux ennemis. Il est à la fois plus sûr et plus agréable de jeter du ridicule et de l'horreur sur les disputes théologiques, de faire sentir aux hommes combien la morale est belle et les dogmes impertinents, et de pouvoir éclairer à la fois le chancelier et le cordonnier. On n'est parvenu, en Angleterre, à déraciner la superstition que par cette voie.

Ceux qui ont été quelquefois les victimes de la vérité, en laissant débiter par des libraires des ouvrages condamnés par l'ignorance et par la mauvaise foi, ont un intérêt sensible à prendre le parti qu'on propose. Ils doivent sentir qu'on les a rendus odieux aux superstitieux pour décréditer ceux qui rendaient service au genre humain.

Il paraît donc absolument nécessaire que les sages se défendent, et ils ne peuvent se justifier qu'en éclairant les hommes. Ils peuvent former un corps respectable, au lieu d'être des membres désunis que les fanatiques et les sots hachent en pièces. Il est honteux que la philosophie ne puisse faire chez nous ce qu'elle faisait chez les anciens: elle rassemblait les hommes, et la superstition a seule chez nous ce privilège.

A Madame la Marquise du Deffand [45]

12 mars 1766

Je suis enchanté, madame, de me rencontrer avec vous; [46] ce n'est pas seulement par vanité, c'est parce qu'à mon avis, lorsque deux personnes, qui ont le sens commun et qui sont de bonne foi, pensent de même sans s'être rien communiqué, il y a à parier qu'elles ont raison. Je m'occupais de votre idée lorsque j'ai reçu votre lettre: je me prouvais à moi-même que les notions sur lesquelles les hommes diffèrent si prodigieusement ne sont point nécessaires aux hommes, et qu'il est même impossible qu'elles nous soient nécessaires, par cette seule raison qu'elles nous sont cachées. Il a été indispensable que tous les pères et mères aimassent leurs enfants: aussi les aiment-ils; il était nécessaire qu'il y eût quelques principes généraux de morale pour que la société pût subsister: aussi ces principes sont-ils les mêmes chez toutes les nations policées. Tout ce qui est un éternel sujet de dispute est d'une inutilité éternelle. Ai-je bien pris votre idée,

---

45. One of the most celebrated ladies of the eighteenth century, Mme du Deffand was known especially for her salon and her correspondence with Voltaire and Horace Walpole. Voltaire's letters, the climax of more than fifty years of friendship, are of unequaled interest and grace. Both correspondents venerated the great age of Louis XIV, with its classic conception of life and letters; yet both were essentially pagan in their philosophical acceptance of life and death, an attitude which closely resembles that of the Roman Stoics.

46. A meeting of minds. When they met again in person in 1778, Voltaire had passed twenty-eight years in exile and Mme du Deffand had been blind nearly as long.

madame? Il me semble qu'elle est consolante; elle détruit toute superstition, elle rend l'âme tranquille; ce n'est pas la tranquillité stupide d'un esprit qui n'a jamais pensé, c'est le repos philosophique d'une âme éclairée.

Je ne suis point du tout étonné que vous aimiez la vie, toute malheureuse qu'elle est, et que vous n'aimiez point la mort. Presque tout le monde en est réduit là; c'est un instinct qui était nécessaire au genre humain. Je suis persuadé que les animaux sont comme nous.

J'avoue donc avec vous, madame, que les connaissances auxquelles nous ne pouvons atteindre nous sont inutiles; mais aussi qu'il y a des recherches qui sont agréables; elles exercent l'esprit. Les philosophes n'ont pas tant de tort d'examiner si, par leur seule raison, ils peuvent concevoir la création, si l'univers est éternel, si la pensée peut être jointe à la matière, comment il y a du mal dans le monde, et vingt autres petites bagatelles de cette espèce.

Nous sommes curieux; il n'y a personne qui ne voulût sonder un peu ces profondeurs, si on ne craignait pas la fatigue de l'application, et si on n'était pas distrait par les amusements et les affaires.

Vous êtes précisément dans l'état où l'on fait des réflexions; la perte des yeux sert au moins au recueillement de l'âme. Il me vient très souvent entre mes rideaux des idées qui s'enfuient au grand jour. Je mets à profit le temps où mes fluxions sur les yeux m'empêchent de lire; je voudrais surtout passer ce temps avec vous.

Adieu, madame; conservez au moins votre santé; c'est là une chose nécessaire à tout âge et à tout état; la mienne n'est pas trop bonne, mais il est nécessaire d'avoir patience. De toutes les vérités que je cherche, celle qui me paraît la plus sûre, c'est que vous avez une âme selon mon cœur, à laquelle je serai très tendrement attaché pour le peu de temps qui me reste.

POESIES

Délie [47]

Délie elle-même à son tour
S'en va dans la nuit éternelle,
En oubliant qu'elle fut belle,
Et qu'elle a vécu pour l'amour.

Nous naissons, nous vivons, bergère,
Nous mourons sans savoir comment.
Chacun est parti du néant:
Où va-t-il?... Dieu le sait, ma chère.

---

47. This delicate little poem in the libertine tradition was written by V. at the age of eighteen.

Regrets [48]

Si vous voulez que j'aime encore,
Rendez-moi l'âge des amours:
Au crépuscule de mes jours
Rejoignez, s'il se peut, l'aurore.

On meurt deux fois, je le vois bien:
Cesser d'aimer et d'être aimable,
C'est une mort insupportable;
Cesser de vivre, ce n'est rien.

Vers [49]

Je t'écris d'une main par la fièvre affaiblie,
D'un esprit toujours ferme, et dédaignant la mort,
Libre de préjugés, sans liens, sans patrie,
Sans respect pour les grands, et sans crainte du sort:
Patient dans mes maux, et gai dans mes boutades,
    Me moquant de tout sot orgueil,
    Toujours un pied dans le cercueil,[50]
De l'autre faisant des gambades.   (*Moland, XXXIII, 213*)

La Mort de Mademoiselle Lecouvreur, célèbre actrice [51]
1730

Que vois-je? quel objet! Quoi! ces lèvres charmantes,
Quoi! ces yeux d'où partaient ces flammes éloquentes,
Eprouvent du trépas les livides horreurs!
Muses, Grâces, Amours, dont elle fut l'image,
O mes dieux et les siens, secourez votre ouvrage!
Que vois-je? c'en est fait, je t'embrasse, et tu meurs!
Tu meurs; on sait déjà cette affreuse nouvelle;

---

48. These two quatrains in imitation of Horace are from a poem addressed to Mme du Châtelet in 1741.

49. V.'s early correspondence contains a great deal of occasional poetry. These lines, addressed after the period of English exile to his friend Thieriot, express a youthful disrespect for dignitaries and empty titles and a libertine philosophy of life.

50. In his *Masters of French Literature,* Professor Horatio Smith says of V.: "He was born, so to say, with one foot in the grave and sustained that asymmetrical position for eighty-four years."

51. Under the Ancien Régime French actors were denied the sacraments of the Church, including interment in holy ground. When the celebrated tragedienne Adrienne Lecouvreur died in 1730, V. helped with her clandestine burial. He expressed his indignation in this poem, which he was brave enough to publish in the face of subsequent persecutions.

Poésies

Tous les cœurs sont émus de ma douleur mortelle;
J'entends de tous côtés les beaux-arts éperdus
S'écrier en pleurant: "Melpomène n'est plus!"
    Que direz-vous, race future,
Lorsque vous apprendrez la flétrissante injure
Qu'à ces arts désolés font des hommes cruels?
    Ils privent de la sépulture
Celle qui dans la Grèce aurait eu des autels.
Quand elle était au monde, ils soupiraient pour elle;
Je les ai vus soumis, autour d'elle empressés:
Sitôt qu'elle n'est plus, elle est donc criminelle!
Elle a charmé le monde, et vous l'en punissez!
Non, ces bords désormais ne seront plus profanes;
Ils contiennent ta cendre; et ce triste tombeau,
Honoré par nos chants, consacré par tes mânes,
    Est pour nous un temple nouveau!
Voilà mon Saint-Denis;[52] oui, c'est là que j'adore
Tes talents, ton esprit, tes grâces, tes appas:
Je les aimai vivants, je les encense encore
    Malgré les horreurs du trépas,
    Malgré l'erreur et les ingrats,
Que seuls de ce tombeau l'opprobre déshonore.
Ah! verrai-je toujours ma faible nation,
Incertaine en ses vœux, flétrir ce qu'elle admire;
Nos mœurs avec nos lois toujours se contredire;
Et le Français volage endormi sous l'empire
    De la superstition?
    Quoi! n'est-ce donc qu'en Angleterre
    Que les mortels osent penser?
O rivale d'Athène, ô Londre! heureuse terre!
Ainsi que les tyrans vous avez su chasser
Les préjugés honteux qui vous livraient la guerre.
C'est là qu'on sait tout dire, et tout récompenser.[53]
Quiconque a des talents à Londre est un grand homme.
    L'abondance et la liberté
Ont, après deux mille ans, chez vous ressuscité
    L'esprit de la Grèce et de Rome.
Des lauriers d'Apollon dans nos stériles champs
La feuille négligée est-elle donc flétrie?
Dieux! pourquoi mon pays n'est-il plus la patrie
    Et de la gloire et des talents?

---

52. Saint-Denis, resting-place of the kings of France, was especially hallowed ground.
53. While in England, V. was much impressed by the burial of the famous actress Mrs. Oldfield in Westminster Abbey.

La Vanité, satire [54]
1760

"Qu'as-tu, petit bourgeois d'une petite ville?
Quel accident étrange, en allumant ta bile,
A sur ton large front répandu la rougeur?
D'où vient que tes gros yeux pétillent de fureur?
Réponds donc. — L'univers doit venger mes injures;
L'univers me contemple, et les races futures
Contre mes ennemis déposeront pour moi.
— L'univers, mon ami, ne pense point à toi,
L'avenir encor moins: [55] conduis bien ton ménage,
Divertis-toi, bois, dors, sois tranquille, sois sage.
De quel nuage épais ton crâne est offusqué! [56]
— Ah! j'ai fait un discours et l'on s'en est moqué!
Des plaisants de Paris j'ai senti la malice;
Je vais me plaindre au roi, qui me rendra justice;
Sans doute il punira ces ris audacieux.
— Va, le roi n'a point lu ton discours ennuyeux...
— Non, je n'y puis tenir; de brocards on m'assomme.
Les *quand*, les *qui*, les *quoi* [57] pleuvent de tous côtés,
Sifflent à mon oreille en cent lieux répétés,
On méprise à Paris mes chansons judaïques,
Et mon *Pater* anglais, et mes rimes tragiques,[58]
Et ma prose aux quarante! [59] un tel renversement
D'un état policé détruit le fondement;
L'intérêt du public se joint à ma vengeance;
Je prétends des plaisants réprimer la licence.
Pour trouver bons mes vers il faut faire une loi;
Et de ce même pas je vais parler au roi."...

54. This satire is directed against Marquis Le Franc de Pompignan, brother of the bishop of Montauban. Elected to the French Academy in 1760, he delivered before that body an address in which he charged the philosophic party with corrupting the soul of the nation. It was a critical moment in French history, for, the preceding year, the *Encyclopedia* had been officially condemned along with Helvétius' *De l'esprit* and V.'s *Poème sur la loi naturelle*. Le Franc had written: "Il faut que tout l'univers sache que Leurs Majestés se sont occupées de mon discours," and again: "Ma naissance est encore au-dessus de mon discours," thus laying himself wide open to effective and devastating ridicule.

55. V. has given Le Franc a certain degree of immortality. Furthermore, Olympe de Gouges, Le Franc's illegitimate daughter, became a well-known playwright during the Revolution.

56. "befuddled."

57. These are personal satires directed against Le Franc by V. Other authors joined the pursuit until their ridicule drove the unhappy victim from Paris.

58. Le Franc was a rival playwright and the author of *Poésies sacrées*.

59. His discourse before the forty immortals of the Academy.

Je suis loin de blâmer le soin très légitime
De plaire à ses égaux, et d'être en leur estime.
Un conseiller du roi, sur la terre inconnu,
Doit dans son cercle étroit, chez les siens bien venu,
Etre approuvé du moins de ses graves confrères;
Mais on ne peut souffrir ces bruyants téméraires,
Sur la scène du monde ardents à s'étaler.
Veux-tu te faire acteur? on voudra te siffler....
Malheur à tout mortel, et surtout dans notre âge,
Qui se fait singulier pour être un personnage!
Piron [60] seul eut raison, quand, dans un goût nouveau
Il fit ce vers heureux, digne de son tombeau:
Ci-gît qui ne fut rien. — Quoi que l'orgueil en dise,
Humains, faibles humains, voilà votre devise.
Combien de rois, grands dieux! jadis si révérés,
Dans l'éternel oubli sont en foule enterrés!
La terre a vu passer leur empire et leur trône.
On ne sait en quel lieu florissait Babylone.
Le tombeau d'Alexandre, aujourd'hui renversé,
Avec sa ville altière a péri dispersé.
César n'a point d'asile où son ombre repose.[61]
Et l'ami Pompignan pense être quelque chose!

Epigrammes

I

Savez-vous pourquoi Jérémie [62]
A tant pleuré pendant sa vie?
C'est qu'en prophète il prévoyait
Qu'un jour Le Franc le traduirait.

II

L'autre jour au fond d'un vallon,
Un serpent piqua Jean Fréron; [63]
Que pensez-vous qu'il arriva?
Ce fut le serpent qui creva.

60. Piron, minor poet and wit, wrote his own epitaph. See, above, p. 223, note 30.
61. Caesar's body was consumed on the funeral pyre.
62. The Biblical prophet Jeremiah is best known for his "Lamentations."
63. Elie Fréron, facetiously called Jean F. by V., was a celebrated critic and journalist, hostile to Encyclopedists and philosophers. Diderot also attacked him in *Le Neveu de Rameau* (see, above, p. 224, note 32).

Voltaire

Les Adieux du vieillard [64]
1778

...Des champs élisiens, adieu! pompeux rivage
De palais, de jardins, de prodiges bordé
Qu'ont encor embelli pour l'honneur de notre âge
Les enfants d'Henri quatre et ceux du grand Condé....[65]

5   Que Paris est changé! les Welches [66] n'y sont plus;
Je n'entends plus siffler ces ténébreux reptiles,
Ces tartuffes affreux, ces insolents Zoïles.[67]
J'ai passé: de la terre ils étaient disparus.

Mes yeux après trente ans n'ont vu qu'un peuple aimable
10   Instruit mais indulgent, doux, vif et sociable;
Il est né pour aimer. L'élite des Français
Est l'exemple du monde, et vaut tous les Anglais.

De la société les douceurs désirées,
Dans vingt états puissants sont encor ignorées.
15   On les goûte à Paris. C'est le premier des arts:
Peuple heureux, il naquit, il règne en vos remparts.

Je m'arrache en pleurant à son charmant empire
Je retourne à ces monts qui menacent les cieux,
A ces antres glacés où la nature expire.
20   Je vous regretterais à la table des Dieux.

64. These verses were written in 1778 a few weeks before V.'s death in Paris at a moment when he expected to return to Ferney.
65. Coming back to Paris after twenty-eight years of exile, V., his heart warmed by the changed atmosphere of the capital, sees in its people the true descendants of the tolerant Henri IV and the heroic Condé.
66. V.'s name for the French whenever instances of their barbarism came to his attention.
67. The name of Zoilus, an especially severe critic (fourth century B.C.), has become a synonym for critical venom. V. had outlived such bitter enemies as Fréron, who had died in 1776.

ROUSSEAU

ROUSSEAU

1712-1778

At the beginning of Rousseau's *Confessions* we read: "Je naquis infirme et malade; je coûtai la vie à ma mère, et ma naissance fut le premier de mes malheurs." The son of a clock-maker and dancing-master, Jean-Jacques was born at Geneva, June 28, 1712. During his early years the emotional boy and the erratic father spent long hours together grieving over the mother and reading aloud novels of sentimental adventure.

Rousseau received his only formal early education, lasting less than two years, at the boarding-school of the pastor Lambercier. His father, after a brush with the Genevan authorities, had disappeared, and the lad, now entirely on his own, underwent a variety of experiences before becoming an engraver's apprentice. Ill treated by his master, he was a restless, discontented boy of sixteen who was only too glad to turn his back on Geneva when after a prolonged Sunday expedition to the countryside he saw the gates of the city closed in his face.

He soon met Mme de Warens, a charming amoral woman of twenty-eight who received a subvention from the king of Savoy for conversions to the Catholic religion. Young Rousseau was warmly received and after brief instruction renounced Protestantism. This woman, to whom he was to refer throughout his life as "chère maman," perhaps had a greater influence on the temperamental youth than any other single individual. He stayed with her, in various capacities, for a large part of the next twelve years (1729–1740), still finding ample opportunity to satisfy his lust for vagabondage. At the age of nineteen, for instance, he strayed as far as Paris. Once again installed at Mme de Warens' little farm, Les Charmettes, he began a course of self-education. Continuing his reading, he was caught up in the growing enthusiasm of the day for science, studied the theory of music, astronomy, and medicine, and composed a summary of the elements of chemistry.

Rousseau was nearly thirty years old when, armed with a comedy, *Narcisse*, and a new system of musical notation, he set out again for Paris. After a brief, tempestuous period as secretary of the French ambassador to Venice, he returned to Paris to copy music. There he began his lifelong association with Thérèse Levasseur, an uninspiring serving-girl in his modest hotel. By her he had five children, whom he abandoned to an orphanage, an act which in years to come was to plague the author of one of the great books on the education of children.

In 1749, as Rousseau approached forty, he won fame with his celebrated *Discours sur les sciences et les arts*. He was already on terms of intimacy with Diderot and other Encyclopedists and had experienced something of the salon life of Paris, for which, moody and self-conscious, he showed little aptitude. The success of his *Discours sur l'origine de l'inégalité* (1755) encouraged him to seek a more peaceful and solitary existence.

Mme d'Epinay offered him a country house, L'Ermitage, to which he withdrew with Thérèse, her mother, and his books. But, after quarreling with his benefactress, Grimm, and Diderot he sought refuge at Montmorency in the winter of 1757. The years of tranquillity passed in this rustic retreat permitted him to compose the *Lettre à d'Alembert* (1758), complete the *Nouvelle Héloïse* (1761), and write *Emile* (1762) and the *Contrat social* (1762).

The calm of these six years was broken when *Emile* was censured by the Sorbonne and burned by the Parlement of Paris. Driven to despair by a sense of persecution and forced to flee from one place of safety to another, he finally arrived in England (1765), where he spent more than a year; but, after a break with his protector, David Hume, and oppressed by the ever-increasing feeling that he was a victim of his former friends' hatred, he continued his wanderings.

By 1770, at the age of fifty-eight, he was back in Paris, famous, but broken in body and spirit. He nevertheless had the courage to continue his *Confessions* as well as write *Rousseau juge de Jean-Jacques* and the *Rêveries du promeneur solitaire*. His health grew rapidly worse, but he continued to take walks, frequently with another great lover of nature, Bernardin de Saint-Pierre. In the spring of 1778 he accepted the hospitality of the Marquis de Girardin at his estate at Ermenonville, where he was to spend only a few peaceful weeks enjoying music and botanizing in the woods and fields of the neighborhood before his death on July 2 of that year.

DISCOURS SUR LES SCIENCES ET LES ARTS

In the October, 1749, issue of the *Mercure de France* the Academy of Dijon announced as subject of the prize essay for the following year *Si le rétablissement des sciences et des arts a contribué à épurer les mœurs*. In his *Confessions* Rousseau relates that he was walking one hot summer day from Paris to Vincennes, where Diderot was for the moment imprisoned.[1] He sat under a tree by the roadside and fell upon the question proposed, which he revised as follows: *Si le progrès des sciences et des arts a contribué à corrompre ou à épurer les mœurs*. He thus purposely generalized the subject by substituting the idea of progress for the definite reference to the French Renaissance. His addition of the words "à corrompre" gave him an occasion to speak positively of actual depravity rather than to debate the relative degrees of moral progress.

The treatment is strikingly similar to the Calvinist doctrine of total depravity, with the important exception that Rousseau bases it on social rather than on

1. Diderot was imprisoned for the publication of his *Lettre sur les aveugles*.

Discours sur les sciences et les arts

theological grounds. His opinions on the evil effects of luxury would have been generally accepted in 1699, year of the publication of Fénelon's *Télémaque*. By 1749, however, this view had become quite unpopular. Rousseau was conscious, therefore, of defending a "paradox" before an academy whose members were especially interested in the progress of arts and sciences. This feeling accounts for the special pleading in the introduction and development of his subject and leads him to the somewhat illogical conclusion that true and good scientists and artists are excepted from his general condemnation.

In a letter to Malesherbes (January 12, 1762) Rousseau thus describes his inspiration:

"J'allais voir Diderot, alors prisonnier à Vincennes, j'avais dans ma poche un *Mercure de France*, que je me mis à feuilleter le long du chemin. Je tombe sur la question de l'Académie de Dijon, qui a donné lieu à mon premier écrit. Si jamais quelque chose a ressemblé à une inspiration subite, c'est le mouvement qui se fit en moi à cette lecture: tout à coup je me sens l'esprit ébloui de mille lumières; des foules d'idées vives s'y présentent à la fois avec une force et une confusion qui me jeta dans un trouble inexprimable; je sens ma tête prise par un étourdissement semblable à l'ivresse. Une violente palpitation m'oppresse, soulève ma poitrine; ne pouvant plus respirer en marchant, je me laisse tomber sous un des arbres de l'avenue, et j'y passe une demi-heure dans une telle agitation, qu'en me relevant j'aperçus tout le devant de ma veste mouillé de mes larmes, sans avoir senti que j'en répandais. O monsieur! si j'avais jamais pu écrire le quart de ce que j'ai vu et senti sous cet arbre, avec quelle clarté j'aurais fait voir toutes les contradictions du système social! avec quelle force j'aurais exposé tous les abus de nos institutions! avec quelle simplicité j'aurais démontré que l'homme est bon naturellement, et que c'est par ces institutions seules que les hommes deviennent méchants! Tout ce que j'ai pu retenir de ces foules de grandes vérités, qui, dans un quart d'heure, m'illuminèrent sous cet arbre, a été bien faiblement épars dans les trois principaux de mes écrits; savoir, ce premier *Discours*, celui sur *l'Inégalité*, et le *Traité de l'éducation*,[2] lesquels trois ouvrages sont inséparables, et forment ensemble un même tout. Tout le reste a été perdu; et il n'y eut d'écrit là-dessus que la Prosopopée de Fabricius. Voilà comment, lorsque j'y pensais le moins, je devins auteur presque malgré moi. Il est aisé de concevoir comment l'attrait d'un premier succès et les critiques des barbouilleurs me jetèrent tout de bon dans la carrière. Avais-je quelque vrai talent pour écrire? je ne sais. Une vive persuasion m'a toujours tenu lieu d'éloquence, et j'ai toujours écrit lâchement et mal quand je n'ai pas été fortement persuadé: ainsi c'est peut-être un retour caché d'amour-propre qui m'a fait choisir et mériter ma devise,[3] et m'a si passionnément attaché à la vérité ou à tout ce que j'ai pris pour elle. Si je n'avais écrit que pour écrire, je suis convaincu que l'on ne m'aurait jamais lu."

In 1749 Rousseau was intimately associated with Diderot, under whose editorship he was writing the articles on music for the *Encyclopedia*. A close friendship of fifteen years' duration came to an abrupt end in 1757. Writers of the time believed that Diderot had persuaded Rousseau to attack the progress of the arts and sciences which at that very moment were being so extolled by

---

[2] I.e., *Emile*.
[3] R.'s motto was *Vitam impendere vero* ("A life consecrated to truth").

D'Alembert in his "Discours préliminaire" for the *Encyclopedia*. We have seen that Diderot's dialectical mind was partial to paradoxes. Both he and D'Alembert took Rousseau's discourse "pour un discours de parade" and rejoiced in his literary triumph. When Rousseau, however, continued to maintain in his more mature works the substance of his early arguments, Diderot denied that the idea had been his.[4]

> "Decipimur specie recti." [5]
> — Hor., de Art. poet., v. 25

Le rétablissement des sciences et des arts a-t-il contribué à épurer ou à corrompre les mœurs? Voilà ce qu'il s'agit d'examiner. Quel parti dois-je prendre dans cette question? Celui, messieurs, qui convient à un honnête homme qui ne sait rien, et qui ne s'en estime pas moins.

Il sera difficile, je le sens, d'approprier ce que j'ai à dire au tribunal où je comparais. Comment oser blâmer les sciences devant une des plus savantes compagnies de l'Europe, louer l'ignorance dans une célèbre Académie, et concilier le mépris pour l'étude avec le respect pour les vrais savants? J'ai vu ces contrariétés, et elles ne m'ont point rebuté. Ce n'est point la science que je maltraite, me suis-je dit, c'est la vertu que je défends devant des hommes vertueux. La probité est encore plus chère aux gens de bien que l'érudition aux doctes. Qu'ai-je donc à redouter? Les lumières de l'assemblée qui m'écoute? Je l'avoue; mais c'est pour la constitution du discours, et non pour le sentiment de l'orateur. Les souverains équitables n'ont jamais balancé à se condamner eux-mêmes dans les discussions douteuses; et la position la plus avantageuse au bon droit est d'avoir à se défendre contre une partie intègre et éclairée, juge en sa propre cause.

A ce motif qui m'encourage, il s'en joint un autre qui me détermine; c'est qu'après avoir soutenu, selon ma lumière naturelle, le parti de la vérité, quel que soit mon succès, il est un prix qui ne peut me manquer; je le trouverai dans le fond de mon cœur.

Première partie

C'est un grand et beau spectacle de voir l'homme sortir en quelque manière du néant par ses propres efforts; dissiper, par les lumières de sa raison, les ténèbres dans lesquelles la nature l'avait enveloppé; s'élever au-dessus de lui-même; s'élancer par l'esprit jusque dans les régions célestes; parcourir à pas de géant, ainsi que le soleil, la vaste étendue de l'univers; et, ce qui est encore plus grand et plus difficile, rentrer en soi

---

4. See George R. Havens, "Diderot and the Composition of Rousseau's First Discourse," *Romanic Review*, December, 1939.
5. "We are deceived by a semblance of goodness."

pour y étudier l'homme et connaître sa nature, ses devoirs et sa fin. Toutes ces merveilles se sont renouvelées depuis peu de générations.[6]

L'Europe était retombée dans la barbarie des premiers âges. Les peuples de cette partie du monde aujourd'hui si éclairée vivaient, il y a quelques siècles, dans un état pire que l'ignorance. Je ne sais quel jargon scientifique, encore plus méprisable que l'ignorance, avait usurpé le nom du savoir, et opposait à son retour un obstacle presque invincible. Il fallait une révolution pour ramener les hommes au sens commun; elle vint enfin du côté d'où on l'aurait le moins attendue. Ce fut le stupide musulman, ce fut l'éternel fléau des lettres qui les fit renaître parmi nous.[7] La chute du trône de Constantin porta dans l'Italie les débris de l'ancienne Grèce. La France s'enrichit à son tour de ces précieuses dépouilles. Bientôt les sciences suivirent les lettres: à l'art d'écrire se joignit l'art de penser; gradation qui paraît étrange, et qui n'est peut-être que trop naturelle: et l'on commença à sentir le principal avantage du commerce des muses, celui de rendre les hommes plus sociables en leur inspirant le désir de se plaire les uns aux autres par des ouvrages dignes de leur approbation mutuelle.

L'esprit a ses besoins, ainsi que le corps. Ceux-ci sont les fondements de la société, les autres en font l'agrément. Tandis que le gouvernement et les lois pourvoient à la sûreté et au bien-être des hommes assemblés, les sciences, les lettres et les arts, moins despotiques et plus puissants peut-être, étendent des guirlandes de fleurs sur les chaînes de fer dont ils sont chargés, étouffent en eux le sentiment de cette liberté originelle pour laquelle ils semblaient être nés, leur font aimer leur esclavage, et en forment ce qu'on appelle des peuples policés. Le besoin éleva les trônes, les sciences et les arts les ont affermis. Puissances de la terre, aimez les talents, et protégez ceux qui les cultivent. Peuples policés, cultivez-les: heureux esclaves, vous leur devez ce goût délicat et fin dont vous vous piquez; cette douceur de caractère et cette urbanité de mœurs qui rendent parmi vous le commerce si liant et si facile; en un mot, les apparences de toutes les vertus sans en avoir aucune.

C'est par cette sorte de politesse, d'autant plus aimable qu'elle affecte moins de se montrer, que se distinguèrent autrefois Athènes et Rome dans les jours si vantés de leur magnificence et de leur éclat, c'est par elle, sans doute, que notre siècle et notre nation l'emporteront sur tous les temps

---

6. R. is celebrating the tremendous progress of science since the Renaissance. He seems to be referring especially to Galileo, Newton, and Locke. The dominant belief in progress throughout the Age of Enlightenment, from Fontenelle's *Digression sur les anciens et les modernes* (1688) to Condorcet's *Esquisse d'un tableau historique des progrès de l'esprit humain* (1794), was opposed by a current of modified primitivism, which sang the praises of the "noble savage" and "nature's simple plan."

7. R. shares the contempt of his century for the Middle Ages and is unaware of the real contributions of the Arabs to Occidental arts and sciences.

et sur tous les peuples. Un ton philosophe sans pédanterie, des manières naturelles et pourtant prévenantes, également éloignées de la rusticité tudesque et de la pantomime ultramontaine:[8] voilà les fruits du goût acquis par de bonnes études et perfectionné dans le commerce du monde.

Qu'il serait doux de vivre parmi nous si la contenance extérieure était toujours l'image des dispositions du cœur, si la décence était la vertu, si nos maximes nous servaient de règle, si la véritable philosophie était inséparable du titre de philosophe! Mais tant de qualités vont trop rarement ensemble, et la vertu ne marche guère en si grande pompe. La richesse de la parure peut annoncer un homme opulent, et son élégance un homme de goût: l'homme sain et robuste se reconnaît à d'autres marques; c'est sous l'habit rustique d'un laboureur, et non sous la dorure d'un courtisan, qu'on trouvera la force et la vigueur du corps. La parure n'est pas moins étrangère à la vertu, qui est la force et la vigueur de l'âme. L'homme de bien est un athlète qui se plaît à combattre nu; il méprise tous ces vils ornements qui gêneraient l'usage de ses forces, et dont la plupart n'ont été inventés que pour cacher quelque difformité.[9]

Avant que l'art eût façonné nos manières et appris à nos passions à parler un langage apprêté, nos mœurs étaient rustiques, mais naturelles; et la différence des procédés annonçait, au premier coup d'œil, celle des caractères. La nature humaine, au fond, n'était pas meilleure; mais les hommes trouvaient leur sécurité dans la facilité de se pénétrer réciproquement; et cet avantage, dont nous ne sentons plus le prix, leur épargnait bien des vices.

Aujourd'hui que des recherches plus subtiles et un goût plus fin ont réduit l'art de plaire en principes, il règne dans nos mœurs une vile et trompeuse uniformité, et tous les esprits semblent avoir été jetés dans un même moule: sans cesse la politesse exige, la bienséance ordonne; sans cesse on suit des usages, jamais son propre génie. On n'ose plus paraître ce qu'on est; et, dans cette contrainte perpétuelle, les hommes qui forment ce troupeau qu'on appelle société, placés dans les mêmes circonstances, feront tous les mêmes choses si des motifs plus puissants ne les en détournent. On ne saura donc jamais bien à qui l'on a affaire: il faudra donc, pour connaître son ami, attendre les grandes occasions, c'est-à-dire attendre qu'il n'en soit plus temps, puisque c'est pour ces occasions mêmes qu'il eût été essentiel de le connaître.

Quel cortège de vices n'accompagnera point cette incertitude! Plus d'amitiés sincères; plus d'estime réelle; plus de confiance fondée. Les soupçons, les ombrages, les craintes, la froideur, la réserve, la haine, la trahison,

---

8. I.e., the excessive ceremony of the Papal court.

9. R.'s frequent use of the word "vertu" has been the object of considerable discussion. Though in later works it takes on the meaning of positive moral goodness, in this *Discours* it usually retains many of its etymological connotations, such as virility, force, and especially the military vigor of the Spartans and early Romans. R.'s poor health led him to idolize "l'homme sain et robuste."

se cacheront sans cesse sous ce voile uniforme et perfide de politesse, sous cette urbanité si vantée que nous devons aux lumières de notre siècle. On ne profanera plus par des jurements le nom du maître de l'univers; mais on l'insultera par des blasphèmes, sans que nos oreilles scrupuleuses en soient offensées. On ne vantera pas son propre mérite, mais on rabaissera celui d'autrui. On n'outragera point grossièrement son ennemi, mais on le calomniera avec adresse. Les haines nationales s'éteindront, mais ce sera avec l'amour de la patrie. A l'ignorance méprisée on substituera un dangereux pyrrhonisme. Il y aura des excès proscrits, des vices déshonorés; mais d'autres seront décorés du nom de vertus; il faudra ou les avoir ou les affecter. Vantera qui voudra la sobriété des sages du temps; je n'y vois, pour moi, qu'un raffinement d'intempérance autant indigne de mon éloge que leur artificieuse simplicité.

Telle est la pureté que nos mœurs ont acquise; c'est ainsi que nous sommes devenus gens de bien. C'est aux lettres, aux sciences et aux arts, à revendiquer ce qui leur appartient dans un si salutaire ouvrage. J'ajouterai seulement une réflexion, c'est qu'un habitant de quelques contrées éloignées qui chercherait à se former une idée des mœurs européennes sur l'état des sciences parmi nous, sur la perfection de nos arts, sur la bienséance de nos spectacles, sur la politesse de nos manières, sur l'affabilité de nos discours, sur nos démonstrations perpétuelles de bienveillance, et sur ce concours tumultueux d'hommes de tout âge et de tout état qui semblent empressés depuis le lever de l'aurore jusqu'au coucher du soleil à s'obliger réciproquement; c'est que cet étranger, dis-je, devinerait exactement de nos mœurs le contraire de ce qu'elles sont.

Où il n'y a nul effet, il n'y a point de cause à chercher: mais ici l'effet est certain, la dépravation réelle; et nos âmes se sont corrompues à mesure que nos sciences et nos arts se sont avancés à la perfection. Dira-t-on que c'est un malheur particulier à notre âge? Non, messieurs; les maux causés par notre vaine curiosité sont aussi vieux que le monde. L'élévation et l'abaissement journaliers des eaux de l'Océan n'ont pas été plus régulièrement assujettis au cours de l'astre qui nous éclaire durant la nuit, que le sort des mœurs et de la probité au progrès des sciences et des arts. On a vu la vertu s'enfuir à mesure que leur lumière s'élevait sur notre horizon, et le même phénomène s'est observé dans tous les temps et dans tous les lieux....

O Fabricius! [10] qu'eût pensé votre grande âme, si, pour votre malheur, rappelé à la vie, vous eussiez vu la face pompeuse de cette Rome sauvée par votre bras, et que votre nom respectable avait plus illustrée que toutes ses conquêtes? "Dieux! eussiez-vous dit, que sont devenus ces toits de chaume et ces foyers rustiques qu'habitaient jadis la modération et la

---

10. Roman general of the third century B.C., model of simplicity and incorruptible integrity. This is the portion of the *Discours* that R. remembered and wrote down after his "illumination" on the road to Vincennes.

vertu? Quelle splendeur funeste a succédé à la simplicité romaine? quel est ce langage étranger? quelles sont ces mœurs efféminées? que signifient ces statues, ces tableaux, ces édifices? Insensés, qu'avez-vous fait? Vous, les maîtres des nations, vous vous êtes rendus les esclaves des hommes frivoles que vous avez vaincus! Ce sont des rhéteurs qui vous gouvernent! C'est pour enrichir des architectes, des peintres, des statuaires et des histrions, que vous avez arrosé de votre sang la Grèce et l'Asie! Les dépouilles de Carthage sont la proie d'un joueur de flûte! Romains, hâtez-vous de renverser ces amphithéâtres; brisez ces marbres, brûlez ces tableaux, chassez ces esclaves qui vous subjuguent, et dont les funestes arts vous corrompent. Que d'autres mains s'illustrent par de vains talents; le seul talent digne de Rome est celui de conquérir le monde, et d'y faire régner la vertu. Quand Cynéas[11] prit notre sénat pour une assemblée de rois, il ne fut ébloui ni par une pompe vaine, ni par une élégance recherchée; il n'y entendit point cette éloquence frivole, l'étude et le charme des hommes futiles. Que vit donc Cynéas de si majestueux? O citoyens! il vit un spectacle que ne donneront jamais vos richesses ni tous vos arts, le plus beau spectacle qui ait jamais paru sous le ciel: l'assemblée de deux cents hommes vertueux, dignes de commander à Rome, et de gouverner la terre."

Mais franchissons la distance des lieux et des temps, et voyons ce qui s'est passé dans nos contrées et sous nos yeux; ou plutôt, écartons des peintures odieuses qui blesseraient notre délicatesse, et épargnons-nous la peine de répéter les mêmes choses sous d'autres noms. Ce n'est point en vain que j'évoquais les mânes de Fabricius; et qu'ai-je fait dire à ce grand homme, que je n'eusse pu mettre dans la bouche de Louis XII ou de Henri IV? Parmi nous, il est vrai, Socrate n'eût point bu la ciguë; mais il eût bu dans une coupe encore plus amère la raillerie insultante, et le mépris pire cent fois que la mort.

Voilà comment le luxe, la dissolution et l'esclavage ont été de tout temps le châtiment des efforts orgueilleux que nous avons faits pour sortir de l'heureuse ignorance où la sagesse éternelle nous avait placés. Le voile épais dont elle a couvert toutes ses opérations semblait nous avertir assez qu'elle ne nous a point destinés à de vaines recherches. Mais est-il quelqu'une de ses leçons dont nous ayons su profiter, ou que nous ayons négligée impunément? Peuples, sachez donc une fois que la nature a voulu vous préserver de la science, comme une mère arrache une arme dangereuse des mains de son enfant; que tous les secrets qu'elle vous cache sont autant de maux dont elle vous garantit, et que la peine que vous trouvez à vous instruire n'est pas le moindre de ses bienfaits. Les hommes sont

---

11. Cineas, an ambassador to Rome in the time of Fabricius, was friend and counselor of Pyrrhus, king of Epirus. The incident is taken from Plutarch's *Lives*, much admired and often utilized by R.

pervers; ils seraient pires encore, s'ils avaient eu le malheur de naître savants.

Que ces réflexions sont humiliantes pour l'humanité! que notre orgueil en doit être mortifié! Quoi! la probité serait fille de l'ignorance? la science et la vertu seraient incompatibles? Quelles conséquences ne tirerait-on point de ces préjugés? Mais, pour concilier ces contrariétés apparentes, il ne faut qu'examiner de près la vanité et le néant de ces titres orgueilleux qui nous éblouissent, et que nous donnons si gratuitement aux connaissances humaines. Considérons donc les sciences et les arts en eux-mêmes. Voyons ce qui doit résulter de leur progrès: et ne balançons plus à convenir de tous les points où nos raisonnements se trouveront d'accord avec les inductions historiques.

Seconde partie

C'était une ancienne tradition passée de l'Egypte en Grèce, qu'un dieu ennemi du repos des hommes était l'inventeur des sciences.[12] Quelle opinion fallait-il donc qu'eussent d'elles les Egyptiens mêmes, chez qui elles étaient nées. C'est qu'ils voyaient de près les sources qui les avaient produites. En effet, soit qu'on feuillette les annales du monde, soit qu'on supplée à des chroniques incertaines par des recherches philosophiques,[13] on ne trouvera pas aux connaissances humaines une origine qui réponde à l'idée qu'on aime à s'en former. L'astronomie est née de la superstition; l'éloquence, de l'ambition, de la haine, de la flatterie, du mensonge; la géométrie, de l'avarice; la physique, d'une vaine curiosité; toutes, et la morale même, de l'orgueil humain. Les sciences et les arts doivent donc leur naissance à nos vices; nous serions moins en doute sur leurs avantages, s'ils la devaient à nos vertus.

Le défaut de leur origine ne nous est que trop retracé dans leurs objets. Que ferions-nous des arts, sans le luxe qui les nourrit? Sans les injustices des hommes, à quoi servirait la jurisprudence? Que deviendrait l'histoire, s'il n'y avait ni tyrans, ni guerres, ni conspirateurs? Qui voudrait, en un mot, passer sa vie à de stériles contemplations, si chacun, ne consultant que les devoirs de l'homme et les besoins de la nature, n'avait de temps que pour la patrie, pour les malheureux, et pour ses amis? Sommes-nous donc faits pour mourir attachés sur les bords du puits où la vérité s'est retirée?[14]

12. Allusion to the fable of Prometheus, founder of the first human civilization, who stole fire from Jupiter. He was bound to a rock by Vulcan, and his liver was the constant prey of vultures. In his *Prometheus Unbound*, Shelley defends Prometheus as a benefactor of mankind.
13. Because of the infancy of historical and anthropological sciences, eighteenth-century philosophers were often forced to build up logical structures on insufficient data.
14. The French proverb reads: "La vérité est au fond d'un puits."

Cette seule réflexion devrait rebuter dès les premiers pas tout homme qui chercherait sérieusement à s'instruire par l'étude de la philosophie.

Que de dangers, que de fausses routes dans l'investigation des sciences! Par combien d'erreurs, mille fois plus dangereuses que la vérité n'est utile, ne faut-il point passer pour arriver à elle! Le désavantage est visible: car le faux est susceptible d'une infinité de combinaisons: mais la vérité n'a qu'une manière d'être. Qui est-ce d'ailleurs qui la cherche bien sincèrement? Même avec la meilleure volonté, à quelles marques est-on sûr de la reconnaître? Dans cette foule de sentiments différents, quel sera notre *criterium* pour en bien juger? [15] Et, ce qui est le plus difficile, si par bonheur nous le trouvons à la fin, qui de nous en saura faire un bon usage?

Si nos sciences sont vaines dans l'objet qu'elles se proposent, elles sont encore plus dangereuses par les effets qu'elles produisent. Nées dans l'oisiveté, elles la nourrissent à leur tour; et la perte irréparable du temps est le premier préjudice qu'elles causent nécessairement à la société. En politique comme en morale, c'est un grand mal que de ne point faire de bien; et tout citoyen inutile peut être regardé comme un homme pernicieux. Répondez-moi donc, philosophes illustres,[16] vous par qui nous savons en quelles raisons les corps s'attirent dans le vide; quels sont, dans les révolutions des planètes, les rapports des aires parcourues en temps égaux; quelles courbes ont des points conjugués, des points d'inflexion et de rebroussement: comment l'homme voit tout en Dieu; comment l'âme et le corps se correspondent sans communication, ainsi que feraient deux horloges; quels astres peuvent être habités; quels insectes se reproduisent d'une manière extraordinaire: répondez-moi, dis-je, vous de qui nous avons reçu tant de sublimes connaissances: quand vous ne nous auriez jamais rien appris de ces choses, en serions-nous moins nombreux, moins bien gouvernés, moins redoutables, moins florissants, ou plus pervers? Revenez donc sur l'importance de vos productions; et si les travaux des plus éclairés de nos savants et de nos meilleurs citoyens nous procurent si peu d'utilité, dites-nous ce que nous devons penser de cette foule d'écrivains obscurs et de lettrés oisifs qui dévorent en pure perte la substance de l'Etat.

Que dis-je, oisifs? et plût à Dieu qu'ils le fussent en effet! Les mœurs en seraient plus saines et la société plus paisible. Mais ces vains et futiles

15. "Moins on sait, plus on croit savoir. Les péripatéticiens doutaient-ils de rien? Descartes n'a-t-il pas construit l'univers avec des cubes et des tourbillons? Et y a-t-il aujourd'hui même en Europe si mince physicien qui n'explique hardiment ce profond mystère de l'électricité qui fera peut-être à jamais le désespoir des vrais philosophes?" (R.)

16. Rousseau's "illustrious philosophers" include scientists and mathematicians. References below seem to be to Newton's law of gravitation, Kepler's second law ("the ratios of the areas described in equal terms"), the theory of singular points of curves ("what curves possess conjugate points, points of inflexion, and cusps"); then Malebranche's immanence of God, Leibniz's predetermined harmony, Fontenelle's *Entretiens sur la pluralité des mondes*, and Réaumur's studies of insects.

déclamateurs [17] vont de tous côtés, armés de leurs funestes paradoxes, sapant les fondements de la foi, et anéantissant la vertu. Ils sourient dédaigneusement à ces vieux mots de patrie et de religion, et consacrent leurs talents et leur philosophie à détruire et avilir tout ce qu'il y a de sacré parmi les hommes. Non qu'au fond ils haïssent ni la vertu ni nos dogmes; c'est de l'opinion publique qu'ils sont ennemis; et, pour les ramener au pied des autels, il suffirait de les reléguer parmi les athées. O fureur de se distinguer, que ne pouvez-vous point!

C'est un grand mal que l'abus du temps. D'autres maux pires encore suivent les lettres et les arts. Tel est le luxe, né comme eux de l'oisiveté et de la vanité des hommes. Le luxe va rarement sans les sciences et les arts, et jamais ils ne vont sans lui. Je sais que notre philosophie, toujours féconde en maximes singulières, prétend, contre l'expérience de tous les siècles, que le luxe fait la splendeur des Etats: [18] mais, après avoir oublié la nécessité des lois somptuaires, osera-t-elle nier encore que les bonnes mœurs ne soient essentielles à la durée des empires, et que le luxe ne soit diamétralement opposé aux bonnes mœurs? Que le luxe soit un signe certain des richesses: qu'il serve même si l'on veut à les multiplier: que faudra-t-il conclure de ce paradoxe si digne d'être né de nos jours? et que deviendra la vertu, quand il faudra s'enrichir à quelque prix que ce soit? Les anciens politiques parlaient sans cesse de mœurs et de vertu; les nôtres ne parlent que de commerce et d'argent. L'un vous dira qu'un homme vaut en telle contrée la somme qu'on le vendrait à Alger; un autre, en suivant ce calcul, trouvera des pays où un homme ne vaut rien, et d'autres où il vaut moins que rien. Ils évaluent les hommes comme des troupeaux de bétail. Selon eux, un homme ne vaut à l'Etat que la consommation qu'il y fait; ainsi un Sybarite [19] aurait bien valu trente Lacédémoniens. Qu'on devine donc laquelle de ces deux républiques, de Sparte ou de Sybaris, fut subjuguée par une poignée de paysans, et laquelle fit trembler l'Asie....

De quoi s'agit-il donc précisément dans cette question du luxe? De savoir lequel importe le plus aux empires, d'être brillants et momentanés ou vertueux et durables. Je dis brillants, mais de quel éclat? Le goût du faste ne s'associe guère dans les mêmes âmes avec celui de l'honnête. Non, il n'est pas possible que des esprits dégradés par une multitude de soins futiles s'élèvent jamais à rien de grand; et, quand ils en auraient la force, le courage leur manquerait.

Tout artiste veut être applaudi. Les éloges de ses contemporains sont

---

17. R. here forgets many of the distinguished names mentioned above and attacks the eighteenth-century *philosophes* in general.

18. On this important issue R. is in definite disagreement with majority opinion. (See, above, pp. 162 and 427.) Montesquieu had favored sumptuary laws, and Voltaire was later to follow suit.

19. Inhabitant of ancient Sybaris, a Greek city of southern Italy noted for its love of luxury and pleasure.

la partie la plus précieuse de sa récompense. Que fera-t-il donc pour les obtenir, s'il a le malheur d'être chez un peuple et dans des temps où les savants devenus à la mode ont mis une jeunesse frivole en état de donner le ton; où les hommes ont sacrifié leur goût aux tyrans de leur liberté; où, l'un des sexes n'osant approuver que ce qui est proportionné à la pusillanimité de l'autre, on laisse tomber des chefs-d'œuvre de poésie dramatique, et des prodiges d'harmonie sont rebutés? Ce qu'il fera, messieurs? Il rabaissera son génie au niveau de son siècle, et aimera mieux composer des ouvrages communs qu'on admire pendant sa vie, que des merveilles qu'on n'admirerait que longtemps après sa mort. Dites-nous, célèbre Arouet,[20] combien vous avez sacrifié de beautés mâles et fortes à notre fausse délicatesse! et combien l'esprit de la galanterie, si fertile en petites choses, vous en a coûté de grandes! ...

Il semble, aux précautions qu'on prend, qu'on ait trop de laboureurs et qu'on craigne de manquer de philosophes. Je ne veux point hasarder ici une comparaison de l'agriculture et de la philosophie: on ne la supporterait pas. Je demanderai seulement: Qu'est-ce que la philosophie? que contiennent les écrits des philosophes les plus connus? quelles sont les leçons de ces amis de la sagesse? A les entendre, ne les prendrait-on pas pour une troupe de charlatans criant chacun de son côté sur une place publique: Venez à moi, c'est moi seul qui ne trompe point? L'un prétend qu'il n'y a point de corps, et que tout est en représentation; l'autre, qu'il n'y a d'autre substance que la matière, ni d'autre dieu que le monde. Celui-ci avance qu'il n'y a ni vertus, ni vices, et que le bien et le mal moral sont des chimères; celui-là, que les hommes sont des loups et peuvent se dévorer en sûreté de conscience.[21] O grands philosophes! que ne réservez-vous pour vos amis et pour vos enfants ces leçons profitables? vous en recevriez bientôt le prix, et nous ne craindrions pas de trouver dans les nôtres quelqu'un de vos sectateurs.

Voilà donc les hommes merveilleux à qui l'estime de leurs contemporains a été prodiguée pendant leur vie, et l'immortalité réservée après leur trépas! Voilà les sages maximes que nous avons reçues d'eux et que nous transmettons d'âge en âge à nos descendants! Le paganisme, livré à tous les égarements de la raison humaine, a-t-il laissé à la postérité rien qu'on puisse comparer aux monuments honteux que lui a préparés l'imprimerie, sous le règne de l'Evangile? Les écrits impies des Leucippe et des Diago-

---

20. It is true that Voltaire, to be a successful playwright, had to observe the "bienséances" which he, although to a lesser extent than Diderot, believed to be unreal and meaningless.

21. During the late forties regular dinners, where ideas of Locke, Spinoza, Hobbes, and Berkeley were discussed, brought together Diderot, Condillac, and R. The inconsistencies and contradictions among philosophers had been satirized especially in ancient times by Lucian and in modern times by Montaigne in his *Apologie de Raimond Sebond*. La Mettrie had just published his materialistic work entitled *L'Homme machine* (1748).

Discours sur les sciences et les arts

ras [22] sont péris avec eux; on n'avait point encore inventé l'art d'éterniser les extravagances de l'esprit humain; mais, grâce aux caractères typographiques [23] et à l'usage que nous en faisons, les dangereuses rêveries des Hobbes et des Spinosa resteront à jamais. Allez, écrits célèbres dont l'ignorance et la rusticité de nos pères n'auraient point été capables; accompagnez chez nos descendants ces ouvrages plus dangereux encore d'où s'exhale la corruption des mœurs de notre siècle, et portez ensemble aux siècles à venir une histoire fidèle du progrès et des avantages de nos sciences et de nos arts. S'ils vous lisent, vous ne leur laisserez aucune perplexité sur la question que nous agitons aujourd'hui; et, à moins qu'ils ne soient plus insensés que nous, ils lèveront leurs mains au ciel, et diront dans l'amertume de leur cœur: "Dieu tout-puissant, toi qui tiens dans tes mains les esprits, délivre-nous des lumières et des funestes arts de nos pères, et rends-nous l'ignorance, l'innocence et la pauvreté, les seuls biens qui puissent faire notre bonheur et qui soient précieux devant toi." [24]

Mais si le progrès des sciences et des arts n'a rien ajouté à notre véritable félicité; s'il a corrompu nos mœurs, et si la corruption des mœurs a porté atteinte à la pureté du goût, que penserons-nous de cette foule d'auteurs élémentaires qui ont écarté du temple des Muses les difficultés qui défendaient son abord, et que la nature y avait répandues comme une épreuve des forces de ceux qui seraient tentés de savoir? Que penserons-nous de ces compilateurs d'ouvrages qui ont indiscrètement brisé la porte des sciences et introduit dans leur sanctuaire une populace indigne d'en approcher, tandis qu'il serait à souhaiter que tous ceux qui ne pouvaient avancer loin dans la carrière des lettres eussent été rebutés dès l'entrée, et se fussent jetés dans des arts utiles à la société? tel qui sera toute sa vie un mauvais versificateur, un géomètre subalterne, serait peut-

---

22. Diagoras (fifth century B.C.) was surnamed the Atheist. The ideas of Leucippus, founder of the atomic theory of the universe, are preserved in Lucretius' *De rerum natura*.

23. "A considérer les désordres affreux que l'imprimerie a déjà causés en Europe, à juger de l'avenir par le progrès que le mal fait d'un jour à l'autre, on peut prévoir aisément que les souverains ne tarderont pas à se donner autant de soins pour bannir cet art terrible de leurs Etats, qu'ils en ont pris pour l'y introduire. Le sultan Achmet, cédant aux importunités de quelques prétendus gens de goût, avait consenti d'établir une imprimerie à Constantinople; mais à peine la presse fut-elle en train, qu'on fut contraint de la détruire et d'en jeter les instruments dans un puits. On dit que le calife Omar, consulté sur ce qu'il fallait faire de la bibliothèque d'Alexandrie, répondit en ces termes: 'Si les livres de cette bibliothèque contiennent des choses opposées à l'Alcoran, ils sont mauvais, et il faut les brûler; s'ils ne contiennent que la doctrine de l'Alcoran, brûlez-les encore, ils sont superflus.' Nos savants ont cité ce raisonnement comme le comble de l'absurdité. Cependant, supposez Grégoire le Grand à la place d'Omar, et l'Evangile à la place de l'Alcoran, la bibliothèque aurait encore été brûlée, et ce serait peut-être le plus beau trait de la vie de cet illustre pontife." (R.)

This argument, which may well have served as the inspiration for Voltaire's satiric *L'Horrible Danger de la lecture,* is in striking contradiction to the spirit of the *Encyclopedia.* Cf., above, pp. 335 and 436.

24. Much of this paragraph is obviously pure rhetoric.

être devenu un grand fabricateur d'étoffes.[25] Il n'a point fallu de maîtres à ceux que la nature destinait à faire des disciples. Les Verulam,[26] les Descartes et les Newton, ces précepteurs du genre humain, n'en ont point eu eux-mêmes; et quels guides les eussent conduits jusqu'où leur vaste génie les a portés? Des maîtres ordinaires n'auraient pu que rétrécir leur entendement en le resserrant dans l'étroite capacité du leur. C'est par les premiers obstacles qu'ils ont appris à faire des efforts, et qu'ils se sont exercés à franchir l'espace immense qu'ils ont parcouru. S'il faut permettre à quelques hommes de se livrer à l'étude des sciences et des arts, ce n'est qu'à ceux qui se sentiront la force de marcher seuls sur leurs traces, et de les devancer; c'est à ce petit nombre qu'il appartient d'élever des monuments à la gloire de l'esprit humain. Mais si l'on veut que rien ne soit au-dessus de leur génie, il faut que rien ne soit au-dessus de leurs espérances; voilà l'unique encouragement dont ils ont besoin. L'âme se proportionne insensiblement aux objets qui l'occupent, et ce sont les grandes occasions qui font les grands hommes. Le prince de l'éloquence fut consul de Rome, et le plus grand peut-être des philosophes, chancelier d'Angleterre.[27] Croit-on que si l'un n'eût occupé qu'une chaire dans quelque université, et que l'autre n'eût obtenu qu'une modique pension d'Académie; croit-on, dis-je, que leurs ouvrages ne se sentiraient pas de leur état? Que les rois ne dédaignent donc pas d'admettre dans leurs conseils les gens les plus capables de les bien conseiller; qu'ils renoncent à ce vieux préjugé inventé par l'orgueil des grands, que l'art de conduire les peuples est plus difficile que celui de les éclairer; comme s'il était plus aisé d'engager les hommes à bien faire de leur bon gré, que de les y contraindre par la force: que les savants du premier ordre trouvent dans leurs cours d'honorables asiles; qu'ils y obtiennent la seule récompense digne d'eux, celle de contribuer par leur crédit au bonheur des peuples à qui ils auront enseigné la sagesse: c'est alors seulement qu'on verra ce que peuvent la vertu, la science et l'autorité animées d'une noble émulation, et travaillant de concert à la félicité du genre humain. Mais tant que la puissance sera seule d'un côté, les lumières et la sagesse seules d'un autre, les savants penseront rarement de grandes choses, les princes en feront plus rarement de belles, et les peuples continueront d'être vils, corrompus et malheureux.

Pour nous, hommes vulgaires, à qui le ciel n'a point départi de si grands talents et qu'il ne destine pas à tant de gloire, restons dans notre

---

25. These ideas, too, may be found in Montaigne's *Apologie:* "C'est pourquoy on voit tant d'ineptes ames entre les sçavantes, et plus d'autres: il s'en fust faict des bons hommes de mesnage, bons marchans, bons artisans." Some scholars consider Montaigne's *Apologie* a "paradox," i.e., a little essay against the prevailing opinion of mankind for purposes of debate. There seems little justification for this view.

26. Francis Bacon, Lord Verulam, was especially admired by Diderot and D'Alembert as a philosophic advocate of the scientific method.

27. Cicero and Francis Bacon.

obscurité. Ne courons point après une réputation qui nous échapperait, et qui dans l'état présent des choses, ne nous rendrait jamais ce qu'elle nous aurait coûté, quand nous aurions tous les titres pour l'obtenir. A quoi bon chercher notre bonheur dans l'opinion d'autrui, si nous pouvons le trouver en nous-mêmes? Laissons à d'autres le soin d'instruire les peuples de leurs devoirs, et bornons-nous à bien remplir les nôtres; nous n'avons pas besoin d'en savoir davantage.

O vertu! science sublime des âmes simples, faut-il donc tant de peines et d'appareil pour te connaître? Tes principes ne sont-ils pas gravés dans tous les cœurs? et ne suffit-il pas pour apprendre tes lois de rentrer en soi-même et d'écouter la voix de sa conscience dans le silence des passions? Voilà la véritable philosophie,[28] sachons nous en contenter; et, sans envier la gloire de ces hommes célèbres qui s'immortalisent dans la république des lettres, tâchons de mettre entre eux et nous cette distinction glorieuse qu'on remarquait jadis entre deux grands peuples; que l'un savait bien dire, et l'autre bien faire.

DISCOURS SUR L'ORIGINE DE L'INEGALITE PARMI LES HOMMES

In 1753 the Academy of Dijon proposed as subject for competitive essays the question *Quelle est l'origine de l'inégalité parmi les hommes et si elle est autorisée par la loi naturelle*. Rousseau's Second Discourse, written for this occasion, but too long and too unorthodox to obtain the prize, was published in 1755 with a dedication to the "magnifiques, très honorés et souverains seigneurs de la République de Genève."[1]

Rousseau's articles on music were already appearing in the *Encyclopedia*, and he had more closely allied himself with the Encyclopedists by aiding their attack on the traditional French opera of Lulli and Rameau. His *Lettre sur la musique française* (1753) developed the extreme position that the French would never have as good opera as the Italians because librettos in the French language could hardly be set to music. His fame was now such that he no longer needed the official seal of the Academy of Dijon.

Rousseau was at the time greatly preoccupied with political problems. He was planning a major work to be entitled *Institutions politiques*, parts of which appeared in the Second Discourse, the article "Economie politique" of the *Encyclopedia*, and the *Contrat social*. His Discourse is a drastic criticism of the existing order. The moral defects of mankind are caused by social inequalities which are quite contrary to the law of nature. Continuing the theme of the First Discourse, he opposes the idea of progress and extolls a simpler and more primitive state of society before the division of labor with its attendant capitalistic evils had corrupted the natural goodness of man. Rousseau assumes that,

---

28. A deistic philosophy which calls to mind the religious tenets of the Quakers.

1. In 1754 he spent several months renewing friendships, reasserting his Protestant faith, and reclaiming citizenship at Geneva. The government of Geneva was aristocratic in that only a minority called "citizens" enjoyed the privilege of the vote.

like the individual man, the social man would like to have stopped in his development at some idyllic stage. He admits, however, the impossibility of returning to such a state. His Discourse is therefore nostalgic and pessimistic. No remedy for man's political ailments will be offered until the *Contrat social* (1762).

The chief importance of this Discourse in the history of ideas is the evolutionary conception of human development through countless prehistoric centuries.[2] It presents a modified and less pleasing picture of primitive man, who was a nonmoral but good-natured brute. By "natural goodness" Rousseau means merely that man is neither depraved in the theological sense nor instinctively wicked as Hobbes had argued. Native pity is anterior to exaggerated self-seeking (*amour-propre*), but, as society develops, the latter passion predominates. If human society evolves through entirely natural causes, it is hard to see how Rousseau absolves nature in the gradual descent of man. In later works, when he has shaken himself free from Diderot's influence, it is apparent that he is defending the goodness of God rather than the goodness of nature.

Préface

La plus utile et la moins avancée de toutes les connaissances humaines me paraît être celle de l'homme;[3] et j'ose dire que la seule inscription du temple de Delphes contenait un précepte plus important et plus difficile que tous les gros livres des moralistes. Aussi je regarde le sujet de ce Discours comme une des questions les plus intéressantes que la philosophie puisse proposer, et, malheureusement pour nous, comme une des plus épineuses que les philosophes puissent résoudre: car comment connaître la source de l'inégalité parmi les hommes, si l'on ne commence par les connaître eux-mêmes? et comment l'homme viendra-t-il à bout de se voir tel que l'a formé la nature, à travers tous les changements que la succession des temps et des choses a dû produire dans sa constitution originelle, et de démêler ce qu'il tient de son propre fonds d'avec ce que les circonstances et ses progrès ont ajouté ou changé à son état primitif? Semblable à la statue de Glaucus, que le temps, la mer et les orages avaient tellement défigurée qu'elle ressemblait moins à un dieu qu'à une bête féroce, l'âme humaine, altérée au sein de la société par mille causes sans cesse renaissantes, par l'acquisition d'une multitude de connaissances et d'erreurs, par les changements arrivés à la constitution des corps, et par le choc continuel des passions, a pour ainsi dire changé d'apparence au point d'être presque méconnaissable; et l'on n'y retrouve plus, au lieu d'un être agissant toujours par des principes certains et invariables, au lieu de cette céleste et majestueuse simplicité dont son auteur l'avait empreinte, que le difforme contraste de la passion qui croit raisonner, et de l'entendement en délire.

Ce qu'il y a de plus cruel encore c'est que tous les progrès de l'espèce

---

2. In his *Confessions* R. called the Second Discourse the "ouvrage qui fut plus du goût de Diderot que tous mes autres écrits, et pour lequel ses conseils me furent les plus utiles."

3. This is also the theme of Alexis Carrel in *Man the Unknown*.

Discours sur l'origine de l'inégalité

humaine l'éloignant sans cesse de son état primitif, plus nous accumulons de nouvelles connaissances, et plus nous nous ôtons les moyens d'acquérir la plus importante de toutes;[4] et que c'est en un sens à force d'étudier l'homme que nous nous sommes mis hors d'état de le connaître.

Il est aisé de voir que c'est dans ces changements successifs de la constitution humaine qu'il faut chercher la première origine des différences qui distinguent les hommes, lesquels, d'un commun aveu, sont naturellement aussi égaux entre eux que l'étaient les animaux de chaque espèce avant que diverses causes physiques eussent introduit dans quelques-unes les variétés que nous y remarquons. En effet, il n'est pas concevable que ces premiers changements, par quelque moyen qu'ils soient arrivés, aient altéré tout à la fois et de la même manière, tous les individus de l'espèce; mais les uns s'étant perfectionnés ou détériorés, et ayant acquis diverses qualités, bonnes ou mauvaises, qui n'étaient point inhérentes à leur nature, les autres restèrent plus longtemps dans leur état originel: et telle fut parmi les hommes la première source de l'inégalité, qu'il est plus aisé de démontrer ainsi en général que d'en assigner avec précision les véritables causes.

Que mes lecteurs ne s'imaginent donc pas que j'ose me flatter d'avoir vu ce qui me paraît si difficile à voir. J'ai commencé quelques raisonnements, j'ai hasardé quelques conjectures, moins dans l'espoir de résoudre la question, que dans l'intention de l'éclaircir et de la réduire à son véritable état. D'autres pourront aisément aller plus loin dans la même route, sans qu'il soit facile à personne d'arriver au terme; car ce n'est pas une légère entreprise de démêler ce qu'il y a d'originaire et d'artificiel dans la nature actuelle de l'homme, et de bien connaître un état qui n'existe plus, qui n'a peut-être point existé,[5] qui probablement n'existera jamais, et dont il est pourtant nécessaire d'avoir des notions justes, pour bien juger de notre état présent....

Première partie

C'est de l'homme que j'ai à parler; et la question que j'examine m'apprend que je vais parler à des hommes; car on n'en propose point de semblables quand on craint d'honorer la vérité. Je défendrai donc avec confiance la cause de l'humanité[6] devant les sages qui m'y invitent, et je ne serai pas mécontent de moi-même si je me rends digne de mon sujet et de mes juges.

Je conçois dans l'espèce humaine deux sortes d'inégalités: l'une, que

---

4. This is apparently the primitivistic idea that natural man just emerged from the hands of his Creator had a clearer notion than civilized man of his divine origin. Cf. Pope, "The State of Nature was the reign of God."

5. Many critics have attacked R. and other defenders of the state of nature by declaring, what R. admits here, that such a state is simply a logical reconstruction where social experimentation is impossible.

6. Cf. the first sentence of Voltaire's letter to R., above, p. 498.

j'appelle naturelle ou physique, parce qu'elle est établie par la nature, et qui consiste dans la différence des âges, de la santé, des forces du corps et des qualités de l'esprit ou de l'âme; l'autre, qu'on peut appeler inégalité morale[7] ou politique, parce qu'elle dépend d'une sorte de convention, et qu'elle est établie ou du moins autorisée par le consentement des hommes. Celle-ci consiste dans les différents privilèges dont quelques-uns jouissent au préjudice des autres, comme d'être plus riches, plus honorés, plus puissants qu'eux, ou même de s'en faire obéir.

On ne peut pas demander quelle est la source de l'inégalité naturelle, parce que la réponse se trouverait énoncée dans la simple définition du mot. On peut encore moins chercher s'il n'y aurait point quelque liaison essentielle entre les deux inégalités; car ce serait demander en d'autres termes si ceux qui commandent valent nécessairement mieux que ceux qui obéissent, et si la force du corps ou de l'esprit, la sagesse ou la vertu, se trouvent toujours dans les mêmes individus en proportion de la puissance ou de la richesse: question peut-être bonne à agiter entre des esclaves entendus de leurs maîtres, mais qui ne convient pas à des hommes raisonnables et libres, qui cherchent la vérité.[8]

De quoi s'agit-il donc précisément dans ce Discours? De marquer dans le progrès des choses le moment où, le droit succédant à la violence, la nature fut soumise à la loi; d'expliquer par quel enchaînement de prodiges le fort put se résoudre à servir le faible, et le peuple à acheter un repos en idée au prix d'une félicité réelle.[9]

Les philosophes qui ont examiné les fondements de la société ont tous senti la nécessité de remonter jusqu'à l'état de nature, mais aucun d'eux n'y est arrivé. Les uns n'ont point balancé à supposer à l'homme dans cet état la notion du juste et de l'injuste, sans se soucier de montrer qu'il dût avoir cette notion, ni même qu'elle lui fût utile. D'autres ont parlé du droit naturel que chacun a de conserver ce qui lui appartient, sans expliquer ce qu'ils entendaient par appartenir. D'autres, donnant d'abord au plus fort l'autorité sur le plus faible, ont aussitôt fait naître le gouvernement, sans songer au temps qui dut s'écouler avant que le sens des mots d'autorité et de gouvernement pût exister parmi les hommes. Enfin tous, parlant sans cesse de besoin, d'avidité, d'oppression, de désirs et d'orgueil, ont transporté à l'état de nature des idées qu'ils avaient prises dans la société: ils parlaient de l'homme sauvage, et ils peignaient l'homme civil.[10]

Il n'est pas même venu dans l'esprit de la plupart des nôtres de douter que l'état de nature eût existé, tandis qu'il est évident, par la lecture des livres sacrés, que le premier homme, ayant reçu immédiatement de Dieu

---

7. R. uses "morale" here for "sociale" in accordance with the eighteenth-century conception that ethics was entirely a social matter.
8. R. refuses to consider that there might well be a degree of correlation, if no actual coincidence, between natural superiority and social superiority.
9. In these paragraphs may be seen an early sign of R.'s revolutionary tendencies.
10. "civilized."

Discours sur l'origine de l'inégalité

des lumières et des préceptes, n'était point lui-même dans cet état, et qu'en ajoutant aux écrits de Moïse la foi que leur doit tout philosophe chrétien, il faut nier que, même avant le déluge, les hommes se soient jamais trouvés dans le pur état de nature, à moins qu'ils n'y soient retombés par quelque événement extraordinaire: paradoxe fort embarrassant à défendre, et tout à fait impossible à prouver.

Commençons donc par écarter tous les faits,[11] car ils ne touchent point à la question. Il ne faut pas prendre les recherches dans lesquelles on peut entrer sur ce sujet pour des vérités historiques, mais seulement pour des raisonnements hypothétiques et conditionnels, plus propres à éclaircir la nature des choses qu'à en montrer la véritable origine, et semblables à ceux que font tous les jours nos physiciens sur la formation du monde. La religion nous ordonne de croire que Dieu lui-même ayant tiré les hommes de l'état de nature immédiatement après la création, ils sont inégaux parce qu'il a voulu qu'ils le fussent; mais elle ne nous défend pas de former des conjectures tirées de la seule nature de l'homme et des êtres qui l'environnent, sur ce qu'aurait pu devenir le genre humain s'il fût resté abandonné à lui-même....

Quelque important qu'il soit, pour bien juger de l'état naturel de l'homme, de le considérer dès son origine et de l'examiner, pour ainsi dire, dans le premier embryon de l'espèce, je ne suivrai point son organisation à travers ses développements successifs, je ne m'arrêterai pas à rechercher dans le système animal ce qu'il put être au commencement pour devenir enfin ce qu'il est.[12] Je n'examinerai pas si, comme le pense Aristote, ses ongles allongés ne furent point d'abord des griffes crochues; s'il n'était point velu comme un ours; et si, marchant à quatre pieds, ses regards dirigés vers la terre, et bornés à un horizon de quelques pas, ne marquaient point à la fois le caractère et les limites de ses idées. Je ne pourrais former sur ce sujet que des conjectures vagues et presque imaginaires. L'anatomie comparée a fait encore trop peu de progrès, les observations des naturalistes sont encore trop incertaines, pour qu'on puisse établir sur de pareils fondements la base d'un raisonnement solide: ainsi, sans avoir recours aux connaissances surnaturelles que nous avons sur ce point, et sans avoir égard aux changements qui ont dû survenir dans la conformation tant intérieure qu'extérieure de l'homme, à mesure qu'il appliquait ses membres à de nouveaux usages et qu'il se nourrissait

---

11. I.e., the story of Creation as related in the Scriptures. The context shows that R. is here using a subterfuge common in the eighteenth century to Jesuits and philosophers alike. Buffon, for example, accepted as true the "facts" of the Biblical account, then proceeded in numerous volumes to explain the apparently contradictory picture that science would paint if deprived of revelation.

12. Ideas on organic transformism were being expounded at this time by Maupertuis, Daubenton, Buffon, and Diderot. In the last's *Pensées sur l'interprétation de la nature*, a first edition of which appeared in 1753, the evolutionary transformation of the foot of the quadruped into the hand of man is treated at some length (*Œuvres*, II, 15-16). Diderot's influence is especially marked in the first part of this Discourse.

de nouveaux aliments, je le supposerai conformé de tout temps comme je le vois aujourd'hui, marchant à deux pieds, se servant de ses mains comme nous faisons des nôtres, portant ses regards sur toute la nature, et mesurant des yeux la vaste étendue du ciel.

En dépouillant cet être ainsi constitué de tous les dons surnaturels qu'il a pu recevoir, et de toutes les facultés artificielles qu'il n'a pu acquérir que par de longs progrès; en le considérant en un mot tel qu'il a dû sortir des mains de la nature, je vois un animal moins fort que les uns, moins agile que les autres, mais, à tout prendre, organisé le plus avantageusement de tous: je le vois se rassasiant sous un chêne, se désaltérant au premier ruisseau, trouvant son lit au pied du même arbre qui lui a fourni son repas; et voilà ses besoins satisfaits.[13]

La terre, abandonnée à sa fertilité naturelle, et couverte de forêts immenses que la cognée ne mutila jamais, offre à chaque pas des magasins et des retraites aux animaux de toute espèce. Les hommes, dispersés parmi eux, observent, imitent leur industrie, et s'élèvent ainsi jusqu'à l'instinct des bêtes; avec cet avantage que chaque espèce n'a que le sien propre, et que l'homme, n'en ayant peut-être aucun qui lui appartienne, se les approprie tous, se nourrit également de la plupart des aliments divers que les autres animaux se partagent, et trouve par conséquent sa subsistance plus aisément que ne peut faire aucun d'eux.

Accoutumés dès l'enfance aux intempéries de l'air et à la rigueur des saisons, exercés à la fatigue, et forcés de défendre nus et sans armes leur vie et leur proie contre les autres bêtes féroces, ou de leur échapper à la course, les hommes se forment un tempérament robuste et presque inaltérable; les enfants, apportant au monde l'excellente constitution de leurs pères, et la fortifiant par les mêmes exercices qui l'ont produite, acquièrent ainsi toute la vigueur dont l'espèce humaine est capable. La nature en use précisément avec eux comme la loi de Sparte avec les enfants des citoyens; elle rend forts et robustes ceux qui sont bien constitués, et fait périr tous les autres; différente en cela de nos sociétés, où l'Etat en rendant les enfants onéreux aux pères, les tue indistinctement avant leur naissance....

A l'égard des maladies, je ne répéterai point les vaines et fausses déclamations que font contre la médecine la plupart des gens en santé; mais je demanderai s'il y a quelque observation solide de laquelle on puisse conclure que, dans les pays où cet art est le plus négligé, la vie moyenne de l'homme soit plus courte que dans ceux où il est cultivé avec le plus de soin. Et comment cela pourrait-il être, si nous nous donnons plus de maux que la médecine ne peut nous fournir de remèdes? L'extrême inégalité dans la manière de vivre, l'excès d'oisiveté dans les uns, l'excès de travail dans les autres, la facilité d'irriter et de satisfaire nos appétits et notre sensualité, les aliments trop recherchés des riches, qui les nourris-

---

13. This description recalls certain verses of Voltaire's *Mondain*.

sent de sucs échauffants et les accablent d'indigestions, la mauvaise nourriture des pauvres, dont ils manquent même souvent, et dont le défaut les porte à surcharger avidement leur estomac dans l'occasion, les veilles, les excès de toute espèce, les transports immodérés de toutes les passions, les fatigues et l'épuisement d'esprit, les chagrins et les peines sans nombre qu'on éprouve dans tous les états et dont les âmes sont perpétuellement rongées; voilà les funestes garants que la plupart de nos maux sont notre propre ouvrage, et que nous les aurions presque tous évités en conservant la manière de vivre simple, uniforme et solitaire qui nous était prescrite par la nature. Si elle nous a destinés à être sains, j'ose presque assurer que l'état de réflexion est un état contre nature, et que l'homme qui médite est un animal dépravé....[14]

Gardons-nous donc de confondre l'homme sauvage avec les hommes que nous avons sous les yeux. La nature traite tous les animaux abandonnés à ses soins avec une prédilection qui semble montrer combien elle est jalouse de ce droit. Le cheval, le chat, le taureau, l'âne même, ont la plupart une taille plus haute, tous une constitution plus robuste, plus de vigueur, de force et de courage dans les forêts que dans nos maisons: ils perdent la moitié de ces avantages en devenant domestiques, et l'on dirait que tous nos soins à bien traiter et nourrir ces animaux n'aboutissent qu'à les abâtardir. Il en est ainsi de l'homme même: en devenant sociable et esclave[15] il devient faible, craintif, rampant; et sa manière de vivre molle et efféminée achève d'énerver à la fois sa force et son courage. Ajoutons qu'entre les conditions sauvage et domestique la différence d'homme à homme doit être plus grande encore que celle de bête à bête: car l'animal et l'homme ayant été traités également par la nature, toutes les commodités que l'homme se donne de plus qu'aux animaux qu'il apprivoise sont autant de causes particulières qui le font dégénérer plus sensiblement.

Ce n'est donc pas un si grand malheur à ces premiers hommes, ni surtout un si grand obstacle à leur conservation, que la nudité, le défaut d'habitation et la privation de toutes ces inutilités que nous croyons si nécessaires. S'ils n'ont pas la peau velue, ils n'en ont aucun besoin dans les pays chauds; et ils savent bientôt, dans les pays froids, s'approprier celles des bêtes qu'ils ont vaincues: s'ils n'ont que deux pieds pour courir, ils ont deux bras pour pourvoir à leur défense et à leurs besoins. Leurs enfants marchent peut-être tard et avec peine, mais les mères les portent avec facilité; avantage qui manque aux autres espèces, où la mère étant poursuivie, se voit contrainte d'abandonner ses petits ou de régler son pas sur le leur. Enfin, à moins de supporter ces concours singuliers et

---

14. Such statements as this have been pointed out by scholars who accuse R. of anti-intellectualism.

15. Mme de Staël (*Œuvres*, 1820, I, 15) and many other critics have emphasized R.'s peculiar antisocial temperament.

fortuits de circonstances dont je parlerai dans la suite, et qui pouvaient fort bien ne jamais arriver, il est clair, en tout état de cause, que le premier qui se fit des habits ou un logement [16] se donna en cela des choses peu nécessaires, puisqu'il s'en était passé jusqu'alors, et qu'on ne voit pas pourquoi il n'eût pu supporter, homme fait, un genre de vie qu'il supportait dès son enfance....

L'homme sauvage, livré par la nature au seul instinct, ou plutôt dédommagé de celui qui lui manque peut-être par des facultés capables d'y suppléer d'abord et de l'élever ensuite fort au-dessus de celle-là, commencera donc par les fonctions purement animales. Apercevoir et sentir sera son premier état, qui lui sera commun avec tous les animaux; vouloir et ne pas vouloir, désirer et craindre, seront les premières et presque les seules opérations de son âme, jusqu'à ce que de nouvelles circonstances y causent de nouveaux développements.

Quoi qu'en disent les moralistes, l'entendement humain doit beaucoup aux passions,[17] qui, d'un commun aveu, lui doivent beaucoup aussi; c'est par leur activité que notre raison se perfectionne; nous ne cherchons à connaître que parce que nous désirons de jouir; et il n'est pas possible de concevoir pourquoi celui qui n'aurait ni désirs ni craintes se donnerait la peine de raisonner. Les passions à leur tour tirent leur origine de nos besoins, et leur progrès de nos connaissances; car on ne peut désirer ou craindre les choses que sur les idées qu'on en peut avoir, ou par la simple impulsion de la nature; et l'homme sauvage, privé de toute sorte de lumière, n'éprouve que les passions de cette dernière espèce; ses désirs ne passent pas ses besoins physiques; les seuls biens qu'il connaisse dans l'univers sont la nourriture, une femelle et le repos; les seuls maux qu'il craigne sont la douleur et la faim. Je dis la douleur et non la mort; car jamais l'animal ne saura ce que c'est que mourir; et la connaissance de la mort et de ses terreurs est une des premières acquisitions que l'homme ait faites en s'éloignant de la condition animale....

Combien de siècles se sont peut-être écoulés avant que les hommes aient été à portée de voir d'autre feu que celui du ciel! combien ne leur a-t-il pas fallu de différents hasards pour apprendre les usages les plus communs de cet élément! combien de fois ne l'ont-ils pas laissé éteindre avant que d'avoir acquis l'art de le reproduire! et combien de fois peut-être chacun de ces secrets n'est-il pas mort avec celui qui l'avait découvert! Que dirons-nous de l'agriculture, art qui demande tant de travail et de prévoyance, qui tient à tant d'autres arts, qui très évidemment n'est praticable que dans une société au moins commencée, et qui ne nous sert pas tant à tirer de la terre des aliments qu'elle fournirait bien sans cela, qu'à la forcer aux préférences qui sont le plus de notre goût?...

16. Cf. Voltaire's remarks on luxury, above, p. 427.
17. Cf. Diderot, *Pensées philosophiques*.

Discours sur l'origine de l'inégalité

Qu'on songe de combien d'idées nous sommes redevables à l'usage de la parole; combien la grammaire exerce et facilite les opérations de l'esprit et qu'on pense aux peines inconcevables et au temps infini qu'a dû coûter la première invention des langues: qu'on joigne ces réflexions aux précédentes, et l'on jugera combien il eût fallu de milliers de siècles pour développer successivement dans l'esprit humain les opérations dont il était capable....

Le premier langage de l'homme, le langage le plus universel, le plus énergique, et le seul dont il eût besoin avant qu'il fallût persuader des hommes assemblés, est le cri de la nature.[18] Comme ce cri n'était arraché que par une sorte d'instinct dans les occasions pressantes, pour implorer du secours dans les grands dangers ou du soulagement dans les maux violents, il n'était pas d'un grand usage dans le cours ordinaire de la vie, où règnent des sentiments plus modérés. Quand les idées des hommes commencèrent à s'étendre et à se multiplier, et qu'il s'établit entre eux une communication plus étroite, ils cherchèrent des signes plus nombreux et un langage plus étendu; ils multiplièrent les inflexions de la voix, et y joignirent les gestes qui, par leur nature, sont plus expressifs, et dont le sens dépend moins d'une détermination antérieure. Ils exprimaient donc les objets visibles et mobiles par des gestes, et ceux qui frappent l'ouïe par des sons imitatifs: mais comme le geste n'indique guère que les objets présents ou faciles à décrire et les actions visibles; qu'il n'est pas d'un usage universel, puisque l'obscurité ou l'interposition d'un corps le rendent inutile, et qu'il exige l'attention plutôt qu'il ne l'excite; on s'avisa enfin de lui substituer les articulations de la voix, qui, sans avoir le même rapport avec certaines idées, sont plus propres à les représenter toutes comme signes institués; substitution qui ne peut se faire que d'un commun consentement et d'une manière assez difficile à pratiquer pour des hommes dont les organes grossiers n'avaient encore aucun exercice, et plus difficile encore à concevoir en elle-même, puisque cet accord unanime dut être motivé, et que la parole paraît avoir été fort nécessaire pour établir l'usage de la parole.

On doit juger que les premiers mots dont les hommes firent usage eurent dans leur esprit une signification beaucoup plus étendue que n'ont ceux qu'on emploie dans les langues déjà formées, et qu'ignorant la division du discours en ses parties constitutives, ils donnèrent d'abord à chaque mot le sens d'une proposition entière. Quand ils commencèrent à distinguer le sujet d'avec l'attribut, et le verbe d'avec le nom, ce qui ne fut pas un médiocre effort de génie, les substantifs ne furent d'abord qu'autant de noms propres, le présent de l'infinitif fut le seul temps des verbes; et à l'égard des adjectifs, la notion ne s'en dut développer que

---

18. R. here develops certain ideas expressed by Diderot, especially in his *Lettre sur les sourds et muets* (1751). See, above, pp. 269–277.

fort difficilement, parce que tout adjectif est un mot abstrait, et que les abstractions sont des opérations pénibles et peu naturelles....[19]

Il paraît d'abord que les hommes dans cet état [primitif], n'ayant entre eux aucune sorte de relation morale ni de devoirs connus, ne pouvaient être ni bons ni méchants, et n'avaient ni vices ni vertus, à moins que, prenant ces mots dans un sens physique,[20] on appelle vices dans l'individu les qualités qui peuvent nuire à sa propre conservation, et vertus celles qui peuvent y contribuer; auquel cas il faudrait appeler le plus vertueux celui qui résisterait le moins aux simples impulsions de la nature. Mais, sans nous écarter du sens ordinaire, il est à propos de suspendre le jugement que nous pourrions porter sur une telle situation, et de nous défier de nos préjugés jusqu'à ce que, la balance à la main, on ait examiné s'il y a plus de vertus que de vices parmi les hommes civilisés, ou si leurs vertus sont plus avantageuses que leurs vices ne sont funestes, ou si le progrès de leurs connaissances est un dédommagement suffisant des maux qu'ils se font mutuellement à mesure qu'ils s'instruisent du bien qu'ils devraient se faire, ou s'ils ne seraient pas, à tout prendre, dans une situation plus heureuse de n'avoir ni mal à craindre ni bien à espérer de personne, que de s'être soumis à une dépendance universelle, et de s'obliger à tout recevoir de ceux qui ne s'obligent à leur rien donner.

N'allons pas surtout conclure avec Hobbes que, pour n'avoir aucune idée de la bonté, l'homme soit naturellement méchant;[21] qu'il soit vicieux, parce qu'il ne connaît pas la vertu; qu'il refuse toujours à ses semblables des services qu'il ne croit pas leur devoir; ni qu'en vertu du droit qu'il s'attribue avec raison aux choses dont il a besoin, il s'imagine follement être le seul propriétaire de tout l'univers. Hobbes a très bien vu le défaut de toutes les définitions modernes du droit naturel: mais les conséquences qu'il tire de la sienne montrent qu'il la prend dans un sens qui n'est pas moins faux. En raisonnant sur les principes qu'il établit, cet auteur devait dire que l'état de nature étant celui où le soin de notre conservation est le moins préjudiciable à celle d'autrui, cet état était par conséquent le plus propre à la paix et le plus convenable au genre humain. Il dit précisément le contraire, pour avoir fait entrer mal à propos dans le soin de la conservation de l'homme sauvage le besoin de satisfaire une multitude de passions qui sont l'ouvrage de la société, et qui ont rendu les lois nécessaires. Le méchant, dit-il, est un enfant robuste.[22] Il reste à savoir si l'homme sauvage est un enfant robuste. Quand on le lui accorderait, qu'en

---

19. Many of these ideas are quite in keeping with modern linguistic studies.
20. Diderot's word for this presocial "morality" was "hygiene."
21. Cf. the first sentence of *Emile:* "Tout est bien, sortant des mains de l'auteur des choses" (below, p. 586).
22. In his article "Hobbisme" in the *Encyclopedia*, Diderot attempts to mediate between Hobbes and R. He finds Hobbes's definition "le méchant est un enfant robuste" sublime but says it is false unless man increases in goodness as he increases in knowledge.

conclurait-il? Que si, quand il est robuste, cet homme était aussi dépendant des autres que quand il est faible, il n'y a sorte d'excès auxquels il ne se portât; qu'il ne battît sa mère lorsqu'elle tarderait trop à lui donner la mamelle; qu'il n'étranglât un de ses jeunes frères lorsqu'il en serait incommodé; qu'il ne mordît la jambe à l'autre lorsqu'il en serait heurté ou troublé: mais ce sont deux suppositions contradictoires dans l'état de nature qu'être robuste et dépendant....

Après avoir prouvé que l'inégalité est à peine sensible dans l'état de nature, et que son influence y est presque nulle, il me reste à montrer son origine et ses progrès dans les développements successifs de l'esprit humain. Après avoir montré que la *perfectibilité*, les vertus sociales, et les autres facultés que l'homme naturel avait reçues en puissance, ne pouvaient jamais se développer d'elles-mêmes, qu'elles avaient besoin pour cela du concours fortuit de plusieurs causes étrangères, qui pouvaient ne jamais naître, et sans lesquelles il fût demeuré éternellement dans sa condition primitive, il me reste à considérer et à rapprocher les différents hasards qui ont pu perfectionner la raison humaine en détériorant l'espèce, rendre un être méchant en le rendant sociable, et d'un terme si éloigné, amener enfin l'homme et le monde au point où nous les voyons....[23]

Seconde partie

Le premier qui ayant enclos un terrain s'avisa de dire, *Ceci est à moi*, et trouva des gens assez simples pour le croire, fut le vrai fondateur de la société civile. Que de crimes, de guerres, de meurtres, que de misères et d'horreurs n'eût point épargnés au genre humain celui qui, arrachant les pieux ou comblant le fossé, eût crié à ses semblables: "Gardez-vous d'écouter cet imposteur; vous êtes perdus si vous oubliez que les fruits sont à tous, et que la terre n'est à personne!"[24] Mais il y a grande apparence qu'alors les choses en étaient déjà venues au point de ne pouvoir plus durer comme elles étaient: car cette idée de propriété, dépendant de beaucoup d'idées antérieures qui n'ont pu naître que successivement, ne se forma pas tout d'un coup dans l'esprit humain: il fallut faire bien des progrès, acquérir bien de l'industrie et des lumières, les transmettre et les augmenter d'âge en âge, avant que d'arriver à ce dernier terme de l'état de nature. Reprenons donc les choses de plus haut, et tâchons de ras-

---

23. The first part of the Discourse, which treats of the ascent of man from brute, ends thus with a promise that the second part will show his subsequent degradation as social institutions are developed.
24. The beginning of this second part, like the beginning of *Emile* and the *Contrat social*, is a passage of striking eloquence, designed to arrest immediately the reader's attention. R.'s revolutionary spirit is more marked here than in the *Contrat social*, where he comes to terms with private property. The *Lettres édifiantes* of the Jesuit missionaries often praised the savage societies of God's uncorrupted children, who were still ignorant of the distinction of "le mien et le tien."

sembler sous un seul point de vue cette lente succession d'événements et de connaissances dans leur ordre le plus naturel.

 Le premier sentiment de l'homme fut celui de son existence; son premier soin celui de sa conservation. Les productions de la terre lui fournissaient tous les secours nécessaires; l'instinct le porta à en faire usage....

 A mesure que le genre humain s'étendit, les peines se multiplièrent avec les hommes. La différence des terrains, des climats, des saisons, put les forcer à en mettre dans leurs manières de vivre. Des années stériles, des hivers longs et rudes, des étés brûlants, qui consument tout, exigèrent d'eux une nouvelle industrie. Le long de la mer et des rivières ils inventèrent la ligne et l'hameçon, et devinrent pêcheurs et ichthyophages. Dans les forêts ils se firent des arcs et des flèches, et devinrent chasseurs et guerriers. Dans les pays froids ils se couvrirent des peaux des bêtes qu'ils avaient tuées. Le tonnerre, un volcan, ou quelque heureux hasard, leur fit connaître le feu, nouvelle ressource contre la rigueur de l'hiver: ils apprirent à conserver cet élément, puis à le reproduire, et enfin à en préparer les viandes qu'auparavant ils dévoraient crues.

 Cette application réitérée des êtres divers à lui-même, et des uns aux autres, dut naturellement engendrer dans l'esprit de l'homme les perceptions de certains rapports. Ces relations que nous exprimons par les mots de grand, de petit, de fort, de faible, de vite, de lent, de peureux, de hardi, et d'autres idées pareilles, comparées au besoin, et presque sans y songer, produisirent enfin chez lui quelque sorte de réflexion, ou plutôt une prudence machinale qui lui indiquait les précautions les plus nécessaires à sa sûreté.

 Les nouvelles lumières qui résultèrent de ce développement augmentèrent sa supériorité sur les autres animaux en la lui faisant connaître. Il s'exerça à leur dresser des pièges, il leur donna le change en mille manières; et quoique plusieurs le surpassassent en force au combat, ou en vitesse à la course, de ceux qui pouvaient lui servir ou lui nuire, il devint avec le temps le maître des uns et le fléau des autres. C'est ainsi que le premier regard qu'il porta sur lui-même y produisit le premier mouvement d'orgueil; c'est ainsi que sachant encore à peine distinguer les rangs, et se contemplant au premier par son espèce, il se préparait de loin à y prétendre par son individu....

 Instruit par l'expérience que l'amour du bien-être est le seul mobile des actions humaines, il se trouva en état de distinguer les occasions rares où l'intérêt commun devait le faire compter sur l'assistance de ses semblables, et celles plus rares encore où la concurrence devait le faire défier d'eux. Dans le premier cas, il s'unissait avec eux en troupeau, ou tout au plus par quelque sorte d'association libre qui n'obligeait personne, et qui ne durait qu'autant que le besoin passager qui l'avait formée. Dans le second, chacun cherchait à prendre ses avantages, soit à force ouverte, s'il croyait le pouvoir, soit par adresse et subtilité, s'il se sentait le plus faible....

Je parcours comme un trait des multitudes de siècles, forcé par le temps qui s'écoule, par l'abondance des choses que j'ai à dire, et par le progrès presque insensible des commencements; car plus les événements étaient lents à se succéder, plus ils sont prompts à décrire.

Ces premiers progrès mirent enfin l'homme à portée d'en faire de plus rapides. Plus l'esprit s'éclairait, et plus l'industrie se perfectionna. Bientôt, cessant de s'endormir sous le premier arbre, ou de se retirer dans des cavernes, on trouva quelques sortes de haches de pierres dures et tranchantes qui servirent à couper du bois, creuser la terre, et faire des huttes de branchages qu'on s'avisa ensuite d'enduire d'argile et de boue. Ce fut là l'époque d'une première révolution qui forma l'établissement et la distinction des familles, et qui introduisit une sorte de propriété, d'où peut-être naquirent déjà bien des querelles et des combats. Cependant, comme les plus forts furent vraisemblablement les premiers à se faire des logements qu'ils se sentaient capables de défendre, il est à croire que les faibles trouvèrent plus court et plus sûr de les imiter que de tenter de les déloger; et quant à ceux qui avaient déjà des cabanes, chacun dut peu chercher à s'approprier celle de son voisin, moins parce qu'elle ne lui appartenait pas, que parce qu'elle lui était inutile, et qu'il ne pouvait s'en emparer sans s'exposer à un combat très vif avec la famille qui l'occupait.

Les premiers développements du cœur furent l'effet d'une situation nouvelle qui réunissait dans une habitation commune les maris et les femmes, les pères et les enfants. L'habitude de vivre ensemble fit naître les plus doux sentiments qui soient connus des hommes, l'amour conjugal et l'amour paternel. Chaque famille devint une petite société d'autant mieux unie, que l'attachement réciproque et la liberté en étaient les seuls liens; et ce fut alors que s'établit la première différence dans la manière de vivre des deux sexes, qui jusqu'ici n'en avaient eu qu'une. Les femmes devinrent plus sédentaires, et s'accoutumèrent à garder la cabane et les enfants, tandis que l'homme allait chercher la subsistance commune. Les deux sexes commencèrent aussi, par une vie un peu plus molle, à perdre quelque chose de leur férocité et de leur vigueur. Mais si chacun séparément devint moins propre à combattre les bêtes sauvages, en revanche il fut plus aisé de s'assembler pour leur résister en commun.

Dans ce nouvel état, avec une vie simple et solitaire, des besoins très bornés, et les instruments qu'ils avaient inventés pour y pourvoir, les hommes, jouissant d'un fort grand loisir, l'employèrent à se procurer plusieurs sortes de commodités inconnues à leurs pères; et ce fut là le premier joug qu'ils s'imposèrent sans y songer, et la première source de maux qu'ils préparèrent à leur descendants; car, outre qu'ils continuèrent ainsi à s'amollir le corps et l'esprit, ces commodités ayant par l'habitude perdu presque tout leur agrément, et étant en même temps dégénérées en de vrais besoins, la privation en devint beaucoup plus cruelle que la possession n'en était douce; et l'on était malheureux de les perdre, sans être heureux de les posséder....

A mesure que les idées et les sentiments se succèdent, que l'esprit et le cœur s'exercent, le genre humain continue à s'apprivoiser, les liaisons s'étendent et les liens se resserrent. On s'accoutuma à s'assembler devant les cabanes ou autour d'un grand arbre: le chant et la danse, vrais enfants de l'amour et du loisir, devinrent l'amusement ou plutôt l'occupation des hommes et des femmes oisifs et attroupés.[25] Chacun commença à regarder les autres et à vouloir être regardé soi-même, et l'estime publique eut un prix. Celui qui chantait ou dansait le mieux, le plus beau, le plus fort, le plus adroit, ou le plus éloquent, devint le plus considéré; et ce fut le premier pas vers l'inégalité, et vers le vice en même temps: de ces premières préférences naquirent d'un côté la vanité et le mépris; de l'autre, la honte et l'envie; et la fermentation causée par ces nouveaux levains produisit enfin des composés funestes au bonheur et à l'innocence....

Mais il faut remarquer que la société commencée et les relations déjà établies exigeaient en eux des qualités différentes de celles qu'ils tenaient de leur constitution primitive; que la moralité commençant à s'introduire dans les actions humaines, et chacun, avant les lois, étant seul juge et vengeur des offenses qu'il avait reçues, la bonté convenable au pur état de nature n'était plus celle qui convenait à la société naissante: qu'il fallait que les punitions devinssent plus sévères à mesure que les occasions d'offenser devenaient plus fréquentes, et que c'était à la terreur des vengeances de tenir lieu du frein des lois. Ainsi, quoique les hommes fussent devenus moins endurants, et que la pitié naturelle eût déjà souffert quelque altération, cette période du développement des facultés humaines, tenant un juste milieu entre l'indolence de l'état primitif et la pétulante activité de notre amour-propre, dut être l'époque la plus heureuse et la plus durable....[26]

Tant que les hommes se contentèrent de leurs cabanes rustiques, tant qu'ils se bornèrent à coudre leurs habits de peaux avec des épines ou des arêtes, à se parer de plumes et de coquillages, à se peindre le corps de diverses couleurs, à perfectionner ou embellir leurs arcs et leurs flèches, à tailler avec des pierres tranchantes quelques canots de pêcheurs ou quelques grossiers instruments de musique; en un mot, tant qu'ils ne s'appliquèrent qu'à des ouvrages qu'un seul pouvait faire, et qu'à des arts qui n'avaient pas besoin du concours de plusieurs mains, ils vécurent libres, sains, bons et heureux autant qu'ils pouvaient l'être par leur nature et continuèrent à jouir entre eux des douceurs d'un commerce indépendant:

25. In R.'s later works, however, country dances and the simpler amusements are idyllized.

26. This is the stage, then, at which, according to R., the human race would have liked to stop its development. It so closely resembles that of the American Indians that Voltaire's letter (above, p. 499) seems in great measure justified.

mais dès l'instant qu'un homme eut besoin du secours d'un autre, dès qu'on s'aperçut qu'il était utile à un seul d'avoir des provisions pour deux, l'égalité disparut, la propriété s'introduisit, le travail devint nécessaire, et les vastes forêts se changèrent en des campagnes riantes qu'il fallut arroser de la sueur des hommes, et dans lesquelles on vit bientôt l'esclavage et la misère germer et croître avec les moissons.

La métallurgie et l'agriculture furent les deux arts dont l'invention produisit cette grande révolution. Pour le poète, c'est l'or et l'argent; mais pour le philosophe, ce sont le fer et le blé qui ont civilisé les hommes et perdu le genre humain. Aussi l'un et l'autre étaient-ils inconnus aux sauvages de l'Amérique, qui pour cela sont toujours demeurés tels; les autres peuples semblent même être restés barbares tant qu'ils ont pratiqué l'un de ces arts sans l'autre. Et l'une des meilleures raisons peut-être pourquoi l'Europe a été, sinon plus tôt, du moins plus constamment et mieux policée que les autres parties du monde, c'est qu'elle est à la fois la plus abondante en fer et la plus fertile en blé....

Dès qu'il fallut des hommes pour fondre et forger le fer, il fallut d'autres hommes pour nourrir ceux-là. Plus le nombre des ouvriers vint à se multiplier, moins il y eut de mains employées à la subsistance commune, sans qu'il y eût moins de bouches pour la consommer; et comme il fallut aux uns des denrées en échange de leur fer, les autres trouvèrent enfin le secret d'employer le fer à la multiplication des denrées. De là naquirent d'un côté le labourage et l'agriculture, et de l'autre l'art de travailler les métaux et d'en multiplier les usages....

Voilà donc toutes nos facultés développées, la mémoire et l'imagination en jeu, l'amour-propre intéressé, la raison rendue active, et l'esprit arrivé presque au terme de la perfection dont il est susceptible. Voilà toutes les qualités naturelles mises en action, le rang et le sort de chaque homme établis, non seulement sur la quantité des biens et le pouvoir de servir ou de nuire, mais sur l'esprit, la beauté, la force ou l'adresse, sur le mérite ou les talents; et ces qualités étant les seules qui pouvaient attirer de la considération, il fallut bientôt les avoir ou les affecter. Il fallut, pour son avantage, se montrer autre que ce qu'on était en effet. Etre et paraître devinrent deux choses tout à fait différentes; et de cette distinction sortirent le faste imposant, la ruse trompeuse, et tous les vices qui en sont le cortège. D'un autre côté, de libre et indépendant qu'était auparavant l'homme, le voilà, par une multitude de nouveaux besoins, assujetti pour ainsi dire à toute la nature, et surtout à ses semblables, dont il devient l'esclave en un sens, même en devenant leur maître: riche, il a besoin de leurs services; pauvre, il a besoin de leurs secours, et la médiocrité ne le met point en état de se passer d'eux. Il faut donc qu'il cherche sans cesse à les intéresser à son sort, et à leur faire trouver, en effet ou en apparence, leur profit à travailler pour le sien: ce qui le rend fourbe et artificieux avec les uns, impérieux et dur avec les autres, et le met dans la nécessité d'abuser tous ceux dont il a besoin quand il ne peut s'en faire craindre, et qu'il ne trouve pas son intérêt à les servir utilement. Enfin l'ambition dévorante, l'ardeur d'élever sa fortune relative, moins par un véritable besoin que pour se mettre au-dessus des autres, inspire à tous les hommes un noir penchant à se nuire mutuellement, une jalousie secrète, d'autant plus dangereuse que, pour faire son coup plus en sûreté, elle prend souvent le masque de la bienveillance; en un mot, concurrence et rivalité d'une part, de l'autre oppositions d'intérêts, et toujours le désir caché de faire son profit aux dépens d'autrui: tous ces maux sont le premier effet de la propriété, et le cortège inséparable de l'inégalité naissante.

Avant qu'on eût inventé les signes représentatifs des richesses, elles ne pouvaient guère consister qu'en terres et en bestiaux, les seuls biens réels que les hommes puissent posséder. Or, quand les héritages se furent accrus en nombre et en étendue au point de couvrir le sol entier et de se toucher tous, les uns ne purent plus s'agrandir qu'aux dépens des autres, et les surnuméraires que la faiblesse ou l'indolence avaient empêchés d'en acquérir à leur tour, devenus pauvres sans avoir rien perdu, parce que, tout changeant autour d'eux, eux seuls n'avaient point changé, furent obligés de recevoir ou de ravir leur subsistance de la main des riches; et de là commencèrent à naître, selon les divers caractères des uns et des autres, la domination et la servitude, ou la violence et les rapines. Les riches, de leur côté, connurent à peine le plaisir de dominer, qu'ils dédaignèrent bientôt tous les autres; et, se servant de leurs anciens esclaves pour en soumettre de nouveaux, ils ne songèrent qu'à subjuguer et asservir leurs voisins: semblables à ces loups affamés qui, ayant une fois goûté de la chair humaine, rebutent toute autre nourriture, et ne veulent plus que dévorer des hommes.

C'est ainsi que, les plus puissants ou les plus misérables, se faisant de leurs forces ou de leurs besoins une sorte de droit au bien d'autrui, équivalant, selon eux, à celui de propriété, l'égalité rompue fut suivie du plus affreux désordre; c'est ainsi que les usurpations des riches, les brigandages des pauvres, les passions effrénées de tous, étouffant la pitié naturelle et la voix encore faible de la justice, rendirent les hommes avares, ambitieux et méchants. Il s'élevait entre le droit du plus fort et le droit du premier occupant un conflit perpétuel qui ne se terminait que par des combats et des meurtres. La société naissante fit place au plus horrible état de guerre: [27] le genre humain, avili et désolé, ne pouvant plus retourner sur ses pas, ni renoncer aux acquisitions malheureuses qu'il avait faites, et ne travaillant qu'à sa honte, par l'abus des facultés qui l'honorent, se mit lui-même à la veille de sa ruine.

27. The state of war which Hobbes took for the primitive state. Certain modern anthropologists would reject R.'s thesis. Recent works like Robert Ardrey's *Territorial Imperative: A Personal Inquiry into the Animal Origins of Property and Nations* (1966), Konrad Lorenz' *On Aggression* (1966), and Anthony Storr's *Human Aggression* (1968), are typical examples. Storr, a British scientist, speaks of the "Rousseau fallacy" that man is born without warlike tendencies and if he seems of a contrary nature it is society that has made him so. Storr dissents saying aggression is normal, inborn and necessary.

> Attonitus novitate mali, divesque, miserque,
> Effugere optat opes, et quæ modo voverat odit.[28]

Il n'est pas possible que les hommes n'aient fait enfin des réflexions sur une situation aussi misérable et sur les calamités dont ils étaient accablés. Les riches surtout durent bientôt sentir combien leur était désavantageuse une guerre perpétuelle, dont ils faisaient seuls tous les frais, et dans laquelle le risque de la vie était commun, et celui des biens particulier. D'ailleurs, quelque couleur qu'ils pussent donner à leurs usurpations, ils sentaient assez qu'elles n'étaient établies que sur un droit précaire et abusif, et que, n'ayant été acquises que par la force, la force pouvait les leur ôter sans qu'ils eussent raison de s'en plaindre. Ceux mêmes que la seule industrie avait enrichis ne pouvaient guère fonder leurs propriétés sur de meilleurs titres. Ils avaient beau dire: C'est moi qui ai bâti ce mur; j'ai gagné ce terrain par mon travail. Qui vous a donné les alignements, leur pouvait-on répondre; et en vertu de quoi prétendez-vous être payés à nos dépens d'un travail que nous ne vous avons point imposé? Ignorez-vous qu'une multitude de vos frères périt ou souffre du besoin de ce que vous avez de trop, et qu'il vous fallait un consentement exprès ou unanime du genre humain pour vous approprier sur la subsistance commune tout ce qui allait au delà de la vôtre? Destitué de raisons valables pour se justifier et de forces suffisantes pour se défendre; écrasant facilement un particulier, mais écrasé lui-même par des troupes de bandits; seul contre tous, et ne pouvant, à cause des jalousies mutuelles, s'unir avec ses égaux contre des ennemis unis par l'espoir commun du pillage, le riche, pressé par la nécessité, conçut enfin le projet le plus réfléchi qui soit jamais entré dans l'esprit humain: ce fut d'employer en sa faveur les forces mêmes de ceux qui l'attaquaient, de faire ses défenseurs de ses adversaires, de leur inspirer d'autres maximes, et de leur donner d'autres institutions qui lui fussent aussi favorables que le droit naturel lui était contraire.

Dans cette vue, après avoir exposé à ses voisins l'horreur d'une situation qui les armait tous les uns contre les autres, qui leur rendait leurs possessions aussi onéreuses que leurs besoins, et où nul ne trouvait sa sûreté ni dans la pauvreté ni dans la richesse, il inventa aisément des raisons spécieuses pour les amener à son but. "Unissons-nous, leur dit-il, pour garantir de l'oppression les faibles, contenir les ambitieux, et assurer à chacun la possession de ce qui lui appartient: instituons des règlements de justice et de paix auxquels tous soient obligés de se conformer, qui ne fassent acception de personne, et qui réparent en quelque sorte les caprices de la fortune, en soumettant également le puissant et le faible à des devoirs mutuels. En un mot, au lieu de tourner nos forces contre nous-mêmes, rassemblons-les en un pouvoir suprême qui nous gouverne selon

---

28. "Surprised by this new evil, rich yet poor, he wants to flee his wealth, and hates the very object of his desires." (Montaigne in the *Apologie* cites these lines from Ovid's *Metamorphoses*.)

de sages lois, qui protège et défende tous les membres de l'association, repousse les ennemis communs, et nous maintienne dans une concorde éternelle."

Il en fallut beaucoup moins que l'équivalent de ce discours pour entraîner des hommes grossiers, faciles à séduire, qui d'ailleurs avaient trop d'affaires à démêler entre eux pour pouvoir se passer d'arbitres, et trop d'avarice et d'ambition pour pouvoir longtemps se passer de maîtres. Tous coururent au-devant de leurs fers, croyant assurer leur liberté: car avec assez de raison pour sentir les avantages d'un établissement politique, ils n'avaient pas assez d'expérience pour en prévoir les dangers: les plus capables de pressentir les abus étaient précisément ceux qui comptaient en profiter; et les sages mêmes virent qu'il fallait se résoudre à sacrifier une partie de leur liberté à la conservation de l'autre, comme un blessé se fait couper le bras pour sauver le reste du corps.

Telle fut ou dut être l'origine de la société et des lois, qui donnèrent de nouvelles forces au riche, détruisirent sans retour la liberté naturelle, fixèrent pour jamais la loi de la propriété et de l'inégalité, d'une adroite usurpation firent une loi irrévocable, et, pour le profit de quelques ambitieux, assujettirent désormais tout le genre humain au travail, à la servitude et à la misère. On voit aisément comment l'établissement d'une seule société rendit indispensable celui de toutes les autres, et comment, pour faire tête à des forces unies, il fallut s'unir à son tour....[29]

J'ai tâché d'exposer l'origine et le progrès de l'inégalité, l'établissement et l'abus des sociétés politiques, autant que ces choses peuvent se déduire de la nature de l'homme par les seules lumières de la raison, et indépendamment des dogmes sacrés qui donnent à l'autorité souveraine la sanction du droit divin. Il suit de cet exposé que l'inégalité, étant presque nulle dans l'état de nature, tire sa force et son accroissement du développement de nos facultés et des progrès de l'esprit humain, et devient enfin stable et légitime par l'établissement de la propriété et des lois. Il suit encore que l'inégalité morale autorisée par le seul droit positif, est contraire au droit naturel,[30] toutes les fois qu'elle ne concourt pas en même proportion avec l'inégalité physique; distinction qui détermine suffisamment ce qu'on doit penser à cet égard de la sorte d'inégalité qui règne parmi tous les peuples policés, puisqu'il est manifestement contre la loi de nature, de quelque manière qu'on la définisse, qu'un enfant commande à un vieillard, qu'un imbécile conduise un homme sage, et qu'une poignée de gens regorge de superfluités, tandis que la multitude affamée manque du nécessaire.

29. This is the climactic point of R.'s Discourse. The rest is a sketch of the development of ideas that he will undertake in the *Contrat social.*
30. Thus R. replies to the second part of the question proposed by the Academy of Dijon. The appeal to natural law in the face of positive political abuses is the eighteenth century's great revolutionary weapon.

LETTRE SUR LA PROVIDENCE
1756

In June, 1756, Voltaire sent Rousseau a volume of his two recently published works, *Le Poème sur la loi naturelle* and *Le Poème sur le désastre de Lisbonne*. But friends in Geneva had already urged Rousseau to reply. Rousseau's refutation of the second poem has often been published under the title *Lettre sur la Providence*.[1] He submitted it to the Genevan Dr. Tronchin, asking if the letter were too bold and whether or not it should be shown to Voltaire. Voltaire received the letter in good part but wrote only a brief and polite acknowledgement, which delighted Rousseau. Later, in his *Confessions*, Rousseau gives a somewhat different account, colored by later active hostility between the two men.

In this letter, Rousseau defends a general Providence (a benevolent universe) and reaffirms man's responsibility for moral evil. He is unwilling to give up the consolation he has found in the philosophical optimism of Pope and Leibniz. Even blame for the Lisbon earthquake cannot be laid at Heaven's door, for, if human society had not developed beyond the pastoral stage, no cities would have been built and little or no damage would have been done. *Candide*, published three years later, was Voltaire's indirect reply.[2]

A M. DE VOLTAIRE

Le 18 août 1756

Vos deux derniers poèmes, Monsieur, me sont parvenus dans ma solitude,[3] et, quoique tous mes amis connaissent l'amour que j'ai pour vos écrits, je ne sais de quelle part ceux-ci me pourraient venir, à moins que ce ne soit de la vôtre. Ainsi je crois devoir vous remercier à la fois de l'exemplaire et de l'ouvrage. J'y ai trouvé le plaisir avec l'instruction et reconnu la main du maître. Je ne vous dirai pas que tout m'en paraisse également bon; mais les choses qui m'y déplaisent ne font que m'inspirer plus de confiance pour celles qui me transportent: ce n'est pas sans peine que je défends quelquefois ma raison contre les charmes de votre poésie; mais c'est pour rendre mon admiration plus digne de vos ouvrages que je m'efforce de n'y pas tout admirer.

Je ferai plus, Monsieur: je vous dirai sans détour, non les beautés que j'ai cru sentir dans ces deux poèmes, la tâche effrayerait ma paresse, ni même les défauts qu'y remarqueront peut-être de plus habiles gens que moi, mais les déplaisirs qui troublent en cet instant le goût que je prenais à vos leçons; et je vous les dirai, encore attendri d'une première lecture

---

1. The arguments of this letter can hardly be understood without first reading the two poems in question, in which the philosophy of Pope and Leibniz is treated. See, above, pp 448-463.
2. See the Introduction to G. R. Havens' edition of *Candide* (Holt), pp. xl-xlv.
3. The relative solitude of "L'Ermitage" on Mme d'Epinay's country estate.

où mon cœur écoutait avidement le vôtre, vous aimant comme mon frère, vous honorant comme mon maître, me flattant enfin que vous reconnaîtrez dans mes intentions la franchise d'une âme droite, et dans mes discours le ton d'un ami de la vérité qui parle à un philosophe. D'ailleurs, plus votre second poème m'enchante, plus je prends librement parti contre le premier;[4] car, si vous n'avez pas craint de vous opposer à vous-même, pourquoi craindrais-je d'être de votre avis? Je dois croire que vous ne tenez pas beaucoup à des sentiments que vous réfutez si bien.[5]

Tous mes griefs sont donc contre votre poème sur le *Désastre de Lisbonne*, parce que j'en attendais des effets plus dignes de l'humanité qui paraît vous l'avoir inspiré. Vous reprochez à Pope et à Leibnitz d'insulter à nos maux en soutenant que tout est bien, et vous chargez tellement le tableau de nos misères, que vous en aggravez le sentiment: au lieu des consolations que j'espérais,[6] vous ne faites que m'affliger; on dirait que vous craignez que je ne voie pas assez combien je suis malheureux, et vous croiriez, ce semble, me tranquilliser beaucoup en me prouvant que tout est mal.[7]

Ne vous y trompez pas, Monsieur; il arrive tout le contraire de ce que vous vous proposez. Cet optimisme, que vous trouvez si cruel, me console pourtant dans les mêmes douleurs que vous me peignez comme insupportables. Le poème de Pope adoucit mes maux et me porte à la patience; le vôtre aigrit mes peines, m'excite aux murmures, et m'ôtant tout, hors une espérance ébranlée, il me réduit au désespoir. Dans cette étrange opposition qui règne entre ce que vous prouvez et ce que j'éprouve, calmez la perplexité qui m'agite, et dites-moi qui s'abuse, du sentiment ou de la raison.

"Homme, prends patience, me disent Pope et Leibnitz; les maux sont un effet nécessaire de la nature et de la constitution de cet univers. L'Etre éternel et bienfaisant qui le gouverne eût voulu t'en garantir: de toutes les économies possibles, il a choisi celle qui réunissait le moins de mal et le plus de bien; ou, pour dire la même chose encore plus crûment s'il le faut, s'il n'a pas mieux fait, c'est qu'il ne pouvait mieux faire."

Que me dit maintenant votre poème? "Souffre à jamais, malheureux. S'il est un Dieu qui t'ait créé, sans doute il est tout puissant, il pouvait prévenir tous tes maux: n'espère donc jamais qu'ils finissent; car on ne saurait voir pourquoi tu existes, si ce n'est pour souffrir et mourir."[8] Je ne sais ce qu'une pareille doctrine peut avoir de plus consolant que l'op-

---

4. In Voltaire's revised editions, the Lisbon poem came first.
5. The *Poème sur la loi naturelle* was composed in 1752. Its deistic optimism may be contrasted with the pessimistic, not entirely submissive tone of the later Lisbon poem (1756), of which it cannot, however, be considered a refutation.
6. It has often been pointed out that the object of R.'s reasoning was consolation.
7. But Voltaire's argument is that individual suffering cannot be dismissed by talking of universal good.
8. Cf., above, p. 463, note 43.

Lettre sur la Providence

timisme et que la fatalité même; pour moi, j'avoue qu'elle me paraît plus cruelle encore que le manichéisme.[9] Si l'embarras de l'origine du mal vous forçait d'altérer quelqu'une des perfections de Dieu, pourquoi vouloir justifier sa puissance aux dépens de sa bonté? S'il faut choisir entre deux erreurs, j'aime encore mieux la première.[10]

Vous ne voulez pas, Monsieur, qu'on regarde votre ouvrage comme un poème contre la Providence, et je me garderai bien de lui donner ce nom, quoique vous ayez qualifié de livre contre le genre humain un écrit où je plaidais la cause du genre humain contre lui-même.[11] Je sais la distinction qu'il faut faire entre les intentions d'un auteur et les conséquences qui peuvent se tirer de sa doctrine. La juste défense de moi-même m'oblige seulement à vous faire observer qu'en peignant les misères humaines mon but était excusable et même louable, à ce que je crois; car je montrais aux hommes comment ils faisaient leurs malheurs eux-mêmes, et par conséquent comment il les pouvaient éviter.

Je ne vois pas qu'on puisse chercher la source du mal moral ailleurs que dans l'homme libre, perfectionné, partant corrompu; et quant aux maux physiques, si la matière sensible et impassible est une contradiction,[12] comme il me le semble, ils sont inévitables dans tout système dont l'homme fait partie: et alors la question n'est point pourquoi l'homme n'est pas parfaitement heureux, mais pourquoi il existe. De plus, je crois avoir montré qu'excepté la mort, qui n'est presque un mal que par les préparatifs dont on la fait précéder,[13] la plupart de nos maux physiques sont encore notre ouvrage. Sans quitter votre sujet de Lisbonne, convenez, par exemple, que la nature n'avait point rassemblé là vingt mille maisons de six à sept étages, et que si les habitants de cette grande ville eussent été dispersés plus également et plus légèrement logés, le dégât eût été beaucoup moindre, et peut-être nul. Tout eût fui au premier ébranlement, et on les eût vus le lendemain à vingt lieues de là, tout aussi gais que s'il n'était rien arrivé. Mais il faut rester, s'opiniâtrer autour des masures, s'exposer à de nouvelles secousses, parce que ce qu'on laisse vaut mieux que ce qu'on peut emporter. Combien de malheureux ont péri dans ce désastre pour vouloir prendre l'un ses habits, l'autre ses papiers, l'autre son argent! Ne sait-on pas que la personne de chaque homme est devenue la moindre partie de lui-même, et que ce n'est presque pas la peine de la sauver quand on a perdu tout le reste?

Vous auriez voulu que le tremblement se fût fait au fond d'un désert

---

9. The philosophy of the Persian Manes, who claimed that the universe was governed by the two opposing principles of Good and Evil, often identified with God and the Devil.
10. I.e., R. would prefer to sacrifice God's omnipotence to His goodness.
11. Cf., above, p. 498.
12. I.e., man (living matter) must bear the painful or pleasurable consequences of feeling.
13. In his Second Discourse, R.'s ideal, natural man was made unhappy neither by illness nor by thought of death.

plutôt qu'à Lisbonne.[14] Peut-on douter qu'il ne s'en forme aussi dans les déserts? Mais nous n'en parlons point, parce qu'ils ne font aucun mal aux messieurs des villes, les seuls hommes dont nous tenions compte. Ils en font peu même aux animaux et aux sauvages qui habitent épars ces lieux retirés, et qui ne craignent ni la chute des toits, ni l'embrasement des maisons. Mais que signifierait un pareil privilège? Serait-ce donc à dire que l'ordre du monde doit changer selon nos caprices, que la nature doit être soumise à nos lois, et que, pour lui interdire un tremblement de terre en quelque lieu, nous n'avons qu'à y bâtir une ville?

Il y a des événements qui nous frappent souvent plus ou moins, selon les faces par lesquelles on les considère, et qui perdent beaucoup de l'horreur qu'ils inspirent au premier aspect, quand on veut les examiner de près. J'ai appris dans *Zadig*, et la nature me confirme de jour en jour, qu'une mort accélérée n'est pas toujours un mal réel, et qu'elle peut quelquefois passer pour un bien relatif.[15] De tant d'hommes écrasés sous les ruines de Lisbonne, plusieurs, sans doute, ont évité de plus grands malheurs; et, malgré ce qu'une pareille description a de touchant et fournit à la poésie, il n'est pas sûr qu'un seul de ces infortunés ait plus souffert que si, selon le cours ordinaire des choses, il eût attendu dans de longues angoisses la mort qui l'est venue surprendre. Est-il une fin plus triste que celle d'un mourant qu'on accable de soins inutiles, qu'un notaire et des héritiers ne laissent pas respirer, que les médecins assassinent dans son lit à leur aise, et à qui des prêtres barbares font avec art savourer la mort? Pour moi, je vois partout que les maux auxquels nous assujettit la nature sont moins cruels que ceux que nous y ajoutons....

Que le cadavre d'un homme nourrisse des vers,[16] des loups, ou des plantes, ce n'est pas, je l'avoue, un dédommagement de la mort de cet homme; mais si, dans le système de cet univers, il est nécessaire à la conservation du genre humain qu'il y ait une circulation de substance entre les hommes, les animaux et les végétaux, alors le mal particulier d'un individu contribue au bien général. Je meurs, je suis mangé des vers, mais des enfants, mes frères vivront comme j'ai vécu, mon cadavre engraisse la terre dont ils mangeront les productions, et je fais, par l'ordre de la nature et pour tous les hommes, ce que firent volontairement Codrus, Curtius, les Décies, les Philènes,[17] et mille autres, pour une petite partie des hommes.

Pour revenir, Monsieur, au système que vous attaquez, je crois qu'on

14. Cf., above, p. 458.
15. R. accepts the orthodox interpretation of the Hermit chapter of *Zadig* (see, above, pp. 477–482).
16. According to G. Desnoiresterres, Voltaire's biographer, R. was urged to refute especially the six lines of the Lisbon poem beginning:

"Quand la mort met le comble aux maux que j'ai soufferts,
Le beau soulagement d'être mangé des vers!"

17. Examples from Greek, Roman, and Carthaginian legend and history of heroes who died for their countrymen.

Lettre sur la Providence

ne peut l'examiner convenablement sans distinguer avec soin le mal particulier, dont aucun philosophe n'a jamais nié l'existence, du mal général que nie l'optimiste. Il n'est pas question de savoir si chacun de nous souffre ou non, mais s'il était bon que l'univers fût, et si nos maux étaient inévitables dans sa constitution. Ainsi, l'addition d'un article rendrait, ce semble, la proposition plus exacte, et, au lieu de *tout est bien*, il vaudrait peut-être mieux dire, *le tout est bien*, ou *tout est bien pour le tout*. Alors il est très évident qu'aucun homme ne saurait donner des preuves directes ni pour ni contre, car ces preuves dépendent d'une connaissance parfaite de la constitution du monde et du but de son auteur, et cette connaissance est incontestablement au-dessus de l'intelligence humaine. Les vrais principes de l'optimisme ne peuvent se tirer ni des propriétés de la matière, ni de la mécanique de l'univers, mais seulement par induction des perfections de Dieu qui préside à tout: de sorte qu'on ne prouve pas l'existence de Dieu par le système de Pope, mais le système de Pope par l'existence de Dieu, et c'est, sans contredit, de la question de la Providence qu'est dérivée celle de l'origine du mal. Que si ces deux questions n'ont pas été mieux traitées l'une que l'autre, c'est qu'on a toujours si mal raisonné sur la Providence, que ce qu'on en a dit d'absurde a fort embrouillé tous les corollaires qu'on pouvait tirer de ce grand et consolant dogme.

Les premiers qui ont gâté la cause de Dieu sont les prêtres et les dévots, qui ne souffrent pas que rien se fasse selon l'ordre établi, mais font toujours intervenir la justice divine à des événements purement naturels, et, pour être sûrs de leur fait, punissent et châtient les méchants, éprouvent ou récompensent les bons indifféremment avec des biens ou des maux, selon l'événement. Je ne sais, pour moi, si c'est une bonne théologie, mais je trouve que c'est une mauvaise manière de raisonner, de fonder indifféremment sur le pour et le contre les preuves de la Providence, et de lui attribuer sans choix tout ce qui se ferait également sans elle.

Les philosophes, à leur tour, ne me paraissent guère plus raisonnables, quand je les vois s'en prendre au ciel de ce qu'ils ne sont pas impassibles, crier que tout est perdu quand ils ont mal aux dents, ou qu'ils sont pauvres, ou qu'on les vole, et charger Dieu, comme dit Sénèque, de la garde de leur valise. Si quelque accident tragique eût fait périr Cartouche[18] ou César dans leur enfance, on aurait dit: Quel crime avaient-ils commis? Ces deux brigands ont vécu, et nous disons: Pourquoi les avoir laissés vivre? Au contraire, un dévot dira, dans le premier cas: Dieu voulait punir le père en lui ôtant son enfant; et dans le second: Dieu conservait l'enfant pour le châtiment du peuple. Ainsi, quelque parti qu'ait pris la nature, la Providence a toujours raison chez les dévots et toujours tort chez les philosophes. Peut-être, dans l'ordre des choses humaines, n'a-t-elle ni tort ni raison, parce que tout tient à la loi commune, et qu'il n'y a d'exception pour personne. Il est à croire que les événements particuliers

---

18. Louis-Dominique Bourguignon, alias Cartouche (1693-1721), the leader of a notorious band of outlaws, was burned alive on the Place de Grève.

ne sont rien aux yeux du maître de l'univers; que sa providence est seulement universelle; qu'il se contente de conserver les genres et les espèces, et de présider au tout, sans s'inquiéter de la manière dont chaque individu passe cette courte vie. Un roi sage, qui veut que chacun vive heureux dans ses états, a-t-il besoin de s'informer si les cabarets y sont bons?

Pour penser juste à cet égard, il semble que les choses devraient être considérées relativement dans l'ordre physique et absolument dans l'ordre moral: la plus grande idée que je puis me faire de la Providence est que chaque être matériel soit disposé le mieux qu'il est possible par rapport au tout, et chaque être intelligent et sensible le mieux qu'il est possible par rapport à lui-même; en sorte que, pour qui sent son existence, il vaille mieux exister que ne pas exister. Mais il faut appliquer cette règle à la durée totale de chaque être sensible, et non à quelque instant particulier de sa durée, tel que la vie humaine; ce qui montre combien la question de la Providence tient à celle de l'immortalité de l'âme, que j'ai le bonheur de croire, sans ignorer que la raison peut en douter, et à celle de l'éternité des peines, que ni vous, ni moi, ni jamais homme pensant bien de Dieu, ne croirons jamais.

Si je ramène ces questions diverses à leur principe commun, il me semble qu'elles se rapportent toutes à celle de l'existence de Dieu. Si Dieu existe, il est parfait; s'il est parfait, il est sage, puissant et juste; s'il est sage et puissant, tout est bien; s'il est juste et puissant, mon âme est immortelle; si mon âme est immortelle, trente ans de vie ne sont rien pour moi et sont peut-être nécessaires au maintien de l'univers. Si l'on m'accorde la première proposition, jamais on n'ébranlera les suivantes; si on la nie, il ne faut point disputer sur ses conséquences.

Nous ne sommes ni l'un ni l'autre dans ce dernier cas. Bien loin, du moins, que je puisse rien présumer de semblable de votre part en lisant le recueil de vos œuvres, la plupart m'offrent les idées les plus grandes, les plus douces, les plus consolantes de la divinité, et j'aime bien mieux un chrétien de votre façon que de celle de la Sorbonne....

Il y a, je l'avoue, une sorte de profession de foi que les lois peuvent imposer, mais hors les principes de la morale et du droit naturel, elle doit être purement négative, parce qu'il peut exister des religions qui attaquent les fondements de la société, et qu'il faut commencer par exterminer ces religions pour assurer la paix de l'Etat.[19] De ces dogmes à proscrire, l'intolérance est sans difficulté le plus odieux, mais il faut la prendre à sa source, car les fanatiques les plus sanguinaires changent de langage selon la fortune, et ne prêchent que patience et douceur quand ils ne sont pas les plus forts. Ainsi j'appelle intolérant par principe tout homme qui s'imagine qu'on ne peut être homme de bien sans croire tout ce qu'il croit, et damne impitoyablement ceux qui ne pensent pas comme lui. En effet, les fidèles sont rarement d'humeur à laisser les réprouvés en paix en ce monde, et un saint qui croit vivre avec des damnés anticipe volon-

---

19. Cf. the last section of R.'s *Contrat social* (below, pp. 567-568).

tiers sur le métier du diable. Quant aux incrédules intolérants qui voudraient forcer le peuple à ne rien croire, je ne les bannirais pas moins sévèrement que ceux qui le veulent forcer à croire tout ce qu'il leur plaît. . . .[20]

Je ne puis m'empêcher, Monsieur, de remarquer à ce propos une opposition bien singulière entre vous et moi dans le sujet de cette lettre. Rassasié de gloire et désabusé des vaines grandeurs, vous vivez libre au sein de l'abondance; bien sûr de votre immortalité, vous philosophez paisiblement sur la nature de l'âme, et si le corps ou le cœur souffre, vous avez Tronchin pour médecin et pour ami: vous ne trouvez pourtant que mal sur la terre. Et moi, homme obscur, pauvre et tourmenté d'un mal sans remède, je médite avec plaisir dans ma retraite et trouve que tout est bien. D'où viennent ces contradictions apparentes? Vous l'avez vous-même expliqué: vous jouissez, mais j'espère, et l'espérance embellit tout.

J'ai autant de peine à quitter cette ennuyeuse lettre que vous en aurez à l'achever. Pardonnez-moi, grand homme, un zèle peut-être indiscret, mais qui ne s'épancherait pas avec vous si je vous estimais moins.[21] A Dieu ne plaise que je veuille offenser celui de mes contemporains dont j'honore le plus les talents, et dont les écrits parlent mieux à mon cœur, mais il s'agit de la cause de la Providence, dont j'attends tout. Après avoir si longtemps puisé dans vos leçons des consolations et du courage, il m'est dur que vous m'ôtiez maintenant tout cela pour ne m'offrir qu'une espérance incertaine et vague, plutôt comme un palliatif actuel que comme un dédommagement à venir. Non, j'ai trop souffert en cette vie pour n'en pas attendre une autre. Toutes les subtilités de la métaphysique ne me feront pas douter un moment de l'immortalité de l'âme, et d'une Providence bienfaisante. Je la sens, je la crois, je la veux, je l'espère, je la défendrai jusqu'à mon dernier soupir, et ce sera, de toutes les disputes que j'aurai soutenues, la seule où mon intérêt ne sera pas oublié.

Je suis avec respect, Monsieur, etc.

LE CONTRAT SOCIAL

In the *Discours sur l'origine de l'inégalité* Rousseau traced the gradual ascent of man over vast stretches of time from the state of the brute to an idyllic pastoral stage, and a subsequent descent to a state of war and economic and political servitude. In the *Contrat social* (1762) he now explains theoretically how civil liberty may be substituted for natural liberty and how equality may be regained through a society founded on the general will of a sovereign people. This social contract, logical basis of all legitimate authority, is the fundamental if some-

---

20. Voltaire insisted that this argument was idle because unbelievers would never be numerous enough to force other people's beliefs even if such an idea were not contrary to their principles.
21. The final paragraph begins with an attitude of deference only to ascend to the heights of self-affirmation.

times forgotten implication of every political institution. Since history offered little evidence to support this view — the American Constitution founded on the principle of self-government was not adopted until twenty-seven years later — Rousseau was obliged to offer an *a priori* rationalistic scheme after the manner of Plato's *Republic*. Abstractions and a temperamental hesitation to give up entirely his beloved conception of natural man make the work as a whole somewhat rambling and difficult to comprehend. But certain sections, such as that on a state religion, later tried out by Robespierre; certain sentences, such as the arresting initial pronouncement that "l'homme est né libre, et partout il est dans les fers"; certain conceptions, such as that of the sovereignty of the people; these have led historians to hail Rousseau as father of the French Revolution and grandfather of the Russian Revolution.

Rousseau deals in the first book with the general principles of the social contract. No man has any natural authority over his fellow-man, no king rules by divine right. The contract is made therefore not between a people and its "prince" or ruler but between the people and themselves. The individual as the basic political unit surrenders his rights to the State, in the government of which he has an equal right and interest with his fellows. Nor does might make right. Might may have settled all that has been settled in the history of mankind, but right remains always as a supreme court of appeal and legitimates revolution and rebellion against tyranny or the usurpation of political powers. Whether or not this principle is "true," it is one that men have fought for.[1]

The second book discusses the principles of sovereignty and its legal interpretations. The third book treats three possible forms of government, democratic, aristocratic, and monarchic. Rousseau here shares Plato's distrust of democratic forms, believes an aristocracy acceptable if elective, and a monarchy preferable if ruled by the ideal prince. Like Montesquieu, Rousseau admits that the form of government for any given people should be determined by practical as well as by moral and theoretical factors. In the fourth book he concludes that all minorities must conform to the general will or be banished from the State.

Rousseau reveals himself as an ardent individualist in most of his writings both before and after the *Contrat social*. This work, however, has led scholars to see in him a no less thoroughgoing collectivist. His thought oscillates between two extreme positions, one the idealization of man's independence, privacy, and love of moral solitude — the hermit and the "extravagant shepherd"; the other the idealization of the community in which private and public interests are identical. Here a note of absolutism ("étatisme" or totalitarianism) is sounded in the fundamental clause of the social contract: "the total abandonment of each associate of all his rights to the community as a whole." [2]

Rousseau has thus exercised a tremendous dual influence on political conceptions, especially in France, where his ideas dominated much of nineteenth-

1. By implication and extension natural law, or the concept of justice, must precede positive law in the international as well as in the national domain.
2. A threat to civil liberties was early discovered in the American Constitution of 1789 and corrected two years later by the Bill of Rights, which ensured the inviolability of person and property and the right of freedom of speech and assembly.

century political thinking.[3] Outside France his individualistic tendencies appealed to such writers as John Stuart Mill, Emerson, Thoreau, and Whitman. The collectivistic aspects were developed by Kant, Hegel, Fichte, and Marx.

The immediate effect of the *Contrat social* was to stir up dissension in Geneva, where Rousseau was supporting the extension of suffrage to include the three quarters of the population who were still denied citizenship. The Magnificent Council ordered the book to be burned. Voltaire, who was later to break with Rousseau but to continue this cause, protested, saying: "L'opération de le brûler a été aussi odieuse peut-être que celle de le composer.... Brûler un livre de raisonnement c'est dire: Nous n'avons pas assez d'esprit pour lui répondre." (*Idées républicaines*, XXIV, 424.)

Livre I

Je veux chercher si, dans l'ordre civil,[4] il peut y avoir quelque règle d'administration. légitime et sûre, en prenant les hommes tels qu'ils sont, et les lois telles qu'elles peuvent être.[5] Je tâcherai d'allier toujours, dans cette recherche, ce que le droit permet avec ce que l'intérêt prescrit, afin que la justice et l'utilité ne se trouvent point divisées.

J'entre en matière sans prouver l'importance de mon sujet. On me demandera si je suis prince ou législateur pour écrire sur la politique. Je réponds que non, et que c'est pour cela que j'écris sur la politique. Si j'étais prince ou législateur, je ne perdrais pas mon temps à dire ce qu'il faut faire; je le ferais, ou je me tairais.

Né citoyen d'un Etat libre, et membre du souverain,[6] quelque faible influence que puisse avoir ma voix dans les affaires publiques, le droit d'y voter suffit pour m'imposer le devoir de m'en instruire: [7] heureux, toutes les fois que je médite sur les gouvernements, de trouver toujours dans mes recherches de nouvelles raisons d'aimer celui de mon pays!

SUJET DE CE PREMIER LIVRE

L'homme est né libre, et partout il est dans les fers.[8] Tel se croit le maître des autres, qui ne laisse pas d'être plus esclave qu'eux. Comment

---

3. Consult Roger Soltau, *French Political Thought in the Nineteenth Century*. R.'s political thought is thoroughly discussed by C. E. Vaughan, *The Political Writings of Jean-Jacques Rousseau*.
4. "politique."
5. By way of contrast it has often been pointed out that Montesquieu began with the positive laws of already established governments, whereas R.'s system is entirely theoretical and logical. Even the scientific method, however, is ineffective without logical hypotheses which open up new fields for experimentation.
6. I.e., a body which exercises sovereign power.
7. One of the first principles of good citizenship in a democratic state.
8. In organized society man is no longer free as in prehistoric times to satisfy his needs according to his natural instincts.

ce changement s'est-il fait? Je l'ignore. Qu'est-ce qui peut le rendre légitime? Je crois pouvoir résoudre cette question.

Si je ne considérais que la force, et l'effet qui en dérive, je dirais: "Tant qu'un peuple est contraint d'obéir, et qu'il obéit, il fait bien; sitôt qu'il peut secouer le joug, et qu'il le secoue, il fait encore mieux: car, recouvrant sa liberté par le même droit qui la lui a ravie,[9] ou il est fondé à la reprendre, ou on ne l'était point à la lui ôter." Mais l'ordre social est un droit sacré qui sert de base à tous les autres. Cependant ce droit ne vient point de la nature; il est donc fondé sur des conventions. Il s'agit de savoir quelles sont ces conventions. Avant d'en venir là, je dois établir ce que je viens d'avancer. *(Ch. 1)*

DU DROIT DU PLUS FORT

Le plus fort n'est jamais assez fort pour être toujours le maître, s'il ne transforme sa force en droit et l'obéissance en devoir. De là le droit du plus fort, droit pris ironiquement en apparence et réellement établi en principe. Mais ne nous expliquera-t-on jamais ce mot? La force est une puissance physique; je ne vois point quelle moralité peut résulter de ses effets. Céder à la force est un acte de nécessité, non de volonté; c'est tout au plus un acte de prudence. En quel sens pourra-ce être un devoir?

Supposons un moment ce prétendu droit. Je dis qu'il n'en résulte qu'un galimatias inexplicable; car sitôt que c'est la force qui fait le droit, l'effet change avec la cause: toute force qui surmonte la première succède à son droit. Sitôt qu'on peut désobéir impunément, on le peut légitimement; et puisque le plus fort a toujours raison, il ne s'agit que de faire en sorte qu'on soit le plus fort. Or, qu'est-ce qu'un droit qui périt quand la force cesse? S'il faut obéir par force, on n'a pas besoin d'obéir par devoir; et si l'on n'est plus forcé d'obéir, on n'y est plus obligé. On voit donc que le mot *droit* n'ajoute rien à la force; il ne signifie ici rien du tout.[10]

Obéissez aux puissances. Si cela veut dire: cédez à la force, le précepte est bon, mais superflu; je réponds qu'il ne sera jamais violé. Toute puissance vient de Dieu, je l'avoue; mais toute maladie en vient aussi: est-ce à dire qu'il soit défendu d'appeler le médecin? Qu'un brigand me surprenne au coin d'un bois, non seulement il faut par force donner la bourse, mais quand je pourrai la soustraire, suis-je en conscience obligé de la donner? Car enfin le pistolet qu'il tient est aussi une puissance.

Convenons donc que force ne fait pas droit, et qu'on n'est obligé d'obéir qu'aux puissances légitimes. Ainsi, ma question primitive revient toujours.... *(Ch. 3)*

---

9. The right of superior might.
10. The argument here is that, if might makes right, might *is* right, and the conception of right disappears.

DE L'ESCLAVAGE [11]

Puisque aucun homme n'a une autorité naturelle sur son semblable, et puisque la force ne produit aucun droit, restent donc les conventions pour base de toute autorité légitime parmi les hommes.

Si un particulier, dit Grotius,[12] peut aliéner sa liberté et se rendre esclave d'un maître, pourquoi tout un peuple ne pourrait-il pas aliéner la sienne et se rendre sujet d'un roi? Il y a là bien des mots équivoques qui auraient besoin d'explication; mais tenons-nous-en à celui d'*aliéner*. Aliéner, c'est donner ou vendre. Or, un homme qui se fait esclave d'un autre ne se donne pas; il se vend tout au moins pour sa subsistance: mais un peuple, pourquoi se vend-il? Bien loin qu'un roi fournisse à ses sujets leur subsistance, il ne tire la sienne que d'eux; et, selon Rabelais, un roi ne vit pas de peu. Les sujets donnent donc leur personne, à condition qu'on prendra aussi leur bien? Je ne vois pas ce qu'il leur reste à conserver.

On dira que le despote assure à ses sujets la tranquillité civile; soit: mais qu'y gagnent-ils, si les guerres que son ambition leur attire, si son insatiable avidité, si les vexations de son ministère les désolent plus que ne feraient leurs dissensions? Qu'y gagnent-ils, si cette tranquillité même est une de leurs misères? On vit tranquille aussi dans les cachots: en est-ce assez pour s'y trouver bien? Les Grecs enfermés dans l'antre du Cyclope y vivaient tranquilles, en attendant que leur tour vînt d'être dévorés.

Dire qu'un homme se donne gratuitement, c'est dire une chose absurde et inconcevable; un tel acte est illégitime et nul, par cela seul que celui qui le fait n'est pas dans son bon sens. Dire la même chose de tout un peuple, c'est supposer un peuple de fous; la folie ne fait pas droit.

Quand chacun pourrait s'aliéner lui-même, il ne peut aliéner ses enfants; ils naissent hommes et libres; leur liberté leur appartient, nul n'a droit d'en disposer qu'eux. Avant qu'ils soient en âge de raison, le père peut, en leur nom, stipuler des conditions pour leur conservation, pour leur bien-être, mais non les donner irrévocablement et sans condition; car un tel don est contraire aux fins de la nature, et passe les droits de la paternité. Il faudrait donc, pour qu'un gouvernement arbitraire fût légitime, qu'à chaque génération le peuple fût le maître de l'admettre ou de le rejeter: mais alors ce gouvernement ne serait plus arbitraire.

Renoncer à sa liberté, c'est renoncer à sa qualité d'homme, aux droits de l'humanité, même à ses devoirs. Il n'y a nul dédommagement possible pour quiconque renonce à tout. Une telle renonciation est incompatible avec la nature de l'homme; et c'est ôter toute moralité à ses actions que d'ôter toute liberté à sa volonté. Enfin c'est une convention vaine et con-

---

11. I.e., political servitude. The substance of this chapter and the next appeared in translation in the *Saturday Review of Literature* (June 29, 1940) under the title "France Will Live Again."

12. R. constantly refers to the *Traité du droit de la guerre et de la paix* of Grotius, a Dutch lawyer and writer of the seventeenth century.

tradictoire de stipuler d'une part une autorité absolue, et de l'autre une obéissance sans bornes. N'est-il pas clair qu'on n'est engagé à rien envers celui dont on a droit de tout exiger? Et cette seule condition, sans équivalent, sans échange, n'entraîne-t-elle pas la nullité de l'acte? Car, quel droit mon esclave aurait-il contre moi, puisque tout ce qu'il a m'appartient et que, son droit étant le mien, ce droit de moi contre moi-même est un mot qui n'a aucun sens?

Grotius et les autres tirent de la guerre une autre origine du prétendu droit d'esclavage. Le vainqueur ayant, selon eux, le droit de tuer le vaincu, celui-ci peut racheter sa vie aux dépens de sa liberté; convention d'autant plus légitime qu'elle tourne au profit de tous deux.... (Ch. 4)

QU'IL FAUT TOUJOURS REMONTER A UNE PREMIÈRE CONVENTION

Quand j'accorderais tout ce que j'ai réfuté jusqu'ici, les fauteurs du despotisme n'en seraient pas plus avancés. Il y aura toujours une grande différence entre soumettre une multitude et régir une société. Que des hommes épars soient successivement asservis à un seul, en quelque nombre qu'ils puissent être, je ne vois là qu'un maître et des esclaves, je n'y vois point un peuple et son chef: c'est, si l'on veut, une agrégation, mais non pas une association; il n'y a là ni bien public, ni corps politique. Cet homme, eût-il asservi la moitié du monde, n'est toujours qu'un particulier; son intérêt, séparé de celui des autres, n'est toujours qu'un intérêt privé. Si ce même homme vient à périr, son empire, après lui, reste épars et sans liaison, comme un chêne se dissout et tombe en un tas de cendres, après que le feu l'a consumé.

Un peuple, dit Grotius, peut se donner à un roi. Selon Grotius, un peuple est donc un peuple avant de se donner à un roi. Ce don même est un acte civil; il suppose une délibération publique. Avant donc que d'examiner l'acte par lequel un peuple élit un roi, il serait bon d'examiner l'acte par lequel un peuple est un peuple; car cet acte, étant nécessairement antérieur à l'autre, est le vrai fondement de la société.... (Ch. 5)

DU PACTE SOCIAL

Je suppose les hommes parvenus à ce point où les obstacles qui nuisent à leur conservation dans l'état de nature l'emportent, par leur résistance, sur les forces que chaque individu peut employer pour se maintenir dans cet état. Alors cet état primitif ne peut plus subsister; et le genre humain périrait s'il ne changeait de manière d'être.

Or, comme les hommes ne peuvent engendrer de nouvelles forces, mais seulement unir et diriger celles qui existent, ils n'ont plus d'autre moyen pour se conserver que de former par agrégation une somme de forces qui puisse l'emporter sur la résistance, de les mettre en jeu par un seul mobile, et de les faire agir de concert.

Cette somme de forces ne peut naître que du concours de plusieurs; mais la force et la liberté de chaque homme étant les premiers instruments de sa conservation, comment les engagera-t-il sans se nuire, et sans négliger les soins qu'il se doit? Cette difficulté, ramenée à mon sujet, peut s'énoncer en ces termes:

Trouver une forme d'association qui défende et protège de toute la force commune la personne et les biens de chaque associé, et par laquelle chacun, s'unissant à tous, n'obéisse pourtant qu'à lui-même, et reste aussi libre qu'auparavant! Tel est le problème fondamental dont le Contrat social donne la solution.

Les clauses de ce contrat sont tellement déterminées par la nature de l'acte, que la moindre modification les rendrait vaines et de nul effet; en sorte que, bien qu'elles n'aient peut-être jamais été formellement énoncées, elles sont partout les mêmes, partout tacitement admises et reconnues, jusqu'à ce que, le pacte social étant violé, chacun rentre alors dans ses premiers droits et reprenne sa liberté naturelle, en perdant la liberté conventionnelle pour laquelle il y renonça.

Ces clauses, bien entendues, se réduisent toutes à une seule: savoir, l'aliénation totale de chaque associé avec tous ses droits à toute la communauté; car, premièrement, chacun se donnant tout entier, la condition est égale pour tous; et la condition étant égale pour tous, nul n'a intérêt de la rendre onéreuse aux autres.

De plus, l'aliénation se faisant sans réserve, l'union est aussi parfaite qu'elle peut l'être, et nul associé n'a plus rien à réclamer; car, s'il restait quelques droits aux particuliers, comme il n'y aurait aucun supérieur commun qui pût prononcer entre eux et le public, chacun, étant en quelque point son propre juge, prétendrait bientôt l'être en tous; l'état de nature subsisterait, et l'association deviendrait nécessairement tyrannique ou vaine.

Enfin, chacun, se donnant à tous, ne se donne à personne; et comme il n'y a pas un associé sur lequel on n'acquière le même droit qu'on lui cède sur soi, on gagne l'équivalent de tout ce qu'on perd, et plus de force pour conserver ce qu'on a.

Si donc on écarte du pacte social ce qui n'est pas de son essence, on trouvera qu'il se réduit aux termes suivants: "Chacun de nous met en commun sa personne et toute sa puissance sous la suprême direction de la volonté générale; et nous recevons en corps chaque membre comme partie indivisible du tout."

A l'instant, au lieu de la personne particulière de chaque contractant, cet acte d'association produit un Corps moral et collectif, composé d'autant de membres que l'assemblée a de voix, lequel reçoit de ce même acte son unité, son *moi* commun, sa vie, et sa volonté. Cette personne publique, qui se forme ainsi par l'union de tous les autres, prenait autrefois le nom de *cité*, et prend maintenant celui de *république* ou de *corps politique,* lequel est appelé par ses membres *état* quand il est passif, *souverain* quand il est actif, *puissance* en le comparant à ses semblables. A l'égard des associés, ils prennent collectivement le nom de *peuple,* et s'appellent en particulier *citoyens,* comme participant à l'autorité souveraine, et *sujets,* comme soumis aux lois de l'état. Mais ces termes se confondent souvent et se prennent l'un pour l'autre; il suffit de les savoir distinguer quand ils sont employés dans toute leur précision. (*Ch. 6*)

DE L'ETAT CIVIL

Ce passage de l'état de nature à l'état civil produit dans l'homme un changement très remarquable, en substituant dans sa conduite la justice à l'instinct, et donnant à ses actions la moralité qui leur manquait auparavant. C'est alors seulement que la voix du devoir, succédant à l'impulsion physique, et le droit à l'appétit, l'homme, qui, jusque-là, n'avait regardé que lui-même, se voit forcé d'agir sur d'autres principes, et de consulter sa raison avant d'écouter ses penchants. Quoiqu'il se prive dans cet état de plusieurs avantages qu'il tient de la nature, il en regagne de si grands, ses facultés s'exercent et se développent, ses idées s'étendent, ses sentiments s'ennoblissent, son âme tout entière s'élève à tel point, que, si les abus de cette nouvelle condition ne le dégradaient souvent au-dessous de celle dont il est sorti, il devrait bénir sans cesse l'instant heureux qui l'en arracha pour jamais, et qui, d'un animal stupide et borné, fit un être intelligent et un homme.

Réduisons toute cette balance à des termes faciles à comparer. Ce que l'homme perd par le contrat social, c'est sa liberté naturelle et un droit illimité à tout ce qui le tente et qu'il peut atteindre; ce qu'il gagne, c'est la liberté civile et la propriété de tout ce qu'il possède. Pour ne pas se tromper dans ces compensations, il faut bien distinguer la liberté naturelle, qui n'a pour borne que les forces de l'individu, de la liberté civile, qui est limitée par la volonté générale, et la possession, qui n'est que l'effet de la force ou le droit du premier occupant, de la propriété, qui ne peut être fondée que sur un titre positif.[13]

On pourrait sur ce qui précède ajouter à l'acquit de l'état civil la liberté morale, qui seule rend l'homme vraiment maître de lui, car l'impulsion du seul appétit est l'esclavage, et l'obéissance à la loi qu'on s'est prescrite est la liberté. Mais je n'en ai déjà que trop dit sur cet article, et le sens philosophique du mot *liberté* n'est pas ici de mon sujet. (*Ch. 8*)

---

13. R. explains in the following chapter that the right of property, feeble in the state of nature, is founded on first occupancy and becomes respectable in organized society.

Livre II [14]

QUE LA SOUVERAINETE EST INALIENABLE

La première et la plus importante conséquence des principes ci-devant établis, est que la volonté générale peut seule diriger les forces de l'Etat selon la fin de son institution, qui est le bien commun; car, si l'opposition des intérêts particuliers a rendu nécessaire l'établissement des sociétés, c'est l'accord de ces mêmes intérêts qui l'a rendu possible. C'est ce qu'il y a de commun dans ces différents intérêts qui forme le lien social; et s'il n'y avait pas quelque point dans lequel tous les intérêts s'accordent, nulle société ne saurait exister. Or, c'est uniquement sur cet intérêt commun que la société doit être gouvernée.

Je dis donc que la souveraineté, n'étant que l'exercice de la volonté générale, ne peut jamais s'aliéner, et que le souverain, qui n'est qu'un être collectif, ne peut être représenté que par lui-même: le pouvoir peut bien se transmettre, mais non pas la volonté.

En effet, s'il n'est pas impossible qu'une volonté particulière s'accorde sur quelque point avec la volonté générale, il est impossible au moins que cet accord soit durable et constant; car la volonté particulière tend, par sa nature, aux préférences, et la volonté générale à l'égalité. Il est plus impossible encore qu'on ait un garant de cet accord, quand même il devrait toujours exister; ce ne serait pas un effet de l'art, mais du hasard. Le souverain peut bien dire: "Je veux actuellement ce que veut un tel homme, ou du moins ce qu'il dit vouloir"; mais il ne peut pas dire: "Ce que cet homme voudra demain, je le voudrai encore," puisqu'il est absurde que la volonté se donne des chaînes pour l'avenir, et puisqu'il ne dépend d'aucune volonté de consentir à rien de contraire au bien de l'être qui veut. Si donc le peuple promet simplement d'obéir, il se dissout par cet acte, il perd sa qualité de peuple; à l'instant qu'il y a un maître, il n'y a plus de souverain, et dès lors le corps politique est détruit.

Ce n'est point à dire que les ordres des chefs ne puissent passer pour des volontés générales, tant que le souverain, libre de s'y opposer, ne le fait pas. En pareil cas, du silence universel on doit présumer le consentement du peuple. Ceci s'expliquera plus au long. *(Ch. 1)*

SI LA VOLONTE GENERALE PEUT ERRER

Il s'ensuit de ce qui précède que la volonté générale est toujours droite et tend toujours à l'utilité publique: mais il ne s'ensuit pas que les délibérations du peuple aient toujours la même rectitude. On veut toujours son bien, mais on ne le voit pas toujours: jamais on ne corrompt le peuple,

---

14. The general subject of this book is the sovereignty of the people, a fundamental right which cannot be voluntarily given up, divided, or destroyed by force.

mais souvent on le trompe, et c'est alors seulement qu'il paraît vouloir ce qui est mal.

Il y a souvent bien de la différence entre la volonté de tous et la volonté générale; celle-ci ne regarde qu'à l'intérêt commun; l'autre regarde à l'intérêt privé, et n'est qu'une somme de volontés particulières: mais ôtez de ces mêmes volontés les plus et les moins qui s'entre-détruisent, reste pour somme des différences la volonté générale....[15]   (*Ch. 3*)

DES BORNES DU POUVOIR SOUVERAIN

Si l'Etat ou la cité n'est qu'une personne morale dont la vie consiste dans l'union de ses membres, et si le plus important de ses soins est celui de sa propre conservation, il lui faut une force universelle et compulsive pour mouvoir et disposer chaque partie de la manière la plus convenable au tout. Comme la nature donne à chaque homme un pouvoir absolu sur tous ses membres, le pacte social donne au corps politique un pouvoir absolu sur tous les siens; et c'est ce même pouvoir qui, dirigé par la volonté générale, porte, comme j'ai dit, le nom de souveraineté.

Mais, outre la personne publique, nous avons à considérer les personnes privées qui la composent, et dont la vie et la liberté sont naturellement indépendantes d'elle. Il s'agit donc de bien distinguer les droits respectifs des citoyens et du souverain, et les devoirs qu'ont à remplir les premiers en qualité de sujets, du droit naturel dont ils doivent jouir en qualité d'hommes.

On convient que tout ce que chacun aliène, par le pacte social, de sa puissance, de ses biens, de sa liberté, c'est seulement la partie de tout cela dont l'usage importe à la communauté; mais il faut convenir aussi que le souverain seul est juge de cette importance.

Tous les services qu'un citoyen peut rendre à l'Etat, il les lui doit sitôt que le souverain les demande; mais le souverain, de son côté, ne peut charger les sujets d'aucune chaîne inutile à la communauté: il ne peut pas même le vouloir; car, sous la loi de raison, rien ne se fait sans cause, non plus que sous la loi de nature.

Les engagements qui nous lient au corps social ne sont obligatoires que parce qu'ils sont mutuels; et leur nature est telle qu'en les remplissant on ne peut travailler pour autrui sans travailler aussi pour soi. Pourquoi la volonté générale est-elle toujours droite, et pourquoi tous veulent-ils constamment le bonheur de chacun d'eux, si ce n'est parce qu'il n'y a personne qui ne s'approprie ce mot, *chacun*, et qui ne songe à lui-même en votant pour tous? Ce qui prouve que l'égalité de droit et la notion de

---

15. R.'s conception of the general will is a quite debatable abstraction. The basis for the abstraction is, of course, the will of the majority. But to R. the body politic was almost a personal organism whose general will was more than the sum of the separate wills and was variously called the voice of the people, the voice of justice, and the voice of God.

justice qu'elle produit dérivent de la préférence que chacun se donne, et par conséquent de la nature de l'homme; que la volonté générale, pour être vraiment telle, doit l'être dans son objet ainsi que dans son essence; qu'elle doit partir de tous pour s'appliquer à tous; et qu'elle perd sa rectitude naturelle lorsqu'elle tend à quelque objet individuel et déterminé, parce qu'alors, jugeant de ce qui nous est étranger, nous n'avons aucun vrai principe d'équité qui nous guide....

On voit par là que le pouvoir souverain, tout absolu, tout sacré, tout inviolable qu'il est, ne passe ni ne peut passer les bornes des conventions générales, et que tout homme peut disposer pleinement de ce que lui a été laissé de ses biens et de sa liberté par ces conventions; de sorte que le souverain n'est jamais en droit de charger un sujet plus qu'un autre, parce qu'alors, l'affaire devenant particulière, son pouvoir n'est plus compétent.

Ces distinctions une fois admises, il est si faux que dans le contrat social il y ait de la part des particuliers aucune renonciation véritable, que leur situation, par l'effet de ce contrat, se trouve réellement préférable à ce qu'elle était auparavant, et qu'au lieu d'une aliénation ils n'ont fait qu'un échange avantageux d'une manière d'être incertaine et précaire contre une autre meilleure et plus sûre, de l'indépendance naturelle contre la liberté, du pouvoir de nuire à autrui contre leur propre sûreté, et de leur force, que d'autres pouvaient surmonter, contre un droit que l'union sociale rend invincible. Leur vie même, qu'ils ont dévouée à l'Etat, en est continuellement protégée; et lorsqu'ils l'exposent pour sa défense, que font-ils alors que lui rendre ce qu'ils ont reçu de lui? Que font-ils qu'ils ne fissent plus fréquemment et avec plus de danger dans l'état de nature, lorsque, livrant des combats inévitables, ils défendraient au péril de leur vie ce qui leur sert à la conserver? Tous ont à combattre, au besoin, pour la patrie, il est vrai; mais aussi nul n'a jamais à combattre pour soi. Ne gagne-t-on pas encore à courir, pour ce qui fait notre sûreté, une partie des risques qu'il faudrait courir pour nous-mêmes sitôt qu'elle nous serait ôtée?

(Ch. 4)

DU DROIT DE VIE ET DE MORT

... Le traité social a pour fin la conservation des contractants. Qui veut la fin veut aussi les moyens, et ces moyens sont inséparables de quelques risques, même de quelques pertes. Qui veut conserver sa vie aux dépens des autres doit la donner aussi pour eux quand il faut. Or, le citoyen n'est plus juge du péril auquel la loi veut qu'il s'expose; et quand le prince lui a dit: "Il est expédient à l'Etat que tu meures," il doit mourir, puisque ce n'est qu'à cette condition qu'il a vécu en sûreté jusqu'alors, et que sa vie n'est plus seulement un bienfait de la nature, mais un don conditionnel de l'Etat.

La peine de mort infligée aux criminels peut être envisagée à peu près sous le même point de vue: c'est pour n'être pas la victime d'un assassin que l'on consent à mourir si on le devient. Dans ce traité, loin de disposer de sa propre vie, on ne songe qu'à la garantir, et il n'est pas à présumer qu'aucun des contractants prémédite alors de se faire pendre....

(*Ch. 5*)

DE LA LOI

Par le pacte social, nous avons donné l'existence et la vie au corps politique: il s'agit maintenant de lui donner le mouvement et la volonté par la législation. Car l'acte primitif par lequel ce corps se forme et s'unit ne détermine rien encore de ce qu'il doit faire pour se conserver....

Les lois ne sont proprement que les conditions de l'association civile. Le peuple, soumis aux lois, en doit être l'auteur; il n'appartient qu'à ceux qui s'associent de régler les conditions de la société. Mais comment les régleront-ils? Sera-ce d'un commun accord, par une inspiration subite? Le corps politique a-t-il un organe pour énoncer ses volontés? Qui lui donnera la prévoyance nécessaire pour en former les actes et les publier d'avance? ou comment les prononcera-t-il au moment du besoin? Comment une multitude aveugle, qui souvent ne sait ce qu'elle veut, parce qu'elle sait rarement ce qui lui est bon, exécuterait-elle d'elle-même une entreprise aussi grande, aussi difficile qu'un système de législation? De lui-même, le peuple veut toujours le bien, mais de lui-même il ne le voit pas toujours. La volonté générale est toujours droite, mais le jugement qui la guide n'est pas toujours éclairé. Il faut lui faire voir les objets tels qu'ils sont, quelquefois tels qu'ils doivent lui paraître, lui montrer le bon chemin qu'elle cherche, la garantir des séductions des volontés particulières, rapprocher à ses yeux les lieux et les temps, balancer l'attrait des avantages présents et sensibles par le danger des maux éloignés et cachés. Les particuliers voient le bien qu'ils rejettent; le public veut le bien qu'il ne voit pas. Tous ont également besoin de guides. Il faut obliger les uns à conformer leurs volontés à leur raison; il faut apprendre à l'autre à connaître ce qu'il veut. Alors des lumières publiques résulte l'union de l'entendement et de la volonté dans le corps social; de là l'exact concours des parties, et enfin la plus grande force du tout. Voilà d'où naît la nécessité d'un législateur.

(*Ch. 6*)

DU LEGISLATEUR

Pour découvrir les meilleures règles de société qui conviennent aux nations, il faudrait une intelligence supérieure qui vît toutes les passions des hommes, et qui n'en éprouvât aucune; qui n'eût aucun rapport avec notre nature, et qui la connût à fond; dont le bonheur fût indépendant de nous, et qui pourtant voulût bien s'occuper du nôtre; enfin, qui, dans le progrès des temps se ménageant une gloire éloignée, pût travailler dans un siècle et jouir dans un autre. Il faudrait des dieux pour donner des lois aux hommes....

Celui qui ose entreprendre d'instituer un peuple doit se sentir en état de changer pour ainsi dire la nature humaine, de transformer chaque individu, qui par lui-même est un tout parfait et solitaire, en partie d'un plus grand tout dont cet individu reçoive en quelque sorte sa vie et son être; d'altérer la constitution de l'homme pour la renforcer; de substituer une existence partielle et morale à l'existence physique et indépendante que nous avons reçue de la nature. Il faut, en un mot, qu'il ôte à l'homme ses forces propres pour lui en donner qui lui soient étrangères, et dont il ne puisse faire usage sans le secours d'autrui. Plus ces forces naturelles sont mortes et anéanties, plus les acquises sont grandes et durables, plus aussi l'institution est solide et parfaite: en sorte que si chaque citoyen n'est rien, ne peut rien que par tous les autres, et que la force acquise par le tout soit égale ou supérieure à la somme des forces naturelles de tous les individus, on peut dire que la législation est au plus haut point de perfection qu'elle puisse atteindre.[16]

Le législateur est à tous égards un homme extraordinaire dans l'Etat. S'il doit l'être par son génie, il ne l'est pas moins par son emploi. Ce n'est point magistrature, ce n'est point souveraineté. Cet emploi, qui constitue la république, n'entre point dans sa constitution; c'est une fonction particulière et supérieure qui n'a rien de commun avec l'empire humain; car si celui qui commande aux hommes ne doit pas commander aux lois, celui qui commande aux lois ne doit pas non plus commander aux hommes: autrement ces lois, ministres de ses passions, ne feraient souvent que perpétuer ses injustices; jamais il ne pourrait éviter que des vues particulières n'altérassent la sainteté de son ouvrage....

Cette raison sublime, qui s'élève au-dessus de la portée des hommes vulgaires, est celle dont le législateur met les décisions dans la bouche des immortels, pour entraîner par l'autorité divine ceux que ne pourrait ébranler la prudence humaine. Mais il n'appartient pas à tout homme de faire parler les dieux, ni d'en être cru quand il s'annonce pour être leur interprète. La grande âme du législateur est le vrai miracle qui doit prouver sa mission. Tout homme peut graver des tables de pierre, ou acheter un oracle, ou feindre un secret commerce avec quelque divinité, ou dresser un oiseau pour lui parler à l'oreille, ou trouver d'autres moyens grossiers d'en imposer au peuple. Celui qui ne saura que cela pourra même assembler par hasard une troupe d'insensés: mais il ne fondera jamais un empire, et son extravagant outrage périra bientôt avec lui. De vains prestiges forment un lien passager; il n'y a que la sagesse qui le rende durable....

(*Ch.* 7)

---

16. If individualism is to this extent suppressed, the ideal of human society would appear to be the beehive.

Livre III

DE LA DEMOCRATIE

...A prendre le terme dans la rigueur de l'acception, il n'a jamais existé de véritable démocratie, et il n'en existera jamais. Il est contre l'ordre naturel que le grand nombre gouverne et que le petit soit gouverné. On ne peut imaginer que le peuple reste incessamment assemblé pour vaquer aux affaires publiques, et l'on voit aisément qu'il ne saurait établir pour cela des commissions, sans que la forme de l'administration change.[17]

En effet, je crois pouvoir poser en principe que, quand les fonctions du gouvernement sont partagées entre plusieurs tribunaux, les moins nombreux acquièrent tôt ou tard la plus grande autorité, ne fût-ce qu'à cause de la facilité d'expédier les affaires, qui les y amène naturellement.

D'ailleurs, que de choses difficiles à réunir ne suppose pas ce gouvernement! Premièrement, un Etat très petit, où le peuple soit facile à rassembler, et où chaque citoyen puisse aisément connaître tous les autres; secondement, une grande simplicité de mœurs qui prévienne la multitude d'affaires et de discussions épineuses; ensuite beaucoup d'égalité dans les rangs et dans les fortunes, sans quoi l'égalité ne saurait subsister longtemps dans les droits et l'autorité; enfin peu ou point de luxe, car ou le luxe est l'effet des richesses, ou il les rend nécessaires; il corrompt à la fois le riche et le pauvre, l'un par la possession, l'autre par la convoitise; il vend la patrie à la mollesse, à la vanité; il ôte à l'Etat tous ses citoyens pour les asservir les uns aux autres, et tous à l'opinion.

Voilà pourquoi un auteur célèbre a donné la vertu pour principe à la république,[18] car toutes ces conditions ne sauraient subsister sans la vertu; mais, faute d'avoir fait les distinctions nécessaires, ce beau génie a manqué souvent de justesse, quelquefois de clarté, et n'a pas vu que l'autorité souveraine étant partout la même, le même principe doit avoir lieu dans tout Etat bien constitué, plus ou moins, il est vrai, selon la forme du gouvernement.

Ajoutons qu'il n'y a pas de gouvernement si sujet aux guerres civiles et aux agitations intestines que le démocratique ou populaire, parce qu'il n'y en a aucun qui tende si fortement et si continuellement à changer de forme, ni qui demande plus de vigilance et de courage pour être maintenu dans la sienne....

S'il y avait un peuple de dieux, il se gouvernerait démocratiquement. Un gouvernement si parfait ne convient pas à des hommes. *(Ch. 4)*

---

17. Government by representation was in R.'s eyes not truly democratic in form. In his absolutist conception democracy stops therefore at the town-meeting stage, or at best that of the small city-state, such as Athens or Geneva.

18. Cf. Montesquieu, above, p. 152.

DE LA MONARCHIE

Jusqu'ici nous avons considéré le prince comme une personne morale et collective, unie par la force des lois, et dépositaire dans l'Etat de la puissance exécutive. Nous avons maintenant à considérer cette puissance réunie entre les mains d'une personne naturelle, d'un homme réel, qui seul ait droit d'en disposer selon les lois. C'est ce qu'on appelle un monarque ou un roi.

Tout au contraire des autres administrations où un être collectif représente un individu, dans celle-ci un individu représente un être collectif; en sorte que l'unité morale qui constitue le prince est en même temps une unité physique, dans laquelle toutes les facultés que la loi réunit dans l'autre avec tant d'efforts se trouvent naturellement réunies.

Ainsi la volonté du peuple, et la volonté du prince, et la force publique de l'Etat, et la force particulière du gouvernement, tout répond au même mobile, tous les ressorts de la machine sont dans la même main, tout marche au même but; il n'y a point de mouvements opposés qui s'entre-détruisent, et l'on ne peut imaginer aucune sorte de constitution dans laquelle un moindre effort produise une action plus considérable. Archimède,[19] assis tranquillement sur le rivage et tirant sans peine à flot un grand vaisseau, me représente un monarque habile, gouvernant de son cabinet ses vastes Etats, et faisant tout mouvoir en paraissant immobile.

Mais s'il n'y a point de gouvernement qui ait plus de vigueur, il n'y en a point où la volonté particulière ait plus d'empire et domine plus aisément les autres: tout marche au même but, il est vrai; mais ce but n'est point celui de la félicité publique, et la force même de l'administration tourne sans cesse au préjudice de l'Etat.

Les rois veulent être absolus, et de loin on leur crie que le meilleur moyen de l'être est de se faire aimer de leurs peuples. Cette maxime est très belle, et même très vraie à certains égards: malheureusement, on s'en moquera toujours dans les cours. La puissance qui vient de l'amour des peuples est sans doute la plus grande; mais elle est précaire et conditionnelle; jamais les princes ne s'en contenteront. Les meilleurs rois veulent pouvoir être méchants s'il leur plaît, sans cesser d'être les maîtres....

Un défaut essentiel et inévitable, qui mettra toujours le gouvernement monarchique au-dessous du républicain, est que dans celui-ci la voix publique n'élève presque jamais aux premières places que des hommes éclairés et capables, qui les remplissent avec honneur; au lieu que ceux qui parviennent dans les monarchies ne sont le plus souvent que de petits brouillons, de petits fripons, de petits intrigants, à qui les petits talents, qui font dans les cours parvenir aux grandes places, ne servent qu'à mon-

---

19. Archimedes (287–212 B.C.) was the ablest scientific genius of the Hellenistic period. He elaborated the principles of the wedge, lever, and screw and applied them to practical mechanics.

trer au public leur ineptie aussitôt qu'ils y sont parvenus. Le peuple se trompe bien moins sur ce choix que le prince; et un homme d'un vrai mérite est presque aussi rare dans le ministère qu'un sot à la tête d'un gouvernement républicain....

Le plus sensible inconvénient du gouvernement d'un seul est le défaut de cette succession continuelle qui forme dans les deux autres une liaison non interrompue.[20] Un roi mort, il en faut un autre; les élections laissent des intervalles dangereux; elles sont orageuses; et à moins que les citoyens ne soient d'un désintéressement, d'une intégrité que ce gouvernement ne compte guère, la brigue et la corruption s'en mêlent. Il est difficile que celui à qui l'Etat s'est vendu ne le vende pas à son tour, et ne se dédommage pas sur les faibles de l'argent que les puissants lui ont extorqué. Tôt ou tard tout devient vénal sous une pareille administration, et la paix, dont on jouit alors sous les rois, est pire que le désordre des interrègnes.

Qu'a-t-on fait pour prévenir ces maux? On a rendu les couronnes héréditaires dans certaines familles; et l'on a établi un ordre de succession qui prévient toute dispute à la mort des rois; c'est-à-dire que, substituant l'inconvénient des régences à celui des élections, on a préféré une apparente tranquillité à une administration sage, et qu'on a mieux aimé risquer d'avoir pour chefs des enfants, des monstres, des imbéciles, que d'avoir à disputer sur le choix des bons rois....

Mais si, selon Platon, le roi par nature est un personnage si rare, combien de fois la nature et la fortune concourront-elles à le couronner? Et si l'éducation royale corrompt nécessairement ceux qui la reçoivent, que doit-on espérer d'une suite d'hommes élevés pour régner? C'est donc bien vouloir s'abuser que de confondre le gouvernement royal avec celui d'un bon roi. Pour voir ce qu'est ce gouvernement en lui-même, il faut le considérer sous des princes bornés ou méchants; car ils arriveront tels au trône, ou le trône les rendra tels....[21]

(Ch. 6)

DES SIGNES D'UN BON GOUVERNEMENT

Quand donc on demande absolument quel est le meilleur gouvernement, on fait une question insoluble comme indéterminée; ou, si l'on veut, elle a autant de bonnes solutions qu'il y a de combinaisons possibles dans les positions absolues et relatives des peuples.

Mais si l'on demandait à quel signe on peut connaître qu'un peuple donné est bien ou mal gouverné, ce serait autre chose, et la question de fait pourrait se résoudre....

Pour moi, je m'étonne toujours qu'on méconnaisse un signe aussi simple, ou qu'on ait la mauvaise foi de n'en pas convenir. Quelle est la fin de

---

20. Unlike aristocracies or democracies, monarchies necessitate an abrupt change of policy with each new king.
21. R. was writing this work under the vigilant eye of Louis XV and his ministers.

l'association politique? C'est la conservation et la prospérité de ses membres. Et quel est le signe le plus sûr qu'ils se conservent et prospèrent? C'est leur nombre et leur population. N'allez donc pas chercher ailleurs ce signe si disputé. Toute chose d'ailleurs égale, le gouvernement sous lequel, sans moyens étrangers, sans naturalisation, sans colonies, les citoyens peuplent et multiplient davantage, est infailliblement le meilleur. Celui sous lequel un peuple diminue et dépérit est le pire. Calculateurs, c'est maintenant votre affaire; comptez, mesurez, comparez.²² (*Ch. 9*)

MOYENS DE PREVENIR LES USURPATIONS DU GOUVERNEMENT

... L'acte qui institue le gouvernement n'est point un contrat, mais une loi; les dépositaires de la puissance exécutive ne sont point les maîtres du peuple, mais ses officiers; il peut les établir et les destituer quand il lui plaît; il n'est point question pour eux de contracter, mais d'obéir, et en se chargeant des fonctions que l'Etat leur impose, ils ne font que remplir leur devoir de citoyens, sans avoir en aucune sorte le droit de disputer sur les conditions.

Quand donc il arrive que le peuple institue un gouvernement héréditaire, soit monarchique dans une famille, soit aristocratique dans un ordre de citoyens, ce n'est point un engagement qu'il prend; c'est une forme provisoire qu'il donne à l'administration, jusqu'à ce qu'il lui plaise d'en ordonner autrement.

Il est vrai que ces changements sont toujours dangereux, et qu'il ne faut jamais toucher au gouvernement établi que lorsqu'il devient incompatible avec le bien public; mais cette circonspection est une maxime de politique, et non pas une règle de droit; et l'Etat n'est pas plus tenu de laisser l'autorité civile à ses chefs, que l'autorité militaire à ses généraux....

Les assemblées périodiques dont j'ai parlé ci-devant²³ sont propres à prévenir ou différer le malheur, surtout quand elles n'ont pas besoin de convocation formelle; car alors le prince ne saurait les empêcher, sans se déclarer ouvertement infracteur des lois et ennemi de l'Etat.

L'ouverture de ces assemblées, qui n'ont pour objet que le maintien du traité social, doit toujours se faire par deux propositions qu'on ne puisse jamais supprimer et qui passent séparément par les suffrages.

La première: *S'il plaît au souverain de conserver la présente forme de gouvernement.*

La seconde: *S'il plaît au peuple d'en laisser l'administration à ceux qui en sont actuellement chargés.*²⁴

22. R. refuses to commit himself, leaving the decision to the statisticians. This practical conclusion seems quite at variance with the theoretical nature of his treatise.
23. In III, 13, R. explains that the citizens, being both subjects and sovereign, should assemble at certain fixed intervals to exercise their sovereignty.
24. In the United States today the people on voting day decide the second question alone.

Je suppose ici ce que je crois avoir démontré, savoir, qu'il n'y a dans l'Etat aucune loi fondamentale qui ne se puisse révoquer, non pas même le pacte social; car si tous les citoyens s'assemblaient pour rompre ce pacte d'un commun accord, on ne peut douter qu'il ne fût très légitimement rompu. Grotius pense même que chacun peut renoncer à l'Etat dont il est membre et reprendre sa liberté naturelle et ses biens, en sortant du pays.[25] Or, il serait absurde que tous les citoyens réunis ne pussent pas ce que peut séparément chacun d'eux. (*Ch. 18*)

Livre IV

DES SUFFRAGES

... Il n'y a qu'une seule loi qui, par sa nature, exige un consentement unanime: c'est le pacte social; car l'association civile est l'acte du monde le plus volontaire; tout homme étant né libre et maître de lui-même, nul ne peut, sous quelque prétexte que ce puisse être, l'assujettir sans son aveu. Décider que le fils d'une esclave naît esclave, c'est décider qu'il ne naît pas homme.

Si donc, lors du pacte social, il s'y trouve des opposants, leur opposition n'invalide pas le contrat, elle empêche seulement qu'ils n'y soient compris: ce sont des étrangers parmi les citoyens. Quand l'état est institué, le consentement est dans la résidence; habiter le territoire, c'est se soumettre à la souveraineté.

Hors ce contrat primitif, la voix du plus grand nombre oblige toujours tous les autres; c'est une suite du contrat même. Mais on demande comment un homme peut être libre, et forcé de se conformer à des volontés qui ne sont pas les siennes. Comment les opposants sont-ils libres, et soumis à des lois auxquelles ils n'ont pas consenti?

Je réponds que la question est mal posée. Le citoyen consent à toutes les lois, même à celles qu'on passe malgré lui, et même à celles qui le punissent quand il ose en violer quelqu'une. La volonté constante de tous les membres de l'état est la volonté générale; c'est par elle qu'ils sont citoyens et libres.[26] Quand on propose une loi dans l'assemblée du peuple, ce qu'on leur demande n'est pas précisément s'ils approuvent la proposition ou s'ils la rejettent, mais si elle est conforme ou non à la volonté générale, qui est la leur. Chacun en donnant son suffrage dit son avis là-dessus; et du calcul des voix se tire la déclaration de la volonté générale. Quand donc l'avis contraire au mien l'emporte, cela ne prouve autre chose sinon que je m'étais trompé, et que ce que j'estimais être la volonté générale ne l'était pas. Si mon avis particulier l'eût emporté, j'aurais fait

---

25. "Bien entendu qu'on ne quitte pas pour éluder son devoir et se dispenser de servir sa patrie au moment qu'elle a besoin de nous. La fuite alors serait criminelle et punissable; ce ne serait plus retraite, mais désertion." (R.)

26. The "volonté générale," or the voice of the people, is an abstract idea which permits R. to keep his cherished notion of liberty within the political state.

autre chose que ce que j'avais voulu; c'est alors que je n'aurais pas été libre.

Ceci suppose, il est vrai, que tous les caractères de la volonté générale sont encore dans la pluralité. Quand ils cessent d'y être, quelque parti qu'on prenne, il n'y a plus de liberté....

Deux maximes générales peuvent servir à régler ces rapports: l'une, que, plus les délibérations sont importantes et graves, plus l'avis qui l'emporte doit approcher de l'unanimité; l'autre, que, plus l'affaire agitée exige de célérité, plus on doit resserrer la différence prescrite dans le partage des avis; dans les délibérations qu'il faut terminer sur-le-champ, l'excédant d'une seule voix doit suffire. La première de ces maximes paraît plus convenable aux lois, et la seconde aux affaires. Quoi qu'il en soit, c'est sur leur combinaison que s'établissent les meilleurs rapports qu'on peut donner à la pluralité pour prononcer. (Ch. 2)

DE LA RELIGION CIVILE

...Le droit que le pacte social donne au souverain sur les sujets ne passe point, comme je l'ai dit, les bornes de l'unité politique. Les sujets ne doivent donc compte au souverain de leurs opinions qu'autant que ces opinions importent à la communauté. Or, il importe bien à l'Etat que chaque citoyen ait une religion qui lui fasse aimer ses devoirs; mais les dogmes de cette religion n'intéressent ni l'Etat ni ses membres qu'autant que ses dogmes se rapportent à la morale et aux devoirs que celui qui la professe est tenu de remplir envers autrui. Chacun peut avoir, au surplus, telles opinions qu'il lui plaît, sans qu'il appartienne au souverain d'en connaître, car, comme il n'a point de compétence dans l'autre monde, quel que soit le sort des sujets dans la vie à venir, ce n'est pas son affaire, pourvu qu'ils soient bons citoyens dans celle-ci.

Il y a donc une profession de foi purement civile dont il appartient au souverain de fixer les articles, non pas précisément comme dogmes de religion, mais comme sentiments de sociabilité, sans lesquels il est impossible d'être bon citoyen ni sujet fidèle. Sans pouvoir obliger personne à les croire, il peut bannir de l'état quiconque ne les croit pas; il peut le bannir, non comme impie, mais comme insociable, comme incapable d'aimer sincèrement les lois, la justice, et d'immoler, au besoin, sa vie à son devoir. Que si quelqu'un, après avoir reconnu publiquement ces mêmes dogmes, se conduit comme ne les croyant pas, qu'il soit puni de mort; il a commis le plus grand des crimes: il a menti devant les lois.[27]

Les dogmes de la religion civile doivent être simples, en petit nombre, énoncés avec précision, sans explications ni commentaire. L'existence

---

27. R.'s absolutism leads him here to intolerant rigorism, which would be practically undesirable if not impossible. His arguments could be used to banish from the state atheists, agnostics, Universalists, and Roman Catholics. They were the basis of the oath of allegiance demanded of accredited priests during the French Revolution.

de la Divinité puissante, intelligente, bienfaisante, prévoyante et pourvoyante, la vie à venir, le bonheur des justes, le châtiment des méchants, la sainteté du contrat social et des lois, voilà les dogmes positifs. Quant aux dogmes négatifs, je les borne à un seul: c'est l'intolérance; elle rentre dans les cultes que nous avons exclus.

    Ceux qui distinguent l'intolérance civile et l'intolérance théologique se trompent, à mon avis. Ces deux intolérances sont inséparables. Il est impossible de vivre en paix avec des gens qu'on croit damnés; les aimer, serait haïr Dieu, qui les punit; il faut absolument qu'on les ramène ou qu'on les tourmente. Partout où l'intolérance théologique est admise, il est impossible qu'elle n'ait pas quelque effet civil;[28] et sitôt qu'elle en a, le souverain n'est plus souverain, même au temporel: dès lors les prêtres sont les vrais maîtres; les rois ne sont que leurs officiers.

    Maintenant qu'il n'y a plus et qu'il ne peut plus y avoir de religion nationale exclusive, on doit tolérer toutes celles qui tolèrent les autres, autant que leurs dogmes n'ont rien de contraire aux devoirs du citoyen. Mais quiconque ose dire *hors de l'Eglise point de salut* doit être chassé de l'Etat, à moins que l'Etat ne soit l'Eglise, et que le prince ne soit le pontife. Un tel dogme n'est bon que dans un gouvernement théocratique; dans tout autre il est pernicieux. La raison sur laquelle on dit que Henri IV embrassa la religion romaine[29] la devait faire quitter à tout honnête homme, et surtout à tout prince qui saurait raisonner.   (*Ch. 8*)

LETTRE A D'ALEMBERT SUR LES SPECTACLES
1758

    In the spring of 1758 Rousseau was despondent over the loss of his former friends. Grimm and Mme d'Epinay were in Geneva with Dr. Tronchin and near Voltaire, Diderot was busy and sulking in Paris, but, worst of all, Saint-Lambert had learned of Rousseau's indiscretions and deprived him of Mme d'Houdetot's company. At this moment Rousseau was informed that the seventh volume of the *Encyclopedia* contained an article on Geneva by D'Alembert, in which the Genevan pastors were complimented on their Socinianism and Voltaire's project for the establishment of a theater was supported. Urged by Genevan friends to take up the challenge, Rousseau was interested only in the issue of the theater, which he felt would corrupt the simple unspoiled nature of the city's somewhat idealized inhabitants. It also afforded him the opportunity to come to grips once more with the soon-to-be Patriarch of Ferney. D'Alembert's article was for Jean-Jacques more than an academic debate on the theater. He admitted to the Swiss pastor Vernès: "Je n'ignorais pas que l'article *Genève* était en partie de M. de Voltaire; quoique j'aie eu la discré-

---

28. R. is referring to the persecution of the Protestants in France during the seventeenth century leading to the revocation of the Edict of Nantes.

29. According to R., Henri IV, when he discovered that as a Protestant he was denied salvation by the Catholics, while as a Catholic he would be allowed salvation by both parties, embraced the Catholic faith as an act of prudence.

tion de n'en rien dire, il vous sera aisé de voir par la lecture de l'ouvrage que je savais en l'écrivant à quoi m'en tenir."

The contrast between Voltaire's and Rousseau's thought is here clearly marked. Voltaire, essentially urbane, saw and used the theater as an instrument of propaganda and a civilizing agent in the libertarian war of humanity.[1] Rousseau liked many of Voltaire's plays, especially *Mahomet*, with its attack on fanaticism, and had written plays and operas himself before his day of redemption. His condemnation of the theater is therefore general and is part of a strong puritanical and rural tradition. Not only plays but actors and actresses are immoral, an idea particularly galling to Voltaire, who had always defended and befriended the theatrical profession. Rousseau singled out the best plays of Racine and Molière for attack. In this letter, characterized by extreme views, art is often confused with artifice and consequently condemned. His attack on *Le Misanthrope* is significant historically in showing the changes in society and opinion since Molière's time.[2] The city rather than the court is now judge and has forced a change in the interpretation of the misanthropist, who has now become a nobler and more tragic figure. For the theater Rousseau would substitute national or local festivals and simpler rustic delights, such as psalm-singing and dancing around the Maypole.

...Le théâtre, me dit-on, dirigé comme il peut et doit l'être, rend la vertu aimable et le vice odieux. Quoi donc! avant qu'il y eût des comédies n'aimait-on point les gens de bien? ne haïssait-on point les méchants? et ces sentiments sont-ils plus faibles dans les lieux dépourvus de spectacles? Le théâtre rend la vertu aimable. Il opère un grand prodige de faire ce que la nature et la raison font avant lui! Les méchants sont haïs sur la scène. Sont-ils aimés dans la société, quand on les y connaît pour tels? Est-il bien sûr que cette haine soit plutôt l'ouvrage de l'auteur que des forfaits qu'il leur fait commettre? Est-il bien sûr que le simple récit de ces forfaits nous en donnerait moins d'horreur que toutes les couleurs dont il nous les peint? Si tout son art consiste à nous montrer des malfaiteurs pour nous les rendre odieux, je ne vois point ce que cet art a de si admirable, et l'on ne prend là-dessus que trop d'autres leçons sans celle-là. Oserai-je ajouter un soupçon qui me vient? Je doute que tout homme à qui l'on exposera d'avance les crimes de Phèdre ou de Médée[3] ne les déteste plus encore au commencement qu'à la fin de la pièce: et si ce doute est fondé, que faut-il penser de cet effet si vanté du théâtre?

Je voudrais bien qu'on me montrât clairement et sans verbiage par

---

1. Voltaire was at first forced to move his theater to Ferney on French territory. Finally, in 1766, a theater was established in Geneva, but it was burned in 1768 by R.'s fanatic partisans. Only in 1782, when both men had died, was a permanent theater constructed.

2. Indeed, one of the more popular plays of the French Revolution was Fabre d'Eglantine's *Philinte de Molière*, in which the author has seemingly given a sequel to *Le Misanthrope* but has in reality written its refutation.

3. Phèdre, in Racine's play of that name, whose advances to her stepson, Hippolyte, are repulsed, causes his death through a false accusation. Corneille's Médée killed her children and then herself to avenge her abandonment by Jason, leader of the Argonauts.

quels moyens il pourrait produire en nous des sentiments que nous n'aurions pas, et nous faire juger des êtres moraux autrement que nous n'en jugeons en nous-mêmes.[4] Que toutes ces vaines prétentions approfondies sont puériles et dépourvues de sens! Ah! si la beauté de la vertu était l'ouvrage de l'art, il y a longtemps qu'il l'aurait défigurée. Quant à moi, dût-on me traiter de méchant encore pour oser soutenir que l'homme est né bon, je le pense et crois l'avoir prouvé: la source de l'intérêt qui nous attache à ce qui est honnête, et nous inspire de l'aversion pour le mal, est en nous et non dans les pièces. Il n'y a point d'art pour produire cet intérêt, mais seulement pour s'en prévaloir. L'amour du beau est un sentiment aussi naturel au cœur humain que l'amour de soi-même; il n'y naît point d'un arrangement de scènes; l'auteur ne l'y porte pas, il l'y trouve; et de ce pur sentiment qu'il flatte naissent les douces larmes qu'il fait couler....

La Tragédie

Qu'apprend-on dans *Phèdre* et dans *Œdipe*,[5] sinon que l'homme n'est pas libre, et que le ciel le punit des crimes qu'il lui fait commettre? Qu'apprend-on dans *Médée*, si ce n'est jusqu'où la fureur de la jalousie peut rendre une mère cruelle et dénaturée? Suivez la plupart des pièces du Théâtre-Français; vous trouverez presque dans toutes des monstres abominables et des actions atroces, utiles, si l'on veut, à donner de l'intérêt aux pièces et de l'exercice aux vertus, mais dangereuses certainement en ce qu'elles accoutument les yeux du peuple à des horreurs qu'il ne devrait pas même connaître, et à des forfaits qu'il ne devrait pas supposer possibles. Il n'est pas même vrai que le meurtre et le parricide y soient toujours odieux. A la faveur de je ne sais quelles commodes suppositions, on les rend permis, ou pardonnables. On a peine à ne pas excuser Phèdre incestueuse et versant le sang innocent; Syphax empoisonnant sa femme, le jeune Horace poignardant sa sœur, Agamemnon immolant sa fille, Oreste égorgeant sa mère, ne laissent pas d'être des personnages intéressants.[6] Ajoutez que l'auteur pour faire parler chacun selon son caractère, est forcé de mettre dans la bouche des méchants leurs maximes et leurs principes, revêtus de tout l'éclat des beaux vers et débités d'un ton imposant et sentencieux, pour l'instruction du parterre....

---

4. In replying to the argument that the theatre can foster virtue, R. resorts to his "sentiment intérieur" as a moral criterion. In this context, ethics takes precedence over esthetics. It is in the *Nouvelle Héloïse*, some two years later, that Jean-Jacques will be concerned with esthetic values on the Parisian stage.

5. Pursued by the fates, Oedipus was destined to kill his father and marry his mother. Plays on this subject have been very numerous. Sophocles, Seneca, Corneille, and Voltaire are among the numerous playwrights who have treated it.

6. These themes from antiquity have been frequently utilized in the French classical theater. For example, Corneille's *Sophonisbe* and *Horace*, Racine's *Iphigénie*, and Voltaire's *Oreste*.

La Comédie

Qu'est-ce donc que le misanthrope de Molière? Un homme de bien qui déteste les mœurs de son siècle et la méchanceté de ses contemporains; qui, précisément parce qu'il aime ses semblables, hait en eux les maux qu'ils se font réciproquement et les vices dont ces maux sont l'ouvrage. S'il était moins touché des erreurs de l'humanité, moins indigné des iniquités qu'il voit, serait-il plus humain lui-même? Autant vaudrait soutenir qu'un tendre père aime mieux les enfants d'autrui que les siens, parce qu'il s'irrite des fautes de ceux-ci, et ne dit jamais rien aux autres.

Ces sentiments du misanthrope sont parfaitement développés dans son rôle. Il dit, je l'avoue, qu'il a conçu une haine effroyable contre le genre humain. Mais en quelle occasion le dit-il? Quand, outré d'avoir vu son ami trahir lâchement son sentiment et tromper l'homme qui le lui demande, il s'en voit encore plaisanter lui-même au plus fort de sa colère. Il est naturel que cette colère dégénère en emportement et lui fasse dire alors plus qu'il ne pense de sang-froid. D'ailleurs la raison qu'il rend de cette haine universelle en justifie pleinement la cause:

> "Les uns parce qu'ils sont méchants,
> Et les autres, pour être aux méchants complaisants." [7]

Ce n'est donc pas des hommes qu'il est ennemi, mais de la méchanceté des uns et du support que cette méchanceté trouve dans les autres. S'il n'y avait ni fripons ni flatteurs, il aimerait tout le genre humain. Il n'y a pas un homme de bien qui ne soit misanthrope en ce sens; ou plutôt les vrais misanthropes sont ceux qui ne pensent pas ainsi; car, au fond, je ne connais point de plus grand ennemi des hommes que l'ami de tout le monde, qui, toujours charmé de tout, encourage incessamment les méchants, et flatte par sa coupable complaisance les vices d'où naissent tous les désordres de la société.

Une preuve bien sûre qu'Alceste n'est point misanthrope à la lettre, c'est qu'avec ses brusqueries et ses incartades il ne laisse pas d'intéresser et de plaire. Les spectateurs ne voudraient pas à la vérité lui ressembler, parce que tant de droiture est fort incommode; mais aucun d'eux ne serait fâché d'avoir affaire à quelqu'un qui lui ressemblât: ce qui n'arriverait pas s'il était l'ennemi déclaré des hommes. Dans toutes les autres pièces de Molière, le personnage ridicule est toujours haïssable ou méprisable. Dans celle-là, quoique Alceste ait des défauts réels dont on n'a pas tort de rire, on sent pourtant au fond du cœur un respect pour lui dont on ne peut se défendre. En cette occasion, la force de la vertu l'emporte sur l'art de l'auteur et fait honneur à son caractère. Quoique Molière fît des pièces répréhensibles, il était personnellement honnête homme; et jamais le pinceau d'un honnête homme ne sut couvrir de couleurs odieuses les traits

---

7. R. has omitted "et malfaisants," the last two words of the first verse.

de la droiture et de la probité. Il y a plus: Molière a mis dans la bouche d'Alceste un si grand nombre de ses propres maximes, que plusieurs ont cru qu'il s'était voulu peindre lui-même....

Cependant ce caractère si vertueux est présenté comme ridicule. Il l'est, en effet, à certains égards; et ce qui démontre que l'intention du poète est bien de le rendre tel, c'est celui de l'ami Philinte, qu'il met en opposition avec le sien. Ce Philinte est le sage de la pièce; un de ces honnêtes gens du grand monde dont les maximes ressemblent beaucoup à celles des fripons; de ces gens si doux, si modérés, qui trouvent toujours que tout va bien, parce qu'ils ont intérêt que rien n'aille mieux; qui sont toujours contents de tout le monde, parce qu'ils ne se soucient de personne; qui, autour d'une bonne table, soutiennent qu'il n'est pas vrai que le peuple ait faim, qui, le gousset bien garni, trouvent fort mauvais qu'on déclame en faveur des pauvres; qui, de leur maison bien fermée, verraient voler, piller, égorger, massacrer tout le genre humain sans se plaindre, attendu que Dieu les a doués d'une douceur très méritoire à supporter les malheurs d'autrui.

On voit bien que le flegme raisonneur de celui-ci est très propre à redoubler et faire sortir d'une manière comique les emportements de l'autre; et le tort de Molière n'est pas d'avoir fait du misanthrope un homme colère et bilieux, mais de lui avoir donné des fureurs puériles sur des sujets qui ne devaient pas l'émouvoir. Le caractère du misanthrope n'est pas à la disposition du poète; il est déterminé par la nature de sa passion dominante. Cette passion est une violente haine du vice, née d'un amour ardent pour la vertu, et aigrie par le spectacle continuel de la méchanceté des hommes....

Voilà donc de quel côté le caractère du misanthrope doit porter ses défauts; et voilà aussi de quoi Molière fait un usage admirable dans toutes les scènes d'Alceste avec son ami, où les froides maximes et les railleries de celui-ci, démontant l'autre à chaque instant, lui font dire mille impertinences très bien placées; mais ce caractère âpre et dur, qui lui donne tant de fiel et d'aigreur dans l'occasion, l'éloigne en même temps de tout chagrin puéril qui n'a nul fondement raisonnable, et de tout intérêt personnel trop vif, dont il ne doit nullement être susceptible. Qu'il s'emporte sur tous les désordres dont il n'est que le témoin, ce sont toujours de nouveaux traits au tableau; mais qu'il soit froid sur celui qui s'adresse directement à lui: car, ayant déclaré la guerre aux méchants, il s'attend bien qu'ils la lui feront à leur tour. S'il n'avait pas prévu le mal que lui fera sa franchise, elle serait une étourderie et non pas une vertu. Qu'une femme fausse le trahisse, que d'indignes amis le déshonorent, que de faibles amis l'abandonnent, il doit le souffrir sans en murmurer: il connaît les hommes.[8]

8. More evidence of R.'s tendency to identify himself with Alceste.

Lettre à d'Alembert sur les spectacles 573

Si ces distinctions sont justes, Molière a mal saisi le misanthrope. Pense-t-on que ce soit par erreur? Non, sans doute. Mais voilà par où le désir de faire rire aux dépens du personnage l'a forcé de le dégrader contre la vérité du caractère....

La Profession du comédien

Qu'est-ce que le talent du comédien? L'art de se contrefaire, de revêtir un autre caractère que le sien, de paraître différent de ce qu'on est, de se passionner de sang-froid, de dire autre chose que ce qu'on pense, aussi naturellement que si l'on le pensait réellement, et d'oublier enfin sa propre place à force de prendre celle d'autrui. Qu'est-ce que la profession du comédien? Un métier par lequel il se donne en représentation pour de l'argent, se soumet à l'ignominie et aux affronts qu'on achète le droit de lui faire, et met publiquement sa personne en vente. J'adjure tout homme sincère de dire s'il ne sent pas au fond de son âme qu'il y a dans ce trafic de soi-même quelque chose de servile et de bas. Vous autres philosophes, qui vous prétendez si fort au-dessus des préjugés, ne mourriez-vous pas tous de honte, si, lâchement travestis en rois, il vous fallait aller faire aux yeux du public un rôle différent du vôtre, et exposer vos majestés aux huées de la populace? Quel est donc, au fond, l'esprit que le comédien reçoit de son état? un mélange de bassesse, de fausseté, de ridicule orgueil, et d'indigne avilissement, qui le rend propre à toutes sortes de personnages, hors le plus noble de tous, celui d'homme, qu'il abandonne.[9]

Je sais que le jeu du comédien n'est pas celui d'un fourbe qui veut en imposer, qu'il ne prétend pas qu'on le prenne en effet pour la personne qu'il représente, ni qu'on le croie affecté des passions qu'il imite, et qu'en donnant cette imitation pour ce qu'elle est, il la rend tout à fait innocente. Aussi ne l'accusé-je pas d'être précisément un trompeur, mais de cultiver, pour tout métier, le talent de tromper les hommes, et de s'exercer à des habitudes qui, ne pouvant être innocentes qu'au théâtre, ne servent partout ailleurs qu'à mal faire. Ces hommes si bien parés, si bien exercés au ton de la galanterie et aux accents de la passion, n'abuseront-ils jamais de cet art pour séduire de jeunes personnes? Ces valets filous, si subtils de la langue et de la main sur la scène, dans les besoins d'un métier plus dispendieux que lucratif n'auront-ils jamais de distractions utiles? Ne prendront-ils jamais la bourse d'un fils prodigue, ou d'un père avare pour celle de Léandre ou d'Argan?[10] Partout la tentation de mal faire augmente avec la facilité; et il faut que les comédiens soient plus vertueux que les autres hommes, s'ils ne sont pas plus corrompus....

---

9. R. has already forgotten Molière.
10. Characters in Molière's *Fourberies de Scapin* and *Malade imaginaire*.

Fêtes publiques et républicaines

Quoi! ne faut-il donc aucun spectacle dans une république? Au contraire, il en faut beaucoup. C'est dans les républiques qu'ils sont nés, c'est dans leur sein qu'on les voit briller avec un véritable air de fête. A quels peuples convient-il mieux de s'assembler souvent et de former entre eux les doux liens du plaisir et de la joie, qu'à ceux qui ont tant de raisons de s'aimer et de rester à jamais unis? Nous avons déjà plusieurs de ces fêtes publiques: ayons-en davantage encore je n'en serai que plus charmé. Mais n'adoptons point ces spectacles exclusifs qui renferment tristement un petit nombre de gens dans un antre obscur; qui les tiennent craintifs et immobiles dans le silence et l'inaction; qui n'offrent aux yeux que cloisons, que pointes de fer, que soldats,[11] qu'affligeantes images de la servitude et de l'inégalité. Non, peuples heureux, ce ne sont pas là vos fêtes. C'est en plein air, c'est sous le ciel qu'il faut vous rassembler et vous livrer au doux sentiment de votre bonheur. Que vos plaisirs ne soient efféminés ni mercenaires, que rien de ce qui sent la contrainte et l'intérêt ne les empoisonne, qu'ils soient libres et généreux comme vous, que le soleil éclaire vos innocents spectacles: vous en formerez un vous-mêmes, le plus digne qu'il puisse éclairer.

Mais quels seront enfin les objets de ces spectacles? qu'y montrera-t-on? Rien, si l'on veut. Avec la liberté, partout où règne l'affluence, le bien-être y règne aussi. Plantez au milieu d'une place un piquet couronné de fleurs, rassemblez-y le peuple, et vous aurez une fête. Faites mieux encore: donnez les spectateurs en spectacle: rendez-les acteurs eux-mêmes; faites que chacun se voie et s'aime dans les autres, afin que tous en soient mieux unis. Je n'ai pas besoin de renvoyer aux jeux des anciens Grecs; il en est de plus modernes, il en est d'existants encore, et je les trouve précisément parmi nous. Nous avons tous les ans des revues, des prix publics, des rois de l'arquebuse, du canon, de la navigation. On ne peut trop multiplier des établissements si utiles et si agréables, on ne peut trop avoir de semblables rois. Pourquoi ne ferions-nous pas, pour nous rendre dispos et robustes, ce que nous faisons pour nous exercer aux armes? La république a-t-elle moins besoin d'ouvriers que de soldats? Pourquoi, sur le modèle des prix militaires, ne fonderions-nous pas d'autres prix de gymnastique pour la lutte, pour la course, pour le disque, pour divers exercices du corps? Pourquoi n'animerions-nous pas nos bateliers par des joutes sur le lac? Y aurait-il au monde un plus brillant spectacle que de voir sur ce vaste et superbe bassin des centaines de bateaux, élégamment équipés, partir à la fois, au signal donné, pour aller enlever un drapeau arboré au but, puis servir de cortège au vainqueur revenant en triomphe recevoir le prix mérité? Toutes ces sortes de fêtes ne sont dispendieuses qu'autant qu'on le veut bien, et le seul concours les rend assez magnifiques. Ce-

---

11. For policing the theaters.

pendant il faut y avoir assisté chez le Genevois pour comprendre avec quelle ardeur il s'y livre....[12]

LA NOUVELLE HELOISE [1]
1761

This sentimental epistolary novel after the manner of Richardson, written for a rapidly expanding bourgeois reading public, was Rousseau's most popular and, from a literary point of view, most influential work. Its composition bears the marks of the storm and stress of the years 1757–1758, the love affair with Countess d'Houdetot, and the subsequent quarrel and break with Diderot. "La Nouvelle Héloïse," writes Gustave Lanson, "est sortie d'un rêve de volupté redressé en instruction morale." [2]

Saint-Preux, plebeian tutor and romantic lover of Julie, daughter of Baron d'Etange, is dismissed by the irate father, and Julie is married to M. de Wolmar. Her past sins are redeemed through her conversion to the sanctity of wedlock. Rousseau is thus debating again the relative merits of natural passion, emphasized in the early books, and conventional marriage.[3] Wolmar is tolerant indeed and invites Saint-Preux to come back and live at Clarens in a "ménage à trois," [4] to prove to him that Julie, completely cured of her romantic love, is now a model wife, mother, and protector of morals on their idealized country estate. A sentimental journey undertaken by Julie and Saint-Preux across Lake Geneva to the scenes of their earlier love proves to them that romantic fires are still smoldering. Julie's accidental and untimely death saves Rousseau again from the necessity of concluding in favor of social convention, but it detracts from the psychological unity of his art.

Rousseau also attempts to mediate between the warring factions of philosophers and conservatives. Julie, without bigotry, proves to the former the sentimental and moral advantages of religious beliefs and practices, while Wolmar represents the perfectly honorable and estimable agnostic. Julie dies as a Christian should, with the hope that her husband will soon see the light and that she will be united with Saint-Preux in heaven. Rousseau was consequently hailed on the one hand as the apostle and savior of family life and on the other as the corrupter of womanhood.

Abbé Prévost had produced a more perfect work of art in *Manon Lescaut*, and Marivaux had shown more psychological penetration in *La Vie de Marianne*. The great novelty of Rousseau's work is the depiction of the beauties of nature and the intimate communion between the natural setting and the soul of man.

12. For further reactions of R. to the theater, see *La Nouvelle Héloïse*, II, Lettre 17.

1. The title is derived from the fact that Saint-Preux and Julie find themselves in much the same position as Abélard and Héloïse, celebrated lovers of the Middle Ages.

2. A useful critical edition of this work, with introduction and notes, has been published by Daniel Mornet (Hachette, 1925, 4 vols.). F. C. Green's *Minuet* or A. Lebreton's *Le Roman français au xviii*[e] *siècle* may be consulted.

3. Cf. R. L. Stevenson, *Virginibus Puerisque*.

4. Before realizing the extent of R.'s passion for Mme d'Houdetot, Saint-Lambert had suggested a similar "design for living." An excellent review of the events of the relationships of this period is found in E. Ritter, "J.-J. Rousseau et Madame d'Houdetot," *Annales de la Société Jean-Jacques Rousseau*, II, 1-136

The poetry of nature is reborn, essentially subjective still and rarely picturesque, nature that is felt rather than objectively described. Most of the poetry of the earlier romantic period, however, goes no further: *Le Lac* of Lamartine is hardly more than a page of Rousseau's prose in poetic form.

The simple pleasures and fine joys of country life are so idealized in *La Nouvelle Héloïse* that the court will play shepherds and shepherdesses in the thatched cottages of Le Petit Trianon until the peasant in all his wretched reality descends upon Paris during the Revolution. Excessive sentimentality, rhetorical declamation, ideological and moral discourse and digression frequently mar the effect of the novel for the modern reader, faults not entirely overcome in the works of Chateaubriand, George Sand, Musset, and Hugo. The very genuine merits of *La Nouvelle Héloïse* will reappear, however, in the novels of Tolstoi, Zola, and Hardy.

De Saint-Preux à Julie

Que mon état est changé dans peu de jours! Que d'amertumes se mêlent à la douceur de me rapprocher de vous! Que de tristes réflexions m'assiègent! Que de traverses mes craintes me font prévoir! O Julie! que c'est un fatal présent du ciel qu'une âme sensible! Celui qui l'a reçu doit s'attendre à n'avoir que peine et douleur sur la terre.[5] Vil jouet de l'air et des saisons, le soleil ou les brouillards, l'air couvert ou serein, régleront sa destinée, et il sera content ou triste au gré des vents. Victime des préjugés, il trouvera dans d'absurdes maximes un obstacle invincible aux justes vœux de son cœur. Les hommes le puniront d'avoir des sentiments droits de chaque chose, et d'en juger par ce qui est véritable plutôt que par ce qui est de convention. Seul il suffirait pour faire sa propre misère, en se livrant indiscrètement aux attraits divins de l'honnête et du beau, tandis que les pesantes chaînes de la nécessité l'attachent à l'ignominie. Il cherchera la félicité suprême sans se souvenir qu'il est homme: son cœur et sa raison seront incessamment en guerre, et des désirs sans bornes lui prépareront d'éternelles privations.

Telle est la situation cruelle où me plongent le sort qui m'accable, et mes sentiments qui m'élèvent, et ton père qui me méprise, et toi qui fais le charme et le tourment de ma vie. Sans toi, beauté fatale, je n'aurais jamais senti ce contraste insupportable de grandeur au fond de mon âme et de bassesse dans ma fortune; j'aurais vécu tranquille et serais mort content, sans daigner remarquer quel rang j'avais occupé sur la terre. Mais t'avoir vue et ne pouvoir te posséder, t'adorer et n'être qu'un homme, être aimé et ne pouvoir être heureux, habiter les mêmes lieux et ne pouvoir vivre ensemble!... O Julie à qui je ne puis renoncer! ô destinée que je

---

5. Already in the seventeenth century Ninon de Lenclos, lifelong friend of Saint-Evremond, had said: "C'est un cruel présent du ciel que l'excès de la sensibilité, et les choses de la tendresse font plus souffrir qu'elles ne portent finalement de joie."

ne puis vaincre! quels combats affreux vous excitez en moi, sans pouvoir jamais surmonter mes désirs ni mon impuissance!...

Ah! si tu pouvais rester toujours jeune et brillante comme à présent, je ne demanderais au ciel que de te savoir éternellement heureuse, te voir tous les ans de ma vie une fois, une seule fois, et passer le reste de mes jours à contempler de loin ton asile, à t'adorer parmi ces rochers. Mais, hélas! vois la rapidité de cet astre qui jamais n'arrête; il vole, et le temps fuit, l'occasion s'échappe: ta beauté, ta beauté même aura son terme; elle doit décliner et périr un jour comme une fleur qui tombe sans avoir été cueillie; et moi cependant je gémis, je souffre, ma jeunesse s'use dans les larmes, et se flétrit dans la douleur. Pense, pense, Julie, que nous comptons déjà des années perdues pour le plaisir. Pense qu'elles ne reviendront jamais; qu'il en sera de même de celles qui nous restent si nous les laissons échapper encore.[6] O amante aveuglée! tu cherches un chimérique bonheur pour un temps où nous ne serons plus; tu regardes un avenir éloigné, et tu ne vois pas que nous nous consumons sans cesse, et que nos âmes, épuisées d'amour et de peines, se fondent et coulent comme l'eau. Reviens, il en est temps encore, reviens, ma Julie, de cette erreur funeste. Laisse là tes projets, et sois heureuse. Viens, ô mon âme! dans les bras de ton ami réunir les deux moitiés de notre être; viens à la face du ciel, guide de notre fuite et témoin de nos serments, jurer de vivre et mourir l'un à l'autre. Ce n'est pas toi, je le sais, qu'il faut rassurer contre la crainte de l'indigence. Soyons heureux et pauvres, ah! quel trésor nous aurons acquis! Mais ne faisons point cet affront à l'humanité, de croire qu'il ne restera pas sur la terre entière un asile à deux amants infortunés. J'ai des bras, je suis robuste; le pain gagné par mon travail te paraîtra plus délicieux que les mets des festins. Un repas apprêté par l'amour peut-il jamais être insipide? Ah! tendre et chère amante, dussions-nous n'être heureux qu'un seul jour, veux-tu quitter cette courte vie sans avoir goûté le bonheur?...

(I, Lettre 26)

Billet de Julie à Saint-Preux

Il est temps de renoncer aux erreurs de la jeunesse, et d'abandonner un trompeur espoir; je ne serai jamais à vous. Rendez-moi donc la liberté que je vous ai engagée et dont mon père veut disposer, ou mettez le comble à mes malheurs par un refus qui nous perdra tous deux sans vous être d'aucun usage.

(III, Lettre 9)

6. The very ancient theme "Gather ye rosebuds while ye may" (Robert Herrick), found in the *Wisdom of Solomon*, beautifully expressed in Ronsard's *Sonnet à Hélène* and Lamartine's *Le Lac*.

Du baron d'Etange à Saint-Preux

DANS LAQUELLE ETAIT LE PRECEDENT BILLET

S'il peut rester dans l'âme d'un suborneur quelque sentiment d'honneur et d'humanité, répondez à ce billet d'une malheureuse dont vous avez corrompu le cœur, et qui ne serait plus si j'osais soupçonner qu'elle eût porté plus loin l'oubli d'elle-même. Je m'étonnerai peu que la même philosophie qui lui apprit à se jeter à la tête du premier venu, lui apprenne encore à désobéir à son père. Pensez-y cependant. J'aime à prendre en toute occasion les voies de la douceur et de l'honnêteté, quand j'espère qu'elles peuvent suffire; mais, si j'en veux bien user avec vous, ne croyez pas que j'ignore comment se venge l'honneur d'un gentilhomme offensé par un homme qui ne l'est pas. *(III, Lettre 10)*

Réponse

Epargnez-vous, monsieur, des menaces vaines qui ne m'effraient point, et d'injustes reproches qui ne peuvent m'humilier. Sachez qu'entre deux personnes de même âge il n'y a d'autre suborneur que l'amour, et qu'il ne vous appartiendra jamais d'avilir un homme que votre fille honora de son estime.

Quel sacrifice osez-vous m'imposer, et à quel titre l'exigez-vous? Est-ce à l'auteur de tous mes maux qu'il faut immoler mon dernier espoir? Je veux respecter le père de Julie; mais qu'il daigne être le mien s'il faut que j'apprenne à lui obéir. Non, non, monsieur, quelque opinion que vous ayez de vos procédés, ils ne m'obligent point à renoncer pour vous à des droits si chers et si bien mérités de mon cœur. Vous faites le malheur de ma vie. Je ne vous dois que la haine, et vous n'avez rien à prétendre de moi. Julie a parlé; voilà mon consentement. Ah! qu'elle soit toujours obéie! Un autre la possédera; mais j'en serai plus digne d'elle.

Si votre fille eût daigné me consulter sur les bornes de votre autorité, ne doutez pas que je ne lui eusse appris à résister à vos prétentions injustes. Quel que soit l'empire dont vous abusez, mes droits sont plus sacrés que les vôtres; la chaîne qui nous lie est la borne du pouvoir paternel, même devant les tribunaux humains; et quand vous osez réclamer la nature, c'est vous seul qui bravez ses lois.

N'alléguez pas non plus cet honneur si bizarre et si délicat que vous parlez de venger; nul ne l'offense que vous-même. Respectez le choix de Julie, et votre honneur est en sûreté; car mon cœur vous honore malgré vos outrages; et, malgré les maximes gothiques, l'alliance d'un honnête homme n'en déshonora jamais un autre. Si ma présomption vous offense, attaquez ma vie, je ne la défendrai jamais contre vous. Au surplus, je me soucie fort peu de savoir en quoi consiste l'honneur d'un gentilhomme;

mais quant à celui d'un homme de bien, il m'appartient, je sais le défendre, et le conserverai pur et sans tache jusqu'au dernier soupir.

Allez, père barbare et peu digne d'un nom si doux, méditez d'affreux parricides, tandis qu'une fille tendre et soumise immole son bonheur à vos préjugés. Vos regrets me vengeront un jour des maux que vous me faites, et vous sentirez trop tard que votre haine aveugle et dénaturée ne vous fut pas moins funeste qu'à moi. Je serai malheureux, sans doute; mais si jamais la voix du sang s'élève au fond de votre cœur, combien vous le serez plus encore d'avoir sacrifié à des chimères l'unique fruit de vos entrailles,[7] unique au monde en beauté, en mérite, en vertus, et pour qui le ciel prodigue de ses dons n'oublia rien qu'un meilleur père!

(*III, Lettre 11*)

De Julie à son ami

...Arrivée à l'église, je sentis en entrant une sorte d'émotion que je n'avais jamais éprouvée. Je ne sais quelle terreur vint saisir mon âme dans ce lieu simple et auguste, tout rempli de la majesté de celui qu'on y sert. Une frayeur soudaine me fit frissonner; tremblante et prête à tomber en défaillance, j'eus peine à me traîner jusqu'au pied de la chaire. Loin de me remettre, je sentis mon trouble augmenter durant la cérémonie; et s'il me laissait apercevoir les objets, c'était pour en être épouvantée. Le jour sombre de l'édifice, le profond silence des spectateurs, leur maintien modeste et recueilli, le cortège de tous mes parents, l'imposant aspect de mon vénéré père, tout donnait à ce qui s'allait passer un air de solennité qui m'excitait à l'attention et au respect, et qui m'eût fait frémir à la seule idée d'un parjure. Je crus voir l'organe de la Providence et entendre la voix de Dieu dans le ministre prononçant gravement la sainte liturgie. La pureté, la dignité, la sainteté du mariage, si vivement exposées dans les paroles de l'Ecriture, ses chastes et sublimes devoirs si importants au bonheur, à l'ordre, à la paix, à la durée du genre humain, si doux à remplir pour eux-mêmes; tout cela me fit une telle impression, que je crus sentir intérieurement une révolution subite. Une puissance inconnue sembla corriger tout à coup le désordre de mes affections et les rétablir selon la loi du devoir et de la nature. L'œil éternel qui voit tout, disais-je en moi-même, lit maintenant au fond de mon cœur; il compare ma volonté cachée à la réponse de ma bouche: le ciel et la terre sont témoins de l'engagement sacré que je prends; ils le seront encore de ma fidélité à l'observer. Quel droit peut respecter parmi les hommes quiconque ose violer le premier de tous?

Un coup d'œil jeté par hasard sur monsieur et madame d'Orbe,[8] que je vis à côté l'un de l'autre et fixant sur moi des yeux attendris, m'émut

---

7. An example of the so-called *style noble*, which was to plague French literature for many decades.
8. Julie's friend and confidante, Claire d'Orbe.

plus puissamment encore que n'avaient fait tous les autres objets. Aimable et vertueux couple, pour moins connaître l'amour, en êtes-vous moins unis? Le devoir et l'honnêteté vous lient: tendres amis, époux fidèles, sans brûler de ce feu dévorant qui consume l'âme, vous vous aimez d'un sentiment pur et doux qui la nourrit, que la sagesse autorise et que la raison dirige; vous n'en êtes que plus solidement heureux. Ah! puissé-je dans un lien pareil recouvrer la même innocence, et jouir du même bonheur! Si je ne l'ai pas mérité comme vous, je m'en rendrai digne à votre exemple. Ces sentiments réveillèrent mon courage. J'envisageai le saint nœud que j'allais former comme un nouvel état qui devait purifier mon âme et la rendre à tous ses devoirs. Quand le pasteur me demanda si je promettais obéissance et fidélité parfaite à celui que j'acceptais pour époux, ma bouche et mon cœur le promirent. Je le tiendrai jusqu'à la mort.

De retour au logis, je soupirais après une heure de solitude et de recueillement. Je l'obtins, non sans peine; et quelque empressement que j'eusse d'en profiter, je ne m'examinai d'abord qu'avec répugnance, craignant de n'avoir éprouvé qu'une fermentation passagère en changeant de condition, et de me retrouver aussi peu digne épouse que j'avais été fille peu sage. L'épreuve était sûre, mais dangereuse. Je commençai par songer à vous. Je me rendais le témoignage que nul tendre souvenir n'avait profané l'engagement solennel que je venais de prendre. Je ne pouvais concevoir par quel prodige votre opiniâtre image m'avait pu laisser si longtemps en paix avec tant de sujets de me la rappeler: je me serais défiée de l'indifférence et de l'oubli, comme d'un état trompeur qui m'était trop peu naturel pour être durable. Cette illusion n'était guère à craindre; je sentis que je vous aimais autant et plus peut-être que je n'avais jamais fait; mais je le sentis sans rougir. Je vis que je n'avais pas besoin pour penser à vous d'oublier que j'étais la femme d'un autre. En me disant combien vous m'étiez cher, mon cœur était ému, mais ma conscience et mes sens étaient tranquilles; et je connus dès ce moment que j'étais réellement changée. Quel torrent de pure joie vint alors inonder mon âme! Quel sentiment de paix, effacé depuis si longtemps, vint ranimer ce cœur flétri par l'ignominie, et répandre dans tout mon être une sérénité nouvelle! Je crus me sentir renaître; je crus recommencer une autre vie. Douce et consolante vertu, je la recommence pour toi; c'est toi qui me la rendras chère; c'est à toi que je la veux consacrer. Ah! j'ai trop appris ce qu'il en coûte à te perdre, pour t'abandonner une seconde fois!

Dans le ravissement d'un changement si grand, si prompt, si inespéré, j'osai considérer l'état où j'étais la veille; je frémis de l'indigne abaissement où m'avait réduite l'oubli de moi-même et de tous les dangers que j'avais courus depuis mon premier égarement. Quelle heureuse révolution me venait de montrer l'horreur du crime qui m'avait tentée, et réveillait en moi le goût de la sagesse! ... Quelle sûreté avais-je eue de n'aimer que vous seul au monde, si ce n'est un sentiment intérieur que croient avoir tous les amants, qui se jurent une constance éternelle, et se parjurent innocemment toutes les fois qu'il plaît au ciel de changer leur cœur?... Je le vois, je le sens; la main secourable qui m'a conduite à travers les ténèbres est celle qui lève à mes yeux le voile de l'erreur, et me rend à moi malgré moi-même. La voix secrète qui ne cessait de murmurer au fond de mon cœur s'élève et tonne avec plus de force au moment où j'étais prête à périr. L'auteur de toute vérité n'a point souffert que je sortisse de sa présence, coupable d'un vil parjure; et, prévenant mon crime par mes remords, il m'a montré l'abîme où j'allais me précipiter. Providence éternelle, qui fais ramper l'insecte et rouler les cieux, tu veilles sur la moindre de tes œuvres! tu me rappelles au bien que tu m'as fait aimer! Daigne accepter d'un cœur épuré par tes soins l'hommage que toi seule rends digne de t'être offert.

A l'instant, pénétrée d'un vif sentiment du danger dont j'étais délivrée, et de l'état d'honneur et de sûreté où je me sentais rétablie, je me prosternai contre terre, j'élevai vers le ciel mes mains suppliantes, j'invoquai l'être dont il est le trône, et qui soutient ou détruit quand il lui plaît par nos propres forces la liberté qu'il nous donne. Je veux, lui dis-je, le bien que tu veux, et dont toi seul es la source. Je veux aimer l'époux que tu m'as donné. Je veux être fidèle, parce que c'est le premier devoir qui lie la famille et toute la société. Je veux être chaste, parce que c'est la première vertu qui nourrit toutes les autres. Je veux tout ce qui se rapporte à l'ordre de la nature que tu as établi, et aux règles de la raison que je tiens de toi.[9] Je remets mon cœur sous ta garde et mes désirs en ta main. Rends toutes mes actions conformes à ma volonté constante, qui est la tienne; et ne permets plus que l'erreur d'un moment l'emporte sur le choix de toute ma vie.

Après cette courte prière, la première que j'eusse faite avec un vrai zèle, je me sentis tellement affermie dans mes résolutions, il me parut si facile et si doux de les suivre, que je vis clairement où je devais chercher désormais la force dont j'avais besoin pour résister à mon propre cœur, et que je ne pouvais trouver en moi-même. Je tirai de cette seule découverte une confiance nouvelle, et je déplorai le triste aveuglement qui me l'avait fait manquer si longtemps.... *(III, Lettre 18)*

De Saint-Preux à Mylord Edouard [10]

Nous y parvînmes après une heure de marche par des sentiers tortueux et frais, qui, montant insensiblement entre les arbres et les rochers, n'avaient rien de plus incommode que la longueur du chemin. En ap-

---

9. Julie has passed from the instinctive natural law of the presocial state to the reasoned natural law of organized society.
10. English friend and counselor of Saint-Preux.

prochant et reconnaissant mes anciens renseignements,[11] je fus prêt à me trouver mal; mais je me surmontai, je cachai mon trouble, et nous arrivâmes. Ce lieu solitaire formait un réduit sauvage et désert, mais plein de ces sortes de beautés qui ne plaisent qu'aux âmes sensibles, et paraissent horribles aux autres. Un torrent formé par la fonte des neiges roulait à vingt pas de nous une eau bourbeuse, et charriait avec bruit du limon, du sable et des pierres. Derrière nous une chaîne de roches inaccessibles séparait l'esplanade où nous étions de cette partie des Alpes qu'on nomme les Glaciers, parce que d'énormes sommets de glaces qui s'accroissent incessamment les couvrent depuis le commencement du monde. Des forêts de noirs sapins nous ombrageaient tristement à droite. Un grand bois de chênes était à gauche au delà du torrent; et au-dessous de nous cette immense plaine d'eau que le lac forme au sein des Alpes nous séparait des riches côtes du pays de Vaud, dont la cime du majestueux Jura couronnait le tableau.

Au milieu de ces grands et superbes objets, le petit terrain où nous étions étalait les charmes d'un séjour riant et champêtre; quelques ruisseaux filtraient à travers les rochers, et roulaient sur la verdure en filets de cristal; quelques arbres fruitiers sauvages penchaient leurs têtes sur les nôtres; la terre humide et fraîche était couverte d'herbe et de fleurs.[12] En comparant un si doux séjour aux objets qui l'environnaient, il semblait que ce lieu désert dût être l'asile de deux amants échappés seuls au bouleversement de la nature.

Quand nous eûmes atteint ce réduit et que je l'eus quelque temps contemplé: Quoi! dis-je à Julie en la regardant avec un œil humide, votre cœur ne vous dit-il rien ici, et ne sentez-vous point quelque émotion secrète à l'aspect d'un lieu si plein de vous? Alors, sans attendre sa réponse, je la conduisis vers le rocher, et lui montrai son chiffre gravé dans mille endroits, et plusieurs vers de Pétrarque et du Tasse relatifs à la situation où j'étais en les traçant.[13] En les revoyant moi-même après si longtemps, j'éprouvai combien la présence des objets peut ranimer puissamment les sentiments violents dont on fut agité près d'eux. Je lui dis avec un peu de véhémence: O Julie, éternel charme de mon cœur! voici les lieux où soupira jadis pour toi le plus fidèle amant du monde; voici le séjour où ta chère image faisait son bonheur, et préparait celui qu'il reçut enfin de toi-même. On n'y voyait alors ni ces fruits ni ces ombrages; la verdure et les fleurs ne tapissaient point ces compartiments, le cours de ces ruisseaux n'en formait point les divisions, ces oiseaux n'y faisaient point entendre leurs ramages; le vorace épervier, le corbeau funèbre, et

---

11. "familiar haunts."

12. According to Sainte-Beuve, R. "est le premier qui ait mis *du vert* dans notre littérature." Very soon after, R.'s friend, Bernardin de Saint-Pierre, was to greatly enlarge the color scheme in *Paul et Virginie*.

13. Along with the love sonnets of Petrarch we are reminded here of Tasso's *Aminta* and D'Urfé's *Astrée*.

l'aigle terrible des Alpes, faisaient seuls retentir de leurs cris ces cavernes; d'immenses glaces pendaient à tous ces rochers; des festons de neige étaient le seul ornement de ces arbres; tout respirait ici les rigueurs de l'hiver et l'horreur des frimas; les feux seuls de mon cœur me rendaient ce lieu supportable, et les jours entiers s'y passaient à penser à toi. Voilà la pierre où je m'asseyais pour contempler au loin ton heureux séjour; sur celle-ci fut écrite la lettre qui toucha ton cœur; ces cailloux tranchants me servaient de burin pour graver ton chiffre; ici je passai le torrent glacé pour reprendre une de tes lettres qu'emportait un tourbillon; là je vins relire et baiser mille fois la dernière que tu m'écrivis; voilà le bord où d'un œil avide et sombre je mesurais la profondeur de ces abîmes; enfin ce fut ici qu'avant mon triste départ je vins te pleurer mourante et jurer de ne te pas survivre. Fille trop constamment aimée, ô toi pour qui j'étais né, faut-il me retrouver avec toi dans les mêmes lieux, et regretter le temps que j'y passais à gémir de ton absence!... J'allais continuer; mais Julie, qui, me voyant approcher du bord, s'était effrayée et m'avait saisi la main, la serra sans mot dire en me regardant avec tendresse et retenant avec peine un soupir; puis tout à coup détournant la vue et me tirant par le bras: Allons-nous-en, mon ami, me dit-elle d'une voix émue; l'air de ce lieu n'est pas bon pour moi. Je partis avec elle en gémissant, mais sans lui répondre, et je quittai pour jamais ce triste réduit comme j'aurais quitté Julie elle-même.

Revenus lentement au port après quelques détours, nous nous séparâmes. Elle voulut rester seule, et je continuai de me promener sans trop savoir où j'allais. A mon retour, le bateau n'étant pas encore prêt ni l'eau tranquille, nous soupâmes tristement, les yeux baissés, l'air rêveur, mangeant peu et parlant encore moins. Après le souper, nous fûmes nous asseoir sur la grève en attendant le moment du départ. Insensiblement la lune se leva, l'eau devint plus calme, et Julie me proposa de partir. Je lui donnai la main pour entrer dans le bateau; et, en m'asseyant à côté d'elle je ne songeai plus à quitter sa main. Nous gardions un profond silence. Le bruit égal et mesuré des rames m'excitait à rêver. Le chant assez gai des bécassines, me retraçant les plaisirs d'un autre âge, au lieu de m'égayer, m'attristait. Peu à peu je sentis augmenter la mélancolie dont j'étais accablé. Un ciel serein, la fraîcheur de l'air, les doux rayons de la lune, le frémissement argenté dont l'eau brillait autour de nous, le concours des plus agréables sensations, la présence même de cet objet chéri, rien ne put détourner de mon cœur mille réflexions douloureuses.

Je commençai par me rappeler une promenade semblable faite autrefois avec elle durant le charme de nos premières amours. Tous les sentiments délicieux qui remplissaient alors mon âme s'y retracèrent pour l'affliger; tous les événements de notre jeunesse, nos études, nos entretiens, nos lettres, nos rendez-vous, nos plaisirs,

> E tanta fede, e si dolci memorie,
> E si lungo costume! [14]

ces foules de petits objets qui m'offraient l'image de mon bonheur passé; tout revenait, pour augmenter ma misère présente, prendre place en mon souvenir. C'en est fait, disais-je en moi-même; ces temps, ces temps heureux ne sont plus; ils ont disparu pour jamais. Hélas! ils ne reviendront plus; et nous vivons, et nous sommes ensemble, et nos cœurs sont toujours unis! Il me semblait que j'aurais porté plus patiemment sa mort ou son absence, et que j'avais moins souffert tout le temps que j'avais passé loin d'elle. Quand je gémissais dans l'éloignement, l'espoir de la revoir soulageait mon cœur; je me flattais qu'un instant de sa présence effacerait toutes mes peines; j'envisageais au moins dans les possibles un état moins cruel que le mien: mais se trouver auprès d'elle, mais la voir, la toucher, lui parler, l'aimer, l'adorer, et, presque en la possédant encore, la sentir perdue à jamais pour moi; voilà ce qui me jetait dans des accès de fureur et de rage qui m'agitèrent par degrés jusqu'au désespoir. Bientôt je commençai de rouler dans mon esprit des projets funestes, et, dans un transport dont je frémis en y pensant, je fus violemment tenté de la précipiter avec moi dans les flots, et d'y finir dans ses bras ma vie et mes longs tourments. Cette horrible tentation devint à la fin si forte, que je fus obligé de quitter brusquement sa main pour passer à la pointe du bateau.

Là mes vives agitations commencèrent à prendre un autre cours; un sentiment plus doux s'insinua peu à peu dans mon âme, l'attendrissement surmonta le désespoir, je me mis à verser des torrents de larmes; et cet état, comparé à celui dont je sortais, n'était pas sans quelque plaisir. Je pleurai fortement, longtemps, et fus soulagé. Quand je me trouvai bien remis, je revins auprès de Julie; je repris sa main. Elle tenait son mouchoir; je le sentis fort mouillé. Ah! lui dis-je tout bas, je vois que nos cœurs n'ont jamais cessé de s'entendre! Il est vrai, dit-elle d'une voix altérée; mais que ce soit la dernière fois qu'ils auront parlé sur ce ton. Nous recommençames alors à causer tranquillement, et au bout d'une heure de navigation nous arrivâmes sans autre accident. Quand nous fûmes rentrés, j'aperçus à la lumière qu'elle avait les yeux rouges et fort gonflés; elle ne dut pas trouver les miens en meilleur état. Après les fatigues de cette journée, elle avait grand besoin de repos; elle se retira, et je fus me coucher.... *(IV, Lettre 17)*

EMILE, OU L'EDUCATION
1762

Certain parts of *Emile* and its sometimes separately published fourth book, *La Profession de foi du vicaire savoyard*, were composed in the middle fifties,

---

14. "Such faith, such sweet memories, and such a long period of intimacy!"

Emile, ou L'Education

when, as the *Mémoires de Mme d'Epinay* show, Rousseau was especially interested in the education of Mme d'Epinay's (Emilie's) son. The private school had been so unsatisfactory, so psychologically unsound in its educational methods, that the boy was put in the hands of a private tutor. This aristocratic background — M. d'Epinay was a *financier-général* — explains much of the artificiality and general impracticality of Rousseau's system. It may be completely ignored, however, and still *Emile* remains as the fountainhead of modern educational theory and marks a great advance in educational psychology.

Many valuable practical suggestions are offered, hardly original perhaps, but eloquently expressed at a moment of great need: children should not be too tightly swaddled, and the use of cradles is pernicious; mothers should nurse their own children for their mutual physical and mental health; children learn by experience, not by precept; they have a grammar of their own, but will not learn to speak until they see the advantage in doing so; they must not be mollycoddled or frightened by misguided solicitude when they hurt themselves; fathers should accept a definite responsibility in early education, and children should not be separated from home life too soon; the five senses should be trained and manual labor encouraged. Rousseau writes an impassioned manifesto in favor of childhood as an end in itself, a period of free development of the natural faculties and happiness in play. For the child is father of the man, and the individual, like the race, passes through the "Big Injun" or "noble savage" stage.

Natural, or "progressive," education must be given its chance unmolested by formal or social education. The question of timing is, however, paramount. Rousseau divides the child's life roughly into four periods, or ages: infancy, sensation (four or five years to twelve or thirteen), reason (up to fifteen or sixteen), and sentiment, or feeling (up to twenty years). Like modern progressive theories, his suggestions are most useful in the early stages and become less and less so as children advance in years. Emile at the age of twelve is a natural healthy savage, a "polisson" without social aptitudes or bookish learning. Unspoiled by the absurd and immoral fables of La Fontaine, he now studies history, the heroics of Plutarch's *Lives*, and the practical sciences, and learns self-reliance from *Robinson Crusoe* (stripped of its moralizing) and a trade.

With reason put in its place, the crowning age of feeling will make of Emile a loving, sensitive, moral and religious being. Unable to answer the arguments of the philosophers, and in agreement with many of their objections to the supernatural, Rousseau *felt* that there must be an answer and found it in his heart. Thus he ended his work with a sentimental affirmation of his belief in God and of his Christian sympathies. The natural goodness of man, once more emphatically announced at the beginning of *Emile* — "Tout est bien, sortant des mains de l'auteur des choses; tout dégénère entre les mains de l'homme" — means little more than that nothing should interfere with the normal stages of the child's natural development. In the age of feeling, however, nature becomes man's higher nature in the Paulian sense, the voice of the soul is opposed to the voice of the body, and following nature means following the dictates of the divinely inspired voice of conscience.

The immediate reaction to *Emile*, and particularly to *La Profession de foi*, was a denunciation by Christophe de Beaumont, archbishop of Paris, the official burning of the book, and the author's banishment from France. But Chateaubriand was to take over where Rousseau left off, and religion was given a similar sentimental and romantic interpretation in *Le Génie du christianisme*.

Livre I

[INTRODUCTION]

Tout est bien, sortant des mains de l'auteur des choses; tout dégénère entre les mains de l'homme. Il force une terre à nourrir les productions d'une autre, un arbre à porter les fruits d'un autre; il mêle et confond les climats, les éléments, les saisons; il mutile son chien, son cheval, son esclave; il bouleverse tout, il défigure tout; il aime la difformité, les monstres; il ne veut rien tel que l'a fait la nature, pas même l'homme; il le faut dresser pour lui comme un cheval de manège; il le faut contourner comme un arbre de son jardin.

Sans cela, tout irait plus mal encore, et notre espèce ne veut pas être façonnée à demi. Dans l'état où sont désormais les choses, un homme abandonné dès sa naissance à lui-même parmi les autres serait le plus défiguré de tous. Les préjugés, l'autorité, la nécessité, l'exemple, toutes les institutions sociales dans lesquelles nous nous trouvons submergés étoufferaient en lui la nature, et ne mettraient rien à la place. Elle y serait comme un arbrisseau que le hasard fait naître au milieu d'un chemin, et que les passants font bientôt périr, en le heurtant de toutes parts et le pliant dans tous les sens....

[L'ENFANCE]

Quand l'enfant pleure, il est mal à son aise, il a quelque besoin qu'il ne saurait satisfaire; on examine, on cherche ce besoin, on le trouve, on y pourvoit. Quand on ne le trouve pas, ou quand on n'y peut pourvoir, les pleurs continuent, on en est importuné, on flatte l'enfant pour le faire taire, on le berce, on lui chante pour l'endormir: s'il s'opiniâtre, on s'impatiente, on le menace; des nourrices brutales le frappent quelquefois. Voilà d'étranges leçons pour son entrée à la vie.

Je n'oublierai jamais d'avoir vu un de ces incommodes pleureurs ainsi frappé par sa nourrice. Il se tut sur-le-champ, je le crus intimidé. Je me disais: Ce sera une âme servile dont on n'obtiendra rien que par la rigueur. Je me trompais; le malheureux suffoquait de colère, il avait perdu la respiration; je le vis devenir violet. Un moment après vinrent les cris aigus; tous les signes du ressentiment, de la fureur, du désespoir de cet âge, étaient dans ses accents. Je craignis qu'il n'expirât dans cette agitation. Quand j'aurais douté que le sentiment du juste et de l'injuste fût inné dans le cœur de l'homme, cet exemple seul m'aurait convaincu. Je suis sûr qu'un tison ardent tombé par hasard sur la main de cet enfant lui eût été moins sensible que ce coup assez léger, mais donné dans l'intention manifeste de l'offenser.

Cette disposition des enfants à l'emportement, au dépit, à la colère, demande des ménagements excessifs. Boerhaave [1] pense que leurs maladies sont pour la plupart de la classe des convulsives, parce que la tête étant proportionnellement plus grosse et le système des nerfs plus étendu que dans les adultes, le genre nerveux est plus susceptible d'irritation. Eloignez d'eux avec le plus grand soin les domestiques qui les agacent, les irritent, les impatientent; ils leur sont cent fois plus dangereux, plus funestes, que les injures de l'air et des saisons. Tant que les enfants ne trouveront de résistance que dans les choses, et jamais dans les volontés, ils ne deviendront ni mutins ni colères, et se conserveront mieux en santé. C'est ici une des raisons pourquoi les enfants du peuple, plus libres, plus indépendants, sont généralement moins infirmes, moins délicats, plus robustes que ceux qu'on prétend mieux élever en les contrariant sans cesse: mais il faut songer toujours qu'il y a bien de la différence entre leur obéir et ne les pas contrarier.

Les premiers pleurs des enfants sont des prières: si on n'y prend garde, elles deviennent bientôt des ordres; ils commencent par se faire assister, ils finissent par se faire servir. Ainsi de leur propre faiblesse, d'où vient d'abord le sentiment de leur dépendance, naît ensuite l'idée de l'empire et de la domination; mais cette idée étant moins excitée par leurs besoins que par nos services, ici commencent à se faire apercevoir les effets moraux dont la cause immédiate n'est pas dans la nature, et l'on voit déjà pourquoi, dès ce premier âge, il importe de démêler l'intention secrète que dicte le geste ou le cri.

Quand l'enfant tend la main avec effort sans rien dire, il croit atteindre à l'objet, parce qu'il n'en estime pas la distance; il est dans l'erreur: mais quand il se plaint et crie en tendant la main, alors il ne s'abuse plus sur la distance, il commande à l'objet de s'approcher, ou à vous de le lui apporter. Dans le premier cas, portez-le à l'objet lentement et à petits pas: dans le second, ne faites pas seulement semblant de l'entendre; plus il criera, moins vous devez l'écouter. Il importe de l'accoutumer de bonne heure à ne commander, ni aux hommes, car il n'est pas leur maître, ni aux choscs, car elles ne l'entendent point. Ainsi, quand un enfant désire quelque chose qu'il voit qu'on veut lui donner, il vaut mieux porter l'enfant à l'objet que d'apporter l'objet à l'enfant; il tire de cette pratique une conclusion qui est de son âge, et il n'y a pas d'autre moyen de la lui suggérer....

---

1. Celebrated Dutch doctor and scholar (1668–1738).

Livre II

[L'AGE DES SENSATIONS]

... Rien n'est plus incertain que la durée de la vie de chaque homme en particulier; très peu parviennent à ce plus long terme. Les plus grands risques de la vie sont dans son commencement: moins on a vécu, moins on doit espérer de vivre. Des enfants qui naissent, la moitié, tout au plus, parvient à l'adolescence; et il est probable que votre élève n'atteindra pas l'âge d'homme.[2]

Que faut-il donc penser de cette éducation barbare qui sacrifie le présent à un avenir incertain, qui charge un enfant de chaînes de toute espèce, et commence par le rendre misérable pour lui préparer au loin je ne sais quel prétendu bonheur dont il est à croire qu'il ne jouira jamais? Quand je supposerais cette éducation raisonnable dans son objet, comment voir sans indignation de pauvres infortunés soumis à un joug insupportable, et condamnés à des travaux continuels comme des galériens, sans être assuré que tant de soins leur seront jamais utiles? L'âge de la gaieté se passe au milieu des pleurs, des châtiments, des menaces, de l'esclavage. On tourmente le malheureux pour son bien, et l'on ne voit pas la mort qu'on appelle, et qui va le saisir au milieu de ce triste appareil. Qui sait combien d'enfants périssent victimes de l'extravagante sagesse d'un père ou d'un maître? Heureux d'échapper à sa cruauté, le seul avantage qu'ils tirent des maux qu'il leur a fait souffrir est de mourir sans regretter la vie, dont ils n'ont connu que les tourments.

Hommes, soyez humains, c'est votre premier devoir: soyez-le pour tous les états, pour tous les âges, pour tout ce qui n'est pas étranger à l'homme. Quelle sagesse y a-t-il pour vous hors de l'humanité? Aimez l'enfance: favorisez ses jeux, ses plaisirs, son aimable instinct. Qui de vous n'a pas regretté quelquefois cet âge où le rire est toujours sur les lèvres, et où l'âme est toujours en paix? Pourquoi voulez-vous ôter à ces petits innocents la jouissance d'un temps si court qui leur échappe, et d'un bien si précieux dont ils ne sauraient abuser! Pourquoi voulez-vous remplir d'amertume et de douleurs ces premiers ans si rapides, qui ne reviendront pas plus pour eux qu'ils ne peuvent revenir pour vous? Pères, savez-vous le moment où la mort attend vos enfants? Ne vous préparez pas des regrets en leur ôtant le peu d'instants que la nature leur donne: aussitôt qu'ils peuvent sentir le plaisir d'être, faites qu'ils en jouissent, faites qu'à quelque heure que Dieu les appelle, ils ne meurent point sans avoir goûté la vie.

Que de voix vont s'élever contre moi! J'entends de loin les clameurs

---

2. Eighteenth-century American graveyards give striking testimony to the high mortality of children. Less than half, as R. says, lived to adolescence. Modern times have witnessed a remarkable decrease in infant mortality.

de cette fausse sagesse qui nous jette incessamment hors de nous, qui compte toujours le présent pour rien, et, poursuivant sans relâche un avenir qui fuit à mesure qu'on avance, à force de nous transporter où nous ne sommes pas, nous transporte où nous ne serons jamais.

C'est, me répondez-vous, le temps de corriger les mauvaises inclinations de l'homme; c'est dans l'âge de l'enfance, où les peines sont le moins sensibles, qu'il faut les multiplier pour les épargner dans l'âge de la raison. Mais qui vous dit que tout cet arrangement est à votre disposition, et que toutes ces belles instructions, dont vous accablez le faible esprit d'un enfant, ne lui seront pas un jour plus pernicieuses qu'utiles? Qui vous assure que vous épargnez quelque chose par les chagrins que vous lui prodiguez? Pourquoi lui donnez-vous plus de maux que son état n'en comporte, sans être sûr que ces maux présents sont à la décharge de l'avenir? Et comment me prouverez-vous que ces mauvais penchants, dont vous prétendez le guérir, ne lui viennent pas de vos soins mal entendus bien plus que de la nature? Malheureuse prévoyance, qui rend un être actuellement misérable, sur l'espoir bien ou mal fondé de le rendre heureux un jour! Que si ces raisonneurs vulgaires confondent la licence avec la liberté, et l'enfant qu'on rend heureux avec l'enfant qu'on gâte, apprenez-leur à les distinguer.

Pour ne point courir après des chimères, n'oublions pas ce qui convient à notre condition. L'humanité a sa place dans l'ordre des choses; l'enfance a la sienne dans l'ordre de la vie humaine; il faut considérer l'homme dans l'homme et l'enfant dans l'enfant. Assigner à chacun sa place et l'y fixer, ordonner les passions humaines selon la constitution de l'homme est tout ce que nous pouvons faire pour son bien-être. Le reste dépend de causes étrangères, qui ne sont point en notre pouvoir....

Oserai-je exposer ici la plus grande, la plus importante, la plus utile règle de toute l'éducation? Ce n'est pas de gagner du temps, c'est d'en perdre. Lecteurs vulgaires, pardonnez-moi mes paradoxes: il en faut faire quand on réfléchit; et, quoi que vous puissiez dire, j'aime mieux être homme à paradoxes qu'homme à préjugés. Le plus dangereux intervalle de la vie humaine est celui de la naissance à l'âge de douze ans. C'est le temps où germent les erreurs et les vices, sans qu'on ait encore aucun instrument pour les détruire; et, quand l'instrument vient, les racines sont si profondes, qu'il n'est plus temps de les arracher. Si les enfants sautaient tout d'un coup de la mamelle à l'âge de raison, l'éducation qu'on leur donne pourrait leur convenir; mais, selon le progrès naturel, il leur en faut une toute contraire. Il faudrait qu'ils ne fissent rien de leur âme jusqu'à ce qu'elle eût toutes les facultés; car il est impossible qu'elle aperçoive le flambeau que vous lui présentez tandis qu'elle est aveugle, et qu'elle suive dans l'immense plaine des idées une route que la raison trace encore si légèrement pour les meilleurs yeux.

La première éducation doit donc être purement négative. Elle consiste, non point à enseigner la vertu ni la vérité, mais à garantir le cœur du vice et l'esprit de l'erreur. Si vous pouviez ne rien faire et ne rien laisser faire; si vous pouviez amener votre élève sain et robuste à l'âge de douze ans, sans qu'il sût distinguer sa main droite de sa main gauche, dès vos premières leçons les yeux de son entendement s'ouvriraient à la raison; sans préjugé, sans habitude, il n'aurait rien en lui qui pût contrarier l'effet de vos soins. Bientôt il deviendrait entre vos mains le plus sage des hommes; et, en commençant par ne rien faire, vous auriez fait un prodige d'éducation.

Prenez le contre-pied de l'usage, et vous ferez presque toujours bien. Comme on ne veut pas faire d'un enfant un enfant, mais un docteur, les pères et les maîtres n'ont jamais assez tôt tancé, corrigé, réprimandé, flatté, menacé, promis, instruit, parlé raison. Faites mieux; soyez raisonnable, et ne raisonnez point avec votre élève,[3] surtout pour lui faire approuver ce qui lui déplaît; car, amener ainsi toujours la raison dans les choses désagréables, ce n'est que la lui rendre ennuyeuse, et la décréditer de bonne heure dans un esprit qui n'est pas encore en état de l'entendre....

Sa figure,[4] son port, sa contenance, annoncent l'assurance et le contentement; la santé brille sur son visage; ses pas affermis lui donnent un air de vigueur; son teint, délicat encore sans être fade, n'a rien d'une mollesse efféminée; l'air et le soleil y ont déjà mis l'empreinte honorable de son sexe; ses muscles, encore arrondis, commencent à marquer quelques traits d'une physionomie naissante; ses yeux, que le feu du sentiment n'anime point encore, ont au moins toute leur sérénité native; de longs chagrins ne les ont point obscurcis, des pleurs sans fin n'ont point sillonné ses joues. Voyez dans ses mouvements prompts, mais sûrs, la vivacité de son âge, la fermeté de l'indépendance, l'expérience des exercices multipliés. Il a l'air ouvert et libre, mais non pas insolent ni vain; son visage, qu'on n'a pas collé sur des livres, ne tombe pas sur son estomac: on n'a pas besoin de lui dire: *Levez la tête;* la honte ni la crainte ne la lui firent jamais baisser.

Faisons-lui place au milieu de l'assemblée; messieurs, examinez-le, interrogez-le en toute confiance; ne craignez ni ses importunités, ni son babil, ni ses questions indiscrètes. N'ayez pas peur qu'il s'empare de vous, qu'il prétende vous occuper de lui seul, et que vous ne puissiez plus vous en défaire.

N'attendez pas de lui des propos agréables, ni qu'il vous dise ce que je

---

3. R. was much influenced by Locke's *Thoughts on Education*. In this instance he disagrees with his master: "Raisonner avec les enfants était la grande maxime de Locke...; pour moi je ne vois rien de plus sot que ces enfants avec qui l'on a tant raisonné."

4. This is a description of Emile at twelve as he stands on the threshold of the age of reason.

lui aurai dicté; n'en attendez que la vérité naïve et simple, sans ornement, sans apprêt, sans vanité. Il vous dira le mal qu'il a fait ou celui qu'il pense, tout aussi librement que le bien, sans s'embarrasser en aucune sorte de l'effet que fera sur vous ce qu'il aura dit; il usera de la parole dans toute la simplicité de sa première institution....

Ses idées sont bornées, mais nettes; s'il ne sait rien par cœur, il sait beaucoup par expérience; s'il lit moins bien qu'un autre enfant dans nos livres, il lit mieux dans celui de la nature; son esprit n'est pas dans sa langue, mais dans sa tête; il a moins de mémoire que de jugement; il ne sait parler qu'un langage, mais il entend ce qu'il dit; et, s'il ne dit pas si bien que les autres disent, en revanche il fait mieux qu'ils ne font....

Qu'il s'occupe ou qu'il s'amuse, l'un et l'autre est égal pour lui; ses jeux sont ses occupations, il n'y sent point de différence. Il met à tout ce qu'il fait un intérêt qui fait rire et une liberté qui plaît, en montrant à la fois le tour de son esprit et la sphère de ses connaissances. N'est-ce pas le spectacle de cet âge, un spectacle charmant et doux, de voir un joli enfant, l'œil vif et gai, l'air content et serein, la physionomie ouverte et riante, faire, en se jouant, les choses les plus sérieuses, ou profondément occupé des plus frivoles amusements?

Voulez-vous à présent le juger par comparaison? Mêlez-le avec d'autres enfants, et laissez-le faire. Vous verrez bientôt lequel est le plus vraiment formé, lequel approche le mieux de la perfection de leur âge. Parmi les enfants de la ville, nul n'est plus adroit que lui, mais il est plus fort qu'aucun autre. Parmi de jeunes paysans, il les égale en force et les passe en adresse. Dans tout ce qui est à portée de l'enfance, il juge, il raisonne, il prévoit mieux qu'eux tous. Est-il question d'agir, de courir, de sauter, d'ébranler des corps, d'enlever des masses, d'estimer des distances, d'inventer des jeux, d'emporter des prix? On dirait que la nature est à ses ordres, tant il sait aisément plier toute chose à ses volontés. Il est fait pour guider, pour gouverner ses égaux: le talent, l'expérience, lui tiennent lieu de droit et d'autorité. Donnez-lui l'habit et le nom qu'il vous plaira, peu importe, il primera partout, il deviendra partout le chef des autres: ils sentiront toujours sa supériorité sur eux: sans vouloir commander il sera le maître; sans croire obéir, ils obéiront.

Il est parvenu à la maturité de l'enfance, il a vécu de la vie d'un enfant, il n'a point acheté sa perfection aux dépens de son bonheur; au contraire, ils ont concouru l'un à l'autre. En acquérant toute la raison de son âge, il a été heureux et libre autant que sa constitution lui permettait de l'être. Si la fatale faux vient moissonner en lui la fleur de nos espérances, nous n'aurons point à pleurer à la fois sa vie et sa mort, nous n'aigrirons point nos douleurs du souvenir de celles que nous lui aurons causées; nous nous dirons: Au moins il a joui de son enfance; nous ne lui avons rien fait perdre de ce que la nature lui avait donné.

Le grand inconvénient de cette première éducation est qu'elle n'est sensible qu'aux hommes clairvoyants, et que, dans un enfant élevé avec tant de soin, des yeux vulgaires ne voient qu'un polisson....

Livre III

[L'AGE DE LA RAISON]

...*A quoi cela est-il bon?* [5] Voilà désormais le mot sacré, le mot déterminant entre lui et moi dans toutes les actions de notre vie; voilà la question qui de ma part suit infailliblement toutes ses questions, et qui sert de frein à ces multitudes d'interrogations sottes et fastidieuses dont les enfants fatiguent sans relâche et sans fruit tous ceux qui les environnent, plus pour exercer sur eux quelque espèce d'empire que pour en tirer quelque profit. Celui à qui, pour sa plus importante leçon, l'on apprend à ne vouloir rien savoir que d'utile, interroge comme Socrate; il ne fait pas une question sans s'en rendre à lui-même la raison qu'il sait qu'on lui en va demander avant que de la résoudre.

Voyez quel puissant instrument je vous mets entre les mains pour agir sur votre élève. Ne sachant les raisons de rien, le voilà presque réduit au silence quand il vous plaît; et vous, au contraire, quel avantage vos connaissances et votre expérience ne vous donnent-elles point pour lui montrer l'utilité de tout ce que vous lui proposez? Car, ne vous y trompez pas, lui faire cette question, c'est lui apprendre à vous la faire à son tour; et vous devez compter, sur tout ce que vous lui proposerez dans la suite, qu'à votre exemple il ne manquera pas de dire: *A quoi cela est-il bon?*...

Nous observions la position de la forêt au nord de Montmorency, quand il m'a interrompu par son importune question: "*A quoi sert cela?* — Vous avez raison, lui dis-je; il y faut penser à loisir; et si nous trouvons que ce travail n'est bon à rien, nous ne le reprendrons plus, car nous ne manquons pas d'amusements utiles." On s'occupe d'autre chose, et il n'est plus question de géographie du reste de la journée.

Le lendemain matin, je lui propose un tour de promenade avant le déjeuner; il ne demande pas mieux; pour courir, les enfants sont toujours prêts, et celui-ci a de bonnes jambes. Nous montons dans la forêt, nous parcourons les Champeaux, nous nous égarons, nous ne savons plus où nous sommes, et, quand il s'agit de revenir, nous ne pouvons plus retrouver notre chemin. Le temps se passe, la chaleur vient, nous avons faim; nous nous pressons, nous errons vainement de côté et d'autre, nous ne trouvons partout que des bois, des carrières, des plaines, nul renseignement pour nous reconnaître. Bien échauffés, bien recrus, bien affamés, nous ne faisons avec nos courses que nous égarer davantage. Nous nous

---

5. Emile is now ready to enter into more serious studies, but, says R., "Il ne s'agit pas de savoir ce qui est, mais ce qui est utile."

asseyons enfin pour nous reposer, pour délibérer. Emile, que je suppose élevé comme un autre enfant, ne délibère point, il pleure; il ne sait pas que nous sommes à la porte de Montmorency, et qu'un simple taillis nous le cache; mais ce taillis est une forêt pour lui, un homme de sa stature est enterré dans des buissons.

Après quelques moments de silence, je lui dis d'un air inquiet: "Mon cher Emile, comment ferons-nous pour sortir d'ici? — EMILE, *en nage, et pleurant à chaudes larmes.* Je n'en sais rien. Je suis las; j'ai faim; j'ai soif; je n'en puis plus. — JEAN-JACQUES. Me croyez-vous en meilleur état que vous, et pensez-vous que je me fisse faute de pleurer si je pouvais déjeuner de mes larmes? Il ne s'agit pas de pleurer, il s'agit de se reconnaître. Voyons votre montre; quelle heure est-il? — EMILE. Il est midi, et je suis à jeun. — JEAN-JACQUES. Cela est vrai, il est midi, et je suis à jeun. — EMILE. Oh! que vous devez avoir faim! — JEAN-JACQUES. Le malheur est que mon dîner ne viendra pas me trouver ici. Il est midi, c'est justement l'heure où nous observions hier de Montmorency la position de la forêt. Si nous pouvions de même observer de la forêt la position de Montmorency? — EMILE. Oui; mais hier nous voyions la forêt, et d'ici nous ne voyons pas la ville. — JEAN-JACQUES. Voilà le mal. Si nous pouvions nous passer de la voir pour trouver sa position? — EMILE. O mon bon ami! — JEAN-JACQUES. Ne disions-nous pas que la forêt était?... — EMILE. Au nord de Montmorency. — JEAN JACQUES. Par conséquent, Montmorency doit être... — EMILE. Au sud de la forêt. — JEAN-JACQUES. Nous avons un moyen de trouver le nord à midi.— EMILE. Oui, par la direction de l'ombre. — JEAN-JACQUES. Mais le sud! — EMILE. Comment faire? — JEAN-JACQUES. Le sud est l'opposé du nord. — EMILE. Cela est vrai; il n'y a qu'à chercher l'opposé de l'ombre. Oh! voilà le sud! voilà le sud! sûrement Montmorency est de ce côté; cherchons de ce côté. — JEAN-JACQUES. Vous pouvez avoir raison, prenons ce sentier à travers le bois. — EMILE, *frappant des mains et poussant un cri de joie.* Ah! je vois Montmorency! le voilà tout devant nous, tout à découvert. Allons déjeuner, allons dîner, courons vite; l'astronomie est bonne à quelque chose."

Prenez garde que, s'il ne dit pas cette dernière phrase, il la pensera; peu importe, pourvu que ce ne soit pas moi qui la dise. Or, soyez sûr qu'il n'oubliera de sa vie la leçon de cette journée; au lieu que, si je n'avais fait que lui supposer tout cela dans sa chambre, mon discours eût été oublié dès le lendemain. ...

Vous vous fiez à l'ordre actuel de la société, sans songer que cet ordre est sujet à des révolutions inévitables et qu'il vous est impossible de prévoir ni de prévenir celle qui peut regarder vos enfants. Le grand devient petit, le riche devient pauvre, le monarque devient sujet; les coups du sort sont-ils si rares que vous puissiez compter d'en être exempt? Nous approchons de l'état de crise et du siècle des révolutions.[6] Qui peut vous répondre de ce que vous deviendrez alors? Tout ce qu'ont fait les hommes, les hommes peuvent le détruire: il n'y a de caractères ineffaçables que ceux qu'imprime la nature, et la nature ne fait ni princes, ni riches, ni grands seigneurs. Que fera donc, dans la bassesse, ce satrape que vous n'avez élevé que pour la grandeur? Que fera, dans la pauvreté, ce publicain qui ne sait vivre que d'or? Que fera, dépourvu de tout, ce fastueux imbécile qui ne sait point user de lui-même, et ne met son être que dans ce qui est étranger à lui? Heureux celui qui sait quitter alors l'état qui le quitte, et rester homme en dépit du sort! Qu'on loue tant qu'on voudra ce roi vaincu qui veut s'enterrer en furieux sous les débris de son trône; moi je le méprise; je vois qu'il n'existe que par sa couronne, et qu'il n'est rien du tout s'il n'est roi: mais celui qui la perd et s'en passe est alors au-dessus d'elle....

L'homme et le citoyen, quel qu'il soit, n'a d'autre bien à mettre dans la société que lui-même, tous ses autres biens y sont malgré lui; et quand un homme est riche, ou il ne jouit pas de sa richesse, ou le public en jouit aussi. Dans le premier cas il vole aux autres ce dont il se prive; et dans le second il ne leur donne rien. Ainsi la dette sociale lui reste tout entière tant qu'il ne paye que de son bien. Mais mon père, en le gagnant, a servi la société... Soit; il a payé sa dette, mais non pas la vôtre. Vous devez plus aux autres que si vous fussiez né sans bien, puisque vous êtes né favorisé. Il n'est point juste que ce qu'un homme a fait pour la société en décharge un autre de ce qu'il lui doit; car chacun, se devant tout entier, ne peut payer que pour lui, et nul père ne peut transmettre à son fils le droit d'être inutile à ses semblables: or c'est pourtant ce qu'il fait, selon vous, en lui transmettant ses richesses, qui sont la preuve et le prix du travail. Celui qui mange dans l'oisiveté ce qu'il n'a pas gagné lui-même le vole; et un rentier que l'Etat paye pour ne rien faire ne diffère guère, à mes yeux, d'un brigand qui vit aux dépens des passants. Hors de la société, l'homme isolé, ne devant rien à personne, a droit de vivre comme il lui plaît; mais dans la société, où il vit nécessairement aux dépens des autres, il leur doit en travail le prix de son entretien; cela est sans exception. Travailler est donc un devoir indispensable à l'homme social. Riche ou pauvre, puissant ou faible, tout citoyen oisif est un fripon.

Or, de toutes les occupations qui peuvent fournir la subsistance à l'homme, celle qui le rapproche le plus de l'état de la nature est le travail des mains; de toutes les conditions, la plus indépendante de la fortune et des hommes est celle de l'artisan. L'artisan ne dépend que de son travail; il est libre, aussi libre que le laboureur est esclave; car celui-ci tient à son champ, dont la récolte est à la discrétion d'autrui. L'ennemi, le prince, un

---

6. Voltaire, Diderot, and R. were all conscious of impending revolution, the particular reasons for which, said R., were all too apparent.

voisin puissant, un procès, lui peut enlever ce champ; par ce champ on peut le vexer en mille manières; mais partout où l'on veut vexer l'artisan, son bagage est bientôt fait: il emporte ses bras, et s'en va. Toutefois l'agriculture est le premier métier de l'homme; c'est le plus honnête, le plus utile, et par conséquent le plus noble qu'il puisse exercer. Je ne dis pas à Emile: Apprends l'agriculture, il la sait. Tous les travaux rustiques lui sont familiers; c'est par eux qu'il a commencé; c'est à eux qu'il revient sans cesse. Je lui dis donc: Cultive l'héritage de tes pères. Mais si tu perds cet héritage, ou si tu n'en as point, que faire? Apprends un métier.

Un métier à mon fils! mon fils artisan. Monsieur, y pensez-vous! J'y pense mieux que vous, madame, qui voulez le réduire à ne pouvoir jamais être qu'un lord, un marquis, un prince, et peut-être un jour moins que rien; moi, je lui veux donner un rang qu'il ne puisse perdre, un rang qui l'honore dans tous les temps; je veux l'élever à l'état d'homme, et, quoi que vous en puissiez dire, il aura moins d'égaux à ce titre qu'à tous ceux qu'il tiendra de vous.

La lettre tue et l'esprit vivifie. Il s'agit moins d'apprendre un métier pour savoir un métier que pour vaincre les préjugés qui le méprisent. Vous ne serez jamais réduit à travailler pour vivre. Eh! tant pis, tant pis pour vous! Mais n'importe, ne travaillez point par nécessité, travaillez par gloire. Abaissez-vous à l'état d'artisan pour être au-dessus du vôtre. Pour vous soumettre la fortune et les choses, commencez par vous en rendre indépendant. Pour régner par l'opinion, commencez par régner sur elle.

Souvenez-vous que ce n'est point un talent que je vous demande; c'est un métier, un vrai métier, un art purement mécanique, où les mains travaillent plus que la tête, et qui ne mène point à la fortune, mais avec lequel on peut s'en passer. Dans des maisons fort au-dessus du danger de manquer de pain, j'ai vu des pères pousser la prévoyance jusqu'à joindre au soin d'instruire leurs enfants celui de les pourvoir de connaissances dont, à tout événement, ils pussent tirer parti pour vivre. Ces pères prévoyants croient beaucoup faire, ils ne font rien, parce que les ressources qu'ils pensent ménager à leurs enfants dépendent de cette même fortune au-dessus de laquelle ils les veulent mettre. En sorte qu'avec tous ces beaux talents, si celui qui les a ne se trouve dans des circonstances favorables pour en faire usage, il périra de misère comme s'il n'en avait aucun....

Voyez donc combien toutes ces brillantes ressources sont peu solides, et combien d'autres ressources vous sont nécessaires pour tirer parti de celles-là. Et puis, que deviendrez-vous dans ce lâche abaissement? Les revers, sans vous instruire, vous avilissent; jouet plus que jamais de l'opinion publique, comment vous élèverez-vous au-dessus des préjugés, arbitres de votre sort? Comment mépriserez-vous la bassesse et les vices dont vous avez besoin pour subsister? Vous ne dépendiez que des richesses, et maintenant vous dépendez des riches; vous n'avez fait qu'empirer votre esclavage, et le surcharger de votre misère. Vous voilà pauvre sans être libre; c'est le pire état où l'homme puisse tomber.

Mais, au lieu de recourir pour vivre à ces hautes connaissances qui sont faites pour nourrir l'âme et non le corps, si vous recourez, au besoin, à vos mains et à l'usage que vous en savez faire, toutes les difficultés disparaissent, tous les manèges deviennent inutiles; la ressource est toujours prête au moment d'en user; la probité, l'honneur, ne sont plus un obstacle à la vie; vous n'avez plus besoin d'être lâche et menteur devant les grands, souple et rampant devant les fripons, vil complaisant de tout le monde, emprunteur ou voleur, ce qui est à peu près la même chose quand on n'a rien: l'opinion des autres ne vous touche point; vous n'avez à faire votre cour à personne, point de sot à flatter, point de suisse à fléchir,[7] point de courtisane à payer, et, qui pis est, à encenser. Que des coquins mènent les grandes affaires, peu vous importe; cela ne vous empêchera pas, vous, dans votre vie obscure, d'être honnête homme et d'avoir du pain. Vous entrez dans la première boutique du métier que vous avez appris. "Maître, j'ai besoin d'ouvrage. — Compagnon, mettez-vous là, travaillez." Avant que l'heure du dîner soit venue, vous avez gagné votre dîner; si vous êtes diligent et sobre, avant que huit jours se passent, vous aurez de quoi vivre huit autres jours; vous aurez vécu libre, sain, vrai, laborieux, juste. Ce n'est pas perdre son temps que d'en gagner ainsi. ...

Livre IV

PROFESSION DE FOI DU VICAIRE SAVOYARD

... On était en été; nous nous levâmes à la pointe du jour. Il me mena hors de la ville, sur une haute colline, au-dessous de laquelle passait le Pô, dont on voyait le cours à travers les fertiles rives qu'il baigne; dans l'éloignement, l'immense chaîne des Alpes couronnait le paysage; les rayons du soleil levant rasaient déjà les plaines et, projetant sur les champs par longues ombres les arbres, les coteaux, les maisons, enrichissaient de mille accidents de lumière le plus beau tableau dont l'œil humain puisse être frappé. On eût dit que la nature étalait à nos yeux toute sa magnificence pour en offrir le texte à nos entretiens. Ce fut là qu'après avoir quelque temps contemplé ces objets en silence, l'homme de paix[8] me parla ainsi:

Mon enfant, n'attendez de moi ni des discours savants ni de profonds raisonnements. Je ne suis pas un grand philosophe, et je me soucie peu de l'être. Mais j'ai quelquefois du bon sens, et j'aime toujours la vérité. Je ne veux pas argumenter avec vous, ni même tenter de vous convaincre; il

---

7. "no doorman to bribe."
8. As a measure of precaution R. puts his ideas in the mouth of a fictitious **Savoyard vicar** who attempts to reconcile Catholic worship and natural religion.

Emile, ou L'Education

me suffit de vous exposer ce que je pense dans la simplicité de mon cœur. Consultez le vôtre durant mon discours; c'est tout ce que je vous demande. Si je me trompe, c'est de bonne foi; cela suffit pour que mon erreur ne me soit point imputée à crime: quand vous vous tromperiez de même, il y aurait peu de mal à cela. Si je pense bien, la raison nous est commune, et nous avons le même intérêt à l'écouter: pourquoi ne penseriez-vous pas comme moi?

Je suis né pauvre et paysan, destiné par mon état à cultiver la terre; mais on crut plus beau que j'apprisse à gagner mon pain dans le métier de prêtre, et l'on trouva le moyen de me faire étudier. Assurément ni mes parents ni moi ne songions guère à chercher en cela ce qui était bon, véritable, utile, mais ce qu'il fallait savoir pour être ordonné. J'appris ce qu'on voulait que j'apprisse, je dis ce qu'on voulait que je disse, je m'engageai comme on voulut, et je fus fait prêtre. Mais je ne tardai pas à sentir qu'en m'obligeant à n'être pas homme j'avais promis plus que je ne pouvais tenir.

On nous dit que la conscience est l'ouvrage des préjugés;[9] cependant je sais par mon expérience qu'elle s'obstine à suivre l'ordre de la nature contre toutes les lois des hommes.[10] On a beau nous défendre ceci ou cela, le remords nous reproche toujours faiblement ce que nous permet la nature bien ordonnée, à plus forte raison ce qu'elle nous prescrit. O bon jeune homme, elle n'a rien dit encore à vos sens: vivez longtemps dans l'état heureux où sa voix est celle de l'innocence. Souvenez-vous qu'on l'offense encore plus quand on la prévient que quand on la combat; il faut commencer par apprendre à résister pour savoir quand on peut céder sans crime....

J'étais dans ces dispositions d'incertitude et de doute[11] que Descartes exige pour la recherche de la vérité. Cet état est peu fait pour durer, il est inquiétant et pénible, il n'y a que l'intérêt du vice ou la paresse de l'âme qui nous y laisse. Je n'avais point le cœur assez corrompu pour m'y plaire; et rien ne conserve mieux l'habitude de réfléchir que d'être plus content de soi que de sa fortune.

Je méditais donc sur le triste sort des mortels flottants sur cette mer des opinions humaines, sans gouvernail, sans boussole, et livrés à leurs passions orageuses, sans autre guide qu'un pilote inexpérimenté qui méconnaît sa route, et qui ne sait ni d'où il vient ni où il va. Je me disais: J'aime la vérité, je la cherche, et ne puis la reconnaître; qu'on me la montre, et j'y demeure attaché: pourquoi faut-il qu'elle se dérobe à l'empressement d'un cœur fait pour l'adorer!...

Je consultai les philosophes, je feuilletai leurs livres, j'examinai leurs diverses opinions: je les trouvai tous fiers, affirmatifs, dogmatiques, même

---

9. Cf. Voltaire, *Poème sur la loi naturelle*, above, p. 450.
10. R. agreed with the *philosophes* in condemning the celibacy of the clergy.
11. The vicar's faith in the Church had been shaken.

dans leur scepticisme prétendu, n'ignorant rien, ne prouvant rien, se moquant les uns des autres; et ce point commun à tous me parut le seul sur lequel ils ont tous raison. Triomphants quand ils attaquent, ils sont sans vigueur en se défendant. Si vous pesez les raisons, ils n'en ont que pour détruire; si vous comptez les voix, chacun est réduit à la sienne; ils ne s'accordent que pour disputer: les écouter n'était pas le moyen de sortir de mon incertitude.

Je conçus que l'insuffisance de l'esprit humain est la première cause de cette prodigieuse diversité de sentiments, et que l'orgueil est la seconde. Nous n'avons point la mesure de cette machine immense, nous n'en pouvons calculer les rapports; nous n'en connaissons ni les premières lois ni la cause finale; nous nous ignorons nous-mêmes; nous ne connaissons ni notre nature ni notre principe actif; à peine savons-nous si l'homme est un être simple ou composé; des mystères impénétrables nous environnent de toutes parts; ils sont au-dessus de la région sensible; [12] pour les percer, nous croyons avoir de l'intelligence, et nous n'avons que de l'imagination. Chacun se fraye, à travers ce monde imaginaire, une route qu'il croit la bonne; nul ne peut savoir si la sienne mène au but. Cependant nous voulons tout pénétrer, tout connaître. La seule chose que nous ne savons point est d'ignorer ce que nous ne pouvons savoir. Nous aimons mieux nous déterminer au hasard, et croire ce qui n'est pas, que d'avouer qu'aucun de nous ne peut voir ce qui est. Petite partie d'un grand tout dont les bornes nous échappent, et que son auteur livre à nos folles disputes, nous sommes assez vains pour vouloir décider ce qu'est ce tout en lui-même, et ce que nous sommes par rapport à lui.

Quand les philosophes seraient en état de découvrir la vérité, qui d'entre eux prendrait intérêt à elle? Chacun sait bien que son système n'est pas mieux fondé que les autres; mais il le soutient parce qu'il est à lui. Il n'y en a pas un seul qui, venant à connaître le vrai et le faux, ne préférât le mensonge qu'il a trouvé à la vérité découverte par un autre. Où est le philosophe qui, pour sa gloire, ne tromperait pas volontiers le genre humain? Où est celui qui, dans le secret de son cœur, se propose un autre objet que de se distinguer? [13] Pourvu qu'il s'élève au-dessus du vulgaire, pourvu qu'il efface l'éclat de ses concurrents, que demande-t-il de plus? L'essentiel est de penser autrement que les autres. Chez les croyants il est athée, chez les athées il serait croyant.

Le premier fruit que je tirai de ces réflexions fut d'apprendre à borner mes recherches à ce qui m'intéressait immédiatement, à me reposer dans une profonde ignorance sur tout le reste, et à ne m'inquiéter, jusqu'au doute, que des choses qu'il m'importait de savoir.

12. "beyond the domain of the senses."
13. If R. is here thinking of Diderot, "philosophe par excellence," with whom he had quarreled, his shafts are quite wide of the mark. Spinoza, Locke, Bayle, Condillac, Helvétius, and Voltaire were likewise all sincere, if sometimes misguided, in their search for truth.

Je compris encore que, loin de me délivrer de mes doutes inutiles, les philosophes ne feraient que multiplier ceux qui me tourmentaient, et n'en résoudraient aucun. Je pris donc un autre guide, et je me dis: Consultons la lumière intérieure, elle m'égarera moins qu'ils ne m'égarent, ou du moins, mon erreur sera la mienne,[14] et je me dépraverai moins en suivant mes propres illusions qu'en me livrant à leurs mensonges....

Mais qui suis-je? quel droit ai-je de juger des choses? et qu'est-ce qui détermine mes jugements? S'ils sont entraînés, forcés par les impressions que je reçois, je me fatigue en vain à ces recherches, elles ne se feront point, ou se feront d'elles-mêmes sans que je me mêle de les diriger. Il faut donc tourner d'abord mes regards sur moi pour connaître l'instrument dont je veux me servir, et jusqu'à quel point je puis me fier à son usage. J'existe, et j'ai des sens par lesquels je suis affecté. Voilà la première vérité qui me frappe et à laquelle je suis forcé d'acquiescer. Ai-je un sentiment propre de mon existence, ou ne la sens-je que par mes sensations? Voilà mon premier doute, qu'il m'est, quant à présent, impossible de résoudre. Car, étant continuellement affecté de sensations, ou immédiatement, ou par la mémoire, comment puis-je savoir si le sentiment du *moi* est quelque chose hors de ces mêmes sensations, et s'il peut être indépendant d'elles?...

Mes sensations se passent en moi, puisqu'elles me font sentir mon existence; mais leur cause m'est étrangère, puisqu'elles m'affectent malgré que j'en aie, et qu'il ne dépend de moi ni de les produire ni de les anéantir. Je conçois donc clairement que ma sensation qui est en moi, et sa cause ou son objet qui est hors de moi, ne sont pas la même chose.

Ainsi, non seulement j'existe, mais il existe d'autres êtres, savoir, les objets de mes sensations; et quand ces objets ne seraient que des idées, toujours est-il vrai que ces idées ne sont pas moi....

Me voici déjà tout aussi sûr de l'existence de l'univers que de la mienne. Ensuite je réfléchis sur les objets de mes sensations; et, trouvant en moi la faculté de les comparer, je me sens doué d'une force active que je ne savais pas avoir auparavant.

Apercevoir, c'est sentir; comparer, c'est juger; juger et sentir ne sont pas la même chose. Par la sensation, les objets s'offrent à moi séparés, isolés, tels qu'ils sont dans la nature; par la comparaison, je les remue, je les transporte pour ainsi dire, je les pose l'un sur l'autre pour prononcer sur leur différence ou sur leur similitude, et généralement sur tous leurs rapports. Selon moi la faculté distinctive de l'être actif ou intelligent est de pouvoir donner un sens à ce mot *est*. Je cherche en vain dans l'être purement sensitif cette force intelligente qui superpose et puis qui prononce; je ne la saurais voir dans sa nature.... Je ne suis donc

---

14. A note of romantic individualism.

pas simplement un être sensitif et passif, mais un être actif et intelligent, et, quoi qu'en dise la philosophie, j'oserai prétendre à l'honneur de penser. Je sais seulement que la vérité est dans les choses et non pas dans mon esprit qui les juge, et que moins je mets du mien dans les jugements que j'en porte, plus je suis sûr d'approcher de la vérité: ainsi ma règle de me livrer au sentiment plus qu'à la raison est confirmée par la raison même.

Je juge de l'ordre du monde, quoique j'en ignore la fin, parce que, pour juger de cet ordre, il me suffit de comparer les parties entre elles, d'étudier leur concours, leurs rapports, d'en remarquer le concert. J'ignore pourquoi l'univers existe; mais je ne laisse pas de voir comment il est modifié; je ne laisse pas d'apercevoir l'intime correspondance par laquelle les êtres qui le composent se prêtent un secours mutuel. Je suis comme un homme qui verrait pour la première fois une montre ouverte, et qui ne laisserait pas d'en admirer l'ouvrage, quoiqu'il ne connût pas l'usage de la machine et qu'il n'eût point vu le cadran. Je ne sais, dirait-il, à quoi le tout est bon, mais je vois que chaque pièce est faite pour les autres; j'admire l'ouvrier dans le détail de son ouvrage, et je suis bien sûr que tous ces rouages ne marchent ainsi de concert [15] que pour une fin commune qu'il m'est impossible d'apercevoir. . . .

Je crois donc que le monde est gouverné par une volonté puissante et sage, je le vois, ou plutôt je le sens, et cela m'importe à savoir. Mais ce même monde est-il éternel ou créé? Y a-t-il un principe unique des choses? y en a-t-il deux ou plusieurs? et quelle est leur nature? Je n'en sais rien; et que m'importe? A mesure que ces connaissances me deviendront intéressantes, je m'efforcerai de les acquérir; jusque-là je renonce à des questions oiseuses qui peuvent inquiéter mon amour-propre, mais qui sont inutiles à ma conduite et supérieures à ma raison.

Souvenez-vous toujours que je n'enseigne point mon sentiment, je l'expose. Que la matière soit éternelle ou créée, qu'il y ait un principe passif ou qu'il n'y en ait point, toujours est-il certain que le tout est un, et annonce une intelligence unique; car je ne vois rien qui ne soit ordonné dans le même système, et qui ne concoure à la même fin, savoir, la conservation du tout dans l'ordre établi. Cet être qui veut et qui peut, cet être actif par lui-même, cet être enfin, quel qu'il soit, qui meut l'univers et ordonne toutes choses, je l'appelle *Dieu*. Je joins à ce nom les idées d'intelligence, de puissance, de volonté, que j'ai rassemblées, et celle de bonté, qui en est une suite nécessaire; mais je n'en connais pas mieux l'être auquel je l'ai donné; il se dérobe également à mes sens et à mon entendement; plus j'y pense, plus je me confonds; je sais très certainement qu'il existe, et qu'il existe par lui-même; je sais que mon existence est

---

15. Cf. Voltaire in his *Cabales:*
"L'univers m'embarrasse et je ne puis songer
Que cette horloge existe et n'ait point d'horloger."

Emile, ou L'Education

subordonnée à la sienne, et que toutes les choses qui me sont connues sont absolument dans le même cas. J'aperçois Dieu partout dans ses œuvres; je le sens en moi, je le vois tout autour de moi; mais sitôt que je veux le contempler en lui-même, sitôt que je veux chercher où il est, ce qu'il est, quelle est sa substance, il m'échappe, et mon esprit troublé n'aperçoit plus rien.[16]

Pénétré de mon insuffisance, je ne raisonnerai jamais sur la nature de Dieu que je n'y sois forcé par le sentiment de ses rapports avec moi. Ces raisonnements sont toujours téméraires; un homme sage ne doit s'y livrer qu'en tremblant, et sûr qu'il n'est pas fait pour les approfondir; car ce qu'il y a de plus injurieux à la Divinité n'est pas de n'y point penser, mais d'en mal penser.

Après avoir découvert ceux de ses attributs par lesquels je conçois son existence, je reviens à moi, et je cherche quel rang j'occupe dans l'ordre des choses qu'elle gouverne, et que je puis examiner. Je me trouve incontestablement au premier par mon espèce; car, par ma volonté et par les instruments qui sont en mon pouvoir pour l'exécuter, j'ai plus de force pour agir sur tous les corps qui m'environnent, ou pour me prêter ou me dérober comme il me plaît à leur action, qu'aucun d'eux n'en a pour agir sur moi malgré moi par la seule impulsion physique; et, par mon intelligence, je suis le seul qui ait inspection sur le tout. Quel être ici-bas, hors l'homme, sait observer tous les autres, mesurer, calculer, prévoir leurs mouvements, leurs effets, et joindre, pour ainsi dire, le sentiment de l'existence commune à celui de son existence individuelle? Qu'y a-t-il de si ridicule à penser que tout est fait pour moi, si je suis le seul qui sache tout rapporter à lui?[17]

Il est donc vrai que l'homme est le roi de la terre qu'il habite; car non seulement il dompte tous les animaux, non seulement il dispose les éléments par son industrie, mais lui seul sur la terre en sait disposer, et il s'approprie encore, par la contemplation, les astres mêmes dont il ne peut approcher. Qu'on me montre un autre animal sur la terre qui sache faire usage du feu, et qui sache admirer le soleil....

Si l'homme est actif et libre, il agit de lui-même; tout ce qu'il fait librement n'entre point dans le système ordonné de la Providence, et ne peut lui être imputé. Elle ne veut point le mal que fait l'homme en abusant de la liberté qu'elle lui donne; mais elle ne l'empêche pas de le faire, soit que de la part d'un être si faible ce mal soit nul à ses yeux, soit qu'elle ne pût l'empêcher sans gêner sa liberté et faire un mal plus grand en dégradant sa nature. Elle l'a fait libre afin qu'il fît non le mal, mais le bien par choix.

---

16. Voltaire expressed very similar ideas in his *Traité de métaphysique* (1734), *L'Histoire d'un bon bramin* (1759), and *Le Philosophe ignorant* (1766).

17. R. put man back in the center of the universe. This passage may be a reply to the final chapter of Voltaire's *Micromégas* (see, above, pp. 447–448).

Elle l'a mis en état de faire ce choix en usant bien des facultés dont elle l'a doué; mais elle a tellement borné ses forces, que l'abus de la liberté qu'elle lui laisse ne peut troubler l'ordre général. Le mal que l'homme fait retombe sur lui sans rien changer au système du monde, sans empêcher que l'espèce humaine elle-même ne se conserve malgré qu'elle en ait. Murmurer de ce que Dieu ne l'empêche pas de faire le mal, c'est murmurer de ce qu'il la fit d'une nature excellente, de ce qu'il mit à ses actions la moralité qui les ennoblit, de ce qu'il lui donna droit à la vertu. La suprême jouissance est dans le contentement de soi-même; c'est pour mériter ce contentement que nous sommes placés sur la terre et doués de la liberté, que nous sommes tentés par les passions et retenus par la conscience. Que pouvait de plus en notre faveur la puissance divine elle-même? Pouvait-elle mettre de la contradiction dans notre nature, et donner le prix d'avoir bien fait à qui n'eut pas le pouvoir de mal faire? Quoi! pour empêcher l'homme d'être méchant, fallait-il le borner à l'instinct et le faire bête? Non, Dieu de mon âme, je ne te reprocherai jamais de l'avoir faite à ton image, afin que je puisse être libre, bon et heureux comme toi.

C'est l'abus de nos facultés qui nous rend malheureux et méchants. Nos chagrins, nos soucis, nos peines, nous viennent de nous. Le mal moral est incontestablement notre ouvrage, et le mal physique ne serait rien sans nos vices, qui nous l'ont rendu sensible. N'est-ce pas pour nous conserver que la nature nous fait sentir nos besoins? La douleur du corps n'est-elle pas un signe que la machine se dérange, et un avertissement d'y pourvoir? La mort... Les méchants n'empoisonnent-ils pas leur vie et la nôtre? Qui est-ce qui voudrait toujours vivre? La mort est le remède aux maux que vous vous faites; la nature a voulu que vous ne souffrissiez pas toujours. Combien l'homme vivant dans la simplicité primitive est sujet à peu de maux! il vit presque sans maladies ainsi que sans passions, et ne prévoit ni ne sent la mort; quand il la sent, ses misères la lui rendent désirable; dès lors elle n'est plus un mal pour lui. Si nous nous contentions d'être ce que nous sommes, nous n'aurions point à déplorer notre sort; mais pour chercher un bien-être imaginaire, nous nous donnons mille maux réels. Qui ne sait pas supporter un peu de souffrance doit s'attendre à beaucoup souffrir. Quand on a gâté sa constitution par une vie déréglée, on la veut rétablir par des remèdes; au mal qu'on sent on ajoute celui qu'on craint; la prévoyance de la mort la rend horrible et l'accélère; plus on la veut fuir, plus on la sent; et l'on meurt de frayeur durant toute sa vie, en murmurant contre la nature, des maux qu'on s'est faits en l'offensant.

Homme, ne cherche plus l'auteur du mal; cet auteur, c'est toi-même. Il n'existe point d'autre mal que celui que tu fais ou que tu souffres, et l'un et l'autre te viennent de toi. Le mal général ne peut être que dans le désordre, et je vois dans le système du monde un ordre qui ne se dément point. Le mal particulier n'est que dans le sentiment de l'être qui souffre; et ce sentiment l'homme ne l'a pas reçu de la nature, il se l'est donné.[18] La douleur a peu de prise sur quiconque, ayant peu réfléchi, n'a ni souvenir ni prévoyance. Otez nos funestes progrès, ôtez nos erreurs et nos vices, ôtez l'ouvrage de l'homme, et tout est bien. . . .

Si l'âme est immatérielle, elle peut survivre au corps; et si elle lui survit, la Providence est justifiée. Quand je n'aurais d'autres preuves de l'immatérialité de l'âme que le triomphe du méchant et l'oppression du juste en ce monde, cela seul m'empêcherait d'en douter. Une si choquante dissonance dans l'harmonie universelle me ferait chercher à la résoudre. Je me dirais: Tout ne finit pas pour nous avec la vie, tout rentre dans l'ordre à la mort. J'aurais, à la vérité, l'embarras de me demander où est l'homme, quand tout ce qu'il avait de sensible est détruit. Cette question n'est plus une difficulté pour moi, sitôt que j'ai reconnu deux substances. Il est très simple que, durant ma vie corporelle, n'apercevant rien que par mes sens, ce qui ne leur est point soumis m'échappe. Quand l'union du corps et de l'âme est rompue, je conçois que l'un peut se dissoudre et l'autre se conserver. Pourquoi la destruction de l'un entraînerait-elle la destruction de l'autre? Au contraire, étant de natures si différentes, ils étaient, par leur union, dans un état violent; et quand cette union cesse ils rentrent tous deux dans leur état naturel; la substance active et vivante regagne toute la force qu'elle employait à mouvoir la substance passive et morte. Hélas! je le sens trop par mes vices, l'homme ne vit qu'à moitié durant sa vie, et la vie de l'âme ne commence qu'à la mort du corps.

Mais quelle est cette vie? et l'âme est-elle immortelle par sa nature? Je l'ignore. Mon entendement borné ne conçoit rien sans bornes; tout ce qu'on appelle infini m'échappe. Que puis-je nier, affirmer? quels raisonnements puis-je faire sur ce que je ne puis concevoir? Je crois que l'âme survit au corps, assez pour le maintien de l'ordre; qui sait si c'est assez pour durer toujours? Toutefois je conçois comment le corps s'use et se détruit par la division des parties; mais je ne puis concevoir une destruction pareille de l'être pensant, et n'imaginant point comment il peut mourir, je présume qu'il ne meurt pas. Puisque cette présomption me console et n'a rien de déraisonnable, pourquoi craindrais-je de m'y livrer? . . .[19]

Ne me demandez pas non plus si les tourments des méchants seront éternels, et s'il est de la bonté de l'auteur de leur être de les condamner à souffrir toujours; je l'ignore encore, et n'ai point la vaine curiosité d'éclaircir des questions inutiles. Que m'importe ce que deviendront les

---

18. R. again attempts to refute the pessimism of Voltaire's *Poème sur le désastre de Lisbonne* and defends the goodness of God.
19. R. ardently desired peace of spirit and found it here in the traditional belief in the immortality of the soul.

méchants? Je prends peu d'intérêt à leur sort. Toutefois j'ai peine à croire qu'ils soient condamnés à des tourments sans fin. Si la suprême justice se venge, elle se venge dès cette vie. Vous et vos erreurs, ô nations! êtes ses ministres. Elle emploie les maux que vous vous faites à punir les crimes qui les ont attirés. C'est dans vos cœurs insatiables, rongés d'envie, d'avarice et d'ambition, qu'au sein de vos fausses prospérités, les passions vengeresses punissent vos forfaits. Qu'est-il besoin d'aller chercher l'enfer dans l'autre vie? il est dès celle-ci dans le cœur des méchants....

Après avoir ainsi, de l'impression des objets sensibles et du sentiment intérieur qui me porte à juger des causes selon mes lumières naturelles, déduit les principales vérités qu'il m'importait de connaître, il me reste à chercher quelles maximes j'en dois tirer pour ma conduite, et quelles règles je dois me prescrire pour remplir ma destination sur la terre, selon l'intention de celui qui m'y a placé. En suivant toujours ma méthode, je ne tire point ces règles des principes d'une haute philosophie, mais je les trouve au fond de mon cœur,[20] écrites par la nature en caractères ineffaçables. Je n'ai qu'à me consulter sur ce que je veux faire; tout ce que je sens être mal est mal; le meilleur de tous les casuistes est la conscience; et ce n'est que quand on marchande avec elle qu'on a recours aux subtilités du raisonnement. Le premier de tous les soins est celui de soi-même; cependant combien de fois la voix intérieure nous dit qu'en faisant notre bien aux dépens d'autrui nous faisons mal! Nous croyons suivre l'impulsion de la nature, et nous lui résistons; en écoutant ce qu'elle a dit à nos sens, nous méprisons ce qu'elle dit à nos cœurs; l'être actif obéit, l'être passif commande. La conscience est la voix de l'âme, les passions sont la voix du corps. Est-il étonnant que souvent ces deux langages se contredisent? et alors lequel faut-il écouter? Trop souvent la raison nous trompe, nous n'avons que trop acquis le droit de la récuser; mais la conscience ne trompe jamais; elle est le vrai guide de l'homme; elle est à l'âme ce que l'instinct est au corps; qui la suit obéit à la nature et ne craint point de s'égarer....

Jetez les yeux sur toutes les nations du monde, parcourez toutes les histoires; parmi tant de cultes inhumains et bizarres, parmi cette prodigieuse diversité de mœurs et de caractères, vous trouverez partout les mêmes idées de justice et d'honnêteté, partout les mêmes principes de morale, partout les mêmes notions du bien et du mal.[21] L'ancien paganisme enfanta des dieux abominables, qu'on eût punis, ici-bas, comme des scélérats, et qui n'offraient pour tableau du bonheur suprême que des forfaits à

---

20. In his introduction to R.'s *Profession de foi du vicaire savoyard*, P.-M. Masson writes: "Rousseau est troublé par les 'philosophes,' et ne trouve point d'argument rationnel pour leur répondre; mais il leur échappe, en se réfugiant dans un credo sentimental."

21. These paragraphs should be compared with Voltaire's *Poème sur la loi naturelle*, which R. praised highly.

commettre et des passions à contenter. Mais le vice, armé d'une autorité sacrée, descendait en vain du séjour éternel, l'instinct moral le repoussait du cœur des humains.... Les plus méprisables divinités furent servies par les plus grands hommes. La sainte voix de la nature, plus forte que celle des dieux, se faisait respecter sur la terre, et semblait reléguer dans le ciel le crime avec les coupables.

Il est donc au fond des âmes un principe inné de justice et de vertu, sur lequel, malgré nos propres maximes, nous jugeons nos actions et celles d'autrui comme bonnes ou mauvaises; et c'est à ce principe que je donne le nom de conscience....

Les actes de la conscience ne sont pas des jugements, mais des sentiments. Quoique toutes nos idées nous viennent du dehors, les sentiments qui les apprécient sont au dedans de nous, et c'est par eux seuls que nous connaissons la convenance ou disconvenance qui existe entre nous et les choses que nous devons respecter ou fuir.

Exister pour nous, c'est sentir; notre sensibilité est incontestablement antérieure à notre intelligence, et nous avons eu des sentiments avant des idées. Quelle que soit la cause de notre être, elle a pourvu à notre conservation en nous donnant des sentiments convenables à notre nature; et l'on ne saurait nier qu'au moins ceux-là ne soient innés. Ces sentiments, quant à l'individu, sont l'amour de soi, la crainte de la douleur, l'horreur de la mort, le désir du bien-être. Mais si, comme on n'en peut douter, l'homme est sociable par sa nature, ou du moins fait pour le devenir, il ne peut l'être que par d'autres sentiments innés, relatifs à son espèce; car, à ne considérer que le besoin physique, il doit certainement disperser les hommes au lieu de les rapprocher. Or c'est du système moral formé par ce double rapport à soi-même et à ses semblables que naît l'impulsion de la conscience. Connaître le bien, ce n'est pas l'aimer: l'homme n'en a pas la connaissance innée, mais sitôt que sa raison le lui fait connaître, sa conscience le porte à l'aimer: c'est ce sentiment qui est inné....

Conscience! conscience! instinct divin, immortelle et céleste voix, guide assuré d'un être ignorant et borné, mais intelligent et libre; juge infaillible du bien et du mal, qui rends l'homme semblable à Dieu! c'est toi qui fais l'excellence de sa nature et la moralité de ses actions; sans toi je ne sens rien en moi qui m'élève au-dessus des bêtes que le triste privilège de m'égarer d'erreurs en erreurs à l'aide d'un entendement sans règle et d'une raison sans principe.

Grâce au ciel, nous voilà délivrés de tout cet effrayant appareil de philosophie; nous pouvons être hommes sans être savants; dispensés de consumer notre vie à l'étude de la morale, nous avons à moindres frais un guide plus assuré dans ce dédale immense des opinions humaines. Mais ce n'est pas assez que ce guide existe, il faut savoir le reconnaître et le suivre. S'il parle à tous les cœurs, pourquoi donc y en a-t-il si peu qui l'entendent? Eh! c'est qu'il nous parle la langue de la nature, que tout nous a fait oublier. La conscience est timide, elle aime la retraite et la paix; le monde et le bruit l'épouvantent, les préjugés dont on la fait naître sont ses plus cruels ennemis; elle fuit ou se tait devant eux; leur voix bruyante étouffe la sienne et l'empêche de se faire entendre; le fanatisme ose la contrefaire et dicter le crime en son nom. Elle se rebute enfin à force d'être éconduite; elle ne nous parle plus, elle ne nous répond plus, et après de si longs mépris pour elle, il en coûte autant de la rappeler qu'il en coûta de la bannir....

Vous ne voyez dans mon exposé que la religion naturelle: il est bien étrange qu'il en faille une autre. Par où connaîtrai-je cette nécessité? De quoi puis-je être coupable en servant Dieu selon les lumières qu'il donne à mon esprit et selon les sentiments qu'il inspire à mon cœur? Quelle pureté de morale, quel dogme utile à l'homme et honorable à son auteur puis-je tirer d'une doctrine positive, que je ne puisse tirer sans elle du bon usage de mes facultés? Montrez-moi ce qu'on peut ajouter, pour la gloire de Dieu, pour le bien de la société, et pour mon propre avantage, aux devoirs de la loi naturelle, et quelle vertu vous ferez naître d'un nouveau culte, qui ne soit pas une conséquence du mien. Les plus grandes idées de la divinité nous viennent par la raison seule. Voyez le spectacle de la nature, écoutez la voix intérieure. Dieu n'a-t-il pas tout dit à nos yeux, à notre conscience, à notre jugement? Qu'est-ce que les hommes nous diront de plus? Leurs révélations ne font que dégrader Dieu, en lui donnant les passions humaines. Loin d'éclaircir les notions du grand Etre, je vois que les dogmes particuliers les embrouillent; que loin de les ennoblir, ils les avilissent; qu'aux mystères inconcevables qui l'environnent ils ajoutent des contradictions absurdes; qu'ils rendent l'homme orgueilleux, intolérant, cruel; qu'au lieu d'établir la paix sur la terre, ils y portent le fer et le feu.... Si l'on n'eût écouté que ce que Dieu dit au cœur de l'homme, il n'y aurait jamais eu qu'une religion sur la terre.[22]

LES REVERIES DU PROMENEUR SOLITAIRE

1777?

The *Rêveries* is the last and, in many ways, the most genuinely intimate of Rousseau's writings. It is also, with its strange undercurrents, the most mod-

---

22. There follows a critique of revealed religion and, although he affirms that "la sainteté de l'Evangile parle à mon cœur," Rousseau decides to remain "dans un doute respectueux." His conclusion considers pragmatically how to apply his principles to society and he decides with Montaigne that one should be satisfied to remain in the religion of one's birth. Although he at first called the Vicaire's solution hypocritical, Voltaire was later to suggest a similar practical conclusion, deciding: "Adorons l'Etre suprême par Jésus, puisque la chose est établie ainsi parmi nous" (*Dieu et les hommes*, 1769).

Les Rêveries du promeneur solitaire

ern. The ten *Promenades* are a sincere, highly revealing apology for an anguished Jean-Jacques. It is a Jean-Jacques who suffers again through a distorted retrospect the violence done to his sensitivity by those he had known. In each of the *Rêveries*, with an obsessive persistence, he returns to the persecutions imagined and real of which he has been a victim. And in each *Promenade* he tries to break the chain of his thoughts on the past. In a final effort to soothe his unquiet ego, Rousseau seeks the distilled and immediate sensation in an eternal present where the mind hangs in a state of willing suspense between the painful past and the disturbing future. But to take this step, he must seek and recognize "l'homme intérieur" divorced from other humans. This he tried to do all his life.

Only in the fifth *Promenade*, perhaps, has he really succeeded and, in so doing, momentarily captures the *eternal* and hypnotizing present. In this attempt, Rousseau shows himself a forerunner of an important theme of actuality in twentieth century literature — he is groping for a synthesis of the ethical and the esthetic which leads directly to certain pages of Gide, Proust, Valéry and Jacques de Lacretelle in France, and Conrad, John Cowper Powys and Virginia Woolf in England.[1] But this wilfully acquired state of suspension leads to something more. In the fifth *Promenade*, in particular, we find an early exploration of the workings of the mind which certainly looks ahead to Proust and Joyce who are very much in the tradition of the stream-of-consciousness. Jean-Jacques literally opens his mind, shows us his thoughts forming through the *rêverie*, as though the *rêverie* were intrinsically a fusion of the subconscious and the timelessness of the present. This becomes for Rousseau the only happiness of the mind, its inner quest, and, in the fifth *Promenade*, he cries out in all his subjective sincerity: "Je voudrais que cet instant durât toujours." It is in the twentieth century that the validity of such an ethical and esthetic approach in life has become a reality in certain works of the greatest writers of our day.

Cinquième promenade

De toutes les habitations où j'ai demeuré (et j'en ai eu de charmantes), aucune ne m'a rendu si véritablement heureux et ne m'a laissé de si tendres regrets que l'île de Saint-Pierre au milieu du lac de Bienne.[2] Cette petite île, qu'on appelle à Neuchâtel l'île de la Motte, est bien peu connue, même en Suisse. Aucun voyageur, que je sache, n'en fait mention. Cependant elle est très agréable, et singulièrement située pour le bonheur d'un homme qui aime à se circonscrire; car, quoique je sois peut-être le seul

---

1. See John Cowper Powys, *In Defence of Sensuality*, "Dedicated to the Memory of that great and much-abused man Jean-Jacques Rousseau." In *Mrs. Dalloway*, Virginia Woolf writes, in terms worthy of R.: "So on a summer's day waves collect, overbalance and fall; and the whole world seems to be saying 'That is all' more and more ponderously, until even the heart in the body which lies in the sun on the beach says too, 'That is all.' Fear no more, says the heart. . . ."
2. A small Swiss lake adjoining the Lake of Neuchâtel.

au monde à qui sa destinée en ait fait une loi, je ne puis croire être le seul qui ait un goût si naturel, quoique je ne l'aie trouvé jusqu'ici chez nul autre.

Les rives du lac de Bienne sont plus sauvages et romantiques[3] que celles du lac de Genève, parce que les rochers et les bois y bordent l'eau de plus près; mais elles ne sont pas moins riantes. S'il y a moins de culture de champs et de vignes, moins de villes et de maisons, il y a aussi plus de verdure naturelle, plus de prairies, d'asiles ombragés de bocages, des contrastes plus fréquents et des accidents plus rapprochés. Comme il n'y a pas sur ces heureux bords de grandes routes commodes pour les voitures, le pays est peu fréquenté par les voyageurs; mais il est intéressant pour des contemplatifs solitaires qui aiment à s'enivrer à loisir des charmes de la nature, et à se recueillir dans un silence que ne trouble aucun autre bruit que le cri des aigles, le ramage entrecoupé de quelques oiseaux, et le roulement des torrents qui tombent de la montagne. Ce beau bassin, d'une forme presque ronde, enferme dans son milieu deux petites îles, l'une habitée et cultivée, d'environ une demi-lieue de tour; l'autre plus petite, déserte et en friche, et qui sera détruite à la fin par les transports de la terre qu'on en ôte sans cesse pour réparer les dégâts que les vagues et les orages font à la grande. C'est ainsi que la substance du faible est toujours employée au profit du puissant....

On ne m'a laissé passer guère que deux mois dans cette île,[4] mais j'y aurais passé deux ans, deux siècles, et toute l'éternité, sans m'y ennuyer un moment, quoique je n'y eusse, avec ma compagne, d'autre société que celle du receveur, de sa femme, et de ses domestiques, qui tous étaient à la vérité de très bonnes gens, et rien de plus; mais c'était précisément ce qu'il me fallait. Je compte ces deux mois pour le temps le plus heureux de ma vie, et tellement heureux, qu'il m'eût suffi durant toute mon existence, sans laisser naître un seul instant dans mon âme le désir d'un autre état.

Quel était donc ce bonheur, et en quoi consistait sa jouissance? Je le donnerais à deviner à tous les hommes de ce siècle, sur la description de la vie que j'y menais. Le précieux farniente[5] fut la première et la principale de ces jouissances que je voulus savourer dans toute sa douceur; et tout ce que je fis durant mon séjour ne fut en effet que l'occupation délicieuse et nécessaire d'un homme qui s'est dévoué à l'oisiveté....

Quand le lac agité ne me permettait pas la navigation, je passais mon

---

3. Although "romantic" had long been used by English authors, it had generally been translated in French by "romanesque," "pittoresque," "je ne sais quoi," and the like. This is the first time "romantique" appears in the French language, making R. the father of the word as well as of the movement it is to represent. See Alexis François, "Romantique," *Annales Jean-Jacques Rousseau*, V, 199–236.

4. Despite his request to remain as a voluntary prisoner, the civil authorities at Berne demanded his expulsion.

5. Italian for "idleness" or "fainéantise."

Les Rêveries du promeneur solitaire

après-midi à parcourir l'île, en herborisant à droite et à gauche, m'asseyant tantôt dans les réduits les plus riants et les plus solitaires pour y rêver à mon aise, tantôt sur les terrasses et les tertres, pour parcourir des yeux le superbe et ravissant coup d'œil du lac et de ses rivages, couronnés d'un côté par des montagnes prochaines, et, de l'autre, élargis en riches et fertiles plaines, dans lesquelles la vue s'étendait jusqu'aux montagnes bleuâtres, plus éloignées, qui la bordaient.

Quand le soir approchait, je descendais des cimes de l'île, et j'allais volontiers m'asseoir au bord du lac, sur la grève, dans quelque asile caché; là, le bruit des vagues et l'agitation de l'eau, fixant mes sens et chassant de mon âme toute autre agitation, la plongeaient dans une rêverie délicieuse, où la nuit me surprenait souvent sans que je m'en fusse aperçu. Le flux et le reflux de cette eau, son bruit continu, mais renflé par intervalles, frappant sans relâche mon oreille et mes yeux, suppléaient aux mouvements internes que la rêverie éteignait en moi, et suffisaient pour me faire sentir avec plaisir mon existence, sans prendre la peine de penser. De temps à autre naissait quelque faible et courte réflexion sur l'instabilité des choses de ce monde, dont la surface des eaux m'offrait l'image; mais bientôt ces impressions légères s'effaçaient dans l'uniformité du mouvement continu qui me berçait, et qui, sans aucun concours actif de mon âme, ne laissait pas de m'attacher, au point qu'appelé par l'heure et par le signal convenu, je ne pouvais m'arracher de là sans efforts.[6]

Après le souper, quand la soirée était belle, nous allions encore tous ensemble faire quelque tour de promenade sur la terrasse, pour y respirer l'air du lac et la fraîcheur. On se reposait dans le pavillon, on riait, on causait, on chantait quelque vieille chanson qui valait bien le tortillage moderne et enfin l'on s'allait coucher content de sa journée, et n'en désirant qu'une semblable pour le lendemain.

Telle est, laissant à part les visites imprévues et importunes, la manière dont j'ai passé mon temps dans cette île, durant le séjour que j'y ai fait. Qu'on me dise à présent ce qu'il y a là d'assez attrayant pour exciter dans mon cœur des regrets si vifs, si tendres et si durables, qu'au bout de quinze ans,[7] il m'est impossible de songer à cette habitation chérie, sans m'y sentir à chaque fois transporté encore par les élans du désir.

J'ai remarqué dans les vicissitudes d'une longue vie que les époques des plus douces jouissances et des plaisirs les plus vifs ne sont pourtant pas celles dont le souvenir m'attire et me touche le plus. Ces courts moments de délire et de passion, quelque vifs qu'ils puissent être, ne sont cepen-

---

6. Although the mood of reverie is to be a marked preoccupation of the romantic school, there are few who have analyzed it with the subtlety of R., who speaks of the inward flow of impressions transformed by physical stimuli into pure sensation. John Cowper Powys compares this state to that of an ichthyosaurus sunning himself on a mud-bank.

7. Nearer twelve than fifteen. R. died in 1778.

dant, et par leur vivacité même, que des points bien clairsemés dans la ligne de la vie. Ils sont trop rares et trop rapides pour constituer un état; et le bonheur que mon cœur regrette n'est point composé d'instants fugitifs, mais un état simple et permanent, qui n'a rien de vif en lui-même, mais dont la durée accroît le charme, au point d'y trouver enfin la suprême félicité.

Tout est dans un flux continuel sur la terre. Rien n'y garde une forme constante et arrêtée, et nos affections qui s'attachent aux choses extérieures passent et changent nécessairement comme elles.[8] Toujours en avant ou en arrière de nous, elles rappellent le passé, qui n'est plus, ou préviennent l'avenir, qui souvent ne doit point être: il n'y a rien là de solide à quoi le cœur se puisse attacher. Aussi n'a-t-on guère ici-bas que du plaisir qui passe; pour le bonheur qui dure, je doute qu'il y soit connu. A peine est-il, dans nos plus vives jouissances, un instant où le cœur puisse véritablement nous dire: *Je voudrais que cet instant durât toujours.* Et comment peut-on appeler bonheur un état fugitif qui nous laisse encore le cœur inquiet et vide, qui nous fait regretter quelque chose avant, ou désirer encore quelque chose après?

Mais s'il est un état où l'âme trouve une assiette assez solide pour s'y reposer tout entière et rassembler là tout son être, sans avoir besoin de rappeler le passé ni d'enjamber sur l'avenir; où le temps ne soit rien pour elle, où le présent dure toujours, sans néanmoins marquer sa durée et sans aucune trace de succession, sans aucun autre sentiment de privation ni de jouissance, de plaisir ni de peine, de désir ni de crainte, que celui seul de notre existence, et que ce sentiment seul puisse la remplir tout entière; tant que cet état dure, celui qui s'y trouve peut s'appeler heureux, non d'un bonheur imparfait, pauvre et relatif, tel que celui qu'on trouve dans les plaisirs de la vie, mais d'un bonheur suffisant, parfait et plein, qui ne laisse dans l'âme aucun vide qu'elle sente le besoin de remplir.[9] Tel est l'état où je me suis trouvé souvent à l'île de Saint-Pierre, dans mes rêveries solitaires, soit couché dans mon bateau que je laissais dériver au gré de l'eau, soit assis sur les rives du lac agité, soit ailleurs, au bord d'une belle rivière ou d'un ruisseau murmurant sur le gravier.

De quoi jouit-on dans une pareille situation? De rien d'extérieur à soi, de rien sinon de soi-même et de sa propre existence; tant que cet état dure, on se suffit à soi-même, comme Dieu. Le sentiment de l'existence, dépouillé de toute autre affection, est par lui-même un sentiment précieux de contentement et de paix, qui suffirait seul pour rendre cette

---

8. Cf. Diderot, *Jacques le fataliste:* "Le premier serment que se firent deux êtres de chair, ce fut au pied d'un rocher qui tombait en poussière; ils attestèrent de leur constance un ciel qui n'est pas un instant le même; tout passait en eux et autour d'eux et ils croyaient leurs cœurs affranchis de vicissitudes." This theme was subsequently treated by Lamartine, Hugo, and Musset.

9. The sensation of throwing off the temporal and spatial limitations of the scientific world of becoming and thus experiencing pure being.

Les Rêveries du promeneur solitaire

existence chère et douce à qui saurait écarter de soi toutes les impressions sensuelles et terrestres qui viennent sans cesse nous en distraire, et en troubler ici-bas la douceur. Mais la plupart des hommes agités de passions continuelles connaissent peu cet état, et, ne l'ayant goûté qu'imparfaitement durant peu d'instants, n'en conservent qu'une idée obscure et confuse, qui ne leur en fait pas sentir le charme. Il ne serait pas même bon, dans la présente constitution des choses, qu'avide de ces douces extases, ils s'y dégoûtassent de la vie active dont leurs besoins toujours renaissants leur prescrivent le devoir.[10] Mais un infortuné qu'on a retranché de la société humaine et qui ne peut plus rien faire ici-bas d'utile et de bon pour autrui ni pour soi, peut trouver, dans cet état, à toutes les félicités humaines des dédommagements que la fortune et les hommes ne lui sauraient ôter.

Il est vrai que ces dédommagements ne peuvent être sentis par toutes les âmes, ni dans toutes les situations. Il faut que le cœur soit en paix et qu'aucune passion n'en vienne troubler le calme.[11] Il faut des dispositions de la part de celui qui les éprouve. Il en faut dans le concours des objets environnants. Il n'y faut ni un repos absolu, ni trop d'agitation, mais un mouvement uniforme et modéré, qui n'ait ni secousses ni intervalles. Sans mouvement, la vie n'est qu'une léthargie. Si le mouvement est inégal ou trop fort, il réveille; en nous rappelant aux objets environnants, il détruit le charme de la rêverie et nous arrache d'au dedans de nous, pour nous remettre à l'instant sous le joug de la fortune et des hommes et nous rendre au sentiment de nos malheurs. Un silence absolu porte à la tristesse; il offre une image de la mort: alors le secours d'une imagination riante est nécessaire et se présente assez naturellement à ceux que le ciel en a gratifiés. Le mouvement qui ne vient pas du dehors se fait alors au dedans de nous. Le repos est moindre, il est vrai; mais il est aussi plus agréable quand de légères et douces idées, sans agiter le fond de l'âme, ne font pour ainsi dire qu'en effleurer la surface. Il n'en faut qu'assez pour se souvenir de soi-même en oubliant tous ses maux. Cette espèce de rêverie peut se goûter partout où l'on peut être tranquille; et j'ai souvent pensé qu'à la Bastille, et même dans un cachot où nul objet n'eût frappé ma vue, j'aurais encore pu rêver agréablement.

Mais il faut avouer que cela se faisait bien mieux et plus agréablement dans une île fertile et solitaire, naturellement circonscrite et séparée du reste du monde, où rien ne m'offrait que des images riantes, où rien ne me rappelait des souvenirs attristants, où la société du petit nombre d'habitants était liante et douce, sans être intéressante au point de m'occuper incessamment, où je pouvais enfin me livrer tout le jour, sans obstacle et

---

10. R. is right in describing this as a vacation mood rather than as a plan of life.
11. Comparable to the state of ataraxy, or absence of emotions, recommended by Skeptics and Stoics. R. again attempts in this paragraph a careful analysis of the state of reverie.

sans soins, aux occupations de mon goût ou à la plus molle oisiveté. L'occasion sans doute était belle pour un rêveur, qui, sachant se nourrir d'agréables chimères au milieu des objets les plus déplaisants, pouvait s'en rassasier à son aise. En sortant d'une longue et douce rêverie, me voyant entouré de verdure, de fleurs, d'oiseaux, et laissant errer mes yeux au loin sur les romanesques rivages qui bordaient une vaste étendue d'eau claire et cristalline, j'assimilais à mes fictions tous ces aimables objets; et, me trouvant enfin ramené par degrés à moi-même et à ce qui m'entourait, je ne pouvais marquer le point de séparation des fictions aux réalités, tant tout concourait également à me rendre chère la vie recueillie et solitaire que je menai dans ce beau séjour. Que ne peut-elle renaître encore! que ne puis-je aller finir mes jours dans cette île chérie, sans en ressortir jamais, ni jamais y revoir aucun habitant du continent qui me rappelât le souvenir des calamités de toute espèce qu'ils se plaisent à rassembler sur moi depuis tant d'années! Ils seraient bientôt oubliés pour jamais: sans doute ils ne m'oublieraient pas de même; mais que m'importerait, pourvu qu'ils n'eussent aucun accès pour y venir troubler mon repos? Délivré de toutes les passions terrestres qu'engendre le tumulte de la vie sociale, mon âme s'élancerait fréquemment au-dessus de cette atmosphère et commercerait d'avance avec les intelligences célestes, dont elle espère aller augmenter le nombre dans peu de temps.[12] Les hommes se garderont, je le sais, de me rendre un si doux asile, où ils n'ont pas voulu me laisser. Mais ils ne m'empêcheront pas du moins de m'y transporter chaque jour sur les ailes de l'imagination, et d'y goûter durant quelques heures le même plaisir que si je l'habitais encore. Ce que j'y ferais de plus doux serait d'y rêver à mon aise. En rêvant que j'y suis, ne fais-je pas la même chose? Je fais même plus: à l'attrait d'une rêverie abstraite et monotone, je joins des images charmantes qui la vivifient. Leurs objets échappaient souvent à mes sens dans mes extases; et maintenant, plus ma rêverie est profonde, plus elle me les peint vivement. Je suis souvent plus au milieu d'eux, et plus agréablement encore, que quand j'y étais réellement.[13] Le malheur est qu'à mesure que l'imagination s'attiédit, cela vient avec plus de peine et ne dure pas si longtemps. Hélas! c'est quand on commence à quitter sa dépouille qu'on en est le plus offusqué.

---

12. Somewhat late, R. attempts to link his entirely human, self-sufficient state of reverie to the celestial.

13. "This mood and idea were immortalized by Wordsworth in *I wandered lonely as a cloud*, of which see last two stanzas, and seem to have suggested the famous passage on the origin of poetry in 'emotion recollected in tranquillity' in Preface to second edition, *Lyrical Ballads*." (Christian Gauss.)

LES CONFESSIONS

When the Amsterdam publisher, Rey, urged Rousseau to write his memoirs, the idea was not entirely new to Jean-Jacques. For some years he had been gathering notes seemingly to that end.

Bitter over the griefs, imaginary and real, inflicted upon him by former acquaintances and past friends, Rousseau once more welcomed the occasion to justify his own actions in the eyes of the world and to exonerate himself, whenever possible, from the slanderous charges of which, he felt, he had long been victim.

In so doing, he promised himself and the world that he would conceal nothing personal of the most intimate nature even though his revelations might put him in an odious light in the eyes of his contemporaries and posterity. In short, he would strive to tell the unvarnished truth whatever the cost might be. If, in his impassioned subjectivity, truth was sometimes wont to elude him, the pages he wrote so feverishly and so eloquently are marked by unquestioned sincerity. The result was *Les Confessions*, formally begun in 1765 and published posthumously, the first six books appearing in 1781 and the final six in 1788.

Well before then, however, he was reading from his manuscript in those salons where he was most welcome. Word that he was composing a revelatory autobiography caused uneasiness in the philosophic camp but, in the final analysis, allusions to his former comrades-in-arms, the *philosophes*, were surprisingly mild.

The following pages should be of particular interest to the student of Enlightenment ideas, for here we see a self-questioning Jean-Jacques, attempting to probe into his inner being for a better understanding of himself and his fellowmen. Despite his prophecy to the effect that no one to come would dare be as frank and self-critical as he, those who have followed in his footsteps by writing equally candid autobiographies have been legion.

Livre premier
1712–1728

Intùs et in Cute [1]

Je forme une entreprise qui n'eut jamais d'exemple, et dont l'exécution n'aura point d'imitateur. Je veux montrer à mes semblables un homme dans toute la vérité de la nature; et cet homme ce sera moi.

Moi seul. Je sens mon cœur et je connais les hommes. Je ne suis fait comme aucun de ceux que j'ai vus; j'ose croire n'être fait comme aucun de ceux qui existent. Si je ne vaux pas mieux, au moins je suis autre. Si la nature a bien ou mal fait de briser le moule dans lequel elle m'a jeté, c'est ce dont on ne peut juger qu'après m'avoir lu.

---

1. "Within and under the skin"; cf. the Roman poet, Persius (34–62 A.D.), *Satire III*, line 30: *Ego te intus et in cuti novi.*

Que la trompette du jugement dernier sonne quand elle voudra, je viendrai, ce livre à la main, me présenter devant le souverain juge. Je dirai hautement: Voilà ce que j'ai fait, ce que j'ai pensé, ce que je fus. J'ai dit le bien et le mal avec la même franchise. Je n'ai rien tu de mauvais, rien ajouté de bon, et s'il m'est arrivé d'employer quelque ornement indifférent, ce n'a jamais été que pour remplir un vide occasionné par mon défaut de mémoire; j'ai pu supposer vrai ce que je savais avoir pu l'être, jamais ce que je savais être faux. Je me suis montré tel que je fus; méprisable et vil quand je l'ai été, bon, généreux, sublime, quand je l'ai été: j'ai dévoilé mon intérieur tel que tu l'as vu toi-même. Etre éternel, rassemble autour de moi l'innombrable foule de mes semblables; qu'ils écoutent mes confessions, qu'ils gémissent de mes indignités, qu'ils rougissent de mes misères. Que chacun d'eux découvre à son tour son cœur aux pieds de ton trône avec la même sincérité; et puis qu'un seul te dise, s'il l'ose: *Je fus meilleur que cet homme-là.* . . .

J'atteignis . . . ma seizième année, inquiet, mécontent de tout et de moi, sans goûts de mon état, sans plaisirs de mon âge, dévoré de désirs dont j'ignorais l'objet, pleurant sans sujets de larmes, soupirant sans savoir de quoi; enfin caressant tendrement mes chimères, faute de rien voir autour de moi qui les valût. Les dimanches, mes camarades venaient me chercher après le prêche pour aller m'ébattre avec eux. Je leur aurais volontiers échappé si j'avais pu; mais une fois en train dans leurs jeux, j'étais plus ardent et j'allais plus loin qu'aucun autre; difficile à ébranler et à retenir. Ce fut là de tout temps ma disposition constante. Dans nos promenades hors de la ville, j'allais toujours en avant sans songer au retour, à moins que d'autres n'y songeassent pour moi. J'y fus pris deux fois; les portes furent fermées avant que je pusse arriver. Le lendemain je fus traité comme on s'imagine, et la seconde fois il me fut promis un tel accueil pour la troisième, que je résolus de ne m'y pas exposer. Cette troisième fois si redoutée arriva pourtant. Ma vigilance fut mise en défaut par un maudit capitaine appelé M. Minutoli, qui fermait toujours la porte où il était de garde une demi-heure avant les autres. Je revenais avec deux camarades. A demi-lieue de la ville, j'entends sonner la retraite; je double le pas; j'entends battre la caisse, je cours à toutes jambes; j'arrive essoufflé, tout en nage; le cœur me bat; je vois de loin les soldats à leur poste; j'accours, je crie d'une voix étouffée. Il était trop tard. A vingt pas de l'avancée je vois lever le premier pont. Je frémis en voyant en l'air ces cornes terribles, sinistre et fatal augure du sort inévitable que ce moment commençait pour moi. . . .

Les Confessions
Livre troisième

Deux choses presque inaliables s'unissent en moi sans que j'en puisse concevoir la manière: un tempérament très ardent, des passions vives, impétueuses, et des idées lentes à naître, embarrassées et qui ne se présentent jamais qu'après coup. On dirait que mon cœur et mon esprit n'appartiennent pas au même individu. Le sentiment, plus prompt que l'éclair, vient remplir mon âme; mais au lieu de m'éclairer, il me brûle et m'éblouit. Je sens tout et je ne vois rien. Je suis emporté, mais stupide; il faut que je sois de sang-froid pour penser. Ce qu'il y a d'étonnant est que j'ai cependant le tact assez sûr, de la pénétration, de la finesse même, pourvu qu'on m'attende: je fais d'excellents impromptus à loisir, mais sur le temps je n'ai jamais rien fait ni dit qui vaille. Je ferais une fort jolie conversation par la poste, comme on dit que les Espagnols jouent aux échecs. Quand je lus le trait d'un duc de Savoie qui se retourna, faisant route, pour crier: *A votre gorge, marchand de Paris* [2], je dis: « Me voilà. »

Cette lenteur de penser, jointe à cette vivacité de sentir, je ne l'ai pas seulement dans la conversation, je l'ai même seul et quand je travaille. Mes idées s'arrangent dans ma tête avec la plus incroyable difficulté: elles y circulent sourdement, elles y fermentent jusqu'à m'émouvoir, m'échauffer, me donner des palpitations; et, au milieu de toute cette émotion, je ne vois rien nettement, je ne saurais écrire un seul mot, il faut que j'attende. Insensiblement ce grand mouvement s'apaise, ce chaos se débrouille, chaque chose vient se mettre à sa place, mais lentement, et après une longue et confuse agitation. N'avez-vous point vu quelquefois l'opéra en Italie? Dans les changements de scènes il règne sur ces grands théâtres un désordre désagréable et qui dure assez longtemps; toutes les décorations sont entremêlées; on voit de toutes parts un tiraillement qui fait peine, on croit que tout va renverser: cependant, peu à peu tout s'arrange, rien ne manque, et l'on est tout surpris de voir succéder à ce long tumulte un spectacle ravissant. Cette manœuvre est à peu près celle qui se fait dans mon cerveau quand je veux écrire. Si j'avais su premièrement attendre, et puis rendre dans leur beauté les choses qui s'y sont ainsi peintes, peu d'auteurs m'auraient surpassé.

De là vient l'extrême difficulté que je trouve à écrire. Mes manuscripts, raturés, barbouillés, mêlés, indéchiffrables, attestent la peine qu'ils m'ont coûté. Il n'y en a pas un qu'il ne m'ait fallu transcrire quatre ou cinq fois avant de le donner à la presse. Je n'ai jamais pu rien faire la plume à la main, vis-à-vis d'une table et de mon papier: c'est à la prom-

---

2. The reference is to a well-known anecdote relating how the duc de Savoie had offered a Parisian merchant a ridiculously low sum for his purchase. The merchant, not knowing with whom he was dealing, muttered the word Cambronne was to make so famous. The duc thought of the above "suitable" reply upon reaching the outskirts of Lyon.

enade, au milieu des rochers et des bois, c'est la nuit dans mon lit et durant mes insomnies, que j'écris dans mon cerveau; l'on peut juger avec quelle lenteur, surtout pour un homme absolument dépourvu de mémoire verbale, et qui de la vie n'a pu retenir six vers par cœur. Il y a telle de mes périodes que j'ai tournée et retournée cinq ou six nuits dans ma tête avant qu'elle fût en état d'être mise sur le papier. De là vient encore que je réussis mieux aux ouvrages qui demandent du travail qu'à ceux qui veulent être faits avec une certaine légèreté, comme les lettres, genre dont je n'ai jamais pu prendre le ton, et dont l'occupation me met au supplice. Je n'écris point de lettres sur les moindres sujets qui ne me coûtent des heures de fatigue, ou, si je veux écrire de suite ce qui me vient, je ne sais ni commencer ni finir; ma lettre est un long et confus verbiage; à peine m'entend-on quand on la lit.

Non seulement les idées me coûtent à rendre, elles me coûtent même à recevoir. J'ai étudié les hommes, et je me crois assez bon observateur: cependant je ne sais rien voir de ce que je vois; je ne vois bien que ce que je me rappelle, et je n'ai de l'esprit que dans mes souvenirs. De tout ce qu'on dit, de tout ce qu'on fait, de tout ce qui se passe en ma présence, je ne sens rien, je ne pénètre rien. Le signe extérieur est tout ce qui me frappe. Mais ensuite tout cela me revient: je me rappelle le lieu, le temps, le ton, le regard, le geste, la circonstance; rien ne m'échappe. Alors, sur ce qu'on a fait ou dit, je trouve ce qu'on a pensé, et il est rare que je me trompe.

Si peu maître de mon esprit, seul avec moi-même, qu'on juge de ce que je dois être dans la conversation, où, pour parler à propos, il faut penser à la fois et sur-le-champ à mille choses. La seule idée de tant de convenances, dont je suis sûr d'oublier au moins quelqu'une, suffit pour m'intimider. Je ne comprends pas même comment on ose parler dans un cercle: car à chaque mot il faudrait passer en revue tous les gens qui sont là; il faudrait connaître tous leurs caractères, savoir leurs histoires, pour être sûr de ne rien dire qui puisse offenser quelqu'un. Là-dessus, ceux qui vivent dans le monde ont un grand avantage: sachant mieux ce qu'il faut taire, ils sont plus sûrs de ce qu'ils disent; encore leur échappe-t-il souvent des balourdises. Qu'on juge de celui qui tombe là des nues: il lui est presque impossible de parler une minute impunément. Dans le tête-à-tête, il y a un autre inconvénient que je trouve pire, la nécessité de parler toujours: quand on vous parle il faut répondre, et si l'on ne dit mot il faut relever la conversation. Cette insupportable contrainte m'eût seule dégoûté de la société. Je ne trouve point de gêne plus terrible que l'obligation de parler sur-le-champ et toujours. Je ne sais si ceci tient à ma mortelle aversion pour tout assujettissement; mais c'est assez qu'il faille absolument que je parle pour que je dise une sottise infailliblement.

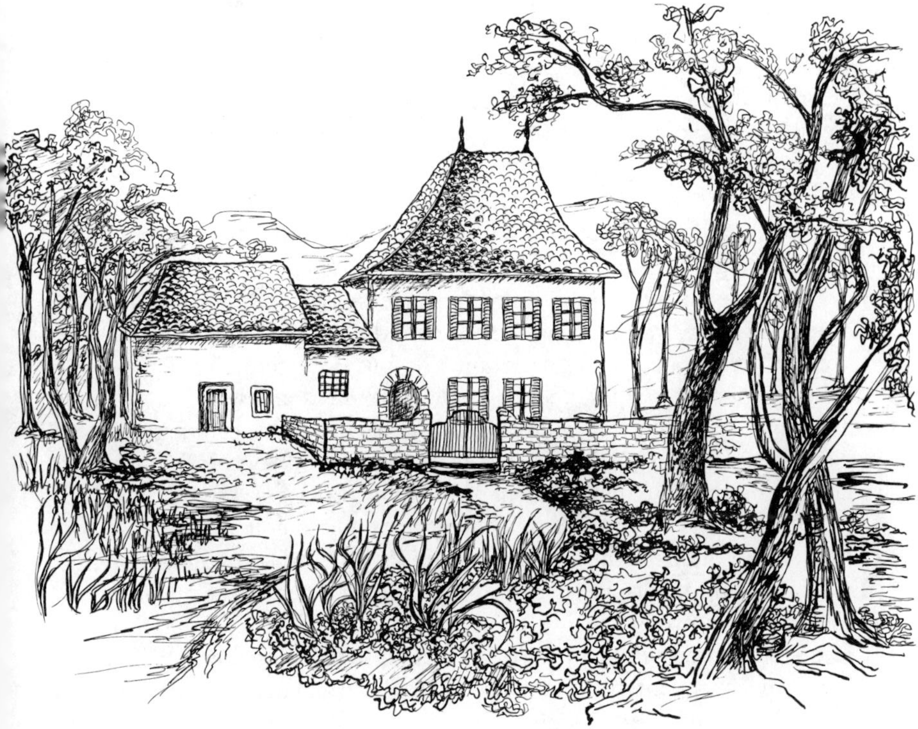

Ce qu'il y a de plus fatal est qu'au lieu de savoir me taire quand je n'ai rien à dire, c'est alors que pour payer plus tôt ma dette, j'ai la fureur de vouloir parler. Je me hâte de balbutier promptement des paroles sans idées, trop heureux quand elles ne signifient rien du tout. En voulant vaincre ou cacher mon ineptie, je manque rarement de la montrer. Entre mille exemples que j'en pourrais citer, j'en prends un qui n'est pas de ma jeunesse, mais d'un temps où, ayant vécu plusieurs années dans le monde, j'en aurais pris l'aisance et le ton, si la chose eût été possible. J'étais un soir avec deux grandes dames [3] et un homme qu'on peut nommer; c'était M. le duc de Gontaut. Il n'y avait personne autre dans la chambre, et je m'efforçais de fournir quelques mots, Dieu sait quels! à une conversation entre quatre personnes, dont trois n'avaient assurément pas besoin de mon supplément. La maîtresse de la maison se fit apporter une opiate dont elle prenait tous les jours deux fois pour son estomac. L'autre dame, lui voyant faire la grimace, dit en riant: Est-ce de l'opiate de M. Tronchin? [4] — Je ne crois pas, répondit sur le même ton la première. — Je crois qu'elle ne vaut guère mieux, ajouta galamment le spirituel Rousseau. Tout le monde resta interdit; il n'échappa ni le moindre mot ni le moindre sourire, et, à l'instant d'après, la conversation prit un autre tour. Vis-à-vis d'une autre, la balourdise eût pu n'être que plaisante; mais adressée à une femme trop aimable pour n'avoir pas un peu fait parler d'elle, et qu'assurément je n'avais pas dessein d'offenser, elle était terrible; et je crois que les deux témoins, homme et femme, eurent bien de la peine à s'abstenir d'éclater. Voilà de ces traits d'esprit qui m'échappent pour vouloir parler sans avoir rien à dire. J'oublierai difficilement celui-là; car, outre qu'il est par lui-même très mémorable, j'ai dans la tête qu'il a eu des suites qui ne me le rappellent que trop souvent.

Je crois que voilà de quoi faire assez comprendre comment, n'étant pas un sot, j'ai cependant souvent passé pour l'être, même chez des gens en état de bien juger: d'autant plus malheureux que ma physionomie et mes yeux promettent davantage, et que cette attente frustrée rend plus choquante aux autres ma stupidité. Ce détail, qu'une occasion particulière a fait naître, n'est pas inutile à ce qui doit suivre. Il contient la clef de bien des choses extraordinaires qu'on m'a vu faire et qu'on attribue à une humeur sauvage que je n'ai point. J'aimerais la société comme un autre, si je n'étais sûr de m'y montrer non seulement à mon désavantage, mais tout autre que je ne suis....

---

3. In Book X of the *Confessions*, Rousseau informs the reader that the ladies were Mme la Maréchale de Luxembourg and Mme la Maréchale de Mirepoix.

4. This drug of the famous Swiss doctor, Théodore Tronchin (1709–1781), was prescribed for a wide variety of maladies.

THE NATURAL SCIENCES

Buffon
1707-1788

Georges-Louis Leclerc, comte de Buffon, enjoyed an international reputation as curator of the Jardin du Roi and as the most artistic interpreter of the great discoveries which his generation was making in the field of natural history. He became an associate member of the Academy of Sciences at the age of twenty-six and was elected to the Académie Française in 1753, upon which occasion he delivered his celebrated *Discours sur le style*. His eloquent *Histoire naturelle*, in forty-four volumes, was the greatest repository of descriptive zoology until recent times. Illustrated extracts were used as textbooks in Europe and America far into the nineteenth century.

Buffon came to accept Newtonian physics along with Voltaire but after Maupertuis. Again after Maupertuis, he seems now to have approved, now to have disapproved, of the theories of transformism and evolutionism accepted by Diderot. In his *Epoques de la nature*, Buffon believed that the earth was much older than the theologians would admit, and he established geological ages which form the basis for modern structural geology. With some necessary modifications, his theory of the earth's origin is now accepted. He suggested that the planets came into existence as the result of a collision between the sun and a comet or another astral body.

Buffon continued, however, to pay lip service to Biblical tradition and refused to have any part in the antireligious propaganda of his age. He was less an experimental scientist than Daubenton[1] and his other collaborators, and his chief merit lies in his mastery of literary style and in acquainting the public with broad syntheses and clearly enunciated hypotheses, more valuable to the advance of science than is sometimes realized in the laboratory.[2]

1. Daubenton wrote the sections on comparative anatomy for the *Histoire naturelle*; his brother wrote articles for the *Encyclopedia*.
2. For a revaluation and rehabilitation of B. as a thinker in eighteenth-century France, see: Otis Fellows, "Buffon's Place in the Enlightenment," *Studies on Voltaire...*, XXV (1963).

HISTOIRE NATURELLE
Premier discours
1749

DE LA MANIERE D'ETUDIER ET DE TRAITER L'HISTOIRE NATURELLE

L'histoire naturelle, prise dans toute son étendue, est une histoire immense; elle embrasse tous les objets que nous présente l'univers. Cette multitude prodigieuse de quadrupèdes, d'oiseaux, de poissons, d'insectes, de plantes, de minéraux etc., offre à la curiosité de l'esprit humain un vaste spectacle dont l'ensemble est si grand, qu'il paraît et qu'il est, en effet, inépuisable dans les détails. Une seule partie de l'histoire naturelle, comme l'histoire des insectes, ou l'histoire des plantes, suffit pour occuper plusieurs hommes; et les plus habiles observateurs n'ont donné, après un travail de plusieurs années, que des ébauches assez imparfaites des objets trop multipliés que présentent ces branches particulières de l'histoire naturelle, auxquelles ils s'étaient uniquement attachés; cependant ils ont fait tout ce qu'ils pouvaient faire, et bien loin de s'en prendre aux observateurs du peu d'avancement de la science, on ne saurait trop louer leur assiduité au travail et leur patience, on ne peut même leur refuser des qualités plus élevées; car il y a une espèce de force de génie et de courage d'esprit à pouvoir envisager, sans s'étonner, la nature dans la multitude innombrable de ses productions,[3] et à se croire capable de les comprendre et de les comparer; il y a une espèce de goût à les aimer, plus grand que le goût qui n'a pour but que des objets particuliers; et l'on peut dire que l'amour de l'étude de la nature suppose dans l'esprit deux qualités qui paraissent opposées: les grandes vues d'un génie ardent qui embrasse tout d'un coup d'œil, et les petites attentions d'un instinct laborieux qui ne s'attache qu'à un seul point.[4]

Le premier obstacle qui se présente dans l'étude de l'histoire naturelle vient de cette grande multitude d'objets; mais la variété de ces mêmes objets, et la difficulté de rassembler les productions diverses des différents climats, forment un obstacle à l'avancement de nos connaissances, qui paraît invincible, et qu'en effet le travail seul ne peut surmonter; ce n'est qu'à force de temps, de soins, de dépenses, et souvent par des hasards

---

3. As the development of the mathematical and physical sciences of the seventeenth century gave way to the study of the biological sciences, the many-sidedness of nature, its fluidity and complexity, replaced the classical conception of uniformity and laid the scientific bases for the literary schools of romanticism and realism.

4. In a preface to his discourse, *Vue de la nature*, Buffon explains that he is indulging in general views and reflections, after which he adds, "Nous retournerons à nos détails avec plus de courage; car j'avoue qu'il en faut pour s'occuper continuellement de petits objets dont l'examen exige la plus froide patience et ne permet rien au génie."

Buffon: Histoire naturelle

heureux, qu'on peut se procurer des individus [5] bien conservés de chaque espèce d'animaux, de plantes ou de minéraux, et former une collection bien rangée de tous les ouvrages de la nature.

Mais lorsqu'on est parvenu à rassembler des échantillons de tout ce qui peuple l'univers, lorsque après bien des peines on a mis dans un même lieu des modèles de tout ce qui se trouve répandu avec profusion sur la terre, et qu'on jette pour la première fois les yeux sur ce magasin rempli de choses diverses, nouvelles et étrangères, la première sensation qui en résulte est un étonnement mêlé d'admiration, et la première réflexion qui suit est un retour humiliant sur nous-même. On ne s'imagine pas qu'on puisse avec le temps parvenir au point de reconnaître tous ces différents objets, qu'on puisse parvenir non seulement à les reconnaître par la forme, mais encore à savoir tout ce qui a rapport à la naissance, à la production, l'organisation, les usages, en un mot à l'histoire de chaque chose en particulier; cependant, en se familiarisant avec ces mêmes objets, en les voyant souvent, et, pour ainsi dire, sans dessein, ils forment peu à peu des impressions durables, qui bientôt se lient dans notre esprit par des rapports fixes invariables; et de là nous nous élevons à des vues plus générales, par lesquelles nous pouvons embrasser à la fois plusieurs objets différents; et c'est alors qu'on est en état d'étudier avec ordre, de réfléchir avec fruit, et de se frayer des routes pour arriver à des découvertes utiles.[6]

On doit donc commencer par voir beaucoup et revoir souvent; quelque nécessaire que l'attention soit à tout, ici on peut s'en dispenser d'abord: je veux parler de cette attention scrupuleuse, toujours utile lorsqu'on sait beaucoup, et souvent nuisible à ceux qui commencent à s'instruire.[7] L'essentiel est de leur meubler la tête d'idées et de faits, de les empêcher, s'il est possible, d'en tirer trop tôt des raisonnements et des rapports; car il arrive toujours que par l'ignorance de certains faits, et par la trop petite quantité d'idées, ils épuisent leur esprit en fausses combinaisons, et se chargent la mémoire de conséquences et de résultats contraires à la vérité, lesquels forment dans la suite des préjugés qui s'effacent difficilement.

C'est pour cela que j'ai dit qu'il fallait commencer par voir beaucoup; il faut aussi voir presque sans dessein, parce que si vous avez résolu de ne considérer les choses que dans une certaine vue, dans un certain ordre, dans un certain système, eussiez-vous pris le meilleur chemin, vous n'arriverez jamais à la même étendue de connaissances à laquelle vous pourrez prétendre, si vous laissez dans les commencements votre esprit marcher

---

5. "specimens."
6. Rightly skeptical of previous systems of classification, B. here clearly defines the inductive method, which proceeds from the observation of facts to general laws.
7. B. here points out the disadvantages of too early specialization.

de lui-même, se reconnaître, s'assurer sans secours, et former seul la première chaîne qui représente l'ordre de ses idées....

Mais sans insister plus longtemps sur l'utilité qu'on doit tirer de l'histoire naturelle, soit par rapport aux autres sciences, soit par rapport aux arts, revenons à notre objet principal, à la manière de l'étudier et de la traiter. La description exacte et l'histoire fidèle de chaque chose est, comme nous l'avons dit, le seul but qu'on doive se proposer d'abord. Dans la description l'on doit faire entrer la forme, la grandeur, le poids, les couleurs, les situations de repos et de mouvements, la position des parties, leurs rapports, leur figure, leur action et toutes les fonctions extérieures; si l'on peut joindre à tout cela l'exposition des parties intérieures, la description n'en sera que plus complète; seulement on doit prendre garde de tomber dans de trop petits détails, ou de s'appesantir sur la description de quelque partie peu importante, et de traiter trop légèrement les choses essentielles et principales. L'histoire doit suivre la description, et doit uniquement rouler sur des rapports que les choses naturelles ont entre elles et avec nous; l'histoire d'un animal doit être non pas l'histoire de l'individu, mais celle de l'espèce entière de ces animaux; elle doit comprendre leur génération, le temps de la prégnation, celui de l'accouchement, le nombre des petits, les soins des pères et des mères, leur espèce d'éducation, leur instinct, les lieux de leur habitation, leur nourriture, la manière dont ils se la procurent, leurs mœurs, leurs ruses, leur chasse, ensuite les services qu'ils peuvent nous rendre, et toutes les utilités ou les commodités que nous pouvons en tirer;[8] et lorsque dans l'intérieur du corps de l'animal il y a des choses remarquables, soit par la conformation, soit pour les usages qu'on en peut faire, on doit les ajouter ou à la description ou à l'histoire; mais ce serait un objet étranger à l'histoire naturelle, que d'entrer dans un examen anatomique trop circonstancié, ou du moins ce n'est pas son objet principal, et il faut réserver ces détails pour servir de mémoires sur l'anatomie comparée.

Ce plan général doit être suivi et rempli avec toute l'exactitude possible, et pour ne pas tomber dans une répétition trop fréquente du même ordre, pour éviter la monotonie du style, il faut varier la forme des descriptions et changer le fil de l'histoire, selon qu'on le jugera nécessaire; de même pour rendre les descriptions moins sèches, y mêler quelques faits, quelques comparaisons, quelques réflexions sur les usages des différentes parties, en un mot, faire en sorte qu'on puisse vous lire sans ennui aussi bien que sans contention.

A l'égard de l'ordre général et de la méthode de distribution de dif-

---

8. B.'s classification was guided by such utilitarian, often moralistic, principles. For example, the horse is most useful to man, while the stag stimulates the warlike qualities of the hunter. From a purely scientific point of view, the white rat and the fruit fly would perhaps be man's greater benefactors, because of their value in laboratory experimentation in the fields of nutrition, anatomy, and genetics.

férents sujets de l'histoire naturelle, on pourrait dire qu'il est purement arbitraire, et dès lors on est assez le maître de choisir celui qu'on regarde comme le plus commode ou le plus communément reçu; mais avant que de donner les raisons qui pourraient déterminer à adopter un ordre plutôt qu'un autre, il est nécessaire de faire encore quelques réflexions, par lesquelles nous tâcherons de faire sentir ce qu'il peut y avoir de réel dans les divisions que l'on a faites des productions naturelles.

Pour le reconnaître il faut nous défaire un instant de tous nos préjugés, et même nous dépouiller de nos idées. Imaginons un homme qui a en effet tout oublié ou qui s'éveille tout neuf pour les objets qui l'environnent; plaçons cet homme dans une campagne où les animaux, les oiseaux, les poissons, les plantes, les pierres se présentent successivement à ses yeux. Dans les premiers instants cet homme ne distinguera rien et confondra tout; mais laissons ses idées s'affermir peu à peu par des sensations réitérées des mêmes objets; bientôt il se formera une idée générale de la matière animée, il la distinguera aisément de la matière inanimée, et peu de temps après il distinguera très bien la matière animée de la matière végétative, et naturellement il arrivera à cette première grande division, *animal, végétal* et *minéral;* et comme il aura pris en même temps une idée nette de ces grands objets si différents, la *terre,* l'*air* et l'*eau,* il viendra en peu de temps à se former une idée particulière des animaux qui habitent la terre, de ceux qui demeurent dans l'eau, et de ceux qui s'élèvent dans l'air, et par conséquent il se fera aisément à lui-même cette seconde division, *animaux quadrupèdes, oiseaux, poissons;* il en est de même dans le règne végétal, des arbres et des plantes, il les distinguera très bien, soit par leur grandeur, soit par leur substance, soit par leur figure. Voilà ce que la simple inspection doit nécessairement lui donner, et ce qu'avec une très légère attention il ne peut manquer de reconnaître; c'est là aussi ce que nous devons regarder comme réel, et ce que nous devons respecter comme une division donnée par la nature même.[9] Ensuite mettons-nous à la place de cet homme, ou supposons qu'il ait acquis autant de connaissances, et qu'il ait autant d'expérience que nous en avons, il viendra à juger les objets de l'histoire naturelle par les rapports qu'ils auront avec lui; ceux qui lui seront les plus nécessaires, les plus utiles, tiendront le premier rang, par exemple, il donnera la préférence dans l'ordre des animaux au cheval, au chien, au bœuf, etc., et il connaîtra toujours mieux ceux qui lui seront les plus familiers; ensuite il s'occupera de ceux qui, sans être familiers, ne laissent pas que d'habiter les mêmes lieux, les mêmes climats, comme les cerfs, les lièvres, et tous les animaux sauvages, et ce ne sera qu'après toutes ces connaissances acquises que sa curiosité le portera à rechercher ce que peuvent être les animaux des climats étrangers, comme les éléphants, les dromadaires, etc. Il en sera de même pour

---

9. B.'s classification was scientifically impossible. It was supplanted by that of Linnaeus (1707–1778), who first made man a part of the animal kingdom.

les poissons, pour les oiseaux, pour les insectes, pour les coquillages, pour les plantes, pour les minéraux, et pour toutes les autres productions de la nature; il les étudiera à proportion de l'utilité qu'il en pourra tirer, il les considérera à mesure qu'ils se présenteront plus familièrement, et il les rangera dans sa tête relativement à cet ordre de ses connaissances, parce que c'est en effet l'ordre selon lequel il les a acquises, et selon lequel il lui importe de les conserver.

Cet ordre le plus naturel de tous, est celui que nous avons cru devoir suivre.[10] Notre méthode de distribution n'est pas plus mystérieuse que ce qu'on vient de voir, nous partons des divisions générales telles qu'on vient de les indiquer, et que personne ne peut contester, ensuite nous prenons les objets qui nous intéressent le plus par les rapports qu'ils ont avec nous, de là nous passons peu à peu jusqu'à ceux qui sont les plus éloignés, et qui nous sont étrangers, et nous croyons que cette façon simple et naturelle de considérer les choses, est préférable aux méthodes les plus recherchées et les plus composées, parce qu'il n'y en a pas une, et de celles qui sont faites, et de toutes celles que l'on peut faire, où il n'y ait plus d'arbitraire que dans celle-ci, et qu'à tout prendre il nous est plus facile, plus agréable et plus utile de considérer les choses par rapport à nous, que sous un autre point de vue....

Nous avons dit que l'histoire fidèle et la description exacte de chaque chose étaient les deux seuls objets que l'on devait se proposer d'abord dans l'étude de l'histoire naturelle. Les anciens ont bien rempli le premier, et sont peut-être autant au-dessus des modernes par cette première partie, que ceux-ci sont au-dessus d'eux par la seconde; car les anciens ont très bien traité l'historique de la vie et des mœurs des animaux, de la culture et des usages des plantes, des propriétés et de l'emploi des minéraux, et en même temps ils semblent avoir négligé à dessein la description de chaque chose: ce n'est pas qu'ils ne fussent très capables de la bien faire, mais ils dédaignaient apparemment d'écrire des choses qu'ils regardaient comme inutiles, et cette façon de penser tenait à quelque chose de général et n'était pas aussi déraisonnable qu'on pourrait le croire, et même ils ne pouvaient guère penser autrement. Premièrement ils cherchaient à être courts et à ne mettre dans leurs ouvrages que les faits essentiels et utiles, parce qu'ils n'avaient pas, comme nous, la facilité de multiplier les livres, et de les grossir impunément. En second lieu ils tournaient toutes les sciences du côté de l'utilité, et donnaient beaucoup moins que nous à la vaine curiosité;[11] tout ce qui n'était pas intéressant pour la société, pour la santé, pour les arts, était négligé, ils rapportaient tout à l'homme

---

10. B. shortly became a naturalist in a more scientific sense and abandoned the logically "natural" order suggested here. The trend of the century was to impose an experimental check on rationalism.

11. For another approach to this idea see Diderot, above, p. 279.

Buffon: Histoire naturelle

moral, et ils ne croyaient pas que les choses qui n'avaient point d'usage fussent dignes de l'occuper; un insecte inutile dont nos observateurs admirent les manœuvres, une herbe sans vertu dont nos botanistes observent les étamines, n'étaient pour eux qu'un insecte ou une herbe: on peut citer pour exemple le vingt-septième livre de Pline,[12] *Reliqua herbarum genera*, où il met ensemble toutes les herbes dont il ne fait pas grand cas, qu'il se contente de nommer par lettres alphabétiques, en indiquant seulement quelqu'un de leurs caractères généraux et de leurs usages pour la médecine. Tout cela venait du peu de goût que les anciens avaient pour la physique, ou, pour parler plus exactement, comme ils n'avaient aucune idée de ce que nous appelons physique particulière et expérimentale, ils ne pensaient pas que l'on pût tirer aucun avantage de l'examen scrupuleux et de la description exacte de toutes les parties d'une plante ou d'un petit animal, et ils ne voyaient pas les rapports que cela pouvait avoir avec l'explication des phénomènes de la nature.

Dans ce siècle même où les sciences paraissent être cultivées avec soin, je crois qu'il est aisé de s'apercevoir que la philosophie est négligée,[13] et peut-être plus que dans aucun autre siècle; les arts qu'on veut appeler scientifiques, ont pris sa place; les méthodes de calcul et de géométrie, celles de botanique et d'histoire naturelle, les formules, en un mot, et les dictionnaires occupent presque tout le monde; on s'imagine savoir davantage, parce qu'on a augmenté le nombre des expressions symboliques et des phrases savantes, et on ne fait point attention que tous ces arts ne sont que des échafaudages pour arriver à la science, et non pas la science elle-même, qu'il ne faut s'en servir que lorsqu'on ne peut s'en passer, et qu'on doit toujours se défier qu'ils ne viennent à nous manquer lorsque nous voudrons les appliquer à l'édifice.

LA VÉRITÉ, cet être métaphysique dont tout le monde croit avoir une idée claire, me paraît confondue dans un si grand nombre d'objets étrangers auxquels on donne son nom, que je ne suis pas surpris qu'on ait de la peine à la reconnaître. Les préjugés et les fausses applications se sont multipliées à mesure que nos hypothèses ont été plus savantes, plus abstraites et plus perfectionnées; il est donc plus difficile que jamais de reconnaître ce que nous pouvons savoir, et de le distinguer nettement de ce que nous devons ignorer. Les réflexions suivantes serviront au moins d'avis sur ce sujet important.

Le mot de vérité ne fait naître qu'une idée vague, il n'a jamais eu de définition précise, et la définition elle-même prise dans un sens général et absolu, n'est qu'une abstraction qui n'existe qu'en vertu de quelque sup-

---

12. Pliny's *Natural History* appeared about 77 A.D. It is the most complete of all the scientific compendiums of antiquity.
13. I.e., "la philosophie rationnelle" as opposed to "la philosophie expérimentale." B. was no worshiper of the scientific method as an end in itself, nor a naturalist in the philosophic sense (i.e., one who believes that through the scientific method man knows all he can or needs to know).

position; au lieu de chercher à faire une définition de la vérité, cherchons donc à faire une énumération, voyons de près ce qu'on appelle communément vérités, et tâchons de nous en former des idées nettes.

Il y a plusieurs espèces de vérités, et on a coutume de mettre dans le premier ordre les vérités mathématiques, ce ne sont cependant que des vérités de définition; ces définitions portent sur des suppositions simples, mais abstraites, et toutes les vérités en ce genre ne sont que des conséquences composées, mais toujours abstraites, de ces définitions. Nous avons fait les suppositions, nous les avons combinées de toutes les façons, ce corps de combinaisons est la science mathématique; il n'y a donc rien dans cette science que ce que nous y avons mis, et les vérités qu'on en tire ne peuvent être que des expressions différentes sous lesquelles se présentent les suppositions que nous avons employées; ainsi les vérités mathématiques ne sont que les répétitions exactes des définitions ou suppositions. La dernière conséquence n'est vraie que parce qu'elle est identique avec celle qui la précède, et que celle-ci l'est avec la précédente, et ainsi de suite en remontant jusqu'à la première supposition; et comme les définitions sont les seuls principes sur lesquels tout est établi, et qu'elles sont arbitraires et relatives, toutes les conséquences qu'on en peut tirer sont également arbitraires et relatives. Ce qu'on appelle vérités mathématiques se réduit donc à des identités d'idées et n'a aucune réalité; nous supposons, nous raisonnons sur nos suppositions, nous en tirons des conséquences, nous concluons, la conclusion ou dernière conséquence est une proposition vraie, relativement à notre supposition, mais cette vérité n'est pas plus réelle que la supposition elle-même. Ce n'est point ici le lieu de nous étendre sur les usages des sciences mathématiques, non plus que sur l'abus qu'on en peut faire, il nous suffit d'avoir prouvé que les vérités mathématiques ne sont que des vérités de définition, ou, si l'on veut, des expressions différentes de la même chose, et qu'elles ne sont vérités que relativement à ces mêmes définitions que nous avons faites; c'est par cette raison qu'elles ont l'avantage d'être toujours exactes et démonstratives, mais abstraites, intellectuelles et arbitraires.[14]

Les vérités physiques, au contraire, ne sont nullement arbitraires et ne dépendent point de nous, au lieu d'être fondées sur des suppositions que nous ayons faites, elles ne sont appuyées que sur des faits; une suite de faits semblables ou, si l'on veut, une répétition fréquente et une succession non interrompue des mêmes événements, fait l'essence de la vérité physique; ce qu'on appelle vérité physique n'est donc qu'une probabilité, mais une probabilité si grande qu'elle équivaut à une certitude. En mathématique on suppose, en physique on pose et on établit; là ce sont des définitions,

---

14. For the retreat of the mathematical and physical sciences, along with metaphysics, before the biological sciences, cf. Diderot (*Pensées sur l'interprétation de la nature, IV*): "Nous touchons au moment d'une grande révolution dans les sciences. Au penchant que les esprits me paraissent avoir à la morale, aux belles-lettres, à l'histoire de la nature, et à la physique expérimentale, j'oserai presque assurer qu'avant qu'il soit cent ans, on ne comptera pas trois grands géomètres en Europe."

ici ce sont des faits, on va de définitions en définitions dans les sciences abstraites, on marche d'observations en observations dans les sciences réelles; dans les premières on arrive à l'évidence, dans les dernières à la certitude. Le mot de vérité comprend l'une et l'autre, et répond par conséquent à deux idées différentes, sa signification est vague et composée, il n'était donc pas possible de la définir généralement; il fallait, comme nous venons de le faire, en distinguer les genres afin de s'en former une idée nette.

Je ne parlerai pas des autres ordres de vérités; celles de la morale, par exemple, qui sont en parties réelles et en parties arbitraires, demanderaient une longue discussion qui nous éloignerait de notre but, et cela d'autant plus qu'elles n'ont pour objet et pour fin que des convenances et des probabilités.

L'évidence mathématique et la certitude physique sont donc les deux seuls points sous lesquels nous devons considérer la vérité; dès qu'elle s'éloignera de l'une ou de l'autre, ce n'est plus que vraisemblance et probabilité. Examinons donc ce que nous pouvons savoir de science évidente ou certaine, après quoi nous verrons ce que nous ne pouvons connaître que par conjecture, et enfin ce que nous devons ignorer....

[Influence du climat sur le physique] [15]

La couleur de la peau, des cheveux et des yeux, varie par la seule influence du climat; les autres changements tels que ceux de la taille, de la forme des traits et de la qualité des cheveux, ne me paraissent pas dépendre de cette seule cause; car, dans la race des nègres, lesquels, comme l'on sait, ont pour la plupart la tête couverte d'une laine crépue, le nez épaté, les lèvres épaisses, on trouve des nations entières avec de longs et vrais cheveux, avec des traits réguliers; et si l'on comparait dans la race des blancs le Danois au Calmouque,[16] ou seulement le Finlandais au Lapon dont il est si voisin, on trouverait entre eux autant de différence pour les traits et la taille, qu'il y en a dans la race des Noirs: par conséquent il faut admettre pour ces altérations qui sont plus profondes que les premières, quelques autres causes réunies avec celle du climat: la plus générale et la plus directe est la qualité de la nourriture; c'est principalement par les aliments que l'homme reçoit l'influence de la terre qu'il habite, celle de l'air et du ciel agit plus superficiellement; et tandis qu'elle altère la surface la plus extérieure en changeant la couleur de la peau, la nourriture agit sur la forme intérieure par ses propriétés qui sont constam-

---

15. With the main stress here on the physiological variations, transmitted from generation to generation over long periods of time, we have a much more scientific treatment of the influence of environmental factors than in Montesquieu (cf., above, p. 182).

16. East Russians or Mongolians who lived far from the Danes but in about the same latitude. Like Aristotle and Aquinas, B. here confuses latitude with climate.

ment relatives à celles de la terre qui la produit. On voit dans le même pays des différences marquées entre les hommes qui en occupent les hauteurs, et ceux qui demeurent dans les lieux bas; les habitants de la montagne sont toujours mieux faits, plus vifs et plus beaux que ceux de la vallée; à plus forte raison dans des climats éloignés du climat primitif, dans des climats où les herbes, les fruits, les grains et la chair des animaux sont de qualité et même de substance différentes, les hommes qui s'en nourrissent doivent devenir différents. Ces impressions ne se font pas subitement, ni même dans l'espace de quelques années; il faut du temps pour que l'homme reçoive la teinture du ciel, il en faut encore plus pour que la terre lui transmette ses qualités; et il a fallu des siècles joints à un usage toujours constant des mêmes nourritures, pour influer sur la forme des traits, sur la grandeur du corps, sur la substance des cheveux, et produire ces altérations intérieures, qui, s'étant ensuite perpétuées par la génération, sont devenues les caractères généraux et constants auxquels on reconnaît les races et même les nations différentes qui composent le genre humain.

Epoques de la nature

LORSQUE LES EAUX SE SONT RETIREES

... A mesure que les mers s'abaissaient et découvraient les pointes les plus élevées des continents, ces sommets, comme autant de soupiraux qu'on viendrait de déboucher, commencèrent à laisser exhaler les nouveaux feux produits dans l'intérieur de la terre par l'effervescence des matières qui servent d'aliment aux volcans. Le domaine de la terre, sur la fin de cette seconde période de vingt mille ans, était partagé entre le feu et l'eau; également déchirée et dévorée par la fureur de ces deux éléments, il n'y avait nulle part ni sûreté, ni repos; mais heureusement ces anciennes scènes, les plus épouvantables de la nature, n'ont point eu de spectateurs, et ce n'est qu'après cette seconde période entièrement révolue que l'on peut dater la naissance des animaux terrestres; les eaux étaient alors retirées, puisque les deux grands continents étaient unis vers le nord, et également peuplés d'éléphants; le nombre des volcans était aussi beaucoup diminué, parce que leurs éruptions ne pouvant s'opérer que par le conflit de l'eau et du feu, elles avaient cessé dès que la mer, en s'abaissant, s'en était éloignée. Qu'on se représente encore l'aspect qu'offrait la terre immédiatement après cette seconde période, c'est-à-dire à cinquante-cinq ou soixante mille ans de sa formation: dans toutes les parties basses, des mares profondes, des courants rapides et des tournoiements d'eau; de tremblements de terre presque continuels, produits par l'affaissement des cavernes et par les fréquentes explosions des volcans, tant sous mer que sur terre; des orages généraux et particuliers; des tourbillons de fumée et des tempêtes excitées par les violentes secousses de la terre et de la mer; des inondations, des débordements, des déluges occasionnés par ces mêmes commotions, des fleuves de verre fondu, de bitume et de soufre, ravageant les montagnes et venant dans les plaines empoisonner les eaux; le soleil même presque toujours offusqué, non seulement par des nuages aqueux, mais par des masses épaisses de cendres et de pierres poussées par les volcans; et nous remercierons le Créateur de n'avoir pas rendu l'homme témoin de ces scènes effrayantes et terribles qui ont précédé, et, pour ainsi dire, annoncé la naissance de la nature intelligente et sensible.

(*Quatrième époque*)

Des sens en général
1749

[LE PREMIER HOMME RACONTE SES PREMIERES IMPRESSIONS] [17]

J'imagine donc un homme tel qu'on peut croire qu'était le premier homme au moment de la création, c'est-à-dire, un homme dont le corps et les organes seraient parfaitement formés, mais qui s'éveillerait tout neuf pour lui-même et pour tout ce qui l'environne. Quels seraient ses premiers mouvements, ses premières sensations, ses premiers jugements? Si cet homme voulait nous faire l'histoire de ses premières pensées, qu'aurait-il à nous dire? quelle serait cette histoire? Je ne puis me dispenser de le faire parler lui-même, afin d'en rendre les faits plus sensibles: ce récit philosophique, qui sera court, ne sera pas une digression inutile:

Je me souviens de cet instant plein de joie et de trouble, où je sentis pour la première fois ma singulière existence; je ne savais ce que j'étais, où j'étais, d'où je venais. J'ouvris les yeux, quel surcroît de sensations! la lumière, la voûte céleste, la verdure de la terre, le cristal des eaux, tout m'occupait, m'animait et me donnait un sentiment inexprimable de plaisir: je crus d'abord que tous ces objets étaient en moi, et faisaient partie de moi-même.

Je m'affermissais dans cette pensée naissante lorsque je tournai les yeux vers l'astre de la lumière, son éclat me blessa; je fermai involontairement la paupière, et je sentis une légère douleur. Dans ce moment d'obscurité, je crus avoir perdu presque tout mon être.

Affligé, saisi d'étonnement, je pensais à ce grand changement, quand tout à coup j'entendis des sons; le chant des oiseaux, le murmure des airs,

---

17. In his *Essai sur l'origine des connaissances* (1746) Condillac had imagined a mature man with all his sense organs perfectly developed seeking to get in touch with and to understand the external universe. Condillac believed that sight was the most important sense, whereas B. put chief emphasis on touch. Diderot, in his *Lettre sur les aveugles* (1749), and other scientists supported B.'s opinion. In his *Rêve de d'Alembert* Diderot treats all the senses as modifications of the sense of touch.

In the following pages B. represents man as coming into possession of his senses one by one. Later Condillac, in his *Traité des sensations* (1754), will endow a statue with one sense at a time.

formaient un concert dont la douce impression me remuait jusqu'au fond de l'âme; j'écoutai longtemps, et je me persuadai bientôt que cette harmonie était moi.

Attentif, occupé tout entier de ce nouveau genre d'existence, j'oubliais déjà la lumière, cette autre partie de mon être que j'avais connue la première, lorsque je rouvris les yeux. Quelle joie de me retrouver en possession de tant d'objets brillants! mon plaisir surpassa tout ce que j'avais senti la première fois, et suspendit pour un temps le charmant effet des sons.

Je fixai mes regards sur mille objets divers, je m'aperçus bientôt que je pouvais perdre et retrouver ces objets, et que j'avais la puissance de détruire et de reproduire à mon gré cette belle partie de moi-même; et quoiqu'elle me parût immense en grandeur par la quantité des accidents de lumière et par la variété des couleurs, je crus reconnaître que tout était contenu dans une portion de mon être.

Je commençais à voir sans émotion et à entendre sans trouble, lorsqu'un air léger dont je sentis la fraîcheur, m'apporta des parfums qui me causèrent un épanouissement intime, et me donnèrent un sentiment d'amour pour moi-même.

Agité par toutes ces sensations, pressé par les plaisirs d'une si belle et si grande existence, je me levai tout d'un coup, et je me sentis transporté par une force inconnue.

Je ne fis qu'un pas, la nouveauté de ma situation me rendit immobile, ma surprise fut extrême; je crus que mon existence fuyait, le mouvement que j'avais fait avait confondu les objets; je m'imaginais que tout était en désordre.

Je portai la main sur ma tête, je touchai mon front et mes yeux, je parcourus mon corps, ma main me parut être alors le principal organe de mon existence; ce que je sentais dans cette partie était si distinct et si complet, la jouissance m'en paraissait si parfaite en comparaison du plaisir que m'avaient causé la lumière et les sons, que je m'attachai tout entier à cette partie solide de mon être, et je sentis que mes idées prenaient de la profondeur et de la réalité.

Tout ce que je touchais sur moi semblait rendre à ma main sentiment pour sentiment, et chaque attouchement produisait dans mon âme une double idée.

Je ne fus pas longtemps sans m'apercevoir que cette faculté de sentir était répandue dans toutes les parties de mon être; je reconnus bientôt les limites de mon existence qui m'avait d'abord paru immense en étendue.

J'avais jeté les yeux sur mon corps, je le jugeais d'un volume énorme et si grand, que tous les objets qui avaient frappé mes yeux ne me paraissaient être en comparaison que des points lumineux.

Je m'examinai longtemps, je me regardais avec plaisir, je suivais ma main de l'œil et j'observais ses mouvements; j'eus sur tout cela les idées

Buffon: Histoire naturelle

les plus étranges, je croyais que le mouvement de ma main n'était qu'une espèce d'existence fugitive, une succession de choses semblables, je l'approchai de mes yeux; elle me parut alors plus grande que tout mon corps, et elle fit disparaître à ma vue un nombre infini d'objets.

Je commençai à soupçonner qu'il y avait de l'illusion dans cette sensation qui me venait par les yeux; j'avais vu distinctement que ma main n'était qu'une petite partie de mon corps, et je ne pouvais comprendre qu'elle fût augmentée au point de me paraître d'une grandeur démesurée, je résolus donc de ne me fier qu'au toucher qui ne m'avait pas encore trompé, et d'être en garde sur toutes les autres façons de sentir et d'être.

Cette précaution me fut utile, je m'étais remis en mouvement et je marchais la tête haute et levée vers le ciel, je me heurtai légèrement contre un palmier: saisi d'effroi, je portai ma main sur ce corps étranger, je le jugeai tel, parce qu'il ne me rendit pas sentiment pour sentiment; je me détournai avec une espèce d'horreur, et je connus pour la première fois qu'il y avait quelque chose hors de moi.

Plus agité par cette nouvelle découverte que je ne l'avais été par toutes les autres, j'eus peine à me rassurer, et, après avoir médité sur cet événement, je conclus que je devais juger des objets extérieurs comme j'avais jugé des parties de mon corps, et qu'il n'y avait que le toucher qui pût m'assurer de leur existence.

Je cherchai donc à toucher tout ce que je voyais, je voulais toucher le soleil, j'étendais les bras pour embrasser l'horizon, et je ne trouvais que le vide des airs.

A chaque expérience que je tentais, je tombais de surprise en surprise, car tous les objets me paraissaient être également près de moi, et ce ne fut qu'après une infinité d'épreuves que j'appris à me servir de mes yeux pour guider ma main, et, comme elle me donnait des idées toutes différentes des impressions que je recevais par le sens de la vue, mes sensations n'étant pas d'accord entre elles, mes jugements n'en étaient que plus imparfaits, et le total de mon être n'était encore pour moi-même qu'une existence en confusion.

Profondément occupé de moi, de ce que j'étais, de ce que je pouvais être, les contrariétés que je venais d'éprouver m'humilièrent, plus je réfléchissais, plus il se présentait de doutes; lassé de tant d'incertitudes, fatigué des mouvements de mon âme, mes genoux fléchirent et je me trouvai dans une situation de repos. Cet état de tranquillité donna de nouvelles forces à mes sens, j'étais assis à l'ombre d'un bel arbre, des fruits d'une couleur vermeille descendaient en forme de grappe à la portée de ma main, je les touchai légèrement, aussitôt ils se séparèrent de la branche, comme la figue s'en sépare dans le temps de sa maturité.

J'avais saisi un de ces fruits, je m'imaginais avoir fait une conquête, et je me glorifiais de la faculté que je sentais, de pouvoir contenir dans ma main un autre être tout entier; sa pesanteur, quoique peu sensible, me parut une résistance animée que je me faisais un plaisir de vaincre.

J'avais approché ce fruit de mes yeux, j'en considérais la forme et les couleurs, une odeur délicieuse me le fit approcher davantage, il se trouva près de mes lèvres; je tirais à longues inspirations le parfum, et goûtais à longs traits les plaisirs de l'odorat; j'étais intérieurement rempli de cet air embaumé, ma bouche s'ouvrit pour l'exhaler, elle se rouvrit pour en reprendre, je sentis que je possédais un odorat intérieur plus fin, plus délicat encore que le premier, enfin je goûtai.

Quelle saveur! quelle nouveauté de sensation! Jusque-là je n'avais eu que des plaisirs; le goût me donna le sentiment de la volupté, l'intimité de la jouissance fit naître l'idée de la possession, je crus que la substance de ce fruit était devenue la mienne, et que j'étais le maître de transformer les êtres.

Flatté de cette idée de puissance, incité par le plaisir que j'avais senti, je cueillis un second et un troisième fruit, et je ne me lassais pas d'exercer ma main pour satisfaire mon goût; mais une langueur agréable s'emparant peu à peu de tous mes sens, appesantit mes membres et suspendit l'activité de mon âme; je jugeais de son inaction par la mollesse de mes pensées, mes sensations émoussées arrondissaient tous les objets et ne me présentaient que des images faibles et mal terminées; dans cet instant mes yeux devenus inutiles se fermèrent, et ma tête n'étant plus soutenue par la force des muscles, pencha pour trouver un appui sur le gazon.

Tout fut effacé, tout disparut, la trace de mes pensées fut interrompue, je perdis le sentiment de mon existence: ce sommeil fut profond, mais je ne sais s'il fût de longue durée, n'ayant point encore l'idée du temps et ne pouvant le mesurer; mon réveil ne fut qu'une seconde naissance, et je sentis seulement que j'avais cessé d'être....

Les Animaux domestiques

LE CHEVAL [18]

La plus noble conquête que l'homme ait jamais faite est celle de ce fier et fougueux animal, qui partage avec lui les fatigues de la guerre et la gloire des combats; aussi intrépide que son maître, le cheval voit le péril et l'affronte; il se fait au bruit des armes, il l'aime, il le cherche et s'anime de la même ardeur; il partage aussi ses plaisirs; à la chasse, aux tournois, à la course, il brille, il étincelle; mais docile autant que courageux, il ne se laisse point emporter à son feu, il sait réprimer ses mouvements; non

---

18. The horse comes first as the most useful animal. B. was shocked when Linnaeus, with a more scientific classification, brought together the horse and the zebra. B. left the more precise anatomical descriptions to his collaborator Daubenton. It was to his description of the horse that the scientifically minded Diderot went for Daubenton's support of his theory of transformism (see, above, p. 278).

seulement il fléchit sous la main de celui qui le guide, mais il semble consulter ses désirs, et obéissant toujours aux impressions qu'il en reçoit, il se précipite, se modère ou s'arrête, et n'agit que pour y satisfaire; c'est une créature qui renonce à son être pour n'exister que par la volonté d'un autre, qui sait même la prévenir; qui, par la promptitude et la précision de ses mouvements, l'exprime et l'exécute; qui sent autant qu'on le désire, et ne rend qu'autant qu'on veut; qui, se livrant sans réserve, ne se refuse à rien, sert de toutes ses forces, s'excède et même meurt pour mieux obéir.

Voilà le cheval dont les talents sont développés, dont l'art a perfectionné les qualités naturelles, qui dès le premier âge a été soigné et ensuite exercé, dressé au service de l'homme; c'est par la perte de sa liberté que commence son éducation, et c'est par la contrainte qu'elle s'achève: l'esclavage ou la domesticité de ces animaux est même si universelle, si ancienne, que nous ne les voyons que rarement dans leur état naturel; ils sont toujours couverts de harnais dans leurs travaux; on ne les délivre jamais de tous leurs liens, même dans les temps du repos; et si on les laisse quelquefois errer en liberté dans les pâturages, ils y portent toujours les marques de la servitude, et souvent les empreintes cruelles du travail et de la douleur: la bouche est déformée par les plis que le mors a produits; les flancs sont entamés par des plaies, ou sillonnés de cicatrices faites par l'éperon: la corne des pieds est traversée par des clous; l'attitude du corps est encore gênée par l'impression subsistante des entraves habituelles; on les en délivrerait en vain, ils n'en seraient pas plus libres; ceux même dont l'esclavage est le plus doux, qu'on ne nourrit, qu'on n'entretient que pour le luxe et la magnificence, et dont les chaînes dorées servent moins à leur parure qu'à la vanité de leur maître, sont encore plus déshonorés par l'élégance de leur toupet, par les tresses de leurs crins, par l'or et la soie dont on les couvre, que par les fers qui sont sous leurs pieds.

La nature est plus belle que l'art; et, dans un être animé, la liberté des mouvements fait la belle nature: voyez ces chevaux qui se sont multipliés dans les contrées de l'Amérique espagnole, et qui vivent en chevaux libres: leur démarche, leur course, leurs sauts, ne sont ni gênés, ni mesurés; fiers de leur indépendance, ils fuient la présence de l'homme, ils dédaignent ses soins, ils cherchent et trouvent eux-mêmes la nourriture qui leur convient; ils errent, ils bondissent en liberté dans des prairies immenses où ils cueillent les productions nouvelles d'un printemps toujours nouveau; sans habitation fixe, sans autre abri que celui d'un ciel serein, ils respirent un air plus pur que celui de ces palais voûtés où nous les renfermons en pressant les espaces qu'ils doivent occuper; aussi ces chevaux sauvages sont-ils beaucoup plus forts, plus légers, plus nerveux, que la plupart des chevaux domestiques;[19] ils ont ce que donne la nature, la force et la no-

---

19. Modern scientists have remarked that B. lets his stylistic preoccupations get the better of him. Later he admits that, when horses return to a wild state, they degenerate.

blesse; les autres n'ont que ce que l'art peut donner, l'adresse et l'agrément.

Le naturel de ces animaux n'est point féroce; ils sont seulement fiers et sauvages: quoique supérieurs par la force à la plupart des autres animaux, jamais ils ne les attaquent; et s'ils en sont attaqués, ils les dédaignent, les écartent ou les écrasent; ils vont aussi par troupes et se réunissent pour le seul plaisir d'être ensemble, car ils n'ont aucune crainte, mais ils prennent de l'attachement les uns pour les autres: comme l'herbe et les végétaux suffisent à leur nourriture, qu'ils ont abondamment de quoi satisfaire leur appétit, et qu'ils n'ont aucun goût pour la chair des animaux,[20] ils ne leur font point la guerre, ils ne se la font point entre eux, ils ne se disputent pas leur subsistance, ils n'ont jamais occasion de ravir une proie ou de s'arracher un bien, sources ordinaires de querelles et de combats parmi les autres animaux carnassiers; ils vivent donc en paix, parce que leurs appétits sont simples et modérés, et qu'ils ont assez pour ne se rien envier.

Tout cela peut se remarquer dans les jeunes chevaux qu'on élève ensemble et qu'on mène en troupeaux; ils ont les mœurs douces et les qualités sociales, leur force, leur ardeur ne se marquent ordinairement que par des signes d'émulation; ils cherchent à se devancer à la course, à se faire et même s'animer au péril en se défiant à traverser une rivière, sauter un fossé; et ceux qui dans ces exercices naturels donnent l'exemple, ceux qui d'eux-mêmes vont les premiers, sont les plus généreux, les meilleurs, et souvent les plus dociles et les plus souples lorsqu'ils sont une fois domptés. . . .[21]

Le cheval est de tous les animaux celui qui, avec une grande taille, a le plus de proportion et d'élégance dans les parties de son corps; car en lui comparant les animaux qui sont immédiatement au-dessus et au-dessous, on verra que l'âne est mal fait, que le lion a la tête trop grosse, que le bœuf a les jambes trop minces et trop courtes pour la grosseur de son corps, que le chameau est difforme, et que les plus gros animaux, le rhinocéros et l'éléphant, ne sont, pour ainsi dire, que des masses informes. Le grand allongement des mâchoires est la principale cause de la différence entre la tête des quadrupèdes et celle de l'homme, c'est aussi le caractère le plus ignoble de tous; cependant, quoique les mâchoires du cheval soient fort allongées, il n'a pas, comme l'âne, un air d'imbécillité, ou de stupidité comme le bœuf; la régularité des proportions de sa tête lui donne au contraire un air de légèreté qui est bien soutenu par la beauté de son encolure. Le cheval semble vouloir se mettre au-dessus de son état de quadrupède en élevant sa tête; dans cette noble attitude il regarde l'homme

---

20. Not, however, because of their moral excellence, as B. implies, but because they are herbivorous animals.

21. Omitted here is a long passage on the training of horses, with a discussion of their gaits, the walk, trot, canter, and gallop.

face à face; ses yeux sont vifs et bien ouverts, ses oreilles sont bien faites et d'une juste grandeur, sans être courtes comme celles de l'âne; sa crinière accompagne bien sa tête, orne son cou, et lui donne un air de force et de fierté; sa queue traînante et touffue couvre et termine avantageusement l'extrémité de son corps: bien différente de la courte queue du cerf, de l'éléphant, etc., et de la queue nue de l'âne, du chameau, du rhinocéros, etc., la queue du cheval est formée par des crins épais et longs qui semblent sortir de la croupe, parce que le tronçon dont ils sortent est fort court: il ne peut relever sa queue comme le lion, mais elle lui sied mieux quoique abaissée; et comme il peut la mouvoir de côté, il s'en sert utilement pour chasser les mouches qui l'incommodent; car quoique sa peau soit très ferme, et qu'elle soit garnie partout d'un poil épais et serré, elle est cependant très sensible....[22]

DISCOURS SUR LE STYLE [23]
1753

...Il s'est trouvé dans tous les temps des hommes qui ont su commander aux autres par la puissance de la parole. Ce n'est néanmoins que dans les siècles éclairés que l'on a bien écrit et bien parlé. La véritable éloquence suppose l'exercice du génie et la culture de l'esprit. Elle est bien différente de cette facilité naturelle de parler, qui n'est qu'un talent, une qualité accordée à tous ceux dont les passions sont fortes, les organes souples et l'imagination prompte. Ces hommes sentent vivement, s'affectent de même, le marquent fortement au dehors; et par une impression purement mécanique,[24] ils transmettent aux autres leur enthousiasme et leurs affections. C'est le corps qui parle au corps; tous les mouvements, tous les signes concourent et servent également. Que faut-il pour émouvoir la multitude et l'entraîner? Que faut-il pour ébranler la plupart même des autres hommes et les persuader? Un ton véhément et pathétique, des gestes expressifs et fréquents, des paroles rapides et sonnantes. Mais, pour le petit nombre de ceux dont la tête est ferme, le goût délicat et le sens exquis, et qui comme vous, Messieurs, comptent pour peu le ton, les gestes et le vain son des mots, il faut des choses, des pensées, des raisons; il faut savoir les présenter, les nuancer, les ordonner: il ne suffit pas de frapper l'oreille et d'occuper les yeux; il faut agir sur l'âme et toucher le cœur en parlant à l'esprit.

22. Many pages follow on different kinds of horses, but at the end B. refuses to be drawn into a discussion of their maladies.
23. This academic discourse is in the tradition of formal classical eloquence. It is Cartesian, at times even Platonic, in inspiration. The scientific spirit of the eighteenth century will not dominate the Academy for another decade. It remains, nevertheless, a model for the composition of serious prose discourse.
24. B. follows here the dualistic Cartesian distinction between emotions, which, like bodily movement, are mechanical, and reason, the free expression of the mind.

Le style n'est que l'ordre et le mouvement qu'on met dans ses pensées.[25] Si on les enchaîne étroitement, si on les serre, le style devient ferme, nerveux et concis; si on les laisse se succéder lentement, et ne se joindre qu'à la faveur des mots, quelque élégants qu'ils soient, le style sera diffus, lâche et traînant.

Mais avant de chercher l'ordre dans lequel on présentera ses pensées, il faut s'en être fait un autre plus général et plus fixe, où ne doivent entrer que les premières vues et les principales idées: c'est en marquant leur place sur ce premier plan qu'un sujet sera circonscrit et que l'on en connaîtra l'étendue; c'est en se rappelant sans cesse ces premiers linéaments qu'on déterminera les justes intervalles qui séparent les idées principales et qu'il naîtra des idées accessoires et moyennes qui serviront à les remplir. Par la force du génie, on se représentera toutes les idées générales et particulières sous leur véritable point de vue; par une grande finesse de discernement, on distinguera les pensées stériles des idées fécondes; par la sagacité que donne la grande habitude d'écrire, on sentira d'avance quel sera le produit de toutes ces opérations de l'esprit. Pour peu que le sujet soit vaste ou compliqué, il est bien rare qu'on puisse l'embrasser d'un coup d'œil ou le pénétrer en entier d'un seul et premier effort de génie, et il est rare encore qu'après bien des réflexions on en saisisse tous les rapports. On ne peut donc trop s'en occuper; c'est même le seul moyen d'affermir, d'étendre et d'élever ses pensées: plus on leur donnera de substance et de force par la méditation, plus il sera facile ensuite de les réaliser par l'expression.

Ce plan n'est pas encore le style, mais il en est la base; il le soutient, il le dirige, il règle son mouvement et le soumet à des lois: sans cela, le meilleur écrivain s'égare, sa plume marche sans guide, et jette à l'aventure des traits irréguliers et des figures discordantes. Quelque brillantes que soient les couleurs qu'il emploie, quelques beautés qu'il sème dans les détails, comme l'ensemble choquera, ou ne se fera pas assez sentir, l'ouvrage ne sera point construit; et, en admirant l'esprit de l'auteur, on pourra soupçonner qu'il manque de génie.[26] C'est par cette raison que ceux qui écrivent comme ils parlent, quoiqu'ils parlent très bien, écrivent mal; que ceux qui s'abandonnent au premier feu de leur imagination prennent un ton qu'ils ne peuvent soutenir; [27] que ceux qui craignent de perdre des pensées isolées, fugitives, et qui écrivent en différents temps des morceaux

---

25. In this famous purely intellectual definition, style is identified with the orderly mind.

26. To B., genius is the organizing power of the mind, a conception quite contrary to the romantic idea of genius which Diderot is already beginning to favor.

27. Here, and in the first paragraph, B. may well have been thinking of Diderot, whose scientific and philosophic works were indeed often unorganized "morceaux détachés." Diderot had the associative rather than the organizing type of mind and excelled in the art of conversation and letter-writing. In a different age he might have been a poet. In him the limitations of B.'s discourse are apparent. Cf., above, Diderot, *Lettres à Sophie Volland*, p. 319.

Buffon: Discours sur le style

détachés, ne les réunissent jamais sans transitions forcées; qu'en un mot, il y a tant d'ouvrages faits de pièces de rapport, et si peu qui soient fondus d'un seul jet.[28]

Cependant, tout sujet est un; et, quelque vaste qu'il soit, il peut être renfermé dans un seul discours. Les interruptions, les repos, les sections, ne devraient être d'usage que quand on traite des sujets différents, ou lorsque, ayant à parler de choses grandes, épineuses et disparates, la marche du génie se trouve interrompue par la multiplicité des obstacles, et contrainte par la nécessité des circonstances:[29] autrement, le grand nombre des divisions, loin de rendre un ouvrage plus solide, en détruit l'assemblage; le livre paraît plus clair aux yeux, mais le dessein de l'auteur demeure obscur; il ne peut faire impression sur l'esprit du lecteur, il ne peut même se faire sentir que par la continuité du fil, par la dépendance harmonique des idées, par un développement successif, une gradation soutenue, un mouvement uniforme que toute interruption détruit ou fait languir.

Pourquoi les ouvrages de la nature sont-ils si parfaits? C'est que chaque ouvrage est un tout, et qu'elle travaille sur un plan éternel dont elle ne s'écarte jamais; elle prépare en silence les germes de ses productions; elle ébauche par un acte unique la forme primitive de tout être vivant; elle la développe, elle la perfectionne par un mouvement continu et dans un temps prescrit. L'ouvrage étonne; mais c'est l'empreinte divine dont il porte les traits qui doit nous frapper. L'esprit humain ne peut rien créer; il ne produira qu'après avoir été fécondé par l'expérience et la méditation; ses connaissances sont les germes de ses productions: mais, s'il imite la nature dans sa marche et dans son travail, s'il s'élève par la contemplation aux vérités les plus sublimes; s'il les réunit, s'il les enchaîne, s'il en forme un tout, un système par la réflexion, il établira sur des fondements inébranlables des monuments immortels.

C'est faute de plan, c'est pour n'avoir pas assez réfléchi sur son objet, qu'un homme d'esprit se trouve embarrassé et ne sait par où commencer à écrire. Il aperçoit à la fois un grand nombre d'idées; et, comme il ne les a ni comparées, ni subordonnées, rien ne le détermine à préférer les unes aux autres; il demeure donc dans la perplexité. Mais lorsqu'il se sera fait un plan, lorsqu'une fois il aura rassemblé et mis en ordre toutes les pensées essentielles à son sujet, il s'apercevra aisément de l'instant auquel il doit prendre la plume, il sentira le point de maturité de la production de l'esprit, il sera pressé de la faire éclore, il n'aura même que du plaisir à écrire: les idées se succéderont aisément, et le style sera naturel et facile; la chaleur naîtra de ce plaisir, se répandra partout et donnera de la vie à

---

28. "cast in a single operation." Parts of statues ("pièces de rapport") must often be cast separately.

29. "Dans ce que j'ai dit ici, j'avais en vue le livre de l'*Esprit des lois*, ouvrage excellent pour le fond, et auquel on n'a pu faire d'autres reproches que celui des sections trop fréquentes." (B.)

chaque expression; tout s'animera de plus en plus; le ton s'élèvera, les objets prendront de la couleur; et le sentiment, se joignant à la lumière, l'augmentera, la portera plus loin, la fera passer de ce que l'on dit à ce que l'on va dire, et le style deviendra intéressant et lumineux.[30]

Rien ne s'oppose plus à la chaleur que le désir de mettre partout des traits saillants; rien n'est plus contraire à la lumière qui doit faire un corps et se répandre uniformément dans un écrit,[31] que ces étincelles qu'on ne tire que par force en choquant les mots les uns contre les autres, et qui ne nous éblouissent pendant quelques instants, que pour nous laisser ensuite dans les ténèbres. Ce sont des pensées qui ne brillent que par l'opposition: l'on ne présente qu'un côté de l'objet, on met dans l'ombre toutes les autres faces: et ordinairement ce côté qu'on choisit est une pointe, un angle sur lequel on fait jouer l'esprit avec d'autant plus de facilité, qu'on l'éloigne davantage des grandes faces sous lesquelles le bon sens a coutume de considérer les choses....

Pour bien écrire, il faut donc posséder pleinement son sujet; il faut y réfléchir assez pour voir clairement l'ordre de ses pensées, et en former une suite, une chaîne continue, dont chaque point représente une idée; et, lorsqu'on aura pris la plume, il faudra la conduire successivement sur ce premier trait, sans lui permettre de s'en écarter, sans l'appuyer trop inégalement, sans lui donner d'autre mouvement que celui qui sera déterminé par l'espace qu'elle doit parcourir. C'est en cela que consiste la sévérité du style, c'est aussi ce qui en fera l'unité et ce qui en réglera la rapidité; et cela seul aussi suffira pour le rendre précis et simple, égal et clair, vif et suivi. A cette première règle, dictée par le génie, si l'on joint de la délicatesse et du goût, du scrupule sur le choix des expressions, de l'attention à ne nommer les choses que par les termes les plus généraux, le style aura de la noblesse.[32] Si l'on y joint encore de la défiance pour son premier mouvement, du mépris pour tout ce qui n'est que brillant, et une répugnance constante pour l'équivoque et la plaisanterie, le style aura de la gravité, il aura même de la majesté. Enfin, si l'on écrit comme l'on pense, si l'on est convaincu de ce que l'on veut persuader, cette bonne foi avec soi-même, qui fait la bienséance pour les autres et la vérité du style, lui fera produire tout son effet, pourvu que cette persuasion intérieure ne se marque pas par un enthousiasme trop fort, et qu'il y ait partout plus de candeur que de confiance, plus de raison que de chaleur.

C'est ainsi, Messieurs, qu'il me semblait, en vous lisant, que vous me

---

30. This paragraph is a beautiful expression of the ideal progress of a doctoral dissertation.

31. As in a painting.

32. The romantic poets took violent exception to the "style noble" in the name of "le mot propre." Yet few writers before Baudelaire could free themselves from the deeply grounded Latin tradition of eloquence. Cf. Paul Verlaine, *Art poétique*, "Prends l'éloquence et tords-lui son cou."

Buffon: *Discours sur le style*

parliez, que vous m'instruisiez. Mon âme, qui recueillait avec avidité ces oracles de la sagesse, voulait prendre l'essor et s'élever jusqu'à vous; vains efforts![33] Les règles, disiez-vous encore, ne peuvent suppléer au génie; s'il manque, elles seront inutiles. Bien écrire, c'est tout à la fois bien penser, bien sentir et bien rendre; c'est avoir en même temps de l'esprit, de l'âme et du goût. Le style suppose la réunion et l'exercice de toutes les facultés intellectuelles; les idées seules forment le fond du style, l'harmonie des paroles n'en est que l'accessoire, et ne dépend que de la sensibilité des organes: il suffit d'avoir un peu d'oreille pour éviter les dissonances, et de l'avoir exercée, perfectionnée par la lecture des poètes et des orateurs, pour que mécaniquement on soit porté à l'imitation de la cadence poétique et des tours oratoires. Or jamais l'imitation n'a rien créé; aussi cette harmonie des mots ne fait ni le fond ni le ton du style, et se trouve souvent dans des écrits vides d'idées.

Le ton n'est que la convenance du style à la nature du sujet, il ne doit jamais être forcé; il naîtra naturellement du fond même de la chose, et dépendra beaucoup du point de généralité auquel on aura porté ses pensées. Si l'on s'est élevé aux idées les plus générales, et si l'objet en lui-même est grand, le ton paraîtra s'élever à la même hauteur; et si, en le soutenant à cette élévation, le génie fournit assez pour donner à chaque objet une forte lumière, si l'on peut ajouter la beauté du coloris à l'énergie du dessin, si l'on peut, en un mot, représenter chaque idée par une image vive et bien terminée, et former de chaque suite d'idées un tableau harmonieux et mouvant, le ton sera non seulement élevé, mais sublime.

Ici, Messieurs, l'application ferait plus que la règle; les exemples instruiraient mieux que les préceptes; mais, comme il ne m'est pas permis de citer les morceaux sublimes qui m'ont si souvent transporté en lisant vos ouvrages, je suis contraint de me borner à des réflexions. Les ouvrages bien écrits seront les seuls qui passeront à la postérité:[34] la quantité des connaissances, la singularité des faits, la nouveauté même des découvertes ne sont pas de sûrs garants de l'immortalité; si les ouvrages qui les contiennent ne roulent que sur de petits objets, s'ils sont écrits sans goût, sans noblesse et sans génie, ils périront, parce que les connaissances, les faits et les découvertes s'enlèvent aisément, se transportent et gagnent même à être mis en œuvre par des mains plus habiles. Ces choses sont hors de l'homme, le style est l'homme même. Le style ne peut donc ni s'enlever, ni se transporter, ni s'altérer: s'il est élevé, noble, sublime, l'auteur sera également admiré dans tous les temps; car il n'y a que la vérité qui soit durable et même éternelle. Or un beau style n'est tel en effet que par le nombre infini des vérités qu'il présente. Toutes les beautés intellectuelles

---

33. An example of "style noble."
34. Partly because of and partly in spite of his theories, B. wrote well, and his books are still read with pleasure.

qui s'y trouvent, tous les rapports dont il est composé, sont autant de vérités aussi utiles et peut-être plus précieuses pour l'esprit humain que celles qui peuvent faire le fond du sujet.[35]

Bernardin de Saint-Pierre
1737-1814

French writers had been interested for a whole century in the literature of travels, imaginary or authentic, utopian or satirical, to distant lands. But Bernardin de Saint-Pierre was the first to paint in true and distinctive colors the picturesque and exotic atmosphere of his many voyages. Engrossed at an early age, like Rousseau, in *Robinson Crusoe*, the predicatory tone of which was reflected in all his writings, and enchanted, like Fénelon, by Jesuit missionary reports from "les deux Indes," Bernardin had the added stimulus of being born at Le Havre and of sailing to Martinique with his uncle, a seagoing captain, at the age of twelve. In the Lycée at Caen he learned the beauties of the Greek poets and was often in his dreams "avec Ulysse sur la mer violette." But Bernardin was to add many a precise nuance of color and many a sonorous name of exotic plant or cape to the conventional classical and Biblical descriptions of a Fénelon.

Traveling became for Bernardin a means of escape from his own melancholic nature and from the polite human society which he detested. On a trip in 1768 to L'Ile de France (Mauritius) near the coast of East Africa he experienced a terrible tempest off the Cape of Good Hope and heard legendary accounts of the shipwreck in 1744 of the *Saint-Géran* just outside the harbor of the island, incidents successfully combined in *Paul et Virginie* (1788) after the failure of an earlier literary effort, *Voyage à l'Ile de France* (1773). From 1772 to 1778 he became the friend, disciple, and champion of Jean-Jacques Rousseau, with whom he took many a walk in search of botanical specimens and whose theories of the joys of a simple life close to nature he was to adopt and exaggerate beyond reason. In the *Etudes de la nature* (1784), his first successful work, his descriptive powers, applied to the biological sciences then in vogue, triumphed over his absurdly naïve scientific views and heavy moralistic speculations. An appendix to a second edition in 1788 contained *Paul et Virginie*, first separately published a year later. Its success was immediate and far-reaching: an American translation appeared in 1794 as *Paul and Mary*, and after 1795 as *Paul and Virginia*, with many editions to follow in the ensuing years. The idyllic love of the two children brought up in L'Ile de France far from the corrupting influences of society was intended to illustrate Rousseau's principle of the goodness of nature. To the pastoral tradition of *Daphnis and Chloe*, the classic idea of beauty from Homer and Vergil, and the harmonies of Biblical verse and preachment, Bernardin added exotic names of tropical fruits and flowers, and the sounds and

35. B. is addressing the "anciens" who still ruled the French Academy and were loyal to the seventeenth-century tradition which valued form above content.

perfumes of primeval forests, with a power of description unsurpassed until the advent of Chateaubriand.

Rousseau was repelled by the rationalistic and scientific views of Voltaire and Diderot but felt the force of their arguments and rarely let himself be caught in the sentimental unreason of his disciple. But in the *Etudes de la nature* and the *Harmonies de la nature* (1796–1813) Bernardin de Saint-Pierre reveals himself as an extremely gifted observer and word-painter. In his emphasis upon the particular and the unusual as well as in his revolt against the basic scientific theories of his age, he belongs more to the romantic school than to the Age of Enlightenment.

ETUDES DE LA NATURE
1784
Immensité de la nature

Je formai, il y a quelques années, le projet d'écrire une histoire générale de la nature, à l'imitation d'Aristote, de Pline, du chancelier Bacon, et de plusieurs modernes célèbres.[1] Ce champ me parut si vaste, que je ne pus croire qu'il eût été entièrement parcouru. D'ailleurs la nature y invite tous les hommes de tous les temps; et si elle n'en promet les découvertes qu'aux hommes de génie, elle en réserve au moins quelques moissons aux ignorants, surtout à ceux qui, comme moi, s'y arrêtent à chaque pas, ravis de la beauté de ses divins ouvrages. J'étais encore porté à ce noble dessein par le désir de bien mériter des hommes, et principalement de Louis XVI, mon bienfaiteur, qui, à l'exemple de Titus et de Marc-Aurèle, ne s'occupe que de leur félicité. C'est dans la nature que nous en devons trouver les lois, puisque ce n'est qu'en nous écartant de ses lois que nous rencontrons les maux.[2] Etudier la nature, c'est donc servir son prince et le genre humain. J'ai employé à cette recherche toutes les forces de ma raison; et, quoique mes moyens aient été bien faibles, je peux dire que je n'ai pas passé un seul jour sans recueillir quelque observation agréable. Je me proposais de commencer mon ouvrage quand je cesserais d'observer, et que j'aurais rassemblé tous les matériaux de l'histoire de la nature; mais il m'en a pris comme à cet enfant qui avait creusé un trou dans le sable avec une coquille, pour y renfermer l'eau de la mer.

La nature est infiniment étendue, et je suis un homme très borné. Non seulement son histoire générale, mais celle de la plus petite plante, est bien au-dessus de mes forces. Voici à quelle occasion je m'en suis convaincu.

Un jour d'été, pendant que je travaillais à mettre en ordre quelques

---

1. Bernardin fails to mention the elderly Buffon, perhaps because Buffon was still alive or because he unceremoniously left the salon of Mme Necker while B. was reading the manuscript of *Paul et Virginie* to an unsympathetic audience.
2. B. has taken to heart the teachings of his master, Rousseau.

observations sur les harmonies de ce globe, j'aperçus sur un fraisier, qui était venu par hasard sur ma fenêtre,[3] de petites mouches si jolies, que l'envie me prit de les décrire. Le lendemain, j'y en vis d'une autre sorte, que je décrivis encore. J'en observai, pendant trois semaines, trente-sept espèces toutes différentes; mais il y en vint à la fin en si grand nombre, et d'une si grande variété, que je laissai là cette étude, quoique très amusante, parce que je manquais de loisir, et, pour dire la vérité, d'expressions.[4]

Les mouches que j'avais observées étaient toutes distinguées les unes des autres par leurs couleurs, leurs formes et leurs allures. Il y en avait de dorées, d'argentées, de bronzées, de tigrées, de rayées, de bleues, de vertes, de rembrunies, de chatoyantes. Les unes avaient la tête arrondie comme un turban; d'autres, allongée en pointe de clou. A quelques-unes elle paraissait obscure comme un point de velours noir; elle étincelait à d'autres comme un rubis. Il n'y avait pas moins de variété dans leurs ailes: quelques-unes en avaient de longues et de brillantes comme des lames de nacre; d'autres, de courtes et de larges, qui ressemblaient à des réseaux de la plus fine gaze. Chacune avait sa manière de les porter et de s'en servir. Les unes les portaient perpendiculairement, les autres horizontalement, et semblaient prendre plaisir à les étendre. Celles-ci volaient en tourbillonnant, à la manière des papillons; celles-là s'élevaient en l'air, en se dirigeant contre le vent, par un mécanisme à peu près semblable à celui des cerfs-volants de papier, qui s'élèvent en formant, avec l'axe du vent, un angle, je crois, de vingt-deux degrés et demi. Les unes abordaient sur cette plante pour y déposer leurs œufs; d'autres, simplement pour s'y mettre à l'abri du soleil. Mais la plupart y venaient pour des raisons qui m'étaient tout à fait inconnues; car les unes allaient et venaient dans un mouvement perpétuel, tandis que d'autres ne remuaient que la partie postérieure de leur corps. Il y en avait beaucoup d'immobiles, et qui étaient peut-être occupées, comme moi, à observer. Je dédaignai, comme suffisamment connues, toutes les tribus des autres insectes qui étaient attirées sur mon fraisier: telles que les limaçons qui se nichaient sous ses feuilles, les papillons qui voltigeaient autour, les scarabées qui en labouraient les racines, les petits vers qui trouvaient le moyen de vivre dans le parenchyme, c'est-à-dire dans la seule épaisseur d'une feuille; les guêpes et les mouches à miel qui bourdonnaient autour de ses fleurs, les pucerons qui en suçaient les tiges, les fourmis qui léchaient les pucerons; enfin, les araignées qui, pour attraper ces différentes proies, tendaient leurs filets dans le voisinage.

Quelque petits que fussent ces objets, ils étaient dignes de mon atten-

3. I.e., in a window-box. Rousseau also took great delight in raising plants on his window-sill during his last years in Paris.
4. However, B. and other French travelers were actively enriching the French language in the field of description.

tion, puisqu'ils avaient mérité celle de la nature. Je n'eusse pu leur refuser une place dans son histoire générale, lorsqu'elle leur en avait donné une dans l'univers. A plus forte raison, si j'eusse écrit l'histoire de mon fraisier, il eût fallu en tenir compte. Les plantes sont les habitations des insectes, et l'on ne fait point l'histoire d'une ville sans parler de ses habitants. D'ailleurs mon fraisier n'était point dans son lieu naturel, en pleine campagne, sur la lisière d'un bois ou sur le bord d'un ruisseau, où il eût été fréquenté par bien d'autres espèces d'animaux. Il était dans un pot de terre, au milieu des fumées de Paris. Je ne l'observais qu'à des moments perdus. Je ne connaissais point les insectes qui le visitaient dans le cours de la journée, encore moins ceux qui n'y venaient que la nuit, attirés par de simples émanations, ou peut-être par des lumières phosphoriques qui nous échappent. J'ignorais quels étaient ceux qui le fréquentaient pendant les autres saisons de l'année, et le reste de ses relations avec les reptiles, les amphibies, les poissons, les oiseaux, les quadrupèdes, et les hommes surtout, qui comptent pour rien tout ce qui n'est pas à leur usage.

Mais il ne suffisait pas de l'observer, pour ainsi dire, du haut de ma grandeur; car dans ce cas, ma science n'eût pas égalé celle d'une des mouches qui l'habitaient. Il n'y en avait pas une seule qui, le considérant avec ses petits yeux sphériques, n'y dût distinguer une infinité d'objets que je ne pouvais apercevoir qu'au microscope, avec des recherches infinies. Leurs yeux même sont très supérieurs à cet instrument, qui ne nous montre que les objets qui sont à son foyer, c'est-à-dire à quelques lignes de distance; tandis qu'ils aperçoivent, par un mécanisme qui nous échappe, ceux qui sont auprès d'eux et au loin. Ce sont à la fois des microscopes et des télescopes. De plus, par leur disposition circulaire autour de la tête, ils voient en même temps toute la voûte du ciel, dont ceux d'un astronome n'embrassent tout au plus que la moitié. Ainsi mes mouches devaient voir d'un coup d'œil, dans mon fraisier, une distribution et un ensemble de parties que je ne pouvais observer au microscope que séparées les unes des autres, et successivement.

En examinant les feuilles de ce végétal au moyen d'une lentille de verre qui grossissait médiocrement, je les ai trouvées divisées par compartiments hérissés de poils, séparés par des canaux, et parsemés de glandes. Ces compartiments m'ont paru semblables à de grands tapis de verdure, leurs poils à des végétaux d'un ordre particulier, parmi lesquels il y en avait de droits, d'inclinés, de fourchus, de creusés en tuyaux, de l'extrémité desquels sortaient des gouttes de liqueur; et leurs canaux, ainsi que leurs glandes, me paraissaient remplis d'un fluide brillant. Sur d'autres espèces de plantes, ces poils et ces canaux se présentent avec des formes, des couleurs et des fluides différents. Il y a même des glandes qui ressemblent à des bassins ronds, carrés ou rayonnants. Or la nature n'a rien fait en vain: quand elle dispose un lieu propre à être habité, elle y met des animaux; elle n'est pas bornée par la petitesse de l'espace. Elle en a mis avec des nageoires dans de simples gouttes d'eau, et en si grand nombre, que le physicien Leeuwenhoek[5] y en a compté des milliers. Plusieurs autres après lui, entre autres Robert Hooke,[6] en ont vu, dans une goutte d'eau de la petitesse d'un grain de millet, les uns 10, les autres 30, et quelques-uns jusqu'à 45 mille. Ceux qui ignorent jusqu'où peuvent aller la patience et la sagacité d'un observateur pourraient douter de la justesse de ces observations, si Lyonnet, qui le rapporte dans la *Théologie des insectes* de Lesser,[7] n'en faisait voir la possibilité par un mécanisme assez simple. Au moins on est certain de l'existence de ces êtres, dont on a dessiné les différentes figures. On en trouve d'autres, avec des pieds armés de crochets, sur le corps de la mouche, et même sur celui de la puce. On peut donc croire, par analogie, qu'il y a des animaux qui paissent sur les feuilles des plantes, comme les bestiaux dans nos prairies; qui se couchent à l'ombre de leurs glandes, façonnées en soleils, des liqueurs d'or et d'argent. Chaque partie des fleurs doit leur offrir des spectacles dont nous n'avons point d'idée. Les anthères jaunes des fleurs, suspendues sur des filets blancs, leur présentent de doubles solives d'or en équilibre sur des colonnes plus belles que l'ivoire; les corolles, des voûtes de rubis et de topaze, d'une grandeur incommensurable; les nectaires, des fleuves de sucre; les autres parties de la floraison, des coupes, des urnes, des pavillons, des dômes, que l'architecture et l'orfévrerie des hommes n'ont pas encore imités....

Des couleurs

...Dans une belle nuit d'été, quand le ciel est serein, et chargé seulement de quelques vapeurs légères propres à arrêter et à réfranger[8] les rayons du soleil lorsqu'ils traversent les extrémités de notre atmosphère, transportez-vous dans une campagne d'où l'on puisse apercevoir les premiers feux de l'aurore. Vous verrez d'abord blanchir, à l'horizon, le lieu où elle doit paraître; et cette espèce d'auréole lui a fait donner, à cause de sa couleur, le nom d'aube, du mot latin *alba*, qui veut dire blanche. Cette blancheur monte insensiblement au ciel, et se teint en jaune à quelques degrés au-dessus de l'horizon; le jaune, en s'élevant à quelques degrés plus haut, passe à l'orangé; et cette nuance d'orangé s'élève au-dessus en vermillon vif qui s'étend jusqu'au zénith. De ce point, vous apercevez au ciel, derrière vous, le violet à la suite du vermillon, puis l'azur, ensuite le gros bleu ou indigo, et enfin le noir tout à fait à l'occident.

Quoique ce développement de couleurs présente une multitude infinie

---

5. Antony van Leeuwenhoek (1632–1723) was first to discover such minute organisms as protozoa and bacteria.
6. Robert Hooke (1635–1703) first recognized the cellular nature of organic tissue.
7. It is typical of Bernardin that he turns to Lesser's *Théologie* rather than to the more systematic works of Swammerdam, Lyonnet, and Réaumur.
8. B. has just explained that he will seek the five primary colors in the heavens rather than in a prism.

de nuances intermédiaires qui se succèdent assez rapidement, cependant il y a un moment, et, si je me le rappelle bien, c'est celui où le soleil est près de montrer son disque, où le blanc éblouissant se fait voir à l'horizon; le jaune pur à quarante-cinq degrés d'élévation; la couleur de feu, au zénith; à quarante-cinq degrés au-dessous, vers l'occident, le bleu pur; et à l'occident même, le voile sombre de la nuit qui touche encore l'horizon. Du moins j'ai cru remarquer cette progression entre les tropiques, où il n'y a presque pas de réfraction horizontale qui fasse anticiper la lumière sur les ténèbres, comme dans nos climats.

J.-J. Rousseau me disait un jour que, quoique le champ de ces couleurs célestes soit le bleu, les teintes du jaune qui se fondent avec lui n'y produisent point la couleur verte, comme il arrive dans nos couleurs matérielles, lorsqu'on mêle ces deux nuances ensemble. Mais je lui répondis que j'avais aperçu plusieurs fois du vert au ciel, non seulement entre les tropiques, mais sur l'horizon de Paris. A la vérité cette couleur ne se voit guère ici que dans quelque belle soirée de l'été. J'ai aperçu aussi dans les nuages des tropiques, principalement sur la mer et dans les tempêtes, toutes les couleurs qu'on peut voir sur la terre. Il y en a alors de cuivrées, de couleur de fumée de pipe, de brunes, de rousses, de noires, de grises, de livides, de couleur marron, et de celle de gueule de four enflammé. Quant à celles qui y paraissent dans les jours sereins, il y en a de si vives et de si éclatantes, qu'on n'en verra jamais de semblables dans aucun palais, quand on y rassemblerait toutes les pierreries du Mogol. Quelquefois les vents alizés du nord-est ou du sud-est, qui y soufflent constamment, cardent les nuages comme si c'étaient des flocons de soie; puis ils les chassent à l'occident en les croisant les uns sur les autres comme les mailles d'un panier à jour. Ils jettent, sur les côtés de ce réseau, les nuages qu'ils n'ont pas employés, et qui ne sont pas en petit nombre; ils les roulent en énormes masses blanches comme la neige, les contournent sur leurs bords en forme de croupes, et les entassent les uns sur les autres comme les Cordillères [9] du Pérou, en leur donnant des formes de montagnes, de cavernes et de rochers; ensuite, vers le soir, ils calmissent un peu, comme s'ils craignaient de déranger leur ouvrage. Quand le soleil vient à descendre derrière ce magnifique réseau, on voit passer par toutes ses losanges une multitude de rayons lumineux qui y font un tel effet, que les deux côtés de chaque losange qui en sont éclairés, paraissent relevés d'un filet d'or, et les deux autres qui devraient être dans l'ombre, sont teints d'un superbe nacarat.[10] Quatre ou cinq gerbes de lumière, qui s'élèvent du soleil couchant jusqu'au zénith, bordent de franges d'or les sommets indécis de cette barrière céleste, et vont frapper des reflets de leurs feux les pyramides des montagnes aériennes collatérales, qui semblent alors être d'argent et de vermillon. C'est dans ce moment qu'on aperçoit, au milieu de

---

9. Ranges of the Andes.
10. "orange-red."

leurs croupes redoublées, une multitude de vallons qui s'étendent à l'infini, en se distinguant à leur ouverture par quelque nuance de couleur de chair ou de rose. Ces vallons célestes présentent, dans leurs divers contours, des teintes inimitables de blanc qui fuient à perte de vue dans le blanc, ou des ombres qui se prolongent, sans se confondre, sur d'autres ombres. Vous voyez çà et là sortir des flancs caverneux de ces montagnes, des fleuves de lumière qui se précipitent en lingots d'or et d'argent sur des rochers de corail. Ici, ce sont de sombres rochers percés à jour, qui laissent apercevoir par leurs ouvertures le bleu pur du firmament; là, ce sont de longues grèves sablées d'or, qui s'étendent sur de riches fonds du ciel, ponceaux,[11] écarlates, et verts comme l'émeraude. La réverbération de ces couleurs occidentales se répand sur la mer dont elle glace les flots azurés de safran et de pourpre. Les matelots, appuyés sur les passavants du navire, admirent en silence ces paysages aériens. Quelquefois ce spectacle sublime se présente à eux à l'heure de la prière, et semble les inviter à élever leurs cœurs comme leurs vœux vers les cieux. Il change à chaque instant: bientôt ce qui était lumineux est simplement coloré, et ce qui était coloré est dans l'ombre. Les formes en sont aussi variables que les nuances; ce sont tour à tour des îles, des hameaux, des collines plantées de palmiers; de grands ponts qui traversent des fleuves, des campagnes d'or, d'améthystes, de rubis; ou plutôt ce n'est rien de tout cela; ce sont des couleurs et des formes célestes qu'aucun pinceau ne peut rendre, ni aucune langue exprimer....

LES HARMONIES DE LA NATURE
1796–1813

[UNE TEMPETE]

...Lorsque le ciel est couvert de nuages bas et redoublés par un vent humide de nord-ouest, qui pèse sur la mer, alors les vagues creusées et mugissantes heurtent la poupe des vaisseaux à la cape,[12] s'y brisent en gerbes d'écume qui s'élèvent jusqu'à leurs huniers[13] et passent jusque sur leur arrière: c'est une tempête. Telle est, entre autres, celle que j'éprouvai sur le cap Finistère, en allant à l'Ile-de-France. Un coup de mer passa sur la proue du vaisseau, enfonça son pont, et, le traversant en diagonale, emporta sa yole et trois matelots. Cependant tous ces effets du vent et de la mer, calculés par des physiciens qui ne donnent que sept à huit pieds à la hauteur des vagues, et que dix à douze lieues par heure à la rapidité du vent, mais très bien rendus par notre peintre Vernet,[14] ne sont pas com-

---
11. "poppy-colored."
12. "broadside."
13. "topsails."
14. French marine painter (1714–1789) much admired by Diderot.

Bernardin: Les Harmonies de la nature 647

parables aux ouragans de ces belles mers des Indes. Plus elles sont étendues, plus leurs vagues sont élevées; et plus elles ont été tranquilles, plus leurs révolutions sont terribles. Elles sont les images des sociétés humaines, où chaque individu est comme une goutte d'eau qui tend à se mettre de niveau. Quand nous eûmes doublé le cap de Bonne-Espérance, et que nous vîmes l'entrée du canal de Mozambique,[15] le 23 de juin, vers le solstice d'été, nous fûmes assaillis par un vent épouvantable du sud. Le ciel était serein, on n'y voyait que quelques petits nuages cuivrés, semblables à des vapeurs rousses, qui le traversaient avec plus de vitesse que celle des oiseaux. Mais la mer était sillonnée par cinq ou six vagues longues et élevées, semblables à des chaînes de collines espacées entre elles par de larges et profondes vallées. Chacune de ces collines aquatiques était à deux ou trois étages. Le vent détachait de leurs sommets anguleux une espèce de crinière d'écume où se peignaient çà et là les couleurs de l'arc-en-ciel. Il en emportait aussi des tourbillons d'une poussière blanche, qui se répandait au loin dans leurs vallons, comme celle qu'il élève sur les grands chemins en été. Ce qu'il y avait de plus redoutable, c'est que quelques sommets de ces collines, poussés en avant de leurs bases par la violence du vent, se déferlaient en énormes voûtes, qui se roulaient sur elles-mêmes en mugissant et en écumant, et eussent englouti le plus grand vaisseau, s'il se fût trouvé sous leurs ruines. L'état de notre vaisseau concourait avec celui de la mer à rendre notre situation affreuse. Notre grand mât avait été brisé la nuit par la foudre, et le mât de misaine, notre unique voile, avait été emporté le matin par le vent. Le vaisseau, incapable de gouverner, voguait en travers, jouet du vent et des lames. J'étais sur le gaillard d'arrière, me tenant accroché aux haubans du mât d'artimon,[16] tâchant de me familiariser avec ce terrible spectacle. Quand une de ces montagnes approchait de nous, j'en voyais le sommet à la hauteur de nos huniers, c'est-à-dire à plus de cinquante pieds au-dessus de ma tête. Mais la base de cette effroyable digue venant à passer sous notre vaisseau, elle le faisait tellement pencher, que ses grandes vergues[17] trempaient à moitié dans la mer qui mouillait le pied de ses mâts, de sorte qu'il était au moment de chavirer. Quand il se trouvait sur sa crête, il se redressait et se renversait tout à coup en sens contraire sur sa pente opposée avec non moins de danger, tandis qu'elle s'écoulait de dessous lui avec la rapidité d'une écluse en large nappe d'écume. Nous restâmes ainsi entre la vie et la mort depuis le lever du soleil jusqu'à trois heures après midi....

15. Strait between Madagascar and the African mainland.
16. "on the quarter deck, clinging to the shrouds of the mizzenmast."
17. "yards."

THE END
OF THE CENTURY

Chénier

1762-1794

André-Marie Chénier, a poet of genius in a century almost devoid of poetry, was born of a Levantine Greek mother in Constantinople, where his father was acting French consul-general. The boy was brought back to France at an early age and attended the Collège de Navarre, where he wrote his first poetry. Six months of army life as a gentleman-cadet were followed by travels in Switzerland and Italy. He continued his classical and modern readings and began composing the *Bucoliques*, or *Idylles*, and *Elégies* which were to reveal a remarkable understanding of the spirit of Greek antiquity. In 1787 he left for England as secretary to the French ambassador and returned to France in 1790 to plunge into the upheaval that was the French Revolution. A member of the Club des Feuillants, a moderate political party, he turned to pamphleteering but, indignant at the violent course of events, withdrew from active participation. However, in 1794 he incurred the suspicions of the terrorists, was imprisoned at Saint-Lazare, and was guillotined two days before the fall of Robespierre would have set him free.

Chénier published little during his lifetime and received acclaim only after his *Œuvres* had been published in 1819 and he had been seized upon by the young romantics as a forerunner of their movement. Romantics and neo-romantics alike have been only too willing to see in his poetry a reaction to his own philosophic age. Nevertheless, as a poet and as a man, Chénier was very much a part of the eighteenth century, and in speaking of his writings Paul Dimoff states in his *La Vie et l'œuvre d'André Chénier:* "C'est presque un jeu d'y déceler d'abord les traces nombreuses et profondes de l'esprit et du goût de son temps." Politically, Chénier was influenced by Rousseau's two *Discours* and the *Contrat social* as well as by Montesquieu's *Esprit des lois*. In matters of religion, however, he preferred Voltaire to the Rousseau of the *Profession de foi*. Buffon's *Histoire naturelle* held tremendous fascination for him, and he spent long hours reading such contemporaries as Mably, Bailly, Raynal, and

Condorcet. Devoted to the cult of the *siècle de raison,* he cherished the ideal of giving poetic expression to the conquests of reason, and he had formed plans for great poems called *La Superstition, L'Astronomie, L'Amérique,* and *Hermès.* From notes and fragments left by the poet, we know that *L'Amérique* was to contain all the geography of the earth and a tableau of the world's history considered from the point of view of tolerance and philosophy. In *Hermès,*[1] chiefly inspired by Lucretius' *De rerum natura,* Buffon's *Histoire naturelle,* and Rousseau's *Contrat social,* Chénier planned to give to the Age of Enlightenment an epic poem worthy of the century and based on the theory of progress from the formation of the universe to modern times. Among the fragments of this grandiose project which the poet left to posterity is the following:

> "Souvent mon vol, armé des ailes de Buffon,
> Franchit avec Lucrèce, au flambeau de Newton,
> La ceinture d'azur sur le globe étendue.
> Je vois l'être et la vie et leur source inconnue,
> Dans les fleuves d'éther tous les mondes roulants;
> Je poursuis la comète aux crins étincelants,
> Les astres et leurs poids, leurs formes, leurs distances;
> Je voyage avec eux dans leurs cercles immenses.
> Comme eux, astre, soudain je m'entoure de feux;
> Dans l'éternel concert je me place avec eux:
> En moi leurs doubles lois agissent et respirent;
> Je sens tendre vers eux mon globe qu'ils attirent;
> Sur moi qui les attire ils pèsent à leur tour.
> Les éléments divers, leur haine, leur amour,
> Les causes, l'infini s'ouvre à mon œil avide.
> Bientôt redescendu sur notre fange humide,
> J'y rapporte des vers de nature enflammés,
> Aux purs rayons des dieux dans ma course allumés."

L'INVENTION
1790

In a large measure *L'Invention* may be considered as an introduction to the philosophical, didactic poems that Chénier never finished. It opens with an invocation to the poets of antiquity and praises in them the inventors whose example we may follow. From them we should learn the art of being true and natural rather than servile and imitative. In this way modern poets will also be creators who, chary of extravagance and artifice, will penetrate the depths of nature and complete it. The present era with its great scientific discoveries presents to the writer of epics a wealth of material as timely and as poetic in its fashion as the subject matter utilized by Homer and Vergil. To equal the poets of antiquity, we must brush aside the dying inspiration of mythology and sing Newton in the language of the gods. Chénier concludes with a warm defense of the French language, in which he finds a worthy instrument for the highest poetic expression.

1. In Greek mythology Hermes was the god of inventions, arts, and industries.

O fils du Mincius,[2] je te salue, ô toi
Par qui le dieu des arts fut roi du peuple-roi ! [3]
Et vous,[4] à qui jadis, pour créer l'harmonie,
L'Attique et l'onde Egée, et la belle Ionie,
Donnèrent un ciel pur, les plaisirs, la beauté,
Des mœurs simples, des lois, la paix, la liberté,
Un langage sonore, aux douceurs souveraines,
Le plus beau qui soit né sur des lèvres humaines.
Nul âge ne verra pâlir vos saints lauriers,
Car vos pas inventeurs ouvrirent les sentiers;
Et du temple des arts que la gloire environne
Vos mains ont levé la première colonne.
A nous tous aujourd'hui, vos faibles nourrissons,
Votre exemple a dicté d'importantes leçons.
Il nous dit que nos mains, pour vous être fidèles,
Y doivent élever des colonnes nouvelles.
L'esclave imitateur naît et s'évanouit;
La nuit vient, le corps reste, et son ombre s'enfuit.[5]

Ce n'est qu'aux inventeurs que la vie est promise.
Nous voyons les enfants de la fière Tamise,[6]
De toute servitude ennemis indomptés; [7]
Mieux qu'eux, par votre exemple, à vous vaincre excités,
Osons; de votre gloire éclatante et durable
Essayons d'épuiser la source inépuisable.
Mais inventer n'est pas, en un brusque abandon,
Blesser la vérité, le bon sens, la raison; [8]
Ce n'est pas entasser, sans dessein et sans forme,
Des membres ennemis en un colosse énorme;
Ce n'est pas, élevant des poissons dans les airs,
A l'aile des vautours ouvrir le sein des mers;
Ce n'est pas sur le front d'une nymphe brillante
Hérisser d'un lion la crinière sanglante:
Délires insensés! fantômes monstrueux!

2. Vergil was born on the banks of the river Mincio near Mantua.
3. I.e., through Vergil's talent, Apollo, god of poetry, had been enthroned as king of the Romans.
4. Homer.
5. Cf. J.-B. Rousseau, *Ode à la Fortune:*

> "Mais au moindre revers funeste,
> Le masque tombe, l'homme reste,
> Et le héros s'évanouit."

6. The Thames river, mother of the English people.
7. Cf. Montesquieu, *Pensées diverses:* "Les Anglais sont des génies singuliers; ils n'imiteront pas même les anciens qu'ils admirent."
8. C. is here a disciple of Boileau.

Chénier: L'Invention

Et d'un cerveau malsain rêves tumultueux!
Ces transports déréglés, vagabonde manie,
Sont l'accès de la fièvre et non pas du génie: [9]
D'Ormus et d'Ariman ce sont les noirs combats,
Où partout confondus, la vie et le trépas,   5
Les ténèbres, le jour, la forme et la matière,
Luttent sans être unis; mais l'esprit de lumière
Fait naître en ce chaos la concorde et le jour:
D'éléments divisés il reconnaît l'amour,
Les rappelle; et partout, en d'heureux intervalles,   10
Sépare et met en paix les semences rivales.
Ainsi donc, dans les arts, l'inventeur est celui
Qui peint ce que chacun put sentir comme lui;
Qui, fouillant des objets les plus sombres retraites,
Etale et fait briller leurs richesses secrètes;   15
Qui, par des nœuds certains, imprévus et nouveaux,
Unissant des objets qui paraissaient rivaux,
Montre et fait adopter à la nature mère
Ce qu'elle n'a point fait, mais ce qu'elle a pu faire;
C'est le fécond pinceau qui, sûr dans ses regards,   20
Retrouve un seul visage en vingt belles épars,
Les fait renaître ensemble et, par un art suprême,
Des traits de vingt beautés forme la beauté même.

   La nature dicta vingt genres opposés
D'un fil léger entre eux chez les Grecs divisés: 25
Nul genre, s'échappant de ses bornes prescrites,
N'aurait osé d'un autre envahir les limites,
Et Pindare à sa lyre, en un couplet bouffon,
N'aurait point de Marot associé le ton.[10]
De ces fleuves nombreux dont l'antique Permesse [11]   30
Arrosa si longtemps les cités de la Grèce,
De nos jours même, hélas! nos aveugles vaisseaux
Ont encore oublié mille vastes rameaux.
Quand Louis et Colbert, sous les murs de Versailles,
Réparaient des beaux-arts les longues funérailles,[12]   35
De Sophocle et d'Eschyle ardents admirateurs,
De leur auguste exemple élèves inventeurs,
Des hommes immortels firent sur notre scène

---

9. C. obviously would disapprove of the surrealistic type of inventive genius.
10. The classical opposition between the noble language of Pindar and the "badinage" of the French sixteenth-century poet Marot.
11. A river which sprang from Helicon, lofty citadel of the Muses.
12. C. here agrees with D'Alembert's conception of the "eclipse of learning" during the Middle Ages and with Voltaire's glorification of the Age of Louis XIV.

Revivre aux yeux français les théâtres d'Athène.
Comme eux, instruit par eux, Voltaire offre à nos pleurs
Des grands infortunés les illustres douleurs; [13]
D'autres esprits divins, fouillant d'autres ruines,
Sous l'amas des débris, des ronces, des épines,
Ont su, pleins des écrits des Grecs et des Romains,
Retrouver, parcourir leurs antiques chemins.
Mais, ô la belle palme et quel trésor de gloire
Pour celui qui, cherchant la plus noble victoire,
D'un si grand labyrinthe affrontant les hasards,
Saura guider sa Muse aux immenses regards,
De mille longs détours à la fois occupée,
Dans les sentiers confus d'une vaste épopée; [14]
Lui dire d'être libre, et qu'elle n'aille pas
De Virgile et d'Homère épier tous les pas,
Par leur secours à peine à leurs pieds élevée; [15]
Mais, qu'auprès de leurs chars dans un char enlevée,
Sur leurs sentiers marqués de vestiges si beaux,
Sa roue ose imprimer des vestiges nouveaux!
Quoi! faut-il, ne s'armant que de timides voiles,
N'avoir que ces grands noms pour Nord [16] et pour étoiles,
Les côtoyer sans cesse, et n'oser un instant,
Seul et loin de tout bord, intrépide et flottant,
Aller sonder les flancs du plus lointain Nérée, [17]
Et du premier sillon fendre une onde ignorée?
　Les coutumes d'alors, les sciences, les mœurs
Respirent dans les vers des antiques auteurs.
Leur siècle est en dépôt dans leurs nobles volumes.[18]
Tout a changé pour nous, mœurs, sciences, coutumes.
Pourquoi donc nous faut-il, par un pénible soin,
Sans rien voir près de nous, voyant toujours bien loin,
Vivant dans le passé, laissant ceux qui commencent,
Sans penser, écrivant d'après d'autres qui pensent,
Retraçant un tableau que nos yeux n'ont point vu,
Dire et dire cent fois ce que nous avons lu?
De la Grèce héroïque et naissante et sauvage
Dans Homère à nos yeux vit la parfaite image.

13. E.g., in *Oreste* and *Tancrède*.
14. An expression of C.'s own only partially realized ambition.
15. C. was right in believing that modern France had produced no great and enduring epic.
16. I.e., like mariners whose compasses point north and who are guided by the stars.
17. Nereus was a sea god.
18. The closer liaison suggested by C. between literature and contemporaneous civilization was achieved in the works of such nineteenth-century writers as Hugo and Balzac.

Chénier: L'Invention

Démocrite, Platon, Epicure, Thalès,
Ont de loin à Virgile indiqué les secrets
D'une nature encore à leurs yeux trop voilée.
Torricelli, Newton, Kepler, et Galilée,
Plus doctes, plus heureux dans leurs puissants efforts, 5
A tout nouveau Virgile ont ouvert des trésors.
Tous les arts sont unis: [19] les sciences humaines
N'ont pu de leur empire étendre les domaines,
Sans agrandir aussi la carrière des vers.[20]
Quel long travail pour eux a conquis l'univers! 10
Aux regards de Buffon, sans voile, sans obstacles,
La terre ouvrant son sein, ses ressorts, ses miracles,
Ses germes, ses coteaux, dépouille de Thétis; [21]
Les nuages épais, sur elle appesantis,
De ses noires vapeurs nourrissant leur tonnerre; 15
Et l'hiver ennemi, pour envahir la terre,
Roi des antres du Nord, et de glaces armés,
Ses pas usurpateurs sur nos monts imprimés;
Et l'œil perçant du verre [22] en la vaste étendue
Allant chercher ces feux qui fuyaient notre vue, 20
Aux changements prédits, immuables, fixés,
Que d'une plume d'or Bailly [23] nous a tracés;
Aux lois de Cassini [24] les comètes fidèles;
L'aimant de nos vaisseaux seul dirigeant les ailes;
Une Cybèle neuve [25] et cent mondes divers, 25
Aux yeux de nos Jasons [26] sortis du sein des mers:
Quel amas de tableaux, de sublimes images,
Naît de ces grands objets réservés à nos âges!
Sous ces bois étrangers qui couronnent ces monts,
Aux vallons de Cusco,[27] dans ces antres profonds, 30
Si chers à la fortune et plus chers au génie,
Germent des mines d'or, de gloire et d'harmonie.
Pensez-vous, si Virgile ou l'Aveugle divin
Renaissaient aujourd'hui, que leur savante main
Négligeât de saisir ces fécondes richesses, 35

---

19. Cf., above, Voltaire, *Fable*: "Tous les arts sont amis..."
20. This interesting idea, found also in Diderot, was developed by Maxime Du Camp, author of *Chants modernes* (1855).
21. Name of the goddess of the sea, but used here with modern geological significance.
22. By means of the telescope Herschel had just discovered the planet Uranus.
23. Author (1736–1793) of *Histoire de l'astronomie*.
24. Italian astronomer who under Colbert set up the Paris Observatory.
25. I.e., a New World of America, Cybele being the goddess of the earth.
26. E.g., Columbus, Bougainville.
27. Capital of the Incas. C. was said to have had among his manuscripts a poem on the conquest of the Peruvian Eldorado.

De notre Pinde [28] auguste éclatantes largesses?
Nous en verrions briller leurs sublimes écrits:
Et ces mêmes objets, que vos doctes mépris
Accueillent aujourd'hui d'un front dur et sévère,
⁵ Alors à vos regards auraient seuls droit de plaire;
Alors, dans l'avenir, votre inflexible humeur
Aurait soin de défendre à tout jeune rimeur
D'oser sortir jamais de ce cercle d'images
Que vos yeux auraient vu tracé dans leurs ouvrages.

¹⁰ Mais qui jamais a su dans des vers séduisants,
Sous des dehors plus vrais [29] peindre l'esprit aux sens?
Mais quelle voix jamais d'une plus pure flamme
Et chatouilla l'oreille et pénétra dans l'âme?
Mais leurs mœurs et leurs lois, et mille autres hasards,
¹⁵ Rendaient leur siècle heureux plus propice aux beaux-arts.
Eh bien! l'âme est partout; la pensée a des ailes.
Volons, volons chez eux retrouver leurs modèles,
Voyageons dans leur âge, où, libre, sans détour,
Chaque homme ose être un homme et penser au grand jour....
²⁰ Puis, ivres des transports qui nous viennent surprendre,
Parmi nous, dans nos vers, revenons les répandre;
Changeons en notre miel leurs plus antiques fleurs;
Pour peindre notre idée empruntons leurs couleurs;
Allumons nos flambeaux à leurs feux poétiques;
²⁵ Sur des pensers nouveaux faisons des vers antiques....[30]

LA JEUNE CAPTIVE
1794

Perhaps the most harmonious and most moving of Chénier's odes is this poem inspired by the charming Aimée de Coigny, who was imprisoned with him during the Reign of Terror. More fortunate than he, she was released two months after Chénier mounted the scaffold. The poem, entrusted to a fellow-prisoner, was published in 1796.

"L'épi naissant mûrit de la faux respecté;
Sans crainte du pressoir, le pampre, tout l'été
    Boit les doux présents de l'aurore;
Et moi, comme lui belle, et jeune comme lui,
³⁰   Quoi que l'heure présente ait de trouble et d'ennui,
    Je ne veux pas mourir encore.

28. Mountain of northern Greece dedicated to the Muses.
29. Supply "than the ancients."
30. This is the most quoted line and the essential point of C.'s *art poétique*.

Chénier: La Jeune Captive

Qu'un stoïque aux yeux secs vole embrasser la mort:
Moi je pleure et j'espère. Au noir souffle du nord
    Je plie et relève ma tête.
S'il est des jours amers, il en est de si doux!
Hélas! quel miel jamais n'a laissé de dégoûts?
    Quelle mer n'a point de tempête?

L'illusion féconde habite dans mon sein.
D'une prison sur moi les murs pèsent en vain,
    J'ai les ailes de l'espérance:
Echappée aux réseaux de l'oiseleur cruel,
Plus vive, plus heureuse, aux campagnes du ciel
    Philomèle [31] chante et s'élance.

Est-ce à moi de mourir? Tranquille je m'endors,
Et tranquille je veille, et ma veille aux remords
    Ni mon sommeil ne sont en proie.
Ma bienvenue au jour me rit dans tous les yeux;
Sur des fronts abattus, mon aspect dans ces lieux
    Ranime presque de la joie.

Mon beau voyage encore est si loin de sa fin!
Je pars, et des ormeaux qui bordent le chemin
    J'ai passé les premiers à peine.
Au banquet de la vie à peine commencé,
Un instant seulement mes lèvres ont pressé
    La coupe en mes mains encor pleine.

Je ne suis qu'au printemps, je veux voir la moisson;
Et comme le soleil, de saison en saison,
    Je veux achever mon année.
Brillante sur ma tige et l'honneur du jardin,
Je n'ai vu luire encor que les feux du matin;
    Je veux achever ma journée.[32]

O Mort! tu peux attendre; éloigne, éloigne-toi;
Va consoler les cœurs que la honte, l'effroi,
    Le pâle désespoir dévore.

---

31. Philomel, daughter of Pandion, had been changed into a nightingale.
32. Cf. Racine (*Esther*, I, 5):

    "Hélas! si jeune encore,
Par quel crime ai-je pu mériter mon malheur?
Ma vie à peine a commencé d'éclore:
    Je tomberai comme une fleur
    Qui n'a vu qu'une aurore."

Pour moi Palès [33] encore a des asiles verts,
Les Amours des baisers, les Muses des concerts;
    Je ne veux pas mourir encore."

Ainsi, triste et captif,[34] ma lyre toutefois
S'éveillait, écoutant ces plaintes, cette voix,
    Ces vœux d'une jeune captive;
Et secouant le faix de mes jours languissants,
Aux douces lois des vers je pliai les accents
    De sa bouche aimable et naïve.

Ces chants, de ma prison témoins harmonieux,
Feront à quelque amant des loisirs studieux
    Chercher quelle fut cette belle.
La grâce décorait son front et ses discours,
Et, comme elle, craindront de voir finir leurs jours
    Ceux qui les passeront près d'elle.

IAMBES
1794

While awaiting death at Saint-Lazare, Chénier wrote a series of immortal poems which expressed his noble revolt and just anger against the Terror. The Greeks had used iambic meter for their most violent invective, and, though no such meter exists in French poetry, the term "iambe" became synonymous with "satirical verse." The poems, finely written on narrow strips of paper, were wrapped up in Chénier's soiled linen, where they were discovered by his parents, who received the bundles from the turnkey.

viii

Quand au mouton bêlant la sombre boucherie
    Ouvre ses cavernes de mort,
Pâtre, chiens et moutons, toute la bergerie
    Ne s'informe plus de son sort.
Les enfants qui suivaient ses ébats dans la plaine,
    Les vierges aux belles couleurs
Qui le baisaient en foule, et sur sa blanche laine
    Entrelaçaient rubans et fleurs,
Sans plus penser à lui, le mangent s'il est tendre.
    Dans cet abîme enseveli,
J'ai le même destin. Je m'y devais attendre.

33. The shepherds' goddess.
34. "sad and captive I."

Chénier: Iambes

Accoutumons-nous à l'oubli.
Oubliés comme moi dans cet affreux repaire,
  Mille autres moutons, comme moi
Pendus aux crocs sanglants du charnier populaire,
  Seront servis au peuple-roi.
Que pouvaient mes amis? Oui, de leur main chérie
  Un mot, à travers ces barreaux,
Eût versé quelque baume en mon âme flétrie,[35]
  De l'or peut-être à mes bourreaux.[36]
Mais tout est précipice. Ils ont eu droit de vivre.
  Vivez, amis; vivez contents.
En dépit de Bavus [37] soyez lents à me suivre;
  Peut-être en de plus heureux temps
J'ai moi-même, à l'aspect des pleurs de l'infortune,
  Détourné mes regards distraits;
A mon tour aujourd'hui mon malheur importune:
  Vivez, amis; vivez en paix.

xi

Comme un dernier rayon, comme un dernier zéphyre
  Animent la fin d'un beau jour,
Au pied de l'échafaud j'essaye encor ma lyre.
  Peut-être est-ce bientôt mon tour.
Peut-être avant que l'heure en cercle promenée
  Ait posé sur l'émail brillant,
Dans les soixante pas où sa route est bornée,
  Son pied sonore et vigilant,[38]
Le sommeil du tombeau pressera ma paupière.
  Avant que de ses deux moitiés
Ce vers que je commence ait atteint la dernière,
  Peut-être en ces murs effrayés
Le messager de mort, noir recruteur des ombres,
  Escorté d'infâmes soldats,
Ebranlant de mon nom ces longs corridors sombres,
  Où seul dans la foule à grands pas
J'erre, aiguisant ces dards persécuteurs du crime,

---

35. C.'s friends and his brother, Marie-Joseph, the playwright, realized that the less attention was drawn to the unfortunate André, the better chance he would have of being ignored by the Tribunal.
36. The "Jeune Captive" owed her life to the successful bribery of her jailers.
37. A doubtful allusion to Fouquier-Tinville, procurer for the guillotine.
38. In this illustration of the inexorable march of time, classical circumlocution (the clock is not mentioned by name) is being transformed into more modern poetic imagery.

Du juste trop faibles soutiens,
Sur mes lèvres soudain va suspendre la rime;
Et chargeant mes bras de liens,
Me traîner, amassant en foule à mon passage
    Mes tristes compagnons reclus,
Qui me connaissaient tous avant l'affreux message,
    Mais qui ne me connaissent plus.
Eh bien! j'ai trop vécu. Quelle franchise auguste,
    De mâle constance et d'honneur
Quels exemples sacrés, doux à l'âme du juste,
    Pour lui quelle ombre de bonheur,
Quelle Thémis [39] terrible aux têtes criminelles,
    Quels pleurs d'une noble pitié,
Des antiques bienfaits quels souvenirs fidèles,
    Quels beaux échanges d'amitié,
Font digne de regrets l'habitacle des hommes?
    La peur fugitive est leur Dieu;
La bassesse; la feinte. Ah! lâches que nous sommes
    Tous, oui, tous. Adieu, terre, adieu.
Vienne, vienne la mort! — Que la mort me délivre!
    Ainsi donc mon cœur abattu
Cède au poids de ses maux? Non, non. Puissé-je vivre!
    Ma vie importe à la vertu.
Car l'honnête homme enfin, victime de l'outrage,
    Dans les cachots, près du cercueil,
Relève plus altiers son front et son langage,
    Brillants d'un généreux orgueil.
S'il est écrit aux cieux que jamais une épée
    N'étincellera dans mes mains;
Dans l'encre et l'amertume une autre arme trempée
    Peut encor servir les humains.
Justice, Vérité, si ma main, si ma bouche,
    Si mes pensers les plus secrets
Ne froncèrent jamais votre sourcil farouche,
    Et si les infâmes progrès,
Si la risée atroce, ou, plus atroce injure,
    L'encens de hideux scélérats
Ont pénétré vos cœurs d'une longue blessure;
    Sauvez-moi. Conservez un bras
Qui lance votre foudre, un amant qui vous venge.
    Mourir sans vider mon carquois!
Sans percer, sans fouler, sans pétrir dans leur fange
    Ces bourreaux barbouilleurs de lois!

---

39. Goddess of justice.

> Ces vers cadavéreux de la France asservie,
>   Egorgée! O mon cher trésor,
> O ma plume! fiel, bile, horreur, Dieux de ma vie![40]
>   Par vous seuls je respire encor:
> Comme la poix brûlante agitée en ses veines
>   Ressuscite un flambeau mourant,
> Je souffre; mais je vis. Par vous, loin de mes peines,
>   D'espérance un vaste torrent
> Me transporte. Sans vous, comme un poison livide,
>   L'invisible dent du chagrin,
> Mes amis opprimés, du menteur homicide
>   Les succès, le sceptre d'airain;
> Des bons proscrits par lui la mort ou la ruine,
>   L'opprobre de subir sa loi,
> Tout eût tari ma vie; ou contre ma poitrine
>   Dirigé mon poignard. Mais quoi!
> Nul ne resterait donc pour attendrir l'histoire
>   Sur tant de justes massacrés?
> Pour consoler leurs fils, leurs veuves, leur mémoire,
>   Pour que des brigands abhorrés
> Frémissent aux portraits noirs de leur ressemblance,
>   Pour descendre jusqu'aux enfers
> Nouer le triple fouet,[41] le fouet de la vengeance
>   Déjà levé sur ces pervers?
> Pour cracher sur leurs noms, pour chanter leur supplice?
>   Allons, étouffe tes clameurs;
> Souffre, ô cœur gros de haine, affamé de justice.
>   Toi, Vertu, pleure si je meurs.

Condorcet
1743-1794

Making allowances for interesting divergencies of opinion, the unifying factor of the Enlightenment was faith in the progressive amelioration, through education and reason, of the lot of humanity. This faith was summarily expressed at the end of the century by the Marquis de Condorcet in his *Esquisse d'un tableau historique des progrès de l'esprit humain,* an intelligent and vigorous, if overoptimistic, history of the rise of human culture.

Thirty years younger than Diderot and nearly fifty years younger than Vol-

---

40. In spirit and in measure this is a "romantic" line.
41. The whip of the three Furies.

taire, whose life he wrote (1787) and whose collected works he helped to edit, Condorcet alone of the great philosophic figures lived to see his theories crystallize after the fall of the Bastille. A member of the Legislative Assembly and then of the Convention, he was later proscribed as a Girondin and finally took poison to escape the guillotine.

Besides the *Vie de Voltaire* and the *Esquisse*, he edited Pascal's *Pensées* (1776), which Voltaire lived to approve (with added comments), and a *Vie de Turgot*. In his collected works his views on social liberalism, feminism, and popular education are especially interesting in their bearing on modern problems, and the French aristocrat's criticisms of the American Constitution, of the Senate, of the balance of powers, and of the possibilities of the abuse of judicial review, wherever true democracy seemed imperiled, are uncannily prophetic. For Condorcet, devoted lover of America, followed closely the writings of Jefferson, and of Franklin and Paine, who were his intimate friends. He was also a student and advocate of the American state and federal constitutions, and author of pseudonymous letters, in which he praised America as the inspiration of the ideas and policies that he proposed for France. If his method seems to be that of *a priori* rationalism and deduction from abstract principles, this is often a matter of vocabulary, for Condorcet was one of the first economic statisticians.

ESQUISSE D'UN TABLEAU HISTORIQUE DES PROGRES DE L'ESPRIT HUMAIN
1793–1794

This sketch, composed while Condorcet was in hiding from the Jacobins, is his principal and best-known work. Yet it was merely a plan for a much greater work which death prevented him from writing.[1] He divides human history into ten epochs. After a discussion of primitive and pastoral times (I–III) he marks out, like D'Alembert in the "Discours préliminaire," the stages of the progress of sciences and philosophy. Two divisions are given to Greek science (IV–V), one to the eclipse of the Middle Ages (VI), and one to the rebirth of the sciences (VII). Epoch VIII emphasizes the invention of printing and the rise of the critical spirit, which held sway from Descartes to the formation of the French Republic (IX). Epoch X is a glorious and optimistic act of faith in social progress through the destruction of inequalities among nations and the encouragement of equality within nations, and in the moral and physical perfectibility of man through wise legislation and universal education.[2]

[Les Progrès au xviiie siècle]

En présentant ce tableau, et des vérités nouvelles dont chaque science s'est enrichie, et de ce que chacune doit à l'application des théories ou

---

1. This accounts for the continual use of the future tense in the following passages.
2. In Condorcet's Declaration of Rights, prefixed to the Constitution of 1793, the following important statement is made: "Elementary education is the need of all, and society owes it equally to all its members."

des méthodes qui semblent appartenir plus particulièrement à des connaissances d'un autre ordre, nous chercherons quelle est la nature et la limite des vérités auxquelles l'observation, l'expérience, la méditation peuvent nous conduire dans chaque science; nous chercherons également en quoi, pour chacune d'elles, consiste précisément le talent de l'invention, cette première faculté de l'intelligence humaine, à laquelle on a donné le nom de *génie;* par quelles opérations l'esprit peut atteindre les découvertes qu'il poursuit, ou quelquefois être conduit à celles qu'il ne cherche pas, qu'il n'avait pu même prévoir. Nous montrerons comment les méthodes qui nous mènent à des découvertes peuvent s'épuiser de manière que la science soit en quelque sorte forcée de s'arrêter, si des méthodes nouvelles ne viennent fournir un nouvel instrument au génie, ou lui faciliter l'usage de celles qu'il ne peut plus employer sans y consommer trop de temps et de fatigues.

Si nous nous bornions à montrer les avantages qu'on a retirés des sciences dans leurs usages immédiats, ou dans leurs applications aux arts, soit pour le bien-être des individus, soit pour la prospérité des nations, nous n'aurions fait connaître encore qu'une faible partie de leurs bienfaits.

Le plus important peut-être est d'avoir détruit les préjugés, et redressé en quelque sorte l'intelligence humaine, forcée de se plier aux fausses directions que lui imprimaient les croyances absurdes transmises à l'enfance de chaque génération, avec les terreurs de la superstition et la crainte de la tyrannie.

Toutes les erreurs en politique, en morale, ont pour base des erreurs philosophiques, qui elles-mêmes sont liées à des erreurs physiques. Il n'existe, ni un système religieux, ni une extravagance surnaturelle, qui ne soit fondée sur l'ignorance des lois de la nature. Les inventeurs, les défenseurs de ces absurdités, ne pouvaient prévoir le perfectionnement successif de l'esprit humain. Persuadés que les hommes savaient, de leur temps, tout ce qu'ils pouvaient jamais savoir, et croiraient toujours ce qu'ils croyaient alors, ils appuyaient avec confiance leurs rêveries sur les opinions générales de leurs pays et de leur siècle.

Les progrès des connaissances physiques sont même d'autant plus funestes à ces erreurs, que souvent ils les détruisent sans paraître les attaquer, et en répandant sur ceux qui s'obstinent à les défendre le ridicule avilissant de l'ignorance.

En même temps l'habitude de raisonner juste sur les objets de ces sciences, les idées précises que donnent leurs méthodes, les moyens de reconnaître ou de prouver une vérité, doivent conduire naturellement à comparer le sentiment qui nous force d'adhérer à des opinions fondées sur ces motifs réels de crédibilité, et celui qui nous attache à nos préjugés d'habitude, ou qui nous force de céder à l'autorité: et cette comparaison suffit pour apprendre à se défier de ces dernières opinions, pour faire sentir qu'on ne les croit réellement pas, lors même qu'on se vante de les croire, qu'on les professe avec la plus pure sincérité. Or ce secret, une fois découvert, rend leur destruction prompte et certaine.

Enfin, cette marche des sciences physiques que les passions et l'intérêt ne viennent pas troubler, où l'on ne croit pas que la naissance, la profession, les places donnent le droit de juger ce qu'on n'est pas en état d'entendre; cette marche plus sûre ne pouvait être observée sans que les hommes éclairés cherchassent dans les autres sciences à s'en rapprocher sans cesse; elle leur offrait à chaque pas le modèle qu'ils devaient suivre, d'après lequel ils pouvaient juger de leurs propres efforts, reconnaître les fausses routes où ils auraient pu s'engager, se préserver du pyrrhonisme [3] comme de la crédulité et d'une aveugle défiance, d'une soumission trop entière même à l'autorité des lumières et de la renommée.

Sans doute, l'analyse métaphysique conduisait aux mêmes résultats; mais elle n'eût donné que des préceptes abstraits; et ici les mêmes principes abstraits, mis en action, étaient éclairés par l'exemple, fortifiés par le succès.

Jusqu'à cette époque les sciences n'avaient été que le patrimoine de quelques hommes; déjà elles sont devenues communes, et le moment approche où leurs éléments, leurs principes, leurs méthodes les plus simples deviendront vraiment populaires. C'est alors que leur application aux arts, que leur influence sur la justesse générale des esprits, sera d'une utilité vraiment universelle.

Nous suivrons les progrès des nations européennes dans l'instruction, soit des enfants, soit des hommes; progrès faibles jusqu'ici, si l'on regarde seulement le système philosophique de cette instruction, qui, presque partout, est encore livrée aux préjugés scolastiques; mais très rapides, si l'on considère l'étendue et la nature des objets de l'enseignement, qui, n'embrassant presque plus que des connaissances réelles, renferme les éléments de presque toutes les sciences, tandis que les hommes de tous les âges trouvent, dans les dictionnaires, dans les abrégés, dans les journaux, les lumières dont ils ont besoin, quoiqu'elles n'y soient pas toujours assez pures. Nous examinerons quelle a été l'utilité de joindre l'instruction orale des sciences, à celle qu'on reçoit immédiatement par les livres et par l'étude; s'il est résulté quelque avantage de ce que le travail des compilations est devenu un véritable métier, un moyen de subsistance, ce qui a multiplié le nombre des ouvrages médiocres, mais en multipliant aussi, pour les hommes peu instruits, les moyens d'acquérir des connaissances communes. Nous exposerons l'influence qu'ont exercée, sur les progrès de l'esprit humain, ces sociétés savantes, barrière qu'il sera encore longtemps utile d'opposer à la charlatanerie et au faux savoir; nous ferons, enfin, l'histoire des encouragements donnés par les gouvernements aux

---

3. Philosophy of the followers of Pyrrho (365–275 B.C.), Greek skeptic, who sought imperturbability through suspension of judgment on all matters.

progrès de l'esprit humain, et des obstacles qu'ils y ont opposés souvent dans le même pays et à la même époque; nous ferons voir quels préjugés ou quels principes de machiavélisme, les ont dirigés dans cette opposition à la marche des esprits vers la vérité; quelles vues de politique intéressée ou même de bien public les ont guidés, quand ils ont paru au contraire vouloir l'accélérer et la protéger....

Les progrès de la philosophie et des sciences ont étendu, ont favorisé ceux des lettres, et celles-ci ont servi à rendre l'étude des sciences plus facile, et la philosophie plus populaire. Elles se sont prêté un mutuel appui, malgré les efforts de l'ignorance et de la sottise pour les désunir, pour les rendre ennemies. L'érudition, que la soumission à l'autorité humaine, le respect pour les choses anciennes, semblaient destiner à soutenir la cause des préjugés nuisibles, l'érudition a cependant aidé à les détruire, parce que les sciences et la philosophie lui ont prêté le flambeau d'une critique plus saine. Elle savait déjà peser les autorités, les comparer entre elles; elle a fini par les soumettre elles-mêmes au tribunal de la raison. Elle avait rejeté les prodiges, les contes absurdes, les faits contraires à la vraisemblance; mais en attaquant les témoignages sur lesquels ils s'appuyaient, elle a su depuis les rejeter, malgré la force de ces témoignages, pour ne céder qu'à celle qui pourrait l'emporter sur l'invraisemblance physique ou morale des faits extraordinaires.[4]

Ainsi, toutes les occupations intellectuelles des hommes, quelque différentes qu'elles soient par leur objet, leur méthode, ou par les qualités d'esprit qu'elles exigent, ont concouru aux progrès de la raison humaine. Il en est, en effet, du système entier des travaux des hommes, comme d'un ouvrage bien fait, dont les parties, distinguées avec méthode, doivent être cependant étroitement liées, ne former qu'un seul tout, et tendre à un but unique.

Et portant maintenant un regard général sur l'espèce humaine, nous montrerons que la découverte des vraies méthodes dans toutes les sciences, l'étendue des théories qu'elles renferment, leur application à tous les objets de la nature, à tous les besoins des hommes, les lignes de communication qui se sont établies entre elles, le grand nombre de ceux qui les cultivent; enfin, la multiplication des imprimeries, suffisent pour nous répondre qu'aucune d'elles ne peut descendre désormais au-dessous du point où elle a été portée. Nous ferons observer que les principes de la philosophie, les maximes de la liberté, la connaissance des véritables droits

---

4. I.e., erudition yields only to that force "which could master the physical and moral improbability of extraordinary facts." Extremists from Lamotte-Houdar to D'Holbach had considered poetry and imaginative fiction as deliberate distortions of the truth. C., more broad-minded, emphasizes the benefits of the philosophical spirit to imaginative literature. For example, at the end of the previous century the novel on the one hand was already making great strides toward verisimilitude, while on the other hand even the fairy story could find its first lightly ironical modern expression in Charles Perrault at precisely the moment that Abbé Dubos wrote (1696): "L'air de France ne vaut rien à présent pour les prodiges."

de l'homme et des intérêts réels, sont répandus dans un trop grand nombre de nations, et dirigent dans chacune d'elles les opinions d'un trop grand nombre d'hommes éclairés, pour qu'on puisse redouter de les voir jamais retomber dans l'oubli.

Et quelle crainte pourrait-on conserver encore, en voyant que les deux langues qui sont les plus répandues, sont aussi les langues des deux peuples qui jouissent de la liberté la plus entière; qui en ont le mieux connu les principes; en sorte que, ni aucune ligue de tyrans, ni aucune des combinaisons politiques possibles, ne peut empêcher de défendre hautement, dans ces deux langues, les droits de la raison, comme ceux de la liberté?

Mais si tout nous répond que le genre humain ne doit plus retomber dans son ancienne barbarie; si tout doit nous rassurer contre ce système pusillanime et corrompu, qui le condamne à d'éternelles oscillations entre la vérité et l'erreur, la liberté et la servitude, nous voyons en même temps les lumières n'occuper encore qu'une faible partie du globe, et le nombre de ceux qui en ont de réelles disparaître devant la masse des hommes livrés aux préjugés et à l'ignorance. Nous voyons de vastes contrées gémissant dans l'esclavage, et n'offrant que des nations, ici dégradées par les vices d'une civilisation dont la corruption ralentit la marche; là, végétant encore dans l'enfance de ses premières époques. Nous voyons que les travaux de ces derniers âges ont beaucoup fait pour le progrès de l'esprit humain, mais peu pour le perfectionnement de l'espèce humaine; beaucoup pour la gloire de l'homme; quelque chose pour sa liberté, presque rien encore pour son bonheur. Dans quelques points, nos yeux sont frappés d'une lumière éclatante; mais d'épaisses ténèbres couvrent encore un immense horizon. L'âme du philosophe se repose avec consolation sur un petit nombre d'objets; mais le spectacle de la stupidité, de l'esclavage, de l'extravagance, de la barbarie, l'afflige plus souvent encore; et l'ami de l'humanité ne peut goûter de plaisir sans mélange qu'en s'abandonnant aux douces espérances de l'avenir.

Tels sont les objets qui doivent entrer dans un tableau historique des progrès de l'esprit humain. Nous chercherons, en les présentant, à montrer surtout l'influence de ces progrès sur les opinions, sur le bien-être de la masse générale des diverses nations, aux différentes époques de leur existence politique; à montrer quelles vérités elles ont connues; de quelles erreurs elles ont été détrompées; quelles habitudes vertueuses elles ont contractées; quel développement nouveau de leurs facultés a établi une proportion plus heureuse entre ces facultés et leurs besoins; et, sous un point de vue opposé, de quels préjugés elles ont été les esclaves; quelles superstitions religieuses ou politiques s'y sont introduites; par quels vices l'ignorance ou le despotisme les ont corrompues; à quelles misères la violence ou leur propre dégradation les ont soumises.

Jusqu'ici, l'histoire politique, comme celle de la philosophie et des sciences, n'a été que l'histoire de quelques hommes; ce qui forme véritablement l'espèce humaine, la masse des familles qui subsistent presque en entier de leur travail a été oubliée....

C'est à cette partie de l'histoire de l'espèce humaine, la plus obscure, la plus négligée, et pour laquelle les monuments nous offrent si peu de matériaux, qu'on doit surtout s'attacher dans ce tableau; et, soit qu'on y rende compte d'une découverte, d'une théorie importante, d'un nouveau système de lois, d'une révolution politique, on s'occupera de déterminer quels effets ont dû en résulter pour la portion la plus nombreuse de chaque société; car c'est là le véritable objet de la philosophie, puisque tous les effets intermédiaires de ces mêmes causes ne peuvent être regardés que comme des moyens d'agir enfin sur cette portion qui constitue vraiment la masse du genre humain.

C'est en parvenant à ce dernier degré de la chaîne, que l'observation des événements passés, comme les connaissances acquises par la méditation, deviennent véritablement utiles. C'est en arrivant à ce terme, que les hommes peuvent apprécier leurs titres réels à la gloire, ou jouir, avec un plaisir certain, des progrès de leur raison; c'est là seulement qu'on peut juger du véritable perfectionnement de l'espèce humaine....

(*Neuvième époque*)

[L'Instruction du peuple]

L'égalité d'instruction que l'on peut espérer d'atteindre, mais qui doit suffire, est celle qui exclut toute dépendance, ou forcée, ou volontaire. Nous montrerons, dans l'état actuel des connaissances humaines, les moyens faciles de parvenir à ce but, même pour ceux qui ne peuvent donner à l'étude qu'un petit nombre de leurs premières années, et dans le reste de leur vie, quelques heures de loisir. Nous ferons voir que par un choix heureux, et des connaissances elles-mêmes, et des méthodes de les enseigner, on peut instruire la masse entière d'un peuple, de tout ce que chaque homme a besoin de savoir pour l'économie domestique, pour l'administration de ses affaires, pour le libre développement de son industrie et de ses facultés, pour connaître ses droits, les défendre et les exercer; pour être instruit de ses devoirs, pour pouvoir les bien remplir, pour juger ses actions et celles des autres d'après ses propres lumières, et n'être étranger à aucun des sentiments élevés ou délicats qui honorent la nature humaine; pour ne point dépendre aveuglément de ceux à qui il est obligé de confier le soin de ses affaires ou l'exercice de ses droits; pour être en état de les choisir et de les surveiller, pour n'être plus la dupe de ces erreurs populaires qui tourmentent la vie de craintes superstitieuses et d'espérances chimériques; pour se défendre contre les préjugés avec les seules forces de la raison; enfin, pour échapper aux prestiges du charlatanisme, qui tendrait des pièges à sa fortune, à sa santé, à la liberté de ses opinions et de sa conscience, sous prétexte de l'enrichir, de le guérir et de le sauver.

Dès lors, les habitants d'un même pays n'étant plus distingués entre eux par l'usage d'une langue plus grossière ou plus raffinée, pouvant également se gouverner par leurs propres lumières, n'étant plus bornés à la connaissance machinale des procédés d'un art et de la routine d'une profession, ne dépendant plus, ni pour les moindres affaires, ni pour se procurer la moindre instruction, d'hommes habiles qui les gouvernent par un ascendant nécessaire, il doit en résulter une égalité réelle,[5] puisque la différence des lumières ou des talents ne peut plus élever une barrière entre des hommes à qui leurs sentiments, leurs idées, leur langage permet de s'entendre; dont les uns peuvent avoir le désir d'être instruits par les autres, mais n'ont pas besoin d'être conduits par eux; dont les uns peuvent vouloir confier aux plus éclairés le soin de les gouverner, mais non être forcés de le leur abandonner avec une aveugle confiance.

C'est alors que cette supériorité devient un avantage pour ceux même qui ne le partagent pas, qu'elle existe pour eux, et non contre eux. La différence naturelle des facultés entre les hommes, dont l'entendement n'a point été cultivé, produit, même chez les sauvages, des charlatans et des dupes, des gens habiles et des hommes faciles à tromper; la même différence existe sans doute dans un peuple où l'instruction est vraiment générale, mais elle n'est plus qu'entre les hommes éclairés, et les hommes d'un esprit droit, qui sentent le prix des lumières sans en être éblouis; entre le talent ou le génie, et le bon sens qui sait les apprécier et en jouir; et quand même cette différence serait plus grande, si on compare seulement la force, l'étendue des facultés, elle ne deviendrait pas moins insensible, si on n'en compare que les effets dans les relations des hommes entre eux, dans ce qui intéresse leur indépendance et leur bonheur....[6]

(*Dixième époque*)

LETTRES D'UN BOURGEOIS DE NEW-HAVEN A UN CITOYEN DE VIRGINIE
1787

Condorcet followed the wave of idealization of the simple virtues of colonial America with a serious study of the writings of Paine, Franklin, and Jefferson, the *Federalist* and the *Collection of the Constitutions of the English Colonies*. It was this interest that inspired these anonymous letters. In the American Revolution he saw a vindication of the rights of man and praised highly the Virginia Declaration of Rights and the American Declaration of Independence. From these documents he sought the principles of his proposed constitution for the French Republic.

The first letter, concerning the more general principles of legislation, con-

---

5. Through the development of public schools, C. hoped to diminish inequality of opportunity among men.
6. I.e., natural intellectual inequalities, even if they are increased through universal education, would be no more disadvantageous to the lesser privileged, because they would find expression outside the domain of economic security and public welfare.

cludes as follows: "Je n'ai parlé ni de la législation du commerce ni de la législation religieuse parce que les lois relatives à ces deux objets, si elles ne sont pas absurdes, font partie des lois civiles et de police. Le commerce, comme la religion, doivent être absolument libres." The second letter champions the rights of women and recommends measures to prevent the usurpation of power by the Supreme Court. In the third and fourth letters he discusses the functions of the legislative body and supports a popularly elected unicameral legislature. He had been particularly pleased with this feature of the Pennsylvania constitution, drawn up by Franklin in 1776, but abolished in 1790 in favor of a less democratic document, which restored the Senate. The fourth letter ends with a plea for the legislative discouragement of economic inequalities caused by the inheritance of large fortunes. For a fuller discussion of these matters, consult the chapters "Feminism" and "The Rediscovery of America" in *Condorcet and the Rise of Liberalism* by J. Salwyn Schapiro.

[Les Droits de la femme]

J'ai maintenant à vous faire une objection. Nous voulons une constitution dont les principes soient uniquement fondés sur les droits naturels de l'homme, antérieurs aux institutions sociales.[7]

Nous appelons ces droits *naturels*, parce qu'ils dérivent de la nature de l'homme; c'est-à-dire parce que du moment qu'il existe un être sensible, capable de raisonner et d'avoir des idées morales, il en résulte, par une conséquence évidente, nécessaire, qu'il doit jouir de ces droits, qu'il ne peut en être privé sans injustice. Nous pensons que celui de voter sur les intérêts communs, soit par soi-même, soit par des représentants librement élus, est un de ces droits; qu'un Etat où une partie des hommes, ou du moins des hommes propriétaires du territoire, en sont privés, cesse d'être un Etat libre, qu'il devient une aristocratie plus ou moins étendue, qu'il n'est, comme les monarchies, comme les aristocraties, qu'une constitution plus ou moins bonne, suivant que ceux qui jouissent de l'autorité y ont (je ne dis pas suivant la raison, mais suivant l'état présent des lumières) des intérêts plus ou moins conformes à l'intérêt général; mais qu'il n'est plus une véritable république. Cela posé, on peut dire que jusqu'ici il n'en a réellement existé aucune. N'est-ce pas en qualité d'êtres sensibles, capables de raison, ayant des idées morales, que les hommes ont des droits? Les femmes doivent donc avoir absolument les mêmes, et cependant jamais, dans aucune constitution appelée libre, les femmes n'ont exercé le droit de citoyens.

Quand on admettrait le principe (sur lequel M. Delolme[8] a fondé son

---

7. The habitual appeal to natural law is here expressed in its most vulnerable terms as a chronological antecedent rather than as a concomitant to positive law. However, all the major political reforms of the past 150 years have been based on natural law. Helvétius, Condorcet, Thomas Paine, and Mary Wollstonecraft were early champions of woman's suffrage. See D. G. Ritchie, *Natural Rights*.
8. Author of *Purification des trois points de droit*.

admiration pour la constitution anglaise) qu'il suffit que le pouvoir soit entre les mains d'hommes qui ne puissent avoir un autre intérêt (l'intérêt personnel excepté, sans doute) que celui de l'universalité des habitants, on ne pourrait s'en servir ici. Les faits ont prouvé que les hommes avaient ou croyaient avoir des intérêts fort différents de ceux des femmes, puisque partout ils ont fait contre elles des lois oppressives, ou du moins établi entre les deux sexes une grande inégalité. Enfin, vous admettez sans doute le principe des Anglais, qu'on n'est légitimement assujetti qu'aux taxes qu'on a votées, au moins par ses représentants; et il suit de ce principe que toute femme est en droit de refuser de payer les taxes parlementaires.

Je ne vois pas de réponse solide à ces raisonnements, du moins pour les femmes veuves ou non mariées. Quant aux autres, on pourrait dire que l'exercice du droit de citoyen suppose qu'un être puisse agir par sa volonté propre. Mais alors je répondrai que les lois civiles qui établiraient entre les hommes et les femmes une inégalité assez grande pour qu'on pût les supposer privées de l'avantage d'avoir une volonté propre, ne seraient qu'une injustice de plus. Je ne vois qu'une inégalité nécessaire et juste dans une société de deux personnes, celle qui naît de la nécessité d'accorder une voix prépondérante dans le petit nombre de cas où on ne peut laisser agir les volontés séparées, et où en même temps la nécessité d'agir ne permet pas d'attendre la réunion de deux volontés. Encore serait-il bien difficile de supposer que cette voix prépondérante dût, pour la totalité de ces cas très rares, appartenir nécessairement à l'un des deux sexes. Il paraîtrait beaucoup plus naturel de partager cette prérogative, et de donner, soit à l'homme, soit à la femme, la voix prépondérante pour les cas où il est plus probable que l'un des deux conformera sa volonté à la raison. Cette idée d'établir plus d'égalité entre les deux sexes n'est pas si nouvelle qu'on pourrait croire. L'empereur Julien [9] avait accordé aux femmes le droit d'envoyer à leur mari le libelle de divorce; droit dont les maris seuls avaient joui depuis les premiers siècles de Rome; et le moins galant peut-être des Césars a été le plus juste envers les femmes.

Mais, après avoir établi que la justice demanderait que l'on cessât d'exclure les femmes du droit de cité, il me reste à examiner la question de leur éligibilité pour les fonctions publiques. Toute exclusion de ce genre expose à deux injustices: l'une à l'égard des électeurs dont on restreint la liberté; l'autre, à l'égard de ceux qui sont exclus, et que l'on prive d'un avantage accordé aux autres. Il me paraît donc qu'on ne doit prononcer une exclusion par la loi que dans le cas où la raison en prouve évidemment l'utilité; et si l'on choisit une bonne forme d'élection, ce cas doit se présenter très rarement. Je crois même qu'après l'exclusion légale des personnes condamnées par un jugement, comme coupables de certains crimes, et de celles qui sont dans l'état de domesticité, l'on pourrait sans

---

9. Julian the Apostate, nephew of Constantine, Roman emperor from 363 to 365 A.D.

Condorcet: Lettres d'un bourgeois

inconvénient, et que, par respect pour la liberté, on devrait se borner à faire prononcer par la loi l'incompatibilité de certaines places. Je ne parle point de l'âge, qui doit être celui de la majorité civile, comme pour exercer le droit de cité. On sent que cette loi de l'incompatibilité des places n'introduit aucune inégalité, ne gêne même proprement aucun choix, puisque, s'il n'y a point de places inutiles, il n'y en a point qu'on puisse exercer ensemble. D'après ce principe, je croirais que la loi ne devrait exclure les femmes d'aucune place. Mais, dira-t-on, ne serait-il pas ridicule qu'une femme commandât l'armée, présidât le tribunal? Eh bien, croyez-vous qu'il faille défendre aux citoyens, par une loi expresse, tout ce qui serait ou un choix ou une action ridicule, comme de choisir un aveugle pour secrétaire d'un tribunal, de faire paver son champ? De deux choses l'une: ou les électeurs voudront faire de bons choix, et ils n'ont pas besoin de vos règles, ou ils voudront en faire de mauvais, et vos règles ne les en empêcheront pas.

Au reste, il faut observer que ce changement proposé ici, en suppose un premier dans les lois civiles, qui en produirait nécessairement un dans les mœurs, un autre non moins important dans l'éducation des femmes, en sorte que les objections qui paraîtraient plausibles aujourd'hui auraient cessé de l'être avant que le nouvel ordre fût établi.

La constitution des femmes les rend peu capables d'aller à la guerre, et pendant une partie de leur vie doit les écarter des places qui exigent un service journalier et un peu pénible. Les grossesses, le temps des couches et de l'allaitement, les empêcheraient d'exercer ces fonctions. Mais je ne crois pas qu'on puisse assigner, à d'autres égards, entre elles et les hommes aucune différence qui ne soit l'ouvrage de l'éducation. Quand même on admettrait que l'inégalité de force, soit de corps, soit d'esprit, serait la même qu'aujourd'hui, il en résulterait seulement que les femmes du premier ordre seraient égales aux hommes du second et supérieures à ceux du troisième, et ainsi de suite. On leur accorde tous les talents, hors celui d'inventer. C'est l'opinion de Voltaire, l'un des hommes qui ont été les plus justes envers elles et qui les ont le mieux connues. Mais d'abord, s'il ne fallait admettre aux places que les hommes capables d'inventer, il y en aurait beaucoup de vacantes, même dans les académies. Il existe un grand nombre de fonctions dans lesquelles il n'est pas même à désirer pour le public qu'on sacrifie le temps d'un homme de génie. D'ailleurs, cette opinion me paraît très incertaine. Si on compare le nombre des femmes qui ont reçu une éducation soignée et suivie, à celui des hommes qui ont reçu le même avantage, ou qu'on examine le très petit nombre d'hommes de génie qui se sont formés d'eux-mêmes, on verra que l'observation constante alléguée en faveur de cette opinion, ne peut être regardée comme une preuve. De plus, l'espèce de contrainte où les opinions relatives aux mœurs tiennent l'âme et l'esprit des femmes presque dès l'enfance, et surtout depuis le moment où le génie commence à se développer, doit nuire à ses progrès dans presque tous les genres. Voyez combien peu de moines en ont donné des preuves, même dans les genres où l'influence de la contrainte de leur état paraîtrait devoir être la moins sensible. D'ailleurs, est-il bien sûr qu'aucune femme n'a montré du génie? Cette assertion est vraie jusqu'ici, à ce que je crois, quant aux sciences et à la philosophie; mais l'est-elle dans les autres genres? Pour ne parler ici que des Françaises, ne trouve-t-on pas le génie du style dans madame de Sévigné? Ne citerait-on pas dans les romans de madame de la Fayette,[10] et dans quelques autres, plusieurs de ces traits de passion et de sensibilité que l'on appellerait des traits de génie dans un ouvrage dramatique?

Peut-être trouverez-vous cette discussion bien longue; mais songez qu'il s'agit des droits de la moitié du genre humain, droits oubliés par tous les législateurs; qu'il n'est pas inutile même pour la liberté des hommes d'indiquer le moyen de détruire la seule objection qu'on puisse faire aux républiques, et de marquer entre elles et les Etats non libres une différence réelle. D'ailleurs, il est difficile même à un philosophe de ne pas s'oublier un peu lorsqu'il parle des femmes. Cependant, j'ai peur de me brouiller avec elles, si jamais elles lisent cet article. Je parle de leurs droits à l'égalité, et non de leur empire; on peut me soupçonner d'une envie secrète de le diminuer; et depuis que Rousseau a mérité leurs suffrages, en disant qu'elles n'étaient faites que pour nous soigner [11] et propres qu'à nous tourmenter, je ne dois pas espérer qu'elles se déclarent en ma faveur. Mais il est bon de dire la vérité, dût-on s'exposer au ridicule.   (*Lettre II*)

[Déclaration de guerre]

On peut donner au corps législatif le droit de déclarer la guerre, pourvu que ce soit seulement dans le cas où une nation étrangère a commencé les hostilités; et il faudrait, de plus, avant de déclarer expressément la guerre, avoir demandé justice des premières hostilités, et qu'elle ait été refusée.

Il est un autre cas où la guerre peut paraître nécessaire: celui de la violation d'une convention ou d'un traité de paix; mais si cette violation est accompagnée de violence, c'est une véritable hostilité; si elle ne l'est pas, ou la puissance étrangère vous laissera agir comme si la convention était exécutée, ou bien elle opposera la force à vos démarches; et dès lors c'est encore une véritable hostilité. Ainsi l'on peut, sans craindre de trop sacrifier à la paix, établir la règle que nous proposons; et on devrait plutôt

---

10. Mme de Sévigné, known for the delicacy of her letters, and Mme de la Fayette, who wrote a dramatically psychological novel, *La Princesse de Clèves*, were indeed the two most distinguished feminine authors of the seventeenth century.

11. In the fifth book of *Emile* Rousseau gives an entirely subordinate position to Sophie, Emile's ideal future bride. He asserts that, because man is stronger than woman, "Il s'ensuit que la femme est faite spécialement pour plaire à l'homme."

craindre que les chefs ne provoquassent les hostilités, ou n'en supposassent l'existence.

Si donc on craint que, même dans une constitution dont tous les actes sont nécessairement publics, ces précautions ne soient pas suffisantes pour empêcher le corps législatif d'engager la nation dans des guerres ruineuses, on pourrait prendre le moyen suivant:

Qu'aussitôt après la déclaration de la guerre, les districts fussent assemblés extraordinairement pour une élection, dans laquelle ils conserveraient les anciens membres du corps législatif, ou en nommeraient de nouveaux.

Cette institution serait un obstacle aux guerres entreprises ou dans la vue d'augmenter le pouvoir du corps législatif, ou malgré le vœu général.

(*Lettre II*)

[Le Tribunal suprême]

Au reste, je crois qu'il importe beaucoup au maintien de la liberté, 1° que le corps législatif n'ait aucune influence sur l'exécution des lois criminelles, civiles et de police; 2° qu'aucun corps ou aucun homme chargé de cette exécution ne puisse avoir une autorité étendue; et pour cela, je voudrais d'abord, que des tribunaux différents fussent chargés des jugements criminels, civils et de police, et placés dans chaque district ou chaque province; 3° que dans le chef-lieu de l'Etat on établît un tribunal suprême, dont les membres fussent choisis par les districts, soit dans une assemblée générale des citoyens, soit par une assemblée d'électeurs, chargés de cette fonction; que ces juges n'exerçassent leurs fonctions qu'un temps limité, et ne pussent être pris parmi les membres du corps législatif, ni élus membres de ce corps, pendant qu'ils siégeraient dans ce tribunal.

Les fonctions de ce tribunal suprême seraient, 1° de décider les questions de police qui pourraient s'élever entre deux districts, comme certains travaux sur les rivières, dans les montagnes, pourraient en produire, et en même temps celles qui pourraient naître sur la compétence des tribunaux; 2° de donner le consentement aux exécutions de jugements de mort ou de peines afflictives; et en cas de refus, d'ordonner un nouveau jugement (si les lois sont bonnes, le droit de faire grâce est inutile); de recevoir les plaintes contre les prévarications des juges; d'ordonner une instruction contre eux, s'il y a lieu. Ce tribunal est utile, à ce que je crois, nécessaire même, et ne peut être dangereux, si l'on en change les membres fréquemment; si l'on y exige une grande pluralité dans certains cas; si eux-mêmes ne jugent jamais que les seuls procès de police entre les districts, ou de compétence entre les tribunaux. (*Lettre II*)

[Les Grandes Fortunes]

Je finis par une dernière réflexion. Les raisonnements employés pour prouver l'utilité de ces divisions dans le corps législatif, supposent presque tous l'existence de mauvaises lois civiles, de mauvais règlements de finance et de commerce, c'est-à-dire, une grande inégalité dans les fortunes, et dès lors entre les hommes; car, toute grande fortune un peu durable est toujours l'ouvrage d'une mauvaise loi.[12] Or, n'est-il pas plus simple de corriger les mauvaises lois qui produisent cette inégalité, que de chercher dans une constitution compliquée des moyens, ou dangereux, ou du moins très incertains d'en éviter les inconvénients? Vous pouvez plus facilement en Amérique qu'en Europe détruire cette inégalité, ou en empêcher les progrès; vous avez de moins les distinctions de familles, les lois dérivées du système féodal et les fortunes de finance; vous n'avez à craindre que l'effet des primogénitures et les fortunes de commerce et de banque. Le seul remède est la liberté du commerce et de bonnes lois civiles; autrement on ne peut empêcher l'inégalité des fortunes de s'établir, et alors ni les lois somptuaires, ni les censeurs, ni les constitutions compliquées, ni toutes les inventions de la vieille politique, n'empêcheront l'inégalité sociale de s'établir. Nulle part le citoyen domestique, ouvrier, fermier d'un citoyen très riche, n'est son égal; nulle part l'homme dégradé, abruti par la misère, n'est l'égal de l'homme qui a reçu une éducation soignée. Il s'établit donc nécessairement deux classes de citoyens, partout où il y a des gens très pauvres et des gens très riches: et l'égalité républicaine ne peut exister dans un pays où les lois civiles, les lois de finance, les lois de commerce rendent possible la longue durée des grandes fortunes.

(*Lettre III*)

Declaration of the Rights of Man
1789

On August 12, 1789, M. Desmeuniers proposed to the Assembly the nomination of a committee of five to draw up a tentative Declaration of the Rights of Man. The following Monday, M. de Mirabeau [1] presented the conclusions of the committee with an accompanying discourse. The Assembly discussed and debated the proposed declaration, which was drawn up in its final form on August 26. It later took its place as the preamble of the Constitution accepted by the king on September 14, 1791.

12. For a similar statement by Voltaire, see, above, p. 427.

1. Honoré Gabriel, comte de Mirabeau (1749–1791), was an eminent orator of the French Revolution. In 1789 he was rejected by his fellow noblemen and was sent by the Third Estate as representative to the Estates General.

The Bill of Rights of the Virginia Constitution, product of Jeffersonian liberalism, and of other American state constitutions, as well as the Declaration of Independence (July 4, 1776), was the direct inspiration of this historic document. According to Anglo-Saxon tradition its principles stem from Locke, Pufendorf, and the English Bill of Rights of 1689. It is obvious, however, that it is a clear and precise summary of the political and social theories of the Enlightenment. The ideas of such influential Americans as Jefferson, Franklin, and Paine were conditioned by Montesquieu and Voltaire, and to a lesser extent by Rousseau and other French political thinkers. The vogue of Montesquieu and Voltaire has been recently studied, but a general history of the intercommunication of ideas between France and colonial and revolutionary America remains to be written.

DISCOURS DE M. LE COMTE DE MIRABEAU AU NOM DU COMITE DES CINQ

Messieurs, la déclaration des droits de l'homme en société n'est sans doute qu'une exposition de quelques principes généraux applicables à toutes les associations politiques, et à toutes les formes de gouvernement.

Sous ce point de vue, on croirait un travail de cette nature très simple et peu susceptible de contestations et de doutes.

Mais le comité que vous avez nommé pour s'en occuper s'est bientôt aperçu qu'un tel exposé, lorsqu'on le destine à un corps politique, vieux et presque caduc, est nécessairement subordonné à beaucoup de circonstances locales, et ne peut jamais atteindre qu'à une perfection relative. Sous ce rapport, une déclaration de droits est un ouvrage difficile.

Il l'est davantage lorsqu'il doit servir de préambule à une constitution qui n'est pas connue....

Nous avons cherché cette forme populaire qui rappelle au peuple, non ce qu'on a étudié dans les livres ou dans les méditations abstraites, mais ce qu'il a lui-même éprouvé; en sorte que la déclaration des droits, dont une association politique ne doit jamais s'écarter, soit plutôt le langage qu'il tiendrait, s'il avait l'habitude d'exprimer ses idées, qu'une science qu'on se propose de lui enseigner.

Cette différence, Messieurs, est capitale; et comme la liberté ne fut jamais le fruit d'une doctrine travaillée en déductions philosophiques, mais de l'expérience de tous les jours, et des raisonnements simples que les faits excitent, il s'ensuit que nous serons mieux entendus à proportion que nous nous rapprocherons davantage de ces raisonnements. S'il faut employer des termes abstraits, nous les rendrons intelligibles, en les liant à tout ce qui peut rappeler les sensations qui ont servi à faire éclore la liberté, et en écartant, autant qu'il est possible, tout ce qui se présente sous l'appareil de l'innovation.

C'est ainsi que les Américains ont fait leur déclaration de droits; ils en ont, à dessein, écarté la science; ils ont présenté les vérités politiques qu'il s'agissait de fixer, sous une forme qui pût devenir facilement celle du peuple, à qui seul la liberté importe, et qui seul peut la maintenir.

Mais en nous rapprochant de cette méthode, nous avons éprouvé une grande difficulté, celle de distinguer ce qui appartient à la nature de l'homme, des modifications qu'il a reçues dans telle ou telle société; d'énoncer tous les principes de la liberté, sans entrer dans les détails, et sans prendre la forme des lois; de ne pas s'abandonner au ressentiment des abus du despotisme, jusqu'à faire moins une déclaration des droits de l'homme, qu'une déclaration de guerre aux tyrans.

Une déclaration des droits, si elle pouvait répondre à une perfection idéale, serait celle qui contiendrait des axiomes tellement simples, évidents et féconds en conséquences, qu'il serait impossible de s'en écarter sans être absurde, et qu'on en verrait sortir toutes les constitutions.

Mais les hommes et les circonstances n'y sont point assez préparés dans cet empire, et nous ne vous offrons qu'un très faible essai, que vous améliorez sans doute, mais sans oublier que le véritable courage de la sagesse consiste à garder, dans le bien même, un juste milieu....[2]

Voilà, Messieurs, le projet que votre comité vous apporte avec une extrême défiance, mais avec une docilité profonde: c'est à la constitution qui suivra la déclaration des droits, à montrer de combien d'application étaient susceptibles les principes que nous vous proposons de consacrer.

Vous allez établir un régime social qui se trouvait, il y a peu d'années, au-dessus de nos espérances; vos lois deviendront celles de l'Europe, si elles sont dignes de vous; car telle est l'influence des grands Etats, et surtout de l'empire français, que chaque progrès dans leur constitution, dans leur gouvernement, agrandit la raison et la perfectibilité humaine.

Elle vous sera due, cette époque fortunée où tout, prenant la place, la forme, les rapports que lui assigne l'immuable nature des choses, la liberté générale bannira du monde entier les absurdes oppressions qui accablent les hommes, les préjugés d'ignorance et de cupidité qui les divisent, les jalousies insensées qui tourmentent les nations, et fera renaître une fraternité universelle, sans laquelle tous les avantages publics et individuels sont si douteux et si précaires.

C'est pour nous, c'est pour nos neveux, c'est pour le monde entier que vous travaillez; vous marcherez d'un pas ferme, mais mesuré, vers ce grand œuvre: la circonspection, la prudence, le recueillement qui conviennent à des législateurs, accompagneront vos décrets. Les peuples admireront le calme et la maturité de vos délibérations, et l'espèce humaine vous comptera au nombre de ses bienfaiteurs.

---

2. The proposed declaration, later much modified, is omitted here in favor of the definitive version.

DECLARATION DES DROITS DE L'HOMME ET DU CITOYEN

Les Représentants du Peuple Français, constitués en Assemblée Nationale, considérant que l'ignorance, l'oubli ou le mépris des Droits de l'Homme,[3] sont les seules causes des malheurs publics et de la corruption des Gouvernements, ont résolu d'exposer, dans une Déclaration solennelle, les Droits naturels, inaliénables et sacrés de l'Homme, afin que cette Déclaration, constamment présente à tous les membres du corps social, leur rappelle sans cesse leurs droits et leurs devoirs; afin que les actes du Pouvoir législatif et ceux du Pouvoir exécutif pouvant être à chaque instant comparés avec le but de toute institution politique, en soient plus respectés; afin que les réclamations des citoyens, fondées désormais sur des principes simples et incontestables, tournent toujours au maintien de la Constitution et au bonheur de tous.[4]

En conséquence, l'Assemblée Nationale reconnaît et déclare, en présence et sous les auspices de l'Etre Suprême,[5] les droits suivants de l'Homme et du Citoyen:

I. Les hommes naissent et demeurent libres, et égaux en droits. Les distinctions sociales ne peuvent être fondées que sur l'utilité commune.

II. Le but de toute association politique est la conservation des droits naturels et imprescriptibles de l'homme. Ces droits sont la liberté, la propriété, la sûreté et la résistance à l'oppression.

III. Le principe de toute souveraineté réside essentiellement dans la Nation.[6] Nul corps, nul individu ne peut exercer d'autorité qui n'en émane expressément.

IV. La liberté consiste à pouvoir faire tout ce qui ne nuit pas à autrui.

---

3. The use of the general article makes this declaration applicable to all men.

4. For purposes of comparison, see the first sentences of the Declaration of Independence of the United States of America:

"When in the Course of human events, it becomes necessary for one people to dissolve the political bands which have connected them with another, and to assume among the Powers of the earth, the separate and equal station to which the Laws of Nature and of Nature's God entitle them, a decent respect to the opinions of mankind requires that they should declare the causes which impel them to the separation.

"We hold these truths to be self-evident, that all men are created equal, that they are endowed by their Creator with certain unalienable Rights, that among these are Life, Liberty and the pursuit of Happiness. That to secure these rights, Governments are instituted among Men, deriving their just powers from the consent of the governed, That whenever any Form of Government becomes destructive of these ends, it is the Right of the People to alter or to abolish it, and to institute new Government, laying its foundation on such principles and organizing its powers in such form, as to them shall seem most likely to effect their safety and happiness."

5. The attitude toward religion was one of the most controversial points of the discussion. The lay party triumphed and allowed only a mention of the Supreme Being in the "Préambule."

6. This is the revolutionary principle of Rousseau's *Contrat social* (see, above, p. 557). The principles of articles IV and VI are also found in the same work.

Ainsi, l'exercice des droits naturels de chaque homme n'a de bornes que celles qui assurent aux autres membres de la société la jouissance de ces mêmes droits. Ces bornes ne peuvent être déterminées que par la loi.

V. La loi n'a le droit de défendre que les actions nuisibles à la société. Tout ce qui n'est pas défendu par la loi, ne peut être empêché; et nul ne peut être contraint à faire ce qu'elle n'ordonne pas.

VI. La loi est l'expression de la volonté générale. Tous les citoyens ont droit de concourir personnellement, ou par leurs représentants, à sa formation. Elle doit être la même pour tous, soit qu'elle protège, soit qu'elle punisse. Tous les citoyens étant égaux à ses yeux, sont également admissibles à toutes dignités, places et emplois publics, selon leur capacité, et sans autre distinction que celle de leurs vertus et de leurs talents.

VII. Nul homme ne peut être accusé, arrêté ni détenu que dans les cas déterminés par la loi et selon les formes qu'elle a prescrites.[7] Ceux qui sollicitent, expédient, exécutent ou font exécuter des ordres arbitraires, doivent être punis; mais tout citoyen appelé ou saisi en vertu de la loi, doit obéir à l'instant: il se rend coupable par la résistance.

VIII. La loi ne doit établir que des peines strictement et évidemment nécessaires; et nul ne peut être puni qu'en vertu d'une loi établie et promulguée antérieurement au délit, et légalement appliquée.

IX. Tout homme étant présumé innocent jusqu'à ce qu'il ait été déclaré coupable, s'il est jugé indispensable de l'arrêter, toute rigueur qui ne serait pas nécessaire pour s'assurer de sa personne, doit être sévèrement réprimée par la loi.

X. Nul ne doit être inquiété pour ses opinions, mêmes religieuses, pourvu que leur manifestation ne trouble pas l'ordre public établi par la loi.[8]

XI. La libre communication des pensées et des opinions est un des droits les plus précieux de l'homme. Tout citoyen peut donc parler, écrire, imprimer librement;[9] sauf à répondre de l'abus de cette liberté, dans les cas déterminés par la loi.

XII. La garantie des droits de l'Homme et du Citoyen nécessite une force publique. Cette force est donc instituée pour l'avantage de tous,[10] et non pour l'utilité particulière de ceux auxquels elle est confiée.

XIII. Pour l'entretien de la force publique, et pour les dépenses d'administration, une contribution commune est indispensable. Elle doit être également répartie entre tous les citoyens, en raison de leurs facultés.[11]

---

7. The principles of this and the following two articles point back to the works of Voltaire and Beccaria on criminal procedure.
8. Recommendations fundamental to the thought of Montesquieu and Voltaire.
9. One here thinks especially of Voltaire's campaign for freedom of thought and Malesherbes' *Mémoires sur la librairie et la liberté de la presse*.
10. Cf. Bk. I, ch. 6, of the *Contrat social*.
11. During the Regency (1715–1723), Philippe d'Orléans vainly suggested this reform. Voltaire praised the English tax system in his *Lettres philosophiques* (1734).

Déclaration des droits de l'homme

XIV. Tous les citoyens ont le droit de constater par eux-mêmes, ou par leurs représentants, la nécessité de la contribution publique; de la consentir librement; d'en suivre l'emploi; et d'en déterminer la quotité, l'assiette, le recouvrement et la durée.[12]

XV. La société a le droit de demander compte à tout agent public de son administration.

XVI. Toute société dans laquelle la garantie des Droits n'est pas assurée, ni la séparation des Pouvoirs déterminée, n'a point de Constitution.[13]

XVII. La propriété étant un droit inviolable et sacré,[14] nul ne peut en être privé si ce n'est lorsque la nécessité publique, légalement constatée, l'exige évidemment; et sous la condition d'une juste et préalable indemnité.

---

12. "their amount, assessment, collection, and duration."
13. See particularly Montesquieu, *Esprit des lois*, Bk. XI, ch. 6.
14. Condorcet insisted that property was a natural right. Robespierre argued that property was rather a social institution created by law and subject to legal limitations. Condorcet's refusal to yield led to his condemnation.

SELECTIVE BIBLIOGRAPHY

Scholars and students writing papers are referred to *A Critical Bibliography of French Literature* (general editor, D. C. Cabeen): Volume IV, *The Eighteenth Century*, ed. George R. Havens and Donald F. Bond, Syracuse University Press, 1951; and *Supplement*, ed. Richard A. Brooks, Syracuse University Press 1968.

There they will find listed such important editions as *Voltaire's Correspondence* (ed. Georges Roth and Jean Varloot), *Jean-Jacques Rousseau: Correspondance complète* (ed. R. A. Leigh); also collected studies such as *Annales de la Société Jean-Jacques Rousseau*, *Studies on Voltaire and the Eighteenth Century* (ed. Theodore Besterman), and *Diderot Studies* (ed. Otis Fellows and Diana Guiragossian); also critical editions of many important eighteenth-century texts too numerous to mention here, and important dissertations such as *La Religion de Voltaire*, by René Pomeau, *Diderot et l'Encyclopédie* by Jacques Proust, *L'Idée du bonheur dans la littérature et la pensée françaises au XVIIIe siècle* by Robert Mauzi, and *L'Idée de nature en France dans la première moitié du XVIIIe siècle* by Jean Ehrard.

SUGGESTED READING FOR STUDENTS AND GENERAL PUBLIC

Alfred Cobham, *In Search of Humanity: The Role of the Enlightenment in Modern History*
Lester G. Crocker, *Diderot: The Embattled Philosopher*
———, *Jean-Jacques Rousseau*
Peter Gay, *The Enlightenment: An Interpretation*
———, *The Party of Humanity: Essays in the French Enlightenment*
———, *Voltaire's Politics: The Poet as Realist* (scholarly and judicious)
Jean Guéhenno, *Jean-Jacques* (most penetrating study of Rousseau)
George R. Havens, *The Age of Ideas*
Gustave Lanson, *Voltaire* (best brief survey)
J. Robert Loy, *Montesquieu*
Robert Niklaus, *A Literary History of France: The Eighteenth Century, 1715–1789*
Robert Shackleton, *Montesquieu: A Critical Biography*
Norman L. Torrey, *The Spirit of Voltaire*
Mina Waterman, *Voltaire, Pascal and Human Destiny*
Arthur Wilson, *Diderot: The Testing Years*
———, *Diderot: An Appeal to Posterity*